공자의
인식론과
역학

지은이 _ 황태연(黃台淵)

서울대학교 외교학과를 졸업하고, 같은 학과 대학원에서 「헤겔의 전쟁 개념」으로 석사학위를 받았다. 이어 독일 프랑크푸르트 괴테대학교에서 『지배와 노동(Herrschaft und Arbeit)』(1991)으로 박사학위를 받았다. 1994년 동국대학교 정치외교학과 교수로 초빙되어 현재까지 동서양 정치철학과 정치사상을 연구하며 가르치고 있다.

# 공자의 인식론과 역학

## 지물知物과 지천知天의 지식철학

초판 1쇄 인쇄 2018년 6월 20일
초판 1쇄 발행 2018년 6월 25일

지은이 | 황태연
펴낸이 | 이요성
펴낸곳 | 청계출판사
출판등록 | 1999년 4월 1일 제1-19호
주  소 | 경기도 파주시 교하읍 문발리 560번지 301-501
전  화 | 031-922-5880    팩 스 | 031-922-5881
이메일 | sophicus@empal.com

ⓒ 2018, 황태연

ISBN 978-89-6127-077-9 93150

이 저서는 2017년 대한민국 교육부와 한국연구재단의 지원을 받아 수행된 연구임
(NRF-2017S1A3A2066492).

# 공자의
# 인식론과
# 역학

황태연 지음

지물과 지천의 지식철학
知物　知天

청계

# 머리말

공자의 지식철학은 지물知物, 지인知人, 지천知天으로 구성된다. '지물'은 격물치지를 통해 사물의 '속성'을 인식하는 것이고, '인식론'은 이 사물인식 방법에 관한 철학이론이다. '지인'은 인간적 자아들의 존재와 행위의 '의미'를 이해하는 것이고, 그 이해방법에 관한 이론은 '해석학'이다. '지천'은 특정한 인간사와 자연사에 관한 하늘의 뜻을 아는 것이고, '역학易學'은 하늘의 뜻을 아는 방법에 관한 논의다.

지인의 방법을 다루는 '해석학'은 『감정과 공감의 해석학(1·2)』(2014·2015)에서 거의 완결적으로 논했다. 지물의 '인식론'과 지천의 '역학'은 『공자와 세계(1·3)』(2011)에서 시도해서 많은 진척이 있었으나 종결 단계에까지 나아가지 못한 채 미완으로 남아 있었다. 2011년에 시도된 이 미완의 시론은 서양의 불완전한 경험철학에의 일정한 경사, 공자 경문들의 심층이해의 미진함 등으로 말미암아 완결점에 이르지 못했었다. 이번에 이 책을 통해 공자의 인식론과 역학에 관한 논의를 완성하고자 한다.

따라서 이 책은 『공자와 세계』 이래 7년 동안 이루어진 저자의 철학적 발전과 경전해독의 완성도를 반영하는 새로운 저작이다. 이 저작을 통해 공자의 인식론과 역학이 21세기 한복판에서도 화려한 시대의 변화상에 가려지지 않고 눈부신 빛을 발할 것을 기대한다.

2500년 동안 극동의 유학자들은 성리학 계열은 말할 것도 없고 양명학·고 증학 계열도 공자가 나름의 엄밀하고 정치한 인식론을 전개하고 있다는 사실 을 인지하지 못했다. 따라서 2500년 동안 공자의 인식론에 대한 논문은 단 한 편도 나오지 않았다. 공자와 무관하게 독자적으로 인식론을 논한 19세기 초 조선의 최한기崔漢綺를 예외로 치면, 극동의 유가전통에서 2500년 동안 인식론에 대한 일반적 논의도 전무했다. 유학자들이 성리학 계열이든 양명 학·고증학 계열이든 가릴 것 없이 공자의 인식론 명제들을 모두 실천철학적 명제로 오독했기 때문이다. 그간 유학자들은『논어』의 서두문 "학이시습지學 而時習之 불역열호不亦說乎"나『논어』의 그 유명한 명제 "온고지신溫故知新"의 인식론적 의미조차도 학습방법론으로 오독하고,『대학』의 서두문, 즉 데카르 트의 "나는 생각한다, 그러므로 나는 존재한다cogito ergo sum)"는 명제처럼 '생 각을 마주하고 지각하는' 것, 즉 '격사치지格思致知'를 발단으로 삼는 것을 물 리치고 '사물을 마주하고 지각知覺한다(one faces the object and perceives it; Man stellt sich dem Dinge und nimmt es wahr)'라는 매우 기초적인 의미의 "격물치지格物致知"의 인식론적 기본명제도 정현鄭玄(127-200)처럼 '지천知天'의 명제로까지 무한히 확 장해 지물知物(사물인식)의 바른 발단만을 말하는 '대물지각對物知覺'의 경험론 적 요청조차도 희석시켜 신비화하거나, 주희처럼 사물인식의 '추극追極'으로 까지 종국화終局化 또는 궁극화함으로써 그 인식론적 '발단'의 의미를 망가뜨 렸다. 따라서 이 학술적 결손과 결함을 메워 공자의 인식론을 복원하고자 하 는 이 책은 기존 유가학설들을 다 제쳐놓고 완전히 새로운 논의를 전개한다.

한편, 하늘의 뜻을 아는 지천知天의 방법을 논하는 '역학易學'은 공자의 신 학神學에 해당하는 점에서 격물치지를 통해 사물을 아는 '지물知物'의 방법인 인식론과 다르다. 그런데 극동에서는 그간 공자의 인식론에 대한 논의와 반 대로 역학易學에 대해서는 무수한 논의가 있어왔다. 공자의 역학은 서양의 '신학神學'의 등가물이다. 오랜 세월 공자의 역학을 논한 역설易說은 무수히 많 다. 그러나 왕필의 역설이든, 정이천과 주희의 역설이든, 정약용의 역설이든 그간의 역설들은 공자의 역학을 어지럽히고 더욱 오리무중에 빠뜨렸을 따름이다. 그러나 현대의 역학논의에는 극동의 학자들만이 아니라 고트로프 라이프니츠 이래 리하르트 빌헬름, 칼 융 등 많은 걸출한 서양학자들도 참여해 있고, 주역점의 활용에는 1990년 노벨문학상 수상자 옥타비오 파즈 등 세계적 문인들이 앙가주망하고 있다. 연전에 필자는 동서고금의 이런 논의들을 모두 비판적으로 종합해서『주역』의 이해를 질적으로 높이려는 목적에서『실증주역(上·下)』(2008·2012)을 출간하고 계속 손질해 증보해왔다. 이 책에서는 이를 바탕으로 역학 논의를 완결하고자 한다.

이 역학 논의에서는 노무현 전 대통령의 죽음에 대한 역점易占의 적중사례, 필자가 선거 전에 시중잡지의 기고요청으로 발표한 2016년 총선결과에 대한 주역점 사례, 2017년 조기대선에 대한 주역 사례 등도 실례로 분석된다. 또한 이 책에서는 삼국시대와 고려시대의 여러 공식 서례들, 한양을 서울로 결정한 태종임금의 주역점, 세종대왕의 주역점사 풀이, 이순신 장군의 주역점 사례 등도 분석된다.

이 책은 공자의 인식론과 역학을 둘 다 포함하고 있다. 인식론을 알기 위해서든 역학을 알기 위해서든 이 책을 펴든 독자는 누구나 고원高遠한 철학세계로 인도될 것이다. 아무쪼록 이 책이 열독되어 독자의 철학적 사색과 학문에 많은 진보가 있기를 바랄 따름이다.

2018년 6월
서울 바람들이에서
죽림竹林

# 목 차

# 제2부 공자의 지식이론

# 서 론

　공자 사후 오늘날까지 공자의 지식철학은 본격적으로 탐구된 적이 없다. 특히 사물을 아는 것, 즉 '지물知物'과 관련된 그의 '인식론'은 전혀 언급된 적도 없다. 이런 까닭에 가령 '학이불사즉망學而不思則罔', '학이시습지學而時習之', '온고지신溫故知新', '격물치지格物致知' 등과 같은 공자의 모든 인식론적 명제들은 그간 '실천철학적' 명제로 곡해되어 그 심오한 지식철학적 의미를 상실하고 말았다. 그리하여 심지어 '공자철학에는 인식론이 없다'는 망념과 푸념까지도 나돌게 된 것이다.

　하지만 공자는 분명히 탄탄한 지식철학을 수립했고 도처에서 이를 논하고 있다. 공자는 인간의 지식을 '지물知物, '지인知人', '지천知天'으로 대별하고 이에 합당한 지식방법론을 전개했다. 가령 『대학』의 '격물치지'론은 물리화학적·천문적 사물을 인식하는 지물知物의 방법을 말한 인식론의 일단이다. 그리고 "부모를 모시는 것을 생각하면 사람을 아는 지인知人을 하지 않을 수 없고 지인을 생각하면 하늘을 아는 지천知天을 하지 않을 수 없다(思事親 不可以不知人, 思知人 不可以不知天)"는 명제나,[1] "군자의 도는 제 자신에 근본을 두고 서민들에게서 이를 증명하고 3왕(우·탕·문왕 – 인용자)에 비춰 고찰해도 틀리지 않고 천지에 이를 세워도 어긋나지 않고 귀신에게 물어도 의심이 없고 백세百世에

---

1) 『中庸』(20章).

성인을 기다리며 미혹하지 않는 것인데, 귀신에게 물어 의심을 없애는 것은 하늘을 아는 '지천知天'이고, 백세에 성인을 기다리며 미혹하지 않는 것은 사람을 아는 '지인知人'이다'라는 명제는[2] 누가 읽어도 '지인'과 '지천'의 의미와 방법을 말하는 것이다.

공자에 의하면, 격물치지와 성의誠意에 의해 사물을 아는 지물知物의 방법론은 오늘날 '인식론'이라 하고, '충서忠恕'에 의해 사람을 아는 지인知人의 방법론은 오늘날 '해석학'이라 하고, '질제귀신質諸鬼神'의 시서蓍筮에 의해 하늘의 명을 아는 지천知天의 방법론은 '역학易學'이라고 한다. 이 지물·지인·지천과 인식론·해석학·역학의 지식철학적 위상을 보다 정확하게 알기 위해 여기서 고찰의 범위를 좀 더 넓힐 필요가 있다.

### ■ 지식 일반

'지식'이란 사물과 인간의 물적·심적 '속성'과 '의미' 및 그 관계를 몸·감성·지성에 의해 아는 것이다. 지식 일반은 '의식적 지식'과 '무의식적 지식'으로 대별된다. '의식적 지식'은 감성과 지성으로 얻어지고 우리의 (감성적·지성적) 의식에 포착되는 '인지적認知的 지식(cognitive knowledge; kognitives Wissen)'을 말한다. 반면, '무의식적 지식'은 몸으로 얻거나 지니고 있지만 우리의 감성과 지성에 의해 포착되지 않는다는 의미에서 '비非인지적 지식'이다. '무의식적 지식'은 – 식물이 햇빛과 물을 아는 것과 같은 – 비非감관적 체감體感, 잠재의식 속의 지식, 습관, 그리고 유전자 속의 정보지식(본능적 지식) 등으로 구성된다. '무의식적 지식'은 우리의 삶과 행동에, 그리고 심지어 우리의 '의식적·인지적 지식'의 형성에도 언제나 활용되고 있지만, 별도의 조사나 특별한 해독방법을 통하지 않고는 '인지'될 수 없는 지식이다.

이렇게 지성과 감성으로 대상을 아는 지성적·감성적 지식만이 아니라, 몸의 감응으로 체감하거나 익히고 타고나는 무의식적 지식까지도 다 '지식'으로

---

2) 『中庸』(28·29章): "子曰 (…) 君子之道本諸身 徵諸庶民 考諸三王而不繆(=謬) 建諸天地而不悖 質諸鬼神而無疑 百世以俟聖人而不惑, 質諸鬼神而無疑 知天也, 百世以俟聖人而不惑 知人也."

보는 것은 가장 넓은 의미의 '광의적' 지식개념이다. 오늘날 지식 개념을 이렇게 최대로 확장하는 것은 그간의 놀라운 과학적 연구결과를 포괄하기 위해 불가피하다.[3] 그러나 공자는 일찍이 이러한 '광의적' 지식 개념을 대변했다. 왜냐하면 공자는 격물치지格物致知의 '지물'(사물을 아는 것)과 '지인'(사람을 아는 것), 그리고 '학이시습學而時習', '습상원習相遠' 등의 공자어록에서 알 수 있는 '습관'의 무의식적 지식만이 아니라, 유전자 속의 무의식적 본능지식 중 — 소크라테스가 경배하고 플라톤도 간과하지 못한 — 미래를 아는 예지豫知로서의 신지적神智的 지식(divine knowledge), 즉 '지천명 知天命' 또는 '지천知天'(하늘의 뜻을 아는 것)의 역학적易學的 지식까지도 진지한 '지식'으로 탐구했기 때문이다.

반면, 주지하다시피 플라톤은 이데아에 대한 '지성적(이성적) 지식'만을 '지식(에피스테메[ἐπιστήμη])'으로 보고 '감성적 지식'을 '의견(독사[δόξα])'으로 격하시키는가 하면,[4] 무의식적 습관·잠재의식·무의식적 체감 등의 '무의식적 지식' 일반을 몰각하고, 인간의 이성적 인지人智(소피아) 저편에 있는 유전자 속의 신지적 지식만을 '이데아'로 특화한 뒤, 이 '신지적 지식'(이데아)을 '인지적人智的 지식(human knowledge)'으로 '변조'했다. '신지적 지식'의 이성적 '인지화人智化'를 플라톤은 '아남네시스(ἀνάμνησις)', 즉 '상기想起'라고 부른다. 이성의 인지人智로 이 신지적 이데아를 인간의 의식 속으로 상기시켜 낼 수 있다는 이 상기설은 피타고라스 등을 통해 인도에서 건너온 브라만교·불교 등의 유전자적·무의식적 '윤회'(팔린게네시스[παλιγγενεσία])의 설을 인간의 의식적 인식론에 '오용'한 것이다.[5] 즉, 플라톤은 '유전자'를[6] 통해 생득生得했으나 잊혀진 '신지적 지식'(이

---

3) 가령 막스 셸러는 말벌이 거미·풍뎅이·애벌레 위에 자기들의 알을 낳기 위해 (이것들을 죽이지 않고) 침을 놓아 이것들을 마비시키는 기술적 조치를 설명하면서, 애벌레의 생(生)과정에 관해 말벌이 보유한 "모종의 지식"을 전제한다. 동시에 그는 불가피하게 이 모종의 지식을 "(…) '어떤 것의 감득(感得)보유' 일반이라는 가장 넓은 의미에서의 (…) '지식'(das [ … ] Wissen im weitesten Sinn des 'Haben von etwas' überhaupt)"으로 규정한다. Max Scheler, *Wesen und Formen der Sympathie* (Bern: Francke Verlag, 1973), 40쪽.

4) Platon, *Politeia* (국가론), 477a., 478a, 478c, 479d, 479e, 480a쪽. *Platon Werke*, Bd. IV (Darmstadt: Wissenschaftliche Buchgesellschaft, 1977); Plato, *The Republic. Plato*, vol. 1-2 (Cambridge[Massachusetts]: Harvard University Press·William Heinemann LTD, 1975); 플라톤(박종현 역주), 『국가·政體』(서울: 서광사, 2007 개정증보 3쇄).

데아)이 이성적 연역(deduction)작업을 통한 상기의 순간에 섬광처럼 인간의 영혼 속에 드러나 인지적 지식으로 둔갑, 획득되는 것이라고 생각하고, 이렇게 이성적 연역으로 인식된 이데아의 지식만을 '지식(에피스테메)'으로 본 것이다.

아리스토텔레스는 플라톤의 이 상기설·이데아론을 부정했지만, 이성적 직관(누스)과 이것으로부터의 순수한 범주적 연역을 원천적 지식으로 규정했다. 그러나 데카르트(René Descartes, 1596-1650)는 근세초 아리스토텔레스주의적 스콜라철학을 버리고 플라톤으로 돌아가 이데아론에서 유전자적 윤회설을 털어내고 '이데아'를, "신이 우리의 정신에 새겨 넣은" '본유本有관념(innate idea)'으로 바꿔 모든 지식의 '씨앗'으로 정립했다. 하지만 칸트(Immanuel Kant, 1724-1804)는 아리스토텔레스의 이성적 연역론·범주론을 바탕으로 플라톤의 이데아론과 데카르트의 이 본유관념론을 지성에 의해 연역된 '선험적 지성범주(transzendentale Verstandskategorien)'로 다시 탈바꿈시키고 아리스토텔레스의 범주론과 플라톤의 이데아론(본유관념론)을 뒤섞어, 이 '범주'에 의해 정리된 경험을, 아니 경험을 알리바이로 대동한 '범주들'을 '참 지식'으로 규정했다. (물론 '자신의 합리론은 경험도 경시하지 않는다'는 것을 보여주기 위해 겉포장으로 이용되는 칸트의 이 '경험'은 공자가 말하는 다문다견·박학의 경험, 또는 베이컨과 로크가 말하는 박물지적 경험과 거리가 먼 부실不實경험이다.)

따라서 플라톤·아리스토텔레스·아우구스티누스·데카르트·라이프니츠·칸트·헤겔·쇼펜하우어 등 서양 합리론자들은 모두 다 감각적 경험과 습관을 중시하는 에피쿠로스·베이컨·로크·허치슨·흄·애덤 스미스·버클리 등 서양 경험론자들과 반대로 이성적 지식만을 '지식'으로 보는 '좁은' 합리론적 지식개념을 신봉했다.[7] 그간 서양 지식철학의 위기, 나아가 현대문명과 자연환경의

---

5) Platon, *Politeia*, 611a-621d, 621a-c쪽; Platon, *Menon*, 80-82a. *Platon Werke* Bd. II; Platon, *Phaidon*, 70c, 71a-e, 72e-73a, 73c-76a, 78b-80b, 82c-83c, *Platon Weke* Bd. 3; Platon, *Phaidros*, 245b-e, 246a-249d, 249d-251b. *Platon Werke*. Bd. V. 유전자적·무의식적 '윤회설'을 의식적 인식론에 오용한 플라톤의 오류에 대한 비판은 참조: 황태연, 『공자와 세계(4)』(파주: 청계, 2011), "플라톤" 절.

6) Platon, *Phaidros*, 248c-249b.

7) 가령 합리론에 대해 나름 불만이 많은 쇼펜하우어도 '지식'을 이렇게 좁게 정의한다. "지식 일반은 판단들 바깥의 그 어떤 것 속에 이 판단들의 충분한 인식근거를 가지는 판단들, 한마디로 참된

위기를 초래한 이런 낡고 협소한 이성독단적 지식개념은 이제 18·19세기 영국 경험론과 20·21세기 해석학·정신분석학·자연과학·두뇌과학·유전자과학의 놀라운 성과를 포괄할 수 있는 '광의'의 현대적 지식개념, 즉 '공자주의적'으로 확장된 새로운 지식개념으로 대체되어야 할 것이다.

### ■ 인식과 인식론

'의식적 지식(bewußtes Wissen)'은 '감성적 지식'과 '지성적 지식'으로 양분된다. '감성적 지식(sinnliches Wissen)'은 감각(외감과 내감)으로 얻는 '지각知覺(Wahrnehmung; perception)'이다. 이 지각은 '직관적(intuitiv)'이다. 이 '직관적' 지각이란 일체의 추리적 '연역' 없이 감관에 의해 직감적直感的·직각적直覺的·즉각적卽刻的으로 얻어지는 감성적 직접지식을 말한다. 이 '지각'을 공자는 – 뒤에 상론하겠지만 – '치지致知' 또는 '지지至知'라고 불렀다. '지각'은 직감적이고 즉각적이라서 아주 생생하다. 이 '생생한' 지각을 공자는 그 생생함을 강조해서 '입상立象', 서양철학은 '인상印象(impression; Eindruck)'이라고 부른다.

이 '입상' 또는 '인상'은 지각작용이 그친 뒤 조금 지나면 생생함이 줄어들다가 사라지지만, 그 일부는 영혼 속에 잔상殘像으로 남기도 한다. 잔상으로 남아 보존된 인상(입상)을 '기억'이라고 부른다. '감성적 지식'은 언제나 이 '인상'과 '기억'의 두 형태로만 존재한다. 유사한 인상이 반복될수록 기존의 잔상은 생생함이 보태지고, 그러면 '기억'은 다시 그만큼 뚜렷해지고 확실해진다. 다문다견多聞多見에 의해 인상적 지각이 반복·누적되고 이런 반복·누적을 통해 뚜렷하고 확실해진 이 특별한 기억, 이 많은 지각의 잔존인상의 누적이 바로 '경험(experience; Erfahrung)'이다.

외감의 지각은 사물의 '속성(quality; property; Eigenschaft)'과 '속성들의 관계'를 파

---

판단들을 정신의 自意的 재현 권능 안에 장악하는 것을 일컫는다. 따라서 오로지 추상적 인식만이 지식이다. 따라서 지식은 이성에 의해 산출된다. 동물에 대해서는, 정확히 말하면, 그들이 직관적 인식 및 이것에 대한 기억과 (…) 이로 인한 상상을 가지고 있을지라도 그 어떤 것을 '안다고 말할 수 없다." Arthur Schopenhauer, *Die Welt als Wille und Vorstellung I*, §10(94쪽). *Arthur Schopenhauer Sämtliche Werke*, Band I (Frankfurt am Main: Suhrkamp, 1986).

악한다. 사물의 '속성'은 시간, 공간, 운동, 모양, 색깔, 소리, 맛, 냄새, 감촉, 온도 등이고, '속성들의 관계'는 원근·대소(異同)·선후(시종·본말)·비례·인과관계 등이다. 물론 시공·색깔·소리 등의 속성은, 뒤에서 상론하겠지만, 사물 안에 들어 있는 것이 아니다. 이 속성들은 우리의 정신이 끝내 다 알 수 없는 물형物形(사물의 형상)을 시공·색깔·소리 등의 심상心象으로 환원해 파악한 것이다. 뒤에 상론할 것인 바, 공자는 "심상은 하늘에서 만들고, 물형은 땅에서 만든다(在天成象 在地成形)"고 말한다. 가령 시간과 공간은 사물의 '지속'과 '연장'이라는 물형을 인지하는 우리 정신의 감성적 의식 범주, 즉 내적 심상이다. 빨간색은 햇빛의 610-700나노미터(nm) 파장의 광파만을 반사하고 나머지 모든 광파를 흡수하는 성질을 가진 잘 익은 사과 표면의 물성을 포착하는 우리 정신의 감성적 심상이다. 따라서 잘 익은 사과의 표면에 붙어 있는 것처럼 보이는 빨간색은 실은 시각 중추가 610-700nm 파장의 광파를 알리는 신경전달물질을 만나면 우리 영혼 속에 본유本有하는 여러 심상들의 팔레트 안에서 일으켜 세워지는(즉, 입상立象되는) '빨강' 심상일 따름이다.

서양철학에서는 소크라테스와 플라톤의 영향으로 우리 영혼 속에서 이렇게 심상을 일으켜 세우는 것을 'impression'이라고 부른다. 그러나 이 용어는 심상이 마치 밖에서 들어와 왁스 같은 우리 영혼에 찍히는 것 같은 비유라서 의미상 어색하다. '인상'으로 번역되는 'impression'은 '눌러 찍다'는 뜻이기 때문이다. 심상이 밖에서 와서 우리에게 '찍히는' 것이 아니라 우리 영혼 속의 심상들 가운데서 '일으켜 세워지는' 메커니즘에 주목하면 '입상'이라는 공자의 술어가 더 정확할 것이다.

여기서 610-700nm 광파는 사과 표면에서 반사되는 햇빛을 인간의 도구인 광분석기로 포착한 햇빛의 파장인 반면, 빨강은 사과 표면의 이 반사광을 우리의 눈을 통해 '빨강 심상'으로 환원해 인지한 색상이다. 따라서 우리가 '사물'의 속성으로 여기는 속성들 일반은 모두 다 '우리 인간의' 심상들인 것이다. 하지만 이 심상을 일으키는 궁극적 원인은 사물의 물형에서 오고, 나아가 이 심상은 어디까지나 이 물형을 포착하는 우리의 본성적 수단일 따름이다. 따라서 우리가 이해의 편의상 '속성'을 '사물의' 속성으로 표현하더라도 이런 의미로 이해해야 할 것이다.

'인상'이나 '기억'이 사유작용에 의해 사유의 지식으로 재현된 것을 공자는 ('성의誠意'·'진의盡意'의) '의意'라고 부른다. 소통의 편의를 위해 이 '의'를 '의념意念'이라고 바꿔 부르자. 프랑스·영미철학에서는 이 '의념'을 '관념(idea)'이라고 부르고, 독일철학에서는 칸트 이래 인상과 관념을 뭉뚱그린 '표상表象(Vorstellung)'이라고 부른다. '인상'은 언제나 그런 것은 아닐지라도 거의 반半자동적으로 '관념'으로 복제되어 이중화된다. '관념'은 인상과 기억의 단순한 사유적 반영상(reflex)인 것이다. '관념'이 인상의 '반영상'인 한에서 '관념'에는 – 소리도 냄새도 없고 맛도 감촉도 없는 거울 속의 영상처럼 – 인상이 지닌 생생함이 전무하다. 간단히 말해서 '관념'이 인상과 기억의 흑백사진 같은 사유적 반영상이라면, 인상과 기억은 '관념'의 생생한 천연색 원본이다. 따라서 인상과 기억이 '감성적 지식'의 최소단위라면, '관념'은 '지성적 지식'의 최소단위다. '상상(imagination)'은 이 '관념들'의 자유유희를 가리킨다.

그러나 서양철학에서 흄 이전의 철학자들은 오랜 세월 감성의 'impression'(인상)과 지성적 사유의 'idea(관념)'을 구별하지 못했다. 공자 식으로 표현하면 '입상과 '의념'을 구별하지 못한 것이다. (따라서 그들은 '인상을 세워 관념을 완성하는 것'을 뜻하는 공자의 '입상진의立象盡意' 명제나 '사물을 직접 대하고 지각하고 이것에서 사유思惟 형태로 복사된 '관념'을 성실히 하는 것'을 뜻하는 공자의 '격물치지성의格物致知誠意' 명제를 결코 이해할 수 없었을 것이다.) 데카르트는 'idea'를, 홉스는 'thought'를 감성적인 '인상'과 뒤섞는다.[8] 관념과 인상의 이런 혼동과 미분화는 스피노자 철학에서도 마찬가지다.[9] 이런 전통

8) René Descartes, *Meditations on First Philosophy* [1641], 'Meditation III', 72쪽. René Descartes, *Discourse on Method and Meditations on First Philosophy* (New Haven·London: Yale University Press, 1996); Thomas Hobbes, *Leviathan* (1651), 3쪽. *The Collected Works of Thomas Hobbes*, Vol. III. Part I (London: Routledge/Thoemmes Press, 1992).

9) Benedict de Spinoza, *The Ethics*, Part II의 Proposition XIV와 Poroposition XV의 비교 요. *The Chief Works of Benedict de Spinoza*, Vol. II (London: George Bell & Sons, 1901).

때문인지 존 로크(John Locke, 1632-1704)도 'idea(관념)'이라는 용어를 '인상'과 뒤섞고 있다.10)

공자가 입상立象과 진의盡意(성의)를 명확하게 구별했듯이, 서양철학에서 '인상'과 '관념'을 최초로 구별한 철학자는 데이비드 흄이었다. 그는 데카르트·홉스·스피노자·로크 등의 '인상'과 미분화된 'idea' 개념을 비판하고, '느끼는 것(feeling)'으로서의 '인상'과 '생각하는 것(thinking)'으로서의 '관념'을 처음으로 명확하게 구별했다.11) 그러나 칸트는 흄이 이렇게 명확하게 구분한 뒤에도 다시 개념적 혼돈을 유발한다. 칸트는 로크의 'idea'를 'Idee(이념)'가 아니라 'Vorstellung(표상)'으로 독역獨譯해 줄곧 이 단어만을 사용했다. 왜냐하면 그는 플라톤의 거창한 '이데아(이념)' 개념을 싸구려로 만드는 로크의 'idea'라는 술어를 "견딜 수 없어" 했기 때문이다.12) 따라서 로크의 'idea' 개념의 독일어 번안물인 칸트의 '표상' 개념도 로크의 'idea'처럼 인상과 관념이 뒤섞인, 미분화된 술어다.

'의식(consciousness; Bewußtsein)' 개념을 두고는 학자들 간에 약간의 혼동이 없지

---

10) John Locke, *An Essay concerning Human Understanding* [1689] (New York: Prometheus Books, 1995), Book I. ch.2. §1.

11) "인간정신의 모든 지각은 내가 인상(impression)과 관념(idea)이라고 부르는 두 가지 상이한 종류로 분해된다. 이 둘 사이의 차이는 오로지 이것들이 정신을 때리고 사유나 의식 속으로 들어오는 길을 뚫는 강렬성과 생생함의 정도에만 있다. 최대의 강렬성과 격렬성으로 들어오는 저 지각들을 우리는 '인상'이라고 명명할 수 있다. 이 명칭 아래 나는 영혼 속에 최초로 출현하는 모든 감흥·감정·정감(sensations, passions, emotions)을 다 포괄한다. 관념을 나는 사유와 추리 속에 나타나는 이것들(감흥·감정·정감)의 희미한 이미지들(the faint images of these in thinking and reasoning)로 정의한다. 이 관념들은 시각과 촉각으로부터 생겨나는 지각들만을 빼고, 그리고 이 시각과 촉각이 일으킬 수 있는 즉각적 쾌감과 불쾌감을 빼고, 가령 현재의 사고력(discourse)에 의해 일으켜지는 모든 지각들이다. 나는 이 구분을 설명하는 데 많은 단어들을 투입하는 것이 아주 불필요하다고 믿는다. 모든 사람은 느끼는 것(feeling)과 생각하는 것(thinking) 간의 차이를 스스로 쉽사리 지각할 것이다. 이 인상과 관념들이 아주 가까이 서로 접근하는 것이 불가능한 것이 아니라 개별 사례들에서 가능할지라도, 이 인상들과 관념의 통상적 차등은 쉽사리 구별된다." David Hume, *A Treatise of Human Nature* (Oxford: Oxford University Press, 2007), 7쪽. 그리고 흄은 각주에서 로크를 이렇게 비판한다. "로크는 모든 지각을 인상과 관념의 구별 없이 '관념'으로 싸잡았다. '인상'은 사실 '생생한 지각이 영혼 속에서 산출되는 방법'이 아니라, '단지 지각 그 자체(merely the perceptions themselves)'일 뿐이다."

12) Immanuel Kant, *Kritik der reinen Vernunft*, B377쪽. *Kant Werke*, Band 3 (Darmstadt: Wissenschaftliche Buchgesellschaft, 1983).

않지만, 지성적 사유만이 아니라, 인상과 기억의 이 '감성적 지식'도 '의식'으로 보는 데는 대체로 철학적 합의가 존재한다.[13] 이런 의식 개념은 일상의 용례와 부합된다. 의학적으로나 일상적으로 우리는 잠자던 사람이나 혼수상태에 있던 사람이 다시 오관으로 주변을 느끼기 시작하면 '깨어났다'는 뜻으로 '의식이 돌아왔다'고 말한다. 결론적으로 전문적·일상적 의식 개념은 '감각'과 '사유', 또는 '감성적 의식'과 '지성적 의식'을 포괄한다.

'감성적 의식'은 느낌이 생생한 '직접적 의식'인 반면, '지성적 의식'은 생생한 느낌을 완전히 잃은 '추상적·관념적 의식'이다. 인상을 반영하여 사유 속에 재현한 이 '관념적 의식'의 무미건조함은 상술했듯이 실물을 재현하는 거울 속의 반영상이 소리도 냄새도, 맛도 감촉도 없는 것과 유사하다. 또 거울의 반영상의 존부가 실물의 존부에 완전히 종속된 것처럼, 관념은 인상에 종속된 것이고, '지성적 의식'은 '감성적 의식'에 종속된 것이다. 그러므로 실물이 사라지면 거울 속의 반영상도 사라지듯이, 인상과 그 잔여인상(기억)이 사라지면 관념도 사라진다.

따라서 이 종속관계가 단절되거나 뒤집힐 때, 즉 관념이 인상으로부터 독립해 상상의 자유유희 속에서 제멋대로 춤을 추며 오히려 기존의 인상을 왜곡·훼손시키거나 외부세계와의 연관성이나 조응성을 상실한 엉뚱한 인상을 조작해낼 때, 관념적 사유의 교란과 착란에서 빚어지는 망상적·독단적 사변이 생겨난다. 이런 병폐를 치유하려면 사물로 되돌아가 사물을 직접 대하고

---

13) 가령 셸러는 현상학적 관점에서 '의식성'을 '지성적 사유'와 동일시하기도 하고 "사실의 지각(*Wahrnehmung*)을 '인지적'이다'라고 하기도 하는 등 혼돈을 보인다. Scheler, *Wesen und Formen der Sympathie*, 68쪽. 하지만 셸러도 대체로 사유만이 아니라 '감각'도 '의식'으로 간주한다. 그는 "온갖 오관감각과 국소적 감정적 감각을 포괄하는" 감각을 "육체적 의식(Leibbewußtsein)"이라고 부르고 "감각·선호·가치판단을 '가치의식"으로 싸잡기 때문이다(44, 185쪽). 로크와 흄은 감각과 사유를 둘 다 '의식(consciousness)'으로 간주했다. 그러나 칸트는 주로 '사유'를 '의식'과 등치시켰다. 따라서 그가 '감각'도 '의식'에 포함시키는지는 명확치 않다. 하지만 칸트의 '표상'개념을 답습한 쇼펜하우어는 '표상'을 '의식' 일반으로 간주하되, '직관적 표상'(인상)을 '직접적 의식', '추상적 표상'(관념)을 '추상적 의식'으로 구분하고, 동물도 '직접적 의식'을 지녔다고 인정한다. 참조: Schopenhauer, *Die Welt als Wille und Vorstellung I*, §5 (47쪽), §6 (52쪽), §10 (94쪽). '표상'보다 '의식'이라는 술어를 주로 사용한 헤겔도 '감각적 확신'과 '지각'을 '의식'에 귀속시킨다. Georg W. F. Hegel, *Phänomenologie des Geistes*, 82-107쪽. *Hegel Werke*, Bd.7 (Frankfurt am Main: Suhrkamp, 1970).

인상을 다시 일으켜 세워 이 인상에 부합해 또는 이에 조응해 관념을 성실하게 재再조율해야 할 것이다. 이런 까닭에 공자는 『대학』「수장首章」에서 '사물을 직접 대하고 지각해 관념을 성실히 한다'는 뜻으로 '격물格物·치지致知·성의誠意'를 천명한다.

> 옛날에 제 마음을 바르게 하고 싶은 자는 먼저 제 관념을 성실하게 했고 제 관념을 성실하게 하고 싶은 자는 먼저 제 지각을 이루었고, 지각을 이루는 것은 사물을 마주하는 데 있었다. 그리하여 사물이 마주한 뒤에 지각이 이르고, 지각이 이른 뒤에 관념이 성실해지는 것이다.(欲正其心者 先誠其意 欲誠其意者 先致其知, 致知在格物 物格而后 知至 知至而后意誠)14)

여기서 '치지致知' 또는 '지지知至'의 '지知'는 (지식이 아니라) 지각(perception)이고 '의성意誠'의 '의意'는 의념(관념) 또는 '의미'이다. 이와 같이 공자의 경험론적 '격물치지格物致知' 방법은 '나는 생각한다 고로 나는 존재한다'는 데카르트의 명제로 강변되는 '격사치지格思致知' 방법과 상반된 것이다. 공자는 '격물·치지·성의'를 '심상을 세워 관념을 완성한다'는 뜻의 '입상진의立象盡意'로도 표현한다.15)

우리는 감각적 지각으로서의 입상 또는 인상을 매번 사유로 옮기지 않는다. 우리는 보고 듣고 맛보고 냄새 맡고 감촉하는 모든 것을 기억하거나 생각하지 않는다. 그 까닭은 첫째, 우리는 일상적으로 행동할 경우에 대개 오감으로 지각하자마자 사유 없이 '즉각 행동하고 또 그래야 하기 때문이다. 둘째, 우리는 주의(attention)를 갖고 지각하지 않은 것은 기억하거나 생각하기 어렵다. 주의 없이 건성으로 본 것은 뚜렷하지 않다. 뚜렷하지 않은 것은 기억에 제대로 입력되지 않아서, 즉각 또는 제대로 상기해 내지도 못한다. 그러므로 우리가 건성으로 본 것을 굳이 생각하는 경우는 거의 없다. 건성으로 본 것은

---

14) 『大學』(經文首章).

15) 『易經』「繫辭上傳」(12): "子曰 聖人立象以盡意.."

흘려버리기 때문이다.

따라서 우리는 주의 없이 본 것에 대해 종종 의사擬似, '맹시盲視(blindsight)' 상태에 빠진다. 이것은 보아도 못 본 상태다. 또 바닷가에서 조개를 까는 어부는 파도소리를 들으면서도 파도소리에 대한 지각 없이 작업한다. 그러나 이 상태는 정확히 말하면 파도소리를 의식치 않는 무의식 상태가 아니다. 파도소리가 청각을 때리지 않는 것은 아니기 때문이다. 따라서 어부는 파도소리를 감성적으로 의식하지만, 이 청각적 의식에 유의하지 않는 부주의 상태에 있는 것이다. 이 건성으로 듣고 흘려버리는 상태는 의사 '농청聾聽' 상태라고 할 수 있을 것이다. 들어도 듣지 못한다. 그러나 의사 맹시와 의사 농청의 내용도 기억을 더듬으면 어렴풋이 상기할 수도 있다. 따라서 맹시와 농청도 결코 무의식적이지 않고, 차라리 의식과 무의식 사이의 중간상태인 '잠재의식' 상태라고 해야 할 것이다. 잠재의식 상태란 지각사실을 일시 의식하지 못하고 있으나 필요하면 또는 운 좋으면 어렵사리 다시 기억해낼 수도 있는 상태다.

셋째, 인간은 감정전염(emotional contagion; Gefühlsansteckung) 방식으로 주관 없이 지각하고 행동할 수도 있다. 가령 군중은 타인들의 흥분된 열기에 '전염'되어 상호모방적으로 부화뇌동하고, 군서동물은 우두머리 동물의 감정을 '전염'받아 일사불란하게 행동한다. 그러나 감정전염은 가령 셸러 같은 철학자들이 오해하듯이 늘 단순한 무의식적 반사, 또는 수동적 작용인 것은[16] 아니다. 수면·최면·졸도(기절)상태의 인간, 장기뇌사(의식불명)상태의 인간('식물인간') 등에게는 감정전염 현상이 일어나지 않기 때문이다. 따라서 감정전염 상태도 무의식 상태가 아니라, 생각이 없는 무념無念 상태다.

이와 같이 인간은 여러 가지 이유에서 생각하지 않고도 많은 것을 지각하고 행동하고 또 많은 일을 처리한다.

---

16) 셸러는 "전염과정은 '본의가 아닐' 뿐만 아니라, (이 과정의 형태화가 뚜렷하면 뚜렷할수록) 우리가 이로 인해 이런 일이 벌어지는 줄 모르는 상태에서 전염을 통해 이 상태에 '빠져든다'는 의미에서 '무의식적'으로도 진행된다'라고 말한다. Scheler, *Wesen und Formen der Sympathie*, 27쪽. 또 29쪽도 보라. 셸러는 감정전염의 무주관성을 무의식성으로 오해하고 있다.

인상적 지각과 기억, 즉 감성적 지식은 인간과 동물이 공히 보유한다. 동물은 적어도 감각적 확실성 또는 감성적 직감(직관)의 지식만은 '확실히' 가졌다. 그렇기 때문에 동물들도 이 세계를 '알고' 이 안에서 움직이고 익히고 습성을 굳히고 먹이를 구하고 집을 만들고 먹이와 자기보존을 위해 싸우며 살 수 있는 것이다. 한 마디로, 동물들이라고 해서 본능의 개체적·집단적 무의식 차원에서만 사는 것이 아니다.

'지성적 지식(intellektuelles Wissen)'은 '감성적 지식'과 달리 내·외감적 인상과 기억의 감성적 지식을 사유기능으로 복제·재현한 '관념'에 다시 사유를 투여해 가공(개념화)하고 체계화한 추상적 지식이다. 이 지식은 거의 인간만이 가진다. 지능이 있는 일부 고등동물은 가공되지 않은 단순한 '관념'을 가진 것으로 보이지만, 사유로 가공되고 체계화된 관념적 지식은 전혀 가지고 있지 않다.

사유에 의해 이렇게 추상적으로 '아는' 능력을 '지성' 또는 '오성悟性'(Verstand; Intellekt)이라고 부른다. 그런데 사유능력(사고력)은 인식·이해 등의 긍정적 용도로만 투입되는 것이 아니라, 상상·창작·추상·추리·사변·논변·공상·망상·독단의 용도로도 쓰인다. 이 상상·창작·추상·추리·사변·논변·공상·망상·독단의 용도로 투입되는 사유능력을 우리는 특별히 '이성(Vernunft; reason)'이라고 부른다. 긍정적·중립적 용도(상상·창작·추상·추리·사변·논변)와 부정적 용도(공상·망상·독단)에 둘 다 투입되는 '이성'은 '지성'과 달리 이렇게 양가치적이다. 그런데 거꾸로 지성을 "인식·이해의 용도에 투입된 이성"으로 이해하는 이들도 있다. '이성'은 드물게 '이지理智'라고도 불린다.

'지물知物', 즉 '사물을 안다'는 것은 사물의 속성들과 속성들의 관계를 아는 것이다. 사물의 속성은 오감으로 지각되는 사물의 모양, 움직임, 지속, 크기, 단단함(견고성), 부드러움, 까칠함, 색깔, 맛, 냄새 등이고, 속성들의 관계는 대소大小관계, 이동異同관계(유사·상이관계), 원근관계, 선후관계, 본말관계, 시종관계, 인과관계 등이다. 인간도 사물로 보면, 즉 인간도 그 속성을 알려고 하면, '지물知物'의 대상이 될 수 있다.

사물과 인간의 '속성'에 대한 감성적 지식은 인간의 감각 중 외감(external

sense; äußerer Sinn), 즉 오감五感에 의해 얻고, 지성적 지식은 오감의 이 '감성적 지식'을 재생한 이 관념적 지식을 다시 사유로 정리·가공한 것이다. 이 두 지식을 얻는 것을 '인식(Erkenntnis; cognizance)'이라고 부른다. 이 '인식적 지식'은 간단히 말하면 ① 외부사물의 속성과 관계를 ② 외감으로 지각하거나 외감의 인상과 관념을 사유로 가공한 '외감주도적 지식'이다. 따라서 '인식적 지식'은 속성들에 대한 외감적 직관인 한에서 직관적이다. 속성들의 복합적 '관계'(대소·원근·선후·비례·인과관계)도 직관적으로 얼마간 알 수 있다. 가령 대소·원근·선후는 차이가 큰 경우라면 일견에 알 수 있다. 그러나 가령 이 연필이 저 연필에 비해 얼마나 큰지를 알려면 두 연필의 길이를 측정하고 큰 연필의 길이 측정치에서 작은 연필의 길이 수치적 측정치를 빼는 산술적 계산을 해야 한다. 이 과정에서 필연적으로 산술의 사고력과 수치 '관념'이 개입해야 한다. 그래하여 '이 연필은 저 연필에 비해 3.2cm 더 크다'는 대소관계의 지식명제가 산출된다. 이런 경우에 대소관계는 단지 감성적 지각만으로는 이 관계를 알 수 없고 수치적·산술적 신사愼思·명변明辨의 사유작용과의 결합을 통해서만 밝혀질 수 있다. 또 연필들의 길이 차이가 미미한 경우에는 그 대소를 직관적으로 지각할 수 없다. 이 경우에도 엄밀하게 측정하고 그 차이를 산술적으로 산출해야 한다. 또한 반복경험을 통해 '바람이 불면 나뭇잎이 떨어지는' 인과관계를 알았을 때도 인과관계의 습관적 믿음으로서의 경험지식은 반복경험에 의해 형성되더라도 이 인과관계에 대한 정확한 지식은 오감과 내감의 감성만으로 완성될 수 없다. 바람이 불어도 나뭇잎이 떨어지지 않는 경우도 있기 때문이다. 바람의 세기가 약하든 나뭇잎의 결착력이 억세든지 하면 나뭇잎은 바람이 불어도 떨어지지 않는다. 10번 바람이 불어 2번 이런 일이 있다면 '바람이 불면 나뭇잎이 떨어진다'는 인과적 지식은 개연적 지식이고 80%의 확률적 지식이다. 그렇다면 바람의 세기나 나뭇잎의 결착력의 세기는 정확히 측정되어야 하고 확률은 산술적으로 계산되어야 한다. 따라서 인과관계에 대한 인식적 지식의 산출도 대소관계에 대한 인식적 지식과 마찬가지로 수치적 측정과 산술에 기초한 신사·명변의 사유 작용의 개입이 필수적이다.

따라서 이렇게 신사·명변의 사유작용을 개입시켜 속성들의 '관계'를 밝혀 아는 것은 '설명(Erklärung; explanation)'이라고 한다. '인식적 지식'은 이 '설명'으로 완성된다. '설명'은 사물의 단순한 '속성'에 대한 직관적 '인식'을 넘어 이 인식들을 바탕으로 속성들의 복합적 '관계'를 사유로 해명하는 것이다. 이 사물의 '인식'과 '설명'을 위한 방법론, 즉 지물知物의 방법론이 바로 '인식론(Epistemologie)'이다. 설명들이 이론화되어(논리정연하게 일반화된 명제들로 정리되고 체계화되어) 서술序述되면 지물의 인식적 지식은 '자연과학'이 된다.

■ 이해와 해석학

그러나 '지인知人', 즉 '사람을 아는 것'은 지물의 인식론으로 수행할 수 없다. '사람을 아는 것'은 속성을 아는 것으로 그치는 것이 아니라 사람의 존재(성격), 행동, 행동의 결과물(생산물, 제도, 단체, 조직 등), 인간관계 등을 아는 것이기 때문이다. 그렇다면 사람의 존재와 행동을 안다는 것은 사람의 존재의미와 행동의 의미를 아는 것이다.

따라서 인간과 사물(동물)의 사회적 존재와 행동의 '의미'는 '속성'을 인식하고 그 속성들 간의 '관계'를 설명하는 외감주도적 인식론에 의해 밝힐 수 없는 것이다. 인간과 동물의 골격·혈액·신체·발부髮膚를 아는 것은 물리학적·생물학적·의학적 '인식론'이 담당하지만, 인간과 동물의 존재와 행동의 '의미'를 아는 것은 '인식론의 지평'을 초월한다.

그렇다면 여기서 '의미'는 무엇인가? 여기서 의미는 영어로 'meaning'으로서의 의미가 아니라 'sense'(Sinn)로서의 의미를 말한다. 이 '의미'는 쾌통快痛·재미·미추美醜·시비(선악) 등의 '평가감각(판단감각)' 등 '내감의 심상'과 '감정의 심상'으로17) 구성된다. 따라서 '의미'는 '평가감각적 의미'와 '감정적 의미'를 말한다. 이 '의미'는 'meaning'이 아니라 'sense'인 것이다.

'meaning'은 'A means X(A는 X를 의미한다)'라고 할 때의 그 의미를 가리킨다.

---

17) '감정'은 '단순감정'(희·노·애·구·애·오·욕)으로부터 '공감감정'(사랑·즐거움·괴로움 등)을 거쳐 '도덕감정'(동정심·정의감·겸손·미안함·죄스러움 등)까지 망라하는 30여 개의 감정을 포괄한다.

'A means X'는 'A is X'라는 것이다. 이것은 'A'와 'X'가 동일하다는 말이다. 따라서 'A는 X다'는 명제는 'A'가 'X'와 동일하다는 것을 모를 때라면 새로운 발견을 담은 것 같지만, 양자가 동일자라는 것을 알고 나면 이 명제는 'A는 A다'는 식으로 동일한 것을 반복하는 동어반복으로 추락한다. 따라서 'A는 X를 의미한다(A means X)'는 명제에 들어 있는 '의미'는 동어반복이고, 따라서 '무의미(nonsense)'일 수밖에 없다.

그러나 여기서 문제 삼는 '의미'는 이런 meaning이나 '난센스'가 아니라, 결코 무시되거나 지워질 수 없는 평가감각적·감정적 'sense'다. 그러므로 평가감각과 감정들을 '의미'로 삼는 것, 즉 '의미'로 만드는 것이 곧 '이해하는 것'이다. 그래서 영어 "make sense of it"가 '그것을 이해한다'는 뜻을 갖게 된 것이다.

이 평가감각적·감정적 '의미들'은 평가감각과 감정의 심상들이다. '감정의 심상'은 '외감의 심상'과 마찬가지로 인간의 본성 차원에 본유本有한다(innate). 쾌통·재미·미추·시비감각 등 4대 '평가감각(판단감각)'의 심상도 인간에게 본유적이다. (인간은 플라톤과 데카르트 이래 합리론자들이 주장하는 '본유관념' 또는 '본유지식'은 없지만 '본유심상'은 있다.)

내감적·감정적 심상으로서의 이 '의미(Sinn; sense)'는 '의의(Bedeutung; significance)'라고도 한다. 『대학』의 격물·치지·성의론에서 '격물'의 '물物'(대상)이 사람이나 동물의 존재와 행동이고, 동시에 그 심적(평가감각적·감정적) 의미가 앎의 대상이 될 때, '성의'의 '의意'는 단순히 '의념'(관념)만을 뜻하는 것이 아니라 '의미'를 뜻하기도 한다. (따라서 '격물·치지·성의'는 '속성의 앎'만이 아니라 '의미의 앎'도 포함한 명제로 이해해야 할 것이다.)

'의미'를 밝히고 아는 감성적 기능자는 외감이 아니라, 내감(internal sense; innerer Sinn)의 4대 평가감각과 이 내감의 다른 기능인 공감이다. 시공·색상·소리·맛·냄새·촉감·온도 등 사물의 '속성'은 '외감의 심상'이다. 반면, 쾌통·재미·미추·시비감각(도덕감각) 등 '평가감각(판단감각)'의 쾌통·재미·미추·시비의 '의미'는 '내감의 심상'이고, '감정적 의미'는 '감정의 심상'이다. 자기가 자기의 쾌통·재미·미추·시비와 자기의 감정을 아는 것은 내감의 일이고, 남의 쾌통·재미·미추·시비와 남의 감정들을 교감적·공감적으로 아는 것도 다시 내감의 일이다. 공감과 교감의 기능도 광의의 내감에 속하기 때문이다. 그리고 감정에 대한 내감적 지각도 일정한 평가적 측면을 내포한다.

이제 쾌감·재미·미추·시비 등의 4대 평가감각의 느낌과 모든 감정의 느낌이 우리가 여기서 알려고 하는 '의미'라는 것이 분명해졌다. 물론 이 4대 평가감각의 심상과 감정적 심상을 일으켜 세우는 시원적 원인자는 영혼 외부에서 소재한 인간들의 사회적 존재와 행동, 그 소산, 또는 감정상태다. 가령 내감의 도덕적 시비감각 또는 도덕감각(*moral sense*)은 오감으로 포착되지 않는 나와 남의 성격·감정·행동·작품의 도덕적 의미를 감지하고 시비심상을 입상立象시켜 직관적으로 시비판단(*judgement of right or wrong*)을 내리고 그 도덕적 '의미'를 이해한다. 또는 인간은 마음속에서 타인의 상황이나 사회적 행동에 대해 희로애락 등의 각종 감정을 공감적으로 느낀다. 이로써 우리는 타인의 이런저런 상황이나 행동의 이런저런 평가감각적·감정적 의미를 평가감각이나 공감에 의해 이해하는 것이다. 나아가 우리는 타인의 감각이나 감정을 교감이나 공감에 의해 느끼고 저 판단감각들로 평가하고 이해한다.

내감은 인간과 사물의 물적·심적 속성과 그 관계에 대한 외감의 지각사실이나 내면적 인간감정을 그대로 받아들이는 것이 아니다. 내감은 지각된 인간적·사회적 사실만이 아니라 인간감정도 다시 쾌통·재미·미추·시비 등 내감의 본성적 평가범주(판단범주)들로 판단하고 또 이 지각된 사실들에서 모종의 감정을 느낌으로써 인간적·사회적 사실들과 감정들을 직관적으로 '이해하는 것(*make sense of it*[*comprehend*]; *verstehen*)'이다. 말하자면 '지인知人'이란 '사람을 이해하는 것'이다.

앞서 시사했듯이 인간과 동물의 속성이 관심거리이면 인간과 동물도 '인식'의 대상이 될 수 있는 한편, 거꾸로 물·산·숲·날씨·분위기 같은 물리적 사물이나 상황도 이를 보는 사람이 아름답게 느끼거나 으스스하게 또는 을씨년스럽게 느낀다면 '이해'의 대상이 될 수 있다. 감정 없는 물리적 사물도 그 '속성' 측면이 아니라 그 '의미' 측면이라면 이처럼 이해의 대상이 될 수 있다는 말이다. 그럼에도 정말 본래적 의미에서 '이해'의 대상일 수밖에 없는 것은 두말할 것도 없이 내감의 본성적 평가감각과 감정에 따라 움직이는 존재들인 사람(과 동물)의 존재와 행동의 의미, 그리고 그 소산으로서의 의미복합체다.

정리하자면, 인간에게 진정 '의미다운 의미'는 모두 인간본성에서 우러나는 이 쾌통·재미·미추·시비의 여덟 가지 평가감각과 30여 개의 감정 또는 감정복합으로 환원된다. 이 점에서 이 '평가감각적·감정적 의미'는 난센스로서의 동어반복적 의미(meaning)도 아니지만, 인공적 기호나 습득된 언어가 지닌 '상징적 의미'18) 또는 '발화發話효과적(perlocutive) 의미'와 다른 차원에 위치한 '본성적·본원적' 의미이다. '평가감각적·감정적 의미'는 모든 상징적 의미들과 언어적·발화효과적 의미들의 궁극적 원천이기 때문이다. 따라서 모든 상징적 의미들과 언어적 의미들은 난센스가 아니라 제대로 된 의미(sense)라면 궁극적으로 '평가감각적·감정적 의미'로 환원될 수 있다.

여기서 '발화효과'로서의 의미는 말의 발화發話에 의해 타인의 행위를 유발하는 효과를 말하는 것이다. 인간적 내감의 천성적 '의미'는 미드의 행태주의적 발화효과(perlocutive effect) 또는 하버마스의 언어소통적 '의미'를 뛰어넘는 본유적 차원에 위치한다. 미드는 '의미'를, "사회적 행위의 일정한 단계들('나'의 언어발화, 뒤이은 사회적 행위, '너'의 반응 – 인용자) 간의 관계로서 객관적으로 존재하는 중요한 뭔가의 발달물"로 정의하면서 "의미는 이 사회적 행위에 덧붙여진 심리적 부가물도 아니고, (…) '관념'도 아니다"라고 말한다.19) 미드는 '사회적 행위'를 언급했지만 그 감정적·감각적 의미에 관심을 돌리는 것이 아니라 "나의 발화, 뒤이은 사회적 행위, 너의 반응"의 일정한 단계들의 규칙적 '관계'에 관심을 둠으로써 '의미'의 의미를 규칙적 언어제스처의 '발화효과'와 같은 것

---

18) 언어는 그 자체가 글자와 음운으로 대상들을 표현하는 상징체계다. 직간접적으로 감각과 감정, 그리고 이것이 실린 행동과 사회적 현상을 표현하는 모든 어휘와 말은 '상징적 의미'를 지니고 있다. 그러나 사물의 속성을 표현하는 어휘와 말들은 역시 상징적이지만 상징적 '의미(sense)'는 없다. 다만 대상지시적 '의미(meaning)'만이 있을 뿐이다.

19) George H. Mead, *Mind, Self, and Society* (Chicago·London: The University of Chicago Press, 1934· 1974), 76쪽.

으로 전락시키고 있다. 비트겐슈타인은 한 걸음 더 나아가 '의미'로서의 '규칙' 아이디어를 언어의 영역 너머로 확장해 '의미'를 '게임규칙'에 의해 구성되는 이른바 '규칙적합성' 또는 관행적 '규칙' 개념을 규정했다. 하버마스는 비트겐 슈타인의 이 관행적 규칙으로서의 의미 개념에 '동일성'만 추가해 '의미'를 정의한다.20) 퍼트넴도 "단어의 의미(the meaning of a word)"를 "많은 의미론적 규 칙들(a battery of semantical rules)"로 규정한다.21) 이 의미 개념도 미드·비트겐슈타 인·하버마스 등과 같은 언어론적 또는 초超언어론적 '규칙'으로서의 의미론의 차원을 넘지 못하고 있다. 이 의미이론들은 다 진정한 의미를 회피하거나 제 거해버리고 엉뚱한 것(발칙적 발화효과나 게임규칙)을 의미로 내세우고 있다.

감정에 관심을 돌린 색다른 의미·가치개념은 오히려 생물진화론자들로부 터 나왔었다. 일찍이 헤릭은 '의미' 또는 '가치'를 "욕망의 충족"으로 해석했었 다.22) 그러나 필자가 판단감각적 쾌통·재미·미추·시비와 감정들과 동일시하 는 '의미'나 '가치'는 인간의 의미를 구성하는 30여 개의 감정들과 8개 의미 중 단 하나에 불과한 '욕망충족' 시의 기쁨을 초월하는 것이다. 찰스 테일러는 '의미'를 올바로 'meaning'이 아니라 'sense'로 파악했다. 하지만 그는 이것을 다시 '일관성(coherence)'이라는 개념 속으로 해체해버리고 있다.23) 이와 같이 의미의 개념은 최근의 논의 속에서 자꾸만 모호해지고 희석되어 버리고 있다.

반면, 평가감각적·감정적 '의미'는 명백하고 분명한 것이다. 평가감각적·감 정적 '의미'는 인간에게 인간적 '가치(value; Wert)'와 동의다. 철학자들과 세상 사람들이 말하는 '가치'는 내감적 평가감각이 지각사실들에 부여한 쾌통·재

---

20) 참조: Jürgen Habermas, *Theorie des kommunikativen Handelns*, Bd. 2 (Frankfurt am Main: Suhrkamp, 1981·1985), 29-33쪽.

21) Hilary Putnam, "The Meaning of 'Meaning'", 193쪽. *Minnesota Studies in the Philosophy of Science*, Vol. III, Language, Mind and Knowledge (Minneapolis: University of Minesota Press, 1975).

22) Judson C. Herrick, *The Evolution of Human Nature* (Austin: University of Texas Press, 1956), 136-157쪽.

23) Charles Taylor, "Interpretation and the Sciences of Man", 101쪽. Fred R. Dallmayr & Thomas A. McCarthy (eds.), *Understanding and Social Inquiry* (Notre Dame·London: University of Notre Dame Press, 1977).

미·미추·시비의 직관적 의미의 평가이거나 온갖 감정의 '의미' 평가로 환원되기 때문이다. 반면, 사물의 속성에 관한 '인식적 지식', 즉 '지물知物'은 평가감각적·감정적 '의미'('가치')를 결缺한다. 인식적 지식도 물론 내감의 쾌통(이해利害)판단과24) 미추·시비판단을 유발하는, 즉 '가치'를 낳는 수단일 수 있어 간접적으로 '가치 있게' 느껴질 수 있지만, 그 자체가 내감적·감정적 '의미'('가치')를 지닌 것은 아니라는 말이다.

사물적 대상의 '속성'은 '인식'할 수 있지만 '이해'할 수는 없다. 반대로 인간의 '의미' 또는 '가치'는 '이해'할 수 있지만, '인식'할 수는 없다. '의미'는 '이해'에 의해서만 알 수 있다는 말이다. '의미' 또는 '가치'에 대한 앎으로서의 '이해'는 내감 단계에서 직감적으로 의미를 포착하는 것으로 그칠 수도 있고, 이 직관적 의미로부터 더 나아가 이 여러 '의미들'의 복잡적 '관계'를 지성적으로 가공하는(분석·해명·정리·서술하는, 즉 관념화·개념화·추론·체계화하는) 것을 포괄할 수도 있다.

정리하는 차원에서 수사적 질문을 던져보자. '이해'는 어떻게 가능한가? '이해'(verstehen; make sense of it[=comprehend])는 저 4대 평가감각의 내감, 그리고 내감의 또 다른 기능인 교감(Nachgefühl; re-feeling 또는 vicarious experience)과 공감(Mitgefühl; empathy)에25) 의해 직관적으로 이루어진다. 여기서 '교감'은 타인의 표정과 상황을 보거나 듣고 내감에 의해 타인의 감정을 느껴 지각하고 쾌통·재미유무·미추·시비를 변별할 수 있게 해주는 감성능력이다. 그러나 '교감'은 타인의 감정과 유사한 감정을 자기 안에 재현하는 것에까지는 이르지 않은 단계('공감'에까지 [아직] 이르지 않은 단계)다. 우리가 남의 기쁨과 아픔을 인지한다면, 이 감

---

24) 인간주체에게 쾌락과 고통을 주는 사물은 이롭거나 해로운 것이다. 따라서 '쾌통'은 사물과 결부되어 포착되면 '利害'로 나타난다.

25) 내감은 12가지 기능이 있다. 이 중 6가지는 인식 관련 기능이고, 나머지 6가지는 이해 관련 기능이다. 6가지 인식 관련 기능은 ① 오감 지각에 대한 지각 기능, ② 오감의 지각들을 통합(종합)하는 기능, ③ 오감의 지각들을 이성에 전달하는 기능, ④ 비교기능, ⑤ 방향·위치·지리감지 기능, ⑥ 기억과 습관화 기능이다. 6가지 이해 관련 기능은 ① 교감·공감 기능, ② 감정에 대한 감지·이해 기능, ③ 쾌통감각(평가·판단), ④ 재미감각, ⑤ 미추감각, ⑥ 시비감각 등이다. 이에 관한 본격적 논의은 참조: 황태연, 『감정과 공감의 해석학(1)』, 1000-1037쪽.

정을 우리의 내면에서 재현해 남과 더불어 느낄 수 있다. 하지만 타인에 대한 자기의 판단감각이나 자기의 상태에 따라 내가 타인의 기쁨과 아픔을 인지하지만, 이 감정을 나의 내면에서 재현하지 않아서 남과 더불어 느끼지 않는 경우도 허다하다. 이 경우들이 다 교감에 해당한다. 첫째, 타인의 기쁨을 알되, 이 타인이나 타인의 감정에 대한 반감 때문에 이 기쁨을 재현해 같이 느끼지 않을 수 있다. 이런 교감적 반감은 보통 혐오감과 시기질투심을 낳기도 하지만, 대개 타인의 존재와 행동의 의미가 4대 판단감각에 비추어 부정적일(아프고 재미없고 추하고 악할) 때에 나타난다. 나아가 우리는 타인이 '얄미운 놈'이라면 그의 고통을 알지만 이 고통을 그와 더불어 느끼기는커녕 오히려 그의 고통에 대한 교감적 인지로부터 고소함(Schadenfreude)을 느끼고, 또한 타자가 '나쁜 놈'이거나 범죄자라면 우리는 타자가 겪는 고통으로부터 응보적 즐거움(행복감)을 느낄 수도 있다. 둘째, 교감자가 잔학한 자(사이코패스)라면 타인의 고통을 교감적으로 알면서 이것을 쾌감으로 느끼고 타인이 고통스러워할수록 더 큰 쾌감을 느낄 수도 있다. 사이코패스는 남의 고통을 교감적으로 인지할 수 있지만 남의 고통을 남과 같이 느끼지는 않는 인면수심의 괴물이다.26) 즉, 사이코패스는 교감능력이 있지만 공감능력이 없는 것이다. 아무튼 '교감'은 타인의 감정을 타인과 더불어 느끼지 않되 타인의 감정을 아는 객관적 기능이다.

반면, '공감'은 교감을 통해 타인의 감정을 인지해 이 감정의 쾌통·재미·미추·시비를 변별하고 그 평가가 좋을(기쁘고 재미있고 아름답고 바르다고 느낄) 때, 또는 적어도 불쾌하지 않고 재미없지 않고 추하지 않고 악하지 않다고 느낄 때, 교감적으로 느껴지는 남의 감정을 자기 마음속에서 재현해 남과 더불어 이 감정을 '같이 느끼는' 것이다.27) 따라서 '공감'은 곧 '동감'이다. (공감은 반

---

26) 사이코패스의 심리상태에 대해서는 참조: Marc D. Hauser, *Moral Minds* (New York: Harper Collins, 2006·2007), 46쪽, 235-240쪽; Richard Joyce, *The Evolution of Morality* (Cambridge [Massachusetts]: The MIT Press, 2006·2007), 125쪽; Jesse J. Prinz, *The Emotional Construction of Morals* (Oxford: Oxford University Press, 2007·2013), 42-43쪽.

27) 교감과 공감의 차이에 대한 상론은 참조: 황태연, 『감정과 공감의 해석학(1)』(파주: 청계, 2014·

복되고 지속되어 동감을 '동심'으로까지 심화시키면 '일체감'을 유발해 '사랑'을 낳기도 한다.) 따라서 교감적·공감적 이해는 4대 평가감각을 통과하기 때문에 이미 '평가'를 포함한다.

사람의 의미와 의미관계에 대한 앎에서 내감과 내감적 공감이 개시하고 주도하는 '이해'는 사물의 속성과 속성적 관계에 대한 인지에서 외감이 개시하고 주도하는 '인식'과 구별된다. 쾌통·재미·미추·시비감각 등 4대 평가감각과 교감·공감에 의해 사실과 사실관계의 평가적·감정적 의미를 직관적으로 '이해'하는 유형의 지식은 '이해의 지식(verstehendes Wissen; comprehending knowledge)'이고, 외감주도적인 저 '인식적 지식'과 구별된다. '인식적 지식'은 단순한 관찰자 관점의 객관적 지식으로서, 지성적 세공을 통해 '설명'에서 완성된다면,[28] '이해의 지식'은 객관적 관찰자 관점을 가능케 해주는 교감 또는 공감을 통해 획득되고 '해석(Deutung; interpretation)'에서 완성된다. '이해'는 '의미'를 파악하고, '해석'은 '의미 관계'를 분석·해명한다. 이 '해석'이 나아가 정리·서술序述되면, 지인의 해석적 지식은 '인문·사회과학'이 된다. 해석이 정리·서술되기 위해서는 먼저 여러 해석들이 이론화되어야 한다. '이론화'는 논리정연하게 일반화된 명제들로 정리하고 체계화하는 것이다.

두 개 이상의 의미들의 복잡한 '관계'를 분석·해명하고 꿰어 서술序述하는 '해석'은 '이해'와 달리 당연히 지성(사고)의 활용을 포함한다.

'이해'와 '해석'은 언제나 평가를 담고 있다. 자기의 감정과 행동에 대한 이해와 해석은 평가감각에 의해 이루어지기 때문에 늘 평가적이다. 앞서 시사했듯이 교감과 공감을 통해 이루어지는 남의 감정과 행동의 의미에 대한 이해와 해석도 평가감각을 통과하기 때문에 언제나 평가적이다. 그리고 쾌통·재미·미추·시비의 내감만이 아니라 기쁨·슬픔·분노·즐거움·동정심·정의감(공분)·겸손 등 모든 감정들은 '본원적으로(originally)' 평가적이다. 이 때문에 모든

---

2015), 85-150쪽.

28) 자연과학적 '이론' 또는 '패러다임' 차원의 '설명'에 끼어드는 '해석'에 관한 논란은 여기서 논외로 한다. 이 논란에 대한 좋은 요약적 설명은 참조: Jürgen Habermas, *Theorie des kommunikativen Handelns*, Bd.1 (Frankfurt am Main: Suhrkamp, 1981·1985), 161-162쪽.

이해와 해석은 필연적으로 평가를 포함하는 것이다.

'해석'은 의미의 직관적 이해를 바탕으로 복잡한 '의미관계'를 지성적으로 분석·해명하고 일관되게 정리·서술하는 것이다. 말하자면, '인식적 지식'의 전모가 사물의 단순한 '속성'을 '인식'하고 사물의 복잡한 '속성 관계'를 '설명'하는 것이라면, '이해의 지식'의 전모는 사람의 단순한 '의미'를 이해하고 복잡한 '의미관계'를 '해석'하는 것이다.

사람의 행동과 사회를 아는 것으로서의 지식은 모든 지식의 중심 지식이다. 『서경』은 전한다. "고요가 오! 지인에 (…) 달려 있다고 말했다. 그러자 우가 아! (…) 지인하면 밝게 통하고 능히 사람들에게 제 자리에 쓸 수 있다고 답했다(皐陶曰 都 在知人 […]. 禹曰 吁 […] 知人則哲 能官人)."[29] 고요와 우는 둘 다 치국이 '지인'에 달려있다고 말함으로써 지인의 중심성을 천명하고 있다. 흄도 '지인'의 중심성에 대해 이렇게 갈파한다. "분명한 것은 만학萬學이 많건 적건 인간본성과 관계가 있고 이 인간본성과 멀리 떨어져 보일지라도 만학은 이러저러한 경로를 통해 인간본성으로 되돌아온다는 사실이다. 심지어 수학, 자연철학과 자연종교조차도 어느 정도 인간과학(science of MAN)에 의존한다."[30] 흄이 만학의 중심과학으로 말하는 이 '인간과학'은 바로 공자가 말하는 '지인'의 과학을 뜻한다. 이런 의미에서 공자는 '지知'를 '지인'과 등치시키기도 했다. "번지가 지知가 무엇이냐고 물었다. 그러자 공자는 '지인知人'이라고 답했다(樊遲 […] 問知. 子曰 知人)."[31] 지식의 중심성의 관점에서 '지식'은 지물의 인식적 지식이 아니라 '지인의 해석적 지식'인 것이다.

공자는 만학의 중심지식으로서의 이 '지인'과 관련된 자신의 도道, 즉 자신의 과학방법을 "일이관지"라고 했고(子曰 參乎! 吾道一以貫之) 공자의 제자 증삼曾參은 스승의 이 학문방법을 "충서忠恕", 즉 "오직 서恕에 충실忠實을 기하는 것(忠恕而已矣)"으로 풀이했다.[32] '일이관지'가 '충서'와 등치되는 한에서, '일이

---

29) 『書經』「虞書·皐陶謨 第四」.

30) Hume, *A Treatise of Human Nature*, 4쪽.

31) 『論語』「顔淵」(12-22).

32) 『論語』「里仁」(4-15). '忠恕'의 방법론에 대한 상론은 참조: 황태연, 『감정과 공감의 해석학(1)』,

관자'는 곧 '서이관지恕以貫之('서'로 일관하는 것)' 또는 '서이충지恕以忠之(서로써 충
실을 기하는 것)'이다. 고대에 이 '서恕'자는 오늘날과 같은 '용서'의 뜻으로 쓰이
지 않았다. '서恕'는 파자하면 '여심如心'이다. '여심'은 '마음이 같은 것'으로서
거의 교감이나 공감을 의미한다. 그런데 앞서 구별했듯이 '교감'과 '공감'은
다르다. 공자의 '서'는 이 중 어느 것일까? 공자는 '서'에 대한 다른 분석을
남겨 두지 않고 그 용례도 많지 않다. 따라서 이 '서'가 교감인지 공감인지
분명치 않다. 하지만 공자의 '서'를 교감과 공감을 싸잡은 것으로 보아도 크게
틀리지 않을 듯하다. '마음이 같은 것'으로서의 '서'는 교감과 공감이 미분화
된 포괄개념으로 보이기 때문이다.

그러면 '서이관지恕以貫之'는 교감이나 공감으로 사회적 사실들을 일관되게
꿰어 내는 것을 뜻하고, '충서忠恕' 또는 '서이충지恕以忠之'는 사회적 사실들의
교감적·공감적 이해에 충실忠實을 기하는 것을 뜻한다. 따라서 '서이관지'와
'서이충지'는 같은 말이다. 공자와 증삼의 학문방법은 교감적·공감적 관찰자
(re-feeling or empathic observer)로서 사회적 대상의 의미를 교감적·공감적으로 '이해
하고' 이렇게 이해된 의미들의 복잡한 '관계들'을 분석적으로 밝히고 꿰어 서
술하는 이해와 해석의 방법이다. '공자의 '도'는 바로 충실한 '공감적 해석방
법론'인 것이다.

'불편부당不偏不黨한 공감적 관찰자(impartial sympathetic spectator)'는 흄·애덤 스
미스·쿨리 등의 저작에 자주 등장하는 개념이다.33) '이해'의 지식은 이 공감
적 관찰자의 불편부당한 관점에서 얻어지는 객관적 경험지식이다. '이해의
지식'은 공감적 일이관지와 지성적 세공을 통해 서술序述된 '해석의 지식'에
서 완성된다. 즉, 교감적·공감적 관찰자는 쌍방적 대화 형식의 언어적 소통
없이 제3자의 객관적 위치에서 일방적으로 보고 듣는 것만으로도 타인자아

---

47-61쪽.

33) Hume, *A Treatise of Human Nature* [1738-1740], 377쪽; Adam Smith, *The Theory of Moral Sentiments* [1759] (Cambridge·New York: Cambridge University Press, 2000·2009), I. ii. iii. §7; Charles H. Cooley, *Sociological Theory and Social Research* (New York: Augustus M. Kelley Publishers, 1930·1969), 303-304쪽.

의 실재성과, 이 타인자아가 느끼는 감정과 행동의 의미들을 교감적·공감적으로 이해하고 인정함으로써 이해의 객관성을 확보할 수 있다. '공감'은 '감정전염(Gefühlsansteckung)'이나 '감정이입(Einfühlung)'과 달리 남의 감정을 같이 느끼더라도 이것이 나의 감정이 아니라 남의 감정이라는 것을 안다. 남의 감정을 같이 느끼지 않는 '교감'은 나와 남의 감정의 구별에서 더욱 분명하다. 공감은 교감 못지않게 상호주관적이면서 객관적인 것이다.34) 공감이 상호주관적이면서도 동시에 객관적이라는 것은 오늘날 뇌과학적으로도 입증된 사실이다.35) 교감 또는 공감은 심지어 대상이 적군의 병사라도 이 자가 병사로서 훌륭하다면 적군의 '군인다움'도 이해하고 칭찬할 만큼 '불편부당하게' 작동한다. 교감과 공감은 타인의 감정에 포섭당하지도 않지만 타인의 감정을 주관화하지도 않고 늘 객관적이기 때문이다. 이 점에서 교감적·공감적 이해는 대상에 자기감정을 이입시켜 대상을 주관 속으로 포섭하는 '감정이입'의 주관주의적 이해와도 다르고, 대상에 의해 포섭되어 버리는 '감정전염'의 주관 없는 이해와도 다른 것이다. 교감과 공감의 '불편부당성'은 곧 보편타당성으로서의 상호주관적 '객관성' 또는 중립성이다.

'교감'과 '공감'은 감정역량이 내감적 평가감각들의 변별에 입각해 발휘하는 기능이다. 따라서 교감과 공감은 내감의 이런 직관적 의미변별에 근거한 객관적 '의미 이해와 해석'을 하는 것을 가능케 한다. 그러므로 이 공감적 관찰자의 관점에 서면, 모든 자기기만과 자가당착성을 해소한 새로운 해석학, 즉 '공감적 해석학(mitfühlende Hermenetik; empathetic hermeneutics)'의 가능성이 열리는 것이다.36) 이 '공감적 해석학'은 당연히 자가당착에 빠진 기존의 각종 언어물신주의적言語物神主義的 '해석학'(슐라이어마허·딜타이·가다머·하버마스 등의 언어실증주의적 해석학)을 배격한다. 여러 공감적 '해석들'이 모여 이론화되고(논리정연한 일반명제들로 정리·체계화되고) 일목요연하게 서술序述된 지인의 해석적 지식은 제대로 된

---

34) 황태연, 『감정과 공감의 해석학』, 86-91쪽.

35) Marco Iacoboni, *Mirroring People: The Science of Empathy and How We Connect with Others* (New York: Picador, 2008·2009), 133, 153-155쪽; 황태연, 『감정과 공감의 해석학』, 122-124쪽.

36) '공감적 해석학'에 대한 상론은 참조: 황태연, 『감정과 공감의 해석학』, 47-64쪽, 2007-2201쪽.

'인문사회과학'이다.

지금까지의 논의를 총정리하면 다음과 같다.

### [지물의 인식론]

속성의 인식 → 속성 관계의 설명 → 설명들의 이론적 서술 → 자연과학

### [지인의 해석학]

의미의 이해 → 의미 관계의 해석 → 해석들의 이론적 서술 → 인문사회과학

사람의 감정과 행동, 그리고 사회적 구성물(작품·법률·제도·사회단체·조직·정치시스템)의 의미(가치)와 이 의미들의 연관관계를 다루는 인문사회과학으로서의 '인간과학'은 해석학 없이 불가능하고, 그것도 '공감적 해석학'이 없이는 제대로된 인문사회과학이 불가능하다. 사회과학자들이 그간 실증주의적 사회과학에 불만을 느낀 것은 당연한 것이었다. 실증주의적 사회과학은 사회를 자연과학적 방법으로 인식하고 설명하면서 사회에 대한 물리화학적·생물학적·통계적 지식(기후·인구수·인구구성·연령구조·생산량·소득 및 지하자원의 매장량, 대립과 충돌, 사건들의 빈도와 여러 관계 등)을 제공하는 데 그치고, 의미(가치)와 의미관계에 대한 이해와 해석은 완전히 방기하기 때문이다.

'공감적 해석학'은 '서이관지恕以貫之' 또는 '서이충지恕以忠之'의 과학을 뜻하는 공자의 '일이관지一以貫之'와 증삼의 '충서忠恕'를 '공감적 해석학의 핵심원리의 천명으로 진지하게 이해한 끝에 수립된 것이다. 공자는 『논어』에서 두 번이나 '일이관지'와 공감의 '서'를 강조하고,[37] 『대학』에서도 공감의 정치를 논하는가 하면[38] 『중용』에서도 '충서'를 거듭 말하고 있다. "공감에 충실한

---

[37] 『論語』「里仁」(4-15): "子曰 參乎! 吾道一以貫之. 曾子曰 唯. 子出 門人問曰 何謂也? 曾子曰 夫子之道 忠恕而已矣."; 「衛靈公」(15-3): "子曰 賜也 女以予爲多學而識之者與? 對曰 然 非與? 曰 非也 予一以貫之."; 「衛靈公」(15-24): "子貢問曰 有一言而可以終身行之者乎? 子曰 其恕乎! 己所不欲 勿施於人."

[38] 『大學』(傳10章): "所惡於上 毋以使下 所惡於下 毋以事上. 所惡於前 毋以先後 所惡於後 毋以從

것은 도(참된 과학방법)와 거리가 멀지 않다(忠恕違道不遠)".39) 또 공자는 『역경』에
서 성인의 '여민동환與民同患'을 말하고, 주지하다시피 맹자도 이를 이어 '여민
해락與民偕樂·여민동락與民同樂·우민지우憂民之憂(백성의 근심을 근심함)의 공감정
치론을 역설하고 있다.40) 이 때문에 공자와 증삼의 '일이관지'와 '충서'로부터
공감직 해석학을 도출한 것을 아무도 '견강부회'로 지탄하지 못할 것이다.

### ■하버마스의 합리적 해석학에 대한 비판

필자가 공자의 '서의관지' 또는 '충서'의 방법을 확충해서 얻은 이 '공감적
해석학은 각종 작위적·이성적·상상적 역지사지로 설정되는 언어소통에 대한
가상적 '참여자' 관점에서 자가당착적으로 '관찰자' 관점의 객관적 타당성의
합리적 재구성을 추구하는 '합리적 해석학과 대립한다. '합리적 해석학의 상
상적 '역지사지' 또는 사유에 의한 '입장 바꾸기'는 애덤 스미스의 ─ 불행히도
그가 '공감'으로 오해한 ─ '상상 속의 입장 바꾸기(changing places in fancy)', 임마누
엘 칸트의 만인 관점의 정언명령적 보편화, 딜타이의 자기전치론, 조지 미드
의 역할채택(role-assuming)', 존 롤스의 '무지의 베일' 속의 만인적 관점채택, 미드
를 계승한 로렌스 콜버그의 '역할채택(role-taking)', 한스 가다머의 역지사지론,
위르겐 하버마스의 관점인계(Perspektivenübernahme)' 등 다양하게 나타난다.

그런데 하버마스조차도 합리적 해석학의 자가당착성을 이렇게 자인한다.
"해석자는 자기의 행위의도 없이도 소통적 행위에 대한 참여에 간여해야 하
고 객체영역 자체에서 등장하는 타당성 주장과 마주 대하는 일을 겪게 된다.

---

前. 所惡於右 毋以交於左 所惡於左 毋以交於右 此之謂絜矩之道也. 詩云 樂只君子 民之父母 民之
所好 好之 民之所惡 惡之 此之謂民之父母."(윗사람에게서 싫어하는 것을 가지고 아랫사람들을
부리지 말고, 아랫사람들에게서 싫어하는 것을 가지고 윗사람을 섬기지 말라. 앞사람들에게서 싫어
하는 것을 가지고 뒷사람들을 이끌지 말고, 뒷사람에게서 싫어하는 것을 가지고 앞사람을 따르지
말라. 오른쪽에서 싫어하는 것을 가지고 왼쪽과 사귀지 말고, 왼쪽에서 싫어하는 것을 가지고 오른
쪽과 사귀지 말라. 이것을 혈구의 도라고 부른다. 『시경』은 '즐거운 군자여, 백성의 부모로다'라고
노래했다. 백성이 좋아하는 것을 좋아하고, 백성이 싫어하는 것을 싫어하는 것, 이를 일러 백성의
부모라고 한다.)

39) 『中庸』(十三章).

40) 『孟子』「梁惠王上」(1-2); 「梁惠王下」(2-1), (2-4).

그는 타당성 주장을 지향하는 행위의 합리적 내부구조에 단초에서 합리적인 해석으로써 대처해야 한다. 이 합리적 해석을 해석자는 그가 객관화하는 관찰자 지위를 취하는 것을 대가로 해서만 중립화할 수 있을 게다. 그러나 이 관찰자 지위로부터는 내적 의미연관에 전혀 접근할 수 없다."[41]

그리하여 하버마스는 소통적 행위의 참여자 관점과 합리적 해석의 관찰자 관점 간의 이 차단상태를 "소통적 행위에서 논의로 넘어가는 길(*Weg vom kommunikative Handeln zum Diskurs*)"로 돌파하려고 한다. 소통적 언어행위의 반성적 형태인 '논의'가 행위부담을 벗어날 수 있어 오히려 "소통연관을 심화시키고 근본화하는" 까닭에 소통적 합리성(타당성 주장들의 상호주관적 인정에 기초한 합의)을 바탕으로 관찰자가 가상적으로 참여자의 관점을 인계해 저 1·2인칭의 참여자 관점과 3인칭의 관찰자 관점을 하나로, 즉 '참여적 관찰자 관점'으로 통합할 수 있다는 것이다. 그러나 구변 좋은 '논의'로 넘어가는 저 고갯길은 하버마스의 말을 따르더라도 "자연적 맥락에서는 다각도로 봉쇄되어 있는" 길이다. 아무튼 '합리적 해석'은 이 '길 아닌 길'을 통해 결국 '논의'로 넘어간다.[42]

따라서 '논의'의 장에서도 언어적 소통형태의 가정법적 역지사지('가상적 관점인계')에 의거한 '참여적 관찰자 관점'은 묘연한 신기루다. 이 신기루를 쫓는 하버마스의 이 해석학적 '논의'는, 그가 이 '논의'를 사실상 철학적 '논증(Argumentation)'과 동일시하는 한에서,[43] 자연과학적 학술논의와 마찬가지로 늘 백성들의 "자연적 맥락"의 '일상적 소통행위자들'로부터 '아득히 먼 구름 위에' 있는 것이다.

말하자면, 합리적 해석학의 자가당착성이 '논의' 개념에 의해 돌파된 것이 아니라, 타자기만을 동반하는 자기기만적 '신기루'로 둔갑했을 뿐이다. 왜냐하면 언어소통적 관점인계의 이론은, '나 중심의 관점에서 보면 타인들이 나를 인칭상으로 어떻게 바꿔 부르든 '나는 나인', 즉 결코 바뀌지 않는 '나'의

---

41) Habermas, *Theorie des kommunikativen Handelns*, Bd.1, 170쪽.

42) Habermas, *Theorie des kommunikativen Handelns*, Bd.1, 188쪽.

43) 가령 참조: Jürgen Habermas, *Moralbewußtsein und kommunikatives Handeln* (Frankfurt am Main: Suhrkamp, 1983), 170, 182쪽 등.

불가역적 관점을 2·3인칭의 단순한 화법상의 가상적 인칭변화에 의해 진짜 가역적으로 변화가능한 것으로 착각하기 때문이다. 기실 인칭변화라는 것은 가령 '나'를 타인들(너'와 '그')이 그들의 관점에서 바꿔 부르는 호칭에 불과한 것이다. 따라서 가령 내가 나의 관점을 이 타인들의 관점으로 바꿔 '나'를 '너' 나 '그'로 인칭을 바꿔 부르더라도 '나'는 여전히 본질적으로 '나'로 남아 있다. 즉, '나'가 '나'를 '나'라고 부르든 '너'가 '나'를 '너'라고 부르든, '그'가 '나'를 '그'라고 부르든 '나'는 '나'로 남아 있다는 말이다. 또한 내가 '너'와 '그'의 입장에서 '너'와 '그'를 '나'라고 바꿔 부르더라도 '너'는 '너'고 '그'는 '그'로 남는 한편, 이러는 중에 '나'는 '너'와 '그'의 이름을 사칭해 어디까지나 '나'의 입장을 관철시킬 따름이다.

결국 모든 인칭변화는 변화의 가상을 만들어 내지만, 실제로 입장과 관점을 바꿀 수 없다. 가상은 어디까지나 가상이지, 실제가 될 수 없는 법이다. 그래서 일상 속에서 사람들은 가령 '입장 바꿔 생각해 봐도 너는 여유가 있는데 왜 내 돈을 갚지 않느냐'라고 따지며 언제나 싸움을 일으키거나, 역지사지를 빌미로 되레 더 싸우는 것이다. 따라서 온갖 상상적 '역지사지'는 그것이 작위적 인칭전환이든, 가상적 관점인계든 '이 몸이 새라면(wäre ich Vogel)' 식의 수사적 가정법, 즉 현실의 정반대에 불과한 것이다. 그런데도 화법적 인칭전환을 실제적 '역지사지'로 여기거나 이 '역지사지'를 실제 가능한 것으로 보는 것은 자기기만이고, 이를 공개적으로 주장하는 것은 타인기만이다. 공감을 몰각하고 구변 좋은 언어소통적 '논의'로 "자연적 맥락"의 생활세계의 의미를 포착하려는 '합리적 해석학'은 인간실존의 가치측면인 쾌통·재미·미추·선악과 감정들에 대한 이해와 해석을 배제할 뿐만 아니라, 또 '공감능력 제로'의 '사이코패스'처럼 끝내 일상적 사회생활의 '의미'를 유린하고 파괴하고 말 것이다.

나아가 '참여적 관찰자 관점'을 참칭하는 '3인칭의 관찰자 관점'은 "자연적 맥락" 속에서 소통하는 1·2인칭의 참여자들을 제압하는 위압적 권위를 암암리에 행사한다. '참여적 관찰자 관점'은 1·2인칭의 타아他我들의 관점을 3인칭 관찰자의 관점으로 대체함으로써 1·2인칭 자아들의 독자성을 말살한다. 가상적 '관점인계'란 자의적 '관점대체'에 불과한 것이다. 그리하여 철학적 관찰자는 결국 자기도 모르게 1·2인칭 자아에 대해 가상적 참여자의 관점을 참칭한 3인칭 관찰자의 관점을 '참여적 관찰자'의 (자기)기만적 권위로 관철시키는 것이다. 따라서 이 신기루 같은 '참여적 관찰자 관점'을 산출한다는, '참여자 관점과 관찰자 관점의 논의적 통합' 또는 '세계관점과 화자話者관점의 논의적 통합'에 대한 철학적 논단은[44] '아득한 구름 위'의 신기루로 그치는 것이 아니라, 저 관찰자 관점의 권위를 은밀하게 내리먹이는 '위압적' 신기루인 것이다.

이런 까닭에 필자는 '역지사지'를 모델로 한 온갖 가상적 참여자 관점의 '합리적 해석학'을 '허사'로, 또는 '자기기만'으로 물리치고, '서이관지'로서의 '공자의 도'의 입장을 되살려, '공감적 관찰자'의 불편부당한 객관적 관점에서 일상인들의 판단·감정·행동의 '의미'를 교감적·공감적으로 이해하고 해석하는 '보통사람'의 '공감적 해석학'을 기존 해석학의 대안으로 전개하지 않을 수 없었던 것이다. 이것은 별도의 저서 『감정과 공감의 해석학』 1권(2014)과 2권(2015)으로 완수되었다.

합리적 해석자는 각종 이성적 역지사지를 통해 관찰자에게 주관적 참여자 관점의 가상적·인위적 채택의 길을 뚫으려고 한다. 그러나 가상적 입장교환의 이러한 인위적 조작은 불가피하게 - '입장 바꾸기'와 실제로 무관한 화법적 인칭변화가 아니라면 - 만인을 철학자로 전제하는 것이고,[45] 또 만인이 칸트·딜타이·미드·콜버그·가다머·하버마스·롤스 같은 철학자라 해도 신기루처럼 허사로운 것이다. 미래의 시어머니인 며느리와 과거 며느리였던 시어머

---

44) Habermas, *Moralbewußtsein und kommunikatives Handeln*, 152-168쪽, '세계관점과 화자관점의 통합'은 182쪽.

45) 콜버그는 심지어 '아동'도 '철학자'로 설정한다. Lawrence Kohlberg, *The Psychology of Moral Development* (Cambridge·New York: Harper & Row Publisher, 1984). 콜버그(김민남·진미숙 역), 『도덕발달의 심리학』(서울: 교육과학사, 2001), xi-xii쪽. 하버마스도 일반인 피험자들을 심리학자나 철학자와 등치시키면서 이들 모두를 가령 도덕판단의 결정에서 도덕적 직관의 핵심 영역에 대한 가장 적절한 해명을 찾는 "합작벤처의 참여자"로 봐야 한다고 주장한다. Jürgen Habermas, "Justice and Solidarity", 227쪽. Thomas E. Wren (ed.), *The Moral Domain* (Cambridge[Massachusetts]·London: The MIT Press, 1990).

니 관점, 아니 아래로 며느리를 데리고 위로 시어머니를 모시고 사는 며느리 겸 시어머니의 중첩적 관점, 장차 상사가 될 부하직원과 좀 전까지 말단사원 이었던 상사의 관점, 아니 현재 아랫사람의 상사이면서 윗사람의 부하인 중 간간부의 중첩된 관점, 거의 모든 사람들이 동시에 처해 있는 채권자와 채무 자의 중복된 처지, 시시각각 뒤바뀌는 보행자와 운전자의 관점 등은 늘 당사 자들의 입장이 이렇게 부단히 바뀌고 중첩되더라도 온갖 갈등을 빚어낸다. 가령 한 사람이 시시각각 보행자도 되고 운전자도 될 수 있을지라도 보행자 는 횡단보도의 푸른 신호등이 너무 짧고 빨간 신호등이 너무 길다고 느끼고, 반대로 운전자는 횡단보도의 푸른 신호등이 너무 길고 빨간 신호등이 너무 짧다고 느끼기 때문이다. 이로 인해 빚어지는 갈등이 자체로 해결될 수 없을 때는 제3의 관점을 취하는 권위적 사법기구의 개입이 필요한 것이다. 이 사법 기구의 공평성은 공정한 법절차에 의해 보장된다. (반면, 참여자들 간의 상이 한 관점이 아니라 관찰자와 참여자 간의 상이한 관점을 처리하는 합리적 해 석자는 자신의 관점과 참여자의 관점 간의 상이성을 자신의 권위로 말소하고 참여자의 관점에 대해 자신의 관점을 위압적으로 관철시키는 점에서 아주 불공평하다.)

입장이 시차를 두고 부단히 바뀌고 또 중첩될 수 있는 저런 경우에도 역지 사지가 이렇게 어려운 마당에, 결코 입장이 바뀔 수 없는 남과 여, 어미와 아들, 아비와 딸, 군주와 인민, 철학자와 대중, 대를 이은 갑부와 걸인, 2·3세 대 재벌과 노동자 사이에는 아예 일체의 역지사지도 불가능할 것이다. 합리 주의적 해석자 또는 합리적 언어사용자로서의 철학자는 이들 간의 교류와 갈등을 어떻게든 적실하게 이해하고 해석해낼 수 없다.

나아가 합리적 언어사용자로서의 합리주의적 해석자는 역지사지를 통해 공감능력을 결한 합리주의적 사이코패스의 마음도 알 수 없고, 칸트주의자들 은 역지사지가 불가능해서 '보편화될' 수 없는 특수한 요구를 가진 동성애자 들끼리의 혼인의 허용과, 원시적 민속집단들의 도덕규범의 특수성을 정언명 령에서 배제·억압하고 그 규범성을 부정하려고 들 것이다. 이런 합리적 역지사지 사례들의 경우 관찰자로서의 합리적 해석자의 '자기잇속만 챙기는 편향성(self-serving bias)'을 성찰하면, 지성적 역지사지로서의 상상적 '입장 바꾸기'의 허사성, 또는 기만성, 그리고 그 억압성이 쉬 드러난다.

반면, 교감과 공감은 '가상의' 참여적 관찰자의 기만적 관점을 극복하고 '진정한' 참여적 관찰의 주객관적 관점, 따라서 절대적 보편성(이른바 학문적 '객관성')의 관점을 진정으로 개방해 준다. 참여 없는 관찰만으로 가능한 공감은 관찰만으로 참여자들의 마음을 이해할 수 있게 해준다. 반면, 참여 없는 대화는 없다. 따라서 대화 또는 소통적 행위는 관찰을 배제하고, 관찰은 소통적 참여를 배제한다. 그리하여 관찰로는 참여자의 내면에 접근할 수 없다. 그런데 모든 대화 또는 모든 언어적 의사소통은 실은 교감과 공감 없이 이해될 수 없다. 왜냐하면 사람과 마음, 행동과 사회, 예술과 문화 등을 묘사하는 거의 모든 언어는 교감과 공감을 바탕으로 발생했고, 따라서 상대방이 자기와 자기 심정을 표현하는 어휘들의 의미와 언어행위(speech act), 즉 '화행話行'의 의미는 교감·공감 없이 이해할 수 없기 때문이다. 그러므로 성공적 화행에서라면 인간은 공감하면서 대화한다. 즉, 언어적 소통으로서의 대화는 오직 합리주의적으로만, 즉 일체의 교감과 공감 없이 진행될 수 없다.

공자는 지인의 지식에서 "공감으로 일이관지하라", 또는 "공감에 충실하라(忠恕)"고 말함과 동시에 "언어를 알지 않으면 지인知人하지 못한다(不知言 無以知人也)"고 천명했다.46) 공자는 '지인'의 지식에서 공감을 강조함과 동시에 언어도 중시한 것이다. 우리가 이 '지언知言' 명제를 저 '충서' 명제와 결합해 읽으면, 새로운 명제, 즉 언어의 교감적·공감적 기반에 주목해 언어를 공감적으로 이해하고 공감적으로 사용해야 한다는 명제가 도출된다. 사람을 이해하려면 언어는 합리적으로 이해·사용하기보다 공감적으로 이해·사용해야 하는 것이다. '공감적 언어사용자'는 합리적 언어사용자와 본질적으로 다른 위치를 점하게 된다. '공감적 언어사용자'는 '합리적 언어사용자'와 반대로 공감적 '관찰자'와 소통적 '참여자'의 관점을 순식간에 오갈 수 있기 때문이다. 공감적

---

46) 『論語』 「堯曰」(20-3).

언어소통에서는 역지사지 없이 '관찰'과 '참여'가 동시에 진행되며 상호 결합될 수 있다. 그러므로 '공감적 언어소통' 속에서는 '참여적 관찰'이라는 말이 결코 '뜨거운 얼음' 같은 형용모순이 아니라, '진정으로' 가능한 것이다. 결국, '공감'은 기만적 역지사지 없이 현실적 관찰자의 관점을 견지하면서도 관찰자의 객관적 직감으로 타인의 내면과 의도, 감정과 마음을 알게 해주고, 합리적 역지사지의 허울 아래 자행되는 온갖 철학적 기만과 자기잇속 편향을 불식하고 불편부당不偏不黨한 보편적 '객관성'을 보장해준다. 애덤 스미스·칸트·딜타이·미드·콜버그·가다머·하버마스·롤스의 '가상적 입장 바꾸기' 또는 '합리적 역지사지'의 오류는 아마 '공감적 언어사용자'에게 가능한 '참여적 관찰을 자기도 모르는 사이에 '훔쳐' 합리적 언어소통 모델 속으로 옮겨놓는 자기기만적 개념구성에서 비롯되었을 것이다.[47]

따라서 '인식'과 '이해', '설명'과 '해석', '인식론'과 '해석학', 합리적 해석학과 공감적 해석학의 이런 비판적 구분은 − 플라톤에서 흄·칸트·헤겔·쇼펜하우어에 이르기까지 − '이해'를 아예 모르거나, '이해'를 '인식' 아래 포함시켜 개념혼돈을 초래하는 철학자들이 적지 않기 때문에[48], 그리고 오늘날 합리적 해석학의 자기기만성과 은밀한 권위주의 때문에 필수적인 것으로 보인다.

---

47) 애덤 스미스·칸트·딜타이·미드·콜버그·가다머·하버마스·롤스 등의 역지사지론에 대한 본격적 비판은 참조. 황태연, 『감정과 공감의 해석학』, 94-95쪽(스미스 관련 비판), 530쪽-533쪽(롤스 관련), 684-701쪽(콜버그 관련), 873-903쪽(미드 관련), 993-998쪽(칸트 관련), 1932-1972쪽(하버마스 관련), 1972-1979쪽(딜타이 관련), 1990-1994쪽(가다머 관련).

48) 흄은 사물의 외감적 '속성'과 내감적 '의미'를 동일 차원에 놓고 비교한다. "덕성과 악덕은 현대철학에 의하면 '객체 속의 성질'이 아니라 '정신 속의 지각인 소리·색깔·열기·냉기와 비교될 수 있다. 도덕에서의 이 발견은 물리학에서의 저 발견과 같이 사변적 과학의 상당한 진보로 간주되어야 한다". Hume, *A Treatise of Human Nature*, 301-302쪽. 주지하다시피, 칸트는 도덕법칙을 입법·제정하는 '실천이성'을 인식적·이론적 '순수이성'의 일종으로, 즉 "단적인 법칙관념으로 실천적이 된" 순수이성으로 보았다. Immanuel Kant, *Kritik der praktischen Vernunft* (1788), A96쪽. *Kant Werke*, Band 6, Erster Teil (Darmstadt: Wissenschaftliche Buchgesellschaft, 1983). 셸러는 심지어 "이해하는 인식(verstehende Erkenntnis)", "가치인식(Werterkenntnis)", "이해의 인식이론(Erkenntnistheorie des Verstehens)"이라는 혼돈스런 표현도 남발한다. Scheler, *Wesen und Formen der Sympathie*, 129, 151, 217쪽. 이런 혼동과 뒤섞기는 앎을 주도하는 지각기관이 외감인지 내감인지, 지각대상이 사물의 '속성'인지, '의미'인지, 나아가 그 인지작용이 인식인지 이해인지, 마지막으로 그 소산이 설명인지 해석인지, 관점이 관찰자인지 참여자인지를 뚜렷하게 분간하지 않아서 빚어진 것이다.

'인식'과 '설명'의 대상이 '속성'과 '속성 관계'인 반면, '이해'와 '해석'의 대상이 쾌통·재미·미추·시비와 감정의 '의미' 및 '의미 관계'이기에 때문에, 그리고 인식을 개시하고 주도하는 경험적 감각기관이 외감인 반면, 이해를 개시하고 주도하는 감각기관이 내감체계이기 때문에, 또한 '인식'이 단순한 관찰자의 관점을 취하는 반면, '이해'는 대개 공감적 관찰자의 관점을 취하기 때문에, '인식'과 '이해', '설명'과 '해석'은 애당초 전혀 혼동할 여지가 없는 것이었다. 또한 본능적 공감과 '상상적 입장 바꾸기'도 애당초 혼동할 여지가 없는 것이다. 교감과 공감은 본성적 내감기능인 반면, '상상적 입장 바꾸기'는 이성적 사유의 가상적 조작에 불과하기 때문이다.

요약하면, '의식적 지식'은 생생함과 추상성, 또는 감성과 사유의 작용단계에 따라 '감성적 지식'과 '지성적 지식'으로 양분되고, 의식적 지식의 바탕이 되는 '감성적 지식'이 외감적 지각이냐 내감적 지각이냐에 따라 '인식적 지식'과 '이해의 지식'으로 대별된다. 인식과 설명은 속성과 속성 관계를 밝히지만, 이해와 해석은 지각내용의 '의미' 또는 '의미관계'의 '쾌통·재미·미추·시비'와 감정들을 변별한다.

■ 무의식적 지식과 역학易學

한편, 모든 '의식적 지식'과 반대되는 '무의식적 지식(unbewußtes Wissen)'은 몸으로 아는 감각외적·식물적 '체감體感', '본능'이라고 부르는 유전자 속의 지식('본능적 지식', 즉 일차 무의식),[49] 반복으로 몸에 익힌 조건반사적 습관(이차 무의식), 잠재의식(삼차 무의식) 등으로 구성되어 있다. 이 일·이·삼차 무의식은 다 개인적 무의식과 집단적 무의식을 둘 다 포함한다.

이 무의식적 지식은 인간·동물·식물, 즉 모든 생물이 공유한다. 식물은 지성적 의식은커녕 감성적 의식도 없지만, 몸체의 무의식적 감지로 외부세계의

---

49) 다른 곳에서 '무의식적 지식'을 하시해 '지식'으로 보지 않는 셸러도 때로 불가피하게 이 '본능적 지식'을 지식으로 인정하고 "심리적 生氣형태(psychische Vitalformen)의 지식", 또는 "前경험적 生氣的 지식(präempirisches Vitalwissen)"이라고 부른다. Scheler, *Wesen und Formen der Sympathie*, 231쪽 및 각주 1).

햇볕·수분·공기·영양분 등을 체감하고 외부사물과 물질대사를 하며 전지구적으로 번창하고 있다. 식물은 뿌리의 (촉감이 아닌) 체감으로 물을 찾고, 줄기·가지·잎사귀의 체감으로 햇빛을 찾아 광합성을 하여 녹말을 만든다.[50] 사람들도 햇빛이 부족한 고위도지방에서 보듯이 해만 나면 나체로 일광욕을 즐긴다. 사람의 피부가 햇빛을 받아 비타민 D를 합성하기 때문이다. 또 우리 몸은 영양의 결핍과 과다를 체감으로 알고, 결핍되면 욕구를 일으키고, 과다하면 굶주릴 때를 대비해 남는 영양분을 지방으로 전환해 몸 안에 축적시킨다. 그래도 계속 과다하게 영양이 들어오면 대사증후군의 각종 성인질환으로 경고한다. 또 우리 몸은 적당한 스트레스를 즐기지만, 과다한 스트레스를 체감해 심신질환으로 경고한다. 이렇게 보면 몸은 내부의 신진대사와 외부와의 물질대사를 체감해 건강과 질환의 반복적 신호를 보내 스트레스와 영양을 적절하게 조절하도록 만드는 것이다. 또 인간과 동물의 대부분의 장기는 뇌의 이차 체성體性감각 피질(*secondary somatosensory cortex*; 두정엽의 중앙열 심부)이 담당하는 본능적 자율신경계의 생화학적 정보지시에 따라 식물처럼 무의식적 차원에서 작동한다. 이런 까닭에 인생의 무려 3분의 1을 차지하는 수면상태의 인간, 태아, 최면상태의 인간, 졸도(기절)상태의 인간, 장기뇌사 상태의 인간('식물인간[51]) 등도 식물의 생과 유사한 생生 차원에서 살아있을 수 있는 것

---

50) Gottfried W. Leibniz, *The Monadology* [1714], §14. Leibniz, *Discourse on Metaphysics, Correspondence with Arnauld, and Monadology* (Chicago: The Open Court Publishing Company, 1902). 다른 곳에서 라이프니츠는 무의식적 지각과 의식적 지각을 구별하지 않는 데카르트학파를 비판한다. "우리는 외부사물을 표현하는 단자의 내적 상태로서의 지각과 이 내적 상태에 대한 반성적 인식인 통각으로서의 자기의식을 구별해야 한다. 후자의 자기의식은 결코 모든 영혼에게 주어지는 것이 아니고, 동일한 영혼에게도 항상 주어지는 것이 아니다. 마치 사람들이 통상적 입장에서 감각적으로 지각할 수 없는 물체들을 고려하지 않듯이 의식하지 못하는 지각들을 고려하지 않는 데카르트주의자들의 오류는 바로 위와 같은 구별을 하지 않은 데에 있다." Gottfried W. Leibniz, *Principes de la nature et de la grâce fondés en raison* (1714). 라이프니츠, 「자연과 은총의 이성적 원리」, 빌헬름 라이프니츠(윤선구 역), 『형이상학 논고』(서울: 아카넷, 2010), §4.

51) 외부자극에 대한 일체의 반응 없이 수면과 각성을 반복하는 '식물인간'의 상태는 실은 식물적 뇌사상태로 볼 수 없는 특이성이 있다. 이 장기 의식불명 환자는 홀로 꿈틀거리기도 하고, 눈물 흘리거나 미소 짓고, 눈을 뜰 때도 있기 때문이다. 나아가 한 신경과학적 실험에서는 문장어에 대해 정상인과 같이 중간 부위와 상부의 측두회(側頭回)가 활성화되었고, 테니스운동을 상상하라는 말에 환자의 뇌의 운동중추가 활성화되었으며, 환자의 집안에서의 공간적 이동을 상상하라는 말에는

이다. 또 숙달된 만두요리사는 손 근육의 단련된 육감肉感인 '손대중'으로 언제나 정확하게 가령 2g 무게의 만두피를 빚어낸다. 또 몸에 익혀진 걷기, 자전거타기, 자동차운전 기술 등 인간의 무수한 습관적 지식과 노하우 기능은 매번 '생각할' 일 없이 무의식적으로 잘 쓰인다. 마지막으로 '잠재의식'은 부주의(건성), 사회적 억압 등 여러 가지 이유에서 무의식의 세계로 밀려나거나 추방되어 보존된 지각이나 감정이다. 부주의, 즉 건성으로 인해 의식에서 밀려난 잠재의식적 지각은 대개 기억을 샅샅이 더듬는 특별한 정신집중의 상기 노력이나 최면술에 의해 의식화될 수 있다. 억압에 의해 무의식으로 밀려나 지속적으로 정신질환을 일으키는 잠재의식적 감정은 정신의학적 기법에 의해 분석되고 의식화될 수 있다.

'무의식적 지식'은 이와 같이 별도의 정신의학·심리학·최면술·서양신학神學·공자신학(역학易學) 등의 특별한 방법을 통하지 않는다면 우리가 직접적으로 인지하거나 의도적으로 활용할 수 없다. 그러나 무의식적 지식은 우리의 인지적·의식적 지식의 형성에 필수적이다. 우리가 본성 또는 본능이라고 부르는 유전자 정보와 그 능력은 우리의 감성과 지성을 둘 다 지배한다. 가령 610-700nm의 파장을 가진 빛을 하필 '빨강'으로 지각하는 인간의 적색지각 능력은 본성적인 것이다. 또 지성적·이성적 지식은 본성(본유관념 또는 본유지식)이 아니지만, 지성적·이성적 지식을 산출하는 사유의 '능력'으로서의 지성 또는 이성 자체, 그리고 이것을 사용하는 능력은 본성적 능력, 즉 '본능'에 속한다. 나아가 뒤에 상론하겠지만 가령 '인과관계'를 아는 것은 A와 B의 연관현상과 유사한 연관현상들의 반복지각에 의해 익힌 조건반사적 습관에 의해

---

공간지각과 관련된 뇌 영역들이 활성화되었다. 즉, 장기 의식불명 환자의 자극반응은 외적으로 표현될 수 없을지라도 언어지각과 어의(語義)처리를 포함한 인간적 인지과정이 의식 부재 속에서도 두뇌 움직임의 형태로 진행되었다. 참조: Adrian M. Owen et al, "Detecting Awareness in the Vegetative States", *Science*, Vol. 313 (August, 2006), 1402쪽; Jerome Kagan, *What is Emotion?: History, Measures, and Meanings* (Binghamton [New York]: Vail-Ballou Press, 2007), 50-51쪽; 김효은, 「식물인간의 신경상태와 인간의 조건」, 124쪽 및 126-128쪽. 신경인문학연구회(홍성욱·장대익 편), 『뇌과학, 경계를 넘다』(서울: 바다출판사, 2012). 따라서 식물인간의 뇌는 '죽은' 것이 아니라, 꿈꾸는 뇌처럼 미약하게 살아 있다! 이 점에서 식물인간은 식물 수준을 넘어선 존재자다. 그러나 동시에 이 인간은 외적 반응이 없는 점에서 반사운동 능력을 갖춘 고등식물(식충식물·미모사 등)보다 못하다.

아는 것(공자의 '온고지신溫故知新', 흄의 '습관적 연결')이다. 따라서 조건반사적 습관 속에 감춰져 있는 '무의식적 지식'이 없다면, 철학에서 가장 중요한 인식범주 인 '인과율', 즉 칸트가 황당하게 '선험적 지성범주'로까지 받들어 모신 '인과 법칙'이라는 의식적 지식은 불가능한 것이다. 이 점에서 모든 의식적 지식은 여러 면에서 필수적으로 무의식적 지식에 기초해 있지 않을 수 없다고 말할 수 있다.

이 '무의식적 지식'은 언어문법, 수리법칙, 음악적 화음 등에도 포함되어 있다. 이 무의식적 지식은 문법·수리·화음의 근간을 이룬다.[52] 그리고 '의식 적 지식'은 이 '무의식적 지식'의 총량에 비하면 '빙산의 일각'에 불과하다. 수억 년 동안 누적된 유전자 속의 생존정보까지 포함한 인간의 '무의식적 지 식'의 총량에 비하면 '의식적 지식'은 차라리 '구우일모九牛一毛'에 지나지 않 는 것이다. 따라서 이 천문학적 규모의 '무의식적 지식'을 전혀 다루지 않은 채 좁은 '인식론' 속으로, 그것도 '합리적' 인식론이나 '합리적' 해석학 속으로 쪼그라들고 찌부러진 지식철학은 진지한 의미에서 '지식철학'이라고 부를 수 없을 것이다.

'무의식적 지식'은 '감성적 지식'과 마찬가지로 지성이 다 알 수 없는 지식 이고, 경우에 따라서 다 알 필요가 없는 지식이다. 그러나 이 지식은 인간과 사회가 존속하는 데 반드시 필요한, 어찌 보면 지성적 지식보다 훨씬 더 중요 하고 귀중한 기본지식이다. 지성적 지식이 없어도 인간은 살 수 있지만, 무의 식적 지식이 없으면 인간은 당장 죽음을 맞기 때문이다. 따라서 감성적 지식 과 마찬가지로 무의식적 지식도 지성적 의식에 포착되지 않았다는 이유에서 경시되어서는 아니 될 것이다. 더구나 지성적 지식은 무의식적 지식과 감성 적 지식의 토대를 잃을 때 위험하기 짝이 없는 몽상과 독단으로 추락한다.

공자의 지식철학은 상술된 의식적 지식과 무의식적 지식을 둘 다 중요한

---

52) Marc D. Hauser, *Moral Mind*, 37쪽; Noam Chomsky, "Knowledge of Language". *Minnesota Studies in the Philosophy of Science*, Vol. III, *Language, Mind and Knowledge* (Minneapolis: University of Minesota Press, 1975).

부분에 있어 취급한다. 지물知物과 지인知人의 '인지人智', 즉 사람이 '인지人智'로 사물과 사람의 속성을 아는 방법을 논하는 '인식론'은 의식적 지식(감성적 지식과 지성적 지식)을 논한다. 사람이 인지로 사람을 아는 '지인知人'의 지식, 즉 '이해의 지식'의 방법은 공감적 해석학이 다루는 것이다. 이에 대한 논의는 이 저작에서 상술한 것으로 그치고, 본격적인 논의는 다른 저서『감정과 공감의 해석학(1·2)』(2014·2015)으로 넘긴다.

인지人智의 '인식적 지식'을 뒷받침하는 본성과 습관의 '무의식적 지식'은 인식론적 설명에 필요한 정도만큼만 논한다. 이 '무의식적 지식' 중 유전자지식(일차 무의식적 지식)에서 가장 중요한 지식인 '지천知天', 즉 '신지神智에 의해 하늘의 뜻(천명)을 예지豫知하는 것'을 다루는 신지적神智的 지식철학을 공자는 '역학易學'으로 논했다. 여기서 '신지'는 주역周易 체계(주역 64괘와 괘·효사, 50개의 시초蓍草나 서죽筮竹에 의해 괘를 뽑는 서법, 점단占象 등으로 짜인 체계)의 신지를 말한다. '역학'은 공자의 '신학'에 해당한다. 역학은 '점서占筮역학'과 '의리義理역학'으로 구분된다. '점서역학'은 구체적 사례의 특별한 역괘易卦에 대한 이해·해석적 점단의 적중한 경험사례(筮例)의 수집과 점단예지의 적중도를 제고하는 해석에 집중하는 역학인 반면, '의리역학'은 64괘의 상수학적象數學的 관계와 효들끼리의 감응관계에 대한 해명을 통한 64괘의 괘사卦辭(象辭)와 384개 효사爻辭의 철학적 의미에 대한 일반적 이해와 해석에 집중하는 역학이다.

기미를 예지하는 지천의 신지성에 대해 공자는 누차 밝힌다.

공자 가라사대, 기미를 아는 것은 신적일진저! (…) 기미는 움직임이 은미한 것으로서 길함을 앞서 나타내는 것(吉之先見者)이다. 군자는 기미를 보고 행동하니 종일 기다릴 것이 없다. (…) 군자는 은미를 알고 밝게 드러남을 알고 유柔를 알고 강剛을 아니, 만부萬夫가 우러르는 것이다.[53]

---

53) 『易經』「十翼·繫辭傳下」. "子曰 知幾其神乎. (…) 幾者 動之微 吉之先見者也. 君子見幾而作 不俟 終日. (…) 君子知微知彰 知柔知剛 萬夫之望."

공자는 여기서 '지기知幾'를 신적이라고 함으로써 기미의 예지를 '신지神知'(신지적 지식)라고 말하고 있다.

시서蓍筮(시초나 서죽으로 괘를 뽑는 것)는 인지적 지혜를 다 짜내어 알려고 해도 알 수 없는 문제만을 지극한 정성으로 묻는 지성지도至誠之道로 수행해야 신지적 지식(神知)을 얻을 수 있다.

> 지성지도는 전지前知할 수 있으니, 국가가 장차 흥할 것이라면 반드시 상서로운 징조가 있고, 국가가 장차 망할 것이면 반드시 요얼妖孽이 있고 시서와 거북점에 나타나고 사체四體에 동한다. 화복禍福이 장차 이르게 될 때, 좋은 일이면 반드시 그것을 선지先知하고, 좋지 않은 일이어도 반드시 그것을 선지한다. 그러므로 지성은 신과 같도다!54)

무조건 주역시서면 '신지'를 얻는 것이 아니라 '지성지도'의 주역시서라야 '신지'를 얻는 것이다.

점서역학이든 의리역학이든 천심(하늘의 마음)과 '감응'하는 시서를 통해 역괘로 얻은 천심의 의미를 효들 간의 감응관계에 주목해서 공감적으로 이해하고 해석하는 것이 문제이기 때문에 본질적으로 역학은 공감적 해석학과 유사하다. 천심이 담긴 역괘를 신지적神智的 시서로 얻을지라도 이 역괘를 인지人智에 의해 공감적으로 이해하고 해석하는 것은 충분히 가능한 것이다. 왜냐하면 어떤 때는 '민심 즉 천심'이기 때문이다. "하늘은 우리 백성이 보는 것을 통해 보고, 우리 백성이 듣는 것을 통해 듣는다(天視自我民視 天聽自我民聽)"고55) 하지 않았던가! 이것은 '천인감응天人感應', 즉 하늘과 사람 간의 공감을 말한 것이다. 역학에서 주목하는 천인감응과 괘의 양효陽爻와 음효陰爻 간의 감응은 공감적 해석학에서 말하는 '공감'과 다름없는 것이다. 역학이 다만 해석학

---

54) 『中庸』(二十四章): "至誠之道 可以前知 國家將興 必有禎祥 國家將亡 必有妖孽 見乎蓍龜 動乎四體. 禍福將至 善必先知之 不善必先知之 故至誠如神."

55) 『書經』 「周書·泰誓」.

과 다른 점은 후자가 인심人心의 의미를 공감으로 얻는 반면, 전자는 천심과 감응된 의미가 담긴 역괘를 신지적神智的 시서로 얻는다는 것이다.

점서역학을 통해 얻어지는 지천知天의 신지적 지식은 특수한 개별 물음에 대한 주역의 적중한 답변들의 기록수집과, 이 주역의 신지적 답변을 이해·해석해 점단해 적중한 전형적 서례筮例들의 수집정리로 나타난다. 따라서 점서역학으로 얻은 지천의 지식은 이론화가 어려워 잘해야 방대한 '서례기록'으로 그친다. 반면, 의리역학은 점술행위 없이 주역의 괘사와 효사에 담긴 천심天心의 철학적 의미를 이해하고 의미관계들을 해석할 뿐만 아니라 이론적으로 정리·서술하는 선까지 나아간다. 그리하여 의리역학에서는 '주역철학'을 낳기도 한다.

지금까지 설명된 공자의 지식철학의 전모를 도식화하면 다음과 같다.

**[지물의 인식론]**

인지人智에 의한 속성의 인식 → 속성 관계의 설명 → 설명들의 이론적 서술 → 자연과학

**[지인의 해석학]**

인지人智에 의한 의미의 이해 → 의미 관계의 해석 → 해석들의 이론적 서술 → 인문사회과학

**[지천의 역학]**

신지神智에 의한 천심의 예지豫知 → 주역의 괘사·효사에 대한 서례별筮例別 점단과 철학적 의리해석 → 서례의 수집정리와 철학적 의리의 이론적 서술 → 서례기록과 주역철학

이 책에서는 '신지에 의한 천명의 예지豫知'를 종교적으로 이해하는 것이 아니라 과학적으로 이해한다. '지천'을 100만년 동안의 인간의 진화과정에 유전자

로 침전된 무의식적 지식을 주역체계의 신지적 방법으로 끌어내 획득하는 것이다.

유전자의 무의식적 지식이 갓난이가 엄마 젖을 찾고 빨 줄 아는 것, 벌레와 뱀에 대한 본능적 위험판단과 두려움, 생명을 위협하는 적敵과 살기殺氣에 대한 무의식적 육감, 무의식직 빙향·기리감각, 미래의 일정한 사건에 대한 무의식적 예감 등의 형태로 지극히 일반적인 성격의 것인 한에서 구체적 물음에 대한 '지천'의 예지는 적중하지 않을 수 있다. 그 부적중의 원인은 여러 가지가 있지만 우선 유전자의 지식이란 애당초 '아주 일반적인' 성격의 것이라서 구체적 사례에 적용되면 아주 추상적이고 따라서 아주 모호해진다는 데 있다. 두 번째 원인은 이 무의식적 지식을 의식으로 끌어내는 주역의 방법이 과학적으로 신뢰할 수 있는 것이 아니라는 데 있다. 주역서법을 통한 점괘의 획득이 극동아시아의 오랜 전통이지만 이 방법이 과연 유전자 속의 무의식적 지식을 끌어내는 올바른 방법인지, 또는 주역이 이 일에서는 신들린 무당의 신점神占이나 명리학보다 과연 더 나은 것인지를 정확하게 설명할 수 없는 것이다. 세 번째 원인은 설사 올바른 점괘를 얻었다고 할지라도 괘·효사에 대한 점단에서 실수가 잦다는 데 있다.

그러나 첫 번째 원인의 부적중성은 효사의 예시적 표현으로 주어진 신지적 답변을 구체적 물음에 가급적 적확하게 맞추려고 노력하면 줄일 수 있다. 그리고 두 번째 원인으로 인한 불신은 지금의 유전자과학의 발달수준에서라면 아직 해결할 방도가 없다. 다만 공자가 인정한 주역시서라는 점을 감안해 불신을 좀 덜어볼 뿐이다. 그리고 마지막 원인의 부적중성은 점단의 경험을 누적할수록 저절로 줄어든다.

우리는 경험론적 자연과학이나 인문과학을 '절대과학'으로 보지 않고 '개연적' 과학으로 간주한다. 합리주의만이 '과학'을 신격화해 신봉하는 '과학주의의 미신'에 빠져있을 뿐이다. 이렇게 보면 일정한 불신요소와 부적중성을 지닌 역학적 지천도 '개연성'의 차원에서 얼마만큼 신뢰할 수 있는 것이다. 이 '개연적 지식'이라는 점에서 인식론·해석학·역학은 피장파장이다.

역학적 지천은 일정한 부적중성에도 불구하고 예지의 적중도 측면에서 탁월하다. 따라서 역학적 지천의 예지적豫知的 지식은 아쉬운 대로 조심스럽게 활용한다면 자연과학이나 인문·사회과학만큼 인간생활에 이롭다. '오늘 집을 떠나면 흉하다'는 점단의 경우에 점단의 적중도가 가령 30%밖에 되지 않는다고 하더라도 이 점단을 믿고 집에 남아 있다면 흉액을 피할 수 있을 것이다. 그 어떤 예지의 방법으로 미래를 살피지 않거나 이 점단을 무시하고 집을 떠나서 큰 흉액(大凶)을 당한다면, 이것은 어리석고 무모한 행동일 것이다. 이런 까닭에 공자는 역학적 지천을 통해 행복을 추구하는 것이 아니라 다만 큰 흉액만을 피할 것을 주장했다. 덕행으로는 대흉을 피할 수 없기 때문이다. 행복을 가져오는 덕행은 기차나 비행기를 놓치는 것, 병환, 시험 낙방, 관직 상실, 금전적 손실, 팔다리가 잘리는 부상, 가족의 죽음 등 소흉小凶이라면 얼마든지 극복할 수 있다. 목숨을 위협하는 정치변동, 손도 까딱할 수 없는 전신통증이나 전신마비의 폐질환, 횡사 등 대흉은 아예 덕행자 자신을 망가뜨려버린다. 대덕大德이라도 이런 대흉들을 이길 수 없는 것이다. 그리하여 공자는 행복을 덕행으로 구하는 '덕행구복德行求福'을 좌우명으로 삼았으면서도 역학적 지천의 예지로 대흉을 피하는 '복서피흉卜筮避凶'으로 '대흉을 못 이기는 덕행'의 결함을 메우기 위해 나이가 들수록 역학 연구에 몰두했던 것이다.

지물을 위한 공자의 '인식론'은 이 책의 전반부에서 논한다. 역대 공자경학經學에서 전적으로 소홀히 되어 온 공자의 인식론을 논하는 것은 분산된 관련 명제들을 수집·분석해 일이관지하는 종합적 체계화의 측면에서나, 공자철학 안에서 지식철학의 위상 정립과 그 이론적 정당화의 측면에서나 결코 쉬운 일도 아니고, 단순한 일도 아니다. 특히 공자 인식론을 재건하려는 데 따르는 지독하고 엄청난 난관은 공자의 인식론적 핵심술어와 핵심개념들이 현대철학의 용어들과 판이하게 다르고, 간단하고 평이한 명제들로 기술된 공자의 인식론 철학이 겉으로 보기에 무학자도 이해할 수 있을 정도로 쉽고 명쾌한 듯하면서도, 실은 전문적인 눈으로 뜯어보면 지금까지 동서양의 대철학자조차도 거의 다 사실상 조금도 이해하지 못했을 정도로 '너무' 심오하고 난해한 의미내용을 함축하고 있다는 데 있다. 따라서 공자 인식론의 재건작업에서 무엇보다도 중요한 것은 19세기 이래 세계철학을 지배해온 서양의 합리주의·경험주의 인식론의 장단점과 논쟁점들을 철저하게 꿰뚫는 세계철학적 안목으로 『논어』·『대학』·『중용』·『맹자』·『역경』·『예기』 등 여러 경전에 흩어져 있는 인식론적 명제들을 현대적으로 정교하게 해석하고 이 해석들을 정밀하게 직조하여 종합하는 것이다. 이에 따르는 필수적 작업은 공자의 인식론적 명제들을 실천론적·도덕론적 명제로 오해·변조해 공자철학에서 인식론 자체를 아예 제거해 버린 전통적 해석들을 남김없이 혁파하는 일이다.

상론했듯이 공자는 대상의 관점에서 지식을 크게 '지물'·'지인'·'지천'으로 삼분했다. '지물'은 사물을 아는 것이고, '지인'은 사람을 아는 것이고, '지천'은 하늘을 아는 '지천명知天命'이다. 지물과 지인은 인간적 지혜인 '인지(human wisdom)'로 얻는 것이고, 지천은 매번 하늘에 묻는 '신지', 즉 신적 지혜(divine wisdom)로 얻는 것이다. '지물'·'지인'·'지천' 중 '지물'은 공자와 맹자가 사용한 술어가 아니지만, 주지하다시피 『대학』의 '격물치지格物致知'나 『중용』에서의 '물지성物之性'과 '인지성人之性'의 구분56) 등 공자의 여러 논의를 얼핏 보기만 해도 공자가 지인·지천에 더해 사물의 물성物性을 밝히는 '지물'을 논하고 있음을 알 수 있다.

따라서 외물을 대상으로 지각한다는 뜻의 경험론적 '격물치지'는 일단 합리론적 '격사치지格思致知'와 상반된 '지물'의 인식방법으로 이해된다. 물론 이 '격물치지'의 방법은 자아와 타아의 의미를 이해하고 해석하는 '지인'에도 원용될 수 있다. '지인'에 원용된 '격물치지'는 적어도 다음 두 가지 의미를 띠게 된다. '격물치지' 방법의 '지인'은 첫째, '지인'의 한 측면인 '자아'의 이해 또는 인간의 존재론적 '자기정체성'의 이해에서, '나는 생각한다, 고로 나는 존재한다는 식으로 먼저 자아의 '생각'에서 자아의 '존재'를 도출해 부당전제의 오류

---

56) 『中庸』(二十二章): "惟天下至誠 爲能盡其性. 能盡其性 則能盡人之性, 能盡人之性 則能盡物之性. 能盡物之性 則可以贊天地之化育. 可以贊天地之化育 則可以與天地參矣."

를57) 범하는 데카르트의 '격사치지格思致知' 방법을 물리치고, 거울이나 물거울을 통해 관찰되는 자아의 외모, 외적으로 표출되는 성격, 그리고 관찰되는 행위습관, 외부로 드러나고 가라앉는 감정들을 직접 대하고 자기공감적으로 이해하고 평가하는 것이다.

둘째, 인간의 이해에서 경험론적 격물치지의 방법은 감성(내감과 감정)을 먼저 고려한 다음, 이성을 고려하는 것을 뜻한다. 즉, 감성우선의 방법을 수행한다.

그러나 사물을 직접 대하고 지각하는 것을 뜻하는 이런 격물치지는 어디까지나 '지물'의 방법론적 명제, 즉 인식론의 명제다. 본론에서『대학』의 '격물치지이성의格物致知而盛意' 명제를 출발점으로 삼아 '지물'에 관한 공자의 인식론적 논의를 분석하여 재구성한다. 그 다음, '질제귀신이무의質諸鬼神而無疑' 명제를 출발점으로 삼아 역학을 다룬다.

---

57) '나는 생각한다, 고로 나는 존재한다'는 명제의 부당전제의 오류는 '나는 생각한다'는 앞 명제에 이미 '나'가 부당하게도 전제되고 있는데 '자아'의 존재를 마치 앞 명제에서 도출하듯이 '고로 나는 존재한다'고 추리하는 것이다.

# 제1부

# 지물의
# 인식론

**The Epistemology for Knowing the Matter**

# 제1장 서술적 경험론

## 제1절 격물·치지·성의와 '주학이종사主學而從思'

공자는 지물知物, 즉 사물의 속성을 인식하고 속성들 간의 관계를 설명하는 인식론을 경험론으로, 그것도 '서술적序述的 경험론'으로 수립했다. 그의 '서술적 경험론'과 관련된 명제들은 '격물·치지·성의', '학이불사즉망學而不思則罔 사이불학즉태思而不學則殆', '박학심문博學審問·신사명변愼思明辨', '호고민이구지好古敏以求之', '학이지지學而知之', '온고지신溫故知新', '술이부작述而不作' 등 아주 많다. 이 중 우리가 공자 인식론의 출발점으로 삼아야 하는 명제는 '격물·치지·성의'와 '학이불사즉망 사이불학즉태'다. 사실 이 두 명제는 같은 내용을 달리 표현하고 있을 뿐이다.

공자의 이 인식론적 명제들은 그간 실천론적 명제로 오해되어 왔다. 이 명제들을 실천론으로 오해하게 된 가장 큰 원인은 '학學'과 '고古·故' 자를 '경험'으로 해독하지 못하고 '학'을 그저 '스승에게서 배우는 것'이나 '학습'으로, '고'를 '옛것' 또는 '먼 옛날의 일'로 풀이한 데 있다. 그러나 공자와 제자들의 어록에서 '학學'은 스승에게서 배우는 것에만 쓰인 것이 아니라 주로 세상, 사람들, 역사, 자연(본성)에서 배우는 것, 즉 경험 일반의 의미로 쓰였고, '고古·故'는 '옛날의 일이나 사건'의 뜻보다도 '지난 경험 사실'의 뜻으로 많이 쓰였

다. 이 어의語義들이 제대로 논증되기만 하면 공자의 서술적-경험론적 인식론
은 어렵지 않게 거뜬히 재건될 수 있다.


## 1.1. 대물對物로서의 격물格物


### ■격물치지 대對 격사치지(코기토)

주지하다시피『대학』「수장首章」은 사물의 인식과 관련된 중요한 내용을
담고 있다.

> 사물에는 본말이 있고, 일에는 시종이 있다. 선후를 알면 도에 가까워진다(近道). (…)
> 옛날에 (…) 제 관념을 성실하게 하려는 자는 먼저 제 지각을 이루었다. 지각을 이루
> 는 것은 사물을 마주함에 있었다. 그러므로 사물을 마주한 뒤에 지각이 이르고, 지각
> 이 이른 뒤에 관념이 성실해지는 것이다.(物有本末 事有終始. 知所先後 則近道矣. 古之
> […] 欲誠其意者 先致其知. 致知在格物. 物格而后知至 知至而后意誠.)

여기서 '격물格物'은 오늘날의 말로 사물을 마주하는 '대물對物'이고, '치지致知'
는 지식을 궁극적으로 완성하는 것이 아니라 단순히 '지각'하는 것을 뜻한다.
'물격이후지지物格而后知至'라고 하고 있기 때문이다. 따라서 '격물치지'는 대
물지각對物知覺을 가리킨다. '성의'는 관념(의념)을 성실하세 만드는 것으로서
'관념화'와 '개념화'를 가리킨다.

전통적 해석자들은 '격물·치지'는 박학·심문·신사·명변의 방법으로 사물과
일의 본말·시종·선후관계를 탐구하고 인간만사의 선악을 판단하고 또한 신
에게 물어 사물과 일의 길흉을 아는 지물·지사知事·지인·지천(정현), 또는 "사
물의 이치에 궁극적으로 닿아 앎을 추극하는 것"(주희)으로 풀이했다.[1] 그러나

---

[1] '格物致知'의 '格'을 정현은 '오게 하는 것'(來), '物'은 '일과 같은 것'으로 주석하고, '知'를 "선악과
길흉이 비롯되고 끝나는 것을 아는 것"으로 풀이한다. 이에 따라 그는 '致知在格物'은 "선에 대한
앎이 깊으려면 선한 일을 오게 해야 하고, 악에 대한 앎이 깊으려면 악한 일을 오게 해야 하는
것이니, 일(事)은 사람들이 오게 하기를 좋아하는 것으로 말미암는다"고 풀이한다. 鄭玄(注) 孔穎達

필자는 이 거창한 전통적 해석을 기각하고 단순한 대물지각으로 풀이한다. '격물치지'는 데카르트 유형의 합리주의적 '격사치지格思致知'(경험 없이 생각해서 아는 것)와 대립시킬 때에만 그 경험론적 의미를 드러낸다. '격물치지'는 있지도 않은 본유관념의 존재를 가정하고 생각을 파고들어 심적 본유관념을 캐내려고 하는 것이 아니라 사물을 직접 대하고 지각해 심상을 형성하는 것을 인식의 출발점으로 삼는 경험주의 원칙을 천명한 것이다.

'격물치지'는 성의(관념화와 개념화)가 감각적 지각(느낌)과 영혼(마음) 밖의 외물에 대한 지각과 경험으로부터 시작함을 갈파하는 것이다. 이 지각과 경험은 '외적 지각'과 '외적 경험'만이 아니라 내감의 '내적 지각'과 '내부경험'도 포괄한다. 이 '내부감각'과 '내부경험'은 5관이 받아들인 외적 감각들에 대한 감각적 지각, 각종 생각(의심·숙고·판단·상상·기억·상기 등)에 대한 내감의 지각, 감정에 대한 내감의 지각, 신체내부의 감각들에 대한 내감적 지각(내부장기의 만족감과 통증 − 포만감·개운함·배설쾌감·성감·배아픔·배고픔·졸림·성적 욕구불만 등)을 포괄한다. 말하자면, 내감의 '내적 지각'과 '내부경험'은 외적 감각들, 신체내부의 감각들, 감정, 각종 생각들을 '대상'으로 삼아 '격물치지'하는 내적 느낌과 내적 경험이다. '격물치지'는 결국 외감에 근거하든, 내감에 근거하든 일단 안팎의 물체에 대한 감각적 지각과 경험을 뜻한다.

따라서 감각적·경험적 '격물치지'는 감각과 감정을 배제한 채 나의 순수이성적 '생각'만으로 '나의 존재'를 알려는 데카르트적 '격사치지格思致知' 방법과 정반대의 방법론이다. 순수이성적 '격사치지'는 내외의 사물·사건에 대한 오관·근감각筋感覺·내감의 느낌과 감정들을 배제하는 순수한 이성적 사고작용을 통해 수행된다. 데카르트는 나의 존재를 온갖 방식으로 의심하더라도 이 의심이라는 사유작용을 하는 '나'는 의심할 수 없다는 것을 '이성의 빛'으로 '직관'한다. '코기토(cogito)', 즉 '나는 생각한다'는 사고작용은 작용과 동시에

---

(疏), 『禮記正義』(十三經注疏整理委員會, 北京: 北京大學出版社, 2000), 1859쪽. 주희는 '致'를 '追極'으로 과장하고, '格'을 정현과 유사하게 '至(이르다)', '物'은 '事'로 풀이했으나, '格物'은 '사물의 이치에 궁극적으로 닿다'로 거창하게 해설한다. 朱熹, 『大學·中庸集註』, 33쪽. 成百曉 譯註, 『大學·中庸集註』(서울: 전통문화연구회, 2005 개정증보판. 이하에서도 성백효 역주 본의 쪽수를 표기한다).

'자아의 존재'를 내포한다는 것이다. 말하자면, '나는 생각하는 한 존재한다'는 것이다. 그러나 '코기토 에르고 숨(cogito ergo sum; 나는 생각한다, 그러므로 나는 존재한다)'는 '격사치지'의 명제는 '나는 생각한다'는 앞의 절반 명제('나는 생각한다') 속에 이미 '생각한다'를 술어로 삼는 주어로서의 '나'를 미리 말하는 부당전제의 오류를 범하고 있다. 여기서 이 부당전제를 일단 제쳐두더라도 '코기토' 속에서 나는 '나'의 존재를 결코 이성적으로 직관할 수 없다. 의심하는 사유작용을 통해 나는 나의 존재를 의심의 사유작용이 끝난 뒤 이 사유를 되돌아보면서 '추리'해 나의 존재를 '의심하는 나의 존재는 의심할 수 없다'는 역설적逆說的 사실을 역추리로 나중에 알기 때문이다. 앞 시점의 의심하는 사유작용을 되돌아보는 이 간단한 '역추리'도 역시 '추리'다. 주지하다시피 '추리'는 '직관'보다 덜 확실한 것이다. 따라서 이 덜 명백하고 덜 판명한 '코기토'는 데카르트 자신의 명백·판명성의 규칙에 따를 때 철학의 제1원리일 수도 없고, 자아구성의 출발점일 수도 없다. 데카르트는 저 추리가 '간단한' 추리이기 때문에 이를 '이성적 직관'으로 착각한 것이다.

■ 데카르트의 격사치지에 대한 비판

'나는 생각하면서 존재한다'는 데카르트의 주장이 '역추리'가 아니라 '직관'이기 위해서는 그것이 '이성적 직관'이 아니라 '내적 지각' 또는 '내적 경험'이어야 한다. 이런 까닭에 데카르트의 충실한 계승자이고자 했던 라이프니츠조차도 '코기토 에르고 숨'을 '이성적 직관'이 아니라, "느낌의 직접성과 함께 직접적인 내적 경험(inner experiences which are immediate with the immediacy of feeling)", 즉 '감성적 직관'으로 수정해서 풀이하고, 코기토의 '자아 존재'의 지식을 제1의 '이성의 진리(필연적 진리·필연적 지식)'에 대비되는 제1의 '사실의 진리(사실의 지식·경험의 진리)'로 격하시켰던 것이다.2)

'이성적 직관'이란 존재하는 것이 아니라 합리론자들의 '착각'의 소산이다.

---

2) Gottfried W. Leibniz, *New Essays on Human Understanding* [1705] (Cambridge·New York·Sydney: Cambridge University Press, 1981), Book IV. ii §1 (367쪽).

지금 눈앞에서 당장 어떤 것들의 '존재'나 '관계'를 느끼거나 기억 속에서 이를 재생하는 '감성적 직관'만이 진정한 의미의 '직관'이다. '직관'이란 늘 '감성적 직관'일 뿐이다.

이 '감성적 직관'과 관련해 잠시 로크와 흄·홉스 등을 참조해볼 필요가 있다. 로크는 일단 지식을 '직관적 지식', '감각적 지식', '논증적 지식'으로 구분했다. 기억에 기초한 '직관적 지식'은 '흰 것이 검은 것이 아니고 셋이 둘보다 많고 하나 더하기 둘과 같다'고 아는 지식처럼 "기억 속의 두 관념"의 "일치·불일치"를 "그 어떤 다른 관념의 간여 없이" 직접비교에 의해 "즉각 지각하는 것"이다.3) 흄은 '기억'을 감각적 '인상'과 '관념'의 '중간적인' 것으로 정의한 바 있다.4) 이것을 참조하면, 기억 속의 두 관념의 직관도 시차가 있을 뿐이고, 본질적으로 둘 다 '감각적 직관'이다. 로크에 의하면, '감각적 지식'은 "우리가 외부대상에서 오는" 인상의 "현전적現前的 이입"으로부터 얻는 "인식과 의식에 의한, 개개 외부대상의 실존에 대한 지식"이다. 따라서 로크는 이것도 "단순한 개연성을 초월하는" 일종의 "직관적 지식"이라고 말한다.5) 그러므로 로크의 '직관적 지식'과 '감각적 지식'은 둘 다 '감성적 직관'으로 규정될 수 있다. 다만, 필자는 외부대상의 '실존'에 대한 로크의 '감각적 지식'에 현재 오감에 포착되는 두 대상의 생생한 인상들의 이동異同을 — 두 대상을 두 눈으로 보든, 두 대상을 두 손으로 만지든 — 동시에 느끼며 직접 비교하여 인식하는 '감성적 확실성'의 지식도 포함시킨다. 이 '감성적 지식'은 '격물치지'의 소산인 반면, 데카르트의 '논증적 지식'은 '격사치지'의 소산이다.

홉스는 이 감성적 지식을 '감각과 기억'에 기초한 '사실지식(the knowledge of fact)'으로 정의하고 '절대적 지식'으로 규정하는 반면, "이 긍정으로부터 저 긍

---

3) Locke, *An Essay concerning Human Understanding*, Bk. IV. ch. ii. §1.

4) Hume, *A Treatise of Human Nature*, 11쪽. 그러나 오늘날 뇌과학에서는 두 가지 기억능력을 구분하는 것으로 보인다. 하나는 — 인간과 동물이 공히 보유하는 — 감각과 감정을 관장하는 뇌 부분인 '변연계'의 감성적 기억능력이고, 다른 하나는 사유를 관장하는 '대뇌피질'의 기억능력이다. 전자는 감각과 감정의 흔적(잔재)을 보관하는 감성능력이고, 후자는 기성의 관념을 보관하는 사유능력이다. 흄의 저 기억 개념은 전자와 가깝다.

5) Locke, *An Essay concerning Human Understanding*, Bk.IV. ch.ii. §14.

정으로" 도출하는 지식을 '추리의 지식(the knowledge of the consequence)' 또는 '과학'으로 정의하고 이 과학적 지식을 '조건부 지식'으로 규정했다. 홉스에 의하면, "어떤 논리적 사고력(discourse)으로부터도"(즉, 어떤 '격사치지'로부터도) "결코 절대적 지식은 도출될 수 없다".6) 왜냐하면 '절대적 지식', 즉 직접적 확실성의 지식은 오로지 '감성적 직관'으로부터만 도출될 수 있기 때문이다. (물론 여기서 홉스의 '절대적 지식'이란 공자의 '근도', 즉 개연적 지식 개념에 비추어 보면 지나친 명칭이다. 홉스는 아마 '가장 확실한 지식' 또는 추리지식에 비해 '확실한 지식'을 의미하고자 했을 것이다.)

결론적으로 '직관'은 언제나 감성적 직관이다. 다시 말하면, '이성적 직관'이란 존재하지 않는 것이다. '이성적 추리'(연역·논증)는 이성의 본령이지만, '이성적 직관'이란 '뜨거운 얼음', '둥근 네모'와 같은 형용모순이기 때문이다. 합리주의자들이 말하는 '이성적 직관', '이성(자연)의 빛', '본유관념'의 정체는 변조된 기억과 추리에 불과한 것이다. 따라서 데카르트가 주장한 '코기토'의 이성적 직관도 존재하지 않는 것이고, 다만 라이프니츠가 폭로하듯이 "느낌의 직접성"을 지닌 "직접적인 내적 경험", 즉 내감의 직감에 불과한 것이다. 이렇듯이 합리주의자들은 감각의 능력을 때로 이성의 것으로 둔갑키기도 하고 어떤 때는 공감의 소행을 이성의 구좌에 집어넣기 일쑤다. 결론적으로 '내가 생각한다는 사실에 대한 있지도 않은 '이성적 직관'이든 '나의 생각'이든 나의 존재에 대한 지식을 주지 않고, 오직 '내가 생각한다'는 것에 대한 내감의 감성적 직관, 즉 직접적인 '내적 경험'의 직감만이 나의 존재에 대한 확실한 앎을 줄 따름이다.7) '직접적인 내적 경험'은 바로 내감의 직접적 느낌(직감, 직관)을 말하는 것이다.

데카르트는 플라톤 이래 '느낌'이나 '감각'을 기만적인 것으로 격하하는 합리주의의 전통에 따라 감각(느낌)을 제쳐놓고 '생각'만으로 자아의 존재에 대한 확실한 이성적 직관을 확보하려고 했으나, 라이프니츠는 "코기토 에르고

---

6) Hobbes, *Leviathan*, 52-53쪽.

7) 데카르트에 대한 본격적 비판은 참조. 황태연, 『서양철학과 정치사상』(파주: 청계, 2019), "데카르트" 절

숨"의 '에르고'(그러므로)가 이성적 직관의 연결이 아니라는 것을 알고 이것을 '역추리'의 연결고리로 볼 위험을 피해 '직접적인 내적 느낌'으로 해독한 것이다. 이렇게 하여 데카르트가 제1원리의 정초定礎 작업에서 추방한 '느낌'이 데카르트 철학의 유일한 구원자로 되돌아 온 것이다.

나아가 '느낌'은 데카르트는 말할 것도 없고 라이프니츠도 알지 못하는 사이에 '코기토'(나는 생각한다)의 단계에서부터 이미 작동하고 있었다. 나는 '내가 생각하는 것'을 어떻게 알았는가? '생각'으로 알았는가? 그렇다면 '나는 생각한다'는 명제는 '나는 생각한다고 생각한다'일 것이다. 이것은 '생각한다고 생각할 뿐이지, '생각하는 것을 아는 것'이 아니다. 여기에 생각을 아무리 많이 갖다 붙이더라도 마찬가지다. 다만 '생각'은 아무런 지식을 주지 못한 채 무한대로 발산되고 말 것이다. "나는 생각한다고 생각한다고 (∞) 생각한다"는 식이다. 결국 생각한다는 것을 아는 것은 생각으로 알 수 없다. 이것은 '생각'과 다른 인지작용, 즉 '느낌'을 통해서 비로소 가능한 것이다. 즉, "나는 생각한다고 느끼는 것"이다. 우리 인간은 '생각'을 구별되는 '느낌'을 통해 '생각'을 안다. 이 사실을 데카르트도 부지불식간에 전제한 것이다. 그렇기 때문에만 '그러므로 나는 존재한다'는 앎을 얻은 것이다. 따라서 '그러므로(에르고)'만이 '느낌'에 의존한 것이 아니라, '생각한다'는 것에 대한 앎 자체도 '느낌'에 의거한 것이다.

그렇다면 데카르트의 "나는 생각한다, 그러므로 나는 존재한다"는 로크가 이 명제를 수정하면서 들이대는 이유들과 다른 이유, 즉 위와 같은 이유에서이지만 로크와 동일한 명제 "나는 느낀다, 그러므로 나는 존재한다"로[8] 탈바꿈되고 만다. 인간의 내감은 '격물'을 통해 '생각' 작용을 대상으로 대해서 '생각한다'는 것을 느낀 것이다. 결국 내가 생각한다는 것도 '격물치지'를 통해

---

[8] 로크는 인간이 생각이 없을 때가 많다고 보았다. 가령 아기는 느끼기만 하지 생각하지 못한다. 그렇다고 아기는 존재하지 않는가? 또 꿈이 없는 단잠을 자는 사람도 생각이 없다. 잠을 달게 느끼기는 할 것이다. 그러므로 로크는 "나는 생각한다, 그러므로 나는 존재한다"를 "나는 느낀다, 그러므로 나는 존재한다"로 수정했다. Locke, *An Essay concerning Human Understanding*, Book II. ch.1. §10, §13, §19, §20.

아는 것이고, 나의 생각과 동시에 나의 존재도 아는 것이다. 환언하면, 나의 사유작용에 대한 내감의 이 '격물치지', 즉 대물지각만이 '나의 존재'에 대한 앎을 생산한다는 말이다. 데카르트가 감각을 배제하고 '격사格思'만으로 나의 존재를 알 수 있다고 장담한 그 '격사치지' 명제가 어느 덧 공자의 '격물치지' 명제로 뒤바뀌었다. '격물치지'는 나의 존재에 대한 나의 인지 문제에 대해서 도 적용될 수 있는 것이다.

사유를 분석하는 '격사치지'(코기토)에 의해서는 자기에 대한 직관이 불가능 한 것이다. 직관은 언제나 '감성적' 직관이기 때문이다. 논리적 귀착점은 '격 물치지', 즉 안팎의 대상에 대한 감성적 지각(perception)을 통해서만 이 지각의 담지자로서의 자아에 대한 직관이 가능하다는 명제다. 흄도 '격물치지', 즉 '대물지각'의 관점에서 이렇게 말한다.

> 내가 내 생각을 '나의 자아'로 돌릴 때, 나는 하나 이상의 어떤 지각 없이는 결코
> 이 '자아'를 지각할 수 없다. 또한 나는 지각들 외에 어떤 것도 결코 지각할 수 없다.
> 자아를 형성하는 것은 이 지각들의 구성(composition)이다.[9]

물론 지각(격물치지) 차원에서는 자아의 단일한 '정체성'을 포착할 수 없다. 흄 은 이런 까닭에 자아를 마치 여러 지각들로 '구성'된 또는 '날조'된 것인 양 말하고 있는 것이다. '지인知人' 차원에서의 자아와 타아에 대한 자아의 '완전 한 앎은 공감적 이해와 해석을 통해서야 가능한 것이다. 자아가 자아와 타아 를 공감적으로 이해하는 것에 관한 해석학은 다른 곳에서[10] 상론되었다.

그러나 흄은 격물치지(대물지각) 차원에서 자아를 '인식'하려는 시도 끝에 불 가피하게 자아를 파편적 지각들로 해체하고 다시 이 지각의 파편들을 모아 자아를 '구성'하려고 하고 있다.

---

9) David Hume, "Appendix", 399쪽. David Hume, *A Treatise of Human Nature* (Oxford·New York.: Oxford University Press, 2001·2007).

10) 참조: 황태연, 『감정과 공감의 해석학(1)』, 732-947쪽.

우리가 지각할 수 있는 한에서의 영혼(즉, 자아)은 열·냉기의 지각들, 사랑과 분노의 지각들, 생각과 감흥의 지각 등 상이한 지각들, 말하자면 모두 하나로 결합되지만 어떤 완벽한 단순성이나 동일성도 없는 지각들의 한 체계나 연쇄행렬에 지나지 않는다. 데카르트는 생각이 정신의 본질이라고, 이 생각 저 생각이 아니라 생각 일반이 정신의 본질이라고 주장했다. 이것은 절대 이해할 수 없다. 왜냐면 존재하는 모든 것은 개별적이고, 그러므로 정신을 구성하는(compose) 것은 여러 개별적 지각들이어야 하기 때문이다. 나는 정신에 '속한다'고 말하지 않고 정신을 '구성한다'고 말하고 있다. 정신은 지각들이 내재하는 실체가 아니다. 이 '실체' 개념은 생각 또는 지각 일반이 정신의 본질이라는 데카르트적 개념만큼 이해할 수 없다. 우리는 어떤 종류의 실체 관념도 없다. 우리는 모종의 인상으로부터 유래하는 관념 외에 어떤 관념도 없고, 물질적 실체든 정신적 실체든 어떤 실체에 대한 인상도 없기 때문이다. 우리가 아는 것은 개별 성질과 개별 지각밖에 없다.11)

데카르트의 '코기토 에르고 숨'(나는 생각한다, 고로 나는 존재한다)에 대한 흄의 비판은 일견 적실하다. 하지만 흄은 자아에 대한 자아의 앎과 관련해서도 이렇게 '공감적 이해'로 나아가지 못하고 격물치지의 지각적 인식 차원에서 맴돌고 있다. 이 때문에 그는 자아에 대한 지각들의 파편성을 들어 자아의 정체성(실체성)을 부정하고 자아의 지각적 구성설을 대변함으로써 자아의 자기인지와 타아에 대한 자아의 앎을 해명하는 데 실패하고 말았다.12)

흄이 나의 지각 조각들을 모아 자아를 '구성'한 다음에야 자아를 알려고 하기 때문에 그의 시도는 실패한 것이다. 그가 지각을 '격물치지'의 차원으로 옮겨놓고 생각했더라면 다른 결론이 도출되었을 것이다. 내가 사물을 대상으로 직접 대하고 느낀다면(지각한다면), 사물과 '나'의 마주보는 관계가 성립한다.

---

11) David Hume, "An Abstract of a Book lately Published, entitled *A Treatise of Human Nature*", 414쪽. David Hume, *A Treatise of Human Nature* (Oxford·New York.: Oxford University Press, 2001·2007).

12) 흄의 '날조적(feigning)' 자아구성론에 대한 본격적 비판은 참조: 『감정과 공감의 해석학(1)』, 852-872쪽.

이 관계 속에서 직접적 느낌은 사물의 존재와 나의 존재를 동시에 알려주며 하나의 지식세계를 개창한다. 내가 사물을 느낀다면 사물의 존재와 그 속성을 아는 것이고 동시에 사물을 마주하고 사물을 '느끼고 있는' 자기 자신의 존재를 아는 것이다. 나는 '외감으로 느낀다는 것을 내감으로 느껴 알기' 때문이다. 나는 '보고 있는' 것을 보지 못하지만 내감으로 느껴 알고, 듣는 것을 듣지 못하지만 내감으로 느끼고, 냄새 맡는 것을 냄새 맡지 못하지만 내감으로 느껴 알고, 맛보는 것을 맛보지 못하지만 이것을 내감으로 느껴 알고, 감촉하는 것을 감촉하지 못하지만 이것도 내감으로 느껴 알고, 나아가 사물의 시각적 지각, 청각적 지각, 후각적 지각, 미각적 지각, 촉감적 지각을 한 사물의 단일한 지각단위로 종합하고, 동시에 이 다섯 가지 지각들에 대한 내감적 지식들도 나의 단일한 지각단위로 종합할 수 있다. 내감의 12가지 기능13) 중에는 ① 오감 지각에 대한 내적 지각 기능과 ② 오감의 지각들을 내적으로 통합(종합)하는 기능이 있는 것이다.14) 그리하여, 내가 대상에 매료된 망아·무아지경에 빠지지 않는 한,15) 나는 내가 외감으로 대상을 '느낀다는 사실을 내감으로 아는 것이다. '내'가 '느낀다'는 사실을 내감으로 아는 것은 결국 '나'의 존재를 내감으로 안다는 말이다. 왜냐하면 '내가 느끼고 있다는 사실을 내가 안다는 것은 적어도 '나는 느낀다'는 사실 속의 주어인 '나'의 존재를 안다는 것과 동일하기 때문이다. 그리하여 "나는 느낀다, 그러므로 나는 존재한다'는 명제만이 격물치지의 관점에서 참인 것이다.

루소도 일찍이 데카르트의 격사치치적 '코기토'를 배격하고 "나는 느낀다, 그러므로 나는 존재한다"는 취지의 격물치지 명제를 대변했다.

---

13) 황태연, 『감정과 공감의 해석학(1)』, 1000-1037쪽.

14) 황태연, 『감정과 공감의 해석학(1)』, 1001-1002쪽. 다음도 참조: Augustine (Aurelius Augustinus), *On Free Choice of the Will* [AD 396] (Indianapolis·Cambridge: Hackett Publishing Co., 1993). 아우구스티누스(성염 역주), 『자유의지론』(서울: 분도출판사, 1998), Book II, Chapter III §7, Chapter IV. §7.

15) 지각주체가 대상에 몰입하다가 대상 쪽으로 빨려 들어버리면 일시적으로 망아·무아지경에 빠질 수 있다. 이런 경지에서라면 자아는 자기의 존재를 잠시 잊어버리고 만다. 하지만 이 망아지경, 또는 무아지경의 경우는 일시적이기 때문에 여기서 배제한다. 여기서의 분석은 지각의 일시적 이상상태가 아니라 정상상태를 전제하기 때문이다.

나는 존재한다, 그리고 내가 인상을 받아들이는 감관들이 있다. 이것이 내가 직면하고 승인하도록 강제되는 최초의 진리다. 나는 내 존재에 대한 자기 느낌이 있나? 아니면 내가 내 감관들을 통해서만 내 존재를 아는 것일까? 여기에, 이 순간 풀 수 없는 나의 첫 의심이 있다. 내가 직접적으로 느낌을 통해서, 아니면 간접적으로 기억을 통해서 끊임없이 인상을 받아들이기 때문에 나는 나의 '자아'에 대한 느낌이 이 동일한 느낌 바깥에 놓여 있는 어떤 것, 이 느낌과 독립적으로 존재할 수 있는 어떤 것인지 어떻게 알 수 있나? 나의 느낌은 내 안에서 이루어진다. 이 느낌이 나로 하여금 나의 존재를 느끼게 만들기 때문이다. 그러나 이 느낌의 원인은 내게 알려지지 않는 것이다. 왜냐하면 나는 이 느낌을 원치 않아도 가지고 있기 때문이다. 이 느낌을 일으키거나 없애는 것은 나에 의해 좌지우지되지 않는다. 따라서 나는 내 안에 존재하는 나의 느낌과, 내 밖에 있는 느낌의 원인이 동일한 것이 아니라는 것을 뚜렷이 인식한다. 그러므로 나만이 존재하는 것이 아니라, 다른 존재들도, 내 느낌의 대상들도 존재한다. 이 대상들이 관념에 불과하다고 양보하더라도, 이 관념이 내가 아니라는 것은 여전히 참말이다. (…) 나는 세계의 존재를 나의 존재만큼 굳게 확신한다.[16]

요지는 '격사치지' 차원에서 물적 대상을 느끼는 만큼 내가 존재한다는 것도 내적으로 느낀다는 말이다.

라이프니츠·로크·루소의 논의를 종합하면, 결론은 자아의 존재에 대한 인지와 관련해서도 데카르트의 지성적 '격사치지'가 아니라 공자의 감성적 '격물치지'가 옳다는 것이 명백하다. '격물치지'는 자아의 정체성에 대한 자아의 공감적 인지(자아의 공감적 자기인지)나 자아의 존재의미에 대한 공감적 이해를 대체할 수 없지만, 적어도 자아의 '존재'에 대한 자아의 최초의 인지는 충분히 수행할 수 있다는 말이다.

여기서는 자아의 존재에 대한 자아의 앎이 논제가 아니라 사물의 인식(지물)이 논제이므로 다시 지물을 위한 '격물치지'와 '성의' 자체의 분석으로 돌아가

---

16) Jean-Jacques Rousseau, *Émile ou de l'Education* (1762). 독역: *Emil oder Über die Erziehung* (Paderborn· München: Ferdinand Schöningh, 1989 [9.Auflage]), 279-280쪽(독역본 쪽수).

자. '격물치지'의 의미구조를 정밀하게 분석해야 할 차례다.


## 1.2. 재천성상在天成象과 심상心象


■대물對物로시의 '격물'과 지각·입상立象으로서의 '치지'

지물知物을 위한 '격물·치지'는 내외 사물(물체와 육체)에 대한 외감과 내감의 경험으로부터 시작한다. 지물(사물인식)의 제1단계인 '격물'은 안팎의 사물을 감각의 대상으로 직접 대하는 '대물'이다. '격물'의 '격格'은 특별한 학구적 '탐구'가 아니라, 사물에 직접 '이르는 것', 즉 내외 감각으로 사물을 '직감하는 것'으로 풀이한다. 그러므로 '격물'은 내외감각으로 외부사물과 인식주체의 외적·내적 육체상태를 감각의 대상으로 설정하는 것이다. 말하자면 '격물'은 내외의 사물을 감각에 의해 현전現前의 대상으로 '마주하는' 것이다. 따라서 '인식주체가 사물을 직접 대하는 대물對物'이 '격물'의 핵심적 의미다.

'지물'의 제2단계인 '치지致知'는 대물적 자극을 받아들이는 감각적 지각(perception)이다. 그러므로 '격물치지'의 온전한 의미는 감각적 '대물지각'이다. 이 '감각적 대물지각'을 통해 목전의 실물을 직접 대하고, 이 실존하는 대물에 관한 '심상'을 산출하는 데 필요한 자극을 받아들인다. 그런데 이 '심상'은 영혼의 수동적 기능인 감각적 지각이 만드는 것이 아니라, 영혼의 능동적 기능이 이 지각의 자극을 받고, 정신의 창고 속에 본유本有하는 심상들 가운데 이 자극에 상응하는 적당한 심상을 골라 활성화시켜 만들어낸다.

이 '심상'은 외부의 사물로부터 오는 것이 아니라, 인간이 하늘로부터 부여받아 지닌 것, 즉 천부적인 것이다. 그러므로 『예기』에서 공자는 "하늘에서는 상象을 만들고, 땅에서는 형形을 만든다(在天成象 在地成形)"라고[17] 갈파했던 것이다. 그리고 공자는 『역경』에서도 '재천성상' 명제를 반복하기도 하고,[18] "하

---

17) 『禮記』「第十九 樂記」.

18) 『易經』「繫辭上傳」(1): "하늘에서는 심상을 만들고 땅에서는 물형을 만들어, 변화가 보이는 것이다 (在天成象 在地成形 變化見矣)".

늘이 상을 내린다(天垂象)고[19] 바꿔 표현하기도 한다.

‘재천성상在天成象’의 상象 또는 ‘천수상天垂象’의 ‘상象’은 마음의 상, 즉 ‘심상心象’으로 이해해야 할 것이다. 공자도 『역경』에서 ‘재천성상在天成象’의 ‘상象’이 실은 ‘심상心象’임을 얼핏 시사한다. 가령 “효의 상象은 내심에서 동하는 것이다(爻象動乎內)”.[20] 여기서 ‘내심’은 바로 ‘마음’이다. 플라톤의 ‘이데아’론의 오류는 이 심상이 감성(감각+감정)에 들어 있는 것이 아니라 지혜(이성) 속에 잠재한다고 여긴 점에도 기인하지만, 심상을 감각과 감정의 간이簡易한 심상들이 아니라 구체적 각개 사물종류의 무수한 ‘원형들’로 여긴 점에도 있다. 플라톤의 부조리한 개별사물적 이데아론을 수정한 아리스토텔레스와 칸트의 ‘범주·실체론’의 오류는 감각과 감정의 심상을 내동댕이치고, 지성에 의한 초험적 범주들과 실체들의 선험적 연역에 함몰시켜버린 것으로 간략히 평가할 수 있다.[21]

공자의 ‘심상’은 인간적 감성의 심상일 수도 있고, 천심의 심상일 수도 있고, 천심을 계시해주는 주역의 심상일 수도 있다. 그래서 『역경』에서 “하늘에서 상을 살핀다(觀象於天)”라고도 말하는 것이다.[22] 이 ‘하늘’은 철학적·종교적 의미의 ‘황천皇天’(heaven)이다. 따라서 이 ‘관상觀象’의 ‘상象’은 ‘천심天心의 상象’, 즉 ‘하늘의 심상’을 뜻한다. 『역경』에서도 공자는 ‘상象’이라는 말을 자주 쓰는데 이 ‘상’은 주역의 괘에 상징적 이미지로 계시되는 ‘하늘의 심상’을 뜻한다.

그러나 물리적 ‘창천蒼天’(sky)에 대고 ‘관상觀象’이라는 말을 쓴다면 이것은 공자의 ‘상’ 개념을 오용하는 것이다. 이 경우는 ‘관형觀形’이라고 해야 옳을 것이다. 그러나 대부분의 유학자들은 그간 ‘황천’과 ‘창천’을 무차별적으로 뒤섞어 쓰면서 물리학적·천문지리학적 의미로도 ‘관상觀象’이라는 말을 오용했다. 이런 오용에서 생겨난 것들이 ‘관상감觀象監’이니, ‘기상대氣象臺’니, ‘물상

19) “하늘은 象을 내리고, 길흉을 나타내고, 성인은 이를 상으로 그린다(天垂象 見吉凶 聖人象之).” 『易經』「繫辭上傳」(11).
20) 『易經』「繫辭下傳」(1).
21) 자세한 것은 참조: 황태연, 『서양철학과 정치사상(1)』, “아리스토텔레스”절.
22) 『易經』「繫辭下傳」(2).

物象'이니 하는 이상한 용어들이다.

아무튼 '공자의 '상' 개념은 사람·하늘·주역周易의 '마음'이 감각적·공감적으로 이해할 수 있는 '상징적 의미'의 경우에만 사용될 수 있다. '상象'을 물리적 사물의 형태라는 뜻으로 쓰는 것은 공자철학에서라면 오류라는 말이다. 공자는 사물의 물리적 형태를 '재지성형在地成形'의 '형形', 즉 '물형物形'으로 지칭하기 때문이다.

하늘에서 만든 '심상은 어떤 것을 쉽게 알 수 있게 표현하는 일종의 심적 무늬(文)다.[23] 외부세계의 삼라만상을 받아들이는 인간의 외감의 심상은 일단 이 삼라만상이 무한히 잡란하더라도 7색·7음·5미·7취·7촉 등 약 33개에다[24] 공간 심상과 시간 심상 2개를 합하면 외감의 지각심상은 총 35개다. 그러나 인식에 필수적인 내감의 비교지각심상도 있다. 분량·크기·길이·넓이·무게(중량)·거리·두께·깊이·강도·명도·온도·속도·염도를 나타내는 '많다-적다', '크다-작다', '짧다-길다', '좁다-넓다', '가볍다-무겁다', '가깝다-멀다', '얇다-두껍다', '얕다-깊다', '세다-약하다', '어둡다-밝다', '덥다-춥다', '빠르다-느리다', '짜다-싱겁다' 등의 심상들은 26개의 비교심상들이다. 따라서 지각심상은 모두 62개인데 외감과 내감은 이 지각심상들로 무한한 복잡다단한 삼라만상을 간이簡易하게 인식한다. 내감의 심상은 쾌통·재미·미추·시비·거리감·위치감각·방향감 등 10여 개다. 그리고 기쁨·분노·슬픔·두려움·좋아함·싫어함·욕구·생명애·수줍음·호기심·믿음·동정심·정의감(복수심)·공경심·시비감정(죄스러움·미안함)·부러움·오만·시기심·경멸감·악심·고소함·자긍심·사랑·즐거움(행복감) 등 감정의 심상은 30여 개다. 모든 심상은 사유를 일으켜 즉각 '관념'으로 전환되거나 복제될 수 있다.

---

23) 『역경』은 「계사상전」의 "仰以觀於天文 俯以察於地理"을 「계사하전」에서 "仰則觀象於天 俯則觀法於地"이라고 바꿔 쓰고 있다. 이로써 '象'과 '文'(그림), '理'와 '法'은 동일한 의미라고 짐작해 볼 수 있을 것 같다.

24) 색은 빨강·주홍·노랑·초록·파랑·남색·보라 등 7色, 소리는 도·레·미·피·솔·라·시·도 등 7音, 맛은 닮·매움·쏨·심·짬 등 5味, 냄새는 고소함·향내·누린내·탄내·비린내·고린내·단내 등 7臭, 촉감은 부드러움·까칠함·간지러움·가려움·아픔·더움·추움·뜨거움 등 8觸이다.

심상과 물형의 관계를 살펴보자. 산의 정태성, 여울물의 동태성, 거석의
크기에서 풍겨나는 위용, 호랑이의 영물성靈物性, 여우의 약삭빠름, 소금의
짬, 초목의 초록, 벚꽃의 하양, 장미꽃의 빨강, 목련꽃의 고상함 등은 다 하늘·
땅·산·물·바위·호랑이·여우·소금·초목들을 드러내주는 심상이다. 그런데 이
정태성·동태성·위용·영물성·약삭빠름·짬·파랑·하양·빨강·고상함의 심상들은
모두 다 스스로를 스스로 보여주지 못한다. 이 심상들은 오로지 산의 그쳐있
는 존재양태, 여울물의 빨리 흐르는 물리적 운동양상, 특유한 눈동자·털 색
깔·행동거지 등 여러 물리적 형태의 앙상블에서 보이는 호랑이의 모습, 여우
의 작고 분명한 용모에 빠릿빠릿한 거동, 특정한 분자구조(NaCl)의 소금입자,
초목의 고유한 색깔과 자태 등을 '그릇'으로 삼아서만, 즉 매체로 삼아서만
자기를 나타낸다. 이 매체들은 모두 다 땅이 이루는 '물형物形'이다. 즉, 하늘
에서 이루는 '심상'은 땅에서 이루는 '물형'을 '그릇'으로 삼아 표상되는 것이
다. 한 마디로, '물형'은 '심상'의 '그릇'이다. 그래서 『역경』은 "나타남을 곧
'심상'이라고 부르고 물형을 곧 그릇이라고 부른다(見乃謂之象 形乃謂之器)"고 갈
파한다.25) '심상'은 '나타나는 것', '보이는' 것이되, 꼭 '물형'이라는 '그릇'(매체)
에 실려서만 '보이는' 것이다. '심상'이 '물형'에 실려 있다면, '물형'은 '심상'을
싣고 있는 것이다. 따라서 보이지만 위에 실려 있는 것을 '심상'이라고 하고,
보이지 않지만 아래에서 싣고 있는 것을 '물형'이라고 할 수 있다.26) 심상이
'물형'을 그릇으로 하여 자신을 보여준다는 것은 '심상'이 '물형'으로 빗대지는
(擬) 의제擬制관계를 말하는 것이다. '물형'이 '심상'을 의제하는 이 관계를 본떠
서 사람도 '인위적 상象', 즉 '상징'을 만들어 쓸 수 있다. 이 '상징'은 사람이
만들어 쓰는 '빗댄 그림', 즉 지물·지사指物·指事의 의제적 그림이다. 『역경』은
말한다.

---

25) 『易經』 「繫辭上傳」(11).

26) 물형이 "보이지 않지만 아래에서 싣고 있다"는 말은 '물자체(Ding an sich)'나 '물형 자체'는 오감에
　　지각되지 않는다는 말이다.

무릇 심상은 성인이 갖고서 천하의 심오함을 드러내 보이고 이것을 그 형용形容에 빗대 그 사물들의 마땅함을 상징하니 이것도 심상이라고 부르는 것이다(夫象聖人有 以見天下之賾而擬諸其形容 象其物宜 是故謂之象).[27]

무릇 '심상'은 '형용', 즉 '물형의 모양'으로 그려짐으로써만 현상한다. 그래서 "주역은 심상心象이고", 주역의 "심상"은 괘의 '물형'으로 그려지는 "상像이 다".[28] '심상'은 물형으로 '형용'되는 '비유적 그림'을 통해서만 보인다는 말이 다. 이런 까닭에 '물형'은 '심상'으로 의제되고, 거꾸로 '심상'은 '물형'으로 빗 대지는 것이다. 다만, 저 '재천성상在天成象'의 '심상'은 하늘이 만든 자연적 '심상'인 반면, "그 사물들의 마땅함을 그리는 까닭에, 이 사물의 마땅함을 상징적으로 그린 것도 심상이라고 부르는 것이다(象其物宜 是故謂之象)"의 이 '심 상'은 성인이 주역으로 만든 인공적 '심상'이다.

가령 태극기는 '대한민국의 의미를 흰 바탕에 태극과 4괘를 그린 태극기의 '물형'으로 '상징'한다. 태극기는 대한민국의 인위적 상징이다. 즉, 태극기는 그 인위적 물형에 빗대진 대한민국의 의미의 심상이다. 비둘기는 평화의 '심 상'을 구체적 비둘기의 '물형'으로 상징한다. 주역의 중천重天 건乾괘는 아버 지·군주·강건·용덕龍德 등의 '심상'을 팔괘의 건乾괘(☰) 두 개가 상하로 중첩된 '물형'으로 상징한다. 우리가 손으로 쓰고 읽는 한글 '아버지'는 아버지의 의 미 '심상'을 '아'·'버'·'지'라는 세 글자를 순서대로 쓴 물형으로 나타낸다. 우리 는 순서대로 쓰인 이 세 글자의 물형에 아버지의 의미 심상을 이입시키고 다시 이 물형을 보자마자 조건반사적으로 이 의미 심상을 입상立象시켜 독해 해 낸다. 어린 시절부터 반복학습으로 생긴 글자 습관과 이 글자의 관성적 사용은 이런 입상의 조건반사 기제를 만들어낸다. 따라서 하늘이 만든 '심상' 과 사람이 만든 '심상'은 근원적으로 다른 것이지만, 양자가 심상을 물형에 빗대는 방식은 동일하다. 따라서 태극기·비둘기 등의 상징관계와 아버지 등

---

27) 『易經』 「繫辭上傳」(8).

28) 『易經』 「繫辭下傳」(1): "象也者 像此者也"; (3): "易者 象也, 象也者 像也."

의 언어적 상징관계의 이해는 내외감의 자연적 '심상'이 사물의 물형에 빗대지는 관계, 거꾸로 말하면, 사물의 물형(속성)을 심상으로 느껴 아는 지각관계를 쉽게 알 수 있게 해준다.

그러나 가만히 생각해 보면, 산의 정태성, 여울물의 동태성, 큰 바위의 위용, 호랑이의 신비한 영물성, 여우의 약삭빠름, 소금의 짬, 초목의 파랑·하양·빨강, 목련꽃의 고상함 등 하늘이 이룬 '상'은 실물들이 가진 '상'이 아니라, 예외 없이 우리가 실물들을 느껴 이것들에다 붙여주는 우리 영혼의 심상이라는 것을 알 수 있다. 실물의 물형에 붙여진 이 여러 '심상'은 실은 '사물의 심상'이 아니라 '우리 인간'의 심상인 것이다. 이 심상은 '태생적으로 아는(生而知之)' 지성적 관념이 아니라, 차라리 '태생적으로 느끼는(生而感之)' 감성적 심상이다.

따라서 공자의 '타고난 심상', 즉 '본유적 심상'은 플라톤·데카르트·라이프니츠의 이성적 '본유관념'이나, 아리스토텔레스·칸트 등의 ─ 지성이나 이성에 의해 연역되는 ─ '선험적 감성형식'(시간과 공간) 및 인과율·실체성·단일성 등의 '선험적 지성범주'(='지성개념')를 철저히 배격하는 '감성'의 본유심상일 따름이다.

공자의 이 천성적 '본유심상'은 흄의 '본유인상(innate impression)'과 같다. 그러나 지각(인상)과 관념(지식)을 구분하지 못한 로크는 "본유인상"의 보유를 부정했다. 이것은 아기를 목욕시킨 물을 아기와 함께 버리듯이 데카르트의 '본유관념'을 버리려다 '본유심상'까지 버린 것이다.

그 어떤 본유적 원리들(innate principles), 즉 영혼이 바로 최초의 존재에서 받아들여 이를 갖고 세상으로 나오는, 인간의 정신에 각인된 것 같은 얼마간의 일차개념들, 공통개념들(코이나이 엔노이아이κοιναι ἔννοιαι), 성품들이 지성 안에 들어 있다는 것은 몇몇 사람들 사이에 확립된 의견이다. 인간들이 어떻게 본유적 인상(innate impression)의 도움 없이 오직 자연적 역량만으로도 인간이 보유한 지식을 얻을 수 있고, 이러한 원초적 개념이나 원초적 원리 없이 확실성에 도달할 수 있는지를 내가 보여주기만 한다면,

이 가정의 그릇됨을 편견 없는 독자들에게 확신시켜주기에 충분하다. 왜냐하면 신이 외부대상으로부터 눈으로 색깔들을 받아들일 힘과 시력을 준 그런 피조물 속에 본유 本有하는 색깔 관념들(*ideas*)이 있다고 가정하는 것은 당치않다고 누구나 인정할 것이라고 상상하기 때문이다. (…) 별도의 진리를 자연의 인상과 본유적 성품 덕택으로 돌리는 것은 못지않게 불합리할 것이다.29)

'원리', '개념', '인상', '관념' 등을 등치시키며 뒤섞어 쓴 이 강한 부정문에서 로크는 '본유관념'을 부정하려다가 '본유인상'까지 내동댕이치는 식으로 논단하고 있다. 흄은 바로 로크의 이 주장을 비판한다.

우리가 아무런 본유관념도 가지고 있지 않다는 것은 그릇된 것이다. 왜냐하면 보다 강렬한 지각, 즉 인상이 본유하는 것은 명백하고, 자연적 욕망, 덕의 사랑, 분노, 그리고 다른 모든 감정은 본성으로부터 직접 생겨나기 때문이다. (…) 로크 씨는, 다른 한편으로, 우리의 모든 감정이 인간 정신의 본원적 만듦새(*original constitution*)로부터만 유래하는 일종의 자연본능이라는 것을 쉽사리 시인할 것이다.30)

그런데 안타깝게도 흄은 첫 구절에서 표현상의 실수를 함으로써 독자의 이해를 방해하고 있다. 인상과 관념을 구분하는 그의 지론을 따를 때, 첫 구절은 "우리가 아무런 '본유인상도 가지고 있지 않다는 것은 그릇된 것이다"로 수정되어야 한다. 그래야만 "인상이 본유하는 것은 명백하다"는 다음 구절과 순접될 수 있다. 아무튼 여기서 흄은 강력히 "본유인상의 명백한 존재"를 천명하고 있다. 이 점에서 흄은 본유인상론은 공자의 '재천성상론在天成象論'과 본질적으로 상통하는 것이다.

환언하면 공자와 『역경』은 '본유관념'(본유지식) 또는 선험적 개념을 부인하지만, '본유심상'은 확실하게 인정한 것이다. 이것은 바로 플라톤이나 데카르

---

29) Locke, *An Essay concerning Human Understanding*, BookI. ch.2. §1.

30) Hume, "An Abstract of a Book lately Published, entitled *A Treatise of Human Nature*", 408쪽.

트·라이프니츠 등이 주장하는 선험적 '본유관념'과, 아리스토텔레스·칸트·쇼펜하우어 등이 주장하는 '선험적 지성범주' 등의 '본유지식'을 부정하지만, 영혼 속의 어떤 선험적 지각요소도 몰각하는 에피쿠로스·홉스·로크·최한기 등의 소박경험론(*naive empiricism*)의 '전촌인상·전촌관념외래설'도 부정하는 것이다. 이 '이중적 부정'이란 첫째, 공자가 인간의 지각능력과 심상, 그리고 사유능력이 인간영혼 안에 '본유한다는 말에는 동의하지만, 사유 차원의 저 '본유관념'과 '선험적 지성범주'의 이론을 부정한다는 것을 뜻한다. 둘째, 공자가 주지하다시피 그의 인식론적 체계상이 본유적 인식형식(심상)이 오로지 감성적 경험에 의해서만 인지된다는 그의 경험론적 입장에서, 본유관념으로 사물을 인식할 수 있다고 주장하는 플라톤·데카르트·라이프니츠·쇼펜하우어의 선험적 인식론(*transzendentale Epistemologie*)과, 순수지성의 '선험적 연역(*transzendentale Deduktion*)'으로 선험적 지성범주를 도출할 수 있다고 주장하는 아리스토텔레스·칸트 등의 선험적 인식론을 둘 다 부정한다는 것을 뜻한다. 공자의 핵심논지는 본유'인상'을 인정하지만, 본유'관념'을 부정한다는 것이다.

### 1.3. 재지성형在地成形과 물형物形

이제 '재지성형在地成形'의 '형形'으로 관심을 돌려보자. 이 '형'은 땅에서 만든다고 하고 있음으로 물질적 형, 즉 '물형物形'이 분명하다. 물형은 사물의 본래적 속성이고, 심상은 사물의 이 속성을 지각하는 본유적 상이다. 심상으로 지각한 사물의 속성은 '현상'이라고 부른다. 따라서 사물의 현상적 속성으로서의 빨강·파랑 등의 색깔과 소금의 짬 등은 사물의 본래적 속성인 물형에 조응하지만 물형과 다른 것이다. 빨강은 물형의 측면에서만 보면 그저 610-700nm 파장을 가진 빛의 파동일 뿐이고, 초록색은 500-570nm 파장을 가진 빛의 파동일 뿐이고, 소금의 짬은 사물적 속성으로만 보면 NaCl 분자의 미각적味覺的 자극일 뿐이다. 인간은 저 빛의 파동들이 우리 시신경에 일으키는 자극을 신경전달물질에 의해 뇌로 전달받아 이것을 빨강과 파랑의 시각적 심상으로 변환해 빨갛게, 파랗게 감지하고, 혀의 미각돌기에 대한 NaCl입자의 자극을 뇌에서 전달 받아 이것을 짠맛의 미각적 심상으로 변환해 짜게 감지한다. 그리고 펩사이신 분자가 미각돌기를 자극하면 맵게 느낀다. 빨강·초록 등의 색깔과 짬·매움의 맛은 '심상'인 반면, 610-700nm 파장 및 500-570nm 파장의 광파光波와 NaCl·펩사이신 분자와 그 자극은 다 '물형'이다. 삼라만상의 물체들은 무한히 많고 복잡하다. 그러나 모든 물체의 '물형'은 몇 십 가지의 기본적 '물형'으로 단순하게 환원되고, 이 단순화된 물형들도 다시 '인식'을 위해 우리 뇌의 영혼 속의 지각 과정에서 오감의 단순한 심상으로 '변환'된다. 산의 정태성은 우리가 산에서 느끼는 육중한 정지감이고, 여울물의 동태성도 우리가 여울에서 느끼는 일종의 운동감·속도감인 점에서 다 우리의 '감각의 심상들일 뿐이고, 소금의 짬, 초목의 초록, 벚꽃의 하양, 장미꽃의 빨강도 감각의 심상일 뿐이다. 한편, 목련꽃의 고상미는 빨강·초록·짠맛 등의 외감 심상과 달리 미감(미추감각)의 내감적 심상이다. 그리고 이 큰 바위의 위용, 호랑이의 영물성, 여우의 약삭빠름 등은 오감 심상들과 결합된 '감정'의 심상들이다.

반복하지만, 우리는 빛·소금·바위·호랑이·여우·목련꽃 등의 '물형'을 '물형 자체'로 지각하는 것이 아니다. 이것은 두 가지 의미에서 그렇다. 첫째, 인간은 물형을 심상으로 변환해 지각하기 때문에 이 '물형 자체'를 '물형 자체'로 지각하지 못한다. 둘째, 인간은 인간의 심상으로 지각하는 능력범위를 넘어가는 물형들을 지각하지 못한다. 자외선, 적외선, 초음파, 미세냄새, 미세분진, 분자, 원자, 전자, 중성자, 아주 멀리 있는 물체, 또는 가까이 있는 지구와 같은 초거대물체 등이 그것이다. 외감의 한계를 넘어가는 이런 물형들은 가령 측정기구로 측정되는 광파의 파동 수치, 특별한 관측기구의 심상적 변형태(리트머스시험지의 색깔, 가이거계수기의 딱딱거리는 소리 등), $HO_2$ , NaCl이라는 심상적 기표記標, 미세냄새·극소입자·초음파 등을 탐지하는 탐지견의 거동과 소리, 인공적 측정기구로 포착하는 화학적 구성성분과 물리적 성질의 수치정보 등의 매개를 통해 '간접적' 극소정보를 얻어 짐작한다.

이런 관점에서 보면, 심상으로 지각한 사물의 속성 또는 인간의 오감에 지각되는 사물의 모습이라는 뜻의 고전적 '현상現象(Erscheinung; phenomenon)' 개념은 오늘날 통용되기 어렵다. 미세냄새·극소입자·초음파·자외선·적외선·방사능 등은 오감의 심상으로 지각할 수 없기 때문이다. 고전적 의미의 '현상'은 '자연적 심상에 의한 지각이다. 이 '심상에 의한 지각'을 공자는 '입상立象'이라고 했고, 흄은 '인상印象'이라고 명명했다. 따라서 고전적 의미의 '현상'은 '인상'과 동의어다. 사물 자체의 '작용'으로서의 '물형'은 본래 심상으로 포착할 수 있는 물형과, 심상으로 포착할 수 없는 물형으로 구성된다. 그러나 심상에 의해 포착되든 아니든, 물형 '자체'는 '현상' 속에 나타나지 않는다. 물형을 심상으로 포착한 '현상'도 물형 자체가 아니라 물형을 심상으로 전환시킨 변형태이기 때문이다. 또한 이 '물형 자체'는 스스로를 '작용'시켜 이 물형들을 드러내는 '물질 자체'와 구별된다. '물질 자체'는 '물형 자체'를 통해 자신을 드러내고 현실화한다. 따라서 '물형 자체'는 '물질 자체'의 '실현태'로서 근원적 의미의 '현상'태라고 할 수 있다. 칸트의 '물자체(Ding an sich)'와 유사한 '물질 자체'의 '실재성'은 - 아래에서 상론하겠지만 - '물형 자체'에 대한 간접정보와 '물질 자체'의 일상적 활용을 통해 의심할 바 없이 '강렬한 확실성'을 가진다.

우리는 '물형'을 오감의 심상을 통하지 않고도 오감 외의 자연적 감관感官(가령 '근감각')과 다른 여러 인공적·자연적 도구를 이용해 간접적으로 포착한다. 인공적·자연적 도구에 의한 물형의 지각은 간접지각인 셈이다. 물론 '인상'도 본질적 의미에서 고찰하면 '물형'을 심상으로 바꿔 지각한다는 의미에서 간접지각이다. 다만 '인상'은 '자연적·본성적' 간접지각일 뿐이다. 또 감각은 물형을 선별적으로만 지각한다. 인상은 상술했듯이 자외선, 적외선, 초음파, 미세냄새, 미세분진, 방사능, 분자, 원자, 전자, 중성자, 멀리 있는 물체, 또는 지구와 같은 초거대물체 등을 빼놓은 '대강'의 지각이기 때문이다. 따라서 감각으로 만들어지는 인상의 지각은 개연적 지각, 즉 '근도近道'의 지각이다. '도구적' 간접지각도 이 '본성적' 간접지각처럼 물형의 모든 측면을 지각하는 것이 아니라 극히 선별적으로 지각하는 것이기에 어디까지나 개연적 지각이다.

상술했듯이 외부세계의 삼라만상을 받아들이는 우리의 외감 심상은 이 삼라만상이 무한히 잡란하더라도 7색·7음·5미·7취·7촉,[31] 공간·시간 심상 2개, 비교지각심상 26개 등 총 61개다. 오감적 공간·시간의 두 심상은 외부사물의 '연장'과 그 운동과 정지의 '지속성'이라는 물형에 상응하는 것이다.

시간과 공간 심상에 대해서는 오래 세월 철학적으로 많은 논란이 있었다. 특히 칸트의 시간·공간 개념은 철학에 파멸적이었다. 이 때문에 시간과 공간에 대해 좀 더 상론할 필요가 있다. 갈릴레이·데카르트·칸트는 외부사물의 '지속'과 '연장'이라는 물형에 대응하는 '시간'과 '공간'의 심상을 약33개의 외감심상과 구별해 사물의 '일차속성(1차 성질)'이라고 부르고 여기에만 '보편성'을 인정했다. 그리고 나머지 심상들은 사물의 '이차속성(2차 성질)'이라고 부르고 이에 대해서는 보편성을 부정하고 특수성만을 인정했다.

그러나 심상들은 '물형'이 아니고 따라서 사물의 본원적 속성도 아니다. 그것들은 우리 영혼의 본유적 '상'이다. 그리고 모든 '심상'은 일차속성·이차속성의 구별 없이 다 하늘에서 만들었기(在天成象) 때문에 똑같이 보편적이다. 모든 천부적 본유심상은 '모든' 인간에게 보편적이기 때문이다. 따라서 데카르트가 갈릴레이를 계승해, 그리고 다시 갈릴레이와 데카르트를 계승해 '시간'과 '공간'을 34개 심상으로부터 따로 떼어 '선험적·초험적 감성형식'으로 정의하고 여기에만 보편성을 인정하여 특대하는 칸트 식의 주장은 전혀 근거 없는 것이다.

라이프니츠와 흄도 일·이차속성을 구별하지 않았다. 그들은 일차성질(제1부류; 운동·단단함·모양·부피 등)과 이차성질(제2부류; 색깔·입맛·소리 등)의 갈릴레오적·데카르트적 구분을 물리치고 '시간'(운동의 지속성)과 '공간'(연장)을 '색깔·입맛' 등의 다른 성질(속성)과 마찬가지로 '이미지(심상)'로 파악했다. 라이프니츠는 말한다.

---

31) 색은 빨강·주홍·노랑·초록·파랑·남색·보라 등 7色, 소리는 도·레·미·파·솔·라·시·도 등 7音, 맛은 닮·매움·씀·심·짬 등 5味, 냄새는 고소함·향내·누린내·탄내·비린내·고린내·단내 등 7臭, 촉감은 부드러움·까칠함·간지러움·가려움·아픔·더움·추움·뜨거움 등 8觸이다.

물체의 연장 개념은 어느 면에서 심상적(*imaginary*)이고, 물체의 실체를 구성하지 않는다. (…) 실체의 본성을 성찰할 사람은 물체들의 전 본성이 물체들의 연장, 즉 물체들의 크기·모양·운동에서 다하는 것이 아니라, (…) 영혼에 조응하는 어떤 것, 즉 흔히 실체적 형상으로 불리는 어떤 것을 우리가 인정해야 한다는 것을 깨닫는다. 크기·모양·운동의 관념은 상상하듯이 그렇게 판명하지 않고, 이 관념들은 – 더 큰 정도일지라도, 우리 밖의 사물들의 본성 속에서 현실적으로 발견되는 것인지를 우리가 의심하는 색깔·열과 기타 유사 성질의 관념들이 그렇듯이 – 우리의 지각과 관련된 심상적인 어떤 것을 표현한다.[32]

시간·공간·운동 등에 대한 흄의 견해도 라이프니츠와 본질적으로 유사하다.

철학적 의견이 무엇이든 색깔·소리·온랭이 감각들 안에 현상하는 한에서 운동·견고성 등과 동일한 방식에 따라 존재한다는 것은 (…) 명백하다. 전자의 성질들이 별개로 지속적으로 실존한다는 것을 부정하는 편견은 아주 강한데, 현대 철학자들(18세기 합리론자들)에 의해 반대의 의견이 제기될 때 사람들은 이것을 자신들의 느낌과 경험으로부터 거의 반박할 수 있고, 바로 그들의 감각들은 이 철학을 부정한다. (…) 전체적으로 보아 우리는 감각이 재판관인 한에서 모든 감각들이 그 실존 방식에서 동일한 것이라고 결론지어도 된다.[33]

라이프니츠 같은 합리론자도 비판적 경험론자 흄도 이와 같이 공간과 시간의 심상을 다른 심상들과 동일시하고 제1차 속성과 2차 속성의 구분을 부정한 것이다.

상술했듯이 일단 모든 '심상'이 다 하늘에서 만들었기(在天成象) 때문에 '시간과 공간의 심상 외의 색깔·냄새·소리 등 다른 심상들도 '시간과 공간과

---

32) Gottfried W. Leibniz, *Discourse on Metaphysics* (1686), §XII. Leibniz, *Discourse on Metaphysics, Correspondence with Arnauld, and Monadology* (Chicago: The Open Court Publishing Company, 1902).

33) Hume, *A Treatise of Human Nature*, 128쪽.

똑같이 보편적이고, 이 점에서 모든 심상은 동등하다. 이런 전제 위에서 규정하자면, 공간은 사물의 '연장'에 상응하는 우리의 심상인 반면, '시간'은 '사물'의 '지속'에 상응한 심상이다. 따라서 엄밀히 말하면, '연장'은 '공간'과 같은 말이 아니고, '지속'은 '시간'과 같은 말이 아니다. '연장'과 '지속'은 '물형'인 반면, '시간'과 '공간'은 외감의 '심상'이기 때문이다. 그러나 데카르트·칸트·쇼펜하우어는 공간을 사물의 연장과 '등치'시키고, 시간은 의식의 지속과 '등치'시켰다. 특히 칸트는 사물의 '연장·지속'의 물형과 '공간·시간'의 심상을 변별하지 않은 채 뒤섞어 쓰면서 시간·공간 개념을 둘 다 내감과 외감의 '선험적 감성형식'으로 규정했다. 그는 가령 "시간은 외적으로 직관될 수 없기"[34] 때문에 "시간은 내감의 형식이다"고 오판한다.[35] 반면, "공간은 모든 외적 직관의 근저에 놓인 필연적인 선험적 관념이다"라고 단정한다.[36] 칸트는 공간을 외감의 형식으로 간주한 반면, 시간은 내감의 형식으로 간주한 것이다.

하지만 필자는 물질의 '연장'과 '지속'(정지와 운동의 지속)을 '물형物形'으로 규정하고, '공간'과 '시간'을 이 '연장'과 '지속'이라는 물형에 대응하는 외감의 '심상'으로 규정함으로써 물형적 '연장·지속'과 심상적 '공간·시간'을 엄격히 구분하고자 한다. 시간·공간의 심상은 물형의 연장·지속에 조응하고 이에 의해 제약된 것이기 때문이다.

순수의식의 내적 '지속'도 심중에서 '시간'의 심상으로 지각될 수 있지만, 지극히 주관적이라서 몽환적이고 무無규정적이다. '지속'을 순수의식의 흐름으로 보아 시간과 등치시키는 데카르트·칸트·쇼펜하우어의 '주관적 시간' 개념은 찰나를 아주 길게 느끼고 긴 시간을 짧게 느끼는 우리 의식의 시간 착각을 고려할 때 난센스라는 말이다. 우리는 때로 '일각一刻이 여삼추如三秋'라고 착각하기도 하고, 정반대로 '신선놀음에 도끼자루 썩는 줄 모르듯이' 장구한

---

34) Kant, *Kritik der reinen Vernunft*, B37쪽.

35) Kant, *Kritik der reinen Vernunft*, B49쪽. 또는: "시간은 "우리 자신과 우리의 내적 상태를 직관하는 형식이다".(B50쪽)

36) Kant, *Kritik der reinen Vernunft*, B38쪽. 또: "외감(外感; 우리 영혼[Gemüt]의 한 속성)을 매개로 우리는 대상을 우리 외부에 있는 것으로, 이 대상들을 모두 다 공간 속에서 관념한다."(B37쪽)

시간을 짧은 막간으로 착각하기도 한다. 이처럼 '순수한 의식'의 지속으로서의 몽환적 '시간'에서는 '객체적' 지속의 물형이 부정될 수밖에 없다.

그러므로 '객관적' 시간 개념은 객체적 물형의 속성인 '지속'을 반영한 '경험적 의식'의 지속에 근거해서만 인정해야 한다. 따라서 필자는 '여삼추'·'도끼자루' 등 저 속언들이 주관적 시간 착각을 표현하면서도 시계작동의 '일각'과 지구공전의 '삼추'나 '도끼자루의 부식' 과정 등 '사물운동의 지속' 상태와의 비교를 통해 각성시키고 있음에 주목한다.

아인슈타인의 $E=MC^2$ 공식도 빛의 운동속도를 표현한 '시간(C)'을 포함하고 있다. 동시에 이 공식은 연장이 모든 물질적 실재의 필수적 물형이라는 전통적 생각도 파괴해버린다. 이 공식은 연장을 가진 물질이 연장을 갖지 않는 에너지(E), 즉 '기氣'로 전환된다는 공식이기 때문이다. 그런데 쇼펜하우어는 칸트처럼 단정한다. "공간 속에도 들어 있지 않고 시간 속에도 들어 있지 않는 것은 객체일 수도 없다. 따라서 물자체들은 객체적 존재가 아니라 오직 완전한 다른 유형의 존재, 형이상학적 존재일 뿐이다."[37] 그러나 '연장'을 갖지 않는, 즉 공간을 차지하지 않는 에너지, 즉 '지기氣'를 생각할 때, 이 명제도 그릇된 것이다.

'물질 자체'로서의 '힘' 또는 '기'는 과연 지속(시간)과 연장(공간) 바깥에 있는 것인가? 시간개념만이 아니라, 공간개념도 '에너지' 또는 '힘'으로서의 '기'와 함께 좀 더 근본적으로 재고해볼 필요가 있다. 이 '기'를 '힘' 또는 '의지'로 개념화한 쇼펜하우어는 이렇게 말한다.

이 힘들 자체는 결코 결과도, 원인도 필요로 할 수 없고, 차라리 이 힘들 자체의 본질이 전개되고 표명되는 일체의 원인과 결과의 선행적 전제조건이다. 이런 까닭에 중력의 원인, 전기력의 원인을 묻는 것은 지성적으로 이해할 수 없는 것이다. (…) 힘 자체는 결코 어떤 원인의 결과일 수도 없고, 어떤 결과의 원인일 수도 없다. ― 따라서 "중력은 돌이 낙하하는 원인이다"라고 말하는 것도 그릇된 것이다. 차라리 지구가

---

37) Schopenhauer, *Die Welt als Wille und Vorstellung II*, 16쪽.

돌을 당기는 점에서 지구의 근접성이 여기서 원인이다. 완전히 – 인과관계의 사슬이
시간과 관련해서만 의미를 가짐으로써 시간을 전제하는 – 원인과 결과의 사슬 바깥
에 위치한다. 그러나 힘은 시간 바깥에 위치하는 것이기도 하다.[38]

이 말 중 "중력의 원인, 전기력의 원인을 묻는 것은 지성적으로 이해할 수
없는 것이다"는 구절은 백번 옳지만, "힘 자체는 결코 어떤 원인의 결과일
수도 없고, 어떤 결과의 원인일 수도 없다. – 따라서 '중력은 돌이 낙하하는
원인이다'라고 말하는 것은 그릇된 것이다"는 구절은 그릇된 말이다. 낙하의
'궁극적' 원인은 중력이기 때문이다. 이 구절은 자신의 다른 언명과 모순된다.
그는 다른 곳에서 이렇게 말한다. "힘 개념은 원인과 결과가 지배하는 영역으
로부터, 따라서 직관적 표상으로부터 추상화되었고, 원인임(das Ursachsein)이 전
혀 원인학적으로 더 이상 설명될 수 있는 것이 아니라, 바로 모든 원인학적
설명의 필연적 전제인 지점에서의 '원인의 바로 그 원인임'을 뜻한다."[39] 이
언명에 따르면 중력은 낙하의 원인인 것이다. 칸트도 부지불식간에 스스로
내뱉었듯이, '초超인과적 물자체'와 '인과적 영역인 현상' 간의 관계에 인과관
계를 적용했듯이, 본질의 원인은 없더라도, 본질은 현상의 원인이고, 현상은
본질의 결과다. '현상은 정의상 본질의 표현태인 물형의 미세한 자극과 두드
림에 의해 오감의 심상이 야기된 것, 즉 '인상'이기 때문이다.

또한 힘은 스스로 공간 심상이 대응하는 '연장'을 갖지 않지만, 사물들이
연장 속에서 현존할 수 있는 '세력장(field)'을 만들어 준다. '공간은 정확하게
말하면 이 세력장이라는 물형에 조응하는 심상이다. 힘이 만드는 장場(공간으
로 현상하는 물형)은 중력장·전기장·자기장 등 세 가지 '세력장'이다. 힘은 이 세
력장을 펼친다. 가령 지구의 중력은 중력장을 만들고 이 중력장으로 존재한
다. 따라서 중력은 우리에 의해 이 중력장이라는 '공간 안에 들어있는 것으로
'지각'된다. 전기력·자기력도 마찬가지다. 또한 힘은 일체의 사물을 빨아들여

---

38) Schopenhauer, *Die Welt als Wille und Vorstellung I*, §26 (196-197쪽).

39) Schopenhauer, *Die Welt als Wille und Vorstellung I*, §22 (172쪽).

에너지로 전환시켜 더욱 강해지고 이로써 사물과 함께 사물의 '연장'조차도 완전히 없애버릴 수도 있다. 따라서 힘은 다른 사물들이 들어 있을 수 있는 '공간'으로서의 세력장을 만들고 없애고 이 다른 사물들의 '연장'을 만들고 없애는 궁극적 원인이다. 따라서 힘 자체는 '원인'이 없지만, 물질과 개별사물들의 물형에 대해서는 궁극적 원인이다. 우주의 모든 물질은 모조리 힘으로 환원되고($E=MC^2$), 일체의 물질은 예외 없이 힘에 의해 생성되기 때문이다. 또한 세력장들은 서로 영향을 가할 수 있고, 이러는 한에서 중력(인력)·전기력·자기력은 서로에 대해 원인과 결과가 될 수 있다. 각종 힘들은 지나치는 것을 꺼려 중화中和(균형 또는 평형과 조화)를 찾아 부단히 움직이기 때문이다.[40] 따라서 가령 전기력도 우리가 오감으로 포착할 수 있는 현상 '저편'에서 가령 자기력·기계력·빛·불·속력으로 바뀌며 사라지기도 하고 생기기도 할 수 있다. 그리고 우리는 이 사실을 오감으로가 아니라 다른 탐지·측정방법으로 간접적으로나마 인식할 수 있다. 따라서 힘의 세계에서도 원인과 결과의 범주가 유용할 수 있다.

원인과 결과의 인상범주가 유용한 한에서 선후가 있는 것이고, 따라서 원인적 힘의 '시작'과, 결과로의 전환을 통한 원인적 힘의 '종식'으로 표현되는 힘의 '지속'이 인정된다. '힘'에 대해서는 '지속'이 인정되므로, 동시同時·시종始終·기간 등의 '시간'의 심상도 적용가능하다. 따라서 힘은 우리의 초超감각적 탐지방법에 의한 간접적 지각에 대해서까지 시간 바깥에 있는 것이 아니라, 시간 안에 들어 있는 것이다. 한마디로, '힘'으로서의 '기'는 스스로 '연장'을 갖지 않을지라도, 사물들에게 연장을 부여하는 세력장의 '연장'을 형성함과 동시에 이 세력장으로서의 '공간' 안에 들어있는 것으로 지각되는 한편,

---

40) 천지의 氣는 이 '가', 저 '가'로 바뀌고 만물을 만들고 부숨으로써 언제나 에너지(氣)의 '중화(中和)'를 찾는다. 이 중화 원리를 천지와 같이 하는 '역(易)'이 '중화'를 '길(吉)'로 치는 것도 같은 이치다. 『역경』은 말한다. "역은 천지와 준한다. 그러므로 하늘과 땅의 도를 두루 꿸 수 있다. (⋯) 역은 천지와 서로 비슷하므로 어긋나지 않아서 만물을 두루 알고 천하를 도제(道濟)하고, 천지와 서로 비슷하므로 지나치지 않아 두루 다녀도 흘리지 않고 하늘을 즐기고 하늘의 명(命)을 안다(易與天地準 故能彌綸天地之道. [⋯] 與天地相似 故不違 知周乎萬物而道濟天下, 故不過 旁行而不流 樂天知命)." 『易經』「繫辭上傳」(4).

'기'는 스스로의 원인을 갖지 않고 따라서 그 무엇의 결과도 아니지만, 다른 사물과 다른 기들에 대해 원인이 되어줌으로써 지속성을 지니고, 따라서 '시간 안에 들어 있는 것으로 '지각된다. 즉, '기'는 스스로 연장도, 원인도 갖고 있지 않음에도 불구하고 지속의 물형 속에 들어 있고, '시간의 외감적 심상으로 지각가능하다. 또한 힘은 연장의 세력장을 만들어주고 힘의 일부를 언제든 다시 물질로 전환시키고 물형으로 표현할 수 있다. 이렇게 만들어지는 사물의 연장 또는 세력장은 우리의 외감에 의해 '공간' 심상으로 포착된다.

정리하면, '시간'은 힘과 사물의 운동의 '지속'이라는 물형에 대한 외감의 심상이고, '공간'은 힘이 만든 세력장과 그 속의 사물의 '연장'이라는 물형에 대한 외감의 심상이다. 말하자면, 시간과 공간은 둘 다 외감의 심상인 것이다. 이것은 칸트의 양분된 시간·공간 개념에 대한 하나의 안티테제다.

한편, '재지성형'의 '물형'은 소재(주기율표상의 원소들과 이 원소들이 결합된 분자들)의 본원적 속성들이다. 따라서 구체적 생물·무생물로 이루어진 삼라만상이 무한히 잡란하더라도 그 속성을 이루는 기본적 '물형'은 분자로 보면 수백 종이고, 원소로 보면 수십 종이라서 수적으로 간단하다. 자연적 사물들의 수는 무한하지만, 지금까지 자연 속에서 발견된 분자는 겨우 수백 종에 한정되고, 더욱이 원소는 90종에 지나지 않기 때문이다.

이 90종의 원소는 다시 17개의 기본입자(쿼크 6, 렙톤 6, 상호작용 입자 4, 힉스입자 1)로 환원된다고 한다. 그러나 17개의 이 우주 기본입자는 분자·원소 등의 '물형物形'과 달리 우리의 감각기관에 포착되지 않는 것이다. 따라서 천부적 오감에만 의거하는 '자연적 인간'의 인식을 대상으로 하는 우리의 '철학적 인식론' 차원에서는 이 17개 기본입자를 고려할 필요가 없다. 그러나 뒤집어 보면 이 말은 우리의 '철학적 인식론'이 천체망원경·전자현미경·가이거계수기 등 최첨단 인공관측기구와 측정기구를 사용해 물질의 초미세超微細 구조와 천문학적 원거리를 관측·측정하는 오늘날의 첨단과학적 인식을 따라가지 못한다는 말이다. 이것은 철학적 인식론의 본질적 한계다.

그런데 우리는 이 수백 종의 소재들과 90종의 원소의 속성(형질) 및 사물·사건의 '연장'과 '지속' 등의 물형적 속성들을 다시 상술한 62개 기본적 지각심상으로 환원해 더욱 간이하게 지각·인식한다. 따라서 잡란한 삼라만상의 외부세계는 모두 다 간이하게 62개의 심상으로 환원된다.[41] (외부세계의 물형들이 야기하는 감정은 상술했듯이 30여개이고, 쾌통·재미·미추·시비감각 등 4대 평가감각의 심상은 총 8개다. 따라서 지각심상과 감정·평가심상을 다 합하면 총 100개가량이 된다. 그러나 여기서는 인식론 차원에서 고찰하므로 38개의 감정·평가심상은 논외로 한다.)

땅은 삼라만상을 90여 개의 간소한 원소적 '물형'으로 압축하고, 하늘은 90여개의 간소한 물형을 다시 알기 쉬운 62개의 인식적 '심상'으로 드러나게 한다. 따라서 '물형'과 '심상'을 알면, 천하의 돌아가는 이치도 쉽게 알 수 있다. 『역경』은 말한다.

> 하늘의 건乾은 큰 시작을 알리고, 땅의 곤坤은 만물을 짓고 이룬다. 건은 알기 쉽게 하고 곤은 기능을 간소하게 한다. 쉬우면 알기 쉽고, 간소하면 따르기 쉽다. (…) 쉽고 간소하면 천하의 이치가 얻어지고, 천하의 이치가 얻어지면 그 가운데에서 위치를 이루는 것이다.[42]

'심상'을 만드는 "건乾"은 "확연해서 사람들에게 쉬 보이게 하고(乾確然 示人易矣)", '물형'을 만들어 '상'을 의제적으로 실어주는 '그릇'을 제공하는 "곤坤"은 "순연順然해서 사람들에게 간소하게 보이게 한다(夫坤隤然 示人簡矣)".[43] 하늘의 심상은 알기 쉽고, 땅의 물형은 간소해 따르기 쉽다. 이것이 건곤, 하늘과

---

41) 이 '심상적 환원'에 의한 지각은 에드문트 후설(Edmund Husserl, 1859-1938)의 '현상학적 환원' 또는 '형상적(形相的) 환원(eidetische Reduktion)' 개념에 대응한다. 그러나 후설의 이 개념은 다시 쇼펜하우어의 '표상으로서의 세계' 개념으로 거슬러 올라간다. 그러나 후설 자신에 의해 여러 차례 바꿔 정의된 이 '현상학적 환원' 개념은 아주 모호하다. 따라서 여기서 공자의 논지를 후설과 비교하는 논의는 생략할 것이다.

42) 『易經』「繫辭上傳」: "乾知大始 坤作成物. 乾以易知 坤以簡能 易則易知 簡則易從 […] 易簡而天下之理得矣, 天下之理得 而成位乎其中矣."

43) 『易經』「繫辭下傳」.

땅이 만든 심상과 물형의 '간이성簡易性'이다. 그러므로 건의 심상과 곤의 물형은 천하의 이치를 쉽게 지득할 수 있게 해주는 것이다. 좀 더 구체적으로 말하자면, '심상'은 우리로 하여금 눈에 보이는 '물형'을 매개로 천하와 영혼 속의 만물만사의 이치를 궁극적으로 쉽게 지득할 수 있게 해준다. 상술했듯이 이 '심상'은 영혼외부에 실재하는 사물, 즉 심외心外의 실물의 '감각'과, 심중에 실재하는 '감흥'을 둘 다 포착한다.

### 1.4. 내감의 인식적 기능

인식에는 외감(오감)만이 기능하는 것이 아니라 내감도 기능한다. 따라서 내감의 기능을 잠시 탐구해야 할 것이다. 그간 내감에 대한 연구는 동서철학에서 거의 이루어지지 않았다. 그러나 내감이 수행하는 일정한 기능들이 인식과 이해에 아주 중요하고 필수적이어서 내감을 정확히 알지 않으면 철학은 '유사類似철학'으로 전락할 수 있다. 인간의 '내감'은 많은 기능을 수행하는데 대강 다음 12가지 기능이 특히 중요하다.

[내감의 12가지 기능]
1) 외감과 감정에 대한 지각 기능
2) 외감적 지각들의 통합 기능
3) 외감인상의 전달 기능
4) 비교지각 기능
5) 방향·지리 지각 기능
6) 기억과 습관화 기능
7) 내감의 교감·공감기능
8) 감정에 대한 지각·이해기능
9) 감각·감정에 대한 쾌통판단력으로서의 쾌통감각
10) 유회에 대한 재미판단으로서의 재미감각
11) 유형적 구성에 대한 미추판단력으로서의 미추감각

12) 감정과 행위에 대한 시비판단으로서의 시비감각[44]

내감의 이 12가지 기능 가운데 1) 외감의 기능에 대한 지각 기능, 2) 외감적 지각들의 통합 기능, 3) 외감인상의 전달 기능, 4) 비교지각 기능, 5) 방향·위치지각 기능, 6) 기억과 습관화 기능 등 여섯 가지 기능은 사물의 '인식'과 직결된 기능이다. 나머지 여섯 가지는 의미의 '이해'와 관련된 기능이다.

여기서는 지면 관계상 내감의 이 여섯 가지 인식 관련 기능만을 상론한다.

■ 외감과 감정에 대한 지각 기능

내감은 외부사물들에 대한 외감의 지각작용과 감정들을 다시 내적으로 지각하는 기능을 한다. 내가 가령 어떤 사물을 현재 보고 있다면 나는 이 '보는 것'을 지각한다. 그러나 나는 이 '보는 것'을 눈으로 볼 수 없다. 그렇다고 다른 외감들(청각·미각·후각·촉각 등)로 '봄'을 지각할 수 있는 것이 아니다. 이 '봄'을 직관하는 것은 내감의 일이다.[45] 따라서 내감의 직관은 '시간적'이지만, 외감의 직관과 달리 '공간적(räumlich)'이지 않다. 내감의 대상들(외감인상과 감정인상)은 '연장'을 갖지 않기 때문이다. 이것은 내감의 모든 작용에도 마찬가지다.[46] 또한 내감은 감정들을 지각한다. 눈이 보지만 이 '봄'을 보지 못하고, 귀가 듣지만 이 '들음'을 듣지 못하듯이, 영혼의 감정은 기뻐하고, 성내고, 슬퍼하지만, 이 기뻐함·성냄·슬퍼함의 감정을 느끼지 못한다. 이 감정들을 느끼는 것은 내감의 일이다. 내감은 감정심상들(가령 기쁨과 성남, 슬픔과 즐거움)의 일어남과 가라

---

44) 내감의 12가지 기능에 대한 상론은 참조: 황태연, 『감정과 공감의 해석학(1)』, 1000-1037쪽.

45) 아우구스티누스는 "내부감각이 육체적 오감으로부터 받아들인 것들을 지각할 뿐만 아니라 이 오감들 자체도 지각한다"는 것을 강조한다. 동물들도 이 내감을 지니고 있다. 동물들이 자신이 감각적으로 지각하고 있다는 사실을 감각적으로 지각하지 않았다면 어떤 것을 추적하거나 이것으로부터 달아나기 위해 움직이지 못할 것이기 때문이다. Augustine, *On Free Choice of the Will*, Bk.II, ch.I. §6.

46) 그러나 쇼펜하우어는 "모든 직관은 공간적이다"라고 말한다. Arthur Schopenhauer, *Die Welt als Wille und Vorstellung II*, 253쪽. *Arthur Schopenhauer Sämtliche Werke*, Bd. II (Frankfurt am Main: Suhrkamp, 1986). 쇼펜하우어의 이 말은 내감 일반에 타당하지 않을뿐더러, 연장을 갖지 않는, 따라서 공간의 심상으로 지각할 수 없는 에너지(氣)에 대한 외감적 직관에도 타당하지 않은 말이다.

앉음을 지각하고, 현재의 이 슬픔과 즐거움을 생생하게 느끼고 있는 것을 지각하고 그 인상을 영혼 속에 남겨 기억하며, 이 감정들의 차이를 식별한다.

### ■ 외감적 지각들의 통합 기능

내감은 하나의 외부사물이 5개의 외감을 통해 일으킨 36가지 외감심상들 중 복수의 지각심상들을 내면에서 하나로 결합하는 통합기능을 수행한다. 외부사물들은 보통 하나 이상의 감각으로 지각된다. 가령 깨끗한 소금 입자는 시각적 모양으로 보면 사각형이고, 반짝임이 있고, 하얀 색이고, 혀로 맛보면 짜고, 소금입자들을 만지면 바스락거리는 소리가 나고, 코로 냄새를 맡아보면 무취하고, 만져보면 꽤 단단하다. 만약 이 7가지 외감심상들을 제각기 취하면 소금은 이 심상들로 해체되어 하나의 소금입자로 지각되지 않을 것이다. 복수의 이 상이한 심상들은 하나의 소금입자에서 나온 것들이므로 어떤 식으로든 하나의 소금입자의 모습으로 통합되어 단일하게 지각되어야만 소금을 소금으로 알 수 있다. 내감은 바로 이 복수의 상이한 외감적 지각들을 통합하는 기능을 수행한다. 이것은 보통 '공통감각', 또는 '통감統覺'이라고 불리는 기능이다.

아리스토텔레스는 『영혼론』에서 내감의 이 기능을 '공통감각(sensus communis)'이라고 부르고 이를 "각 감각의 투입내용들을 일관된 가지적可知的 재현 속으로 묶어 넣는 것을 맡는 영혼부분이다"라고 설명한다.[47] 아우구스티누스는 이를 '내부감각(interiorem sensum)'으로 바꿔 불렀다.[48] 데카르트는 이를 다시 '공통감각'이라고 불렀다.[49] 로크는 이를 '내적 감각(internal sense)' 또는 '반성'이라고 말한다.[50] 흄은 이 '반성'이라는 명칭을 따랐다. 칸트는 내감의 통합감각을 '초험적 통각統覺(Apperzeption)'과 구별해 '내감(innerer Sinn)' 또는 '경험적 통각'이라고 불렀다.

---

47) Aristotle, *On the Soul*, Book II, 1-2. Aristotle, *On the Soul ·Parva Naturalia ·On Breath* (Cambridge [Massachusetts]·London: Harvard University Press·William Heinemann LTD, 1969).

48) Augustine, *On Free Choice of the Will*, Book II, ch. I §6, ch. III §7.

49) Descartes, *Meditations on First Philosophy*, Meditation II·VI.

50) Locke, *An Essay concerning Human Understanding*, Bk.II, ch.1, §4.

모든 필연성의 기저에는 언제나 초험적 조건이 가로 놓여있다. 그러므로 의식의 통일성의 초험적 근거는 우리의 모든 직관들의 다양성 – 따라서 객체들 일반의 개념들까지의 다양성, 그러므로 모든 경험대상들의 다양성 – 의 종합 속에 등장해야 한다. 이 초험적 근거가 없다면, 우리의 직관을 위해 그 어떤 대상을 사유하는 것은 불가능할 것이다. 왜냐하면 어떤 것의 '개념'이란 종합의 이러한 필연성을 표현하는 바, 저 대상은 이 어떤 것 이상의 것이 아니기 때문이다. 이 근원적이고 초험적 조건은 초험적 통각 외에 다른 것이 아니다. 우리의 상태의 규정들에 입각한 '그 자신의 의식'은 내적 지각의 경우에 단순히 경험적이고, 항시 가변적이다. 이 '그 자신의 의식'은 내적 현상들의 이런 흐름 속에서 어떤 상존적 또는 불변적 자아도 줄 수 없다. 이 '그 자신의 의식'은 보통 내감 또는 경험적 통각이라고 불린다.[51]

칸트가 여기서 내감과 잘못 등치시킨 이 "경험적 통각"이 바로 내감의 종합기능이다.

### ■외감인상의 전달 기능

내감은 외감심상들로 이루어진 지각들(인상들)을 사유(지성)에 전달하는 기능을 한다.[52] 상술했듯이, 지성적 사유는 내감에 의해 전달받은 외감인상을 '관념'으로 복사하고, 이것을 일반화하고 추상화해 '개념'을 형성한다. 이 '개념화' 과정을 공자는 '성의誠意' 또는 '진의盡意'라고 불렀다. 이에 대해서는 나중에 상론한다.

### ■비교지각 기능

내감은 본능적으로 외감이 지각하거나 감정이 느끼는 모든 인상들을 양적으로 비교해서 식별한다. 외감은 가령 다섯 개의 돌멩이를 그저 지각할

---

51) Kant, *Kritik der reinen Vernunft*, A106쪽.

52) 따라서 아우구스티누스는 이런 내감을 "이성의 심부름꾼"이라고 불렀다. Augustine, *On Free Choice of the Will*, Bk.II, ch.I, §6.

뿐이고 이것을 많다거나 적다고 판단하지 못한다. 이 다섯 개의 돌멩이에 대한 외감적 인상을 다른 인상과 비교해 '많다', '적다'고 다시 지각하는 기관은 내감이다. '많다'는 판단이든 '적다'는 판단이든 둘 다 결코 지성적 사유의 산물이 아니라, 우리의 본능적 감각인상이다.[53] 우리가 느끼는 '양적 인상들'인 다소多少·대소大小·장단長短·광협廣狹·강약·고저·원근·경중·명암·청탁·후박厚薄·심천深淺·온랭溫冷·만속·완급·지속遲速·함담鹹淡(짜고 싱거움) 등은 내감이 어떤 기준이 되는 상관적 느낌들 간에 상호 비교하거나 인식주체의 입맛이나 체온과 비교해서 지각한 인상들이다. 따라서 인간이 사용하는 분량·크기·길이·넓이·무게(중량)·거리·두께·깊이·강도·명도·온도·속도·염도를  나타내는 '많다-적다', '크다-작다', '짧다-길다', '좁다-넓다', '가볍다-무겁다', '가깝다-멀다', '얇다-두껍다', '얕다-깊다', '세다-약하다', '어둡다-밝다', '덥다-춥다', '빠르다-느리다', '짜다-싱겁다' 등의 심상들은 비교급의 표현이 아닐지라도 모조리 다른 것과의 비교에서 나온 '상대적' 의미의 범주들이다. 이런 의미에서 인간은 본능적으로 '비교하는' 존재다. 이것은 좋은 것이라면 큰 것, 많은 것을 원하고 작은 것, 적은 것을 싫어하는 고등동물들도 어느 정도 마찬가지다.

### ■ 방향·지리 지각 기능

내감은 몸과 협력해 방향과 지리를 지각한다. 우리는 자기의 몸을 기준으로 전후·좌우·상하의 원초적 방향을 지각하고, 어떤 지형지물을 기준으로 전후·좌우·상하의 객관적 방향을 지각한다. 내감은 이를 바탕으로 방향과 지리적 위치를 판단한다.[54] 외감적 오감은 방향·위치·지리에 대한 이런 지각능력

---

53) 루소는 아리스토텔레스를 따라 이 비교기능을 "사유의 능동적 능력"으로 오해했다. Rousseau, *Emil*, 279-280쪽. 칸트는 루소를 따라 내감의 이 양적 판단의 경험적 비교범주들을 단일성(Einheit)·다수성(Vielheit)·전체성(Allheit) 등 3개의 선험적 지성범주로 변조해 이른바 '12개의 선험적 지성범주'에 집어넣었다. Kant, *Kritik der reinen Vernunft*, B106. 그의 이 오류는 그의 철학을 과학주의 이데올로기의 '유사철학'으로 전락시키는 핵심요인이다.

54) 이제마는 지리적 위치와 방향에 대한 인간의 지각능력을 '地方'이라고 불렀다. 李濟馬, 『東醫壽世保元』(1894), 이민수 역, 『東醫壽世保元』(서울: 을유문화사, 1975). "性命論". 서양의 모든 인식론은

이 없다. 이 지리적 방향·위치감각은 — 개와 연어만을 생각해 보아도 — 동물이 인간보다 훨씬 뛰어난 것으로 보인다.

### ■ 기억과 습관화 기능

인간의 인식과 개념형성은 기억이 없으면 불가능하다. 속성들 간의 관계로서의 동일성, 유사성, 인과성 등은 기억을 전제로 한다. 기억은 가장 단순한 지식을 형성한다. 최근의 뇌과학적 연구보고에 의하면, 기억의 축적은 변연계(대뇌 신피질과 뇌간 사이의 이른바 '변연계')[55]에 위치한 해마(hippocampus)가 담당하지만, 단기기억(작업기억)을 장기기억으로 옮기라는 저장명령과 이것을 다시 의식화하라는 상기명령은 대뇌피질 전두엽에서 나온다.[56] 인상에서 복제된 '관념들의 자유연상'으로서의 '사유'작용인 '상상'과 반대로 '기억'은 잔상, 즉 인상의 잔존상태다.[57] 따라서 상상이 지성적이라면, 기억은 감성적이다. 기억과 상상의 이런 차이는 최첨단 뇌의학에 의해서도 확인된다. 기억은 그 지

지리·방향인식 문제를 몰각해왔다. 칸트는 이 위치와 방향(왼쪽 장갑과 오른쪽의 장갑의 구별)의 문제를 내감의 대상으로 보지 못했을지라도 '순수직관'의 대상으로나마 언급하기는 했으나, 이 주제를 지리적 지각이 아니라 '기하학'으로 전락시키고 내감의 일이 아니라 지성의 일로 변질시키고 있다. 쇼펜하우어는 위치와 방향문제를 '존재의 이유율(Satz vom des Seins)'로 취급했으나, 역시 기하학으로 일탈하고 지성의 일로 왜곡시키고 있다. Arthur Schopenhauer, *Über die Vierfache Wurzel des Satzes vom Zureichenden Grunde*, §36, §39. *Arthur Schopenhauer Sämtliche Werke*, Band III (Frankfurt am Main: Suhrkamp, 1986). 또 참조: Schopenhauer, *Die Welt als Wille und Vorstellung I*, §4. 그러나 이 지리적 인식 능력은 지능이 전무한 곤충이나 물고기도 가지고 있는 한에서 결코 '지성'에 속하는 것으로 볼 수 없을 것이다.

55) 변연계의 주요구조물들은 대상회, 기저전뇌, 해마, 편도체 등이다.

56) '변연계'에 속한 양쪽 해마의 장기기억의 입력과 복구를 명령하는 부위는 '전전두피질'로 밝혀졌다. 참조: Hyoe Tomita, Machko Ohbayashi, Kiyoshi Nakahara, Isao Hasegawa & Yasushi Miyashita, "Top-down Signal from Prefrontal Cortex in Executive Control of Memory Retrieval", *Nature*, Vol. 401 (1999). 다음도 참조: Frans de Waal, "Morality Evolved", 23-24쪽. Stephen Macedo and Josiah Ober (ed.). *Primate and Philosopher — How Morality Evolved* (Princeton: Princeton University Press, 2006).

57) 기억은 '잔상' 또는 인상의 '저장'으로, 想起는 이 잔상의 '재현'(재활성화), 또는 '복구'로 이해된다. 그러나 다마시오는 상기가 '복구'나 '재현'이 아니라, "해석, 즉 원본의 새롭게 재구성된 버전", 따라서 원본의 "근사치"라고 말한다. 가령: Antonio Damasio, *Descartes' Error: Emotion, Reason, and the Human Brain* (New York: Pengein Books, 1994), 100쪽. 그러나 '기억'과 관련해서는 단순성을 위해 '잔상', '저장', '재현·복구' 등의 술어를 견지할 것이다.

속시간에 따라 장기기억과 단기기억으로 분류된다. 일화逸話기억(*episodic memory*)이라고도 불리는 장기기억, 즉 인상의 장기보존 기능은 감정능력과 해마가 위치한 대뇌하부 연변에 위치한 '변연계'의 일이다.

'작업기억'이라고도 불리는 '단기기억'은 지각 현장에서 7-30초 동안 지속되다가 사라진다. 장기기억은 비교적 영구적이다. 변연계에 위치한 해마는 단기기억을 장기기억으로 전환시켜 하부측두피질(*inferior temporal cortex*)에 전두엽의 명령에 따라 저장하고 복구하는 일을 맡는다. 기억은 다시 그 내용에 따라 내·외감의 지각과 관련된 '일화기억', 행동과 관련된 '절차기억(*procedural memory*)', 언어·상징의미와 관련된 '어의기억(*semantic memory*)'으로 구분되는데, 해마는 이 중 '일화기억'을 담당한다.

따라서 해마가 제거되면, 장기·일화기억의 입력과 복구가 불가능해 이 기억들이 몽땅 사라진 것이나 다름없는 상태가 된다.[58] 반면, 이성적 사유, 관념 생산, 상상, 사회적·도덕적 판단과 결정 등은 뇌의 신피질이 주도한다.[59] 관념들을 저장하고 상기하라는 '명령'은 대뇌의 '전전두피질'의 소관이지만, 변연계의 도움 없이는 저장과 상기의 명령이 집행될 수 없다. 잔존인상(기억)과 관념 간의 관계는 '실물'과 거울의 '반영상' 간의 관계와 같다. 필자가 '관념'을 '인상'의 '반영상'으로 보는 것은 흄이 '관념'을 '인상의 반영(*reflection*)', 또는 "인상의 정확한 재현(*representations*)"이라고 부른 것을[60] 원용한 것이다. 쇼펜하우어도 '반영상(*Widerschein*)' 또는 '반영(*Reflex*)'의 비유를 쓴다.[61] 실물이 현존하지 않으

---

58) 참조: Gerald M. Edelman, *Wider than Sky* (New Haven·London: Yale University Press, 2004). 제럴드 에덜먼(김한영 역), 『뇌는 하늘보다 넓다』(서울: 해나무, 2006), 37쪽, 66쪽, 115쪽. 그리고 장기·일화기억이 사라지면, 이 일화기억과 연관된 내용이 포함된 부분의 '절차·어의기억'도 같이 사라진다.

59) 이성적 사유는 여러 신경구조들과 연합하여 협연하는 여러 개의 뇌체계에 의거하지만, 주도부위는 신피질 내의 전전두피질(prefrontal cortices)이다. 참조: Damasio, *Descartes' Error*, xvi쪽.

60) Hume, *A Treatise of Human Nature*, 8, 11쪽.

61) 쇼펜하우어는 말한다. "태양의 직접적 빛으로부터 벗어나 달의 빌려온 반사상 속으로 들어가듯이, 우리는 자기가 자신을 대표하고 보증하는 직관적·직접적 표상으로부터 반성으로, 이성의 추상적·논증적 개념들로 이행한다. (…) 지금까지 고찰된 표상 외에 (…) 오로지 인간에게만 (…) 완전히 새로운 의식이 꽃피었다. 이 의식은 아주 적확하게 (…) 반성(*Reflexion*)이라고 불린다. 왜냐하면 이 의식은 사실상 저 직관적 인식의 반사상이기 (…) 때문이다." Schopenhauer, *Die Welt als Wille*

면 거울 속의 반영상이 존재하지 않듯이, 어떤 관념이든 인상의 반성적 상에 불과한 것인 한에서 이에 상응하는 인상이 변연계에 저장되어 있을 때만 이것과 같이 기억될 수 있다. 따라서 실물이 사라지면 거울의 반영상도 사라지듯이, 잔존인상이 사라지면 이것의 반성적·사유적 모상模像인 '관념'도 사라진다. 인상(입상)이 기억되는 한에서만, 이 인상에 상응하는 관념도 잔존할 수 있다는 말이다.62)

순수한 관념논리, 이 위에 구축된 개념들, 기하학·수학공식도 이에 상응하는 음성적, 문자적, 수학적 기표들의 감각적 인상이 있기 때문에 기억하고 조작·운용할 수 있다. 눈으로 볼 수 있고 소리 내서 읽을 수 있는 감각적 소리, 문자, 기표, 부호, 도형이 없는 추상관념은 기억할 수도, 조작적으로 운용할 수도 없다는 말이다. 이런 까닭에 수학의 수, 또는 추상관념과 추리도 조작과 기억을 위해 '1, 2, 3, 4' 등의 감성적 지물指物·지사指事기표, $+$, $-$, $=$, $\times$, $\div$, $\infty$, $C_6$, $\Sigma$, $a \cdot b$, $x \cdot y \cdot z$, $E \cdot M \cdot C$ 등의 감성적 기표로 다시 변환시켜야만 $(a+b)^2 = a^2 + 2ab + b^2$, $y = x^2 + z^2$, $E = MC^2$ 등과 같은 등식의 기억과 추리조작이 가능한 것이다. 따라서 해마가 손상된 사람은 모든 인상적 기억만이 아니라 이 잔상 위에 구축된 추상관념과 고등지식도 완전히 상실한다.

이것은 오늘날 한 진귀한 사례를 통해서 더욱 분명해졌다. 클라이브 웨어링(Clive Wearing)이라는 영국 음악가는 1985년 헤르페스 바이러스에 의해 양쪽 해마, 즉 정확히 기억을 단기에서 장기로 전환시키는 '해마상융기를 심각하게 손상당했다. 이로 인해 그는 기억과 함께 축적된 모든 관념적 지식도 몽땅 잃어버려(모든 관념적 지식을 의식 속으로 복구·상기해낼 수 없어) 주변과 세상을 이해하

---

*und Vorstellung I*, §8.

62) '관념' 또는 '생각이 非심상적(=非인상적)인 추상적 상징과 단어로 이루어지지만, 이 추상과 단어가 둘 다 조직화된 인상에 근거한 것들이므로 이 추상과 단어의 알맹이는 결국 다 인상(입상)이고, 대부분의 단어들은 의식 속에서 청각적·시각적 심상에 조응해 존재한다. 이 때문에 관념은 그 자체가 언제든 심상으로 환원될 수 있고, 따라서 결국 "생각은 대부분 심상(이미지)으로 만들어져 있는" 셈이다. 뇌 부위로 설명하면, 대뇌 신피질의 전전두엽이 주도하는 이성적 사유는 감정과 장기기억을 맡는 구피질 변연계의 생체적 조절 없이 작동할 수 없다. 신피질 주도의 사유 작용은 구피질의 기억·감정 작용과 결합해서만 제대로 작동할 수 있다는 말이다. 참조: Damasio, *Descartes' Error*, 106, 128쪽.

지 못했다. 여기서 인상이 기억에서 지워지면, 또는 기억된 인상이 상기될 수 없으면, 이 인상 위에 구축된 상응하는 '관념'도 같이 지워진다(상기되지 않는다)는 것이 확인된다. 그의 아내 데보라(Deborah)에 의하면, 그는 본능적인 것 외에는 아무것도 알 수도, 할 수도 없다. 그는 언어본능에 각인된 간단한 영어만을 말할 수 있고, 유일하게 아내만을 알아본다. 그가 보고 들은 것들은 7-30초 동안만 단기 기억된다. 이런 의식상태를 클라이브는 '끊임없이 지속되는 밤', 데보라는 '영원한 오늘'이라고 표현했다.[63]

결론적으로 기억은 '반半관념'이나 '관념'이 아니라, 감성적 '인상'의 잔존물, 즉 '잔상殘像'이라는 것이다. 따라서 흄의 '반半관념'으로서의 '기억' 개념은[64] 이제 수정되어야 할 것이다.

기억은 최초의 인상에 충실하다. 반면, 지각의 인상이나 기억(감각적 지식)에서 사유작용을 통해 제조되는 '관념'은 사유지식으로서 지성적(이성적) 사유의

---

63) 참조 Deborah Wearing, *Forever Today* (London: Corki Books, 2005). 그러나 데보라는 다마시오에게 보낸 최근의 편지에서 클라이브가 어린 시절 침대의 근사치적 윤곽, 교구 합창단에서 노래를 불렀던 일, 전시에 방공호에 들어가 있었던 일, 버밍햄의 폭탄소리를 기억했고, 어린 시절 및 부모·형제자매와 관련된 사실조각들을 안다고 말했다. 그리고 클라이브가 성인시절의 케임브리지 대학생활에서 합창단 연구생이었던 일, 거기서 일했던 일 등을 기억했다고 쓰고 있다. 그리고 그가 일했던 BBC 음악분과, 지휘자·음악학자·음악PD로서의 자신의 경력을 알고 있다는 것이다. 그러나 그녀는 그가 이것들을 모두 다 어렴풋이만 기억할 뿐이고 상세한 모든 것을 잃어버렸다고 덧붙였다. 그리고 클라이브가 최초 10년 동안 무섭고 화났을 때보다 최근에 실재적이고 중요한 대화를 더 잘하게 되었다고 한다. 그는 과거시제로도 말하는 것을 보면 시간의 흐름도 자각하기 시작했다. 그는 뇌질환을 20년(실은 25년) 동안 앓은 것으로 "짐작한다"고 말했다고 한다. 그의 관념은 늘 개략적이다. 그는 "안다는 느낌"을 가지고 있지 않지만, (기억해보라는 것이 아니라) "짐작해보라고 하면 통상 정확했다". Antonio Damasio, *Self Comes to Mind: Constructing the Conscious Brain* (New York: Pantheon Books, 2010), 238-239쪽에서 재인용. 이 편지 내용을 근거로 다마시오는 클라이브 웨어링이 자신의 전기에 관해 기억을 훨씬 더 많이 보존하고 있다고 보아 "그가 정상적인 핵심자아만이 아니라 튼튼한 자전적 자아도 가졌다"라고 해석했다.(238쪽) 아무튼 어떤 이유에서인지 몰라도 클라이브의 기억상실 상태가 25년이 경과하는 사이에 많이 호전된 것으로 보인다.

64) 흄은 말한다. "인상은 두 가지 상이한 방식에 따라 관념으로 다시 현상한다. 하나는 관념이 새로운 현상 속에서 최초의 생생함의 상당한 정도를 보유하고 인상과 관념 사이에 얼마간 중간적인 것이고, 다른 하나는 관념이 저 생생함을 완전히 잃고 완벽한 관념인 경우다. 우리의 인상을 첫 번째 방식으로 반복하는 역량은 기억이라고 부르고, 다른 방식으로 인상을 반복하는 역량은 상상이라고 부른다." Hume, *A Treatise of Human Nature*, 11쪽. 흄은 여기서 '기억'을 '인상과 관념 사이의 중간적인 것'으로 규정하고 있다.

영역에 속한다. 기억의 능력과 대립되는 '상상'의 능력은 '인상'과 관계하는 것이 아니라, 이 '관념'과만 관계한다. 그런데 상상은 우리 마음의 능동적인 작용이 아니라 우리 마음이 통제할 수 없는, '저절로 튀는 생각'의 관념들의 자연발생적 연상작용이다. 상상은 관념의 최초 출처인 인상에도, 또 관념에도 충실하지 않다. 상상은 마음이 통제할 수 없는 이성적 사유작용의 '난무'이기 때문이다. 상상은 창작 또는 작화를 가능케 하지만, 지식을 어지럽히고 또 지식생산을 어렵게 만든다. 반면, 기억은 생생한 인상의 감성적 보존, 또는 최초의 생생한 인상에 비교적 충실한 인상의 잔존물이다. 따라서 기억은, 아니 이 기억만이 습관을 만들고 지식을 가능케 한다.

그러나 한두 번이나 두세 번 보고 듣고 느끼는 소수의 감성적 지각으로 생긴 기억들로는 '감지感知'를 넘어서는 '지식'을 만들기에 적절치 않다. 소수의 기억으로는 인상들의 상호연관을 느끼기에 충분치 않기 때문이다. 이 인상들 간의 연관관계를 느끼기 위해서는 '많은' 기억, 즉 반복적으로 듣고 봄으로써 누적된 많은 기억이 필요하다. 그래서 합리론자도, 경험론자도 이 '반복적 기억' 또는 '많은 기억'만을 비로소 '경험'으로 인정한다. 따라서 홉스는 '경험'을 "많은 기억이나 많은 것들의 기억(much memory or memory of many things)"으로 정의한다.65) 이 경험 개념은 아리스토텔레스로 거슬러 올라간다. "감각은 우리가 간직하는 기억을 산출하고, 동일한 것에 대한 반복적 기억들은 경험을 산출한다. 왜냐하면 이런 기억들은 수적으로 많을지라도 하나의 단일한 경험을 구성하기 때문이다."66) '많은 기억과 많은 것들의 기억'으로서의 '경험'은 많은 견문, 즉 '다문다견'을 요한다.

기억이 외감에도, 사유에도 속하지 않기 때문에 필자는 기억을 내감의 기능에 귀속시킨다. 또한 반복적 기억으로부터 생겨나는 인지적認知的·행동적

---

65) Hobbes, *Leviathan*, 6쪽.

66) Aristotle, *Posterior Analytics*, 100a4-6. *Aristotle*, vol. 2 (Cambridge, MA: Harvard University Press, 1935·1981). 아리스토텔레스는 『형이상학』에서도 "동일한 것의 반복적 기억"에 의해 "하나의 단일한 경험의 가능성"이 "생겨난다"고 다시 확인한다. Aristotle, *Metaphysics I* (Cambridge[MA]·London: Harvard University Press·William Heinemann LTD, 1969), 980b29-30.

'습관도 내감의 기능으로 본다. 습관은 '체득'으로 표현되기도 하는데 표현이야 어떠하든, 그리고 신체적 습관이라도 다 뇌의 일이다. 습관은 뇌 기능 중 적어도 뇌의 사유기능에 속하지도 않고 오감기능에 속하지도 않는다. 따라서 필자는 습관을 내감의 기능으로 보는 것이다. 습관은 반복에서 자동수행의 능력을 얻는 것이고, 이것은 인간과 동물의 공통된 본능이다. 인식의 가장 중요한 관계범주들인 인과성, 유사성, 동일성 등의 범주는 기억력이 없다면 생겨날 수 없다. 다른 유사현상들을 기억할 수 없다면 눈앞의 현상의 유사성을 비교할 수 없기 때문이다. 저 범주들 중 특히 '인과성'은 반복지각의 기억에서 생겨나는 습관적 느낌이 없으면 구성할 수 없는 범주다. 흄이 말하듯이 인과성 또는 인과적 필연성은 두 현상이 앞뒤로 잇달아 일어나는 연접(*conjunction*) 또는 계기繼起(*sequence: succession*)에 대한 반복적 지각과 많은 기억(경험)으로부터 생겨나는 일종의 '습관적 믿음', 즉 '연접'을 '연결(*connection*)'로 여기는 '습관적 믿음'이다. '필연적 인과因果관계'라는 '인식적 지식'은 이렇게 형성된다.

연접에 대한 반복적 기억이 증가할수록 '연접'을 인과적 '연결'로 여기는 '습관적 믿음'이 확고해지고, 인과적 연결에 대한 습관적 믿음은 확고해질수록 '인식적 지식'으로 여겨진다. 필연적 인과관계에 대한 인식적 지식은 실은 이 습관적 믿음이고, 믿음은 감정이다. 자연과학적 인식에서 가장 중요한 지식범주인 이 인과적 지식은 실은 감정에 불과한 것이다.

확고한 습관적 믿음은 두 현상의 인과적 연결과 여기지는 연접관계에서 앞의 현상만이 지각되고 아직 뒤의 현상이 나타나지 않았어도 곧 뒤의 현상이 뒤따를 것으로 '예감'한다. '예감'은 '습관적 믿음'이 있을 때만 가능하다. '예감'은 내감에 속하는 기능이다.

우리는 흔히 '내감'과 '감정' 능력을 혼동한다. 하지만 양자는 본질적으로 다른 것이다. 내감은 '외감'과 '감정'에 대해 이해를 수행하는 것인 반면, 감정 능력은 내심에서 감정을 일으키고 느끼는 기능을 수행한다. 내감은 늘 외감과 감정을 이해하는 기능을 수행해 우리로 하여금 감정을 '이해하게' 하는 반면, '감정' 능력은 감정을 불러내 이해 없이 그저 '느끼게' 할 따름이다. 감정은 기억·상상·공감 등을 통해 야기되어 제멋대로 연합되고 해체되며, 또 저절로 이리저리 튀고 꼬리에 꼬리를 잇는 각종 인상들과 관념들 및 내·외감의 현재적 직접지각에 의해 야기되지만 내감에서가 아니라 영혼의 '다른 감성측면'(즉, 변연계의 감정기제)에서 발생하는 것이다.

상술했듯이, 내감은 모든 외감과 감정들을 지각하고 모든 외감과 감정을 다시 쾌통·재미·미추·시비의 내감심상으로 평가해 판단·변별할 수 있다. 또 내감은 이 쾌통·재미·미추·시비의 네 범주의 내감심상들을 범주별로 구별해 이해한다. 따라서 슬픔이나 분노의 감정도 적절하면 쾌·통감적 내감심상에 따라 정화감淨化感(카타르시스)과 쾌감을 줄 수도 있고, 미학적·도덕적 내감심상에 따르면 미감美感과 정의감을 줄 수도 있는 반면, 희락의 감정도 지나치면 내감에 고통스럽고, 추하고, 기분 나쁠 수 있다. 그러나 위에서 시사했듯이 공리주의자들은 내감의 쾌통심상과 욕구의 감정심상 간의 범주적 차이를 몰각하고 쾌통·재미·미추·선악(시비) 등의 네 가지 내감적 심상들을 뒤섞기 때문에 슬픔이나 분노의 감정을 무조건 '고통'으로 환원하고, 희락의 감정은 쾌감(쾌락)의 범주와 직결시킨다.

외감이 '외감심상'으로 외부의 실물을 지각한 다음, 내감은 이 지각들을 통합해 사유에 전달한다. '인식'은 이 두 단계의 내외감적 지각작용을 통해 이루어진다. 서론에서 상론했듯이, 인식과 이해는 본질적으로 다른 것이다. 그러나 이해는 인식을 많건 적건 포함하는 반면, 인식은 이해를 포함하지 않는다. 가령 남의 웃는 기쁨에 대한 '이해'의 앎은 이 웃는 표정에 대한 외감적 지각과 (경우에 따라 개념적) 인식으로부터 출발해 웃음으로 나타난 기쁜 감정에 대한 내감의 공감적 지각에 도달함으로써 완성된다. 반면, 인식의 앎 또는 인식적 지식은 남의 웃는 표정에 대한 외감적 지각과 개념적 파악에 충실하지만, 여기서 그친다. 말하자면, 인식적으로는 이 웃는 표정으로 표현되는 기쁨을 알지 못한다. 한마디로 '이해의 지식'은 '인식적 지식'을 많건 적건 전제하는 반면, '인식적 지식'에는 '이해의 지식'이 전혀 들어 있지 않다. 마찬가지로 인문사회과학은 주로 이해·해석학이되, 많건 적건 '인식적 지식'

을 필요로 하고, 이 바탕 위에서 출발한다. 반면, 수학과 자연과학은 이런 '이해의 지식'도, '해석작업'도 전혀 필요치 않다.

이런 관점에서 보면, 일부 현상학 계열의 반反칸트적·반합리주의적 해석학, 구조주의 해석학, 기호학 계열의 문화철학 등을 제외한 근현대 철학 전체는 '인식'과 '이해'를 혼동함으로써, 또는 양자의 차이를 몰각함으로써 그간 인류에게 엄청난 이데올로기 투쟁의 비극을 초래한 죄와 함께 '유사類似철학'으로 굴러 떨어진 것으로 보인다. 인간의 도덕의지와 도덕행위 간의 '의미' 관계를 사물자체와 현상 간의 '감성적(sinnlich)' 인과관계로 변조해 '(자유)의지'를 '인간의 물자체'로 보고 도덕감정의 사회적 현상에 대한 '이해'를 인간의 물자체 '의지'의 감성적 현상에 대한 '인식'으로 대체한 것은 그야말로 '철학의 몰락'을 초래한 '거대한 착각'이었다.

### 1.5. 지각으로서의 '치지致知'와 '입상立象'

외감·내감·감정의 모든 '심상'은 인간본성에 속하는 것으로 하늘이 명한 것이다. 우리는 이에 대해 더 이상 파고들 수 없다. 즉, '심상'은 인간의 천성 속에 본유하는 선험적 이미지들이다. 우리는 오감이 실물을 포착해 신경전달물질로 전달하는 '신경정보'를 오직 빨강·파랑·짬 등의 '본유적' 외감심상과 비교기능의 내감심상으로 지각할 수 있다. 이 지각적 인식과정은 오감이 물형을 지각해 감각신경들이 신경전달물질로 바꿔 영혼에 전달하는 신경정보를 영혼이 영혼 속에 기旣본유하는 심상들의 팔레트에서 합당한 심상을 불러 일으켜 이 신경정보에 이 심상을 붙여 각인해주는 과정이다. 따라서 지각은 '인상(impression)'과 같은 뜻이다. 또 마음속에서 저절로 또는 자극에 의해 일어나는 감정적 감흥도 오직 쾌감·통감·슬픔·분노·두려움 등의 감정심상을 통해서만 느껴진다. 이 감정의 감지도 광의의 '인상'에 속한다.

이 '지각' 또는 '인상'을『대학』에서는 '치지致知'(지知에 이르다) 또는 '지지知至'(지가 이르다)라고 표현했다.[67] 상론했듯이 격물치지의 '격물'이 사물을 궁구

---

67)『대학』은 "格物致知誠意."를 역순으로 바꾸면서 "物格而后知至 知至而后意誠"라고 표현했다.

하는 것이 아니라, ① 심외에 실재하는 외부사물, ② 심외에 실재하는 자기
육체, ③ 심중에 일어난 실재 감정 등을 지각의 대상으로 마주하는 '대물對物'
이다. 이런 한에서 격물치지의 '치지'도 거창한 지식을 가리키는 것이 아니라,
단순히 심외의 실재 물형과 심중의 실재 감정의 물형(신경전달호르몬·호흡·맥락
등)에 대한 '지각' 또는 '감지'를 가리키는 말이다. 환언하면, '치지'는 심상을
산출하도록 하는 지각·감지 작용이다. 따라서 '치지'는 '인상'과 동의다.

■ 서양철학의 인상개념의 문제점

그런데 플라톤으로부터 유래한 영어 'impression', 또는 독일어 'Eindruck'을
우리말로 옮긴 '인상印象'이라는 용어는 애당초 외부의 사물이 '밀랍' 같은 우
리의 영혼에 사물의 '상'을 '눌러 찍는' 의미 구조를 가진 한에서 부적절한 술
어다. '인상'은 결코 '외부에서 온 상'을 우리의 영혼에 '눌러 찍는 것이 아니라,
실은 오감이 전하는 신경전달 호르몬의 자극에 의해 우리 영혼이 심중에 본유
하는 심상 팔레트에서 합당한 심상을 '일으켜 세우는' 것이기 때문이다.

그러나 서양 인식론은 밀랍에 도장 찍듯이 영혼에 외부의 상像을 찍는다는
의미구조를 가진 이 플라톤적 '인상(impression)' 개념 때문에 오랜 세월 미혹에
빠져 있다. 『테아이테토스』에서 소크라테스는 테아이테토스에게 다음과 같
이 '인상'을 설명한다.

너에게 나는 사람의 마음속에 사람마다 다른 크기를 가진 한 덩어리의 밀랍이 들어
있다고 상상해보도록 하고 싶다. 이 사람의 밀랍은 저 사람의 밀랍보다 더 단단하고
더 습하고, 많거나 적은 순수성을 지니고 있고, 어떤 사람은 중간적인 성질을 지닌다.
(…) 이 밀랍 판은 뮤즈(음악·철학의 여신)의 어머니인 므네모쉬네(기억의 여신)의 선물
이라고 말하자. 또 우리가 보거나 들은 어떤 것이든, 또는 우리의 마음속에서 생각한
어떤 것이든 상기하고 싶을 때, 우리는 이 밀랍을 지각이나 사유에 눌러 붙이고, 반지
의 도장으로부터 받아들이는 것처럼 보고 듣고 생각한 것의 인상(impression)을 이 밀랍

이 '致知'와 '知至'는 나중에 다룰 '物至知'의 '至知'와 통한다.

물질 속에 받아들인다고 말하자. 또 우리가 심상(*image*)이 지속되는 동안에는, 압인된 (*imprinted*) 것을 기억하고 알지만, 이 심상이 지워지거나 취할 수 없을 때는 우리가 잊어버리고 알지 못한다고 말하자.68)

또 소크라테스는 이어서 말한다.

그릇된 의견의 유일한 가능성은 내가 너 테아이테토스와 테오도로스를 알고 밀랍 덩어리에 도장으로 찍은 것 같은 너희 둘의 인상을 갖지만 너희들이 불완전하게 그리고 멀리 떨어진 거리에서 보면서 내가 기억의 바른 인상을 바른 시각적 인상에 할당하고 이것을 그것 자체의 압인押印자국(*print*)에 맞추려고 애쓸 경우다. 내가 성공한다면, 인식이 벌어질 것이다. 그러나 내가 실패해 이것들을 뒤바꿔놓고 발을 잘못된 신발에 신긴다면, – 말하자면 너희들의 모습을 잘못된 인상에 맞춘다면, 또는 내 마음이 오른 쪽이 왼쪽으로 뒤바뀌는 거울 속을 보는 것처럼 어떤 유사한 정감 때문에 미혹된다면, 그때는 의견의 혼동과 그릇된 의견이 생겨난다.69)

소크라테스의 이 설명이 서양철학의 모든 '인상' 개념의 원천이다. 그러나 상술했듯이 물형은 외부에서 오지만, 심상은 이미 영혼 내부에 본유하다가 외부지각의 자극으로 '일으켜지는' 것이다. 따라서 '외부에서 온' 상을 내부의 영혼에 '찍는' 압인과 비유된 '인상印象' 개념은 폐기되어야 마땅할 것이다. 지각의 실제상황에는 이 '인상'이라는 술어보다 실은 '심상을 일으켜 세운다' 는 것을 뜻하는 공자의 '입상立象' 개념이70) 더 정확하게 들어맞는다. 따라서 외감에 의해 외부의 실재물형을 대상으로 지각하고 외감에 의해 내부의 실재 감정을 대상으로 지각하는 '격물치지'는 '실재대상을 직접 마주대하고 심상을 세운다'는 뜻이다. 따라서 공자의 인식론에서 '치지'와 '입상'은 같은 뜻이다.

---

68) Platon, *Theaitetos*, 191c-e. *Platon Werke*, Bd. 6 (Darmstadt: Wissenschaftliche Buchgesellschaft, 1977).

69) Platon, *Theaitetos*, 193b-d.

70) "子曰 聖人立象以盡意". 『易經』「繫辭上傳」 §12.

우리의 외적 오감이 사물을 지각하면 우리의 영혼은 이에 합당한 본유적 '심상'을 일으켜 '인상'을 만들고 곧 항상은 아니지만, 종종 이에 따른 '관념'을 자동적으로 만들어 낸다. 이때 '인상'은 감각적 영혼(감성)의 산물이고, 이 '인상'을 반영한 '관념'은 '사유하는 영혼'(지성)이 복제한 것이다. 따라서 심상에서 일어나는 '입상'으로서의 '인상'과 '관념'은 감성과 지성의 차이만큼이나 다른 것이다.

### ■ 심상·입상·의념의 구분

공자는 재천성상의 '심상', 격물치지·입상진의立象盡意의 '입상', 성의誠意·진의盡義의 '의념', 이 삼자를 명확하게 구분한 차원에서 인식론을 전개한다. 그러나 데카르트·홉스·로크·라이프니츠 등 대부분의 철학자들은 지성적 '본유관념'이나 선험적 범주론에 빠져 본유적 '심상'의 존재를 몰각했을 뿐만 아니라, '인상'과 '관념', 즉 '입상'과 '의념'을 구분하지 못했다. 서론에서 시사했듯이, 흄은 서양철학사에서 최초로 양자를 구분한 철학자였다.[71] 그러나 이후에도 칸트·쇼펜하우어 등은 '표상(Vorstellung)'이라는 애매모호한 독일어 단어로 양자를 뒤섞었다. 가령 칸트는 말한다.

> 우리의 인식이 두 개의 원천, 즉 인상들의 감수성과 개념들의 자발성을 갖는데, 전자는 표상을 받아들이는 능력이고, 후자는 대상을 이 표상들로 인식하는 능력이다. 전자의 능력을 통해 우리에게 대상이 주어지고, 후자의 능력을 통해 대상이 사유된다.[72]

그런데 칸트는 '표상'을 '관념'의 대용어로 정의한 바 있다.[73] 그러나 여기서 그는 "인상의 감수성"(=감성)을 인상을 만드는 능력이 아니라, "표상(관념)을 받아들이는 능력"으로 잘못 정의하고 있다. 『순수이성비판』 전체에 걸쳐 '표상

---

71) Hume, *A Treatise of Human Nature*, 7쪽.

72) Kant, *Kritik der reinen Vernunft*, A50쪽.

73) 참조: Kant, *Kritik der reinen Vernunft*, B377쪽.

은 인상과 '관념' 사이에서 오락가락하는 개념으로 출몰한다. 바로 이 때문에 쇼펜하우어는 칸트를 비판했으나, 그도 이 점에서 칸트와 유사한 입장으로 되떨어진다. 그는 칸트의 위 인용문을 '틀렸다'고 부정하면서 이렇게 말한다.

> 이것은 틀렸다. 왜냐하면 이에 따라 인상은 – 우리는 이 인상에 대해서만 단순한 감수성을 갖고, 따라서 인상은 외부로부터 오고 이것만이 본래 '주어지는' 것이다 – 이미 표상이기 때문이다. 아니, 이미 대상이기도조차 하기 때문이다. 그러나 인상이란 감각기관 속의 단순한 감지 이상의 것이 아니고, 지성(인과율) 및 시간과 공간의 직관형식들의 적용을 통해서야 우리의 지성능력(Intellekt)은 이 단순한 감지를, 이제 시공 속에 대상으로서 현존하는 표상으로 전환시킨다. 이 표상은 물자체에 대해 묻는 것 외에 달리 이 후자(즉, 대상)와 구별될 수 없지만, 그밖에는 대상과 동일하다. (…) 이것으로써 지성과 직관적 인식의 업무는 완성되었고, 이를 위해 어떤 개념들도, 어떤 사유도 필요 없다. 따라서 이 표상들은 동물도 가지고 있는 것이다.[74]

동물도 가진 표상은 '단순한 감지'로서의 '인상'인 반면, '지성능력'이 이 단순한 감지를 전환시켜 얻는 '표상'은 관념이다. 쇼펜하우어도 '표상'이라는 용어를 가지고 이렇게 한바탕 요술을 부리고 있다. 반면, 공자는 흄보다 무려 2000여 년 전에 심상(입상)과 관념을 명확하게 구분했던 것이다.

사물은 인간의 영혼 속에 사물 자체로 출현하지 않고(뇌 속에 사물 입자가 들어가면 인간은 뇌 병변으로 사망할 것이다) '외감·내감심상'으로만 출현하고, 또 이것으로만 '지각될' 수 있다. 감정의 감흥들도 칠정과 사단지심의 감정심상에 의해서만 감정으로 '느낄' 수 있다. '물형'을 인간의 영혼 속에서 '심상'으로 바꿔 현상하게 하는 '격물치지'는 우리로 하여금 실재사물의 물형을 외감심상에 의해 감지할 수 있게 해주는 외감적 인상 작용이고, 인간의 영혼 속에 감정의

---

74) Arthur Schopenhauer, *Kritik der Kantischen Philosophie*, 591-592쪽. Anhang zu *Die Welt als Wille und Vorstellung I. Arthur Schopenhauer Sämtliche Werke*, Band II (Frankfurt am Main: Suhrkamp, 1986).

물형을 실제적 감정으로 현상하게 하는 것은 이 감정을 감정심상으로 '느낄'
수 있게 해주는 감정적 인상 작용이다.

영혼적 주체의 '바깥'이라는 뜻에서의 '외부세계'는, 인간의 내·외감으로만
포착할 때, 인간에게 '입상(印象)들의 집적과 연결'로만 현상한다. 따라서 '세계
는 입상이다'.75) 사물의 입상은 서양 전통철학에서 말하는 '현상現象(Erscheinung;
*phenomenon*)'이고, 이 '입상으로서의 세계'는 전통철학에서 말하는 '현상세계'다.
이 현상세계는 물형의 세계에 상응한 세계라는 의미에서 '객관적' 세계이지
만, 사물 자체로서의 실재세계가 아니라 인간의 오감과 내감에 '비쳐진' 인상
세계이다. 그런데 서양의 전통철학자들은 이 내외감각의 자연적 한계에 주목
하지 않았다. 그러나 그들의 철학적 사고는 그때까지 발명된 측정·관찰기구
의 탐지능력과 자연과학의 수준에 의해 부지불식간에 크게 제약당해 있었다.

외감으로서의 오감의 지각능력은 지극히 좁은 지각범위 안에 한정된다.
오감은 자외선·적외선·초음파·미성微聲·미세입자·미세분진, 분자와 원자, 전
자·중성자·미립자·원자핵, 소실점의 물체, X레이, 방사능 등을 지각하지 못할
뿐더러, 안팎의 '힘'과 방향·지리를 지각하지 못한다. 그러나 외부로부터 가해
지는 힘과 자신의 체력은 근筋감각(kinaesthesia; muscle sense)에 의해 충분히 지각되
고, 방향과 위치는 내감에 의해 충분히 지각된다.

따라서 로크·흄·칸트·피히테·헤겔·쇼펜하우어 등이 말해온 '현상'은 자외

75) 쇼펜하우어는 로크나 칸트처럼 '입상과 '관념'을 뭉뚱그린 칸트의 '표상(Vorstellung)' 개념을 써서
다음과 같이 관념론을 단언한다. "'세계는 나의 표상이다 – 이것은, 인간만이 이 진리를 반성적·추
상적 의식 속으로 옮겨 놓을 수 있을지라도, 살며 인식하는 모든 존재자와 관련해 타당한 하나의
진리다. (…) 그렇다면 인간에게 분명하고 확실해지는 것은 인간이 태양을 알고 땅을 아는 것이
아니라 늘 단지 태양을 보는 눈과 땅을 감촉하는 손만을 가지고 있을 뿐이라는 것, 인간을 에워싼
세계는 단지 표상으로서만 현존한다는 것, 즉 전적으로 다른 것과의 관계에서만, 즉 인간 자신인
표상하는 자와의 관계에서만 현존할 뿐이라는 것이다. (…) 인식에 대해 현존하는 모든 것, 따라서
이 전체 세계는 주체와의 관계 속에서의 객체일 뿐이고, 보는 자의 봄, 한 마디로 '표상'이다. (…)
세계에 속하고 또 속할 수 있는 그 어떤 모든 것은 주체에 의해 이렇게 제약된 상태에 불가피하게
사로잡혀 있고, 주체에 대해서만 현존할 뿐이다. 세계는 표상이다." Schopenhauer, *Die Welt als
Wille und Vorstellung I*, §1 (31-32쪽). 그는 공간과 시간에 갇힌 칸트의 낡은 인식론을 이어받아
"인식하는 자에 의해 제약되는" 객체의 "현존"은 "오로지 공간 속의 현존일 뿐이고, 따라서 연장을
갖고 활동하는 것의 현존일 뿐이라는 것이다. 연장을 가진 이것만이 항상 인식되는 현존이다"고
선언한다. Schopenhauer, *Die Welt als Wille und Vorstellung II*, 16쪽.

선·적외선·초음파·분자·원자·전자·중성자·미립자 등 무수한 물형들을 놓치는 오감에 '갇힌' 개념이다. 실재세계는 심상으로 이루어진 이 현상들의 세계가 아니라, 이 현상세계에 상응하고 또 인상을 야기함으로써 이 현상세계를 불러일으키는 '물형'의 세계다. 외부의 '물형'은 위에서 말한 나노미터의 광파, NaCl입자, 또는 오감에 포착되지 않는 자외선, 적외선, 초음파, 미세분진, 소립자, 방사능, X레이, 각종 에너지(氣)로서의 힘, 방향·위치·지리 등이 그것이다. 이것들의 객관적 실존성은 몸의 근감각과 내감, 인간의 오감이 아닌 다른 측정기구들의 수치와 관측기구들의 확대영상을 통해 직간접적으로 탐지된다. 오감의 심상에 대응하는 모든 물형 자체뿐만 아니라, 칸트·쇼펜하우어 등의 옛 철학이 고려치 않은 미성微聲·미세입자·미세분진, 소실점의 물체, 방사능·X레이·자외선·적외선·초음파, 분자와 원자, 전자·중성자·미립자·원자핵, 그리고 안팎의 모든 힘(인력·전력·자력·체력·화력·동력)과 방향·지리는 인간의 오감에 포착되지 않기에 고전적 의미의 '현상'이 아니다.

## 1.6. 기氣일원론과 '기'로서의 물자체의 인식

그렇다면 인간의 오감에 포착되지 않는 후자의 이 모든 물형들은 전통철학의 범주에 볼 때 어디에 속하는가? 오감에 갇힌 전통철학의 '현상'개념에 따를 때, 이런 물형들은 결코 '현상세계'에 속하지 않는다. 이것들은 옛 범주를 적용하면 '물자체物自體(Ding an sich)', 즉 '본질'의 세계에 속한다고 할 수밖에 없다. 그런데 이 '물자체'는 오감에만 지각되지 않을 뿐이고, 우리의 근감각筋感覺과 측정·관찰기구에 의해 직간접적으로 지각된다. 따라서 이 오감에 지각되지 않는 물형들은 칸트가 말하는 물자체와도 좀 다르다.

우선 안팎의 힘들과 방향·지리는 근감각과 내감으로 직접 지각된다. 또 자기력·전기력·중력(인력) 등의 모든 자연적 '힘'은 보통 오감으로 전혀 감지되지 않는다는 의미에서 초감각적이지만, 결코 '불가지적'이지 않다. 우리는 이 힘들을 이것들이 집중되거나 강화되는 경우에 우리의 '육체적 쾌통감(몸과 근육의 압박감과 통감, 무거움과 가벼움, 힘듦과 손쉬움 등)에 의해, 즉 자연과 우리 사이의

'힘 대 힘의 대결'을 통해 직접적으로 인지하고, 또 일상에서 잘 이용하고 있
다. 상술했듯이 이 '육체적 쾌통감'은 내외감각(외감의 오감과 내감의 감흥적 쾌통감)
에 속하지 않는 별도의 감각으로서 육체감각이라는 뜻에서의 소위 '육감肉感'
또는 '근감각'에 속한다.76) 오감을 뛰어넘는 초감각적 인식으로서의 이 육감
의 '육체적 인식'은 – 아래서 상론하겠지만 – '힘'으로 간주되는 '물자체'의
직접적 인식과 관련해 매우 중요하다. 근대의 전통적 인식론은 이 '육감(근감
각)을 인식론 차원에서 배제하고 '외감적·사유적 인식'에만 집착해 '(외감·사
유적) 주체 없이 객체 없다'는 버클리의 순수관념론적 공식 아래 인식론 차원
에서 외부세계를 오감·사유주체의 단순한 표상 또는 주체의 '몽환'으로 전락
시키는 치명적 오류를 범했었다. 칸트는 말한다.

> 내가 생각하는 주체를 제거한다면, 우리 주체의 감성 속의 현상과 주체의 일종의
> 표상들에 지나지 않는 물체세계 전체는 없어지지 않을 수 없다.77)

이에 대해 쇼펜하우어는 이렇게 논평한다.

> 나는 칸트가 현상들을 물자체와 구별한 것, 이 가시적 세계 전체를 현상으로 선언하
> 고 이 세계의 법칙들에 대해 현상을 넘어서는 일체의 타당성을 부인한 것을 그의
> 주요공적으로 제시했다. 물론, 그가 이미 뿌리에서 객체가 – 이것이 전적으로 언제
> 나 주체와의 관계 속에서만 현존하기 때문에 – 이 주체에 종속된 것으로, 이 주체에
> 제약된 것으로, 따라서 즉자적으로 존재하지 않는, 무제약적이지 않은 단순한 현상
> 으로 서술하기 위해, 현상의 저 단순한 상대적 실존을 단순한, 아주 명백한, 부정할

---

76) 흄이 '육체적 쾌통감'을 '내외감각과 구별했음은 상술했다. 그는 육체적 쾌통감을 이렇게 설명한다.
"육체적 쾌통감은, 정신에 의해 느껴지고 또 정신에 의해 고려되는 때 많은 감정들의 출처가 되지만,
원천적으로 영혼이나 육체 속에서 – 당신 마음대로 어느 곳이라고 불러도 좋은데 – 그 어떤
앞선 사유나 지각도 없이 일어난다. 통풍의 격발은 슬픔·희망·공포와 같은 긴 행렬의 감정을 산출하
지만, 어떤 인상적 영향이나 어떤 관념으로부터도 직접적으로 생겨나는 것이 아니다." Hume, A
Treatise of Human Nature, 181쪽(2.1.1.2).

77) Kant, Kritik der reinen Vernunft, A383쪽.

수 없는 진리인 "주체 없이 객체 없다"는 명제로부터 도출하지 않은 것은 의아스럽다. 버클리는 이미 저 중요한 명제를 자신의 철학의 주춧돌로 만들었고, ― 비록 그가 스스로 저 명제로부터 알맞은 결론을 도출하지 않았고 그밖에 한편으로 이해받지 못했고, 다른 한편으로는 충분히 주목받지 못했을지라도 ― 이로써 불멸의 추념을 만들었다. 그러나 칸트는 버클리의 공적을 정당하게 대하지 않았다. 나는 나의 (『의지와 표상으로서의 세계』의) 초판에서 칸트가 이 버클리 체계를 우회한 것을 단호한 관념론에 대한 명시적 소심증으로부터 설명했었다. 반면, 나는 다른 한편으로『순수이성비판』의 많은 구절에서 관념론이 분명하게 천명되는 것을 발견했고, 따라서 자기모순의 한계들을 끌어냈었다. (…) 그러나 내가 나중에 칸트의 이 주요저작의 이미 희귀해진 초판본을 읽었을 때, 나는 굉장히 기쁘게도 저 모든 모순이 사라지는 것을 보았고, 칸트가 "주체 없이 객체 없다"는 공식을 사용하지 않았을지라도 버클리와 나만큼 단호하게 시공 속에 현전하는 외부세계를, 이 세계를 인식하는 주체의 단순한 표상으로 선언한다는 것을 발견했다.78)

이를 통해 버클리·칸트·쇼펜하우어가 공히 외부세계의 힘에 대한 오감초월적인 '육체적 인식'을 전혀 몰각한 채 동일한 관념론을 표방하고 있음을 알 수 있다.

그러나 인간이 오감이나 사유 없이도 객체의 힘을 또 다른 힘의 결집체인 '육체'로 인식하기 때문에 오감·사유주체 없이도 객체는 얼마든지 잘 존재한다. 극동철학은 대고대로부터 이 힘을 '기氣'로 포착해 왔다. 주체와 객체의 발생론적 기원은 오감·사유주체의 사전정립이 아니라, '하나의 힘'(元氣)에 의한 주체와 객체의 '동시발생'이다.

나아가 자외선·적외선·초음파·미성微聲·미세입자·미세분진 등은 특별한 측정기구들의 수치·소리·색깔, 훈련된 탐지견, 오염에 민감한 1급수 물고기·수초 등 탐지동식물들을 통해 간접적으로 인지되거나, 그리고 소실점의 물체, 분자와 원자, 전자·중성자·미립자·원자핵 등은 특별한 관찰기구의 확대영상

---

78) Schopenhauer, *Kritik der Kantischen Philosophie*, 585-586쪽.

과 줌인영상 등을 통해 간접적으로 인지된다. 심지어 방사능은 결코 인간의 감각에 의해서뿐만 아니라 탐지동식물의 뛰어난 감각에 의해서도 지각되지 않지만, 가이거계수기 등의 탐지장비를 통해 그 방사능의 '물형' 자체는 아니지만, 이 방사능의 실재적 존재가 '딱딱거리는' 소리와 측정수치 등으로 간접적으로 포착된다.

힘을 포함한 이상과 같은 존재들도 다 '물형'에 속한다. 그런데 자외선과 적외선을 포함한 모든 광파, 초음파까지 망라한 모든 음파, 미성, 미세입자와 미세분진 또는 그 운동, 방사능, 전기력·자기력·중력(인력), 오감의 '심상'으로 포착되지 않는 NaCl, $HO_2$ 및 Na, Cl, H, O, Fe, P와 같은 일체의 물질 분자·원자 등 '물형'의 객체세계는 모조리 '힘'으로 환원된다. 아인슈타인의 $E=MC^2$ 공식은 삼라만상의 일체의 물질(M)이 궁극적으로 에너지(E), 즉 '힘'으로 환원됨을 보여준다.

실재하는 '힘' 또는 '에너지'로서의 이 모든 '기운들'을 동아시아철학에서는 고래로 '기氣'로 포착해왔고, 이 '기론氣論'은 서양 철학에도 많은 영향을 끼쳤다.[79] 성리학의 이기이원론理氣二元論에 의해 오염되기 이전의 이 순수한 동

---

[79] 스피노자는 동아시아의 기론(氣論)을 수용해 자신의 존재론과 인식론을 구성했다. 1697년 피에르 벨도 스피노자가 동아시아의 이 기론을 수용했음을 간파하고, 그의 체계가 이 기론의 불완전한 수용으로 인해 얼마간 약점을 안게 되었지만, "만약 그가 중국인들 사이에서 아주 성행하는 이론을 명확히 하는 데 그의 전력을 쏟았더라면, 그는 더 굉장했을 것이다"라고 평해 기론의 위력을 인정했다. Pierre Bayle, *Dictionnaire historique et critique* (2 vols., 1697; 4 vols., 1702). Selected English translation by Richard Henry Popkin: *Historical and Critical Dictionary* (Indianapolis·Cambridge: Hackett Publishing Company, Inc., 1991), 301쪽 (Remark X to the Article "Spinoza"). 스피노자와 벨의 철학을 잘 알았던 라이프니츠도 존재의 궁극적 정체로서의 '단자'를 '힘'에 본질을 두는 '점(點)'으로, 즉 '실재하는 영점(靈點; psychic point)'으로서의 '근원적 힘'으로 이해했다. Gottfried W. Leibniz, *New System of the Nature and Communications of Substances* (1695), §3. 「자연, 실체들의 교통 및 영혼과 육체 사이의 결합에 관한 새로운 체계」. 라이프니츠(윤선구 역). 『형이상학 논고』(서울: 아카넷, 2010). 중국철학에 친숙했던 라이프니츠도 스피노자처럼 그의 단자론에 기(氣)철학을 수용한 것으로 얘기된다. 헤겔도 물자체를 '힘(Kraft)'으로 파악했다. 참조: Hegel, *Phänomenogie des Geistes*, 107-136쪽 (A. III의 "힘과 지성, 현상과 초감성적 세계"). 그러나 헤겔은 '힘'을 '초감성적인 것'으로, 따라서 이성으로만 알 수 있는 것으로 봄으로써 논의를 관념론으로 탈구시켰다. 인도철학에 친숙했고 스피노자를 호평했던 쇼펜하우어는 ─ 그리고 그를 따른 니체도 ─ 인간과 동물의 의지·욕망과 각종 자연력 등 일체의 힘을 다 '의지'로 싸잡아 '기로서의 세계'를 '의지로서의 세계'로 의인화했다. 이 점에서 그도 스피노자를 통해 기론을 수용한 셈이다.

아시적 '기론'의 원형은 오늘날 완전히 복원하기 어렵다. 하지만 경전과 고전을 더듬어보면 얼마간 그 면모를 알 수 있다.

극동의 기론은 뉴턴의 만유인력의 법칙과 스피노자의 범신론에 대해서만이 아니라 나중에 라이프니츠의 단자론에도 결정적 영향을 미쳤다. 따라서 극동의 기론을 극동의 언어로도 미리 밝혀둘 필요가 있다.

비물질적이면서도 물질적으로 운화運化할 수도 있는, 따라서 본질적으로 오감에 대해 초월적인 '기'는 일단 '태일太一'의 원기元氣에서 분화된 '천기天氣'다. 이 천기는 양기陽氣로서 완전히 비물질적이다. 따라서 천기는 오감과 감정의 온갖 심상心象들을 만들고 규정하더라도 오감에 대해 완전히 초감각적 양기다. 천기는 양기로서 인간과 동식물의 생기(생명력·활력·성장력), 욕망, 의지력, 정신력 등 모든 심기心氣를 포괄한다. '천기'는 당연히 원기에서 분화된 다른 기운인 '지기地氣'와 짝한다. 이 '지기'는 음기陰氣로서 우리의 육체의 근력, 역학적 힘, 화력, 인력·전력·자력磁力 등을 모두 포함하는 '물형의 기', 즉 '물기物氣'(에너지)다. 종합하면, '기'는 심상心象과 심기를 이루는(성상成象하는) '천기'와, 물형物形과 물기를 만드는(성형成形하는) '지기地氣' 등 양기와 음기를 포괄한다.

이 천기와 지기가 음양의 기운으로 어우러져 갈등하고 협력해 천지간에 '백화百化'(백가지 조화)를 일으켜 세상을 창조하는 무위이성無爲而成의 조화造化를 부린다. 『예기』는 이 창세적創世的 조화과정에 대해 이렇게 말한다.

> 태일太一이 나뉘어 천지가 되고, 천지가 바뀌어 음양이 되고, 음양이 변해 사시四時가 되고, 음양이 벌려 귀鬼와 신神이 된다.(太一 分而爲天地 轉而爲陰陽 變而爲四時 列而爲鬼神).[80]

이렇게 하여 하늘과 땅, 음기와 양기, 사시, 귀기鬼氣, 신기神氣 등이 다 창조된다. 이에 대해 『예기』는 다시 이렇게 부연한다.

---

80) 『禮記』「第九 禮運」.

하늘에서는 심상을 만들고, 땅에서는 물형을 만든다. (…) 지기는 위로 나란히 올라가고 천기는 아래로 내려온다. 음기와 양기가 서로 갈고, 천지가 서로 끓이고, 우레와 천둥으로 천지를 두드리고, 풍우로 천지를 흔들어 일으키고, 사시四時로 천지를 움직이게 하고 일월日月로 천지를 따뜻하게 하니, 백화百化가 이에 흥한다.[81]

'천기'는 '양기'로 바뀌고, '지기'는 '음기'로 바뀐다. 음양의 지기·천기 간의 서로 갈고 끓임, 음양과 천지에 대한 벼락천둥과 바람·비의 두드리고 흔듦, 해와 달의 움직임과 따뜻하게 데움, 사시사철의 변화와 일월의 뜨고 짐은 천지를 움직이고 따뜻하게 해 '온갖 조화百化'를 일으킨다. '백화'는 온갖 물체(물형)와 동식물이 만들어지고 귀기·신기가 탄생하는 과정을 뜻한다.

『역경』은 천지의 이 창세創世과정에 준해 음양분리와 사시분화를 이렇게 간단히 표현한다.

역에는 태극이 있어 이것은 (음·양기의) 양의兩儀를 낳고 양의는 사상四象을 낳고 사상은 팔괘를 낳는다.(易有太極 是生兩儀 兩儀生四象 四象生八卦.)[82]

여기서 '사상四象'은 태음太陰·소음少陰·태양太陽·소양少陽을 말하고, '팔괘'는 건乾·태兌·리離·진震·손巽·간艮·감坎·곤坤을 가리킨다. 『예기』에서는 '양기로서의 천기'와 '음기로서의 지기'가 분화되기 전의 단일한 '원기'는 '태일太一'이라고 부르는데, 『역경』은 '태극'이라고 부르고 있다. '지기'는 물질적 힘(인력·전력·자력·화력·역학적 힘·근력)을 이루는 '물질적 기', '물기物氣'다. 물기 중 육체적 '근력'은 심기에 가깝다. 반면, '천기'는 인간과 동물의 영혼(정신)을 이룬다. 영혼을 이루는 이 천기가 바로 '심기心氣'다. 나아가 '심기'는 동식물의 생기(활력·생명력·성장력 등)로부터 '재천성상의 심상을 작동시키는 감성의 힘(감수성)과 욕망

81) 『禮記』「第十九 樂記」: "在天成象 在地成形. (…) 地氣上齊 天氣下降. 陰陽相摩 天地相蕩 鼓之以雷霆 奮之以風雨, 動之以四時, 煖之以日月, 而百化興焉."
82) 『易經』「繫辭上傳」(11).

을 거쳐 이를 가공하는 사유의 힘(사고력·정신력)과 의지의 힘(의지력)에 이르기까지 일체의 정신력을 포괄한다. 따라서 모든 '심기'는 비물질적이지만 거의 언제나 우리 영혼의 감정에 의해 표출되고 감성적 내감에 의해 직접적으로 느껴진다. 심기 중 활력·생명력 등은 물기와 가깝다.

이 물기(인력·전력·자력·화력·역학적 힘·근력 등)와 심기(활력·생명력·욕망·의지력·정신력 등)는 둘 다 유동적 기운이다. 따라서 부동의 물체와 다르다. 유동하는 물기가 정갈하게 정제되어 물형으로 응결되면 '물체'가 된다. 부동의 물체는 일시적으로 응결된 물기다. 따라서 물체는 불에 타거나 핵분열함으로써 다시 물기(에너지)로 변할 수 있다.

19세기 초 최한기는 '유동적 기'와 응결된 부동의 '물체'를 '운화의 기'와 '형질의 기'로 분화시켰으나 제대로 인식하지 못하고 있다.

> 기는 형질의 기가 있고 운화의 기가 있다. 땅·해·달·만물과 몸체와 껍질(軀殼)은 형질의 기이고, 비·볕·바람·구름·한서寒暑와 조습燥濕은 운화의 기다. 형질의 기는 운화의 기로 말미암아 모음을 이룬 것으로서, 큰 것은 장구하고 작은 것은 흩어지니 운화하는 기의 자연이 아님이 없다. 형질의 기는 사람이 쉽게 보는데, 운화의 기는 사람이 쉽게 보지 못한다. 그러므로 고인은 유형·무형으로 형질의 기와 운화의 기를 구분했다. (…) 그러나 기실 운화의 기는 형질이 가장 큰 것으로서 우주 안을 채워 막고(充塞宇內) 피부와 골수에 침투해 들어가고 몰고 쌓고 풀무질하고 피리를 불어대면(驅築轉籥) 그 견고함이 비할 데 없고, 냉열을 상박시키면 굉음과 불꽃이 발해 이내 유형을 명증한다.[83)]

최한기는 '운화의 기'와 '형질의 기'를 구분해 마치 힘과 물체를 구분하는 듯했으나 '운화의 기'를 '무형의 기'로, 물체를 '유형의 기'로 이해하지 못함으로써 "비·볕·바람·구름·한서寒暑와 조습燥濕"을 "운화의 기"로 보고 결국 "운화의 기"를 "형질이 가장 큰 것"으로 착각하고 움직이는 힘의 견고성과 굉음과

---

83) 최한기(손병욱 역), 『氣學』(서울: 통나무, 2004·2008), 42-43쪽.

불꽃을 유형의 증거로 들이대는 어리석음을 노정하고 있다. "비·볕·바람·구름·한서와 조습" 중 '한서'는 '운화의 기'(유동하는 열기로서의 화력의 부족현상)이지만 "비·볕·바람·구름·조습"은 다 물질의 물형들(물·수분입자·광자光子·공기입자)이다. "굉음과 불꽃'도 힘(운화의 기)에 속하는 것이 아니라 물질의 움직임(공기입자의 떨림과 광자의 운동)일 뿐이다. 그리고 기의 "견고성"은 '강력성'의 그릇된 표현이다. 따라서 최한기의 말은 '운화의 기'와 '형질의 기'의 구분 외에 수용할만한 것이 없다. 차라리 고전으로 다시 돌아가는 것이 나을 것이다.

물질 또는 물체는 유동하는 물기(힘)가 정갈하게 정제되어 응결된 것이다. 그래서 『역경』은 말한다.

역易은 (…) 기氣를 곱게 쏟아 사물을 만들고, 혼을 놀려 변화를 만든다.(易 […] 精氣爲物 遊魂爲變).[84]

모든 구체적 사물들은 땅의 물기에서 곱게 쏟아져 나온, 즉 정제精製되어 응결된 '물物'이고, 모든 인간과 동물의 구체적 마음은 하늘의 심기에서 자유롭게 변화되어 나온 '영혼들'이다. 또한 물체는 물질적 질량을 가진 것으로서 특정한 조건에서 다시 엄청난 양의 기로 되돌아올 수 있다.($E=mc^2$)

고대에 떠돌던 기론氣論의 조각들을 모아 놓은 기원전 2세기경의 『회남자』는 창세과정에 대해 이렇게 말한다.

천지가 아직 형태조차 없을 때 타고 또 타고 날고 또 날고(馮馮翼翼) 텅 비고 또 텅 비고 형태가 없고 형질이 없었다(洞洞灟灟). 그러므로 이를 태시太始라고 한다. 태시는 허확虛霩을 낳고 허확은 우주를 낳고 우주는 기氣를 낳고 기는 가장자리와 끝이 있어, 맑고 밝은 기는 엷게 풍미해 하늘이 되고 무겁고 탁한 기는 응체凝滯되어 땅이 된다. 맑고 묘한 기운의 모임은 전적으로 쉽고 무겁고 탁한 기운의 응결은 아주 어렵다. 그러므로 하늘이 먼저 생기고 땅은 뒤에 정해졌다. 하늘과 땅이 곱게 쏟기를 되풀

---

84) 『易經』 「繫辭上傳」(4).

이함에 음양이 되었고, 음양이 오로지 곱게 쏦기에 전일함에 사시가 되었다. 사시가 정기精氣를 분산시킴에 만물이 되었다. 양을 쌓은 열기熱氣가 불을 낳고 이 화기를 곱게 쏦은 것은 해가 되었다. 음을 쌓은 한기寒氣는 물이 되었고 수기水氣를 곱게 쏦은 것은 달이 되었다. 해와 달의 음기淫氣를 곱게 쏦은 것은 별이 된다. 하늘은 일월성신을 받아들였고 땅은 물과 장마와 먼지와 티끌을 받아들였다. (…) 천도는 원圓이고 지도는 방方이다. 방은 어둠을 주관하고 원은 밝음을 주관한다. 밝음은 기氣를 토해내는 것이다. 그러므로 불(火)은 외경外景이다. 어둠은 기를 머금는 것이다. 그러므로 물(水)은 내경이다. 기를 토해내는 자는 베풀고, 기를 머금는 자는 화化하게 한다. 그러므로 양은 베풀고 음은 화하게 하는 것이다. 하늘과 땅이 기를 치우침에 노하는 것은 바람이 되고, 하늘과 땅이 기를 합침에 화和하는 자는 비가 된다. 음양이 상박해 감응하면 우레가 되고 격하면 번개가 된다. 뒤섞이면 안개가 된다. 날아서 흩어지면 이슬이 되고 음기가 승하면 응결되어 서리와 눈이 된다. 터럭과 날개가 있는 것은 날아다니는 종류다. 그러므로 양기에 속한다. 껍데기와 비늘이 있는 것은 칩거하거나 엎드려 있는 종류다. 그러므로 음기에 속한다.[85]

계통이 다른 이 글, 저 글을 긁어 모아놓은 통에 앞뒤가 상충되고 혼잡스럽기 짝이 없는 책인 『회남자』는 또한 음양분화 이전에 만물을 낳는 '두 신'이 있었던 것으로 말하기도 한다.

옛날 아직 천지가 있지 않을 때 유일한 상像은 무형이고 고요하고 고요하며 어둡고 어두우며, 광대하고 불분명하고 막연하고 우울하고, 혼몽하고 넓게 텅 비어 있어 들어가는 문을 아무도 알지 못했다. 그런데 이것을 두 신神을 얻어 뒤섞여 천지를 낳고 경영했다(有二神混生經天營地). 깊어서 아무도 그 종극을 알 수 없고 광막해 아무도 그 그칠 곳을 알 수 없었다. 이것으로부터 따로 음양을 만들고 분리해 팔극을 만들고 강유가 서로를 이루어 만물이 물형物形을 지었다. 기를 어지럽혀 벌레를 만들고 기를 곱게 쏦어 사람을 만들었다. 그러므로 정신은 하늘의 소유이고, 골해骨骸는 땅의 소

---

85) 유안 편저(안길환 편역), 『淮南子(상)』(서울: 명문당, 2001), 권3 '천문훈', 117-119쪽.

유다. 정신이 하늘의 문으로 들어가고 골해가 땅의 근본으로 돌아가는데 그럼에도 내가 어찌 있겠는가!(…) 정신은 하늘에서 받은 바이고 형체는 땅에서 품부받은 것이다. 그러므로 하나는 둘을 낳고 둘은 셋을 낳고 셋은 만물을 낳는다고 하는 것이다. 만물은 음을 등에 업고 양기를 안아 가운데의 기(沖氣)로써 조화(調和)를 낳는다.86)

천지 이전에 '두 신', 천신과 지신이 따로 있어 하늘과 땅을 만들었다는 말이다. 음양의 중간기운인 '충기沖氣'가 만물의 조화를 낳는다고 말하고 있다. 이것은 창세創世단계에서 벌써 '중화中和'의 이념을 말하는 것으로서 매우 이채롭다.

나아가 『회남자』는 천기와 지기가 인간을 만드는 과정을 질그릇을 빚는 것으로 묘사한다.

무릇 하늘과 땅은 운행해 서로 통하고 만물은 총호하여 하나가 된다. 능히 하나를 알면 하나를 알지 못함이 없다. 하나를 알지 못하면 하나를 능히 앎이 없다. 비유컨대 나는 천하에 처해 있고 역시 하나의 물物일 따름이다. 천하는 나로써 그 물을 더불어 갖추는 것인지 또한 생각건대 내가 없어도 갖추지 않음이 없는 것인지 알 수 없다. 그런즉 나도 역시 물이고 물도 역시 물이다. 어째서 서로에 대해 물인가? 비록 그럴지라도 그것이 나를 낳는다면 장차 얼마나 더해줄까? 그것이 나를 죽인다면 장차 얼마나 덜어줄까? 무릇 조화자造化者는 이미 나를 질그릇으로 여긴다. 장차 이것에 어긋나는 것은 없을 것이다. (…) 조화자가 물을 붙잡고 당기는 것은 도공陶工이 점토를 이기는 것과 비슷하다. 그가 그것을 땅에서 취해 접시와 사발로 만드는 것과 땅과 분리되지 않는 것은 다를 것이 없다. 그릇을 이룬 뒤 파쇄되고 문드러져 옛날로 돌아가는 것과 접시와 사발인 것도 역시 다를 것이 없다.87)

이 세 인용문에서는 물체를 만드는 과정이 불명료하게 기술되고 있다. 그러

---

86) 유안, 『淮南子(상)』, 권7 '정신훈', 305-306쪽.
87) 유안, 『淮南子(상)』, 권7 '정신훈', 314쪽.

나『회남자』는 다른 곳에서 이렇게 말한다. "지극한 음기(至陰)는 높이 불며 높이 불고(颺颺) 지극한 양기(至陽)는 빛나고 빛나는데 양자가 교접해 화합을 이루면 여기로부터 만물이 생겨난다."[88] 또는 "음양은 천지의 조화調和를 받들어 상이한 삼라만상의 물체에 물형物形을 주고 기氣를 머금어 사물을 되게 하고(含氣化物) 범주(埒類)를 이룸으로써 수축하고 말고 펴고 불측不測에 빠져 시작하고 끝내고 비우고 가득 채우고 무원無原으로 굴러들어간다."[89] 여기서는 음양의 상호작용으로 물질을 만든다고 제대로 말하고 있다.

천지와 음양의 상호작용을 통해 만물을 낳고 변화시키는 과정은 당연히 사람의 기氣와도 관련된 것이다. "천지의 화합과 음양의 만물 도화陶化는 둘 다 사람의 기를 다스리는 것이다(天地之合和 陰陽之陶化萬物 皆乘人氣者也)."[90] 그리하여 "상제는 태일을 체화體化하고, 왕(황제)은 음양을 본뜨고, 패자는 사시를 기준으로 삼고, 임금은 육률을 쓴다. (…) 그러므로 태일을 체현한 자는 천지의 뜻(情)에 밝고 도덕의 윤리에 박통하고 그 총명은 일월보다 빛나고, 정신은 만물에 통하고, 동정動靜은 음양과 조화롭고, 희로애락은 사시에 화합되고, 덕성과 은택은 방외에도 베풀고, 명성은 후세에 전해진다. 음양을 본뜬 자는 그 덕성이 천지와 더불어 찬참贊參하고, 그 밝음은 일월日月과 나란하고, 정신은 귀신과 더불어 총명하고, 원圓(하늘)을 머리에 이고 방方(땅)을 밟고, 겉을 포옹하고 줄을 품고 안으로 능히 몸을 다스리고 밖으로 능히 사람을 얻고 호령을 발하고 명령을 베풀면 천하는 바람을 좇지 않는 자가 없다."[91]

기氣들은 서로 감응한다. 이 감응 이론은 최초로『역경』에 보이는데, 기원년 3세기에 나온『여씨춘추』에서 처음 분명하게 일반화된 형태로 나타난다. 그리고 1세기 뒤에 나온『회남자』(「남명훈」)에서 집중적으로 거론된다.

공자가 지었다고 전해지는『역경』의 함咸괘「단전彖傳」에서 공자는 이렇게 말한다.

---

88) 유안,『淮南子(상)』, 권6 '남명훈', 279쪽.

89) 유안,『淮南子(상)』, 권8 '본경훈', 363쪽.

90) 유안,『淮南子(상)』, 권8 '본경훈', 349쪽.

91) 유안,『淮南子(상)』, 권8 '본경훈', 363-364쪽.

「단전」가라사대, '함咸은 감感이다고 한다. 유柔가 위에 있고 강剛이 아래 있으니 두 기氣가 감응해 서로와 어울린다. 그쳐서 기뻐하며 남자가 여자 아래에 있으니 형통하다. 바르면 이롭다는 것은 여자를 취하는 것이 길하다는 말이다. 천지가 감응하면 만물이 화생化生한다. 성인이 인심에 감응하면 천하가 화평하다. 성인이 감응하는 것을 보면 천지만물의 뜻(情)을 볼 수 있도다![92]

그러면서 공자는 『역』의 본질적 특징을 '생각'이나 '행위'가 아니라 '감응(교감·공감)'으로 규정한다.

역은 생각이 없고 작위가 없으며 적연부동하고 감응해 천하의 연고를 통하는 데 이른다. 천하의 지극한 신神이 아니라면 그 누가 이것과 능히 어울릴 수 있겠는가?(易无思也 无爲也. 寂然不動 感而遂通天下之故. 非天下之至神 其孰能與於此?)[93]

또 『역경』은 말한다.

가는 것은 오그라들고, 오는 것은 늘어 뺀다. 오그라드는 것과 늘어 빼는 것이 상감相感하면 여기서 이로움이 생긴다. 자벌레는 오그라듦으로써 늘어 폄을 구하고, 용과 뱀은 틀어박혀 있음으로써 몸을 보존한다.(往者屈也 來者伸也 屈伸相感而利生焉 尺蠖之屈 以求信[=伸也 龍蛇之蟄 以存身也.)[94]

또 『역경』은 말한다.

참된 감정과 꾸밈이 상감하면 이해가 생긴다(情僞相感而利害生).[95]

---

92) 『易經』咸卦 「象傳」: "象曰 咸 感也. 柔上而剛下 二氣感應以相與. 止而說 男下女 是以亨. 利貞取女吉. 天地感而萬物化生 聖人感人心而天下和平. 觀其所感而天地萬物之情可見矣!"
93) 『易經』「繫辭上傳」(10).
94) 『易經』「繫辭下傳」(5).
95) 『易經』「繫辭下傳」(12).

또한 『역경』에서 공자는 이렇게도 말한다.

공자가 가라사대, 군자가 그의 방에 살며 그의 말을 냄이 선하면 천리 밖에서 이에
감응하는데 하물며 가까운 곳에서랴. 그의 방에 거하면서 그의 말을 냄이 불선하면
천리 밖에서 이것을 멀리하는데 하물며 가까운 곳에서랴(子曰 君子居其室 出其言善
則千里之外應之 況其邇者乎! 居其室 出其言不善 則千里之外違之 況其邇者乎!)[96]

『주역』의 우주관은 '생각'이나 '작위'의 인위人爲를 보지 않고 '감응' 또는 '상
감'(서로 느낌)을 위주로 삼고 괘효卦爻들 간의 관계에서도 바로 괘효들의 이
감응관계를 본다. 이런 '감응의 세계관·우주관'은 중국에서 적어도 『역경』만
큼 오래된 것이다. 감응의 우주관은 언제나 직선적 인과관계를 배제하고 '공
시적 상응성(synchronic correspondence)'을 문제 삼는다.[97]

『여씨춘추』는 「계추기季秋紀」에서 천하의 사회적·자연적 감응을 이렇게 말
한다.

자석慈石(자애로운 돌)은 철을 불러들이는데 이는 무엇인가가 끌어당기는 것이다. 나
무들은 서로 가까이 있으면서 비벼대는데 이는 어떤 정기 같은 것이 있어서 서로를
반대로 밀어주는 것이다. 성인聖人이 남면南面해 사람을 사랑하고 이롭게 하는 것을
참마음으로 삼는다면 아직 출정 명령이 떨어지지 않았는데도 천하의 백성들이 모두
목을 빼고 발꿈치를 들고 그를 기다릴 것인즉, 이는 성인의 정기精氣가 백성에 통한
것이다. 만일 어떤 범인이 누군가를 해치려고 한다면 그 사람도 역시 마찬가지다.
이제 공격하는 측은 다섯 가지 무기를 숫돌에 갈면서 화려한 옷을 입고 좋은 음식을

---

96) 『易經』 「繫辭上傳」(8).

97) Robert P. Weller & Peter K. Bol, "From Heaven-and-Earth to Nature: Chinese Concepts of the
Environment and Their Influence on Policy Implementation". Mary Tucker and John Berthrong,
*Confucianism and Ecology: The Interrelation of Heaven, Earth and Humans* (Cambridge[MA]: Harvard
University Press, 1998). 로버트 웰러·피터 볼, 「천지부터 자연까지: 중국인들의 환경 개념과 정책
수행에 미치는 영향」, 407쪽. Tucker and Berthrong(오정선 역), 『유학사상과 생태학』(서울: 예문서
원, 2010).

즐기고 출발할 때까지 장차 며칠 여유를 갖는다. 공격을 당하는 측은 왠지 즐겁지 않으니, 이는 혹 누구에게서 공격의 소식을 들은 것이 아니라 정기가 이를 먼저 전해 준 것이다. 몸은 진秦나라에 있고 친애하는 사람은 제나라에 있는데도 죽게 되면 심기가 불안한 것은 정기 중에 서로 왕래하는 것이 간혹 있기 때문이다. (…) 정기는 한쪽의 참마음으로부터 나와 다른 쪽 마음에서 감응되어 양쪽의 정기가 서로를 얻게 되는 것이니, 어찌 말을 기다리겠는가?[98]

이 시대의 '자석'은 엄마가 새끼를 자애慈愛하듯이 철을 사랑하는 것으로 이해해 '자석慈石'이라고 썼다. '자석磁石'이라는 표기법은 훗날에 생겨난 것인데, 이 표기법도 원래의 자애 의미를 여전히 간직하고 있다. 자석이 쇠를 당기는 것에서처럼 감응에서는 '생각'이나 '언행'이 중요한 것이 아니라 '정기'의 감응이 중요하다. 언어적 의사소통(sprachliche Kommunikation)이 먼저가 아니라 공자가 말하는 '공감(恕)'이[99] 먼저다. 성인과 백성 간의 감응관계는 공자가 『역경』에서 군자와 관련해 한 말과 그 취지가 동일하다.

기氣철학적 감응론은 『역경』에 기초한 것이었기에 한나라 때 대부분의 유자와 도가들에게 받아들여져 중국의 핵심사상으로 정착하게 된[100] 『회남자』에서는 더욱 광범하게 설파된다.[101] 『회남자』는 「남명훈覽冥訓」에서 자연적 감응관계를 말한다.

불은 나무를 태울 수 있으므로 화력을 가지고 금속을 녹이려고 하면 이것은 도道가 행해진다. 그러나 만약 자석慈石이 철을 끌 수 있다고 해서 이 자석으로 기왓장을

---

98) 여불위(김근 역), 『여씨춘추』(파주: 글항아리, 2012), 「季秋紀」, 精通편, 229-231쪽.

99) 공자의 '공감'에 대해서는 참조: 황태연, 『감정과 공감의 해석학(1)』(파주: 청계, 2014·2015), 47-64쪽.

100) 로버트 웰러·피터 볼, 「천지부터 자연까지: 중국인들의 환경 개념과 정책 수행에 미치는 영향」, 408쪽.

101) 『회남자』의 감응이론에 대한 집중분석은 참조: Charles Yvon Le Blanc, *The Idea of Resonance (Kan-ying) in the Huai-nan Tzu. With a Translation and Analysis of Huai-nan Tzu Chapter Six* (Hong Kong: Hong Kong University Press, 1985). 또는 참조: Charles Le Blanc, *Huai-nan Tzu: Philosophical Synthesis in Early Han Thought* (Hong Kong: Hong Kong University Press, 1985).

당기려고 한다면 이것은 어려울 것이다. 사물은 진실로 (기왓장의) 가벼움과 (철의) 무거움으로써 논할 수 없다. 부수夫燧가 해에서 불을 취하고 자석이 철을 당기고 게가 옻칠을 해치고 해바라기가 해를 향하는 것은 비록 명지明智가 있어도 그런 식으로 논할 수 없는 것은 마찬가지다. 그러므로 이목의 관찰은 물리物理를 분석하기에 부족하고, 심의心意의 논의는 시비를 확정하기에 부족하다. 그러므로 지혜로써 정치를 하는 자는 나라를 유지하기 어렵고 오로지 태화太和에 통하고 자연의 감응을 지키는 자(通于太和而持自然之應者)만이 나라를 보유할 수 있게 된다.[102]

이 글은 인간의 한정된 이목으로 관측하고 하찮은 머리로 분석해 무슨 이치를 알았다고 기정既定의 "자연의 감응" 관계를 무시하고 지혜로 세상을 다스리려는 위정자의 패착의 필연성을 다루고 있다. 자연의 감응관계는 인간의 지혜의 관점에서 본다면 참으로 신비로운 것으로서, 해명의 대상이 아니라 존중해야 할 현상인 것이다.

나아가 『회남자』는 동류 안에서의 정해진 자연적 감응관계에 관해 상론한다.

물류의 상응은 현묘하고 심오하다(物類之相應玄妙深微). 그것은 지식으로 논할 수 없고 논변으로 해명할 수 없다. 그러므로 동풍이 불면 술이 넘치고, 누에가 실을 지으면 상음商音의 금현琴絃이 끊어진다. 무엇인가가 그것을 감동시키는 것이다. 그림이 회색을 따르면 달무리가 이지러지고 고래가 죽으면 혜성이 나온다. 무엇인가가 동하게 하는 것이다. 그러므로 성인이 보위에 있으면 도를 품고도 말하지 않아도 은택이 만민에 미치고, 군신이 마음을 괴리시키면 등지고 어긋나는 것이 하늘에 나타난다. 이것은 신기가 상응하는 징조다(神氣相應徵矣). 그러므로 산 구름과 풀덤불, 물가의 구름과 물고기비늘, 가문 구름과 연기 나는 인가人家, 물기 먹은 구름과 파도치는 물. 각기 그 유형을 상징하는 이것들은 감응하는 것이다.[103]

---

102) 유안, 『淮南子(상)』, 권6 '남명훈', 282쪽(원문). '夫燧'는 고대에 햇빛에서 불을 얻던 공구다. '양수陽燧'라고도 한다.

103) 유안, 『淮南子(상)』, 권6 '남명훈', 277쪽(원문).

이런 감응관계는 하늘과 사람 간에도 사람이 지성을 다한다면 마찬가지로 나타난다.

> 옛적에 사광師曠이 백설곡白雪曲의 음률을 연주하니 신물神物이 그를 위해 하강하고 풍우가 폭주하고 평공이 병이 나고 진晉나라가 가물에 불탔다. 서녀庶女가 하늘에 부르짖자 천둥벼락이 내리치고 경공의 대臺가 떨어져 지체가 상하고 부러졌고, 바닷물이 크게 밀고 들어왔다. 무릇 악사와 서녀의 지위의 천함이 채소밭 관리와 같고 권세는 가볍기가 나는 깃털과 같으나, 전일하게 뜻을 곱게 쌓고 갈아 임무를 맡아 정신을 쌓아 위로 통하니 구천九天이 지극한 정성(至精)을 격려激厲하는 것이다. 이것으로 보면 상천上天의 주살誅殺은 비록 광허하고 유한한 곳, 요원하고 은닉한 곳, 거듭 둘러싼 석실이나 경계지역의 험한 곳에 있을지라도 도피할 곳이 없다는 것도 역시 분명하다.[104]

이와 같아 아무리 노력자의 지위가 미천하더라도 지성감천至誠感天 방식으로 하늘이 사람의 정성에도 감응하는 것이다.

『회남자』는 사람과 사람 간의 감응, 임금과 백성 간의 감응, 동물과 동물 간의 감응, 사람과 하늘 간의 감응, 사람과 동물 간의 감응, 동물과 자연 간의 감응, 사물과 사물 간의 상응, 가야금 줄과 줄 간의 공진共振을 '감응 일반'으로 동일시한다.

> 성인聖人은 거울 같아서 거느리거나 맞아들이는 것이 아니라 단지 응하고 숨지 않을 뿐이다. 그러므로 만화萬化에도 부상이 없다. 도道를 얻고 이내 곧 그것을 잃고, 그것을 잃고 곧 그것을 얻는다. 지금 무릇 금현琴弦을 조율하는 자는 궁음을 치면 (다른 가야금의) 궁음이 응하고 각음角音을 타면 각음이 동한다. 이것이 동성同聲이 서로 화응和應하는 것이다. 한 현을 개조改調해 오음에 친비親比하지 않고 그 현을 쳤는데 25현이 다 화응했다. 이것은 소리와 시원적으로 다른 음이 아니라 음의 임금(君)을

---

104) 유안, 『淮南子(상)』, 권6 '남명훈', 273쪽(원문).

이미 형성했던 것이다.[105]

이와 같이 극동의 기철학은 기들의 부유浮游만을 말하는 것이 아니라 천지와 만물이 창조되는 자연철학적 창세과정과 기氣들 간의 감응관계를 줄기차게 설파했다.

극동의 이 기일원론氣一元論은 그 감응이론과 더불어 장재張載(1020-1077)의 『정몽正蒙』과 주돈이周敦頤(1017-1073)의 『태극도설太極圖說』에서 비교적 가지런히 정리되고 종합된다.

장재는 『정몽』에서 태허太虛(태극·태일)를 '기氣'와 등치시키고 이 '기'의 움직임을 태화太和(큰 중화)와 음양의 감응·화합의 관점에서 파악한다.

태화는 도라고 하는데, 부침浮沈·승강升降·동정動靜·상감相感의 성性 가운데 잠겨 있다. 이것이 인온絪縕(기운의 성함과 그윽함)·상탕相盪(서로 씻음)·승부勝負·굴신屈伸의 시작이다. 그 시작은(其來也) 기미幾微하고 간단하고 쉽지만, 그 끝은 광대견고하다. 쉬운 것에서 앎을 일으키는 것은 건乾이도다! 간단한 것에서 법을 본받는 것은 곤坤이도다! 흩어져 달라지고 형상으로 나타날 수 있는 것은 기氣이고, 맑게 통하고 형상으로 나타날 수 없는 것은 신神이다. (…) 태허는 무형으로 기의 본체다. 그 모이고 흩어짐은 변화의 객관적 물형(客形)일 따름이다. 지정무감至靜無感은 성性의 연원이다. 앎이 있고 지혜가 있는 것은 사물을 만나는 객관적 감지(客感)다. 오로지 진성자盡性者만이 이 객관적 물형과 객관적 감지 및 무감·무형을 하나로 안다. 천지의 기는 비록 모이고 흩어지고 공격하고 취함이 백 갈래 길이라도 그 이치 됨은 순리적이고 망령되지 않다(다 중화를 따른다 - 인용자). 기의 본질(氣之爲物)은 흩어지면 무형으로 들어가 제 본체(吾體)를 얻게 되고, 모이면 형상을 갖추게 되어도 제 상도常道(吾常)를 잃지 않는다. 태허는 기氣가 없을 수 없고, 이 기가 모이지 않을 수 없으면 만물이 되고, 만물이 흩어지지 않을 수 없다면 태허가 된다. 이것은 다 부득하게 그런 것(필연 - 인용자)이다. (…) 허공이 곧 기임(虛空卽氣)을 알면 유무有無·은현隱顯·신화神化·성

105) 유안, 『淮南子(상)』, 권6 '남명훈', 284쪽(원문).

명성命은 하나로 통하고 둘이 아니다. (…) 노자의 "유는 무에서 생긴다(有生於無)"는 자연지론自然之論으로 들어가는 것은 이른바 유무혼일有無混一의 불변성(常)을 알지 못하는 것이다. 만약 삼라만상을 태허 속에 비치는 사물들이라고 말한다면 사물과 태허는 서로로부터 비롯되지 않아서, 물형은 따로 물형이고, 본성은 따라서 본성이고 물형과 본성, 하늘과 사람이 서로 기대지 않고 존재한다면 산하와 대지를 중구난 방의 망상(陷放浮屠)으로 여기는 병든 설(불교의 설 ─ 인용자)이다.106)

장재는 노자로부터 '기氣'를, 불교로부터 '리理'를 빌려온 훗날의 성리학자들과 달리 기일원론을 펴면서 도가와 불가의 교설을 둘 다 부정하고 있다. 두 교설이 다 '태허가 기다'라는 사실, 즉 '허공=무無가 바로 기다'는 사실을 알지 못한 무식의 소산이라는 것이다. 이것은 '우주에는 진공眞空이 없다'는 서양의 근대 우주론과 상통한다. 우주의 허공도 '기'로 미만해 있기 때문이다.

주돈이의 『태극도설』은 『역경』의 우주관처럼 '리' 없는 기일원론氣一元論을 대변한다.

무극無極(무한)은 태극이고, 태극은 동해 양을 낳고, 양은 극(한계)을 동하고, 정靜하면 음을 낳고, 음극이 정하면 다시 동하고, 일동一動·일정一靜 서로 그 뿌리가 되고, 음이 나뉘어 양의兩儀가 선다. 양이 음으로 변해 합하면 수·화·목·금·토 오기五氣를 낳고 순응해 사시를 편다. 오행이 하나면 음양이고, 음양이 하나면 태극이다. 태극은 본래 무극이다. 오행이 나면서야 각기 하나가 그 성性이고, 무극의 참된 이기二氣와 오기의 정묘精妙함이 합하면 건도乾度를 응결해 남자를 만들고 곤도坤道는 여자는

---

106) 張載, 『正蒙』, '太和篇第一': "太和所謂道, 中涵浮沈升降動靜相感之性. 是生絪縕相盪勝負屈伸之始. 其來也幾微易簡, 其究也廣大堅固. 起知於易者乾乎 效法於簡者坤乎. 散殊而可象爲氣 淸通而不可象爲神. (…) 太虛無形 氣之本體, 其聚其散 變化之客形爾. 至靜無感 性之淵源, 有識有知物交之客感爾. 客感客形與無感無形 惟盡性者一之. 天地之氣, 雖曰散攻取百塗, 然其爲理也順而不妄. 氣之爲物 散入無形 適得吾體. 聚爲有象 不失吾常. 太虛不能無氣 氣不能不聚而爲萬物, 萬物不能不散而爲太虛. (…) 知虛空卽氣 則有無隱顯神化性命通一無二. (…) 入老氏「有生於無」自然之論 不識所謂有無混一之常. 若謂萬象爲太虛中所見之物 則物與虛不相資, 形自形, 性自性, 形性天人不相待而有 陷放浮屠以山河大地爲見病之說."

만드는데, 이기二氣가 교감하면 만물을 화생한다. 만물의 살고 삶과 변화는 무궁하
다. 오직 사람만이 그 우수함을 얻으니 이미 최고 영특한 물형物形이 생겼다. 신은
앎을 계발한다. 오성五性이 감동하면 선악이 나뉘고 만주萬主가 생긴다. 성인은 이것
을 정해서 인의를 중정中正케 하고 군주는 사람의 극을 정립靜立한다. 그러므로 성인
은 천지와 합하고 그 덕은 일월과 합하고 그 밝음은 사시와 합하고 그 순서는 귀신과
합한다. 군자는 그 길흉을 수신해 길하고, 소인은 그것과 어그러져 흉하다. 그러므로
천도를 세운다고 말하면 음양을 말하고, 지도를 세우는 것은 강유剛柔를 말하고, 인
도를 세우는 것은 인의를 말하고 또 원시가 끝마침으로 돌아간다고 말한다. 그러므
로 죽음과 삶의 설설說을 아는 것은 위대하도다. 역은 지극할 따름인저!107)

249자로 이루어진 이 태극론에서 우주자연은 '기'이고 '기'는 자연적 물질과
힘일 수 있고 인간의 심기(神·靈·魂·魄氣)일 수 있고 신(神氣)일 수 있다. 공자철학
의 관점은 주돈이의 이『태극도설』에 이르기까지 이렇게 기氣일원론으로 일
관하고 있다. 조선의 천재군주 정조도『태극도설』을 논하면서 "아래 구절은
'두 기가 교감해 만물을 화생시킨다'라고 하고 있는데, 만물의 화생에서 갑자
기 이理자를 버리고 기氣자만 설명하고 있다(下句言 二氣交感 化生萬物. 萬物之生
却舍理字 單說氣字)"고108) 지적하며 '리理'를 앞세우는 성리학과 달리『태극도설』
에 '라'가 없음을 예리하게 간파하고 '두 기二氣'만이 '라' 없이 '교감'하는 것을
굳이 드러내고 있다.

그런데 정이천程伊川과 주희의 성리학적 이기이원론도 주돈이의 이『태극도
설』에서 개진된 기일원론에서 유래한 것이다. 따라서 17세기 유럽의 합리주의

---

107) 周敦頤,『太極圖說』: "無極而太極 太極動而生陽 動極而靜 靜而生陰 靜極復動 一動一靜互爲其
根 分陰分陽兩儀立焉. 陽變陰合而生水火木金土五氣順布四時行焉. 五行一陰陽也陰陽一太極也.
太極本無極也. 五行之生也 各一其性 無極之眞二五之精妙合而凝乾道成男坤道成女, 二氣交感化
生萬物. 萬物生生而變化無窮焉. 惟人也得其秀而最靈形旣生矣. 神發知矣. 五性感動而善惡分萬
主出矣. 聖人定之以中正仁義而主靜立人極焉. 故聖人與天地合其德日月合 其明四時合 其序鬼神
合 其吉凶君子修之吉 小人悖之凶. 故曰立天之道曰陰與陽 立地之道曰柔與剛, 立人之道曰仁與義
又曰原始反終. 故知死生之說大哉. 易也斯其至矣."
108)『정조실록』정조 5년(1781) 3월 18일 2번째 기사.

적 스콜라철학에 치우쳐 유럽서적들이 공자철학·성리학 등의 중국철학에서 '리'만을 전한 것으로 말하는 것은 그릇된 것이다.109) 가톨릭 신부들의 계열에 따라 성리학의 여러 학파 중의 하나인 주리론主理論만이 전해지는 경우도 있었을 것이지만, 다른 선교사들을 통해서는 기일원론이 전해졌을 것이다.

우주의 허공을 기가 채우고 있다는 기일원론과 음양의 감응론은 자기력에서 가장 잘 드러난다. 극동 사람들은 이런 까닭에 자기磁氣에 특별히 주목했었다. 그리고 우주의 허공을 이 자기의 감응관계로 이해했다. 중국의 자기·자력 이론은 영국의 자기물리학자 길버트(William Gilbert, 1544-1603)와 케플러에 의해 수용되어 태동단계의 서양 근대과학에 결정적 영향을 미쳤다.110) 자기과학은 실로 근대과학의 본질적 부분이다. 나침반에 대한 중세의 가장 위대한 학도인 마리코트(Peter Peregrinus of Maricourt)의 아이디어나, 자력의 우주적 역할에 관한 길버트와 케플러의 아이디어는 중국으로부터 얻은 것이다. 길버트는 모든 천체운동이 천체의 자기력 때문이라고 생각했고, 케플러는 중력은 자기력과 같은 어떤 것이라는 생각을 가졌다. 길버트와 케플러는 지상으로 추락하려는 물체들의 성향은 지구가 거대한 자석처럼 사물들을 자신에게로 끌어당기고 있다는 관념으로 설명했다. 중력과 자력 간의 평행이론은 뉴턴(Isaac Newton, 1642-1727)의 만유인력의 법칙을 위한 이론적 준비의 결정적으로 중요한 부분이 되었다. 뉴턴의 종합 속에서 공리公理인 중력은 자력이 아무런 확실한 매개도 없이 우주를 가로질러 작용하는 것과 똑같이 모든 공간을 가로질러 확산되는 것으로 기술된다. 이와 같이 고대중국인들이 전개한, '이격상태에서의 기氣의 작용의 이론'은 길버트와 케플러가 뉴턴의 출현을 준비하는 과정에서 아주 중요한 부분이었던 것이다.111)

---

109) 그러나 『역경』과 『태극도설』의 기론이나 성리학의 이기이원론을 전혀 모르는 것 같은 라이는 한사코 스피노자를 성리학적 '리' 차원에서만 중국과 연결 짓고 있다. Lai, "The Linking of Spinoza to Chinese Thought by Bayle and Malebranche", 162-164쪽. 그의 이런 오류는 그 자신이 합리론자이기 때문에 야기된 것으로 보인다. 그가 눈먼 합리주의자라는 사실은 경험론도 합리론으로 간주하는 그의 천박한 철학관에서 분명히 드러난다. "경험주의는 합리주의의 한 유형일 수 있다"(173쪽).

110) Needham, "Science and China's Influence on the World", 236, 237쪽.

111) Needham, "Science and China's Influence on the World", 255쪽.

한편, 16세기말 덴마크 천문학자 튀코 브라헤(Tycho Brahe, 1546-1601)에 의한 중국 천구좌표의 채택과 같은 중국의 실용천문학의 수입은 근대 천문학의 발전에 의미심장한 자극을 주었다.112) 여러 아랍 천문서적을 보수하고 있던 브라헤는 중국인들로부터 망원경에 대한 적도식赤道式 설치(equatorial mounting) 만이 아니라, 천체에서 별들의 위치를 측정하는 방법을 배웠다. 적도좌표를 쓰는 중국방법은 그리스인들이 쓰던 방법과 근본적으로 달랐고, 이 중국방법은 오늘날도 천문학자들이 쓰는 방법이다.113) 또한 중국의 천체우주론도 유럽의 과학 마인드에 직접 자극을 가한 과학이론이다. 중국의 '무한한 허공', 즉 '태허', '태일(태극)'으로서의 우주의 개념은 중세 유럽인들이 견지한 '수정水晶으로 된 단단한 천체'의 관념과 정면으로 대립되는 것인데, 갈릴레오 시대 이후 유럽의 우주론을 석권했다.114) 16세기말경 동일한 사상을 대변한 유럽인들은 반드시 이것을 인지한 것은 아닐지라도 새로운 우주체계의 타당성을 인정한 것으로 보인다. 중국인들의 2000년 천문관측기록은, 특히 펄서(pulsar; 전파천체)의 경우는 서양 천문학자들에게 오늘날도 유용한 것으로 입증되고 있다.115) '우주에는 진공眞空이 없다'는 서양의 근대 우주관도 바로 극동의 이 '기氣우주론'으로부터 유래하는 것이다.

극동의 이 기일원론적 세계관은 우리의 일상어 속에도 깊이 스며들어 있다. '기운이 세다', '감기에 걸리다', '사기邪氣를 뽑다', '지기가 좋다', '천기를 살피다', '양기가 부족하다', '음기陰氣가 엄습하다', '음기淫氣가 세다', '심기가 불편하다', '기죽다', '기 살리다', '분위기雰圍氣' 등의 표현들이 바로 그것이다.

서양인들은 17세기에 극동의 이 기론을 물리학적으로만이 아니라 철학적으로도 받아들였다. 스피노자는 이 기론을 수용해 무신론의 비난을 야기한 범신론을 창안했다. 라이프니츠는 극동의 기론을 '표절'해 단자론을 썼다. 이 '기론'의 원형을 17세기에 처음 접한 서양철학자들의 이해는 어떠했을까?

112) Needham, "Science and China's Influence on the World", 237쪽.

113) Edwardes, East-West Passage, 95쪽.

114) Needham, "Science and China's Influence on the World", 238-239쪽.

115) Edwardes, East-West Passage, 95쪽.

17세기말 피에르 벨은 스피노자의 철학을 설명하면서 프랑스 국왕의 동아시아특사 라 루베르(Simon de la Loubère, 1642-1729)가 전하는 기론을 근거로 "우주 안에 서로 구별되는 거대한 수의 기氣들이 존재하고 이 중 각 '기'는 저절로 존재하고 하나의 내면적이고 본질적인 원리에 의해 행동하며 어떤 기는 다른 '기'보다 더 많은 권능을 가진다"는 가설은 "중국인들 사이에 아주 일반적으로 퍼져 있는 무신론이 근거를 두는 것이다"라고 논평한다.[116] 이어서 피에르 벨은 중국의 기론을 라 루베르의 말로 길게 소개한다.

라 루베르는 '기'를 '암므(âme; 魂)'로 옮기면서 극동의 기일원론을 대중적 버전으로 설명한다.

신은 가장 순수하고 가장 완벽한 존재이면서도 기껏해야 전 세계의 물질적 '기', 또는 세계의 가장 아름다운 부분인 하늘의 물질적 '기'(천기天氣)가 되었다. 신의 섭리와 권능은 인간들의 권력과 현명보다 훨씬 더 넓게 확장될지라도 제한된 권능과 섭리에 지나지 않는 것이 되었다. (…) 중국인들의 독트린은 언제나 신령들(esprits)을 세계의 사방四方, 즉 별·산악·강하·식물, 도시와 해자, 집과 부엌, 한마디로, 만물에 귀속시켜 왔다. 중국인들은 모든 신령들이 선하다고 생각지 않는다. 어떤 신령들은 사악하고 인간적 삶을 덮치는 재앙과 흉액의 직접적 원인이라고 시인한다. (…) 그러므로 중국인들의 의견에 의하면, 인간의 '기'가 인간의 생명 활동의 원천이기 때문에, 그들은 성질과 운동의 원천인 '기'를 태양에 귀속시켰다. 이 원리에 따라 '기'들은 모든 물체 속에서 이 물체에 본성적인 것으로 보이는 작용들을 야기하며 도처에 널리 퍼지게 되었다. 이 이론에서, 자연의 전체적 운행질서를 설명하고 전능과 무한한 섭리를 대신하는 데는 이 이상의 것이 필요 없다. 중국인들은 이런 전능과 무한한 섭리가 어떤 '기' 속에도, 심지어 '천기天氣' 속에도 들어 있다고 인정치 않는다. 모든 기들에게 비교적 유사한 권능을 부여하는 중국인들의 까마득히 오래된 견해에 의하면, 인간이 자연사물들을 음식이나 편의를 위해 쓰므로 자연사물에 대해 약간의 권능을 가지기 때문에, 실은 '천기'는 인간의 현명이나 힘보다 비할 데 없이 더 큰 현명과 힘으로

---

116) Bayle, *Historical and Critical Dictionary*, 323쪽 (Remark X to the Article "Spinoza").

자연에 작용을 가한다고 상정되었다. 그러나 동시에 이 이론은, 하늘의 권능의 본성에 따라 독립적인 내적 힘, 각 사물의 '기' 속에 들어 있는 내적 힘을 인정했다. 이 내적 힘은 종종 하늘의 계획과 반대로 작용할 수 있다. 하늘은 강력한 왕의 방식으로 자연 본성을 지배해왔다. 기타 '기'들은 하늘에 순종의 의무를 지고 있었다. 하늘은 이 '기'들을 거의 언제나 굴복하도록 강요하시만, 종종 어떤 기들은 순종하지 않는다.[117]

라 루베르는 천신天神을 인간보다 비할 데 없이 위대하고 위력적일지라도 완전무결한 절대적 존재자로 보지 않는 중국의 전통적 기론을 비교적 잘 요약해놓고 있다. 하지만 라 루베르이 기술하는 기론은 많은 점에서 매우 허술하다. 우선 천기와 지기의 분화와 창세創世과정이 빠져 있고, 만물을 조화造化하는 양기와 음기의 생성과 분화, 세상만물의 창조과정도 빠져있고, 기氣들 간의 감응도 굴복강요·순종·불복종 등으로 축소·왜곡되어 있다.

피에르 벨이 스피노자를 비판하면서 "중국인들 사이에서 아주 많이 유행하는 기론을 해명하는 데 자신의 온 힘을 쏟았더라면, 그는 더욱 더 난공불락의 존재가 되었을 것이다"라고 말한 것은[118] 아마 하느님이라는 창조주 없이 태일의 원기에서 세계가 무위이성無爲而成의 자연조화, 즉 일음일양一陰一陽의 중화中和의 원리로 창조되는 저 창세과정과 기氣들 간의 보편적 감응의 이론을 스피노자가 배우지 못한 것을 안타까워서 한 말일 것이다. 스피노자가 이 기론적氣論的 창세론과 감응론을 몰랐을지라도 그의 친구 라이프니츠는 극동의 이 감응론을 전적으로 받아들여 자신의 소통적 단자론을 구축했다.[119]

한편, '양기로서의 천기'와 '음기로서의 지기'가 분화되기 전의 단일한 '원기'는 보통 '태극' 또는 '태일大一', '태허' 등으로 불린다.[120] 앞서 시사했듯이

---

117) Simon de la Loubère, *Du Royaume de Siam* (1691). Bayle, *Historical and Critical Dictionary*, 323-4쪽 (Remark X to the Article "Spinoza")에 재인용.

118) Bayle, *Historical and Critical Dictionary*, 301쪽 (Remark X to the Article "Spinoza").

119) 라이프니츠의 단자론과 극동의 기론의 관계에 대해서는 참조 황태연, 『공자, 서양을 계몽하다』 (파주: 청계, 2018), '제7장 공자와 18세기 독일의 계몽'의 '제1절 라이프니츠의 중국관과 유학 연구'(1.2.).

120) 앞서 시사했듯이 '태극'은 『역경』의 용어이고, '大一'(태일)은 『예기』의 용어다.

'지기'는 물체와 육체(인력·전력·자력·화력·근력)와 동식물의 생기(생명력·성장력·근력 등)를 이루는 '물질적 기', '물기物氣'(에너지)다. '천기'는 인간과 동물의 영혼(정신)을 이룬다. 영혼을 이루는 이 천기가 바로 '심기心氣'다. 나아가 '심기'는 '재천성상의 심상을 작동시키는 감성의 힘(감수성)과 활기·생명력으로부터 이를 가공하는 사유의 힘(사고력)과 의지의 힘(의지력)까지 일체의 생명력과 정신력을 포괄한다. 따라서 모든 '심기'는 비물질적이지만 거의 언제나 우리 영혼의 감정과 사고력에 의해 표출되고 감성적 내감에 의해 직접적으로 느껴진다.

화력의 '물질적 기운'은 그 빛과 열기 때문에 우리가 눈과 피부로 느낄 수 있다. 그러나 인력(중력)·전력·자력의 '물질적 기운'은 '초물질적'이라서 이·목·구·비로 보거나 듣거나 맛보거나 냄새 맡거나 피부의 촉각으로[121] 감촉할 수 없다. 따라서 이 '물기'의 인상도 없고, 따라서 '현상도 없다. 이 점에서 대부분의 물기는 분명히 초감각적이다. 하지만 이 인력(중력)·전력·자력도 몸과 근육의 압박감과 통감痛感, 또는 우리의 근력과 달리는 속력 등을 통해, 즉 물력物力과 인력人力(체력·정신력)의 대결, 아니 '힘 대對 힘의 대결', '기 대 기의 대결'을 통해 초감각적으로, 그러나 '직접적으로' 느낄 수 있고, 산천을 떨게 하는 천둥소리와 번갯불, 말과 자동차의 견인력과 주행속력, 전등의 불빛과 밝기, 냉장고·기계·라디오·텔레비전·컴퓨터·스마트폰의 가동과 멈춤, 이것들에서 나오는 소리와 영상 등에 대한 체험을 통해, 또는 특별한 관측·측정도구(보조기구·시약·촉매, 그리고 특별한 탐지동물)를 통해 '간접적으로도' 인식할

---

121) 힘은 연장(면적)을 갖지 않는다. 따라서 시각·청각·미각·후각·촉각의 오감으로는 힘을 지각할 수 없다. '촉각'은 힘을 느끼기에 가장 근사한 감각처럼 보이나, '촉각의 정의'가 '사물 또는 미립자가 피부에 닿아서 느껴지는 피부의 감각'을 가리킨다는 것을 상기하면, 정신력·의지력·체력·인력(引力)·중력·전력·자력·방사능·기타 에너지 등의 '힘'은 촉각으로도 느낄 수 없다. 따라서 '오감의 어느 감각으로도 힘은 지각할 수 없다. 이런 까닭에 헤겔은 '힘'의 세계를 "초감성적 세계"로 규정했던 것이다. 참조: Hegel, *Phänomenogie des Geistes*, 107-136쪽. 그러나 위 각주에서 귀띔했듯이 이 힘을 완전히 '초감성적인 것'으로만 보면 논의를 관념론으로 탈구시키는 오류에 빠진다. 이 힘도 이 힘에 대한 온몸과 근육의 대항행동과 버티기 또는 물건의 들기·견인·타격에 의한 몸과 근육의 힘듦·충격통감·압박감·골절통증을 통해서, 즉 '힘 대 힘의 대결'을 통해서 적어도 얼마간 그 존부와 강도를 '직접적으로' 지각할 수 있기 때문이다. 다만 온몸과 근육의 이 직접적 느낌이 '촉각'의 개념에 닿지 않을 뿐이다.

수 있다. 그리고 우리는 이 중력(인력)·전력·자력을 일용日用하고 있다.

주체에 속하는 재천성상의 '심상'과, 객체에 속하는 재지성형의 (인간신체를 포함한) '물형'은 다 이 '심기心氣'와 '물기物氣'에서 나오고 또 이 두 기운으로 작동된다. 궁극적으로 '지기地氣'의 일부로서의 '물기'는 모든 구체적 사물들을 통해 실재하는 '물형'을 낳고 운동시키고, '천기'의 일부로서의 '심기'는 구체적 마음들에 품부稟賦된 심상을 낳고 운용한다. 따라서 모든 구체적 사물들은 땅의 물기에서 곱게 쓿어져 나온, 즉 정제精製되어 나온 '물物'이고, 모든 인간과 동물의 구체적 마음은 하늘의 심기에서 자유롭게 변화되어 나온 '영혼들'이다. 그래서 『역경』의 말을 다시 보면, 역易은 "기氣를 곱게 쓿어(정제해) 물物을 만들고, 혼을 놀려 변變을 만든다(精氣爲物 遊魂爲變)".122) 여기서 '역'은 '변역變易의 원리'를 말한다. 객체로서의 모든 사물은 '기'의 정제精製된 형태다. '기'는, 심기든 물기든, '연장(면적)'을 갖지 않고, 오직 '지속'(시작과 끝, 또는 사물들 간의 같은 시작과 같은 끝)만을 갖는다. '지속만을 갖는 이 '기'가 바로 '연장 속에 펼쳐지는, 따라서 인상으로 지각되는 '물형'을 낳는 '사물 자체'의 진상眞相이다. 이 '기'로서의 '사물 자체'의 실재성의 관점에서 '세계는 인상이다'는 저 명제는 그릇된 것이다.

쇼펜하우어도 "인식가능성의 측면"에서 본 '표상으로서의 세계'의 문제점을 "의지로서의 세계"의 테제로 해결하려고 한다.

의지만이 세계의 다른 측면을 이룬다. 왜냐하면 이 세계는 한편으로 철저히 표상인 것처럼 다른 한편으로 철저히 의지이기 때문이다. 그러나 이 둘 중 하나가 아니라, '객체 자체'인 실재는 꿈에 지어낸 엉터리이고(칸트의 물자체도 그에게 안타까운 일이지만 슬그머니 이 '객체 자체'로 퇴화해버렸다), 이 '객체 자체'의 가정은 철학 속의 도깨비불이다.123)

쇼펜하우어는 이 '의지' 개념을 인간과 동식물의 의지와 욕구, 사물의 온갖

---

122) 『易經』「繫辭上傳」(4).

123) Schopenhauer, *Die Welt als Wille und Vorstellung I*, §1 (33쪽).

힘들을 다 망라하는 식으로 부풀리고, 온갖 '기'(인간의 의지와 동물의 감정적 욕구를 넘어 모든 식물의 생명력과 각종 사물의 힘, 그리고 천지의 전 에너지)를 모조리 음양陰陽구분도 없이 물활화物活化하고 의인화擬人化하는 '의지' 개념(말하자면 의인법적·물활론적 '기' 개념)을 물자체와 등치시켜 물자체를 가지적可知的인 것으로 만든다. "우리의 육체가 이 직관적 세계의 다른 모든 개체들과 같이 인식주체의 단순한 표상"이라면, "우리의 육체는 완전히 다른 방식으로 (…) 사람들이 의지라는 단어로 기술하는 방식으로 의식 속에서 등장한다". 육체를 '표상'이면서 동시에 '의지'로 보는 "바로 이 이중적 인식"은 "우리에게 육체 자체, 동기에 따른 육체의 작용과 운동, 그리고 외적 영향작용으로 인한 육체의 수고에 관해 (…) 해명을 준다"는[124] 것이다. 쇼펜하우어는 사유를 여기까지 밀고 나갔으면서도 사물의 영향작용으로 인한 이 '육체의 수고'를 느끼는 '근감각'의 개념에까지는 이르지 못하고 있다.

쇼펜하우어는 그 대신 엉뚱한 방향으로 나아간다. "구체적으로 누구나 직접적으로 보유하는 인식, 즉 감각으로 보유하는 인식"은 "자신의 행동을 통해서만이 아니라 이 행동의 불변적 기체를 통해서도, 즉 그의 육체를 통해서도 그에게 표상으로 표현되는 그 자신의 현상의 본질 자체가 그의 의지이고, 이 의지가 그의 의식 중 가장 직접적인 의식을 이루지만, 그 자체로서 ─ 주체와 객체가 대립하는 ─ 표상의 형식으로 완전히 흡수되어버리는 것이 아니라, 사람들이 주체와 객체를 완전히 구별하지 못하는 직접적 방식으로 스스로를 알리고, 하지만 또한 전체적으로가 아니라 개별적 작용으로만 개인들 자체에게 알려질 수 있을 뿐이라는 인식이 생성된 사람에게는 (…) 이 인식이 저절로 전 자연의 가장 내밀한 비밀의 인식을 위한 열쇠가 될 것이다. 이 사람은 이 인식을 (…) 저 모든 현상들에게 전용하기 때문이다. 그는 그 자신의 현상과 완전히 유사한 그런 현상들 안에서, 즉 인간들과 동물들 안에서만 저 동일한 의지를 이들의 가장 내밀한 본질로 인정할 뿐만 아니라, 계속되는 반성은 그를 식물 안에서 움직이고 도생하는 힘도, 아니 수정체가 결정結晶되는 힘,

124) Schopenhauer, *Die Welt als Wille und Vorstellung I*, §19 (161-162쪽).

자석을 북극으로 향하게 하는 힘, 이질적 금속들의 접촉으로부터 그에게 경험하게 하는 타격의 힘, 소재들의 선택적 친화관계 속에서 회피와 추구, 분리와 결합으로 나타나는 힘, 아니 최종적으로 심지어 모든 물질 속에서 그토록 강력하게 애쓰며 돌멩이를 지구로, 지구를 태양으로 당기는 중력 – 이 모든 힘은 현상 속에서만 상이한 것으로 인식되지만, 그 내적 본질상 동일한 것으로, 그에게 직접적으로 아주 내밀하게, 그리고 다른 모든 것보다 더 잘 알려진 것으로서 인식되어야 한다. 그리고 저 힘들은 이것이 가장 명백하게 등장하는 곳에서는 의지라고 부른 것으로서 인식되어야 한다. 반성의 이러한 적용은 우리를 더 이상 현상에 머물러있게 하는 것이 아니라, 물자체의 건너편으로 인도하는 것일 뿐이다. (…) 어떤 양상을 하고 있더라도 모든 표상, 모든 객체는 현상이다. 그러나 물자체는 오로지 의지일 따름이다. 의지는 그 자체로서 전혀 표상이 아니라, 표상과 전적으로 다른 것이다. 의지는 그것의 모든 표상, 모든 객체가 현상·가시성·객체성인 원천이다. 의지는 가장 내면적인 것, 각 개체의 핵이자 전체의 핵이다. 의지는 어떤 맹목적으로 작용하는 자연력으로도 현상한다. 의지는 인간의 숙고된 행동에서도 현상한다. 이 양자의 커다란 상이성은 하지만 현상의 '등급과 관계된 것이지, 현상하는 것의 본질과 관계된 것이 아니다.'[125] 쇼펜하우어는 칸트가 '불가지不可知'로 규정한 물자체를 '의지'로 보고 '인식할 수 있는 것'이라고 주장하고 있다.[126] 쇼펜하우어는 인간에게서야 비로소 뚜렷하게 형태화되는 '의지' 개념을 전 자연에 확대·적용하고 있다. 이 점에서 그의 '의지' 개념은 동아시아철학의 '기氣' 개념과 등가물이지만, 과학이 허용할 수 없는 '의인화'에 빠져들고 있다.

그리하여 쇼펜하우어의 '의지와 표상으로서의 세계'는 공맹철학적으로 올바로 표현하면 '기와 입상으로서의 세계'다. 그러나 그가 인간의 '의지' 개념의 의인법적 확대적용은 개념적 엄정성을 생명으로 삼는 철학에서 용납될

---

125) Schopenhauer, *Die Welt als Wille und Vorstellung I*, §21 (169-170쪽).
126) 물자체의 인식가능성에 대해서는 다음도 참조: Schopenhauer, *Die Welt als Wille und Vorstellung II*, 247-258쪽.

수 없는 것이다. 또한 인간의 육체를 의지의 표현으로만 보는, 또는 육체를 의지와 동일시하는 것은127) 의지 속에 육체를 소멸시켜 버리는, 따라서 의지에 대한 지각 속에 육체에 대한 지각을 소멸시켜 버리는 과도한 단순화다. 인간은 '심기心氣'로서의 '의지'도 내감에 의해 지각하지만, '물기物氣'로서의 육체의 '힘'도 육체를 통해 느낀다. 또한 육체는 상하·전후·좌우의 방향지각 및 원근의 거리감각에서 중심을 이룬다. (육체가 없다면 내감의 방향·거리·지리감각은 붕괴할 것이다.) '의지로서의 세계'라는 쇼펜하우어의 의인화로서의 세계 개념과 '의지로서의 인간 개념은 결코 '의지'로 환원될 수 없는 인간육체의 특별한 존재감과 방향지각상의 중심성 및 체력으로서의 '물기'를 몰각한다. 그럼에도 불구하고 쇼펜하우어는 흙과 돌멩이, 산과 강, 천지의 물질의 움직임까지도 '의지'로 의인화하는 자신의 물활론적 지론을, 천심을 알려면 백성에게 자신을 비춰보라는 백성거울(民鑑)론의 관점에서128) 천심을 민심으로 의제擬制하는 공맹의 '천심즉민심天心卽民心'론과 동일시하는 어처구니없는 억지주장까지도 서슴지 않는다.129) 쇼펜하우어의 '의지로서의 세계'라는 이

---

127) 쇼펜하우어는 육체와 의지를 동일시한다. "의지의 작용과 육체의 동작은 인과성의 끈이 연결시키는 객관적으로 알려진 두 개의 상이한 상태가 아니고, 즉 원인과 결과의 관계에 들어 있는 것이 아니고, 단지 두 가지 완전히 상이한 방식으로 주어진, 즉 한번은 완전히 직접적으로, 다른 한번은 지성을 위한 직관 속에서 주어진 동일자다. 육체의 동작은 객관화되는, 즉 직관으로 들어오는 의지의 작용이다. 나아가 우리에게 밝혀질 것은 이것이 육체의 모든 움직임에 타당하고, 단순히 동기에 따라 일어나는 움직임에만이 아니라 단순한 자극에 따라 일어나는 非隨意的인 움직임에도 타당하다는 것, 아니 줄 육체가 객관화되는, 즉 표상으로 化하는 의지와 다름없다는 것이다." Schopenhauer, *Die Welt als Wille und Vorstellung I*, §18 (158쪽).

128) 주지하다시피, 『書經』「周書·大誥」와 「泰誓(上)」는 "하늘은 정성어린 말을 돕고 그것을 우리 백성들한테서 알아내고(天棐忱辭 其考我民)", "백성이 바라는 것은 하늘이 반드시 따른다(民之所欲 天必從之)"고 말한다. 따라서 「周書·酒誥」는 "사람은 물거울에 비춰보지 않고 백성 거울에 비춰보아야 한다(人無於水監 當于民監)"라고 말하는 것이다. 「周書·泰誓(中)」의 "'天視自我民視 天聽自我民聽"도 이런 '民鑑'의 의미에서 이해해야 할 것이다.

129) "나는 이 글(*Asiatic Journal*, vol. 22, 1826에 실린 'Chinesische Schöpfungstheorie')의 원문을 이렇게 제시한다. <천(天)이라는 단어는 '위대한 것 중 최고의 것', 또는 '지상에서 위대한 모든 것을 초월하는 것'을 뜻하는 것으로 보인다. (…) 주희(朱熹)는 "하늘이 거기에서 죄악을 재판하고 판정하기 위해 한 인간(즉, 지혜로운 존재자)을 가지고 있다고 확언하는 것도 결코 얘기될 수 없지만, 다른 한편으로 이런 일들에 대해 최고 통제력을 행사할 아무것도 없다고 확언되어서도 아니 된다'고 우리에게 말해준다. 같은 저자는 천심에 관해 이것이 지성적인지 아닌지를 두고 질문을 받았을 때 자연의 마음은 비지성적이라고 얘기되어서는 아니 되지만, 인간의 인지를 닮지 않았다고 답했다.

런 물활론적 의인법의 억지 이론을 버리고 동아시아 전통의 '기로서의 세계' 개념을 현대적으로 재건하는 것이 백배 더 나을 성싶다.

인간감성 속에서만 출현하는 '입상으로서의 세계'는 − 실재하는 저 광대무변의 '기의 세계'로부터 형성되어 나온 − '물형들'을 심상으로 포착되는 부분에 한정해 선택적으로 받아들이고 이 선택된 부분적 물형마저도 심상으로 변환해 지각하는, 따라서 '물형들'을 '개연적'으로만, 즉 대강만 인식하는 − 인간과 감각을 가진 동물들의 − 주관적 이미지일 뿐이다. 따라서 이 '인상으로서의 세계'에는 '기로서의 세계'가 누락되어 있다. '심상의 주체세계'와 '물형의 객체세계'의 배후에서 작용하는 '사물 자체'로서의 '기' 중에서 '심기'는 비물질적이지만 우리 영혼의 감성을 통해 직접 감지되는 반면, '물기物氣'는 물질적이지만 보거나 듣거나 맛보거나 냄새 맡거나 감촉할 수 없기 때문이다. '물기'는 오감으로 느낄 수 없다는 이런 제한적 의미에서 '불가지'로 간주하고 '불가지'의 딱지를 (잘못) 붙일 수 있다.

하지만 '기로서의 세계'도 외감의 감관을 통하지 않더라도 어떤 식으로든 인식될 수 있다. 다시 말하는 바, '물기'도 자연과 우리의 '힘 대對 힘', 객체와 주체의 '기 대 기', '물력物力 대 인력人力'의 '대결'을 통해 근감각(육감)에 의해 직접 인식되거나 특별한 관측·측정도구와 탐지동물이나 얼음과 불의 냉온기, 천둥·번개, 각종 기계의 작동을 통해 간접적으로 인식된다. (물론 이 인식은 '물기'의 전체적 비밀에 비하면 미미한 개연성 수준이다.130)) '기'로서의 '사물

---

글의 권위 있는 전거들 중의 하나에 의하면, 천(天)은 최고통제력의 관념에서 지배나 주권자(choo; 主)라고 불리고, 또 다른 전거는 이렇게 표명한다. "천(天)이 아무런 계획적 마음을 가지지 않았다면, 소가 말을 낳고 봉숭아나무에서 배꽃이 피는 일이 벌어질 것이다." 다른 한편으로 천심은 민심이라는 것으로부터 도출될 수 있다.> 이 마지막 해명과 나의 학설의 일치성은 아주 눈에 튀고 깜짝 놀라워서, 이 구절이 나의 저작이 출간된 지 꼭 8년 뒤에 나오지 않았다면, 사람들은 반드시 내가 나의 근본사상을 저것으로부터 취했다고 주장했을 것이다." Arthur Schopenhauer, *Über den Willen in der Natur* (1836·1854), 'Sinologie', 469쪽. *Arthur Schopenhauer Sämtliche Werke*, Band III (Frankfurt am Main: Suhrkamp, 1986) 쇼펜하우어가 이렇게 "天視自我民視 天聽自我民聽"이라는 천인감응적 민감의제(民鑑擬制)를 자신의 의인법적 물활론과 동일시하고 있으니, 어찌 터무니없는 억지라고 하지 않을 수 있겠는가?

130) 따라서 '사물 자체'에 대한 현대 자연과학의 인식이 아무리 깊이 침투할지라도 사물 자체의 숲 비밀에 비하면 미미한 수준에 있기 때문에, 인간은 이 비밀에 대한 극미한 정보를 얻고서 사물의

자체'를 우리는 미미한 수준에서나마 인지하고 일용한다. 우리는 또 외감과 내감의 심상적 지각에 심기와 물기에 대한 이 직간접적 인식을 추가해서 '사물 자체'와 '영혼 자체'의 실재성을 '확신'하고 일상적으로 잘 활용하고 있다. '사물 자체'로서의 '물기'와, '영혼 자체' 속의 '심기'는 이처럼 얼마간 '가지적'이다. 따라서 힘(에너지) 또는 '기'를 인식대상에서 제외하고 '물자체'를 기껏 생각하는 것만이 가능할 뿐인 완전한 '불가지'의 '비실재적' 형이상자로 선언한 임마누엘 칸트의 순수형이상학적 '물자체' 개념은 본질적으로 그릇된 것이다.

앞서 시사했듯이 쇼펜하우어는 물자체의 인식가능성을 주장했다. 쇼펜하우어는 명확히 물자체의 '가지성可知性'을 거듭 주장한다. 그는 인간적 물자체로서의 '인간 자체'를 '의지'로 보고, 무생명적 사물의 물자체로서의 '힘'도 최하등급의 '의지'로 본다. 그에 의하면, '의지'는 직접적 인식이 가능하고, 이 인식을 모든 무생명적 '힘'에까지 확장해 이 '힘'의 인식도 간접적으로 가능하다.

지금까지 사람들은 의지 개념을 힘 개념 아래 포섭해왔다. 그러나 나는 이것을 거꾸로 뒤집어 자연 속의 모든 힘을 의지로 생각하고 그렇게 알 것이다. (⋯) 이것은 가장 최고의 의미와 중요성을 가진 것이다. 왜냐하면 힘 개념에는 다른 모든 것처럼 최종적으로 객체세계의 직관적 인식, 즉 현상, 표상이 기저에 놓여 있고, 힘 개념은 이것으로부터 만들어졌기 때문이다. (⋯) 반대로 의지 개념은 자신의 기원을 현상 속에 두는 것이 아니라, (⋯) 모든 가능한 개념들 가운데 내부로부터 우러나오고 각자의 가장 직접적인 의식으로부터 생겨나는 유일한 개념이다. 이 가장 직접적인 의식 속에서 각자는 그 자신의 개체를 그 본질에 따라 직접적으로 일체의 형식 없이, 심지어 주체와 객체의 형식도 없이 인식하고, 각자는 동시에 자기 자신이다. 왜냐하면 여기서는 인식하는 자와 인식되는 자가 일치하기 때문이다. 따라서 우리가 힘 개념을 의지 개념으로 환원한다면, 우리는 사실 보다 모르는 것을 무한히 더 알려진 것으로, 아니 우리에게 진짜 직접적으로, 그리고 전적으로 알려진 것으로 환원했고, 우리의

___
정보를 다 알아낸 양, 또는 언젠가 다 알아낼 것인 양 착각하거나 우쭐대는 '과학주의' 미신에 빠져서는 아니 될 것이다.

인식을 아주 큰 것만큼 확대한 것이다. 지금까지 그래왔듯이, 우리가 반대로 의지 개념을 힘 개념 아래 포섭한다면, 우리는 우리가 세계의 내적 본질에 대해 가진 유일한 직접적 인식을 포기하게 된다. 우리는 이 직접적 인식을 현상으로부터 추상된 개념 속으로 소멸시키기 때문이다. 따라서 이 개념으로는 결코 현상을 넘어설 수 없다.131)

물론 "힘 개념의 기저에 감각적 현상(표상)이 있다"는 말은 그릇된 말이다. 우리는 연장 없는 힘을 오감의 감각으로 지각할 수 없고, 오직 근감각으로만 지각할 수 있기 때문이다. 그리고 '힘'을 '의지' 아래 포섭하면, 물자체에 대한 직접적 인식이 열리는 것이 아니라, '간접적 인식', 즉 미생물·식물·사물도 의지를 가졌을 것이라는 '추정'만이 가능할 뿐이다. 이 간접적 '추정' 때문에 그는 결국 의인적擬人的 물활론物活論에 빠져 예술적 직관의 신비주의로 일탈한다.132) 또 '의지'를 다시 '힘'으로 되돌려 놓을 때야 비로소 자연대상과 인간주체의 '힘 대 힘의 대결'의 근감각을 통해 자연력을 직접 인식하거나 도구들을 통해 힘을 간접적으로 인식하는 길이 제대로 열린다. 우리는 인간영혼 내부의 주관적 입상들에 상응하는 외부의 '물형'과 − 이를 낳는 − '물자체'로서의 '물기物氣'는 개연성 수준에서나마 직간접적으로 탐지해 일용하고 있는 한편, 이 '물자체'에 속하는 우리의 '육체 자체'도 매 순간 '힘'으로 느끼며 이용하고 있고, 또 영혼의 기(심기)는 스트레스의 '심상'으로 지각하고 있기 때문이다.

지금까지 '기'로서의 물자체와 물형, 구체적 사물들, 현상(인상), 심상, 마음(영혼), 심기 등의 관계를 도식화해보자.

### [현상의 인식]

객체세계 ↭ 주체세계

지기地氣=물기(물자체) → 물형 → 사물들 → 선택적 변환 → 현상(인상) ← 심상 ← 심기=천기

131) Schopenhauer, *Die Welt als Wille und Vorstellung I*, §22 (172-173쪽)
132) 참조: Schopenhauer, *Die Welt als Wille und Vorstellung I*, §23 (189-193쪽); §34-36 (256-277쪽).

### {물자체의 인식}

지기＝물기(물자체) → 개별 사물의 물기 ↪ 물력物力에 대한 근감각적 직접지각

지기＝물기(물자체) → 개별 사물의 물기 ↪ 탐측장비와 각종도구에 의한 간접지각

'물형'은 물자체로부터 '직접' 형성된 것인 반면, '구체적 개별 사물들'은 이 '물형'을 매개로 '간접' 형성된 것이다. 물형과 개별사물의 이런 직간접적 형성은 오감으로 지각되지 않는, 즉 오감 저편에 벌어지는 일이다.

따라서 우리는 힘, 또는 '기', 즉 '지기地氣'가 어떻게 '물형'을 낳고, 물형이 어떻게 사물을 낳는지를 감각적으로 알 수 없다. 『역경』이 이에 대해 말해주는 것은 주지하다시피 '땅에서 물형을 이룬다'는 뜻의 '재지성형在地成形'과, 하늘과 땅이 '기를 정제해 사물을 만든다'는 뜻의 '정기위물精氣爲物'이 전부다. 우리는 우주천지의 이 신비스런 '재지성형'과 '정기위물' 과정을 상술한 초감각적 방법들로 다만 어렴풋이 인지할 뿐이다. 철학사를 돌아보면, 플라톤은 오감 저편의 저 '물형'을 신비적 '상기想起'의 방법으로 인식할 수 있다고 주장하고 이렇게 인식된 물자체의 물형을 '이데아' 또는 '에이도스'(형상形相)라고 불렀다. 쇼펜하우어는 알다시피 '기氣'를 '의지(Wille)'로 여기고 물자체를 '의지'로 규정하고 물자체로서의 이 '의지' 개념을 삼라만상에 일반적으로 적용하고, 칸트의 물자체와 플라톤의 이데아(인식된 물형)의 관계에 대해, "현상하는 개별 사물은 (의지로서의) 물자체의 간접적 객체화일 뿐인데, 의지의 유일한 직접적 객체성인 이데아는 물자체와 개별 사물 사이에 소재한다"고 갈파한 바 있다.133) 쇼펜하우어는 플라톤의 이데아를 물자체에 아직 미치지 못한 것으로 규정하고 자기의 '의지로서의 물자체' 개념에 이르러서야 물자체의 인식이 이루어진다고 주장하고 있다.

우리는 심상적 재현태와 영혼의 심기를 '직접' 느끼고 이 재현태가 대응하는 내 육체의 실존도 '직접' 느끼고, 외부의 '사물들 그 자체'의 실존도 직간접적으로 조금 '엿보고', 또 나의 육체의 '힘'과 사물 자체의 '힘들'을 매일 매순

---

133) Schopenhauer, *Die Welt als Wille und Vorstellung I*, §32 (253쪽).

간 근감각으로 직접 체감하며 얼마만큼 실용하고 있다. 그렇다면 우리는 이
정도의 사실만으로도 우리는 우리의 '육체 자체'를 포함한 영혼 바깥의 '물자
체'의 객관적 실재성을 '강하게 믿을' 확신의 근거를 확보한 것이다. 더 정확
하게 말하면, 우리 인간이 '물자체'로서의 오묘한 '기' 일반과 이 '기'의 무궁한
변화무쌍함을 끝내 알 수 없을 터지만, '물자체'로서의 '기'의 객관적·실재적
존재를 "믿을 강한 이유가 있고 믿음에 반대되는 것을 믿을 이유가 전무한"
것이다. 이것은 "증명된" 진리다.[134] 즉, 물자체의 객관적 실재는 흄의 의미에
서 '수학적 논증지식의 명증성'에 미치지 않지만 그래도 '단순한 개연적 명증
성'을 넘어가는 경험적 '증명의 명증성(evidence of proof)'을[135] 지녔다. 그러므로
'기로서의 객체세계'는 이 '증명된 명증성' 수준에서 '실재'한다고, 따라서 인
간주체의 지각 여부와 무관하게 독립적으로 '실재'한다고 말할 수 있다.

그런데 물형에 대한 인식도 물형 '그 자체'의 인식이 아니라, 이 물형을
심상으로 변환해 재현하는, 입상立象하는 의제적擬制的 인식이다. 또한 이 입
상적 인식은 이미 밝혔듯이 선택적 인식, '대강'의 인식이다. 따라서 물형에
대한 모든 인식은 어차피 근본적으로 뜯어보면 '개연적' 인식이고, 인간 '종種'

---

134) 파스칼(1623-1662)은 『팡세』에서 역사상 처음으로 "'내일 동이 틀 것이다', '모든 사람은 틀림없이
죽는다는 것을 누가 증명한 적이 있는가?"라고 물었다. Blaise Pascal, *Pensée* (Harmondsworth:
Penguin, 1966), 821쪽. 그러나 이런 사실들은 '단순한 개연성'을 능가하는 '경험적 증명의 명증성'의
사실이다. 그러나 '내일 해 뜨는 것'과 '인간의 필멸성'은 경험 이상의 확실성이 없다. 이런 일들은
'아직 경험하지 못한 사안이므로 수학적 진리만큼 확실하지 않다. 말하자면 이 '경험적으로 증명된
명증성'은 '단순한 개연성'보다 더 확실하지만, '수학적 논증지식'보다 덜 확실하다. 따라서 램세이
(1686-1743)는 플라톤과 로크 이래 논증적 '지식'과 경험적 '개연성'(믿음)의 두 범주로만 분류되어
오던 '인간이성'의 추론적 명증성을 일찍이 三分했다. "퓌로니즘은 종종 논증·증명·개연성의 미분화
로 말미암은 것이다. (수학적·논리적) 논증은 모순적인 것이 있을 수 없는 경우이고, 증명은 믿을
강한 이유가 있고 믿음에 반대되는 것을 믿을 이유가 전무한 경우이고, 개연성은 믿을 이유가
의심할 이유보다 더 강한 경우다." Andrew M. Ramsay, *New Cyropaedia* (1727), 6. Hume, *A Treatise
of Human Nature*, 460쪽, Norton의 註에서 재인용.

135) 흄은 램세이의 이 삼분법을 수용해 '증명된 명증성'의 지식을 말한다. "(…) 일상적 語義를 보존하
면서 동시에 명증성의 상이한 등급을 표시하기 위해 '인간적 추리'를 세 종류로, 즉 지식에 근거한
명증성, 증명에 근거한 명증성, 개연성에 근거한 명증성으로 구별하는 것이 아마 더 편리할 것이다.
'지식'은 '관념들의 비교로부터 생겨나는 확실성'을 뜻한다. '증명'은 원인과 결과의 관계로부터
도출되지만, 의심과 불확실성으로부터 완전히 자유로운 논변을 뜻한다. '개연성'은 그래도 아직
불확실성을 수반하는 명증성을 뜻한다." Hume, *A Treatise of Human Nature*, 86쪽.

의 강한 '믿음(의견)'일 뿐이다. 시사했듯이 우리의 '육체 자체'를 포함한 '사물 자체'로서의 '기'의 실존에 대한 인식도 마찬가지로 객관적 사물의 물성에 근거한 '증명된 명증성'으로서의 '강렬한 믿음'이다. 그러므로 인간주체의 '인상으로서의 세계'를 말하면서 이에 못지않게 '증명된 명증성'으로서의 '강렬한 믿음' 속에 실재하는 객체의 '기로서의 세계'를 몰각한다면, 이것은 아지랑이 같은 관념론적 세계관으로 추락하고 말 것이다.

우리는 물질적 氣(에너지)로서의 물자체(物氣)를, 칸트가 말한 물자체보다 더 근원적인 물자체를 물리력의 경우에 우리의 근감각으로 직접 인식한다. 또한 다른 형태의 에너지들도 각종 도구와 계기(計器)를 써서 간접적으로 그 실재를 인식하고 그 크기도 측정한다. 또한 에너지가 물질로 변환된 각개 사물의 물자체의 경우에도 각종 물형의 분자구조를 첨단장비와 수리·논증에 의해 대강 알아냈고, 나아가 분자를 구성하는 원자의 내부구조까지 들여다볼 수 있는 단계에까지 이르렀다. 칸트가 '불가지'라고 말한 '물자체'는 전체적으로 여전히 모호하지만, 완전한 불가지는 아닌 것이다. 아인슈타인에 의해 에너지와 물질의 상호전화가 입증됨으로써 사물의 근원적 본질이 물질이 아니라 에너지라는 것이 밝혀졌다. 사물의 근원적 본질로서의 '물자체'는 '사물'이 아니라 '기氣'인 것이다. 따라서 면적(연장)을 가진 사물에 구속된 칸트의 '물자체' 개념은 인간의 오감에 구속된 그의 '현상' 개념과 함께 폐기되어야 한다. 또한 물자체와 관련된 그의 불가지론도 개별 사물의 물자체든 그 근원인 기氣든 어느 정도 가지적이라는 것이 이미 밝혀진 오늘날은 폐기되어야 하는 것이다.

■'기'의 분화, 주체와 객체의 동시발생

『역경』은 말한다. "역은 태극이 있고, 이것이 양의를 낳는다(易有太極 是生兩儀)".136) '역'에서 '태극(=태일)'의 '태기太氣', 즉 '큰 원기原氣'는 건乾의 양기와 곤坤의 음기로 분열된다는 말이다. 실재세계에서는, 미분화된 '태기'가 하늘과 땅을 갈라 음양의 양기兩氣로 분화된다. 기로서의 태극, 즉 '태기'에 대한

---

136) 『易經』「繫辭上傳」(11).

'역易'(변화)의 일격에 천·지의 양의兩儀로 갈라져서, 이 천·지의 음양기운으로 하여금 '심상'과 '물형'을 만들게 하고(在天成象 在地成形) 기를 쓿어 사물을 만듦으로써 주체와 객체를 '동시에' 창설하는 것이다. 주체의 심상과 객체의 물형은 '역'의 일격으로 논리적·시간적 선후 없이 동시에 각각 탄생한다는 말이다. 요샛말로 하면, 하나의 세계의 주·객 분열로 인간주체와 자연객체가 동시에 탄생한다.

이런 까닭에 존재론적으로 동시에 탄생한 주체와 객체는 인식론적으로도 동시에 정립된다. 인식주체의 정립과 '동시에' 인식객체가 정립되고, 인식객체의 정립과 '동시에' 인식주체가 정립된다. 기의 작용관점에서 본 이 존재론적 규정들은 인식론적으로 타당하다. 이것은 인간의 인식은 시차가 없지 않으나 '반드시' 행동(작용)과 직결되기에 작용(행동)의 주체는 곧 인식주체로 전환되고, 작용(행동)의 대상이 곧 인식대상으로 전환되고, 또 그 역도 성립하는 것에서도 확인된다. 인식주체의 실재적 정립과 인식객체의 실재적 정립, 그리고 주체의 '인식'과 객체의 '작용'은 동시발생적 사건이다. 주객의 인식적 상응성은 조물주에 의해 선험적으로 마련되어 있다. 그러나 동시발생하는 주객 간에 인과적 선후의 상관성이란 있을 수 없다. 따라서 결코 주체가 객체를 낳거나, 객체가 주체를 낳는 것이 아니다. 주체 또는 객체의 관점에서 보는 것이 아니라 주체와 객체를 포괄하는 '태극원기太極元氣'와 '기의 음양분화'의 관점에서 보는 '기일원론적氣一元論的' 주객관계론에서는 주객이 동시에 발생하고 대등한 힘으로 대등하게 실재한다.

따라서 인식주체의 심상과 인식객체의 물형은 인식론적으로 서로 상응하도록 존재론적으로, 즉 전前인식론적으로 만들어져 있되, 결코 서로 인식론적으로 불가분적 상관관계나 필연적 인과관계를 맺도록 만들어져 있는 것은 아니다. 객체가 실재하며 작용하고 동시에 주체가 실재하며 지각하면 주체와 객체는 서로 감응하지만, 그렇지 않을 경우에는 상호무관하게 독립적으로 실재할 수 있다.137) 또는 주체가 객체 '갑'을 보다가 중지하고 객체 '을'을 보고

---

137) 거의 모든 서양철학은 주체·객체를 '필연적' 상관자(Korrelata)로 여긴다. 말로는 주객 간의 인과관

있는 사이에도 객체 '갑'은 주체와 독립적으로 실재한다. 반대로 객체가 주체 '갑'에 나타났다가 주체 '을'에게로 자리를 옮겨 나타나는 동안에도 주체 '갑'은 객체와 독립적으로 실재한다. 주체와 객체는 '필연적' 상관관계나 '인과적' 선후관계에 있지 않다는 말이다.

그러나 '태극원기'와 '기의 음양분화'의 개념이 없는 서양철학은 주객관계를 인과관계로 풀려는 독단론과 회의론으로 갈려 오랜 세월 싸워왔다. 독단론은 때로 관념론으로 나타나기도 하고 실재론으로 나타나기도 한다. 독단적 실재론은 객체가 주체에 앞서 스스로 정립하는 것으로 본다. 이것은 객체가 원인이고, 주체가 객체의 결과라고 주장하는 셈이다. 반면, 피히테는 자아의 관념적 자기정립에 대해 비아非我(Nicht-Ich)가 반립反立한다고 논변했다. 이것은 관념적 자아의 자기정립이 비아의 반립을 인과적으로 야기한다는 말이다. 이것이 독단적 관념론이다. 따라서 피히테의 독단적 관념론에서 주체는 객체의 원인이고, 객체는 주체의 결과다. 그러나 공자철학은 '역易'의 일격에 태극으로부터 동시에 각자 창설되는 주체와 객체 사이에는 상응성 외에 아무런 인과적 선후도 상관적 필연성도 존재할 수 없기 때문에 주객 간의 선후를 주장하는 독단적 실재론과 독단적 관념론을 둘 다 용납할 수 없다.

한편, 쇼펜하우어 식으로 변형된 또 다른 독단적 관념론은 주체적 심상의 표현과 그 관념, 즉 '표상(Vorstellung)'을 객체와 '동일시'하고 마치 피히테 식의 독단적 관념론을 극복한 것으로 착각한다. 쇼펜하우어는 말한다.

인과법칙이 이미 직관과 경험의 조건으로서 선행하고 따라서 (흄이 의미하는 것과

---

계를 부정하는 쇼펜하우어도 이렇게 주장한다. "지성과 물질은 상관자다", 또는 "이것이 저것을 위해서만 현존하고 양자가 서로와 더불어 존재하고 이것이 오직 저것의 반사물이다", 즉 "양자가 본래 대립적 측면에서 고찰되는 동일한 하나(eines und dasselbe)다". 즉, "나에게 있어 물질과 지성은 불가분적 상관자들이고, 오직 서로에 대해서만 존재하고, 따라서 상대적으로만 현존한다. 그리고 물질은 지성의 표상이고, 지성은 물질의 유일한 실존의 터인 표상을 보유하는 자다. 양자는 합쳐서 표상으로서의 세계를 이룬다". Schopenhauer, *Die Welt als Wille und Vorstellung II*, 27쪽, 28쪽. 주객 또는 인식과 물질을 '필연적' 상관자로 보는 것은 이 양자 간의 관계를 '상호적 인과관계'로 간주하는 것이다. 그러나 '상호적 인과관계'도 인과관계이고, 이것도 주체와 객체를 인과관계로 보는 인과적 사고방식에 갇힌 것이다.

달리) 이 직관과 경험으로부터 배워질 수 있는 것이 아닌 것처럼, 제1조건으로서의 객체와 주체는 일체의 인식보다 앞서고, 따라서 이유율(Satz vom Grunde) 일반보다도 앞선다. 왜냐하면 이 근거원칙은 오로지 모든 객체의 형식, 즉 모든 객체의 일반적 현상방식일 따름이지만, 객체는 늘 이미 주체를 전제하기 때문이다. 따라서 주체와 객체 간에는 어떤 근거와 결과의 관계도 없다. (…) 외부세계의 실재성에 관한 논쟁은 바로 주체에 대한 인과원리의 타당성의 그릇된 확장에 근거하고, 이 오해로부터 출발 했기에 결코 이해될 수 없었다. (…) 왜냐하면 이미 객체로서 객체는 거듭거듭 주체를 전제하고, 따라서 늘 주체의 표상으로만 남아있기 때문이다. (…) 여기서 독단론과 회의론의 두 논변에 대해서는 첫째로 객체와 표상이 동일하다는 깨우침이 필요하다. 그 다음, 직관할 수 있는 객체들의 존재가 바로 객체들의 작용이라는 것, 즉 이 작용에 사물의 현실성이 있고, 주체의 표상 바깥의 객체의 현존재에 대한 요구와, 현실적 사물의 '작용'과 다른, 현실적 사물의 '존재'에 대한 요구는 전혀 무의미하고 모순된다는 깨우침, 따라서 '직관되는 객체'의 작용방식의 인식도, 객체가 '직관되는 객체'인 한에 서, 즉 표상인 한에서, 바로 객체 자체를 모조리 까발리는 것이라는 깨우침이 필요하 다. 왜냐면 인식의 경우에는 표상 외에 객체에 남아있는 것이 전혀 없기 때문이다.[138]

쇼펜하우어는 주객 간의 인과관계를 부정하는 듯하지만, '주체'의 '표상'을 '객 체'의 전제로 규정함으로써 슬그머니 객체를 '주체의 결과'라고 말하고 있는 셈이다. "객체는 늘 이미 주체를 전제한다", "객체는 늘 주체의 표상으로만 남아있다", "사물의 '작용'과 다른, 현실적 사물의 '존재'에 대한 요구는 전혀 무의미하다"는 등의 구절들은 주객관계에 슬쩍 인과원칙을 적용해 표상을 객체의 원인으로, 객체를 표상의 결과로 규정하고 이로써 인식 차원에서 객 체의 실재성을 부정하는 증거들이다. 그는 객체를 주체의 결과로 보는 칸트 의 독단적 관념론을 그대로 재현하고 있다.

헤겔은 관념적 주체와 실재적 객체의 대립적 정립으로 시작하지만, 감각적 확신·지각·지성·이성의 다단계적 상승과정을 거쳐 객체를 주체의 자기의식

---

138) Schopenhauer, *Die Welt als Wille und Vorstellung I*, §5 (44-45쪽).

속으로 흡수해 관념화하고 이로써 독단적 관념론을 재생산한다. 데카르트 이래, 아니 플라톤 이래 모든 유형의 독단적 관념론에서 물질은 이와 같이 주체의 관념으로 환원되고, 궁극적으로 객관적 세계는 주체의 뇌기능이 지어낸 일종의 '몽환' 또는 '꿈'과 같은 것이 되고 만다. 쇼펜하우어는 독단적 관념론의 몽환적 성격을 자백한다.

> 세계의 현존이 취소할 수 없이 달라붙어 있는 이 조건(주관적 의식 – 인용자)은 온갖 경험적 실재성에도 불구하고 세계에다 관념성의 낙인을, 따라서 단순한 현상의 낙인을 찍어놓고 있다. 이로 인해 세계는 적어도 한 측면에서 꿈과 근사한 것으로, 아니 꿈과 동일한 부류 속으로 옮겨질 수 있는 것으로 인식된다. 잠자는 동안에 완전히 객관적인, 직관적인, 아니 손에 잡히는 세계를 마술로 불러내는 동일한 뇌기능은 깨어 있는 동안의 객관적 세계의 묘사에 그만큼 많은 몫의 역할을 한다. 두 세계는 말하자면 이 세계들의 재료가 다를지라도 명백히 하나의 형식으로 지어부은 것이다. 이 형식은 지성, 뇌기능이다. 아마도 데카르트는 저 근본진리가 요구하는 심사숙고의 수준에 도달하고 이로 인해 (…) 저 근본진리를 자신의 철학의 출발점으로 만든 최초의 사람이었다. 그가 'Cogito ergo sum'(…)을 유일하게 확실한 것으로, 그러나 세계의 존재를 잠정적으로 의문스런 것으로 취함으로써 진짜로 모든 철학의 본질적이고 유일하게 올바른 출발점과 동시에 참된 지지점支持點이 발견되었다. 말하자면 이것은 본질적으로, 그리고 피할 수 없이 주관적인 것, 자기의 의식이다. 왜냐하면 이것만이 직접적인 것이고, 또 이 직접적인 것으로 남아 있기 때문이다. 다른 모든 것은 그것이 무엇이든 동일한 주관적인 것에 매개되고 제약되어 있고, 따라서 이 주관적인 것에 좌지우지된다.[139]

이런 관념론자들을 단번에 꿈에서 깨우는 방법은 주먹으로 머리통을 힘껏 휘갈겨 주먹의 '힘'을 느끼게 해주는 것일 게다. 그러나 마르크스는 이 방법이 너무 지나쳐 객체적 존재가 주체의 의식을 규정하는 것으로 보고, 또는 소박

---

139) Schopenhauer, *Die Welt als Wille und Vorstellung II*, 12쪽.

경험론자처럼 주체의식의 모든 내용이 모두 다 객체적 실재세계로부터 들어온 것, 즉 이 물질적 실재세계의 '반영상'으로 보고 주체의 의식내용을 모조리 물적 객체로 환원한다. 이것은 주체의 실재성과 의식의 본유심상, 그리고 그 창의적 활동을 다 부정하는 소박경험론적·독단적 실재론의 유물론적 버전이다.

회의론은 이 여러 유형의 독단론을 비아냥기리며 비판한다. 가령 흄은 인과성 자체의 본유관념성이나 선험적 연역가능성을 회의하고 또 주객 간의 인과적 선후관계에 대한 철학적·이성적 논증가능성을 회의한다. 나아가 흄은 인간이 '객체 자체'의 실재성을 긍정하거나 부정할 수 없고 다만 객체 '현상'의 실재성과 독립성만을 그것도 '개연적으로' 알 수 있을 뿐이라고, 즉 객체의 지속적·독립적 실재성을 다만 통속적 의견에 따라 '믿을' 수 있을 뿐이라고 논변한다. 흄은 늘 지속적으로 작동하지 않는 우리 감각에 어제 또는 아까 전에 본 사물의 외적·독립적 실존은 늘 의심스런 것이라고, 즉 주체가 관찰하는 동안에는 객체가 주체와 독립적으로 실존하고 관찰하고 있는 한 지속적으로 실존한다는 것을 확신할 수 있는 반면, 주체가 관찰하지 않을 때는 관찰하지 않음과 동시에 객체가 주체와 독립적으로 실존하는지 의심스럽고 또 관찰하지 않는 동안에 객체가 여전히 지속적으로 실존하는지 의심스럽다고 말한다.

이 철학적 이론의 또 하나의 이점은 통속적 이론과의 유사성이다. 우리의 이성이 다루기 힘들고 극성일 때 우리는 이런 방법에 의해 당분간 이성의 비위를 맞출 수 있다. 우리는 이성이 조금만 무관심하고 부주의해도 우리는 우리의 통속적이고 자연스런 관념으로 되돌아 갈 수 있다. 따라서 우리는 철학자들이 이 이점을 소홀히 하는 것이 아니라 그의 서재를 떠나자마자, 우리의 지각이 우리의 유일한 대상이라는, 그리고 온갖 단절적 현상들 속에서도 동일하게, 부단하게 똑같은 지각이라는 저 논파된 견해에서 나머지 인류와 어울린다는 것을 안다. 우리가 이 이론이 상상력에 아주 현저하게 의존해 있다고 논급하는 이 이론의 다른 세부내용들이 있다. 이 세부사항 중 나는 다음 두 가지를 언급한다. 첫째, 우리는 외적 객체들이 내적 지각을 닮았다고 상정한다. 나는 원인(객체)과 결과(지각 — 인용자)의 관계가 우리의 지각들의 성질들의 실존으로부터 외적 객체들의 계속적 실존을 정당하게 도출할 여지를 결코 주지 않는다는 것을 이미 입증했다. 그리고 나아가 나는 그것들이 이러한 결론적 도출의 여지를 주더라도 우리는 우리의 객체들이 우리의 지각을 닮았다고 추리할 어떤 아유도 없다는 점을 덧붙인다. 그러므로 저 (통속적 – 인용자) 의견은 위에서 '상상은 그 모든 관념을 모종의 이전 지각들로부터 빌려 온다'는 위에 언급한 상상력의 성질로부터만 도출된다. 우리는 결코 지각 외에 어떤 것도 생각할 수 없고, 그러므로 만물을 지각을 닮게 만들어야 한다. 둘째, 우리가 객체 일반이 우리의 지각을 닮았다고 상상하는 만큼, 우리는 모든 특수한 객체가 이것이 야기한 그 지각을 닮은 것을 당연한 것으로 여긴다. 원인과 결과의 관계는 우리를 닮음의 타자와 연결되게 만든다. 그리고 이 실존들이 이미 이전의 관계에 의해 상상 속에서 서로 통합되어 있다는 관념을 이 통합을 완성하기 위해 자연스럽게 덧붙인다. 우리는 새로운 관계를 어떤 관념들 사이에서든 (…) 이전에 관찰했던 것들과 연결시킴으로써 모든 통합을 완성하고 싶은 강렬한 성향을 가지고 있다.140)

하지만 이와 관련된 흄의 기분은 그리 깔끔하지 않고 반대로 의구심에 휩싸인다.

그리하여 외적 실존태들에 관한 통속적 이론과 철학적 이론을 다 설명하면서 나는 이 이론들을 논평하면서 생겨나는 일정한 감정을 터트리지 않을 수 없다. 나는 우리가 우리의 감각에 대해 암묵적 믿음이 있어야 한다, 그리고 이것이 결론임을 내가 나의 추론의 전체로부터 도출해야 한다는 것을 전제함으로써 이 주제를 시작했다. 그러나 정직하자면 나는 지금 당장 아주 반대의 감정을 느끼고 있고, 나의 감각이나 상상력에다 이러한 암묵적 확신을 주기는커녕 전혀 어떤 믿음도 안 주고 싶다. 나는 상상력이라는 이 사소한 자질이 어떻게 이러한 그릇된 상정에 의해 인도되어 어떤 견고하고 합리적인 이론으로 통할 수 있는지 이해할 수 없다. 지각의 지속적 실존의 의견을 산출하는 것들은 – 비록 지각의 성질들이 이러한 실존과 아무런 지각할만한

---

140) Hume, *A Treatise of Human Nature*, 143쪽.

연결이 없을지라도 – 지각의 일관성과 항구성이다. 우리의 지각의 항구성은 가장 대단한 효과가 있지만, 지극히 큰 어려움을 안고 있다. 우리의 닮은 지각들이 수적으로 동일한 것이라고 상정하는 것은 최대의 환상이다. 그리고 우리로 하여금 이 지각들이 중단되지 않는다, 그것들이 감각들에 현재하지 않는 때도 여전히 실존한다는 의견을 갖도록 만드는 것은 이 환상이다. 이것은 우리의 통속적 이론에 그렇다. 그리고 우리의 철학적 이론에 관한 한, 그것은 동일한 난관에 봉착하고, 통속적 상정을 부정하면서도 동시에 설정하는 이 부조리로 과부하되어 있다. 철학자들은 우리의 닮은 지각들이 동일하게 똑같고 중단 없다는 것을 부정하지만, 이 지각들을 그렇다고 믿고 싶은 아주 큰 성향이 있어서 이 성질들을 귀속시키는 새로운 세트의 지각들을 자의적으로 고안해낸다. 나는 새로운 세트의 지각들을 말하고 있다. 왜냐하면 우리는 객체들이 그 본성에서 지각과 정확하게 동일한 것이 결코 아니라고 당연히 일반적으로 상정하지만 우리가 판명하게 그렇다고 생각하는 것은 불가능하기 때문이다. 우리가 근거 없고 터무니없는 의견들의 이 혼돈으로부터 도대체 오류와 거짓 외에 무엇을 찾을 수 있는가? 그리고 우리가 어떻게 이 의견들에다 우리가 주는 어떤 믿음이든 우리 자신에게 정당화할 수 있겠는가?[141]

그리고 또 이성과 감각에 대한 이 의심은 일종의 철학적 질병이고, 우리는 '관심'을 집중해도 이 의심을 제거할 수 없다.

이성과 감각 양자에 관한 이 회의론적 의심은 근본적으로 치유될 수 없는 질병이고, 우리가 이것을 멀리 내쫓고 종종 이것으로부터 자유로울 수 있을지라도 매순간 우리들에게 되돌아오지 않을 수 없다. 어떤 이론체계도 우리의 지성이나 감각을 방어하는 것은 불가능하다. 그리고 우리가 이런 식으로 지성과 감각을 정당화하려고 추구할 때 이것들을 더 (의심에 – 인용자) 노출시키게 된다. 회의론적 의심이 주제들에 대한 심오하고 격렬한 반성적 성찰로부터 자연스럽게 생겨나는 만큼, 의심은 이 의심에 반대해서든 이에 동조해서든 우리의 반성을 더 멀리 수행할수록 증가한다.[142]

141) Hume, *A Treatise of Human Nature*, 143-144쪽.

그리하여 흄은 일반인들의 일상적 상식의 '통속적' 경로로 이 회의를 해소하려고 한다.

> (비非철학자적 보통사람들의) 부주의와 무관심(uncarefulness and inattention)만이 우리에게 어떤 치유책이든 마련해 줄 수 있다. 이런 이유에서 나는 완전히 이 부주의와 무관심을 신뢰한다. 그리고 현재 이 순간 독자의 의견이 무엇이든 한 시간이면 독자가 외부세계와 내부세계가 둘 다 존재한다고 확신하리라는 것을 당연한 것으로 여긴다.143)

이 무슨 '통속철학'에 대한 항복인가? 흄이 이 말로써 어디까지 의도했는지 알 수 없지만, 이 말의 진의를 좀 더 캐 들어갈 필요가 있다.

흄의 주장의 핵심논지는 외부객체의 독립적 실존을 의심치 않으려면 주체의 관찰여부에 좌우되지 않는 객체의 독립적 실존에 대한 보통사람들의 '상식적 믿음'을 따르는 것 외에 다른 도리가 없다는 말이다. 그럼에도 데카르트는 "주의 깊은 관심(careful attention)"의 집중이 외부사물의 독립적 실존과 관련된 이 회의론에 대한 치유책이라고 주장하지 않았던가!144) 그러나 이미 흄이 미리 밝혀두고 있듯이 데카르트 식으로 '주의 깊은 관심'을 집중하면 집중할수록, 엄밀히 생각하면 생각할수록 외부사물의 독립적 실존과 객체성은 자꾸 더 의심스러워진다. 흄의 이 말은 백 번 옳다. 우리는 어떤 주의 깊은 천재적 지성으로도 조금 전에까지 보았으나 지금은 방향을 돌려 보지 않고 있는 등 뒤의 물건의 지속적·독립적 실존을 논증할 수 없기 때문이다. 따라서 데카르트의 '코기토'의 장대높이뛰기로는 흄의 회의론의 높은 장벽을 결코 넘지 못한다.

그러나 일격에 '태일(태극)'의 '기氣'로부터 동시에 탄생하는 주체와 객체의 '기'와, 이 '기'로서의 물자체의 독립적 실재성은 상술했듯이 흄이 권하는 보

---

142) Hume, *A Treatise of Human Nature*, 144쪽.

143) Hume, *A Treatise of Human Nature*, 144쪽.

144) Descartes, *Meditations on First Philosophy*, Meditation V.

통사람들의 '통속적 믿음'처럼 '단순한 개연적 명증성'보다 좀 더 강한 의미의
'증명적 명증성(evidence by proof)'을 가지고 있다. 우리는 대상과 독립된 또 하나
의 체력적 '기'로서 대상의 '기'를 육체로 감당하고 일용日用하며 육체적 근감
각에 의해 실감實感하고 있기 때문이다. 특히 철학자가 아닌 보통사람들은
매일 물건을 등짐지어 나르거나 넘어지는 물건을 자기의 몸으로 맞받아 바로
세우면서 물건의 힘(氣), 물건의 중력을 근감각으로 실감하고 쇳물을 녹이거
나 음식을 끓이면 그 화력을 살갗이 타도록 실감한다. 보통사람들이 이와 같
이 대상의 기(힘)를 일용하고 대상의 무게와 저항을 체력으로 감당하고 실감
하는 것을 망각한다면, 보통사람들의 일상적 "부주의와 무관심"을 대상의 지
속성과 독립성에 관한 회의를 "치유"하는 유일한 방책이라고 주장하는 흄의
논변은 통속철학에 항복하는 것이 되고 말 것이다. 그러나 근감각에 의한 대
상의 일상적 실감을 망각하지 않는다면, 철학자도 보통사람들처럼 근감각으
로 객체의 기氣를, 즉 저항적 실존을 뼈저리게 느낌으로써 대상의 지속적·독
립적 실존에 대한 회의를 최종적으로 치유할 수 있을 것이다. (만약 객체를
'힘'으로서 근감각에 의해 실감하는 것을 망각한다면, 야코비의 오류를 피할
수 없을 것이다. 야코비는 칸트의 불가지적 '물자체' 개념을 부정하기 위해
주체와 무관한 외부세계의 물자체의 객체적 현존에 대한 흄의 '상식적 확신'
또는 '믿음'을 반동적으로 '종교적' 믿음으로까지 뒤틀고 과장한 바 있다.[145])

오감으로 관찰·관조하는 철학자로서의 이론적 주체가 아니라, 근감각을 포
함한 육감六感으로 지각하는 철학자로서의 인식주체는 객체를 관찰·관조하
기만 하는 것이 아니라 객체와 마찬가지로 또 하나의 '기'로서 객체적 '기'에
주체적 '기'로 맞서고 부딪히며 객체적 '기'를 몸의 근감각으로 실감함으로써
일체의 회의를 초월해 주체의 관찰여부와 독립된 객체의 지속성과 독립성을
'체감'하는 것이다.

그렇다면 서로 대응하지만 일체의 필연적 상관성·인과성에 묶이지 않고,

---

145) Friedrich H. Jacobi, *David Hume über den Glauben oder Idealismus und Realismus* (Breslau: bey
Gottl. Loewe, 1787).

주체나 객체의 한쪽 관점에서 보는 것이 아니라 태극원기의 조감도적鳥瞰圖的
관점에서 일격에 동시발생하는 주체와 객체를 둘 다 '가'로 보는 '기일원론적
氣一元論的 주객실재론'은 고도의 설득력을 가지고 있는 것이다.146) 반면, 회의
론을 제외한 저 실재론적·관념론적·유물론적 독단론은 인과성이나 상호연관
의 필연성을 주객관계에 적용하는 한에서 모두 다 설득력을 잃을 수밖에 없
는 것이다.

■'치지致知'로서의 '지지至知'와 입상立象

'격물치지'는 '기일원론적氣一元論的 동시발생의 주객실재론'을 전제한다.
'외감심상'·'내감심상'·'감정심상'은 현장에서 내외감각과 감정적 영혼이 동해
당장에 세워지는 것이므로 극히 뜨겁고 생생하다.『예기』에서 공자는 말한다.

> 사람이 살아서 정靜하는 것은 천성이고, 사물을 느껴서 동動하는 것은 천성의 욕구니
> 사물이 지각에 이르는 것이다(人生而靜 天之性也, 感於物而動 性之欲也. 物至知)."147)

이 '물지지物至知'의 '지지至知'는 '입상立象'(인상)으로서 격물치지의 '치지致知'
또는 '지지知至'와 같은 뜻이다. 사물을 느껴 동하는 내적 변동(지각에서 지각으로
이행하는 감동적 변화)을 일으키는 내적 원리의 작용은 '천성적 욕망'이다. 이것은
공자와 완전히 다른 합리론적 철학체계에서도 일종의 공리다. 가령 라이프니
츠도『단자론單子論』(1714)에서 "이 지각으로부터 저 지각으로의 변화 또는 이
행을 일으키는 내적 원리의 작용"을 "욕망(Appetition)"으로 정의한다.148) 상술했
듯이 인간은, 사물을 보고 듣고 냄새 맡고 맛보고 감촉하면, ─ 이 사물에서

---

146) 쇼펜하우어는『역경』의 입장을 '기(氣)'가 아니라 '시간과 '수(數)'에 바탕을 둔 실재론적 독단론으
로 오해하고 있다. "『역경(변화의 서)』은 (네 가지 부류의 객체들[실제세계, 추상적 개념, 시간과
수, 인식에 의해 동기화된 의지행위]의 ─ 인용자) 세 번째 부류로부터, 즉 시간과 수(數)로부터
출발했다." Schopenhauer, *Die Welt als Wille und Vorstellung I*, §7(61쪽).

147)『禮記』「樂記 第十九」. 이상옥,『禮記(中)』, 214쪽.

148) Gottfried W. Leibniz, *The Monadology* [1714], §15. Leibniz, *Discourse on Metaphysics, Correspondence with Arnauld, and Monadology* (Chicago: The Open Court Publishing Company, 1902).

온 미립자와 파동(공기와 미립자의 파동)을 그곳에서 온 미립자와 파동 '그대로' 뇌수에 전달하고 느끼는 것이 아니라 — 가령 특정한 광자光子의 파장이 눈의 망막에 닿아 신경을 자극하고 신경전달 물질을 매개로 이에 관한 정보가 뇌수에 도달하면 영혼 속에 본유하는 가령 '빨강'의 외감심상을 동하게 하여 '빨갛게 느끼고', 소금 미립자가 혀의 미각돌기에 닿으면 이 정보를 유사한 방식으로 뇌수에 전달해 영혼 속에 본유하는 '짠맛'의 외감심상을 동하게 하여 '짜게 느낀다'. 또한 어떤 감정을 느끼는 것도 유사하다. 인간은 장부들과 신경체계의 물적 '움직임'(특정 신경물질·체액·호르몬의 증감, 폐장의 호흡, 심장의 박동, 혈압의 고저운동, 살 떨림의 파동, 말더듬 등)을 통해 가령 '기쁨'과 '슬픔'의 감정심상을 세워 내감을 통해 이 감정심상을 감지한다. '빨간색'과 '짠맛'의 외감적 심상은 사물 속에 들어 있다가 우리에게 오는 것이 아니다. 사물로부터 오는 것은 시각·청각·후각 등을 때리는 특정한 물성物性의 미립자와 파장일 뿐이다.

빨강색 색맹인 소는 저 일정한 파장을 빨간 색 이미지로 느끼지 않고, 바닷물고기는 저 염분을 짜게 느끼지 않고, 각각 다른 이미지 범주들로 느낄 것이다. 또 소와 물고기는 인간의 기쁨과 슬픔의 심상에 해당하는 심정을 아마 우리가 거의 알 수 없는 색다른 심상으로 느낄 것이다. 따라서 이 '빨강'과 '짬'의 외감인상과 '기쁨'과 '슬픔'의 감정인상은 인간적 천성에 들어 있어 인간에게만 고유한 '본유적' 심상 범주들이다. '외감인상'과 '감정인상'은 사물과 영혼의 본질이나 실체가 아니라 사물의 '현상'과 영혼의 감정들을 인간의 영혼 속에 본유하는 다종다양한 심상으로 포착한 것이다. 여러 외감심상들은 하늘이 명한 바의 인간적 천성 속에 '완제품'으로 들어 있다. 말하자면, "심상이라는 것은 (물형으로 보이는) 상像이지만(象也者 像也)",[149] 내감·외감심상과 감정심상들은 인간의 두뇌작업에 의해 비로소 '생산되는' 것이 아니라, 하늘에서 만든 것으로서 우리의 본성 속에 이미 내장되어 있는 것이다.

그런데 공자가 강조하듯이 하늘은 인간보다 무한히 월등하지만 하늘도 실수하는 법이다. 그리하여 하늘의 실수로 태어날 때 영혼 속에 가령 초록색의

---

149) 『易經』「繫辭下傳」.

'외감심상을 타고 나지 않은 녹색 색맹자는 녹색을 보지 못하고 빨강 색맹자는 빨강색을 보지 못한다. 이것은 모든 심상들이 사물이나 인간이 만든 것이 아니라 하늘에서 만든 것임을 반증해준다. 따라서 사물과 감정을 느끼고 이것에 감관感官과 신경이 움직여 이에 조응하는 외감심상·내감인상·감정심상들을 영혼의 천성으로부터 떠올려 영혼 속에 품게 되고 이에 관심이 동하는 것은 '천성의 성향'이다. 이런 까닭에 인간은 어떤 특정 대상의 경우에 이에 조응하는 외감심상이 인간의 천성에 미리 마련되어 있지 않으면 이 대상을 지각하지 못한다. 인간은 가령 광선의 자외선과 적외선을 지각하지 못한다. 하지만 일부 동물들은 이 자외선과 적외선도 지각한다. 또 인간은 상술했듯이 초고주파와 초저주파의 초음파를 듣지 못하지만, 개 등 일부 동물들은 초음파를 지각한다. 냄새의 경우도 마찬가지다. 또 소가 빨강 색을 보지 못하듯이, 빨간색 심상 없이 태어난 빨강 색맹은 빨강에 조응하는 광자와 광파가 아무리 많이 시신경을 때려도 빨간색 심상을 세우지 못해 끝내 빨강을 보지 못한다.

상술했듯이 '지지'와 '치지'는 '입상'(인상)과 동의이고, 사물에 대한 최초의 생생한 지각을 가리킨다. 따라서 이 '치지·지지'는 아직 학적 '지식'에 이르지 않았지만, 인간적 '천성의 성향' 속에 본유本有하는 심상 범주들로 포착된 가장 생동하는 '관념'(의념)의 재료'다. '입상'은 외적 미립자와 파장, 그리고 우리의 내적 호르몬과 내적 파동이 외부감각과 내부감각을 때려 영혼을 자극함으로써 이에 조응하는 심상들을 천성 속에서 불러 세우는 작용이요, 그 결과이기 때문이다.

## 1.7. 성의誠意: 명확·충실한 관념(개념)의 형성과 서술序述

### ■ '성의'의 뜻

격물·치지·성의의 인식적 계열명제에서 제3단계는 '성의誠意'다.150) '성의'

---

150) 『大學』(經文首章).

의 '의意'는 막연한 '뜻'이 아니라, 인식적 '의념', 즉 '관념(idea)'이다. "사물이 (자아를) 마주한 뒤에 지각이 이르고, 지각이 이른 뒤에 관념이 성실해지는 것이다(物格而后知至 知至而后意誠)."151) 여기서 "지각이 이른 뒤에 관념이 성실해진다"는 이 명제는 '지각하자마자 관념이 만들어지는 것'을 전제하고 있다. 지각은 자동적으로 곧장 '관념'으로 이중화되어 복제되기 때문이다. 따라서 '성의'가 전제하는 기존 '관념'은 한 번의 지각에서 복제된 '시초의 관념'이다. 그러나 '성의'의 결과, 즉 이 시초의 관념을 성실히 한 결과는 이 시초의 관념 (부실한 경험지식)을 넘어 이 관념을 '진실하고 명백하고 판명하고 일반적인 관념'(참된 관념)'으로 성실히 한 '개념'과, 일목요연한 명제들의 체계로 서술序述된 '이론적' 학식(과학지식)이다. 『대학』의 격물·치지·성의·정심·수신·제가·치국·평천하의 계열단계에서 '성의' 다음의 단계가 실천론적 '정심'이므로 '성의' 단계가 최고의 완성된 지식이기 때문이다. 따라서 '성의'는 관념을 '개념화'하고 '이론화'하는 것으로 풀이된다.

다시 부연하자면, 인상에서 떠오르는 '심상들'은 본유적이다. 반면, 인상의 사유적 복제물인 '관념'(의념)은 복제물인 한에서 본유적이지 않다. '관념'은 인상으로부터 사유작용에 의해 산출되는 것이다. 그러나 이 사유작용은 감성적 '인상'으로부터 최초의 '관념'을 만들어내는 일을 흡사 무의식적으로 자동 수행한다. 따라서 이 인상과 관념의 이중화는 대체로 자연발생적이고, 따라서 이 단계에서 인식의 주도권은 감성에 있다. 반면, '성의'는 이 '성의' 이전에 자동으로 복제된 관념에 대한 수리적·산술적·귀납적(inductive) 신사·명변의 사유작업이다. 따라서 '성의' 단계에서부터는 주도권이 주로 이 '사유'에 있다. (수치적 측정·수리적·산술적 신사·명변에 의한 '관계들'의 '설명'은 아직 박학심문의 반복경험과 엄밀한 경험이 주도권을 가진다.) 이 '성의'의 '사유작업'은 원초적 관념을 반복된 인상들과 거듭거듭 대조해 이 생생한 인상에 충실하고 명백하고 판명하고 일반적인 '관념'(참된 개념)을 만드는 것으로부터 출발해 이렇게 만들어진 관념들을 추상해 하나의 공통관념으로 일반화하는 신사

---

151) 『大學』(經文首章).

명변을 통해 '개념'을 만드는 것으로 완성된다.

다시 확인하자면, '관념을 성실하게 만든다'는 말은 '관념을 확충하고(충실하게 하고) 명백화·판명화·일반화해' 관념을 '완성한다'는 말이다. '명백함(clearness)'은 '흐리지 않아 미혹과 자기기만이 없다'는 말이고, '판명함(distinctness)'은 '다른 것과의 구별 및 대소·원근·본말·시종·선후·인과관계의 변별이 명확하다'는 말이고, '일반화한다'는 것은 이 '명백하고 판명한 관념'을 구체적 경험들로부터 공통성을 추출·추상화함으로써 그 타당성을 최대로 확장한다는 말이다. 따라서 '완성된 관념'이란 곧 '개념'인 것이다.

성의를 통해 개념화된 지식이 다시 성의를 통해 관계들(이동異同·본말·선후·인과관계)에 따라 측정되고 계산되어 주어·술어로 문장화되면 '명제'가 된다. 이 명제적 지식들이 일목요연하게 일이관지로 서술序述되면(다양한 경험자료들을 그 사실적 관계와 순서[사실의 논리]에 따라 정리·체계화되면) '이론'이 된다. '명제들의 일관된, 일목요연한 서술'이 곧 '이론'이기 때문이다. '이론'은 곧 '학식' 또는 '과학적 지식'이다. '학식'은 타당성의 범위가 최대로 확장된 개념과 지식명제들의 체계다. '학식'으로서의 '과학적 지식'은 일이관지로 서술된 지식이기 때문이다. 그러므로 '학식'의 소지자는 경험하지 않은 구체적 사실도 추상적으로 알 수 있다. '학식'은 가장 일반적이고 가장 일관된다. 이 때문에 경험하지 않은 유사 사례도 바로 학식을 적용해 알 수 있기 때문이다. 따라서 '학식'과 '경험지식'의 관계는 그 지식의 효율성 면에서 자동기계와 손도구의 관계와 같다.

이런 까닭에 공자는 자신의 제자 단목사端木賜 자공子貢에게 이렇게 밝힌다.

공자가 물었다. "단목사야 너는 나를 많이 경험해서 아는 자라고 여기느냐?" 단목사가 "그렇습니다"라고 대꾸하고 "그렇지 않습니까?"라고 되물었다. 그러자 공자는 "나는 일이관지했느니라"라고 답했다.152)

---

152) 『論語』「衛靈公」(15-3): "子曰 賜也 女以予爲多學而識之者與? 對曰 然 非與? 曰 非也 予一以貫之"

이 '일이관지'는 공자가 '지물'과 '지인'을 가리지 않고 한 말이므로 당연히 지물의 인식론에도 적용될 수 있는 말이다. 여기서 '다학多學'(많이 경험하는 것)의 '학學'은 '경험에서 배우는 것', 즉 '경험'을 가리킨다. 따라서 '다학'은 '많은 경험', 또는 '다양한 경험'을 가리킨다.(공자의 '학學'의 의미에 대해서는 바로 아래에서 다시 논한다.) 위 대화록은 공자가 '다학'을 통해 아는 것을 포기하고 '일이관지로 아는 것'만을 추구했다는 말이 아니다. 이런 독해는 『논어』의 '다문다견多聞多見'의 명제나153) 『중용』의 "박학博學" 명제와 충돌하고 말 것이다. 따라서 이것은 공자가 자신을 '다학'만이 아니라 '다학을 일이관지해서 아는 자'라고 말하는 것으로 풀어야 할 것이다. 공자는 박학(다학)·심문도 중시했지만, '개념화'와 '과학화'(일이관지의 '서술')를 위해 능동적 사유기능에 의한 신사·명변·독행篤行도 중시한 것이다. '과학적 지식' 또는 '학식'은 개념과 명제들이 얽혀 타당성의 범위가 일반적으로 확장된 이론지식이고 이런 일반화된 이론지식만이 완성된 지식이다.

이른바 '개념'이나 '이론적 인식'이라는 것을 거론한다면 사유작용에 의한 다학, 즉 다양한 경험의 능동적 일이관지는 경험론에서든 합리론에서든 필수적인 것이다. 특히 합리론자들은 사유의 이 능동적 일이관지를 지나치리만치 '순수한' 일이관지로 강조하는 경향이 있다. 칸트는 이 일이관지를 '종합'이라 부르고 일단 이렇게 정의한다.

사유의 자발성은 직관의 다양상多樣相으로부터 인식을 얻기 위해 이 다양상을 먼저 일정한 방식으로 통관通觀해 수용하고 결합하기를 요청한다. 이 행위를 나는 '종합'이라고 부른다. 가장 일반적인 의미에서의 '종합'은 상이한 관념들을 서로 덧붙이고 그 다양상을 하나의 인식 속에 파악하는 행위를 뜻한다.154)

---

153) 『論語』「述而」(7-28): "많이 듣고 그 중 좋은 것을 택해 그것을 좇고 많이 보고 아는 것이 차선의 지식이다.(多聞 擇其善者而從之 多見而識之 知之次也)"

154) Kant, *Kritik der reinen Vernunft*, B102.

그러나 칸트는 이 '종합'을 즉각 경험과 무관하게 순수한 '지성의 논리'를 좇는 한 '순수한' 종합, '선험적' 종합으로 전락시킨다.

가장 일반적인 의미에서의 '종합'은 상이한 관념들을 서로 덧붙이고 그 다양성을 하나의 인식 속에 파악하는 행위를 뜻한다. 이 다양상이 경험적으로가 아니라, (공간과 시간 속에 있는 것처럼) 선험적으로 주어진다면, 이러한 종합은 순수하다. 우리의 관념들의 일체의 분석 이전에 이것들은 먼저 주어져 있어야 하고, 어떤 개념도 내용에 따라 분석으로 생겨날 수 없다. 하지만 (…) 다양상의 종합은 처음에 시원적으로 조야하고 모호할 수 있는, 따라서 분석을 요하는 하나의 인식을 산출한다. 그러나 종합은 본래 구성요소들을 모으고 하나의 일정한 내용으로 통합하는 것이다. 따라서 우리의 인식의 제1원천을 판단하고자 한다면, 종합은 우리가 주목해야 하는 첫 번째 것이다. 종합은 (…) 영혼의 필수불가결할지라도 맹목적 기능인 상상력의 단순한 작용이다. 이 상상력 없이는 도처에서 아무런 인식도 얻을 수 없다 (…) 그러나 이 종합을 개념들로 옮겨놓는 것, 이것은 지성에 속한 기능이고, 이 기능에 의해 지성은 본래적 의미의 인식을 마련하는 것이다. 155)

"이 다양상이 경험적으로가 아니라 선험적으로 주어진다면, 이러한 종합은 순수하다"는 말은 '경험적 다양상' 자체도 순수한 지성의 '선험적 다양상'으로 변질시키는 말이다. 칸트의 이러한 '순수한 종합'은 사유(지성)의 '능동성'을 넘어 순수지성에 의한 종합의 '순수성'(선험성·초험성)을 주장하는 한에서 '경험적 순서'에 따른 '서술적序述的' 종합이 아니라, '지성의 논리'에 따른 반反경험적·경험파괴적 종합이다. 이것은 순수지성의 자기논리적 독백에 지나지 않기 때문에 '대상'에 대한 진정한 인식을 불가능하게 할 것이다. 경험적 관련순서(사실의 논리)를 배제하고 순수한 상상적 '사유의 논리'에 따라 말을 만드는 것은 '서술'이 아니라 '작화作話(confabulation)'에 불과하기 때문이다.

간단히, 공자의 '다학의 일이관지'는 '서술적序述的 종합'이다. 이 서술적 종

---

155) Kant, *Kritik der reinen Vernunft*, B102-103.

합은 "맹목적 상상력의 단순한 작용"이 아니라, 지성의 논리를 배제하고 다학으로 밝혀지는 경험적 관계의 순서(사실의 논리)를 충실히 추종해서 경험자료들을 체계적으로 정리하는 것이다. 반면, 칸트의 '다양상의 순수종합'은 경험적 순서, '사실의 논리'를 배반하고 유린하는 순수한 '지성의 논리'에 충실한 작화적·반反인식적 종합이다. 어떤 형태의 일이관지든, 어떤 형태의 종합이든 지성적 사유의 '능동성'을 얼마간 요구하기는 하지만 이 능동성이 '경험의 순서'나 '사실의 논리'를 등지고 짓밟으며 '논리의 사실'(지성의 논리)을 경험자료에다 처방하는 식의 '순수한 능동성'으로 독단화된다면, 그것은 대상인식 자체를 포기하고 파괴하는 '작화'로 귀착될 것이다. 지성의 논리로 연역한 '작화'는 아무런 인상도 없는 순수관념의 이야기를 지어내는 것, 즉 순수하게 '헛것을 말하는 것'을 가리키는 뇌신경학적 전문용어다. 가령 교통사고로 왼쪽다리를 잃은 환자가 왼쪽발이 아프다고 말하는 경우가 바로 '작화'다. 칸트의 '순수한' 종합은 정확히 이런 의미의 '작화적' 종합이다. 따라서 칸트의 '순수한 종합'은 '술이부작述而不作'(서술하되 작화하지 않는 것)을 이론적 인식의 수행지표로 삼는 공자의 '서술적·귀납적 일이관지'와 정면으로 대립되는 '작이불술作而不述'의 종합, 즉 '사실의 논리'에 따른 귀납적 서술을 배제하고 '지성의 논리'로만 연역해 작화하는 순수종합으로 전락할 것이다. 칸트의 '순수한 종합'은 결국 알지 못하면서 작화하는 일종의 "부지이작不知而作"이고,[156] 그 산물은 '체계적 허위(systematischer Schein)'라는 의미에서의 '이데올로기'다.

아무튼 다학多學을 서술적으로 일이관지한 귀납적(inductive) 성과물로서의 '학식'은 기旣경험한 것은 말할 것도 없고 처음 경험하는 '미지未知의 사실'도 근거 있게 예감·예상·추측·추리해서 알 수 있게 해준다. 이것이 "나는 많이 경험해서 아는 자가 아니라 일이관지해서 아는 자다"라는, 자기 지식에 대한 식자識者로서의 공자의 자기해명의 참뜻이다. 따라서 일이관지의 학식은 단순한 다학에 의해서는 수 없는 것까지도 어느 정도 알 수 있게 해준다. 공자가 자신이 "많이 경험에서 배워 아는 자"로 그치지 않고 "일이관지해서" 아는

---

156) 『論語』「述而」(7-28).

자라로 했으므로, 일이관지의 이론적 서술에 이르러야만 제대로 알고 지식을 제대로 완성하는 것이다. 이것은 논문을 실제로 논술해본 사람들은 누구나 실감할 수 있는 말이다. 안다고 여기는 것을 하나의 '논문'으로 논술한 지식은 단순히 안다고 여겨지는 '엉성한' 지식과 다르다. "단순히 안다고 여겨지는 지식"은 논문의 논술과정에서 수없이 수정되고 다듬어져서야 비로소 비교적 완벽화되기 때문이다. '다학' 또는 '박학'을 통한 경험지식의 확장과 명제적 지식들은 일이관지의 이론적 서술에 이르지 못하면 '불완전성'의 한계를 벗어나지 못하는 것이다.

'구슬이 서 말이라도 꿰어야 보배'라는 말이 있다. 마찬가지로 명제들이 아무리 많아도 일이관지로 꿰어 서술되지 않으면 이론적 지식이 될 수 없다. 여기서 명제들은 '구슬'이고, 명제들을 일이관지로 꿰어 서술한 이론적 과학지식 또는 학식은 '보배'인 것이다. 말하자면, '다학'의 경험지식이 '원석原石' 같은 지식이라면, '명제'의 지식은 '구슬' 같은 지식이고, 일이관지로 서술된 이론적 과학지식은 '보배' 같은 지식인 것이다.

### ■ '성의'의 방법

지각에서 막 복사된 '시초의 관념'은 부실하고 불명확하고 거짓될 수 있다. 가령 한 번의 격물치지로 얻어진 '장미꽃은 빨갛다'는 시초의 관념은 애매모호하고 착각과 자기기만을 담고 있을 수 있기 때문이다. 따라서 아직 부실·모호하기도 하고 아직 참되지도 않은 이 관념을 '성실히 하여' 충실하고 명백하고 판명한 일반적 관념으로 완성하려면 대상을 다시 마주한 상태에서 생생한 심상을 거듭 세우고 이 생생한 입상과 반복된 기억에 맞춰 시초의 관념을 거듭 다듬고 손질해 완벽화해야 한다. 시초의 관념을 '충실하고 명백하고 판명한 일반 관념'으로 완성하는 것은 '개념화'다. 그리고 앞서 시사했듯이 '충실하고 명백하고 판명한 일반 관념'은 곧 '개념'이다. 공자는 『역경』에서 생생한 '입상'과 '개념화' 간의 관계에 대해 이렇게 말한다.

공자는 말했다. "글은 말을 완성하지 못하고 말은 관념을 완성하지 못한다(書不盡言 言不盡意). 그렇다면 성인의 (완벽한) 관념은 나타날 수 없는가?(然則聖人之意其不可見 乎?)" 공자는 답했다. "성인은 심상을 세워 관념을 완성한다(聖人立象以盡意)."157)

이 구절은 공자가 '역易'을 두고 논술한 명제이지만, 다른 경우들과 마찬가지 로 이 명제도 인식론에 원용할 수 있다. 관념에서 생겨난 '언어'는 당연히 자 신의 원천인 '관념'을 완성하지 못하는 반면, 사물을 마주하고 지각하는 격물 치지, 즉 생생하게 사물에 조응한 심상을 세우는 '입상'은 생이지지生而知之하 는(태어나면서부터 아는) 신적 성인의 '완벽한' 관념('개념')까지도 완성해준다. 이 명제는 보통사람의 인식론에 원용될 수 있다. 신적 성인도 '입상'을 활용하는 데 인간이 이를 활용하는 것은 당연한 것이다. 인간에게 있어 관념을 '개념화' 한다는 것은 이미 자동 복제된 부실·모호한 관념을 재차·삼차의 격물치지의 생생한 입상으로 충실히 하고 명확화하고 이 관념에서 착각과 자기기만의 오류를 제거한다는 것이다.

따라서 '장미꽃'의 개념(장미의 '명확하고 판명하고 충실한 일반관념)을 얻기 위해서 는 빨간 '장미꽃'을 거듭 보고 여러 번의 유사한 관념들과 유사 기억을 만들어 유사한 빨강 심상을 다시 세우고 빨간 장미꽃의 관념을 보다 일반적으로 만 들고, 또한 다른 (하양, 분홍, 검보라색의) 여러 장미꽃도 널리 반복적으로 지각하고 기억해 다양한 입상을 얻어 기존의 관념을 다듬고 또 다듬어야 할 것이다. 그래야만 장미 자체에 대한 보다 명확하고 보다 판명하고 보다 충실 하고 보다 일반적인 관념이 완성될 수 있다. 그리고 가령 '어떤 큰 나무'에 대한 지각에서 나온 시초의 '관념'도 모호·부실하고 자기기만적일 수 있다. 이 관념은 이 나무보다 '크거나 작은' 다른 나무들의 지각(관념)과 비교해야만 보다 명확하고 판명하고 충실하고 일반적일 수 있다. 따라서 한 관념은 다른 관념들과의 '관계' 속에서 다시 지각되어야 하는 것이다. 이 관념들 간의 대비 관계는 대소大小만이 아니라 이동異同(유사)·본말·시종·선후·인과관계 등이 있

---

157) 『易經』「繫辭上傳」(12).

다. 그러나 다른 관념들과의 이런 대비관계도 한두 번이나 두세 번의 격물치지로 명확하고 충실하고 참되게 될 수 없다. 그것은 수백·수천 번의 반복 지각과 기억, 다양한 유사 관념들의 축적을 요한다. 상론했듯이 많은 반복적 지각과 기억이 바로 '경험'이다. 다문다견의 폭넓은 '경험'으로부터 우리는 자기의 좁은 관점과 좁은 경험에 사로잡히는 '관점주의(*perspectivism*)'를 극복하고 보다 명백하고 보다 판명하고 보다 충실하고 보다 일반적인 관계를 거듭 '배워' 얻는 것이다. 이 '거듭되고 폭넓은 배움'을 통해 '관념들'들로부터 모호성·부실·착오·허위·자기기만 등을 털어내고 이 '관념들'을 보다 명확하게(명백·판명하게) 하고 충실하게 하고 일반화하는 것이다.

"지각한 뒤에 관념을 성실하게 한다"는 것은 사물들을 거듭 마주 대하고 지각하는 생생한 입상에 의해서 불명확성·부실·허위·자기기만을 줄이고 관점주의를 극복해 이 '관념들'을 보다 명확화(명백·판명화)하고 확충해(충실하게 하여) 일반화하는 것, 또는 명확하고 충실한 일반 관념을 산출하는 것을 가리킨다. 따라서 증자는 "소위 자기의 관념을 성실하게 한다는 것은 자기기만을 없애는 것이다(所謂誠其意者 毋自欺也)"라고[158] 갈파한 것이다. 관념을 성실히 한다는 것은 일차적으로 자기기만으로 인한 착각과 착오를 없애는 것이다. 그러면 관념은 더욱 확충되고 명확화되고 일반화된다. 그러므로 공자는 "성실하면 명확해지고 명확하면 성실해진다(誠則明矣 明則誠矣)"고 선언한다.[159]

그리고 '성실히 하는 것'을 '박학·심문·신사·명변·독행'과 연결시키고 수백 번, 천 번의 반복 경험과 연결시킨다.

성실한 자(誠者)는 하늘의 도이고 성실히 하는 자(誠之者)는 사람의 도다. 성실한 것은 힘쓰지 않아도 적중하고 생각지 않아도 얻고 중도를 따르고 받아들이니 성인이다. 성실히 하는 자는 좋은 것을 골라 그것을 굳게 붙잡는 것이니, 널리 배우고, 자세히 살펴 묻고, 신중히 생각하고 명확하게 변별하고, 독실하게 수행하는 것이다. 배우지

---

158) 『大學』(傳6章).

159) 『中庸』(二十章).

않음이 있을지언정 배울진댄 능하지 않으면 (배움을) 그만두지 않고, 묻지 않음이 있을지언정 물을진댄 알지 못하면 그만두지 않고, 생각하지 않음이 있을지언정 생각할진댄 얻지 못하면 그만두지 않고, 변별하지 않음이 있을지언정 변별할진댄 명확하지 않으면 그만두지 않고, 수행하지 않음이 있을지언정 수행할진댄 독실하지 않으면 그만두지 않는다. 남이 한 번에 할 수 있으면 자기는 백번하고, 남이 열 번에 능해지면 자기는 천 번 한다. 만약 이 도에 능하면 어리석어도 반드시 밝아지고 유약해도 반드시 굳세질 것이다.160)

이 글은 인식 명제와 실천 명제가 혼재되어 있다. 그래도 면밀하게 읽으면 박학·심문·신사·명변, 앎, 명확성, 밝아짐 등을 위주로 짜인 글이라 인식론에 무게가 실려 있다. 그렇다면 실천 의미가 돋보이는 듯한 "힘쓰지 않아도 적중하고 생각지 않아도 얻고 중도를 따르고 받아들이는" 성인 경지의 성실함이나 '독행篤行', 그리고 '백 번, 천 번 반복하는 것' 등도 인식론적으로 독해할 수 있는 여지가 있다. 성인의 성실에 등장하는 적중은 관념의 적중성을, 생각지 않아도 '얻는 것'은 생이지지生而知之의 '지식'을, '중도를 따르고 받아들이는 것은 여러 관념들 속에서 중도적 관념들을 받아들여 중도적 지식체계를 구성하는 것을 뜻하는 것으로 풀이할 수 있다. '독행'은 '부지이작不知而作'하지 않고(알지 못하면서도 작화하지 않고) 경험지식들을 경험의 사실과 관계에 맞춰 견실하고 일관되게 술이부작述而不作하는 서술序述(과학적 '설명')의 수행으로 독해할 수 있다. '백 번, 천 번 반복하는 것'은 배우고 묻고 생각하고 변별하는 것을 백 번, 천 번 반복하는 것으로 풀이할 수 있다. 그리고 "성실히 하는 것은 좋은 것을 골라 그것을 굳게 붙잡는 것"이라는 말은 "성실히 하는 것은 다문다견 속에서 좋은 것을 골라 그것을 굳게 붙잡는 것이다"로 독해할 수 있다. 이 독해의 정당성은 "많이 듣고 그 중 좋은 것을 택해 그것을 좇고 많이

---

160) 『中庸』(二十章): "誠者 天之道也, 誠之者 人之道也. 誠者 不勉而中 不思而得 從容中道, 聖人也. 誠之者 擇善而固執之者也 博學之 審問之 愼思之 明辨之 篤行之 有弗學 學之 弗能弗措也, 有弗問 問之 弗知弗措也, 有弗思 思之 弗得弗措也, 有弗辨 辨之 弗明弗措也, 有弗行 行之 弗篤弗措也. 人一能之 己百之, 人十能之 己千之. 果能此道矣 雖愚必明 雖柔必强."

보아 아는 것이 차선의 지식이다(多聞 擇其善者而從之 多見而識之 知之次也)"는[161]
공자의 다른 언명으로 확증될 수 있다.

### ■'경험'으로서의 '학學'

인식론에 무게가 실린 위 글에서 '박학'과 '학지學之'의 '학學'(배움)은 앞서
시사했듯이 '경험'의 의미로 풀어야 한다. 공자의 제자 자공子贛은 '배움(學)'을
이런 '경험'의 의미에서 사용한다.

> 위나라 공손조가 자공에게, "중니 선생은 어디서 배웠습니까?"라고 묻자, 자공이 "문·
> 무왕의 도가 아직 땅에 떨어지지 않고 사람들에게 남아있습니다. 현명한 자들은 그
> 대도大道를 아는 자들이고 현명치 못한 자들은 그 소도小道를 아는 자들이어서 문·무
> 왕의 도를 가지지 않은 자가 없습니다. 이러니 선생님이 어디서는 배우지 않으셨겠
> 습니까? 어찌 또한 정해진 스승이 있었겠습니까?"라고 답했다.(衛公孫朝問於子貢曰 仲
> 尼焉學? 子貢曰 文武之道 未墜於地在人. 賢者識其大者 不賢者識其小者, 莫不有文武之道焉.
> 夫子焉不學 而亦何常師之有.)[162]

자공은 공자가 누구를 '정해진 스승(常師)'으로 삼아 배웠는지, 즉 공자가 누구의
제자인지를 묻는 공손조의 질문에 대해 '정해진 스승이 없었다'는 취지로 답하
고 공자가 현명한 자들과 현명치 않은 자들을 가리지 않고 '천하 만인'을 스승
삼아 도처에서 다문다견多聞多見해 배웠다고 답하고 있다. 그리하여 공손조가
말하는 '배움'은 우리가 사승師承관계 속의 수학修學이나 사숙私淑, 또는 학교에
서 받는 '학습'을 뜻하지만, 자공이 "선생님이 어디서는 배우지 않으셨겠습니
까?"라고 되묻는 말 속에 쓰인 '배움'의 의미는 어느덧 천하 만인에게서 다문
다견하는 '경험'으로 변해있다. 자공의 이런 다문다견의 배움, 즉 '박학'의 관점
에서 알다시피 공자는 선인과 불선인不善人을 가리지 않고 길거리의 뭇사람을

161) 『論語』 「述而」(7-28).

162) 『論語』 「子張」(19-22). 公孫朝는 衛나라의 大夫다.

스승으로 삼아 배울 것을 주창한다. "세 사람이 길을 가면 여기에는 반드시 나의 스승이 있다. 그 중 선한 것을 택해 이를 따르고 그 중 선하지 않은 것은 고친다(三人行 必有我師焉 擇其善者而從之 其不善者而改之)".163) 천하의 뭇사람으로부터 이렇게 배우는 것을 우리는 바로 '경험'이라고 부른다.

이런 논의로부터 분명해지는 것은 공자의 경우에 '학學'은 종종 '유명한 스승에게서의 수학修學'이나 '사숙私淑', 또는 학원에서의 '학습'이 아니라, 근현대철학에서 말하는 '경험' 또는 '경험적 배움'을 뜻한다는 것이다. 따라서『중용』의 '박학博學',164)『논어』의 '다학多學',165) 또『역경』의 "학이취지學以聚之" (배워서 모으다)"는 말은166) 모두 다 "다문다견"의167) 경험을 말하는 것이다.

'배우다(learn)'는 말을 '경험하다', '경험에서 배우다'의 의미로 쓰는 것은 근대 서양철학의 경우도 마찬가지였다. 영국의 경험주의자들인 뉴턴(Isaac Newton, 1642-1727)과 흄(1711-1776) 등도 '배움'이라는 말을 '경험 일반의 의미로 자주 사용했다. 가령 뉴턴은 "우리는 경험으로 배운다"고 표현하고,168) 또 흄은 우리는 "오로지 경험에 의해서만 배운다"고 말하기도 하고, "우리는 역사에서 배운다"고 표현하기도 한다.169) 또 영국 경험론의 영향을 받은 절충주의적 합리론자 장-자크 루소(1712-1778)는 − '배움'이 있다면, '가르치는 스승 또는 '교육

---

163)『論語』「述而」(7-22).

164)『禮記』「中庸 第三十一」(20章): "博學之 審問之 愼思之 明辨之 篤行之".

165)『論語』「衛靈公」(15-3). "子曰 賜也 女以予爲多學而識之者與. 對曰 然 非與. 曰 非也 予一以貫之"

166)『易經』「乾卦·文言傳」.

167)『論語』「爲政」(2-18): "많이 듣고 의심스런 것은 비워 놓고 그 나머지를 신중히 말하면 오류가 적고, 많이 보고 위태로운 것은 비워 놓고 그 나머지를 신중하게 행하면 뉘우칠 일이 적다(子曰 多聞闕疑 愼言其餘 則寡尤 多見闕殆 愼行其餘 則寡悔).";「述而」(7-28): "많이 듣고 그 중 좋은 것을 택해 그것을 좇고 많이 보고 아는 것은 차선의 지식이다(多聞 擇其善者而從之 多見而識之 知之次也)."

168) Isaac Newton, *Philosophiae Naturalis Principia Mathematica* (이하 *Principia*) (1687). *Mathematical Principles of Natural Philosophy and System of the World* (1729). Vol. I·II, trans. by A. Motte in 1729, revised, and supplied with an appendix, by F. Cajori (Berkeley·Los Angeles·London: University of California Press, 1934·1962), "Rules of Reasoning in Philosophy", Rule III, 399쪽.

169) Hume, *A Treatise of Human Nature*, 300쪽; David Hume, *An Enquiry concerning the Principles of Morals* (1751), ed. by Tom L. Beauchamp (Oxford·New York: Oxford University Press, 1998·2010), 20쪽.

자가 있어야 하므로 -『에밀』에서 자연적 본성·인간들·사물들을 우리의 세 부류의 '스승'으로 제시한다.

자연적 본성, 또는 인간들, 또는 사물들은 우리를 교육한다. 자연적 본성은 우리의 능력과 힘을 개발한다. 인간들은 이 능력과 힘의 사용법을 가르친다. 그러나 사물들은 우리가 이 사물들과 겪는 경험과 직관을 통해 우리를 교육한다. 따라서 우리는 세 가지의 스승이 있다. 이 스승들이 서로 어긋나면, 학생은 나쁘게 교육되고 늘 자기와 불합치 상태에 있게 된다. 이 스승들이 일치해 공통목표를 추구하면, 학생은 자신의 목표를 달성하고 이에 따라 산다. 그만이 훌륭하게 교육된 셈이다.170)

여기서 루소가 지목하는 자연적 본성·인간·사물이라는 이 세 스승이 우리를 '가르치는' 것, '교육한다는 것은 가르침을 받는 입장에서 보면 본성·인간·사물로부터 '배우는' 것이다. 물론 여기서 루소가 말하는 '인간'도 '정해진 스승'(常師)을 가리키는 것이 아니고, 뭇사람들을 가리키는 것이다. 자연적 본성·뭇사람·사물로부터의 '배움'을 뜻하는 바로 이 초超광의의 '배움'은 공자의 '학學'과 동일하게 '경험'을 뜻하는 것이다.

자공, 뉴턴, 흄, 루소 등이 동서를 막론하고 '배움'을 '경험'의 의미로 전용해 온 마당에 공자의 '배움' 또는 '학學'을 경험으로 풀이하는 것은 결코 무리일 수 없다. 따라서 공자경전에서 '학' 자는 이하에서 인식과 지식을 논하는 구체적 맥락에 따라 이 '경험으로서의 학'의 뜻으로 풀이할 것이다.

이에 입각하면 『중용』의 "성실히 하는 자(誠之者)"와 관련된 저 명제는 다음과 같이 읽어야 할 것이다. "관념을 성실히 하는 것은 반복된 격물치지 속에서 좋은 것을 골라 그것을 굳게 붙잡는 것이니, 널리 경험하고, 실험實驗하고, 신사하고 명변하고, 이론적으로 충실하게 서술하는 것이다." '박학'은 '폭넓은 경험'이고, 곧 '다문다견'을 말한다.

여기의 논의와 관련해서는 '성의'가 박학·심문과만 관련된 것인지, 신사·명

---

170) Rousseau, *Emil*, 10쪽.

변·독행까지도 포함하는지가 의문이다. 앞서 시사했듯이 『대학』의 격물·치지·성의·정심·수신의 연쇄적 단계에서 '정심'과 '수신'은 도덕적 실천에 속한다. 인식 단계는 격물·치지·성의로 끝난다. 따라서 '성의'는 넓은 반복경험(박학·심문)으로부터 신사·명변·독행까지 포괄하는 것으로 풀이해야 할 것 같다. '독행'을 앞서 '술이부작'의 '서술로 이해했으므로 '성의'는 '지연과학적' 이론지식(지물의 학식)까지도 포함하는 셈이다. 말하자면, '성의'는 박학심문을 통해 경험을 넓히고 견실히 하고 신사명변의 사유작용을 통해 이 경험적 관념들을 '개념화'하고 일목요연한 명제들로 체계화하고 이 명제들을 이론적으로 서술하는 과정이다. '성의'는 흔히 오해하듯이 '나의 뜻'이나 '나의 의지'를 진실하게 한다는 실천철학적 명제가 아니라, 인식론적 명제인 것이다.

'성의' 단계에서부터는 비록 인식작업의 주도권이 신사·명변하는 '사유'에 있음에도, '인상의 최초 복제물로서의 '부실한 관념'을 '명백하고 판명한 일반 관념'으로 가공하는 이 '성의'의 사유가 다시 관념을 대조하는 원본은 반드시 최초의 인상(치지)이어야 한다. 부실한 관념은 반드시 직접 산출된 생생한 인상에 거듭 조회·대조해서 명백화·판명화되어야만 일반화의 재료가 될 수 있고 '개념'으로 완성될 수 있다. 이것은 '신사명변을 통해 실재하는 사물의 생생한 입상을 거듭 직접 접하고 최초의 불실한 관념을 생생한 인상에 비추어 명확화·판명화·일반화해 개념을 만들어낸다'는 말이다. '명백하고 판명한 일반적 관념'이 '지각'과 '사유'의 협업으로 만든 '완성된 관념'으로서 바로 '개념'인 것이다.

입상(인상)은 사물이 현전하지 않아도 기억에 잔존하지만, 시간이 흐르면 점차 부실화되고 마침내 기억에서도 사라진다. 최초의 관념도 마찬가지다. 최초의 '관념'은 원래 희미하지만, 조응하는 대상들의 생생한 인상을 현재적으로 대하지 않으면 부실해지기까지 하기 때문이다. 이 희미하고 부실한 관념은 거듭된 입상진의立象盡義와 신사명변의 '성의'를 거쳐 충실하고 명백하고 판명한 관념으로서의 '완성된 관념', 즉 '개념'으로 재생산된다. 경험적 '관념들'은 부실하든 성실하든 '기억' 속에 저장되고, 이 기억된 여러 유사 관념

들은 '신사명변'의 사유작업 속에서 특수한 관념들로부터 일반적 개념들로
연결·가공되며, 나아가 다시 '성의'한다면, 즉 관념을 다시 성실히 한다면 일
관된 말과 글의 '언어'로도 코드화되어 서술될 수 있는 것이다.

　다시 말하지만, 최초의 모든 '관념(의념)'은 최초의 '인상'에서 생긴다. '인상'
없이 관념 없다. '격물치지 없이 의념 없다'. 외감인상과 내감인상들은 모든
최초 관념의 원천 또는 출처다. 이 정의를 '최초'의 관념에 한정하는 것은 인
간의 사고력은 논증과 추리를 통해 기존의 '관념'에서 다시 새로운 '관념'을
계속 산출해낼 수도 있고 기존의 '관념'으로부터 다시 '인상'을 되살려낼 수도
있기 때문이다. 가령 '산'의 관념은 눈의 시각적 인상으로부터 경험적으로 얻
어졌지만, 사유를 통해 이 '산' 관념으로부터 동산·태산·산등성이·산세·산마
루 등의 관념들을 자꾸 만들어낼 수 있고, 금강산의 관념으로부터 기억과 상
상력으로 생생한 산 풍경을 되살려내 시문으로 그려낼 수도 있는 것이다.

　'기억'은 생생함이 남아있는, 즉 강렬하게 보존되는 '잔존 인상'이다. '상상'
은 이 인상이 '전혀' 남아 있지 않은 '관념'이다. 따라서 '기억'의 인상은 '상상'
의 '관념'보다 최초 인상에 더 정확하게 조응한다. 하지만 '기억'의 '인상'은
시간이 갈수록 퇴색해 잔존 이미지마저 잃고 '인상'의 원래 이미지와 점차
멀어져 부실, 불명확·부정확해진다. '상상'은 '인상'이 완전히 탈각된 사유의
'관념'이므로, 원래의 '인상'과 '기억'의 내용을 닮아야 하는 유사성의 규칙이
나 순서에도 전혀 구속당하지 않고 자유롭다. 상상은 기존의 '관념'에 느낌을
불어넣어 이 관념으로부터 새로운 '인상'을 만들어 내기도 하고, 관념들을 조
합해 새로운 복합관념들을 발명하기도 하고, 호랑이의 얼굴과 말의 몸뚱이,
닭발과 뱀꼬리를 가진 괴물이나 '용가리', '불가사리', '유토피아' 등을 자유자
제로 '작화作話'하기도 하고, 나아가 모르는 것을 아는 것인 양 허풍을 떨며
'부지이작不知而作'하기도 한다. 따라서 '상상'의 '관념'은 최초의 '인상'으로부
터 기억의 잔존 인상보다 훨씬 더 멀리 벗어나 '부지이작' 속에서 부실화하기
더욱 쉽다.

　여기에 사물을 지시하는 언어코드가 개입하면 기억의 용량과 상상의 폭이

더 커진다. 하지만, 언어적 관념들은 언어코드의 '자립화'와 부정확한 자의적 사용 및 '작화'로 인해 관념의 일탈과 부실화를 더욱 가속화할 수도 있다. 또한 최초의 상(이미지)을 함축적으로 떠올리게 하는 상징적 관념소觀念素들을 갖춰 운용하지 못하는 지사적指事的·자연적 언어는 구체적 사물을 나타내는 관념들의 복합, 가령 '갈색, 담백한 맛, 고소한 냄새, 입 속에 녹는 듯한 부드러운 감촉 등이 동시에 느껴지는 고급 쇠고기 스테이크'를 적절히 묘사하는 기능을 완전하게 수행할 수 없다. 또한 신·도깨비·천사·실체·실천이성 등 허구적 언어들은 인식적 진리 묘사를 방해한다. 더구나 '찬물이 시원하다', '뜨끈한 국물이 시원하다', '저 나쁜 놈이 사법처리되니 시원하다' 등으로 '시원하다'는 말을 아무데나 전용하는 사례에서 보듯이 언어의 부정확한 사용습관은 사실서술을 저해한다. 그러므로 『역경』「계사상전」에서 공자는 "글은 말을 완성하지 못하고 말은 관념을 완성하지 못한다"라고 갈파한 것이다. 자연발생적 관념의 부실함, 기억의 퇴색, 상상의 자유난무, 자연적 언어의 한계 등으로 인해 '관념'은 시간이 갈수록 또는 언어화될수록 더욱 탈색되고 부실해진다. 이 때문에 '명백하고 판명한 관념'의 산출, 즉 '개념화' 작업이 필요한 것이다. 이것은 상술했듯이 '관념'의 원래출처인 '외감심상·내감심상'을 거듭 세우는 '입상'의 발품을 팔아 이 '관념'을 원래의 '인상'과 대조해 조응관계를 정밀화하고 흐릿하고 그릇되고 자기기만적인 요소들을 제거해 거듭거듭 '관념'을 명확화(명백화·판명화)하고 일반화하는 신사명변을 통해서만 가능한 것이다. 단어의 엄밀한 '정의定義'를 통해서는 사물을 지시하는 언어코드의 개입으로 더 커진 혼돈은 제거될 수 없다. 생생한 대물인상과 '사실의 순서'! 관념을 이것에 거듭 조회해서 관념을 성실하게 만드는 것, 개념화하는 것만이 이 언어적 혼돈에 대한 유일한 치유책이다. 바로 '입상진의'와 일관된 서술序述(사실관계 순서에 따른 언술)이다. 이 점에서는 베이컨도 공자와 같은 의견이다. 자연의 사물과 물질에서는 이 정의(단어의 정의 – 인용자)도 이러한 결함을 치유할 수 없다. 정의 자체가 말로 되어 있고 말이 말을 낳기 때문이다. 그래서 개별 사례들(particular instances)과 이것들의 일관성과 순서에 호소하는 것이 필요한 것이다."171)

그러므로 '관념'을 성실하게 만드는 '성의'는, 일단 ① '물형'에 조응해 '입상'하고 '진의盡意'해 다문다견의 많은 기억(대학·박학)을 통해 '부실한 관념들'을 생생하고 뜨끈한 원래의 '인상'에 거듭 조견照見해 신사명변으로 왜곡·편차·미망·자기기만을 바로잡고 '관념'을 명확화한 다음, ② 이 '명확한(=성실한) 관념들'을 추상화·일반화해 '개념들'을 산출하는 것이다. '성의'의 첫 번째 부분, 즉 경험적 관념을 원래의 대상지각으로 돌아가 '명확화(명백화·판명화)'하는 것의 중요성을 공자는 이미 격물치지의 '인상'을 물리치고 경험 없이 생각하기만 하는 순수 사유의 무익성을 갈파하는 유명한 명제로 강조했다.

> 종일 먹지 않고 밤새 자지 않고 생각해 보았으나 무익했고 경험에서 배움만 못했다
> (終日不食 終夜不寢以思 無益 不如學).[172]

심상이 우리의 영혼 속에 본유하고, '입상'과 관념의 복제가 '본성의 성향'으로 자연발생하는 반면, 경험적 내용 없는 순수한 사유 속에는 아무 지식도, 아무 관념적 원리도 본유하지 않기 때문이다.

성의와 관련해서는 증자曾子(기원전 506-436)의 설명을 미리 조정해 둘 필요가 있다.

> 이른바 자기의 관념을 성실히 한다는 것은 자기기만을 없애는 것(毋自欺)이다. 이는 나쁜 냄새를 미워하는 것과 같고 좋은 냄새를 좋아하는 것과 같다(所謂誠其意者 毋自欺也 如惡惡臭 如好好色). 이것을 일러 자기를 겸손히 하는 것이라 한다. 그러므로 군자는 반드시 단독의 자기를 신중히 하는 것이다(此之謂自慊 故君子必愼其獨也).[173]

---

171) Bacon, *New Organon*, Book I, LIX(59).

172) 『論語』「衛靈公」(15-31)

173) 『禮記』「大學 第四十二」(傳6章). 여기서는 다양한 의미를 가진 '겸(慊)'을 근거 없이 '쾌(快)'로 풀이한 주희의 주석을 물리치고, '겸(謙)'으로 풀이했다. 이 주석은 이 글의 의미맥락과 배치되기 때문이다.

여기서 "나쁜 냄새를 미워하는 것과 같고 좋은 냄새를 좋아하는 것과 같다"는 대목은 벌써 호오감정을 말하고 있어 '감정' 단계로 나아간 풀이로 보인다. 이것은 '지물'과 무관하고 '지인'과만 관련된 풀이다. 그러나 이 대목을 '빨강을 빨강으로, 쓴맛을 쓴맛으로 느끼는 것으로 바꿔 풀이하면 다시 지물의 인식론에도 원용할 수 있을 것이다. 자기기만 없이 대상의 빨강을 빨강으로, 파랑을 파랑으로 제대로 지각하는 것은 자신을 우쭐하게 내세우지 않고 대상을 겸손하게 대하는 것이다. 사람은 사유작업으로 관념을 자기기만 없이 정교하게 가공하고, 나아가 그 관념들 간의 관계(상근·상원·본말·선후·인과관계)에 대한 정확한 인식에 성실을 기함으로써 참된 엄정한 지식을 얻고 개념·이론·과학지식의 형태로 서술해 활용하게 된다.

하늘은 인상과 관념을 만들지 않아도 저절로 도道를 성실하게 표현하지만, 인간은 격물치지에서 얻는 인상에 맞춰 관념들을 끊임없이 성실히 가공해 참된 지식을 산출하고 자기 것으로 획득해 다시 언어를 통해 외적으로 표현해야 한다. 그러므로 공자는 "성실한 것은 하늘의 도이고, 성실히 하는 것은 사람의 도다"라고 갈파한 것이다. '성실한 것'은 웬만해서는 변함이 없는 '천성天性'이고, '성실히 하는 것'은 인위적으로 박학·심문의 입상과 신사·명변의 '성의(진의)'의 노력을 경주해 관념과 개념을 완성하고 '독행'의 일이관지와 서술로 이론화·과학화한다는 말이다.

요약하면, '성의'는 일단 사유 속에 산출된 거칠고 부실한 경험적 '관념'을 원래의 감각적 인상에 거듭 비춰보고 오류와 자기기만을 없애 퇴색·남용·언어우상으로부터 관념을 순화시키고 참된 관념으로 개념화하는 반복적 격물치지·박학·심문의 '입상과 엄정한 진의(신사·명변·독행)' 과정이다. '군자선비'(君子儒), 즉 '학자'는 '성의'를 더 심화시켜 추상적 개념들의 상호관계를 논증하고 '일이관지'하는 '서술'로 '학식(과학지식)'을 산출해야 하는 '학자'의 전문적 우회로까지 거쳐야 한다. 그러나 일반선비, 실무로 나가려고 하거나 전문적 실무에 종사하는 '소인선비'(小人儒), 즉 '전문가'는 경험적 관념들을 개념화하는 '성의' 단계에서 이 개념들을 '과학의 도'를 따라 이론적으로 체계화할 필요 없이

막 바로 '정심' 단계로 나아간다.


## 제2절 경험과 사유의 관계

### 2.1. 선학이후사先學而後思·주학이종사主學而從思

앞선 논의에서 인식적 지식의 산출에서 경험(많은 기억)과 사유는 선후관계
로 결합되어야 한다는 것이 저절로 드러난다. 이 경험과 사유의 관계에서 중
요한 것은 첫째는, 경험과 사유의 결합이 어떠한 것인지, 둘째는 경험과 사유
의 결합 시에 양자가 대등한 것인지, 아니면 어느 것이 우선인지를 밝히는
것이다.

경험과 사유의 관계에 대한 공자의 논의에서 가장 중요한 '기본 명제'는
『논어』「위정」편의 다음 명제다.


경험에서 배우기만 하고 생각하지 않으면 망연하고, 생각하기만 하고 경험에서 배우

지 않으면 위태롭다(學而不思則罔 思而不學則殆).[174]


경험에서 배우기만 하고 생각하지 않으면 학식을 이루지 못해 공허하고, 생
각하기만 하고 경험에서 배우지 않으면 독단과 오류의 위험 때문에 위태롭다
는 말이다. 따라서 "학이불사즉망學而不思則罔 사이불학즉태思而不學則殆"의 뜻
은 첫눈에 명확한 것이다. 공자의 위 명제는 인식적 지물知物의 지식과 해석
적 지인知人의 지식을 얻기 위한 '경험과 사유의 공고한 결합', 즉 경험에서
배우고 생각하는 것(學而思)을 요청하고 있다.

그러나 하안何晏과 형병邢昺, 그리고 주희朱熹는 모두 공자의 이 명제를 저
'배움'이라는 말을 좁게 풀이하고 사제지간의 교학법이나 반복학습법의 관점
에서 독해해[175] 저 명제의 인식론적 의미를 제거해 버렸다. 이 때문에 이들의

---

174) 『論語』「爲政」(2-15).

독해는 다 피상으로 흐르고 말았다. '인식론적' 이해가 결여된 이런 '학습론적' 독해의 영향은 오늘날까지도 그치지 않고 있다.[176]

하지만 상론했듯이 여기서 공자의 '학學(배움)'은 스승이나 책으로부터 배우는 것만이 아니라 넓은 의미에서 역사적 과거의 옛것과 현재 세계로부터 배우는 것, 즉 '과거와 현재의 경험'에서 배우는 것을 가리킨다. 이렇게 보면, 선인先人의 책이나 스승으로부터 배우는 것도 '간접적 형태의 경험'에 속한다. 공자에게 배움이란 곧 세상 경험이고 사람들과의 교류를 통한 협력적 지식 획득인 것이다.

따라서 저 "학이불사즉망學而不思則罔 사이불학즉태思而不學則殆" 명제의 의미는 "경험에서 배우기만 하고 생각하지 않으면 공허하고, 생각하기만 하고 경험에서 배우지 않으면 위태롭다"는 것이다. 당연히 이 경험론적 관점은 경험을 배격하고 자기의 개인적 이성만을 믿고 생각으로만 지식을 쌓으려는 신적 천재의 선험적先驗的 방법을 논외로 한다.

이런 의미맥락에서 공자는 자기가 나면서부터 아는 생이지지자生而知之者, 즉 '신神' 또는 '신처럼 지혜로웠다'는 요임금 같은, 신화와 전설 속의 '성인'이 아님을 자인한다.

---

175) 하안은 "배우되 그 뜻을 찾고 생각하지 않으면 망연해 얻는 게 없고, 배우지도 않고 생각하면 끝내 얻지 못하고 헛되이 사람의 정신을 피로하고 위태롭게 만든다"고 주석한다. 何晏(注)·邢昺(疏), 『論語注疏』(北京: 北京大學出版社, 2000), 21쪽, 何晏注. 형병은 이 명제를 사제지간의 '교학법'으로 해석하여 "이미 스승의 학學을 따랐으면 그 나머지 내용(餘蘊)을 스스로 생각해야 하니, 만약 스승의 학을 따를지라도 그 뜻을 찾고 생각하지 않으면 망연하여 얻는 바가 없다. (…) 스스로 찾고 생각하기만 하고 스승의 학을 찾아가서 따르지 않으면 끝내 그 뜻을 얻지 못하니, 헛되이 사람의 정신을 피로하고 게으르고 위태롭게 만들 뿐이다"라고 풀이한다. 『論語注疏』, 21쪽, 邢昺疏. 주희는 "마음에서 그것을 구하지 않기 때문에 혼미하여 얻는 것이 없고, 그 일을 되풀이하여 익히지 않기 때문에 위험하고 불안하다(不求諸心 故昏而無得 不習其事 故危而不安)"고 주석하고 있다. 朱熹, 『論語集註』. 林東錫 譯註, 『四書集註諺解 論語』(서울: 學古房, 2006), 74쪽. 이하에서는 朱熹, 『論語集註』로 인용한다.

176) 장기근은 '學而不思則罔'과 '思而不學則殆'의 '학學'을 "스승의 가르침을 받거나 고전을 통해서 배우다"로 풀이한다. 張基槿 역저, 『論語』(서울: 明文堂, 2002), 128쪽. 조동일은 "'學은 무엇이라고 할 것인가?' '배움'이기도 하고, '공부'이기도 하다. '배움'은 스승에게서 얻는다. '공부'는 스스로 한다"라고 말한다. 조동일, 『동아시아 문명론』, 322쪽. 김학주와 류종목은 같은 취지로 그저 '배우다'로 옮긴다. 참조 김학주, 『논어』(서울: 서울대학교 출판부, 2008[제2전정판]), 138쪽, 류종목, 『논어의 문법적 이해』(서울: 문학과지성사, 2000), 60쪽.

나는 생이지지자가 아니라 옛 경험을 좋아해 이를 힘써 탐구하는 자다(我非生而知之
者 好古敏以求之者也).177)

여기서 '옛것'은 '먼 옛날'의 '오래된 것'이 아니라, 먼 과거든 방금 지나간 과
거의 경험이든 '지난 경험(past experience)'을 가리킨다. 따라서 이 후천적 '경험'은
'생이지지生而知之(타고난 지식; 생득지식)', 즉 서구의 근대 합리론에서 일컫는 생
득적 '본유관념(innate ideas)'과 대립된다. 따라서 '옛것을 좋아한다'는 말은 '경험
을 중시한다', '경험에 충실하다'는 말이다. '생이지지자生而知之者(타고나 아는
자)'는 '본유지식을 타고난 자' 또는 '타고난 지자'로서 전지전능한 신이나 종
교적 신지자神智者(삼황오제 같은 신화적 성인이나 기독교의 선지자 등)를 가리키거나,
플라톤·데카르트·라이프니츠 등이 믿는 바의 선험적 '본유관념'을 타고나거
나 아리스토텔레스·칸트 등이 믿는바 '이성적 직관 능력과 '합리적 인식범주
들의 선험적 연역능력'을 타고나 오만하게 신의 지위를 탐하는 합리주의적
철학자를 가리킨다. 따라서 '아비생이지지자我非生而知之者 호고민이구지자야
好古敏以求之者也'의 구절은 현대적으로 풀이하면 '나는 합리론자가 아니라 경
험론자다'라고 천명하는 명제다.

공자의 '학學'은 안팎의 감성적 지각을 통한 '경험'을 뜻하는 반면, '사思'는
① 경험에 대한 지성적 신사愼思·변별(분석판단)·종합, ② 경험적 개념들과 관계
를 여전히 견지하면서도 이 신사·명변·분석·종합된 경험적 개념들로부터 추
상적 일반개념을 도출하고 활용함으로써 개별적·구체적 경험을 뛰어넘어 이
를 포괄하고 '일이관지'하는 건전한 이성의 추리·상상·예상, ③ 경험을 경멸하
고 저 추상적 일반개념들의 출처를 이성적 사유능력으로 위조해 경험과 배치
되게 축소·과장·왜곡하다가 결국 교조화·독단화하는 사변적 이성의 변조·작
화·공상·망상 등 온갖 부정적 사유작용까지도 망라한다. 따라서 '사思'는 경험
과의 관계가 긴밀하고 충실할수록 신사·명변·종합의 필수불가결한 지성적

---

177) 『論語』 「述而」(7-20). 여기서 '好'는 '소상하다, 자상하다, 정교하다, 충실하다'는 뜻이고, '敏'은
'힘쓸 민(=務)'자다. 「公冶長」(5-15)의 '敏而好學'도 마찬가지다.

사유작용에 접근하고, 이런 관계에서 추상화가 진행되더라도 건전한 이성적 추리·상상·예상으로 상승한다. 그러나 '사유'는 '경험'과 단절되고 배치될수록 '위태로운' 사변적 변조·작화·공상·망상으로 추락한다. 그래서 공자가 "생각 하기만 하고 경험에서 배우지 않으면 위태롭다(思而不學則殆)"고 한 것이다.178)

공자의 인식론에서 결정적으로 중요한 것은 '경험'과 '사유'의 상관관계를 올바로 파악하는 것이다. 공자는 '경험'과 '사유'를 대등한 관계로 결합하는 것이 아니라 선후·주종관계로 결합함으로써 학적 인식의 공허성과 위태로움 을 동시에 탈피한다.

공자가 말하듯이 세상 사람들로부터 배우는 것은 합리주의적 생이지지자 의 신적 인식이 아니라, 여러 사람들의 협력에 의한 넓은 경험의 인식을 전제 한다. 따라서 가령 영국 경험론의 비조鼻祖 프란시스 베이컨(Francis Bacon, 1561-1626)도 애당초 공자처럼 '생이지지'하는 신적 천재의 선험적 합리주의 방법을 거부하고 협력적 인식을 추구했다.

우월한 증명 방법 또는 자연을 해석하는 우월한 형식은 정신을 오류와 실수로부터 방어하고 보호할 수 있지만, 지식의 자료를 공급하거나 제공할 수 없다. 추측하고 징조를 취하는 것이 아니라 발견하고 알기로 작정한 사람들, 세계에 대해 동화와 소설을 지어내는 것이 아니라 이 실재 세계의 본성을 조사하고 분석하기로 작정한 사람들은 여러 사물 자체로부터 모든 것을 찾아내야 한다. 지성·사상·논증의 경로에 서의 어떤 대체물이나 대안도 고된 작업과 조사, 그리고 주유천하周遊天下를 대신할 수 없고, 전 세계의 모든 천재들이 다 힘을 합해도 이것을 대신할 수 없다.179)

---

178) 그러나 공자의 '학(경험)'의 의미만이 아니라 '사유'의 의미도 동서고금에 올바로 이해된 적이 없는 것 같다. 가령 에임즈(Roger T. Ames)에 의하면, 공자의 '학은 그냥 '배움(learning)'이고, '사는 추상적 추리의 과정이 아니라 "실천적 결과의 달성을 겨냥하고 의미하는 심신상관적(心身相關的) 활동인 점에서 근본적 행(行)"이다. "공자에게 '사는 경험세계로부터 우리를 탈피시키는 수단이기 는커녕, 근본적이고 통합적이고, 존재하는 가능성과 기여하는 조건들의 잠재력을 극대화하려고 모색하는, 심원하게 구체적인 활동이다." 에임즈는 '학의 경험적 의미, '학과 '사' 간의 구별에 근거한 양자의 상관관계 등을 다 소홀히 하고 엉뚱하게도 '사를 '행'으로 둔갑시키고 있다. Roger T. Ames, "Confucius and the Ontology of Knowing", 266쪽. Gerald James Larson and Eliot Deutsch (ed.), *Interpreting across Boundaries* (Delhi: Motiral Banarsidass Publishers, 1988).

여기서 베이컨은 공자처럼 경험론적 지식 획득 과정을 '협력적 작업(*cooperative labours*)', 즉 천하 만인들의 다문다견의 결합으로 보고 "시간의 흐름으로부터 기대될 수 있는 것"에 주목하고, "특히 (이성의 길에서도 마찬가지로) 개인들이 여행하는 행로로만이 아니라, 인간들의 작업과 노력들이 (특히 경험의 획득에서) 가장 알맞은 방식으로 분배되고 그리고 재통합될 수 있는 행로로 기대될 수 있다는 것"에 주목한다. 왜냐하면 "셀 수 없는 인간들이 모두 더이상 동일한 일을 하는 것이 아니라 각 인간이 상이한 기여를 할 때 그 자신의 강력한 힘을 알기" 때문이다.180) 경험주의 방법은 "많건 적건 지성을 평등화해 (지성의) 탁월성에 대해 거의 기회를 주지 않기" 때문에, 지식은 "능력이라기보다는 일종의 행운에 기인하고, 지성의 산물이라기보다 시간의 산물이다". 왜냐하면 인간들의 작업과 그 업적 안에서와 마찬가지로 인간들의 생각들 안에서도 확실히 오랜 누적과 경험 속에서 돌출하는 "우연의 요소"가 있기 때문이다.181)

따라서 베이컨은 '아는 것이 힘이다(*scientia potentia est*)'라고 천명했을지라도182) 이 힘이 이런 경험적·협력적 지식 획득으로 얻어지므로 이 힘을 결코 개인이나 집단이나 한 나라가 아니라 전 인류의 공동선을 위해서만 써야 한다고 규정한다.

재미나 논쟁을 위해 또는 남들을 깔보기 위해, 아니면 이득·명성·권력 등 어떤 다른 열등한 목적을 위해 지식을 탐구하는 것이 아니라, 삶의 유용성과 복리를 위해 그리고 박애심에서 삶을 향상시키고 영위하기 위해 지식을 탐구하기를 원한다. (…) 우리가 하고 있는 일에 관해서는 (…) 인류적 복리와 영광의 기초를 놓고 있다는 사실을

---

179) Francis Bacon, *The New Organon* (1620), edited by Lisa Jardine and Michael Silverthorne (Cambridge: Cambridge University Press, 2000), "Plan of The Great Renewal", 19쪽.

180) Bacon, *The New Organon*, Book I, CXIII(113).

181) Bacon, *The New Organon*, Book I, CXXII(122).

182) '지식이 힘이다(scientia potentia est)'는 베이컨 36세 때 저작인 *Meditationes Sacrae* (1597)에 나오는 말이다. *The New Organon*에서도 유사하게 말한다. "원인에 대한 무지로 결과가 좌절되기 때문에 인간의 지식과 인간의 권력은 결국 같은 것이다." Bacon, *The New Organon*, Book I, III(3).

확실한 것으로 견지하기를 청한다. 또한 인간들이 자신의 진정한 이익에게 기회를 주고 믿음의 열정이나 편견을 끄고 공동선을 생각할 것을 청한다.[183)

소크라테스와 플라톤 이래 서양철학은 지혜를 사랑하는 자(소위 '애지자')를 무조건 철학자로 우대해왔다. 그러나 감성과 경험을 격하하고 경험에서 배우는 것을 거부하는 서양 합리주의 철학자들은 모두 '인류의 복리와 공동선'을 파괴한 위태롭고 오만방자한 자들이었다. 물론 생각하기만 하고 경험에서 배우지 않는 '사이불학자'도 '주학이종사主學而從思(경험을 주로 삼고 생각을 종으로 삼는 것)'하는 자와 마찬가지로 애지자, 즉 '호지자好知者'임이 틀림없다. 그러나 '사이불학'하는 '호지자'는 '주학이종사'하는 '호지자'와 달리 위태롭다. '사이불학'의 '지혜애호'가 위태로운 이유는 '사이불학자'가 늘 경험에서 배우는 것을 싫어해 그의 '사유'가 방자해져 감성과 경험에서 일탈해 자의적 예단과 방탕한 공상, 결국 사변적 독단에 빠지기 때문이다. 그러므로 공자는 "지혜를 좋아하면서 경험에서 배우는 것을 좋아하지 않으면 그 폐단은 지혜가 방탕·방자해지는 것이다"라고 갈파했던 것이다.[184)

따라서 베이컨의 비판적 경험주의와 상통하는 "학이불사즉망, 사이불학즉태" 명제는 '경험하고 생각하지 않으면 학식(이론적 과학지식)을 얻지 못해 공허하고, 생각만 하고 경험하지 않으면 근거 없는 공상으로 작화할 수밖에 없으므로 독단적 오류로 흘러 위태롭다'는 뜻이다. 여기서 이런 '생각'은 신사·명변·독행의 사유작용이 아니라, 변조·작화·공상·망상·독단을 가리킨다. 반면, '경험하기만 하고 생각하지 않는다'는 것은 경험에 대해 거리를 취하지 않고 실천적 경험 속에 묻혀 직관적 '경험지식(현명함과 노하우)'을 얻는 것으로 그친다는 뜻이다. 신사·명변·독행(일이관지·서술의 이론화·과학화 작업)을 거치지 않은 이 '경험지식'(노하우)은 아직 '학식'이 아니다.

그럼에도 불구하고 '학이불사'와 '사이불학'은 공허함과 위태로움을 제각기

---

183) Bacon, *The New Organon*, "Preface to The Great Renewal", 13쪽.

184) 『論語』「陽貨」(17-8): "好知不好學 其蔽也蕩."

대등한 비중으로 나눠 갖는 것이 아니다. 즉, '사유의 가치'와 '경험(學)의 가치'가 똑같은 것이 아니고, 후자의 가치가 전자의 가치를 능가한다. '학이불사'는 '학식' 면에서 공허하지만 그래도 경험지식(노하우)으로서는 유익한 반면, '사이불학'은 '학이불사'와 마찬가지로 '학식' 면에서 위태로울 뿐만 아니라, 무익하기 때문이다. 수학(산술, 대수학, 기하학 등)의 수, 10진법, 도형의 관념도 최초에 자연적 사물들의 양과 개수個數, 열 손가락, 네모·세모·동그라미 등의 모양에 대한 감각적 지각과 지형지물에 대한 측량 경험을 받아들여 추상화하고 발전시킨 것이다. 따라서 수학조차도 순수한 '사이불학'의 산물이 아닌 것이다. 만약 수학이 실재 및 경험과의 연관성(근사치적·추상적 조응성)이 전혀 없는 순수한 '사이불학'이라면, 경험적 실재대상에 대한 응용가능성이 전무한 무용지물일 것이다. 가령 생각할 수 있으나 경험에는 존재할 수 없는 천각형·만각형·억각형의 도형, 해垓(10의 20승)를 거쳐 재載(10의 44승), 극極(10의 48승), 항하사恒河沙(10의 52승), 아승지阿僧祗(10의 56승), 나유타那由他(10의 60승), 불가사의(10의 64승), 무량대수(10의 68승)등에 이르기까지 수는 추상관념 속에서 얼마든지 지어낼 수 있지만 자연적 실재 속에서 경험할 수 없으므로 실재성이 없고 무용하다. (북극성은 지구로부터 800광년 떨어져 있는데 이 거리도 미터법으로 환산하면 7,568조 6,000억 km밖에 되지 않는다. 경京에도 미치지 않는 이 천문학적 수도 해·재·극·항하사·아승지·나유타·불가사의·무량대수 등에 비하면 엄청나게 작은 것이다.) 또한 공산주의와 같이 광적 합리주의자들의 순수한 합리적 사유에서 짜낸, 경험으로 검증되지 않은 사회이론은 무익하고 위태롭다. 그래서 앞서 밝혔듯이 공자는 "종일 먹지 않고 밤새 자지 않고 생각을 해봤으나 무익했고 경험에서 배우는 것만 못했다"라고[185] 천명한 것이다. 이것은 경험을 결한 무익한 '사유'는 사유 없는 '경험'만 못한 반면, 사유 없는 '경험'은 비록 학식을 이루지 못할망정 그 자체가 삶에 유익해 유용성 측면에서 경험을 결缺한 순수한 사변적 '사유'를 능가한다.

　'경험'은 아무리 반복되어도 '학식'을 낳지 못하지만, '현명'을 낳는다. '경험'

---

185) 『論語』 「衛靈公」(15-31): "終日不食 終夜不寢 以思無益 不如學也."

과 '현명'에 대하여 이성적 '지혜'에 근거한 '학식(학술)'의 우월성을 역설한 아리스토텔레스도 "경험이 있는 사람이 이론만 가진 사람보다 더 많은 성공을 거둔다"고 말한다. 왜냐하면 "경험은 '개별자'에 대한 인식이고, 학식은 '일반자'에 대한 인식인 바, 행위(실천)와 생산(제작)은 둘 다 '개별자'와 관련된 것이기 때문이다. 그래서 가령 "경험 없이" 의학적 "이론을 갖춰 일반자를 아는" 사람, 즉 가령 인간 일반의 몸을 아는 사람은 "그 일반자 안에 들어 있는 개별자를 모르기" 때문에, 즉 인간 '일반'에 포함된 구체적 개인들, 가령 이영재·김종욱·김현배·유용화 등의 몸을 모르기 때문에 "치료를 잘못하는 경우가 잦을 것이다". 왜냐하면 "치료 대상"은 인간 일반이 아니라 이영재·김종욱 등의 "개별자이기 때문이다".186)

경험을 학식으로 발전시키려면 일반자를 도출하는 신사·명변의 귀납적 추리의 사유작업과 이론적 서술의 사유작업이 필수적일지라도, 경험은 이런 사유작업 없이도 그 자체로서 유용하고 실재적이라는 점에서 '경험 없는 사유'보다 일차적으로 더 중요하다. 이런 까닭에 공자는 추리적 '사유'가 아니라 대상적 '경험'을 '학식'의 '일차적' 원천으로 삼았을 뿐만 아니라 모든 기술적·도덕적·예술적 실천을 올바로 지탱해 주는 기초로 규정했다. 따라서 공자는 이 '경험적 배움'의 원칙을 지성과 덕성에 일반적으로 적용하여, 다문다견多聞多見의 '경험적 배움'이 없으면 인덕·지혜·신의·정직·용기·강직의 육덕六德의 의미도 망가진다고 말한다.

인을 좋아하면서 경험에서 배우기를 좋아하지 않으면 그 폐단은 인이 어리석어지는 것이고, 지혜를 좋아하면서 경험에서 배우기를 좋아하지 않으면 그 폐단은 지혜가 방탕·방자해지는 것이고, 신의를 좋아하면서 경험에서 배우기를 좋아하지 않으면 그 폐단은 (사사로운) 신의로 (공적인) 적해賊害를 끼치는 것이고, 정직을 좋아하면서 경험에서 배우기를 좋아하지 않으면 그 폐단은 정직으로 박절하게 목 조르는 것이고,

---

186) Aristotle, *Metaphysics* (Cambridge·Massachusetts·London: Harvard University Press·William Heinemann LTD, 1969), 980a21-981a18.

용기를 좋아하면서 경험에서 배우기를 좋아하지 않으면 그 폐단은 용기로 난을 일으키는 것이고, 강직을 좋아하면서 경험에서 배우기를 좋아하지 않으면 그 폐단은 강직이 광포로 흐르는 것이다.[187)

여기서 '지혜를 좋아하면서 경험에서 배우기를 좋아하지 않으면 그 폐단은 지혜가 방탕·방자해지는 것이다'는 명제는 앞서 시사했듯이 '사이불학즉태'와 같은 뜻을 담고 있다.

이 '경험 없는 사유', 즉 '다문다견의 박학한 경험을 경멸하는 방자·방탕한 지혜사랑'은 독단적 이론(이데올로기)을 '학식'으로 내세우고 지식의 상하위계를 자의적으로 '작화'해 지식철학 가운데에 슬그머니 '지배욕'을 끼워 넣기 때문에 '위태로운' 것이다. '사이불학'의 모든 오만한 합리주의적 '이론들'은 감각과 경험 및 경험론적인 귀납적 추리지식을 '이성의 그림자'(라이프니츠), 이성적 지식보다 하위의 '지성적(오성적) 지식'(칸트), '이성의 가상假像(Schein der Vernunft)'(헤겔) 등으로 비하하고 허풍으로 이성의 연역적 추리능력을 과장해 합리적·사변적 이론체계를 지어낸다. 따라서 모든 오만한 합리주의적 '이론들'은 '학식'과 거리가 멀고 동어반복과 근거 없는 독단·공상·오류로 합성된 허구적 시나리오(베이컨의 '극장의 우상'), 즉 이데올로기에 불과하다. '사이불학자思而不學者'는 보통 사변적 이론의 허구적 논리를 최고의 '학식'으로 우기고, 이것을 '학이사學而思(경험에서 배우고 생각하는 것)'로 얻은 '사실의 진리'보다 더 높은 지위에 있는 이성의 '필연적 진리'로 강변하기 마련이다.

라이프니츠는 플라톤·아리스토텔레스를 계승해 이른바 '사실의 진리'를 보통사람들의 '동물적 지식'으로 격하시키고 '필연적 진리'를 철학자들의 '인간적 지식'으로 격상시켜 지식을 위계화하는 사변적 궤변을 강도 높게 주창했다. 이후 칸트·피히테·헤겔의 관념론적 합리론, 마르크스의 유물론적 합리론, 육체의 관념화된 야수적 욕구를 '큰 이성'으로 내세우는 니체의 육체적·인종

---

187) 『論語』「陽貨」(17-8): "好仁不好學 其蔽也愚. 好知不好學 其蔽也蕩. 好信不好學 其蔽也賊. 好直不好學 其蔽也絞. 好勇不好學 其蔽也亂. 好剛不好學 其蔽也狂."

적 합리론 등 근대의 각종 합리론들은 음양으로 라이프니츠의 이 지식위계론을 신봉했다. 이 위험한 합리론들은 철학자와 대중의 정치적 권력차이를 정당화한 플라톤의 철인치자론과 아리스토텔레스의 이성적 노예주·가부장론, 인종차별을 추구한 파시즘과 나치즘의 지배인종론과 철인총통론, 계급차별과 계급투쟁을 추구한 공산주의의 전위당론과 철인서기장·철인주석론을 만들어 인류사회에 대재앙을 가져다주었다.

반면, '학이불사'의 실천적 '경험지식'은 학식적으로 공허할지라도 실생활에 아주 유용하고 안전하다. 학술적 가르침이나 추리적 사색 없이 본능적 호기심·궁금증·지각능력으로 얻어지는 '축적된' 경험지식(노하우)을 공자는 '현명'이라 불렀다.[188]

그러므로 경험과 사유의 결합으로서의 '학이사'의 순서배열은 경험적 배움을 앞세우고 사유를 뒤로하는 '선학이후사先學而後思'요, 경험적 배움이 주도하고 사유가 경험을 추종하는 '주학이종사主學而從思'이어야만 한다.

그런데 공자의 '지知(지혜·지식)'는 '학식'과 '현명'을 포괄한다. 따라서 완전한 '지자知者'가 되기 위해서는 '현명'한 것을 넘어 '학식'을 갖춰야 한다. 학식 없이 현명만을 갖춘 자는 '현자賢者'이지, 아직 '지자'가 아니다. 따라서 현자의 반대는 현명하지 않은 '불초자不肖子'이고, 지자의 반대는 학식이 없는 '우자愚者'인 것이다. 그러므로 공자는 "도가 행해지지 않는 이유를 내가 아는데, 지자는 지나치고 우자는 못 미치기 때문이다. 도가 밝혀지지 않는 이유를 내가 아는데, 현자는 지나치고 불초자는 못 미치기 때문이다"라고 하여,[189] 지자와 현자(우자와 불초자)를 구별한 것이다.

'학이불사'와 '사이불학'은 이와 같이 유익성과 안전성 면에서 정반대지만, 둘 다 진정한 학식(과학지식)의 산출을 달성할 수 없다. 그러므로 공자는 '경험'과 '사유'의 확고한 결합, 그것도 선학이후사先學而後思·주학이종사 식의 결합

---

188) 노자는 '知常'이라 불렀다. 老子, 『道德經』 제16장 참조.

189) 『禮記』「中庸」제4장: "道之不行也 我知之矣 知者過之 愚者不及也. 道之不明也 我知之矣 賢者過之 不肖者不及也."

을 요청하는 것이다. 따라서 공자가 이 명제로써 목표로 삼는 올바른 학적 인식방법을 우리는 일단 주학이종사·선학이후사 방식의 '학이사學而思'로 정식화할 수 있다. '학이사'는 다양한 관점에서 많은 반복적 경험들을 모은 다음, 이 경험에 대해 거리를 취하고 이 경험 내용들을 성실히 하고, 즉 객관적으로 명확화하고 정밀 분석·변별하고 일반화하고 체계적으로 이론화해 '일이관지'로 서술序述하는 사유작업을 수행하는 것이다. '경험'과 '사유'를 선후와 주종主從으로 결합해 학식을 산출하는 이 '학이사'의 방법만이 인식대상으로서의 자연사물에 대해 겸손한 인식방법일 수 있다.

### 2.2. 박학(다문다견)·심문(실험)과 경험의 확충

'경험에서 배우는 것'을 먼저 고찰해 보자. 베이컨은 말한다. "우주의 조직, 그 구조는 모든 측면에서 길이 아주 자주 불확실하고 한 사물 또는 한 표시의 유사성은 기만적이고 본성들의 뒤틀림과 변환은 아주 빗나가고 뒤엉켜 있는 미로와 같다. 우리는 가끔 빛나지만 또 가끔은 가려지는 감각들의 불확실한 불빛 속에서 경험의 숲들과 개개 사물들을 뚫고 나아가야 한다."190) 이런 상황에서 경험이 한두 번으로 그치거나 미미한 경우에는 최초의 관념을 명확화하거나 시종·본말·선후관계와 인과관계의 가닥을 잡기에 충분치 않다. 최초의 흐릿한 관념을 확충·명확화·일반화하고 경험들의 가닥을 잡아 연결관계를 수립하고 지식을 낳기 위해서는 상술했듯이 '많은' 기억과 '많은' 경험, 즉 많이 듣고 많이 반복적으로 보는 것이 필요하다. '경험'은 '반복적 기억' 또는 '많은 기억'이다. '많은 기억과 많은 것들의 기억'은 많이 듣고 많이 보는 것, 즉 '다문다견多聞多見'을 요한다. 다문다견은 부실한 견문을 충실하게 하여 충실한 경험으로 만들어준다. 다문다견은 경험을 확충하는 방법이다.

인간은 '생이지지生而知之'하지 못하는 존재, 즉 신神처럼 본유지식本有知識을 지녀 만사를 아는 존재가 아닌 것이다. 따라서 인간은 '다문다견'을 통해 많은 것에 대해 많은 기억을 만들고 이것으로부터 점차 지식을 얻어 쌓아나

---

190) Bacon, *The New Organon*, Preface to 'The Great Renewal', 10쪽.

갈 수밖에 없다.

그러므로 '인간적 지식'은 '생이지자'의 신지神知에 못 미치는 '차선의 지식' 이다. 이것은 '다문다견'을 통하지 않으면 획득할 수 없는 지식이기 때문이다. 그러므로 공자는 인간적 지식의 '차선성'을 여러 번 강조한다. 이에 관한 그의 어록들을 이전 인용한 것까지 다 종합해보자.

> 많이 듣고 그 중 좋은 것을 택해 그것을 좇고 많이 보고 아는 것은 차선의 지식이다
> (多聞 擇其善者而從之 多見而識之 知之次也).191)

> 태어나면서 아는 것이 상등이라면, 경험에서 배워서 아는 것은 차등이다(我非生而知
> 之者上也 學而知之者次也).192)

> 나는 생이지지자가 아니라 옛 경험을 중시해 힘써 탐구하는 자다(子曰 我非生而知之者
> 好古敏以求之者也).193)

'호고민이구지자好古敏以求之者'는 '학이지지자學而知之者'다. 상등의 신적 지식 이 아닌 인간의 '차등의 지식'을 추구하는 자는 '경험에서 배워서 아는 자'이 고, '옛 경험을 중시해 힘써 탐구하는 자'다. 이것은 정신 속의 선험적 본유지 식과 선험적 연역범주로부터 여타 지식을 도출해내는 신적 성인의 연역법 (deduction)을 인간의 학술세계에서 퇴출하고 '다문다견'의 경험으로부터 지식 을 도출하는 귀납법(induction)을 인지人智의 지식산출 방법으로 승인한 것이다.

"많이 듣고 그 중 좋은 것을 택해 그것을 좇고 많이 보고 안다"는 명제의 '다문다견'은 바로 『중용』의 '박학博學(널리 경험에서 배우는 것)'과 상통하는 말이 다. '다문다견'과 '박학'은 나와 소아小我(가까운 우리)의 관점에 사로잡혀 빠져드

---

191) 『論語』 「述而」(7-28).
192) 『論語』 「季氏」(16-9).
193) 『論語』 「述而」(7-20).

는 '관점주의'를 극복하게 하고 감성적 지각을 보편화해 준다. '관점주의'는 자기의 특정한 관찰 각도와 특정한 이익 관점에서 보고 들어 오류(착시·착각·착오·오해 등)와 뒤섞여 있는 지각을 절대화하는 사고방식을 가리킨다. '관점주의'는 베이컨이 말하는 '동굴의 우상'의 전형적인 형태다. 반면, '박학'은 여러 각도와 관점에서 거듭 보고들을 뿐만 아니라, 과거와 현재의 무수한 일반대중과 역사의 관점에서 사물을 보고 느끼고 대중의 공론을 듣는 '다문다견'이다. 다문다견의 최고경지는 나라의 온 백성, 천하의 온 백성이 보고 듣는 것이다. 하늘도 이 온 백성의 견문을 존중하고 따른다. 따라서 무왕武王은 말한다.

> 하늘은 우리 백성이 보는 것을 통해 보고, 우리 백성이 듣는 것을 통해 듣는다(天視自我民視 天聽自我民聽).194)

'다문다견' 또는 '박학'은 이 '민시民視·민청民聽'을 존중하고 따르면 따를수록 그만큼 적실適實해지고 그만큼 하늘의 경지에 접근한다. 이러한 '박학'만이 유사한 경험의 충분한 반복을 보장하고 관점주의(동굴의 우상)를 해소해 우리의 경험에 얼마간 공간을 초월한 일반성을 마련해 준다. '다문다견'을 통한 '박학'에는 이런 경험적 '일반화' 기능이 있다.

그러나 어떤 오묘한 대상의 경우, 우연히 겪는 현상이나 사건을 통해 경험을 넓히는 '박학'만으로는 정교하고 정밀한 경험을 마련하기에 충분치 않을 수 있다. 이런 경우에는 특별한 의식적 물음을 설정하고 여기에 관심을 집중하고 그 결과를 정밀하게 실측하고 분석하는 정교한 '실험實驗'이 필요하다. '실험'은 '의식적으로 기획된 실제적·실측적 관찰경험'이다. 공자는 이것을 『중용』에서 '심문審問(상세하게 살피고 정밀하게 따져 묻는 것)'으로 규정한다. 따라서 '학이사'의 '학學'은 '박학'과 '심문'을 포괄하는 것이다.195) '계몽적·비판적' 경험론의 비조 프란시스 베이컨의 '경험' 개념도 박학과 심문, 즉 박물지(history)와

---

194) 『書經』 「周書·泰誓」.

195) 『禮記』 「中庸」 제20장: "博學之 審問之 愼思之 明辨之 篤行之."

실험(*experiment*)을 포괄한다.196) 그리고 베이컨에서 뉴턴을 거쳐 흄에 이르는 영국의 경험철학에서 'experiment'는 '경험'과 '실험'을 동시에 의미했다.197) 따라서 뉴턴으로부터 흄에 이르기까지 'experimental philosophy' 또는 'experimental knowledge'는 '경험철학과 실험철학 또는 '경험과 실험의 지식'의 의미를 아우른다.198)

## 2.3. 온고지신과 인과적 지식의 산출

다문다견 또는 박학·심문을 통한 경험적 신지식의 산출은 '온고지신溫故知新' 또는 '학이시습學而時習'의 명제에 집중되어 있다. 경험적 신지식은 아직 "백세百世의 스승"인 성인聖人이199) 3000년 뒤에 다시 나타나도 바꾸지 않을 정도로 일관된 '과학적 학식'이 아니지만 '경험적 일반성'을 지닌 지식이다.

가령 수많은 '벚나무'를 여러 번 보고 '벚나무'의 명백하고 판명한 관념을 형성해 여러 종의 '벚나무'를 알고 이를 포괄하는 식물종류로서의 벚나무라는 '일반적' 지식을 얻으면, 이것은 다문다견의 경험으로 할 수 있는 최대한 지식인 '경험적 일반지식'을 얻는 것이다. 또한 '햇볕이 비치면 뭇나무가 자란다'는 사실을 여러 번 보고 기억해서 이 기억을 바탕으로 이 '햇볕'과 '나무의 성장' 간의 관계를 '인과'관계로 아는 것은 하나의 새로운 일반적 인과지식이

---

196) 베이컨은 『新기관』에서 실험이론과 – 향후 인류가 수행해야 할 – 자연, 실험(경험), 기술, 지리, 사회, 예술 등 분야별 박물지(history) 체계 계획을 수립해 두고 있다. '자연적·실험적 박물지의 개요'에 관해서는 특히 Bacon, *The New Organon*, 222-38쪽 참조.

197) Lisa Jardine과 Michael Silverthorne은 베이컨의 'experiment'라는 말을 다음과 같이 해설한다. "실험 또는 경험(experience)이다. experientia와 experimentum은 베이컨에 의해 우리가 '경험(experience)'이라고 부르는 '억지가 아닌 관찰과 우리가 '실험(experiment)'이라고 부르는 '고안되고 장치된 경험', 이 양자에 다 무차별적으로 쓰인다." Bacon, *The New Organon*, 57쪽 각주 31). 뉴턴도 『프린키피아』에서 'experiment'를 경험과 실험의 이중적 의미로 사용한다. Newton, *Principia*, "Rules of Reasoning in Philosophy", Rule III, 398쪽 참조.

198) 뉴턴의 'experimental philosophy'의 중의적 용례는 Newton, *Principia*, "Rules of Reasoning in Philosophy", Rule IV, 400쪽 및 "General Scholium", 547쪽 참조. 흄의 용례는 Hume, *A Treatise of Human Nature*, 24쪽 참조. 로크의 'experimental knowledge(경험지식·실험지식)'의 용례는 John Locke, *An Essay concerning Human Understanding* (1690) (New York: Prometheus Books, 1995), Bk.IV, ch.3, §28 참조.

199) 『孟子』「盡心下」(14-15): "孟子曰 聖人百世之師也."

다. 이것도 또 하나의 '일반적 경험지식'이다. 인과관계에 대한 이 일반적 경험지식도 다문다견의 경험으로만 생겨난다.

여기서 햇볕은 아무런 합리적 근거 없이 '원인'으로 간주되고, 나무가 자라는 것은 '결과'로 간주된다. 그리하여 가령 큰 나무에 가려 잘 자라지 못하던 작은 나무가 큰 나무의 벌목으로 햇볕이 잘 들게 되었다면, 우리는 이것으로부터 장차 이 작은 나무도 잘 자랄 것이라고 예감한다. 벌목으로 햇볕이 잘 들게 된 것은 과거의 일로서 '원인'이고, 작은 나무가 잘 자랄 것이라는 것은 미래의 일로서 '결과'다. 큰 나무의 벌목으로 햇볕이 잘 들게 되어 작은 나무가 잘 자랐다면, '큰 나무의 벌목으로 인해 햇볕이 잘 드는 것'과 '작은 나무가 잘 자라는 것'은 둘 다 과거의 사실로서 단순한 선후관계를 넘어 원인과 결과의 인과관계다. 숲에서 이와 유사한 인관관계를 여러 번 경험했다면 이 인과관계의 지식은 일반적 경험지식이 되어 다른 간벌間伐 사례에서도 작은 나무가 잘 자라게 될 것이라는 예감을 갖는다. 이처럼 경험은 거듭 기억된 '옛것'이고 이것으로부터 언제나 따라서 미래에도 그 원인과 결과가 반복될 것으로 예감하는 것은 새로운 지식이다.

이 반복적 유사경험으로부터 '항상적 인과관계'의 새 지식을 얻어 언제나 타당한 것으로 어느 정도 일반화할 수 있으면, 선후의 일 사이의 연관성에 관한 새로운 지식이 발생한다. 아리스토텔레스에 의하면 "지식과 생산적 기예(테크네τέχνη)는 경험을 거쳐서야 비로소 사람에게 생겨난다. (…) 비슷한 경우들에 관해 경험으로 얻은 여러 이미지로부터 한 가지 보편적 개념이 생겨날 때 (지식과) 생산적 기예가 이루어진다."[200] 세계 안에 '동일한 것'은 없기 때문에 우리는 늘 '유사한 것', '비슷한 것'만을 언급할 수 있을 뿐이다.

알다시피 공자는 이 인과관계의 지식과 관련해 유명한 명제를 제시했다.

지난 경험을 거듭 데워 새것을 알면 스승이 될 수 있다(溫故而知新 可以爲師矣)"[201]

---

200) Aristotle, *Metaphysics*, 981a1-6.

201) 『論語』「爲政」(2-11).

'온고이지신溫故而知新'은 옛 사람들의 지혜를 중시·숭배해야 한다는 상고주
의尙古主義 명제가 아니라, '새것을 안다'는 말에서 알 수 있듯이 지물知物의
경험론적 인식론이나 지인知人의 경험론적 해석학과 관련된 명제다. '온고'의
'온溫'은 원래 '식은 음식을 따뜻하게 데운다'는 뜻을 가지고 있지만, 여기서
전의되어 '거듭 데우다'는 뜻도 아울러 가지는 글자다. 그 비유적 함의는 이전
에 따뜻했으나 지금 온기를 잃은 선후관계의 '식은 경험'을 유사한 것들에
대한 '다문다견'을 통해 거듭 뜨끈하게 데워 되살려내면 유사한 경험의 반복
에서 '벌목으로 햇볕이 들게 되는 것'에 대한 유사경험을 하면 이를 작은 나무
의 성장과 연결시키는 습관이 생겨 작은 나무의 성장을 '예감'하는 '조건반사'
의 심리기제가 마음속에 장치된다는 것이다. 앞서 상론했듯이 기억의 누적에
의한 '습관화'와 '예감'은 둘 다 내감의 주요 인식기능에 속한다.

　1900년 파블로프(I. P. Pavlov)가 발견한 '조건반사(conditioned reflex)'는 일정한 조건
의 반복경험으로 조건적 연결에 대한 인지습관이 형성되면 본능적 자극-반응
체계가 없더라도 본능적 무조건반응의 행동이 연결되어 일어나는 동물생리
적 현상을 가리킨다. 개가 먹이를 먹을 때는 늘 침이 나오는데, 이 침 나옴은
먹이에 대한 무조건반응이다. 그러나 개에게 먹이를 줄 때마다 종소리를 울
리면 개는 이 조건에 익숙해질 때쯤 종소리만 울려도 침을 흘린다. 먹이를
곧 줄 것으로 예감하는 것이다. 이 조건반사 기제는 인간도 마찬가지다. 이를
통해 아기와 어린이, 청소년을 학습시킨다. 그러나 조건(종소리)을 주면서도
무조건반사에 대한 자극(먹이 제공)을 하지 않으면, 또는 거꾸로 먹이만 주고
조건을 주지 않으면, 이런 일이 반복될수록 습관이 해소되어 조건반사가 '소
거'된다.

　온고지신의 지식 산출에서도 반복이 조건반사의 습관을 만들고, 유사경험
을 거듭 데우는 반복만이 이 습관을 유지시킨다. 따라서 인과관계에 대한 새
지식을 얻고 유지하기 위해서는 '온고'가 필수적인 것이다. 온고의 반복경험이
늘수록 큰 나무의 벌목과 작은 나무의 성장 간의 인과관계에 대한 믿음 또는
예감으로서의 새 지식은 확실성이 증가한다. 지식의 양은 조금도 증가하지

않지만 그 확실성은 경험의 반복된 수와 정비례로 증가하는 것이다. 그리하여 '믿음'은 '확신'으로 발전하고 인과관계는 '필연적' 관계로 보인다. 이와 같이 인과적 지식은 실은 '확신'인 것이다. 믿음이나 확신은 하나의 감정이다. 따라서 '필연적 인과성'은 칸트가 생각하듯이 지고지순한 '선험적 연역범주'가 아니라 파블로프의 개도 잘 느끼는 '감정'에 지나지 않는 것이다.

'필연적 인과관계'라는 '인식적 지식'은 이렇게 확신의 감정을 통해 형성되는 것이다. 큰 나무의 벌목과 작은 나무의 성장 간의 '연접'(conjunction) 또는 연기連起(succession)에 대한 반복적 기억이 증가할수록 이 '연접' 또는 '연기'를 인과적 '연결(connection)'로 여기는 '습관적 믿음'이 확고해지고, 인과적 연결에 대한 습관적 믿음은 확고해질수록 '인식적 지식'으로 여겨진다. '필연적 인과관계'에 대한 인식적 지식은 실은 이 습관적 믿음인 것이다. 자연과학에서 가장 중요한 지식범주가 '인과적 지식'인 한에서 그 '엄정한' 자연과학도 실은 습관적 믿음이라는 '감정'에 기초한 것에 불과하다. 따라서 자연과학적 지식은 엄밀히 말하면 '엄정한' 것이 아니라 '개연적인' 것이다. 감정은 약화되거나 변할 수 있고 반복은 동일한 현상의 동일한 반복이 아니라 '유사한' 현상의 '유사한' 반복이기 때문이다.

앞서 시사했듯이 확고한 습관적 믿음 또는 습관적 확신은 두 현상의 인과적 '연결'로 여기지는 '연접'관계에서 앞의 현상(큰 나무의 벌목)만이 지각되고 아직 뒤의 현상(작은 나무의 성장)이 나타나지 않았어도 곧 뒤의 현상이 뒤따를 것으로 '예감'하거나 '예견'한다. '예감'은 '습관적 믿음'이 있을 때만 가능하다. 이 '예감' 또는 '예견'은 '예상' 또는 '예측'이라는 상상적 사유작용의 기초가 되는 감각적 지각이다.

종합하면, 유사 경험이 거듭 데워질수록 습관적 조건반사 기제는 확고해지고 습관적 믿음의 확실성은 증가한다. 이 확실한 믿음 또는 확신에 힘입어 큰 나무의 벌목과 작은 나무의 성장 간의 단순한 '연접' 또는 단순한 '계기繼起'는 필연적 '연결'로 바뀐다. 그러므로 '온고지신'은 경험에서 배우고 때맞춰 이 경험적 배움을 복습하고 이를 통해 식은 경험을 새 경험에 의해 다시 뜨겁게 데워 이 생생해진 경험들을 '필연적' 인과관계로 '연결'시켜 인과관계라는 '새것'을 아는 '박학·심문'의 과정이다.

경험의 반복을 말하는 『논어』의 첫 구절도 '온고지신'의 의미로 이해해야 한다.

경험하고 때맞춰 이 경험을 익히니(복습하니) 이 역시 기쁘지 아니한가?(學而時習之 不亦說乎)202)

'습習'은 반복하는 것이다. 따라서 '시습지時習之'는 경험을 때맞춰 반복하는 것이다. 경험적 배움을 때맞춰 반복하는 것은 다름 아닌 '온고'다. 따라서 '온고'에 '지신知新'이 뒤따르듯이 '학이시습지'에는 '지신'이 뒤따라야 할 터인데 여기서는 생략되었다. 이렇게 보면 '학이시습지'가 '기쁜' 것은 '시습' 때문이 아니라 '새것을 알기' 때문이다.

'학이시습지'를 구태의연하게 해독해 단순히 "배우고 또 때맞춰 거듭 익히니 이 역시 기쁘지 아니한가?"로 옮기면, '배우고 또 때맞춰 거듭 익힌다'는 앞 구절과 '이 역시 기쁜 일이다'라는 뒤 구절은 의미론적 충돌을 피할 수 없다. '배우는 것'은 스트레스이고, 이것을 반복해서 '익히는 것'은 더욱 큰 스트레스이기 때문이다. 따라서 '배우고 또 때맞춰 거듭 익힌다'는 구절 다음에는 '이 역시 스트레스가 아닌가'라는 말이 이어져야 순조로울 것이다. 이런 까닭에 '학이시습지'는 뭔가 '새것'을 산출할 때에만 지겨운 의미를 탈피해 다음 구절의 '기쁨'과 조화를 이룰 것이다. 그러므로 공자의 다른 어록들의 '학學'자와 마찬가지로 '학이시습지'의 '학도 '경험'의 의미로 이해하고 '습習'을 '온溫'과 같은 반복의 의미로 이해해 '학이시습지' 자체를 '온고지신'과 같은 뜻으로 풀이해야만 "학이시습지 불역열호"는 순조로운 의미구조를 갖추게 된다. 즉, 이 구절의 참뜻은 "경험하고 때맞춰 이 경험을 반복해서 새 지식을 얻는 것은 역시 기쁜 일이다"라는 것이다.

---

202) 『論語』 「學而」(1-1).

'경험'은 일종의 '구경(觀賞)'이다. 구경은 기쁜 일이다. 새 진리를 구경하는 것은 더욱 기쁜 일이다. 왜냐하면 플라톤의 말대로 구경 중에 가장 기쁜 구경은 '진리구경'이기 때문이다.[203] 전해지는 소문에 의하면, 피타고라스는 직각삼각형의 진리인 '피타고라스의 정리'를 발견하고 아주 기쁜 나머지 소를 잡아 잔치를 베풀었다고 한다.

그리고 '온고'의 '고故'는 단순하게 '오래된 옛것'이[204] 아니라, '호고민이구지자好古敏以求之者(경험을 중시해 힘써 탐구하는 자)'의 '고古'자처럼 '경험' 또는 '경험자료'로 독해하고, 이에 더해 '고故'자의 본래적 의미(① 연고·원인, ② 관례성·관성·필연성·항상성 등)를 가미해서 풀이해야 할 것이다. 말하자면 '고故'는 지난 '경험'임과 동시에 관성적·필연적 인과(연고)관계의 경험이다. '온고이지신'은 인과관계에 대한 경험을 반복해 이 인과관계에 대한 '관성적 믿음'으로서의 '새 지식'을 얻는 것이다. 경험이 많이 반복될수록 이 지식은 더 많은 확실성과 더불어 더 많은 '일반성'을 얻는다. 그러면 이 지식은 이 '일반성'만큼 미래의 사건과 사정에 대한 예감과 예견을 가능케 한다.

그런데 큰 나무의 벌목과 작은 나무의 성장에 대한 100번의 반복적 경험에서 만약 큰 나무를 벌목한 후에 작은 나무들이 강한 햇볕에 노출되어 말라죽은 일이 5번 발생했다면, 저 인과관계는 '필연성'을 잃고 '개연성(probability)'을 띠게 된다. 그러면 이 인과지식은 95%의 확률을 가진 '개연적 지식'으로 완화된다.

인과관계에 대한 이 95% 확률의 '개연적 지식'은 수치 관념과 산술적 확률

203) Platon, *Politeia*, 475d-476b.

204) 형병은 '故'를 '옛날에 배워 얻은 것(舊所學得)', 주희는 '옛날에 들은 것(舊所聞)'으로 풀이했다. 『論語注疏』, 20쪽. 朱熹, 『論語集註』, 70쪽. 이후 모든 주석서들은 수천 년 동안 이를 따라 '옛것'이라는 이 의미 범위에서 벗어나지 못했다. 야스퍼스(1883-1969)는 '溫故知新'을 옛것을 받아들여 익히고 여기서 새것을 만들어내는 하나의 새로운 시도로 해석했다. "재생산되고 이해된 전통은 더 이상 예전의 전통과 같을 수 없다. 이처럼 전통의 의식적인 변화를 통해 과거와 동일한 것 같지만 새로운 철학이 성립한다." Karl Jaspers, *Die Großen Philosophen* (München: Piper, 1957). 카를 야스퍼스(권영경 역), 『위대한 사상가들: 소크라테스·석가모니·공자·예수』(서울: 책과함께, 2005), 106쪽.(이하 국역본 쪽수) 그러나 야스퍼스의 이 새로운 해석도 공자의 경험론적 인식방법의 핵심 의미에 전혀 접근하지 못하고 있다.

계산의 형태로 신사·명변의 사유작용이 개입해 산출한 것이다. 인과관계의 엄밀한 지식은 반드시 신사·명변의 사유작용의 개입에 의해서야 비로소 완성된다. 따라서 확률개념을 동반하는 인과관계에 대한 개연적 지식은 다른 관계들(대소·선후·전후)에 대한 완성된 지식과 마찬가지로 이미 '설명'인 것이다.

그러나 인과적 지식은 5번의 일탈 사례 때문에만 '개연적'이 되는 것이 아니다. 이 5번의 일탈 사례가 없더라도 인과적 지식은 본질적으로 개연적이다. 첫째, 이 인과적 지식이 어디까지나 '습관적 믿음'에 불과한 한에서 아직 '엄밀한 지식', '참 지식'이 아니기 때문이다. 둘째, 반복된 '큰 나무의 벌목' 사건들과 '작은 나무의 성장'이라는 결과들은 앞서 시사했듯이 '동일한 현상들'이 아니라 '유사한 현상들'이기 때문이다. 큰 나무들은 매번 비슷한 나무들일 뿐이지 같은 나무들이 아니고, 이것은 작은 나무들도 마찬가지다. 또한 큰 나무와 작은 나무의 위치와 방향도 다 조금씩 다를 것이다. 그리고 벌목 면적도 조금씩 다를 것이다. 마지막으로 작은 나무들의 성장 정도도 다 다를 것이다. 따라서 원인의 사건들이나 결과들은 다 유사한 것들이지, 동일한 것들이 아니다. 그러므로 엄밀히 말하면, 원인과 결과의 관계가 믿음의 감정, 유사성, 확률 등에 근거한 것인 한에서 이 인과관계에 대한 지식은 본질적으로 '개연성'을 탈피할 수 없다.

'온고'에는 식어 버린 경험들을 유사한 일들에 대한 반복경험에 의해 다시 따뜻하게 데우고 또 데우면 조건반사적으로 앞의 현상을 뒤잇는 현상의 '원인'으로, 뒤잇는 현상을 앞의 현상의 '결과'로 믿게 되는 우리 뇌의 내감적 '습관'이 함의되어 있다. 습관 또는 관성이 인과적 조건반사의 근거인 것이다. 조건반사가 개에 대한 실험에서 확인되었듯이 개에게서도 일어나기 때문에 조건반사적·습관적 믿음으로서의 '인과적 지식'은 개와 같은 동물들도 가지고 있다.

이런 조건반사적 인식으로서의 '인과적 지식'은 외감(최초의 지각), 내감(습관화·예감), 감정(믿음·확신)이 협력작용을 통해 산출하는 것이다. 따라서 이 인과적 지식은 어디까지나 감성에 속하는 것이다. 특정 동물은 인간의 이성보다 못하더라도 분명 일정한 이성을 가지고 있지만, 이 인과적 인식이 이 동물이 이성을 가졌다는 증좌는 아니다. 인과적 지식은 이성적 지식이 아니라 경험과 믿음에 근고한 한에서 감성적 지식이기 때문이다. 그러므로 어떤 동물에게서 이 인과적 인식능력을 확인하고 이것을 이 이성을 보유한다는 증거로 보는 것은 오류일 것이다. 흄이 바로 이런 오류를 범하고 있다.

어떤 진리도, 짐승들이 사람처럼 사유와 이성을 부여받았다는 것보다 내게 명증적으로 보이는 것은 없다. 이 경우의 논변은 아주 분명해서 지극히 어리석고 무식한 사람들도 다 이해할 수 있다. (…) 전자의 동물 행동(통상적 본성인 듯하고 평범한 역량과 한 수준에 있는 듯한 동물들의 행동)에 관해서 말하자면, 나는 이 행동이 그 자체로서, 인간 본성 속에서 나타나는 것과 다르지 않고 이와 다른 원리에 기초하지 않은 이성적 추리에서 생겨난다고 주장한다. 첫째, 동물의 판단의 기초이기 위해서 동물의 기억이나 감각에 직접 현재하는 어떤 인상이 있어야 한다는 것이 필연적이다. 목소리의 톤으로부터 개는 그 주인의 분노를 추론하고 그 자신의 벌을 예견한다. 그의 후각에 영향을 주는 일정한 감각으로부터 개는 사냥감이 멀리 떨어져 있지 않다고 판단한다. 둘째, 개가 현재적 인상으로부터 끌어내는 추론은 경험과 과거 사례에서의 객체들의 결합에 대한 관찰에 근거해 수립된 것이다. 네가 이 경험을 바꾸면, 개는 자기의 추리를 바꾼다. 어떤 때는 이 신호나 동작에 따라 때리고 나중에 저런 신호나 동작에 따라 때리면, 개는 가장 최근의 경험에 입각해 연이어서 다른 결론을 끌어낸다. (…) 짐승들이 대상들 간의 실재적 연결을 지각하지 못한다는 것은 확실하다. 그러므로 그들은 이 대상에서 저 대상을 경험에 의해 추론하는 것이다. 짐승들은 그것들이 경험하지 못한 대상이 그들의 경험한 대상을 닮았다는 일반적 결론을 어떤 논변에 의해서도 결코 구성해낼 수 없다. 경험은 오로지 관성에 의해서만 짐승들에게 작용을 가한다. 이 모든 것은 인간과 관련해서 충분히 분명하다. 그러나 짐승들과 관련해서도 틀림을 의심할 수 없다.205)

---

205) Hume, *A Treatise of Human Nature*, 118-119쪽.

흄은 '조건반사, '믿음', '예감'이라는 말을 써야 할 곳에 부정확하게 '추론', '추리' 등의 이성적 사용작용의 용어를 쓰면서 개의 조건반사적 인식을 "인간 본성 속에서 나타나는 것과 다르지 않고 이와 다른 원리에 기초하지 않은 이성적 추리"로 오해하고 있다. 다시 확인하지만, 조건반사적·습관적 믿음으로시의 인과성에 대한 지식은 아직 신사·명변과 이론적 서술의 '이성적 인식 차원'으로 올라오지 않은 '감성적 지식'이다.

인과성(causality)은 감성적 경험의 반복에 의해 저절로 생성되는 습관적 믿음의 소산이고, 인과적 '필연성'은 이 믿음의 '확고성' 또는 '강렬성'이다. '지신知新(새것의 지식)'은 습관적 믿음으로 얻어진다. 말하자면, 공자가 말하는 인과성은 실재의 사실이 아니다. 또한 그것은 선험적 생이지지生而知之의 지식(라이프니츠의 '필연적 지식' 같이 경험에 앞선 절대 확실한 본유관념)도 아니고 선험적 연역의 산물로서의 칸트의 인과율 범주도 아니다. 그것은 감성적 믿음의 소산에 지나지 않는 것이다. 경험이 반복될수록 이 인과성의 감성적 믿음은 확고해지고, 이 감성적 믿음이 확고해질수록 이에 근거한 인과성은 필연성에 접근한다. 공자에게 인과성은 본유관념이 아니라, 기억력이 있는 모든 동물이 공유하는 습관적 믿음일 뿐이다. 가령 회초리로 자주 맞은 개는 회초리를 들자마자 도망친다. 인간과 동물들 간의 유일한 차이는 개가 습관적 믿음으로서의 인과적 지식을 단순 기억의 형태로 축적하는 반면, 인간은 사유의 추상화 작용을 통해 이 인과적 지식들을 널리 수집하고 축적해 '일반적' 지식을 산출하고 나아가 이론적으로 서술한다는 데 있다.

인과성은 감성적 경험의 반복에 의해 관성적으로 생성되는 믿음의 감정이므로 결코 본유관념이나 선험적 범주도 아니지만, 사물 속에 존재하는 객체적 범주는 더욱 아니다. 사물과 사건 속에 나타나는 것은 인과적 연결관계가 아니라 단지 연접관계뿐이다. '연접'을 '연결'로 느끼게 만드는 것은 저 습관적 믿음의 감정이다. 따라서 연접을 연결로 '착각'하게 만드는 이 믿음에 기초한 인과적 지식은 이런 한에서 '연접'이라는 실재적·객관적 사실과 조금 다른 주관적 지식이다. 이 점에서 '인과적 지식'은 본질적으로 '개연적 지식'인 것이다.

하지만 이 인과적 지식은 인간이 얻을 수 있는 유일한 지식으로서 인간으로 하여금 객관적 사실에 최대로 가까이 갈 수 있게 해주는 지식이다. 그래서 『대학』은 "사물에는 본말이 있고 사건에는 시종이 있으니 선후를 알면 ('득도 得道'가 아니라) 근도近道하는 것이다(物有本末 事有終始 知所先後 則近道矣)"라고[206] 갈파하고 있다. '근도近道'는 객관적 사실에 최대로 가까이 가는 지식으로서 '개연적 지식'을 말한다. 큰 나무의 벌목과 작은 나무의 성장이라는 사건들의 선후관계는 지각이 반복되고 기억으로 누적되면 인과관계로 믿어지지만, 이 것은 어디까지나 '믿음'으로서 '근도'일 뿐이다.

'원인'과 '결과'의 관계는, 다시 확인하지만, 반복적 경험 속에서 정신적 관 성에 의해 산출되는 '믿음'의 감정에 불과한 것이다. 경험(반복적 기억들)이 많을 수록, 그리고 의문을 실험적으로 조사하고 검토하는 '심문審問'이 많고 그 결 과가 유사할수록 인과성에 대한 우리의 믿음과 이에 근거한 일반적 지식은 늘어난다. 말하자면, 때맞춘 '온고'의 반복 횟수에 비례해, 즉 '박학·심문'에 비례해 인과성에 관한 새로운 지식의 확실성(확신)이 증가하는 것이다. 우리가 대상 속에서 보고 느끼는 것은 인과관계가 아니라 단지 '시종'과 '선후'의 연 접관계뿐이다. 그러나 이 선후관계에 대한 '온고'는 이 선후의 연접관계를 인 과관계로 믿게 만드는 정신적 습관을 낳는다. 말하자면 객관적 인과관계의 진리가 대상 속에 들어 있다가 인간에게 드러나 인간에게 알려지는 것이 아 니라, 인간이 대상세계의 선후관계에 대한 넓고 반복적인 경험에 의해 인과 관계의 새로운 개연적 신지식을 의식적·무의식적으로 산출해내는 것이다.

박학·심문으로 본말·시종·선후를 아는 것은 '도道'에 다가가는 '근도'의 방 법이다. '도'는 '솔성率性'이다. '솔성'은 본성(물성과 인성)을 따라 진성盡性하는 것, 즉 본성을 지각하고 갈고닦아 개발해 완성하는 것이다. 이 '솔성'으로서의 '도'는 인간에게 저절로 알려지고 갖춰지는 것이 아니라는 말이다. '도'는 '도' 를 따르고 구하는 인간이 '수도修道' 행위를 통해 이를 스스로에게 가르침(修道 之謂敎)으로써야 비로소 알고 갖출 수 있는 것이다.

---

206) 『禮記』「大學」首章.

따라서 공자는 존재론적으로 "도란 인간이 잠시도 떨어질 수 없고, 떨어질 수 있다면 도가 아닐"지라도,207) 인식적으로는 "인간이 도를 넓힐 수 있지, 도가 인간을 넓히는 것이 아니다"라고 천명했다.208) 법이 법을 보호하는 사람을 보호하고 법을 훼손하는 사람을 보호하지 않듯이, 도는 도를 따르고 갈고 닦는 인간에 의해 넓혀지고 바로 이 인간을 넓혀 주는 것이지, 도를 멀리하고 좁히기만 하는 인간을 넓혀 주는 것이 아니다. 즉, 도는 존재론적으로 인간에게 늘 붙어 있지만, 인식론적으로는 바른 '수도修道' 노력이 없다면 개연적으로라도 밝혀지지 않는다. 도는 '수도'를 통해 '근도'하려는 인간만을 '근도'하게 해 준다.

'인과적 지식'이 대상세계 속에 존재하는 '도(진리)'가 아니라 인간이 '온고'(박학·심문)의 발품을 팔아 이룩한 '근도(개연적 지식)'이기 때문에『대학』의 "사물에는 본말이 있고 사건에는 시종이 있으니 선후를 알면 도에 가까워질 따름이다"라는 명제는 객체들과 관련해 본말·시종·선후관계만을 말하고 있다. 인과관계(故)의 개연적 지식을 말하는 것은 '온고이지신'의 명제로 넘기고 있는 것이다.

'도'는 천도天道·지도地道·인도人道가 있다. 천도는 역학易學의 대상이고, 인도는 해석학의 대상이다. 지도만이 인식론의 대상이다. 이 지도에 대한 인간의 지식은 비록 근도 또는 개연성의 수준에 머물지라도 보통사람들의 생활경험과 동떨어진 초월적 추상이거나 은벽隱僻한 공상이 아니다. 도를 얻지 못하더라도 끊임없이 도에 가까이 가는 '근도'의 경험론적 학식은 보통사람들을 가까이하는 학문이지 사람을 멀리하는 학문이 아니다. 그러므로 공자는 말한다. "도는 사람을 멀리하지 않으니, 사람이 도를 위하면서 사람들을 멀리하면 도를 위할 수 없는 것이다(道不遠人 人之爲道而遠人 不可以爲道)."209) 진정으로 도를 위한 수도는 사람이 수도한답시고 사람을 멀리하고 인성을 등지는 위태로운

---

207)『禮記』「中庸」제1장: "道也者 不可須臾離也 可離 非道也."

208)『論語』「衛靈公」(15-29): "人能弘道 非道弘人."

209)『禮記』「中庸」제13장.

합리론적 '전지주의全知主義'를 멀리하고 경험적 보통 인간들을 가까이하는 범인류적 다문다견의 협력으로써 추구하는 '근도'다. 사람이 이 근도를 충실히 쌓아 간다면, 사람의 이 개연적 학식은 합리적 독단의 파멸적 위험으로부터 자유로운 인간친화·자연친화의 안전한 행복을 이루기에 그 자체로서 족하다고 할 것이다. 물론 근도의 이 개연적 지식은 '인간적 지혜', 즉 '인지人智'의 영역에 속하는 것으로서 인간의 '덕행구복'을 지원하는 데에 족하지만, 이 '덕행구복' 자체를 그르치게 만드는 미래의 대흉과 대과大過를 미리 알아 피하게 해 주기에는 불충분하다. 이 '피흉避凶'을 위해서는 '신적 지혜', 즉 '신지神智'가 요청된다. 이에 대해서는 나중에 상론한다.

존 로크에서 데이비드 흄으로 이어지는 영국 경험철학의 전통에서도 사물 속에는 원인과 결과 또는 인과적 힘이 존재하는 것이 아니며, 인과율은 반복된 경험이 만드는 정신적 관성의 산물이라는 것은 하나의 확립된 명제였다. 우리의 정신이 이런 일에 저런 일이 뒤따르는 선후관계를 유사한 형태로 거듭 경험하면, '이런 일'과 '저런 일'의 선후적 연접관계를 '온고'하게 되고 그러면 관성적으로 이 선후관계를 인과관계로 '여기게' 된다. 즉, 관성적으로 ① 단순한 '경험들古'을 ② '인과적·연고적 연관故'으로 자동 전환시키는 것이다. 그리고 이 '고故' 자체의 자의字意에는 동시에 ③ '관성·관례'의 뜻도 포함되어있다. 이것이 '온고溫故'의 '고'자에 담긴 세 가지 뜻이다. 그러므로 '고故'자가 '고古(옛 고)'와 '복攵(똑똑 칠 복)'이 합성된 글자임에도 주목하게 되는 것이다. 이 합성된 글자는 목동이 마소를 똑똑 쳐 이리저리 몰면서 습성을 들이듯이 옛 경험을 두드리고 치고 다듬어서 경험들의 연결에 관한 확실한 믿음으로서의 새 지식을 산출한다는 의미로 풀이될 수 있기 때문이다.

유사경험의 반복만으로 '옛일'을 '연고원인'로 간주하는 이 정신적 '관성' 또는 습관은 내감의 기능이다. 그러나 내감이 왜 이런 기능을 가지게 되었는지는 인간으로서 알 수 있다. 우리가 아는 것은 그것이 인간의 '천성'이라는 것뿐이다. 인간의 지혜로서는 정신적 '천성'의 원인을 알 수 없다. 따라서 공자는 관성을 산출하는 내감의 천성에 대해서 거의 침묵했다. 그리하여 어떤 제자는 "공자가 천성과 천도를 말하는 것을 얻어들을 수 없었다(夫子之言性與天道 不可得而聞也)"고 전한다.210)

『중용』의 "천명지위성天命之謂性 솔성지위도率性之謂道(하늘이 명한 것을 성이라 하고 이 성을 따르는 것을 도라 한다)"라는 명제가211) 아마 천성에 대한 공자의 견해를 다 말한 것일 것이다. 이 명제의 속뜻은 '천성이란 하늘의 명이므로 그 기원은 인간으로서 알 수 없는 것이고, 다만 인간과 자연은 하늘이 명한 천성을 본받고 따를 뿐이다'라는 것이다. 그러므로 '온고지신'에서 작용하는 내감의 '관성' 산출은 '솔성'에 속하는 사실이라서 인지人智로 더 파고들어 밝혀낼 수 있는 영역이 아니다. 플라톤·아리스토텔레스나 데카르트·라이프니츠·칸트처럼 내감의 천성적 기능에 대한 지식까지도 '생이지지'에 속한다고 우기면, 이 우김질이 바로 합리론적 전지주의다. 뒤에 상론하겠지만, 천성과 천도를 거의 입에 담지 않은 공자의 침묵에는212) 천도·천성에 대한 인간의 겸손한 불가지론不可知論이 함의되어 있다.

사람과 사회는 기본적으로 이해와 해석의 대상이지, 인식과 설명의 대상이 아니다. 그러나 사회도 자연·사물 측면(인구, 출산율, 사망률, 연령구조, 천연자원, 물산, 생산량, 풍요와 빈곤, 기후대, 천재지변, 생태환경 등)이 있기 때문에 일정한 수준에서 '인식'과 '설명'의 대상이기도 하다. 물론 우리는 인간관계와 사회를 이 인과적 인식과 설명으로 다 밝힐 수 있고 오직 이것만이 사회를 파악하는 유일한 과학적 방법이라고 우기는 자세, 즉 '실증주의(positivism)'를 배격한다. 그럼에도 불구하고 사회의 온전한 이해를 위해서는 일정한 정도의 인식과 설명이 추가로 필요한 것이다. 따라서 사회도 큰 나무의 벌채와 작은 나무의 성장 간의 관계와 같은 자연적 인과관계의 관점에서도 고찰해 볼 수 있고 또 그래야만 한다. 물론 사회에서 인과관계는 자연에서보다 불분명할 것이다. 가령 영리 추구의 자유(도덕적·정치적 물욕 억압의 해방)와 국부國富 간의 상관관계를 두고 '온

---

210) 『論語』「公冶長」(5-13).

211) 『禮記』「中庸」제1장.

212) 자공은 "공자가 천성과 천도를 말하는 것을 들을 수 없었다(夫子之言性與天道 不可得而聞也)"고 전한다. 『論語』「公冶長」(5-13).

고'의 노력을 분석해보자.

첫째, 우리는 역사 속에 가령 백성들의 영리추구가 자유로워서 나라가 부유해진 한두 사례가 있다는 것을 안다. 여기서 '백성의 자유'는 앞일이고, '국부'는 뒷일이다. 그러나 이 사례들은 금방 발견했으므로 뜨끈하지만, 그 사례의 수가 너무 적어서 그렇게까지 뜨끈하지는 않다. 따라서 '백성이 자유로워지면 나라가 부유해진다는 명제에 대한 확신은 아직 생기지 않는다. 이 선후관계의 사례들은 나의 뇌리 속에 기억될 것이지만, 이 기억은 세월이 가면서 차츰 퇴색하고 희미해질 것이다.

둘째, 다시 우연히 '박학·심문'을 통해 위와 유사한 몇 가지 사례들을 더 발견했다고 치자. 그러면 식어 있던 첫째 사례들의 기억이 다시 뜨끈하게 데워지면서 '백성이 자유로워지면 나라가 부유해진다'는 명제에 대한 약간의 확신이 생길 것이다.

셋째, 다시 근래 100년 내의 현대사 속에서도 유사한 사례들을 수십 건 찾아냈고, 반대 사례도 네 건 발견했다고 치자. 그러면 첫째와 둘째 사례들에 대한 기억들은 나의 심정 속에서 더욱 더 뜨끈하게 데워지고 위 관념의 확실성과 이에 대한 나의 확신은 더욱 강하게 굳어질 것이다. 다만, 이 확실성과 확신의 범위를 네 건의 반대 사례만큼 삭감할 것이다. 이 인과관계는 이런 산술적 계산의 형태로 신사·명변의 사유작용이 개입해야만 엄밀히 해명된다. 이런 한에서 엄밀한 인과적 지식은 이미 '설명'인 것이다.

넷째, 과거의 여러 경험사례들에 대한 이러한 박학·신문의 '온고' 과정을 통해 내 정신 속에서는 거의 기계적으로 '관성적' 귀납추론이 수행되고 위 관념이 '개연성이 큰 일반적 지식'으로 확립된다. 유사한 사례의 수가 늘어날수록 이 지식의 개연성은 그만큼 더 커진다. 그러면 '백성이 자유로워지면 나라가 부유해진다'는 이 새 지식이 미래에도 개연적 타당성을 가질 것이라는 일반적 믿음도 그만큼 커진다. 백성의 자유와 국부는 인과관계에 있을 뿐만 아니라, 이 인과적 명제는 미래에도 어느 정도 타당한 '예감' 또는 '예견'을 준다. 그리하여 이러한 관성적 확신 속에서 나는 일반적으로 백성의 자유화를 국부의 '원인'으로, 국부를 자유화의 '결과'로 '간주하게' 되는 것이다.

다섯째, 따라서 최근 어떤 나라가 국정개혁과 사회변혁을 통해 백성을 자유롭게 하는 것이 관찰되면, 관성적으로 사람들은 이 나라도 머지않아 부유해질 것이라고 예견한다. 또한 역으로 가령 군사독재가 계속되던 미얀마 국민들이 최근 어느 징도 자유화되었으므로 미얀마가 앞으로 아시아의 최빈국의 대오에서 빠져나오게 될 것을 예감한다.

저 '관성' 또는 '습관'의 제조자는 나의 감성적 영혼이고, 이 '습관화'의 동력은 이성적 사유가 아니라 경험의 반복과 기억의 누적이고, 새것에 대한 지식은 이 뜨끈한 경험과 기억에 근거한 습관적 믿음(확신)이다. 이 습관적 믿음으로서의 인식적 경험지식을 '설명'으로 업그레이드하기 위해 개입하는 수치관념이나 산술적 계산에 기초한 신사·명변의 사유작용, 이에 잇대서 개시되는 이론적 서술은 관계의 '설명' 전반에서 '종속적·후속적 보조역할'을 수행할 뿐이다. 여기서 바로 '주학이종사主學而從思'의 원칙이 확인된다. 이것은 뒤에 상론할 '술이부작述而不作'의 성실한 이론구성 방법과 통하게 된다. 저 습관의 산출능력은 내감적 '천성'의 일부다. 그러므로 나는 정신이 왜 그리고 어떻게 이 관성을 제조하는지는 알 수 없다. 반복경험으로 형성되는 습관적 믿음에 의해 현상들의 '연접'을 인과적 '연결·연관으 바꿔 새 지식을 낳는 것을 설명하는 '온고지신'의 넉 자는 이와 같이 새 지식을 창출하는 복잡하고 신기한 지식산출 과정을 응축하고 있는 것이다. 이런 관점에서 흄은 경험론의 요체를 이렇게 요약한다.

경험은 과거를 두고 대상들의 개별적 연관(conjunction)에 대해 내게 가르쳐 주는 원리고, 습관(habit)은 미래를 두고 동일한 것을 기대하도록 나를 결정하는 또 다른 원리다.213)

이것은 공자의 '학이시습'·'온고지신'과 상통하는 흄의 경험론적 요체다.

다시 확인하지만, 공자의 '근도近道'는 새 지식의 '개연성'을 말한 것이다.

---

213) Hume, *A Treatise of Human Nature*, 172쪽.

선후관계의 '온고'를 통해 인과관계의 지식을 얻지만, 이 인과관계는 대상들 안에 존재하는 객관적 실재가 아니라, 유사한 경험을 '온고'할수록 더욱 강해지는 우리의 정신적 관성의 산물이기 때문이다. 따라서 '온고지신'을 통한 '득도得道'(완전한 진리의 획득)란 있을 수 없다. '득도'는 신의 경지이다. 따라서 '득도'는 인간의 인식능력의 한계를 넘어가는 창공의 꿈이요, 이룰 수만 있다면 죽음과도 맞바꿀 수 있는 일종의 유토피아적 백일몽일 따름이다. 그러므로 순수한 가정법에서 공자는 "아침에 도를 들으면 저녁에 죽어도 좋다(朝聞道 夕死可矣)"고[214] 거의 막말같이 단언했던 것이다. (이 말을 공자가 도를 위해 순도殉道할 결의를 보인 것으로 독해할 수도 있지만, 이런 구태의연한 독해는 『대학』의 '근도'를 깊이 이해하지 못한 결과다.) 공자는 득도한 자가 없으므로 당연히 '문도聞道'할 자도 없어 평생 '저녁에 죽을' 일 없이 70대 '종심從心'까지 천수를 누렸다. '문도'는 '득도자'의 존재를 전제하지만, 공자의 철학사전에는 '근도'만이 있고 '득도'는 없기 때문이다.

'도'는 하늘이 명한 천성을 따르는 것, 즉 천성에 따른 사물과 인간의 자연적 운행과 작용의 유구한 규칙성이다. 따라서 성인이 100대(3000년) 뒤에 다시 오더라도 그 동일성을 확인할 수 있다. 물론 '도'도 유구한 세월 속에서 변한다. 만물은 유전流轉하기 때문이다. 따라서 자연과 사회의 규칙도 변할 수 있다. 심지어 불변적인 것 같은 천체궤도도 수천 년이면 조금씩 변하고, 인간과 동물의 유전자도 3-4만 년 이상의 유구한 세월이면 변한다. "유구함은 사물을 이루는 소이이기(悠久所以成物也)"[215] 때문이다. 이런 까닭에 도는 '유구함'보다 짧은 웬만한 '장구한' 세월(1-2만 년 이하의 세월) 속에서만 '불변자'로 상정될 뿐이다. 따라서 하늘과 땅이 유구한 세월 속에서 이루고 주재하는 물형과 심상의 자연적·인간적 본성(물성과 심성)을 따르고 갈고닦는 것으로서의 '도'는 웬만한 '장구한' 세월 속에서라면 본성의 진화적 변화를 초월한 '형이상자(形而上者 謂之道)'다.[216] 이 장구한 세월 속의 '도'는 보거나 듣거나 만질 수 없는 '형이상

---

214) 『論語』「里仁」(4-8).

215) 『中庸』(二十六章).

자로서 인간이 다 알 수 없다. 하물며 하늘과 땅이 '유구한 세월 속에서 이루고 변화·발전시키는 천도·지도·인도까지 인간이 어찌 다 알 수 있으랴! 그러므로 인간이 천도·지도·인도를 다 아는 것, 즉 인간의 '전지全知'는 하늘이 준 인간의 유한한 천성적 인식능력의 범위를 넘어가는 것이고, 우리의 생존과 행복에 꼭 필요한 것도 아니다. 아니, '도'에 대한 인간의 '전지全知'는 우리 인류를 순식간에 멸망시키고 말 것이다. 범죄자들의 전지, 히틀러 같은 사이코패스들의 전지, 신무기 개발에 안달인 전쟁광들과 무기 제조업자들의 전지, 환경파괴자들의 전지, 유전자 연구자들의 전지 등, 이 몇 가지 끔찍한 광경을 상상해 보라. 다행히(?!) 도에 대한 '전지'가 인지人智(human wisdom)를 초월하는 한에서, 인간은 도의 일부를 조금 알거나 짐작하는 '근도'에 경건하게 만족할 따름인 것이다.

경험은 경험의 양(범위)과 질(정밀성)에 따라 ① 박학(다문다견·박물지식)과 ② 심문(정밀조사를 위해 기획된 실험)으로, 경험 방법에 따라 ① 직접경험(체험)과 ② 간접경험(전언, 소문, 이야기, 교육, 독서)으로 나눌 수 있다. 그리고 경험의 존재양식에 따라 ① 기억된 경험과 ② 문자화되거나 그려진 경험(기록문서, 역사, 서책, 전적, 회화, 금석문)으로 분류할 수 있다.

『대학』의 정치적 '큰 지혜(大知)'의 명제는 주지하다시피 인과관계로 짜여 있다.

> 옛날에 명덕을 천하에 밝히고 싶은 자는 먼저 나라를 다스리고, 나라를 다스고 싶은 자는 먼저 제 가정을 가지런히 하고, 제 가정을 가지런히 하고 싶은 자는 먼저 저 자신을 수신하고, 저 자신을 수신하고 싶은 자는 먼저 제 마음을 정심正心하고, 제 마음을 정심하고 싶은 자는 먼저 제 관념을 성실하게 하고, 제 관념을 성실하게 하고 싶은 자는 먼저 제 지각을 이루었고, 지각을 이루는 것은 사물을 마주함에 있었다.[217]

---

216) 『易經』「繫辭上傳」.

217) 『禮記』「大學」首章: "古之欲明明德於天下者 先治其國 欲治其國者 先齊其家. 欲齊其家者 先修其身 欲修其身者 先正其心 欲正其心者 先誠其意 欲誠其意者 先致其知 致知在格物."

역순으로 "격물치지格物致知 성의정심誠意正心 수신제가修身齊家 치국평천하治
國平天下"로도 표현되는 이 명제는 이러한 '온고지신'과 '박학·심문·신사·명변'
을 통해 얻어진, 수신과 정치 간의 단계적 인과관계에 대한 '개연적' 지식이
다. 게다가 이 명제는 지물의 인식·설명과 개인적·가정적·국가적·국제적 실
천에 대한 이해·해석을 다 인과율로 엮어놓고 있다. 따라서 이 명제는 오류가
능성이 높다. 그래서 격물치지·성의·정심·수신·제가를 다 마친 공자조차도
치국의 기회를 단기간 외에 잡지 못했고 '평천하' 단계에는 첫발도 떼지 못했
던 것이다.

하지만 공자는 과거의 경험에서 저 항상적 연관성과 미래사실에 대한 예상
을 도출하는 이러한 관찰·경험의 경험론적 인식방법이 상술했듯이 얼마간
타당성이 있으므로 이 인식방법을 '사람'에 대한 앎, 즉 '지인知人'에도 적용한
적이 있다. 공자는 말한다.

> 사람의 쓸모를 주시하고 사람이 살아온 경유經由 과정을 살펴보고 사람이 안주하는
> 곳을 관찰한다면, 사람됨이 어디에 숨으랴? 사람됨이 어디에 숨으랴?[218]

어떤 사람의 과거와 현재의 능력·경력·성향을 관찰·경험하고 이 관찰·경험된
기억을 '신사'하고 '명변'하면, 이 사람을 — 전면적으로 다 아는 것은 아니지만
— '충분히' 알 수 있다는 말이다. 공자가 강조하는 지인의 주요방법은 '인식론'
이 아니라 '공감적 해석학'이지만, "사람됨", 즉 '사람의 품성'을 공감적으로
이해하고 해석하기 위한 최초의 경험자료는 사람의 쓸모에 대한 주시, 사람이
살아온 경유과정(개인사)에 대한 관찰, 그 사람의 안주처에 대한 통찰 등과 같은
감성적 다문다견의 '격물치지적' 경험에 의해서만 장만될 수 있는 것이다.

### 2.4. 개념화·명제화를 위한 신사·명변

"학이불사즉망"을 『대학』의 어법으로 옮기면, '박학·심문하기만 하고 신사·

---

218) 『論語』 「爲政」(2-10): "子曰 視其所以 觀其所由 察其所安, 人焉廋哉? 人焉廋哉?"

명변하지 못하면 학식으로 얻는 것이 없다는 말이다. 그러나 "경험에서 배우기만 하고 생각하지 않으면 (학식이 없어) 공허하다"는 명제는 널리 경험함과 동시에 생각해서 박학·심문과 온고지신의 경험지식들을 명백화·판명화하기 위해 수집된 경험지식들을 사유작업에 의해 '개념화'할 것을 요청한 것이다. '학이사學而思'는 '경험'과 '사유'의 결합관계에서 '주학이종사'이지만, 박학·심문과 온고지신이 완료되면 반드시 신사·명변을 해야 한다는 것을 함의한다. 경험지식들은 사유에 의해 일치와 불일치, 비슷함과 다름의 대비관계 속에서 추론되고 분석되지 않으면 명백·판명한 지식으로 올라서지 못하기 때문이다. 진정한 지식은 박학과 심문에서 생긴 관념들 간의 이동·원근·시종·본말·선후 관계를 가지런하게 정리하고 관념들의 일치와 불일치, 유사와 반대의 대비관계 및 경험적 인과관계에 대한 논리적 추론·분석·종합을 통해 개념화됨으로써 산출되는 것이다.[219] 이 추론·분석을 통해 산출된 개념들은 '학식'을 구성하는 명제들의 기본요소가 된다. 경험지식들을 명백화·판명화·개념화하기 위해 공자는 '신사'와 '명변'을 요청한다.

> 널리 경험하고 자세하게 실험하고, 신중하게 생각하며 분명하게 변별한다.(博學之 審問之, 愼思之 明辨之).[220]

박학·심문 뒤에는 반드시 신사·명변하라는 것이다. 신중하게 생각하는 '신사'는 너무 많이 사유해서 사변적 논리에 빠져들지 말고 경험적 지식들의 연관들을 '사실의 논리'에 맞춰 추리·추론해 명백하게 정리하는 것이다. '신중하게 생각함'의 '신중함'은 사변적 논리에 말려들지 말고 오직 '사실의 논리'에 맞추려는 자세를 말한다. 분명하게 변별하는 '명변'은 경험지식들을 예리하게 분석하고 구별해 판명하게 정리하는 것이다.

---

219) 존 로크도 "지식은 내게 우리의 관념들 중 어느 것들 간의 연관과 일치(connection and agreement), 또는 불일치와 모순(disagreement and repugnancy)에 대한 인식이다"라고 정의한다. Locke, *An Essay concerning Human Understanding*, Bk. IV, ch.1, §2.

220) 『禮記』「中庸」 제20장.

'박학·심문'의 경험적 배움과 '온고지신'의 경험지식만으로는 관계들에 대한 완성된 인식적 지식과 개념적 지식을 얻을 수 없고 개념들이 없으면 개념적 명제들을 이론화하고 '학식'을 일관되게 서술序述할 수 없다. 이런 의미에서 "학이불사즉망"은 적어도 '박학·심문하기만 하고 신사·명변하지 않으면 관계들에 대한 완전한 인식적 지식과 개념적 지식명제, 그리고 학식이 없다는 뜻을 담고 있다. 박학심문과 온고지신의 '경험지식'은 아직 '학식'이 아니다. 경험지식이 학식이 되기 위해서는 우선 신사·명변을 통한 관계들의 '설명'과 개념화·명제화·이론화되어야 하는 것이다. 인식 단계에서는 언어가 반드시 필요하지 않을지라도 '설명' 단계에서는 이미 언어가 필수적이고, '이론화'는 개념적 명제들의 언술적 체계화를 말한다.

신사·명변은 관계들의 설명 및 '개념화'와 '명제화'까지만을 담당한다. 반면, '이론화'는 '일이관지'의 '서술序述'이 담당한다. 신사·명변 이후부터는 감성과 경험이 아니라 이성과 사유가 주도한다. '개념화'는 경험지식들을 그 연관에서 '경험사실의 논리'에 입각해 신중히 추론해 일반화·정리하고 분석적으로 판명화하는 것이고, 명제화는 개념적 지식을 활용해 지식명제를 산출하는 것이다.

상론했듯이 수치적 측정과 산술적 계산에 기초한 신사·명변의 사유작용으로 대소·원근·선후·주종主從·종류·인과관계를 해명하는 완전한 지식명제는 단순히 '인식(Erkenntnis)'이 아니라, 이미 신사·명변의 사유작용과 언어(수학적 기호언어와 진술적 언어)가 개입해 이루어지는 '설명(Erklärung)'이다. 반복하지만 '인식'은 사물의 '속성'에 대한 앎이고, '설명'은 속성들 간의 '관계'를 알고 언명하는 것이다.

가령 '사람'이라는 유類개념은 수많은 사람들에 대한 폭넓은 경험지식들을 모아 공통된 사실들을 골라 일반화하고 사람들 간의 차이·원근관계를 인종적·종족적 경험사실의 논리에 따라 신중하게 추론해 명백하게 정리하고 각종 비인간들(신神·동물)과의 관계를 분석적으로 판명하게 분별함으로써 구성된 것이다. 사람에 관해 명제화하는 것은 사람의 다층적 유·종類·種개념들로 지식명제

를 수립하는 것이다. 가령 "공자는 중국인이다"가 그런 지식명제다. 이 명제는
"공자는 사람이고, 황인종이고, 중국인이다"는 뜻이다. 사람·황인종·중국인의
유종類種개념이 준비된 상태에서 공자에 대한 명확한 인식적 지식이 이 개념
들과 합치되면, 이런 명제가 도출될 수 있는 것이다. 이 명제는 유종개념적
추리에 의해 공자가 신이나 다른 동물류에 속하지 않는다는 것을 해명하고
사람·황인종·중국인의 유종類種관계들을 드러내어 줌과 동시에 '개인 공자'가
이 유類와 종種에 속하는 다층적 종속관계를 해명해주는 복합적 '설명'이다.

   "큰 나무의 벌목으로 햇볕이 들면 95%의 확률로 작은 나무도 성장할 수
있다"는 개연성으로서의 인과적 명제도 일종의 '설명'이다. 이 명제는 가령
95%의 '개연적 지식'을 담은 언술명제이고, 5%의 확률로 표현되는 식목의
고사枯死 위험도 밝혀 줌으로써 햇볕의 적중·과다와 식목의 생사 간의 관계를
'일반화'해 해명하는 언술명제이기 때문이다. 이 명제는 수치적 측정·산술·귀
납추리 등에 기초한 신사·명변의 사유작용에 의해 햇볕과 식목성장 간의 인
과관계에 대한 온고지신으로서의 습관적 믿음과, 햇볕과 식목고사 간의 인과
관계에 대한 습관적 믿음을 대립·교차·결합시키고 있는 복합적 '설명'이다.

   이와 같이 '설명'은 언제나 신사·명변의 추리적 사유에 의해 속성들 간의
관계들을 대비·교차·결합해 해명하는 점에서 지성의 수리적·산술적·추리적
사유가 필수적이다. (반면, 박학신문과 온고지신의 '인식'은 감성적 지각과 기
억의 반복으로 족하다.) 박학과 심문만으로 이루어지는 '인식'은 단순한 편이
지만, 신사·명변에 의해 개념화된 인식적 지식들을 '관계들' 속에 결합시켜
대립시키고 교차·직조시켜 명제화한 '설명'은 언제나 복합적이고 복잡하다.


## 제3절 서술적序術的 이론화와 서술


### 3.1. 이론화로서의 일이관지와 서술序述

   공자는 오늘날 '이론화'라고 부르는 작업을 '일이관지一以貫之'로 표현했다.

공자는 '일이관지'를 두 가지 의미맥락에서 사용한다. 한번은 지식 일반과 관련된 맥락이고, 다른 한 번은 '지인知人'의 지식과 관련된 맥락이다. 이것은 증삼이 공자의 '일이관지'의 도道를 '충서忠恕'와 등치시킨 경우이고, 이것은 서론에서 충분히 분석되었다. 전자의 경우는 앞서 인용되었지만 다시 한 번 인용해 본다.

> 공자가 물었다. "단목사야 너는 나를 많이 경험에서 배워 아는 자라고 여기느냐?" 단독사가 "그렇습니다"라고 대꾸하고 "그렇지 않습니까?"라고 되물었다. 그러자 공자는 "나는 일이관지했느니라"라고 답했다.(子曰 賜也, 女以予爲多學而識之者與? 對曰 然 非與? 曰 非也 予一以貫之.)221)

공자는 여기서 단지 많이 경험한 '경험적 식자'가 아니라 일이관지해서 일반적으로 알게 된 '학식자'라고 말하고 있다. 학식자는 경험하지 않은 것도 미루어 알 수 있는 이론적 지식의 소유자를 말한다. 반면, 경험적 식자는 자신이 경험하지 않은 것을 알 수 없는 식자다. 위 인용문의 '일이관지'는 '충서'와 등치된 '일이관지'와 달리 '지식 일반과 관련해 사용한 것이다. 따라서 이 일이관지는 '인식적 지식'의 이론화로도 쓰일 수 있다.

'일이관지'는 하나의 요소나 개념 또는 명제로써 모든 명제지식들을 일목요연하게 꿰는 것이다. '이론화'는 명제들을 논리적으로 정연하게 체계화하는 것이다. 그러므로 공자의 '일이관지'는 '이론화'를 말하는 것이다. "구슬이 서 말이라도 꿰어야 보배"라는 말이 있듯이, 구슬 같은 명제들이 아무리 많아도 하나의 논리적 실로 꿰어야만 보배 같은 이론이 산출되는 것이다. 여기서 명제들은 '구슬'이고, 명제들을 일이관지로 꿰어 서술한 이론적 과학지식 또는 학식은 '보배'인 것이다. 다시 말하자면, '다학(박학)'의 경험적 일반지식은 '원석原石' 같은 지식이고, '명제'의 지식은 '구슬' 같은 지식이고, 일이관지로 서술된 이론적 과학지식은 '보배' 같은 지식이다.

---

221) 『論語』「衛靈公」(15-3).

공자가 자신을 "많이 경험에서 배워 아는 자"로 그치지 않고 "일이관지해서" 아는 자로 말했으므로 일이관지의 이론적 서술에 이르러야만 제대로 알고 지식을 제대로 완성하는 것이다. 앞서 한 번 시사했듯이, 논문을 실제로 논술해본 사람들은 누구나 이를 실감할 수 있다. 안다고 여기는 것을 하나의 '논문'으로 논술한 지식은 단순히 안다고 여겨지는 '엉성한' 지식과 다르다. "단순히 안다고 여겨지는 지식"은 논문의 논술과정에서 수없이 수정되고 다듬어져서야 비로소 얼마간 완벽화되기 때문이다.

공자는 일이관지를 명제지식들을 '하나의 논리'로 꿰어 체계화하는 것으로 이해하되, 이 논리는 사변적 논리가 아니라 다시 '사실의 논리'일 것을 요구한다. 이것은 '주학이종사'의 원칙에 비추어 보면 당연한 것이다. 상술했듯이 '학이사學而思'의 방법에서 '경험'과 '사유'의 비중은 대등한 것이 아니다. "학이불사즉망, 사이불학즉태"는 '사유 없는 경험'과 '경험 없는 이성적 사유'를 둘 다 불신하는 것이지만, 엄밀히 말하면 '사유 없는 경험'보다 '경험 없는 이성적 사유'를 더 불신한다. 양자택일해야 한다면, '사유 없는 경험'이 '경험 없는 사유'보다 낫다. '사유 없는 경험'은 이론적 학식이 없을지라도 현명을 낳는 반면, '경험 없는 사유'는 위험한 독단과 망상만을 낳기 때문이다. 소금의 분자구조와 메주의 화학구성, 발효의 법칙을 몰라도 간장을 잘 담그는 시골 노인처럼 이론적으로 몰라도 경험적으로 잘할 줄 아는 것은 전혀 해롭지 않을뿐더러 실생활에 아주 이로운 반면, 인간의 본성과 경험적 삶을 무시하고 순수한 사변에 의해 구축된 사변적 이데올로기는 진정 자기와 타인에게 지극히 위해危害한 것이다. 따라서 상술했듯이 '경험'과 '사유'의 관계는 선후관계일 뿐만 아니라 주종관계이기도 하다. 말하자면, '학이사'는 단지 '선학이후사先學而後思'만이 아니라, 경험을 위주로 하고 사유를 보조로 삼는 '주학이종사主學而從思'의 원칙을 따라야 한다.

따라서 일이관지의 이론화 작업에서 사유를 사변적 논리의 허구와 오만한 망상으로 일탈하지 않도록 '경험적 사실의 논리'를 따르도록 규율해야 한다. 이데올로기가 아니라 '학식(과학지식)'을 산출하는 데 필요한 사유는 경험을 등지고 '사실의 논리'(이동[異同]·선후·본말·인과 등 사실의 관계)의 규제를 받지 않고 멋대로 상상하고 작화作話하며 과장하는 소위 '순수한 선험적 사유'가 아니라, '경험에 충실한 사유'이기 때문이다. 그러므로 이 '경험에 충실한 사유'는 경험보다 먼저일 수도 없지만, 경험과 배치될 수도 없다. 추리를 통해 구체적·직접적 경험들을 뛰어넘는 '일반화 작업'을 하더라도 반드시 이 구체적 경험사실의 논리에 근거를 두고 이 구체적 경험들을 추상적으로 포괄해야 한다. 따라서 '학이사'는 이론화 단계에 이르기까지 경험에 대해 철저히 '겸손한' 인식방법이다.

이런 까닭에 『논어』는 '일이관지'의 이론화 방법을 '서술序述'로 제시한다.

서술序述하되 작화하지 않고, 지난 경험을 믿고 이에 충실을 기한다(述而不作 信而好古).222)

'술이부작述而不作'과 대구되는 공자의 또 다른 언명은 '부지이작不知而作'이다.

아마 알지도 못하면서 작화하는 경우가 있는 모양인데, 나는 이러지 않다(蓋有不知而作之者 我無是也)."223)

위 인용문에서 '작作'은 '작화'이고, 이와 대비적으로 쓰인 '술述'은 지난 경험을 믿고 이에 충실을 기하는 '서술序述'이다. "지난 경험을 믿고 이에 충실을 기한다"는 이 의미맥락에서 보자면 '서술'은 선후·대소·경중·본말·인과관계의 순서(사실의 논리)에 충실하게 귀납적으로 설명하는 것을 뜻한다. 따라서 '서술'은 자기 주관이나 순수한 '지성의 논리'('논리의 사실', 가령 칸트의 12개 범주)에 입각한 연역적 작화作話를 배제하고 경험사실의 논리와 순서대로 정리하는

222) 『論語』 「述而」(7-1). '好'는 여기서 '충실하다'는 뜻이다. '好古'를 하안은 "고사를 바르게 서술하는 것(好述古事)"으로 풀이한다. 『論語注疏』, 93쪽.
223) 『論語』 「述而」(7-28).

'귀납적 설명'으로 정의될 수 있다. 가령 사마천은 공자가 『역경』의 단전象傳·계사전·상전象傳·설계전·문언전을 '지었다'고 하지 않고 "서序했다"고 기록하고 있다.224) 그리고 『서경』·『예기』·『시경』도 '지은 것이 아니라 '서'했다고 기록하고 있다.225) 위 인용문에서 '작作'과 대비적으로 쓰인 '술述'도 '서序'와 대략 같은 뜻이다. 따라서 '술'을 '서술序述'로 옮겼다.

그리고 위에서 '술述'과 대비적으로 쓴 '작作'은 경험사실들의 관계의 순서(사실의 논리)에 따른 귀납적 서술을 배제하고 '사유의 논리'에 따라 논증해 말을 만드는 '작화作話'를 뜻한다. 따라서 '작화'는 경험사실의 이론적 인식에서 늘 '연역적 논증'으로서 '부지이작不知而作'으로 흐르기 마련이다.

'부지이작'은 연역적 작화의 핵심의미다. '부지이작'은 사실을 알지 못한 채 '사실의 논리(Logik der Tatsache)'를 배제하고 '논리의 사실(Tatsache der Logik)'을 따라 설명하는 작화(마르크스)이므로 진정한 의미의 앎, 즉 '이론적 인식과 설명'에 반하는 것이다. 따라서 언제나 '술이부작'해 온 공자는 "나는 알지 못하면서 작화하는 일이 없다"고 분명히 잘라 말한 것이다. 상론했듯이 베이컨도 "개별사례들과 이것들의 일관성과 순서에 호소하는 것이 필요한 것이다"고 강조한다.226)

'서술'이란 '일이관지'의 사유작업이지만 작화의 사유작업이 아니라 경험사실의 논리를 위주로 삼고 이 사실의 논리 하나로 명제들을 귀납적으로 일이관지하는 이론구성을 가리킨다. 즉, 서술은 이론적 언술이고, 따라서 서술 또는 설명은 반드시 언어로 표현되어야 한다. 대화적 언어가 곧 사유이고, 사유는 암묵적 대화언어 또는 1인2역의 자기대화로 진행된다. 인간의 좌뇌는 말하는 뇌이고 동시에 생각하는 뇌이기 때문이다. 언어가 없으면 사유도 없고, 사유가 없으면 언어도 없다. 따라서 사실의 논리에 충실하게 사실을 재현하는 언술이 바로 '서술'이다.

---

224) 司馬遷, 『史記世家』「孔子世家」, 448쪽: "孔子晚而喜易 序象繫象說卦文言 讀易韋編三絶 曰 假我數年 若是 我於易則彬彬矣."

225) 司馬遷, 『史記世家』「孔子世家」, 446-447쪽.

226) Bacon, *New Organon*, Book I, LIX(59).

'작화'는 그 반대의 언술이다. 경험을 믿지 않고 결국 '사실의 논리'를 등지는 대신, 지성을 과신해서 사유의 논리에 입각한 연역에 의해 허구와 공상을 지어내 언술하는 것이 바로 '작화'다. 따라서 이 '작화'는227) 곧 '연역적 가짜 논증으로 지어내는 것(假作)', 즉 '알지도 못하면서 지성의 논리로 지어내는' 부지이작不知而作으로 흐른다. '작화'의 경우에는 사유가 '주主'로, 경험이 '종從'으로 뒤집히기 때문이다. '일이관지'로서의 공자의 이론화 작업은 사실관계의 순서에 따라 정리하는 '서술'을 요구하고 사변적 '작화'를 금하는 것이다. 그러므로 일이관지는 '서술적 일이관지'이고, 이론화는 '서술적 이론화'다. 이 '서술적 일이관지'의 힘든 실행이 바로 박학·심문·신사·명변을 성실하게 완수하는 '독행篤行'에 속한다.

> 관념을 성실히 하는 것은 (경험 중에서) 좋은 것을 골라 그것을 굳게 붙잡는 것이고, 그것을 박학·심문·신사·명변하고 독행하는 것이다.(誠之者 擇善而固執之者也 博學之 審問之 愼思之 明辨之 篤行之)228)

이것이 '서술적 일이관지' 작업의 '독행'에 이르는 전 과정이다. '독행'은 전통적으로 '도덕적' 실천으로 오해되어 왔지만 이 말이 여기서는 인식론의 맥락에서 쓰이고 있으므로 독실하게, 즉 허위와 작화 없이 진실하게 신사·명변을 끝까지 실행하는 '인식론적' 행위의 수행으로 이해된다. '서술적 이론화' 작업 끝에 얻어지는 결과물로서의 '이론(Theorie)'은 개념화되고 명제화된 경험지식들을 비로소 '일반화된 참 지식'으로 관상觀賞할(보고 즐김) 수 있게 준다. 우리는 여기서 '테오리(이론)'가 원래 그리스어 '테오리아(Θεωρία; 관찰·관상)'라는 단어에서 유래했다는 사실을 상기할 필요가 있다.

'술이부작'은 이론화 작업에서 감성적 '박학심문'으로 드러난 사실의 논리

---

227) 상론했듯이 '작화(confabulation)'는 아무런 경험적 인상이 없이도 순수한 관념을 말하는 것, 즉 순수하게 '헛것을 말하는 것'을 가리키는 뇌신경학적 용어다. 가령 교통사고로 양다리를 잃은 환자가 다리가 간지럽다고 말하는 경우다.

228) 『中庸』(二十章).

와 순서를 중시해 이에 밀착하고 '박학심문'의 결실結實과 사실맥락 속에 푹 잠긴 겸손한 일이관지다. 공자는 '술이부작'의 '서술' 방법으로써 다시 바로 오늘날의 귀납적 추리방법을 뜻한 것이다. 베이컨에 의하면, 귀납법은 "감각들을 존중하고 자연에 가깝게 밀착해 결실을 양성養成하고 이 결실 속에 거의 푹 빠진 논증 형태"이기 때문이다.229) 따라서 공자는 거듭 경험을 등진 순수 지성의 사변적 추리와 순수한 상상으로 작화하는 연역적 논증방법을 '부지이 작'이라고 비판하며 자신은 경험을 믿고 이에 충실을 기해 논증하는 귀납적 방법을 고수함을 분명히 한 것이다. 왜냐하면 상술했듯이 공자는 '나면서부터 안다'고 장담하는 합리적 '부지이작자不知而作者'가 아니라 경험에서 배워 아는 경험론자, 즉 '학이지지자學而知之者'이기 때문이다.

공자가 스스로 신이나 합리적 독단론자가 아니라고 자인하면서 이렇게 '귀납적 서술'을 연역적 '작화'와 구분한 것은, 베이컨이 『신기관』에서 '확실하고 입증 가능한 지식'을 얻는 "자연의 해석(Interpretation of Nature)"을 "사물들에 대한 멋지고 그럴싸한 의견"을 얻는 "정신의 예단(Anticipation of the Mind)"과 구별한 것과 유사하다.230) 베이컨이 '자연의 해석'을 주장하는 것은 '지식'을 '존재의 이미지(image of being)'로 생각하기 때문이다.231) 베이컨의 '비판적 경험론'의 방법은 자연사물에 대한 "정신의 참되고 적절한 굴욕"이고, 따라서 "자신의 정신에 신탁을 줄 것을 자신의 정신에게 청하는" 길을 버리고 "충실하게 그리고 항상적 사물과 함께 머무르고, (시선의 경우처럼) 사물들의 이미지와 광선에 초점을 맞추는 데 필요한 것 이상으로 우리의 정신을 사물들로부터 추상시키지 않는다. 그러므로 지성의 힘과 탁월성에게 남겨진 것이 거의 없다. 우리는 가르치는 것에서 겸손(humility)에 입각해온 것처럼 발견에서도 겸손을 활용하

---

229) Bacon, *The New Organon*, "Plan of The Great Renewal", 16쪽.

230) Bacon, *The New Organon*, "Preface", 30쪽. 또 Book I, Aphorism I에서는 "인간은 자연의 대행인이고 해석자다. 인간은 오로지 그가 사실 속에서 또는 추론에 의해 자연의 질서를 관찰한 만큼만 행하고 이해할 뿐이다. 인간은 이보다 더 많은 것을 알지 못하고 할 수도 없다"고 말했다.

231) Bacon, *The New Organon*, "Aphorisms on the Interpretation of Nature and on the Kingdom of Man", Book I, CXX(120).

는 것이다."[232] 공자도 '개념화(誠意)'를 위해서는 대상에 대해 자기기만 없는 바른 지각을 얻어야 하고 이를 위해서는 스스로를 낮추는 '자겸自慊'의 필수성을 강조했었다.

공자의 논구를 종합하면, 이 '학이사'의 인식방법은 '술이부작'의 관점에서 이런 의미로 이해되어야 한다. 지식은 주관적 상상과 연역적 구성의 사색을 삼가고 경험관계의 자연스런 사실논리를 '반영'해 일이관지하는 데 충실해야 한다는 것이다.

'학이사'의 '경험과 사유' 간의 비율은 반반의 산술적 동등결합이 아니라, 전자의 비중이 후자의 비중을 압도하는 비율이어야 한다. 마찬가지로 '일이관지'도 추리적 논리보다 사실의 논리를 따르는 '서술적 일이관지'이어야만 이론적 학식, 즉 과학지식이 탄생한다. 아무리 박학·신사하고 신사명변해 개념들과 지식명제들을 잘 만들었다고 하더라도 이것들을 사변적 추리논리에 따라 일이관지해 기술하면 이 기술은 '과학'을 가장한 '이데올로기'일 뿐이다.

따라서 반반의 '학이사'나, 나아가 '사유'가 '경험'을 압도하는 '학이사' 또는 심지어 '경험'이 전무한 순수이성의 이론화 작업은 연역적 '작화'가 귀납적 '서술'을, 이데올로기적 '허구'가 '사실'을 극克한 '사이불학'의 '부지이작不知而作'이다. 이렇게 하여 나온 이론들은 독단적 오류의 위험이 가득하거나 '독단적 오류 그 자체'로서, 늘 인류의 존속과 진보에 큰 위해危害를 가해 왔다.

### 3.2. 선험적 합리론과 지성주의에 대한 비판

베이컨은 소박경험론자를 '개미'에, 비판적 경험론자를 '꿀벌'에 비유하고, 합리론자를 '거미'에 비유한 바 있다.[233]

---

232) Bacon, *The New Organon*, "Preface to The Great Renewal', 10-11쪽. 필자는 17-18세기 영국 계몽주의 시기의 경험론을 고대 그리스 에피쿠로스학파의 '소박경험론'과 구별하기 위해, 일단 이성을 비판하고 '형이상학적 단잠과 자만으로부터 깨워 제자리로 돌려보냄과 동시에 경험을 비판하고 가공하는 '비판적 경험론'이라는 명칭을 사용하고자 한다.

233) Bacon, *The New Organon*, "Aphorisms on the Interpretation of Nature and on the Kingdom of Man" Book I, XCV(95) 참조.

거미는 자기 꽁무니에서 뽑아낸 거미줄로 그물을 쳐 놓은 뒤에 꼼짝하지 않고 기다리다가 걸려든 먹이가 그물을 흔들어 대면 이를 자기의 그물 속에 본유本有하던 먹이로 망상하며 느긋하게 먹어치운다. 반면, 개미는 밖으로 나가 먹을 것을 수집해 와서 그냥 저장해 두고 소비한다.

꿀벌은 개미처럼 밖에서 꿀과 꽃가루를 수집해 오지만, 개미와 달리 이 꿀과 꽃가루를 손질하고 입으로 삼켰다가 뱉어 놓는 작업을 마친 후에 저장해 둔다. 꿀과 꽃가루를 변별하여 다른 비율로 침과 섞어서, 꿀을 방부 처리하고 꽃가루는 꿀로 바꾸는 것이다. 이것이 벌집 안에서 벌어지는 신기한 가공과정이다. 나아가 꿀벌은 꿀과 꽃가루를 수집하는 과정에서 따라 들어온 불순물들을 가려내어 밖에 내다 버린다. 이 점에서 꿀벌은 꿀과 꽃가루를 변별하여 가공할 뿐만 아니라, 불순물을 비판적으로 '명변'하여 제거한다. 다른 한편, 꿀벌들은 밖으로 나가 꿀을 수집해 오도록 서로 독려하고, 거미처럼 꼼짝 않고 있으면서 먹이를 바라는 수벌들을 몰아낸다. 그래서 로마의 옛 시인 버질(Virgil, 기원전 70-19년)도 일찍이 "꿀벌들은 게으른 수벌 떼를 벌통에서 멀리한다네(ignavum, fucos, pecus a praesepibus arcent)"라고 노래했다. 그러므로 '꿀벌'의 경험론은 감각적 경험을 변별하고 가공함과 동시에 '형이상학적 단잠과 자만에 빠진 공상적 이성을 비판해 제자리로 돌려보내는 이중적 비판의 기능을 소홀히 하지 않는다는 의미에서 '비판적 경험론'이고, 이런 의미에서 '소박경험론'과 구별된다.

하지만 꿀벌이 거미와 개미의 중간에 있는 것 같지만, 실은 분류법상 개미와 가깝고 거미와는 멀다. 몸통에 가슴이 없고 머리와 배만 가진 거미와 달리, 꿀벌과 개미는 둘 다 머리·가슴·배의 몸통을 가진 '벌' 목目의 곤충에 속하고, 혼자 사는 거미와 달리 꿀벌과 개미는 둘 다 인간처럼 사회생활을 하며 수집된 '다문다견'의 경험을 주고받고 개별적 '관점들'을 넘어서는 사회적 곤충들이기 때문이다. 그러므로 꿀벌은 개미처럼 꿀과 꽃가루를 넓은 세상의 다방면에서 수집해 와 이를 변별해 가공하되, 이 협력적 가공작업은 원재료에 충실한 '술이부작(해석)'의 범위를 넘지 않는다. 따라서 친소를 엄밀하게 따지자면, 꿀벌의 '비판적 경험론'은 거미의 '교조적 합리론'과 본질적으로 대립되는 반면, 개미의 '소박경험론'과는 멀지 않지만 이를 비판적으로 넘어선 일종의 '비판적 경험론'이다.

이 점에서 베이컨이 말하는 이 '꿀벌 식의 비판적 경험론'은 박학이신사博學而愼思·선학이후사先學而後思·주학이종사主學而從思와 '서술적 일이관지'의 원칙에 입각해 지식의 이론화를 추구하는 공자의 '서술적 경험론'과 본질적으로 상통한다. 공자의 '서술적 경험론'은 교조적 합리론과 정면으로 대립할 뿐만 아니라, 칸트 식의 '선험적·기획적 합리론'과도 본질적으로 배치된다.

칸트의 이 '선험적·기획적 합리론'은 — 본유적(선험적) 범주로 오인된 — 12개의 주관적 지성 개념(범주)들에 의해 개인적 '관점'에 사로잡힌 '부실 경험'을 '규정해(vorschreiben)' 구성하는 '중사이경학重思而輕學(생각을 중시하고 경험을 경시함)', '선사이후학先思而後學(생각을 앞세우고 경험을 뒤로 함)', '주사이종학主思而從學(생각을 주로 하고 경험을 종으로 함)'의 기획적 절충 작업을 본업으로 한다. 그러므로 이 '절충'은 경험이 박학심문·다문다견의 사회적 교류·소통과 거리가 먼 부실 경험에 국한된 데다가 서술序述의 자세를 결한 채 순수사변이 과다하게 명제화·이론화 작업을 주도해 '아주 위태로운' 것이다. 따라서 루소와 칸트의 이 '위태로운' 기획적 합리론은 지성과 경험을 반반 섞어 절충하는 체하는 알리바이 개업식을 마치자마자, 경험에서 배우는 것이 아니라 오히려 입법적 역할을 모조리 지성에 봉환奉還해 이 지성으로 하여금 경험을 '규정적으로' 구성하게 하고 입법자처럼 자연에 대해 자신의 선험적 법칙을 '내리먹이며' 이렇게 산출된 알량한 주관주의적 '학식'으로서의 이데올로기를 — 모든 의심과 회의를 초월한 — 불가류의 전지주의적全知主義的 '과학'으로 둔갑시킨다. 그리하여 칸트의 기획적 합리론은 온 누리에 살기등등한 미신적 과학주의를 고취하는 선험적 지성주의와 선험적 전지주의로 치달았다.

차제에 이 저작에서 줄곧 등장하는 '지성주의'를 개념적으로 미리 정의해 두고자 한다. '지성주의'는 다양한 부문에 걸쳐 나타나기 때문에 다양한 측면을 내포한다.

첫째, 인식론 분야에서 지성주의는 감성·감정·경험을 격하하고, 이성이 작화한 '선의 이데아'나, 이성이 경험에서 추상한 수·도형·인식범주 등을 이성의 타고난 진리의 씨앗 또는 타고난 인간 이성의 원형적 지식범주('생이지자'의 본유관념)나 지성적 연역물로 간주함으로써 이성을 격상시킨다. 이로 인해 지성은 이제 외부세계의 충실한 설명자가 아니라 사변적 이성의 사주로 감성과 경험으로부터 독립해 외부세계에다 법칙을 '규정적'으로 부여하고 세계질서를 주관적 이성의 임의로 기획·작화하는 합리주의적 기획자가 된다.

둘째, 지성주의는 도덕론에서 감정을 – 존재하지도 않는 – '실천이성'의 보조물로 격하시키고 덕성을 지식으로 환원시키거나 실천이성의 산물로 간주한다. (가령 칸트의 '실천이성'은 고대 희랍이래로 사용해온 '기술공학적 이성'이 아니라 '도덕에 적용된 순수이성'을 가리킨다. 본성적 도덕감정의 소산인 윤리도덕에[234] 순수이성을 적용하는 것은 도덕적 금지와 관행적 금지를 구별하지 못하는 사이코패스나 하는 짓이다. 따라서 '실천이성'은 존재할 수 없는 것이다.) 지성주의는 지성과 실천이성으로부터 모든 덕과 도덕률을 도출하고 (민심에 따라서가 아니라) 이 이성적 건축술에 따라 입법한다.

셋째, '믿음'이나 '의견'보다 지성적 '지식'을 앞세우고 다중의 '상식적 여론'보다 개인의 '단독적 이성과 지성'을 중시하는 합리주의적 관점을 취한다. 이관점이 신학과 종교에 적용되면 '신앙'을 파괴하고 신을 부정하는 것으로 통하고, 정치에 적용되면 여론을 유린하는 철인독재론으로 귀착된다.

넷째, 불가지의 영역을 인정치 않고 만물·만사를 다 알 수 있다는 합리론적 전지주의와 무제한적·광적 지식욕과 자연정복욕을 낳는다. 그 결과로 자연파괴·동식물멸종·핵전쟁·유전자변이·생명복제 등 인류존망의 위험에 직면했다.

다섯째, 이것의 연장선상에서 불가지적·계시적 '신지神智(divine wisdom)'를 부정하고 이성을 '신지'로 격상시키고 '인지人智(human wisdom)'만을 인정하며 신을 이성의 한계 내에 감금하는 독단적 '인지주의人智主義'로 흐른다.

---

234) 도덕감정과 도덕감각에 입각한 도덕철학에 관해서는 참조: 황태연, 『감정과 공감의 해석학』, 375-622(1권), 1495-1911쪽(2권).

여섯째, 정치철학에서는 단독이성 또는 소수이성의 지배권을 중시하는 관점에서 지성적·천재적 '철인치자'(플라톤)나 '신적 입법자'(루소), 또는 지성적으로 우수한 지배민족·지배인종의 '합리적 지배'를 정통적 지배로 설정한다. 따라서 지성주의적 이성은 늘 지배욕에 불타는 '권력이성'이다.

일곱째, 자연과의 관계에서는 인본주의와 권력이성의 결합에 의해 다른 동물의 감성을 비하하고 동물의 이성을 부정하며, 자연에 대한 인간 이성의 우월권(이른바 '인간파시즘')을 주장하고, 기독교적 자연정복·자연이용론과 결합해 휴머니즘적 자연정복과 자연파괴로 나아간다. 이런 관점에서 자연지식은 '자연보호'가 아니라 단지 '자연정복'과 '자연이용'만을 위해서 투입된다.

선험적 전지주의와 지성주의를 지향하는 칸트 식의 '기획적 합리론'의 진정한 목표는 약소민족과 자연의 정복과 약탈을 위한 제국주의적 지식욕을 더 이상 채워 주지 못하는 낡은 형이상학을 때려 부수고 이 광적 지식욕을 전대미문의 효율로 충족시키기 위한 새로운 사이불학·부지이작의 형이상학을 '신장개업'하는 것이었다. 그리하여 칸트의 선험적 지성주의와 기획적 합리론의 정신병은 오늘날 서구와 전 세계에 확산된 풍토병이 되어 버렸다. 칸트의 선험적·기획적 합리론은 이 지성주의의 정신병적 광기 속에서 미증유의 무제한적 정복과 약탈의 홀로코스트를 자행했다.

물론, 그간 서구 지성계의 동향을 되돌아보면, 19·20세기에 들어 인간과 자연에 대한 무자비한 대량파괴의 홀로코스트를 겪은 이래 근대 합리주의와 칸트주의의 저 정신병으로부터 벗어나려는 서구인들의 노력이 없었던 것이 아니다. 하지만 전후戰後 '캠퍼스 속의 태풍'으로 끝난 실존주의의 몸부림, 좌익청년들의 '모의模擬혁명', 히피들의 반反문명주의 해프닝 물결, 말장난에 능한 포스트모더니즘의 철학적 '허무개그' 등이 전부다.

이쯤이면 고질화된 서구적 정신병의 치유가 어렵다는 것이 분명해진 셈이다. 그도 그럴 것이 전지주의적 과대망상증·지식강박증·지식중독증 등 복합적 정신질환에 시달리는 정신병자들, 즉 '생이지지'를 자부하는 전지적·선험적 합리주의자들이 수천 년의 임상을 마친 경험론적 양약良藥과 회의론적 치료법을 팽개치고 자신의 '정신병'을 자신의 '정신병'으로 치유하려는 허무주의적·포스트모더니즘적 동종요법(homeopathy)에만 매달렸기 때문이다. 남은 인류와 자연마저도 완전히 소진시켜 버릴 듯한 이 전지론적 지성주의의 과대망상적 지식 중독의 정신병을 치유하기 위해서는, 공자의 서술적 경험론과 중도적 회의론이 영미 경험론과 굳게 연대해 다시 역사의 전면에서 '박시제중'의 덕행을 베풀어야 할 때다.

지금은 서구에서도 비록 도덕철학 분야에서의 변화이지만 때마침 선험적 지성주의를 배격하고 과거의 영미경험론 전통으로 다시 돌아가려는 사조가 전 학문분야에 세차게 일고 있다. 다행한 일이다. 그간 이런 반목과 모순의 '정의지상주의'를 고취하고 완력대결의 '투쟁유일주의'를 선동해온 서양 도덕철학과 정치사상에 20세기 말부터 조용히 미증유의 지각변동이 일어나기 시작했었다. 처음에 철학이나 인문·사회과학과 거리가 먼 사회심리학·진화인류학·사회생물학 분야에서 공감·배려·동정·사랑 등에 대한 연구관심이 고조되던 1980년대 중반쯤, 이 새로운 사조의 압박에 몰린 지도적 철학자들로부터 먼저 변화 조짐이 나타났다. 캐롤 질리건은 여성주의적 배려도덕론(1977)으로 비주류 위치에서 로렌스 콜버그(Lawrence Kohlberg) 등의 주류철학을 압박했고,[235] 평생 칸트·미드·롤스를 추종하며 지성주의와 정의제일주의를 표방하던 로렌스 콜버그는[236] 이런 압박 속에서 자신의 합리적 역할채택론을 위협하는 공감 개념을 수용하고 '정의에 대한 인애의 선차성' 테제(1990)를 공개 천명했었다.[237] 위르겐 하버마스도 1990년에는 자신의 소통·논의이론과 관점인계론

235) Carol Gilligan, "In a Different Voice: Women's Conceptions of the Self and of Morality", *Harvard Educational Review* 47 (1977) [481-517쪽]; Gilligan, *In a Different Voice: Psychological Theory and Women's Development* (Cambridge: Harvard University Press, 1982).

236) Lawrence Kohlberg, *The Philosophy of Moral Development* [Essays on Moral Development, Vol. 1] (New York: Harper & Low Publisher, 1981); Kohlberg, *The Psychology of Moral Development* (Cambridge·New York: Harper & Low Publisher, 1984). Kohlberg(김민남·진미숙 역), 『도덕발달의 심리학』(서울: 교육과학사, 2001).

237) Lawrence Kohlberg, Dwight R. Boyd & Charles Levine, "The Return of Stage 6: Its Principle and Moral Point View". Thomas E. Wren (ed.), *The Moral Domain* (Cambridge, Massachusetts: The MIT Press, 1990).

을 토대로부터 무너뜨릴 수 있는 '공감이론'을 대폭 수용하고 '정의와 연대의 대등성' 테제로 입장을 선회했었다.238)

이후 유럽 계몽주의 시대의 고전적 도덕감각론을 재수용한 제임스 윌슨의 친애본성론(1992),239) 아르네 베틀레센의 '인애도덕'(1994),240) 나탄 츠나이더의 '연민도덕'(2001),241) 마틴 호프만의 공감적 배려도덕론(2000)을242) 계승하고 확장한 마이클 슬로트의 '배려윤리학'(2007),243) 맹자의 공감론을 수용하고 자유·평등에 대한 박애의 선차성을 영장류동물학으로 뒷받침한 프랑스 드발의 '박애최상론'(2009),244) 공자의 인仁 철학을 발전시킨 대커 켈트너의 '인仁과학(jen science)'(2009)245) 등으로 다양하게 표출된 '인애윤리학'의 새로운 사조가 등장하고, 새삼스럽게 계몽주의 시대에 공맹철학을 수용한 섀프츠베리·허치슨·흄·루소 등 계몽철학자들의 공감·동정심·인애 개념에 철학적·심리학적 논의의 초점이 맞춰졌다.246) 그리하여 21세기 서양의 도덕·정치철학은 다행히도 그 모습을 일신해 이타적 인애주의의 새로운 면모를 보이게 되었다.

---

238) Jürgen Habermas, "Intervew mit Nielsen". Jürgen Habermas, *Die nachholende Revolution* (Frankfurt am Main: Suhrkamp, 1990); Habermas, "Justice and Solidarity: On the Discussion Concerning Stage 6". Thomas E. Wren (ed.), *The Moral Domain* (Cambridge, Massachusetts: The MIT Press, 1990).

239) James Q. Wilson, "The Moral Sense", Presidential Address in American Political Science Association, 1992. *American Political Science Review*, Vol. 87 (No.1 March 1993); James Q. Wilson, *The Moral Sense* (New York: Free Press, 1993).

240) Arne J. Vetlesen, *Perception, Empathy, and Judgement. An Inquiry into Preconditions of Moral Performance* (University Park, Pennsylvania: The Pennsylvania State University Press, 1994).

241) Natan Sznaider, *The Compassionate Temperament: Care and Cruelty in Modern Society* (Lanham, Maryland: Rowman & Littlefield, 2001).

242) Martin L. Hoffman, *Empathy and Moral Development: Implications for Caring and Justice* (Cambridge: Cambridge University Press, 2000, reprinted 2003).

243) Michael Slote, *The Ethics of Care and Empathy* (London·New York: Rourledge, 2007).

244) Frans de Waal, *The Age of Empathy: Nature's Lesson for Kinder Society* (New York: Three Rivers, 2009), 198쪽.

245) Dacher Keltner, *Born to be Good: The Science of a Meaningful Life* (New York: W. W. Norton & Company, 2009).

246) 이 철학자들에 대한 상세한 논의는 참조: 황태연, 『감정과 공감의 해석학』, 537-542쪽(1권; 캐롤 질리건·베틀레센·콜버그·하버마스·슬로트·호프만·윌슨·베틀레센·츠나이더·켈트너·드발), 713-719쪽(1권; 콜버그), 725-738쪽(1권; 하버마스), 1793-1812쪽(2권; 윌슨).

# 제4절 회의론적 '궐의궐태闕疑闕殆'와 중도적 지식철학

## 4.1. 다문다견과 궐의궐태

다문다견의 박학·심문과 신사·명변을 다하고 부지이작 없이 서술적 이론화를 독행했음에도 불구하고 논단하기에 의심스럽고 위태로운 것이 있으면 어찌해야 하는가? 이럴 경우에 공자는 아는 체하며 지어내고 작화하는 지적 오만을 버리고 판단을 유보하고 '불가지不可知'를 '불가지'로 비워 둬야 한다고 주장한다.

> 다문多聞하고서도 의심스런 것은 비워 놓고 그 나머지를 신중히 말하면 오류가 적고, 다견多見하고서도 위태로운 것은 비워 놓고 그 나머지를 신중하게 행하면 뉘우칠 일이 적다(多聞闕疑 愼言其餘 則寡尤 多見闕殆 愼行其餘 則寡悔).[247]

이 명제는, 소극적으로 이해하면, 다문다견해서 의심스러운 것과 오류의 위험을 줄여 가되, 그래도 진위와 선악 측면에서 미심쩍고 위태로운 것이 있으면 이런 것들은 덜어내고 언행을 하면 오류가 '적고' 뉘우칠 일이 '적을' 것이라는 개연적 지식과 '중도적 회의주의'를 함께 말하고 있다. 오류가 '적고' 뉘우칠 일이 '적을' 것이라는 말은 오류나 뉘우칠 일이 '없지 않다'는 것을 함의한다. 따라서 이것은 다문다견을 다한 데 이어 '궐의궐태闕疑闕殆'한 뒤, 즉 의심스런 것과 위태로운 것을 덜어낸 뒤 그 나머지를 말하고 행하는 것의 내용적 '개연성'을 말하고 있다. '다견궐태신언기여多聞闕疑愼言其餘'는 지물知物의 '인식적 지식'과 관련된 명제인 반면, '다견궐태신행기여多見闕殆愼行其餘'는 '지인知人'의 해석적 지식 및 실천과 관련된 명제다. 그러나 후자도 '다견'과 관련된 한에서 지물에 응용할 수 있을 것이다. 따라서 "다문다견하고서도 의심스런 것과 위태로운 것이 있으면 덜어내고 그 나머지를 신중히 서술한다"는 명제로 변형·통합할 수 있다.

---

247) 『論語』「爲政」(2-18).

또한 '다문다견 궐의궐태'는 일정한 회의론을 담고 있다. 그런데 이 회의론은 자포자기적 회의론이 아니라, 인지人智의 전지론적全知論的 오만과 '사이불학'의 위험한 독단을 경계해 인식을 인지적人智的 가지 영역에 한정하고 인간으로서 알 수 없는 불가지의 경계를 설정하되, 이 때문에 절망하거나 허무주의에 빠지지 않고 인간적 삶을 위해 이런 정도의 지식이면 충분한 것으로 여겨 만족하고 가능한 범위에서 이 인지적 지식을 극대화하기 위해 전력투구하는 회의론이다. 이 회의론은 가지론적·전지론적 독단의 극단과 판단포기의 피론주의적 회의의 극단 사이에 중간에 있는 '중도적 회의론'이다. 따라서 '중도적 회의론'은 '겸손하고 건전한' 회의론이다.

'다문궐의多聞闕疑 다견궐태多見闕殆(많이 듣고 의심스런 것은 비워 놓고, 많이 보고 위태로운 것은 비워 놓는 것)'의 목적은 이중적이다. 첫 번째 목적은, 나중에 더 깊이 파고들기 위해서 또는 더 확실한 사실이 드러나기까지 '미심쩍고 위태로운 것'에 대한 판단을 잠정적으로 유보해 두는 것이다. 시간이 흐르고 조건이 변한 뒤에 새로운 사실들이 경험되고 발견된다면, 미심쩍고 위태로웠던 것 중 일부의 것이 확실한 것으로 바뀌기도 하겠지만, 오히려 이전에 확실한 것으로 여긴 지식이 폐기되거나 수정되기도 할 것이다. 이렇게 보면 이것은 위에서 말한 '개연적 지식'과 통하게 된다. 인간의 모든 경험지식은 개연적인 것이고 잠정적인 것이다.

두 번째 목적은 인간적 인식능력의 한계를 벗어나는 '영원한 불가지의 대상들'을 궁극적으로 인식 대상에서 제외시켜 지적 오만을 없애고 오류를 피하는 것이다. '미심쩍고 위태로운 것'이란 박학·심문·신사·명변·독행해도 '미심쩍고 위태로운 것'으로 풀이할 수밖에 없기 때문이다. 따라서 깊이 이해하면, '궐의궐태闕疑闕殆'란 인간의 인식능력으로 알 수 없는 불가지적 문제와, 독단하면 부지이작의 오류에 빠지거나 신성모독의 위험이 있는(시쳇말로 '알거나 아는 체하면 다칠) 위태로운 문제는 인간의 인식능력 밖에 위치한 영역으로서, 하늘의 문제로 돌리는 것이다. 이 점에서 '궐의궐태'는 불가지의 영역을 인식할 수 없는 인지人智의 한계에 대한 인식, 즉 근본적 회의주의를 표방하는 구절이다. 그리고 궐위궐태 후 그 나머지를 말하고 행할 수 있고 그러면 오류와 후회가 적다는 구절은 불가지한 문제를 하늘로 돌리더라도 이 때문에 절망하지 않고 '다문다견'의 내용 중 그 나머지에 대해서는 하늘과 귀신의 도움을 빌리지 않고 인간적 최선을 다해 인식 행위를 수행하는 것을 함의한다. 이런 까닭에 이 근본적 회의주의는 중도적인 것이다.

인간의 능력으로 알 수 있는 것을 인간이 힘써 알려고 노력하지 않고 태만하게 하늘과 귀신에게 묻는 것(점치는 것)은 하늘과 귀신의 입장에서 보면 그 자체가 하늘과 귀신을 모독하는 것이고, 인간의 건전한 인식능력에서 보면 '미신'과 '주술'일 뿐이다. 따라서 인간의 능력으로 알 수 있는 대상들과 관련해서는 하늘과 귀신의 도움을 멀리하고 인간의 노력을 다하는 것이 하늘과 귀신을 공경하는 길이다. 반대로 인간의 능력으로 알 수 없거나 인간생명 복제지식 등과 같이 인간으로서 알아서는 아니 되는 불가지적인 것은[248] 하늘의 문제로 돌리고 굳이 알 필요가 있는 경우에 이런 문제는 귀신에 물어 아는 것이다. 이 경우에는 귀신을 공경해 가까이 해야 하는 것이다. 공자의 중도적 회의주의는 가지적인 것에서 귀신을 공경해 멀리하는 귀신경원鬼神敬遠과, 불가지적인 것의 경우에 귀신을 공경해 가까이하는 귀신경근鬼神敬近의 겸손한 '중도적 지식철학'인 것이다. 또 이 지식철학은 지적인 신과 무지한 동물 사이의 중도中道에 위치한 인간의 방법이기 때문에 중도적 지식철학이다.

"많이 듣고 의심스런 것은 비워 놓고 그 나머지를 신중히 말하면 오류가 적고(寡尤), 많이 보고 위태로운 것은 비워 놓고 그 나머지를 신중하게 행하면 뉘우칠 일이 적다(寡悔)"는 것에서 또 다른 중요한 대목은 오류와 뉘우칠 일이 '없다'고 말하지 않고 '적다'고 말한 점을 더 분석할 필요가 있다. 상론했듯이 이 점은 그 나머지를 신중하게 행해도 오류와 뉘우칠 일이 전무할 수 없는 '개연적 지식'만을 얻을 뿐이라는 겸손한 의미를 담고 있다. '미심쩍고 위태로운 것'과 '그 나머지'를 더 분석해 보면, 첫째, 이것은 경험사실들 간의 연관들(가령 100가지 사항들) 중 '미심쩍고 위태로운 사항들'(가령 30개 사항)과 비교적 '확

248) 여기서 '不可知'는 '알 수 없는 것'과 '아는 것이 불가한 것'을 포괄한다.

실한 사항들'(70개 사항)을 나누는 것을 뜻할 수도 있고, 둘째, 한 가지 사항 중 '미심쩍고 위태로운 정도'(가령 30%)와 '확실한 정도'(70%)를 나누는 것을 뜻할 수도 있다. 공자의 이 명제에 따르면, 인간의 인식과 지식은 그 정밀성에 한계가 있다. 이것은 인지적人智的 '인식의 한계'를 뜻한다. 인간은 경험사실들 간의 본말·시종·선후관계를 반복적 경험에 의해 인과관계로 느껴 어느 정도(가령 30-40% 또는 60-70%)만 알 수 있을 뿐, 미심쩍고 위태로운 것은 불확실해 그 진상을 알 수 없다. 이 '미심쩍고 위태로운 것'의 일부는 신이 있다면 신이나 주관할 수 있는 '운명의 영역' 또는 '우연의 영역'에 속하는 것들이다.

매일 아침 8시에 출근하는 착실한 사원이 있다면, 우리는 "내일 아침에도 이 사원은 8시에 출근할 것이다"라는 예상지식을 얻는다. 그러나 이 지식은 이 사원이 착실한 만큼 대단히 높은 확률(개연성)의 확실성을 가지는 것이지만, 100% 확실한 지식은 아니다. 그가 아플 수도 있고, 갑자기 출근차량에 이상이 생길 수도 있기 때문이다. 따라서 이 예상지식은 어디까지나 '개연적 지식'일 뿐이다. 또 가령 '내일 해가 뜬다'는 것은 우리가 보통 의심한 적이 없는 상식적 자연지식이다. 그러나 지역에 따라 내일 해가 뜨지 않을 수도 있다. 남·북극 지방은 6개월간 해가 떠 있는 백야이고 나머지 6개월간은 해가 없는 밤이기 때문이다. 그리고 '해가 뜬다'는 말은 받아들이기에 따라 구름이 끼지 않은 것을 뜻할 수도 있다. 이렇게 받아들이면 내일 구름이 낀다면 해가 뜨지 않을 것이다. 또한 태양계의 해체로 해가 뜨지 않을 수도 있다. 우주가 카오스 상태에 있다는 오늘날의 천문학적 정설에 따라 혜성의 난동이나 우주의 대폭발 또는 블랙홀 속으로의 수축으로 해가 없어지거나 궤도가 달라질 수도 있기 때문이다. 지극히 '엄밀히' 말하자면, 내일 해가 뜰지는 내일에야 100% 확실하게 알 수 있는 것이다. '내일 해가 뜬다'는 천문학적 지식도 이처럼 개연적인 것이다. 당연히 인간사에 대한 지인적知人的 이해와 해석의 지식은 더욱 개연적이다. '수신修身하면 제가齊家한다'는 '대학지도大學之道'의 명제도 어디까지나 '개연적 지식'일 뿐이다. 내가 수신했어도 운명이 기구해 집안은 망할 수 있고, 뜻밖에 가문이 천재지변이나 전화戰禍를 당할 수도 있고 태어난 시기가 군자가 출사할 수 없는 무도無道한 말세일 수도 있기 때문이다.

"많이 듣고 의심스런 것은 비워 놓고 그 나머지를 신중히 말하고" 또한 "많이 보고 위태로운 것은 비워 놓고 그 나머지를 신중하게 행한다"는 공자의 명제는 불가지의 영역을 인정하기 때문에 인간지성의 능력에 '회의적'일지라도 '자포자기적 회의주의'에 빠지지 않는, 그리고 가지可知의 영역에서도 오만하지 않은, 중도적 회의주의의 겸손한 지식철학의 원칙을 말하는 것이다.

## 4.2. 공자의 겸손한 지식철학과 전지주의 비판

공자의 이 '개연적 지식'의 경험론적 원칙은 또한 인간이 만물·만사를 다 알지도 못하지만 다 알 필요도 없다는 지적 겸손의 '중도적 지식철학' 또는 '중도적 회의주의'의 입장을 바탕에 깔고 있다. 따라서 공자는 인간지성의 능력에 '회의적'일지라도 '자포자기적(피론주의적) 회의주의'에 빠지지 않았던 것이다. 우리의 정상적 삶에 필요한 지식의 정확성 수준은 개연성(근사치)만으로도 충분하기 때문이다. 사변적 이성만능주의에 빠져 만물·만사를 다 알 수 있다고 허풍을 떨거나 궁극적 진리를 단언적으로 언명하는 전지주의적 오만을 떨면서 오류 속에 빠져 허우적거리며 우리의 삶을 오도하고 가로막기보다는 '다문다견 궐의궐태'의 원칙에 따라 '미심쩍고 위태로운 것들'에 대한 한시적 또는 궁극적 '불가지'를 인정하고 인지적人智的 탐구 대상에서 제외시키는 가운데 알 필요가 있는 만큼 최대로 아는 것이 더 나은 것이다.

또한 우리의 지식의 한계가 개연성에 머물고 이 한계를 넘는 것을 알지 못하거나 회의적 입장을 취한다고 해서 아무것도, 또는 조금도 알 수 없다는 절대적 회의주의에 빠지거나 절망할 필요도 없다. 우리의 행동과 관련된 필요한 사실을 아는 것으로 우리의 삶은 충분히 족하고 풍요롭기 때문이다. 물론 이 경험적 불가지의 영역은 서구의 합리론적 철학사조에서 다른 모습으로 등장한다. 플라톤은 경험을 넘어가는 이 불가지의 영역을 천재적 철학자의 이성적 지혜로 알 수 있는 '이데아의 세계'로 격상시켰고, 데카르트는 '본질 (essentia)' 또는 '실체(substantia)'라고 부르며 본유관념의 '명석하고 판명한' 확실성으로 포착할 수 있다는 근대 합리주의적 형이상학을 수립했다. 임마누엘 칸트는 일단 영국 경험론의 압박 때문에 이 경험적 불가지의 영역을 순수이성에게 알려지지 않는 불가지의 '물物자체(das Ding an sich)'라고 부른 후, 뒤통수를 치듯이 다시 실천이성의 자유의지로 '정복'하고 깔아뭉갰다. 공자가 이런 합리론을 생전에 접했다면 틀림없이 모두 다 오류의 '위험'을 안은 '사이불학과 부지이작의 독단론으로 보고 멀리했을 것이다.

공자와 마찬가지로 베이컨도 '인간은 아무것도 알 수 없다'는 자포자기적 회의주의와 '모든 것을 다 알 수 있다'는 전지주의적 독단주의, 이 양자를 둘 다 거부한다.

우리가 중간 단계를 거쳐 가장 일반적인 원리에 제대로 도달하기까지의 '확정적 원리'를 수립하는 것과 '단언(pronouncements)'을 하는 것을 망설이는 가운데 일종의 판단유예를 내세우며 사물에 대해 '확신의 결여(Acatalepsia: Lack of Conviction)'를 불러일으키고 있다는 또 다른 반론이 있다. 그러나 우리가 염두에 두고 의도하는 것은 '확신의 결여'가 아니라 '양지良知 또는 건전한 확신(Eucatalepsia: Sound Conviction)'이다. 왜냐하면 우리는 보고 듣는 감각들을 격하시키는 것이 아니라 이 감각들을 지원하고, 우리는 지성을 불신하는 것이 아니라 지성을 조절하기(regulate) 때문이다. 우리가 모든 것을 알지는 못한다고 생각할지라도 알 필요가 있는 만큼 아는 것이, 모든 것을 안다고 생각하면서도 알 필요가 있는 것들조차 전혀 알지 못하는 것보다 더 나은 것이다.249)

여기서 '절대적으로 옳다'고 말하지 않고 '더 낫다'고 말하는 베이컨도 '다문다견 궐의궐태'의 방법에 따라 의심스럽지 않고 위태롭지 않은 '그 나머지'에서 비교적 오류가 적은 개연적 지식을 얻는 공자의 '근도近道'와 유사한 겸손한 인식방법을 천명하고 있다. '득도'를 단언하지 않지만 "양지 또는 건전한 확신"을 의도하는 베이컨의 이 중도적 회의론은 바로 위에서 강조한 '과우과회

249) Bacon, *The New Organon*, "Aphorisms on the Interpretation of Nature and on the Kingdom of Man." Book I, CXXVI(126).

寡尤寡悔의 의미와 상통하는 것이다. 어느 정도 확실한 것으로 보이는 지식도 어디까지나 개연적 지식이기 때문에 "모든 것을 알지는 못한다고 생각할지라도 알 필요가 있는 만큼 아는 것"을 목표로 하는 것이다.

이제 우리는 공자가 '득도'나, 저녁에 죽음을 초래할 '조문도朝聞道'의 '문도 聞道'를 단언하지 않고 '근도'만을 밀하는 연유, 또는 베이컨이 "중간 단계를 거쳐 가장 일반적인 원리에 제대로 도달하기까지의 '확정적 원리'를 수립하는 것과 '단언'을 하는 것을 망설이며" 단지 "양지 또는 건전한 확신"만을 추구하는 이유를 다섯 가지 로 종합·정리할 수 있다.

첫째, 공자가 '근도'만을 말하는 연유는 "사물에는 본말이 있고 사건에는 시종이 있으니 선후를 알면 근도近道할 따름이다"라고 말한 맥락을 뜯어보면 잘 드러나듯이, 선후관계에 대한 반복적 경험을 통해 단순한 선후관계를 인과관계로 격상시키는 '온고지신'의 지식이 어디까지나 개연성을 넘지 못하기 때문이다. 상론했듯이, 인과관계의 지식은 그 경험적 한계로 인해 완전한 확실성을 보증할 수 없는 지식이다. 본말·시종·선후관계들의 지각에 대한 습관적 믿음에서 나온 '인과성'의 지식은 절대적 확실성의 지식이 아니다. 우리는 A라는 사건이 일어나면 B라는 사건이 일어나는 유사한 사례들을 많이 경험했을 뿐이고, A 속에서 B를 일으킬 원인적·능동적 요소나 인과적 연결성을 결코 찾아낼 수 없기 때문이다. 우리는 자연적으로 다만 A와 B가 선후관계로 나타나는 계기繼起(시계열적 연발) 현상만을 반복적으로 지각했을 뿐이다. 우리의 정신은 이와 같은 유사한 연발 현상을 여러 차례 목도하면, 으레 A와 B의 연발 현상에 인과적 연결관계라는 범주적 딱지를 붙여 주고 다음에도 유사현상 A´가 일어나면 B´가 뒤따라 일어날 것으로 예견하는 습관적 조건반사의 사고방식이 있을 뿐이다. 즉, 인과관계란 '도道 자체'가 아니라 '도의 근사치'일 뿐이다.

물론 인간의 인지능력이 '근도'에 그칠 뿐이더라도 상술했듯이 인간과 '도' 자체는 잠시도 떨어질 수 없다. "떨어질 수 있다면 도가 아니다(可離 非道也)."[250]

---

250) 『禮記』「中庸」제1장.

이 말은 일견에 '근도'의 원칙과 모순되는 것처럼 보이지만, 실은 '근도'와 잘 부합되는 말이다. 부지불식不知不識하지만 우리는 우리의 존재와 삶 속에서 천지의 도(物性에 대한 사물의 솔성) 및 우리의 자연적 육체·심리·정신의 도(人性에 대한 인간의 솔성)와 잠시도 떨어져 있지 않다. 그러나 우리는 – 가령 우리의 육체적 자율신경계의 자율적 작용도 다 알지 못하듯이 – 이 솔성의 도를 다 알 수 없다. 우리의 존재 자체와 달리 우리의 '인식'에서는 '득도'할 수 없고 늘 '근도'에 그칠 뿐이다.

둘째, '근도'의 다른 이유는 상론했듯이 불가지의 영역을 '궐의궐태'해야 하기 때문이다. 많이 듣고 그 중 좋은 것을 택해 마음을 쏟고 많이 보아 익히고 이 중 의심스런 것과 위태로운 것을 골라낸 공자의 '차선의 지식'은 오류와 후회가 전무한 '명백하고 판명한' 보편적 절대지식이 아니라, 어디까지나 다만 "오류가 적고 뉘우칠 일이 적을" 뿐인 개연적 지식이다.

셋째, 인간의 감각은 다섯 가지 한계가 있기 때문이다. 이것은 공자가 직접 언급하지 않았으나, 공자의 논변 속에 전제된 것이다.

① 감각의 제1한계는 '격물치지'의 감성적 직관으로 얻은 '입상(인상)'은 인간의 천성적 '심상의 기립起立이므로 객관적인 것이 아니라 인간에게만 타당한 주관적·상대적인 것이라는 점에 있다. 색·맛·냄새·소리의 '심상(연장, 모양, 부피, 운동, 단단함, 빨간색, 파란색, 쓴맛, 단맛, 짠맛, 향내, 고소한 냄새, 악취, 고운 소리, 강한 소리, 시끄러운 소리, 7음계, 5음계 등)'은 사물에 없는 것이고 하늘이 인간의 천성으로 부여한 것이고(在天成象) 다른 동물들에게는 주지 않은 것이기 때문이다. (가령 소는 빨강색을 회색으로 느끼고 바닷물고기는 바닷물을 짜게 느끼지 않는다.) 다른 동물들에게는 인간에게 주어진 심상과 완전히 다른 심상이 주어져 있다. 객체는 이런 심상을 인간에게 보내는 것이 아니라, 다만 일정한 성질의 입자와 일정한 파장의 파동만을 인간에게 보낼 뿐이다. 우리는 이 맛볼 수 있는 입자와 가시광선의 파장을 인간의 본성에 고유하게 본유하는 오감의 '심상들(소리·모양·운동·색깔·맛·냄새·촉감)'로 포착한다. 따라서 입자·파동·마찰 등의 감각적 포착(지각)에 의해 일으켜지는 인간 영혼 속의 심상, 즉 인상은

인간에게만 있는 것이고 따라서 객관적·절대적인 것이 아니라 주관적·상대적인 것이다. 그러므로 인간의 감성적 직관은 100% 확실한 것(절대적인 것), 100% 객관적인 것이 아니다. 만약 인간의 인상을 절대적인 것으로 간주한다면, 이것은 인간파시즘적 '종족의 우상'이 되고 말 것이다.

② 감각의 제2한계는 인간이 가진 감각의 지각가능성에 가로놓인 본성적 한계다. 인간은 이 지각가능성의 한계를 벗어나면 대상을 전혀 지각하지 못한다. 상론했듯이 인간은 가령 적외선·자외선·미세물체를 보지 못하고, 고저의 초음파를 듣지 못하고, 개와 다른 동물들이 지각하는 아주 미세한 냄새와 맛을 지각하지 못한다. 심지어 인간의 감각은 오감을 다 동원해도 방사능을 전혀 감지하지 못한다. (가이거 계수기 같은 도구를 써서 딱딱거리는 소리로 방사능의 존재를 탐지해내더라도 방사능의 '양상樣相' 자체는 여전히 오리무중이다.) 이런 이유에서도 우리는 인간의 감성적 직관을 100% 확실한 것으로 규정할 수 없다.

③ 감각의 제3한계는 인간의 감각이 늘 빠져들 수 있는 착시와 착각의 가능성이다. 따라서 인간은 자신의 감성적 직관의 내용을 100% 확실한 것, 객관적인 것으로 믿을 수 없는 것이다.

④ 감각의 제4한계는 인간의 감각과 경험의 내용이 주어진 상황까지의 인간과 인류의 감각적 경험의 시간적·공간적 범위에 의해 제약된다는 것이다.

⑤ 감각의 제5한계는 인간의 감각과 경험이 주어진 시기까지 개발된 실험·측정도구(計器)에 의해 도구적으로 제약된다는 것이다.

적어도 감각이 지닌 이런 다섯 가지 한계 때문에 인간은 오감의 감성적 직관에 의해 '있는 것'을 '없는 것'으로, '없는 것'을 '있는 것'으로, '아닌 것'을 '그런 것'으로, '그런 것'을 '아닌 것'으로, '큰 것'을 '작은 것'으로, '작은 것'을 '큰 것'으로 오인할 위험이 상존한다. 따라서 직간접적으로 감각과 경험에 기초하지 않은 모든 지식이 위태로운 망상인 반면, 감각과 경험에 기초한 인간의 모든 지식은 잠정적이고 개연적인 것이다. 이 때문에 사물들 간의 중요한 일치·불일치(異同의 관계) 및 사물의 실존에 대한 목전의 감성적 '직관'도 절대적으로까지 확실한 것일 수 없는 것이다. '인지人智'의 세계에서 절대지식은 없다. 그러므로 감각 및 감성적 직관과 관련해 '득도'와 '문도'를 단언할 수 없고, '근도'에 만족할 수밖에 없는 것이다.

지금까지 세 가지 이유에서 따라서 감각적으로 지각되는 모든 것을 '절대적 지식'으로 보는 에피쿠로스와 홉스의 소박경험론은 그릇된 것이다. 이 감각주의적 절대지식론도 일종의 전지주의다.

넷째, 외부 사물들의 독립적 실존 자체가 감각에 대해 완전히 확실하지 않기 때문이다. 인간은 금방 목전에서 보았으나 지금은 보기를 중단한 원근의 무수한 사물들의 실존을 감각과 이와 관련된 기억으로 확신할 수 없다. 지금 보는 것이 중단되면 시각은 중단되기 때문에 시각으로 이제 대하지 않게 된 사물들의 실존을 시각으로 확신한다는 것은 어불성설이다. 인상은 사라졌고 단지 잔상만 기억으로 남아 있을 뿐이다. 사물의 실존은 과거의 일이 되었고, 안 보는 사이에 사라졌을 수 있는 것이다. 그러나 중단된 시각은 이제 이 사물들의 확실성을 전할 수 없다. 그리고 기억은 조금 전까지 보았던 사물들만을 감당할 뿐이고, 기억 속으로의 감각적 지각들의 입력이 끝난 이후에도 계속 실존하는 사물들의 존재를 증언할 수 없다.

외부사물의 실존에 대한 믿음은, 가령 데이비드 흄에 의하면, 사물의 실존의 상대적 '항상성(constancy)'과 이 사물의 변화의 '일관성(coherence)'이 — 한 번 노를 저어 움직여진 배가 계속 한 방향으로 움직이는 관성과 같은 — 상상력의 '타성'과 결합함으로써만 형성된다.251) 상상력은 지각들과 기억들의 단속성斷續性과 파편성을 자기의 상상적 타성으로 메우고 이 파편적 기억들을 '항상성'과 '일관성'에 대한 타성적 관념에 의해 연속적으로 묶고 엮어 사물의 지속적 실존에 대한 믿음을 형성한다. 사물의 실존의 지속성은 그 독립성과 표리관계에 있다. 지속성이란 나의 지각 여부와 무관하게 사물이 계속 실존한다는 것을 뜻하고, 나의 지각 여부와의 이 무관성은 곧 사물의 실존이 나의 지각과 독립적이고 이에 대해 외적이라는 것을 뜻하기 때문이다. 그런데 상상력은

---

251) Hume, *A Treatise of Human Nature*, 129-132쪽.

기억력과 달리 본성상 자유로운 사유능력이라서 사물의 인상들을 자의적으로 재현하므로 상상의 관념을 확실히 믿을 수 없다.252) 이 상상의 관념은 엄밀히 말하자면 동일한 사실과의 차이를 만들고, 따라서 상상의 타성으로 구성된 외부사물의 계속적 실존에 대한 의식은 그만큼 허위다. 따라서 우리 감각에 외적이고 독립된 사물의 실존은 아직도 의심스럽지 않을 수 없다.

그러나 흄은 외부사물의 실존에 대한 믿음이 사물의 실존의 상대적 '항상성'과 이 사물의 변화의 '일관성'이 상상력의 '타성'과 결합함으로써만 형성된다고 말하지만, 이것은 좀 부정확한 말처럼 들린다. '상상력'의 타성과 결합하기보다 '습관적 믿음'의 타성 및 '예감'과 결합한다고 말하는 것이 더 정확할 것이다. 지금 논의는 목전에서 있는 사물의 독립적 실존을 '눈으로 보고 기억하는' 감각 단계에 머물러 있지, 아직 사유단계에까지 나아가지 않았기 때문이다. '상상'은 사유(지성)에 속하는 반면, '습관적 믿음'과 '예감'은 감성에 속한다.

외부사물의 독립적·지속적 존재에 대한 시각적 지각과 경험은 한동안 계속되면 ─ 반복경험과 유사하게 ─ 외부사물이 계속 있을 것이라고 믿는 습관을 낳는다. 그리하여 인식주체가 등을 돌려 이 사물을 더 이상 보지 않게 되더라도 '습관적 믿음'에 따라 기억 속의 이 사물이 계속 존재할 것이라고 '믿고 예감하게 되는 것이다. 이 믿음과 예감은 사물의 존재를 시각적으로 본 지가 오래면 오랠수록 더 강렬할 것이다.

물론 '상상의 타성'을 '습관적 믿음의 타성'과 '예감'으로 바꿔놓더라도 사물의 독립적 존재에 대한 의심은 마찬가지로 지워질 수 없다. '믿음'과 '예감'은 '엄밀한 지식'이 아니라 '개연적' 지식이기 때문이다. 믿음과 진리 간의 차이, 예감과 참 지식 간의 차이만큼 의심은 끝내 지워지지 않는 것이다.

우리가 의식을 명료히 하고 관심을 집중하고 엄밀하게 생각하면 이 의심은 사라지는 것이 아니라 오히려 그러면 그럴수록 더욱 집요하게 불러일으켜진다. 이것은 앞서 한 번 우리가 흄과 더불어 상론했다.253) 따라서 데카르트가

---

252) Hume, *A Treatise of Human Nature*, 143쪽 참조.

253) Hume, *A Treatise of Human Nature*, 144쪽.

주장하듯이 '관심'의 집중은254) 외부 사물의 독립적 실존과 관련된 이 회의론에 대한 치유책이 될 수 없다. "의심은 주제들에 대한 심오하고 격렬한 반성적 성찰로부터 자연스럽게 생겨나는" 것이기 때문이다. 철학자들이 의식과 사유의 관심을 집중할수록 오히려 의심은 더 커진다. 그러므로 상론한 바와 같이 흄은 보통사람들이 일상적 삶 속에서 누리는 "부주의와 무관심만이 우리에게 어떤 치유책을 마련해 줄 수 있을 것"이라고 말했던 것이다.255) 철학자들은 '돌지 않으려면' 흄의 말대로 보통사람들의 사물인식을 참조하는 것이 좋다는 말이다. 상론한 바와 같이 흄의 이 통속철학적 치유책은 극동의 기론氣論으로 뒷받침되면 철학적 정통성을 되찾을 수 있다. 현실 속에서 사물을 가공하고 사용하며 사는 뭇사람들의 격물치지와 다문다견에 의존하는 이런 식의 의심 치유책은 곧 하늘도 따르는 '민시민청民視民聽', 즉 뭇사람의 '여론'에 따르는 치유책인데, 이것은 실효적이다. 왜냐하면 보통사람들은 사물을 '오감의 대상'으로만 보는 철학자와 달리 사물을 '근감각(kinaesthesia; muscle sense)의 대상'으로도 대하며 근감각에 의해 사물의 객관성과 독립성을 사물의 '기氣'로서 매일매일 '체감'하기 때문이다. 여기서 사물의 '기'는 사물의 효과, 무게, 충격, 저항력 등을 말한다. 따라서 철학자도 보통사람처럼 자신의 근감각으로 사물을 보고 듣고 맛보고 냄새 맡고 닿기만 하는 것이 아니라 사물을 쓰고 가공하고 옮기는 가운데 근력으로 사물의 '기'를 체감할 수 있다. 그러면 우리는 오감으로 지각하지 않더라도 등 뒤의 사물(가령 모닥불, 바람, 강풍 등)이나 5분전에 짊어져 보았거나 충돌했던 사물들의 독립적·지속적 존재를 근감각으로 확신할 수 있다. 5분전에 짊어져 보았거나 충돌했던 사물들의 '기'는 이 사물들이 우리의 오감에 의해 지각되지 않더라도 — 기억이나 상상력의 타성이 아니라 — 근육의 잔존하는 아픔과 얼얼함으로 근감각에 현재하기 때문이다. 따라서 철학자든 보통사람이든 5분 전에 오감에서 사라진 사물들의 실존적

254) Descartes, *Meditations on First Philosophy*, Meditation V 참조. Descartes, *Discourse on Method and Meditations on First Philosophy*.

255) Hume, *A Treatise of Human Nature*, 144쪽.

지속성이 '5분간 단절되는' 오감적 결함을 순간순간 이 사물들의 '기'에 대한 근감각의 잔존하는 현재적 느낌으로 보완하면서 사물의 독립적·지속적 실존을 의심치 않는 것이다. 5분이 아니라 50일간 자기 집을 떠나 여행 중에 있는 사람도 자기 집의 지속적 실존을 자기와 똑같이 육감六感(오감+근감각)을 가진 다른 사람들과의 협력적 소통을 통해 인식할 수 있다. 우리는 오감에서 사라진 사물의 지속적 실존에 대해 5분전까지 지각에 입력된 것만을 책임지는 '기억'이나 무책임한 '상상력'의 타성에 의존해서 '통속적 추리의 개연성'만을 얻는 것이 아니라, 근감각과 타인들의 협조를 통해 '정통적 확실성'도 얻는 것이다. 앞서 시사했듯이 정통적 지물知物에서 민시민청 수준의 다문다견을 강조하는 공자의 인식론은 베이컨의 자연인식처럼 인류의 '협력적' 인식과정을 전제하기 때문이다.

다섯째, 이런 불완전한 감성과 경험으로부터 비교적 자유로운 '논증적 지식'을 다시 불완전하게 만드는 이성적 사유의 한계 때문에 이 '논증적 지식'도 '절대지식'일 수 없다. 따라서 인간의 지식 일반은 '근도'에 그치는 것이다. 논증적 지식은 연역적이고, 이성적 사유의 자기전개를 통해서 얻어진다. 그러나 상론했듯이 공자 인식론의 기본 명제("學而不思則罔 思而不學則殆")의 다른 반쪽인 "사이불학즉태", 즉 "생각하고 경험에서 배우지 않으면 (독단과 오류의 위험으로) 위태롭다"는 명제는 '사변적 사색'만 일삼고 경험을 넓히고 심화하지 않으면 현실적 근거도, 쓸모도 없는 공허한 추리적 독단의 위험에 빠진다고 갈파하고 있다. 신사·명변의 논증적 지식이 홀로 옳을 수 있다면 공자가 이런 말을 토로했겠는가! 이것은 바로 사유 또는 이성의 한계를 지적한 것이다.

논증적 지식 중에서 가장 높은 확실성을 자랑하는 산술과 대수학, 그리고 기하학도 그 관념들이 경험적 실재와 동떨어졌다는 의미에서 불완전한 지식이다. 수학적 관념들은 경험과 거리가 매우 멀다. 수학은 일찍이 경험으로부터 추상된 수적 관념들을 관념적으로 조작하여 지식을 늘리는 것이다. 수학이 절대적으로 확실한 지식을 다룬다고 할지라도 경험과 동떨어지면 '불완전한 것'이고 전혀 쓸모없는 것이다. 가령 수학의 수의 논리는 '참'이긴 하지만,

우리의 추상관념 속에서만 '참'일 뿐, '실재성(reality)'이 없다. 상론했듯이 추상관념 속에서 지어낸 해·재·극·항하사·아승기·나유타·불가사의·무량대수 등의 추상적·관념적 수치는 자연적 실재 속에서 경험할 수 없으므로 무용하고 실재성이 없다. 또 개념적 직각삼각형이나 원 또는 정正천각형, 정만면체, 정억면체 등도 관념에 떠올릴 수 있지만 실재성이 없다. 따라서 수학의 진리는 '완전한 진리'가 아니라, 단지 때로 실재성을 결한다는 의미에서 '불완전한 진리'에 불과한 것이다.256)

또 가령 그토록 엄밀하기로 정평이 난 기하학도 어떤 경험적 조건과 배치되어 쓸모없어지기도 한다. 기하학은 가까운 거리 안의 관찰에 기초한 경험적 측량기술에서 유래했기 때문에 종종 먼 거리의 경험관찰과 충돌한다. 개념적 기하학의 정의에 의하면, 평행선은 서로 만나지 않아야 하지만, 경험 속에서 아주 길고 멀리 뻗는 평행선은 소실점에서 서로 만난다. 또 역으로 수백 광년을 두고 서로 떨어져 있는 두 별에서 오는 별빛들은 생각에만 의거하면 다른 각도에서 지구로 날아와야 함에도 경험상 평행으로 날아오는 것으로 관측된다. 두 별 사이의 수백 광년의 거리가 경험적 관찰 속에서 무의미해지는 것이다. 또는 거꾸로 밤하늘의 달은 한국에서 달을 보는 한국인과 고비 사막에서 달을 보는 중국인 사이의 엄청난 거리를 무시하고 이 한국인과 중국인을 둘 다 정면으로 비추는 것으로 현상한다. 이 때문에 이 두 사람에게 달이 각자 자기들을 따라 움직이는 것으로 나타난다. 그리하여 무한대 개념이 없는 기하학은 극대·극미한 것들에 대한 경험을 고려한 미적분의 발명 이래 무한대 개념을 적용해 무한광원에서 오는 빛살들을 평행으로 날아오는 것으로 보는 '산술'과 충돌한다. 또한 착시현상도 기하학의 입지를 어렵게 만든다. 평행으로 만들어진 상하수평의 두 가로막대는 멀리서 보면 가운데로 휘어져 보인다. 이 시각적 착시현상을 교정하기 위해서는 파르테논 신전처럼 실제의 건축물에서 상하평행의 수평적 가로막대를 가운데로 갈수록 볼록하

---

256) 수학적 관념들의 실재성 결여로 인한 수학적 진리의 이 '불완전성'에 대한 비판적 지적에 관해서는 Bayle, *Historical and Critical Dictionary* (1697), 389-92쪽("Zeno", Epicurean)도 참조.

게 제작해야 하는 것이다.

한편, 수학의 논증적 지식의 '생산'에서 인간의 추리적 이성은 원인이고, 진리(논증적 지식)는 결과다. 따라서 ─ 수리적 등식들의 추리적 변환 작업은 연역적일지라도 ─ 수리적 지식의 '생산'은 모든 인과적 관계와 마찬가지로 귀납적이다. 그러므로 인과관계에 근거한 모든 귀납적 지식이 개연적이듯이, 이성의 '결과'인 수학적 진리도 개연적이다. 따라서 수학적 사유도 귀납적 추리와 마찬가지로 수학적 추리의 수행 과정에서 오류(완전한 정확성과 개연성간의 오차)를 피할 수 없다. 이 때문에 수학 교수도 늘 틀릴 위험에 처해 있다. 이 수리적 개연성에 정확성을 좀 더 추가해 줄 수 있는 것은 자기 자신과 수많은 타인들의 반복적 검토와 수학세계의 '여론' 평가뿐이다. 결국 수학적 지식도 다른 귀납적 지식과 동일한 처지로 전락한다.

결론적으로 말하면, 수학과 기하학을 포함한 모든 논증적 지식영역은 이성의 순수한 추리적 사색만으로 결코 완전한 지식을 산출할 수 없다. 동일성·모순의 형식논리학과 관련된 관념이든, 시간·공간 개념과 관련된 관념이든, 수와 관련된 관념이든, '생이지지'의 소위 '본유관념'이란 존재하지 않기 때문이다.

적어도 서로 얽힌 이런 다섯 가지 이유에서 감성과 이성의 합작으로 얻어지는 인간의 지식은 '근도적' 성격을 탈피할 수 없다. 그러나 감각을 통해서만 '학식'의 추구는 개시되고, 사유를 통해 완성된다. 사유는 감각적 경험에 근접하는 만큼 그 개연성이 높아지지만 한계가 있다. 더구나 경험과의 접촉이 '전혀' 없이 순수하게 '생각'하는 것만으로 작은 두뇌 속에서 지식을 만들면 오류는 더욱 피할 수 없다. 감각적 경험이 없다면, 지식을 만들어내기 위해 생각할 자료도 없기 때문이다.

이렇듯이, '학이불사'의 소박경험론자와 '사이불학'의 합리론자가 장담하는 절대지식, 즉 '득도'나 '문도聞道'(이미 '득도'한 스승한테서 도를 얻어듣는 것)은 죽어도 불가능한 일이다. 말하자면 '문도'는 아침에 듣고 저녁에 죽으려고 해도 안되는 일이다. 소위 '영원한 도(진리)'를 외물 속에서 직관하는 감성적 '득도'의 소박한 확신이나, 영혼 속의 본유관념('진리의 씨앗')으로부터 모든 진리를 추리

해내는 사변적 '득도'의 천재적 독단만으로는, 또는 '영원한 도'를 얻어들으려
는 '문도'의 기원祈願만으로는 도를 깨칠 수 없고, 오히려 도에서 완전히 멀어
지고 말 것이다.

신이나 신적 성인이 아닌 인간에게는 최상의 '생이지지生而知之'의 '신지神
知'는 불가능하고 잘해야 차상의 '학이지지學而知之(경험에서 배워 아는 것)'의 인지
적人智的 '학식'만이 가능하다. 그러므로 인간은 오로지 '학도學道(도를 경험적으
로 배우는 것)'를 통해 '근도'할 수 있을 뿐이다. 구체적으로 '학도'란, 사물의 속
성과 본말·시종의 선후관계를 두루 다문다견하고 자세히 살피고 조사하는
부지런한 박학·심문과, 이렇게 축적된 보편적 경험을 신중히 생각하고 명확
하게 변별하는 엄정한 신사·명변의 과정을 함의한다. 그러므로 "나는 생이지
지자生而知之者가 아니라 지난 경험을 중시해 이를 힘써 탐구하는 자다"라고
말한 공자는 자신의 "사람됨"을 "학도學道에 게으르지 않은 것이다(其爲人也
學道不倦)"라는 말로257) 소개한 적도 있다.

따라서 천도·지도·인도의 삼도 중 가령 '인도'에 관해 '학도'한다면, 군자는
사람들을 두루 그리고 자세히 살피고 이해하게 되어 세상 사람을 사랑할 것
이고, 일반백성은 사람을 사랑하는 군자의 덕치에 쉽게 호응할 것이다. 그리
하여 공자는 "군자가 학도하면 뭇사람을 사랑하고, 소인이 학도하면 부리기
쉬워진다(君子學道則愛人 小人學道則易使也)"고 가르쳤던 것이다.258) 따라서 이런
부지런한 '학도'를 통해 이루어지는 '근도'의 인간다운 경험적 학식, 즉 가령
'개연적 인도'는 세상 사람들과 동떨어질 수 없는 도, 현실세계 속에서 살아
숨 쉬는 도다. 상술했듯이 "도는 사람을 멀리하지 않으니, 사람이 도를 위한
답시고 사람들을 멀리하면 도를 실천할 수 없는 것이다".259)

그러나 '학이불사'와 '사이불학'을 통해 추구되는 소박경험론적·합리론적
'득도'와 '문도'의 영원한 '절대지식', 즉 가령 '절대적 인도'는 뭇사람과 동떨어

257) 司馬遷, 『史記世家』「孔子世家」, 440쪽.

258) 『論語』「陽貨」(17-3).

259) 『禮記』「中庸」제13장.

진 공허하고 위험한 이데올로기, 사람을 부러뜨리고 망가뜨릴 '도를 위한 도'다. 이념의 도를 위해 인간의 품성을 제멋대로 기획하고 바꾸려는 이런 독단적 도는 실은 인도를 위하는 것이 아니라, 인도를 파괴한다. 따라서 부지런한 경험론적 '학도'를 통해 성실히 '근도'하려는 군자는 특히 '득도'와 '문도'를 바라는 '사이불학思而不學'의 합리론에 불가불 등을 돌리지 않을 수 없는 것이다.

소위 이성 또는 이성적 사유는 오류가 많은 것이다. 물론, 감각도 오류에 빠진다. 하지만, 감각은 이성보다 오류가 덜하다. 또한 한 감각의 오류나 오차(가령 물속에서 막대기가 구부려져 보이는 굴절현상)는 다른 감각(막대기를 다른 각도에서 보거나 물 밖으로 꺼내 보거나 또는 물속에 그대로 두고 손으로 만져 촉각으로 느껴 봄)으로써 교정될 수 있고, 그릇된 경험은 더 많은 경험에 의해 교정된다. 그리고 상론했듯이 다문다견의 박학과 실험에 의해 감각적 오류는 축소될 수 있다. 그래서 공자는 '사이불학思而不學'의 위험을 경계하고 박학·심문을 그리도 강조했던 것이다. 감각적 박학·심문의 넓고 세밀한 경험·관찰만이 오류를 줄여 주고 개연적 지식('近道')을 늘려 주기 때문이다.

그러나 수학적 추리와 논증은 수학 교수만이 아니라 위대한 수학 대가도 틀리고 이 이성적 오류는 독단화되어 수십 년, 수백 년간 교정되지 않는다. 아니, '이성적' 오류가 오히려 '이성적' 진리를 탄압하고 파괴한다. (가령 자연수만을 인정하고 제곱근의 수를 부정한 피타고라스는 제곱근을 발견한 제자를 익사시켜 죽였다.) 그러므로 공자의 말대로 '생이지지'하는 신이 아닌 인간에게는 아래에서 배워 위에 달하는 '하학이상달下學而上達'의 방법, 즉 감각적 경험 대상 아래 겸손하게 몸을 낮추고 이 아래로부터 배워 높은 학덕에 도달하는 방법밖에[260) 없는 것이다.

### 4.3. 노자와 에피쿠로스의 소박경험론에 대한 비판

동아시아 유학사에서 "학이불사즉망, 사이불학즉태"를 인식론적 관점에서 해석해 근대 서양철학에서처럼 인식론적 논쟁을 크게 일으킨 적은 없다. 하

---

260) 司馬遷, 『史記世家』「孔子世家」, 443쪽; 450-1쪽.

지만 이 기준에 따라 감히 동아시아의 사상조류를 분류하자면, 노자老子사상
은 '학이불사즉망'의 소박경험론 철학으로 분류될 수 있다. 노자는 "백성을
사랑하고 나라를 다스리는 데는 지식이 없어도 된다"는[261] 원칙에서 학식(이
론적 지식)에 대한 몽매를 추구했다. 이것은 개인적 삶과 '애민치국愛民治國'은
신사·명변 없이 경험적·실험적 '박학·심문'의 경험지식만으로도 충분하다는
확신을 전제하는 것이다. 노자는 일체의 이론적 지식(학식)을 불필요하고 해로
운 것으로 보았다. 하지만 모든 지식을 부정한 것이 아니라, 원초적 경험지식
(노하우·현명)으로 이해되는, '복명復命(항상적 인성과 물성)'을 뜻하는 통상적 사실
을 아는 '지상知常'의 지식은 명확한 지식으로 인정한다.[262] 이 '지상'은 오늘
날 '상식'이나 다름없는 것이다. 노자는 이 '지상'의 앎을 제외하고 기타 모든
지식을 배격한 '무지몽매'를 이상으로 삼았다. "대도大道가 없어지니 인의仁義
가 있게 되고, 지혜가 나오니 큰 거짓이 있게 되었다."[263] 따라서,

> 옛날에 도道를 잘했던 사람들은 백성들을 명철하게 만들지 않고 어리석게 만들었다.
> 백성이 다스리기 어려운 것은 그 지혜가 많기 때문이다. 그러므로 지혜로 나라를 다스
> 리는 것은 나라의 적해賊害고 지혜로 나라를 다스리지 않는 것은 나라의 복이다.[264]

따라서 "성스러움을 끊고 지혜를 버리면 백성의 이익이 백배가 될 것이다."[265]
또한 "학식을 끊으면 근심이 없다. (…) 속인들은 밝고 밝은데 나 홀로 어둡고
어두우며, 속인들은 살피고 살피는데 나 홀로 몽매하고 몽매하다."[266]
    이 점에서 노자의 관점은 의도적으로 '학이불사'하고 이론적 무지몽매를

---

261) 老子, 『道德經』 제10장: "愛民治國 能無知乎."

262) 老子, 『道德經』 제16장: "復命曰常 知常曰明" 참조.

263) 老子, 『道德經』 제18장: "大道廢有仁義 慧智出有大僞."

264) 老子, 『道德經』 제65장: "古之善爲道者 非以明民 將以愚之. 民之難治 以其智多. 故以智治國
     國之賊 不以智治國 國之福."

265) 老子, 『道德經』 제19장: "絶聖棄智 民利百倍."

266) 老子, 『道德經』 제20장: "絶學無憂 (…) 俗人昭昭 我獨昏昏 俗人察察 我獨悶悶."

추구한 계획적 '소박경험론'으로 간주된다. 지혜(지식)를 '학이사'에 의해 달성되는 이론적 '학식'과 실천적 경험과 세월의 경륜에 의해 쌓이는 '현명'으로 구분한 공자의 분류법을 따를 때, 노자는 이 '현명'만을 일체의 회의를 초월한 '명지明知'로 인정한 셈이다. '현명'은 요샛말로 '노하우'이나 '상식'의 일종이다.

　서양의 전통에서 노자처럼 '학이불사'의 경험지식을 주장한 사례로는 에피쿠로스(Επίκουρος, 기원전 351-271년경)의 '소박경험론'을 들 수 있다. 서양 선교사들도 17세기에 노자철학을 접하고 이것이 에피쿠로스철학과 비슷하다고 느꼈다.267) 디오게네스 라에르티오스(Διογένης Λαέρτιος, 서기 3세기경)에 의하면, 에피쿠로스는 오늘날에 전해지지 않고 망실된 『전범(카논Kανόν)』에서 "진리의 척도(크리테리아κριτήρια)는 우리의 감각(아이스테세이스αίσθήσεις)과 기성관념(프롤레페이스προλήφεις)과 감정(파테πάθη)"이라고 언명한다. 그런데 "에피쿠리언들은 일반적으로 정신 또는 사유(디아노이아διάνοια)에 대한 물상物像(판타스티카스φανταστικάς)의 투사(에피볼라스έπιβολάς)도 진리의 척도로 삼는다". 따라서 에피쿠리언들의 '진리의 척도'는 감각, 기성관념, 감정, 초감각적 물상투사(정신적 직관)다. 에피쿠로스에 의하면, 이 '정신' 또는 지적 '사유'에 대한 '물상의 투사'는 감관에 영향을 미치지 못할 정도로 아주 미세한 초감각적 원자들이 야기하는 것이다.

　에피쿠로스는 "모든 감각은 무無이성적이고(알로고스άλογός), 또한 기억들(므네메스μνήμης)로부터도 전혀 받아들이지 않는다"고 규정한다. "감각은 자기 원인에 의해 홀로 일어나는 것도 아니고, 외적 원인을 가진 것으로 여겨져 이 원인에 뭔가를 더할 수도 없고 이 원인으로부터 뭔가를 뺄 수도 없기 때문이다".268) 이 같은 취지의 언명은 오늘날까지도 전해지는 에피쿠로스의 저술인

---

267) 니우호프는 1650년대에 이미 노자와 에피쿠로스를 연관시키고 있다. John Nieuhoff, *An Embassy from the East-Indian Company of the United Provinces to the Grand Tatar Cham, Emperour of China, delivered by their Excellencies Peter de Goyer and Jakob de Keyzer, At his Imperial City of Peking* [1655] (Hague: 1669; 영역본 – London: Printed by John Mocock, for the Author, 1669), 220쪽.

268) Diogenes Laertius, *Lives of the Eminent Philosophers*, translated by Robert Drew Hicks, A Loeb Classical Library edition; volume 1·2 (Cambridge[MA]·London: Harvard University Press·William Heinemann LTD, 1925), "Book X – Epicurus", §31. 이하에서는 이 Leob본을 기준으로 하되, 종종 1853년에 재출판된 Huebner본(1828)의 영역도 참조한다.

「헤로도토스에게 보낸 요지」와 「주요격률(쿠리아이스 독사이스*Κυρίαις δόξαις*)」에서
도 발견된다. 「헤로도토스에게 보낸 요지」에서 에피쿠로스는 감각만이 아니
라 '사유'도, 감지되지 않게 정신에는 영향을 미치는 아주 미세한 조직의 이미
지(판타스티카스)의 작용으로 설명한다. 이로써 그는 사유의 고유한 능동적 기
능을 전적으로 부인했다. "우리는 우리가 외부 대상들로부터 오는 어떤 물物
의 이입에 의해 대상들의 모양을 보고 이것들을 생각한다는 사실을 고려해야
한다."269)

에피쿠로스에 의하면, 사물의 이미지(판타스티카스)들은 지극히 **빠른** 속도로
운동한다.

> 그것들은 **빠른** 동작으로 움직인다. 이것은 다시 그것들이 왜 단 하나의 지속적 대상
> 의 현상을 현시하고 감각에 충격을 가할 때 대상 속에서 그것들이 가진 상호적 내부
> 결합을 간직하는지를 설명해 준다. 이때 이 충격은 그것들의 출처인 단단한 대상
> 내부의 원자들의 진동에 기인한다. 그리고 정신이나 감각기관과의 직접 접촉에 의해
> 우리가 추진하는 모든 현시는 현시되는 모양이나 다른 속성들이다. 현시된 이 모양
> 은 단단한 사물의 모양이고, 그것은 전체로서의 이미지의 긴밀한 결합성이나 이미지
> 의 부분들의 단순한 잔여에 기인한다. 허위와 오류는 언제나 (사실이 기다릴 때) 의견
> 의 강요, 즉 그 사실성이 나중에 확인되지 않는 (심지어 모순되는), 모순의 부재의
> 확인에 달려 있다. 현시된 정신적 상象(*picture*)과 연관이 있지만 이 상과 판명하게 다
> 른, 우리 내부의 일정한 움직임을 따르는 것, 이것이 오류의 원인이다.270)

그리고 꿈과 공상을 포함한 어떤 형태의 '재현'이든 재현은 다 어떤 식으로든
실재에 상응한다. "사실 우리가 꿈속에서 받아들이든, 지성의 다른 상념들에
의해 받아들이든, 또는 다른 기준에 의해 받아들이든 지성이 거울처럼 반영

---

269) Epicurus, "Letter to Herodotus", in: Laertius, *Lives of the Eminent Philosophers*, "Book X –
　　Epicurus", §49.

270) Epicurus, "Letter to Herodotus", §50.

하는 재현은 직접 지각된 이런 종류의 대상들이 존재하지 않는다면 우리가 실재적이고 참된 것으로 부를 대상을 닮을 수 없다. 그리고 다른 한편, 오류는 우리가 모종의 다른 운동, 즉 직접적 재현이지만 저 재현적인 것을 넘어가는 것과 관련된 지성의 일종의 주도를 받아들이지 않는다면 일어날 수 없다. 재현을 산출하는 식섭적 지각과 관련되지만, 이 재현을 뛰어넘는 (지성의) 이 상념들은 개인적 사유에 특유한 작용으로 인해 증명에 의해 확인되지 않거나 증명에 의해 부정될 때 오류를 산출하지만, 확인되거나 증명에 의해 부정되지 않을 때 진리를 산출한다."271) 에피쿠로스도 공자처럼 '재현'을 뛰어넘는 지성의 '주도', 즉 '사이불학' 또는 '부지이작'을 오류의 원천으로 보고 있다. 그러므로 에피쿠로스는 "우리가 감각의 명백한 명증성에 기초한 척도를 부정하거나 거짓을 참인 양 주장함으로써 이 모든 일들을 다시 내던지지 않으려면 이 견해를 우리는 밀착해서 고수해야 한다"고 말한다. "다시, 목소리나 소리 또는 소음을 방사하거나 어떤 방식으로든 듣는 감각을 산출하는 대상이 사람이든 사물이든 대상으로부터 어떤 흐름이 올 때, 듣기가 일어난다. 이 흐름은 동질적 미립자들로 분쇄되는데, 이 미립자들은 동시에 이것들을 방사한 대상으로 연장되는 일정한 상호연결과 분명하게 구별되는 실체를 보존하고, 대부분에 있어서 그 경우의 지각을 야기하거나 그렇지 않다면 외부 대상의 현존을 지시해 준다."272)

이처럼 에피쿠로스는 사유의 독자적 기능(주도)을 오류의 원천으로 봄으로써 감각, 기성관념, 감정, '사유에 대한 초감각적인 원자적 물상의 투사'만을 진리의 척도로 본다. 에피쿠로스는 학식의 구성에 기여하는 일반화(공자의 사유로서의 '신사명변'), 일이관지의 서술(序述) 등의 사유의 역할마저도 부정하고 외부로부터 받아들이는 감각적 지각과 대상적 원인들을 진리의 절대적 기준으로 보고 모든 인상과 모든 지식이 외부에서 온다는 전순관념·전인상외래설의 소박경험론을 고수한다. 이런 까닭에 에피쿠로스와 에피쿠리언들은 '사유'의 역

---

271) Epicurus, "Letter to Herodotus", §51.

272) Epicurus, "Letter to Herodotus", §52.

할을 거의 전적으로 부정하고 플라톤과 아리스토텔레스가 가장 중시한 '변증론(논증)'을 '피상적인 것'으로 보고 거부한다.[273] 사유는 무조건적으로 오류 또는 그릇된 판단의 원인이다. 에피쿠로스가 사유의 역할을 인정하는 것은 아는 것에서 모르는 것을 도출하는 간단한 '추론' 기능뿐이다. 이때도 사유는 감각에 의거한다. "물체들의 실존은 도처에서 감각 자체에 의해 입증되고, 이성이 알려진 것으로부터 알려지지 않은 것을 추론하려고 시도할 때 의존하는 것도 감각이다".[274]

한편, 에피쿠로스가 진리의 척도로서 열거하는 '기성관념'과 '사유에 대한 원자적 물상(이미지)의 투사'는 그 의미와 양자의 관계가 애매하다. 라에르티오스는 일단 '기성관념'을 다음과 같이 설명한다. "에피쿠리언들이 말하는 기성관념(프롤레페이스)은 우리 안에 축적된 이해, 바른 의견 또는 바른 사념思念, 즉 보편적 상념(카톨리켄 노에신καθολικήν νόησιν)을 뜻한다. 그것은 가령 '이러저러한 사물은 사람이다'라는 식으로 종종 현시되는 외부 대상의 기억(회상)이다. 왜냐하면 '사람'이라는 낱말이 발언되자마자 우리는 감각들의 사전 작용에 의해 보유하게 된 기성관념에 의해 사람의 모습을 지각하기 때문이다. 그렇다면 이와 같이 온갖 어휘들이 우리 안에서 일깨우는 첫 번째 관념은 바른 것이다. 실로 우리는 우리가 추적하고 있는 것을 미리 알지 않았다면 이것을 탐색할 수 없을 것이다. 가령 우리가 일정한 거리를 두고 저쪽에서 보는 것이 말이나 소라고 확인할 수 있기 위해서는 우리가 이 말과 소의 형태에 우리를 익숙하게 만든 모종의 기성관념을 우리의 정신 속에 보유하고 있어야 한다. 우리가 사물들이 무엇인지에 대한 기성관념들을 가지고 있지 않다면 이 사물들에 대해 이름을 부여할 수 없을 것이다. 그렇다면 기성관념들은 확실한 것이다. 판단에 관한 한, 판단의 확실성은 판단을 자명한 기성관념에 비추어 보는 것에 달려 있고, 이 기성관념의 도움으로 우리는 이러저러한 판단을 긍정한다."[275]

---

273) Laertius, *Lives of the Eminent Philosophers*, "Book X — Epicurus", §31.
274) Epicurus, "Letter to Herodotus", §39.

에피쿠로스에 의하면, 모든 '의견'은 감각적 확인을 '기다려야' 하는 것이다. 감각적 확인을 기다리지 않고 참으로 단정되는 의견은 오류의 위험을 안고 있다. "에피쿠리언들은 의견을 상념(위폴레프시스ύπόληψις)이라고 부르고, 이것을 참이나 거짓으로 언명한다. 왜냐하면 그것은 결과적으로 확인된다면 또는 증거에 의해 부정되지 않는다면 참이고, 결과적으로 확인되지 않는다면 또는 증거에 의해 부정된다면 거짓이기 때문이다. 이런 까닭에 그들은 마치 보여지는 것이 가령 탑이라고 언명하기 전에 우리는 가까이 다가가기까지 기다려서 탑에 가까워졌을 때 어떻게 보이는지를 배우는 것처럼 확인을 '기다리는 것'이라는 표현을 도입한 것이다."276) 말하자면, '기성관념'은 동일한 것에 관한 지각들이 우리 영혼 안에 축적된 기억들의 올바른 귀납적 일반개념이다. 이 기억의 '일반화' 기능은 사유의 '고유한' 작용인데도, 에피쿠로스는 이것마저도 사유기능으로 인정치 않고 있는 것으로 보인다. 나아가 논리학·수학과 같이 감각적 경험으로부터 상대적으로 독립된 사유의 순수한 '추리와 논증'의 기능을 에피쿠로스는 부정하기 때문에 이 수학적·논리적 지식도 전혀 순수한 것이 아니라 다 초감각적 미세통로로 외부에서 정신 속으로 들어온 외래물로 여기는 듯하다. 합리론자들이 '본유관념'으로 간주하는 이 순수관념을 그는 '사유에 대한 외부의 원자적 물상의 투사'로 해석한다. "우리는 크기들을 그 자체로서 고찰하고, 그리고 크면 클수록 더 큰 연장을, 작으면 작을수록 더 작은 연장을 측정하는 만큼 추상적 방식으로 고찰한다. 이 유추는 우리가 원자를 가능한 최소의 차원을 가진 것으로 간주하는 한에서 원자에도 적용된다. 미세성에서만 감각에 의해 관찰되어지는 것과 다르지만, 원자는 동일한 유추를 따른다. 경험 안에서의 사물들의 유추에 관하여 우리는 원자가 크기를 갖는다고 천명했다. 이 크기는 작은 만큼 단지 더 큰 스케일에서 재생산했을 뿐이다. 더 나아가 가장 작고 가장 단순한 사물들은 길이의 극한으로 간주되어야 한다. 이 사물들은 그들 자체로부터 길이가 큰지 작은지 재는 수단을

---

275) Laertius, *Lives of the Eminent Philosophers*, "Book Ⅹ – Epicurus", §33.

276) Laertius, *Lives of the Eminent Philosophers*, "Book Ⅹ – Epicurus", §34.

단위로 제공하고, 직접 관찰이 불가능하므로 정신적 직관이 채택된다. 이 사물들과 불변적 부분들(즉, 영역이나 표면의 최소한의 부분들) 간에 존재하는 공통성은 이것에 관한 한 결론을 정당화하기에 충분하다."[277] 따라서 "직접지각을 넘어 이성에 의해 생각될 수 있는 미세한 시간에도 원자들이 지속적으로 운동할 것이라는 상정", 즉 정신적 직관의 상정은 "목전의 이 경우", 즉 감각적 지각의 경우에 "적용되지 않기" 때문에, "우리의 전범"은 두 가지로 정식화된다. "감각에 의한 직접지각과 정신에 의한 직접인식만이 불변적으로 참이다".[278] 초감각적인 미세원자들의 직접 투사에 의한 '정신적 직관', 즉 이 정신적 '직접인식'은 플라톤의 신비스런 윤회설적 상기설(상기설적 본유관념론)을 쳐부수려다가 이처럼 상기설보다 더 신비스런 이론으로 전락하고 있다. 원자에 근거한 정신적 직관론과 관련된 에피쿠로스의 주장의 핵심은 소위 '본유관념'이라는 것도 실은 우리의 영혼 속에 '본유'하는 것이 아니라, 감각에 의해 포착되지 않는 외부의 미세한 '원자들'이 사유 속으로 '이입'한 것이라는 말이다.

종합하자면, 에피쿠로스는 인간의 모든 관념들과 감각적 '이미지들'이 다 외부에서 왔고 사유의 역할은 거의 전무하다고 주장하는 셈이다. 그러나 상술했듯이 공자는 감각과 감정의 '심상들'이 인간의 영혼(본성) 속에 본유한다는 사실을 인정했을 뿐만 아니라 일반화, 순서정리, 서술적(序術的) 이론화(일이관지)를 수행하는 사유의 필수적 역할도 인정했다. 공자의 이 서술적 경험론과 차별되는 에피쿠로스의 저 소박경험론적 견해는 훗날 아이러니컬하게도, 전(全)준인상·관념외래설을 주장하는 홉스의 절대경험론과 복고적 합리론자 라이프니츠의 미세지각론적 본유관념론에 동시에 영향을 미친다.

아무튼 에피쿠로스는 "감각에 의한 직접지각과 정신에 의한 직접인식만"을 "불변적 참"으로 맹신했기 때문에 – 노자처럼 – 모든 회의주의를 거부했고, 모든 회의주의자들을 가혹하게 비판했다. 따라서 에피쿠로스와 에피쿠리언들은 "지자는 단순한 회의가 아니라, 교조를 언명해야 한다"는 견해를 공유

---

277) Epicurus, "Letter to Herodotus", §58-9.

278) Epicurus, "Letter to Herodotus", §62.

했다.279) 그리하여 에피쿠로스는 감각적 지각과 원자의 정신적 투사만을 '불변의 진리'로 절대 '맹신'하는 자신의 입장을 일체의 의심과 회의를 초월한 「주요격률」로 교리화한다. "우리는 목적을 실재한다고 생각하고 우리의 의견을 감각적 경험과 일치시켜야 한다. 그렇지 않으면 삶의 모든 것은 불확실성과 혼돈으로 가득할 것이기 때문이다." 그러므로 "그대가 그대의 모든 감각을 반박한다면, 그대는 조회할 어떤 척도도 없을 것이고, 심지어 그대가 거짓으로 언명하는 저 판단들을 판단할 어떤 수단도 없을 것이다." 그리하여 "그대가 단 하나의 감각적 경험이라도 절대적으로 부정하여 '확인을 기다리는 의견'과, '감각이나 느낌 또는 지성에 대한 직관적 투사 속에 이미 현존하는 것'을 구별하지 못한다면, 그대는 그대의 근거 없는 의견으로 그대의 나머지 감각들도 혼돈 속으로 내던져 진리의 척도를 모조리 부정하게 될 것이다. 의견에 기초한 그대의 관념들로 그대가 확인할 필요 없는 감각적 현존경험만이 아니라 확인을 기다리는 것까지도 성급하게 참된 것으로 긍정한다면, 그대는 오류를 피할 수 없을 것이다. 왜냐하면 그대는 바른 의견과 틀린 의견을 판단할 때마다 완전한 애매모호성을 부양할 것이기 때문이다."280) 그러나 우리는 공자와 함께 인간적 인식능력(인간 본성에 예비된, 따라서 인간 본성에만 한정된 본유적 심상에 갇혀 지각하는 '감각과 귀납적·연역적 '사유')의 한계를 다각도에서 확인했다. 따라서 우리는 노자와 에피쿠로스의 소박경험론의 신비적 진리교조론(소위 '득도론')을 조용히 멀리하고 공자의 '근도론'에 만족할 뿐이다.

한편, "사이불학즉태"를 초래한 서양의 사조로는 감각과 감각적 경험을 격하하고 사변적 '선善의 이데아' 또는 '본유관념' 및 '이성적 직관('A는 A다' 또는 'A는 A이면서 비非A일 수 없다'는 식의 동일률·모순율과 같은 제1원리에 대한 직관)을 중시한 소크라테스·플라톤·아리스토텔레스 등의 고대 지성주의를 제1순위로 뽑아야 할 것이다. 그리고 이 고대 그리스 지성주의의 중세 버전인 아우구스티누스(Aurelius Augustinus, 354-430년)의 신플라톤주의적 교부철학과 토마스 아퀴나스

---

279) Laertius, *Lives of the Eminent Philosophers*, "Book X - Epicurus", §121b.

280) Epicurus, "Sovran Maxims"(Principal Doctrines: Κυρίαις δόξαις), §22-4.

(Thomas Aquinas, 1225?-1274)의 아리스토텔레스주의적 스콜라철학, 근현대적 지성
주의 버전인 데카르트·라이프니츠의 독단적 합리주의, 루소와 임마누엘 칸트
의 비판적 합리론, 피히테(Johann G. Fichte, 1762-1814)·쇼펜하우어(Arthur Schopenhauer,
1788-1860)·헤겔(Georg W. F. Hegel, 1770-1831)의 합리주의적 독일관념론, 그리고 카
를 마르크스(Karl Marx, 1818-1883)의 '과학적 사회주의', 무제한적·무제약적 지성
주의의 근대 이데올로기적 버전인 '과학주의'를 음양으로 대변한 프리드리히
니체(Friedrich Nietzsche, 1844-1900)의 '과학적 인종주의', 대중적 이성·과학신봉 등
현대의 각종 '과학주의(scientism)' 사조다. 이 중 루소와 칸트의 비판적 합리론은
경험론적 요소를 조금 수용했으나, 그 근본은 역시 합리론이라는 점에서 굳
이 경험론과 합리론의 비율을 따지자면, 3 대 7 또는 2 대 8의 비율로 약간의
경험론을 혼합한 합리주의 철학, '학이불사'와 '사이불학'의 단점만을 종합한
'공허하고 위험한 절충주의 또는 '경험론적 분식粉飾'의 스콜라철학'으로 평가
할 수 있다.

### 4.4. 최한기의 인식론에 대한 분석과 비판

동아시아에서 합리주의 철학은 성리학性理學이 대표적이다. 성리학은 송나
라와 조선 이래 '동아시아의 스콜라철학' 노릇을 해왔다. 18·19세기 조선의
실학實學도 성리학과 성리학적 도학주의의 합리론적 패러다임을 완전히 탈피
하지 못한 성리학의 한 아류였다.

19세기까지 동아시아에서 공자와 같은 비판적·서술적 경험론의 인식론을
전개한 철학자는 단 한 사람도 없었던 것으로 보인다. 아예 인식론에 대한
논의 자체가 없었다. 성리학도, 실학도 형이상학적 리기론理氣論과 도덕론에
치우친 나머지 단 한편의 인식론 논의도 남겨놓지 않았다. 그러나 19세기
조선 철학자 최한기崔漢綺(1803-1877)는 이런 인식론적 불모지에서 혜성처럼 나
타나 유일하게 일견 공자와 유사한 경험론적 인식론을 시도했다. 잠시 그의
인식론을 살펴보자.

『기측체의氣測體義』에 『신기통神氣通』과 합본되어 1836년 북경에서 출판된

『추측록推測錄』에서 최한기는 일단 '온고지신' 격의 '습관적 믿음과 예견으로서의 앎'을 '추측推測'이라고 부른다. 그는 "견문을 미루어 행동과 사실을 헤아려 아는 것이 추측의 탄생이다(推見聞而測行事 推測之生也)"라고 천명한다.[281] 그는 견문에 바탕을 둔 '추측'의 중요성을 다음과 같이 갈파한다.

> 견문경력이 적은 자는 미루어보는 바도 적다. 사물을 직접 대하고 미루어봄이 없으면 자신을 믿는 것이 반드시 독실해지기 마련인데, 이런 자는 억지로 이해하는 것이 그침 없고 마침내는 착오와 누락이 많게 된다. 또 의혹을 풀지 못한 자는 이것으로부터 난잡하게 미루어보는 까닭에 이끌어감에 견강부회가 많다. 이것들은 둘 다 참된 견해를 만들지 못한다. 비록 추측에 능력이 있는 자라도 혹 사물을 직접 대하고 미루어봄이 없는 때가 있고 혹 사물을 직접 대하고 미루어봄이 없는 사물이 있으니, 이런 경우에는 잠시 놓아두고 미루어봄이 나타나기를 기다려야 한다.[282]

이어 그는 경험적 습성을 추측의 원천으로 규정한다. "마음이란 사물을 미루어 헤아리는 거울이다. 마음의 본체를 두고 말하자면, 그것은 순수하고 단박하고 허명虛明하고, 그 안에 단 하나의 것도 들어있지 않다. 다만, 견문경력이 오래 쌓여 습성을 이루면, 추측(습관적 믿음과 예견으로서의 앎 – 인용자)이 이 습성에서 생겨날 뿐이다. 만약 오래 쌓인 경력이 없다면, 추측이 어디서 생기겠는가?"[283] 이와 같이 최한기의 인식론은 공자와 흄처럼 경험적 습성 또는 습관

---

281) 崔漢綺, 『氣測體義(I)』(서울: 민족문화추진회, 1986 중판), 八六쪽(번역문 205쪽).

282) 崔漢綺, 『氣測體義(I)』, 八五쪽(번역문 205쪽). "見聞閱歷小者 所推亦小. 當事物而無推 則自信必篤者 强揣不已 竟多錯落. 疑惑未定者雜引諸推 率多附會. 皆未造于眞之見也. 雖有得於推測者 或有無推之時 或有無推之物 姑置之 以俟其推之顯." 八五쪽(번역문 204쪽)의 다른 문단에서도 같은 취지를 피력한다. "無推而强揣者多錯落 無推而雜推者多附會 凡初見事物 宜有推而我未有推 姑俟其推(견문을 미루어봄도 없이 억지로 이해하려고만 하는 자는 착오와 누락이 많고, 견문을 미루어봄이 없이 잡스럽게 미루어보는 자는 견강부회가 많다. 무릇 사물을 처음에 보면 마땅히 미루어봄이 있어야 하고, 내가 미루어본 것이 없으면, 미루어봄을 잠시 기다려야 한다)."

283) 崔漢綺, 『氣測體義(I)』, 八三쪽(번역문 201쪽). "心者推測事物之鏡也. 語其本體純澹虛明, 無一物在中. 但見聞閱歷積久成習 推測生焉. 若無積久之閱歷 推測從何以生." 이어서 그는 "或於推測旣著之後 不思積年閱歷 只觀今日之須用. 雖若萬理具心 其實則心之虛明與前無異, 惟有所得之推測理也(간혹 추측이 이미 분명해진 뒤에는 여러 해 쌓인 경력을 생각하지 않고 단지 금일의 마땅한

까지 논함으로써 경험론의 면모를 다분히 갖췄다.

또 『신기통』에서 최한기는 "아기부터 장성하기까지 얻는 지각과, 쓰는 추측은 내가 스스로 얻은 것이지, 하늘이 내게 준 것이 아니다(自孩嬰至壯盛 所得之知覺 所用之推測 皆自我得之, 非天之授我也)"라고 천명한다.284) 이것은 '마음'은 "순수하고 단박하고 허명하고, 그 안에 단 하나의 것도 들어있지 않고, 다만 견문경력이 오래 쌓여 습성을 이루면, 추측이 이 습성에서 생겨날 뿐이다"라는 앞 말과 통한다. 이것은 인간의 모든 지식은 하늘이 태워준 선천적 본유관념이 아니라 후천적 획득물이라고 단정한 것이다. 여기서 최한기는 공자가 선험적 '본유관념'을 부정하고 경험을 지식의 원천으로 중시한 것과 아주 유사하게 논변하고 있다.

그리고 최한기는 반복적 지각과 기억의 누적으로 생기는 '경험지식'의 형성과정을 정확하게 인식하고 있다. 상술했듯이 경험지식은 경험적 습관에서 나오는 전前이론적 지식이다. 노자가 '지상知常'으로 개념화하고, 아리스토텔레스가 많은 기억이나 많은 것의 기억으로서의 '경험' 개념에 기초한 '경험적 일반자'로 규정하고, 흄이 '관성적 연상'으로 정식화한 '경험지식'을 최한기는 "견문경력이 오래 쌓여 형성된 습성에서 생겨나는 추측(見聞閱歷積久成習 推測生焉)"으로 이해한다. 여기까지만 보면 그의 인식론은 공자의 다문다견과 박학심문의 '온고지신론'과 아주 흡사하다.

안타까운 것은 최한기가 공자의 인식론을 전혀 활용하지 못하고 있다는 것이다. 이것은 공자경전에 대한 그의 독서가 그리 철저하지 못했다는 것을 반증한다. 이 불철저성으로 인해 그의 인식론은 여러 가지 결함을 보인다. 일단 그는 소박경험론적 오류를 범한다. 상술했듯이 공자는 '생이지지'를 부정함으로써 '본유지식' 또는 '본유관념'을 부인했지만, '본유심상'은 인정했다. '심상은 하늘에서 만든다'는 공자의 '재천성상在天成象' 테제는 빨강, 파랑, 짠

---

쓸모만을 본다. 비록 만 가지 理가 마음에 갖춰져 있다고 할지라도, 기실 마음이 허명함은 전과 다름없고, 오직 마음에는 기득된 추측의 理가 있을 뿐이다"라고 말한다.

284) 崔漢綺, 『氣測體義(I)』, 八쪽(번역문 45쪽).

맛, 단맛, 더움, 추움 등의 모든 '심상'이 우리 천성 속에서 본유함을 인정하는
명제다. '본유심상'은 빨강색이나 파랑색을 보지 못하는 색맹자를 일종의 시
각장애인으로 분류하는 것에서 반증된다. 그러나 앞서 최한기는 에피쿠로스·
홉스·로크 등과 같은 소박경험론자들처럼 모든 것이 다 외부로부터 들어 왔
고 마음은 "순수하고 단박하고 허명하고, 그 안에 단 하나의 것도 들어있지
않다"고 주장함으로써 마음에 들어있는 '본유인상'마저 부정하는 듯하다.

　다른 한편, 최한기는『추측록』의 후반에서 합리론자로서의 면모를 여지없
이 드러낸다. 주지하다시피 공자는 일관되게 '다문다견'의 '박학심사'를 '온고
지신'의 경험지식이 형성되는 계기로 삼았다. 경험지식은 '많은 기억'에서 형
성된 감성적 연상습관의 소산이다. 상술했듯이 경험지식은 순전히 감성 차원
에서 산출되고, 이 과정에는 일체의 이성적 사유작용이 개입하지 않는다. 일
단 이 경험지식이 전제되어야만 신사명변과 서술적 일이관지의 이성적 사유
작업을 가해 '학식'(과학지식=이론지식)을 산출한다. 그러나 그는 성리학적 리기
론理氣論으로 추론해 '추측'을 기氣의 작용이 아니라 '리理의 작용'이라고 언명
한다. 최한기는 말한다. "리理는 기氣 안에 있다(理在氣中). 진실로 기에 밝으면
리는 이 기 안에 있다. 리를 먼저 탐구하려고 애쓰면, 기는 도리어 숨어버려
준거를 잃는다."285)

　이것은 이율곡의 '기발리승설氣發理乘說' 계통에 발을 디딘 주기론적主氣論
的 '리재기중론理在氣中論'이다. 율곡은 주희나 퇴계처럼 '리'와 '기'의 필연적·
쌍대적 동반성과 '리理'의 조용한 지배적 역할, 이른바 '리의 주재성主宰性'을
인정한다. 이 때문에 최한기도 "리는 기 안에 있다"고 주장하는 것이다. 이런
기조에서 율곡처럼 그는 이렇게 주장한다.

　리는 기의 조리다. 그래서 기가 있음에 반드시 리가 있고, 기가 없으면 반드시 리도
　없다. (…) 리는 기보다 앞선 적도 없으며 또한 뒤진 적도 없는데, 이것이 바로 '천지운
　동의 리'다.286)

285) 崔漢綺,『氣測體義(I)』, 一〇七쪽(번역문 247쪽).

그러나 율곡과 최한기의 이런 명제는 리 없이 순수하게 기만 있을 수도 있고, 기 없이 순수하게 리만 있을 수도 있기 때문에 "기가 있음에 반드시 리가 있고, 기가 없으면 반드시 리도 없다"는 식으로 리와 기를 필연적·쌍대적 동반자로 보는 것은 공리공담에 불과하다. 리(이성적 사유) 없는 감정들의 우연적 난무는 말할 것도 없고 상술한 다문다견, 박학심문, 온고지신의 습관적 예감지식, 단순감정으로서의 희·로·애·구·애·오·욕喜怒哀懼愛惡欲의 칠정七情과 그 중화中和, 또 공감감정으로서의 '사단지심'과 그 경험적 '확충'은 리 없는 순수한 기 작용의 대표적 사례다. '경험법칙'이니, '감정의 법칙'이니, '심리心理'니 하는 것은 그 자체로 보면 '네모의 둥긂'과 같은 형용모순이다. 그것은 "바람이 불면 나뭇잎이 떨어진다"는 습관적 확신이나, "두꺼비 보고 놀란 가슴 솥뚜껑 보고 놀라는" 식의 습관적 '믿음'의 과장된 표현이다. 반면, 논리적 추리와 수학은 기 없는 순수한 리 작용의 대표적 사례다.

그리고 기氣작용으로서의 감정이 리를 주재할 수는 있어도, '리'는 감정을 주재할 수 없다. 영국경험론의 완성자 데이비드 흄은 주지하다시피 "이성은 감정의 노예이고 노예이어야 하며, 감정에 봉사하고 복종하는 것 외에 다른 직무를 요구할 수 없다"고 갈파한 바 있다.[287] 따라서 율곡의 '기발리승설'과, 이를 발전시킨 최한기의 '리재기중론'은 퇴계의 '리기호발설理氣互發說'보다 개선된 것이지만, 역시 그릇된 것이다.

최한기는 성리학과 함께 '리의 주재성'을 비롯한 이런 근본결함을 답습하기 때문에 자신의 주기론적 입장에도 불구하고 불가피하게 추측작용을 '기'와 필연적·쌍대적 동반자로 결부된 것으로 오해되는 '리'의 작용으로 보는 오류를 범한다. 그는 강하게 주장한다.

사람 마음은 스스로 추측의 능력이 있어, 지나간 것을 미루어 헤아리고 미래를 미루어 헤아리는 바, 이것은 사람 마음의 '추측의 리'다. '천지운동의 리'는 천지의 도이고,

---

286) 崔漢綺, 『氣測體義(I)』, 一〇七쪽(번역문 246쪽).

287) Hume, *A Treatise of Human Nature* (1739-1740), 266쪽.

'추측의 리'는 사람 마음의 일이다.[288]

여기서 '천지운동의 리'는 '존재하는 이성'을 가리키고, '추측의 리'는 '생각하는 이성'을 뜻한다. 이렇게 하여 최한기 인식론의 핵심개념인 '추측'이란 결국 이성적 사유작용이라는 것이 밝혀진다. 여기서 우리는 그가 단순한 경험지식을 이성적 사유의 산물로 간주하는 엄청난 착오를 범하고 있음을 알 수 있다.

그리하여 최한기는 감성 차원에서 벌어지는 '습관적 연상'으로서의 '온고지신'의 경험지식을 성급하게 이성적 '추측'으로 앞질러 규정한다. "추측은 곧 지식이다. 마음이 능한 것은 다름 아니라 기氣로 인하여 미루어보고, 성性으로 인하여 헤아리는 것이다. 이 추측에는 점진성과 단계가 있어 이내 그 효과를 이룬다. 이것을 이름 하여 지식이라고 한다. 추측 외에 어찌 아는 길이 있겠는가? 마음의 기능은 본 것을 미루어 보지 못한 것을 헤아리고, 들은 것을 미루어 듣지 못한 것을 헤아리고, (…) 있는 것을 미루어 없는 것을 헤아리는 것이다."[289] 주지하다시피 칸트가 "경험 속에도 감각들의 관념들에 대해 연관을 부여하는 목적에만 아마 기여하고 선험적 원천을 갖지 않을 수 없는 인식들이 뒤섞여 있다"고 논변함으로써 경험을 '지성화' 또는 '이성화'한 것처럼, 최한기도 습관적 경험지식 속에 이미 '추측'이 들어 있는 것으로 논단한[290] 다음, '추측'을 정확히 이성의 작용으로 규정함으로써 모든 지식을 이성적 지식으로 둔갑시킨 것이다. 이런 까닭에 최한기는 서슴없이 다음과 같이 천명한다.

무릇 습관이 된 것에 구애받으면 두루 통할 수 없는 반면, 그 대동을 거론하면 좁게 가려진 것을 없앨 수 있다(蓋拘於所習 則未周通 擧其大同 則可去褊蔽). (…) 한 사람의 견문이 천하와 천 세대 옛것을 편력하기 어려우므로, 집을 미루어 나라를 이해하고,

---

288) 崔漢綺, 『氣測體義(I)』, 一〇七쪽(번역문 246쪽).
289) 崔漢綺, 『氣測體義(I)』, 八一쪽(번역문 195쪽).
290) Kant, *Kritik der reinen Vernunft*, A1-2쪽(48-49쪽).

나라를 미루어 천하를 이해하고, 지금을 미루어 과거를 이해하는 바, 이것을 대동이
라고 한다. (…) 이것으로 미루어 보면, 한갓 넓은 견문은 족히 부럽지 않다(徒博見聞不
足羨也). 견문으로 인해 추측이 생기면 이것이 진짜 득이다. 그리고 견문이 비록 적더
라도 역시 두려워할 것이 없다. 그러므로 추측이 미진한 것을 걱정할 것이고, 좁게
가려진 것을 아직 없애지 못함을 걱정하지 말 것이다.291)

이 언명은 "견문경력이 적은 자는 미루어보는 바도 적고, 사물을 직접 대하고
미루어봄이 없으면 자신을 믿는 것이 반드시 독실해지기 마련인데, 이런 자
는 억지로 이해하는 것이 그침 없고 마침내는 착오와 누락이 많게 된다"는
자신의 앞선 테제와 정면으로 배치된다.

이렇게 하여 소박경험론에서 출발한 최한기는 박학심문의 경험을 주변으
로 밀어내고 '추측'의 이성적 사유를 강조하는 자가당착적 합리론의 혼돈 속
으로 다시 퇴락하고 만다. 이것은 루소의 인식론도 걸었던 파멸적 행로다.292)
이것은 최한기가 성리학의 리기론적 틀을 답습하는 한에서 불가피한 것이었
다. 따라서 최한기의 인식론은 소박경험론과 합리론을 결합시킨 루소의 혼돈
된 인식론이나, 경험을 고려하는 척하면서 본유관념으로서의 초험적超驗的
지성범주들의 연역 및 자연과 경험에 대한 입법적 '규정規定(Vorschreiben)'을 더
중시하는 칸트의 자가당착적 인식론에 가깝다. 이 점에서 최한기를 로크에
가까운 경험론자로 본 박종홍의 오래 전 평가는 완전히 빗나간 평가였다.

최한기의 이론적 자가당착성은 자신이 이성적 사유작용으로 규정한 '추측'
개념을 ─ 루소·칸트와 반대로 ─ 사유능력이 없거나 적은 모든 동물에게도
적용하는 데서 노골화된다. "일체의 동물은 다 거처와 습관에 따라서 추측이
생긴다. 굴속에 사는 놈은 비가 올 것을 알고, 둥지에 사는 놈은 바람이 불
것을 알고, 개는 늘 보는 사람에게 짖지 않고, 말은 늘 먹여주는 사람을 능히

---

291) 崔漢綺, 『氣測體義(I)』, 七七쪽(번역문 188-9쪽). "견문이 비록 적더라도 역시 두려워할 것이
없다"는 구절의 원문은 "而見聞雖少 亦可畏也"인데 의미맥락으로 보아 "亦不可畏也"이어야 할
것이다. '不'자가 탈자된 것이 분명하다.

292) 참조: 황태연, 『공자와 세계(5)』, '루소' 절.

안다."293) 흄처럼 날짐승 같은 동물의 본능과 경험적 습성까지도 몽땅 이성적 '추측'으로 보는 이 문장은 최한기의 인식론의 난맥상을 잘 보여주고 있다.

최한기는 집을 팔아 책을 사야 할 정도의 곤궁 속에서 외롭게 홀로 연구했다. 이 외로움은 그가 공자의 인식론을 알지 못했기 때문에 더욱 극심했을 것이다. 동시에 바로 이 때문에 그는 이런저런 치명적 오류를 피할 수 없었다. 그는 매우 독창적이었지만, 공자가 2500년 전에 개척한 서술적 경험론의 경지에 이르지 못한 것이다. 그럼에도 불구하고 그가 동아시아에서 공자 이후 2500년 만에 최초로 루소·칸트와 근사한 수준에서 독창적 인식론을 전개한 유일무이한 독보적 철학자였다는 사실은 결코 부정할 수 없을 것이다.

서양에서 인식론의 역사로는 베이컨으로부터 존 로크, 뉴턴, 데이비드 흄, 애덤 스미스(Adam Smith, 1723-1790)의 17-18세기 영국 경험론, 제러미 벤담(Jeremy Bentham, 1748-1832), 제임스 밀(James Mill, 1773-1836), 존 스튜어트 밀(John Stuart Mill, 1806-1873)의 19세기 공리주의, 20세기 논리실증주의 등이 열거될 수 있다.

베이컨은 상론했듯이 지식의 산출이 경험·실험능력과 합리적 사유능력의 동맹에 의해서만 가능하다는 점에서 자신의 '계몽적·비판적 경험론'을 '개미'와 '거미'의 먹이획득 방법 사이의 중간에 있는 '꿀벌'의 방법으로 비유했다.

과학을 다루는 사람들은 경험론자(소박경험론자 - 인용자), 아니면 교조론자다. 소박 경험론자들은 개미처럼 단순히 축적하고 사용한다. 합리론자들은 거미처럼 그 자신으로부터 그물망(web)을 짠다. 꿀벌의 방법은 이 사이에 있다. 꿀벌은 정원과 들판의 꽃들로부터 재료를 가져온다. 그러나 이것을 전환시키고 소화할 능력도 있다. 이것은, 오직 또는 주로 정신적 능력에만 의지하는 것이 아니라, 그리고 자연박물지와 기계론적 실험에 의해 제공된 재료를 손대지 않은 채로가 아니라, 지성 속에서 바꾸고 알맞게 손질된(altered and adapted) 채로 기억 속에 저장하는 철학의 참된 작업과 다르지 않은 것이다. 그러므로 이 능력들 (즉, 실험·경험적 능력과 합리적 능력) 사이의 (아직 맺어진 적이 없는) 보다 긴밀하고 보다 많은 결속동맹(binding alliance)으로부

---

293) 崔漢綺, 『氣測體義(I)』, 八〇쪽(번역문 195쪽).

터 많은 것이 기대될 수 있을 것이다.[294]

베이컨은 여기서 정신적 능력에만 의존하지도, 이 능력 쪽으로 기울어지지도 않는, 감각적 경험능력과 합리적 능력 간의 긴밀한 '결속동맹'을 말하면서 동시에 경험능력 쪽에 더 가까운 '결속동맹'을 염두에 두고 있다. 이것은 꿀벌이 벌 목目에 속한 개미와 같은 곤충류로서, 거미류에 속한 거미보다 개미에 더 가깝기 때문이기도 하지만, 상술했듯이 베이컨이 무엇보다 '정신의 예단'을 거부하고 '자연의 해석'을 추구함을 분명히 하고 있기 때문이다.

---

294) Bacon, *The New Organon*, "Aphorisms on the Interpretation of Nature and on the Kingdom of Man" Book I, XCV(95).

# 제2장 인식주체

## 제1절 인식 주체의 이중구조: 인심과 육체

### 1.1. 인심(심성=영혼)의 구조

공자의 서술적 경험론에서 '경험'과 '사유'의 구별을 넘어가는 인식 주체의 인식기능에 관한 논의는 지극히 적다. 그러나 맹자의 경우 이에 관한 논의는 비교적 풍부하다. 따라서 여기서는 인식 주체에 대한 맹자의 논의를 활용함으로써 인식주체의 그 내적 인식기관들을 밝히고자 한다.

『중용』제1장은 "하늘이 명한 것을 性성이라 한다(天命之謂性)"고 하고, 제22장은 세계의 性성을 '인성(人之性)'과 '물성(物之性)'으로 이분하고 있다. '물성'은 상식적으로 '생물성'과 '무생물성'으로 양분되고, '생물성'은 '동물성'과 '식물성'으로 구별된다.

'인성人性'은 다시 '인심人心(심성=영혼=정신)'과 '육체'로 양분된다. '인심'은 '이성'과 '감성'으로 나뉘고, 이 '감성'은 다시 '감각과 '감정'으로 나뉜다. '감각은 다시 '외감과 '내감'으로 나뉘고, '감정'은 다시 '단순감정', '공감감정'(empathetic passions), '도덕감정' 등으로 나뉜다. '칠정'은 공감이 없는 '단순감정'에 속하고, 사랑·즐거움 등은 타자의 감정을 공감하는 것으로부터 이차적·삼차적으로 일어나는 공감감정에 속하고, 맹자의 '사단지심'(측은지심·수오지심·공경지심·시비지심), 근친상간기피 심리 등은 우리의 행동을 규제하는 도덕감정에 속한다. 그리고 맹자의 '시비지심是非之心'은 정밀하게 분석해보면 남의 행동과 성품을 즉각 선악 또는 가부可否로 판단하는 '시비감각'(도덕감각)과 '시비감정'을 포괄하고 있음을 알 수 있다. 시비감각은 남의 행동과 성품의 시비(선악)나 도덕적 가부可否를 판단하는 도덕감각(moral sense)이다. '시비감정'은 남의 행동에 대한 '기분 좋음(agreeableness)'과 기분 나쁨(disagreeableness)', 자신의 행동에 대한 뿌듯함(자찬감)·미안함·죄스러움(양심의 가책으로서의 자책감) 등의 선악 관련 도덕감정이다.

시비지심은 맹자가 인간의 도덕적 '성선性善'과 관련해 제시하는 시비감정과 시비감각인 점에서 알고 싶은 인식적 호기심과 궁금증(지식욕 또는 진리욕)을 가리키는 것이 아니라, 도덕적 변별감정과 도덕적 변별감각이다. 맹자의 시비지심 개념을 수용한 섀프츠베리·허치슨·흄·애덤 스미스 등 18세기 영국경험론자들은 이 도덕적 '시비감정'을 "approbation & disapprobation"(가부감정=가불가감정)으로 표현했다. 시비감각으로서의 '시비지심'은 행동의 직관에 의해 인간행동의 시비·선악를 즉각적으로 판단하는 직감적直感的 분별력이다.

맹자에 의하면 '시비지심'은 '지智'의 단초이고(是非之心 智之端也), "무릇 자아에 사단지심을 가진 자는 불이 처음 타오르고 샘이 처음 솟아오르듯이 다 이를 확충할 줄 안다(凡有四端於我者 知皆擴而充之矣 若火之始然 泉之始達)".[1] 따라서 '시비지심'에서 확충되어 나온 이 '지'는 도덕적 판단력으로서의 지혜다.[2] '확충'(擴而充)은 글자 그대로 시비지심을 '넓히고 충실히 하는 것'이다. '넓히는 것'은 외연을 넓히는 것으로서 '일반화'이고, '충실히 하는 것'은 내포를 충실히 하는 것으로서 '내실화'다. '일반화'는 신사명변을 통해 개념화하고 명제화하는 것이다. '내실화'는 도덕적 시비와 관련된 행위들을 반복적으로 많이 보고 듣고 판단하고 실천하는 것을 통해 시비지심을 강화하고 습관화(체득)하는

---

1) 『孟子』「公孫丑上」(3-6).

2) 맹자는 '智'를 인식적 지식까지로 포괄하는 광의로도 사용한다. 참고: 『孟子』「離婁下」(8-26). 이에 대해서는 뒤에서 다시 논한다.

것이다. 결국, '확충'은 '일반화하고 내실화하는 것'이다. 따라서 시비지심의
일반화·내실화로서의 도덕적 지혜의 형성에는 신사·명변의 사유작용과 반복
적 실천이 개재되어 있다. 이 '도덕적 지혜'는 지인知人의 지혜다.

맹자의 '도덕적 지혜'는 언뜻 보면 칸트의 '실천이성'과 유사해 보인다. 그
러나 맹자의 도덕적 지혜가 시비지심의 확충(신사·명변의 사유작용과 반복적 실천)
을 통해 비로소 형성되는 것인 반면, 칸트의 순수한 '실천이성'은 이성적 연역
을 통해 도덕적 판단과 도덕법칙의 입법을 도출한다. 칸트는 도덕문제에 적
용된 순수이성으로서의 선험적 '실천이성'이 있다고 주장하며 시비지심의 확
충을 통해 비로소 형성되는 저 도덕적 '지혜'를 '실천이성'으로 착각한 것이다.

도덕적 '지혜' 개념과 관련해 맹자는 대상에 대해 거리를 취하는 이성적
사유의 연역을 통해 '도덕성'을 '이성의 사실'로 조작해 내는 칸트의 사변적
연역, '억지 굴착'을 지혜를 '나쁘게' 만드는, 즉 사변적 독단이성으로 만드는
원인으로 거듭 배격하고 있다. 맹자는 말한다.

> 천하에서 말하는 성性은 (만물만사의) '까닭(故)'일 뿐이다. '까닭'이라는 것은 마땅함
> (利=宜)을 근본으로 삼는다. 지智를 나쁘게 하는 것은 저 억지 굴착 때문이다. 지智라
> 는 것이 우禹임금의 행수行水와 같다면, 지智를 나쁘게 하는 일이 없을 것이다. 우임
> 금의 행수는 무사無事한 것을 행한 것이다. 지智도 역시 무사한 것을 행한다면 역시
> (우임금의 행수처럼) 위대할 것이다. 하늘은 높고, 별들은 멀지만 진실로 그 '까닭'을
> 탐구한다면, 천년 뒤의 하지, 동지를 앉아서도 달할 수 있다.3)

---

3) 『孟子』「離婁下」(8-26): "孟子曰 天下之言性也, 則故而已矣. 故者以利爲本. 所惡於智者 爲其鑿也.
如智者若禹之行水也 則無惡於智矣. 禹之行水也 行其所無事也. 如智者亦行其所無事也 則智亦大
矣. 天之高也 星辰之遠也 苟求其故 千歲之日至 可坐而致也". 여기서 '이利'는 '이로움'이 아니라,
본래 '의宜'나 順動을 뜻하기 때문에 "故者以利爲本"을 "'까닭'이라는 것은 마땅함(알맞음·당연함)
을 근본으로 삼는다'로 옮겼다. 참조: 林尹·高明(主編), 『中文大辭典(1)』(臺北: 中國文化大學出版
部, 中華民國 74年, 1982), 一六七二쪽. 이 중 특히 '宜'는 송나라 陳彭年·邱雍 등이 칙명으로 찬정한
『廣韻(大宋重修廣韻)』(1008年刊)의 풀이다. 이어서 주희도 『주역』의 '元亨利貞'의 '利'를 '宜'로 풀
었다. 朱熹, 『周易本意』, '乾괘 풀이' 첫 단락. 『孟子集註』에서는 '利'를 '順和'(=順理)로 풀이하고
있다. '宜'와 '順和'는 서로 통한다. '利'를 최초로 '마땅함' 또는 '옳음'의 뜻으로 풀이한 것은 『易經』
「乾·文言傳」이다. 『역경』은 말한다. "利者 義之和也 (…) 利物足以和義 (…) 利貞者 性情也. 乾始能

그런데 또 맹자는 말한다. "인仁의 실實은 사친事親이라는 것이고, 의義의 실實은 종형從兄이라는 것이고, 지智의 실實은 인仁과 의義, 이 둘을 알고 잃지 않는 것이다(孟子曰 仁之實 事親是也 義之實 從兄是也 智之實 知斯二者弗去是也)."4) 맹자의 앞글에서의 '지智'는 이 글의 도덕적 '지智'만이 아니라 요임금의 '행수의 자연적 사리와 하지·동지에 대한 앎으로서의 지물知物의 '인식적 지혜'까지도 포괄하는 광의의 지智다. 따라서 맹자의 이 지의 뜻은 '시비지심'을 확충한 도덕적 지혜보다 더 넓다. '지물의 인식적 지혜'와 '지인의 도덕적 지혜'를 망라하는 맹자의 이 광의의 지智는 공자의 포괄적 '지知' 개념과 상통한다. 그럼에도 맹자는 물의 흐름에 따라 무사하게, 즉 억지 없이 강물을 운행하는 것(行水)과 같이 자연스런 인과적 작용을 찾는 것이 아니라 '도덕성'을 '이성의 사실'로 조작해 내는 칸트 식의 '억지 굴착(사변적 연역)'을 '지혜를 악화시키는(惡於智)', 즉 '사변적 독단에 빠지게 하는' 원인으로 비판하고 있다.

또한 맹자는 "비록 뭇사람들에게 있는 것일지라도 뭇사람에게 어찌 인의지심仁義之心이 없겠는가? 그 양심을 몰아내는 것은 역시 나무에 도끼질을 하는 것과 같다(雖存乎人者 豈無仁義之心哉? 其所以放其良心者 亦猶斧斤之於木也)"라고도 말한다.5) 여기서 '인의지심'을 다시 받고 있는 '양심'은 저 '사단지심'을 가리키는 것이라고 풀이해야 할 것이다.

지금까지의 맹자의 설명을 바탕으로 인식주체의 인성적 구조를 도식화하면 아래 그림과 같다.

한편, 인간의 자아는 신神·령靈·혼魂·백魄 등 네 가지 자아가 있다.6) 이 중

---

以美利利天下 不言所利 大矣哉! 大哉乾乎!(利라는 것은 義를 조화롭게 하는 것이니 […] 만물을 마땅하게(알맞게) 하면 족히 和義할(義를 조화롭게 할) 수 있다 […] 마땅히 바르다는 것(바름이 마땅하다는 것)은 성정이다. 乾은 처음 비롯되어 능히 마땅함을 아름답게 여기며 천하를 마땅하게 할 수 있으면서도 이로움을 말하지 않으니, 위대하도다! 위대하도다, 건이여!)". 여기서 세 번의 '利'자 중 앞의 두 '利'자는 '마땅함'을 뜻하고, 뒤의 '利'자는 '이롭다'는 뜻으로 쓰였다.

4) 『孟子』 「離婁上」(7-27).

5) 『孟子』 「告子上」(11-8). '雖'자를 어기조사 수(維)로 풀이한 주석도 있지만 무시한다.

6) 서양철학은 인간의 마음을 정신(지성)과 영혼으로, 즉 얼과 넋으로 이분한다. 그러나 가령 이제마는 인간의 마음을 더 상세하게 신·령·혼·백으로 4분한다. 즉, 정신(얼)을 神과 靈으로, 그리고 영혼(넋)을 魂과 魄으로 각기 다시 이분한 셈이다. 참조: 李濟馬, 『東醫壽世保元』(1894), "제4장 臟腑論".

인성의 내면적 구조

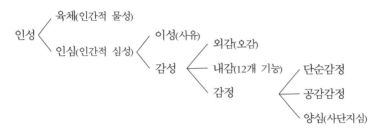

'신·령'은 '인심'을 주관하고 '혼·백'은 육체적 생명을 주관하는 것으로 생각된다.

공자는 『중용』에서 인간의 타고난 '인정人情'을 희로애락喜怒哀樂의 네 감정으로 구분하지만,[7] 『예기』 「예운」에서는 희로애구애오욕喜怒哀懼愛惡慾의 칠정七情으로 세분한다. 「예운」에서 공자는 '인정人情'과 '인의人義'를 대별하고 다음과 같이 논한다.

인정人情이란 무엇인가? 희·노·애·구·애·오·욕(기쁨·성냄·슬픔·두려움·좋아함·싫음·욕구), 이 일곱 가지는 배우지 않고도 할 수 있다. 인의人義란 무엇인가? 아비가 자애롭고, 아들이 효성스럽고, 형이 선하고, 아우가 따르고, 지아비가 의롭고, 지어미가 받아들이고, 어른이 은혜롭고, 아이가 순하고, 임금이 인애하고, 신하가 충성스러운 것, 이 열 가지를 일러 인의라 한다. 믿음을 익히고 화목을 닦으면 이를 일러 뭇사람의 이익이라 하고, 쟁탈하고 서로 죽이면 이를 일러 뭇사람의 환란이라 한다. 그러므로 성인이 사람의 칠정을 다스리고 10의義를 닦게 하고 믿음을 익히고 화목을 닦게 하고 사양을 숭상하고 쟁탈을 제거했는 바, 예법을 버리고 어떻게 이것들을 다스렸겠는가? 음식의 식욕과 남녀의 성욕, 이것에 인간의 대욕大欲(큰 욕구)이 있고, 죽음과 가난의 고통, 이것에 인간의 대오大惡(크게 싫음)가 있다. 그러므로 욕구와 싫음은 마음의 대단大端(큰 단초)이다. 인간은 그 마음을 숨기고 있어 이를 헤아릴 수 없다. 미악美惡(선악)은 다 마음에 있어 그 색깔을 드러내지 않는다.[8]

---

7) 『禮記』 「中庸」 제1장.

8) 『禮記(上)』 「禮運」, 471-472쪽: "何謂人情? 喜怒哀懼愛惡欲 七者弗學而能. 何謂人義? 父慈 子孝

논리정연하게 보이는 「예운」편의 이 글은 실은 이해하기 꽤 난감한 분류법을
보여주고 있다. 이 글의 칠정이 『중용』의 네 가지 감정 '희로애락'의 사정四情
과 다른 점은 칠정에서 사정의 '낙樂(즐거움)'을 빼고9) 두려움·사랑·싫음·'욕구'
등 네 감정을 추가한 점이다.

그런데 『예기정의禮記正義』에서는 '두려움'을 '성냄' 속에 들어 있는 작은 감
정으로 풀이한다.10) 그러나 '안전한 느낌(평안함)'의 반대 감정인 '두려움'은 원
인의 종류(육체·정신·재화)에 따라 '육체적 손상에 대한 두려움', '물질적 손실에
대한 두려움', '정신적 손상에 대한 두려움' 등 세 종류가 있다. 이 '두려움'은
'성냄'과 완전히 다른 범주의 감정이다.

이렇게 볼 때, 이 사정四情(희로애락)·칠정론의 감정과 욕구의 분류는 자못

---

兄良 弟弟 夫義 婦聽 長惠 幼順 君仁 臣忠 十者謂之人義. 講信修睦 謂之人利 爭奪相殺 謂之人患.
故聖人之所以治人七情 修十義 講信修睦 尙辭讓 去爭奪 舍禮何以治之? 飮食男女 人之大欲存焉
死亡貧苦 人之大惡存焉. 故欲惡者 心之大端也. 人藏其心 不可測度也. 美惡皆在其心 不見其色也."
9) '즐거움'을 뺀 이유는 확실치 않다. 그러나 짐작해보자면, 첫째 이유는 '즐거움'은 '기쁨'과 비슷한
'좋은 감정'으로서 중복되는 느낌을 주는 것이고, 둘째는 '즐거움'이 순수하게 정신적인 공감감정으
로서 거의 '행복감'과 같은 뜻으로 쓰이는 단어라서, 욕구충족의 기쁨인 단순감정 '기쁨'과 다르다는
것이다. 그러므로 공감감정으로서의 '즐거움'을 단순감정들인 칠정 속에 넣기에 곤란해서 칠정에서
'즐거움'을 뺐을 것이라는 말이다. 국립국어원은 '기쁨'과 '즐거움'의 차이를 묻는 질문에 '기쁨'은
'욕구가 충족되었을 때의 즐거운 느낌(마음)'으로 정의한 반면, '즐거움'을 '마음에 거슬림 없이 흐뭇
하고 기쁜 느낌(마음)'으로 정의해 양자를 구별했다. 그러나 '기쁨'과 '즐거움'의 정의에 '기쁜 느낌'과
'즐거운 느낌'을 엇갈려 사용함으로써 설명을 좀 알쏭달쏭하게 만들어 놓고 있다. 필자는 국립국어
원의 이 그릇된 설명을 치우고 '기쁨'을 '욕구가 충족되었을 때의 좋은 감정'으로 정의하고, '즐거움'
을 좋은 감정(기쁨·사랑·재미·美감정·도덕감정 등)이나 서로어울림을 타인들과 공감적으로 공유하
는 데서 느끼는 흐뭇한 감정'으로 정의할 것이다. '기쁨'은 단순감정인 반면, '즐거움'은 마음과
마음의 공감에서 나오는 공감감정이다. 따라서 '기쁨(喜)'은 '悅'과 동의이고, '즐거움'은 '행복감'과
동의다. '즐거움' 또는 '행복'은 칠정의 단순감정 중의 하나인 욕구의 충족에서 나오는 것이 아니라,
사단지심에 대한 자기 행동과 삶의 합당성에서 나오는 감정이다. 공자는 '喜·悅'을 궁금증(알고
싶은 지식욕)을 포함함 모든 욕구의 충족에 따른 '기쁨'의 뜻으로 쓴 반면, '즐거움'은 사회적 교류
속에서 일어나는 공감적 사단지심에 알맞은 삶에서 얻는 '행복'의 뜻으로만 사용했다. 『논어』의
첫 구절이 양자를 구별해 사용한 대표적 사례다. 『論語』「學而」(1-1): "子曰 學而時習之 不亦說乎!
有朋自遠方來 不亦樂乎!" 또 공자가 '즐거움'을 '행복'의 뜻으로 사용한 사례는 『논어』에 아주 많다.
참조: 「學而」(1-15) "子貢曰 貧而無諂 富而無驕 何如? 子曰 可也, 未若貧而樂 富而好禮者也.";
「八佾」(3-20) "子曰 關雎 樂而不淫 哀而不傷."; 「里仁」(4-2) "不仁者不可以久處約 不可以長處樂.";
「雍也」(6-11); 「述而」(7-16) "子曰 飯疏食飮水 曲肱而枕之 樂亦在其中矣."
10) 『禮記正義』, 803쪽: "懼則怒中之小別, 以見怒而怖懼耳."

어지럽다. 따라서 필자는 칠정을 단순감정의 세분細分으로 보는 한편, '사정四情'을 감정 일반을 약식으로 칭술한 것으로 보고자 한다.

그러나 사정론에만 들어 있는 '낙樂(즐거움)'은 'enjoyment' 또는 'joy'와 같은 '행복감(happiness)'으로서 단순감정 '기쁨(pleasure)'과 달리 '사랑'과 같은 부류의 '공감감정'이다. '기쁨'은 모든 욕구의 충족 시에 느끼는 좋은 단순감정인 반면, '즐거움'은 공감적 일체감으로서의 사랑, 서로어울림, 기쁨·재미·미美감정의 공감적 향유, 도덕행위(덕행)의 도덕감정 등에 대한 공감에서 느끼는 좋은 공감감정이다. 단순감정으로서의 '기쁨'은 한시적이고 덧없는 반면, 공감감정으로서의 '즐거움'은 영속적이고 오래간다. 기쁨(쾌락·희열)의 반대는 '아픔(고통)'인 반면, 즐거움의 반대는 '괴로움'이다. 기쁨과 즐거움의 구분은 감정철학에서 가장 중요한 것이다. 이 구분에 성공해야만 즐거움과 기쁨(=쾌락)을 무차별적으로 등치시키고 '기쁨'을 다시 '행복'과 등치시키는 어리석은 공리주의 도덕론을 분쇄할 수 있다.

'칠정' 중의 '좋아함(愛)'은 사람과 동물에 대한 '사랑'이 아니라, 사람이 따뜻한 곳을 좋아하고 토끼가 풀을 좋아하듯이 사물의 속성을 좋아하는 것이다. '싫음(惡)'도 사람에 대한 미움(증오)이 아니라, 사람이 추운 곳을 싫어하고 거친 밥을 싫어하듯이 사물의 속성을 싫어하는 것이다.

거의 모든 감정은 '인식'에 직접적으로 기여하지 않는다. 인식은 기본적으로 외감과 내감의 협력으로 시작된다. 그러나 상론했듯이 습관에서 나온 인과적 '믿음'(확신)은 예외적으로 단순감정으로서 인과관계에 대한 인식적 설명에 관여한다. 단순한 연관을 필연적·개연적 연결로 '둔갑'시키는 것은 반복경험에서 생긴 습관적 믿음이기 때문이다. 또한 인간 기준의 인식에서는 감정들이 간접적으로 인식에 기여하기도 한다. 어떤 사물의 속성들은 기쁨과 좋음의 단순감정을 충족시키는 경우에 '좋은 것'으로 인식되고, 감정적 고통(아픔)과 싫음을 야기하는 경우에 '나쁜 것'으로 인식되기 때문이다.

참고로 자주 혼동되는 '미움'과 '적개심'을 구분할 필요가 있다. '미움'은 사랑의 반대감정이지만 실체적 감정이 아니라 요구해도 주어지지 않는 사랑을 갈구할 시에 느끼는 부정적 감정, 즉 '사랑에 갈망감정'이다. 그러므로 미움은 사랑이 주어지면 바로 해소된다. 반면, '적개심'은 자기 것, 자기의 고유한 터전이나 자기의 땅에 대한 침범자에게 느끼는 방어적·부정적 텃새감정이다. 따라서 '적개심'은 자기 것에 대한 침범이나 침략이 없다면 결코 발동되지 않는다. 그러나 '적개심'은 침범이나 침략이 사라지거나 퇴치되더라도 사라지지 않는다. (이 점에서 '적개심'은 사랑이 주어지면 즉각 사라지는 '미움'과 다르다.) 재침이 염려되기 때문이다. 따라서 '적개심'은 늘 재침을 염려하는 안보감정을 동반한다. 미움은 이런 감정을 동반하지 않는다. 따라서 미움이 깊어지면 적개심이 되는 것이 아니다. 거꾸로 적개심에서 적대행위를 하더라도 적대자들이 꼭 서로를 개인적으로 미워하는 것은 아니다.

### 1.2. 육체의 인식적 역할

상술한 대로 『중용』은 "하늘이 명한 것을 성性이라 한다(天命之謂性)"고 하고, 세계의 성性을 '인성(人之性)'과 '물성(物之性)'으로 이분한다. '물성'은 당연히 '생물성'과 '무생물성'으로 양분되고, '생물성'은 '동물성'과 '식물성'으로 구별된다. '인성人性', 즉 인간본성은 다시 '심성(심성=영혼=정신)'과 '육체'로 양분된다. '인성'은 생물학적으로 보면 '동물성'의 일부이어야 한다. 하지만 공자철학에서는 천·지·인 삼재三才가 태일太一(태극)에서 생성된 뒤에 대등하게 각기 제자리에 정립된다. 따라서 공자철학 안에서 '인성'은 '물성物性' 일반과 대등한 지위를 점한다. 하지만 '인성' 자체는 생물학적 관점에서 보면 '인간적 물성' 또는 '인간적 동물성'이다. 이를 도식화면 다음과 같다.

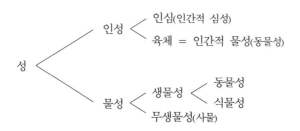

인간의 '육체'는 '인간적 물성'으로서 무생물적 물성이나 식물성의 측면도 지니고 있고 동물성도 다른 동물들과 많이 공유한다. 이 공통성은 육체적으로만이 아니라 정신적으로도 그렇다. 고등동물이나 영장류는 지성과 도덕성에서도 인간과 얼마간 공통적으로 지니기 때문이다.

여기서 우리의 관심은 육체의 인식적 기능이다. 여러 번 상론했듯이 육체는 근감각으로 물자체의 궁극적 물형物形인 에너지(힘) 또는 기氣를 직접적으로 인식한다. 물자체는 칸트가 인식적으로 불가지로 선언하고 나중에 자유의 지로 정복했고, 쇼펜하우어가 물자체를 '의지'로 논단하고 인식했다고 자부했다. 그러나 물자체를 '의지'로 규정하는 것은 물자체를 '의인화擬人化'하거나 '의擬동물화'하는 것으로서 사실 황당한 일이다.

인간은 물질적 기氣로서의 물자체인 물기物氣(즉, 칸트가 말한 물자체보다 더 근원적인 물자체)를 물리력의 경우에 근감각에 의해 직접 느끼고 인식한다. 물리력은 근감각을 압박하고 이에 인간은 대항적 근력으로 이 물리력을 맞받아 밀어붙임으로써 이 물리력을 온몸으로 직감할 수 있다. 외부의 힘은 각종 도구와 계기計器를 써서도 알 수 있지만, 이것은 외부의 힘에 대한 근감각적 인식에 비하면 간접적 인식에 불과한 것이다.

아인슈타인에 의해 에너지와 물질의 질량의 상호전화가 입증됨으로써 사물의 근원적 본질이 물질이 아니라 에너지라는 것이 밝혀졌다. 사물의 본체로서의 '물자체'는 '사물'이 아니라 '기氣'인 것이다. 이리하여 서양의 물리학도 마침내 극동의 기氣철학 수준에 도달한 것이다. 물자체와 관련된 칸트의 불가지론은 사물의 근원인 물기物氣가 인간의 근감각에 의해 직감적으로 가지적인 한에서 이제 폐기되어야 하는 것이다.

또한 오감의 하나인 촉감으로서의 육체적 쾌통감각은 내감의 평가감각으로서의 쾌통감정과 달리 직접 사물의 속성을 인식한다. 인간은 이 쾌통촉감에 의해 사물의 표면이 까칠한지, 부드러운지를 지각한다. 이것은 사물의 속성에 대한 직접적 인식이다.

그리고 육체는 방향과 원근의 인식에 간접적으로 기여한다. 방향과 위치에 대한 인식을 직접 담당하는 것은 상론했듯이 내감이다. 그리고 이 인식은 내감의 12가지 기능 중 하나다. 그러나 내감은 육체가 없다면 방향·원근·위치를 인식할 수 없다. 상하·좌우·앞뒤 등의 방향은 인식주체의 육체를 기준으로 해서만 인식할 수 있다. 또 원근도 인식주체의 육체를 기준해서 인식하는 것이 시원적인 사실이다. 물론 원근은 육체 이외 다른 물체를 기준으로 인식할 수 있다. 그러나 다른 기준을 설정하지 않는다면 인간은 의례히 자신의 육체를 기준으로 해서 원근을 인식하는 것이다. 이것이 시원적 원근인식이다. 이와 같이 육체는 방향과 원근을 직접 인식할 수는 없지만 방향과 원근의 인식에 기준으로 기여하는 것이다.

인간의 육체는 근감각에 의한 힘의 직접적 인식과 육체적 쾌통감각에 의해 사물의 표면상태에 대한 직접적 인식을 수행하고 방향과 원근의 기준으로 전제됨으로써 방향과 원근의 인식에 간접적으로 기여한다. 육체는 이와 같이 뜻밖에도 인식기능이 있는 것이다.

## 제2절 심성의 복합구조와 인식주체의 감성적 중도성

인간감정(人情), 특히 도덕감정은 해석학적 지인론知人論의 주된 논구대상이고, 인식적 지식의 산출과는 거리가 멀다. 그럼에도 상론했듯이 (습관적) 믿음의 감정은 인과관계에 대한 인식적 지식의 산출에서 결정적 역할을 수행한다. 또한 앞서 시사했듯이 단순감정인 '기쁨'과 '분노'조차도 근원적으로 사물에 대한 일정한 판단을 담고 있다. 게다가 인식주체의 그때그때의 감정상태와 덕성 수준은 인식태도와 결과에 영향을 미친다. 감정이 앞서고 성급한 자나, 대덕大德은커녕 근면·견인불발성·인내심·차분함·무실務實 등의 소덕小德도 갖추지 못한 패덕자는 수십 년이 걸릴 수도 있는 다문다견의 '박학과 심문'의 힘겨운 발품, 그리고 신사·명변·서술의 '성의誠意'를 수행할 수 없겠기 때문이다.

감정과 지식이 수신과 습관화를 통해 체득되면 덕성이 되는데 이 덕성은 천성적 심성과 함께 심성으로 굳어진다. 덕성은 덕스런 '자질' 또는 '습성'으로서 이른바 '제2의 천성이다. 따라서 갓난아이를 제외한 인간의 심성은 천성과 습성의 복합구조로 되어 있다.

방금 시사한 대로 도덕감정을 포함한 모든 인간감정과 덕성은 직간접적으로 인식에 기여하거나 영향을 끼친다. 따라서 도덕감정과 윤리도덕, 그리고 기타 인간감정 일반을 간략히 살펴볼 필요가 있다.

2.1. 양심: 양능과 양지

인간감정에서 가장 중요한 감정은 도덕감정이다. 흔히들 사단지심의 도덕감정에 기초한 '인의예지仁義禮智'의 사덕론을 맹자의 독자적 해석으로 생각한다. 그러나 이는 그렇지 않다. 공자는 일찍이 사덕에 관해 이렇게 논변한 바 있다.

> 무릇 예禮의 대체大體는 천지를 체현하고, 사시를 본받고, 음양을 헤아리고, 인정人情(인간감정)에 순응한다. 그러므로 이를 예라고 하는 것이다. 이를 헐뜯는 것은 예가 어디서 유래해 생겨났는지를 모른 것이다. (…) 시은施恩이 있고, 분리分理가 있고, 절도節度가 있고, 분별이 있는데, 이것들은 인정에서 취한 것이다. 시은은 인仁이고, 분리는 의義이고, 절도는 예禮이고, 분별은 지知다. 인의예지면 인도가 다 갖춰진다.[11]

공자는 여기서 '인의예지仁義禮知'를 '은리절권恩理節權'과 등치시키고, 이 '은리절권'이 인간감정에서 나온다고 하고 있다. 여기서 '지知'는 인식적 지식이 아니라, '도덕적 지智'를 뜻한다. 따라서 맹자는 공자의 이 '인의예지仁義禮知'를 새로운 '지智'자의 시대적 통용에 맞춰 '인의예지仁義禮智'로 바꿔 쓰고, 다

---

11) 『禮記』「喪服四制 第四十九」: "凡禮之大體 體天地 法四時 則陰陽 順人情. 故謂之禮. 訾之者 是不知禮之所由生也. (…) 有恩 有理 有節 有權 取之人情也. 恩者仁也 理者義也, 節者禮也, 權者知也. 仁義禮知 人道具矣." 이 글에서 공자는 禮를 광의와 협의로 나눠 쓰고 있다. '예의 대체'의 '예'는 도덕·법·예양 격식의 정해진 행동준칙과 활동·운영규칙을 망라하는 광의의 예다. 반면, '인의예지'의 '예'는 예의바름만을 뜻하는 것으로 보인다.

만 '인정'을 '사단지심'으로 구체화한 것이다. 물론 사단지심의 으뜸 감정인 '측은지심惻隱之心'(동정하는 도덕감정)은 다시 공자가 '인仁'의 단초로 본 '참달지심憯怛之心'을12) 바꿔 쓴 것이다.

맹자는 주지하다시피 측은지심·수오지심羞惡之心·공경지심恭敬之心·시비지심是非之心의 '사단지심'을 논한다.13) 그리고 그는 상술했듯이 이 '사단지심'을 '양심'으로 바꿔 불렀다. 이어서 그는 '양심'을 다시 '양능良能'과 '양지良知'로 이분한다.

경험하지 않고 능한 것, 그것은 양능이고, 생각하지 않고 할 줄 아는 것, 그것은 양지다. 웃으며 걸음마하는 아이도 그 부모를 사랑할 줄 알지 않음이 없고, 크게 되면 그 형을 공경할 줄 알지 않음이 없다. 부모를 친애하는 것은 인이고, 어른을 공경하는 것은 의다.(孟子曰 人之所不學而能者 其良能也 所不慮而知者 其良知也. 孩提之童無不知愛其親者 及其長也 無不知敬其兄也. 親親 仁也, 敬長 義也.)14)

"경험하지 않고 능한 것, 그것은 양능이다"고 하고 있으므로 '양능'은 경험이나 교육에 의하지 않고도 할 수 있는 것이다. 이 '양능'은 오늘날 '본능'이라고 부르는 것이다. 인용문에서 예시되는 인·의·경敬(=예)의 타고난 심성(측은지심·수오지심·공경지심)은 장기간의 철저한 숙련을 통해서만 개발되는 '잠재능력'(지능·소질·운동감각 등)보다 더 자동적인 것이지만, 그래도 맹자의 말대로 완성을 위해서는 일정한 확충擴充·숙달(습성화)의 수신修身이 반드시 필요한 것이다. 그러므로 친애심과 공경심은 갓난아기의 '젖 빠는 능력'과 같이 '완전한 본능'

---

12) "中心憯怛 愛人之仁也(속마음이 참달핸[애처로워하는] 것이 뭇사람을 사랑하는 인이다)". 『禮記』 「表記第三十二」.

13) 『孟子』 「公孫丑上」(3-6).

14) 『孟子』 「盡心上」(13-15). "소불려이지자(所不慮而知者)"를 "생각하지 않고도 할 줄 아는 것"으로 옮긴 것은 이 '지(知)'가 인식적 지식(知物)이 아니라, 실천적 현명(노하우)을 뜻하기 때문이다. 이것은 그 뒤 구절들(童無不知愛其親者'와 '無不知敬其兄也')이 둘 다 '노하우'의 반(半)본능적인 실천적 현명인 것을 보면 알 수 있다. 따라서 — 여기서 상론할 수는 없지만 — 이 '지(知)'를 인식지식으로 풀이한 양명학의 치양지론(致良知論)은 그릇된 것이지 않을 수 없다.

도 아니다. 그것은 언어본능과 같이 어느 정도 저절로 발휘되지만 한국어·영어 등 특정 언어를 숙달하기 위해서는 일정한 기술적 습득과 습관화가 요구되는 본능적 '단초', 즉 '반半본능(half-instinct)'에 해당한다.

맹자의 '단端' 개념에 상응하는 '반본능'은 다윈의 개념이다. 다윈은 공자의 인仁개념에서 인仁지수를 개발해 인仁과학을 모색하는 켈트너(Dacher Keltner)가 긍정적 감정들이 우리의 도덕본능과 선善능력의 기반이라고 믿은 점에서 다윈이 공자와 만났더라면 "매우 만족스런 협력자였을 것이다"라고 말한바15) 있는 진화론자다. 다윈은 말한다.

언어의 반기술(half-art)과 반본능은 여전히 점진적 진화에 대한 낙관을 담고 있다. (…) 도덕감각은 아마 인간과 하등동물 간의 가장 좋은 그리고 가장 높은 구별을 제공할 것이다. 그러나 (…) 인간의 도덕 구성의 제일원리인 사회적 본능은 능동적 지성능력과 습관 효과의 도움으로 자연스럽게 '남들이 그대에게 해줄 것을 원하는 것처럼 그대가 남들에게 똑같이 해주어라'는 황금률에 도달한다.16)

다윈은 공감능력을 매개로 이 '반본능' 개념을 도덕성의 발전과 유전에도 적용한다.

도덕적 자질의 기초는 술어 속에 가족적 유대를 포함하는 사회적 본능에 있다. 이 사회적 본능은 고도로 복합적인 성질의 것이다. 이 사회적 본능은 하등동물들의 경우에 어떤 정해진 행위들을 향한 특별한 성향들을 부여한다. 그러나 우리들에게 있어 더 중요한 요소는 사랑과 뚜렷한 공감감정(emotion of sympathy)이다. 사회적 본능을 부여받은 동물들은 서로어울림 속에서 기쁨을 얻고, 위험에 대해 서로 경고해주고, 여러 방법으로 서로를 방어하고 지원한다. (따라서) 아둔한 정신을 가진 인간이라도

---

15) Keltner, *Born to be Good*, 'preface', xi쪽.

16) Charles Darwin, *The Descent of Man, and Selection in Relation to Sex. Charles Darwin, Evolutionary Writings* (Oxford/New York: Oxford University Press, 2010), 254-255쪽.

그의 사회적 감정과 공감들이 잘 개발된다면 훌륭한 행동으로 이끌어질 것이고, 아주 민감한 양심을 가질 수 있다. (…) 인간의 도덕적 본성은 부분적으로 추리능력과 이에 따른 정의로운 여론의 진보를 통해, 그러나 특히 공감이 습관, 모범사례, 훈육과 반성의 효과에 의해 더욱 다정해지고 널리 확산됨을 통해 지금까지 달성된 최고 수준에 도달했다. 있을 법하지 않은 것이 아닌 것은 덕스런 성향이 오랜 관행을 통해 유전된다는 것이다. (…) 도덕감각의 첫 번째 기초나 기원은 공감을 포함하는 사회적 본능들에 있다.17)

인간의 언어능력은 도덕능력과 같은 정도는 아니지만 이것과 거의 유사한 정도로 '반본능'이다.18) 도덕능력은 언어능력에 비하면 본능성이 더 크다. 하늘은 인간에게 완전본능, 반본능, 잠재능력 등 세 종류의 능력을 부여했다고 할 수 있다. 정확히 말하면, 저 '양능'과 '양지'는 일정한 확충이 필요한 한에서 '반본능'이다. 한편, "생각하지 않고 할 줄 아는 것, 그것은 양지다(所不慮而知者 其良知也)"는 구절은 '양지'를 '생각(慮)'에 대립시키고 있다. 여기서 '생각'을 뜻하는 '려慮'로서의 '리理'는 '사思'와 같은 뜻이다. 경험과 독립된 '순수사유'의 정신능력은 철학에서 곧 '이성'이라고 부른다. 따라서 맹자는 사람끼리 "마음이 동일한 것이란 (…) 이理라고, 의義라고 이른다(心之所同然者 […] 謂理也義也)"고 한다.19) 여기서 '리理'는 '사유'에 속하기 때문에 '의義'와 따로 열거했고, '의'는 사단지심에서 발달한 4덕을 대표하기 때문에 '리'와 별개로 열거한 것이다. '생각하지 않고 선악을 변별하고' 이에 따라 행동할 '줄 아는'(가령 이성적으로 생각하지 않고도 천성적 직감으로 제 부모와 제 형에 대한 친애와 공경을 좋게 평가하고 그러지 않는 것을 안 좋게 평가할 줄 아는 아이의) 반본능으로서의 '양지'는 바로 추리하지(이성적으로 사유하지) 않고도 직감으로 선악을 변별할 줄 아는 '시비지

---

17) Darwin, *The Descent of Man*, 323-325쪽.

18) 언어와 도덕 간의 구조적 유사성에 관한 최근의 논의는 참조: Frans de Waal, "The Tower of Morality", 166쪽. Stephen Macedo and Josiah Ober (ed.). *Primate and Philosopher — How Morality Evolved* (Princeton: Princeton University Press, 2006).

19) 『孟子』 「告子上」(11-7).

심'(선악판단력)을 가리킨다. 종합하면, 양심은 양능과 양지로 대별된다. '양능'은 경험하거나 배우지 않고도 도덕적으로 행동할 수 있게 해주는 동정심(시비지심)·정의감(수오지심)·공경심(공경지심)의 본능적 도덕감정이고, 양지는 행위의 도덕적 시비를 판단할 수 있는 본능적 시비감각이다. 양능은 확충하면 인·의·예의 도덕이 되고, 양지는 확충하면 도덕적 지혜가 된다.

'양심'은 인·의·예·지의 도덕적 덕성을 낳는 공감감정으로서의 사단지심을 포괄한다. 그러나 동정심도 과소하거나 과다하면 아니 되고, 정의감·공경심도 마찬가지다. 가령 '주공足恭', 즉 '과공過恭'은 비례非禮이기[20] 때문이다. 따라서 '양심'이 도덕감정이라도 '중中·화和'에 입각해 '확충'해야만 인·의·예·지의 덕성이 될 수 있다. '중'은 나의 감정에 대한 타인의 공감이 없거나 적을 때 감정을 밖으로 발동하지 않고 마음의 중심을 잡고 마음속에 굳게 담아두는 균형이고, '화'는 나의 감정에 대한 타인의 공감이 있을 것 같을 때 이 공감의 강도에 적절하게 나의 감정을 표출하는 조화다.

한편, 칠정 등 단순감정은 그 자체로서 보면 윤리적으로 선하지도 악하지도 않다. 그러나 '단순감정'은 감각, 이성, 체력처럼 윤리와 무관하지만 역시 '좋은' 것이다. 즉, 건강이나 부富와 같이 '비윤리적 선'이다. 나아가 단순감정도 – 모자라게 발동하면 더 발동하고 싶어 '안달'하고 지나치게 발동하면 더 이상의 발동에 '넌더리'를 내는 감성의 중화적 자기조절 본능에 입각해 – 자연히 저 중화의 심적 균형과 외적 조화에 따라 머금고 발동되면 윤리적 선 또는 덕성이 된다. 성남·슬픔·두려움·싫음 등의 부정적 감정이라도 성내야 할 때 적절히 성내고, 슬퍼해야 할 때 적절히 슬퍼하고, 적절히 두려워하고, 적절히 싫어하는 것은 도덕적이다. 이 도덕성은 자기와만 관련된 근면·청결·인내심·결단력·무실務實·검소·절약정신 등의 '소덕小德'과 같이 낮은 수준의 덕성이다.

그러나 이 낮은 덕성은 인의예지의 대덕大德과 비교할 수 없다. 다윈도 인

---

20) 『論語』「公冶長」(5-25): "子曰 巧言令色足恭 左丘明恥之 丘亦恥之(공자는 '교언영색과 지나친 공경을 좌구명은 부끄러워했는데 나도 이를 부끄러워한다'라고 말했다)."

간의 '사회적 본능'에서 기인하는 사단四端의 도덕적 공감감정으로부터 중화적으로 확충된 4덕을 '높은 도덕', 칠정의 단순감정의 중용적 숙련에서 형성된 자기조절의 덕성이나 소덕을 '낮은 도덕'이라고 부른다.

인간은 일반적으로 그리고 기꺼이 높은 도덕률과 낮은 도덕률을 구별할 수 있다. 높은 도덕률은 사회적 본능에 기초해 있고, 타인들의 복지와 관계한다. 이 높은 도덕률은 우리의 같은 인간들의 가피함(*approbation*)에 의해, 그리고 이성에 의해 지지받는다. 낮은 도덕률은 (…) 주로 자기와 관계하고, 경험에 의해 성숙되고 교화되는 경우에, 그 기원을 여론에 둔다.[21]

켈트너가 말한 대로 여기서도 다윈은 공자의 "매우 만족스런 협력자"로서 역할을 하고 있다.

공감능력에 기초한 '측은·수오·공경(사양)·시비지심'의 양심은 인·의·예의 윤리적 '단초'(반본능)이고, '확충'하면 인·의·예가 되고 수신을 통해 중도적으로 체득하면, 인덕·의덕·예덕·지덕의 '윤리적' 덕성이 된다.

경험은 사유의 신사·명변·서술 없이 단순히 축적되면 '인식적 현명'이 되고, 숙달로 노련화되면 인식적 '현덕'이 된다. 다문다견의 경험은 '학이사學而思'의 원칙에 따라 이성에 의해 가공되면 개념·명제가 되고, 이것들이 일관되게 서술되어 '이론'이 되면 '학식'(과학지식)으로 올라선다. 그리고 이 '학식'이 오랜 수학修學을 통해 숙달되면 '학덕'이 된다. 인식적 현명과 학식은 둘 다 '지知(지식)'에 속한다. 현덕과 학덕은 한 몸에 구현되면 '지덕知德'이 된다. 이 '지덕知德'은 비윤리적이다. 이 비윤리적 '지덕'은 윤리도덕적 '지덕智德'과 구별된다.

## 2.2. 윤리적 덕성과 비윤리적 덕성(인식적 지덕)

모든 '덕성'이 다 윤리적인 것은 아니다. '덕성'은 단지 '훌륭함'을 뜻할 뿐이

---

21) Darwin, *The Descent of Man*, 251쪽.

다. 인간의 어떤 자질이 훌륭한 것은 '좋은 것(탁월한 것)'이 확충과 숙달을 통해 '습성화(체득)'되었기 때문이다. '훌륭하다'는 말은 일회적 탁월성에 쓰이는 말이 아니라 '항구적 탁월성'에 쓰이는 말이고, 이 '항구적 탁월성'이 바로 '덕성'이다. 이 '항구적' 탁월성은 반복·숙달과 습관화를 통해서만 이룰 수 있다. 그런데 이 '덕성'이 범인의 경지를 초월하면 '거룩하다(聖)'고 한다.22) 따라서 '덕' 또는 '덕성'은 인의예지의 윤리적 자질에도 적용될 수 있지만, 체력·지식·기술·예술 등의 비윤리적 자질에도 적용될 수 있다. 그래서 '무덕武德'과 '학덕學德'이라는 말도 있고, 탁월한 엔지니어의 기술적 '달덕達德'을 말하고, 베토벤을 '악성樂聖', 두보를 '시성詩聖'이라고 부르는 별호도 있는 것이다. 검도의 고수는 '무덕'이 높을 것이지만, 도덕군자인지는 알 수 없다. 교수들은 '학덕'을 갖췄을지 모르겠지만, 윤리적 덕자德者인지는 알 수 없다. 아인슈타인은 물리학 분야에서 최고의 '학덕'을 자랑하던 희대의 천재였지만, 도덕군자와는 거리가 먼 성격파탄자였다. 이처럼 '덕'을 윤리적 자질과 비윤리적 자질을 가리지 않고 무차별적으로 쓰는 것은 영어의 virtue의 어원이 된 로마의 'virtus'나 고대희랍의 '아레테(αρεϑή)'도 마찬가지다. 그러나 덕성이라는 말을 윤리에 적용할 때 그것을 '윤리적 덕성'이라고 한다. 그리고 이 '윤리적 덕성'을 '도덕'이라고 한다. 이런 의미맥락에서 윤리는 도덕과 동의로 쓰이는 것이다.

'학덕'은 이성과 감성의 조화로운 활용능력의 체득과 반복·숙달을 통해 어떤 상황에서든 오류·오만·잘난 체 등의 실수를 하지 않을 만큼 자연스럽게 숙달된 '학식의 완성품'이고, '현덕'은 어떤 상황에서든 오류·오만·잘난 체 등의 실수를 하지 않을 만큼 자연스럽게 숙달된 '현명의 완성품'이다. 그러나 경험 없이 지적 호기심에 의해서만 생각을 추진하는, 즉 '호지불호학好知不好學'하는(지혜를 좋아하지만 경험을 좋아하지 않는) 사변적 이성은 독단해 '부지이작不知而作'의 "방탕·방자한" 공리공담을 산출하고,23) 이 공리공담은 '체계화'되면

---

22) 『論語』「雍也」(6-30): "子貢曰 如有博施於民而能濟衆 何如? 可謂仁乎? 子曰 何事於仁! 必也聖乎! 堯舜其猶病諸!(자공이 '만약 백성들에게 널리 베풀고 민중을 건지는 일 있다면 어떻습니까? 인이라고 할 만합니까?'라고 물었다. 공자가 어찌 인에서 그치겠느냐? 반드시 거룩한 것이니라! 아마 요순도 오히려 그것을 힘들어 했을 것이다!)."

'이데올로기'가 된다.

지금까지의 논의를 바탕으로 감성과 양심의 구조를 도식화하면 다음과 같다.

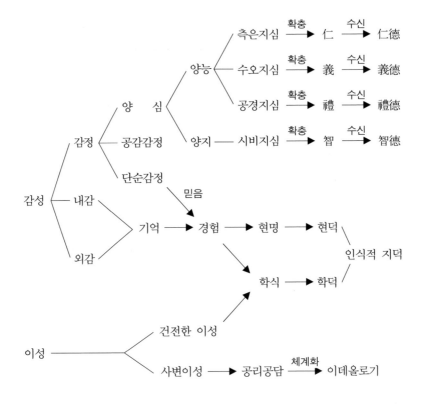

'인식적 지덕'('현덕'+'학덕')은 인·의·예·지의 '윤리적' 덕목의 도덕적 지덕智德과

달리 대표적인 '비윤리적' 덕목이다. 아리스토텔레스도 인식적 '지덕(소피아)'을

비윤리적 덕목으로 보았다.24) 그러나 도덕적 판단체계로서의 도덕적 '지덕智

德'은 인식론적 지식(학식)이 아니라, 시비지심(양지)의 확충(신사·명변, 삼강오륜 등

---

23) 『論語』「陽貨」(17-8): "好知不好學 其蔽也蕩."

24) "덕에는 두 종류가 있다. 하나는 지적인 것(디아노에티케스διανοητικής)이고, 다른 하나는 윤리적(성품적)인 것(에티케스ἠθικής)이다. 지덕은 가르침에 의해 산출되어 증가하고 이러므로 경험과 시간을 요한다. 반면, 윤리적(성품적) 덕성은 습관(에토스ἔθος)의 산물이다." Aristoteles, *Die Nikomachische Ethik* (München: Deutsche Taschenbuch Verlag, 1986), 1103a14-17 (제2권-1).

의 규범으로의 체계화·헌장화, 수신·체득)로 형성된 판단적 지혜로서의 윤리적 덕성
이다.

플라톤은 철학적 '지식'으로서의 비윤리적 '지혜'를 4덕(지혜·용기·정심·정의)
중 최고덕목으로 내세웠고, 아리스토텔레스는 이성적·비윤리적 '소피아'의
'지덕'을 모든 인간적·윤리적 만덕萬德을 능가하는 신적 덕목으로 '신격화'했
다. 플라톤과 아리스토텔레스의 합리주의적 도덕철학과 대립되는 공맹 도덕
철학의 본질적 특징은 인·의·예·지의 윤리적 덕목을 인식적 현명·학덕·지덕
보다 우위에 두는 데 있다. 플라톤과 아리스토텔레스, 데카르트와 칸트는 인
간의 본능적 도덕감정과 도가감각을 발견하지 못했다.

상술된 '감성'과 '이성'의 역할 구분은 보통 현실세계와 학문세계의 구분에
따른 경향성만을 보여주는 것이다. 현실세계의 실천적 인식과 판단에서는 이
성과 '학식'도 쓰이지만, 그래도 구체적 '지각', '경험', 그리고 그 직접적 소산
인 '현명'이 압도적으로 우세한 역할을 한다. 반면, 학문세계의 탐구와 인식에
서는 '경험'과 '현명'도 쓰이지만, 그럼에도 '이성'과 '학식'의 역할이 크게 확대
된다. 한편, 제諸학문의 학식 안에서도 경험과학(자연과학과 정신과학) 분야에서
는 경험지식(박학·심문의 현명)의 역할이 우월하고 '사이불학'의 이성적 추리가
가급적 적은 '술이부작'의 형세가 옳은 것이다. 반면, '순수과학(산술·대수·기하학
등)' 또는 실재성을 결여했다는 의미에서 '불완전한' 지식 분야에서는 이성적
추리의 역할이 우세하다. 반드시 실재에 직접 조응할 필요가 없는 이 '순수과
학'의 '불완전 지식' 분야야말로 추리적 이성이 독무대를 차지하는 '창작'의
장場이다. '합리론적' 인식론의 사변적 위험성과 '부지이작'은 이 불완전한 '순
수과학'을 모델로 삼아 제諸학문을 이에 접근시켜 '사변화'시키는 한편, 이 '불
완전 지식' 세계를 넘어 경험과학의 세계로까지 추리적 이성의 압도적 역할
을 부당하게 확장하고 일반화해, 경험과학마저도 위험한 공리공담으로 만들
어놓는 데서 야기되는 것이다.

그러나 '체육학'이 비록 체육학자의 이성적 사유에 의해 일관되게 체계화
되더라도 체육과 체육의 경험이 이성에 의해 이루어지는 아니라 몸과 오감에

의해 이루어지듯이, 제諸과학이 과학자의 이성에 의해 수립되고 운용되더라
도 과학의 대상인 사물의 운동과 사물에 대한 경험은 지식인의 이성에 의해
행해지는 것이 아니다. 합리주의자들은 제과학이 과학적 지식인의 이성에 의
해 수립되고 운용된다는 사실에서 모든 지식이 이성과 합리주의의 소산인
양 착각한다. 그러나 착각은 착각일 뿐이다. 지식인의 이런 착각 때문에 합리
주의는 '지식인의 아편'인 것이다.

### 2.3. 인식주체의 중도성과 '우상으로부터 자유'의 요청

심성의 복합적 구조가 분명히 밝혀진 마당에 인식주체가 바른 인식을 위해
서 어떤 심성 상태에 있어야 하는지를 밝혀야 할 것이다. 인식주체는 복합적
심성 구조에서 여러 감각의 예민성과 둔감성, 감정의 기복, 과잉·과소의 지나
침과 모자람, 그리고 이데올로기적 편견에 의해 영향 받기 쉽다. 이것들은
모두 바른 지각과 바른 인식을 방해하고 왜곡시킨다. 우리의 인식에 바른 지
각과 바른 인식을 보장하기 위해서 우리는 일단 인식주체가 감각적·감정적으
로 중도적中度的이어야 하고, 다음은 이데올로기적으로 편견이 없어야 한다.

#### ■감성적 중도성의 요청

어떤 사물에 대한 지각은 특정인에게, 또는 특정한 상태에 처한 동일인에
게 아주 인상적일(impressive) 수 있고, 이러면 이 한 번의 인상적인 지각이 너무
강해서 여러 번의 지각과 경험을 압도하고 능가할 수도 있다. 따라서 바른
지각과 바른 인식을 위해서는 감성이 지나치게 민감해서도 아니 되고 지나치
게 둔감해서도 아니 되는 것이다. 말하자면, 감각의 감도는 적절해야, 즉 '바
르고 중도적'이어야 한다.

또한 감각만이 아니라 '감정'도 중도적이어야 한다. 맹자는 배고픈 자는
짠지, 매운 지, 뜨거운지도 알 수 없고 그 때문에 음식의 맛을 알 수 없다고
말한다.

배고픈 자는 달게 먹고 목마른 자는 달게 마신다. 그러나 이것은 아직 마시고 먹는 정도正道가 아니다. 배고픔과 목마름이 그 정도를 해친 것이다. 어찌 입과 배만이 배고픔과 목마름의 해를 입겠는가? 인심도 역시 배고픔과 목마름의 해를 입는다.[25]

배고픈 자만이 아니라 너무 배불러서 음식만 보면 넌더리를 내는 자도 또한 제대로 짜고 시고 단 맛을 제대로 알 수 없을 것이다.

또한 뭔가에 사로잡히거나 몰입해 있는 자, 근심하고 걱정하는 자, 공포에 빠진 자, 분노에 날뛰는 자도 제대로 볼 수 없고, 제대로 들을 수 없고, 제대로 맛볼 알 수 없다. 『대학』은 말한다.

자신이 성냄을 분해 하는 바가 있다면 자신이 제 마음의 바름을 얻지 못하고, 두려움을 무서워하는 바가 있다면 제 마음의 바름을 얻지 못하고, 향락을 아주 좋아하는 바가 있다면 제 마음의 바름을 얻지 못하고, 근심을 걱정하는 바가 있다면 제 마음의 바름을 얻지 못한다는 것이다. 마음이 그 바름에 있지 않으면 보아도 보이지 않고, 들어도 들리지 않고, 먹어도 그 맛을 알지 못한다.[26]

따라서 바른 지각과 바른 인식을 위해서는 우리의 마음이 바르고 차분해야, 즉 흥분하지도 지나치게 쳐져 있지도 않아야 하고, 너무 광분하거나 너무 지루하지도 않아야 한다.

또한 인식주체는 너무 섣부르거나 성급해서도 아니 되고 너무 나태하거나 심드렁하지도 말아야 한다. 섣부르거나 성급하면 예단하고, 모든 예단은 오류의 위험을 초래한다. 또한 인식주체가 너무 나태하거나 심드렁하면 대상의 지각을 소홀히 해서 대상의 많은 측면을 놓치게 된다. 이것은 언제나 편파적 인식을 불러들인다.

---

25) 『孟子』「盡心上」(13-27): "孟子曰 饑者甘食 渴者甘飮 是未得飮食之正也 飢渴害之也. 豈惟口腹 有飢渴之害? 人心亦皆有害."

26) 『大學』(傳7章): "身有所忿懥 則不得其正 有所恐懼 則不得其正 有所好樂 則不得其正 有所憂患 則不得其正. 心不在焉 視而不見 聽而不聞 食而不知其味."

바른 지각과 인식의 장애에 대한 이 모든 지적은 인식주체의 감성적 중도
성에 대한 요청으로 수렴된다. 지나치거나 모자라면 '지자'와 '현자'라도 바른
지각을 발휘하지 못하기 때문이다. 공자는 말한다.

도가 행해지지 않음을 내가 아는데 그것은 지자는 지나치고 우자는 미치지 못하기
때문이다. 도가 밝지 못함을 내가 아는데, 그것은 현자는 지나치고 불초자는 미치지
못하기 때문이다. 그래서 사람들은 먹고 마시지 않는 자가 없지만, 그 맛을 아는 자는
드문 것이다.[27]

공자는 이렇게 인식주체의 바른 마음, 즉 중도적 마음을 거듭 요청하고 있다.
또한 인식주체는 정신적·육체적 측면 면에서 건강, 건전해야 한다. 정신과
육체가 건전하지 않으면 '자기기만(自欺)'에 빠져든다. 정신과 육체의 건강을
구하고 유지하려면 자기 자신에게 정성을 다하고 스스로를 정성스럽게 만들
어야 한다. 그래서 증자는 주지하다시피 '성의(誠意)'(=개념화)를 자기기만이 없
는 것과 연결시키고, 가기기만이 없는 것을 다시 '자겸(自慊)'(자신을 낮추는 것)과
연결시켰다. "이른바 자기의 관념을 성실히 한다는 것은 자기기만을 없애는
것이다. 이는 나쁜 냄새를 미워하는 것과 같고 좋은 냄새를 좋아하는 것과
같다. 이것을 일러 '자겸'이라고 한다."[28]

서양의 인식론에서는 베이컨의 경우를 제외하면 인식주체의 상태에 대해
논한 경우가 없다. 그러나 공자와 맹자는 인식주체의 바른 상태에 대해 이처
럼 많은 논의를 남겨두고 있다. 베이컨은 지각의 오류만이 아니라 지성의 망
상적 성향·취약성·무절제·오만을 비판한다. "인간지성은 자신의 특수한 본성
으로부터 사물들 안에서 자기가 발견하는 것보다 더 큰 질서와 규칙성을 상
정하고 싶어 하고, 자연 속에 부동성(不同性)들로 가득 찬 유일무이한 사물들이

---

27) 『中庸』(4章): "子曰 道之不行也 我知之矣 知者過之 愚者不及也. 道之不明也 我知之矣 賢者過之
不肖者不及也. 人莫不飮食也 鮮能知味也."

28) 『大學』(傳6章): "所謂誠其意者 毋自欺也 如惡惡臭 如好好色 此之謂自慊 故君子必愼其獨也."

많이 존재할지라도 평행과 상응 및 실존하지 않는 연관을 고안해 낸다." 또한 "인간 지성은 단 한 번에 그리고 갑작스럽게 정신에 충격을 가하고 파고 들어갈 능력과, 상상력을 채우고 확장할 능력을 가진 사물들에 의해 지극히 많이 영향 받는다. 지성은 일반적으로 인정되듯이 미지의 어떤 방식으로 그 밖의 모든 것이 폭풍우처럼 정신을 점령하는 소수의 사물들과 똑같은 것이라고 사칭하고 추정한다. 그런데 지성은, 엄한 규칙과 권위의 힘에 의해 그렇게 하도록 만들어지지 않는다면, 아주 느리고, 불 속에서 실험하는 것처럼 공리들을 실험하는, 멀고 이질적인 사례들로 가는 장도長途의 여행을 하는 데 잘 적응하지 못한다."29) 지성은 데카르트의 광적인 '사유' 작용처럼 부단히 능동적이다. 하지만 지성의 능동성은 그릇된 능동성이라서 무절제로 흐른다. "지성은 부단히 활동적이고, 멈추거나 쉴 수 없고, 더 멀리 찾지만 헛되다. (…) 가장 보편적인 원인을 찾는 짓은, 이 원인에 이르기 전의 파생적 원인들에 대한 필요를 느끼지 않는 만큼, 서툴고 피상적인 사상가들의 징표다."30) 자기기만은 정신적·육체적 질환이나 지성의 무절제한 능동성 때문에만 생기는 것이 아니다. 정신적·육체적으로 건장하더라도 개인과 인간의 본유적·인공적 이데올로기에 빠져도 인식주체는 자기기만을 범한다.

■ 이데올로기(우상)로부터의 자유와 '이성에 대한 계몽'

베이컨은 이데올로기적 자기기만을 가장 철저히 분석한 철학자다. 그는 이데올로기를 '우상偶像(idol)'이라고 불렀다. 그는 이 아이돌을 네 가지로 제시하고 '본유적(innate) 우상'과 '인공적(artificial) 우상'으로 나누었다. 베이컨은 정신으로부터 이러한 우상들을 제거해서 정신을 청소함으로써 이성을 '계몽'할 것을 주장한다. 고르지 않은 난면경亂面鏡과 같은 정신의 오류위험이 인식적 오류의 주된 원인이기 때문이다. "인간 지성은 그 자신의 문제의 원천이다(the human intellect is the source of its own problems)". 이로 말미암아 인간에게 나타난 결과는

---

29) Bacon, *New Organon*, Book I, XLIV(44);. XLVII(47).

30) Bacon, *New Organon*, Book I, XLVIII(48).

"자연에 대한 심층적 무지"이고, 이 무지의 결과로서 경제적 궁핍이다. "정신이 받아들이고 지키고 축적하는 (그리고 그 밖의 모든 것의 원천인) 사물들의 시초 개념들은 결함에 차고 혼동되고 함부로 사물들로부터 추상된 것이고 또 정신의 두 번째와 기타 개념들 안에도 이것에 못지않은 고통과 비일관성이 들어 있다". 그 결과, 자연에 대한 탐구에 동원하는 "일반적 인간 이성"이 "잘 기초 지어지지 않고 적절히 구성되어있지 않다". 인간 이성은 "기초 없는 우람한 궁전 같다". 인간들은 "정신의 그릇된 능력들을 찬미하고 경축한다". 하지만 인간이성은 제대로 된 방법들의 "적절한 보조수단"이 이용되었더라면, 그리고 정신이 "자연에 대해 보다 고분고분하고 자연을 무모하게 모욕하지 않았더라면", 인간들이 획득할 수 있었을 자신의 "진정한 능력들을 인간은 놓치고 상실한다".[31]

자연인식의 장애와 자기기만의 원인이 되는 것은 인간정신의 우상들이다. 베이컨은 우상의 원인과 본질을 이렇게 밝힌다.

인간들의 정신은 아주 많은 이상한 방법들에 사로잡혀 있어서 사물들의 참된 광선을 받아들이는 데 쓸 수 있는 판판하고 광나는 표면을 가지고 있지 않기 때문에 우리가 이것에 대해서도 치료법을 가질 필요가 있다는 것을 깨닫는 것이 본질적으로 중요하다. 정신을 사로잡은 우상은 인공적이거나 본유적이다. 인공적 우상들은 철학의 교리와 종파로부터 또는 편벽된 증명규칙으로부터 인간들의 정신 속으로 잠입했다. 본유적 우상은 감각보다 훨씬 더 많이 오류경향이 있는 것으로 드러나는 지성 그 자체 안에 내재하는 우상이다. 왜냐하면 (…) 난면경이 사물들의 광선을 그 본래적 모양과 꼴에서부터 변화시키듯이, 정신도 감각을 통해 사물들에 의해 영향을 받으면 충실하게 사물들을 보존하는 것이 아니라 자신의 개념을 형성하고 고안할 때 자신의 본성을 끼워 넣어 사물의 본성과 뒤섞는다는 것은 상당히 확실하기 때문이다. 처음 두 종류의 우상은 꽤 어려워도 제거될 수 있지만, 마지막 (본유적) 우상들은 결코 제거될 수 없다.[32]

---

31) Bacon, *New Organon*, "The Great Renewal" 고지문, 2.

베이컨은 주지하다시피 우상들을 네 가지로 열거하고 분석한다. "인간의 정신을 가로막은 네 가지 우상이 있다. 가르침을 위해 우리는 그것들을 다음과 같은 이름으로 부른다. 첫 부류는 '종족의 우상(idols of the tribe)', 즉 인간이 인간 종족을 격상 시키는 본유적 우상, 두 번째는 '동굴의 우상(idols of cave)', 즉 개인이 자기의 좁은 소견에 사로잡히는 관점주의의 본유적 우상, 세 번째는 '시장의 우상(idols of market)', 시장에서 상품이 통용되는 것과 같이 통용되는 언어의 인공적 우상, 네 번째는 '극장의 우상(idols of theatre)', 즉 합리주의적 이론체계(시나리오)의 인공적 우상이다."33) 베이컨의 이 우상비판은 오늘날도 타당한 적중성을 지녔으므로 여기서 이를 상론한다.

(1) 종족의 우상: 인간종족이 스스로를 격상시키는 본유적 우상(휴머니즘)

'종족의 우상'은 인간을 만물의 척도로 보고 자연과 우주의 주인으로 여기거나 인간의 감각적·이성적 본성의 이른바 '본유관념'을 특권으로 삼아 인간 종족을 특별한 존재로 격상시키는 온갖 휴머니즘적 사고방식으로서, 인간이기에 피하기 어려운 '본유적 우상'에 속한다. '종족의 우상'은 말하자면 "인간 본성 그 자체와 인류라는 바로 종족 또는 인종에 기초를 두고 있는 것"이다. "인간 감각이 사물들의 척도라는 주장은 그릇된 것이다. 감각이든 정신이든 이 양자의 모든 지각은 우주와 관련된 것이 아니라 '인간과 관련된' 것이다. 인간 지성은 사물들로부터 광선을 받아들여 자신의 고유한 본성을 자연의 본성과 뒤섞는, 이로써 자연 본성을 뒤틀고 망가뜨리는 난면경과 같은 것이다."34) 따라서 인간종족을 인식대상인 자연객체보다 격상시키는 것은 자연을 멸시하고 인간종족을 자기오만에 빠뜨려 자연에서 배우려는 자세를 잃게 만든다. 이렇게 되면 자연을 자연 그 대로 인식하는 것이 아니라 인간이 부과한 범주와 구도로 이해하고 이것을 '참된' 자연인식이라고 믿는 '자기기만에 빠

---

32) Bacon, *New Organon*, "Plan of The Great Renewal", 18-9.

33) Bacon, *New Organon*, Book I, XXXIX (39).

34) Bacon, *New Organon*, Book I, XLI(41); 52(LII).

지게 된다. 결국 '종족의 우상'은 "인간적 영령 실체의 규칙성(*regularity*) 또는 그 편견 또는 그 한계 또는 그 쉴 새 없는 운동"에 기원을 두거나, 인간 고유의 "감정의 영향 또는 감각의 한정된 능력 또는 인상의 양상에 그 기원을 두는 것들'이다.35)

'종족의 우상'은 인간을 만물의 영장靈長으로, 만물의 표준으로 격상시키는 인간주의 이데올로기인 셈이다. 인식론적 '종족의 우상'의 플라톤적 표현은 이데아론이고, 아리스토텔레스적 표현은 아르케(제1원리)에 대한 '이성적 직관'의 이론이고, 근대적 표현은 본유관념론이고, 에피쿠리언적 표현은 '인간 감각'을 '진리의 척도' 또는 '사물의 척도'로 보는 감성적 절대진리획득론이다. 반면, 공자는 베이컨처럼 하늘에서 만드는 본유'인상(在天成象)을 인정했으나 '사이불학'의 본유'관념'을 부정했고, '근도近道'의 가능성만을 인정하고, '득도得道'의 가능성 또는 '문도聞道' 가능성을 부정했다.

그리고 인간을 만물의 '영장'으로 특대特待하는 도덕론적 '종족의 우상'의 근대철학적 표현은 이성이 없는 동물에게 부정되는 '합리주의적 도덕(실천이성)'의 이론이고, 근대사상적 표현은 자연적대적 '인간파시즘'으로서의 '휴머니즘'이다. 따라서 이 인간파시즘적 '종족의 우상'은 천도天道에 근본을 두고 지도地道를 본받은 공자의 인도人道와 정면으로 배치되는 것이다.

인간주체를 오만과 자기기만에 빠뜨려 바른 자연인식을 방해하는 '종족의 우상'의 청산 방법을 공자는 상술했듯이 자연대상에 대한 '자겸自慊'으로, 베이컨은 자연대상에 대한 "겸손"으로 제시했다. 바로 위에서 제시한 논변에서도 베이컨은 "자연에 대해 보다 고분고분하고 자연을 무모하게 모욕하지 않는 것"을 언명하고 있다. 나아가 공자와 맹자는 자연에 멍에를 매고 변형시키는 것도 허용한 베이컨과 달리 자연사랑을 강조했다. 공자는 동물만이 아니라 동식물의 생명욕도 극진히 존중했다. 공자는 "나무 한 그루를 베고 짐승한 마리를 죽여도 제 때에 맞춰 하지 않으면 효가 아니다(斷―樹 殺―獸 不以其時 非孝也)"라고 말했다.36) 또 공자는 "겨울잠에서 깨어나는 동물들을 죽이지 않

---

35) Bacon, *New Organon*, Book I, XLI(41); 52(LII).

은 것은 하늘의 도이고, 바야흐로 성장하는 식물을 꺾지 않은 것은 (식물의 생명욕에) 공감하는 것이고, 공감하는 것은 인애하는 것이다(開蟄不殺 則天道 方長不折 則恕也 恕則仁也)"라고 말했다.[37] 또 공자는 "낚시질은 했으나 물고기를 그물로 잡지 않고 자는 새를 쏘지 않음(釣而不網 弋不射宿)"으로써[38] 미물의 생명권과 휴식권도 존중했다. 나아가 공자는 동물 복지도 지극히 중시했다. 즉, 공자는 "거룩한 임금의 바름은, 소를 나란히 멍에 매지 않게 하고, 말은 항상 수레를 끌지 않게 하고, 타는 것을 우려하지 않게 하고, 암말은 (…) 곡식을 때맞춰 주고, 꼴과 건초의 짐은 무겁지 않게 하는 데 있다"라고 말했다.[39] 맹자는 공자의 자연사랑을 동식물을 아껴주는 '애물愛物'로 종합하고 부모의 친애와 백성의 인애와 구별한다. 즉, "부모를 친애하나 백성은 인애하고, 백성을 인애하나 동식물은 아끼는 것이다(親親而仁民 仁民而愛物)."[40] 공맹은 인도人道를 이 '생물사랑'으로까지 확장함으로써 인식과 행동의 양면에서 인류를 인간파시즘적 휴머니즘(종족의 우상)으로부터 해방시키고자 한 것이다.

(2) 동굴의 우상: 개인 본유의 관점주의적 함정

'동굴의 우상'은 자기 자신의 사적 편견 또는 기질·체질을 척도로 삼는 개인의 그릇된 사고방식, 즉 '관점주의'다. 따라서 "동굴의 우상은 개인적 인간들의 환상이다". 왜냐하면 "인간 본성 일반의 탈선"인 종족의 우상과 달리 "각 개인은 자연의 빛(light of nature)을 파편화하고 뒤트는 일종의 개인적 동굴(cavern)을 가지고 있기" 때문이다. "이것은 각 개인의 독특성과 특수성 때문에 일어나거나, 아니면 사물들이, 뭔가에 사로잡히고 혹시 편향된 정신, 또는 침착하고 초연한 정신 등 상이한 정신들에 대해 각인하는 상이한 인상 때문에 일어나

---

36) 『禮記』「祭義 第二十四」.

37) 『大戴禮』「第十九 衛將軍文子」.

38) 『論語』「述而」(7-27).

39) 廖名春 釋文,「馬王堆帛書 '二三子'」, 16-17쪽: "聖王之正 牛參弗服 馬恒弗駕 不憂乘 牝馬 (…) 栗時至 芻槀不重.

40) 『孟子』「盡心上」(13-45).

기도 한다." 이 때문에 "상이한 인간들의 상이한 성벽"의 "인간 정신"은 "변화
가 심한 것"일 수밖에 없고, "상당히 불규칙적인 것, 거의 되는 대로 하는
것"일 수밖에 없다. 이것은 명백하다. 헤라클레이토스에 의하면, 이런 까닭에
인간들은 "지식을 더 커다란, 또는 공동적인 세계 속에서가 아니라 더 작은
사적 세계 속에서 찾는" 경향이 있는 것이다.[41]

결국 "동굴의 우상은 각 인간의 정신과 육체의 개인적 천성에, 그리고 각
인간의 교육·생활방식·우연적 사건 등에 그 기원을 둔다". 따라서 그 양상은
"다양하고 복잡하다".[42] 통상적으로 "인간들은 지식과 사상의 특수한 편린들
에 대한 애착에 빠지기" 마련이다. 왜냐하면 "인간들은 스스로를 이것들의
저작자·창안자라고 믿거나, 커다란 노력을 이것들에 쏟아 부어 이것들에 아
주 익숙해졌기" 때문이다. 이러한 인간들은 철학과 보편적 사색에 전념한다
면, 그들의 이전 환상에 맞도록 이 철학과 사색을 뒤틀고 부패시킬 것이다.
베이컨에 의하면, 이러한 '동굴의 우상'은 "자연철학을 논리학에 극단적으로
예속시켜 논쟁 소재로 만들어 무용지물로 만든 아리스토텔레스에게서 가장
현저하게 나타난다".[43]

개인들 간에는 여러 가지 이유에서 정신적·감각적·성향적·감정적·육체적 개
인차가 있다. 따라서 어떤 사람은 차이를 잘 보고, 다른 사람은 유사성을 잘
보는 개인차가 있다.[44] 그리하여 어떤 사람은 옛것을 찬미하고, 또 다른 사람
들은 새것을 사랑한다. 고대의 참된 업적을 비판하지 않고 현대인들의 진정한
기여를 경멸하지 않고 "중용을 견지하는 기질(the temperament to keep the mean)"을
가진 사람들은 거의 없다. 이것은 "과학과 철학에 대해 커다란 손실"이다.
이런 태도는 "고대나 현대에 대한 판단이 아니라 광신"이다. 그런데 "진리는
가변적인 것인 특수한 시대로의 경사(傾斜)로부터가 아니라, 영원한 '자연의 빛'
으로부터 찾는 것"이다. 따라서 우리는 "이런 광신들을 멀리하고, 지성이 이

---

41) Bacon, *New Organon*, Book I, XLII(42).

42) Bacon, *New Organon*, Book I, LIII(53).

43) Bacon, *New Organon*, Book I, LIV(54).

44) 참조: Bacon, *New Organon*, Book I, LV(55).

광신들과 순응하는 것으로 바뀌지 않도록 확실히 해야 한다".45)

또한 어떤 자는 미세한 것을 생각하기 좋아하고, 어떤 자는 큰 것을 생각하기 좋아한다. 그러나 물체의 바른 관찰은 미립자와 큰 구조를 동시에 보는 것이다. 미립자의 고찰에 치우친 것은 데모크리토스고, 큰 것을 보는 데 치우친 것은 기타 철학자들이다. 그러나 "지성은 삼투적이면서 또한 포괄적이게 양면적으로 만들어져야" 한다.46) 사적 '동굴의 우상'은 대개 "종합과 분리의 지배나 과잉 또는 박물지적 기록기간의 부분성 또는 크고 작은 대상들에 그 기원을 두고 있다". 따라서 일반적으로 자연학도들은 각각이 다 그의 지성을 지극히 많이 사로잡고 붙들고 있는 것은 무엇이든 의심해야 한다.47) 사적 동굴의 우상은 모든 인간이 개인인 한에서 개인의 시각에만 갇혀 있으면 필연적으로 갖게 되는 본유적 관점주의 우상이다.

그러나 공자처럼 모든 각도에서 '다문다견'하고 '박학심문'하고 베이컨이 바라듯이 "지식을 더 커다란, 또는 공동적인 세계 속에서 찾기" 위해 '삼인행' 속에서도 자기의 스승을 찾고, 『서경』에 "천시자아민시天視自我民視 천청자아민청天聽自我民聽"이라고 했듯이, 하늘처럼 천하의 어디에서든지 '민시민청'을 기준으로 삼아 박학한 경험에서 배운다면, '동굴의 우상', 즉 관점주의 우상은 들어설 자리가 없을 것이다.

### (3) 시장의 우상: 언어의 인공적 우상

'시장의 우상'은 시장에서 거래되는 상품이 그 자체로서 가치가 있든 없든 일정한 '가격'을 가지듯이 통용되는 일상적 언어가 그 통용성 때문에 의미를 가지게 되는 언어우상이다. 흄에 의하면, 언어는 무의식적 관행협약(convention)의 대표적 산물이다.48) 따라서 흄·비트겐슈타인 등이 경계한, 언어에 빠지는 '시장의 우상'은 "동조에 의해 그리고 인간들의 상호연대(men's association with each

---

45) Bacon, *New Organon*, Book I, LVI(56).

46) Bacon, *New Organon*, Book I, LVII(57).

47) Bacon, *New Organon*, Book I, LVIII(58).

48) 참조: Hume, *A Treatise of Human Nature*, 315쪽.

others)로부터 일어나는 것처럼 보이는 우상"이다. 우리는 이 명칭을 "인간의 거래와 공동체로부터 취한다". 인간은 "담화(talk)로 연대한다". 보통 "말(words) 은 평범한 사람들의 지성에 맞게 선택된 것"이다. 따라서 "일상어의 빈한하고 서툰 코드는 믿을 수 없을 정도로 지성을 저지한다. 배운 사람들이 그들 자신을 보호하고 어떤 식으론가 이 말로부터 자신을 해방하는 데 익숙하게 하는 정의와 설명들은 상황을 전혀 복구하지 못한다. 명백히 말은 지성에 폭력을 가하고 모든 것을 혼돈에 빠뜨리고, 인간들을 속여 내용 없는 무한논쟁과 가공 속에 빠뜨린다."[49] 가령 '신', '도깨비', '천사', '실체', '실천이성' 등의 말들은 실재성이 전무함에도 인간들을 오랜 세월 무한논쟁에 빠뜨렸다. 또한 담화적 의견일치를 진리로 보는 실용주의적 진리개념은 베이컨의 관점으로 보면 일종의 '시장의 우상'이다.

'시장의 우상'은 말과 이름에 관한 사회계약 또는 사회적 연대로부터 "지성 속으로 슬그머니 숨어 들어오기 때문에 모든 것 중에서 가장 큰 음영陰影(nuance)"이다. "인간들은 그들의 이성이 말들을 통제한다고 믿는다. 하지만 진실은 말이 지성을 되받아 쳐 제 힘을 가하고 되돌려 보낸다는 것이다. 이것은 철학과 과학을 궤변적이고 비생산적으로 만들어 왔다. 말은 보통사람들의 능력에 맞도록 가장 많이 쓰였고, 보통지성에게 가장 확실한 선을 따라 사물들을 해부한다. 더 예리한 지성이나 보다 주의 깊은 관찰이 더 많이 자연과 일치해 이 선을 그으려고 시도할 때, 말은 저항한다. 따라서 배운 사람들의 커다란, 그리고 엄숙한 쟁론이 종종 말과 이름에 대한 논쟁으로 끝나는 일이 생기는 것이다. 그러나 (수학자들의 현명한 방식으로) 말과 이름의 논쟁으로 시작해 정의에 의해 이것들을 질서 잡는 것이 더 지혜로울 것이다. 하지만, 자연의 사물들과 물질에서는 이 정의도 이러한 결함을 치유할 수 없다. 정의 자체가 말로 되어 있고 말이 말을 낳기 때문이다. 그래서 개별 사례들(particular instances)과 이것들의 일관성과 순서에 호소하는 것이 필요한 것이다."[50] 공자

---

49) Bacon, *New Organon*, Book I, XLIII(43).

50) Bacon, *New Organon*, Book I, LIX(59).

처럼 '성의誠意'하고 '일관되게 서술序述'하는 것이다. 공자의 '성의'와 '일관된 서술'은 상론했듯이 관념들을 실재의 대상에 거듭 조회하고 사실관계의 일관성과 순서에 따라 언술하는 것을 말한다.

말이 지성에 부과하는 우상들은 두 종류다. 첫째 언어적 우상은 "실존하지 않는 사물들의 이름들"이다. 왜냐하면 "관찰되지 않으므로 이름을 결한 사물들이 있는 것처럼 상상으로 가정된 것이므로 사물을 결한 이름들도 있기" 때문이다". 둘째 우상은 "실존하지만 사물들로부터 성급히 그리고 불균등하게 추상된 나머지 혼돈되고 잘못 정의된 사물의 이름들"이다. 베이컨은 "실존하지 않는 사물들의 이름들"로 "운수, 제1운동자, 행성들의 궤도, 불의 구성요소 등"을 들고 이것들을 다 "그릇된, 근거 없는 이론들에 그 기원을 둔 이런 종류의 가공물들"이라고 말한다. 그러나 다른 것은 몰라도 '운수'는 신앙에 따라 논란의 여지가 있고(공자·소크라테스·플라톤·아리스토텔레스·예수·로크·흄, 심지어 칸트도 '운수'가 있다고 생각했다), '행성의 궤도'는 훗날 케플러·갈릴레이·뉴턴 등에 의해 입증되었다. 베이컨의 이 오류들을 제쳐두고 그의 논변을 더 추적하자. 그는 "이런 종류의 우상은 쉽게 제거될 수 있다"고 생각한다. "이 이론들을 항상적으로 배격하고 낡은 것으로 만듦으로써 근절할 수 있는 것"이다. 그러나 "다른 종류의 우상들", 즉 "실존하지만, 사물들로부터 성급히 그리고 불균등하게 추상된 나머지 혼돈되고 잘못 정의된 사물의 이름들"은 "복합적이고 깊이 뿌리박고 있고, 빈약하고 솜씨 없는 추상에 의해 야기된 것"이다. 베이컨은 '*wet*'라는 단어를 예로 든다. '*wet*'라는 단어는 단순히 아무런 상수나 공통분모를 갖지 않은 상이한 작용들에 대해 무차별적으로 쓰인다('불꽃이 습하다', '공기가 습하지 않다', '먼지조각이 젖었다', '유리가 젖었다' 등).[51] 이것은 '*wet*'라는 말이 적절한 검증 없이 물과 액체에서 솜씨 없이 추상되었을 뿐이라는 것을 쉽게 알 수 있다. '말의 우상'은 인간이 말하는 동물인 한에서 본유적 우상이다. 그러나 공자처럼 일찍이 말과 글이 사람과 사물의 뜻을 다하지 못하고 왜곡시키는 한계를 가진 것을 안다면, 이 '말의 우상'의 희생양이 되지 않을 것이다.

---

51) Bacon, *New Organon*, Book I, LX(60).

이런 의미에서 『역경』「계사상전」은 "글은 말을 다하지 못하고 말은 의미 (관념)를 다하지 못한다. 그렇다면 성인의 의미(관념)는 나타낼 수 없는 것인가?" 라고 자문한 뒤, 이어서 "성인은 상象을 세워 의미(관념)를 다 드러내고, 괘卦를 펴서 감정과 꾸밈을 다하고, 상사象辭를 묶어 그 말을 완성하고, 이것을 변통해 조화를 다하고, 이깃을 부추기고 춤추게 하어 정신을 완성하는 것이다"라고 자답한다.[52] 심상과 의념(관념)을 감추고 왜곡시키는 글자 그대로의 '글과 말 그대로의 '말'을 우상화하지 말고 '심상'·'괘(만상萬象의 표현)'·'상사(상징어)'로써 관념·감정·꾸밈·말을 바르고 완전하게 표현하라는 말이다.

(4) 극장의 우상: 합리주의(형이상적) 시나리오의 인공적 우상

'극장의 우상'은 극장무대에서 그럴싸한 내용들로 짜여 공연되는 시나리오와 같은 허구적 관념과 철학적·종교적 교설들로서 '인위적 우상'에 속한다. 이것은 "상이한 철학들의 다양한 교리들로부터 그리고 심지어 잘못된 논증법칙으로부터 인간들의 정신 속에 보금자리를 튼 우상들"이다. 이것들은 "인간들이 배우거나 창시한 모든 철학들이 우리의 의견에 의하면 그릇되고 가공적인 세계를 창조한, 생산되고 공연된 그만큼 많은 연극들"이다. 이 때문에 베이컨은 '극장의 우상'이라고 부른다. 이것은 "단지 현재 유행하는 철학과 종파의 우상만을 말하고 있는 것이 아니라, 고대 철학과 종파의 우상도 말하는 것"이다. 이런 연극들은 "지어내고 날조된(composed and concocted)" 시나리오들, 즉 합리주의적 '부지이작不知而作'의 형이상학적 시나리오들이다. "보편철학의 우상"만이 아니라, "전통·신념·타성으로부터 세차게 성장해온 과학의 많은 원리와 공리들의 우상"도 여기에 포함된다.[53] 이 '극장의 우상'은 곧 금과옥조로 믿고 받들어지는 '부지이작'의 합리주의적 시나리오(이론체계)나 '사이불학'의 형이상학적 사변체계를 가리킨다.

---

52) 『易經』「繫辭上傳」: "子曰 書不盡言 言不盡意. 然則聖人之意其不可見乎 子曰 聖人立象以盡意 設卦以盡情僞 繫辭焉以盡其言 變而通之以盡利 鼓之舞之以盡神."

53) Bacon, *New Organon*, Book I, XLIV(44).

이 우상들과 관련해서는 인간 지성에게 경고를 주기 위해 상이한 유형을 아주 상세하게 세분하여 설명해야 한다. "극장의 우상들은 지성에 본유적이거나 지성 속으로 몰래 미끄러져 들어온 것이 아니다. '극장의 우상'은 동화 같은 이론들과 잘못된 증명규칙을 바탕으로 공개리에 도입되고 받아들여진 것이다." 베이컨의 과학적 발견 방법은 "개인적 재능의 예리성과 강력성"에 할 일을 "많이 맡기지 않는" 방법으로서, "재능들과 지성들을 다소간에 평등화하는 것"이다. 직선이나 완전한 원을 그리려면, 손이 한결같고 숙련되어 있어야 하지만, 자나 컴퍼스를 쓰면, 이런 숙련도가 필요 없다. 베이컨의 관찰·실험·경험의 자연해석 방법은 정확히 이와 동일한 도구다.54)

'극장의 우상들은 간단히 말하면 '이론들'이다. 이론들은 많고, 많을 수도 있고 하루에도 많이 생길 수 있다. 일반적으로 철학의 내용을 보면, "많은 것이 경시되거나, 적은 것이 중시되어서, 두 가지 경우에 철학이 경험과 자연 박물지의 지나치게 협소한 기초 위에 수립되어 있고, 그 진술들을 적절한 것보다 더 적은 사례 위에 기초한다. 합리적 유형의 철학자들은 확실히 인식되지 않거나 주의 깊게 정밀조사, 고찰되지 않은 흔한 현상의 다양성에 의해 경험으로부터 관심이 딴 데로 돌려져 있다." 이 합리론자들은 "그 밖의 나머지"를 "반성과 지성작용"으로 채우고 정리한다. "소수의 실험에 주의 깊게, 성실하게 노력을 쏟아 붓고 이 적은 실험으로부터 철학을 지분거려 수립하는 만용을 부린 또 다른 유형의 철학자들"이 있다. 이들은 "나머지를 그 패턴에 맞게 놀라운 방식으로 직조해낸다". 또한, "신념과 존경으로부터 신학과 전통을 뒤섞는 세 번째 타입의 철학자"도 있다. 이들 중 어떤 사람들은 "불행히도 허영에 의해 성령과 천재로부터 과학을 도출하는 데로 오도되었다". 그러므로 "오류와 그릇된 철학의 뿌리"는 "소피스트적·경험적·미신적(*Sophistic, Empirical and Superstitious*) 뿌리, 이 세 가지"다.55) 베이컨은 합리적 · 소피스트적 유형의 우상을 가장 많이 산출한 "가장 확실한" 대표 사례로 아리스토텔레스를 든다. 아

---

54) Bacon, *New Organon*, Book I, LXI(61).

55) Bacon, *New Organon*, Book I, LXII(62).

리스토텔레스는 "자연철학을 변증론으로 망치는" 우상수립자다. 그는 "범주
들의 세계"를 구축했다. 베이컨은 아리스토텔레스가 "인간 영혼"에 "가장 고
귀한 실체" 개념을, 즉 "제2차 지각(second intention)의 낱말들"(색·소리·맛 등)에 기
초한 "유類(genus) 개념"을 부여했다고 비판한다. 아리스토텔레스의 자연학은,
그가 더 엄숙한 이름 아래, 명목론적이 아니라 실재론적이라고 주장하는 형
이상학으로 개조한 변증론의 '술어들'로 들린다. 그의 저작 『동물론』과 『제문
제』 및 기타 저서들에 실험의 논의가 있지만, 아무도 이런 이유에서 감명 받
지 않을 것이다. 그는 사실 미리 자신의 마음을 결정했고, 경험을 결정과 공리
의 기초로서 적절히 논하지 않았다. 자의적으로 결정을 내린 뒤, 그는 그의
의견에 맞게 왜곡된 경험들, 포로로 잡힌 경험들을 주변에 도열시킨다. 따라
서 이런 근거에서도 "아리스토텔레스는 경험을 완전히 포기한 현대 추종자들
(스콜라철학자들)보다 더 죄가 많다."56)

소박경험론에서 나오는 '극장의 우상'은 박학·심문하지 소수의 특수한 경
험을 너무 우려먹는 데서 기인한다. 이런 "경험적 브랜드"의 철학은, "취약하
고 피상적일지라도 어느 정도 보편적이고 많은 사물들과 관련된" 개념들의
빛, 즉 "통상적 개념들의 빛(light of common notions)"에 기초한 것이 아니라, "한
줌의 실험의 협소하고 불명확한 토대에 기초하기 때문에 소피스트적 또는
합리적 유형의 철학보다 더 왜곡되고 기형적인 교리를 산출한다". 이러한 철
학은 "매일 이런 유의 경험에 종사하고 이런 것들로 자기들의 상상을 부패시
킨 사람들에게는 개연적이고 거의 확실한 것처럼 보인다. 하지만 다른 사람
들에게 그것은 믿을 수 없고 공허한 것으로 비친다". 이 소박경험론은 "우리
의 충고에 유의해 진지하게 경험에 헌신한다면, 이 철학은 정신의 때 이르고
경솔한 조급성 때문에, 사물들의 보편적 진술과 원리들로의 정신의 도약 또
는 비약 때문에 마침내 진정으로 위험해질 것이다".57)

베이컨은 피타고라스와 플라톤의 체계를 '미신적 극장의 우상'의 대표사례

---

56) Bacon, *New Organon*, Book I, LXIII(63).

57) Bacon, *New Organon*, Book I, LXIV(64).

로 규정한다. "미신과 신학의 주입으로부터 철학을 부패시키는 것은 훨씬 더 광범하고, 전체적 철학 또는 그 부분들에게 아주 커다란 해악을 야기한다. 인간정신은 통상적 개념들로부터 생긴 인상에 못지않게 환상에도 노정되기 때문이다." 이것의 현저한 사례는 "그리스인들 가운데, 철학이 거칠고 성가신 미신과 결합된 피타고라스에게서, 그리고 더 위태롭고 미묘한 형태로는 플라톤과 그의 학파에서 나타난다". 이런 유의 해악은 일부 다른 철학에서도 추상적 형상, 목적인, 제1원인의 도입에 의해, 그리고 중간원인의 빈번한 생략 등으로 인해 발생한다. 베이컨은 이 대목에서 "가장 강한 경고"를 준다. 왜냐하면 "최악의 것은 오류의 신격화이기" 때문이다. "어리석은 개념들에 대한 경배"는 "지성의 질병"이다. 심지어 "어떤 현대인들은 이런 어리석음에 대해 관대해서, '산 것 가운데서 죽은 것을 찾는' 식으로(루가복음 24: 5) 자연철학을 『성경』의 창세기와 욥기 및 기타 장절에 기초하려고 애쓰기도 했다"는 것이다.58) "모든 유용성과 응용기회가 중간원인(in mediis)에 들어있기" 때문에 그들이 자신들의 철학과 관찰에서 "사물들의 원리와 자연의 궁극원인(ultimatibus naturae)을 조사하고 취급하는 데에 그들이 노력을 허비한다는 것"이 "못지않게 문젯거리"다. 이것은 사람들이 "잠재적이고 형태화되지 않은 물질"에 도달할 때까지 자연을 추상하는 것을 멈추지 않고 또한 "원자"에 도달할 때까지 자연을 해부하는 것을 멈추지 않는 이유다. 베이컨은 "이런 것들이 옳다고 하더라도 그들은 인간의 운명을 개선하는 데 거의 아무것도 기여할 수 없다"고 언명한다.59) 이와 같이 베이컨은 목적인·질료인·목적인의 탐구를 거부하고 '자연현상의 해석'을 뛰어넘어 '궁극원인'을 탐구하는 형이상학을 배격한 것이다.

아리스토텔레스의 질료인質料因·형상인形相因·작용인·목적인 등 네 가지 원인의 관점에서는 세계가 인과적 계열로 나타난다. 주어진 원인에는 상위의 다른 원인이 있고, 이 다른 원인 위의 또 다른 상위의 원인이 있다. 이런 식으로 사변적 인과관계의 무한진행이 이루어진다. '궁극원인'은 이 무한진행을

---

58) Bacon, *New Organon*, Book I, LXV(65).

59) Bacon, *New Organon*, Book I, LXVI(66).

끝내는 최후의 원인 또는 제1원인이다. '궁극원인'에 대한 베이컨의 부정은 경험과 관찰의 범위 내에서 가장 근본적인 원인을 찾되, 이 경험 범위를 벗어나는 제1원인을 찾는 것을 헛된 사변을 거부한다는 뜻이다.

정신을 정신적 우상으로부터 청소·계몽하는 것은 바른 인식을 위한 전제다. 지식에 의한 '세계의 계몽' 이전에 지식을 생산하는 '인식주체의 계몽'이 선행해야 하는 것이다. 공자는 형이상학적 시나리오(극장의 우상)와 미신의 우상을 물리치기 위해 천도·천성·신·죽음 등에 대해 말하는 것을 삼갔고, '종족의 우상'을 제거하는 '자겸', '동굴의 우상'을 제거하기 위해 다문다견(박학)을 강조하고 '시장의 우상'에 빠뜨리는 언어실증주의를 경계하는 빛나는 명제들을 남겼다. 그러나 인간주의적·합리주의적·형이상학적 우상에 대한 공자의 체계적 논의는 남아있지 않다. 휴머니즘은 다른 생물의 입장에서 보면 '인간파시즘'으로서 합리주의라는 '지식인의 아편'을 낳는 '종족의 우상'이었다. 인간정신은 이처럼 자기 자신의 가장 큰 문젯거리였다. 정신이 이미 우상들에 사로잡혀 있기 때문이다. 이 우상에 대한 체계적 논의가 공자철학에서 결여되어 있기 때문에 여기서 이 결함을 베이컨의 우상이론으로 보완했다.

# 제2부

# 공자의
# 지식이론

**Confucius' Theory of Knowledge**

# 제1장 공자의 '무지의 지'

## 제1절 공자의 '무지의 지'와 '호지자好知者'

### 1.1. 정치철학적 온고지신의 의미

격물치지, 성의·정심, '주학이종사主學而從思', '온고지신', 다문다견·박학심문, '술이부작' 등의 명제에 기초한 공자의 경험론은[1] 서구 합리론자들의 선험적(본유적)·전지론적全知論的 지성주의와 정면으로 대립하는 것이다. 계몽주의 시대 서구 합리론자들도 한때 공자에 매료되었지만 대개 공자를 오해하고 왜곡시켰고, 중국예찬에 열을 올리던 디드로 등 일부는 비판으로 돌아서 공자에게 등을 돌렸고, 경험론으로 기울어졌던 루소 등 일부는 다시 합리론으로 되돌아 어쭙잖은 절충주의자가 되었다. 역시 공맹철학의 변함없는 유럽 동맹군은 영국의 경험론자들이었다. 경험론은 공자의 '다문다견의 박학, 즉 베이컨과 로크의 '박물지(history)'의 경험으로부터 널리 배우고 때맞춰 이를 거듭 익혀 새로운 지식을 얻는 데서 큰 기쁨을 구한다. 그래서 공자는 "경험하고 또 때맞춰 거듭 익혀 (새 지식을 얻으니) 이 역시 기쁘지 않은가?"라고[2] 말한 것이다.

---

1) 이 장은 『공자와 세계(1)』(929-1023쪽)에서 전개한 논의를 업그레이드한 것이다.

2) 『論語』「學而」(1-1): "學而時習之 不亦說乎?"

그런데 이 '학이시습'의 의미와 동일한 '온고지신'은 오랜 세월 인식론 명제가 아니라 실천철학적 상고주의尙古主義 또는 정치적 복고주의 명제로 오해되어 왔다. 만에 하나라도 '온고지신'이 상고주의나 복고주의를 담은 것이라면, 이 해석은 즉각 공자의 혁신주의 명제들과 충돌한다. 왜냐하면『대학』의 첫 구절은 '대학지도大學之道', 즉 정치철학의 대도가 "명덕明德을 밝히고 백성을 새롭게 하고 지선至善에 사는 데 있다"고3) 말하기 때문이다.『대학』은 이 '친민親民'을 "진실로 날로 새롭게 하고 나날이 새롭게 하고 또 날로 새롭게 한다(苟日新 日日新又日新)"는 탕왕의 반명盤銘, "백성을 새롭게 만든다(作新民)"는「강고康誥」의 한 구절, 그리고 "주나라는 비록 오래된 나라라도 그 천명을 새롭게 했네(周雖舊邦 其命維新)"라는『시경』「대아·문왕」의 시구로 주석하고 있다.4) (고대에 '친親'자는 '신新'자와 통용되었다.)

또 공자는『중용』에서 "지금 세상에 살면서 옛 도를 돌이킨다면 이 같은 것은 재앙이 제 몸에 미칠 것이다"라고5) 강력하게 경고하고 있다. 따라서 후술하겠지만, 가령 주나라의 예와 문화를 따라 세상을 바로잡으려는 그의 '종주從周' 노선도 요·순임금과 문·무왕의 정치사상을 '헌법'으로 새롭게 해석해 만든 '새로운 주례周禮'였던 것이다.

'온고지신'은 정치학적 이해와 인식에 활용하면 과거의 모방이나 과거 속에서 '영원한 진리'를 찾는 과거숭상이 아니라, 과거의 대표적 정치사례들을 정치학적 인식을 위한 경험자료로 활용해 현재와 미래의 정치를 위한 새로운 지식을 산출하는 것이다. 요·순·우·탕왕, 문·무왕과 주공도 공자에게 영원한 정치적 정도正道가 아니라, 정치학적 박학·심문·신사·명변의 경험론적 인식과 이해의 대상이었을 뿐이다.

온고지신은 과거와 오늘의 정치를 비교하고 비판적으로 질정質正하여 새로운 정치지식을 구하고 이를 바탕으로 현재의 문제를 창조적으로 해결하고

---

3)『大學』「首章」: "大學之道 在明明德 在親民 在止於至善."

4)『大學』(傳2章).

5)『中庸』제28장: "生乎今之世 反古之道 如此者 災及其身者也."

미래의 좋은 정치를 구상하고 이상국가를 지향할 뿐이다. 선명하게 빛나는 이른바 '영원한 도道'가 과거에 존재해서 이 도를 과거 속에서 캐내는 문제가 아니라, 과거의 경험으로부터 오랜 세월 변치 않을 확실한 지식을 형성해내는 문제인 것이다.

정치철학적 지인知人과 지천知天에 적용된 '온고지신'의 의미는 당대의 어둠을 전통으로부터 유래하는 '영원의 빛'으로 밝히고자 한 데 있는 것이 아니라, ① 언제나 자기에 근본을 두고, ② 오늘날의 백성에게 적용해 심문·실증하고 과거의 정치적 모범사례들과 비교해 틀린 것이 있으면 바로잡고 이 모든 것을 스스로 '온고溫故'하고, ③ '인지人智'의 한계를 넘어가는 의심스럽고 위태로운 불가지의 신지적神智的 사항(이른바 '疑殆')들을 '부지이작不知而作'하지 않고 신에게 물어 의심을 없앰으로써, 현실정치와 미래정치에 쓰일 수 있는 '신지식新知識을 얻는 데' 있을 뿐이다.

내가 하나라의 예(夏禮)를 말했으나 (하나라의 계승 국가인) 기杞나라가 그 예를 증명하기에 부족하고, 내가 은나라의 예(殷禮)를 배웠으나 (은나라 유민들의 국가인) 송宋나라에만 남아 있을 따름이고, 내가 주나라의 예(周禮)를 배웠는데 오늘날 이 예를 쓰고 있다. 나는 주나라를 따르리라. 그런데 천하에 왕 노릇을 하는 데 세 가지를 중시해야 그 과오를 줄인다. 전자(하·은의 예법)는 좋더라도 증명이 없고, 증명이 없으니 믿음이 없고, 믿음이 없으니 백성이 따르지 않는다. 후자(주례)는 비록 좋더라도 받들지 않고, 받들지 않으니 믿지 않고, 믿지 않으니 백성이 따르지 않는다. 그러므로 군자의 도는 제 자신에 근본하고 뭇 백성에게서 이를 증명하고 삼왕(탕·문·무왕)에게 비추어 이를 고찰해 오류를 없애고, 천지에 이를 세워 어긋남을 없애고, 귀신에게 이를 물어 의심을 없애고, 백세百世 동안 성인을 기다리며 의혹하지 않는다. 귀신에게 물어 의심을 없애는 것은 '지천'이고, 백세 동안 성인을 기다리며 의혹하지 않는 것은 '지인'이다.6)

---

6) 『禮記』「中庸」제28·29장: "子曰 吾說夏禮 杞不足徵也. 吾學殷禮 有宋存焉. 吾學周禮, 今用之, 吾從周. 王天下有三重焉, 其寡過矣乎! 上焉者雖善無徵, 無徵不信, 不信民弗從. 下焉者, 雖善不尊, 不尊不信, 不信民弗從. 故君子之道本諸身, 徵諸庶民, 考諸三王而不繆, 建諸天地而不悖, 質諸鬼

"백세百世 동안 성인을 기다리며 의혹하지 않는다"는 구절은 3000년(백세) 만에 한 번 나타나는 성인이 다시 와서 세 가지 방법으로 의심을 없앤 지인과 지천의 참된 지식을 칭찬할 것을 믿어 의심치 않기에 성인의 도래를 손꼽아 기다린다는 말이다. 여기서 강조하는 치국의 3대 원리('천하에 왕 노릇을 하는 데 세 가지 중시해야 하는 것)는 ① 현재의 자기에게 근본을 두고 백성·과거전범·천지에 비추어 보거나 시행하여 실증하는 것, ② 지인, ③ 지천이다.7) 따라서 『중용』의 이 문장은 과거 속에서 이른바 '영원의 빛'을 찾는 복고주의적 태도를 질타하고 현재 자기의 주체적 관점과 경험적·실험적 박학심문의 객관성을 중시하는 것이고, '인지'를 넘어가는 '신지'에 대해 '부지이작'하지 말 것을 강조하고 있다. 여기서는 자기에게 근본을 두고, 현세의 백성에게 증험하고, 신지적 사항을 신에게 맡기고, 미래의 성인에게도 통용될 확실성을 갖춘 겸손한 경험론적 지식창달을 말하고 있다.

이런 지인·지천의 이해 방식은 카를 야스퍼스(Karl Jasperse, 1883-1969)가 공자의 방법으로 오해한,8) 과거의 전통으로부터 '영원한 진리'를 찾는 방법과 거리가 멀다. 이 정도 논의로도 공자의 지식철학을 과거 속에서 '영원한 진리'를 캐는 상고주의·복고주의 철학으로 보는 항간의 전통적 오해를 일소하고 정치철학적 온고지신의 혁신적 의미를 바로 알기에 충분할 것이다.

한편, '다문다견多聞多見'을 통해 경험에서 배우는 자는 과거의 경험들에만 매달리는 것이 아니라, 남에게 물어 배우기도 한다. 따라서 경험에서 배우는

---

神而無疑, 百世以俟聖人而不惑, 質諸鬼神而無疑, 知天也, 百世以俟聖人而不惑, 知人也."

7) 송대(宋代)의 여대림(呂大臨)은 '세 가지 중시해야 하는 것'을 예론(議禮), 도량형제정(制度), 문채와 격식의 고찰(考文)로 들었다. 주희도 이 풀이를 따랐다. 朱熹, 『大學·中庸集註』, 145-156쪽. 그러나 이것은 근거가 없는 '작화'다.

8) 야스퍼스는 공자의 방법을 과거의 전통 속에서 '영원의 빛', '영원한 진리'를 찾는 '비판적 역사관'으로 파악한다. "영원한 진리에 대한 신념은 옛것을 받아들이는 방법을 통해 그 힘을 발휘한다. 이런 방법은 현재의 길을 가로막는 것이 아니라 현재를 미래로 발전시킨다. 이렇게 해서 폭력적인 힘으로 독점되었던 과거의 모든 권위적 문제를 적극적 방법으로 현명하게 해결해 나갔다. 공자야말로 영원한 진리로부터 유래하는 전통과 함께 새것을 삶의 본질로 본 최초의 철학자였다." 야스퍼스, 『위대한 사상가들: 소크라테스·석가모니·공자·예수』, 108-109쪽. 그러나 주지하다시피 공자는 '영원한 진리', 즉 절대진리를 획득하는 '득도'가 아니라, 개연적 지식을 얻는 '근도'를 추구했고, 또 이 '근도'를 과거의 전통 속에서만 찾지도 않았습니다.

제1장 공자의 '무지의 지'  295

자는 묻는 것을 부끄럽게 여겨서는 아니 되고, 자신이 모르는 경우에는 아랫사람에게도 거리낌 없이 물어야 한다. 자공이 공자에게 "공문자孔文子는 왜 문文자를 넣어 부릅니까?"라고 묻자, 공자가 "그는 열심히 힘쓰고 배움을 좋아하고 아랫사람에게 묻는 것을 부끄러워하지 않으므로 이를 문文이라고 부르는 것이다"라고 대답했다.9) 이것을 보면 고대에 '문文'이 '문問'과도 통용되었음을 알 수 있다. 그래서 *science*를 '학문學問'이라고 하는 것이다. 남에게 묻기 위해서는 자기가 모르는 것을 모른다고 솔직히 자인해야 한다. 묻지 않고 '사이불학思而不學'하면 알 수 있다고 우기거나 마치 자기가 이미 다 알고 있는 것처럼 구는 지적 교만과 독선은 학문의 적이다. 자기가 무엇을 모르는지를 알고 모르는 것을 모른다고 자인하는 것, 즉 '자기 자신의 무지를 아는 것'이 참 지식의 출발점인 것이다.

## 1.2. '무지의 지': 무지와 전지全知 사이

그러므로 공자는 혈기왕성해 자기가 모르는 것도 아는 것으로 장담하기를 좋아하는 자로(중유)에게 "내가 너에게 안다는 것을 가르쳐 주마"라고 말하고 다음과 같이 가르친다.

> 아는 것을 안다고 하고 알지 못하는 것을 알지 못한다고 하는 것, 이것이 지知(지혜)다
> (知之爲知之 不知爲不知 是知也).10)

이 구절은 지식철학적으로 깊은 의미가 들어 있다. 일천하기 그지없는 전통적 해석을11) 다 물리치고 그 의미를 본격적으로 파고들 필요가 있다. 고대에

---

9) 『論語』「公冶長」(5-15): "子貢問曰 孔文子何以謂之文也? 子曰 敏而好學 不恥下問 是以謂之文也."
10) 『論語』「爲政」(2-17).
11) 북송의 형병은 이를 다음과 같이 해설한다. "'내가 너에게 안다는 것이 무엇인지를 가르쳐 주마'라는 구절은 공자가 자로의 성격이 강하고 모르는 것을 안다고 말하기를 좋아하는 까닭에 이를 누르기 위함이다. 그러므로 그의 이름을 불러 말하기를 '유야, 내가 지금 너에게 안다고 하는 것을 가르쳐 주마'라고 했다. 이것은 다 가르침의 말이다. 이어서 '네가 실로 아는 일이라면 안다고 하고 실로 알지 못하는 일이라면 알지 못한다고 하는 것, 이것이 참 지식(지혜)이다'라고 말하고 있다. 만약

'지知'자는 의미가 미분화되어 지식(앎)과 지혜를 둘 다 뜻했다. 따라서 위 인용문에서 '시지야是知也'의 '지知'는 '아는 것(지식)'과 '지혜'를 동시에 뜻한다.

"아는 것을 안다고 하고 알지 못하는 것을 알지 못하다고 하는 것이 지혜다"라는 말은 아는 것을 안다고 하고 모르는 것을 모른다고 하는 것이 더 높은 단계의 앎, 즉 '앎과 모름에 대한 앎'이란 뜻이 담겨 있다. '이것이 지혜다'라고 했으므로 '아는 것을 안다고 하는 것'은 '앎 자체에 대한 앎(지식의 지식)'이고, '알지 못하는 것을 알지 못하는 것이라고 말하는 것'은 '모름 자체에 대한 앎(무지의 지)'이다. 이 자기 자신의 '지식과 무지에 대한 지식'은 바로 지와 무지 그 자체와 이 지·무지와 관련된 사실 자체의 '참 지식(참 지혜)'의 출발점이다. 동시에 제대로 된 자기이해(자기 자신에 대한 참 지식)의 시발점인 것이다. 이렇게 자기 자신을 참으로 아는 것은 이러한 '참 지혜'의 정신적·심리적 능력이 내 안에 '인성人性'으로 내재함을 알고 이 인성을 갈고 닦는 것이다.

반대로, 모르는 것을 안다고 하는 오만, 즉 '아는 체하는' 지적 오만은 개인적 허풍·망상·착각에 기인한다. 그런데 이것들보다 더 근본적이고 더 위험한 지적 오만의 원인은 '인간적 지혜', 즉 '인지人智'로 결코 알 수 없는 것을 안다고 자부하는 인간 일반의 '종족의 우상'이자 '극장의 우상'으로서의 합리주의적 과대망상과 독단이다. 이런 지적 오만의 원인은 '지나친' 인간적 자기애自己愛(self-love)다. 플라톤은 "만악의 근원은 지나친 자기애다"라고 말한 바 있다. 자기사랑은 맹목적이어서 참된 것보다 그 자신의 것을 더 잘 평가해야 하는 구속감을 느껴 정의롭고 선하고 고상한 것들을 그릇되게 판단한다는 것이다. 플라톤은 특히 이 '지나친 인간적 자기애'로부터, "우리가 실제로 아무것도 모르면서도 만사를 다 안다고 망상하는 일이 일어난다"고 말한다.[12]

---

알면서도 반대로 숨기고 알지 못한다고 하는 것과 알지 못하면서도 내가 안다고 망언하는 것은 다 지식이 아니다." 이것은 평이한 전통적 해석이다. 何晏 注·刑昺 疏, 『論語注疏』, 22쪽: "由誨汝知之乎者 孔子以子路性剛 好以不知爲知 故此抑之. 呼其名曰 由 我今敎誨汝知之乎! 此皆語辭. 知之爲知之 不知爲不知 是知也者 此誨辭也. 言汝實知之事則爲知之 實不知之事則爲不知 此是眞知也. 若其知之 反隱曰不知 及不知 妄言我知 皆非知也."

12) Platon, Gesetze (Νομοι η Νομοθεσιαι), 731e-732a. Platon Werke, Bd. VIII. Plato, Laus, 731e-732a. Plato, Vol. X in twelve volumes, with an english translation by R. G. Bury (Cambridge·Massachusetts·

'인간의 지나친 일반적 자기애, 즉 '종족의 우상'으로부터 지혜 면에서 인간이 자연의 다른 동물들을 월등하게 능가할 뿐만 아니라, 신과 대등하거나 신을 능가한다고 생각하는 인간의 '지적 오만'이 생겨난다. '인간의 지혜'로 만물만사를 다 알 수 있다는 합리론적 전지주의全知主義, '인간의 지혜'로 신까지도 다 알 수 있다는 가지주의可知主義, 무엇이든 인지로 다 알려고 하는 '무제한적 인지주의人智主義'와 '무제한적 지성주의'는 다 이 인간의 지적 오만의 산물이다. '인지주의' 또는 '인지만능주의'는 '신의 지혜'나 '동식물의 지혜'에 대해 '인간의 지혜'만을 제일로 치며 인간의 지혜로 만물만사를 다 알 수 있다고 자만하는 지적 인본주의 도그마다. 인간의 이 지적 오만의 이데올로기들로부터 신神을 죽이고 천지(인간과 자연)를 파괴하는 불경한 합리주의와 인본주의가 비롯된다.

일단 공자의 위 명제를 개인과 관련된 학습법적 의미로 평이하게 해석하면, 이것은 누구든 지혜로워지려면 허풍과 망상, 독선과 허욕을 극복하고 겸손한 학구적 자세로 자기가 아는 것이 어디까지이고 어디부터 자기가 모르는 것인지를 살펴 아는 것이 지혜의 출발점임을 깨닫고, 모든 사람들에게서 몸을 낮춰 배우는 지적 겸손을 길러야 한다는 것을 뜻합니다. 자기가 아는 것과 모르는 것을 분별하여 아는 것, 즉 자기의 지식에 대한 지식과 자기의 무지에 대한 지식은 곧 제대로 된 자기이해다.

그런데 이 중 '무지에 대한 지'는 이중적이다. 첫째는 '무엇인가를 모른다는 사실을 아는 것'이고, 둘째는 '모르는 그 무엇을 아는 것'이다. 물론 이 둘 다 얻기 어려운 앎이다. 특히 '모르는 그 무엇'을 아는 것은 (가령 공기, 진공, 냄새, 가스처럼) '만져지지 않는 것'을 '만져야 하는 또는 (너무 작은 것, 너무 큰 것, 너무 먼 것, 어둠 속에 있는 것처럼) '보이지 않는 것'을 '보아야 하는 일과 같은 난제(아포리아)가 개재되어 있다.

또한 우리는 위 명제를 인간 일반에 대한 철학적 경고, 또는 인간 일반에 대한 지적 겸손의 촉구로도 풀이할 수 있다. '지'는 광대무변의 '무지'에 의해

London: Harvard University Press·William Heinemann LTD, 1967).

늘 경계지어지기 때문에 지는 항상 한계가 있고 무지는 무한하다. 또 우리는 광대무변의 '무지'를 다 예감할 수 없고 지식 영역과 무지 영역의 접촉면적만큼만 무지를 예감할 뿐이다. 따라서 주먹만 한 지식이 볼링공만 한 크기로 커갈수록 지와 무지의 접촉면적이 넓어지기 때문에 인간은 알면 알수록 더 무식해진다. 결국 인간은 영겁의 세월이 흐르더라도 결코 모르는 것 없이 다 아는 신이나 '생이지지'하는 성인의 경지에 도달할 수 없다는 말이다. 따라서 우리는 인지로 알 수 있는 대상들의 영역에서도 전지자全知者(the omniscient)가 아니라 늘 지식과 무지의 사이에 머물러 있는 중간자로서 한정된 의미의 지자에 불과하다. 인간은 늘 지적으로 겸손해야 한다.

물론 이 '일정 수준의 지자'는 결코 참된 지자 또는 신적 생이지지자, 전지자가 아니다. 우리는 어디까지나 전지자와 무지자無知者 사이의 중간자로 남아 있다. 학식을 타고난 신적 생이지지자가 '상등'이고 경험지식조차도 구하려고 노력하지 않는 무식자가 '하등'라면, 경험에서 배워 이론적 지식(학식)을 구하려고 노력하는 지자智者(學而知之者)와, 경험지식(노하우·현명)이라도 쌓으려고 노력하는 현자賢者(困而學之者)는 이 '상등'의 신적 전지자와 '하등'의 무식자 사이의 중등자라는 말이다. 이 대목에서 공자의 해당 명제를 반복해보자.

> 태어나면서 아는 자는 상등이고, 경험에서 배워서 그것을 아는 자(학덕자)는 그 다음이고, 곤란해서 경험에서 배우는 자(현덕자)는 그 다음의 다음이고, 곤란해도 경험에서 배우지 않는 자는 일반백성인데 이것이 하등이니라(生而知之者上也 學而知之者次也 困而學之又其次也 困而不學民 斯爲下矣).13)

공자는 여기서 지식의 관점에서 사람을 성인聖人, (철)학자(학덕자), 전문가(현덕자), 비전문인의 네 등급으로 나누고 있다. 이 구분은 오늘날도 타당하다.

동시에 인간적 불가지의 영역, 즉 신만이 알 수 있고 인간이 구체적인 무언가를 조금이라도 알려면 신에게 경건하게 물어서만 알 수 있는 신지神智의

---

13) 『論語』「季氏」(16-9).

영역에서라면, 인간은 아무리 인지人智로 알려고 불경을 범하더라도 이 한정된 의미에서의 지자도 될 수 없다. 이 경우에 인간적 불가지의 대상들의 세계는 인지의 피안彼岸에 위치한 초월적 세계이기 때문이다. 불가지적 세계의 '알 수 없는 그 무엇들'이란 가령 애당초 경험자료가 없는 소위 '궁극의 원인들, 가령 사물의 원인, 뉴턴이 말하는 중력의 원인, 우주와 세계의 원인과 종말, 귀신, 천도, 지도, 천성, 죽음, 영혼불멸 등 '서술적 경험론'의 인지적人智的 인식에서 '궐의궐태闕疑闕殆'의 대상이 된 '의심스럽고 위태로운 것들'로서 한없이 많다. 실로 신적 우연에 지배되는 역사적·정치적·자연적 세계운행의 귀추, 그리고 전 우주의 변화추이 등 인간의 각종 미래사도 인간적 불가지의 세계다. 시장메커니즘과 그 법칙을 다 안다고 자부하는 현대 경제학조차도 기실 세계시장의 움직임을 다 알지도, 예측하지도 못하고 있다. 또한 비약적으로 발전한 현대 의학도 수많은 질병들의 원인을 알지도, 다스리지도 못하고 있을뿐더러, 새로운 병원균들의 경우에는 그 정체도 제대로 파악하지 못하고 있고, 이런 병원균들이 미래에 또 어떻게 전대미문의 새로운 병원체로로 변형되어 사람들을 덮칠지 예측할 수 없다. 더구나 이런 질병들이 구체적으로 어느 특정인, 어느 특정국가에 닥치게 될지를 알아내는 것은 원리적으로 과학의 능력을 벗어나는 것이다.

이런 불가지의 대상들과 미래사를 인지로 알 수 있다고 장담하는 것은 하늘을 모독할 뿐만 아니라 신과 하늘을 파괴할 인간의 무섭고 위험한 전지론적全知論的 오만일 것이다. 이런 까닭에 공자는 신에 대해 불가지론적 태도를 취한다.

> 귀신의 덕행은 지극하도다! 보아도 보이지 않고 귀 기울여도 들리지 않는다. (…) 『시경』에 이르기를 '신이 납시는 것은 헤아릴 수 없도다'라고 했다.[14]

또 공자는 이렇게도 천명하며 신에 대해 불가지론을 피력했다.

---

14) 『中庸』(18章): "子曰 鬼神之爲德 其盛矣乎. 視之而弗見 聽之而弗聞 (…) 詩曰 '神之格思 不可度思.'"

천도와 지도를 한마디로 다할 수 있다면, 그것은 그 본질이 불변이어도 그 도가 일으키는 생성은 헤아리지 못하다는 것이다.[15]

물론 맹자도 공자의 이 신의 불가지론을 이어 견지한다.

거룩하면서도 알 수 없는 것을 신이라고 일컫는다(聖而不可知之之謂神).[16]

나아가 공자는 천성·천도·귀신·천명·생사 등을 논하는 것을 삼가고 이에 대해 추상적이고 간략한 이야기 외에는 말하지 않았고, 사람·삶 등 현생의 인간사를 제쳐두고 귀신과 죽음 등 초현세적·초인지적超人智的인 것들에 대해 파고드는 것을 비판했다.[17] 따라서 공자의 지식철학은 무제한적 지식욕에서 인간이 감히 이런 대상들을 다 아는 '전지'와 '신지'를 얻을 수 있다고 주장하지 않는 점에서 '중도적 회의주의'에 기초한 '중도적 지식철학이다. 공자의 지식철학은 저 '무지의 지'라는 한 단계 높은 지를 인간적 지식 중 최고의 지식으로 여긴다. 이 '무지의 지'는 지와 무지를 연결해주고, 인지人智와 신지神智도 연결해주는 매개 지식이기 때문이다.

### 1.3. 인지적人智的 '지인'과 신지적神智的 '지천'

자연세계와 인간세계는 인간들의 수많은 행위와 '음양불측의 우연'의 작용에 의해 운행된다. 인간들의 작위는 공자의 개념으로 바꾸면 '인모人謀'이고 '음양불측의 우연'의 작용은 '귀모鬼謀'다.[18] '인모人謀'는 '사람의 지모智謀'를

---

15) 『禮記』「中庸 第三十一」(26章). "天地之道 可一言而盡也 其爲物不貳 則其生物不測."
16) 『孟子』「盡心下」(14-25).
17) 『論語』「公冶長」(5-13). 자공은 "공자가 천성과 천도를 말하는 것을 들을 수 없었다(夫子之言性與天道 不可得而聞也)"고 전한다. 또 공자는 "괴기·힘·난·신을 말하지 않았다(子不語怪力亂神)". 『論語』「述而」(7-20). 또 "공자는 이익·천명·인을 말한 적이 드물었다(子罕言 利與命與仁)". 『論語』「子罕」(9-1). 또 공자는 季路가 '죽음'에 대해서 묻자(曰 敢問死) "삶도 아직 알지 못하는데 어찌 죽음을 알겠느냐"라고 반문했다(子曰 […] 未知生 焉知死?)." 『論語』「先進」(11-11).

뜻하고, '귀모鬼謀'는 '귀신의 지모'를 뜻한다.

인간사와 인간세계의 운행은 인모와 귀모의 합작으로 이루어진다. 따라서 인모로 이루어지는 '인사人事'와, 귀모로 이루어지는 '천명天命의 일'(즉, 자연과 인간세계의 역사적 명운命運과 개인의 운명)을 둘 다 알지 못하면 인간세계를 이해할 수 없는 것이다. 공자는 따라서 지식을 '지인知人'과 '지천知天'으로 대별했다. "귀신에게 물어 의심을 없애는 것은 '지천知天'이고, 백세 동안 성인을 기다리 며 의혹하지 않는 것은 '지인知人'이다."19) 여기서 '백세 동안 성인을 기다려도 의혹하지 않는다'는 것은 상술했듯이 격물치지의 다문다견과 성의의 신사명 변의 경험론적 방법으로 인간과 인간사회를 참으로 이해해서 거짓·오류·착 오·부정·주술·미신 등에 미혹되지 않는, 인간과 사회에 대한 해석학적 지식을 이루어 백세에 한 번 나타나는 성인으로부터 칭찬받기를 기다리는 것을 뜻한 다. 이것이 바로 '지인'이다. 따라서 '지인'은 인간적 지혜(人智)로 인간과 인간 사회를 '학이사學而思'의 서술적 경험론으로 아는 것이다.

반면, '지천'은 '지천명知天命', 즉 '천명을 아는 것'이다. 이 '지천'은 인지人智 로 하늘과 귀신의 존재(양상과 속성)를 탐구해 아는 것을 뜻하는 서양의 '신학'이 나 '천문학'이 아니다. '지천'은 인지로 알 수 없어 '학이사'의 경험론적 인식에 서 '궐의궐태'의 대상이 된 '의심스럽고 위태로운 것들'을 '귀신에게 물음'으로 써 신지神智를 빌려 천명에 대한 의문을 푸는 것, 즉 하늘과 귀신의 뜻을 아는 '예지豫知' 또는 '선지先知'를 말한다.

그러므로 '지인知人'은 자기 자신과 타인에 대한 지식과 인간(자기 자신과 타인 들)의 인모로 빚어지는 인간사와 인간세계에 대한 '인간적 지식'이고, '지천'은 귀모로 빚어지는 불가지적·초인간적 운수의 세계에 대한 '신적 선지' 또는

---

18) 『易經』 「繫辭上傳」: "天地設位 聖人成能 人謀鬼謀 百姓與能."

19) 『禮記』 「中庸」 제29장: "質諸鬼神而無疑 知天也. 百世以俟聖人而不惑 知人也." 정현은 다음과 같이 풀이한다. "지천과 지인은 하늘과 사람의 도를 아는 것을 일컫는다. 귀신은 하늘·땅을 따르는 것이다. 『역경』에 '귀신의 情狀을 알면 하늘·땅과 서로 비슷해진다'라는 말이 있다. 성인은 이를 본받으므로 백대가 지나도 같은 도이다(知天知人 謂知其道也. 鬼神從天地者也. 易曰 故知鬼神之 情狀 與天地相似. 聖人則之 百世同道)." 『禮記正義』, 1701쪽.

'신적 예지'다.(이에 관해서는 뒤에 상론한다.) '지인'은 인모의 범위 내의 대상들에 대한 지식이므로 '인지'로 얻을 수 있는 인간적 지식이다. 반면, '지천'은 인지로 결코 얻을 수 없고 '신지神智'로만 얻을 수 있는 신적 지식이다.

인간은 '지인'만이 아니라 '지천'도 함께 해야만 살아갈 수 있다. '지인'과 '지천'을 다 해야 하는 이유에 대해 『중용』은 다음과 같이 밝힌다. "어버이(친족)를 섬기는 것을 생각하면 지인知人하지 않을 수 없고, 지인을 생각하면 지천知天하지 않을 수 없다(思事親 不可以不知人 思知人 不可以不知天)."[20] 여기서 '어버이를 섬기는 것', 즉 '제가齊家'는 인仁을 실천하는 것을 말하고 있으므로 '제가·치국·평천하'를 생략해서 표현한 것으로 이해해야 할 것이다. 집·나라·세상을 가지런히 하고 다스리기 위해서는 인간과 인간사의 진리를 파악하는 '지인'이 불가피하다는 말이다. 그런데 인간과 인간사의 과거와 현재를 지배해 온 일반적 흐름과 경향은 '인지'로 확실히 또는 개연적으로 알 수 있지만, 그 깊이 숨겨진 미래적 의미와 운행은 '인지'로 알 수 없다. 이것은 '신지'로만 알 수 있다. 따라서 인간이 필요한 온전한 지식을 완성하기 위해서는 '지인'을 넘어 반드시 '지천'에도 도달해야 하는 것이다. '인지에 의한 지인'과 '신지에 의한 지천'을 겸비한 종합지식으로써 인간과 인간사의 좀 더 완전한 진리를 파악해야만 집·나라·국제세계를 어느 정도로 다스릴 수 있는 것이다.

그런데 '지인'도 어려운 데다 '지천'은 인간으로서 아예 불가능하다. 인간은 결코 '전지자全知者'일 수 없는 것이다. '천신天神'의 뜻과 관련해 인간이 아는 것은 기껏해야 '모른다'는 사실뿐이다. 그런데 인간적 지혜로 결코 알 수 없는 것이 있다는 사실, 말하자면 인간적 지혜의 절대적 한계에 대한 성인과 군자의 이 위대한 지식은 바로 인지적人智的 지인의 지식과 신지적神智的 지천의 무지를 매개해 주는 중간고리다.

그런데 '지천'이 '인지'로 불가능하다고 해서 부분적인 '지천'에 이르는 길

---

20) 『禮記』 「中庸」 제20장. 정현은 "수신은 효를 아는 것이고, 효를 아는 것은 곧 사람을 아는 것이고, 사람을 아는 것은 현명과 못남을 아는 것이고, 현명과 못남을 아는 것은 곧 천명이 보우함을 아는 것(修身乃知孝 知孝乃知人 知人乃知賢不肖 知賢不肖乃知天命所保佑)"이라는 지극히 평범하고 애매한 해설을 가하고 있다. 『禮記正義』, 1683쪽.

마저도 철저히 그리고 완전히 봉쇄된 것인가? 상술했듯이 『중용』은 지천의 지식을 하늘과 귀신에게 물어 얻을 수 있다고 한다. 신이 물음을 고하는 인간에게 응답을 주는 것을 일반적으로 '신탁神託'이라고[21] 한다. 공자에 의하면, 귀모와 천명의 일과 관련해서는 반드시 『주역』에 기초한 '시서蓍筮'로 신탁(하늘의 뜻)을 괘卦·효사爻辭로 받아 '지천'하고 하늘의 뜻을 따라야 한다.[22]

그런데 과연 시서로 하늘의 뜻을 알 수 있는가? 공자는 『중용』에서 '지성지도至誠之道'를 갖추고 시서하면 능히 하늘과 감응해 앞일을 내다볼 수 있는 신적 지혜를 얻는다고 말한다.[23] 그리고 『역경』「계사전」은 여러 점들 가운데서도 시서와 거북점이 가장 위대하다고 말한다.

> 잡란雜亂한 것과 은미隱微한 것을 탐색하고 깊은 것을 낚아내어 먼 데까지 이르고 천하의 길흉을 확정하고 천하의 아름답고 아름다운 것을 이루게 하는 것으로는 시서와 거북점보다 위대한 것이 없다.[24]

인지人智로 알 수 있을지라도 아직 알지 못하는 가지적 대상이 실로 무한대인 한편, 인지로 알 수 없는 원칙적 불가지의 대상도 무한대다. 공자는 인지로

---

21) '신탁' 또는 '선탁(宣託)'은 신이 사람이나 사물을 매개로 하여 신의 뜻을 계시하거나 인간의 물음에 답하는 것이다. 占에는 '신탁과 '비(非)신탁적 점(사주, 점성술 등)'이 있다. 그런데 신탁은 발전단계에 따라 비언어적 상징 단계, 입말(구두언어) 단계, 글말(문자언어) 단계로 나뉜다. 가장 낮은 단계의 비언어적 신탁은 희생의 내장 형상, 동물 뼈와 거북껍데기의 균열, 화투·트럼프·타로의 뽑힌 패 등의 상징적 방식으로 나타난다. 입말 단계의 신탁은 신들린 선지자나 무당이 신의 중개인이 되어 사람의 물음에 입말로 신의 답을 전하는 방식이다. 글말 단계의 신탁은 신들림 없는 정신통일 상태에서 물음에 대한 신의 답을 기정(旣定)의 상징적 글말 체계 안의 글귀로 점지해 주는 방식이다.

22) '시서(蓍筮)' 또는 '서지(筮之)'는 50개의 시초(蓍草, 가새풀)를 절대로 써서 주역괘를 뽑아 괘·효사로 물음에 대한 하늘의 답을 구하는 것이다. 지금은 시초가 없기 때문에 시초 대신 '서죽(筮竹)'을 쓴다. '시서는 신탁의 일종이지만 서지자(筮之者)가 신들린 상태가 아니라 정신통일 상태에서 괘를 뽑아 기정(旣定)의 철학적 글말로 신의 답을 얻는 최고 발전 단계의 신탁이다. 시서법과 점단법에 관해서는 후술한다.

23) 『禮記』「中庸」제24장: "至誠之道 可以前知. 國家將興 必有禎祥 國家將亡 必有妖孽. 見乎蓍龜 動乎四體. 禍福將至 善必先知之 不善必先知之."

24) 『易經』「繫辭上傳」: "探賾索隱 鉤深致遠 以定天下之吉凶 成天下之亹亹者 莫大乎蓍龜." [亹: 아름다울 미].

알 수 있지만 아직 알지 못하는 것을 인지로 알아내는 것을 애호하고 이를 위해 끊임없이 인간의 최선을 다해야 한다고 생각했다. 또한 그는 인지로 알 수 없는 것도 반드시 하늘에 물어 알아야 한다고 생각했다. 인간의 지혜로 알 수 있는 지인의 항목을 인간이 스스로 알려고 노력하지 않고 하늘에 묻는 것은 물론 하늘을 모독하는 불경한 짓이지만, 나랏일과 관련해 인간의 지혜로 그 미래적 귀추를 알 수 없는 정책과 국정을 하늘에 묻지 않고 오만하게 다 아는 척하며 그냥 실행하는 것도 하늘과 백성을 모독하는 불경이다.

공자는 『예기』「표기表記」에서 시서의 순천順天 의미를 상론하고 있다.

> 옛 3대의 현명한 왕들은 다 천지신명을 섬기는 데에 누구도 복서卜筮(시서)를 쓰지 않는 분이 없었다. 상제를 섬길 때 감히 자기의 사적인 무례를 범하지 않았던 것이다. 그러므로 일월日月을 범하지 않았고 복서를 거스르지 않았다.25)

그래서,

> 희생, 예악禮樂, 제물, 이런 것들을 바칠 때 귀신에게 해를 끼친 적이 없었고 백성에게 원망을 산 적이 없었다.26)

또 공자가 말한다.

> 귀서龜筮(거북점과 시서)를 위반하지 않아 그 군장君長을 공경하고 섬기는 것이다. 그러므로 백성을 모독하지 않고 상제를 더럽히지 않은 것이다.27)

시서로 지천하려는 이 거룩한 겸덕謙德과 반대로 인간이 인간적 지혜로 알

---

25) 『禮記(下)』「表記」, 115쪽: "昔三代明王 皆事天地之神明 無非卜筮之用 不敢以其私褻事上帝. 是故不犯日月 不違卜筮."

26) 『禮記(下)』「表記」, 117쪽: "不違龜筮, 以敬事其君長. 是以上不瀆於民, 下不褻於上."

27) 『禮記(下)』「表記」, 116쪽: "子曰 牲牷禮樂齊盛 是以無害乎鬼神 無怨乎百姓."

수 없는 지식을 안다고 우기는 것은 은나라 주왕紂王처럼 자신과 공동체를 파멸시킬 지극히 위험한 독신적瀆神的 무지다. 누구보다 지혜롭고 머리가 좋았던 주왕은 자기 능력을 과신하고 교만하게 귀신과 하늘을 무시하다가 자기의 목숨과 천하를 잃었던 것이다.

성왕聖王과 성인도 천명과 귀모를 넘을 수 없는데 하물며 오만과 독단의 주왕이랴! 이에 신라 말의 귀재 최치원崔致遠(857-?년)은 성인이라도 시서로 하늘의 뜻을 물어 지천에 달해야 한다고 주장하면서 하늘을 모독하는 인간들의 지적 교만을 비판한다. 그는 "인간이 일을 하려면 꼭 천의天意에 근본을 두어야 한다. 인간이 지천知天하려면 꼭 인물을 두고 점쳐 천하의 길흉을 확정해야 한다. 천하를 이룩하려고 힘쓰고 힘쓰는 자가 복서卜筮를 버리면 어찌하겠는가? (…) 천지간에 정책방안을 도출해 확정하고 음양의 정기로써 가부를 결단하는 것은 이로써 천명을 받기 때문이고 민용民用을 먼저 생각하기 때문이다"라고 말하고, "때로 어떤 변고로 분규가 일고 인심을 현혹하면 비록 성인聖人의 총명과 예지라도 그 기간에는 베풀 수가 없는 법이다"라고 단언한다. 이에 바로 잇대서 최치원은 "혹자가 '복卜이 의문을 정하는 것이라면 의문이 없는데 왜 점치느냐' 하고 말한다면, 이는 이미 자기가 옳다고 하는 것이다"라고 하며 인간의 지적 오만을 비판한다.[28]

이이李珥(1536-1584)도 성왕聖王이라도 국가정책의 길흉을 반드시 시서로 미리 물어야 한다고 말한다. "길흉의 조짐은 반드시 복서卜筮로 점쳐야 한다. 대개 인모는 유심有心을 면치 못하고 유심은 사심私心을 면치 못한다. 이런 까닭에 옛 성왕들이 황극皇極(황제의 지극한 법도)을 세우고도 감히 스스로 옳다고 하지 않았고 국가에 대사大事가 있으면 귀모를 참조하고 이로써 그 의문을 풀었다."[29]

공자에 의하면, 인간의 지혜로 알 수 있는 가지적 '지인' 영역에서나, 인모

---

28) 崔致遠 著, 『經學隊仗』(大邱, 2001), 361-362쪽.

29) 李珥, 「易數策」, 57쪽. 韓國精神文化院 자료조사실 편집실 刊, 『國譯 栗谷全書(IV)』(서울: 朝銀文化社, 1996).

와 귀모, 지인과 지천이 얽히고설키는 사회와 역사의 불가지不可知 영역에서
나 인간은 전지와 무지의 중간자다. 공자는 인간의 지혜로 최대한 지식을 추
구했지만 인간의 지적 한계를 인정하고, 지천의 영역까지 '인자'로 알 수 있다
고 주장하며 가리지 않고 파헤치려고 도발하는 '무제한적 지성주의'를 경계했
다. 이 점에서 공자는 노자老子가 이상으로 삼은 원시적 무지몽매를 타파하고
계몽하는 '지혜와 지식'을 중시하되, '무제한적 지성주의'로부터는 거리를 취
하는 '지성적 중도中道' 노선, 즉 '중도적 지식철학'을 대표한다. 따라서 공자의
'군자'는 지나친 자만과 합리론적 인본주의로 인해 무엇이든 '아는 체'하는
인간의 지적 오만을 누르는 극기와 정심을 발휘해 무지를 기피하지 않고 오
히려 무지를 아는 인간적 지혜를 애호해 끊임없이 힘써 추구하되, 인간적 지
혜로 도달할 수 없는 신적 지혜를 독실한 신심信心으로 경외敬畏한다.

### 1.4. '호지자好知者'와 '낙지자樂之者'로서의 철인

우리 인간은 부분적으로 또는 일시적으로 '무엇인가를 아는 단계'를 넘어
'무엇인가를 아는 것을 지속적으로 애호하는 단계', 즉 아는 것과 모르는 것의
불변적 이치에 대한 격물치지의 박학·심문과 신사·명변을 항업恒業으로 열심
히 힘써 추구하는 지식애호가로서의 '호지자好知者의 단계'에 도달해야 한다.
지속적 애호와 '힘써 열심히 하는 것'은 긴밀히 연관된 행동이다. 지식을 좋아
하는 이런 '호지자'의 의미에서 공자는 스스로를 '철인哲人'이라고 자칭했을
것이다.30)

또한 이 지속적 애지愛知 또는 호지好知에 살면 이 '호지'를 즐기는 '낙지자
樂知者'의 철인적 삶의 단계에 진입할 수 있다. 『주역』 연구에서 얻는 지식,
즉 지천의 지식의 경우에도 단지 처음 무엇인가를 아는 단계를 넘어 『주역』
의 '지천의 지식'을 익혀 애호하고 괘사卦辭와 효사爻辭의 뜻을 완미玩味하며
세계운행의 천명과 나의 운명을 사랑하는 순천順天의 단계와, 천명과 운명을
행복의 디딤돌로 만들어 즐기는 낙지자의 낙천樂天 단계로 나뉜다. 지인과

---

30) 『禮記(上)』 「檀弓上」, 166쪽: "泰山其頹乎 梁木其壞乎 哲人其萎乎."

지천의 통합적 관점에서 이런 지식 발전의 단계를 밝히려는 취지에서 공자는 다음과 같이 갈파한다.

뭔가 아는 자는 이 앎을 좋아하는 호지자만 못하고, 호지자는 이것을 즐기는 낙지자만 못하다(知之者 不如好之者 好之者 不如樂之者).31)

형병은 이를, "뭔가 아는 것은 이 앎을 좋아하는 것만큼 독실하고 두텁지 못하고, 앎을 좋아하는 것은 이것을 즐기는 것만큼 깊지 못하다"고 풀이했다.32) 앎을 애호하는 호지자는 곧 지식 자체를 애호하는 철인이다. '앎을 즐기는 자는 호지자의 삶을 즐기는 자다. 말하자면 철인적 삶을 즐기는 '낙지자樂知者'다.

이런 호지·낙지자는 안이하게 사는 것도, 기름진 고기를 배불리 먹는 것도 밝히지 않고 조용하고 검소한 삶 속에서 도를 궁구하고 학을 추구하는 '호학자好學者'다. 공자는 말한다.

군자는 배불리 먹으려 하지 않고 편안히 살려고 하지 않으면서도 일에 힘쓰고 말에 신중하고 나아가 도道가 있으면 이 도에 의해 자신을 바로잡으면 가히 호학好學한다고 이를 만하다(君子食無求飽 居無求安 敏於事而愼於言 就有道而正焉 可謂好學也已).33)

호지·호학자는 인지의 지식과 지혜 자체를 갈구해 박학하고 일반적으로 알려고 힘쓰는 자이고, 경험지식과 기술적 전문지식을 추구하는 자가 아니라 철학적 종합지식 또는 일반적으로 적용되는 보편적 원리에 대한 근도近道를 항업恒業으로 삼는 자다. 이런 의미에서 공자는 "군자는 기물器物이 아니다(君子不器)"라고 갈파했다.34) '기물'은 각기 그 용도에 알맞아야 하는 것인 반면,

---

31) 『論語』 「雍也」(6-20). '好之者'의 '之'는 '知之(앎)', '樂之者'의 '之'는 '好之(앎을 좋아함)'를 가리키는 것으로 봐야 할 것이다.

32) 『論語注疏』, 86쪽: "知之者 不如好之者篤厚也 好之者 不如又悅樂之者深也."

33) 『論語』 「學而」(1-14).

34) 『論語』 「爲政」(2-12).

군자는 베풀지 않는 곳이 없다. 배와 노는 내를 건너는 데, 수레와 가마는 뭍을 다니는 데 알맞아야지, 그렇지 않다면 쓸모없는 것이다. 말하자면 '기물'은 특수한 분야의 전문가를 가리키는 것이다. 반면, 군자의 덕은 제각기 한 가지 용도를 고수하는 기물과 달라서 '기본 틀을 살펴 요령 있게 행하는 것(見幾而作)'이니 '베풀 수 없는 곳이 없다고 한 것이다.[35] 공자의 '군자불기君子不器' 명제는 군자를 '보편지식'에 힘쓰는 것을 좋아하는 '호지자'로 파악한 것이다.

당연히 보편지식 차원의 이 '호지好知'는 지인과 지천을 둘 다 애호하는 '통합적 호지'를 뜻한다. 그리고 이런 '통합적 호지'를 즐기는 자는 바로 '낙지자樂知者'인 것이다. 호지·호학해 '학이시습學而時習'으로 새것을 아는 '기쁨'을 함께 나누고 나의 학덕의 명성이 멀리 멀리 퍼져나가 나를 알아주는 추종자들(朋)이 먼 원방에서까지 나를 찾아오는 자원방래自遠方來의 '즐거움'을 느끼는 철인은 동시에 '낙지자'의 행복한 삶을 누릴 수 있다. '지지자불여호지자知之者不如好之者 호지자불여낙지자好知者不如樂知者'라는 공자의 지식철학 명제는 바로 소크라테스의 애지적愛知的 철학관과도 통하는 것이다.

## 제2절 소크라테스의 '무지의 지'와 '애지자'

"아는 것을 안다고 하고 알지 못하는 것을 알지 못한다고 하는 것, 이것이 지식(지혜)다"라는 공자의 명제는 실은 지적 허풍과 망상을 극복하고 '앎과 모름'에 대한 앎을 통해 자기 자신을 아는 것, 즉 성의誠意와 정심正心의 '자기지식'이다. 이와 유사하게 소크라테스는 플라톤의 초기대화편 『카르미데스(Χαρμιδης)』에서 '정심正心(소프로쉬네σωφροσύνη)'을 자기가 무엇을 아는지를 아는 '지식의 지식'과 무엇을 모르는지를 아는 '무지의 지식'을 통해 '자기를 아는 것(자기지식)'으로 정의한다.[36]

---

35) 『論語注疏』, 21쪽: "器者 物象之名. 形器旣成 各周其用. 若舟檝以濟川 車輿以行陸 反之則不能. 君子之德 則不如器物 各守一用 言見幾而作 無所不施也."

향후 논의를 수월하게 하기 위해 이 대목에서 이 '소프로쉬네'라는 용어를 미리 정리해 둘 필요가 있다. '소프로쉬네'는 우리말로 번역하기가 쉽지 않은 그리스어 특유의 낱말이다. 보통 '소프로쉬네(σωφροσύνη)'는 '소스(σωσ: 건전한)'와 '프로네오(φρόνέω: 마음)'의 합성어(건전한 마음)로 분석된다. 아리스토텔레스는 '프로네시스(φρόνησις: 현명)'와 '소조(σώζω: 안전하게 지키다)'의 합성어로 보고 '현명을 안전하게 간직하는 것'으로 풀이했다.37) 소크라테스는 『카르미데스』와 『알키비아데스(Αλκιβιαδης)』에서 이를 '제 영혼을 알고 돌봄'으로 풀이하지만, 『국가론』에서는 '극기(자기 자신에 대해 강함)'로 정의하고 있다.38) 따라서 영어권에서는 이 '소프로쉬네(σωφροσύνη)'를 'prudence', 'temperance', 'moderation', 때로는 'sobriety(soberness)', 'self-control', 'restraint', 'continence', 최근에는 심지어 'measured judgment'39) 등 수많은 단어로 영역하고 있다. 독일어권에서는 슐라이어마허 (Friedrich Schleiermacher, 1768-1834)가 'Besonnenheit(사려깊음)'로 독역한 이래 대체로 이 번역을 따르는 편이다. 우리나라 학자들은 보통 '자제, 절제, 자제심, 절제심' 등으로 옮긴다. 그러나 필자는 이 번역들이 다 '억제'의 소극적 의미 쪽으로 편향되었다고 느껴져서, '소프로쉬네'의 어원적 의미('건전한 마음' 및 '현명을 안전하게 간직함')와 함께 중용적 '자제·극기'와 '자기를 알고 돌봄'의 뜻을 포괄하는 『대학』 8조목의 '정심正心'으로 옮겼다.

## 2.1. 소크라테스: '너 자신의 무지를 알라!'

소크라테스는 '소프로쉬네'를 새로운 맥락에서 해석한다. 그는 '정심'과 '너 자신의 알라'를 연결시킴으로써 당시 아테네인들이 권력과 재물에만 집착하고 아낙사고라스 등 자연철학자들이 외적 자연과 천체를 탐구하면서 무신론

36) Platon, *Charmides*, 164d-165c. *Platon Werke*, Bd. I; Platon, *Alkibiades* I, 131b; 133c. *Platon Werke*, Bd. I.

37) Aristoteles, *Die Nikomachische Ethik*, 1140b12-13.

38) Platon, *Politeia*, 430e-431b.

39) Malcolm Schofield, *Plato: Political Philosophy* (Oxford·New York: Oxford University Press, 2006), 147쪽.

에 빠져드는 그리스인의 외물지향적 '물신주의(Feischismus)' 심리에 대항하는 차
원에서 방향을 인간 내부로 돌려 영혼에 대한 질문을 던진 것이다. 소크라테
스는 델피신전 입구에 그리스 7현이 새겼다는 세 개의 경구警句 중의 하나인
"너 자신을 알라"를 바로 이 '정심'으로 풀이한 것이다.40) 세 경구는 ① "그노
티 세아우톤(γνῶθι σεαυτὸν)" ― "너 자신을 알라", ② "메덴 아간(μηδὲν ἄγαν) ―
"뭐든 너무 많지 않게", ③ "에귀에 파라 다테(Εγγύη πάρα δ ἄτη)" ― "보증서는
자는 멸망이 가깝도다" 등이었다.

소크라테스는 자기 자신을 아는 것이란 자기의 영혼(퓌시케ψυχή)을 알고 돌
보는 것이고, 그것도 영혼의 '덕(아레테ἀρετή)'인41) '지혜(소피아σοφία)'가 자리 잡은
영혼 부분, 즉 '이성·지성(누스νοῦς)'을 살피는 것이라고 말한다. 소크라테스에
의하면, 이 '누스'의 덕으로서의 '지혜'는 신神과 같은 것이다. 따라서 누구든
이 '누스'를 들여다보고 신적인 모든 것(신과 이성)을 앎으로써 자기 자신도 가
장 잘 알게 된다. 여기서 벌써 아리스토텔레스에게서 노골화되는 신神에 대한
합리적 지성주의의 불경함이 엿보인다. 소크라테스는 "눈동자 속의 반사경보
다 거울이 더 밝듯이" 신은 "영혼 속에서 최고 좋은 것보다 순수하고 더 밝은
것"이라고 선언한다. 따라서 신을 들여다보는 것은 우리가 가장 아름답고 밝
은 거울을 쓰는 것이다. 또 인간적인 것들 가운데서 가장 신적인 것으로 우리
가 들여다보는 영혼의 덕(소피아)은 우리가 우리 자신을 가장 잘 보고 알게
되며 가장 잘 돌볼 것이다.42)

극기·정심으로서의 이러한 자기지식(자기를 앎)은 그 자신이 '무엇을 아는지'

---

40) Platon, *Charmides*, 164d-165a.

41) '아레테(ἀρετή)'와 '아가톤(ἀγαθών)'은 윤리적·비윤리적 성질에 걸쳐 두루 '훌륭함(좋음)'의 뜻으로
쓰인다. 그러나 '아레테'는 '아가톤'과 달리 '지속'의 뜻이 들어 있다. '아가톤'이 그저 '좋음'이라면
'아레테'는 습성화(숙달)된 훌륭한 품성과 기량, 즉 '덕(德)'이다. 덕은 습성적 품성과 습성화된 지속
적 역량이다. 그런데 우리말 '덕(德)'을 윤리적으로만 느끼는 이들은 '아레테'를 '덕'으로 옮기기를
꺼린다. 가령 다음을 보라. 플라톤(박종현 역), 『국가政體』(서울: 서광사, 2007), 74쪽 각주; 아리스
토텔레스(이창우 외 역), 『니코마코스 윤리학』(서울: 이제이북스, 2008). 하지만 본래 '득(得)'자와
통용되기도 하는 '덕(德)'자는 '무덕(武德)'·'괘덕(卦德)'처럼 '기량'과 '자질'로 습득(習得)한 경우에도
쓰인다. 따라서 여기서는 '아레테'를 '덕(德)' 또는 '덕성'으로 옮긴다.

42) Platon, *Alkibiades* I, 133b-c.

와 '무엇을 알지 못하는지' 또는 '무엇을 알 수 있는지'와 '알 수 없는지'를 아는 것이다. 말하자면 '정심'이란 '지식의 지식'과 '무지의 지식'을 통합한 지식, 즉 '앎 자체에 대한 앎'과 '모름 자체에 대한 앎'을 합한 앎이다. 자기 자신을 인식하는 정심자正心者만이 그 자신이 아는 것을 앎과 동시에 무엇을 모르는지도 간파할 수 있다. 나아가 정심자만이 자기가 안다고 믿지만 실은 알지 못하는 것을 판별한다. 그리고 정심자만이 "아무도 알지 못하는 것"을 식별해 낼 수 있다. '아무도 알지 못하는 것'은 '신만이 알 수 있는 것'이다. 따라서 정심자만이 '신만이 아는 것'까지도 인지人智로 안다고 하는 불경한 건방을 떨거나 이것까지 알려고 파헤치며 신을 모독하는 불경한 지적 오만을 완전히 버릴 수 있다.43)

소크라테스는, 모르는 것(무지)과, 모르는 것을 안다고 믿는 것(지식망상)은 전적으로 다르다고 말한다. "광기狂氣는 지혜의 반대다." 그래도 무지를 광기로 볼 수는 없다. 하지만 "자기 자신에 대해 무지하면서 자기가 알지 못하는 것을 정말로 안다고 생각하는 것은 광기와 가장 가까운 것"이다. 또한 "많은 사람들은 대부분의 사람이 잘못 아는 문제에서 실수하는 사람들이 돌지 않았다고 주장하는 반면, 다수가 아는 문제에서 실수하는 사람들을 돌았다고 부른다." 가령 어떤 자가 성문을 지날 때 몸을 앞으로 굽혀야 할 정도로 키가 크다거나 집을 들어 올릴 만큼 힘세다고 생각한다면, 또는 만인이 불가능한 것으로 여기는 엉뚱한 일에 몸 바친다면 많은 사람들은 이 자를 미쳤다고 생각할 것이다. 그리고 대중의 여론은 '작은 실수를 하는 사람을 미친 것으로 여기지 않지만, 강렬한 욕망을 에로스적 정열이라고 부르듯이 '정신의 커다란 혼란도 광기라고 부른다.44)

## 2.2. 중간자로서의 애지자

---

43) Platon, *Charmides*, 167a.

44) Xenophon, *Memorabilia* (Recollections of Socrates), translated and annotated by Amy L. Bonnette (Ithaca and London: Cornell University Press, 1994), Book III, ch. 9, 6·7.

나아가 소크라테스는 지식과 무지 자체에 대한 앎은 아는 것과 모르는 그 무엇에 대한 앎과 다르다고 말한다. '아무도 모르는 그 무엇(신만이 아는 그 무엇)'은 어떤 인간도 알 수 없기 때문이다. 따라서 '그가 아는 대상'을 아는 것은 '그가 안다는 사실' 자체를 아는 것(지식 그 자체에 대한 지식)과 다른 것이다. 이런 구분 차원에서 보면, '정심'은 아는 대상과 모르는 대상에 대한 지식이 아니라 지식과 무지에 대한 지식이다.45) 그런데 아무도 모르는 그 무엇을 아는 것, 즉 "전혀 조금도 알 수 없는 것을 어느 정도라도 아는 것"은 사실 "불가능한 일"이다.46)

따라서 인간은 '완전한 지자智者', 즉 '소포스(σοφός)'일 수 없다. 신만이 진정 완전한 지자로서 완전히 지혜롭다. 따라서 "지자라고 부르는 것은 신에게만 합당한" 것이다. "신의 눈은 일시에 만유萬有에 도달할 수 있다. 인간의 영혼이 이곳의 일을 걱정하는 동시에 이집트나 시칠리의 일을 걱정할 수 있듯이 신의 선의善意는 만사를 일시에 유의할 능력이 있다. 신은 일시에 만물을 다 보고 듣고 도처에 편재遍在하고 만사를 일시에 알고 관여할 수 있는 존재다."47) 신은 '편재하고 전지전능한 존재자(omnipresent, omniscient and omnipotent being)'라는 말이다. 신은 이처럼 이미 완전히 지혜롭기 때문에 지혜에 대한 욕구도 없고, 지혜를 애호할 필요도 없다.

물론 완전한 무식자도 지혜를 갈망하지 않는다. 완전한 무식자는 조금도 아름답지도, 선하지도, 이성적이지도, 조금도 지혜롭지도 않으면서 전적으로 충분하다고 느끼기 때문이다. 부족하다고 느끼지 않는 자는 자신이 필요하다고 느끼지 않는 것을 욕망하지 않는 법이다.

이에 반해 지식과 무지 사이, 완전한 지혜와 완전한 어리석음 사이의 중간에 서 있는 자는 지혜를 갈구하는 애지자愛知者일 수밖에 없다. 공자의 '호지자'나 다름없는 소크라테스의 '애지자', 즉 '필로소포스(φιλόσοφος, 철학자)'는 이

---

45) Platon, *Charmides*, 169e-170d.

46) Platon, *Charmides*, 175c.

47) Xenophon, *Memorabilia*, Bk.I, ch.4, 17·18.

런 중간자인 까닭에 자기에게 결여된 지혜에 목말라 지혜를 사랑한다. 즉, '필로소페이(φιλοσοφει)', 즉 '애지愛知하는 것'이다. 지혜롭고 부유한 아비 포로스(Πορος)와 무식하고 가난한 어미 페니아(Πενια) 사이에 태어난 자식으로서 에로스('Ερος)가 가장 아름다운 것에 속하는 지혜를 갈망하고 사랑하는 것처럼, 애지자(철학자)는 지자와 무지자 사이의 중간에서 지혜를 애호한다.[48] 그러나 인간은 아무리 노력해도 신의 경지인 진정한 지자가 될 수 없고, 인간의 지혜는 무식자의 무식과 신의 완전한 지식 사이에 위치한다. 따라서 인간은 인간의 지성으로 신적 지식까지도 얻을 수 있다고 자부하는 오만을 떨지 않아야 한다. 이런 점에서 소크라테스도 공자와 마찬가지로 일단 인간을 '지자'가 아니라 '애지자(지적 중간자)'로 보는 첫 번째 의미에서 '중도적 지식철학'을 대변한다.

그러나 '소피스트'는 자기가 모든 것을 아는 지자인 양 떠벌리고 아테네의 부유한 가정을 떠돌며 가정교사 등으로 돈 받고 지식을 파는 '매지자賣知者'였다. 따라서 '소피스트'는 바로 '애지자'와 대립되는 오만하고 독선적인 지식인 유형이었다. 소피스트는 '인간적 지혜(안트로피네 소피아ἀνθρωπίνη σοφία)'의 수준을 뛰어넘는 '초인간적 지혜', 즉 '신적 지혜(테이오세 소피아θείαη σοφία)' 측면에서도 지혜롭다고 생각했다. 반면, 소크라테스는 '인간적 지혜', 즉 '인지人智' 측면에서나 겨우 자신이 지혜롭다는 평가를 들을 수 있다고 생각했다. 그는 자신이 "다소간에 지혜롭지 않다는 것을 의식하고 있기"(즉, 자기의 무지를 알고 있기) 때문이다.[49]

잠시 관심을 돌려보면, 플라톤은 '무지의 무지'에 대한 소크라테스의 비판을 그의 후기 대화편에서도 견지한다. 후기 대화편『필레보스』에서도 소크라테스는 '너 자신을 알라'는 델피신전 경구의 관점에서 자기 자신에 대한 '무지'

---

48) 참조: Platon, *Phaidros*, 278d('지자는 신에게만 합당'). *Platon Werke*, Bd. V; Platon, *Des Sokrates Apologie*, 23a('신의 진정한 지혜로움'). *Platon Werke*, Bd. II; Platon, *Das Gastmahl*, 204a('이미 지혜로운 신'과 '중간의 애지자'). *Platon Werke*, Bd. V; Platon, *Lysis*, 218a-b('중간자의 애지'). *Platon Werke*, Bd. I.

49) Platon, *Des Sokrates Apologie*, 20b; 21b.

와 '어리석은 마음씨'를 '일종의 악, 즉 "델피신전에 새겨진 글이 표현하는 것과 반대되는 마음씨", 말하자면 "결코 제 자신을 알지 못함"으로 규정한다. 그는 "제 자신을 모르는 사람들"은 재산 면에서 자기가 "더 부유하다"고 믿고, 육체 면에서 자기가 "더 크고 더 잘생겼다"고 믿고, 영혼의 덕성 면에서 "더 우수하다"고 믿는 등 자기의 이 세 가지 측면을 모르는데, 특히 "압도적으로 가장 많은 사람들이 셋째 부류의 것, 즉 영혼에 속한 부류와 관련해서 아주 잘못하고 있다"고 말한다. 영혼의 "덕" 가운데서도 특히 "지혜에 관해서는 아주 많은 다수가 나서서 다툼을 일삼고 거짓된 지혜에 대한 자만으로 가득 차 있다"는 것이다.50)

무지의 지식, 즉 무지에 대해 무지하지 않은 것은 실로 '인간적 지혜', 즉 '인지(안트로피네 소피아)'로 얻을 수 있는 지식의 최고봉이다. 따라서 자신의 무지에 대해 아는 자는 자신이 알지 못함에도 불구하고 안다고 망상하고 신 외에 아무도 알 수 없는 그 무엇도 안다고 허풍떠는, 따라서 자신의 무지에 대해 무지한 자들보다 더 지혜로운 자다. 이런 '무지의 무지'는 신 외에 아무도 알 수 없는 대상의 존재와 '신' 자체의 존재를 부정하는 것은 말할 것도 없고 '천부적으로 타고난 또는 학습과 단련을 통해 개발되는 예지적·기능적 초능력과 그 잠재인자潛在因子를 저장한 DNA 속의 '무의식적 초자아'와 무진장한 지식마저 모조리 부정하고 이런 초능력을 가진 소크라테스 같은 인물을 위험시하며 스스로 다 안다는 위험한 독선과 무서운 허풍을 떠는 중우衆愚정치적 선동정치인들에게서 전형적으로 나타난다.

따라서 '안트로피네 소피아'를 초월할 정도로 지혜롭다고 생각하지도 않지만 자신의 무지를 모르지도 않는 사람은 반대로 '안트로피네 소피아'를 초월할 정도로 지혜롭다고 망상하면서도 자신의 무지를 모르는 사람보다 더 지혜롭다. 최고의 '인지적 지식'이란 "신은 진정으로 지혜로운" 반면, "인지는 이에 비하면 조금 값어치가 있거나 거의 값어치가 없다"는 사실에 대한 앎이다. 이것은 신에 대비되는 '인간의 빈천한 앎과 한없는 모름에 대한 앎'을 뜻한다.

---

50) Platon, *Philebos*, 48c-49a. *Platon Werke*, Bd. VII.

따라서 소크라테스처럼 "지혜와 관련해서 자신이 진실로 아무런 값어치가 없다는 것을 통찰한 자가 가장 지혜로운 자"다.[51] 신과 비교하면 인간의 앎은 너무나 알량하고 인간의 모름은 엄청나다는 사실을 깨달은 소크라테스 같은 인간이 인간들 가운데서 가장 지혜로운 자요, 가장 유식한 자인 것이다.

### 2.3. 신 개념에 대한 소고

향후 논의를 위해 위에서 간단히 지나친 '신', 말하자면 '천부적으로 타고난 또는 학습과 단련을 통해 개발되는 인지·예지·기능상의 (신적) 초능력과 그 잠재인자를 보유한 DNA 속의 무의식적 초자아'와 무진장한 무의식적 지식을 좀 더 분명히 개념화해 둘 필요가 있다.

모든 인간은 수백만 년의 세월 속에서 생성되고 진화되어 개인의 DNA로 비장秘藏된 육체적·정신적 천성 및 특히 인간적 천성으로서 언어·이성·예지 본능 및 무의식적 생존정보·지식을 일반적으로 지니고 있다. 물론 이 중 많은 천성능력, 특히 이성능력(지성)과 예지능력, 그리고 비장된 무의식적 지식은 사람들 간에 개인차가 있고 따라서 DNA도 개인들 간에 다소 차이가 있을 것이다.

이런 까닭에 종종 인간 가운데는 타고난 신기神氣와 영혼 교감의 기도祈禱와 정신 집중 및 본능적 징후 감지와 직관을 통해 DNA로부터 신비스런 계시와 예지적 지식을 얻는 비범한 선지자, 예언가, 대종교인, 무당 등이 항상 존재해 왔던 것이다. 또한 인간의 DNA 속에 비장된 인지·예지능력의 잠재인자가 많든 적든 일반적으로 존재하기 때문에 성인들만이 아니라 현인과 일반 학인學人들도 명수달명命數達明을 위한 오랜 학구와 수신을 통해 거룩한 덕성과 비범한 판단력을 발휘하고 DNA 속의 예지능력을 발동시키는 복서卜筮 행위를 통해 ─ 데자뷰(deja vu: 기시[既視]현상)를 경험하듯 ─ 미래를 예지豫知하여 덕행을 그르치지 않는다. 또한 기능 분야에서도 수련과 자기교육을 통해 DNA

---

51) Platon, *Des Sokrates Apologie*, 21d('내가 더 지혜롭다'); 22d('무지에 대해 무지하지 않음'); 23a-b ('진정한 신적 지혜, 인간적 지혜의 무가치성의 통찰').

에 잠재된 초능력 '인자'를 개발하여 몸에 익힌 귀신같은 감感·노하우·신기神技 등 각종 '초능력'을 발휘하는 대가·고수·달인 등의 전문인들이 있을 수 있다.

이런 본능적 직관력, 예지적 정보능력, 비범한 인지력과 기량은, 선천적이든 후천적이든, 다 무의식적 DNA로부터 발현되거나 개발·연마된 것으로서 '의식' 차원의 인간의 능력을 뛰어넘는 것이다. 따라서 이런 능력들은 분명 '개인'과 '범인'에게 초월적인 능력으로 현상한다.

또한 이런 비범한 초능력만이 아니라, 사물을 '보는' 개인의 평범한 능력도 전 인류의 연대連帶 차원에서 생각하면 개인을 초월하는 능력일 수 있다. 세계에 편재遍在하는 신이 세계 곳곳을 동시에 보듯이 세계 도처에 사는 전 인류가 세계의 곳곳을 동시에 보고 있는 것으로 확대해서 생각하면, 동시에 세계를 보는 인류의 능력은 개인의 관점에서 일종의 무의식적 '데자뷰' 능력으로서의 비범한 신적 초능력이기 때문이다. 개인은 바로 연대적 협력을 통해 자기 자신을 초월해 전 인류의 초월적 능력을 자기의 능력으로 쓸 수 있는 DNA상의 인간적 보편성을 지닌 것이다. 이런 의미에서 모든 인간은 자기 자신(유한한 일개인)이면서 시공적으로 자기를 초월해 있는 무한자無限者인 것이다. 또한 인간의 DNA로 수백만 년간 누적된 무의식적 생존정보와 생존지식의 양은 일개인의 의식적 지식에 비하면 무한대다.

수백만 년 전부터 발전되고 유전되고 이처럼 전 인류와 공유하는 DNA 속의 초월적 능력들과 무진장한 지식은 짧은 생을 사는 유한한 일개인의 의식적 지혜(人智)의 관점에서 보면 초인적超人的 지혜, '신적 지혜'(神智)로 여겨지지 않을 수 없다. 따라서 DNA는 개인적 자아 속에 내재하지만 동시에 (수백만 년 전로부터 진화·유전되었고 전 인류와 공유하기 때문에) 개인에 대해 외재적으로 두루 편재遍在하는, 따라서 평시에 종종 희미한 데자뷰 현상의 형태로 모습을 드러내기도 하는 무의식 속의 초개인적 '초자아'인 것이다. 인간으로부터 분리되어 외재하는 '초월적·초인적 실체'로서의 '전지전능한 편재적 신'이라는 관념은 내재적이면서 동시에 외재적·초월적·편재적 DNA 속에 사는 무의식적·초개인적 초자아의 신비적으로 예감된 이미지로 이해할 수 있다. 신의 '초월성' 또는 '초인성超人性'이란 DNA의 무의식적 초자아가 개인에 내재하면서도 과거와 현재와 미래의 전 인류와 공유하는 까닭에 시간과 공간 차원에서 개인적 자아를 뛰어넘어 외재적으로 편재하는 것으로 나타나는 일종의 데자뷰 현상을 표현하는 것이다.

개별 인간은 ─ 한낱 물질적 요소로 되어 있는 한에서 우주의 다른 사물들과 물질적 요소를 공유한다는 사실만이 아니라 ─ 생명체인 한에서 다른 생명체인 식물들과 일정하게 DNA를 공유하고, 동물과는 더 많이, 이 동물들 가운데 포유류와는 훨씬 더 많이, 나아가 유인원과는 대단히 많이 DNA를 공유한다. 또 개인은 억겁의 세월 전의 먼 조상과 대부분의 DNA를 공유하고 백만 년 전의 현생 인류 및 오늘날의 세계 인류와는 ─ 유전적 개인차를 제외하고 ─ '거의' 모든 DNA를 공유한다. 따라서 '나'는 DNA의 관점에서 시간적으로도, 공간적으로도 우주의 살아있는 모든 생명체와 많든 적든 하나이고 특히 역사적 과거·현재·미래 시점의 인류와는 '거의 완전히' 하나다.

과학적으로 보아도, '나'와 '만물'은 물질적 구성요소의 관점에서만이 아니라 특히 DNA의 관점에서 영겁의 세월과 광대무변의 우주공간을 뛰어넘어 '범아일여梵我一如'의 관계에 있다. 말하자면 '자아와 범재汎在', '나와 범생汎生', '나와 전 인류'는 하나이면서도 하나도 아니고 둘이면서도 둘도 아닌 '불일불이不一不二'의 관계에 있는 것이다. 나의 무의식적 '자아' 속에 들어 있는 DNA에는 전 인류와 시공적으로 공유하는, 즉 나의 자아를 역사적으로, 공간적으로 초월하는 전지전능한 초자아의 능력이 내재해 있는 것이다. 시간적으로 '나'는 멀고 가까운 조상의 DNA를 타고나 다음 세대에 전달하는 윤회輪廻하는 존재고, 공간적으로 '나'는 공통된 무의식적 DNA로 전 인류와 정신적·육체적 인연을 맺고 있는 초자아요, 보편존재인 것이다.

인간은 자기의 이 DNA를 '신'으로 투영해 온 것으로 보인다. 그러나 전통적 '신' 관념은 이것만으로 단순화될 수 없다. 전 세계는 'DNA의 세계'와 '비非DNA의 세계'로 구성되어 있기 때문에 인간들은 'DNA의 세계'와 '비非DNA의 세계'를 뭉뚱그려 '신'으로 관념해 왔다. '비DNA의 세계'는 자연세계, 인간

세계 및 이 두 세계 간의 연관세계 등으로 이루어진 외부세계다. 외부세계는 규칙과 불규칙(우연)이 뒤엉킨 세계다. 따라서 외부세계의 규칙적 부분은 부분적으로 '가지적可知的'이지만, 더 많은 나머지 불규칙적 부분은 완전히 '불가지적不可知的'이다. 또한 'DNA의 세계'도 그 구조와 요소, 그 능력을 일부 알 수 있지만 다 알 수 없고, 특히 그 예지력과, 유전자에 누적된 무진장한 예지적 정보와 지식 등은 거의 알 수 없다.

따라서 'DNA의 세계'와 '비非DNA의 세계'가 뭉뚱그려진 '신' 관념은 종교·철학마다, 사람·철학자마다, 그리고 동일한 사람과 철학자가 상황마다 이 뭉뚱그려진 '신' 개념의 일부 요소를 특화시켜 달리 묘사한다. 자연·인간세계는 일단 인간에게 의식주와 안식처를 제공하기 때문에 절대선·절대정의의 따뜻한 부모와 같이 나타나기도 하고, 동시에 그 불가측적·불규칙적 움직임으로 인해 악마와 같이 작용하기도 하고, 우리가 그 규칙을 알고 이용하는 경우에는 자강불식自强不息의 성실한 불변적·규칙적 질서 또는 질서관리자·주재자 같기도 하다. 또한 자연세계에 못지않게 불가지적인 DNA는 인간이 독실한 경우에 외부세계의 불가측적 움직임에 대한 일정한 '신적' 예지를 개인들에게 제공해 준다. 따라서 DNA의 이 예지능력과 관련해 공자와 소크라테스·플라톤은 공히 '신지神智'(공자의 '지천', 소크라테스·플라톤의 '신적 지혜')를 논한 것으로 보인다. 이렇게 보면 신은 초超인지적 신지자神智者로 나타난다.

따라서 종합하자면, 'DNA의 세계'와 '비非DNA의 세계'가 뭉뚱그려진 '신' 관념 일반은 자연세계의 압도적·초월적 존재와 DNA의 내재적 초자아의 예감된 이미지, DNA초자아의 자연세계 간에 엇갈린 선·악 이미지, 착종된 규칙적·우연적 이미지, 착종된 가지적·불가지적 이미지, 비인격적·인격적 질서관리자·주재자와 신지적神智的 예지자의 이미지 등이 뒤엉킨 '초월적·내재적, 필연적·우연적, 도덕적·비도덕적, 인격적·비인격적 관념들'의 '자가당착적·자기모순적 복합체'로 나타난다는 것이다. 따라서 사람들은 '신 일반'을 단순히 합리적 관점에서 인간의 이성과 통하는, 따라서 인간에게 가지적인 '절대이성'으로, 또는 도덕적 관점에서 '절대선'으로 정의하거나, 인간세계를 벌하거나 유린하는 악마적 파괴자로 보기도 한다.

그러나 엄격히 말하자면, 외부 자연세계의 장엄한 삼라만상, 태양, 달, 별, 바다, 강, 산, 숲 등을 '신'으로 신격화하는 자연적 범신론은 원래 원시적인 것이고, 자연파괴로 환경위기에 봉착한 오늘날에는 더욱 원시적으로 느껴진다. 따라서 이미지의 일관성을 결한 이 불측적 자연세계를 제외시키면, 신 관념의 잔존이미지는 DNA의 초능력과 무진장한 지식·정보만 남는다.

DNA는 우리가 지각할 수 있고 의식적으로 활용할 수 있는 감각적·합리적 능력(감성과 이성) 외에도 상술한 무한대의 지각할 수 없는 초개인적 능력과 지식정보를 무의식 속에 감추고 있다. 이 초개인적 능력과 정보는 초월적으로 지혜롭고 도덕적으로 선하다는 점에서 일관성을 지닌다. 이 초월적 DNA 의 능력과 속성들은 내재적이면서 동시에 초월적이고, 도덕감정과 도덕감각 이 무의식적 본능인 한에서 언제나 무의식적으로 도덕적이고, 초합리적이지 만 비합리적이지 않은 예지력이 있어서, 자가당착성 없이 일관되게 서로 짜일 수 있기 때문이다. 따라서 가령 라이프니츠와 칸트의 '합리적 신'이란 '둥 근 네모'와 같은 형용모순의 억지다.

신을 DNA의 초감각적·초합리적 '예지' 주체로서의 초자아로 이해하면, '신'은 외부세계의 불규칙적 우연을 예언해 주고 사실적·도덕적 방도를 자문해 주는 '신지자'로 나타난다. 이런 의미에서 미국의 『주역』 연구자인 조시프 머피(Joseph Murphy)는 『주역』에 의한 신탁점의 예지적 메시지와 관련해 인간의 무의식적 심리 속에 비장된 지식·정보능력을 적시한다.

점단占斷은 시서자蓍筮者의 현시점의 무의식적 심리상태와 외부환경을 이 양자의 융합에서 도출되는 결과와 함께 종합함으로써 상징적 메시지를 전달한다.[52]

또 캐롤 엔써니(Carol K. Anthony)도 필자가 말하는 'DNA 속의 무의식적 초자아' 개념과 유사하게 『주역』에 의한 신탁점에서 '무의식 속의 직관능력'을 강조한

52) Joseph Murphy, *Secrets of the I Ching* (Paramus NJ: Reward Books, 2000), 1쪽.

다. 그녀의 해석에 의하며, 몽蒙괘는 시서자에게 예지적 정보메시지를 주는 "미지의 존재자"를, "내면세계의 작용 속에서 우리에게 가르침을 줄 수 있는 지자智者"로 기술하는 한편, 정井괘는 "우리의 직관적 지각능력 속의, 우리 의식의 가장 깊은 구석 속의, 그리고 우리 무의식 속의 우리의 자아를 형상화해 준다." 정괘의 우물물은 "지하수"처럼 "한 사회의 모든 우물 밑"에 있는 진리의 "보편성"을 상징한다. 여기서 '사회의 모든 우물 밑'은 인류사회의 보편적·유적類的 무의식·심리세계(DNA체계)고, '지하수'는 DNA 속의 무의식적·초개인적·보편적 지식정보(진리)다. 이 "보편적 진리"는 "모든 인간의 내면에 직관적·무의식적 지식의 형태로 현존하는" 것으로, "우리 모두에 동일하게 타당성을 갖는 일종의 최소공약수다." 우리는 『주역』을 통해 신탁을 구할 때 귀신에게 물음을 제기하기에 충분할 만큼 자신을 열어젖힌다. 우리는 이로써 우리가 가르침을 받을 "우리의 기꺼운 용의用意와 경건함"을 표하는 자세를 취하는 것이다. 우리는 "내면에 귀 기울이고 이런 식으로 우리의 직관으로부터 가르침을 받는 습성을 함양하는 것이다".53)

이처럼 앤써니는 필자가 말하는 '초능력과 그 잠재인자를 보유한 DNA 속의 무의식적 초자아'를, '내면세계 속의 지자', '직관적 지각능력 속의 자아', '우리의 의식의 가장 깊은 구석' 또는 '우리의 무의식' 속에 내재하는 '우리의 자아', '모든 인간의 내면 속의 직관적·무의식적 지식의 형태'로 현존하는 '일종의 최소공약수'로서의 '보편적 진리' 등으로 다양하게 묘사하고 있다. 이 '무의식적 (초)자아' 또는 '인간 내면 속의 직관적·무의식적 지식'으로서의 보편진리는 보편적인 한에서 일개인에게 내재함과 동시에 일개인을 초월하는 범아일여·불일불이의 어떤 것이다.

공자와 맹자의 '하늘' 또는 '천명'의 관념에도 창천蒼天(물리적 하늘; sky)의 신격화 관념과 무의식적·도덕적·신지적 DNA의 신격화로서의 황천皇天(heaven) 관념이 어지럽게 뒤섞여 있다. 하지만 『주역』의 '하늘'·'천명'·'신' 관념은 예지적이고 도덕적인 관념들로 일관한다는 점에서 DNA의 초능력과 정보·지식을

---

53) Carol K. Anthony, *Handbuch zum klassischen I Ging* (Müchen: Eugen Diederichs, 1989), 24-26쪽.

신격화한 것으로 풀이된다. 『주역』은 '하늘'을 외재적(초월적)인 것으로 기술하기도 하고 동시에 내재적인 것으로 파악하기도 하지만, 늘 예지적(신지적)·도덕적 존재로 상정되기 때문이다.

그러나 『주역』과 무관한 문제에서 공자의 하늘과 신의 관념들은 아주 모순적이다. 스스로 '천명을 끊었다' 또는 '천명을 받았다'고 하는 『서경』「태서泰誓」의 표현에 등장하는 ('명'을 내리는) '하늘'이나, "하늘아래 백성을 도와 임금을 만들고 스승을 만들어 준(天佑下民 作之君 作之師)" 하늘, "천청자아민청天聽自我民聽 천시자아민시天視自我民視"의 하늘처럼54) '하늘'은 도덕적 주재자이기도 하고, "도道가 행해지는 것도 천명이요 도가 폐해지는 것도 천명이다"55)라는 공자의 언명이나, 애제자 염경冉耕에게 문둥병의 무고한 흉액을 준 하늘을 향해 내뱉은 공자의 탄식("운명이로다, 이런 사람이 이런 병에 걸리다니, 운명이로다")에서처럼56) '하늘'은 자의적이기도 하다. 또 수제자 안회에게 요절의 무고한 흉액을, 의리의 무장 자로에게 변란자에 의한 억울한 피살의 흉액을 내린 '부도덕한 하늘'을 향한 공자의 원망적 절규("아, 하늘이 나를 죽이는구나[噫! 天喪予]", "아, 하늘이 나를 끊는구나[噫! 天祝予])에서 드러나듯이 '하늘'은 비도덕적이기도 하다.57)

"하늘을 원망하지도 않고 다른 사람을 탓하지 않으며 아래에서 배워 위로 달하려고 하였으니 나를 알아주는 자는 저 하늘뿐일진저!"라는 공자의 인생회고, "죽고 사는 것은 운명에 달렸고 부귀는 하늘에 달렸다"는 자하의 말,58) "하늘이 나에게 덕을 만들어 주었는데 환퇴桓魋가 나를 어찌할 것이냐?"라는 공자의 도덕적 믿음, "오로지 하늘만이 위대한데, 요임금은 하늘을 본받았도다", "하늘이 장차 이 문화(斯文)를 없앤다면 훗날 죽은 자는 이 문화와 더불어 살지 못할 것이다", 군자는 "천명을 두려워한다", "50이 되어 천명을 알았다",

---

54) 『書經』「泰誓(中·下)」; 司馬遷, 『史記本紀』「周本紀」, 76-77쪽.

55) 『論語』「憲問」(14-36): "子曰 道之將行也與 命也 道之將廢也與 命也."

56) 司馬遷, 『史記列傳(I)』「仲尼弟子列傳」, 68쪽.

57) 『論語』「先進」(11-9); 司馬遷, 『史記列傳(上)』「仲尼弟子列傳」, 62쪽; 『春秋公羊傳』哀公 14年 참조.

58) 『論語』「憲問」(14-35): "不怨天 不尤人 下學而上達 知我者其天乎"; 『論語』「顔淵」(12-5): "死生有命 富貴在天."

"나는 말하지 않으련다. (…) 하늘이 무슨 말을 하더냐?"라는 공자의 말59) 등에 나타나는 '하늘'은 다 인간세계를 관리하고 역할을 배정하고 인간활동의 결과를 평가·심판하는 인격적·도덕적·초합리적 '주재자(신)'로서의 하늘이다. 따라서 공자의 '하늘'은 그야말로 '필연적·우연적, 도덕적·비도덕적, 인격적·비인격적, 합리적·비합리적·초합리적' 관념들이 뒤엉킨 자기모순적 만상萬象의 하늘이다. 맹자의 '천명' 개념 및 '하늘이 천자의 지위를 주었다(天與之)'는 표현60) 속의 '하늘'도 인간세계에 대한 외재적·초월적 주재자로서의 하늘이다.

그러나 공맹은 동시에 이 외재적·초월적 '주재자'로서의 '하늘'과 반대되는 또 다른 하늘, 즉 '인간의 내재적·윤리적 천성으로서의 하늘'을 말한다. "하늘의 명을 성性이라고 하고 천성을 따르는 것을 도道라고 하고 이 도를 닦는 것을 교敎라고 한다"는 『중용』의 핵심 테제, "성실한 것(誠者)은 하늘의 도이고 성실히 하는 것(誠之者)은 사람의 도이다"라는 말처럼 하늘을 인격화한 명제, "지성至誠은 신과 같다"는 『중용』의 명제 등에 등장하는 '하늘'과 '신'은 인간에 내재하는 인간적·도덕적 천성이거나, 인간의 속성으로서의 '성性'과 '성誠'을 하늘과 신의 속성으로 투사(외화)한 것이다.61)

하지만 공자는 대립적 관념들이 뒤엉킨 '하늘'의 자가당착적이고 혼란스런 신상神象에도 불구하고 대체로 이 중 DNA의 예지적·도덕적 초능력으로 짐작되는 신상을 굳게 그리고 일관되게 견지했다. 공자는 신지神智에 대한 인간의 물음에 답하는 DNA 속의 초합리적 '신지자'와 도덕적 안내자의 관념에 조응하는 『주역』의 예지적 '천신'과 도덕적 '천명'의 관념을 죽을 때까지 존중한 것이다. 『주역』에 대한 공자의 주석문 「십익十翼」은 인간 DNA의 불가지적 '예지자豫知者'로서의 바로 이 초인적 '천신' 개념을 전제하는 것이다.

---

59) 『論語』 「述而」(7-23): "天生德於予 桓魋其如予何"; 『論語』 「泰伯」(8-19): "唯天爲大 唯堯則之"; 『論語』 「子罕」(9-5): "天之將喪斯文也 後死者不得與於斯文也"; 『論語』 「季氏」(16-8): "畏天命"; 『論語』 「爲政」(2-4): "五十而知天命"; 『論語』 「陽貨」(17-17): "予欲無言. (…) 天何言哉."

60) 『孟子』 「萬章上」(9-5).

61) 『禮記』 「中庸」 제1장: "天命之謂性 率性之謂道 修道之謂敎"; 제20장: "誠者 天之道也 誠之者 人之道也"; 제24장: "至誠如神."

석가釋迦는 이를 오로지 내면적·내재적 관점에서 고찰해 범아일여·불일불이의 차원에서 개인에게 내재적임과 동시에 초월적인 윤회적 '본체(DNA)'의 '내재성'에 주목하고 참선參禪과 수도修道를 통한 돈오頓悟의 자기직관과 점수漸修의 자기수신 및 이에 의한 DNA(무의식적 초자아)의 자기화自己化('깨달음')를 통해 스스로 '불佛'이 되는, 말하자면 스스로 '신'이 되는 '대오각성과 해탈의 길'을 가르친 것으로 짐작해 본다. 반면, 기독교·회교 등의 종교는 DNA 초자아의 '초월성'에 주목해 이를 인간 바깥에 외재하는 인격적 초월자(신 또는 하느님)로 신격화한 것으로 짐작해 본다.

소크라테스와 플라톤의 영혼불멸·윤회설과 상기설想起說은 우리의 외재적이면서 내재적인 '신' 해석과 보다 유사한 측면을 보여준다. 소크라테스와 플라톤이 말하는 불멸적·윤회적 '영혼' 개념은 영겁의 세월 속에 생성·진화되어 유전되었고 앞으로도 자손에게 영원히 물려줄 육체적·정신적 DNA 가운데 정신적 DNA에 해당하고, '상기想起'는 정신적 DNA의 인위적 데자뷰 현상에 해당한다. 따라서 플라톤이 상기설을 '인지'의 인식론에 적용하는 것이 아니라 '신지神智'의 이론에 적용했더라면 나름대로 의미를 지녔을 것이다. 소크라테스와 플라톤이 얘기하는 '불사불멸의 신적 영혼'의 관념은 개인적 인간에 내재하면서 소멸 없이 대대로 유전되는 DNA의 '내재성'을 반영하는 것으로 이해된다. 반면에 미美·지智·선善·정의·정심 등에 대한 참 인식으로 우주를 관상하고 주관하는 신화적 '신' 관념과 – 소크라테스가 '유전인자'를 언급하며 얘기하는 – 인간적 영혼의 윤회설 및 인식론적 상기설은 '친족처럼 가까운' 전 자연과 인간 등 우주적 삼라만상과 수백만 년의 시공時空 속에서 누적되고 유전되어 온 전지전능하고 편재적인 DNA 자체의 '외재성'으로 바꿔 이해할 수 있을 것이다.

이와 같이 석가, 공자, 소크라테스, 플라톤은 – 예수, 마호메트 등 종교적 선지자들과 마찬가지로 – 실재하는 DNA 속의 무의식적 초자아의 내재성과 초월성을 각자의 관점에서 천天·신神·불佛 등으로 달리 관념화한 것으로 해석할 수 있다. 이렇게 보면, 천·신·불의 개념은 모두 인간적 천성으로 발현되는

DNA 차원의 무의식적 초자아로 환원될 수 있는 것이다. 따라서 필자는 공자와 소크라테스·플라톤의 천·신 개념을 — 지금은 무의미한 것으로 폐기할 수 있는 — 몽매한 원시적 상징이나 불가사의한 허사로 여기지 않을 것이다. 필자는 이하에서 이들의 '천'과 '신' 개념을 일개인의 자아 속에 내재하면서도 동시에 이 일개인의 자아를 시공적으로 초월하는 DNA 속의 무의식적 초자아로 이해함으로써 공자·소크라테스·플라톤 등 세 철인이 생각한 것과 같이 '천'과 '신'을 진지한 의미로 이해하고자 한다.

### 2.4. 소크라테스의 인지와 신지

소크라테스에 의하면, '인지人智'의 관점에서 가장 지혜로운 자라도 신지神智에는 이르지 못하는 중간자다. 중간자는 완전성을 갈망한다. 따라서 지적 중간자는 가지적이되 무한한 인간적 지식과 불가지적 신지를 둘 다 갈망하고 애호하는 자, 즉 필로소포스(애지자=철학자)일 수밖에 없다.

그런데 피타고라스가 스스로를 '소포스(지자)'가 아니라 '필로소포스(애지자)'라고 자칭하면서 처음 사용했다고 알려진 이 '철학자' 개념은, 플라톤에 의하면, 특정한 전문적 지혜를 욕구하는 자가 아니라 '모든 지혜'를 갈구하는 자를 가리킨다. 따라서 애지자는 '모든 배움'을 기꺼이 맛보려고 하고 배우는 일을 반기며 가까이하고 또 이에 만족할 줄 모르는 사람이다.[62]

또한 애지자는 진리를 구경하기를 좋아해 개별 사물들에 머물지 않고 아름답고 올바른 사물들의 본성(퓌시스)을 알아내는 자다. 애지자의 성향은 늘 생성소멸에 의해 흐트러지지 않고 항존恒存하는 본질적 존재(우시아ουσία)를 자신에게 드러내 보여주는 배움을 늘 사랑하고 또한 큰 존재든 작은 존재든, 귀한 존재든 하찮은 존재든 어떤 존재도 포기하지 않고 '온 존재'를 사랑하는 데 있다. '신지'와의 관계에서 중도적 지식철학의 자세를 유지했던 플라톤은 여기서부터 이미 광기어린 무제한적 지성주의 성향을 보이고 있다.

플라톤의 애지자는 전문적인 실눈으로 한 가지, 한쪽의 단편적 측면만 보

---

62) Platon, *Politeia*, 475b-c.

는 자가 아니라 크게 개안開眼한 눈으로 전체의 원리를 보는 '포괄조망자쉬놉
티코스συνοπτικός'다. 이것은 공자가 "군자는 불기다"라고 한 말과 상통한다. 또
한 그 성향은 거짓을 증오하고 진리를 좋아하는 데 있다. 애지자는 사물의
본성을 포착할 때까지 지혜에 대한 사랑을 멈추지 않으며, 영혼의 덕성 부분
에 의해 참 존재에 육박해 마침내 이것과 합체를 이루고 이성과 진리를 출산
하여 앎을 이룩하고 진실하게 살고 이에 의해 스스로 훈육, 고양高揚된다. 이
때까지 지혜를 사랑하여 이성적 지식을 낳으려는 애지자의 진통은 그치지
않는다.63) 따라서 이와 같이 신적이고 인간적인 모든 것에 전체적으로 접근
하려고 하는, 그러므로 일체의 시간과 일체의 본질적 존재를 구경하고 즐길
수 있는 관상觀賞(테오리아θεωρία'의 지적 능력과 고매함과 호연지기의 마음을
갖춘 사람에게는 인간적인 삶도 대단한 것이 아니다. 이런 사람은 죽음도 두
려워하지 않는다.64)

애지자는 아무도 맛볼 수 없는 최고의 즐거움, 즉 참 존재의 관상테아θέα의
즐거움을 맛본다. 즐거움에는 명예의 즐거움, 부의 즐거움, 참 존재 전반에
대한 관상의 즐거움 등 세 가지가 있다. 이 중에서 마지막 것이 최고의 즐거
움이다. 따라서 이 최고의 즐거움을 누리는 이성적 영혼 부분이 지배하는 애
지자의 삶이 가장 즐거운 삶이다.65) 소크라테스의 '애지자철학자'가 공자의
'호지자철인'에 비견되는 개념이라면, '애지자'의 즐거운 삶은 공자의 '낙지자'
의 삶에 비견된다. 그러나 플라톤의 애지자철학자는 인지人智의 한계를 알고
신지神智를 공경하지만 그럼에도 비윤리적 순수 지성과 지혜를 어떤 윤리적
덕목의 제약도 받지 않는 최고덕목으로 삼고 심지어 이 윤리적 덕목들마저도
소피아인식적 지혜에 굴복시키는 무제약적 지성주의자인 반면, 공자의 애지
자·낙지자철인는 비윤리적 덕성인 인식적 지덕을 윤리적 4덕인의예지 뒤에
위치시킨다.66)

---

63) Platon, *Politeia*, 475e(모든 지혜에 대한 요구); 476b(본성에 대한 앎); 485b-c(존재에 대한 관상);
　　490a-b(지성과 진리의 출산); 537a(쉬놉티코스).

64) Platon, *Politeia*, 486a-b.

65) Platon, *Politeia*, 482c-583a.

다시 '소프로쉬네($\sigma\omega\phi\rho o\sigma\acute{u}\nu\eta$: 정심)'와 '그노티 세아우톤($\Gamma\nu\tilde{o}\theta\iota\ \sigma\epsilon\alpha\upsilon\tau\acute{o}\nu$: 너 자신을 알라)'의 처음으로 돌아가자. 자기 자신을 아는 것 또는 안다는 사실을 아는 것이 정심正心이라면, 자기에 대한 앎과 '지식의 지식'으로서의 이 정심의 유익성이 무엇인지를 물어야 한다. 소크라테스는 이 물음을 거듭 던지고 있다. "아는 것과 모르는 것을 아는 것, 그리고 그것을 안다는 사실과 모른다는 사실을 아는 것이 가능한지 아니면 가능하지 않은지, 그 다음 이것이 가능하다면 그것을 아는 것이 우리에게 어떤 이익인지를 처음부터 다시 한 번 고찰해 보자."67) 그러면서 소크라테스는 심지어 다음과 같이 '지식의 지식'의 존재를 회의하면서 지금까지의 논의의 전 의미를 이 유익성으로 돌리는 입장을 취한다. "나는 '지식의 지식' 같은 것이 존재한다고 확신을 갖고 주장할 수도 없고, 진정 그와 같은 지식이 존재한다면, 그리고 그 지식이 정심이라면 우리에게 어떤 식으로든 유익한 것인지 아닌지를 밝혀내기 전까지는, 이 지식이 정심이라는 것을 수락할 수도 없다. 왜냐하면 나는 정심은 좋고 유익한 것이어야 한다는 예감이 들기 때문이다."68) 그러나 그는 복잡한 문답 끝에 이 문제를 아포리아로 선언하고 만다. "만장일치로 모든 것 중에서 가장 탁월한 것으로 여겨지는 것이 필경 우리에게 무익한 것으로 현상할 것"이다. "우리는 조어자 造語者가 정심이라는 이름을 부여한 그런 대상이 무엇인지를 밝혀내지 못했다." 그리고 길고 긴 문답식 탐구조사 결과, 소크라테스는 자기에 대한 앎으로서의 정심에 대해 진리를 발견하지 못하고 "정심의 본질"로 제시했던 것을 "우리에게 완전히 무익한 것으로 입증하는 식의 조롱을 선언한다".69)

그런데 애지의 관점이 아니라 이익의 관점에서 자기에 대한 앎 또는 지식의 지식(그리고 무지의 지식)으로서의 정심이 인간에게 어떤 이익을 주는지에 대

---

66) 공자는 '지자'를 '인자'의 뒤에 두었다. 『論語』「里仁」(4-2): "子曰 (…) 仁者安仁 知者利仁.";「雍也」(6-23): "子曰 知者樂水 仁者樂山.";「憲問」(14-28) 子曰 君子道者三 我無能焉. 仁者不憂 知者不惑 勇者不懼

67) Platon, *Charmides*, 167b.

68) Platon, *Charmides*, 169b.

69) Platon, *Charmides*, 175b·d.

한 상세한 답변은 뜻밖에도 크세노폰의 『소크라테스의 회상』에 실려 있다. 그 내용을 살펴보면 다음과 같다.

첫째, 소크라테스는 여기서 자기에 대한 앎의 이익에 관해 말한다. "자기를 아는 사람"이란 자기의 이름만 아는 사람이 아니라 "그가 인간들이 쓸모의 관점에서 어떠한지에 대해 자기를 정사精査하고 자신의 역량을 아는 사람"이다. 자기의 역량을 모르는 사람은 자기에 대해 무지한 사람이다. 명시적으로 확실한 것은 "인간이 자기 자신을 아는 덕택에 대부분 좋은 일들을 누리고 자기 자신에 대해 잘못 알기 때문에 대부분 나쁜 일들을 겪는다는 사실"이다. "자기를 아는 사람들은 자기에게 맞는 것을 알고, 할 수 있는 것과 할 수 없는 것을 구별한다. 그리고 그 자신이 어떻게 하는지를 아는 것을 행함으로써 그가 필요로 하고 또 잘하는 것을 마련하는 한편, 자기가 무지한 것을 삼감으로써 실수에서 벗어나고 나쁘게 행동하는 것을 피한다. 이 때문에 그들은 다른 사람들도 감별할 수 있고 다른 인간들을 써서 좋은 것을 얻고 악재를 막는 것이다."

둘째, 소크라테스는 자기무지로 인한 불이익에 관해 말한다. "자기 자신의 역량에 대해 무지하고 극도로 잘못 알고 있는 사람들은 다른 사람들과 다른 인간사에 관해서도 유사한 처지에 던져진다. 이들은 자기들이 필요한 것도, 자기들이 하고 있는 일도, 자기들이 사귀는 사람들도 알지 못한다. 이 모든 점에서 극도로 헤매는 까닭에 오히려 이들은 좋은 것들을 얻는 데 실패하고 나쁜 일들을 만나게 된다."

셋째, 자기를 아는 사람들에 대한 여론의 호평과 신뢰에 대해 말한다. "자기가 무엇을 하든 이것을 아는 사람들은 그들이 하는 일에서 성공하기 때문에 명성을 얻고 존경을 받게 된다. 이에 더해 그들과 유사한 사람들은 기꺼이 그들과 사귈 뿐만 아니라 자기의 일에 실패하는 사람들은 그들이 자기들에게 자문해 주고 심지어 자기들을 주재해 주기를 바란다. 그리고 좋은 일에 대한 희망을 그들에게 걸고 이 모든 일 때문에 그들을 대부분 소중히 여기는 것이다."

넷째, 자기 자신에 관해 무지한 사람들에 대한 여론의 평가와 비판에 관해 말한다. "그들이 하고 있는 일을 모르는 사람들은 나쁜 선택을 하여 자기들이 도모하는 일에서 실패하기 때문에 바로 이 일에서 곤란해지고 처벌받을 뿐만 아니라 이 실패한 일 때문에 여론의 평가도 낮아서 조소를 당하고 경멸과 치욕 속에서 살아간다. 당신도 도시국가들 가운데서 어떤 나라는 자기의 힘에 대한 무지 속에서 더 강한 도시국가에 맞서 전쟁을 벌여 멸망하는 한편, 이전에 자유로웠던 또 다른 나라는 예속화되는 것을 보았을 것이다."70)

자기 자신을 알고 모르고는 이렇게 천양지차의 이익과 불이익을 빚어낸다. 그런데 자기를 알려면 자기의 어떤 점부터 시작해 자기 자신을 알아 가야 하는가? 먼저 '선과 악의 관점에서 자기를 정밀 조사해 자기 자신을 알아야 한다. 미모·힘·부·명예 등과 같은 외적 요소를 배제한, 따라서 논란할 소지가 가장 적은 최고선은 영혼의 덕행으로서의 '행복'이다. 따라서 이 선과 덕에 대한 지식의 관점에서 자기 자신을 살펴나가기 시작해야 하는 것이다.71)

그런데 소크라테스의 경우, 애지자가 저 '아무도 모르는 것', '전혀 조금도 알 수 없는 것' 또는 신지로만 알 수 있는 것도 인간이 알 수 있는가? 애지자라도 '인지'의 차원을 넘을 수 없기 때문에 신만이 아는 것을 인지로 아는 것은 불가능하다. 참으로 지혜로운 신의 지혜에 비해 '인지'는 "약간 값어치가 있거나 거의 값어치가 없다." 인간은 "모든 존재자들을 알 수 없고", 또 "만사에서 지혜로운 것", 즉 '전지全知'는 불가능하다. 인간은 이 만물·만사의 "작은 부분조차도" 이해할 수 없다. 다만 "각 개인이 아는 것"의 범위 내에서만 인간은 "지혜로울" 뿐이다.72)

그렇다면 인지로 알 수 없는 것을 아는 일은 포기해야 하는가? 그렇지 않다. 소크라테스는, 공자가 주역시서를 통해 인지로 알 수 없는 의문을 신에게 고하고 그 답을 들어 지천知天의 지식을 구하듯이, 인지로 알 수 없는 일들에 대해서는 반드시 이를 신에게 물어 답으로 받는 신탁(oracle), 즉 '크레스모스χρη

---

70) Xenophon, *Memorabilia*, Book IV, ch.2, 25-9.

71) Xenophon, *Memorabilia*, Bk.IV, ch.6, 7.

72) Xenophon, *Memorabilia*, Bk.IV, ch.6, 7.

σμός), 또는 만테온(μαντείον)'을 받음으로써 '신의 지혜'를 구해야 한다고 말한다. 따라서 그는 그 결과가 분명치 않은 일들에 부딪히면 신탁을 구하기 위해 델피신전으로 친구들을 보냈다.[73] 특히 국가를 경영하는 자는 신탁을 중시해야 한다. "신은 말해진 것, 행해진 것, 말없이 숙고된 것 등 만사를 알고 모든 곳에 편재하며 모든 인간사에 관해 사람들에게 신탁을 내리는" 전지적 존재이기 때문이다.[74]

인간이 이 신적 존재를 다 인식하고 아는 것은 불가능하다. 그러므로 신을 섬기는 것이 아니라, "인간이 알 수 없는" 신과 우주와 천체에 대해서 자연철학적·무신론적 관점에서 캐고 드는 자들은 "어리석다". 이들은 인간사를 충분히 알지도 못한 채 또는 인간사를 무시한 채 인간으로서 알아낼 수 없는 신의 존재(양상과 속성)를 캐들어 가는 일에만 몰두하기 때문이다.[75] 자연철학적 순수이성이 자연적 지각의 영역을 넘어서 종교적·도덕적 신지의 영역으로 침범해 감히 이를 논단論斷하는 것은 자기 능력의 한계를 넘는 짓인 것이다. 따라서 신과의 관계에서 중요한 것은 신에 대해 캐들어 가는 것이 아니라 공경하고 섬기면서 인간적으로 알기 어려운 일이 있을 때마다 신탁을 통해 신적 지혜를 배우는 것이다. 신을 섬김으로써 우리는 "신이 인간에게 불분명한 일에 관해 자문을 주기를 원하는지를 알아내려고 애써야 한다"는 것이다.[76]

따라서 소크라테스는 말한다. "가정과 폴리스를 훌륭하게 다스리려는 사람들은 점을 칠 필요가 있다." 목수, 대장장이, 농부, 인간 지도자, 이런 일의 평가사, 산술가, 가정관리자 또는 장군으로서 노련해지는 유類의 일은 "인지人智로 배우고 이룰 수 있는 일들"이다. 그러나 "이런 일들 속의 가장 중요한 측면은 신이 자신에게 유보해 두고 있다." 그리고 "이런 일들 가운데 어떤 일도 인간에게 분명치 않다." 가령 들녘을 가꾼 사람에게는 최종적으로 누가 이것을 수확할 것인지가 분명치 않고, 집을 지은 사람에게는 그 집에 누가

---

73) 참조: Xenophon, *Memorabilia*, Bk.I, ch.1, 6.

74) Xenophon, *Memorabilia*, Bk.I, ch.1, 19.

75) Xenophon, *Memorabilia*, Bk.I, ch.1, 11-3.

76) Xenophon, *Memorabilia*, Bk.I, ch. 4, 18.

들어와 살지 분명치 않고, 노련한 장군에게는 군대 지휘가 그에게 이익인지가 분명치 않고, 노련한 정치가에게는 치국이 그의 이익인지가 분명치 않고, 행복하기 위해 미인과 결혼하는 사람에게는 이 여인 때문에 불행할지 분명치 않고, 혼인으로 세도가 일족을 얻은 사람에게는 이들 때문에 나라에서 추방될지가 분명치 않은 것이다. 소크라테스는 그럼에도 "이런 유의 일에서 신적 요소가 전혀 없고, 따라서 이 모든 일들이 다 인지人智로 파악될 수 있다고 생각하는 자들은 미망迷妄에 빠진 것이 틀림없다"고 말하고, 동시에 "가령 마차를 몰아본 경험이 있는 사람을 마차에 쓰는 것이 나은지 아니면 경험 없는 사람을 쓰는 것이 더 나은지, 또는 항해에 경험 있는 사람을 배에 쓰는 것이 나은지 아니면 경험 없는 사람을 쓰는 것이 더 나은지와 같은, 인간의 능력으로 배워 정할 수 있다고 신이 여기는 일들, 또는 계산하고 측정하고 무게를 달아서 확정할 수 있는 일들을 묻고 점치는 자들도 미망에 빠진 것이다"라고 말한다. 그는 "이런 일들까지도 신에게 묻는 사람들은 종교적으로 불경하다"고 생각한다.

결론적으로 그는 말하기를 "신이 우리가 배울 수 있다고 여기는 일은 우리가 배워야 하고, 인간에게 분명치 않은 일은 점을 통해 신에게서 배우려고 애써야 한다"고 말했다. "신은 은총을 주고 싶은 사람들에게 계시를 주기 때문이다."[77] 말하자면 '인지의 지식'과 '신지의 지식'을 합한 완전한 지식으로써만 "가정과 폴리스를 훌륭하게 다스릴" 수 있다는 말이다. 이 말은 인지에 의한 '지인'과 신지에 의한 '지천'을 통합한 온전한 지식으로써 인간과 인간사의 좀 더 완전한 진리를 파악해야만 집·나라·천하를 다스릴 수 있다는 공자의 주장과 동일한 것이다.

'인간은 무식자의 무지몽매와 신적 지자의 전지전능 사이의 중간자'라는 소크라테스의 핵심 명제와, 인간의 지성으로 알 수 있는 것은 최대한 인지로 알아내고 신에게 물어서는 아니 되며 신적인 일까지 인지로 알려는 지적 오만을 자제하고 신적인 일은 신에게 물어 알아야 한다는, 그의 또 다른 핵심

---

77) Xenophon, *Memorabilia*, Bk.I, ch.1, 7-9 참조.

명제는 그의 '중도적 지식철학'을 분명히 해 준다. 이것은 바로 '지성적 중도'를 추구한 공자의 '중도적 지식철학'과 상통한다고 할 것이다. 이런 까닭에 소크라테스처럼 '중도적 지성'과 델피신탁을 신봉했던 플라톤은 70대에 쓴 『필레보스』에서 지혜와 지성의 중도적中度的 성격에 대해 다음과 같이 말한다. "사물들 가운데 본성상 기쁨이나 지나친 쾌락보다 더 도를 넘는 것은 아무것도 없을 것이다. 반면, 지성과 지식보다 더 중도적인 것은 어떤 것도 찾을 수 없을 것이다."78) 물론 이 말은 인간적 지성과 지식의 '본성'이 신의 전지全知와 무식자의 무지無知 사이의 중도라는 말이지, 지혜·지성·지식에 대한 인간의 '태도'가 중도적이라는 말이 아니다.

상술했듯이 플라톤은 인간들이 '지나친 자기애'에서 "실제로 아무것도 모르면서도 만사를 다 안다고 망상하기"79) 때문에 "거짓된 지혜에 대한 자만으로 가득 차 있다"고80) 인간의 '태도'를 비판한 바 있다. 하지만, 알아서는 아니되는 영역까지 다 알고 싶어 하고 불가지적 대상도 안다고 우기며 사변적 독단과 공상으로까지 무한히 치닫는 광적 호기심의 지성보다 지나친 것도 없는 반면, 지나친 것에 대해 본성적으로 넌더리를 내는 역치閾値 기능을 갖춘, '즐거움'과 '쾌락'의 감정능력보다 더 중도적인 것도 없기 때문이다.

한편, 소크라테스에 의하면, 신은 서로간의 가르침을 통해 좋은 일을 다 같이 나누고 집단적으로 살며 법률을 제정하고 정치생활에 동참하게 하는 '설명의 재능'까지도 준다. 신은 인간과 인간사를 아주 정성껏 보고 들으며 이에 공을 들이는 것이다. 그러다가 "우리 인간들이 장래에 무엇이 유리한 것인지를 미리 알지 못하는 경우에는 일이 어떻게 될지 묻는 사람들에게 점을 통해 지적해 줌으로써 그리고 일이 가장 잘 이루어질 수 있는 길을 가르쳐줌으로써 이 문제들에서 인간에게 도움을 준다". 이처럼 신이 인간에게 모습을 드러내고 도와주는 전제조건은 신의 역사役事를 체험할 때마다 신을 찬미

---

78) Platon, *Philebos*, 65d.

79) Platon, Gesetze, 731e-732a.

80) Platon, *Philebos*, 48c-49a.

하고 숭배하는 것이다. 신조차도 이렇게 섬겨야 인간의 불타는 물음에 답을 계시해 준다는 것을 성찰해야 한다.[81]

　따라서 소크라테스는 "어떤 사람이 인지人智대로 하는 것보다 더 많은 혜택을 받고 싶어 하면 정성껏 점을 치기"를 권했다. 그리고 "신이 인간사에 대해 인간에게 계시하는 방법을 아는 사람들은 결코 신의 충고를 저버리지 않을 것이다"라고 덧붙였다.[82] 따라서 인간의 지혜로 그 귀추를 알 수 없는 미래의 일들을 다 신에게 고하고 점쳐 그 답변을 듣는 것은 지혜로운 것이고 백성의 이익과 관련된 국정과 정책을 점치는 것은 더욱 당연한 것이다. 그러므로 소크라테스는 누군가를 벗으로 사귈지 여부조차도 그와 사귀기 전에 먼저 점쳐 신의 뜻을 따르라고 말한다.[83] 그리고 그는, 인지가 '진실로 아무런 값어치가 없다'는 것을 통찰하는 것이 실은 인간세상에서 '가장 지혜로운' 경지에 도달한 것이라는 자신의 철학적 깨달음에 따라 "신의 신탁자문에 견주어 인간적인 모든 일을 낮춰보면서", 신으로부터 뭔가 계시를 받았다고 느끼면 스스로 이 계시를 확고하게 준수했다. 그리고 신의 계시란 인간세상에서 평판을 잃는 것을 막아 주는 것임에도 이 계시를 저버리고 행동하는 사람들의 어리석음을 규탄했다.[84]

　소크라테스는 델피신전의 무녀巫女인 퓌티아(Πύθια)가 조상에 대한 제사와 기도를 어떻게 행해야 하는지를 묻거나 또는 그 밖의 것들을 묻는 사람들에게 말해 주는 신탁대로 말하고 행동하는 독실한 경신敬神의 자세를 보였다. 퓌티아가 국법을 준수함으로써 경건하게 행동하라고 대답해 주었기 때문이다. 따라서 그는 스스로도 이렇게 행동하며 살았고 다른 사람들에게도 그것을 권했다. 그는 다른 식으로 행동하며 사는 사람들은 전혀 헛된 짓을 하고 있고 불경하다고 생각했다.[85] 물론 그는 점 가운데서도 델피신전의 신탁점을

81) Xenophon, *Memorabilia*, Bk.IV, ch.3, 12-3.

82) Xenophon, *Memorabilia*, Bk.IV, ch.7, 9.

83) Xenophon, *Memorabilia*, Bk.II, ch.6, 8 참조.

84) Xenophon, *Memorabilia*, BkI, ch.3, 4.

85) Xenophon, *Memorabilia*, Bk.I, ch. 3, 1 참조.

가장 중시했다.(델피신탁에 대해서는 제5부 2장 1절과 2절에서 상론한다.) 그러므로 공자
가 지인과 지천을 둘 다 애호하는 '통합적 호지'의 철학을 수립하고 견지했듯
이 소크라테스도 인지人智의 애호만이 아니라 신지神智도 경애敬愛하는 '통합
적 애지'를 지향했던 것이다.

소크라테스의 제자 플라톤은 스승의 이런 통합적 애지 관점을 충실히 계승
해 그의 중기 저작 『국가론』에서 최후의 저작 『법률』에 이르기까지 이를 견지
하며 국가건설과 입법에도 신탁점을 활용하도록 기안하고 있다. 『국가론』에
서 소크라테스의 목소리로 말하는 까닭에 소크라테스와 구별되지 않는 플라
톤은86) "막 전달된 신탁은 당분간 믿어야 하고", 퓌티아의 신탁이 있으면 '예
외적 법개정'도 허용된다고 말한다. 일반적으로 말해서 "법을 바꿀 필요가
생겨난다고 생각되면 관원官員을 포함해 만백성이 논의하고 반드시 신의 신
탁으로부터 자문을 구해야 한다."87) 애당초 플라톤에게 "입법자"는 인간이
아니라 신이고 인간이 입법하는 경우에도 "신의 신탁에 의해서 지도되기"
때문이다. 따라서 신탁점의 지위는 "최선의 국체國體와 최선의 법률의 맹아"
와 동일시된다. "수많은 점쟁이들에게 점치고 특히 델피신전의 아폴론(태양의
술·예언의 신)에게 묻는 신탁점을 치면" 나라의 체제가 "안정되고 오래 지속된
다". 따라서 플라톤은 국가를 세울 때 "신의 현전顯前을 불러일으켜 국가와
법률을 만드는 데 우리를 돕도록 해야" 한다고 말하는가 하면, 나라의 가장
중요한 원칙을 신탁점과 점쟁이의 예언에 비유할 만큼 신탁의 지위를 높이
받들었다.88) 그리하여 그는 『국가론』에서 건국 사업과 관련된 신전 건립, 제

---

86) 『국가론』 제1권은 초기 대화편처럼 다양한 정의관을 비판하는 소크라테스의 견해를 담고 있고
   나머지 제2-10권은 소크라테스가 소크라테스의 신념과 논증방법을 버리고 플라톤 자신의 사상을
   전하는 전달자로 변한다고 종종 주장되어 왔다. 그러나 스코필드는 "이것은 너무 단순한 독해법"이
   라고 비판한다. 호머와 시인들을 비판하는 제2·3권도 소크라테스적이 아니라 플라톤적이라고 볼
   명백한 요소가 전혀 없고, 남녀평등을 말하는 제5권도 분명히 소크라테스적이라는 것이다. 따라서
   "아마 『국가론』의 이곳과 다른 곳은 플라톤이 자신을 소크라테스의 목소리로 여기고 (…) 대화편의
   등장인물인 '소크라테스'가 그의 스승이 지녔던 관점에서 함의들을 추정하고 있다고 말하는 것이
   더 나을 것"이라고 추론한다. Schofield, *Plato: Political Philosophy*, 18-19쪽.

87) Platon, *Politeia*, 461e(예외적 법개정); Platon, *Gesetze*, 771e(방금 전달된 신탁); 772d(법개정 일반
   에 대한 신탁자문).

물 봉헌, 신·신령·영웅에 대한 경배, 장례와 제사 등에 관한 "가장 중대하고 가장 훌륭한 제1법률들"의 제정을 델피의 아폴론 신에게 위임하고, 죽은 철인치자를 수호신으로 모시는 문제에도 퓌티아의 동의를 구하게 했다.[89]

또한 『법률』에서도 축제, 제사, 경배의 대상이 되는 신 등에 관한 입법은 전적으로 델피신탁의 도움으로 제정하도록 하고 일반적으로 기타 종교적 문제와 관련된 모든 법률은 델피로부터 가져오며 신탁에 대한 유권해석 담당관을 임명하도록 하는가 하면, 경배해야 할 신과 수호신, 건립해야 할 신사와 사원 등과 관련해서는 델피·도도나·아몬과 고대신화의 기존 신탁자문을 바꾸지 않고 승계하고 이 자문에 따라 제사와 의례를 제도화하고 이러한 신화에 의해 신탁, 동상, 제단, 사원을 성축聖祝하도록 하고 있다. 플라톤은 심지어 상속자 문제의 결정, 분실·습득물 처리 등과 관련된 순수 행정업무에 신탁을 적용하도록 하는가 하면, 퓌토의 아폴론 신, 올림피아의 제우스 신, 이스트무스의 네메아(Nemea) 신에게 가급적 수적으로 많고 고귀한 사자를 보내 이 신들을 경배하기 위한 제사와 국제경기에 참가하는 일을 중요한 대외활동으로 기획하고 있다.[90] (이에 대해서는 뒤에 상론한다.)

이것은 공자가 인간적 지혜로 알 수 없는 미래와 세계의 일을 주역점으로 물어 하늘의 지혜를 얻었던 '지천知天'의 지식철학과 통하는 점들이 있다. 소크라테스도 인간적 앎의 한계를 밝히고 이 한계를 아는 것을 참 지식의 출발점으로 보았을 뿐만 아니라 인간적 지혜의 한계에 대한 깨달음과 하늘(神)의 예지를 통합하고자 했던 것이다. 리쩌허우(李澤厚) 같은 이는 이 측면을 오해해, "유학은 종교가 아니면서도 종교를 대신하는 기능을 가진 준종교의 역할을 하는데", 이것은 "세계문화사에서도 그 예를 찾기가 매우 드문 경우다"라

---

88) Platon, *Gesetze*, 624a(입법자로서 신); 685e-686a(점과 신탁점에 의한 나라의 안정); 712a·b(신탁점의 지위).

89) Platon, *Politeia*, 427b-c; 540c.

90) Platon, *Politeia*, 427b·c(가장 중대하고 가장 훌륭한 으뜸 법률); 540b·c(수호신 모시기와 관련된 퓌티아 신탁); Platon, *Gesetze*, 738b·c(기존의 신탁 자문의 계승); 759a(종교문제와 관련된 법률의 신탁); 828a(축제와 제사 관련 입법에 대한 델피신탁); 856e(상속자 결정); 914a(분실물 처리); 950e (신전 주최 행사에 대한 참여).

고 말한다.91) 이런 평가는 그가 유가철학을 "종교적 요소가 함께 섞여 있는 반半철학"으로, 그리고 '준종교성'을 "중국철학의 독특한 특성"으로 오해하는 데서 나온 것이다.92) 그러나 '준종교적' 성격을 공맹철학의 '독특한' 특성으로, 또 공맹철학을 '반半철학'으로 보는 것은 납득하기 어렵다. 우리가 살펴보고 있듯이 소크라테스와 플라톤의 철학도 종교적·신화적 성격이 다분하고, 로크와 칸트도 신학 책들을 썼기 때문이다.

플라톤은 공자의 호지자와 낙지자의 삶에 밴 풍류적 운율로 '인지의 지식'과 신탁에 의해 얻는 '신지의 지식'을 '무지의 지'의 중간고리로 통합해 이 통합된 지식을 애호하는 애지자(철학자)의 생애를 다음과 같이 묘사한다.

> 그들은 소년과 청년 시기에 젊음에 적합한 교육과 애지(철학)에 전념하도록 만들고 몸이 커가면서 성년이 되는 동안에는 신체를 제대로 보살펴 애지적 삶을 뒷받침할 기반을 확보한다. 반면, 영혼이 완성되기 시작하는 인생 단계에 도달하면 영혼의 학습 장소에서 스스로 안간힘을 다해 단련한다. 그러다가 신체적 힘이 쇠락하고 정치와 병역의 나이가 지난 때는 ― 행복하게 살고 죽어서도 이렇게 보낸 삶의 최후를 이에 어울리는 운명으로 장식하고 싶다면 ― 마침내 (철학의) 목초지에 자유로이 방목된 것처럼 지내며 허드렛일이 아니라면 (철학 외에) 아무 일도 하지 않으며 살아야 한다.93)

동서 지식철학의 공통성이 이처럼 근본적 차원에까지 이르게 된 것은 공자철학이 중국으로부터 인도를 거쳐 소크라테스에게 전해졌기 때문이었을 것이다. 뒤에 논하겠지만 피타고라스 이래의 고대그리스철학은 인도철학만이 아니라 공자철학의 직간접적 영향도 받았다는 것이 지금으로부터 300여년 전인 17세기 말엽에 이미 윌리엄 템플 경(Sir William Temple, 1628-1699)에 의해 주장

---

91) 李澤厚, 『中國古代思想史論』(北京: 人民出版社, 1985). 리쩌허우(정병석 옮김), 『중국고대사상사론』, 77쪽.

92) 李澤厚, 「才談實用理性」, 『原道』 第1輯(北京: 社會科學出版社, 1994. 10). 정병석, 「리쩌허우의 『중국고대사상사론』과 문화심리 구조」, 『중국고대사상사론』, 29-30쪽에서 재인용.

93) Plato, *Politeia*, 498b·c.

되었었기 때문이다. 이런 한에서 소크라테스와 플라톤은 '계몽적 이성의 옷'
으로 갈아입히고 받드는 반면, 공자에게는 '주술적 미신의 옷'을 입힘으로써
서양철학을 높이 띄우고 공맹철학을 격하시키는 서구숭배주의의 문화적 열
등의식은 크게 그릇된 것이다. 인간에 대한 존중과 하늘에 대한 공경 사이의
균형의식 속에서 함양된 이 동서 성현들은 '거룩한 지적 겸손'과 중도정신
면에서 그렇게 다르지 않기 때문이다.

　동서양 근현대철학의 조종이 된 두 고대철학 중 굳이 어느 것이 덜 주술적
인가, 아니 덜 종교적인가를 따진다면 – 이어지는 지식철학 논의에서 곧 밝
혀지겠지만 – 인간적 지혜와 신적 지혜, 지인과 지천에 대한 두 철학의 비중
인정 측면에서, 소크라테스와 플라톤보다 80년 내지 120년가량 먼저 태어난
공자가 이들보다 덜 종교적이고 더 현세적인 편이다.

　그리고 하늘과 신으로부터 지천과 신탁을 얻는 종교적 방법을 비교해 보더
라도 공자의 정신통일적 주역시서가 델피신전의 퓌티아 무녀에게 묻는 소크
라테스의 '신들린' 신탁점보다 더 지성적, 계몽적이라고 말할 수 있다. 시서는
의식적 정신통일을 통해, 미리 체계적으로 배열된 의리적義理的·지성적 문사
文辭(괘·효사)들 가운데서 의문에 대한 답사答辭를 점지받는 식의 '글말 신탁'으
로서 최고 단계의 반半지성적 신탁인 반면, 소크라테스와 플라톤이 경배한
델피 무녀의 신탁은 소크라테스도 스스로 인정하듯이 무녀가 신들린 비지성
적 영감상태에서 토해내는 무無지성적 '입말 신탁'이기 때문이다.94)

## 제3절　지식·교육론에서 공자와 소크라테스의 차이

### 3.1. 공자와 소크라테스의 지식이론적 대립성

---

94) 소크라테스는 시인이 시를 짓거나 점칠 때도 '지혜'가 아니라 '영감'에 의거한다는 점에서 시인,
　점쟁이, 신탁예언자를 모두 동일한 차원에서 취급한다. "시인은 (…) 시를 지혜에 의해 짓는 것이
　아니라 어떤 자연적 소질에 의해 그리고 점쟁이와 신탁예언자들처럼 영감을 받는 상태에서 짓는
　다." Platon, *Des Sokrates Apologie*, 22b·c.

동시에 공자와 소크라테스의 지식관과 교육관은 본질적으로 다르다는 사실도 간과되어서는 아니 될 것이다. 소크라테스의 지식은 본유지식으로 모든 것의 본질에 대한 절대적 확실성을 얻으려는 '사이불학思而不學'의 합리적 변증술(논증)로 얻어지지만, 공자의 '근도近道'로서의 지식은 '다문다견多聞多見'의 경험으로 배우고 '궐의궐태闕疑闕殆'하는 '온고지신溫故知新'의 '학이사學而思'로 얻어진다. 모든 덕德은 이런 경험적 배움을 얼마간 요구할 뿐 아니라, 이 '호지자'도 경험적 배움이 없으면 사람들을 호려 세상을 흐리게 된다.

경험적 배움이 없으면 어떤 덕성이든 다 각기 폐단으로 전락하는 법이다. 인간적 덕을 이루는 데 '학식'은 없는 것보다 나은 것이지만, '경험'과 '현명'은 반드시 필요한 것이기 때문이다. 따라서 공자는 상술했듯이 경험에서 배우지 않을 때 생기는 '육폐六蔽'를 지적한 바 있다.[95] 이와 같이 덕행에는 '경험'과 경험적 '현명'이 필수적인 것이고, '주학이종사'에서 얻은 '학식'은 금상첨화다. 경험으로 확충되는 '현명'과, 경험지식을 사유로 가공해 얻어지는 '학식'은 둘 다 다문다견의 박학심문을 출발점으로 삼는다.

또한, 앞서 여러 차례 시사했지만, 소크라테스와 플라톤은 4덕 중 비윤리적인 인식적 '지혜'를 최고로 치고 '지자의 지배', 즉 '철인치자'를 주장한다. 반면, 공자는 '지덕智德'을 4덕 중 말석에 놓고 '지덕'에 지배의 정통성을 부여하지 않는다. 공자는 비윤리적 덕인 '지덕' 외에도 이보다 더 중요한 윤리적 덕목인 사덕(인·의·예와 도덕적 지덕)을 갖춘 '군자의 덕치'를 주장한다. 합리주의적 서양 철학자들이 지금까지 공자의 '군자치국론'을 소크라테스·플라톤 식의 '철인치국론'으로 오해해 왔으나, 기실 두 치국론은 내용적으로 정반대다.

3.2. 공자의 만민교육, 플라톤의 천재교육, 아리스토텔레스의 유한교육

공자와 소크라테스의 이러한 지식개념적 차이는 지적 능력의 개인차에 대한 제각기 다른 대응으로도 나타난다. 소크라테스는 인간들을 지적으로 차별

---

95) 『論語』「陽貨」(17-7): "好仁不好學 其蔽也愚. 好知不好學 其蔽也蕩. 好信不好學 其蔽也賊. 好直不好學 其蔽也絞. 好勇不好學 其蔽也亂. 好剛不好學 其蔽也狂."

하고 인간들 가운데 천성적으로 지력이 우수한 천재를 선발해 교육하는 관점을 취한다. 그러나 공자는 지적 능력에 차등이 있음을 인정하지만, 일정 범위의 차등은 성실(誠之者)로 평준화시킬 수 있다고 생각하고 베이컨처럼 천재적 지성에 관심을 두지 않고 수신과 교육의 보편적 필요성을 강조한다.

수신과 교육을 통해 지식을 쌓는 데는 천부적 두뇌 차이로 인해 큰 편차가 나타난다. 인간의 타고난 지적 능력은 데카르트나 홉스의 평등주의 주장에도 불구하고 결코 평등하지 않다. 보다 더 정밀한 지능측정법이 개발된 오늘날 이것을 부정하는 사람은 없을 것이다. 그래서 공자도 "오로지 상등의 지혜(上知)와 하등의 어리석음(下愚)만은 변하지 않는다"고 말했다.96) 따라서 "중등 이상인 자에게는 상등의 것을 말해 줄 수 있으나 중등 이하인 자에게는 상등의 것을 말해 줄 수 없다."97) 상론했듯이 공자는 '생이지지'하는 신적 성인이 상등이라면, 배워서 아는 학자는 중등中等이고, 먹고살기 위해 어쩔 수 없이 배우는 전문기술자는 그 다음의 중등이고, 먹고살기가 곤해도 배우지 않는 자는 하등으로서 바로 일반백성이라고 말하기도 했다.98) 문제는 하등의 '곤이불학자困而不學者'들이다.

지적 능력의 차이에 따른 공자의 이 사람 분류는 놀랍게도 아리스토텔레스와 매우 흡사하다. 아리스토텔레스는 어떤 일을 탐구해 알아낼 때는 우리에게 이미 알려진 것으로부터 출발해 본성적 제1원리(아르케)의 앎으로 나아가야 한다고 생각한다. 이런 까닭에 고귀함과 정의, 그리고 정치학 일반에 관해 제대로 듣고자 하는 사람은 훌륭하게 살아야 한다.

제1원리는 사실이다. 따라서 이것이 충분히 분명해졌다면 더 이상 이유를 밝힐 필요가 없다. 이렇게 살아온 사람은 제1원리를 이미 체득하고 있거나 나중에라도 쉽게 이해할 것이다. 이도 저도 아닌 사람은 헤시오도스(Ησιοδος)의 다음 시구를 명심해야

---

96) 『論語』「陽貨」(17-2): "子曰 唯上知與下愚不移."

97) 『論語』「雍也」(6-21): "子曰 中人以上 可以語上也. 中人以下 不可以語上也."

98) 『論語』「季氏」(16-9): "孔子曰 生而知之者 上也. 學而知之者 次也. 困而學之 又其次也. 困而不學 民斯爲下矣." [斯: 이 사].

할 것이다. '모든 것을 스스로 깨달은 사람은 최상이고, 훌륭한 말씀을 하는 사람을 따라 배우는 사람도 우수한 사람이라네. 허나 스스로 깨닫지도 못하고 다른 사람으로부터 들은 것을 마음속에 명심하지도 않는 사람은 아무 쓸모없는 사람이라네.'[99]

지적 능력의 차이는 이처럼 동서고금을 막론하고 분명한 것이다. 오늘날도 유능한 사람들만이 열심히 면학해 스스로 깨닫고 위인을 따라 배워 철학을 말하고 이해할 수 있다. '곤란해도 경험에서 배우지 않는 자들'은 철학을 등진 일반 백성이다. 이런 까닭에 공자는 또 "백성은 따르게 할 수는 있어도 알게 할 수는 없다"고 말했다.[100] 따라서 치자 입장에서 의무적 국민교육을 마친 백성에게는 '알게' 하는 것이 아니라 서로 '믿게' 하고 덕과 예를 보급해서 예법을 행할 수 있게 하는 것이 중요하다. 백성이 믿으면 '하게' 할 수 있기 때문이다. "백성의 믿음(民信)"은 국가의 '최후 보루'다.[101] 대중의 지력에 대한 공자의 이 평가는 오늘날에도 본질적으로 변함이 없는 '대중'의 수준에 적합한 말이다. 대중이 군자나 중등인들과 같이 학식을 갖출 수 있다면, 국가에 법과 정형政刑이 필요 없을 것이다.

플라톤도 이 문제에 대해 공자와 유사한 견해를 피력한다. 나라에는 남녀를 가리지 않고 '가장 훌륭한 사람들'과 '더 못한 사람들'이 있고 이 '가장 훌륭한 사람들'에게는 수호자들(퓔라케스φύλακες)과 치자들(아르콘테스ἄρχοντες)로 육성하기 위한 최상의 교육이 베풀어진다. 이들은 이런 교육을 감당할 지능을 가지고 있다. 그러나 '더 못한 사람들'인 대중은 이럴 지적 능력이 없다. 따라서 플라톤은 일반백성의 교육을 거론치 않는다. 플라톤은 지적 능력이 부족한 사람들에 대한 교육의 효과를 부정하기 때문이다. 그는 기억력이 없어서 "배우기 힘들고" 잘 잊어버려 "머릿속이 망각으로 가득 찬" 사람들은 "아주 많은 수고를 하고도 성취하는 것이 적어" "배움을 싫어하게 되고" 애지할 수 없다고

---

99) Aristoteles, *Die Nikomachische Ethik*, 1095b5-14.

100) 『論語』 「泰伯」(8-9): "子曰 民可使由之 不可使知之." [由: 따를 유].

101) 『論語』 「顔淵」(12-7): "子貢問政. 子曰 足食 足兵 民信之矣. 子貢曰 必不得已而去 於斯三者何 先? 曰 去兵. 子貢曰 必不得已而去 於斯二者何先? 曰 去食. 自古皆有死 民無信不立."

말한다. 따라서 "대중이 애지하는 것(철학하는 것)은 불가능한 일인 것"이다.102)

아리스토텔레스도 대중의 지적 능력에 대해 유사한 견해를 피력한다. "이성적인 말로는 대중에게 진정 고결한 것을 사랑할 고상한 품성을 가르칠 수 없다. 대중은 천성적으로 경외감이 아니라 불안감에 복종하고 수치심 때문이 아니라 벌 때문에만 나쁜 짓을 삼가기 때문이다. 그들은 감정에 살고 자신들에게 맞는 기쁨과, 기쁨이 자신들에게 마련해 주는 것을 좇고 그에 대응하는 고통으로부터는 도망친다. 그러나 고결함과 진정한 기쁨에 대해서는 개념조차 없다. 그들은 이것들을 맛본 적이 없기 때문이다." 또 "일반적으로 감정은 이성적인 말에 복종하는 것이 아니라 힘에 복종한다." 따라서 "다중은 이성적인 말에 복종하기보다 강제력에 복종하고 고결한 것에 복종하기보다 처벌에 복종한다." 그러므로 대중들을 강제해 고결한 것을 습득하도록 하고 할 일을 하도록 할 법률이 필요하다. "특정한 현명(현덕)과 지성에서 나오는 이성적인 말로서 법률은 강제력을 가지고 있기" 때문이다.103) 대중은 순수한 이성적 말로 가르칠 수 없고 강제력을 갖춘 말로만 억지로 주입할 수 있다는 말이다. 아리스토텔레스의 강제적 '법률'은 공자의 예법과 정형政刑에 해당한다. 그러나 만민평등교육을 말하는 공자와 달리 아리스토텔레스는 철학을 할 수 있는 사람들을 여가(스콜레σχολή)가 있는 유한계급으로 한정했다.

그러나 공자는 사람들 간의 지적 능력 차이를 인정할지라도 소크라테스, 플라톤, 아리스토텔레스와 달리 저런 정도의 지적 능력의 차이를 성실로 극복할 수 있다고 주장한다.

---

102) Plato, *Politeia*, 456d; 486c·d; 494a.

103) Aristoteles, *Die Nikomachische Ethik*, 1179b11-16; 29-30; 1180a4-5. 공'현명(현덕)'은 '프로네시스(Φρόνησις)'의 번역어다. 소크라테스는 '소피아(σοφία)', '프로네시스', '에피스테메(ἐπιστήμη)', '누스(νοῦς)'를 지혜·지식의 의미로 혼용하지만, 아리스토텔레스는 상술했듯이 '프로네시스'를 실천적 지혜로, 소피아·에피스테메·누스는 주로 이론적 지혜·지식·지성의 의미로 쓴다. 그런데 유사하게 공자는 '지(知·智)'를 대체로 이론적 지혜·지식의 의미로 쓴다. 지(知·智)'의 반대말은 '우(愚)·몽(蒙)'이다. 반면, '현(賢)'은 실천적·경험적 의미로 쓴다. '현(賢)'은 '사리와 시비에 밝아 일을 잘 처리하는 자질'이라는 뜻이다. '현(賢)'의 반대말은 대개 '못남(不肖)'이다. 따라서 '프로네시스'를 '현명(賢明)'으로 옮기고 이를 체득해 습성화한 것을 '현덕(賢德)'으로 옮긴다. 이것이 '프로네시스의 영역어(英譯語; *practical wisdom*; *prudence*)를 중역한 '실천적 지혜'보다 정확성 면에서 나은 것 같다.

남이 한 번에 할 수 있으면 나는 백 번을 하고, 남이 열 번에 하면 나는 천 번을 해야 한다. 과연 이 도에 능하면 비록 어리석어도 꼭 밝아지고 비록 유약해도 굳세어진다.104)

또 공자는 어떻게든 지식을 이루기만 하면 이런 선천적 능력 차이가 큰 의미가 없다고 말한다.

혹은 나면서부터 알았든(生而知之), 혹은 경험에서 배워 알게 되었든, 혹은 곤궁해서 할 수 없이 알게 되었든, 알기에 이르면 매일반이다. 혹은 몸에 편안해서 행하든, 혹은 이로워서 행하든, 혹은 권해서 억지로 행하든, 공을 이룸에 이르면 매일반이다."105) 앞서 언급했듯이, 공자 자신도 결코 "나면서 아는 자(生而知之者)가 아니라 지난 경험을 중시해 힘써 이를 탐구한 사람"일 뿐이다.106)

물론 최하의 어리석은 자가 최상의 천재를 노력으로 극복할 수는 없을 것이다. 그러나 앞서 공자가 중등 이상인 자에게 상등의 지혜를 말해 줄 수 있다고 했듯이, 수재(중등 이상인 자)와 천재 간의 지적 차이는 성실한 노력으로 극복될 수 있다. 공자 자신이 '생이지지자가 아니라 독실한 노력으로 성덕聖德을 이룬 대표적 인물이다. 그렇다면 중등 이하인 자, 즉 둔재(하등의 어리석은 자)도 범재(중등의 능력의 가진 자)와의 차이를 독실한 노력으로 극복할 수 있을 것이다. 이런 한에서 교육의 기회는 만인에게 평등하게 열려 있어야 할 것이다.

"천자에서 서인에 이르기까지 하나같이 다 수신을 근본으로 삼는다(自天子以至於庶人 壹是皆以修身爲本)"는『대학』수장首章의 보편적 수신 원칙은 바로 이 만민평등교육을 말하는 것이다.107) 개인의 능력이 천차만별이라도 배우려고 하는 사람이라면 누구에게든 배움과 교육을 차별 없이 베풀어야 한다. 그러

---

104)『禮記』「中庸」제20장: "人一能之 己百之 人十能之 己千之. 果能此道矣 雖愚必明 雖柔必强."

105)『禮記』「中庸」제20장: "或生而知之 或學而知之 或困而知之 及其知之一也. 或安而行之 或利而行之 或勉强 而行之 及其成功一也."

106)『論語』「述而」(7-20): "子曰 "我非生而知之者 好古敏以求之者也."

107)『禮記』「大學」, 首章.

므로 공자는 "가르침에는 차별이 없다(有敎無類)"고108) 천명했던 것이다. 교육에는 인종·지위·신분·능력·지역 등의 차이에 근거한 어떤 사람 차별도 없다는 말이다. 천자에서 일반 서민에 이르기까지 다 수신을 근본으로 삼아야 하기 때문이다. 말하자면, 수신교육에는 왕도王道도 없지만 차별도 없다. 가령 더불어 말 섞기가 어려운 돼먹지 못한 사람들이 사는 악명 높은 '호향互鄕' 지방에서 온 한 동자가 공자를 알현하자 제자들이 이를 보고 의아하게 생각했다. 이에 공자는 "나는 사람이 진보하는 것을 지지하고 퇴보하는 것을 지지하지 않는데 어찌 유독 그에게 심하게 대하느냐? 그의 왕년을 (옳았다고) 감싸 주지는 않지만, 사람이 자기를 깨끗이 하고 진보하면 나는 그 깨끗함을 지지하노라"라고 말했다.109) 그러므로 공자는 "속수束脩의 예를 행하는 사람(평민과 천민) 이상의 사람들을 내가 가르치지 않은 적이 없다"고 말했다.110) 이처럼 공자는 귀족과 양반 자제의 특권으로서의 교육을 물리치고 만민평등교육을 일관되게 주장한 것이다.

또한 만민평등교육 또는 보통교육은 하·은·주 삼대의 전통이기도 했다. 삼대가 융성했을 때는 나라에서 교校, 서序, 상庠, 학學을 설치하여 사람들을 가르쳤다. 맹자에 의하면, 하나라는 '교校'를, 은나라는 '서序'를, 주나라는 '상庠'을 설치했고, '학學'은 삼대가 공히 수도에 설치했다.111) 주나라 중기 이후의 교육제도를 반영하는 『예기』에 의하면, 나라에서 행정 단위의 등급에 따라 숙塾, 상, 서, 학의 교육기관을 설치해 온 백성을 가르쳤다. 25가구가 사는 마을에는 '숙'을, 500가구가 사는 큰 마을(黨)에는 '상'을, 1만5000가구가 사는

---

108) 『論語』 「衛靈公」(15-39).

109) 『論語』 「述而」(7-29): "互鄕難與言 童子見 門人惑 子曰 與其進也 不與其退也 唯何甚? 人潔己以進 與其潔也 不保其往."

110) 『論語』 「述而」(7-7): "子曰 自行束脩以上 吾未嘗無誨焉." '속수의 예'는 '최소한의 예'를 말한다. '속수(束脩)'는 육포묶음이다. 고대에는 사람들이 처음 만날 때 예물을 주고받았는데, 신분에 따라 제후는 옥, 경(卿)은 염소, 대부는 기러기, 사(士)는 꿩 등을 예물로 주었고, 평민 이하는 육포묶음을 주고받았다. 따라서 '속수의 예를 행하는 사람 이상'이란 평민과 천민 이상의 모든 사람들을 가리킨다. 『論語注疏』, 96쪽; 류종목, 『논어의 문법적 이해』, 222쪽 참조.

111) 『孟子』 「滕文公上」(5-3) 참조.

군현(術)에는 '서'를, 국도에는 '학'을 설치해 가르쳤다.112) 여기서 '숙'은 초등과정이고, '상'과 '서'는 둘 다 중등과정인데 행정 단위의 크기에 따라 달리 부른 것으로 보인다. 국도의 '학'은 흔히 '대학大學' 또는 '태학太學'으로 불린 당대의 최고 교육기관이다. 주희에 의하면, '숙'에서 '서'에 이르는 교육기관을 합해 '소학'이라 하는데 여기에는 왕공으로부터 서민의 자제에 이르기까지 8세가 되면 모두 입학했다. 국도의 '대학'에는 천자의 원자와 차자 이하 왕자로부터 공경대부와 원사元士의 적자嫡子와 일반인의 우수한 자에 이르기까지 15세가 되면 모두 입학했다.113) 신분차별 없는 만민평등교육은 고대 동아시아의 오랜 전통이었고, 이 전통의 확대·계승이 공자의 지론이었던 것이다. 주나라 중기의 '숙, 상, 서, 학'의 단계별 교육체계는 큰 변형 없이 청나라 시대까지도 계승되었다. 한반도의 삼국시대에서 조선시대까지의 교육제도도 이와 대동소이했다.

조선을 돌아보면, 우선 동네 단위에는 보통 7-8세에서 15-16세 사이의 어린이와 소년들이 다니는 '서당書堂'이 있었다. '학당學堂'이라고도 불린 '서당'은 사설私設이었고 시설·자격·인원에 국가의 규제가 없었기 때문에 전국 어디에서 누구나 자유롭게 설치할 수 있었고, 따라서 셀 수 없이 많았다. 수업료도 공짜(가난한 서민의 우수한 자제)에서 엄청난 고액(멍청한 양반 자제)에 이르기까지 천차만별이었고, 학생 수도 서너 명부터 100명 가까이에 이르기까지 들쑥날쑥했다. 공부를 원하는 만민의 자제는 이 서당에서 반상차별 없이 초등교육을 받았다. 18세기 중후반과 19세기 전반에 걸쳐 조선의 서당 수는 2만 1천여 개소, 훈장은 2만 1천여 명, 학동은 26만여 명에 달했을 것으로 추산된다.114)

서당을 마친 학생들은 일정한 입학시험을 통해 서울의 '사학四學'이나 이와 동급인 지방의 '향교鄕校'라는 전액 국비의 공립학교에 입학했다. '사학'과 '향교'에는 중앙에서 '교수敎授(종6품)'와 '훈도訓導(정9품)'가 파견되었다. 학생들은

---

112) 『禮記(中)』 「學記」, 195쪽: "古之敎者 家有塾 黨有庠 術有序 國有學."

113) 朱熹, 『大學·中庸集註』, 15쪽. 주희의 해석에 대한 논란이 없지 않으나(가령 정약용의 비판), 우리 맥락에서는 중요하지 않다.

114) 참조: 황태연, 『한국 근대화의 정치사상』(파주: 청계, 2018), 369쪽.

향교와 사학에 반상차별 없이 입학할 수 있었다. 양반의 자제는 '동재同齋', 서민의 자제는 '서재西齋'에서 배웠는데, 동재와 서재 간에는 수업 내용에 차별이 없었고, 다만 내외양사內外兩舍 학생들 간의 차별은 있었다. 지방 '향교'와 서울 '사학'에는 16세 이상이면 일정한 수강·숙식비용을 내고 누구나 입학해 정강할 수 있었는네, 이들은 '증광생增廣生'이라고 불렸고 '외사外舍'에서 배웠다. '내사內舍'에는 시험을 통해 뽑힌 학생들이 배웠는데, 이들은 '내사생'이라고 불렸다. 1918년의 집계에 따르면 전국에 걸쳐 335개에 달하는 향교가 설치·운영되었다. 오늘날 우리가 쓰는 '학교'라는 말은 서울의 '사학'과 지방의 '향교'를 합해 '학교'라고 부른 데서 유래했다. '학·교'를 마치고 '소과小科' 시험을 통과한 진사와 생원들은 입학시험을 통해 전액 국비의 국립기숙학교인 '성균관'에 입학했다. 성균관의 정원은 세종 이래 200명으로 고정되었는데 진사·생원 외에 결원을 보충하는 '승보升補'라는 입학시험에 합격한 자와 '음서蔭敍'로 입학이 허가된 자로 이루어진 특별입학생들이 있었다. 생원·진사는 '상재생上齋生', 특별입학생은 '하재생下齋生'이라고 불렸다. 출석 점수가 높은 성균관 유생들에게만 대과大科 초시(초시·복시·전시 중 1차 시험)의 응시 자격이 주어졌다.

17-18세기 유럽인들은 동아시아 나라들의 이 단계별 교육제도와 신분차별 없는 만민평등교육에 경탄했다. 예컨대, 크리스천 볼프는 중국의 교육제도를 이상화하고 있다.[115] 뒤알드도 『중국통사』(1735)에서 "중국에서 귀족은 세습적이지 않다"고 갈파하고 중국의 만민평등교육제도와 과거시험·학위제도를 상세히 설명하면서 이렇게 중국의 교육제도를 이렇게 소개한다. "중국의 선비관리들이 그토록 수많은 시대에 걸쳐 학문을 직업으로 삼아 왔고 학문이 다른 모든 편익보다 선호되는 나라에서 그들이 그토록 수고롭게 청소년들을 교육시키는 것은 놀랄 일이 아니다. 중국에는 청소년들에게 과학을 가르치는 학교교사들이 없는 도시도, 읍면도, 거의 어떤 작은 마을도 없다"고 말하고

---

115) 참조: Christian Wolff, *Oratio de Sinarum philosophia practica* (1721·1726) − *Rede über die praktische Philosophie der Chinesen* (Hamburg: Felix Meiner Verlag, 1985), 37-43쪽.

있다.116) 케네도 "중국에는 세습귀족이 없다"고 확인하고 중국의 만민평등교육과 과거제도를 상세히 소개한다.117) 유스티도 중국헌정체제는 "세습귀족을 알지 못한다"라고 평하고, 볼프나 케네처럼 중국의 만민평등교육에 놀라 독일과 유럽의 열악한 청소년교육을 개탄하면서, 특히 천민·빈민·귀족을 가리지 않는 만민평등교육을 주장했다.118) 유럽인들은 동아시아의 이 교육제도를 앞 다투어 받아들였고, 18세기 말 또는 19세기에는 혁명적 방법으로 교육혁명을 관철시켰다.119) 오늘날 일반화된 초등학교-중·고등학교-대학교의 3-4단계 근대교육제도는 사실 동아시아의 오랜 국민교육제도인 '숙·상·서·학의 단계별 교육체계에서 유래한 것이다. 동아시아 국가들은 20세기 초 서양식 교과목과 근대식 교사校舍를 갖추었을 뿐인 이 유럽의 3-4단계 교육제도를 새로운 제도로 생각하고 다투어 재도입했다. 아무튼 중요한 것은 오늘날 세계적으로 구현된 만민평등교육과 3-4단계 교육제도가 동아시아의 오랜 전통과 공자철학의 산물이라는 점이다. 반대로 엘리트 천재교육과 유한계급의 여가철학을 주창한 소크라테스, 플라톤, 아리스토텔레스의 교육이념은 오랜 세월 서방세계에서 만민평등교육의 걸림돌로 작용했다.

---

116) P. Du Halde, *The General History of China* (Paris: 1835), 4 Volumes (London: Printed by and for John Watts, 1736), Volume II, 99쪽; Volume III, 5쪽.

117) 참조: François Quesnay, *Despotism in China* (1767), 172쪽, 193-203쪽. Lewis A. Maverick, *China – A Model for Europe*, Vol. II (San Antonio in Texas: Paul Anderson Company, 1946).

118) Johann H. G. Justi, *Vergleichungen der Europäischen mit den Asiatischen und anderen, vermeintlichen Barbarischen Regierungen* (Berlin/Stetten/Leipzig: Johann Heunrich Rüdiger Verlag, 1762), 466쪽; Johann H. G. Justi, *Abhandlung von den Mittel, die Erkenntnis in den Oeconimischen und Cameral-Wissenschten dem gemweinen Wesen recht nützlich zu machen* (Göttungen: Verlag nicht angezeigt, 1755), 16쪽.

119) Lewis A. Maverick, *China – A Model for Europe*, Vol. II (San Antonio in Texas: Paul Anderson Company, 1946), 24쪽; John J. Clarke, *Oriental Enlightenment* (London·New York: Routledge, 1997; 1998), 49쪽 참조. 알브레히트는 중국의 신분차별 없는 평등교육 제도와 탈(脫)신분제적 능력주의가 유럽의 교육혁명만이 아니라 유럽 귀족제도의 폐지에도 기여했다고 평가한다. "1789년 혁명의 프랑스에서 '교육학적 세기'는 귀족의 칭호와 특권을 폐지했다. 18세기가 중국을 주목하지 않은 경우에도 이것이 일어났을지 모른다. 하지만 중국의 영향을 잊는다면, 17·18세기의 유럽 정신사는 충분히 기술되지 못할 것이다." Michael Albrecht, "Einleitung", LXXXVIII-LXXXXIX. Christian Wolff, *Oratio de Sinarum philosophia practica* (1721·1726) – *Rede über die praktische Philosophie der Chinesen*, übersetzt u. eingeleitet v. Michael Albrecht (Hamburg: Felix Meiner Verlag, 1985).

# 제2장 인지적 지식과 신지적 지식: 지인과 지천

## 제1절 인지적人智的 '지인'과 '지언'

### 1.1. 지인知人의 인지적 지식: 만학의 중심

공자의 인지적人智的 지식 개념과 신지적神智的 지식 개념 간에는 원리적 차이가 있다.[1] 공자의 '인지적 지식'은 '하늘'과 '인간'의 엄격한 구분 아래 하늘에 의존하지 않고 사물과 인간(인간사회)를 인식하는 '지물知物'과 '지인知人'이다. 그러나 공자는 인류역사상 최초로 인지적 지식의 중심을 '지물'에서 '지인'으로 이동시킨 지식철학적 혁명을 수행한 철학자였다.

이런 취지에서 공자는 '지知'를 아예 '지인知人'과 등치시키고 '지인(사람을 아는 것)'의 본질을 다음과 같이 갈파한다.

번지가 지에 대해 묻자, 공자는 "지인知人이니라"라고 답했다. 그러나 번지가 이를 미처 알아듣지 못했다. 그러자 공자가 "곧은 것을 들어서 굽은 것 위에 놓으면 굽은 것을 곧게 할 수 있다"고 말했다. 번지가 물러나 자하를 보고 "아까 선생님을 뵙고 지知에 대해 물었는데 공자께서 '곧은 것을 들어서 굽은 것 위에 놓으면 굽은 것을

---

1) 공자의 지식이론에 대한 이 논의는 2005년 발표된 필자의 다음 논문에 대한 중대한 수정을 의미한다. 황태연, 「공자의 중용적 주역관과 우리 역대 국가의 著筮 관행에 관한 고찰」, 『정치사상연구』 제11집 1호(2005).

곧게 할 수 있다고 했는데 이게 무슨 말인가?"라고 물었다. 이에 자하가 말하기를 "그 말뜻이 참 풍부하구나! 순임금이 천하를 영유할 때 무리에서 골라 고요皐陶를 들어 쓰니 불인자들이 멀어졌고, 탕임금이 천하를 영유할 때 이윤伊尹을 들어 쓰니 불인자가 멀어졌다"고 했다.[2]

이 인용문의 맥락에서 보면, '지인'이란 인성, 인심, 인정, 인도, 인문, 예술을 알고 나아가 이를 바탕으로 인간사회와 정치의 이치와 도리, 그리고 그 운용 방법을 알고 교화(수신과 교육)를 행하는 것이다.

교화의 이치는 도덕적인 자(곧은 사람)와 부도덕한 자(굽은 사람)를 구별해 도덕적인 자에게 지위를 주어 부도덕한 자를 공감적으로 감화시켜 이 자를 사람들을 곧게 만드는 것이다. "웃물이 맑으면 아랫물이 맑다." 여기서 '지인'은 시비지심으로 사람의 도덕성과 부도덕성, 즉 도덕적 시비를 변별할 줄 아는 것과 덕치의 공감적 작동과 영향력을 이해하는 것이다. 자하가 이를 "순임금이 고요를 들어 쓰니 불인자들이 멀어졌고, 탕왕이 이윤을 들어 쓰니 불인자가 멀어졌다"고 설명하고 있다. 따라서 '지인'은 인간의 도덕성 여부와 교화적 영향관계에 대한 공감해석학적 지식일 수밖에 없다.

군자는 공감 하나로 일이관지하고 공감에 충실해(忠恕) 사람을 이해하면, 지인할 수 있는 것이다. 공자에 의하면, 지인의 필요와 목적은 수신하고 어버이를 섬기는 것,[3] 나아가 백성에게 인을 베풀고 백성을 교화하는 것이다. 군

---

2) 『論語』 「顔淵」(12-22): "樊遲問知 子曰 知人. 樊遲未達. 子曰 擧直錯諸枉 能使枉者直. 樊遲退 見子夏曰 鄕也吾見於夫子而問知 子曰 擧直錯諸枉 能使枉者直 何謂也. 子夏曰 富哉言乎! 舜有天 下 選於衆 擧皐陶 不仁者遠矣. 湯有天下 選於衆 擧伊尹 不仁者遠矣." 何晏과 刑昺은 번지의 질문에 대한 공자의 답변인 '지인(知人)'을 '지언(知言)' 또는 '백세이사성인이불혹(百世以俟聖人而不惑)'과 전혀 관련시키지 않고 공자의 예시적 해석(곧은 것과 굽은 것의 구별과 관계)에 미치지 못하는 너무 범속(凡俗)한 주석을 가하고 있다. "사람의 賢才를 알아보고 들어 쓰는 것이 지(知)다(知人賢才 而擧之 是知也)." 『論語注疏』, 190쪽. 주희도 거의 무의미할 정도로 평범하고 짧은 주석을 가하고 있고 있다. "사람을 안다는 것은 지에 힘쓰는 것이다(知人 知之務)." 朱熹. 『論語集註』, 467-8쪽. 이것을 보면, 형병이든 주희든 전혀 '지식'에 대해 깊이 탐구하지 않았고 또 공자의 지식철학 수준에 이르지 못했음을 알 수 있다.

3) 『禮記』 「中庸」 제20장: "君子 不可以不修身 思修身 不可以不事親 思事親 不可以不知人." 정현은 이 '知人'에 대해 "현명함과 못남을 아는 것(知賢不肖)"이라는 하나마나한 주석을 가하고 있다.

자가 "지인하면 밝아지므로"4) 이런 사친事親과 인민仁民·교민敎民을 능히 할
수 있다.

공자가 자연철학적 '지물知物'이 아니라 '지인知人'을 지식 개념의 중심에
놓고 지식 일반을 '지인'으로 정의한 것은 중대한 전환을 함의한다. 공자 이전
에는 철학연구의 주된 관심이 '지인'에 주어진 것이 아니라, 천지의 일·월·성·
신日月星辰과 육기六氣(陰·陽·風·雨·明·暗), 그리고 오행五行(月·火·水·木·金·土) 등을
탐구하는 자연철학적 '지물'에 있었다. 그래서 예禮도 인의예지의 '인도'로 분
리되지 못하고 육기와 오행의 천도·지도의 일부로 여겨졌다. 그러나 공자의
예는 천도에 근본을 두고 지도를 본받은 것으로 이해되었지만, 이미 천도·지
도와 분리된 '인도'의 독립적 지위를 얻었다. 공자 시대에 천도·지도·인도는
이미 이른바 '삼재三才'로 상호 정립鼎立된 것이다.

그러나 공자 이전 시대, 가령 주나라 초에는 거의 순수하게 인간의 영역인
나랏일조차도 자연지식과 그 운행을 중요한 정치범주로 삼았다. 이것은 기자
箕子가 무왕에게 전한 '홍범구주洪範九疇' 가운데 2주疇가 '오행五行'과 '서징庶
徵'이라는 데서도 잘 드러난다. '오행' 범주는 불의 염상炎上(불타 올라감), 물의
윤하潤下(적시며 내려감), 나무의 곡직曲直(굽고 곧음), 쇠의 종혁從革(따르고 바뀜), 흙
의 가색稼穡(심고 거둠) 등 화·수·목·금·토의 자연적 성질에 대한 지식을 알려주
고 여기로부터 오미五美를 설명한다. 적시고 내려감은 짠 것을 만들고, 불타
올라감은 쓴 것을 만들고, 곡직은 신 것을 만들고, 따르고 바뀜은 매운 것을
만들고, 심고 거두는 것은 단 것을 만든다는 것이다.5) '서징(여러 가지 징후)' 범
주는 비, 햇볕, 더위, 추위, 바람, 때(雨暘燠寒風時) 등 다섯 가지 자연현상을 가
리킨다. 이 다섯 가지 자연현상이 장차 갖추어지고 제각기 질서 바르면 여러

---

『禮記正義』, 1683쪽. 또한 『中庸』 제29장의 '지인(知人)'에 대해서는 "지천과 지인은 그 도를 아는
것을 이른다(知天知人 謂知其道也)"라고 주석하여 '지천'과 '지인'의 의미 구분을 아예 없애 버리고
있다. 『禮記正義』, 1701쪽. 주희는 이 '지인'에 대해 주석을 가하지 않고 있다. 朱熹, 『大學·中庸集註』,
118쪽.

4) 『書經』「皐陶謨」: "知人則哲"; "在知人 在安民."

5) 『書經』「周書·洪範」: "五行 一曰水 二曰火 三曰木 四曰金 五曰土. 水曰潤下 火曰炎上 木曰曲直
金曰從革 土爰稼穡. 潤下作鹹 炎上作苦 曲直作酸 從革作辛 稼穡作甘."

초목이 번성하고 우거진다. 한 가지만 극단적으로 갖춰져도 흉하고, 한 가지만 극단적으로 부족해도 흉하다. 아름다운 징후는 정숙하게(肅) 때맞춰 비가 오는 것이고, 어질게 다스리듯이(乂) 때맞춰 햇볕이 비추는 것이고, 슬기롭게(晳) 때맞춰 더운 것이고, 꾀 있게(謀) 때맞춰 추운 것이고, 거룩하게(聖) 때맞춰 바람이 부는 것이나. 나쁜 징후는 미쳐서(狂) 항상 비가 오는 것이고, 참람하게(僭) 항상 햇볕이 비추는 것이고, 게으르게 늘어져 놀듯이(豫) 항상 더운 것이고, 급하게(急) 항상 추운 것이고, 어리석게(蒙) 항상 바람이 부는 것이다. 그러므로 왕은 해(歲)를 살피고, 경사(卿士)는 달(月)을 살피고, 사윤(師尹)은 날을 살펴야 한다. 해·달·날의 때가 항구불변이면 백곡이 크고, 다스림이 밝고, 뛰어난 백성들이 모습을 드러내고, 가정이 평강하다. 반대로 해·달·날의 때가 자주 바뀌면 백곡이 자라지 못하고, 다스림이 혼미하여 밝지 못하고, 뛰어난 백성이 몸을 숨기고, 가정이 안녕치 못하다. 서민은 뭇별이고, 뭇별은 바람을 좋아하고 비를 좋아한다. 해와 달의 운행은 겨울을 있게 하고 여름을 있게 하고, 달이 별을 따라감은 바람과 비를 다스리는 것이다.[6] 이와 같이 인간의 정사도 그 주요 부분에서 자연지식과 – 옳건 그르건 – 이 지식에 따른 역할분담과 역할수행으로 이해되었다.

따라서 공자 이전에는 예법도 '인도'로 독립하지 못하고 천도와 지도의 일부로 이해되었다. 이것은 『춘추좌씨전』에 전하는 정(鄭)나라 공자 대숙(大叔)의 예론(禮論)에 잘 드러난다. "예는 하늘의 날줄이고 땅의 의리요 백성의 행실이다. 하늘과 땅의 날줄은 백성이 실지로 본받는 것이다. 하늘의 밝음을 본받고 땅의 본성으로 말미암아 육기(六氣)를 낳고 오행(五行)을 행하는 것이다. 기기(氣)로는 오행이고, 발하면 오미(五味)이고, 곡조로는 오음(五音)이 된다. 이것이 어지럽혀지면 세상이 혼란해 백성은 그 천성을 잃는다. 이런 까닭에 예를 만들어

---

6) 『書經』「周書·洪範」: "庶徵 曰雨 曰暘 曰燠 曰寒 曰風 曰時. 五者來備 各以其敍 庶草蕃廡. 一極備 凶 一極無凶. 曰休徵 曰肅 時雨若 曰乂 時暘若 曰晳 時燠若 曰謀 時寒若 曰聖 時風若. 曰咎徵 曰狂 恒雨若 曰僭 恒暘若 曰豫 恒燠若 曰急 恒寒若 曰蒙 恒風若. 曰 王省惟歲 卿士惟月 師尹惟日. 歲月日 時無易 百穀用成 乂用明 俊民用章 家用平康. 日月歲 時既易 百穀用不成 乂用昏不明 俊民 用微 家用不寧. 庶民惟星 星有好風 星有好雨. 日月之行 則有冬有夏 月之從星 則以風雨."

받드는 것이다."7) 이와 같이 예에 자연현상과 자연물인 육기와 오행은 있어
도 천성적 사단지심의 도덕감정에 근거를 둔 인의예지의 인도는 아직 모습을
드러내지 못하고 있는 것이다. 바꿔 말하면, 격물치지의 '지물'은 있어도 격물
치지의 '지인'은 없었던 것이다.

그러므로 공자 이전 시대 중국의 자연학(지물)은 인성학人性學(지인)에 비해
크게 발전해 있었고, 이러한 자연학의 발전 수준은 17세기 후반까지도 유럽
을 앞지르는 수준이었고, 이 발전된 자연학에 기초한 중국의 산업기술 수준
과 경제력은 18세기 후반까지도 서유럽에 앞서거나 필적했다. 이것은 라이프
니츠의 증언(1672·1689·1692)과8) 애덤 스미스의 『국부론』(1776)에서9) 입증되는
바다.

그러므로 공자가 인간의 대표적 지식 또는 지식의 중심을 새로이 '지인'으
로 정의한 것은 결코 자연학에 대한 공자와 동시대인들의 지식 부족 때문이
아니었고, 또 이러한 '지인'의 지식이론이 − 동아시아 지식인들이 쉽사리 오
해하지 않을까 하는 우려에서 하는 말이지만 − 19세기 후반 이래 중국의
과학기술적 낙후성의 원인이 된 것은 더더욱 아니었다. 이 '지인' 이론은 바로
주말周末 춘추시대의 역사적 대전환기에 시의적절한 '신지식'을 천명한 것이
다. 이것은 서양철학의 역사에서 소크라테스 이전 시대에 자연 탐구에 주력

---

7) 『左傳』昭公 25年. 『春秋左氏傳(下)』, 252쪽: "夫禮 天之經也 地之義也 民之行也. 天地之經 而民實
則之. 則天之明 因地之性 生其六氣 用其五行. 氣爲五味, 發爲五色, 章爲五聲. 淫則昏亂, 民失其
性. 是故爲禮以奉之."

8) 라이프니츠는 중국은 "식물학·병리학·치료법·단순사물의 지식 및 실무적 질병임상"에서 유럽보다
"뛰어나다"고 말한다. Gottfried W. Leibniz, "An Gottlieb Spitzel"(7. 2. 1672), in: Georg[!] Wilhelm
Leibniz, *Novissima Sinica − Das Neueste von China* (1697), hg. v. Heinz-Günther Neseelrath u.
Hermann Reinbothe (Köln: Deutsche China-Gesellschaft, 1979), 82쪽. 또한 "실천적 관찰에 더 많이
의거하는 자연학"에서는 "중국인들"이 유럽인들보다 "우월하다"고 인정한다. Leibniz, "An Claudio
Filippo Grimaldi"(19. 7. 1689), 84쪽. Leibniz, *Novissima Sinica*. 그리고 중국은 "관찰되는 것"에서
유럽보다 "우월하다"고 말한다. Leibniz, "An Grimaldi"(21?. 3. 1692), 94쪽. Leibniz, *Novissima Sinica*.

9) 1776년 애덤 스미스는 중국의 산업기술 수준을 유럽에 비해 "많이 열등하지 않은" 것으로 평가하고
있다. Adam Smith, *An Inquiry into the Nature and Causes of the Wealth of Nations* (1776), volume
I·II, textually edited by W. B. Todd (Glasgow·New York: Oxford University Press, 1976), I. xi.g.
28 (224쪽).

했던 그리스 자연철학자들과 달리 소크라테스가 '너 자신을 알라'는 구호와 함께 자연에서 인간의 영혼으로 눈을 돌려 인간 탐구에 초점을 맞춘 것과 유사한 역사적 대전환이었던 것이다.

데이비드 흄이 지적하듯이 지식의 이러한 인간학적 전회는 바로 근세에도 감행되었다. 베이컨과 뉴턴은 탐구를 자연철학에만 집중했고, 데카르트의 연구활동도 도덕론과 정치학 없는 순수한 형이상학과 수학·자연철학에 국한되었다. 그러나 베이컨으로부터 100여 년 뒤에 나타난 로크와 섀프츠베리·맨드빌·허치슨·버틀러·흄과 애덤 스미스, 그리고 루소·볼테르 등 근대철학자들은 공자와 소크라테스처럼 자연에서 인간으로 눈을 돌려 흄이 말하는 인간과학(*science of man*) 또는 '인성학(*science of human nature*)' 또는 '정신철학(*moral philosophy*)'에 초점을 맞추고 인간과학적 탐구에 주력했다.10)

공자의 '지인'의 지식철학은 바로 이와 유사한 시대전환을 함의하고 있는 것이다. 데이비드 흄은 인간과학이 – 사물의 인식도 감성과 이성의 인간본성에 기초하는 한에서 – 자연철학도 간접적으로 포괄하는 것으로 생각했다. 흄은 '지인'의 중심성에 대해 이렇게 갈파한다.

분명한 것은 만학萬學이 많건 적건 인간본성과 관계가 있고 이 인간본성과 멀리 떨어져 보일지라도 만학은 이러저러한 경로를 통해 인간본성으로 되돌아온다는 사실이다. 심지어 수학, 자연철학과 자연종교조차도 어느 정도 인간과학(*science of MAN*)에 의존한다. 왜냐면 이 학문들도 인간들의 인식능력(*cognizance*)의 휘하에 있으며, 인간들의

---

10) 흄은 말한다. "인간과학이 다른 과학들의 유일하게 탄탄한 기초인 만큼, 우리가 줄 수 있는 이 인간과학의 유일하게 탄탄한 기초는 경험과 관찰 위에 자리 잡아야 한다. 경험철학(experimental philosophy)을 도덕적 주제에 적용하는 일이 자연적 주제에 이 경험철학을 적용한 지 온전한 1세기 이상의 간격을 두고 이루어졌다는 것을 고찰하는 것은 결코 경이로운 반성이 아니다. 왜냐면 사실 우리는 이 과학들의 기원들 간에도 거의 동일한 간격이 있었다는 것, 탈레스부터 소크라테스까지 그 시간 간격의 계산이 영국에서 나의 베이컨 경과, 인간과학을 새로운 발판 위에 놓기 시작하여 주목을 끌고 대중의 호기심을 자극한 최근의 몇몇 철학자들 사이의 시간 간격과 거의 같다는 것을 깨닫기 때문이다." Hume, *A Treatise of Human Nature*. 4쪽. 흄은 각주에서 "인간과학을 새로운 발판 위에 놓기 시작하여 주목을 끌고 대중의 호기심을 자극한 최근의 몇몇 철학자들"로 "Mr. Locke, my Lord Shaftesbury, Dr. Mandeville, Mr. Hutcheson, Dr. Butler" 등을 들고 있다.

행위능력과 역량에 의해 판단되기 때문이다.[11]

흄이 말하는 "science of MAN"의 "science"는 라틴어 'scientia'(知)에서 나왔는데 홉스 시대까지도 '과학'이 아니라 '지식'을 뜻했다. 흄의 시대에도 아직 이런 의미가 남아 있었다. 따라서 "science of MAN"은 글자 그대로 '인간의 지식', 즉 '지인知人'을 뜻한다. 흄과 마찬가지로 공자도 '지인'이 '지물'에까지도 영향을 미치는 중심 지식으로 생각한 것이다.

　공자가 인지적人智的 지식개념을 새로이 '지물'이 아니라 '지인'으로 제시한 것을 '지물'의 자연철학에서 '지인'의 정신·도덕철학으로의 지식패러다임의 역사적 대전환으로 규정하는 필자의 이 해석은 동아시아에서 최초로 제기되는 것이라서 기존 학자들에 의해 낯설게 받아들여질 수 있다. 그러나 이미 300여 년 전 영국의 윌리엄 템플 경은 놀랍게도 필자와 동일한 관점에서 공자의 지식개념을 자연철학에서 정신철학으로의 새로운 전환으로 이해했다.

　주목할 만한 것이자 동의되는 것은 (…) 소크라테스의 시대와 가까운 때 인간들을 무용하고 밑도 끝도 없는 자연에 대한 사색으로부터 도덕에 대한 사색으로 교정하는 (소크라테스와) 동일한 계획을 개시했던, 그들의 위대하고 유명한 공자가 살았다는 사실이다.[12]

템플이 여기서 놀랍게도 공자와 소크라테스와 동일하게 자연에서 도덕으로 인식관심을 전환하는 철학개혁을 수행했다고 말하고 있다.

　하지만 더욱 놀라운 것은 공자의 철학개혁이 내용적으로 소크라테스의 그것보다 더 우월하고, 또 소크라테스가 공자의 철학개혁을 모방했을 것이라고 추정하는 점이다. 템플은 일단 소크라테스·플라톤의 그리스적 철학개혁과 공

---

11) Hume, *A Treatise of Human Nature*, 4쪽.

12) Sir William Temple, "An Essay upon the Ancient and Modern Learning"(London: First printed by J. R. for Ri. and Ra. Simpson under the title Miscellanea. The second part in four essays, 1699), 456쪽. *The Works of William Temple* (London: Printed by S. Hamilton, Weybridge, 1814).

자의 철학개혁의 차이를 지적하면서 소크라테스의 영혼론의 사적私的 지향과 대비되는, 인간의 덕성과 공동체의 공적 행복을 지향하는 공자철학의 원리적 우월성을 말한다.

이 계획은 그리스인들의 성향이 주로 사적 인간들이나 가족의 행복에 쏠려 있는 것처럼 보이지만, 중국인들의 성향은 훌륭한 품성과, 왕국들이나 정부의 지락至樂에 쏠려 있는 것처럼 보이는 점에서 차이가 있다. 중국의 이 왕국들과 정부는 수천 년 동안 알려졌고 또 알려져 있으며, 정확하게 학자들의 정부라고 불러도 된다. 왜냐면 학자 외에 다른 사람은 국가의 책임을 맡도록 입장이 허가되지 않기 때문이다.13)

이어서 템플은 리쿠르고스, 피타고라스, 데모크리토스, 에피쿠로스와 마찬가지로 소크라테스와 플라톤도 인도와 중국으로부터 철학과 제도를 '수입'해서 자기 것으로 활용했을 것이라고 추정한다.

나로 말할 것 같으면, 나는 피타고라스가 그의 자연철학과 정신철학 둘 다의 최초 원리들을 이 먼 지역들(중국 – 인용자)에서 얻었을 뿐만 아니라, 이집트, 칼데아, 인도를 여행했던 데모크리토스가 말한 원리들도(그의 독트린이 나중에 에피쿠로스에 의해 개선되는데) 같은 원천에서 유래했을 것이라는 것, 그리고 이 두 사람 이전에, 마찬가지로 인도를 여행했던 리쿠르고스도 세상에 아주 평판이 자자한 그의 법과 정치의 주요 원리들을 거기로부터 가지고 왔다고 아주 믿고 싶다. 왜냐면 고대 인도인들과 중국인들의 학문과 견해들에 대한 이미 주어진 설명을 관찰하는 사람이라면 누구나 (피타고라스·소크라테스·플라톤의 – 인용자) 영혼의 윤회, 사덕론四德論, 학자들에게 명해진 긴 묵상, 글자보다 전승에 의한 자기들의 독트린의 전파, 피타고라스가 도입한, 동물적 생명을 가진 모든 육류의 금욕, 에피쿠로스가 도입한, 형식의 영구변동과 결합된 물질의 영원성, 물질의 무통성無痛性, 정신의 평온 등과 같은 모든 그리스 생산물과 제도들의 씨앗들을 쉽사리 저 인도인과 중국인들의 학문과 견해들 가운

---

13) Temple, "An Essay upon the Ancient and Modern Learning", 456쪽.

데서 발견할 것이기 때문이다.[14]

여기서 템플은 꼭 집어서 소크라테스와 플라톤이 자연에서 영혼으로 인식관
심을 전화하는 공자의 철학개혁을 수입했다고 말하고 있지는 않지만, 요순·
탕왕·문왕·무왕·주공·공자의 '대덕론'과 유사한 피타고라스·소크라테스·플라
톤의 '대덕론'을 언급함으로써 저 철학개혁 자체를 수입했을 가능성을 강력히
시사하고 있다. 그런데 템플에 앞서 1669년 존 웹은 고대 스파르타의 신적
입법자 리쿠르고스가 중국을 방문했을 것으로 꼭 집어 말한 바 있다.[15]

여기서 우리는 공자가 지식을 '지인'으로 천명한 것을 소크라테스와 흄처
럼 자연인식의 철학에서 정신인식의 철학으로 인식방향을 바꾸는 지식철학
의 일대 혁명으로 보는 필자의 해석이 뜻밖에도 동서고금의 공감대와 맞닿아
있음을 깨달을 뿐만 아니라, 소크라테스·플라톤철학이 그 기본원리를 중국·

---

14) Temple, "An Essay upon the Ancient and Modern Learning", 456-457쪽. 칼데아는 바빌로니아
남부의 왕국이었다. 한편, 템플은 리쿠르고스의 제도입법도 모조리 인도에서 온 것으로 본다. "리쿠
르고스의 제도들 중에서 어린이의 탄생부터의 교육의 배려, 섭생의 엄격한 절제, 노고의 끈기 있는
인내, 생명의 무시 또는 경시, 금과 은을 사원에서만 사용하는 것, 이방인과의 상업의 옹호, 리쿠르
고스에 의해 스파르타인들 사이에 확립된 그 밖의 여러 가지 것들은 모두 다 인도의 것처럼 보인다.
이것들은 그리스에 그 당대나 그 이후나 나타난 적이 있는 사상이나 상상력의 어떤 흐름과도 다르기
때문이다."(457쪽) 피타고라스·플라톤과 중국철학의 연관성은 아니지만, 피타고라스·플라톤과 인
도의 윤회철학의 연관성에 대해서는 쇼펜하우어도 인정한 바 있다. "신화적 설명의 저 극치(윤회사
상 – 인용자)는 이미 피타고라스와 플라톤이 인도나 이집트로부터 전해 듣고, 경탄 속에 이해했고,
숭배했고, 적용했고, 우리가 얼마 만큼인지 모르지만 자신들이 믿었다." Schopenhauer, *Die Welt
als Wille und Vorstellung I*, §63 (467쪽). 다른 곳에서는 더욱 분명하게 말한다. "저 플라톤의 신화(윤
회신화 – 인용자)는 칸트가 그 추상적 순수성 속에서 이지적 성격과 경험적 성격의 학설로서
제시한 저 위대하고 심오한 인식의 비유로 간주될 수 있다는 사실과, 따라서 이 인식이 본질적으로
플라톤보다 이미 수천 년 전에 획득되었다는 사실, 아니 이보다 훨씬 더 높이 거슬러 올라간다는
사실을 독자는 인식할 것이다. 왜냐면 포르퓌리오스(Porphyrios, 232-305)는 플라톤이 이 인식을
이집트로부터 넘겨받았다는 견해를 갖고 있기 때문이다. 그러나 이 인식은 브라만교의 윤회설
속에 이미 들어 있고, 이집트의 성직자들의 지혜는 지극히 개연적으로 이 브라만교로부터 유래하는
것이다." Arthur Schopenhauer, *Preisschrift über die Grundlage der Moral* (1840, 개정판 1860), 709쪽.
*Arthur Schopenhauer Kleine Schriften. Sämtliche Werke*, Band III (Frankfurt am Main: Suhrkamp,
1986).

15) John Webb, *The Antiquity of China, or An{sic!} Historical Essay, Endeavoring a Probability that
the Language of the Empire of China is the Primitive Language* (London: Printed for Obadiah Blagrave,
1669·1678), 207쪽.

인도철학으로 받아들였다는 것을 깨닫게 된다. 철학을 공부하는 학자들에 의해 불현듯 종종 느껴지는, 그리스철학과 공자철학의 부분적 유사성은 바로 여기에 기인하는 것이다.

## 1.2. 지인의 또 나른 통로: 지언知言

공자는 '지인'을 위한 또 하나의 방법을 제시한다. 공자는 '지인'의 좋은 방법을 구체적으로 정치·사회 세계를 이루고 있는 언어행위를 아는 것으로 말한다. 공자는 『논어』「요왈堯曰」에서 "지언知言하지 못하면 지인知人하지 못한다"고 언명한다.16) '지인'의 중요한 부분은 '지언知言'인 것이다.17)

언어를 아는 것은 하버마스처럼 소통적 행위에 대한 화용론적 분석으로 일탈하면 달성될 수 없다. 따라서 '지인'은 곧 '언어행위'로서의 '사회적 행위'의 감정적 의미들과 의미들의 얽힘을 공감적으로 이해하고 해석하는 것으로 확장되어야 할 것이다. 이렇게 풀이하면, 공자의 '지언'론은 '언어'의 본질을 '언어행위'라고 갈파한 비트겐슈타인의 언어 개념이나18) 하버마스의 화용론적 언어 개념 및 생활세계의 '소통적 행위', '규범규제적 행위', '연출적 행위' 등에 집중된 '언어행위' 개념을19) 다 포괄하기 때문이다. 따라서 단어와 언어

---

16) 『論語』「堯曰」(20-3): "不知言 無以知人也."

17) 그런데 하안과 형병은 '지언'을 "(남의) 말을 듣고 나서 그 시비를 분별하는 것"으로 지극히 평범하게 풀이하고 있다. 『論語注疏』, 308쪽: "聽人之言 當別其是非. 若不能別其是非 則無以知人之善惡也." 주희는 '지언'에 전혀 주석을 가하지 않았다. 다만 "학자가 어려서 이 책(『논어』)을 읽고 늙어서 한 마디 말도 쓸 만한 것을 알지 못한다면 성현의 말을 모독하는 것에 가깝지 않겠는가?"라는 자못 엉뚱한 해설을 소개하고 있다. 朱熹, 『論語集註』, 757쪽: "學者少而讀之 老不知一言爲可用 不幾於侮聖言者乎!"

18) 비트겐슈타인은 "언어(Sprache)"는 "언어행위(Sprachhandlungen)에 의해 특징지어진다"고 갈파했다. Ludwig Wittgenstein, *Philosophische Grammatik*, 193쪽. *Ludwig Wittgenstein Werkausgabe*, Bd. 4. Hrg, v. Rush Rhees (Frankfurt am Main: Suhrkamp, 1984). 언어는 일종의 기능연관이고, 이 기능연관은 인간들이 행위함에 그리고 인간들이 행위함을 통해 존재한다. 그러므로 언어는 행위다. 언어는 특정한 목적을 위한 실체로서 실존하는 것이 아니라 많은 목적을 가진 과정으로 존재한다. 즉, 언어는 언어행위인 것이다. Chris Bezzel, *Wittgenstein zur Einführung* (Hamburg: Junius Verlag, 1989), 15쪽 참조.

19) 하버마스의 '소통적 행위', '규범규제적 행위', '연출적 행위'에 관해서는 Habermas, *Theorie des kommunikativen Handelns*, Bd. 1, 126-151쪽 참조.

문장의 상징적 의미뿐 아니라, 사회행위로서의 언어행위의 의미를 이해하기 위해서는 다시 공감적 해석학의 투입이 필수적일 것이다.

비트겐슈타인은 "언어(Sprache)는 언어행위(Sprachhandlungen)에 의해 특징지어진 다"고 말했지만, 모든 언어가 언어행위인 것은 아니다. 오직 일부의 언어만이 언어행위이거나 사회적 행위와 관련된 것이다.

① 장미꽃이 빨갛다.

② 공자는 사람이다.

③ 대한민국은 민주공화국이다.

④ 헌법 제1조 1항: "대한민국은 민주공화국이다."

⑤ 금강산의 단풍과 기암괴석은 참 아름답다.

⑥ 그는 놀 줄도 모르고 유머도 못 알아듣는 재미없는 놈이다.

⑦ 철수는 배려할 줄 안다.

⑧ 철수는 근처 초등학교 운동장에서 축구를 하고 있다.

⑨ 영희는 철수가 근처에서 축구를 하고 있다고 말했다.

⑩ 어머니가 아이에게 "그렇게 다니다가 감기 걸릴라"라고 말했다.

⑪ 어머니가 아이에게 "옷을 따뜻하게 입어라"고 말했다.

⑫ 철수가 '내일 아침 영화를 볼래?'라고 묻자, 영희는 응락했다.

⑬ 철수는 영희에게 '축하한다'(또는 '감사하다')고 말했다.

⑭ 직장상사가 지방을 다녀오라고 했다.

이 14개 문장 중 ①-⑧은 언어행위가 아니라 '진술적 발화(constative utterances)'다. 이 중 ⑧은 다만 내용적으로 어떤 사회적 행위(축구라는 유희적 행위)를 묘사하고 있을 뿐이다. 물론 이 문장들은 대화상황에서라면 '전달의 용도로 쓰일 수 있지만, 제시된 바로는 전달행위로 볼 수 없다. 그러나 이 '진술적 발화'의 문장들도 감각이나 감정을 공감적·교감적으로 이해하지 않고는 이해할 수 없다. ② "공자는 사람이다"는 문장은 '사람'이라는 개념을 사람들에 대한 다문다견의 다양한 감성적 내용을 미리 공감적으로 이해하고 있지 않으면 이해할 수 없다. ③ "대한민국은 민주공화국이다"는 그 자체로서 동어반복이지만, ④ 헌법의 "대한민국은 민주공화국이다"는 말은 하나의 국민적 약속으로서 강력한 규범성을 지니고 있는 발화發話다. 이 말의 '규범성'은 시비지심의 평가감각 없이는 이해할 수 없다. 이 때문에 ③의 말도 동어반복에서 탈피한다. ⑤·⑥·⑦의 말은 차례로 미추감각·재미감각·시비감각이 없으면 공감적으로 이해할 수 없다. ⑧ "철수는 근처 초등학교 운동장에서 축구를 하고 있다"는 문장은 축구의 신체동작을 '거울뉴런'에 의해 시뮬레이션해서[20] 교감적으로 지각하고 그 근감각적·평가감각적·공감감정적 '의미'(힘듦·재미·유희적 즐거움 등)를 공감해야만 이해할 수 있다.

⑨-⑭의 말은 '수행적 발화(performative utterances)'로서 '언어에 의해 수행되는 행위'로서의 언어행위다. ⑨는 영희가 철수의 축구 놀이를 알리는 전달행위를 하고 있다. ⑩은 어머니가 아이에게 하는 경고행위다. ⑪은 엄마가 아이에게 요구하고 있다. ⑫는 영희가 철수에게 약속하고 있다. ⑬은 축하·감사행위를 하고 있다. ⑭는 직장상사가 명령하고 있다. 전달(알림)·경고·요구·약속·축하·감사·명령 등은 다 사회적 행위다. 이 중 ⑪과 ⑭의 발화행위적 언어는 발화효과(perlocutionary effect)가 '의미'로서 중요하다. 이 언어행위들은 모두 다 전달·경고·요구·약속·명령이라는 말을 언어 안에서 사용하지 않으면서 이 사회적 행위를 하고 있다. 이 행위들은 발화수반 행위(illocutionary act)라고 한다. 그러나 ⑬의 축사·감사만은 반드시 언어 안에 이 '축하·감사'라는 단어를 사용하지 않으면 수행될 수 없다. 발화행위(locutionary act) 자체가 바로 사회적 행위인 경우다.

그런데 ⑨-⑭까지의 말들도 ①-⑦의 말들과 마찬가지로 다 사람의 의도나 감정을 표현하는 것이기 때문에 교감과 공감이 투입되어야만 이해될 수 있다. 그래서 단어와 문장의 의미뿐 아니라, 언어행위의 의미를 이해하기 위해서는 다시 '공감적 해석학'의 투입이 필수적이라고 단언한 것이다.

---

20) 뇌의 전전두 피질의 거울뉴런에 의한 시뮬레이션에 대해서는 참조. 황태연, 『감정과 공감의 해석학 (1)』, 101-123쪽.

그러나 언어는 의미를 다 표현하기에 한계가 있고 또 거짓된 허언도 많다. 우선 언어는 글말이든 입말이든 표현상의 한계와 결함이 있다. 언어는 사람의 행위들을 야기하고 조절하는 일정한 정황·이유·인정人情과 심리의 의미요소들을 빠짐없이 다 표현하기에는 너무 부실하다. 공자는 『역경』 「계사상전」에서 "글은 말을 다하지 못하고 말은 의미를 다하지 못한다"고 갈파한 것이다. 그래서 "성인은 심상을 세워 의미를 완성하고 역괘易卦를 펴서 감정과 꾸밈을 완성하고, 상사象辭를 묶어 그 말을 완성한다"는 것이다.21) 『역경』 「계사하전」을 말한다.

> 무릇 건乾은 천하의 지극한 강건성이다. 덕행은 늘 용이함으로써 위험을 안다. 무릇 곤坤은 천하의 지극한 순응성이다. 덕행은 늘 간소함으로써 저지됨을 안다. 여러 마음을 기쁘게 할 수 있고 제후의 생각을 탐구할 수 있으니 천하의 길흉을 정하고 천하의 아름다움을 이룬다. 그러므로 변화를 길사吉事에 상서로움이 있다는 것을 운위云爲하고 상사象事는 그릇(器)을 알고 점사占事는 미래를 안다. 천지는 위位를 설치하고 성인은 능력을 이루고 인모人謀하고 귀모鬼謀하니 백성은 더불어 능하다. 팔괘(乾兌離震巽坎艮坤)는 심상(象)으로 고하고 효·단사는 감정(情)으로 말한다. 강유剛柔가 섞여 거하면 길흉이 보인다. 변동은 이利로써 말하고 길흉은 길情으로써 바뀐다. 그러므로 사랑과 미움의 감정이 서로 공격하면 길흉이 생기고, 원근이 서로 취하면 회린悔吝(뉘우침과 옹색함)이 생기고, 진정과 꾸밈(情僞)이 상감相感하면 이해利害가 생긴다. 무릇 『역』의 정情은 가까워도 서로 얻지 못하면 흉하고, 혹 서로 해치면 뉘우침과 옹색함이 있다(悔且吝).22)

---

21) 『易經』 「繫辭上傳」: "子曰 書不盡言 言不盡意. 然則聖人之意其不可見乎 子曰 聖人立象以盡意 設卦以盡情僞 繫辭焉以盡其言 變而通之以盡利 鼓之舞之以盡神."

22) 『易經』 「繫辭下傳」: "夫乾 天下之至健也 德行恒易以知險 夫坤 天下之至順也 德行恒簡以知阻. 能說諸心 能研諸侯之慮 定天下之吉凶 成天下之亹亹者. 是故變化云爲 吉事有祥 象事知器 占事知來. 天地設位 聖人成能 人謀鬼謀 百姓與能 八卦以象告 爻象以情言 剛柔雜居 而吉凶可見矣. 變動以利言 吉凶以情遷 是故愛惡相攻而吉凶生 遠近相取而悔吝生 情僞相感而利害生. 凡易之情 近而不相得 則凶, 或害之 悔且吝."

가령 어떤 남자가 대통령의 지위에서 권력을 자의적으로 고집스럽게 끝까지 추구하고 발휘하다가 민심을 잃고 권좌에서 추락하게 되는 경우에 그 연유와 미묘한 정황과 이 사람의 복잡한 감정 등을 말 몇 마디로 표현하는 것은 어렵다. 글로 표현하는 것은 더욱 어렵다. 그런데 은나라 마지막 왕(폭군 주紂)의 저지를 형상화하는, 『주역』 건乾괘의 마지막 효인 상효上爻는 이를 "항룡유회亢龍有悔(끝까지 올라간 용이니 후회가 있다)"라는 넉 자로 형용한다. 여기서 중천重天 건의 괘상卦象 또는 '대상大象'은 '하늘' 심상의 중첩이다. 이것은 '대통령'을 상징한다. 효사의 감정적 의미(情)는 '항룡亢龍(하늘 끝까지 올라간 오만한 용)'의 '소상小象'으로 상징된다. '항룡'의 심상은 '남자 대통령'의 폭정이 극에 달한 때에 이 대통령의 권세에 조종弔鐘이 울리는 사정事情을 상징하고, 이로 인해 민심을 잃고 곧 추락하면서 후회할 것을 예고한다. '항룡'은 '상사象辭'이고, '유회有悔'는 곧 추락할 대통령이 느낄 내면적 고뇌를 형상하는 '점사占辭'다. 이런 효爻의 양성陽性과 위位(마지막 위치), 그리고 효사爻辭('亢龍有悔')는 모두 결합해 어떤 남성 대통령의 극한적 폭정과 몰락, 그 개인의 정치적·내면적 감정상태를 적절히 나타내 주고 있다. 따라서 "역괘를 펴서 감정과 꾸밈(情僞)을 완성하고, 상사를 묶어 그 말을 완성한다"는 공자의 설명은 역괘와 효사로 사람의 '관념과 의미들'을 '완전히' 드러내기 위해 상징적 심상과 감정·꾸밈 등을 완성해 언어의 결함을 보완하고 의미 표현을 달성하는 것을 뜻한다. 괘·효들은 음기와 양기의 감응관계를 중심으로 미묘한 감정적·평가적·도덕적 의미들을 때로 언어행위보다 더 잘 표현해 준다.

이렇게 보면 성인이 주역괘를 운용한 것도 언어의 미흡한 의미표현을 보완하기 위한 것이다. 따라서 괘상卦象으로 언어를 보완하는 것은 일종의 공감적 이해인 것이고, 언어행위를 공감적으로 이해하는 한 방법으로 볼 수 있다. 따라서 언어는 공감적으로 이해된다면 인간의 감각적·감정적 의미(senses)를 전달하는 한 중요한 통로가 된다. 동시에 사람들과 관련된, 그러나 감정적이지 않은 많은 사물과 사건들에 관한 '건조한'23) 지물指物·지사적指事的 '관념들

---

23) '건조하다'는 것은 감정적·평가감각적 '의미(senses)'가 없다는 뜻이다.

및 서로 얽힌 '관념적 콘텐츠'를 전달하는 유일한 통로다. 이 점에서 '지언知言'은 '지인知人'에 크게 기여할 수 있다.

그러나 공자는 "글이 말을 다하지 못하고 말이 의미를 다하지 못한다"는 외에도 언어의 다른 결정적 한계를 지적한다. 언어는 언제나 부실하고 거짓될 수 있어 다 믿을 수 없는 것이다. 그리하여 공자는 '행위'와 분리된 '형식적' 언어, 즉 '허언'이 믿을 수 없다는 점을 거듭 지적한다. 언어는 종종 거짓말이나 평계·위장용으로 사용되기 때문이다. 그러나 인간은 표정과 행동을 기준으로 어떤 언어행위가 믿을 수 없는지를 탐지해낼 수 있다.

따라서 '지언'은 인간의 언어가 믿을 수 없다는 사실을 아는 것, 그리고 이 믿을 수 없는 언어를 비판할 수 있는 인간의 감각과 감정이 있다는 사실을 아는 것까지 포괄하는 것으로 이해해야 할 것이다. 그리하여 공자의 언어의 믿을 수 없는 측면을 거듭 지적한다. 공자는 "교언영색巧言令色에는 인仁이 드물다"고 비판하면서[24] '위인爲仁(인의 실천)'이 어렵기 그지없으므로 '인'을 달변으로 떠벌리는 '교언'을 불신한다. "인자는 자신의 말을 더듬기(仁者 其言也 訒)" 때문이다.[25] 그래서 공자는 차라리 "군자는 말에 어눌하고 행동에는 민첩하기를 원한다(君子欲訥於言而敏於行)"고까지 극언했다.[26] 공자는 또한 어리석은 제자 재여宰予가 낮에 잠을 자자 이를 보고 이렇게 말한다.

처음에 나는 사람을 대하면서 그 사람의 말을 듣고 그 행동을 믿었으나 지금은 사람을 대하면서 그 사람의 말을 듣고 그 행동을 살핀다. 재여를 대하면서 이렇게 고쳤느니라.[27]

공자는 여기서 제자 재여의 언행불일치를 지적하며 언어 일반에 대한 불신을

---

24) 『論語』「陽貨」(17-15): "子曰 巧言令色 鮮矣仁."

25) 『論語』「顏淵」(12-3).

26) 『論語』「里仁」(4-24).

27) 『論語』「公冶長」(5-10): "子曰 始吾於人也 聽其言而信其行 今吾於人也 聽其言而觀其行. 於予與改是."

표명하고 있다. 믿을 수 없는 교언의 문제와 거짓말 문제가 불거지는 것이다. 그리하여 자하도 "말하면 믿음이 있어 한다(言而有信)"고 강조한다.[28]

이것은 언어행위의 기저에 가로놓인 인성에 바탕을 둔 인간의 감정, 말없는 행동, 그리고 상징체계 등과의 비교 속에서 언어의 한계를 알고 또 언어를 때로 신뢰할 수 없음을 알아야 한다는 말이다. 따라서 '지언'은 언어행위로서의 사회행위의 의미를 평가적·공감적으로 이해하는 것만이 아니라, 언어와 언어행위의 감정 측면과 허위 측면까지 공감적으로 이해하는 것을 포괄한다.

비트겐슈타인, 하버마스 등이 생각한 '언어행위'와 '언어적 의사소통'은 인간 행위의 지극히 작은 일부일 뿐만 아니라, '공감'의 감정소통을 제쳐 놓은 점에서 인간적 소통행위 일반에서 극히 작은 일부에 지나지 않는 것이다. 흄이 강조하듯이 말없는, 그러나 인성과 인정에 근거한 이심전심以心傳心의 '공감적 의미 수수收受'는 인간과 사회에서 더 근본적인 사회적 의미전달 기능을 수행하고 공적 공감대로서의 민심을 산출하고 유지시킨다. 결론적으로, '지언'은 인간의 언행과 인간감정, 행동, 인간사회와 제도 등에 대한 공감적 이해와 해석 일반을 일컫는 것으로 넓게 풀이되어야 한다.

언행, 인성, 감정, 제諸가치, 상징, 행동, 법제, 정책 등의 의미를 알아 인간사회의 확실한(의혹 없는) 항구적 이치를 깊이 이해하는 자는 바로 지인의 의미에서 '지자知者'다. 그러므로『중용』에서 공자는 '지인'의 의미를 '지천'과 구별해 확대하고 심화한다.[29] 공자는 '지인'을 백세(3000년) 만에 성인이 다시 나와 평가해줄 '확실한' 자기·백성·역사의 달도達道를 파악하는 것으로 정의하고 있다. '인지적 지식'으로서의 '지인'은 자신을 근본으로 삼아 경험적·실험적으로 탐구해 체득하고 여기서 깨달은 이치를 백성에게 적용해 백성이 공감하면

---

28)『論語』「學而」(1-7): "賢賢易色 事父母 能竭其力, 事君 能致其身, 與朋友交 言而有信. 雖曰未學, 吾必謂之學矣."

29)『禮記』「中庸」, 제29장: "君子之道本諸身 徵諸庶民 考諸三王而不謬 建諸天地而不悖 質諸鬼神而無疑 百世以俟聖人而不惑. 質諸鬼神而無疑 知天也, 百世以俟聖人而不惑 知人也." 정현은 "지천과 지인은 그 도(천도와 인도)를 아는 것을 이른다(知天知人 謂知其道也)"라고 주석했다.『禮記正義』, 1701쪽. 그러나 주희는 이 '知人'과 '知天'의 차이에 대해서 아무런 언급도 하지 않았다. 朱熹,『大學·中庸集註』, 146-147쪽.

확대 시행하고 백성이 싫어하면 폐기해 새로운 정책을 다듬고 예전의 정치모델과 비교해 손질하고, 이렇게 검증되고 손질된 지식을 천지에 표준으로 세워 패륜을 제거하고 자기와 백성의 인륜과 행복을 증진하게 할 수 있는 지식이다. 이 '지인'의 지식의 주된 대상은 바로 인간의 존재와 행동, 사회적 관계, 인·의·예·지의 도덕, 국민적 공감대로서의 민심과 언어적 여론, 법제도 및 제가·치국·평천하의 제반 정책들이다.

지인의 이 주된 대상들 안에서 언어는 일반적 소통수단으로 중요한 역할을 한다. 하지만 언어는 공감적으로 이해될 때만 완전히 이해될 수 있고, 의미전달 매체이지만 의미전달에 한계가 있고 또 거짓말 도구라는 언어의 양면성도 공감적으로만 파악될 수 있다. 따라서 발화發話된 언어의 공감적 이해와 이 양면성에 대한 공감적 해석으로까지 확장된 '지언知言'만이 '지인知人'에 기여할 수 있는 것이다.

## 제2절 지인의 바른 방법: 경귀신이원지敬鬼神而遠之

### 2.1. 인지적人智的 지인을 위한 경귀신이원지

'지인'은 '지물'과 마찬가지로 '인지人智'로 할 수 있으므로 귀신에게 묻지 않고 순전히 인간의 탐구노력으로 이룩하는 것이다. 즉, '아래에서 경험으로 배워 위에 달해야(下學而上達) 하는 것이다. 베이컨이 자연을 알려면 자연에게 물어야 한다고 말했듯이,[30] 사물을 알려면 사물을 직접 대하고, 사람을 알려면 사람을 직접 많이 보고 묻고, 하늘을 알려면 하늘에 물어야 한다. 사람을 알려고 사람에게 묻는다는 것은 자기와 타인에게 묻고 천하와 백성의 삶을 다견多見하고 '민시민청民視民聽(백성이 보고 듣는 것)'의 여론을 다문多聞하는 것

---

30) Bacon, *The New Organon*, "Preparation for a Natural and Experimental History", 'Outline of a Natural and Experimental History, adequate to serve as the basis and foundation of True Philosophy', 223쪽.

이다. 사람에게 많이 묻고 많이 보고 들으면, 천하에 명덕을 밝히고 백성을 새롭게 진작하고 지선至善에 살기에 충분할 만큼 '지인'할 수 있다. 사람이 인지人智에 의해 스스로 알 수 있는 것을 신에게 묻는 것은 신에 대한 불경이자 독신瀆神일 것이다.

그러므로 '지인'을 위해 귀신에게 묻지 않고 신지神智나 점술을 멀리한 채 '인지人智'능력을 최대로 이용해 사람에게 묻고 보고 듣는 인간적 노력에는 신에 대한 공경심이 들어 있는 것이다. 따라서 공자는 '지인'은 '지천'과 반대로 귀신을 '경원敬遠(공경해 멀리함)'해야 한다고 말한다. 인지로 얻을 수 있는 '지인'의 지식을 인간이 스스로 노력하지 않고 귀신에게 물어 얻으려고 나태하게 꾀를 쓰는 것은 귀신에 대한 불경이기 때문이다. '귀신의 경원'은 지물과 지인의 방법론적 전제다. 따라서 공자는 지인의 지식에 대해 다음과 같이 갈파한다.

> 번지가 지知에 대해 묻자, 공자는 백성의 의의意義(사람의 의미)를 알려고 힘쓰면서 귀신을 공경해 멀리한다면 이를 지知라고 일컬을 수 있다고 말했다.(樊遲問知, 子曰 務民之義 敬鬼神而遠之, 可謂知矣)[31]

여기서 '백성의 의(民之義)'는 '백성의 의의', '사람의 의의', '사람의 의미'를 가리킨다. 그리고 여기서 '무務'는 '찾아 얻다', 또는 '알려고 힘쓰다'는 뜻이다. 따라서 '무민지의務民之義'는 대덕들(인·의·예·지) 중의 '의義'를 위해 힘쓰는 것이 아니라, '사람의 의미를 이해하려고 힘쓰는 것'을 뜻한다. 결국, '무민지의'는 '지인知人'을 뜻한다. '지인'의 지식은 '지물知物의 지식'처럼 인지人智로 얻을 수 있다. "경귀신이원지敬鬼神而遠之"는 진정으로 지인을 추구하고 또 진정으로 귀신을 공경한다면 지인 작업 시에 귀신을 멀리해야 하고 사람의 의미를

---

31) 『論語』「雍也」(6-22). 왕필과 형병은 '務民之義'를 "백성을 감화시켜 이끄는 의리를 위해 힘쓰다(務所以化道民之義)"로 주석했다. 그리고 왕필은 '敬鬼神而遠之'를 "귀신을 공경해 더럽히지 않는다(敬鬼神而不黷)"로 주석했다. 형병은 "귀신을 공경해 소원하게 하고 더럽히지 않는다(敬鬼神而疏遠之 不褻瀆)"으로 주석했다. 何晏(注)·邢昺(疏), 『論語註疏』, 89쪽.

알기 위해 사람을 가까이 하라는 말이다. 인지로 가능한 지인의 작업에서 이를 귀신에게 묻는 것은 인간의 할 일을 귀신에게 떠넘기는 것으로서 귀신을 모독冒瀆하는 짓이기 때문이다.

따라서 과거에 속류유자俗流儒者들이 흔히 그래왔듯이 "경귀신이원지敬鬼神而遠之"를 "귀신을 공경해 멀리한다"는 순접문장이 아니라 "귀신을 공경하지만 이를 멀리한다"는 역접문장으로 옮기는 순간, 이것은 공자의 "경귀신이원지" 명제의 심오한 뜻을 전혀 이해하지 못했음을 스스로 폭로하는 것이다. '지인'의 인지적 지식을 얻는 일에서 귀신을 최대로 공경하는 유일한 길은 귀신을 멀리하고 인간적 감성과 지성을 최대한 인간의 이해와 해석에 활용하는 식으로 인간의 최선을 다하는 것이기 때문이다. 환언하면, 이 일에서 귀신을 멀리하는 대신 인간적 최선을 다하는 것은 귀신을 공경하는 것이고, 귀신을 공경하는 것은 귀신을 멀리하고 인간을 가까이하고 인간을 이해하려고 인간적 최선을 다하는 것이다. 따라서 "경귀신이원지" 명제는 한편으로 인간이 '지인'의 인간적 지식을 '인지'로써 얻기 위해 최선을 다하는 것이 인간의 의무라는 뜻과, 다른 한편으로는 귀신에게 묻는 점술로 지인의 지식을 얻으려고 귀신을 귀찮게 하는 것은 미신적 행각일 뿐만이 아니라 '신에 대한 불경'이라는 뜻을 깔고 있다. 인지적 지인에서는 '신을 멀리하고(遠神) 사람을 가까이하는 것(近人)'이 곧 '신을 공경하는 것(敬神)'이기 때문이다.

상론했듯이 '다문다견'의 내용 중에서 '궐의궐태'하고 나머지 것에 힘쓴다는 것은 '중도적 회의론'의 관점에서 '인지人智'의 한계를 솔직히 인정하고 "의심스럽고 위태로운 것들" 중 인지에 의해 불가지한 것을 하늘의 일로 돌리고 그렇더라도 이 때문에 절망하지 않고 인지로 알 수 있는 대상에 대해서는 하늘과 귀신에 묻지(점치지) 않고 귀신을 멀리한 채 인지로 아는 데 최선을 다하는 것을 뜻한다. 인지로 알 수 있는 것을 인간이 인지력人智力으로 알려고 애쓰지 않고 태만하게 하늘과 귀신에게 묻는 것은 그 자체가 하늘과 귀신을 모독하는 '불경不敬'이고, 인간의 상식에서 보면 '미신'과 '주술'이다. 따라서 인지로 알 수 있는 것들과 관련해서는 점술을 멀리하는 대신 사람을 가까이

하고 인지력人智力으로 사람을 이해하려는 노력을 다하는 것이 귀신을 공경하는 길이다. '귀신경원鬼神敬遠'은 귀신을 공경해 멀리하는 대신 인간을 가까이하고 인지로 인간을 알려고 최선을 다하는 '인지 우선'의 원칙을 밝힌 것이다. 이 원칙에는 바로 귀신에 대한 참된 공경심이 담겨 있다. 이로써 공자는 귀신의 경원敬遠을 '인지적人智的 지식'으로서의 '지인'의 기본 방법으로 강조한 것이다.

이것은 상론했듯이 신이 인간의 지적 능력으로 익혀 알 수 있는 일들까지 신에게 묻고 점치는 자들을 소크라테스가 "미망에 빠졌을" 뿐만 아니라 "불경하다"고 비판한 것과 상통한다. 소크라테스도 "신이 우리가 배울 수 있다고 여기는 일은 우리가 배워" 알아야 한다고 강조한 것이다.32) 로크도 공자와 유사하게 다음과 같이 말한다.

> 인간의 지성은 자연본성적 계시(*natural revelation*)다. 모든 지식의 원천인 빛의 영원한 아버지는 그분이 인류의 본성적 능력의 범위 안에 배치한 그 분량의 진리를 저 본성적 계시에 의해 인류에게 전해 준다. 역으로, (종교적) 계시啓示는 신에 의해 직접적으로 전해진 새로운 일련의 발견들에 의해 확장된 본성적 지성이다. 인간의 지성은 이 발견들의 진리성을 이 발견들이 신으로부터 왔다는 것에 대한 지성적 증언과 증명에 의해 보증한다. 그러므로 계시를 향해 가기 위해 인간의 지성을 내동댕이치는 자는 이 신적 계시와 인간적 지성의 빛을 둘 다 끄는 짓, 보이지 않는 별의 아득히 먼 빛을 망원경으로 더 잘 받기 위해 어떤 사람에게 눈을 감으라고 설득하는 것과 같은 짓을 하는 것이다.33)

로크는 인간이 인지人智로 알 수 있는 일에서 인간의 지성(본성적 계시, 즉 인지)을 내던지고 종교적 계시(신지)에만 호소하면 인간의 지성과 종교적 계시를 둘

---

32) Xenophon, *Memorabilia*, Book I, ch.1, §8·9.

33) John Locke, *The Reasonableness of Christianity* [1695], ch.xix, §4. *The Works of John Locke* in Nine Volumes, Vol. 6.

다 잃고, 반대로 경신敬神의 자세에서 인지로 알 수 있는 일에서 신지적 계시에 대한 호소를 뒤로 돌리고 우선 인간의 지성을 활용하는 자세를 견지하면 인간적 지성의 빛과 종교적 계시의 빛을 둘 다 확보할 수 있다고 말하고 있다. '종교적 계시'는 신이 인간에게 (인간본성을 매개하지 않고) 직접 전해준 새로운 일련의 발견들만큼 확장된 '인간본성적 계시'에 불과한 것이다. 지성을 견지하면 계시의 발견도 덤으로 얻지만, 지성을 버리면 종교적 계시의 발견도 버리는 것이다. 이것은 "망원경으로 아득히 멀리 떨어진 별을 보면서 망원경만 믿고 눈을 감는" 짓이나 다름없다. 하늘이 감춰두고 사람에게 드러내지 않는 '사람의 의미'가 혹시 더 있을 수 있다. 인지로 알 수 있는 의미 이상의 이 감춰진 신비한 의미는 물론 신지로만 알 수 있을 것이다. 하지만 이 '사람의 신비한 의미'를 하늘에 물어 알기 위한 전제는 먼저 인지로 알 수 있는 '사람의 의미'를 알려는 온갖 인지적 노력을 다하는 것이다.

인간의 인지력人智力으로 사람에 대한 이런 인지적 지식을 얻는 일에서 신을 공경해 멀리하고 인지를 활용해야 하는 것은 경건하고 독실한 경신론자敬神論者 라이프니츠도 강조한다. 가령 기하학자는 철학과 신학에서 아주 필수적이고 중요한 토론을 파고들지 않고도 그의 모든 논증을 할 수 있고, 정치가는 그의 모든 숙고를 다할 수 있다. 그러므로 그는 주장한다.

기하학자가 연속체의 구성(composition of continuum)의 유명한 퍼즐로 자신의 정신을 거추장스럽게 할 필요가 없듯이, 그리고 도덕철학자, 아니 더더욱 법률가나 정치가가 자유의지를 신의 섭리적 활동과 조정하는 데서 생겨나는 커다란 어려움으로 스스로를 귀찮게 할 필요가 없듯이, 이와 동일한 방식으로 물리학자는 다른 영역에 속하는 일반적 고찰을 할 필요 없이 때로는 이미 이루어진 더 단순한 실험을 활용하고 때로는 기하학적·역학적力學的 논증을 쓰는 식으로 자신의 실험을 설명할 수 있다. 그런데도 이 물리학자가 신의 협력 또는 모종의 영혼이나 영령의 힘 또는 유사한 성질을 가진 그 밖의 것의 협력을 이용한다면, 그는 (…) 제 길에서 아주 많이 벗어나게 되는 것이다.34)

이와 같이 공자, 소크라테스, 로크, 라이프니츠는 비록 어조가 조금씩 다를지라도, '인간의 지혜'로 알 수 있는 일에서 신의 협조를 받지 않고, 즉 신을 멀리하고 인간의 노력을 다해야 한다는 원칙을 공유하고 있다. 따라서 인지적 지안에서는 '원신遠神'이 곧 '경신敬神'인 것이다.

공자의 심오한 뜻은 '지안'의 인지적 노력 원칙으로 신에 대한 불경을 범하지 않는 것을 넘어 신을 최대로 공경하는 길은 신의 도움을 얻으려는 생각을 뒤로 제쳐 두고 인간의 노력을 극대화해야 한다는 것을 강조하는 데 있기 때문이다. '인지'로도 충분히 얻을 수 있는 '지안'의 지식을 나태하게 신에게 물어 얻으려고 하면 신은 제아무리 간절히 기원하더라도 이 독신적瀆神的 불경 때문에 인간의 하찮은 물음에 결코 답하지 않을 것이다.

인지적 '지안' 방법은 귀신을 섬기고 신을 경배해 점술을 멀리하는 대신 사람을 가까이하고 이에 충실한 주나라 문화를 따르는 '종주從周' 노선에 속하는 것이다. 공자는 『예기』「표기表記」에서 다음과 같이 하·은·주의 정치문화를 요약, 변별하고 있다.

> 하나라의 도는 천명을 받든다. 귀신을 섬기고 신을 공경해 이를 멀리하고 사람을 가까이하고 이에 충실하다. 봉록을 앞세우고 권위로 으르는 것을 뒤로하며, 상을 앞세우고 벌을 뒤로한다. (…) 은나라 사람은 신을 받든다. 백성을 거느리고 신을 섬긴다. 귀신을 앞세우고 예를 뒤로하며 벌을 앞세우고 상을 뒤로한다. (…) 주나라 사람은 예를 받든다. 귀신을 섬기고 신을 공경해 이를 멀리하고 사람을 가까이하고 이에 충실하다. 그 상벌은 작위의 서열을 쓰고 친하나 받들지 않는다.[35]

하나라 문화는 천명을 받들고 사람을 가까이했으나 귀신을 경원한 반면, 은나라는 귀신과 조상신을 섬기고 공경했다. 그런데 공자는, 주나라 문화를 예

---

34) Leibniz, *Discourse on Metaphysics* (1686), §X.

35) 『禮記(下)』「表記」, 100-1쪽: "子曰 夏道尊命. 事鬼敬神而遠之 近人而忠焉. 先祿而後威 先賞而後罰. 親而不尊. (…) 殷人尊神 率民以事神 先鬼而後禮 先罰而後賞 尊而不親. (…) 周人尊禮 事鬼敬神而遠之 近人而忠焉. 其賞罰用爵列 親而不尊."

를 중시하고 사람을 가까이하고 귀신을 경원했다고 파악하고 있다. 여기서 공자는 귀신에 대한 경원을 중시한 나머지, 주나라도 예를 중시함과 동시에 하나라처럼 귀신을 경원하고 천명을 받들었다는 사실은 언급하지 않고 있는 것이다. 주나라 문화가 예를 중시하고 인간을 가까이하지만 천명을 경시했다면 현대와 다름없는 세속적 인본주의 문화였을 것이다. 그러나 주나라는 귀신에게 천명을 묻는 경전인『주역』을 역사상 가장 크게 일으킨 나라다. 따라서 주나라 문화에 대한 공자의 저 서술은 미흡하다. 주나라 문화는 은나라와 크게 달랐으나 하나라 문화와는 유사한 측면이 많았다. 특히 천명중시와 귀신경원의 결합이 그랬다.

다만, 하나라는 천명을 중시했으나 '지천'하지 못했고, 인간을 가까이하고 귀신을 경원했으나 '지안'하지 못했다. 따라서 하나라에는 발전된 예가 없었다. 주나라는 귀신을 경원하고 인간을 가까이하여 '지안'하여 예를 발전시켰고, 동시에『주역』으로 '지천'하고 하늘과 천명을 받들었다. 주나라가 조상신과 제사를 중시한 은나라와 달리 '보다 폭넓고 비인격적인 신'인 '하늘'을 중심에 놓고 지배의 정통성을 하늘로부터 승인받는 '천명론天命論'을 수립하고 발전시킨 것은 주지의 사실이다.36) 이런 이유에서 주나라에서는 하늘(천신)에게 천명을 묻고 답하는 '주나라의 역'으로서의『주역』을 크게 일으켰던 것이다.

공자는 '인지' 차원에서 이렇듯 '지안'을 정통적 지식으로 정의했다. 그는 하늘과 사람의 엄격한 구분 하에 귀신에 물어 얻는 '지천知天(하늘을 아는 것)' 또는 '지천명知天命(천명을 아는 것)'을 일단 고려하지 않고 '지안'을 '정통지식'으로 인정한 셈이다. 지안의 지식을 달통한 '지자'는 "불혹不惑한다".37) 즉 인의예지의 '인지人智' 문제에서 미혹되거나 오류에 빠지거나 일을 그르치지 않는다. 그런데 공자가 스스로 자신의 인생을 회고하며 "나이 사십에 불혹의 경지에 이르렀다(四十而不惑)"고 했으므로 귀신과 천명을 경원하고 인간의 노력으로 달성하는 인지적 '지안'의 방법론은 공자의 나이 40대 이전에 완성한 것으

---

36) 존 킹 페어뱅크·멀 골드먼, 『新中國史』(서울: 까치, 2005), 64쪽.
37) 『論語』「子罕」(9-29): "子曰 知者不惑 仁者不憂 勇者不懼."

로 추정할 수 있다. 이때까지 공자는 '지천'에 대한 관심보다 '지인'에 대한 관심이 월등하여 천명을 묻고 답하는『주역』을 그리 중시하지 않고, 시서蓍筮도 가까이하지 않은 것으로 보인다.

이 점은 1973년 출토된『마왕퇴한묘백서馬王堆漢墓帛書』「요要」편에 기록된 제자 자공의 다음 증언에서 잘 드러난다.

> 선생님께서는 옛날에 이 제자에게 가르치시길, 덕행이 없는 자는 신령에 쏠리고 지모知謀가 모자라는 자는 복서로 점친다고 말씀하셨는데 저는 이것을 지당한 것으로 간주하였습니다. 그리하여 저는 이 말씀을 취해 이를 열심히 행했습니다.38)

여기서 자공은 신령과 복서를 멀리했던, 따라서『주역』조차도 지혜가 모자라는 자들의 관심거리로 멀리했던 공자의 소장 시절 인지주의적人智主義的 가르침을 전하고 있다.

## 2.2. 경험론적 인지론人智論과 절대적 인지주의의 차이

절대적 '인지주의人智主義(human-wisdom cognitivism)'는 인간의 지혜, 즉 '인지人智'를 절대시해 인간이 신과 우주(자연)와 인간의 만사를 인지로 다 알 수 있다고 믿고 인지로 신지를 대체함으로써 결국 신의 부정에 이르는 견해다. 대체로 합리주의자·지성주의자들이 공유하는 이 '절대적' 인지주의는 이성적 '인지人智'를 모든 것을 알 수 있는 신적 능력으로 과신하여 오만하게 신을 경시하고 부정하는 독신적瀆神的 인본주의 세계관이다. 결국 이 '절대적 인지주의'는 전지주의全知主義와 동일한 것으로서, 인간을 신적 전지자의 지위로 격상시키고 기존의 신을 죽이는 오만한 '살신적殺神的' 지성주의를 함의한다.

---

38)『馬王堆漢墓帛書』「要」: "子贛曰 夫子它日敎此弟子 曰 德行亡者 神靈之趨 知謀遠者 卜筮之蔡 賜以此爲然矣. 以此言取之 賜緖行之爲也." '子贛'은 端木賜의 字다. 통상 '子貢'으로 쓴다.『馬王堆漢墓帛書』는 중국 호남성 長沙의 馬王堆 언덕에서 처음 발견되어 1972-73년 사이에 발굴된 기원전 1세기경의 西漢 귀부인의 墓에서 출토된『주역』,『도덕경』,「요」등 비단에 쓴 수많은 古書籍들을 묶은 책이다. 이 한묘 발굴 과정을 기자의 관점에서 소설체로 자세히 기록한 책으로는 참조 岳南,『西漢亡魂』. 웨난(이익희 옮김),『마왕퇴의 귀부인』(서울: 도서출판 일빛, 2001).

반면, 경험론적 '인지주의'는 제한적이다. 공자의 서술적 경험론과 베이컨과 흄의 비판적 경험론은 인지로 알 수 없는 불가지의 것을 인지로 안다고 허풍 치지 않고 이 불가지의 것들을 신의 영역으로 남기는 반면, 인지로 알 수 있는 것까지도 신에게 묻는 불경과 독신을 저지르지 않기 위해, 인간이 알 수 있는 인식 대상은 인지로 알려고 최대한 노력하고 이런 최대한의 인지적 노력과 경신敬神의 의미로 인지적 지식 추구 과정 중에 방법상 신을 멀리하는 겸손한 '제한적 인지론'을 표방한다. '전지론적' 오만에서 신을 멀리하고 부정하는 '절대적 인지주의'는 아리스토텔레스·데카르트·칸트·헤겔·니체 등의 서구 합리주의 철학 안에서 널리 유포된 사조였던 반면, 공자처럼 신을 공경해 이해방법상 '공손하게' 신을 멀리하는 '제한적 인지론'과 중도적 회의론은 베이컨·로크·흄 등 서구 경험론자들이 공유해 왔다.

인간의 진리능력을 과장하고 신을 무력화시켜 인간세계에서 추방하려는 '절대적 인지주의'는, 어떤 회의론이든 모두 배격하고 감성을 진리의 척도로 절대화하는 에피쿠로스와 같은 고대 그리스의 소박경험론자들에게서도 격렬한 형태로 표출된 바 있다. 그리하여 카를 마르크스는 에피쿠로스가 인간들의 세계운행에 아무런 영향을 미치지 못하는 이 '쓸모없는 신들'을 폴리스에서 몰아내 폴리스와 폴리스 사이의 "중간지대" 또는 "세계의 기공氣孔들" 속에서만 "연명하도록" 만들고자 했다고 말한다.39)

에피쿠로스에 의하면, "쾌락의 증감을 허용하는" 인간의 행복과 달리 불멸적 신들의 행복은 "지고至高의 행복"이라서 "증감이 불가능한" 행복이다.40) 따라서 신은 인간의 선행을 보고 쾌감이 증가하지도 않고, 인간의 악행을 보고 쾌감이 감소하지도 않는다. 즉, 신은 인간의 선악에 자극받아 더 기뻐하거나 더 슬퍼하지 않는다. 신이 인간의 악행에 고통받거나 분노하는 일은 더욱 없다. 따라서 신은 인간의 선행을 기뻐해 상을 주지도 않고 인간의 악행에

---

39) Karl Marx, *Das Kapital I*, 93쪽. *Marx Engels Werke* (*MEW*). Bd.23 (Berlin: Dietz, 1979); Marx, *Theorien über den Mehrwert*, 37쪽. *MEW*, Bd.26, Erster Teil.

40) Laertius, *Lives of the Eminent Philosophers*, "Book X — Epicurus", §121a.

분노나 괴로움을 느껴 이를 벌하지도 않는다. 상벌은 신의 개념과 양립할 수
없다. 신은 더 이상 증가할 수 없는 불변적 행복과 지락至樂을 향유하므로
인간에게 상을 내릴 만큼 증가된 쾌락을 얻을 리도 만무할 것이지만, 신이
인간의 악행으로 고통을 느낀다면 이것 자체가 신의 '불변적' 행복 개념과
모순되므로 인간적 악행에 고통과 분노를 느껴 악인에게 처벌을 내리고 이로
써 인간을 괴롭힐 리도 만무하기 때문이다.

> 지락至樂하고 영원한 존재는 그 스스로 아무런 괴로움도 없고, 다른 존재에 대해서
> 어떤 괴로움을 가하지도 않는다. 그러므로 이런 존재는 분노와 폐 끼침의 감정으로
> 부터 벗어나 있다. 왜냐하면 이런 유의 모든 감정은 허약함을 뜻하기 때문이다.[41]

이런 까닭에 신과 인간은 원래 무관하고, 신은 인간사에 간섭할 수 없다.
또한 신은 추락, 폭발, 회전, 지진, 소멸 등의 고통과 괴로움을 겪는 자연사
自然事에도 간섭할 수 없다.

> 하늘에서 공전, 동지·하지, 일식·월식, 해와 달의 출몰 등은 동시에 완전한 지락至樂을
> 불멸성과 더불어 내내 즐기는 존재자의 현재나 미래의 돌봄이나 명령 없이 벌어진다.[42]

왜냐하면 "괴로움과 불안, 그리고 분노와 폐 끼침의 느낌들은 지락과 어울리
는 것이 아니라, 늘 취약함과 두려움과 자기 이웃에 대한 의존성을 내포하기"
때문이다.[43] "갈등이나 불안정을 시사하는 어떤 것도 불멸적·지락적 본성과
양립할 수 없는 것이다".[44] 인간의 상식에 따를 때, 신은 "불멸하고 지복至福
한 살아있는 존재다". 그렇다면 "신의 불멸성에 낯선 것, 또는 지복성至福性과
부합되지 않는 것은 그 무엇이든" 신이 지니고 있다거나 행한다고 "단정해서

---

41) Epicurus, "Sovran Maxims"(Principal Doctrines), §1.
42) Epicurus, "Letter to Herodotus", §76.
43) Epicurus, "Letter to Herodotus", §77.
44) Epicurus, "Letter to Herodotus", §78.

는 아니 된다".45)

반대로 "신의 지복성과 불멸성을 둘 다 지탱해 줄 수 있는 것은 무엇이든 신에 대해 믿어야 한다". 왜냐하면 "신은 바로 존재하고, 신들에 대한 지식이 명백하기" 때문이다. 그러나 "사람들이 신들을 공경해 형성하는 개념들을 한 결같이 견지하지 않는 것을 볼 때, 신들은 대중들이 생각하는 바와 같은 존재 자가 아니다. 진정으로 불경한 자는 대중이 경배하는 신들을 부정하는 자가 아니라, 대중이 신에 관해 생각하는 것을 신들이 지닌 것으로 단언하는 자다." 왜냐하면 신에 관한 대중의 이야기들은 "참된 기성관념이 아니라, 거짓된 의 견이기" 때문이다. "신들이 언제나 인간들 자신의 선한 자질에 호의적이고 그들 자신에게처럼 인간들에게서도 기쁨을 느끼지만 이런 자질이 아닌 것은 어떤 것이든 이질적인 것으로 배격한다"는 대중들의 저 거짓된 의견으로부터 "신의 수완에 의해 최대의 불행은 악한 자에게 닥치고 최대의 행복은 선한 자에게 돌아간다는 억설이 나도는 것이다".46)

에피쿠로스의 신론神論의 요지는, 쾌락의 증감 여지가 전무한 불변적 지복 을 향유하는 신들은 인간사와 자연사에 간여하지 않는다는 것과, 인간은 인 지人智로 이런 신들에 대해 '명백하게' 안다는 것이다. 이런 관점에서 에피쿠 로스는 아폴론 신이 주는 델피신탁과 그 밖의 신적 계시를 포함한 "일체의 점술을 모조리 배격한다". 그에 의하면, "미래를 예언하는 어떤 방법도 실제 로 존재하지 않고, 모종의 방법으로 이를 예견했다고 해도 우리는 이것에 따 라 일어나는 것을 우리에게 아무것도 아닌 것으로 간주해야 한다".47)

감각과 초감각적 직관을 절대시하는 소박경험론적 절대인지주의와 신탁 (계시) 배격에 근거한, '신과 인간 사이의 무관성無關性'에 관한 에피쿠로스와 에피쿠리언들의 주장에 대해서는 일찍이 키케로(Marcus Tullius Cicero, 기원전 106-43 년)가 예리하게 비판한 바 있다. "너희들이 신에게 부여되어 있다고 상정하는

---

45) Epicurus, "Letter to Menoeceus", 123쪽.

46) Epicurus, "Letter to Menoeceus", 123-124쪽.

47) Laertius, *Lives of the Eminent Philosophers*, "Book X - Epicurus", §135.

그 어떤 상상적 완벽성을 갖고서는 신이 어떤 숭배나 찬미를 요구할 수 없다. 너희들의 신은 전적으로 무용지물이고, 비활동적이기 때문이다."48)

따라서 에피쿠로스의 저 '신과 인간 간의 무관성' 주장과 절대인지주의적 계시·신탁·점술 배격은 공자의 제한적 인지주의(중도적 지식철학+중도적 회의론) 및 천우신조론天佑神助論과 본질적으로 다른 것이다. 주지하다시피 공자는 신지와 인지의 용도를 구분하지만 인간 대사大事의 경우에는 그 성공을 위해서 인모와 귀모의 합작이 필수적이라고 생각했기 때문이다. 이 인모·귀모 합작론은 주지하다시피 일정한 회의주의와 불가지론을 견지했던 소크라테스·플라톤 같은 초기 합리론자들의 입장과도 상통한다. 나아가 공자는 – 나중에 상론하는 바 – 하늘이 불완전한 측면도 있기 때문에 인간이 하늘과 신을 도와야 한다는 우신론祐神論도 피력했다.49) 공자에게 있어 하늘과 인간의 관계는 궁극적으로 하늘과 인간이 서로 돕는 '천인상조론天人相助論'이다. 따라서 에피쿠로스의 '천인무관론'은 공자의 이 '천인상조론'에 비하면 아주 유치하고 매우 오만한 신학이라고 해야 할 것이다.

청년시대 공자는 일단 신지적 '지천'을 제쳐두고 인지적 '지인'에 관심을 집중했다. 그리하여 그는 신과 천명·천성·천도를 경원敬遠하고 이를 논하는 것을 자제하는 경험론적 인지주의를 확립했다. 공자의 이 경험론적·제한적 인지주의는 지성주의적 합리론의 절대적 인지주의와 달리 탈주술적 허무주의에 빠져들지 않았다.50) 경험론은 천명·신 등 불가지의 대상들에 관해 '다 안다'고 허풍 치지 않고 겸손하게 '궐의궐태'해 '신지'의 영역을 보전하기 때문이다.

---

48) Hume, *An Inquiry concerning the Principles of Morals*, 12쪽에서 재인용.

49) 『易經』「繫辭上傳」(9): "顯道神德行 是故可與酬酢 可與祐神矣. 子曰 知變化之道者 其知神之所 爲乎!"

50) 막스 베버는 합리주의적·지성주의적 인지주의가 허무주의로 귀결되어 초월적 의지의 필요성을 요청하는 역설을 다음과 같이 기술하고 있다. "지성주의가 주술신앙을 더 많이 추방하면 추방할수록, 세계의 개별사건들이 '탈주술화되고(entzaubert)', 주술적 의미내용을 잃어 가면 잃어갈수록, 이 개별사건들이 다만 '존재하거나 발생할' 뿐이고 더 이상 '의미를 갖지' 않으면 않을수록, 더욱 절박하게 세계와 인간생활이 전체로서 의미심장하고 '의미 있게' 정렬되어 있기를 바라는 요청이 커지는 것이다." Max Weber, *Wirtschaft und Gesellschaft* (Tübingen: J. C. Mohr, 1985), 307-308쪽.

# 제3절 『주역』 연구를 통한 공자의 '지천'

## 3.1. 신지를 위한 경귀신이근지敬鬼神而近之

상론했듯이 공자는 "아는 것을 안다고 하고 알지 못하는 것을 알지 못한다고 하는 것이 지혜다"라고 가르쳤다. 이 명제는 깊이 이해하면 인간의 지혜로 알 수 있는 것과 인간의 지혜로 알 수 없고 하늘과 신만이 알 수 있는 것을 구별하는 것으로도 해독할 수 있다. 우연에 지배되는 천하의 운행과 개인의 앞날에 대한 하늘의 뜻(천명)은 인간의 지혜로 헤아려 알 수 없다.

공자가 분명히 갈파했듯이, 이 인간적 불가지不可知의 영역은 하늘과 신에 물어 신탁(계시)을 통해 아는 수밖에 없다. 불가지의 영역, 가령 미래에 대한 지식도 인간의 삶에 절실하게 필요할 때가 있기 때문이다. 가령 존 로크 같은 철학자도 인간이 알 필요가 있는 모든 진리를 신의 계시 없이 깨달을 수 있다고 생각하지 않았다.51) 상술했듯이 자연을 알려면 자연에 묻고, 사람을 알려면 사람에게 물어야 하듯이, 하늘을 알려면 하늘에 물어야 한다. 또한 자연에게 물으려면 자연을 가까이하고, 사람에게 물으려면 사람을 가까이 해야 하듯이, 하늘에게 물으려면 하늘을 가까이해야 한다. 하늘을 알려는 자가 하늘보다 하늘을 잘 안다고 장담하며 지천知天의 지식을 하늘에 묻지 않고 하늘을 멀리하는 것은 하늘에 대한 불경이자 모독이다. 따라서 '지천'의 바른 방법은 '지인'의 방법과 반대로 신을 멀리하는 것이 아니라 인간의 인지주의적人智主義的 허풍을 멀리하는 대신 천신天神을 공경해 가까이하고 천신에게 지성지도至誠之道로 묻고 하늘과 감응하는 것이다.

'지천'의 방법은 '지인'의 방법과 반대로 신을 멀리하는 것이 아니라 신을 가까이하는 것이 귀신을 공경하는 길이다. 그래야만 '지천'의 신지神知를 얻을 수 있다. 인지를 얻는 경우와 반대로, 신지를 얻는 경우에는 '근신近神'이 곧 '경신敬神'이다. '지천'의 바른 방법은 '지인'의 방법과 반대로 '경귀신이근지敬鬼神而近之'하고, 즉 '귀신을 공경해 가까이하고' 신에게 물어 신탁을 받는 것

---

51) Locke, *The Reasonableness of Christianity*, ch.v, §14; ch. vii, §11.

이다. 그렇지 않고 이 지천도 인지人智로 얻을 수 있다고 장담하며 신을 멀리하고 인간이 자신의 감성과 이성으로 모든 것을 다 알 수 있다는 전지론적全知論的 오만을 부리는 것은 신에 대한 불경이자 독신이다.

지천에 대한 공자의 이런 관점은 상론했듯이 소크라테스가 인간사의 가장 중요한 측면은 신이 자신에게 유보해 두기 때문에 이 가상 중요한 측면이 인간에게 분명치 않음에도 이 모든 일들을 다 인지人智로 파악할 수 있다고 생각하는 자들을 "미망에 **빠진**" 자들로 비판한 것과 상통하는 것이다. 주지하다시피 소크라테스도 "신이 우리가 배울 수 있다고 여기는 일은 우리가 배워야 하는" 반면, "인간에게 분명치 않은 일은 점을 통해 신에게서 배우려고 애써야 한다"고 거듭 강조했다. "신은 은총을 주고 싶은 사람들에게 계시를 주기" 때문이라는 것이다.[52]

인지에 의한 '가지'의 영역과 인지에 의한 '불가지'의 영역을 가르고 이 '불가지의 영역'의 섭리를 하늘에 돌리고 이에 대한 지식을 하늘에 물어 아는 이 중도적 회의주의 또는 중도적 지식철학의 원칙은 이미 '학이사'의 '서술적 경험론'의 인지적人智的 인식과 이해에서 공자가 '궐의궐태闕疑闕殆하라(의심스럽고 위태로운 것들을 비워 두라)'고 말하는 것과 관련해 간접적으로나마 시사된 원칙이다. '궐의궐태'의 대상, 즉 '의심스럽고 위태로운 것들'이 바로 하늘에 물어서 알아야 할 지천의 대상들이다. 인간이 대과大過 없이 살아가기 위해서는 가지적 영역의 인지적 '지인'과 불가지적 영역의 신지적 '지천'이라는 이 두 지식이 다 요구되고 어떤 식으로든 이 두 지식은 우리의 삶 속에서 통합되어야 할 것이다.

공자는 '지인'의 지식과 '지천'의 지식을 연결·통합해야 하는 이유를 이미 인용한 바와 같이 『중용』에서 수신·덕행의 삶과 관련해 밝히고 있다.

> 군자는 수신하지 않을 수 없고, 수신을 생각하면 사친하지 않을 수 없고, 사친을 생각하면 '지인'하지 않을 수 없고, '지인'을 생각하면 '지천'하지 않을 수 없다.[53]

---

사람의 신체의 움직임에 대해서 완전히 알려면 '타율신경계'만 알아서는 아니 되고 반드시 '자율신경계'도 어느 정도 알아야 하듯이, 또는 인간의 정신세계에 대해서 완벽하게 알려면 '의식세계'만이 아니라 '무의식세계'에 대해서도 어느 정도 알아야 하듯이, 군자가 천리에 따르는 또는 하늘이 주관하는 인간 세계에 대해 완벽하게 알려면 결국 하늘에 대해서도 어느 정도 알 수 있어야 하는 것이다. 공자는 주역연구에 몰입하면서 귀신을 가까이하고 주역점을 통해 천신天神에 의문을 물어 천명을 알게 된 때부터 이 '지천'의 경지를 접하게 된다.

### 3.2. 『주역』과 지천

'지천'은 인지人智로 결코 얻을 수 없는 지성지도至誠之道로써 하늘의 신과 감응하는 신지神智에 의해서만 얻을 수 있는 '하늘의 뜻에 대한 지식' 또는 '신지神知'이다. 공자의 지식철학은 50세의 '지천명知天命'을 기점으로 청년기와 확연히 다른 천명관을 보인다. 형병은 공자가 50세에 지천명에 도달한 방도가 47세부터 시작한 『주역』 공부였다고 단언한다.

공자는 47세에 『주역』을 학구하고 50세까지 그 이치를 궁구하고 진성盡性해 천명의 처음과 끝을 알았다.[54]

---

53) 『禮記』「中庸」제20장: "君子不可以不修身 思修身 不可以不事親 思事親 不可以不知人 思知人 不可以不知天." 앞서 설명했듯이, 정현은 "수신은 효를 아는 것이고, 효를 아는 것은 곧 사람을 아는 것이고, 사람을 아는 것은 현명과 못남을 아는 것이고, 현명과 못남을 아는 것은 곧 천명이 보우함을 아는 것(修身乃知孝 知孝乃知人 知人乃知賢不肖 知賢不肖乃知天命所佑)"이라고 해설을 가하고 있다. 『禮記正義』, 1683쪽. 이 주석은 너무 범속한 데다 '지천'에 대해서는 아예 설명하지 않고 있다. 공영달도 침묵한다. 주희는 '知天'을 '天理를 아는 것'으로 시사하고 '천리'를 '親親之殺 尊賢之等(친족에 대한 친애가 촌수에 따라 줄어들고 존현의 등급이 있음)'으로 풀어 '지천'을 '지인'으로 둔갑시켜 놓고 있다. 朱熹, 『大學·中庸集註』, 118-9쪽. 정현, 공영달, 주희 등은 다 공자의 '知天'이 그의 『주역』 공부와 직결된 것임을 잊은 것 같다.

54) 『論語注疏』, 17쪽: "孔子四十七學易 至五十窮理盡性 知天命之始終也." 형병은 공자가 47세에 『주역』 연구를 시작했다는 사실을 『論語』 「述而」의 "加我數年 五十以學易" 구절에 대한 주석에서 다시 확인한다. 참조: 『論語注疏』, 101쪽.

형병의 이 말은 공자가 47세부터 역학을 공부해 역리易理와 천명에 달통한 사실을
분명히 해 주고 있다.55)

이후 공자는 특히 늙어가면서, 즉 60대에 들어서면서부터 『주역』을 더욱 좋
아했고 역학에 더욱 매진했다. 『마왕퇴한묘백서』 「요」편은 "공자는 늙어가면
서 『역』을 좋아해 집에 있을 때는 『역』을 자리에 두었고 밖에 나갈 때는 행낭
에 넣고 다녔다"고 기록하고 있다.56) 이 사실은 후술하듯이 사마천도 다시
확인해 준다. 따라서 『주역』을 '머리 나쁜 자들'의 관심거리로 멀리하고 경시
하던 '지인' 단계의 공자는 정반대로 『주역』을 자기의 진지한 관심거리로 탐
구하고 좋아하는 '지천' 단계의 공자로 바뀐 것이다. 이런 현격한 입장 변화
때문에 바로 자공 같은 제자가 공자의 입장을 문제 삼기에 이른 것이다. 물론,
제자들 가운데 자공만이 이를 문제 삼은 것은 아닐 것이다. 이런 정도의 입장
전환은 이전의 가르침과 얼마간 배치되는 큰 변화에 속하는 것이기 때문이다.

또 『논어』에는 공자가 50대 이전에 『주역』 연구를 시작했고, 인생을 살면
서 대과大過를 피할 수 있게 만들어 준 '50대의 지천명'이 『주역』 연구를 통해
이루어졌음을 시사하는 다른 어록도 전해진다. 알다시피 공자는 다음과 같이
『주역』을 신뢰하는 발언도 하고 있다.

> 내게 수년을 더해 50세까지 『역』을 배운다면 대과大過 없이 살 수 있을 것이다.(加我
> 數年 五十以學易 可以無大過矣)57)

---

55) 따라서 공자의 '50세 지천명'에 대한 - 운명의 인정을 배제하려는 - 합리주의적 해석은 미흡한
   것이다. 단순한 합리적 이해로는 가령 최영갑, 『공자와 맹자의 도덕철학』(서울: 한국학술정보,
   2006), 40쪽 참조

56) 『馬王堆漢墓帛書』 「要」: "夫子老而好易 居則在席 行則在囊." 여기서 '노(老)'가 의미하는 구체적
   인 나이를 두고 논란이 있을 수 있다. 『예기』에서는 50세를 '예(艾)', 60세를 '기(耆)', 70세를 자식에
   게 전하고 물려주는 나이인 '노(老)', 80-90세를 '모(耄)'라고 한다. 『禮記』 「曲禮上」 참조 『예기』의
   이 '노' 개념을 무시하지 않는다면, 「요」의 '노'는 공자가 귀국한 뒤인 60대 후반에서 70대 초를
   뜻하는 것으로 추정된다.

57) 『論語』 「述而」(7-16).

그런데 주희는 "가아수년加我數年"의 '가加'가 '가假'로, '오십五+'이 '졸卒'로 된 『논어』의 이본異本을 본 사람이 있다는 지기知己의 전언과, 『사기』의 인용문에 '오십五+'이라는 표현이 없고58) 또 이 구절이 70대의 말임을 근거로 들어 "오십五+은 잘못임이 의심의 여지가 없다"고 단정했다.59) '오십이학역五+以學易'이 아니라 '졸이학역卒以學易'이라는 말이다.

하지만 이것은 그릇된 주장이다. 47세 무렵에 2-3년 더 학역學易하려는 계획 또는 소망을 토로한 『논어』의 '가아수년加我數年'은 만년晩年의 비현실적 소망을 담은 『사기』의 '가아수년假我數年'과 뜻이 다르다. 또 『사기』의 '만晩'은 「요」편 "부자노이호역夫子老而好易"의 '노老'와 일치하는 것이다.

> 공자는 만년에 『역』을 좋아해 (…) 『역』을 읽다가 (죽간 책을 묶은) 가죽 끈이 세 번 끊어졌는데, 말하기를 "내게 이와 같이 수년을 빌려준다면 나는 『역』에서 빛나고 빛날 것이다"라고 했다.(孔子晚而喜易 [···] 讀易 韋編三絕 曰假我數年若是 我於易彬彬矣)

이 말은 훗날의 『한서』에서 다시 확인된다. 따라서 『사기』의 저 구절은 장년(47세)의 '학역學易'이 아니라 만년·노년(50대 '애艾'에서 60대 기耆, 70대 '노老'에 걸친 나이)의 '학역學易'을 말하는 것이다. 따라서 47세 장년에 말한 "오십이학역五+以學易"은 그대로 존중되어야 한다. 이는 오늘날의 중론이기도 하다.60)

위魏나라의 하안何晏은 이를 다음과 같이 주석한다. "『역』은 궁리진성窮理盡性하면 천명에 이르는 것이다. (공자는) 나이 오십에 천명天命을 알았다. 천명을 아는 나이에 천명에 이르는 책을 읽었기 때문에 큰 과오 없이 살 수 있었다."61) 그리고 형병은 이에 찬소纂疏를 더한다.

---

58) 司馬遷, 『史記世家』「孔子世家」, 448쪽: "孔子晚而喜易 (…) 讀易韋編三絕 曰假我數年若是 我於易彬彬矣."

59) 朱熹, 『論語集註』, 262쪽.

60) 장기근 역저, 『論語』, 294쪽; 김학주, 『논어』(서울: 서울대학교출판부, 2008), 239쪽; 류종목, 『논어의 문법적 이해』, 233쪽 참조.

61) 『論語注疏』, 101쪽: "易 窮理盡性以至於命. 年五十而知天命 以知命之年 讀至命之書 故可以無大過."

이 장은 공자가 『역』을 학구한 해를 말한 것이다. 내게 수년(2-3년)을 더해 바야흐로 50세에 이른다는 것은 47세 때를 일컫는다. 『역』이라는 책의 성격은 궁리진성窮理盡性하면 천명에 이르게 해주고 길흉회린吉凶悔吝을 미리 사람에게 고해 주고 사람으로 하여금 길吉을 따르고 흉凶을 따르지 않게 하므로, 공자는 자기가 47세부터 『역』을 학구하면서 과오와 허물이 없을 수 있다고 말한 것이다.[62]

이어서 또 형병은 『한서漢書』 「유림전儒林傳」을 근거로 47세에 시작한 『역』 공부를 50대만이 아니라 60대 이후까지 계속해 「십익」을 지었다고 찬소한다.

(하안이) "궁리진성窮理盡性하면 천명에 이른다"는 말은 「설괘전」의 문구다. 천명은 생生의 극이고 궁리란 그 극을 다하는 것이다. "오십에 천명을 알았다"는 것은 『논어』 「위정」의 문구다. 또 "천명을 아는 나이에 천명에 이르는 책을 읽기 때문에 대과 없이 살 수 있다"는 것은, 『한서』 「유림전」에 공자가 만년에 『역』을 좋아해 가죽끈이 세 번 끊어지도록 궁구해 그 「전傳」을 지었다고 했으므로 이는 공자가 『역』을 학구한 일을 가리킨다. 공자가 천명의 시종을 알게 되는 나이에 궁리진성해 천명에 이르는 책을 읽으므로 흉을 피하고 길하게 되어 과오와 허물이 없을 수 있게 됨을 말하는 것이다. 겸손해서 감히 '과오가 전혀 없다'고 스스로 말하지 못하고 "대과 없이 살 수 있다"고만 말한 것이다.[63]

형병의 이 총괄주석은 장년 공자의 소망의 말과 만년의 말을 뒤섞고 있기는 하지만 공자의 전후 학역學易과정을 빠짐없이 망라하고 있다.

공자의 어록들과 하안·형병의 주석과 찬소를 종합하면, 공자는 47세 무렵

---

62) 『論語注疏』, 101쪽: "此章 孔子言其學易年也. 加我數年方至五十 謂四十七時也. 易之爲書 窮理盡性以至於命 吉凶悔吝豫以告人 使人從吉不從凶. 故孔子言 己四十七學易 可以無咎矣."

63) 『論語注疏』, 101쪽: "云窮理盡性以至於命者 說卦文也. 命者生之極 窮理則盡其極也. 云五十而知天命者 爲政篇文. 云以知命之年讀至命之書 故可以無大過矣者 漢書儒林傳云 孔子蓋晚而好易 讀之韋編三絶而爲之傳 是孔子讀易之事也. 言孔子以知天命終始之年 讀窮理盡性以至於命之書 則能避凶之吉而無過咎. 謙不敢自言盡無其過 故但言可以無大過矣."

부터 주역연구를 시작해 50대부터 자신과 천하의 운명적 길흉화복을 예측할 수 있는 '지천명'의 경지로 들어섰다. 또 60대 이후 노경에는 '책을 묶은 가죽 끈이 세 번 끊어질' 정도로 『주역』 연구에 더욱 진력해 『주역』 주석서인 「전傳」 또는 「십익+翼」을 정리했다.64) 공자가 만년의 노경에 『역』을 좋아해 '위편삼 절韋編三絶'할 정도로 『역』 읽기에 몰두했다는 『한서』 「유림전」의 기록은 『한 서』보다 먼저 나온 사마천의 『사기』 「공자세가」에 기술된 다음의 내용과 거 의 일치한다. "공자는 만년에 『역』을 좋아해 「단전」, 「계사전」, 「상전」, 「설괘 전」, 「문언전」을 정리했고 『역』을 읽다가 가죽끈이 세 번 끊어졌다."65) 공자 가 만년에 『역』을 좋아했다는 것은 다시 『사기』보다 앞선 기록인 『한묘백서』 의 「요要」에서 그대로 확인되고 있다.

따라서 50대 '지천명'과 60대 '위편삼절'의 관점에서 정리하자면, 공자는 40대 중후반부터 『주역』을 집중적으로 탐구하기 시작해 50대에 '지인'을 넘 어 '지천'에 도달하고 60대에 「십익」을 편찬한 것이다. 그는 50대에 역학적 '지천자知天者'가 되었고 60대에 들어 '지천'을 애호하는 '호천자好天者'가 되었 고, '종심從心'의 나이인 70대를 전후해 '지천'을 즐기는 '낙천자樂天者'가 되었 던 것이다.

공자는 주역연구를 통해 인간의 의식적 이성을 초월하는, 천명과 덕행 간 의 초합리적·무의식적 연관관계에 대한 이해가 깊어지면서부터 지식의 개념

---

64) 「십익」은 「彖傳」 상·하, 「象傳」 상·하, 「繫辭傳」 상·하 등 6편과 「文言傳」, 「說卦傳」, 「序卦傳」, 「雜卦傳」 등 4편을 합하여 부르는 명칭이다. 「십익」의 저자에 관해서는 네 가지 설이 있다. 제1설은 「십익」을 공자가 다 썼다는 설이다(東漢의 班固·鄭玄, 唐의 陸德明·顏師古·孔穎達, 근세의 顧實·尙 秉和 등). 제2설은 「단전」과 「상전」은 공자, 나머지는 제자나 후학이 썼다는 설이다(宋의 歐陽修 등). 제3설은 「십익」의 일부가 전국시대 중기에 쓰였고 일부는 전국 말기, 나머지는 西漢 때 쓰였다 는 설이다(宋의 趙汝談, 淸의 崔述·廖平·康有爲, 근세의 錢玄同·顧頡剛·李鏡池·郭沫若 등). 제4설 은 공자가 기본적으로 초고를 썼는데 여기에 선인들의 글, 공자의 강론에 관한 제자들의 기록, 후세의 삽입문 등이 다양하게 보태졌다는 설이다(최근의 金景芳·李學勤 등). 참조. 廖名春·康學偉· 梁韋鉉, 『周易硏究史』(長沙: 湖南出版社, 1991), 36쪽. 제2설과 제4설이 부분적으로 타당한 것 같다. 「문언전」의 일부 내용('元亨利貞'의 4덕론적 해석 등)이 『左傳』에 보이고, 또 사마천도 「십익」 을 공자가 '지었다고 하지 않고 "序(정리)했다"고 하고 있기 때문이다. 司馬遷, 『史記世家』 「孔子世 家」, 448쪽 참조.

65) 司馬遷, 『史記世家』 「孔子世家」, 448쪽: "孔子晩而喜易 序彖繫象說卦文言 讀易韋編三絶."

을 '지인'을 넘어 확장한다. 인간의 삶은 인지적 '지인'만이 아니라 '신지' 차원
의 초월적 '지천'을 요청할 수밖에 없다. 그러므로 무릇 지식은 '지인'으로부
터 '지천'까지 포괄하는 새로운 통합지식이 되어야 한다.

'오십이지천명五十而知天命'의 관점에서 보면, 70대에 한 말인『논어』의 '지
천명'과 관련된 공자의 어록들은 의미심장하다. 특히 군자의 개념을 이 '지천
명'의 능력과 연결시킨 것은 '복서卜筮'를 통한 지천명을 '머리 나쁜 자들의
관심거리'로 폄하했던 그의 '지인' 단계의 지식론과 비교할 때 실로 중대한
의미를 갖는 것이다. 따라서 지인의 인지적人智的 어록들과 50대 이후 지천의
신지적神智的 어록이 혼재된『논어』는 실로 '지인의 논어'와 '지천의 논어'가
합본된 두 권의 책인 셈이다. 지인과 관련해 '천성과 천도', '귀신'과 '천명'을
말없이 멀리하던 공자는 노년의 지천 경지에 이르러서 '천명의 앎(知命)'을 아
예 군자와 소인을 가르는 기준으로 제시했다.

'천성과 천도', '귀신'과 '천명'에 대해 말도 하지 않던 청장년 공자는 노년에
'천명에 대한 앎(지천명)'을 군자와 소인을 가르는 기준으로 사용한다. 공자는
말한다.

> 군자는 세 가지 두려움이 있으니 천명을 두려워하고 (천명을 아는) 대인을 두려워하
> 고 (천명을 받은) 성인의 말씀을 두려워한다. 그러나 소인은 천명을 알지도 못하고
> 두려워하지도 않고 대인을 가볍게 여기고 성인의 말씀을 얕본다.66)

그리고는『논어』의 마지막 편인「요왈堯曰편」의 마지막 구절에서 "천명을 모
르면 군자가 될 수 없다(不知命 無以爲君子也)"고 못 박는다.67)
청장년 공자의 군자가 하늘과 귀신을 경원하고 복서를 '지모가 모자라는
사람들의 일'로 폄하한 '지인' 수준의 인지적 '지자'였던 반면, 노년 공자의

---

66)『論語』「季氏」(16-8): "孔子曰 君子有三畏 畏天命 畏大人 畏聖人之言. 小人不知天命而不畏也
　　狎大人 侮聖人之言."
67)『論語』「堯曰」(20-3).

군자는 '지인'과 '지천'을 둘 다 갖춘 인지적·신지적 '지자'인 것이다. 공자는 조상신 등 귀신에 대해서도 '지천知天'의 일환으로 '경원敬遠'에서 '경근敬近'의 자세로 방향을 전환한다. 그리하여 공자는 이제 조상에게 제사를 지낼 때면 "조상이 마치 목전에 살아 계신 것처럼 제사지냈고 신이 앞에 있는 것처럼 신에게 제사지냈으며", 또 "제사에 (직접) 참여하지 않으면 제사지내지 않은 것 같다"고 실토했다.68) 『논어』의 이 구절들도 다 노년 공자의 어록에 속하는 것이리라.

그러므로 위에서 인용했듯이, 공자가 68세에 노나라로 귀국한 뒤에 가진 애공과의 문답에서 "군자는 사친事親을 생각하면 불가불 '지인'하고, '지인'을 생각하면 불가불 '지천'한다"고 하여 '지인'과 '지천'을 군자의 지식창달의 연속적 단계로 설명했던 것이다. 나아가 공자는 상론했듯이 『중용』제29장에서 궁극적으로 자기의 지력으로 성찰하고 민심을 살피며 성인을 배우고 천하에 표준을 세우는 '지인'의 과업과, 의심스러운 것을 귀신에게 물어 아는 '지천'의 과업을 '군자의 도'로 제시했던 것이다.69)

이 '지천' 개념과 저 '군자' 개념의 내적 관계에서 공자의 말년 회고를 총정리하면, 30세의 '이립而立'이란 예를 배워 아는 것을 뜻하고,70) 40세의 '불혹不惑'이란 "지자불혹知者不惑"의 관점에서 미혹 없는 '지인'의 인지적 지식체계를 완성했음을 뜻한다. 따라서 공자는 40대까지도 지천명에는 도달하지 못한 지자知者에 머물러 있어 '노년 공자'의 관점에서 보면 아직 온전하게 군자가 되지 못했다고 할 수 있다. "천명을 모르면 군자가 될 수 없기" 때문이다. 그의

---

68) 『論語』「八佾」(3-12): "祭如在 祭神如神在. 子曰 吾不與祭 如不祭." 하안은 "공자가 혹시 출타하거나 혹시 병이 나서 스스로 친히 제사지낼 수 없으면 대행인을 시켜 제사를 지내게 했는데, 이러면 마음의 엄숙한 공경을 다하지 못해 제사지내지 않는 것과 같았다는 말이다"라고 주석했다. 형병은 '제여재(祭如在)'를 '어버이가 계시는 것처럼 꼭 그 공경을 다 바치는 것', 즉 "죽은 사람을 산 사람처럼 섬기는 것"으로, '제신여신재(祭神如神在)'를 "백신(百神)에게 제사지내는 것도 신들이 있는 것처럼 공경을 다 바친다는 것"으로 주석한다. 『論語注疏』, 38-39쪽.

69) 『禮記』「中庸」제29장: "質諸鬼神而無疑 知天也, 百世以俟聖人而不惑, 知人也."

70) 『論語』「泰伯」(8-8): "시에서 흥하고 예에서 서고 악에서 이룬다(興於詩 立於禮 成於樂)"; 「季氏」(16-13): "예를 배우지 못하면 설 수 없다(不學禮 無以立)"; 「堯曰」(20-3): "예를 모르면 설 수 없다(不知禮 無以立也)" 참조.

언명에 따르면 주역연구를 통해 50세에야 비로소 천명을 알고 온전한 군자가 된 것이다. 따라서 공자가 '지천'이라는 새로운 지식 개념을 도입한 것은 그의 지식체계에서 커다란 변화인 것이다.

상술했듯이 공자의 '지천(명)'은 『주역』에 대한 수년간의 집중연구를 통해 이루어졌다. 『논어』에서 "50세까지 『역』을 배울 수 있다면 대과 없이 살 수 있을 것이다"라고 말하고 70대 말년에 술회하기를 50살에 비로소 '지천명'했다고 말한 것을 종합하면, 공자의 주역연구와 50세의 '지천(명)'이 긴밀한 관계에 있다는 것은 짐작하고도 남는다.

## 제4절 '지인'과 '지천'의 통합

### 4.1. 천인분리에서 천인상조로

지식관의 발전으로 나타난 공자 지식철학의 커다란 전환이란 그의 지식 개념이 천인분리天人分離·귀신경원에 기초한 '지인' 중심의 인지론적人智論的 지식론에서 인간적 덕행과 천우신조天佑神助 간의 조화로운 중용적 통합에 기초한 천인상조론天人相助論의 관점에서 지인과 지천을 결합시킨 인지·신지 종합의 통합적 지식 개념으로 발전한 것을 가리킨다. 통상적으로는 인간이 하늘과 신을 돕는 것이 아니라, 하늘과 신이 인간을 돕는다. 하지만 인간이 때때로, 또는 어느 면에서 하늘을 돕기도 한다.

천도도 이따금 가려지기도 하고, 왜곡되기도 하고, 힘을 잃을 수 있다. 주지하다시피 공자는 하늘의 불완전성을 지적한 바 있다.

하늘은 오히려 불완전하고, 그래서 세상은 집을 지으면서 기와 세 장을 붙이지 않고 늘어놓아 하늘에 응한다. 그러므로 천하에는 등급이 있고 사물은 불완전한 채로 생겨나는 것이다.71)

---

71) 司馬遷, 『史記列傳(下)』「龜策列傳」, 1153쪽: "天尙不全 故世爲屋 不成三瓦而陳之 以應之天.

이 때문에, 마치 의사가 유아의 태생적 기형성을 알아내어 고치듯이, 인간도 성인聖人이라면 인지와 신지의 양면적 '근도近道'로써 인도와 천도를 알아 세상에 밝게 드러내고 덕행으로 그 왜곡된 도를 바로 세움으로써 하늘과 신을 도와야만 한다. 그러므로 『역경』「계사상전」은 『주역』을 통해 "도를 드러내고 덕행을 신묘하게 하므로 신과 소통하고 더불어 신을 도울 수 있는 것이다顯道神德行 是故可與酬酢 可與祐神矣)"라고 하고 있다.[72]

하늘과 신이 인간을 도울 뿐만 아니라 인간도 인지적·신지적 '근도'와 신성한 '덕행'으로 하늘과 신을 돕는다는 이 사상은 앞서 공자에게 특유한 사상이다. 단순히 '천우신조'만이 아니라, 하늘과 인간이 서로 돕는 '천인상조'가 '지인'과 '지천'의 통합론에 숨겨진 또 다른 의미다. 따라서 '지인'의 '근도'와 '지천'의 '근도'는 반드시 통합되어야 한다.

이런 의미에서 정현은 일찍이 『대학』의 '격물치지格物致知'의 '지知'를 "선악과 길흉이 비롯되고 끝나는 것을 아는 것"으로까지[73] '과장'했다. '격물치지格物致知'의 '지知'를 애당초 인모와 관련된 인간적 선악에 대한 경험적 지식(지인)과, 귀모와 관련된 길흉에 대한 초험적 지식(지천)을 포괄하는 것으로 해석한 것이다.

여기서 '지천명' 또는 '지천'은, 상론했듯이, 일단 과학적 관점에서 인간의 무의식과 유전자에 비장秘藏된 (자아와 사회의 생존 및 자연의 운행에 관한) 무한대의 지식정보 창고에서 길어 올린 초월적 지식으로 정의한다. 여기서 '초월적'은 인간의 '의식성'을 초월한다는 것을 뜻한다. 따라서 이것은 '무의식적' 능력(유전적 언어능력, 무의식과 육체에 숨겨진 본능, 습성, 금기, 숙련성 등)으로서, 합리주의자들이 의식철학적 인식론상의 '본유관념(본유지식)'이라고 오인하는 의식초월적·초험적 '지천'이다.

따라서 '통합지식' 체계는 ① 여전히 지물知物과 지인知人을 저해하는 반反

---

天下有階 物不全乃生也."

72) 『易經』「繫辭上傳」.

73) 『禮記正義』, 1859쪽, 鄭玄의 注: "知, 謂知善惡吉凶之所終始也."

인지적 미신과 주술은 거부하되, ② 인간의식으로 얻을 수 있는 지인과, ③ 의식을 초월하는 무의식적·초월적 정보와 지식으로서의 지천을 둘 다 동등하게 인정하고, ④ 양자를 조화롭게 통합시키는 지식 패러다임이다. 인간의 의식을 초월하는 무의식적 지능으로서의 '신지'의 가장 유력한 예증은 본능적으로 아무 말이나 배우고 숙련을 통해 문법을 전혀 모르면서도 유려하게 밀활 수 있도록 해 주는 신비한 언어 DNA, 언어본능보다 더 본능적인 도덕감정과 도덕감각 DNA, 근친상간금기와 같은 윤리적 금기 본능, 예지몽豫知夢·무기巫氣 등을 통해 발현되는 예감·예지 본능 등일 것이다.

## 4.2. 하학이상달의 통합

공자가 노경에 "하늘을 원망하지도 않고 다른 사람을 탓하지 않으며 아래에서 배워 위로 달하려고 했으니 나를 알아주는 자는 저 하늘뿐일진저!"라고 토로했던 것은 주지의 사실이다.[74] 이제 이 '하학이상달下學而上達'이라는 공자의 좌우명을 아래의 지물·지인에서 시작해 위의 지천에 도달하고 이 양자를 종합하는 '완전한 통합적 지식'의 달성이라는 의미로도 이해할 수 있을 것이다. 이 통합지식의 관점은 소크라테스의 인지와 신지의 지식을 종합한 관점과 그대로 상통한다.

인지적·신지적 '통합지식'은 인간의 신체적 작동에 비유하자면 의식에 따르는 수의隨意운동을 주관하는 타율신경계와 무의식 차원의 자율운동을 주관하는 자율신경계를 둘 다 합쳐서 신체를 정상적으로 움직이게 하는 것과 유사하다고 할 것이다. 그러므로 공자가 『주역』을 통해 천명의 인식에 도달했다는 것은 인간의 행동과 사회·역사·자연의 움직임에 대한 무의식적·유전자적 차원의 무한한 정보와 지혜를 시서蓍筮행위로 드러냄으로써 지식의 지평을 넓힌 것으로 이해된다.

---

74) 『論語』「憲問」(14-35): "不怨天 不尤人 下學而上達, 知我者其天乎!"

# 제3부

# 지천의
# 역학

**Ji-Chun and 'Theology' of *I Ching* Philosophy**

# 제1장 공자의 중도역학과 덕행구복론

## 제1절 공자의 시서와 덕행구복

### 1.1. 공자 자신의 시서著筮에 대한 고증

공자는 나이가 들면서 모든 일에서 인간의 노력과 덕행의 역할(人謀)이 있고 천명과 운명의 역할(鬼謀)이 있음을 깨달았다. 이런 깨달음으로부터 공자는 인간의 덕행과 지성至誠에 따라 뜻하는 대로 이루어지는 일도 있고 또 그 이상으로 이루어지는 일도 있으며, 반대로 인간의 뜻대로 되지 않는 일이 있음을 인정하고, 뜻대로 되지 않는 일도 군자답게 담담히 받아들였다. 이것이 노년 공자의 지천명과 '운명사랑(amor fati)'이다.

공자의 '지천'은 '신지'로서 소크라테스와 플라톤의 '신지'와 유사한 것이고, 공자의 '주역시서周易著筮'는 소크라테스와 플라톤의 델피신전의 퓌티아의 신탁과 대응하는 것이다. 합리적 '인지주의'의 근대적 대변자인 칸트도 말년에, 극악한 미신과 점술은 비판했을지라도[1] 60세의 노경에 국제정치현실과 도덕

---

1) 칸트는 예언·예지 중 극단적 미신을 배제한다. "어떤 민족의 '피할 수 없는' 운명을 예고하는 모든 예지는 (…) 선지(先知)가 그 운명을 빠져나갈 수 없기 때문에 민족에게 무용지물이라는 것 외에도, 이 무조건적 운명에서 자유기제가 생각되고 있는 비일관성을 안고 있다. 이 자유기제의 개념은 자기모순이다. 예언(Wahrsagen)에서의 극단적 비일관성 또는 기만은 아주 오랫동안 육체의 집을 떠난 영혼의 자리를 대변하는 신령이 흡사 그 안으로부터 말하는 것처럼 미치광이가 (보이지 않는 일의) 시령자(視靈者, Seher)로 간주되었다는 것, 그리고 가련한 정신병자(또는 간질병자)가 신들린

의 합치에 관한 세계사적 비전을 설명하기 위해 필연적 천리天理로서 '자연'
개념을 도입한다.[2] 칸트의 이 '자연' 개념은 공자의 '천명'과 흡사한 것이다.
나아가 70대 칸트는 '예지'와 '예언' 등의 점술재능(Wahrsagergabe)을 인정했다. 칸
트는 74세 때 출간한 『실천적 관점에서의 인간학』(1798)에서 예보(Vorhersagen), 예
언(Wahrsagen), 예지(Weissagen)를 구별하면서 다음과 같이 말한다.

> 예보·예언·예지는 다음과 같은 점에서 구분된다. 첫 번째 '예보'는 경험법칙에 따른
> 예견이고(따라서 자연스럽다), 두 번째 '예언'은 알려진 경험법칙과 대립된 (자연법칙에
> 반하는) 예견이다. 그러나 세 번째 '예지'는 자연과 구별되는 원인의 (초자연적) 영감
> 이거나 이런 것으로 간주되는 것이다. 이 예지의 능력은 신의 영향으로부터 유래하
> 는 것처럼 보이기 때문에 본래의 점占(Divination)의 능력으로 불린다. (왜냐하면 전의
> 해 미래를 예리하게 알아맞히는 어떤 행위든 '점'으로 불리기도 하기 때문이다.) 누군
> 가에 대해 '그가 이 또는 저 운명을 예언한다(er wahrsagt)'고 하면, 이것은 완전히 자연
> 적인 기량일 수 있다. 그러나 이 안에서 초자연적인 직관(übernatürliche Einsicht)을 구실
> 로 삼는 이에 대해서는 '그가 점친다(er wahrsagert)'고 한다. 가령 손을 보고 예언을
> 하는 것을 '행성 읽기'라고 부르는 힌두 계통의 집시나 점성술사, 그리고 연금술사를
> 포함한 보물발굴자들이 '점치는 것처럼.[3]

경험법칙에 따른 '예보', 경험법칙에 반하는 '예언' 초자연적·영감적 '예지'를
구별한데 이어 점술을 역사적으로 고찰한다.

---

자로 간주되었다는 사실, 그리고 그를 사로잡은 신령이 훌륭한 정신으로 간주되면, 그리스인들에게
서 신탁자(Mantis)로, 그 해석자는 예언자(Prophet)로 불리었다는 것이다. 결국 모든 어리석음이
바닥이 나고, 미래가 우리의 손아귀에 들어오지 않을 수 없었다. 지성을 매개로 경험을 통해 미래에
도달하는 모든 단계를 뛰어넘음으로써 미래를 예견하는 것은 우리의 관심을 아주 사로잡는다.
오, 인간들의 걱정이여!" Immanuel Kant, *Anthropologie in pragmatischer Hinsicht* (1798), 494-495쪽.
*Kant Werke*, Bd.10 (Darmstadt: Wissenschaftliche Buchgesellschaft, 1983).

2) Immanuel Kant, *Idee zu einer allgemeinen Geschichte in weltbürgerlicher Absicht* (1784), 41-2쪽.
*Kant Werke*, Bd.9, Teil 1.

3) Kant, *Anthropologie in pragmatischer Hinsicht*, 493쪽.

그런데 그리스시대에는 퓌티아가 이 모든 점쟁이들보다 걸출했고, 우리 시대에는 누더기를 걸친 시베리아 샤만이 걸출하다. 로마인들의 전조·징후의 예언은 세계 사건의 진행 중에 숨겨진 것의 발견과, 그들이 자신들의 종교에 따라 순응해야 했던 신들의 의지의 발견을 의도하지 않았다. 그러나 어떻게 하여 시인들도 스스로를 영감을 얻은 것(신들린 것)으로 그리고 예언적인 것으로 간주하는 것과 시적詩的 발작에서 영감靈感을 얻는 것을 자랑하는 상황에 이르렀는지는, 오로지 시인이 산문연설가처럼 주문 받은 작품을 힘들여 만드는 것이 아니라, 생동하고 강력한 시상과 감흥이 저절로 쇄도하고 흡사 이때 고통스러운 행태를 보이는, 그를 발작시키는 감각적 기분의 유리한 순간을 낚아채야 하는 사실에 의해서만 설명될 수 있을 뿐이다. 천재에게도 일정 양의 광기가 부여되어 있다는 옛말도 이와 유사한 것이다. (흡사 영감에 의해 내몰리는) 유명한 시인들의 무작위로 뽑은 시 구절에서 추정되는 신탁에 대한 믿음, 하늘의 의지를 발견하는, 최근 독신자의 보물상자와 닮은 수단, 로마인들에게 국가운명을 예고해 주었다는 신비의 책들(Sibyllinsche Bücher) – 안타깝게도 그들은 너무 접어대서 이 책들을 상실하고 말았다 – 의 해석 등도 다 여기에 근거한다.[4]

초험적 합리론자 칸트도 이와 같이 예지·예언 등의 천부적 점술재능을 인정한 것이다.

공자는 덕행을 그르치게 만드는 예측불가의 갑작스런 대형사고·대흉·대과 등을 미리 알아 이를 피하고자 했고 이런 것들로 인한 걱정과 우환을 없애고 싶어 했던 것이다. 인지로 예측할 수도 없고 인간의 덕행능력으로 극복할 수도 없는 흉·탈·과오에 대한 예견과 회피를 위해서 군자는 주석시서를 할 줄 알아야 한다. 따라서 공자가 정리해 『주역』에 붙인 「십익」은 시서방법을 기술하고 있다. 제자들이 공자의 강의를 기록한 형식을 취하고 있는 「계사전」은 시초蓍草로 괘를 뽑는 과정을 자세히 설명하고 있다.[5] 또한 그는 시서를 극찬한다.

---

4) Kant, *Anthropologie in pragmatischer Hinsicht*, 493-494쪽.
5) 『易經』「繫辭上傳」: "大衍之數五十 其用四十有九. 分而爲二以象兩 掛一以象三 揲之以四以象四時 歸奇於扐以象閏 五歲再閏 故再扐而後掛. 天數五 地數五 五位相得而各有合. 天數二十有五 地數三十 凡天地之數五十有五. 此所以成變化而行鬼神也. 乾之策二百一十有六 坤之策百四十有

심오한 것을 탐색하고 은밀한 것을 찾아내며 깊은 것을 낚고 먼 것을 불러 천하의
길흉을 정하고 천하의 아름다운 모습을 이루어 주는 것은 시서와 거북점보다 큰 것
이 없다.6)

이러한 시서극찬에 이어 공자는 "역을 만든 것은 우환이 있기 때문이다"라
고7) 하여 『주역』의 점서적占筮的 기원을 분명히 밝히고 있다. 또한 "무릇 『역』
이란 가는 것을 밝히고 올 것을 살피는가 하면 은미隱微한 것을 드러내고 어
둔 곳을 열어젖히니 괘를 펴고 괘명을 배당해 사물을 분별하고 말을 바로
세워 효사爻辭를 판단하면 유비무환이다"라고8) 갈파하면서 『주역』의 점서기
능적 유용성을 밝히고 있다.

공자는 "천명을 모르면 군자가 될 수 없다"고 말했듯이 「계사전」에서도 시
서로써 천명의 조짐을 보고 하늘의 뜻을 미리 알아 대비하는 신적 기능을
군자의 소임으로 여기고 있다.

기미를 아는 것은 신적일진저! (…) 기미는 움직임이 은미한 것으로서 길함이 앞서
나타나는 것(吉之先見者)이다. 군자는 기미를 보고 행동하니 종일 기다릴 것이 없다.
(…) 군자는 은미를 알고 밝게 드러남을 알고 유柔를 알고 강剛을 아니, 만부萬夫가
우러르는 것이다."9)

「계사전」의 이 점서역학적占筮易學的 어록들도 우리가 앞서 『논어』, 『중용』,
『예기』를 중심으로 전개한 논의내용을 일관되게 뒷받침해 주고 있다.

물론 「십익」의 「문언전」, 「단전」, 「대상전」, 「계사전」, 「서괘전」에서 공자는

---

四 月三百有六十 當期之日, 二篇之策 萬有一千五百二十 當萬物之數也."

6) 『易經』「繫辭上傳」: "探賾索隱 鉤深致遠 以定天下之吉凶 成天下之亹亹者 莫大乎蓍龜."

7) 『易經』「繫辭下傳」: "作易者 其有憂患乎."

8) 『易經』「繫辭下傳」: "夫易 彰往而察來 而微顯闡幽 開而當名 辨物正言 斷辭則備矣."

9) 『易經』「繫辭下傳」: "子曰 知幾其神乎. (…) 幾者 動之微 吉之先見者也. 君子見幾而作 不俟終日.
(…) 君子知微知彰 知柔知剛 萬夫之望."

『주역』을 점서역학적으로만 해석하고 있는 것이 아니라 의리역학적義理易學的·의리철학적으로도 해석하고 있다. 또한 공자는 『논어』, 『예기』 등에서 『주역』의 괘사卦辭와 효사爻辭를 거의 다 의리론적으로 활용하고 있다.10)

「십익」의 이러한 이중성격과 공자의 이러한 이중적·중도적 『주역』 활용 때문에 종래 2천 년간 이른바 의리역학적 '이덕대점설以德代占說'(덕으로 점을 대체했다는 설), '공자부점설孔子不占說'(공자는 점치지 않았다는 설)과 점서역학적 '공자서점설孔子筮占說' 사이에 논란이 계속되어 왔다. '이덕대점·공자부점설'은 공자가 의리덕행으로 점을 대체하고 스스로 점치지 않았으며 『주역』을 의리철학적 관점에서만 연구했다는 주장인 반면, 점서역학적 '공자서점설'은 공자가 직접 시서했고 이 시서를 위해 『주역』을 연구하고 『주역』을 일차적으로 점서용占筮用으로 썼다는 주장이다. 「십익」의 내용과 공자의 『주역』 괘·효사 활용 사례는 일면적인 점서역학적 공자서점설을 부정하기에 충분하지만, 지금까지의 우리의 논의는 이른바 '이덕대점·공자부점설'도 근거가 없음을 충분히 입증해 준다. 그러나 이것만으로는 아직 공자가 손수 직접 시서했는지, 그리고 그가 어떤 용도로 시서했는지가 명백하지 않다.

『마왕퇴한묘백서』 「요」편은 공자의 주역시서에 대한 명백한 직접증거를 제공해 준다.11) 우리가 앞서 『논어』, 『중용』, 『예기』, 『역경』 등 주요 경전을

---

10) 『論語』 「子路」(13-22): "子曰 南人有言曰 人而無恆, 不可以作巫醫 善夫! 不恆其德, 或承之羞. 子曰 不占而已矣." 또 『禮記』 「表記」의 蒙卦 괘사, 蠱卦 上九 효사, 大畜卦 괘사, 「坊記」의 无妄卦 六二 효사, 旣濟卦 九五 효사, 「緇衣」의 恒卦 九三 효사 참조

11) 「요」편의 주요 부분은 이렇다. "夫子老而好易 居則在席 行則在橐. 子贛曰 夫子它日教此弟子曰 德行亡者 神靈之趨 知謀遠者 卜筮之蘩 賜以此爲然矣. 以此言取之 賜緡行之爲也. 夫子何以老而好之乎? 夫子曰 君子言以柜方也, 前羊而至者 弗羊而巧也. 察其要者 不詭其德. 尙書多於矣 周易未失也 且又古之遺言焉. 予非安其用也. □□□□□□□必於□□子贛曰〕如是 則君子已重過矣. 賜聞諸夫子曰 孫正而行義 則人不惑矣. 夫子今不安其用而樂其辭 則是用倚於人也 而可乎? 子曰: 校哉! 賜 吾告女 易之道□□□□□□□百生之□□□易也. 夫易剛者使知瞿 柔者使知剛 愚人爲而不忘 𠆥斬人爲而去詐. 文王仁 不得其志 以成其慮. 紂乃无道 文王作 諱而辟咎 然後易始興也. 予樂其知之□□□之□□□予何□□事紂乎? 子贛曰 夫子亦信其筮乎? 子曰 吾百占而七十當. 唯周梁山之占也 亦必從其多者而已矣. 子曰 易我後其祝卜矣 我觀其德義耳也. 幽贊而達乎數 明數而達乎德 又仁〔守〕者而義行之耳. 贊而不達於數 則其爲之巫. 數而不達於德 則其爲之史. 史巫之筮鄕之而未也. 好之而非也. 後世之士疑丘者 或以易乎? 吾求其德而已. 吾與史同涂而殊歸者也. 君子德行焉求福 故祭祀而寡也. 仁義焉求吉 故卜筮而希也. 祝巫卜筮其後乎." 鄧球柏, 『白話帛

통해 더듬어 본 공자의 주역관도 이 「요」편을 통해 거의 그대로 입증되고
있다.

「요」편은 공자가 노년에 자나 깨나 『주역』을 끼고 살았던 것으로 묘사한다.
사마천의 『사기』에서 말한 노년 공자의 '위편삼절' 기록을 재확인해 주는 공
자의 이런 지극한 주역애호는 그가 젊은 시절에 가르친 바와 크게 달랐기
때문에 제자 자공은 공자에게 직접 이것을 따진다. 자공이 "공자께서는 어찌
해 늙어 가시면서 복서卜筮를 좋아하십니까?(夫子何以老而好之乎)"라고 묻자 공
자가 다음과 같이 대답한다.

> 군자는 곡척(직선을 그리는 공구)으로 말하는(직설하는) 것이니, 앞이 길하면 그냥 가고
> 불길하면 재빨리 피한다. 그 요지를 살피는 자는 덕을 그르치지 않는다. 그리고 『상
> 서』에는 결손이 많지만, 『주역』은 망실된 곳이 없어 옛말들을 전하고 있다. 나는 그
> 것의 (시서적) 사용에 안주하는 것이 아니다.[12]

일단 여기까지만 뜯어보면 세 가지가 분명해진다.

첫째, 공자가 50대 이전에 『주역』 공부를 시작해 50대에 지천명한 것을
넘어 60대로 늙어 가면서는 제자의 항의를 초래할 만큼 『주역』의 학구에 매
우 몰입했다는 것이다. 노장시절 정열적인 주역연구로 인해 소장시절과 달라
진 공자의 이런 태도 때문에 공자는 자공으로부터 심각하게 문제제기를 당하
고 있다.

둘째, 공자는 『주역』으로 직접 점을 쳤고 이를 통해 자기가 하는 일의 길흉
을 예견했다. 그러나 그는 길한 점괘로 행복을 구하지 않았고, 다만 불길한

---

書周易』(湘潭: 岳麓書社, 1994); 續四庫全書編纂委員會 編, 『馬工堆帛書』(上海: 上海古籍出版社,
1995) 참조.

12) 『馬王堆漢墓帛書』「要」: "夫子何以老而好之乎? 夫子曰 君子言以柜方也 前羊而至者 弗羊而巧也
察其要者. 不跪其德. 尚書多於矣 周易未失也 且又古之遺言焉. 予非安其用也." 鄧球柏, 『白話帛書
周易』, 339-40쪽. '속사고전서본'은 '卜筮之蔡'를 '卜筮之簭'로, '不跪其德'을 '不跪其福'으로 해독하
고 있다. 續四庫全書編纂委員會 編, 『馬王堆帛書』, 37쪽. 여기서는 등구백을 따랐다.

경우를 미리 알아내고 속히 흉액을 피함으로써 덕을 그르치지 않도록 했다. "앞이 길하면 그냥 가고 불길하면 재빨리 피한다'와 "그 요지를 살피는 자는 덕을 그르치지 않는다"는 말은 이를 말하고 있다. 공자가 주역점서周易占筮로 추구한 주목적은 길한 점괘로 행복을 구하는 '복서구복卜筮求福'이 아니라 점서로 흉액을 피하는 소극적 '복서피흉卜筮避凶'이었던 것이다. 이 '복서피흉'은 『주역』은 성인이 우환이 있어 생겨난 것이라는 사실이나, 50세까지 『주역』을 학구해 '큰 과오'를 피해 살기를 바랐던 공자의 소망과 상통한다.

공자가 주역점을 쳐서 피흉避凶코자 한 것은 수제자 안회의 요절횡사, 덕을 갖춘 제자 염경의 문둥병 감염 등과 같은 갑작스런 대흉과, 미래를 몰라 저지르는 대과를 겪었기 때문이다. 이런 대흉과 대과는 덕행을 가로막고 그르치게 하며 불행을 초래한다. 길한 점괘의 경우는 말할 것도 없고 지천으로 큰 흉액을 미리 알아 이를 피할 수만 있어도 군자는 덕행을 완수해 행복을 이룰 수 있다. 그러므로 공자의 행복론의 기본 철학은 '피흉'을 위해 지천의 도움을 받되, 인지를 기본으로 하는 '덕행구복德行求福'인 것이다.

따라서 그의 구복철학求福哲學에서 주역시서의 의미와 비중은 이처럼 소극적·제한적인 것이다. 말하자면, 공자는 어리석게 덕행으로 대흉과 대과를 피하려고 하지도 않았지만, 거꾸로 복서로 행복을 구하지도 않았다. 복서의 목적은 행복을 구하는 데 있는 것이 아니라, 덕과 덕행을 그르치고 저해하는 예측할 수 없는 대흉과 대과를 피하는 데 있기 때문이다. 이런 까닭에 『예기』는 말한다. "고요히 헤아리고 정미精微한 것은 『역』의 가르침이다(絜靜精微 易敎也)." 그러므로 "『역』을 잘하지 못하면 덕을 해친다(易之失賊)." 반대로 "고요히 헤아리고 정미하며 덕을 해치지 않으면 『역』에 깊은 자다(絜靜精微而不賊 則深於易者也)."[13]

셋째, 공자는 『주역』의 점서적 사용에 안주하지 않고 『상서』에서처럼 『주역』에서도 의리철학적 가르침을 구했다는 것이다. 즉, 공자는 점서용과 의리철학용으로 『주역』을 양용兩用하는 '중도적 주역관'을 가졌다. 이로써 공자 자

---

13) 『禮記(下)』「經解」, 9-10쪽. [絜: 헤아릴 혈].

신의 시서 여부를 둘러싼 오랜 논쟁은 종결된다. 이 확인으로도 이덕대점·공자부점설은 완전히 그릇된 것이고 점서역학적 공자서점설은 미흡하다는 것이 분명히 밝혀진다.

이처럼 공자는 지성지도至誠之道의 복서로14) 지천명을 얻어 흉액을 피하는 것을 전제로 넉행구복을 앞세움으로써 지인과 지천명을 종합했다. 공자의 이 입장은 '지인'과 '지천', '인지'와 '신지'를 통합하는 기자箕子의 복서론卜筮論 취지와 대동소이하다.

> 당신에게 큰 물음이 있으면 먼저 자기 마음에 묻고 다음은 경사卿士에게 묻고 그 다음 서인庶人에게 묻고 마지막으로 복서卜筮에 물으십시오. 그리하여 당신이 추종하고, 거북점이 추종하고, 시서가 추종하고, 경사가 추종하고, 서인이 추종하면 이를 일러 대동大同이라 합니다. 그러면 자신은 안락安樂하고 자손은 창성昌盛할 것이니 길할 것입니다.15)

기자는 여기서 사람의 뜻과 귀서龜筮로 나타난 하늘의 뜻이 일치해야 안녕과 융성을 얻는다는 사실을 극명함으로써 지인·지천 합치와 천인감응의 중도적 구복론求福論을 피력하고 있는 것이다.

다시 「요」편에서 자공은 점서론적 문제를 더욱 파고들어 공자에게 정면적으로 점서를 믿는지를 묻는다.

> 공자님께서도 역시 당신의 서筮를 믿습니까?(夫子亦信其筮乎).16)

---

14) 『禮記』 「中庸」 제24장: "至誠之道 可以前知 國家將興 必有禎祥 國家將亡 必有妖孼. 見乎蓍龜 動乎四體. 禍福將至 善必先知之 不善必先知之."

15) 『書經』 「周書·洪範」: "汝則有大疑 謀及乃心 謀及卿士 謀及庶人 謀及卜筮. 汝則從 龜從 筮從 卿士從 庶民從 是之謂大同. 身其康彊 子孫其逢 吉."

16) 『馬王堆漢墓帛書』 「要」. 鄧球柏, 『白話帛書周易』, 339쪽; 續四庫全書編纂委員會 編, 『馬王堆帛書』, 37쪽.

자공이 이렇게 정면으로 캐묻자, 공자는 숨김없이 분명하게 답한다.

내가 백 번 점치면 칠십 번 적중했다(吾百占而七十當).[17]

공자의 이 답변은 그가 직접 시서해 70%의 적중률을 보였고 시서 결과를
적어도 70% 정도는 신뢰했다는 것을 뜻한다. 이 한 마디 말로도 공자가 직접
시서하지 않고 의리철학적 연구만 했다는 '공자부점설'이나 '이덕대점설'은
저절로 붕괴되는 것이다.

### 1.2. 공자의 중도역학: 점서역학과 의리역학의 중도적 통합

지금까지 「요」에 나타난 공자의 주역관을 종합하면, 공자는 첫째, 늙어가
면서 『주역』을 지극히 좋아했다. 둘째, 공자는 그 자신이 직접 시서했고 자기
의 시서 결과를 70% 정도 믿었다. 그러나 셋째, 그는 늘 복서피흉의 지천을
지인·덕행과 결부시키려 했다. 넷째, 이를 위해 공자는 『주역』을 의리철학과
점서의 이중용 도로 활용했다.

자공은 점서적 활용에 대한 물음에 더해 『주역』의 의리적 활용에 대해서도
자세히 캐묻는다. "제가 듣건대, 공자께서는 '겸손하고 바르면서 의義를 행하
는 사람은 미혹되지 않는 것이고 마찬가지로 내가 지금 『주역』의 사용에 안
주하지 않고 그 사辭를 즐기니 『주역』의 이런 활용은 사람에 달려 있는 것이
다'라고 말씀했습니다. 이것이 가합니까?"[18] 이에 공자가 그 괘사와 효사의
의미에 대해 다음과 같이 대답한다.

대저 『주역』은 강자剛者로 하여금 두려움을 알게 하고 유자柔者로 하여금 강剛함을
알게 한다. 어리석은 사람은 행하면서 (강함을) 잊지 않게 하고, 참괴慙愧한 사람은

---

17) 『馬王堆漢墓帛書』「要」. 鄧球柏, 『白話帛書周易』, 339쪽; 續四庫全書編纂委員會 編, 『馬王堆帛
書』, 37쪽.
18) 『馬王堆漢墓帛書』「要」: "賜聞諸夫子曰 孫正而行義 則人不惑矣. 夫子今不安其用而樂其辭 則
用倚於人也 而可乎?"

행위에서 속이는 것을 없애 준다. 문왕은 인덕을 갖췄으나 뜻을 얻지 못해 근심을 지닌 반면, 주왕紂王은 무도無道했다. 이에 문왕이 『주역』의 괘사卦辭를 지어 탈을 피했는데 이런 일이 있은 뒤부터 『주역』이 흥하기 시작했다.19)

이 인용문의 마지막 문장은 문왕이 넉행과 길흉을 결부시킨 괘사를 쓴 이래 『주역』의 의리철학적 의미가 커졌고, 이 덕택에 점서의 적중률도 높아져서 『역』이 주나라에서 크게 유행하게 되었다는 매우 중요한 언급이다.20)

또한 이 구절은 『역』의 발생이 '구복求福(행복추구)'이나 '구길求吉(행운 또는 길운 추구)'과 무관하고 탈과 흉액을 피해 근심을 없애는 '피구辟咎·피흉避凶'의 목적과 관련되어 있음을 밝혀 준다. 그래서 앞서 공자가 "앞이 길하면 그냥 가고 불길하면 재빨리 피할" 수 있으니 "그 요지를 살피는 자는 덕을 그르치지 않는다"고 말한 것이다. 즉, 덕행이 '구복求福의 길'이라면, 주역시서는 '피흉의 길'이다. 덕행과 시서는 덕행을 그르치지 않고 안전하게 수행할 목적으로 연결된 것이다. 그리고 시서가 덕행을 망칠 대흉과 대과를 피하는 방책이라면, 역괘에서 의리철학적 이치를 찾고 푸는 역학은 덕행을 궁구하는 한 방도인 것이다. 이 단계에서 주역은 시서와 덕행을 하나로 통합한다.

『주역』의 이와 같은 의리철학적 활용은 괘·효사로부터 인의덕행의 의리를 얻고 행하는 것으로 그치지 않고 음양의 명수命數를 학구하는 '역리철학易理哲學'을 발전시켜 인의仁義의 덕을 세우고 행하는 것을 포함한다. 이것은 공자의

---

19) 『馬王堆漢墓帛書』「要」: "子曰 (…) 夫易剛者使知瞿 柔者使知剛 愚人爲而不忘 仟斬人爲而去詐. 文王仁 不得其志 以成其慮. 紂乃无道 文王作 諱而辟咎 然後易始興也." 鄧球柏, 『白話帛書周易』, 339쪽; 續四庫全書編纂委員會 編, 『馬王堆帛書』, 37쪽.

20) 은나라 때는 거북점이 성한 반면, 서점은 성하지 못했다. 거꾸로 주나라에서는 거북점이 쇠하고 서점이 성했다. 이것은 주나라에서 서점의 적중도가 높아졌다는 말이기도 하다. 그래서 『역』이 『수역』이라 불린 것이다. 그런데 『춘추좌씨전』에는 '筮短龜長'이라는 구절이 있다. 『左傳』 僖公 4年. 『春秋左氏傳(上)』, 248쪽. 어떤 이들은 이 구절을 '서점은 적중도가 낮고 거북점은 높다'는 말로 오해해 『역』이 주나라에서 성했다는 것을 의심한다. 그러나 '筮短龜長'은 '서점은 가까운 일(길어야 수십 년 앞의 일)을 내다보는 반면, 거북점은 아주 먼 일(수백, 수천 년 앞의 일) 본다'는 것을 뜻한다. 공자는 "大事는 시일이 있으나, 小事는 시일이 없으므로 소사에 筮를 갖추었다(大事有時日 小事無時日有筮)"고 말하고 있다. 『禮記(下)』「表記」, 115-117쪽.

중요한 의리역학적 방법이다. 이를 통해 공자는 『주역』의 활용에서 '복서피흉'과 '덕행구복'의 처절충적 결합을, 덕행구복을 앞세우고 복서피행을 뒤로 하고 덕행을 주로 하고 복서를 종으로 삼는 '선덕후점先德後占'·'주덕종점主德從占'의 중도통합으로 정리함으로써 덕행구복을 앞세워 복서를 드물게 하는 '이덕희점론以德稀占論'을 추구한다. 다시 「요」편에서 공자는 학역學易 때문에 자신을 욕할 것에 대해서도 미리 방어한다.

나는 『주역』에서 빌고 점치는 것(祝卜)을 뒤로하고 그 가운데서 덕의德義를 살필 따름이다. 그윽하게 (귀신을) 기려 명수命數에 달하고 명수를 밝혀 덕에 달하고 또 인仁을 지키고 의義를 행하는 것이다. 귀신을 기리지만 명수에 달하지 못하면 그것은 무당의 일이 되고, 명수를 알지만 덕에 달하지 못하면 그것은 사史가 되느니라. 사무史巫의 시서는 덕을 향하지 않는 까닭에 나는 사무의 시서를 좋아하는 것이 아니니라. 후세의 선비들 가운데 혹시 『주역』 때문에 나를 의심하는 자들이 있을 것이다. 나는 그 덕을 구할 따름이다. 나는 사무와 같은 길을 가나 귀결되는 곳은 다르다. 군자는 덕행으로 복을 구하니(德行焉求福) 제사는 지내되 적어지고, 인의仁義로 길함을 구하는 까닭에 복서는 하되 드물어진다(卜筮而希也). 비는 굿(祝巫)과 복서는 그 뒤인 것이다.[21]

이 인용문에서는 덕행구복·인의구길仁義求吉과 축무·복서가 대립항으로서 반비례 관계에 있다. 이 가운데 초점은 우리의 논제인 복서와 덕행의 관계다. 공자는 복서를 뒤로하고 먼저 덕의를 살펴 배우고 덕행과 인의를 행하는 것을 앞세운다고 말하고 있다. 『주역』에 입각한 복서와, 『주역』에서 깨달아 행

---

21) 『馬王堆漢墓帛書』 「要」: "易我後其祝卜矣 我觀其德義耳也. 幽贊而達乎數 明數而達乎德 又仁 [守]者而義行之耳. 贊而不達於數 則其爲之巫. 數而不達於德 則其爲之史. 史巫之筮鄕之而未也 好之而非也. 後世之士疑丘者 或以易乎? 吾求其德而已. 吾與史巫同涂而殊歸者也. 君子德行焉求 福 故祭祀而寡也. 仁義求吉 故卜筮而希也. 祝巫卜筮其後乎." 鄧球柏, 『白話帛書周易』, 340-1 쪽, 續四庫全書編纂委員會 編, 『馬王堆帛書』, 37쪽. 등구백은 '易我後其祝卜矣'를 '易我復其祝卜 矣'로 해독하고 이를 "나는 『역』에서 그 가운데의 축복 성분을 내던져 버린다(我撤開他的祝成分)" 로 옮겼다. 그러나 속사고전서편찬위원회는 이를 '易我後其祝卜矣(『역』에서 나는 축복을 뒤로한 다)'로 해독했다. 여기서는 이를 따랐다.

하는 덕행 간의 관계를 '양자택일'의 관계로 규정한 것도 아니고 또 동등한 결합관계로 규정한 것도 아니다. 그는 양자의 관계를 '선후관계'로 본 것이다. 또한 군자는 인의덕행을 앞세우는 까닭에 복서를 '드물게' 한다는 '이덕희점론以德稀占論'을 피력하고 있다.

노년 공사가 왜 순자荀子(기원전 298?-238년)처럼 만용을 부려 "역易을 잘하는 자는 점치지 않는다(善爲易者不占)"는 부점론不占論을[22] 펴지 않고 '선덕후점先德後占'의 '이덕희점론'을 폈는지는 우리의 논의로부터 자명하다. 공자의 구복론에서 복서의 활용은 대흉·대과를 피하는 소극적·제한적 의미를 가졌을지라도 덕행구복을 망치는 갑작스런 대흉·대과를 미리 아는 '지천'의 예지로 덕행을 제대로 수행하는 데 필수적이기 때문이다. 오랜 만에 부모를 찾아 효도를 하려는 자식이 귀향길에 교통사고로 사상死傷을 당한다면 이것은 효도가 아니라 극악한 불효인 것이다. 효도의 덕행을 망친 이 불의의 교통사고라는 대흉을 예지豫知해 피할 수만 있었다면 이 덕행은 그르쳐지지 않을 것이다.

## 제2절 대흉·대과와 복서피흉

### 2.1. 덕행구복과 복서피흉의 결합

인의덕행을 알고 실천하는 '지인知人'과 '진인사盡人事'로 길복을 이루려는 인모人謀는 우연의 소용돌이 속에서 대흉으로 대과를 범하게 되면 실패하기 십상이다. 물론 크고 작은 외적 호조건과 크고 작은 행운은 '덕행구복德行求福'과 '인의구길仁義求吉'을 더 성공적으로 만들 것이고, 길하지도 흉하지도 않은 무탈한 조건이나 작은 외적 장애와 작은 불운도 덕행과 인의의 의연한 실천으로 극복하고 길복을 이룰 수 있다. 그러나 사고에 의한 심신의 불구화, 갑작스런 질병·폐질 등으로 인한 건강 상실, 천재·인재·전화戰禍 등 각종 재앙으로

---

22) 『荀子』 「大略」(27-49): "不足於行者 說過 不足於信者 誠言. 故春秋善胥命 而詩非屢盟 其心一也. 善爲詩者不說 善爲易者不占 善爲禮者不相 其心同也."

인한 대형 손재損財와 이로 말미암은 재기불능상태, 심지어 재앙으로 인한 요절·급사·횡사 등 불의의 죽음, 경제적 소용돌이 속에서 경제파탄과 유리걸식 수준의 궁핍화, 덕행을 가로막는 살인적 정치탄압과 박해 등의 시대적·역사적 악조건 등 불가항력적 대흉액大凶厄들은 애당초 인의덕행을 망치거나 무의미하게 만들어 길복의 길을 원천 봉쇄한다.

이 큰 흉액들에 대해서는 인력人力으로 맞서 싸울 수 없다. 따라서 복서에 의해 얻는 지천에 의해 대흉을 미리 알아 재빨리 피하는 것이 최선의 방법이다. 이런 대흉을 예견해 피하거나 최소화할 수만 있다면 덕행구복을 방해받지 않고 수행할 수 있을 것이다. 이 때문에 복서는 반드시 필요한 것이다.

따라서 공자의 덕행구복론에서도 복서는 가령 한 달에 스무 번에서 열 번으로 줄어들지라도 사라질 수 없는 것이다. '복서피흉'은 안전한 '덕행구복'의 필수불가결한 안보방책이기 때문이다. 따라서 천명과 귀모의 섭리를 지실知悉한 공자가 만약 순자처럼 경솔하게, 그리고 (하늘에 대해) 불경스럽게 이덕대점·부점론을 피력했다면, 그것은 하늘을 모독하는 것이고 천명을 두려워하지 않는 태도가 되고 말았을 것이다.

그러나 자기가 선택한 목표와 무관한 대흉과 대과가 아니라, 자기가 선택한 목표와 관련된 장애물인 경우에는 대처방법이 다를 수밖에 없다. 복서를 통해 자기가 선택한 목표가 이룰 수 없는 것임을 미리 안다면 시간을 낭비하지 말고 하루빨리 다른 선택을 하는 것이 현명할 것이다. 따라서 이 경우에는 복서가 필수적인 것은 아니다. 상당히 시간을 허비한 후에 선택한 목표의 달성이 어렵다는 것을 안다면, 점치지 않아도 인간의 지혜와 판단으로 방향과 선택을 바꿀 수밖에 없기 때문이다. 그러나 짧은 인생에 엄청난 시간낭비를 줄이는 데에는 복서가 도움이 된다.

공자가 여러 번 토로했듯이, 수명·빈부·귀천(관직과 천직)과 천하의 도道의 유무 등 큰 문제는 다 천명이다. 나라와 천하에 도가 행해지게 하는 것도 항상 '인모'로 이룰 수 있는 일이 아니고, 장수·부귀 등도 개인이 마음먹은 대로 달성할 수 있는 것이 아니다. 그래서 주지하다시피 공자는 부귀의 운명성에 관해 이렇게 천명한다.

> 부귀가 구할 수 있는 것이라면 나는 채찍을 든 마부의 일이라도 하겠지만, 어차피
> 구할 수 없는 것이라면 나는 내가 하고 싶은 바를 따르겠노라.23)

이것은 한편으로 빈부와 귀천을 정하는 큰 운명은 인간의 노력으로 바꿀 수
없음을 말하면서, 다른 한편으로 부나 벼슬을 얻지 못하도록 운명으로 이미
정해진 것이라면 부와 벼슬을 얻는 것을 포기하고 자기가 하고 싶은 다른
일을 선택하겠다는 것을 뜻한다. 그러므로『자하역전子夏易傳』을 남긴 자하는
"죽고 사는 것은 천명에 달렸고 부귀는 하늘에 달렸다"는 말로 스승의 생사·
부귀운명론을 대변하고 있다.24)

　이런 운명론적 관점에서 공자는 진晉나라 재상 조간자가 자신의 정치적
은인들을 죽였다는 소식을 듣고 그에게 가던 길을 그만두고 "내가 황하를
건너지 못하는 것도 또한 운명이로다!"라고 한탄하고 돌아와 다른 길을 택했
다.25) 맹자는 또 공자가 "벼슬을 얻고 못 얻는 것은 천명이다"라고 말했다고
전한다.26) 실제로 공자가 발휘하는 거룩한 인덕의 광영도 그의 순탄치 않은
관운官運을 개선할 수 없었다. 또한 정치적·시대적·역사적 관점에서 공자는
"도가 행해지는 것도 천명이고 도가 폐해지는 것도 천명이다"라는 입장을
피력했다.27) 그러므로 공자는 덕의德義를 깊이 깨달아 덕행구복을 우선으로
실천할지라도 이 덕행구복에 큰 영향을 미치는 천명과 귀모를 두려워했고
그렇기 때문에 다른 선택을 할 줄 알았던 것이다.

　『주역』에서 덕의를 살펴 '덕행구복'을 앞세우고 부차적으로 복서를 활용하

---

23) 司馬遷,『史記列傳(上)』「伯夷列傳」, 13쪽: "富貴如可求, 雖執鞭之士, 吾亦爲之. 如不可求, 從吾
　　所好."『논어』에는 '富貴'가 '富'로 되어 있다.『論語』「述而」(7-12).

24)『論語』「顏淵」(12-5): "子夏曰, 商聞之矣, 死生有命, 富貴在天."

25) 司馬遷,『史記世家』「孔子世家」, 440쪽.

26)『孟子』「萬章上」(9-8): "孔子進以禮, 退以義, 得之不得曰有命."

27)『論語』「憲問」(14-36): "子曰 道之將行也與 命也 道之將廢也與 命也."

면, 복서의 빈도는 '사무史巫들'처럼 『주역』을 단지 점서용으로 쓸 때에 비해 '드물어질' 것이다. 여기서 '드물어진다(希)'는 말은 상술했듯이 '거의 점을 치지 않는다'는 뜻이 아니라, 가령 한 달에 '아홉 번' 시서筮之하다가 한 달에 '세 번' 정도 시서한다는 뜻이다. 요약하면, 공자는 스스로 밝혔듯이 덕행구복을 앞세우고 복서의 횟수를 줄였을지언정 복서를 중단하지 않았고 그 점괘를 70% 정도 믿었으며 "역시 이를 반드시 따르는 경우가 많았던" 것이다.

그런데 '덕행구복'이든 '복서피흉'이든 둘 다 공자가 『주역』을 활용하는 것을 두고 말한 것이다. 그러므로 둘 다 복서의 용도를 말한 것으로서, 『주역』의 점서역학적 용도와 의리역학적 용도를 함의하고 있다. 그런데 점서역학적 용도가 많아지면 의리역학적 용도가 줄어들고 거꾸로 의리역학적 용도가 많아지면 점서역학적 용도가 줄어드는 식으로 『주역』의 점서역학적 용도와 의리역학적 용도는 반비례 관계에 있다. 하지만 공자는 이덕대점·부점론을 제치고 이덕희점론을 대변하며 『주역』의 두 용도를 굳게 결합시킨 셈이다. 말하자면, 「요」편에서 공자는 의리역설과 점서역설을 통합한 자신의 '중도역설中道易說'을 가장 확실하게 천명한 것이다.[28] 뒤에 상론하겠지만, 주희가 왕필王弼과 정이천程伊川의 의리역설義理易說에 맞서 의리역학과 점서역설占筮易說을 종합하려 했던 중도적 관점은 공자의 중도역설과 합치되는 것이다.

불가항력적인 대흉에 대해 공자는 천명의 도움을 기대하는 '대천명待天命'의 수동적 자세를 뛰어넘어 주역시서로 이 불가항력적 불운의 실상을 미리 아는 '지천명'의 예지豫知를 활용해 행위를 늦추거나 앞당기고 또는 우회하거나 중지하는 식으로 큰 불운의 악영향을 피하거나 줄이고 덕행을 온전하게 하여 행복을 이루려고 노력했다. 그리고 어떤 목표를 자발적으로 선택함으로 인해 직면한 난공불락의 역경, 즉 이 선택을 그만두면 겪지 않을 역경이라면, 그리고 이것을 시서로 미리 알았다면 최초의 선택을 그만두고 다른 선택을

---

28) 따라서 「要」편의 이 구절을 仁義德行의 강조로 풀이하는 우격다짐은 「要」편에서 새로이 드러난 공자의 진의를 다시 파괴하는 것이다. 이런 우격다짐은 참조. 박태섭, 『주역을 읽으면 미래가 보인다』(서울: 도서출판 선재, 1999), 24-5쪽. 심지어 일단의 중국역학자들은 「要」편을 以德代占說과 不占論의 새 증거로 해석하고 있다. 참조. 廖名春·康學偉·梁韋鉉, 『周易研究史』, 27쪽.

하는 것이다. 이것은 '지천명'에 입각한 '순천順天'과 '낙천樂天'의 길이다.

이것은 특정한 분야에서 덕행구복의 전망이 길하거나 적어도 암담하지 않다는 것을 '지천'의 예지로 미리 안다면 그대로 덕행에 힘쓰고, 덕행을 그르칠 만큼 그 전망이 암담하다는 것을 안다면 천명에 순응해 처음 선택한 길을 미련 없이 포기하고 다른 분야에서 대안을 찾아 공자처럼 자기가 '하고 싶은 바를 따라' 사는 것을 뜻한다. 즉, 천명에 역행하는 것이 아니라 이 천명에 순응해 이것을 자기의 운명으로 애호하고 나아가 이를 즐기며 자기가 처음 또는 그 다음 선택한 분야에서 덕행에 힘써 행복을 구하는 것이다.

공자는 무도한 당대 정치세계에서 어떤 인모를 다해도 벼슬할 수 없는 무도한 상황을 깨닫고 학문·교육 분야에 더욱 전념하여 불멸의 성업聖業을 이룬 장본인이다. 물론 대안을 찾는 것조차 허용치 않는 전면적·보편적인 불운의 경우에도, 운명을 사랑하는 '순천'의 의연한 자세와 '낙천'의 거룩한 자세로 지천명의 예지를 활용하여 불운의 파장을 줄이기 위해 최선을 다하는 덕행을 포기하지 말아야 한다. 그러면 웬만한 상황에서라면 온 세상의 귀감이 되는 '인생대역전'의 성공과 행복을 이룰 수 있다. 요약하면, 큰 흉액에 대처하는 공자의 방도는 주역시서의 '지천명'을 활용한 흉액의 회피인 한편, 자기의 목표선택으로 만나게 되는 난공불락의 역경에 대처하는 방도는 복서를 통해 이 역경을 예견하거나 경험을 통해 이를 깨닫고 자기가 원하는 다른 길을 선택하는 '순천'과 '낙천'의 덕행구복이다. 물론 이 경우를 포함한 어떤 형태의 '덕행구복'이든 '복서피흉'의 안전보장을 대전제로 삼는다.

물론 혹자는 적중률 70%밖에 안 되는 주역시서를 '과학적' 지식과 비교하며 불신하거나 냉소할 수 있다. 더구나 이런 주역시서에 관한 논변체계로서의 '역학'은 더욱 우습게 알 수 있다. 그러나 서양인들이 기독교 신학을 우습게 알지 않듯이 역학도 우습게 알아서는 아니 될 것이다. '역학'은 서양 신학에 대한 공자의 지식철학적 등가물이기 때문이다. 또한 적중률이 70%밖에 아니 된다고 해서 주역을 불신하는 것은 '말이 되지 않는 말'이다. 이 혹자가 지식의 준거로 삼은 자연과학적 지식은 조건반사적·습관적 '믿음'으로서의 인과율에 기초해 있고 이런 한에서 '개연적' 지식에 불과하고 본질적으로 '확률적' 지식에 지나지 않는 것이다. 이 반론이 믿어지지 않으면 현대화학의 산물인 '감기약'이 얼마나 치료 효과를 가진 것인지를 생각해보라. '해는 매일 뜬다', 또는 '동서남북은 늘 있다'는 상식적 과학지식조차도 극지방에서는 진리가 아니고, '사계절은 늘 돌아온다'는 과학지식도 열대지방과 극지방에서는 간단히 곽성을 상실하고 개연적 지식으로 전락하고 마는 것이다.

### 2.2. 『주역』의 괘·효사에서 요청되는 덕행론

공자는 "『주역』에서 '축복祝卜'을 뒤로하고 그 가운데서 덕의德義를 살핌"으로써 『주역』을 의리철학적 학구와 덕행구복에 활용한다고 말하면서 「요」편 전체에 걸쳐 『주역』의 '사辭'를 거듭 거론하고 있다. 그는 이미 상술했듯이 "『주역』의 (복서적) 사용에 안주하지 않고 그 사를 즐기니 이러한 사용은 사람에 달려 있는 것이다"라고 말한다. 이 『주역』의 사를 잘 살피면 덕의를 깨달을 수 있는데, 공자는 그 덕의의 요지를 "대저 『주역』은 강자剛者로 하여금 두려움을 알게 하고 유자柔者로 하여금 강剛함을 알게 한다. 어리석은 사람은 행하면서 (강함을) 잊지 않게 하고, 참괴慙愧한 사람은 행위에서 속이는 것을 없애 준다"고 말한다. 이 덕의의 궁구와 석명釋明이 "망실된 곳이 없어 옛말들을 전하고 있는" 『주역』의 괘·효사에 달려 있고, 『주역』의 흥기도 "문왕이 『주역』의 괘사를 지어 탈을 피한" 일로부터 비롯되었다. 그렇다면 우리의 관심의 초점도 이제 『주역』의 괘·효사가 되어야 할 것이다.

알다시피, '신탁 또는 '선탁宣託'은 사람이나 사물을 매개로 한 신의 의도의 계시나, 인간의 물음에 대한 신의 답변을 말한다. 『주역』의 괘·효사는 특이하게도 길흉吉凶·회린悔吝·유무구有無咎를 말하는 점사占辭에 덕행과 인의를 불가분적 조건으로 달아놓고 있다. 글말(문자언어) 단계의 신탁으로서의 주역시서가 다른 모든 점술과 결정적으로 다른 측면은, 그것이 신들림의 상태에서가 아니라 명료한 정신통일의 상태에서 괘상·도덕철학·길흉이 배열된 기정旣定의 글말을 놓고 신의 계시에 해당되는 글귀를 선택한다는 것이다. 따라서 주역시서는 일반 점(사주, 점성술 등)을 뛰어넘을 뿐만 아니라 신들린 무당과 점쟁이의 입말 신탁도 뛰어넘는 최고 발전 단계의 신탁인 셈이다. 주역시서에서는 시서자筮著者가 묻는 '글말의 사辭'와 하늘이 계시하는 글말로서의 '괘사卦辭와 효사爻辭'가 결정적 의미를 지니는 것인데, 계시된 이 괘·효사에는 거의 언제나 도덕철학적 넉행 조건이 붙어 있다. 상사象辭와 점사占辭로 구성된 『주역』의 괘·효사의 점사에는 대개 길흉, 성패, 득실, 려厲(위태롭다)·린吝(부끄럽다, 옹색하다)·무구无咎(무탈하다), 상벌賞罰, 화복禍福 등을 말해 주는 점사占辭와 도덕적 조건이 불가분적으로 결합되어 있다는 말이다.[29]

첫째, 『주역』의 괘사와 효사에 흔히 나타나는 '이정利貞(곧으니 이롭다)'과 '정길貞吉(곧으니 길하리라)'처럼 도덕적 조건과 길흉의 결과가 통합되어 있는 점사들이 있다.[30]

둘째, '군자의 일이니 길하다(君子貞吉)', '군자면 길하고 소인이면 흉하다(君子吉 小人凶)', '바른 노장이면 길하다(貞丈人吉. 師卦의 卦辭)', '군자는 수레를 얻고 소인은 오두막을 부수리라(君子得輿 小人剝廬. 剝卦의 上爻辭)', '바른 대인이면 길하다(貞大人吉. 困卦의 卦辭)' 등과 같이 아예 시서를 받는 자의 덕성 수준을 조건으로 길흉을 차별한 점사들이 있다.

셋째, 『논어』「자로」에서 인용된 항恒괘 삼효사三爻辭 '제 덕이 오래가지 않고 흔들리니 혹시나 해서 뭔가를 받으면 수치가 되도다(不恒其德 或承之羞)'나 오효사五爻辭 '덕이 오래가도다. 계속 이러면 부인에게는 길하나 남편에게는 흉하다(恒其德 貞婦人吉 夫子凶)', 고蠱괘의 구이九二 효사와 절節괘의 괘사 '고집 피우면 아니 된다(不可貞)', 명이明夷괘의 구삼九三 효사 '급히 바로잡으면 아니

---

29) 이하의 내용은 다음 논문에서의 예비적 고찰을 업그레이드한 것이다. 황태연, 「공자의 중용적 주역관과 우리 역대 국가의 著筮 관행에 관한 고찰」.

30) 『주역』에서 '貞'이라는 글자는 괘·효사의 맥락에 따라 매우 다의적이다. 심지어 高亨같은 학자는 갑골문 등의 연구를 참조하여 '貞'을 '점친다는 뜻으로 풀이하고 '利貞'을 "점치면 이롭다"로 해석했다. 高亨, 『周易古經今注』(北京: 中華書局, 1957), 1쪽. 그러나 그는 그 뒤 출간한 책에서 '바르다(貞正也)'는 해석을 병행시켜 '점치다'의 풀이를 상대화시켰다. 高亨, 『周易大傳今注』(山東: 齊魯書社, 1979), 53쪽. 필자는 '貞'자를 「彖傳」과 「象傳」의 전통적 해석에 따라 '곧다, 바르다, 굳게 견지하다, 고집 피우다, 주관하다' 등으로 각각의 경우에 맞게 풀이한다. 참조: 황태연, 『실증주역』.

된다(不可疾貞)', 몽蒙괘 상육上六의 '노략질하면 이로운 것이 아니라 노략질을 막는 것이 이롭다(不利爲寇 利禦寇)' 등처럼 직접 덕행의 지침을 명시적으로 제시하는 경우도 있다.

넷째, 곤坤괘의 괘사 '암말의 정절을 지키는 것이 이롭다(利牝馬之貞)', 리離괘의 괘사 '암소를 기르는 것이 길하다(畜牝牛吉)', 혁革괘의 초구初九 효사 '황소가죽으로 공고히 묶다(鞏用黃牛之革)'처럼 비유적으로 덕행을 규정하는 경우도 있다.

다섯째, 어떤 경우는 건乾괘의 '잠룡潛龍', '현룡見龍', '비룡飛龍', '항룡亢龍', 곤坤괘의 '황상黃裳' 등과 같은 상사象辭를 통해 수덕修德의 수준을 보여주거나, 사師괘 상효와 기제旣濟괘 삼효의 '소인을 쓰지 말라(小人勿用)', 대유大有괘 삼효의 '소인은 이길 수 없다(小人弗克)' 등의 경우처럼 노골적으로 덕의에 미달한 행동과 그런 존재를 배척하는 점사가 붙는 경우도 있다.[31]

따라서 덕행을 앞세우고 복서를 뒤로한다는 공자의 선덕후점론은 점사의 예지적 적중성을 덕행과 결부시킨 『주역』의 괘·효사의 이중적 내용과 구조의 관점에서 보면 당연한 것이다. 그러므로 점서역학이냐 의리역학이냐를 논란하는 것 자체가 어리석을 따름이다.

상술했듯이 공자는 개인적 수신·구복의 차원과 달리 공동체의 정치·사회와 역사 차원에서 중도적 주역관을 바탕으로 천하대사와 역사운행을 천명으로 풀이하고 이와 관련된 개인의 정치사회적·역사적 운명도 다 이 천명에 의해 영향 받는 것으로 이해했다. 가령 공자는 늘 천하의 무도無道를 탄핵하였지만, 도道가 행해지는 것도, 도가 폐해지는 것도 다 '천명'으로 봄으로써 '무도'조차도 천명으로 이해한 것이다.

이와 함께 공자는 주역시서를 통해 '인모'와 '인지人智'의 범위 밖에 위치한 불가해한 세계운행과 역사흐름의 불투시성과 우연의 변수에 대처하기 위해 "의문이 있으면 먼저 자기 마음에 묻고 다음은 경사에게 묻고 그 다음 서인에게 묻고 마지막으로 복서에 물어라"는 기자의 '홍범구주'의 지침대로 겸허하

---

31) 본문의 괘·효사 풀이는 참조: 황태연, 『실증주역』.

게 지인과 지천을 통합하는 지성지도至誠之道를 체득하려고 평생 노력했다. 단순한 계몽적 '지인'의 인지적人智的 지식만 가지고는 백성의 삶을 좌우하는 정책의 시행에서 지천을 향한 지성지도를 결한 채 '실패하면 말고' 식의 지성주의적 무책임성을 극복할 수 없었기 때문이다.

아무리 완벽한 정책이라도 미지의 걸림돌 때문에 백성에게 재앙을 초래할 수 있다. 인간의 인지적 의식성과 그 논리적 일관성만을 유일시하는 지인知人 중심의 지식은 정치윤리적으로 무책임할 수 있는 것이다. 그러나 정책시행 전에 초월적 방법으로 하늘의 뜻을 물어 검증하는 지성지도를 갖춘다면 실패와 재앙을 줄일 수 있고 비록 시사의 천의에 따르더라도 실패하는 일이 있더라도 그 윤리적 무책임성은 경감할 수 있을 것이다. 또 공자의 말대로, 만약 복서가 진짜 70% 적중률을 보인다면 실패확률이 줄어들면서 윤리적 무책임성은 더욱 줄어들 것이다.


## 제3절 '지성지도'로서의 시서와
## '공자부점설'의 허위성


### 3.1. 국가의 공식 복서에 대한 공자의 강조

앞서 살펴보았듯이 『중용』에서 공자는 '지성지도'를 갖추면 시서 등으로 하늘과 감응해 앞날을 내다볼 수 있는 신적 예지력이 생긴다고 말하고 있다. "지성至誠의 도는 앞을 알 수 있게 해 주니 나라와 가문이 장차 흥하려고 하면 반드시 상서로운 징조가 있고 나라와 가문이 장차 망하려고 하면 반드시 요사스런 재앙이 있어 시초로 치는 주역점과 거북점에 나타난다. (…) 그러므로 지성은 신神과 같다至誠之道 可以前知. 國家將興 必有禎祥 國家將亡 必有妖孽 見乎蓍龜. [⋯] 故至誠如神)."[32] 공자는 여기서 '지성지도'를 미래에 대한 예지능력을 주는 신적인 것으로 규정하고 있다. 이것은 거꾸로 시서가 인간적 '지성의 도'라는

---

32) 『禮記』「中庸」제24장.

것을 뜻한다. 시서著筮란 인지적 지혜를 다 동원해 고구한 결과 긍정적 결과가 예상하고 나서야 정성스럽게 실행하는 것이기 때문이다. 지극히 정성스런 지성지도의 시서著筮로써만 지천명할 수 있는 것이다. 동시에 여기서 공자는 시서의 예지를 국가흥망과 화복의 예견을 위한 국가의 공식지식으로 인정하고 있다.

'공자부점설'이 제기한 핵심적 논란이 이미 해소된 상황이지만, 한 가지 더 짚고 넘어가야 할 점은 「요」편 출토 이전에도 일찍이 공자와 그 제자들의 많은 어록과 글들이 '복서'에 대한 공자 자신의 지지와 요구를 담은 복서론을 남기고 있다는 것이다. 공자는 가령 『예기』「표기」에서 복서의 공식적 의미와 복서법 및 복서활용법을 상론詳論하고 있다.

> 옛 3대의 현명한 왕들은 다 천지신명을 섬겼는데, 이에 누구도 복서를 쓰지 않는 자가 없었다. 상제를 섬길 때 감히 자기의 사적 무례를 범하지 않았다. 그러므로 일월을 범하지 않았고 복서를 위반하지 않았다. 복과 서는 서로 연달아 하지 않았다. 대사大事에는 일시가 있으나 소사小事에는 일시가 없으므로 서筮를 갖추었다. 바깥일에는 강일剛日(甲, 丙, 戊, 庚, 壬)을 쓰고 집안일에는 유일柔日(乙, 丁, 己, 辛, 癸)을 써서 거북점과 주역점을 위반하지 않았다. (…) 생전牲牷(희생), 예악, 제성(제물), 이런 것들을 바쳐 귀신에게 해를 끼친 적이 없었고 백성에게 원망을 산 적이 없었다. (…) 대인의 기구器具는 위엄 있고 공경스러우니 천자는 서를 쓰는 일이 없으나 제후는 서를 지켜야 한다. 하지만 천자도 순회 길에서는 서한다. 제후는 자기 나라 일이 아니면 서하지 않는다. 집·침실과 관련된 일은 거북점을 치고 태묘에 거처할 일을 점치지 않는다. (…) 군자가 신중하면 제기를 쓴다. 이 때문에 일월을 폐지 않고 거북점과 주역점을 위반하지 않아 그 군장君長을 공경하고 섬기는 것이다. 그러므로 백성을 모독하지 않고 상제를 더럽히지 않는 것이다.[33]

---

33) 『禮記(下)』「表記」, 115-117쪽: "昔三代明王 皆事天地之神明 無非卜筮之用. 不敢以其私褻事上帝. 是故不犯日月 不違卜筮. 卜筮不相襲也. 大事有時日 小事無時日有筮. 外事用剛日 內事用柔日 不違龜筮. (…) 牲牷禮樂齊盛, 是以無害乎鬼神, 無怨乎百姓. (…) 大人之器威敬 天子無筮 諸侯有守筮. 天子道以筮. 諸侯非其國不以筮. 卜宅寢室. 天子不卜處大廟. (…) 君子敬則用祭器. 是以不廢

또한 「곡례」에서는 복ㅏ과 서筮의 방법을 더 자세히 설명하고 있다.

> 바깥일에는 강일을 쓰고 집안일에는 유일을 쓴다. 무릇 날을 복서한다면 열흘 밖이
> 며 먼 아무 날이라 하고 열흘 안이면 가까운 아무 날이라 한다. 상사喪事는 먼 날을
> 먼저 보고 길사吉事는 가까운 일을 먼저 본다. '날을 잡기 위해 너의 위대한 거북이
> 상도常道가 있음을 빌리노라' 또는 '너의 위대한 서筮가 상도가 있음을 빌리노라'라고
> 고한다. 복ㅏ·서筮는 (아무리 많이 점쳐도) 세 번을 넘어서는 아니 되고 복과 서는
> 서로 연달아 하지 않는다. 거북으로는 복ㅏ을 하고 시초대로는 서筮를 한다. 복·서는
> 선대의 거룩한 왕들이 백성으로 하여금 일시를 믿게 하고 귀신을 공경케 하고 법령을
> 두려워하게 만드는 것이었고, 백성으로 하여금 의심스러운 것을 결단하고 나아가고
> 물러나는 것을 정하게 하는 것이었다. 그러므로 의심스러워 이를 서하면 아닐지도
> 모른다는 마음을 떨쳐버리고 날을 잡아 일을 시행하면 반드시 잘하게 되는 것이다.[34]

복·서에 대한 『예기』의 이처럼 상세한 설명들도 『백서주역』「요」편과 마찬가
지로 '공자부점설'을 정면 부정하는 것들이다. 공자와 그 제자들의 어록과 글
로 짜여진 『예기』의 구성을 감안할 때, 「요」편이 출토되기 이전에 의리역학적
'이덕대점·공자부점설'이 위세를 떨친 것을 보면 중세기 내내 천명을 깔보는
선비들의 인지주의적人智主義的 오만과 사변적 공리공담이 하늘을 찔렀던 것
으로밖에는 느껴지지 않는다.

   의리역학적 '이덕대점·공자부점설'이 부분적으로나마 의지할 수 있는 근거
는 공자가 시종일관 주술적 미신을 추방하고 역서易書와 주역시서를 멀리하
며 인지적 지식 개념을 중시한 '청년논어'의 몇몇 어록들일 것이다. 그러나
상론했듯이 이런 어록들은 노장 시기의 어록들과 모순되는 것이 아니라, 다

---

   日月 不違龜筮 以敬事其君長. 是以上不瀆於民 下不褻於上."
34) 『禮記』「曲禮上」, 89쪽: "外事以剛日 內事以柔日. 凡卜筮日 旬之外曰遠某日 旬之內曰近某日.
　　喪事先遠日 吉事先近日. 日 爲日 假爾泰龜有常 假爾泰筮有常. 卜筮不過三 卜筮不相襲. 龜爲卜
　　筴爲筮. 卜筮者 先聖王之所以使民信時日 敬鬼神 畏法令也. 所以使民決嫌疑 定猶與也. 故曰 疑而
　　筮之 則弗非也. 日而行事 則必踐之."

만 지인의 인지와 지천의 신지를 구분하여 시차를 두고 논한 것일 뿐이다. 따라서 통합적 지식 개념을 구하기 위해서는 당연히 인지와 신지의 통합, 덕행구복과 복서피흉의 결합, 의리역할과 점서역할의 통합 등과 마찬가지로 상호 통합되어야 하는 것이다.

또한 유교를 국가의 정통사상으로 받들며 중대한 국사를 시서로 결정해 온 중국과 우리나라 역대 왕조국가에서 수천 년 지속되어 온 공식적 시서관 행의 무게는 천명과 성인의 말씀을 깔보는 '공자부점설'의 인지주의적 오만을 해소하기에 족하다 할 것이다. 그렇지 않다면, 전통적 유교국가들이 다 공자의 주역관에서 일탈해 주술에 사로잡힌, 따라서 '정통유학'의 관점에서 정당성이 의심되는 '비정통非正統' 국가로 간주될 수밖에 없을 것이기 때문이다.

『주역』은 복희伏羲를 기준으로 따지면 5000년이 넘고 은말의 문왕을 기준으로 따지면 3000년이 넘는, 서양인들도 인정하는 인류역사상 "가장 오래된" 신탁서이자[35] 국가점서책이다.[36] 다시 확언하는 바, 공자는 노년 시기에 『주역』을 학구하여 지천명의 새로운 경지를 타개했고 인지적 지인과 초월적·신지적 지천을 통합했다. 주나라는 하나라 문화와 유사하게 귀신을 경원하고 사람을 가까이하고 예를 앞의 이대二代보다 더 중시하여 발전시켰으면서도 천명을 존중하고 『주역』의 복서를 중시하고 은나라 못지않게 제례를 중시하며 제사를 받들었다. 공자는 주나라 문화에 대한 이러한 관점을 확립하고 또 이대二代에 비춰 개선하고 보완함으로써 자신의 고유한 종주從周노선을 완성했던 것이다.

또한 공자의 주역관은 의리역학적 이덕대점·공자부점설과도 거리가 멀었고, 의리를 무시하고 복서에만 치우친 점서역학적 공자서점설과도 같지 않았다. 그는 복서피흉의 안전보장책과 결합된 덕행구복 및 『주역』의 점서론적·의리론적 연구와 이중적 활용으로 짜여진, 선덕후점·이덕희점의 중도적 관점을 취했다.

---

35) 카처는 『주역』을 "세계에서 가장 오래되고 가장 심오한 점술체계 가운데 하나"로 이해한다. 참조: Stephen Karcher, *How to Use the I Ching* (London: Element, 1997), vii.

36) Murphy, *Secrets of the I Ching*, 1쪽.

### 3.2. 공자의 신운身運 역괘

이상의 논의를 통해 공자의 중도적 주역관이 충분히 규명된 만큼 13경에 포함되지 않는 기타 문헌들이 전하는 공자의 신운身運에 관한 주역시서도 살펴볼 필요가 있다. 먼저 『공자가어』를 보면 공자가 스스로 자신의 인생을 시서해 22번째 괘인 산화山火 비賁괘(마음속에 불타는 사상을 가졌으나 산에 가로막혀 실현할 수 없는 괘)를 뽑고 크게 실망했다고 전한다. "공자는 일찍이 스스로 시서해 비賁괘를 얻은 적이 있었다. 그러자 그는 안색이 변하며 곤혹스런 상을 지었다."[37]

또 말년에 공자는 평생운수를 시서해 56번 려旅괘(나그네로 떠도는 괘)를 뽑았다고 전한다. 상병화尙秉和는 다음과 같이 기록하고 있다. "『건착도乾鑿度』에 의하면 공자가 자기 인생을 몰라 『주역』을 본으로 우연히 그 운명을 시서해 려旅괘를 얻고는 제자 상구商瞿에게 해석을 청했다. 상구가 말하기를 '공자님은 성스런 지혜를 지녔으나 지위가 없습니다'라고 풀이했다. 이에 공자가 눈물지으며 말하기를 '봉황새도 날아오지 않고 황하에서 하도河圖도 나오지 않는구나!' 하고 「십익十翼」을 짓기 시작했다."[38] 공자의 이 탄식은 『논어』「자한편」에도 거의 그대로 실려 있다.[39]

공자는 51세에 노나라 조정에 출사해 승진을 거듭했으나 노나라의 실세인 삼환三桓(季孫, 叔孫, 孟孫)씨와의 갈등 끝에 54세에 대사구직을 사임해야 했다. 이후 신변에 위협을 느껴 55세 되던 해에 망명을 떠나 여러 나라를 떠돌았으나 출사하지 못했고, 기원전 484년 노나라로 귀국할 때까지 무려 14년간 나그네 신세를 면치 못했다. 공자의 원숙한 학문과 역학 연구, 그리고 3000제자의 교육은 대부분 55세에서 68세에 걸친 이 망명기에 이루어진 것이다. 또 후세 유학자들이 '주유천하'로 미화한 길고 험한 망명생활의 재야 계몽활동 끝에 당시 계강자季康子의 초빙으로 귀국한 후에도 공자는 계씨의 정책에 반

---

37) 『孔子家語』「好生」: "孔子嘗自筮 其卦得賁焉. 愀然有不平之狀."

38) 참조 尙秉和 輯釋, 『周易古筮考』(台北市: 廣文書局, 民國 81年, 1991), 33쪽: "乾鑿度云 孔子生不知易本偶筮其命得旅 請益於商瞿氏 曰子有聖知而無位 孔子泣而曰鳳凰不來河無圖至天之命也 于是始作十翼." 『乾鑿度』의 인용문은 참조 鄭玄 註, 『乾坤鑿度』(文淵閣四庫全書, 經部, 易類 53) 卷下.

39) 『論語』「子罕」(9-9): "鳳鳥不至 河不出圖 吾已矣夫!"

대해 노나라 조정에 출사할 생각을 버렸다. 그는 학문과 교육에 전념하다가 4년여 뒤 73세의 나이(기원전 479년)로 타계했다. 공자는 출사했을 때는 비賁괘대로 단지 제후(정공)를 꾸며 줄 뿐인 '허세'였고 이마저 사직한 후에는 '려旅'괘대로 '나그네 재야정치가로 떠돌았던 것이다. 다행히 말년에 고국의 실세 계강자의 초빙으로 귀국해 고향에서 풍요롭고 안락하게 살다가 수많은 애제자들에게 둘러싸여 생을 마감할 수 있었다.

주지하다시피 공자의 위대하고 거룩한 업적은 그가 평생 간절히 원하던 정치 분야에서 이루어진 것이 아니라 학문·교육 분야에서 이루어졌다. 암주暗主와 간신의 권모술수와 음해비방이 판치는 무도한 춘추시대에 하늘은 당대의 일시적 정치가 아니라 바로 2000여 년 동양의 후세를 준비하는 거룩한 학문과 교육이 공자 같은 성인에게 안성맞춤이었음을 이미 다 알고 있었을지 모를 일이다. 공자는 신지적 복서피흉과 거룩한 인지적 덕행구복으로 이룬 삶의 고귀한 행복을 말해 주는 산 증인인 셈이다.

### 3.3. 시서법과 점단법

지금까지 주역괘를 뽑아 점단하는 시서에 대해 거듭 언급했다. 역괘를 뽑고 점단하는 것을 안다는 것을 전제로 논의를 전개했기 때문에 지금쯤 누구나 시서법蓍筮法과 점단법占斷法·占象法이 궁금할 것이다. 다음에서는 시서법과 점단법을 여기서 설명하고자 한다. 시서법은 공자가 정리한 「계사전」에 대강 쓰여있지만 소략해 이해하기 어렵다. 여기서는 가급적 상세히 설명해 이해를 돕고자 한다.

#### ▪서서법

역괘易卦를 뽑는 방법이 이른바 '시서법'이다. 시서법에는 50개의 시초蓍草나 서죽筮竹으로 하는 정서법正筮法과, 세 개의 동전으로 하는 동전서법銅錢筮法이 있다.

정서법은 원래 100줄기의 길고 가는 잎을 낸다는 시초(톱풀) 포기에서 50개

의 잎줄기를 베어 썼다고 전해진다. 시초의 잎줄기는 길고 곧으며 강하고 질
기며 오랫동안 시들지 않기 때문에 약간의 수작업으로 손쉽게 시책著策을 만
들 수 있었다고 한다.40) 그러나 시초가 이미 오래 전에 사라져 이를 구할
수 없게 되었고 이 때문에 수백 년 전부터 시초 대신 서죽을 써왔다. 서죽은
대나무를 뜨개질 대바늘처럼 잘게 쪼개 다듬은 50개의 내쪽이나. 서죽은 '숫
대'라고도 한다. 서筮는 다음 11단계로 나누어 설명할 수 있다.

### 제1단계

의문이 되는 사안을 마음에 품고 손을 씻고(목욕재계하고) 깨끗한 담요나 두
터운 천을 깐다.

### 제2단계

"너의 위대한 서筮가 상도常道가 있음을 빌리노니"라고 마음속으로 고하고
묻는 글귀를 그 날의 일시와 함께 종이에 써서 자기 앞의 담요 위에 놓는다.
이 글귀를 응시하며 그 뜻과 정황을 마음에 새긴다. 주역괘로는 진행 중인
일(국정, 정치, 사업)의 길흉(득실, 성패, 승패)과 형비亨否(형통과 막힘), 임의의 계획(정
책)의 길흉과 형비亨否, 특정인(특정 집단, 특정 사물)의 — 열흘을 기준으로 — 가
깝고 먼 운세 등 무엇이든 물을 수 있고 어떤 일의 처리 방도와 특정 조건에
서의 처신 방도도 물을 수 있다. 물음 방식은 반드시 의문사 없는 길흉(득실·성
패·승패) 및 형비의 물음이거나 방도를 묻는 물음('~하려면 무엇을 어떻게 해야 합니
까?')이어야 한다. '이것입니까 저것입니까?' 또는 '이것과 저것 중 어느 것입니
까?' 식의 선택형 물음은 피한다. 이 선택의 경우에는 '이것이 좋습니까?'와
'저것이 좋은가요?'로 물음을 두 개로 나눠 두 번 괘를 뽑아 비교해야 한다.
이 경우의 점단은 아주 어렵고 틀릴 위험이 높다.

### 제3단계

---

40) Alfred Huang, *The Complete I Ching* (Rochester & Vermont: Inner Traditions, 1998), 7쪽.

묻는 글귀를 놓은 자리보다 약간 더 멀리 대통(산통이나 붓통이 좋음)을 준비해 놓고 50개의 서죽에서 숫대 하나를 뽑아 대통에 꽂는다. 이때의 마음자세는 천지신명께 물음을 고하고 이 물음에 대해 천명을 밝혀줄 것을 기원하는 마음가짐이어야 한다.

### 제4단계

묻는 글귀를 응시하고 그 의미를 마음속에 새기면서 남은 49개의 숫대를 두 손으로 자연스럽게 둘로 가른다. 이때 왼손에 든 숫대 뭉치는 하늘을 상징하는 '천책天策', 오른손의 숫대 뭉치는 땅을 상징하는 '지책地策'이라 부른다. 천책은 왼손에 그대로 들고 있고 지책은 글귀를 쓴 종이가 놓인 자리와 시서자筮之者 자신이 앉아 있는 자리 사이의 담요 바닥에 가지런히 내려놓는다.

### 제5단계

바닥에 내려놓은 지책에서 숫대 하나를 뽑아 천책을 든 왼손의 새끼손가락과 넷째 손가락 사이에 끼운다. 이것은 천지인天地人 삼재三才 중에 '사람(人)'을 뜻한다.

### 제6단계

춘하추동을 마음속으로 외우며 천책에서 4개씩(四時의 숫자)를 천책에 1-4개가 남을 때까지 덜어내 지책과 섞이지 않도록 지책의 왼쪽 적당한 곳에 내려놓는다. 이때 왼손의 천책에 남은 1-4개의 숫대를 왼손의 가운데 손가락과 넷째 손가락 사이에 끼운다.

### 제7단계

지책을 들어 왼손에 잡고 다시 4개씩 덜어내 내려놓는다. 그러면 다시 왼손에 1-4개가 남는다. 이것이 끝나면 새끼손가락과 넷째 손가락 사이의 1개, 가운데 손가락과 넷째 손가락 사이의 천책의 남은 숫대, 그리고 마지막 지책의 남은 숫대를 다 합한다. 다 합한 수는 늘 5 아니면 9이다(그렇지 않으면 괘를 잘못 뽑은 것이다). 이 3번의 손동작으로 5 또는 9를 뽑는 움직임을 '일변一變'이라 부른다. 5 또는 9개의 숫대는 앉은자리 앞 왼쪽의 적당한 곳에 섞이지 않도록 별도로 내려놓는다.

### 제8단계

남은 44개 또는 40개의 숫대를 다시 둘로 가르고 앞서와 같은 손동작으로 '이변二變'을 이룬다. 이변에서 얻는 수(왼손의 숫대를 다 합한 수)는 4 아니면 8이다. 이것도 일변으로 얻은 숫대 옆에 섞이지 않게 나란히 내려놓는다. 남은 숫대(40개, 36개 또는 32개)를 가지고 하는 '삼변三變'도 같은 손동작으로 이룬다(이 경우에도 얻는 수는 4 아니면 8이다).

### 제9단계

이 세 번의 변變으로 하나의 효를 뽑는데 이 세 변의 숫대 수는 가령 9·8·8, 9·4·8, 9·4·4, 5·4·8, 5·8·4, 5·4·4 등으로 나타난다. 괘의 효마다 삼변을 반복해 이 삼변을 여섯 번 시행한다. 여섯 효를 그리려면 18변變을 반복해야 한다.

### 제10단계

삼변시 숫대의 경우의 수는 9·8·8, 9·8·4, 9·4·8, 9·4·4, 5·4·4, 5·8·8, 5·8·4, 5·4·8 등 여덟 가지다.

① 5·4·4의 경우는 합산의 수가 13(5+4+4)이므로 남은 숫대는 36개(49-13)이다. 이 36개를 4개씩 덜어내며 묶음 수를 세면(즉, 4로 나누면) 몫이 9이다.

② 5·8·8의 경우는 합산의 수가 21이므로 남은 숫대는 28개이고, 이를 4로 나누면 몫은 7이다.

③ 5·8·4의 경우는 합산의 수가 17이므로 남은 숫대는 32개이고, 이를 4로 나누면 몫은 8이다.

④ 5·4·8의 경우도 몫이 8이다.

⑤ 9·8·8의 경우는 합산의 수가 25이므로 남은 숫대는 24개이고 이를 4로 나누면 몫은 6이다.

⑥ 9·8·4의 경우는 합산의 수가 21이므로 남은 숫대는 28개이고, 이를 4로 나누면 몫은 7이다.

⑦ 9·4·8의 경우도 몫이 7이다.

⑧ 9·4·4의 경우는 합산의 수가 17이므로 남은 숫대는 32개이고, 이를 4로 나누면 몫은 8이다.

⑨ 얻어진 몫의 네 가지 수 6·7·8·9에서 홀수 7·9는 양陽의 수, 짝수 6·8은 음陰의 수다. 9는 노양老陽의 수, 이보다 작은 7은 소양少陽의 수이고, 반대로 8은 소음少陰의 수, 이보다 작은 6은 노음老陰의 수다. 소양·소음의 수는 아직 젊어 자신의 바탕에서 더 클 수 있으므로 안정安靜된 수다. 반면, 노양·노음의 수는 이미 늙어 노양은 음陰으로, 노음은 양陽으로 뒤바뀌는 변화임계變化臨界 상황에 있다. 이런 까닭에 노양과 노음의 효를 '동효動爻' 또는 '변효變爻'라고 한다.

이를 도표화하면 다음과 같다.

| 삼변시 경우의 수 | 합산의 수 | 남은 숫대 수 | 4로 나눈 몫 | 몫의 분류 |
|---|---|---|---|---|
| 5·4·4 | 13 (5+4+4) | 36 (49-13) | 9 (36/4) | 老陽(動爻) |
| 5·8·8 | 21 (5+8+8) | 28 (49-21) | 7 (28/4) | 少陽(安靜) |
| 5·8·4 | 17 (5+8+4) | 32 (49-17) | 8 (32/4) | 少陰(安靜) |
| 5·4·8 | 17 (5+4+8) | 32 (49-17) | 8 (32/4) | 少陰(安靜) |
| 9·8·8 | 25 (9+8+8) | 24 (49-25) | 6 (24/4) | 老陰(動爻) |
| 9·8·4 | 21 (9+8+4) | 28 (49-21) | 7 (28/4) | 少陽(安靜) |
| 9·4·8 | 21 (9+4+8) | 28 (49-21) | 7 (28/4) | 少陽(安靜) |
| 9·4·4 | 17 (9+4+4) | 32 (49-17) | 8 (32/4) | 少陰(安靜) |

이와 같이 '4로 나눈 몫'까지 구해 이를 기준으로 음양의 동효와 음양의 안정된 효를 알아내는 방법이 본래적 서법筮法이다.[41] 그러나 이 방법은 셈이

상당히 복잡하고 시간도 많이 걸린다. 따라서 '삼변시'의 여덟 가지 '경우의 수'만 구하고 곧바로 여기로부터 음양의 동효와 음양의 안정된 효를 알아내는 간단한 방법을 쓰는 경우도 있다.[42] 도표에서 보듯이 '삼변시 경우의 수'가 정해지면 자동으로 음양의 동효와 음양의 안정된 효가 도출되기 때문이다. 필자는 이 후자의 방법을 권한다. 이를 위해서는 다음 사항을 암기하는 것으로 족하다.

① [5·4·4] (=13) → 동한 양효

② [5·8·8] [9·8·4] [9·4·8] (=21) → 동하지 않은 양효

③ [5·8·4] [5·4·8] [9·4·4] (=17) → 동하지 않은 음효

④ [9·8·8] (=25) → 동한 음효

동動한 양효는 양陽의 부호 '—'로 표기하고 부호 왼쪽 옆에 작은 원(○ 또는 ×)을 표시한다. 동하지 않은 양효는 아무런 표시 없이 양의 부호 '—'로만 표기한다. 동하지 않은 음효는 음陰의 부호 '--'로 표기한다. 동한 음효는 음陰의 부호 '--'를 긋고 왼쪽 옆에 작은 원을 표시한다.

제11단계

삼변을 여섯 번 반복하면서 아래에서 위로 초효부터 차례로 효를 그리고 여섯 효를 표기하여 서괘筮卦를 완성한다. 여섯 효를 다 뽑아 가령 다음 괘를 얻었다고 하자.

이 괘는 감상리하坎上離下의 수화水火기제既濟괘다. 그리고 부호의 오른쪽

41) 주희(김진근 역), 『완역 易學啓蒙』(서울: 청계, 2008), 232-345쪽 참조. 빌헬름과 후앙도 이 방법을 설명하고 있다. Wilhelm, *I Ging*, 336-337쪽; Huang, *The Complete I Ching*, 10-11쪽.

42) 明나라 永樂 연간에 황제의 명으로 胡廣 등이 편찬한 『周易傳義大全』의 總目 중 '筮儀'에서는 후자의 방법을 취하고 있다. 成百曉 역주, 『周易傳義』(서울: 전통문화연구회, 2001), 143쪽 참조. 블로펄드도 이 방법을 소개하고 있다. Blofeld, *I Ching*, 64쪽.

옆에 작은 원이 그려진 첫 번째 효 초구初九가 동효다. 이 경우에는 동효가 1개지만, 뽑은 서괘에 따라 동효는 2개가 나올 수도 있고 3·4·5·6개가 나올 수도 있다.

이렇게 동효를 뽑으면, 산술적으로 경우의 수는 도합 4,416가지다. 한 괘 당 무無동효의 경우는 1개, 동효가 6개인 경우도 1개, 동효가 1개인 경우는 6개, 동효가 5개인 경우도 6개, 동효가 2개인 경우는 15개, 동효가 4개인 경우도 15개, 동효가 3개인 경우는 25 개다. 따라서 한 괘 당 경우의 수는 도합 69가지다. 여기에 64괘를 곱하면(69×64), 총화가 4,416가지다. 묻는 물음은 이 4,416가지 경우의 수 안에서 답변된다.

동전으로 뽑는 동전서법은 아주 간단하다. 손쉽게 100원짜리 동전 3개를 준비해 이순신 초상 그림이 있는 면을 양陽, '100'이라는 아라비아 숫자가 있는 면을 음陰으로 정하고 세 개의 동전을 6번 던져 괘를 완성한다. 1회마다 한 효가 뽑히는 셈이다. 이때 세 개가 다 초상 그림이면 양의 동효, 세 개가 다 아라비아 숫자면 음의 동효다. 세 개 중 하나는 영정 그림이고 나머지 둘은 숫자이면 (동양은 외로운 하나를 중시하므로) 이 그림을 동하지 않은 양효로, 하나가 숫자이고 나머지 둘이 그림이면 이 숫자를 동하지 않은 음효로 본다.

### ■점단법

'점단법占斷法'이란 뽑힌 역괘에 담긴 운세를 풀이하는 방법을 말한다. 역괘와 동효를 얻으면 괘의 기본적인 뜻과 동효의 효사를 읽고 물은 물음과 관련시켜 효사와 괘·효상의 상징적 의미를 해석해 물음에 대한 답을 얻는다. 가령 기제旣濟괘 초구 효의 효사는 "수레바퀴를 (뒤로) 끌도다. 그 후미가 (물에) 적시더라도 무탈하도다(初九 曳其輪 濡其尾 无咎)"이다. 이 효사가 예지하는 의미는 "활동 반경이나 사업 범위를 더 확장해서도, 더 전진해서도 아니 되고 오히려 도의상 조금 뒤로 물러나 기득권을 다스리고 지켜야 마땅하다(초효는 이해 득실을 초월해 도의만을 논하는 효다)"이다.[43]

그런데 『주역』은 왕왕 특정한 물음을 물으면 질문한 물음은 도외시하고 시서자에게 임박한 중요 문제를 먼저 답해주는 수가 있다. "『주역』은 묻고 있는 문제가 아니라 우리의 본래적 문제의 핵심 포인트를 다룰 수 있기 때문이다. 말하자면 『주역』이 우리로 하여금 임박해 있는 어려운 사태에 미리 대비하도록 하기 위해(*um uns auf schwierige bevorstehende Ereignisse vorzubereiten*) 시서사의 질문을 무시하는 일이 발생할 수도 있는 것이다."44) 얻은 괘와 동효의 효사가 묻고 있는 문제와 아무 관계가 없는 엉뚱한 것으로 느껴질 때는 대개 이런 경우다. 이때는 이 서괘를 먼저 해석해 임박한 사건의 예고와 해법을 먼저 알아두고 다시 원래의 물음을 묻는 서괘를 뽑아야 한다.

서괘는 원칙적으로 한 물음에 대해 한 번만 뽑아야 한다. 그러나 다음과 같은 경우는 예외적으로 다시 뽑을(소위 再筮·三筮할) 수 있다.

첫째, 위의 경우처럼 임박한 일을 먼저 예지해 주는 엉뚱한 서괘일 때.

둘째, 주변의 방해나 심리적 자세가 흐트러져 괘를 뽑는 과정에서 감응感應이 되지 않았다는 의심이 들 때.

셋째, 서괘의 답이 문제와 관련해 너무 난해하거나 애매모호해 점단을 내릴 수 없을 때.

넷째, 괘를 얻은 사람이 뽑힌 역괘를 지극히 의심해 역괘의 접수를 거부할 때.

다섯째, 재서再筮한 서괘가 원서原筮와 상반되어 삼서三筮의 확인이 필요한 때.

원서原筮가 제대로 된 경우에는 재서再筮에서도 보통 원서와 동일한 괘, 동일한 동효가 나오거나, 다른 괘라도 동효의 효사의 의미가 이전의 효와 거의 유사한 괘효가 나온다. 그러나 원서가 의심한 대로 그릇된 경우는 재서에서 다른 괘가 나온다. 삼서했을 때 삼서가 재서의 서괘와 통하는 경우에는 원서가 틀린 것이고, 삼서가 원서와 부합되는 경우에는 원서가 맞고 재서가 틀린 것이다.

동효가 없을 때와 동효가 1개이거나 6개일 때는 서괘 풀이가 비교적 간단

---

43) 참조: 황태연, 『실증주역(2)』, 기제괘 초구 풀이.

44) Anthony, *Handbuch zum klassischen I Ging*, 434쪽.

하고 명쾌하다. 그러나 동효가 2·3·4·5개인 경우에 서괘 풀이는 난해하다. 필자는 스스로의 시서 경험을 종합해 다음과 같은 점단법을 권하고자 한다.

① 동효가 없을 때는 얻은 괘의 이름(卦名)의 의미, 괘상(卦象), 괘사(단사) 등을 고려해 풀이한다. 그러나 경문 설명에서 밝혀주고 있듯이 괘사가 완전히 의미를 잃었거나 부분적으로 의미를 잃은 괘들도 있다. 이 경우에는 괘사를 완전히 또는 부분적으로 무시하고 괘명의 의미와 괘상을 중시해 풀이한다. 동효가 없는 서괘의 경우에는 내괘가 정괘(貞卦)이고 외괘는 회괘(悔卦)이다. 정괘는 '나'를 뜻하고 회괘는 '저들'을 뜻한다. 따라서 정괘와 회괘의 의미관계와 대비도 함께 고려해야 한다. 가령 산풍고山風蠱괘의 경우에는 '저들'의 간艮(산)과 '나'의 손巽(바람) 사이의 의미관계를 살핀다.

② 동효가 1개일 때는 변괘變卦(=之卦)를 완전히 무시하고 본괘의 단사와 동효의 효사만을 고려해 해석한다. 가령 육사六四가 동한 위의 기제괘의 경우는 육사가 구사九四로 변해 기제가 혁革으로 변한 '기제지혁旣濟之革'괘이지만 변괘인 혁괘는 서괘 풀이에서 완전히 무시한다. 다만, 양효나 음효가 단 하나인 괘에서 이 단일 효가 동한 경우에는 변괘의 동일한 효의 효사를 참조한다. 또한 중천건重天乾, 중택태重澤兌, 중화리重火離, 중뢰진重雷震, 중풍손重風巽, 중수감重水坎, 중산간重山艮, 중지곤重地坤 등 8개 중괘重卦의 경우 마지막 상효가 동한 경우에는 변괘의 같은 효의 효사를 참고해야 한다.

③ 동효가 6개일 때는 본괘의 6개 효의 효사를 동등하게 고려하여 풀이하되, 변괘의 이름과 단사를 더욱 중시하여 80% 정도 반영한다. 다만, 건乾괘와 곤坤괘에서 여섯 효가 다 동한 경우에는 건괘는 '용구用九'의 효사를 고려하여 풀이하고 곤괘는 '용육用六'의 효사를 고려하여 풀이한다.

④ 동효가 2개일 때는 두 동효의 효사를 같은 비중으로 풀이한다. 기간의 운세를 물은 경우에는 아래의 동효와 위의 동효를 시계열적時系列的으로 풀이해 첫 효는 현재와 가까운 미래를, 두 번째 효는 먼 미래를 뜻하는 것으로 해설하되, 어떤 때는 이 순서가 뒤집힐 수도 있음을 유념해야 한다. 또 특정한 일을 물었는데 동효가 두 개가 나온 경우에는 첫 동효(아래 동효)가 그 특정한

일의 성패를 답한 것이고 두 번째 동효는 일의 성패 이후 상황 전개를 보여주는 것으로 풀이한다.

동효가 두 개일 때 변괘는 고려해야 할 때가 있고 그렇지 않을 때가 있다. 가령 기제괘의 경우, 하괘(내괘) 또는 상괘(외괘) 안에서만 두 개가 동한 경우에는 변괘(節괘)를 고려치 않는다. 그러나 상괘와 하괘에서 각 하나씩 동한 경우(가령 기제괘의 육이와 구오가 동한 경우)는 변괘 태泰괘를 반드시 20% 정도 고려한다. 이때 태괘의 괘사(단사)를 무시하고 괘명 '태泰'의 의미만을 반영한다. 다만, 예豫·췌萃·풍豊괘가 변괘가 된 경우에 예괘의 '이건후행사利建侯行師', 췌괘의 '왕가유묘王假有廟', 풍괘의 '왕가지王假之' 등의 단사는 예외적으로 고려한다. 제후와 왕이 나오기 때문이다.

④ 동효가 3-5개일 때는 꽤 복잡해진다. 원주의 재야역학자 백오白烏는 3-5개의 효가 동한 경우에 오랜 세월 점단이 애매모호한 점이 많다는 것을 지실하고 지난 7여 년 동안 이 문제를 집중 탐구해 새로운 해법을 제시한 바 있다. 그는 그간 아무도 해독하지 못한 「계사상전」의 "參伍以變 錯綜其數 通其變 遂成天下之文 極其數 遂定天下之象()"이라는 구절을[45] 궁구해 이를 "3-5개 효가 변하면 그 변효變爻(동효)들의 숫자들을 섞어 모아 그 괘변卦變을 통하게 해 마침내 천하의 무늬(괘상)을 완성하고 그 수를 극화해 마침내 천하의 심상을 확정한다"고 풀이했다. 3-5변의 경우에 최종적인, 또는 가장 강한 천의天意가 이 변효들 중 어느 효에 있는지를 알아내는 방법을 말하고 있다는 것이다.

그런데 "그 변효變爻(동효)들의 숫자를 섞어 모아 그 변효를 알아낸다"는 말은 무슨 뜻일까? 백오는 이를 다음과 같이 풀이한다. 가령 기제괘의 초·이·오·상효가 동해서 고蠱괘로 변했다면, 서죽 네 가락에 1, 2, 5, 6의 숫자를 임의로 표시하고 이것을 섞어 모은 다음, 이 중에서 무작위로 한 가락을 뽑아낸 다음, 뽑힌 서죽 가락의 숫자를 보아 궁극적 변효를 찾는 방법을 말하고 있다는 것이다. 그리하여 점단은 간단해진다. 가령 궁극적 변효가 5효라면, 이 기제괘 5효사와 고괘 5효사를 보아 판단한다. 백오는 이 서법으로 적중도를 획기

---

45) 『易經』「繫辭上傳」(10).

적으로 높였다고 주장한다. 필자도 이 서법을 실행해 보았는데, 백오의 주장이
사실이었다.

이렇게 '삼오변參伍變' 시 변효들을 '착종기수錯綜其數'해 '통기변通其變·極其
數'하는 경우를 고려하면, 뽑은 괘의 경우의 수의 총합은 산술적으로, 통기변
이 없을 때 뽑힐 역괘의 경우의 수 4,355개(4,416 - 3·4·6변의 경우의 수 61)에다
'통기변'의 경우의 수(135)를 합한 4,490개다.

'통기변 극기수로 인해 증가하는 135가지의 수치는 다음과 같이 계산된다.

동효가 5개일 때 경우의 수는 6가지이고, 이 중 한 효를 고르면 한 가지
당 여섯 경우가 있으므로, 이것의 경우의 수의 합은 6×5=30가지다.

동효가 4개인 경우는 15가지이고 한 가지 당 네 경우가 나오므로 15×4
=45가지다.

동효가 3개인 경우는 20가지이고 한 가지 당 세 경우가 나오므로 20×3
=60가지다.

이것을 다 합하면(30+45+60), 135가지다. 따라서 '통기변'의 경우까지 총화
하면, 묻는 물음에 대한 역괘의 총 가짓수는 실제로 4,355+135=4,490개다.

그러나 주희는 2개 효가 동하면 두 동효를 고려하되, 위 효를 주효主爻로
풀이하고 3개 효가 변하면 변괘의 단사로, 4·5개 효가 변하면 변괘(지괘)의
변치 않은 효로, 6개 효가 동하면 (건乾과 곤坤을 제외하고) 변괘의 단사로
풀이한다고 주장한다.[46] 또 호광 등이 편찬한『주역전의대전』의 '명서明筮'에
서는 3개 효가 동하면 본괘와 변괘로, 4·5개 효가 동하면 본괘의 동하지 않은
남은 효로 풀이한다고 주장한다.[47] 또 후앙은 2개의 음양효가 동하면 음효를,
두 동효가 다 양효이거나 다 음효이면 아래 효를 참조하고, 3개 효가 동하면
가운데 효만으로, 4개 효가 동하면 본괘의 변치 않은 두 효 가운데 위 효만으
로 풀이하고 5개 효가 동하면 본괘의 변치 않은 나머지 효로 풀이한다고 주장
한다.[48]

---

46) 참조: 주희(김진근 역),『역학계몽』, 362-368쪽.
47) 참조: 성백효 역,『周易傳義』, 132-133쪽.

그러나 필자는 주희와 호광의 점단법을 시서 경험을 바탕으로 모두 물리친다. 백오의 '삼오변 시 통기변 극기수' 방법이 적중도가 높다는 것을 많은 시서경험으로 확인했기 때문이다.


## 제4절 지천·순천·낙천의 경지

나이 70세 이후에야 공자는 "오십이 되어 천명을 알았고, 육십이 되어 (천명을) 듣고 순응했으며, 칠십이 되어 마음이 하고 싶은 바를 따라 해도 (천명의) 규준을 넘지 않았다"고 술회했다.[49] 이 말은 지천知天·순천順天·낙천樂天의 경지를 종합적으로 표현한 중요한 구절이다.


### 4.1. 하늘을 두려워할 줄 아는 지천자

50대의 '지천자知天者'는 지인에 더해 초월적 지식을 갖춘 일종의 '초월적 지자다. 그런데 맹자는 오로지 '인자仁者'만이 하늘을 즐기는 '낙천자樂天者'일 수 있고, 오로지 '지자知者'만이 하늘을 두려워하는 '외천자畏天者'일 수 있다고 말한 바 있다.[50] 이것을 참조하면, '지인자知人者'를 뛰어넘는 '지천자'는 적어도 하늘을 알기 때문에 하늘 무서운 줄 아는 '외천자'일 수 있다. 범을 알지 못하는 '하룻강아지'가 '범 무서운 줄 모르는 것'과 반대로, '범을 아는 큰 개'는 제아무리 맹견이라도 범을 두려워하는 것과 같은 이치다.

그러므로 공자의 말대로 "천명을 알지 못하는" 소인은 기탄없이 함부로 말하고 자유롭게 행동하기 때문에 천명을 "두려워하지도 않고 대인을 가벼이

48) 참조: Huang, *The Complete I Ching*, 17쪽.
49) 『論語』「爲政」(2-4): "五十而知天命 六十而耳順 七十而從心所欲不踰矩." 필자는 이에 대한 정이천이나 주희의 그릇되고 무의미한 해석을 물리친다. 지인·지천 단계의 차이를 모르는 자의적 해석들이기 때문이다.
50) 『孟子』「梁惠王下」(2-3): "惟仁者爲能以大事小 是故湯事葛 文王事昆夷. 惟智者爲能以小事大 故太王事獯鬻 句踐事吳. 以大事小者 樂天者也. 以小事大者 畏天者也. 樂天者保天下 畏天者保其國."

여기고 성인의 말씀을 업신여기는" 반면, 조금이나마 하늘을 아는 지천자는 천명을 두려워하고, (천명을 받은) 대인을 두려워하고, (천명을 알고 즐기는) 성인의 말씀을 두려워하는 법이다.[51] 이것은 공자가 50대 이후에야 도달한 경지리라.

소크라테스도 "자기보다 나은 분에게, 이 분이 신이든 인간이든, 이 분에게 죄를 범하고 불복하는 것은 악이고 치욕이다"라고 말한다.[52] 소크라테스처럼 신탁의 천명을 중시했던 플라톤은 중우정치를 비판하면서 성인, 즉 고귀한 사람과 그 말씀을 존중할 것을 강조한다. "사람들은 스스로 안다고 생각하여 기탄忌憚이 없어졌다. 겁 없이 대담함은 몰염치를 낳았다. 자만 때문에 고귀한 사람들(벨티오노스βελτίνος)의 말씀을 두려워하지 않는 것은 천박한 몰염치에 불과한 것이다. 그것은 지나치게 겁 없이 대담한 자유에 의해 야기된다." 그리고 "이런 형태의 자유 다음에는 치자(대인)에게 복종하기를 거부하는 자유가 나타난다. 이다음에는 부모와 연장자 및 이들의 말씀에 대한 순종의 기피가 오고, 이다음에는 법률을 무시하는 노력이 오고, 이 모든 것의 최후의 단계는 맹세나 선서나 신명神命에 대한 모든 존경심을 다 잃는 것이다."[53]

그러나 플라톤은 말한다. "대중들 가운데에는 신적 영감을 가진 성인들이 – 비록 소수일지라도 – 늘 존재한다. 이런 인물들과의 교류는 가장 큰 가치가 있다. 이런 인물들은 잘 다스려지는 나라에서만큼 잘못 다스려지는 나라에서도 돌출되기 마련이다." 그리하여 플라톤은 이런 성인을 찾아 육·해로로 천하를 주유하는 것이 중요함을 강조하고 이런 일을 할 만한 사람은 지천명의 나이인 "50살 이상이어야 한다"고 말한다.[54]

## 4.2. 하늘을 좋아하는 순천자

---

51) 『論語』 「季氏」(16-8): "孔子曰 君子有三畏 畏天命 畏大人 畏聖人之言. 小人不知天命而不畏也 狎大人 侮聖人之言."

52) Platon, *Des Sokrates Apologie*, 28b.

53) Platon, *Gesetze*, 701a-b.

54) Platon, *Gesetze*, 951b-d.

'이순耳順'은 천명을 따르는 '순천順天'을 뜻한다. '이耳'자는 여기서 '귀'가
아니라 '(귀로) 듣는다'는 동사로 풀이된다. 고대 한문에서 '듣는다(聽·聞)'는 단
어에는 '따른다(從)'는 뜻이 포함되어 있다. 그리고 이 '이耳'의 목적어는 앞
구절 '지천명知天命'의 '천명'으로 봐야만 한다. 따라서 '이순'은 '천명을 듣고
따르고 순응했다'는 말이 된다.55)

자유상태에서 뭔가를 따르는 일은 그것을 좋아해야만 가능하므로 천명을
따르는 것은 기실 천명을 아는 것을 넘어 천명을 '좋아하는(사랑하는) 것'이다.
이 대목에서 공자가 "아는 것은 이 앎을 좋아하는 것만 못하고, 앎을 좋아하
는 것은 이 앎을 좋아함을 즐기는 것만 못하다"라고 하여56) 지식의 차원을
3단계로 분류한 것을 다시 상기할 필요가 있다. 이 지식의 3단계의 관점을
지천에 적용하면, 하늘을 아는 지식의 단계는 지천知天·호천好天·낙천樂天으
로 나눌 수 있다. '지천·호천·낙천'의 지식단계는, '외천·순천·낙천'의 행위단
계와 대응한다. 따라서 외천·호천·낙천은 '지천·순천·낙천'으로 바꿔 부를 수
있다. 천명을 '아는' 지천의 단계를 넘어선 60대의 '이순'은 천명을 '듣고 좇고
순응하는' 순천의 경지, 즉 천명을 사랑하는 '호천', 즉 '아모르 파티(amor fati:
운명사랑)'의 경지다.

지천자는 신적 지혜를 얻어 하늘을 두려워할 줄 알게 되면 순순히 하늘의
이치를 깨닫고 저절로 하늘과 지천의 초월적 지식을 좋아하며 따르는 순천의
경지로 올라간다. 60대 공자의 이 순천의 경지도 『주역』의 학구 단계를 넘어
『주역』에 대한 지극한 애호와 밀접하게 관련된 것이다. 「요」편의 '노이호역老
而好易', 『사기』의 '만이회역晩而喜易', 『한서』의 '만이호역滿而好易' 등의 기록은
다 공자가 늙은 나이에 『역』을 애호해 자나 깨나 역학을 궁리했다는 것을

---

55) 하안은 "정현이 '그 말을 귀로 듣고 그 은미한 뜻을 안다고 풀이했다(鄭曰 耳聞其言 而知其微旨)"
라고 주석한다. 『論語注疏』, 16쪽. 형병은 정현과 하안의 주석을 이어 '耳順'을 "그 말을 귀로 들은즉
그 은미한 뜻을 알아 거스르지 않았다(耳聞其言 則知其微旨而不逆也)"고 풀이했다. 이 풀이는
미흡하나 본뜻에 가까이 간 듯하다. 이 주석은 항간의 민심에서 천심을 읽고 이에 따른다는 뜻으로
이해할 수 있기 때문이다. 『論語注疏』, 17쪽.

56) 『論語』 「雍也」(6-20): "知之者 不如好之者 好之者 不如樂之者."

말해 주고 있다. 60대의 '이순'이란 바로 60대 노령의 이 '노이호역'·'만이희역'·'만이호역'의 다른 표현이요, '호천'의 다른 표현인 셈이다.

순천자順天者는 조바심 내지 않고 안달하지 않는다. 순천자는 지천의 거룩한 초월적 지혜를 바탕으로 여유 있고 넉넉하게 살아간다. 따라서 공자는 음유陰柔한 효가 존위尊位를 얻고 한 가운데에 있어 상하가 이에 응하는 대유大有괘에 붙인 「단전彖傳」에서 "그 덕이 강건하고 문명하며 하늘에 순응하고 때맞춰 행하니 크게 형통하다"고 하고57) 「대상전大象傳」에서는 "군자는 악을 막고 선을 발양시켜 아름다운 천명에 순응한다"고 주석했다.58) 순천자는 흉액을 신에게서 받은 지천의 신지적 지식으로 미리 알아 피하고 가다가 넘을 수 없는 역경을 만나면 하늘에 순응해 유연하게 다른 선택을 하므로 늘 여유 있게 덕행에 힘쓰고 안녕과 행복을 구가한다. 그러므로 맹자는 "순천자順天者는 온존하고 역천자逆天者는 망한다"고 갈파했던 것이다.59)

### 4.3. 지천·호천을 즐기며 사는 낙천자

70대의 '종심소욕從心所欲 불유구不踰矩'는 자기의 마음이 가는 대로 자유롭게 살며 천명을 알고 좋아하는 것을 넘어 지천명을 즐기는' 낙천樂天의 경지를 가리킨다. '불유구不踰矩'의 '구矩'도 '하늘'의 법도이지 다른 법도가 아닐 것이다. 그런데 '즐기는 것은 좋아하는 것보다 나은 것이다'. 천명(天時와 天性)을 즐기는 것은 수신하고 널리 인을 베풀어 성신成身함으로써, 하늘을 원망하는 것이 아니라 하늘에 감사하고, 천명을 자신의 일부로 느끼며 자유로이 마주하고, 자기 천생대로 즐기며 천시(주어진 시대)를 누리는 것이다.

낙천의 자세는 어떤 일에서 행운이 찾아든다면 이것으로 족하다고 여기는 한편, 대흉과 대과는 복서로 피하고, 웬만한 작은 흉액과 장애는 덕행으로 극복해 덕행의 디딤돌로 전환시키는 것이다. 가령 큰 부와 높은 벼슬이 어차

---

57) 『易經』 大有卦 「彖傳」: "其德剛健而文明 應乎天而時行 是以元亨."

58) 『易經』 大有卦 「大象傳」: "君子以遏惡揚善 順天休命."

59) 『孟子』 「離婁上」(7-7): "順天者存 逆天者亡."

피 인모로 얻을 수 없는 것이라면 이를 (마지못해서가 아니라) 기꺼이 천명으로 받아들이고 자기의 천성이 원하는 바를 따른다. 이것이 바로 천명(운명)을 자유롭게 마주 대하고 이것과 마음대로 노니는 낙천의 경지다. 공자는 말년에 존귀한 벼슬과 더 이상 인연이 없는 시대와 자기의 천명을 주역시서를 통해 인지하고 자신의 이 운명을 기꺼이 받아들이고 이를 즐기며 학덕과 인덕을 높이 쌓고 제자를 기르는 낙천의 길을 걸었다.

순천자는 넉넉하고 여유가 있으므로 저절로 너그럽고 인애로운 신적 경지의 천부적 인성仁性을 습성(마음씨)으로 키우고 발휘해 자연히 천성을 즐기는 낙천자의 경지로 진입하게 된다. 낙천하는 "인자는 근심하지 않고(仁者不憂)",[60] 또 "오래 산다(仁者壽)".[61] 순천자는 이내 낙천하기 마련이다. 군자는 천도를 좋아하고 귀히 여기고, 그침이 없고 '무위성물無爲物成'하는 천도를 따라 행하고 싶기 때문이다.

공자는 노나라 애공에게 말한다. "군자는 그 그치지 않음을 귀히 여기는 것입니다. 해와 달, 동서남북처럼 서로 따르고 그치지 않는 것, 이것이 천도요, 닫히지 않고 오래가는 것, 이것이 천도요, 무위로 일이 이루어지는 것, 이것이 천도요, 이미 이루어져 밝은 것, 이것이 천도입니다."[62] 이 말의 속뜻은 군자가 이 유구한 천도를 본받아 행한다는 말이다. "해와 달이 서로 따르고 임금과 신하가 서로 조회한다. 닫히지 않고 오래간다는 것은 정치를 통해 가르침에 게으르지 않다는 것이고, 무위로 일을 이룬다는 것은 백성을 괴롭히지 않는다는 것이다(使民不可以煩也). 이미 이루어져 밝다는 것은 비추어 살핌에 공이 있는 것이다."[63] 말하자면, 군자가 당연히 천도를 본받아 보이지 않게 덕으로 교화해 인위적으로 경영하는 바 없이 천하를 이치로 다스리고, 백

---

60) 『論語』「子罕」(9-29).

61) 『論語』「雍也」(6-23).

62) 『禮記(下)』「哀公問」, 28쪽: "貴其不已. 如日月東西相從而不已也 是天道也 不閉其久 是天道也 無爲而物成 是天道也. 已成而明 是天道也."

63) 『禮記正義』, 1611쪽, 鄭玄의 注: "日月相從 君臣相朝會也. 不閉其久 通其政敎 不可以倦. 無爲而成 使民不可以煩也. 已成而明 照察有功."

성을 이치로 교화해 태평치세를 이룩한다는 것이다.64)

맹자가 오로지 인자만이 낙천자일 수 있다고 했듯이 이 낙천의 길은 뭇사람을 널리 사랑하는 인자의 길인 것이다. 그러므로 공자는『예기』에서 '인'과 '낙천'과 '성신成身(자기완성)'의 긴밀한 내적 연관을 노나라 애공에게 다음과 같이 설명해 준다. "옛날 정치는 사람사랑을 크게 여겼습니다. (군자가) 사람을 사랑할 수 없다면 제 자신을 보전할 수 없고, 제 자신을 보전하지 못한다면 제 땅을 편안하게 할 수 없고, 제 땅을 편안하게 할 수 없다면 낙천할 수 없고, 낙천하지 못한다면 성신成身할 수 없습니다."65) 인자는 보신保身할 수 있고, 보신자는 제 땅을 편안하게 할 수 있고, 제 땅을 편안하게 하는 자는 하늘을 원망함이 없이 하늘을 즐길 수 있고, 하늘을 즐기는 자는 공적으로 자기를 완성한 자인 것이다.

『역경』의「계사전」은 천·지·인의 상호관계를 바탕으로 지천과 낙천, 제 땅에서의 편안한 삶과 인애의 관계를 다음과 같이 갈파한다.

『역』은 하늘과 땅의 준칙을 따른다. 그러므로 하늘과 땅의 도를 두루 체계화할 수 있다. 우러러 천문을 보고 굽어 지리를 살피는 까닭에 어둠과 밝음의 연고를 안다. 처음에 근원을 두고 끝을 돌이키니 사생死生의 설說을 안다. 기氣를 쏟아 사물을 만들고 혼魂을 놀려 해 변화를 만드니 귀신의 정상情狀을 안다. 천지와 서로 비슷하니 천지와 어긋나지 않는다. 『역』은 만물을 두루 알고 천하를 도제道濟하니 지나치지 않는다. 『역』은 두루 다니되 휩쓸리지 않고 하늘을 즐기고 천명을 아니(樂天知命) 근심하지 않는다. 제 땅을 편안하게 하고 인에 두터우니 능히 사랑을 베풀 수 있는 것이다.66)

---

64)『禮記正義』, 1612쪽, 孔穎達의 疏: "人君當則天道 以德潛化 無所營爲而天下治理. (…) 化民治理 而成功大平."

65)『禮記(下)』「哀公問」, 27쪽: "古之爲政 愛人爲大 不能愛人 不能有其身 不能安土 不能安土 不能 樂天 不能樂天 不能成其身."

66)『易經』「繫辭上傳」: "易與天地準 故能彌綸天地之道. 仰以觀於天文 俯以察於地理 是故知幽明之 故. 原始反終 故知死生之說 精氣爲物 遊魂爲變 是故知鬼神之情狀. 與天地相似 故不違 知周乎萬 物而道濟天下 故不過. 旁行而不流 樂天知命 故不憂 安土敦乎仁 故能愛."

『예기』의 저 글귀와 「계사전」의 이 내용은 둘 다 지천과 낙천을 통한 인자의 범애적 '자기완성(成身)'을 말하고 있다. 따라서 공자의 행복론은 최종적으로 '범애적 낙천구복론樂天求福論'이라 부를 수 있을 것이다.

자기완성(成身)을 이룬 사람은 '성인成人(=全人)'이다. 공자는 이 '성인' 개념을, 다스릴 땅과 벼슬의 유무와 관계없이 일정한 대덕人德을 갖춘 사람으로 완화해 다시 정의한다. 공자는 "장무중臧武仲의 지혜, 공작公綽의 무욕, 변장자卞莊子의 용기, 염구冉求의 기예技藝를 예법과 음악으로 꾸미면, 이것 역시 성인이다"라고 할 수 있을 것이지만, 오늘날의 성인은 반드시 그럴 필요가 없고 "이익을 보면 정의를 생각하고, 위험을 보면 목숨을 내놓고, 오래된 약속(久要)을 평생지언平生之言으로 여겨 잊지 않는다면 이 역시 성인이다"라고 말했다.[67]

따라서 옛 '성인' 개념은 다스릴 땅과 치국의 벼슬을 가진 군소 치자들의 높은 인(공작 같은 무욕청렴), 의(변장자 같은 용기), 예(예법), 지(장무중 같은 지혜), 기예(염구 같은 무예), 음악의 예능 실력을 다 갖춰야 한다. 그러나 오늘날의 완화된 '성인' 개념은 다스릴 땅과 치국의 벼슬을 전제조건으로 삼지 않고 이에 합당한 대덕의 자질을 갖춘 사람을 뜻하는데, 그 자질은 인(죽음의 위험을 무릅쓰고 사람들을 사랑할 수 있는 殺身成仁의 仁德), 의(이익을 정의롭게 나눌 줄 아는 義德), 신信(오래된 약속도 평생 잊지 않고 지킬 정도의 신의)이다. 공자의 이 새로운 정의에 의하면, 예의·법률·기술·예능(음악)에 능하지 않더라도 '살신殺身'의 인, 이익을 고르게 다스리는 의, 평생불망의 신의, 이 세 가지 대덕을 갖춘 사람은 '수신'을 넘어 '성신(자기완성)'을 이룬 '성인'이다. '성인'은 위대한 '전인'이요, '자기완성자完全者'다. 공자의 행복론은 바로 이 '성인'의 '범애적 낙천구복'이고, '낙천자'는 바로 이 '성인'인 것이다.

주역시서로 하늘을 알아서 하늘을 두려워할 줄 아는 지천자는 천우신조의 신적 지혜를 가진 '거룩한 지자'다. '거룩한 지천자'는 이내 순천하게 된다.

---

67) 『論語』「憲問」(14-12): "子路問成人. 子曰 若臧武仲之知 公綽之不欲 卞莊子之勇 冉求之藝 文之以禮樂 亦可以爲成人矣. 曰 今之成人者何必然? 見利思義 見危授命 久要不忘平生之言 亦可以爲成人矣."

운명을 사랑하고 하늘을 좋아하는 순천자는 신적 인덕을 쌓는 '거룩한 인자'
가 된다. '거룩한 순천자'는 이내 낙천하게 된다. 신적 경지의 지락至樂과 행복
을 누리는 인애로운 낙천자는 근심이 없어 오래 살고 천지와 하나가 된다.
'천명을 알고 좋아하고 즐기는' 지천·순천·낙천의 통합적 경지는 바로 뭇 사
람을 사랑해 박시제중하고 천지와 하나가 된 '거룩한 인자'의 경지다. 군자가
'지천'이라는 초월적 지식의 바탕 위에서 행하는 '순천과 낙천'의 삶은 그 자
체가 천명을 알고 이 알려진 천명과 관련해 행하는 최고의 덕행이다. 이것은
'하늘의 천명', '땅의 편안', '사람의 최고 덕행'의 통합, 바로 거룩한 '천지인합
일天地人合一'의 경지인 것이다.

　　공자는 이런 지천·순천·낙천의 관점에서 『주역』에 관한 선대의 글을 모으
고 참고해 10편의 주석문 「십익」을 정리·편찬했다. 후학들은 전승된 스승의
어록을 바탕으로 이 「십익」에 의견을 더 보태고 고치는 식으로 손질을 가했
다. 따라서 「십익」의 주석은 줄곧 의리론과 점서론이 통합된 논지를 보여준
다.[68] 따라서 「요」편을 빌리지 않고 「십익」만 보더라도 공자의 주역관은 애당
초 어느 한쪽으로 치우치지 않게 양면을 균형 있게 통합한다는 의미에서 중
도적이다. 다만, 「요」편은 공자의 의리역학적 입장과 함께 공자 자신이 직접
시서했다는 사실과 공자가 이 시서의 결과를 70% 정도 믿었고 이 지천의
지식을 덕행구복의 안전보장을 이해 '피흉의 방책'으로 활용했다는 것을 입증
하는 결정적 전거일 따름이다. 이 「요」편의 발굴은 「십익」에서 전개된 공자와
제자들의 중도역설을 논란에서 자유롭게 해주는 데 크게 기여했다. 이 덕에
『주역』을 『역경易經』으로 격상시킨 「십익」의 여러 내용들이 그 중요성을 다시
얻을 수 있게 되었다.


## 제5절 불가지적 천과 신에 대한 논변의 절제

---

[68] 특히 386개의 효사에 하나씩 주석을 단 「소상전」은 시서의 점단을 위한 효사 해석에 결정적으로
중요한 의미를 갖는다. 「소상전」은 분량 면에서 「십익」의 절반 이상을 차지한다.

거듭 밝혔듯이, '지인'은 인지人智로 얻는 인간적 지식인 반면, '지천'은 '귀신에게 물어 의심을 없애는' 신지神智다. 따라서 이 '신지'는 '인지'로는 결코 얻을 수 없고 오로지 신에게 물어서만 얻을 수 있는 것이다. 이런 한에서 하늘이나 귀신, 나아가 천도와 천성, 천명과 신명神明도 '인자'로는 알 수 없고, 기껏해야 어렴풋이 짐작할 수 있을 뿐이다. 우리는 주역서, 기도 등의 방법으로 하늘과 귀신에게 경건하게 기원하며 의심스러운 특정한 개별 사안들을 매번 물어 신탁의 답을 얻는 것에 국한해서만 제한적으로 예지豫知할 수 있을 따름이다.

따라서 공자가 하늘과 귀신에 대한 말을 절제한 것을 인지적 불혹不惑을 추구하던 장년기의 일시적 태도로 국한시킬 수는 없을 것이다. 인지적 '지인'의 지식으로는 하늘과 신지에 대한 엄밀하고 확실한 체계적 지식을 갖추거나 논할 수 없기 때문이다. 따라서 이에 대해 깊이 파고들고 너무 많은 말은 늘어놓는 것은 불경하고 무익하고 부질없는 짓이다. 그러므로 공자는 통상적으로 하늘·신·천도·천명·천성 일반 등 초월적·초인지적超人智的 대상들에 대해서는 논의를 자제하고 불가지론적 입장을 견지했다. 상론했듯이, 의심스럽지 않고 확실한 것을 신중히 말하고, 위태롭지 않고 안전한 것을 신중히 행하는 '신언불의慎言不疑·신행불태慎行不殆'와 의심스럽고 위태로운 것을 불가지의 것으로 비워 두는 '궐의궐태闕疑闕殆'는 공자의 지식철학과 실천철학의 기본 입장이기 때문이다.

### 5.1. 신과 천도에 대한 공자의 불가지론

이런 까닭에 공자는 『중용』 제18장에서 신에 대해 불가지론을 명시적으로 피력한다. 공자는 다음과 같이 신의 행적을 헤아릴 수 없다고 말한다.

귀신의 덕행은 지극하도다! 그러나 보아도 보이지 않고 귀기울여도 들리지 않는다. (…) 『시경』에 이르기를 '신이 납시는 것은 헤아릴 수 없도다!'라고 했다.[69]

---

69) 『禮記』 「中庸」, 제18장: "子曰 鬼神之爲德 其盛矣乎. 視之而弗見 聽之而弗聞 (…) 詩曰 神之格思

그러므로 공자는 신 및 신과 관련된 제반 사항(천명, 천성, 천도 등)에 대해 언명하는 것을 가급적 삼가고 아는 체하지 않았다.

또한 그는 '천도·지도'도 '장님 문고리 잡는' 식으로도 어림잡을 수 없는 '추상적 내용' 외의 것, 가령 그 천도와 지도가 일으키는 변화·생성·창조의 곡절에 대해서는 한낱 '불측不測하다는 것만을 알 뿐이라는 불가지론을 편다.

천도와 지도를 한마디로 다할 수 있다면, 그것은 그 본질이 불변이어도 그 도가 일으키는 생성은 불측하다는 것이다.[70]

공자는 괴기·힘·난·신(怪力亂神)을 말하지 않았다.[71] 이 중 신神을 말하지 않은 이유는 공자가 인간으로서 '신'을 잘 모르므로 '신'에 대한 논변을 삼갔기 때문이다.[72]

또 공자는 계로季路(중유, 자로)가 귀신을 섬기는 일에 대해 묻자 "아직 사람도 섬길 수 없으면서 어찌 귀신을 섬길 수 있겠느냐?"라고 반문했고 계로가 다시 '죽음'에 대해서 묻자 "삶도 아직 알지 못하는데 어찌 죽음을 알겠느냐"라고 반문하고 더 이상 언급을 삼가고 말을 아꼈다.[73] 이것은 사람과 삶에만 신경 쓰고 '사귀事鬼(귀신 섬김)'이나 '죽음'은 신경 쓰지 말라는 말이 아니다. 이 말로써 공자는 귀신·죽음 같은 초인지적超人智的 대상들이 '불가지'의 것들이라고 솔직하게 토로하고 말을 아낀 것이다.[74]

---

不可度思." [格: 이를 격. 矧: 하물며 신. 射: 싫어할 역. 揜: 가릴 엄].

70) 『禮記』「中庸」, 제26장: "天地之道 可一言而盡也 其爲物不貳 則其生物不測."

71) 『論語』「述而」(7-20). 『논어주소』에서 王씨는 '怪'를 '怪異', '力'을 고대에 배를 흔들었다는 오획나, 3만斤을 들었다는 烏獲의 힘, '亂'을 弑害, '神'을 귀신으로 풀이하고, 이런 것들은 떠벌이고 싶어 참을 수 없는 무익한 일들이라고 말한다. 그러나 李充은 '怪力'과 '亂神'으로 훈토했다. 『論語注疏』, 102쪽. '怪力亂神'은 王씨처럼 '怪·力·亂·神'으로 보아야 할 것이지만, 모조리 다 '무익한' 것이 아니다. '怪異'는 무익해서, '力'은 공자가 覇道를 반대해서, '亂'은 無道이기 때문에, 그리고 '神'은 超人智이라서 말하지 않은 것이다.

72) 『論語』「述而」(7-20): "子不語怪力亂神." '怪異'는 무익해서, '力'은 覇道를 반대해서, '亂'은 無道하기 때문에, 그리고 '神'은 人智를 초월하는 영역이라서 말하지 않은 것이다.

73) 『論語』「先進」(11-11): "季路問 事鬼神. 子曰 未能事人 焉能事鬼? 曰 敢問死. 曰 未知生 焉知死?"

이것은 소크라테스가 인간사도 모르면서 천계天界와 신계神界를 탐색하며 이를 아는 양 떠벌리는 자들을 비판한 것과 상통하는 것이다. 소크라테스는 불경하거나 신성에 반하는 어떤 언행도 하지 않았다. 그는 소피스트들이 '우주'라고 부르는 것을 캐들어 가는 방식으로, 말하자면 우주가 어떻게 존재하고 전체의 각 사물들의 어떤 필연성이 생성의 원인인지를 캐들어 가는 방식으로 만물의 본성에 관해 논하지 않았다. 반대로 그는 이런 유형의 사물들에 골몰하는 자들이 어리석다고 비판했다. 그는 "인간사를 이미 충분히 알고 있는" 양 "천계의 일들에 골몰하는 것", 또는 "인간사를 버리고 신적인 일들을 캐들어 가는" 짓을 비판했다. 그는 "인간이 신적인 일들을 인식해내는 것은 불가능하다"고 단언했다. 이런 까닭에 "가장 오만하게 신적인 일들을 말하는 자들조차도 서로 같은 의견을 가지고 있는 것이 아니라 서로에 대해 미치광이 같은 태도를 보일" 수밖에 없음을 지적했다.75)

그러나 제사와 관련해서는 공자가 귀신에 대하여 간략히 논한다. 제사를 흠향歆饗하는 주체를 상정하지 않으면 제사가 성립할 수 없고, 제사를 받는 주체를 상정한다면, 제사의 주체로 상정되는 귀신에 대해 최소한의 사변적 언설이 없을 수 없기 때문이다. 그리하여 공자는 계로가 귀신을 섬기는 문제를 물었을 때 그 답변을 거부했던 것과는 달리 재아宰我가 귀신에 대해 묻자 이에 대해 간략히 답한다.

재아가 말했다. "제가 귀신이라는 이름을 들었지만 그것이 일컫는 바를 모르겠습니다." 공자가 말했다. "기氣라는 것은 신神의 내용이고, 백魄은 귀鬼의 내용이다. 그래서 귀와 신을 합쳐야 교설敎說이 완성된다. 중생은 반드시 죽고, 죽으면 반드시 흙으로 돌아간다. 이것을 일러 귀鬼라고 한다. 골육은 아래로 썩어 없어져 음지에서 들녘의 흙이 된다. 그 기는 위로 피어올라 환하게 밝히고 향기롭게 피어올라 어지러이 흩어진다. 이것은 온갖 사물의 정精이고 신神의 드러남이다. 사물의 정精으로 인해

---

74) 『論語注疏』, 164쪽: "鬼神及死事難明 語之無益 古不答."

75) Xenophon, *Memorabilia*, Book I, ch.1, 11-3.

사물의 극極을 제정하고 귀신을 밝혀 이름 짓고 백성의 제일가는 수칙으로 삼았다.
이에 백성이 경외하고 만민이 복종하느니라."76)

'기'는 '신'을 이루고, '백'은 '귀'를 이룬다. 사람이 살아 있을 때 '귀'는 신령(정
신)과 달리 드러나지 않는다. 그런데 사람이 죽으면 '신'은 '기'로서 하늘로 올
라가 그곳에 얼마간 머무르고, 백은 땅으로 돌아가 '귀'로 드러나 그곳에서
머무른다. 그러나 공자는 '신'의 '기'가 하늘에서 '어지러이 흩어진다'고만 말
할 뿐이고, 그곳에서 얼마나 머무는지, 또 '귀'가 땅에서 결국 어떻게 되는지
등에 대한 언급은 일절 말하지 않고 있다. 이에 대해서는 공자 자신도 전혀
알 수 없었기 때문이다. 그러나 사람들은 세대 간 공감의 범위에 따라 대개
3대 또는 4대 조상까지 제사를 지낸다.

따라서 공자의 관념에는, 『서경』에서 자주 밝히듯이, 산 사람에 대한 하늘
(백성)의 상벌은 있지만, 기독교와 불교에서처럼 영혼불멸, 윤회, 죽은 사람의
영혼에 대한 하늘의 심판 등의 관념은 없다.

공자가 제사의 문제를 벗어나서 신 또는 귀신에 대해 논구한 것으로는 건
乾괘「문언전」의 "귀신과 합치되는 것은 길흉이다(與鬼神合其吉凶)"라는 구절과,
앞서 살펴본 「계사상전」의 "『역』은 하늘과 땅의 준칙을 따른다. 그러므로 하
늘과 땅의 도를 두루 체계화할 수 있다. 우러러 천문을 보고 굽어 지리를
살피는 까닭에 어둠과 밝음의 연고를 안다. 처음에 근원을 두고 끝을 돌이키
니 사생死生의 설說을 안다. 기氣를 쌓어 사물을 만들고 혼을 놀려 변화를 만
드니 귀신의 정상情狀을 안다"는 구절뿐이다. 그런데 이것은 공자(사람)가 안다
는 말이 아니라, 『주역』이 안다는 말이다. 인간으로서 공자는 '사생의 설'도,
'귀신의 정상'도 모른다. 이것들에 대한 '불가지'는 경험을 주로 삼고 사색을
종으로 삼는 '주학이종사主學而從思'와 '술이부작'의 원칙에 기초한 공자의 서

---

76) 『禮記(中)』「祭義」, 366쪽: "宰我日 吾聞鬼神之名 不知其所謂. 子曰 氣也者 神之盛也 魄也者
鬼之盛也. 合鬼與神 教之至也. 衆生必死 死必歸土 此之謂鬼. 骨肉斃于下 陰爲野土. 其氣發揚于
上 爲昭明 焄蒿悽愴 此百物之精也 神之著也. 因物之精 制爲之極 明命鬼神以爲黔首則 百衆以畏
萬民以服."

술적 경험론의 당연한 귀결이다.

인간이 '죽음의 설'을 알 수 없는 것은 인간으로서 자기 자신이 죽는다면 자기가 죽음을 직접 경험할 수 없기 때문이다. 인간이 '귀신의 정상'을 알 수 없는 것은 귀신이 형체가 없어 감각적으로 경험할 수 없기 때문이다. 다시 「계사상전」은 말한나.

> 천지의 화육을 두루 본떠서 지나치지 않고 만물을 곡진曲盡히 이루어 내버리지 않고 낮과 밤의 도에 통하여 아는지라 신神은 구획이 없고 역易은 형체가 없다. (…) 한 번 음陰이다가 한 번 양陽인 것을 도道라고 일컫고, (…) 음양이 불측한 것을 신神이라고 일컫는다. 그리고 도를 드러내고 덕행을 신묘하게 하므로 신과 소통하고 신을 도울 수 있다. 그러므로 공자가 말하기를 "변화의 도를 아는 자는 신의 소행을 알리라!"라고 했다.[77]

여기서 '변화의 도를 아는 자'는 성인聖人을 가리킨다. 그러므로 공자가 '변화의 도'를 알아 '신의 소행을 아는' 자는 복희, 문왕, 주공 등의 신적 성인들이다. 하지만 역학에 통달해도 '구체적인' 신의 소행, 즉 '귀모'는 『주역』만이 안다. 이 때문에 이 성인들도 시서하지 않으면 '귀모'를 알 수 없었다. 그리고 시서하더라도 시서로 물은 사실에 대해서만 알 수 있을 뿐이다.

따라서 신에 대한 공자의 위 말들도 논증이라기보다 '신비로운 이야기'에 지나지 않는 것이다. 음양을 헤아릴 수 없는 것이 신이라면 신은 인지人智로 알 수 없는 존재인데도 바로 이어서 '일음일양一陰一陽'의 '변화의 도'를 아는 자는 '신의 소행을 안다'고 하고 있기 때문이다. 사실은 불측한 '일음일양'의 '변화의 도'를 아는 인간은 없다는 말이고, 결국 '신의 소행을 아는' 인간도 없다는 말이다.

---

77) 『易經』「繫辭上傳」: "範圍天地之化而不過 曲成萬物而不遺 通乎晝夜之道而知 故神无方而易无體. (…) 一陰一陽之謂道 (…) 陰陽不測之謂神. (…) 顯道神德行 是故可與酬酢 可與祐神矣. 子曰 知變化之道者 其知神之所爲乎!"

## 5.2. 천명과 천성에 대한 논변의 절제

또한 '지천명'도 신(하늘)과 감응해 의문을 물어 신의 답을 듣는 시서 신탁을 통해서만 가능할 뿐, 인지人智로 아는 것은 불가능하다. 이런 까닭에 공자는 '천명'을 논하는 것도 삼갔고, 간혹 이에 대해 논하는 경우가 있더라도 이는 매우 드문 일이었다. 따라서 제자들은 공자가 이익과 인을 드물게 말한 이유와 천명을 드물게 말한 이유가 다르지만 "공자가 이利·명命·인仁을 말한 적이 드물었다"고 증언한다.78) 공자는 "군자는 의義에 밝고 소인은 이利에 밝다"고 말했다.79) 또한 "교언영색巧言令色에는 인仁이 드물다"고 말했다.80) 따라서 이·명·인을 드물게 말한 이유는 각기 다르다. '이利'는 군자의 일이 아니기 때문에 입에 올리는 것을 삼갔고, '인仁'은 그럴듯하게 말하거나 가까이에서 시작하기는 쉽지만 널리 베풀기는 어렵기 때문에 삼갔다. 주지하다시피 '박시제중'의 '거룩한 안'을 베푸는 것은 요순도 어려워했다. 반면에 천명은 인지人智로 알 수 없기 때문에 말하는 것을 삼간 것이다.

공자가 지은 것인지 확실치 않은 「설괘전」은 "도덕에 화순和順하고 의義에서 분리分理하고 궁리진성窮理盡性해 천명에 이른다"고 하고 이어서 "옛날에 성인이 『역』을 지을 때 천성과 천명의 이치에 순응해 천도를 세워 음양陰陽이라 하고 지도를 세워 강유剛柔라 하고 인도를 세워 인의仁義라 하여 이 삼재三才를 겸해 6획을 변화시켜 괘를 이루었다"고 말한다.81) 자사와 기타 익명의 제자들이 기술한 것으로 보이는 『중용』의 제1장, 제20장, 제22장에서는 '천명

---

78) 『論語』「子罕」(9-1): "子罕言利與命與仁." 하안은 "(利·命·仁에는) 소수만이 미칠 수 있기 때문에 드물게 말했다(寡能及之 故希言也)"고 설명한다. 형병은 "利·命·仁 세 가지는 보통사람이 거의 미칠 수 없기 때문에 드물게 말했다(利命仁三者 常人寡能及之 故希言也)"고 하면서, "中知者 이하 사람들은 利·命·仁의 지식에 거의 이르지 못한다(此三者 中知以下寡能及之)"고 풀이한다. 『論語注疏』, 124쪽. 그러나 이 풀이는 그릇된 것이다. 왜냐하면 이 풀이는, 공자의 持論에 배치되게 소수의 '上知者'는 천명을 안다고 상정하고 있기 때문이다. 또 소인이 밝은 '利'는 밝히기 어려운 일이 아니며, '仁' 또한 행하기는 어렵지만 결코 '밝히기 어려운 일'은 아니기 때문이다.

79) 『論語』「里仁」(4-16): "君子喩於義 小人喩於利."

80) 『論語』「陽貨」(17-15): "子曰 巧言令色 鮮矣仁."

81) 『易經』「說卦傳」: "和順於道德而理於義 窮理盡性以至於命. 昔者聖人之作易也 將以順性命之理. 是以立天之道曰陰與陽 立地之道曰柔與剛 立人之道曰仁與義. 兼三才而兩之 故易六畫而成卦."

지위성天命之謂性 솔성지위도率性之謂道' 및 '성誠과 천도·인도의 관계', '성誠과
성性의 관계'에 대해 간략히 논한다. 『논어』에서는 「양화」편에서 "천성은 서
로 가깝다(性相近也)"라고 말한 것이 천성에 관한 희소한 언급 중의 하나다.[82]
천명과 천성은 조금이라도 아는 것이 어려울 정도로 매우 신묘한 대상이다.
따라서 공자가 혹시 「계사전」과 『중용』의 이 구절들에서처럼 이에 관해 논하
더라도 내용이 너무나도 간략하고 추상적이어서 이해하기 어렵다. 그러므로
공자는 성性과 천도 등에 대해 아주 드물게 언급하거나 아예 언급을 삼갔다.
따라서 자공은 "공자가 천성과 천도를 말하는 것을 들을 수 없었다(夫子之言性
與天道 不可得而聞也)"고 전한다.[83]

이처럼 공자는 하늘과 신의 인식 문제에서 불가지론적 절도와 지적 겸양을
견지하고 이에 대한 체계적 지식을 추구하지도 않았고, 아리스토텔레스주의
적 기독교신학과 같은 장광설로 이를 논하고 체계화하려고도 하지 않았다.
공자는 말하자면 인간이 감히 하늘과 신에 대해 모든 것을 알 수 있고 또
모든 것을 알아야 한다는 지적 오만과 불경, 그리고 많이 알면 많이 알수록
좋다는 다다익선多多益善을 이데올로기로 삼는 '무제한적 지성주의'와 전지주
의를 거부한 것이다. 그는 인지人智로 알 수 있고 동시에 알아도 되고 또한
반드시 알아야 하는 지식인 한에서 이를 궁구하기 위해 최선을 다하고 기지既
知의 지식을 '학적'으로 체계화하려고 노력한 반면, 인지人智로 알 수 없고 알
아서도 아니 되는 지천의 신지적 지식에 대해서는 엄밀한 학적 지식을 추구
하는 것을 삼가고 이에 대해 침묵하는 지적 겸손을 견지했다.

공자의 지론대로, "아는 것을 안다고 하고 알지 못하는 것을 알지 못한다고

---

82) 『論語』「陽貨」(17-2).

83) 『論語』「公冶長」(5-13). '不可得而聞'에 대해서 하안은 "(천성과 천도는) 深微한 것이라서 (자공이)
알아들을 수 없었다(深微 故不可得而聞也)"고 풀이한다. 형병은 "이 장은 공자의 도가 심미해 알기
어려움을 말한 것이다(此章言夫子之道深微難知也)"라고 풀이한다. 『論語注疏』, 67쪽. 둘 다 '알아
들을 수 없었다는 뜻으로 해석한 것이다. 그러나 주희는 '子罕利與命與仁'의 연장선상에서 "공자가
그것을 드물게 말해 배우는 자들이 들을 수 없었다(夫子罕言之 而學者有不得聞)"고 해설했다.
『論語集註』, 178쪽. 국역본들도 대부분 '알아들을 수 없었다가 아니라 '들을 수 없었다는 뜻으로
파악했다. 참조 류종목, 『논어의 문법적 이해』, 156쪽, 김학주, 『논어』, 195쪽, 임동석, 『四書集註諺
解 論語』, 178쪽.

하는 것이 지혜다."84) 따라서 '인지'로 알 수 없는 것에 대해 침묵하는 것은 그 자체가 '지혜'인 반면, '인지'로 알 수 없는 것에 대해 아는 체하는 것은 '지혜의 적賊'인 것이다.85) 카를 야스퍼스도 공자의 이런 태도를 '불가지론'으로 규정하고 "모르는 것에 대한 무관심이 아니라 모른 것을 아는 것처럼 착각하지 않으려는 삶에 대한 경건한 태도"로 해석한다.86)

---

84) 『論語』 「爲政」(2-17): "子曰 知之爲知之 不知爲不知 是知也."

85) 신동준은 이 '침묵'이 "합리적 이성에 대한 신뢰"에서 나온 것이라고 보았고, 리쩌허우는 일종의 "회피전략"으로 설명했는데, 이는 모두 합리론적 오해에서 비롯된 그릇된 해석이다. 참조: 신동준, 『공자의 군자학』, 13-4쪽; 650-5쪽; 리쩌허우(정병석 옮김), 『중국고대사상사론』, 93쪽.

86) 야스퍼스, 『위대한 사상가들: 소크라테스·석가모니·공자·예수』, 132쪽.

# 제2장 주역시서와 델피신탁의 비교

## 제1절 아테네 민주주의와 델피신탁의 역할

행복과 천명, 범애적 낙천구복과 서점(신적 지혜로서의 지천)의 관계에 관한 공자의 철학·역학사상은 인간의 지혜와 신탁점의 관계에 대한 소크라테스와 플라톤의 논지와 아주 흡사하다. 그러나 행복과 운명, 인간적 지혜와 신적 지혜(신탁점)의 관계에 관한 아리스토텔레스의 철학적·신학적 입장은 공자, 소크라테스, 플라톤과 사뭇 다르다. 그런데 바로 이 다른 점이 아리스토텔레스 철학의 최대 약점이자, 그 자신의 최대 불행으로 귀착되고 만다. 신탁점에 대한 이 세 철학자의 관점을 정확히 이해하기 위해서는 고대 아테네 사회의 정치와 종교, 델피신탁점의 3자 관계에 대한 심층적 논의가 필요하다.

### 1.1. 주역시서와 델피신탁의 유사성과 차이성

"소크라테스는 공자가 그랬듯이 점(divination)이 정확한 정보를 산출할 수 있다고 생각했다".[1] 또한 주역시서와 델피신탁은 그만큼 유사한 측면이 있었다. 그러나 양자는 여러 가지 차이를 보이기도 한다.

---

1) Geoffrey Redmond and Tze-ki Hon, *Teaching the I Ching* (Oxford·New York: Oxford University Press, 2014), 22쪽.

델피신전의 아폴론 신탁은 기원전 8세기경부터 흥하기 시작해 서기 393년 로마황제 테오도시우스(Theodosius) 1세에 의해 델피신전이 폐쇄될 때까지 1천년 동안 고대 희랍에서뿐만 아니라 소아시아의 뤼디아, 카리아, 심지어 이집트 등 주변 제국에서까지 큰 영향력을 떨쳤다. 그 전성기는 아테네 민주주의의 전성기와 일치하는 기원전 5-4세기경이었다. 이 기간은 기원전 4세기에 살았던 아리스토텔레스의 생존 기간을 포함한다. 희랍인들은 델피신전의 신탁을 통해 전쟁, 식민지, 헌법 개정, 통치권, 작황, 역병, 천재, 인재, 괴변怪變, 제사 등 국가와 종교의 막중대사와 개인과 사회의 중대사를 물어 아폴론 신의 답변을 들은 뒤 계획을 행동으로 옮겼다. 델피의 신탁점은 고대 아테네에서 고대 중국과 중세 조선의 주역점과 같이 정치적으로 공식적 신지의 역할을 했던 것이다.

델피의 신탁은 고대 희랍어로 '만테온(μαντεῖον' 또는 '크레스모스(χρησμός'라 불렀다. 원래 '만테온'은 신탁점 일반을 가리키고 '크레스모스'는 이 신탁점 가운데 신의 응답만을 가리켰으나, 실제에서는 이 말들이 뒤섞여 둘 다 신탁을 뜻하는 말로 통용되었다. 델피의 신탁점은 지성지도의 정신통일 방식으로 신의 답을 받는 신지적 신탁점이 아니었다. 주역시서는『주역』의 역학을 아는 시서자 자신이 지성지도의 정신통일을 통해『주역』의 괘·효를 뽑아 얻고 물음에 대한 신탁의 답을 기정既定된 괘사와 효사의 글말로 얻어 철학적으로 해석하는 방법의 신탁이다. 이에 반해 델피의 신탁은 '퓌티아'라는 신들린 무녀를 통해 아폴론에게 묻고 퓌티아가 신들린 무아지경에서 구두(입말)로 아폴론의 신탁을 전해 주는 무격적巫覡的 방식이었다.

신탁의 자문이 있는 날에 퓌티아는 신전에서 가까운 카스탈리아 샘에서 목욕재계하고 신전 안의 자문실로 들어가 바닥의 갈라진 바위틈새에 걸쳐져 놓인 크고 높은 삼발이 솥으로 기어 올라갔다. 이 갈라진 바위틈새는 '신적 증기'를 내뿜었고, 퓌티아는 이 솥 안에 앉아 이 증기를 마시며 무아지경에 빠져들어 신탁을 구하는 사람의 물음에 답했다. 아폴론 신은 겨울에는 다른 곳으로 이동하고 연중 9개월만 델피신전에 머무는 것으로 믿어졌고 따라서

9개월 동안만 신탁을 했다. 또 한 달에 하루만 신탁을 했으므로 한 해에 겨우 9일만 신탁점을 봐 주었다. 퓌티아는 보통 한 사람이었으나 전성기에는 3명까지도 늘어났다.

그러므로 델피신전의 신탁을 받는 것은 매우 진귀한 특권이었고 신탁을 받을 권리는 우선순위를 정해 관리되었다. 일단 델피 폴리스와 그 시민이 1순위였고, 델피 폴리스로부터 우정의 표시로 신탁을 받을 권리의 특전을 부여받은 사람들이 2순위였다. 스파르타와 아테네는 오래 전에 이 2순위의 특전을 얻고 이 영예를 델피신전에 세워진 황금사자상에 새겼다. 기원전 360년대 후반에는 테베가 이 특전을 얻었다.[2]

그러나 입말로 계시되는 무격 방식의 델피신탁은 역리와 괘·효사, 그리고 서법筮法을 익히면 누구나 스스로 묻고 답할 수 있는 『주역』의 글말 신탁에 비해 비지성적이고 비대중적(특권적)이라는 점에서 상대적으로 낮은 등급의 신탁이었다. 따라서 누구나 배워 실행할 수 있는 까닭에 지금도 전해져서 활용되고 있는 『주역』과 달리 델피신탁은 서기 393년 델피신전의 폐쇄로 신전의 무녀들과 이를 집전하던 사제들이 사라짐과 동시에 역사의 무대에서 사라졌다. 그러나 적어도 535개, 많게는 615개의 신탁 문답 사례가 오늘날까지 전하고 있다. 그 중 절반은 역사적 중대사건과 관련된 것이다.

## 1.2. 아테네 민주주의의 기반: 델피신탁

기원전 508년 아테네의 민주개혁을 단행한 클레이스테네스(Κλεισθένης, 기원전 570?-508?년) 이래 아테네의 직접민주주의는 델피신탁과 나란히 그리고 델피신탁에 의존해서 도입되고 발전한다. 델피신탁은 인지人智로 풀 수 없는 문제를 둘러싸고 격심하게 대립하는 시민여론을 권위롭게 통일하는 아테네민주주의의 기반이었다. 민주시대 아테네인들은 델피신탁에 본질적인 중요성을 부여했던 것이다. 신의 뜻에 따라 살려는 의지가 아테네 민주정치를 지배했

---

2) Hugh Bowden, *Classical Athens and the Delphic Oracle － Divination and Democracy* (Cambridge: Cambridge University Press, 2005), 17-18쪽 참조.

다. 따라서 고대 아테네의 민주주의를 오늘날의 완전히 세속적인 민주주의와
동일한 것으로 오해해서는 아니 될 것이다.

어떤 경우든 "신탁점은 인간적 지혜로 답할 수 없는 문제들을 답하는 데
쓰였고, 그러한 민주적 상황에서 신의 권고를 구하는 데는 백성의 권위를 해
칠 하등의 도전적 요소도 없었다." 따라서 아테네의 민회, 즉 에클레시아(ἐκκλη
σία)와 델피신전 간에는 늘 협력이 벌어졌다. "사제들은 제사를 지낼 책임이
있었으나 결정을 내릴 책임은 없었다. 그들은 민회에 자문을 주었지만 결정
을 채택하는 측은 데모스(δῆμος), 즉 민회에 앉아있는 인민들이었다." 데모스는
새로운 축제를 설치하고 신탁의 자문을 인준했다. "이와 같이 민회는 로마의
원로원이나 페르시아 왕과 동일한 책임을 가지고 있었다." 에클레시아에 앉
아 있는 아테네 데모스는 인간과 신 사이의 의사소통의 초점이었다.3)

아테네 민회의 의제는 대부분 종교적 문제들이었다. "제사와 축제는 정규
적 폴리스 활동의 중요한 일부이었다." 민주국가 아테네는 동시대의 어떤 폴
리스보다도 많은 축제를 가졌던 것으로 전해진다. 폴리스 자체와 그 하부집
단인 부족·씨족·데모스(區民) 등은 저들의 고유한 축제 일정을 가지고 있고
이에 따라 각각의 경우에 제각기 바른 희생물을 제사에 올렸다. 폴리스는 종
교행사와 제사에 상당한 금액을 쏟아 부었다. 이런 까닭에 '데모스에 대한
민주정부의 주요 책무'가 수많은 모호한 제사의 정규적 엄수를 통해 시민과
그 가정에게 '초자연적 가호'를 확보해 주는 것으로 여겨질 정도였다. '민주적
아테네'는 신의 가호를 확보하는 방법을 인준하는 절차를 가지고 있었다.

그리고 아테네에는 장군들과 민회에 자문을 해 줄 뿐만 아니라 개인적으로
시민들에게도 자문해 주는 '복관(卜官)(만테이스 μαντείς)'과 '신탁해석가(크레스몰로고
이 χρησμολόγοι)'가 있었다. 특히 이 신탁해석가는 아테네에서 대단한 영예를 누
렸다.

다양한 신탁 성소(聖所)들이 중부 희랍을 관통해 도처에 흩어져 있었고 아티
카에도 여러 곳이 있었던 것으로 보인다. 이 중 델피는 '아폴론 신의 뜻이

---

3) Bowden, *Classical Athens and the Delphic Oracle*, 156쪽.

계시되는 가장 높은 성소'였다. 델피 다음으로는 도도나의 제우스신전이 유
명했다.4) 휴 바우든(Hugh Bowden)은 고대 희랍에서 델피의 신탁점과 폴리스 간
의 긴밀하고 지속적인 관계를 다음과 같이 설명하고 있다.

> 폴리스는 정규적으로 신탁에 자문을 구했고 (…) 정교한 자문 메커니즘을 발전시켰으
> 며, 이 메커니즘에 민회의 시민과 지도적 관리들이 참여했다. 아테네가 전쟁에 나설
> 경우 델피의 상황에 대한 우려는 ― 군대를 그곳으로 파견해 주둔시키든, 신전을
> 강화조건에 포함시키든 ― 중요한 고려사항이었다. 고전 시기가 경과하는 동안 아테
> 네의 종교적 신앙이 쇠락했으며 (…) 신탁의 활용이 쇠락했다고 추정하기도 하지만,
> 유물에 새겨진 명문들은 폴리스가 이전에 그랬던 것처럼 그 축제들을 계속해서 거행
> 했고 신들을 찬미했고 또 새로운 신들을 판테온에 입소하도록 배려했음을 보여준다.
> 그리고 여전히 폴리스의 축제와 전투중인 군영에서는 제수용 동물의 간을 보고 점을
> 쳤다. (…) 신탁은 중요한 것으로 남아 있었다. 아테네인들은 델피가 제공하는 것을
> 필요로 했던 것이다.5)

아테네 민주정치의 의제에서도 신과의 관계가 모든 다른 세속적 사안들에
우선하는 것으로 보일 만큼 중요했다.6)

고대 그리스, 그리고 아테네는 민주화 이전이든 이후든 신과 공동체의 관
계를 중시하는 종교사회였고 따라서 동시에 제사와 축제의 사회였고, 바로
이 제사와 축제는 공동체의 건설과 유지 및 공동체들 간의 전쟁과 외교관계
를 규율하는 정치행위이기도 했다. 고대 희랍의 제사와 희생물을 구약성서의
모세5경에 적힌 규정과 비교해 보면 유대인들에 비해 희랍인들이 쓴 희생의
종류가 훨씬 다양했음을 알 수 있다. 또 그리스에서는 어느 생활영역에서든
제사가 있었고, 어느 도시든 공사간의 제사 없이 지나가는 날이 하루도 없었

---

4) Bowden, *Classical Athens and the Delphic Oracle*, 11쪽 참조.

5) Bowden, *Classical Athens and the Delphic Oracle*, 156-157쪽.

6) Bowden, *Classical Athens and the Delphic Oracle*, 8쪽 참조.

으며, 식용된 짐승고기는 모조리 다 제사용으로 도살된 것이었다.

고대 희랍사회에서 제사와 희생의 종류는 유대사회에서보다 훨씬 중요한 역할을 했다. 고대 희랍의 제사 관행의 대단한 다양성은 분열생식하듯이 외부세계로 진출해 새로운 정착사회를 계속적으로 만들어내는 희랍세계의 자기복제적 증식의 소산이었다. 제사는 고대 희랍인들이 자신들의 공동체의식을 표현하는 가장 중요한 방식 가운데 하나였다. 아테네에서 특정한 범법자는 정치권만이 아니라 제사에 참여할 권리도 박탈당했다. 그리스가 다양한 정치색깔의 수많은 도시국가와 인종으로 구성되어 있었기 때문에 제사 관행도 아주 다양했다. 제사 관행이 곳에 따라 달랐을지라도 공동축제에 희생물을 제공하는 것은 정치집단의 소속감을 증대시켰고 동맹자 또는 마을들 간에는 희생물을 주고받음으로써 복종과 동질감을 표시했다. 제사를 공동으로 지내는 것은 집단 간의 오랜 분규를 치유하는 역할을 했으며, 국가들 간에는 특별히 돈독한 관계의 표시로 타국에게 제사에 참여할 특권을 주기도 했다.7)

이런 희랍 제사의 근본적인 특징 가운데 하나는 시민들이 정치적으로 평등한 만큼 제수祭需도 평등하게 분배받았다는 것이다. 제사를 지낸 뒤 제수들은 정확하게 무게를 달아서 분배하거나 추첨으로 지급했다. 물론 특별한 지위에 있는 몇몇 사람에게는 특별히 좀 더 많은 양이 제공되었다. 가령 스파르타 왕들은 제사를 주재하고 보통 사람의 두 배를 받았다. 그들은 총애의 표시로 승전보를 가지고 돌아온 전령 등에게 자기 몫의 일부를 떼어 주기도 했다. 또 언제든 제물을 가져와 바칠 수 있도록 늘 열려 있는 성소가 있는가 하면 특별히 정해진 날짜에만 문을 열어두는 성소도 있었다. 그러다가 후기에는 모든 성소들이 항상 개방되었다. 다만, 제우스에 대한 제사는 벼락이 친 곳에서 일 년에 다섯 차례만 거행되었다.8)

이처럼 고대 희랍이 제사와 종교적 축제의 사회였기 때문에 국정의 상당

---

7) A. M. Bowie, "Greek Sacrifice – Forms and Functions", Anton Powell (ed.), *The Greek World* (London·New York: Routledge, 1995), 465-6쪽 참조.

8) 참조: Bowie, "Greek Sacrifice – Forms and Functions", 467; 474쪽.

부분도 종교적인 국사가 차지했다. 아리스토텔레스(또는 그의 지시를 받은 제자)가 집필한 것으로 보이는 『아테네헌법』은 민회의 의사일정에서 종교적 의제가 차지하는 비중이 상당했음을 보여주고 있다.

> 의장들은 불레(βουλή: 상임평의회)의 회의를 휴일을 제외하고 매일 소집하고, 민회는 각 의장단의 임기(35일 또는 36일) 동안 네 차례 소집한다. (…) 그 가운데 한 번은 주권적 회의인데, 이 회의에서는 행정장관들이 각자의 책무를 잘 수행하고 있다면 이들의 근속을 비준하고 곡물 공급과 국가 방위의 안건을 다룬다. (…) 다른 한 번의 회의는 소원 청취에 할당된다. 나머지 두 번의 회의는 법이 다루도록 요구하는 종교에 관한 세 가지 의제, 전령과 사자에 관련된 세 가지 의제, 세속적인 문제와 관련된 세 가지 의제 등 여타의 모든 의제에 사용된다.[9]

이처럼 아테네 민주정치의 한복판에 종교적 활동이 자리 잡고 있었다. 아테네인들의 세계관도 매우 종교적이었고 이것이 아테네의 정치적 결정에 직접 영향을 미쳤다.

고대 아테네에서는 한 개인이나 작은 집단의 불경한 활동도 공동체에 신의 불쾌감을 초래한다고 여겼다. 이 신의 불쾌감은 가령 흉작 등의 경제적 피해나 전쟁에서의 패배로 표출될 수 있는 것이다. 그러므로 신의 분노의 위협을 피하기 위해 만인의 활동을 규제하는 것은 폴리스의 책무였다. 예를 들면 아테네인들은 아테네 인구의 3분지 1을 죽인 기원전 430년대의 역병을 종교적 부정不淨의 결과로 해석했고 이를 해결하기 위해 델피신탁의 대답에 따라 델

---

9) Aristotle, *The Athenian Constitution*, XLIII(43). Aristotle, *The Athenian Constitution ·Eudemian Ethics ·Vertues and Vices* (Cambridge[MA]·London: Harvard University Press·William Heinemann LTD, 1981). 투키디데스는 아리스토텔레스의 설명과 유사하게 민회의 통상의제를 묘사하고 있는 아이스키네스Αἰσχίνης의 연설(기원전 345년)을 소개하고 있다. "淨化用 제물이 옮겨진 후에 그리고 보도관이 조상에 대한 기도를 읊은 후에 법은 프로에드로이πρόεδροι(회의주재관)에게 조상의 성스러운 일들(히에라ἱερά), 전령과 使者의 일들, 그리고 기타 민사적 관심사(호시아ὁσία)에 관한 토의를 진행하라고 명하고 있다." Thucydides, *History of the Pelophonnesian War* (Cambridge[Massachusetts]·London: Harvard University Press, 2006), 1.23.

로스 섬을 소개疏開하는 조치를 취하기도 했다.[10]

### 1.3. 델피신탁의 구체적 사례들

그리스 역사상 가장 유명한 델피신전의 신탁 사례로는 이른바 '나무장벽(wooden wall)'의 답변이 있다. 헤로도토스에 의하면, 기원전 481년 페르시아의 크세르크세스(Xerxes) 1세가 그리스를 침공하려고 하자 아테네인들은 다급하게 델피로 사자를 보내 신탁을 구했다. 그런데 뜻밖에도 신탁의 답변이 매우 흉하게 나오자 사자들은 극심한 절망감에 빠졌다. 그들은 델피에 사는 한 유명인사로부터 델피신전에 탄원하고 다시 답을 구하라는 충고를 듣고 신전에 다시 들어가 이렇게 애원했다. "오 왕이시여! 우리들이 가져온 이 탄원자들의 올리브 가지를 존중하시어 우리에게 우리 조국에 관해 보다 좋은 것을 예언해 주시옵소서. 그렇지 않으면 우리는 이 건물을 떠나지 않고 여기 남아서 죽을 것입니다."[11]

그러자 아폴론 신은 무녀의 입을 통해 다음과 같은 답변을 주었다.

멀리 내다보시는 제우스께서는 나무장벽이 홀로 부수어지지 않고 남아 그녀와 그녀의 자녀들을 방어할 것을 아테네에 허락하셨도다. 허나 말발굽 소리도, 다가오는 보병도, 육지로부터 오는 막강한 육군도 기다릴 필요가 없도다. 후퇴하라, 그들에게 등을 돌려라. 너희들이 그들을 공격할 날이 올 것이로다. 오! 거룩한 살라미스여, 너는 여인들의 자식들을 쳐부수리라.

이 신탁을 전해들은 아테네인들은 논란 끝에 '나무장벽'을 목조전함으로, '그녀와 그녀의 자녀들'을 아테나 여신과 아테네인들로, 그리고 '거룩한 살라미스'라는 표현을 근거로 '여인의 자식들'을 적군으로 해석했다. 그리하여 그들은 아테네시를 소개하고 해군을 급조하는 등 해전을 준비했다. 마침내 기원

---

10) Bowden, *Classical Athens and the Delphic Oracle*, 111-112쪽.

11) Herodotus, *The Histories* (London·New York: Penguin Books, 2003), Book Seven, 139.5.

전 480년 페르시아군이 쳐들어오자 아테네는 육전을 피해 후퇴했고 살라미스해전에서 페르시아 해군을 크게 격파했다. 크세르크세스가 이끈 페르시아 군은 이를 기점으로 기세를 잃고 헤매다가 470년 소아시아로 완전히 퇴각하고 말았다. 결국 아테네인들은 이 페르시아전쟁에서 승리해 아테네와 그리스를 구했다.12)

한편, 델피신전의 신탁 내용은 크게 정치·군사·외교의 범주와 종교적 이슈의 범주로 나뉘지만, 어떤 경우든 델피에 묻는 구체적 물음은 직접적으로 신과의 관계에 관한 것이었다. 예컨대 역병에 대한 물음은 어떤 의식上儀式上의 부정이 신의 노여움을 야기했는지를 확정하기 위한 것이다. 전쟁에 관한 문제는 다가올 전투에 직면하여 또는 '나무장벽'의 경우에서처럼 아테네를 비우고 그들의 사원을 포기할 필요가 있을 때 신이나 영웅의 지원을 받기 위한 것이다.

기원전 508년 클레이스테네스의 민주개혁 과정에서 혈연적·씨족적 4부족제를 폐지하고 새로 창설된 거주지 기준의 10개 부족(퓔레φυλη)에 붙여질 영웅의 명칭을 신탁으로 선택한 것도, 따지고 보면 이 새로운 군사편제에 대한 신의 도움과 관련된 것이었다.13)

또 새로운 식민지를 찾는 것에 관한 신탁 자문은 새로운 식민지의 새로운 성소와 제사를 창설하는 권위를 누구에게 부여하느냐와 관련된 것이었다. 델피의 자문에 쏟아 붓는 자금과 열성을 고려하면, 인간적 측면이 중요하고 신적인 측면은 단지 외양을 꾸미기 위한 것이라는 억측은 그야말로 그저 '억측'일 뿐이다. 정책결정의 인간적 측면과 신적 측면에 대한 정밀한 분석도 이러한 억측을 뒷받침해 주지 않는다. 사실 두 측면은 동등한 것으로 취급되었다.

---

12) Herodotus, *The Histories*, Book Seven, 139.5-143. 또한 다음도 참조: Bowden, *Classical Athens and the Delphic Oracle*, 100-107쪽.

13) 신탁점으로 정해진 10부족의 이름은 에레크테이스(Erechthides), 아이게이스(Aegides), 판디오니스(Pandionides), 레온티스(Leontides), 아카만티스(Acamantides), 오이네이스(Oenides), 케크로피스(Cecropides), 히포톤티스(Hippothoontides), 아이안티스(Æantides), 안티오키스(Antiochides)다. 거주지 기준으로 구획된 10부족 편제의 도입으로 귀족과 성직자의 혈연적 특권은 결정적으로 약화되었다.

가령 어떤 경계선을 정확히 어디에 설치하는가 하는 의제는 민회의 특별위원회에서 결정하는 반면, 그 자연생태적 후과後果를 예견할 수 없어 인간적 판단이 답을 줄 수 없는 이 지역의 개간 여부는 아폴론에게 묻기 위해 델피신전으로 사자를 보내 신탁을 듣고 결정했다. 기원전 508년 클레이스테네스의 민주개혁에서도 인간과 신은 사실상 역할을 분담했다.

아테네의 생활에서 신이 간여하지 않는 곳은 한 곳도 없었다. 아테네 시민들의 삶은 크게 농사와 전투로 이루어졌는데, 이 두 과업에 다 신이 관계했다. 풍년을 위해 추수감사제를 지냈고 전쟁을 준비하기 위해 제사와 축제로 신과 영웅을 달랬다. 그러므로 아테네인들에게 신의 뜻을 계시하는 델피의 역할은 그들의 정치·군사적 활동의 사활적 일부일 뿐만 아니라 그들의 종교생활이었다.[14] "신은 아테네인들의 공적 논의에서 불변적 현존재이고, 신탁점은 군사원정에서 빈번한 활동이었다." 이런 상황에서 신에 대한 관심이 전쟁에 관한 결정에서 중요한 역할을 하지 않는다면 오히려 놀라운 일일 것이다. "아테네인들은 거의 모든 민주주의 기간에 전쟁 중"이었기 때문에 "시민의 기본적 구획단위인 10개 부족"은 "군사단위"이고, "시민은 곧 군인과 등치되었다." 농사와 전투는 아테네인들의 가장 큰 공동활동이고 신은 이 농사와 전투에서 다 중요한 역할을 담당했다. 그러므로 "신은 민주 아테네의 시민생활에서 중심적인 것이었다."[15]

기원전 5-4세기 민주국가 아테네에서는 "어떤 시민이든 민회에서 발언하고 투표할 수 있었고, 공무행정에 대한 가급적 폭넓은 참여를 보장하기 위해 대부분의 관직은 제비뽑기로 배정되었다." 아테네인들은 자신들의 경제적 번영을 좌우하는 농작물의 작황과 폴리스의 방위를 보증하는 전쟁에서의 승리를 위해 정치가들의 판단보다는 델피신탁으로 접하게 되는 신의 가호에 의지했다. 이런 이유에서 그들은 신이 그들에게 바라는 것이 무엇인지, 그리고 어떻게 신의 가호를 붙들어 둘 수 있는지를 알아야 했고, 일단 그것을 알게

14) Bowden, *Classical Athens and the Delphic Oracle*, 132-3쪽 참조.
15) Bowden, *Classical Athens and the Delphic Oracle*, 151쪽.

되면 반드시 그에 따라 행동했다. "아테네 민주주의는 무엇보다도 신의 의지
를 확인하고 집행하는 체계였던 것이다."[16] 따라서 신탁은 아테네 민주주의
의 '기반'이었을 뿐만 아니라 바로 아테네 민주주의의 실질적 '내용'이었다.

아테네 민주주의의 이러한 점술적 측면에 대해 소크라테스와 플라톤, 아리
스토텔레스는 모두 델피신탁에 대해 나름대로 경건한 믿음을 가졌다. 하지만
이들은 자신들의 철학 안에서 이 신탁과 점에 대해 서로 다르게 반응했다.
특히 아리스토텔레스는 소크라테스나 플라톤과 달리 신화와 신탁점의 신지神
知에 대해 철학적으로 거리를 두거나 무관심한 태도를 보였다.

## 제2절 소크라테스·플라톤 철학에서의
## 덕행과 신탁의 관계

### 2.1. 소크라테스의 '공자의 길': 덕행구복과 신탁피흉의 결합

상론했듯이, 소크라테스는 공자와 유사하게 신적 지혜에 대한 인간의 무지
를 단언했다. 그리고 공자와 마찬가지로 우선 인간적 지혜를 얻기 위해 노력
해야 한다고 생각했다. 또한 그는 인간의 행복을 '영혼의 덕행'의 효과로 파악
했다. 그도 공자처럼 행복의 개념을 '요행' 또는 '행운'이 아니라 덕행에 종속
시키는 덕행구복론을 전개한 것이다.

소크라테스와 플라톤은 『국가론』에서 이렇게 주장한다. 몸으로 하는 모든
일에서 신체의 기관들은 "그 특유의 덕에 의해 제 일을 잘하게 된다." 이것은
영혼의 경우도 마찬가지다. 영혼에는 세상의 다른 어느 것으로도 해낼 수 없
는 그런 기능, 즉 "보살피거나 다스리는 것, 심사숙고하는 것" 등의 기능이
있다. '삶'은 무엇보다도 이 '영혼'의 기능이다.[17] 그런데 이 영혼에도 덕이
있다. "악덕의 영혼은 잘못 다스리고 잘못 보살피겠지만, 덕의 영혼은 모든

---

16) Bowden, *Classical Athens and the Delphic Oracle*, 159쪽.

17) Platon, *Politeia*, 353c-d.

일을 잘하게 되는 것이 필연적이다." 가령 정의는 "영혼의 덕"이지만, 불의는 "영혼의 악덕"이다. 그렇다면 "정의로운 영혼과 정의로운 사람은 잘살겠지만, 정의롭지 못한 사람은 잘살지 못할 것이다." 그러므로 이렇게 "잘사는 사람은 복 받고 행복할 것이나, 그렇지 못한 사람은 그 반대일 것이다." 말하자면, "정의의 인간은 행복하고 불의의 인간은 불행한 것"이다.[18]

따라서 소크라테스와 플라톤은 "가장 훌륭한 사람(아리스톤*ἀρίστων)과 가장 정의로운 사람이 가장 행복한 사람이고" 또한 "이 사람이 가장 왕도적王道的인 사람이고 자기 자신을 다스리는 왕자王者인 사람이다"라고 선언하는 한편, "가장 사악하고 가장 부정不正한 사람이 가장 불행한 사람이고, 자신 속에 참주적僭主的인 기질을 가장 많이 가지고 있어서 자기 자신과 나라에 대해 가장 많이 참주 노릇을 하는 사람이다"라고 천명한다.[19]

소크라테스와 플라톤은 선덕자가 악덕자보다 몇백 배 더 기쁨을 느끼는지를 계산해내기도 한다. "참된 기쁨의 관점에서 (선덕의 상징인) 왕자王者와 (악덕의 상징인) 참주 간의 간격범위를 표현하려고 노력한다면, 곱셈을 완결할 때, 왕자가 729배 행복하고 참주는 같은 간격만큼 더 고통스럽다는 것을 발견할 것이다. (…) 기쁨의 관점에서, 불선하고 부정한 사람들에 대한 선하고 정의로운 사람의 승리가 이것만큼 크다면, 선하고 정의로운 사람은 삶의 점잖음과 아름다움 및 덕에서 불선하고 부정한 사람을 생각할 수 없을 정도로 능가할 것이다." 그러므로 소크라테스와 플라톤의 철학에서 덕행을 통해 행복을 구하는 삶의 원칙은 인간에게 행운과 불운을 분배하는 신에 대한 관심을 당연히 앞서는 것이었다.[20]

나아가 소크라테스는 덕성(선의 습성화된 마음씨)은 "신들의 동반자이고 선인들의 동반자"라고 말한다. "신적인 일이든 인간적인 일이든, 모든 고귀한 일들은 덕이 없으면 이룰 수 없다." 덕성은 "신들 사이에서 그리고 영예를 줄

---

18) Platon, *Politeia*, 353e-354a.

19) Platon, *Politeia*, 580b-c.

20) Platon, *Politeia*, 587e-588a.

만한 자격이 있는 인간들 사이에서 가장 많이 존경받는다." 왜냐하면 덕성은
"장인의 소중한 동료, 가장들의 신뢰받는 수호자, 하인들의 친절한 보조자,
평시업무의 좋은 지원자, 전시업무의 믿을 만한 동맹군, 우정관계의 훌륭한
동반자"이기 때문이다. 덕의 벗들에게는 "음식의 섭취가 기쁘고 탈이 없다."
왜냐하면 덕자들은 "음식을 먹고 싶을 때까지 음식을 삼가기 때문이다." 덕자
들은 "근면하지 않은 자들보다 더 달콤한 잠을 자고, 잠을 이루지 못했을 때
도 짜증내지 않고 이 때문에 해야 할 일을 하는 것을 빼먹지도 않는다." 그리
하여 젊은 덕자는 "연장자들로부터 칭찬을 듣고 기뻐하고", 늙은 덕자는 "젊
은이들의 존경을 받고 살맛을 느끼고 옛날의 행동들을 즐겁게 회상한다." 그
리고 "정해진 종말이 언제 오든" 늙은 덕자들은 "영예 없이 잊혀진 채 그냥
드러눕는 것이 아니라 늘 내내 울려 퍼지는 찬가 속에 생생하게 기억된다."
따라서 덕행에 힘쓰면 "가장 축복받은 행복을 누리는 것이 가능한 것이다."[21]
소크라테스는 공자의 덕행구복·인의구길 명제와 동일하게 덕행 그 자체를
행복과 동일시하고, 평생의 덕행은 살면서 가장 많은 기쁨과 즐거움을 느끼
지만 말년이 될수록 더욱 의기양양하게 살맛을 맛보며 존경을 받을 뿐만 아
니라 죽은 뒤에도 영원히 기억된다고 말하고 있다.

　덕성 또는 덕행이란 이렇게 좋은 것이라서 그 자체가 인간의 행복인 것이
다. 따라서 덕행은 바로 인간적 삶의 일차적 추구 대상이다. 소크라테스는
인간에게 가장 좋은 추구 대상이 무엇인지를 묻는 질문에 "덕행(에우프락시아*eut
ράξία*)"이라고 대답했다.[22] 행운(에우튀키아*εύτυχία*)도 하나의 추구 대상인지를 묻
는 재차의 질문에 그는 다음과 같이 대답한다.

　나는 운(튀케*τύχη*)과 행위(프락시스*πρᾶξις*)가 완전한 대립개념이라고 생각한다. 나는 추
구하지 않고 필요한 것을 우연히 얻게 되는 것을 행운(에우튀키아*)으로 여기지만, 뭔
가를 배우고 익힌 사람이 이것을 잘하는 것은 덕행(에우프락시아*)이고 이것을 추구하

---

21) Xenophon, *Memorabilia*, Book II, ch.1, 32-3 참조.
22) '에우프락시아(*εύπράξιά*)'는 '행복' 또는 '성공'이라는 뜻도 가지고 있다.

는 사람들은 잘하는 것이라고 생각한다.[23]

소크라테스에 의하면, 인생의 최고 목적은 덕행이고, 덕행은 행복을 동반한다. 또한 행운이란 추구 대상이 아니다. 오로지 배우고 익혀 실수 없이 잘하는 것만이 추구할 일이고 이것이 바로 덕행이다.

어디까지가 소크라테스의 철학이고 어디까지가 플라톤의 철학인지 분간할 수 없는 『국가론』에서도 소크라테스는, 정의로운 덕자德者는 "장차 행복하게 될 사람"이라고 말한다.[24] 그리고 "참된 부자"는 결코 황금이 풍부한 자들이 아니라 "행복한 자들에게 풍부한 것으로 풍부한 사람, 즉 선하고 현명한 삶(ζωῆς ἀγαθῆς τε καὶ ἔμφρονος)으로 풍부한 사람"라고 말한다.[25] 그렇다면 덕행자가 빈곤·질병·곤경 등의 불운에 빠져 평생 불행하게 사는 경우는 어떻게 되는가? 이런 사람은, 소크라테스에 의하면, 반드시 노년에 보상을 받고 노년에 보상받지 못하면 불교적 윤회설과 아주 유사한 윤회설의 관점에서 죽은 뒤 내세에서 신들로부터라도 보상을 받게 된다는 것이다. "덕이 인간과 신으로부터 영혼에게 가져다주는 모든 다양한 보상과 보수를 생전이든 사후든 정의와 덕 일반에게 추가로 할당해 주는 것에 대해 그 어떤 이의도 있을 수 없을 것이다."[26] 그리고 "신들로부터 오는 모든 것들은 신에게 예쁨 받는 의인義人을 위해 ― 전생의 죄로 야기된 불기피한 악행이 있는 경우가 아니라면 ― 가장 좋은 것으로 하나같이 작용하게 되는 것이다."[27]

이것은 의인에 관한 우리의 확신이어야 한다. 궁핍이나 질병 또는 흉액에 처하든 이 모든 것은 최종적으로 의인에게 그의 생전과 사후에 다 좋은 것으로 입증될 것이

---

23) Xenophon, *Memorabilia*, Book III, ch.9, 14 참조.

24) Platon, *Politeia*, 427d-e.

25) Platon, *Politeia*, 521a. '엠프로노스(ἔμφρονος)'는 '바른 지각을 가진' 또는 '제 정신의'를 뜻하기도 한다.

26) Platon, *Politeia*, 612b-c.

27) Platon, *Politeia*, 613a.

라는 것이다. 기꺼이 정의롭고자 하고 또 열성으로 정의로워지려고 애쓰고 그에게 힘이 닿는 한, 덕행으로 신과 닮으려고 애쓴 그 인간을 결코 신이 소홀히 하지 않을 것이기 때문이다.[28]

따라서 의인들은 흉액에 처하더라도 인생 말년에 다 보상을 받게 된다는 것이다. "영리하지만 사악한 자들은 출발할 때 잘 달리지만 반환점을 돈 뒤부터는 잘 달리지 못하는 그런 육상선수가 하는 것처럼 행동한다." 그들은 "스타트에 재빨리 튀어나가지만 종국에는 비웃음거리가 되어 월계관도 쓰지 못한 채 귀를 어깨 위에 늘어뜨리고 경기장을 떠나게 된다". 그러나 "참된 육상선수는 목표 지점에 도착해서 상을 타고 관을 받아 쓴다". 이런 포상은 "의인들에게도 통상적 귀결이다." 의인들은 "모든 행위와 만남 그리고 인생의 마지막 즈음에 사람들로부터 존경을 받고 상을 탄다." 그러나 정의 그 자체가 부여하는 축복에 더해 신과 인간에게서 받는 이런 상·보수·선물과 정의롭지 않은 자들이 겪는 수모는 "수와 크기에서 사후에 이 양자를 기다리고 있는 것들과 비교하면 아무것도 아니다."[29]

의인은 생전에 느낀 행복과 비교가 되지 않는 열락을 다시 맛보고 혹시 생전에 불행했더라도 사후에 비교할 바 없이 크고 많은 축복과 포상을 받는 반면, 정의롭지 못한 자는 생전에 겪었던 수모와는 비교할 수 없게 고통스런 수모를 다시 겪게 된다는 말이다. 따라서 소크라테스와 플라톤은 내세에서의 심판과 윤회적 재탄생을 『국가론』의 마지막 제10권에서 자세히 기술하고 있다.[30] 이 내세관과 윤회설은 공자와 본질적으로 다른 점이다.

그런데 생전과 내세에 줄곧 인간과 신의 축복을 받은 덕자는 평생 흉액을 겪고 난 뒤 내세에서야 겨우 신의 축복을 받은 덕자보다 훨씬 행복한 자다. 비슷한 덕자들이 겪는 이런 중대한 불평등은 내세의 저 뒤늦은 보상으로도

---

28) Platon, *Politeia*, 613a-b.

29) Platon, *Politeia*, 613b-c, 614a.

30) Platon, *Politeia*, 614-621d.

매워질 수 없다. 또한 살아있는 인간들에 대한 내세의 신뢰도 및 사후 보상의 신빙성과 설득력도 문제다.

따라서 소크라테스는 인간적 지혜로 알 수 없는 흉액을 신점으로 미리 알아 피함으로써 덕행을 그르치지 않고 행복을 이루는 길을 제시한다. 그는 공자가 덕행구복과 복서피흉을 결합한 것처럼 덕행구복과 신탁피흉을 결합하는 길을 택한다. 소크라테스는, 공자가 주역시서를 통해 인간의 지혜로 알 수 없는 의문을 신에게 고하고 그 답을 들어 '지천'을 구했듯이, 인간의 지혜로 알 수 없는 일들에 대해서는 반드시 이를 신에게 물어 신탁을 받고 이를 통해 신적 지혜를 구해야 한다고 말한다. 따라서 그는 "그 결과가 분명치 않은 일들"에 부딪히면 큰 흉액을 피해 덕행을 안전하게 수행하기 위해 "이 일들을 해야 하는지에 대한 점을 치도록" 그의 친구들을 델피의 신탁 점쟁이에게 보냈다.[31] 신은 말, 행동, 숙고 내용 등 만사를 알고 모든 곳에 편재하며 모든 인간사에 관해 사람들에게 신탁을 내리는 전지적 존재이기 때문이다.[32]

앞서 시사한 바 있는 소크라테스의 신탁론을 여기서 다시 상론해 보자. 소크라테스는 "가정과 폴리스를 훌륭하게 다스리려는 사람들은 점을 칠 필요가 있다"고 천명한다. 신은 "인지人智로 배우고 이룰 수 있는 일들"에서도 그 속의 "가장 중요한 측면을 자신에게 유보해 두기" 때문이다.[33] 따라서 인간은 모든 일의 최종적 귀추를 알 수 없는 것이다. 이에 관한 소크라테스의 말을 다시 인용해보자.

이런 일들 가운데 어떤 일도 인간에게 분명치 않다. 가령 훌륭하게 들녘을 가꾼 사람에게는 최종적으로 누가 이것을 수확할 것인지가 분명치 않고, 훌륭하게 집을 지은 사람에게는 그 집에 누가 들어 살지 분명치 않고, 노련한 장군에게는 군대를 지휘하는 것이 그에게 이익인지가 분명치 않고 노련한 정치가에게는 도시국가를 다스리는

---

31) Xenophon, *Memorabilia*, Book I, ch.1, 6.

32) Xenophon, *Memorabilia*, Book I, ch.1, 19.

33) Xenophon, *Memorabilia*, Book I, ch. 1, 7-8.

것이 그의 이익인지가 분명치 않고, 행복하기 위해 아름다운 여인과 결혼하는 사람
에게는 이 여인 때문에 비탄에 빠질지 분명치 않고, 혼인으로 국가 안의 세도가 일족
을 얻은 사람에게는 이들 때문에 나라에서 추방될지가 분명치 않은 것이다.34)

소크라테스는 그럼에도 "이런 유의 일에서 신적인 요소가 전혀 없고, 따라서
이 모든 일들이 다 인간적 지혜로 파악될 수 있다고 생각하는 자들은 미망에
**빠진** 것이 틀림없다"고 비판한다.35)

그러나 동시에 그는 "가령 마차를 몰아본 경험이 있는 사람을 마차에 쓰는
것이 더 나은지 아니면 경험 없는 사람을 쓰는 것이 더 나은지, 또는 항해에
경험 있는 사람을 배에 쓰는 것이 더 나은지 아니면 경험 없는 사람을 쓰는
것이 더 나은지와 같은, 신이 인간의 능력으로 배워 정할 수 있다고 여기는
일들이나 또는 계산하고 측정하고 무게를 달아서 확정할 수 있는 일들을 묻
고 점치는 자들도 미망에 **빠진** 것이다"라고 비판한다. 그는 "이런 일들까지도
신에게 묻는 사람들은 종교적으로 불경하다"고 규정한다. 결론적으로 그는
자신의 입장을 종합한다.

신이 우리가 배울 수 있다고 생각한 일은 우리가 배워야 하고, 인간에게 분명치 않은
일은 점을 통해 신에게서 배우려고 애써야 한다. 신은 은총을 주고 싶은 사람들에게
계시를 주기 때문이다.36)

아무나 점을 친다고 해서 적중률 높은 신탁을 받을 수 있는 것이 아니라,
신에 대해 경건한 믿음을 가진 사람만이 신의 은총으로서 이런 신탁을 받을
수 있다는 말이다. 이것은 『중용』에서 강조했듯이 '지성지도'로서의 시서만이
흉액을 미리 알 수 있게 해 주는 것과 마찬가지다. 소크라테스는 말한다.

---

34) Xenophon, *Memorabilia*, Book I, ch. 1, 8.

35) Xenophon, *Memorabilia*, Book I, ch. 1, 9.

36) Xenophon, *Memorabilia*, Book I, ch.1, 9 참조.

신은 우리 인간들이 장래에 무엇이 유리한 것인지를 미리 알지 못하는 경우에는 일
이 어떻게 될지 묻는 사람들에게 점을 통해 지적해 줌으로써 그리고 일이 가장 잘
이루어질 수 있는 길을 가르쳐 줌으로써 이 문제들에서 인간에게 도움을 준다.[37]

이처럼 신이 인간에게 계시를 주는 조건은 신의 역사役事를 체험할 때마다
더욱 경건하게 숭배하는 것이다. 신도 경건히 섬겨야만 인간의 물음에 답을
계시해 준다는 것을 명심해야 한다.

따라서 소크라테스는 "어떤 사람이 인지人智대로 하는 것보다 더 많은 혜
택을 받고 싶어 하면 정성껏 점을 치라"고 권고하면서 "신이 인간사에 대해
인간에게 계시하는 방법을 아는 사람들은 결코 신의 충고를 저버리지 않을
것이다"라고 덧붙였다.[38] 따라서 불확실한 미래사를 신에게 고하고 그 답변
을 듣는 것은 지혜로운 일이다.

소크라테스는 누군가를 벗으로 사귈지 여부조차도 그와 사귀기 전에 먼저
점쳐 신의 뜻을 따르라고 말한다.[39] 그러므로 정치와 국정을 점치는 것은
당연지사다. 그리고 그는, 인간적 지혜가 '진실로 아무런 값어치가 없다'는
것을 깊이 깨닫는 것이 실은 인간이 '가장 지혜로운' 경지에 도달한 것이라는
자신의 철학적 깨달음에 따라 "신의 신탁자문에 견주어 인간적인 모든 일을
낮춰보면서", 신으로부터 뭔가 계시를 받았다고 느끼면 스스로 이 계시를 확
실히 준수했다. 그리고 신의 계시를 저버리고 행동하는 사람들의 어리석음을
비판했다.[40] 소크라테스는 독실한 경신敬神의 자세로 델피신전의 무녀가 말
해 주는 신탁대로 말하고 행동했다. 그는 가령 델피의 무녀가 제사방법에 대
한 사람들의 물음에 '국법대로 하라'는 신탁을 주었을 때도 스스로 이 신탁대
로 행동하며 살았고 다른 사람들에게도 이를 권했다. 그러므로 그는, 신탁과
다르게 행동하며 사는 사람들은 전혀 헛된 짓을 하고 있고 불경하다고 생각

---

37) Xenophon, *Memorabilia*, Book IV, ch.3, 12·13.

38) Xenophon, *Memorabilia*, Book IV, ch. 7, 9.

39) Xenophon, *Memorabilia*, Book II, ch. 6, 8 참조.

40) Xenophon, *Memorabilia*, Book I, ch. 3, 4.

했다.[41] 말하자면 소크라테스는 공자가 지인과 지천을 통합해 애호했듯이 인지와 신지를 둘 다 애호하는 '통합적 애지자'의 관점을 견지한 것이다.

## 2.2. 신들린 예지자 소크라테스의 '신명순도神命殉道'

기원전 5-4세기의 그리스는 여러 부문에서 현저한 변화와 발전을 겪고 있었다. 특히 아테네는 6세기와 5세기 초반의 클레이스테네스 민주주의 전성기를 지나 윤리적·정치적 덕목을 잃고 다른 희랍 도시국가들과 이민족을 유린하며 무자비하게 부와 권력을 추구하는 제국주의 국가로 변질되었다. 그러나 이 아테네 제국주의 국가가 동족상잔의 펠로폰네소스전쟁에서 패배함으로써 몰락하고 아테네 도시국가 전체가 참주정과 민주정 사이를 오락가락하는 극심한 정치적 혼란을 겪었다.

이러는 과정에서 신 개념을 둘러싸고 심각한 사상적 혼란과 갈등이 빚어졌다. 한쪽에서는 자연철학적·유물론적 무신론이 고개를 들었고, 거룩한 신성神性도 없이 인간과 마찬가지로 모든 악행을 저지르는 신화적·시문적 양상의 '인간화된' 신 관념은 오히려 아테네의 타락을 가속화시키기 시작했다. 이 시기에 헤로도토스는 신탁을 중시하는 역사를 쓴 반면, 투키디데스는 신탁을 멀리하고 인간사에 집중하는 새로운 탈脫신화적 역사를 쓰고, 히포크라테스는 인간 신체의 신비를 깨뜨리는 과학적 의학서를 저술했다. 특히 5세기 말엽에는 아테네에 소피스트운동이 크게 일어났다.

소크라테스는 이 모든 혼란스런 사상적 정황에서 인간화되었던 신 개념을 다시 신격화하고 인간의 자기 영혼 회복과 정심을 촉구하는 철학운동과 교육활동을 전개했다. 그의 제자 플라톤과 아리스토텔레스의 철학적 대저大著들도 다 4세기에 출간되었다. 소크라테스는 처음에 자연철학에 대해 관심을 가졌으나 그 신성모독적·무신론적 성격 때문에 자연철학을 멀리하고 도덕철학과 정치철학에 관심을 집중했다.

소크라테스는 『소크라테스의 변론』에서 그가 '자연철학을 연구하는 천체관

---

41) 참조: Xenophon, *Memorabilia*, Book I, ch.3, 1.

측자(메테오로스코포스μετεωροσκοπός)이자 무신론자'라는, 아리스토파네스Ἀριστοφάνη
ς, 기원전 448?-385?)가 희극으로 퍼트린 소문을 진화하기 위해 무진 애를 쓴다.[42]
소크라테스와 플라톤은 『국가론』에서 호메로스·핀다로스·아이스킬로스 등 유
명 시인들이 인간이 저지르는 온갖 악행을 자행하는 존재로 신들을 묘사한
신성모독적이고 통속적인 신인동형론神人同型論(anthropomorphism)을 일관되게 비
판했다.[43] 소크라테스와 플라톤에 의하면, 신은 "진실로 선량하고" 신에는
"거짓된 기질"도 "거짓"도 없기 때문에 "가장 아름답고 선해 자기 모습을 바꾸
지 않을" 뿐만 아니라 "말과 행동에서 전적으로 단순하고 진실하며 (신화에서
말하는 것처럼 사람이나 짐승으로) 변신하거나 속이지 않는다." 또한 신들은
뇌물이나 다름없는 "선물" 등에 의해 "설득되어 넘어가지 않는다."[44]

소크라테스는 경건하고 독실한 불가지론적 신 개념의 관점에서 신과 하늘
의 양상과 속성을 자연철학적으로 '인식'하려는 기도들을 비판했다. 왜냐하면
자연의 속성에 대한 애매모호한 지각을 바탕으로 지각할 수 없는 신의 존재
를 '인식'하는 것은 불가능하고 그럼에도 불구하고 우격다짐하듯이 이를 밀어
붙여 신에 대한 자의적인 독신적瀆神的 또는 무신론적 결론을 도출해내는 것
은 불경하기 짝이 없는 짓이기 때문이다. 앞서 잠깐 언급했듯이, "소크라테스
는 불경하거나 신성에 반하는 어떤 짓도 행하거나 말하지 않았다." 왜냐하면
그는 "다른 대부분의 사람들이 하는 방식으로, 즉 소피스트들이 우주라고 부
르는 것을 캐들어 가는, 말하자면 우주가 어떻게 존재하고 천체의 각 사물들
의 어떤 필연성이 생성하는 것들의 원인이 되는지를 캐들어 가는 방식으로
만물의 본성에 관해 논하지 않았기 때문이다. 반대로 그는 이런 유형의 사물
들에 골몰하는 자들이 어리석다는 것을 입증하기까지 했다." 먼저 그는 "이
자들이 인간사를 이미 충분히 알기 때문에 저런 천계天界의 일들에 골몰하게
되었는지, 아니면 인간사를 버리고 신적인 일들을 캐들어 간 것인지를 조사·

---

42) Platon, *Des Sokrates Apologie*, 18b-d; 19c-d; 26c-e.

43) Platon, *Politeia*, 379a-383c.

44) Platon, *Politeia*, 378c·d; 379a·b; 382c-e; 390e. 또 '거짓말은 신에게 가당치도 않은 것이다'라는
   소크라테스의 믿음에 대해서는 Platon, *Des Sokrates Apologie*, 21b 참조.

검토했다." 이것은 소크라테스도 인간이 노력해야 할 대상의 선후관계에서 '아래에서 배워 위로 달하려고' 노력하여 하늘이 자기를 '알아주기'를 바랐던 공자처럼, 인지적人智的 '지인'을 우선으로 삼았다는 말이다. 게다가 공자와 마찬가지로 신과 하늘에 대해 불가지론적 입장을 취한 소크라테스는 "인간이 신적인 일들을 인식해내는 것은 불가능하다"고 천명한다. 이런 까닭에 가장 오만하게 신적인 일들을 말하는 자들조차도 같은 의견을 개진하는 것이 아니라 "서로에 대해 미치광이들 같이" 엇갈린 태도를 보이는 것이다. 어떤 미치광이들은 무서운 것을 봐도 무서운 줄 모르고 다른 미치광이들은 두려운 일을 봐도 두려워하지 않는다. 어떤 미치광이들은 군중 속에서 어떤 언행을 해도 수치스러워하지 않는가 하면, 또 다른 미치광이들은 아예 사람들 사이에 나서려고도 하지 않는다. 또 어떤 미치광이들은 사원도, 제단도, 어떤 다른 신적인 일도 공경하지 않는 반면, 다른 미치광이들은 바위나 우연한 나무 조각과 짐승들에게도 경건하게 행동한다. "만물의 속성에 골몰하는 자들 가운데 어떤 자들은 존재는 하나뿐이라고 우기고, 다른 자들은 정반대로 존재란 무한히 많다고 우기고, 어떤 자들은 만물은 유전流轉한다고 우기고 다른 자들은 반대로 어떤 것도 유전하지 않는다고 우긴다. 어떤 자들은 만물은 생성, 소멸한다고 우기고 다른 자들은 반대로 어떤 것도 생성, 소멸하지 않는다고 우긴다." 한마디로 인간의 지혜 또는 지각에 기초한 순수이성으로는 알 수 없는 이 문제들에 대해 이 자들은 멋대로 결론을 내리는 것이다. 이에 대해 소크라테스는 말한다. "인간사를 배우는 이들이 이 배운 것을 자기 자신들과 자기가 위하는 그 밖의 사람들을 위해 쓸 것이라고 믿듯이 신적 일들을 탐색하는 자들은 생성하는 각 사물들의 원인이 되는 필연성을 이해한 뒤에 바람·비·계절, 그들이 필요로 하는 그 밖의 것들을 그들이 원하면 언제든 만들어낼 것이라고 생각한다. 아니면 그들은 이러한 것을 희망하는 것이 아니라 이런 것들이 각각 어떤 방식으로 생성되는 것인지를 단지 이해하는 것만으로 충분하다고 생각한다." 그러나 소크라테스 자신은 "늘 인간적인 일들을 논의했다". 신과 하늘에 대해 "경건한 것"과 "불경한 것"이 무엇인지, 귀천, 정의와 불의, 중용과 광기, 용기와 비겁, 국가와 정치가, 치인治人과 치자 등이 무엇인지를 캐들어 갔다. 이것들에 대한 지식을 갖춘 사람은 "고귀하고 훌륭한" 대인군자인 반면, 이것을 모르는 무식자는 "노예 같은" 소인배다.45) 이것은 군자는 '천명'·'대인'·성인의 말씀을 경외하는 반면, 소인은 천명을 모르고 경외하지도 않고 대인과 성인의 말씀을 깔본다고 말한 공자의 명제와 그대로 상통한다.46)

따라서 소크라테스는 신이 하늘의 각 사물들을 운행시키는 방식을 알아내기 위해 골몰하는 것을 적극적으로 말렸다. 사람이 이런 일에 골몰하는 것은 신이 드러내 보여주기를 원치 않는 불가능한 일을 도모하는 것일 뿐 아니라 결국 사람을 정신 나간 미치광이로 만들기 때문이다. "그는 이 일들이 인간들에 의해 탐지될 수 없다고 생각했고 신이 분명히 하기를 원하지 않는 것을 탐색하는 자는 신을 불쾌하게 한다고 믿었다. 그리고 그는 이 일들에 골몰하는 사람들이 신의 천체운행 계획을 설명하는 데서 지극히 큰 자부심을 느꼈던 아낙사고라스가 정신 나간 것에 못지않게 정신 나갈 위험을 무릅쓴 것이라고 말했다."47)

소크라테스는 신과 하늘에 대한 이런 경건한 입장에서 신점 일반과 델피의 신탁점에 대한 독실한 신뢰를 표했다. 그는 단순한 철학자라기보다는, '다이몬(δαίμων: 신령)' 혹은 '테오스(θεός: 신)'가 수시로 강림하고 무당처럼 이 신령과 신으로부터 금지의 예언을 받는 신들린 '선지자' 또는 '예언가'에 가까웠다. 그러나 공자의 '신지적 철학자'는 역학의 '지성' 차원을 떠나지 않고 천지신명天地神明과 '감응感應'할 뿐이고, 계시적 '예언'을 철학적 교설로 삼지 않으며 '신들림' 상태에 전혀 빠져들지 않는다. 이 점에서 공자의 신지적 경지는 계시적 예언들을 교설로 삼는 '예언가'로서의 소크라테스의 '신들린' 탈脫지성적 경지와 본질적으로 달랐다.

---

45) Xenophon, *Memorabilia*, Book I, ch.1, 11-16.

46) 『論語』「季氏」(16-8): "孔子曰 君子有三畏 畏天命 畏大人 畏聖人之言. 小人不知天命而不畏也 狎大人 侮聖人之言" 참조.

47) Xenophon, *Memorabilia*, Book IV, ch. 7, 16.

플라톤은 중기 대화편 『파이드로스』에서 소크라테스가 자신이 '예언가'임을 스스로 토로했다고 쓰고 있다. "내가 강을 건너려고 할 때, 내가 무엇인가를 하려고 하면 늘 나를 중지시키는 익숙한 신령적 계시가 내게 나타났다. 이 계시로부터 나는 내가 신에게 뭔가 죄를 지은 것처럼 나를 정화하지 않으면 거기로부터 움직이는 것을 내게 막는 어떤 음성을 듣는다고 믿었다. 나도 예언가인데, 대단한 예언가는 아니지만, 다만 글을 괴발개발 쓸 줄 아는 사람들처럼 내게 필요한 그만큼만은 예언가다. 따라서 나는 죄 짓는 것을 정확히 예감하게 된다. 그러니 영혼이란 또한 얼마나 예언적인 존재인가!"48) 이 외에도 소크라테스는 자기에게 수시로 나타나는 다이몬 또는 테오스의 예언 또는 계시를 도처에서 언급하고 있다.49) 이것은 그가 단순히 철학자가 아니라 선지자적·예언가적·무당적 철학자임을 거듭 분명히 입증해 준다.

신령 또는 신의 이 잦은 예언과 계시에 대한 소크라테스 자신의 공공연한 언급은 그의 독신죄 재판에 결정적으로 불리한 영향을 미쳤다. 그의 이 '다이몬'은 아테네 시민들이 모르는 '새로운 신령' 또는 '생소한 신'이다. 이것이 소크라테스를 기소하게 된 핵심적 이유라는 것은 그가 『소크라테스의 변론』에서 전하는 말로도 분명하다. 그는 재판정에서 자신에 대한 고발장 내용을 이렇게 요약한다. "소크라테스는 젊은이들을 타락시키고 나라가 믿는 신들을 믿지 않고 다른 새로운 신령적 존재들(다이모니아)을 믿음으로써 죄를 범하고 있다는 것이다."

---

48) Platon, *Phaidros*, 242b-c. 소크라테스는 여기서 예언능력을 '영혼'의 능력으로 여기고 있다. 하지만 『변론』에서는 점쟁이와 신탁무당들의 예언능력이 이들의 '지혜'에서 나오는 것이 아니라, '신들린 상태'에서 나온다고 말한다. Platon, *Des Sokrates Apologie*, 22b-c. 다른 곳에서는 또 신이 "인간사 일체에 대해 인간들에게 계시를 준다"고 말한다. Xenophon, *Memorabilia*, Book I, ch.1, 19. 소크라테스의 이런 말들을 종합하면, 인간의 예언능력은 영혼에 내재하면서도 초월하는 그 어떤 미지의 것으로부터 나오는 것으로 정리할 수 있다. 그러나 소크라테스는 자신의 혼란스런 입장을 끝내 정리하지 않았다.

49) 예컨대 "그 익숙한 계시, 신령적 계시가 내게 나타났다." Platon, *Euthydemos*, 272e. *Platon Werke*, Bd. II. 또 "그 신령적인 존재가 그 중 몇 사람들과 내가 다시 교류하는 것을 막고 있다." Platon, *Theaitetos*, 151a. *Platon Werke*, Bd. VI. 또 Platon, *Des Sokrates Apologie*, 31c-e; 40a·b·c; Platon, *Politeia*, 496c 등 참조. 그는 이미 『알키비아데스』에서 다이몬을 자신의 후견인으로 내세웠다. 참조: Platon, *Alkibiades I*, 124c.

또 재판 전에 에우티프론을 만나 주고받은 대화를 실은 플라톤의 『에우티프론』에서는 그가 다이몬 신을 섬기며 아테네인들의 전통적인 신인동형적 신 관념을 혁신하려는 새로운 선지자라는 사실이 고발의 핵심 이유임이 『변론』에서보다 좀 더 분명히 드러난다. 소크라테스는 에우티프론에게 말한다. "그(기소자)가 주장하는 것은 내가 신들을 만들어내는 자이고 또한 생소한 신들을 만들어내면서도 예로부터 믿어 온 신들을 믿지 않는 자라는 것이다." 이에 에우티프론은 다음과 같이 지적한다. "알겠습니다. 소크라테스 선생님! 그건 다름이 아니라 선생님께서 신령적 존재가 수시로 스스로에게 나타난다고 말씀하시기 때문입니다. 신적인 일과 관련해서 선생님께서 혁신을 하려고 한다고 해서 선생님을 기소한 것입니다."50) 따라서 그가 아테네인들의 전통적 신 관념을 뜯어고치려는 ─ 훗날의 예수나 마호메트 같은 ─ 새로운 '선지자'라는 사실을 제쳐 놓고 그를 단지 '철학자'로만 보고 접근한다면, 일생에 걸친 그의 특이한 살신성인적 철학·교육활동과 '스스로 부른' 죽음을 이해할 수 없고, 또 『소크라테스의 변론』의 내용은 '변론'이라기보다는 아테네에 대한 오만하고 어리석고 무모하고 역겨운 도발에 불과한 것으로 보게 된다. 『변론』은 소크라테스가 스스로 평생을 건 자기의 철학·교육활동이 실은 델피신전의 신탁점으로 내린 아폴론의 명령을 이행하는 과정이었음을 해명하는 문건이다.

소크라테스의 제자인 크세노폰과 플라톤은 둘 모두 소크라테스가 기원전 399년 독신죄 죄목으로 유죄선고를 받고 처형된 뒤에 소크라테스의 변론을 썼다. 이 두 사람은 소크라테스의 친구 카이레폰(Χαιρεφών)이 델피신전을 방문해 소크라테스에 관해 신탁을 구했다는 사실을 말하고 있다. 플라톤의 『소크라테스의 변론』은 이 대목을 다음과 같이 전하고 있다.

나, 소크라테스는 내 지혜가 지혜인지, 지혜라면 어떤 종류의 지혜인지, 내 지혜에 관해 여러분들에게 델피의 신을 증인으로 세울 것이다. 여러분들은 카이레폰을 안다.

---

50) Platon, *Euthyphron*, 3b. *Platon Werke*, Bd. I,

이 사람은 어린 시절부터 내 친구이고, 여러분 인민의 친구였고, 이 최근의 탈주 때에
같이 망명해 여러분들과 같이 돌아왔다. 또한 여러분들은 카이레폰이 어떤 인물인지,
그가 무엇을 시작하든 모든 일에서 열렬했다는 것을 안다. 그랬기 때문에도 그는
언젠가 델피에 갔을 때 용감하게 그것(나의 지혜)에 대해 신탁을 구했다. (…) 그는
"누가 소크라테스보다 더 현명한가"라고 물었다. 그러자 퓌티아는 누가 나보다 더
현명하다는 사실을 부인했다. 카이레폰이 이미 죽었기 때문에 여기 그의 동생이 여
러분들에게 증언을 줄 것이다.[51]

이것은 실제로 이런 신탁이 있었다는 사실에 못지않게 중요한 사실, 즉 델피
신전의 아폴론 신에 의한 소크라테스의 신탁적 인정이 이 두 제자와 그의
추종자들, 그리고 배심원들과 아테네 시민들에게 가치 있게 받아들여졌다는
사실을 시사해 준다.

소크라테스는 아폴론의 이 신탁을 전해 듣고 당혹스러워 고민을 하다가
이 신탁의 뜻을 직접 알아보는 쪽으로 방향을 잡고 아테네에 지자로 소문난
정치인·시인·장인 등을 찾아다니며 이들과 이야기를 나눠 보았으나, '자기가
무지하다는 사실을 아는 사람, 따라서 '전지전능한 신의 지혜에 비해 인간의
지혜는 아무것도 아니다라는 사실을 아는, 즉 불경한 지적 오만을 갖지 않은
사람은 아무도 없다는 것을 깨달았다고 말한다.[52]

따라서 그는 그 신탁을 '소크라테스가 가장 지혜롭다는 것을 말하는 신탁
이 아니라, 소크라테스라는 이름을 이용해 실은 "신이 진실로 지혜롭고 인간
적 지혜는 별로, 아니 전혀 가치가 없다"는 것, "인간들이여! 너희들 가운데
누구든 소크라테스처럼 지혜와 관련해 자신이 진실로 전혀 보잘것없다는 사

---

51) Platon, *Des Sokrates Apologie*, 20e-21a. '최근의 탈주'는 기원전 404년 30인 참주지배 시대의 아테네
   인들의 해외탈주를 말한다. 그런데 크세노폰에 의하면, 소크라테스는 카레이폰이 물은 질문은 언급
   하지 않고 '소크라테스가 사람들 가운데 가장 자유롭고 정직하고 분별 있다'고 말했다는 신탁의
   토막말만을 전하고 있다고 한다. Xenophon, *Apology of Socrates*, 14쪽. Bowden, *Classical Athens
   and the Delphic Oracle*, 82쪽에서 재인용.

52) Platon, *Des Sokrates Apologie*, 21b·c-22d.

실을 깨달은 자가 가장 지혜로운 자다"라는 가르침을 주려는 신탁으로 이해하게 되었다.[53)]

이후 그는 이 가르침을 자기에 대한 신명神命으로 알고 지적 오만으로 가득 찬 아테네 사람들에게 캐물어 이들의 무지를 가르치기 위해 노력했고, 그러다가 스스로 지독하게 가난해졌으며 또 세인들로부터 많은 비난을 듣게 되었다는 것이다. 그리고 그러는 가운데 애지자(철학자)들 모두에게 손쉽게 가해지는 '자연을 연구한다'든가, '신들을 믿지 않는다'든가 하는 비난도 듣게 되었다는 것이다.[54)]

그러나 그에 의하면, "지혜를 사랑하며 저 자신과 남들에게 캐물어 가면서 살아야 한다는 것"은 그의 뜻이 아니라 그에 대한 신의 명령이다. 따라서 "죽음 같은 것을 두려워하여 내게 배정된 위치를 이탈한다면" 이것은 "무서운" 죄를 범하는 것이다. 그러므로 소크라테스는 아테네와 아테네인들을 사랑하지만 아테네 사람들에게보다는 "오히려 신에게 복종해야 할" 입장임을 밝힌다. 그는 "제가 살아있는 동안은 그리고 할 수 있을 때까지는 지혜를 애호하는 것도, 여러 사람들에게 충고하는 것도, 그리고 언제든 여러분 중 누구라도 만나게 되는 사람들에게 이 점을 지적하는 것도 그만두지 않을 것이고 늘 해 오던 방식으로 계속할 것이다"라고 선언하여 배심원들을 자극한다.[55)]

소크라테스가 사람들에게 지적하고 싶은 것은 다음과 같은 것이었다.

당신은 가장 위대하고 지혜와 권력으로 가장 이름난 나라 아테네의 시민인데 당신에게 재물이 최대로 많아지도록 애쓰고 명성과 영예도 그렇게 되도록 애쓰면서 지혜와 진리, 그리고 자기의 영혼이 최대로 훌륭해지도록 하는 데는 애쓰지도, 생각하지도 않는 것을 부끄러워하지 않습니까?[56)]

---

53) Platon, *Des Sokrates Apologie*, 23a-b.

54) Platon, *Des Sokrates Apologie*, 23b·d.

55) Platon, *Des Sokrates Apologie*, 28e-29a, 29d.

56) Platon, *Des Sokrates Apologie*, 29d-e.

이에 대해 반박하는 자가 있으면 그가 젊은이든 노인이든, 아테네인이든 외국인이든 문답형식으로 그에게 캐물어 다시 반박했다. 혈통상으로 가까운 아테네인에 대해서는 더욱 캐묻고 나무라고 가르쳤다. 이것이 신의 지시였다. 그가 돌아다니면서 한 일은 "젊은이든 나이든 자든 자신의 영혼이 최선의 상태가 되도록 영혼에 대해 애쓰는 것보다 또는 이것만큼 몸과 재물에 대해 애쓰는 일이 없어야 한다고 설득하는 것"이었다. "재물로 인간적 덕이 생기는 것이 아니라 인간적 덕으로 재물도, 기타 모든 것들도 공사간에 사람에게 좋은 것이 된다"고 말해 주는 것이다. 이런 활동을 계속할 경우 아테네 법정이 그 자신을 죽일 것이라고 위협한다면, "자기가 골백번 죽는다고 할지라도" 이 활동을 그만두지 않을 것임을 천명한다.[57]

그러면서 이런 교육활동이 신의 명령이고 또 이 명령이 다양한 형태(신탁, 꿈, 신의 섭리 등)로 그에게 전달되었음을 밝힌다.[58] 그는 이와 같이 그의 오랜 철학적 교육·계몽활동이 신의 명령이었고 이로 인해 그가 자초한 죽음도 신의 뜻이었다고 주장하고 있는 것이다.

소크라테스는 재판이 있던 날 다이몬(신령)의 '하지 말라!'는 금지 계시가 없었다고 말한다. 그는 이 금지 계시의 부재를 신이 그에게 자발적 순사殉死를 요구한 증좌로 제시한다. 그리고 그는 배심원들에게 일부러 도발해서 스스로 사형선고를 초래하는 듯한 행태를 보인다. 먼저 그는 그의 내면에 현현顯現해 금지의 목소리를 전하는 그의 다이몬에 대해 설명한다.

여러분께 여러 번, 여러 곳에서 내가 말하는 것을 들은 적이 있을 텐데, 신적이고 또 신령적인 존재(테이우 티 카이 다이모니온θεού τι καὶ σαιμονίον)가 내게 나타난다는 것입니다. (…) 내게 그것은 소싯적부터 시작되었습니다. 이 신령적 존재는 음성적인 것으로 현현하는데, 이것이 현현할 때는 늘 내가 하려고 하는 것을 하지 말도록 금지할 뿐이고 결코 적극적인 권유를 한 적은 없습니다.[59]

---

57) Platon, *Des Sokrates Apologie*, 29d-e; 30a-c.

58) Platon, *Des Sokrates Apologie*, 33c.

델피신전의 신탁은 '권고'와 '금언'의 두 가지 형태로 나타나지만, 소크라테스의 내면에 나타나는 다이몬의 계시는 늘 '금지의 음성'이라는 것이다. 그는 『변론』과 『국가론』에서 자신이 정치를 하지 않은 것도 '정치를 하지 말라'는 다이몬(신령) 또는 신의 금언이 있었기 때문이라고 말한다.[60]

그리고 소크라테스는, 사형신고가 내려질 것을 뻔히 알면서도 자신의 독신죄를 단죄하는 재판정에 자진 출두한 것은 '출두하지 말라'는 다이몬의 금지계시가 없었기 때문이라고 말하면서 자기의 죽음이 신의 뜻이라는 점을 시사한다.

> 그런데 배심원 여러분, (…) 내게 놀라운 일이 생겼습니다. 내게 익숙한 그 신령적 존재(토 투 다이모니우 $τὸ\ τού\ δαιμονίου$)의 예언은 이전에는 언제든 아주 빈번하게 그리고 제가 무엇인가를 잘못할 것 같기만 하면 아주 사소한 일에도 반대하고 나섰으나, 지금 여러분들이 몸소 보고 있는 이 일, 생각하기에는 그리고 일반적으로 믿기에는 나쁜 것 중 최악의 것인 바로 이 일이 내게 일어났습니다. 그 신적 신호(토 투 테우 세메이온 $τὸ\ τού\ θεού\ σεμείον$)가 이른 새벽 집을 나설 때에도 내게 반대를 하지 않았고, 내가 여기서 진술하고 있는 어느 대목에서도 말하려는 나에게 반대를 하지 않았습니다. 다른 논의들의 경우에는 내가 말하는 사이에 실로 많은 대목에서 제지를 하곤 했습니다. 그런데 이번 일의 경우에는 행동을 할 때도, 어떤 말을 할 때도 전혀 내게 반대하지 않았습니다. 그렇다면 나는 그 이유가 무엇이라고 생각하겠습니까? 내게 일어난 이 일은 (금언이 없으므로) 좋은 일일 것입니다. 따라서 우리 가운데 죽음을 나쁜 것으로 생각하는 분들은 분명 옳게 이해하는 것이 아닐 것입니다. 내게 그에 대한 유력한 증거가 있습니다. 그것은 이것이 뭔가 내게 잘못된 일이라면 그 익숙한 신호(토 에이오토스 세메이온 $τὸ\ είωθος\ σεμείον$)가 확실히 내게 반대를 했을 것이라는 사실입니다.[61]

---

59) Platon, *Des Sokrates Apologie*, 31c-d.

60) 참조: Platon, *Des Sokrates Apologie*, 31c-e; Platon, *Politeia*, 496c.

61) Platon, *Des Sokrates Apologie*, 40a-c.

소크라테스는 이처럼 신적·신령적 금지의 예언이 없다는 사실을 '그의 죽음이 신의 뜻'이라는 증거로 해석했다. 그의 철학자로서의 전춘 인생은 델피신탁과 다이몬의 신적 명령을 완수하기 위한 활동이었고 그의 죽음도 신 또는 신령의 뜻이었던 것이다.

아테네인들을 캐물어 귀찮게 하고 스스로 신의 대변인임을 자임하는 그의 태도와 아테네인들의 '인간화된' 전통적 신관神觀과 충돌하는 그의 새로운 '신격화된' 신관은 ― 유대민족만이 아니라 전 인류를 사랑한다는 예수의 새로운 신 개념만큼이나 ― 아테네인들과 전통적 사제들을 강하게 자극했다. 이것이 바로 그의 죽음의 진정한 원인이었다. 그러므로 소크라테스의 이 종교적·정치철학적 순사로 서구문명이 탄생했다고 해도 과언이 아닐 것이다. 두꺼비는 살모사를 자꾸 건드리고 도발해 살모사에게 잡혀 먹힌 뒤에 살모사 뱃속에 알을 낳아 부화된 제 새끼들로 하여금 살모사의 몸을 자양분으로 삼아 자라게 만든다고 한다. 타락한 아테네에 잡아먹혀 이를 영양분으로 새로운 서구문명이라는 소중한 자식을 탄생시킨 소크라테스는 저 어미 두꺼비와 같은 행동을 취한 것이다.62)

동시에 그의 이 죽음은 아폴론의 신탁과 다이몬의 계시에 대한 그의 독실한 믿음을 증명하는 살신성인殺身成仁이었던 것이다. 따라서 이 죽음은 불법무도해진 반려적 세계를 위한 목숨을 건 애지·교육활동의 덕행으로서 행복한 죽음이었다. 소크라테스의 죽음은, 맹자의 개념을 쓰면, "천하에 도가 없어 자신의 목숨을 도에 바친 것(天下無道 以身殉道)", 즉 '순도殉道'였던 것이다.63)

물론 소크라테스 자신은 아테네인들을 길거리에서 캐묻고 나무라는 자기의 '가두교육(가르침)'을 '교육'으로 여기지 않았다. '캐묻고 나무라는' 대화 과정에서 깨달음이 있다면 그것은 소크라테스의 변증법적 산파술에 의해 대화자 자신이 찾게 되는 깨달음일 뿐, 그의 교육으로 인한 깨달음이 아니라는

---

62) 그의 죽음을 '자살'로 보는 해석은 참조: James A. Colaiaco, *Socrates Against Athens: Philosophy on Trial* (London: Routledge, 2001). 제임스 A. 콜라이코(김승욱 역), 『소크라테스의 재판』(서울: 작가정신, 2005), 378쪽.
63) 『孟子』「盡心上」(13-42).

것이다. 또한 그는 수업료도 받지 않았기 때문에 제자를 키운 적이 없다고 주장한다. 하지만 이것은 변명일 뿐, 피교육자의 자발적 사고활동을 촉진하는 독특한 대화법적·산파술적 교육임에는 틀림이 없다. 그럼에도 불구하고 크리티아스·파르메니데스·알키비아데스 등 정치적 야심가들을 그의 '제자'로 볼 수 없고 이 '제자들'을 가르치고 조종한 정치문제가 소크라테스의 진정한 죽음의 원인도 아닐 것이다.

물론 반론도 없지 않다. 아테네 시민들이 소크라테스를 고발한 진정한 이유는 독신죄가 아니라, 펠로폰네소스전쟁 기간에 참주정을 도입하는 데 앞장선 '그의 제자' 카르미데스와 크리티아스, 또 '그의 제자'인 사악한 미남 정객 알키비아데스를 가르치고 조종한 그의 반민주적 활동에 대한 책임추궁이었다는 것이다. 아테네는 민주회복 직후 발표된 정치적 사면령 때문에 소크라테스를 직접 정치적 이유로 고발할 수 없었기 때문에 어쩔 수 없이 독신죄의 죄목으로 고발하는 길을 택했다는 주장이다.[64]

그러나 소크라테스는 법정 변론에서 이 혐의를 미리 감지하고 이를 선제 방어한다. 자기는 아테네 시민들을 캐물어 귀찮게 했을 뿐이지, 가르친 적이 없어서 제자도 없다. 따라서 자기가 캐묻는 것을 옆에서 구경을 했을 뿐인 사람들을 자신의 제자라고 하는 것은 어불성설이다. 그러므로 저들의 정치적 과오는 자기가 책임질 일이 아니라고 말한다.[65]

크세노폰은 크리티아스, 카르메니데스, 알키비아데스 등이 소크라테스가 당시 저명했기 때문에 그를 이용하기 위해 그 곁에 잠시 붙어있었으나 자기들이 다른 사람보다 더 뛰어나다는 생각이 들자마자 그 곁을 떠나 정치판으로 몰려갔다고 말한다. 따라서 소크라테스가 이들의 정치적 과오를 책임지고 죽어야 한다는 것은 옳지 않다고 변호한다.[66] 그러나 소크라테스와 크세노폰

---

64) 참조: Julia Annas, "Platon", 23쪽. Iring Fetscher und Herfried Münkler (Hg), *Pipers Handbuch der Politischen Ideen*, Bd. 1, *Frühe Hochkulturen und europäische Antike* (München: R. Piper GmbH & Co. KG, 1988). 스코필드도 유사한 견해를 피력한다. 참조: Schofield, *Plato: Political Philosophy*, 23쪽.

65) Platon, *Des Sokrates Apologie*, 33a-b.

66) Xenophon, *Memorabilia*, Book I, ch.2, 12-47 참조.

이 이들이 소크라테스의 제자임을 부인하더라도 소크라테스가 이들과 오래 교류한 사실은 소크라테스의 가르침이 이 젊은 사람들에게 악영향을 끼쳤다는 중요한 증거로 간주될 위험성이 컸다.

소크라테스가 처형된 지 반세기 뒤에 소크라테스의 제자 철학자 아이스키네스(Αἰσχίνης)는 한 법정 변론에서 이 점을 분명히 밝힌다.

> 아테네 시민 여러분, 여러분은 소피스트 소크라테스가 민주주의를 무너뜨린 30인 참주의 한 명인 크리티아스를 교육시켰음이 분명히 드러났기 때문에 그를 처형했습니다.[67]

이 말을 보면 독신죄는 겉 명분이고 진짜 이유는 반反민주주의 범죄로 보인다.

그러나 소크라테스를 고발한 숨은 동기들은 하나가 아니라 제자들에 대한 책임, 민주주의의 수호와 회복 과정에서의 방관, 중우정치(직접민주주의) 비판, 종교적 파괴 위험(독신죄, 젊은이들에 대한 종교적 악영향, 선지자 또는 무당을 자임하는 종교적 '오만'), 도발적 법정 변론 등 다양할 수 있다. 그래도 가장 대중적이고 가장 중대한 핵심적 이유는 역시 새로운 선지자 소크라테스가 정치적으로 요동치는 아테네의 타락한 전통적 종교문화를 뒤흔들지도 모른다는 아테네인들의 두려움 때문이었을 것이다.

하지만 제임스 A. 콜라이아코(James A. Colaiaco)는 일반적 정치 사면령 아래서 승소가능성이 낮은 정치범죄로 고소하는 대신 독신죄로 고소하는 것이 당시의 상황을 고려할 때 원고 측의 승소가능성이 가장 높았다고 분석한다. 따라서 독신죄가 소크라테스 처형의 핵심 이유라는 것이다.[68] 따라서 소크라테스가 아테네인들보다 비교할 바 없이 더 경건하다는 역설적 의미에서의 '독신죄'가 바로 그의 죽음의 진정한 원인이었다는 것이 여전히 가장 유력한 추정이다.

---

67) Aeschines, *Against Timarchus* (Cambridge[Massachusetts]·London: Harvard University Press·William Heinemann LTD, 1968), 173쪽.
68) 콜라이코, 『소크라테스의 재판』, 198-201쪽.

이런 관점에서 카를 야스퍼스는 소크라테스의 '경건한 믿음'을 세 가지로 정리해 나열한다. "첫째, 끊임없이 질문하는 사람에게 진리가 나타나고, 자신의 무지를 인정하면 아무것도 얻지 못하는 것이 아니라 인생에서 가장 중요한 지식을 얻을 수 있다는 믿음이다. 둘째, 폴리스의 신성함과 그리스 신들에 대한 믿음이다. 셋째, 자기의 신령(다이몬)에 대한 믿음이다."69)

소크라테스가 목숨을 걸고 신의 명령에 따라 아테네의 유력한 시민들과 벌인 20여 년의 긴 대화교육 과정은70) 난세에 빠진 아테네와 그리스의 난잡한 정치세계와 타락한 신관神觀을 바꾸려는 위대한 정치 계몽활동이자 종교운동이었다. 동시에 이것은 공식정치에는 가담하지 않고 벼슬을 거부한 재야 정치활동이자 자기수련 과정이기도 했다. 소크라테스는 스승이 없이 그의 대화과정 자체를 스승으로 삼았다.

## 2.3. 플라톤의 이상국가에서의 공식적 신탁 활용

공자처럼 『국가론』에서 플라톤도 소크라테스와 함께 덕행구복의 입장에서 "선은 유익한 것"이고 또한 "선은 잘 삶 또는 행복(에우프라기아εύπράγίά)의 원인"이라고 말한다.71) 덕은 오랜 "에토스(ἔθος, 습관)와 아스케시스(ἄσκησις, 수신)"를 통해서 "나중에야 생기게" 되는 것이다.72) 따라서 "훌륭한 생활습관은 덕성의 습득으로 통하는 반면, 수치스런 생활습관은 악덕의 습득으로 통한다". 따라서 "덕은 일종의 영혼의 건강·미美·양호인 반면, 악덕은 영혼의 질병·추함·허약'이다.73)

또 플라톤은 『법률』에서도 덕행구복론을 대변한다.

---

69) 야스퍼스, 『위대한 사상가들: 소크라테스·석가모니·공자·예수』, 15쪽.

70) 아리스토파네스가 기원전 420년에 쓴 희극 『구름』에서 소크라테스가 하늘을 탐구하는 소피스트로 풍자되고 있는 것을 보면, 소크라테스는 이미 아테네에 그 이름이 알려질 만큼 이전부터 시민들과 대화하는 재야활동을 벌인 것으로 보인다. 기원전 420년 이전 시점부터 그의 처형 시점(399년)까지 추산하더라도 그의 이 대화활동 기간은 21년이 넘는다.

71) Platon, *Politeia*, 379b. '악행'이 아니라 '덕행이 이익'이라는 견해는 445a 참조.

72) Platon, *Politeia*, 518d-e.

73) Platon, *Politeia*, 444d-e.

행복과 선이 동행하는 것은 거의 필연적이므로 국가 건설자는 백성들이 선하고 행복하기를 바랄 것이다. 그러나 선하면서 동시에 지나치게 부유한, 대부분의 사람들이 부자로 칠 만큼 부유한 것은 불가능하다. 왜냐하면 대부분의 사람들은 방대한 양의 화폐가치가 되는 재산을 가진 아주 드문 사람들을 부자로 여기고 이런 재산은 바로 사악한 사람이나 가질 수 있기 때문이다. 따라서 아주 부유한 자는 선하지 않고 선하지 않기 때문에 행복하지도 않은 것이다.74)

그러므로 "우리 공동체의 구성원들은 남녀노소를 가릴 것 없이 인간에 속한 영혼의 덕성을 보유한 선한 인간이 될 수 있는 방법이 무엇이든 (…) 전 인생에 걸친 모든 노력을 이 목적의 달성에 바쳐야 한다. 단 한 사람도 이 목표를 방해하는 어떤 목적물을 선호하는 모습을 보여서는 아니 될 것이다."75)

그러나 플라톤의 이 덕행구복도 그 자체로는 흉액으로부터 안전하지 않다. 공자가 큰 흉액과 대과大過를 초래하는 큰 불운이 덕행을 그르치게 한다고 보았듯이, 플라톤은 덕자도 불운을 피할 수 없고 덕자이면서도 불운을 당하기 때문에 동정을 받는다고 생각했다. 그런데 플라톤은 덕자가 스스로 흉액을 피하기 위해 신탁점을 쳐야 한다고 주장하지 않고 이상국가가 덕자의 극단적 불행을 막아야 할 책임을 져야 한다고 말한다.

동정을 받을 만한 사람은 배고픔 등으로 고통받는 사람이 아니라, 정심이나 그 어떤 덕성을 일부라도 보유했으면서도 불운을 당하는 사람이다. 그러므로 적절하게 잘 조직된 헌정체제와 폴리스에서 이런 유의 인간이 (자유인이든 노예든) 극단적 거지 신세가 되도록 완전히 방치한다면 이는 이상한 일일 것이다.76)

이상국가가 덕자의 불행을 막기 위해 모종의 법적 조치를 취해야 한다는 말

---

74) Platon, *Gesetze*, 742e-743a; 743c.

75) Platon, *Gesetze*, 779d.

76) Platon, *Gesetze*, 936b-c.

이다.

그런데 문제는 국가가 제대로 건설되고 잘 운영되어 이런 법제를 제정하고 또 이를 늘 잘 운영해 나가리라는 보장이 없다는 점이다. 소크라테스와 플라톤은 『국가론』의 이상국가의 '완전한 수호자', 즉 철인치자(철인왕 또는 철인귀족층)와 '보조직 수호자'의 철학적 지혜로도 이 지혜가 '인간적 지혜'인 한에서 국가의 번영과 쇠퇴의 법칙을 놓치게 되고 결국 어리석은 무자격자들이 수호자의 직위를 승계하게 되어 불화로 망할 것이라고 "무사(Μοῦσα)여신들(음악·시가의 여신들)"의 입을 통해 말한다.

> 생성되는 만물은 파괴가 예정되어 있기 마련이다. 이 (이상적) 국가와 같은 조직도 영구히 존속하는 것이 아니라 분명히 해체될 것이다. 이것이 이 국가의 해체 방식이다. 땅 밑으로부터 자라 나오는 식물만이 아니라 땅 위에서 사는 동물들도 영혼과 육체의 궤도의 순환이 완전한 주기를 도는 것과 같은 횟수로 영혼과 육체의 가임과 불임의 주기가 존재한다. 생명이 짧은 존재들은 이 주기가 짧고, 그 반대의 존재들은 그 주기가 길다. 그러나 너희 종족(인류)의 출산과 불임의 법칙을 치자로 양육된 사람들이 자기들의 온갖 지혜에도 불구하고 감각과 결합된 이성적 추리로도 인식하지 못하고 놓칠 것이고, 자식을 적기가 아닌 시기에 낳는 때가 있을 것이다. (…) 수호자들이 이것을 놓치고 신랑·신부를 부적절한 시기에 합방시키면, 그 자식은 잘나지도, 운수가 좋지도 않을 것이다. 선대先代가 이 자식들 가운데 가장 잘난 자들을 뽑아 그 자리에 앉힐 것이지만, 무자격자들이라서 순번대로 그 아비들의 권력을 맡으면 수호자로서 제일 먼저 우리들(무사여신들)부터 무시하기 시작해 음악에 지나치게 적은 관심밖에 보이지 않을 것이고 그 다음은 체육에 대해서도 그러하게 되어 청년들의 문화가 퇴락할 것이다. 이들로부터 선발된 치자들은 헤시오도스('Ησίοδος)와 우리 무사여신들의 금·은·동·철 종족들을 시험하는 데서 능률적인 수호자들로 스스로를 입증하지도 못할 것이다. 철과 은, 동과 금의 이런 혼합은 비동일성과 불협화음적 불균등성을 낳고 이것이 생기는 곳마다 전쟁과 적대를 산출할 것이다. 우리는, 불화란 어디서 생기든 늘 이런 발생계보를 갖는 것이라고 단언한다.

소크라테스와 플라톤은 무사여신들의 이 예언에 이어 이상국가의 몰락 과정을 추리한다. "두 집단이 서로에 대해서 줄다리기를 하는데 통치자들 중에서 철·동 종족은 돈벌이와 토지·주택·금은의 획득 쪽으로 당기고, 나머지 둘인 금·은 종족은 영혼이 가난하지 않고 부유해서 그들을 당겨 덕과 원래의 헌정 체제로 되돌아가려고 노력할 것이다. 이와 같이 이들은 서로 싸우고 경합하다가 땅과 주택을 사유화해 분배하는 계획에 서로 타협한다. 그러고 나서 그들이 수호했던 이전의 자기 친구와 지지자들을 농노農奴와 가노家奴로 굴복시키고, 전쟁에 종사하며 이 종복들에 대한 감시태세를 운영하게 될 것이다."[77] 철인통치자의 인간적 지혜로는 이 이상국가를 대대로 운영하기에 부족하고 그 미래를 미리 예견할 수도 없는 것이다.

그러므로 국가의 성장·번영·쇠퇴도 장기적으로 보면 인간적 지혜의 영역을 벗어나 이른바 '천명' 또는 '국운'에 종속된 것이다. 그리하여 국운을 매개로 덕행자의 행복 문제가 다시 천명으로 귀착되고 말았다.

하지만 플라톤은 애당초 인간적 지혜와 신적 지혜를 둘 다 애호하는 소크라테스의 통합적 애지자 관점을 충실히 계승해 국가건설·입법·국정운영 과정에 신탁점을 집중적으로 투입하고 있다. 즉, 플라톤은 델피신탁을 정상적인 국가질서와 정치학의 일부로 삼은 것이다. 따라서 그는 이런 특유한 정치원리로 이상국가의 순항을 보장하는 초월적 방책의 문제를 원천적으로 해결하고 있다. 그는 그의 중기 저작 『국가론』으로부터 최후의 저작 『법률』에 이르기까지 통합적 애지자의 관점을 견지한다. 이 정치원리는, 신탁점의 적중도와 문제해결 효과에 대한 신지론적 논란을 일단 제쳐 놓으면, 적어도 논리적으로 완벽한 셈이다.

플라톤은 『국가론』에서부터 중요한 입법 과정의 하나로 신탁점을 처방한다. 가령 공산주의적 처자妻子공유제에서 형제자매들끼리의 혼인을 금하지만, "추첨의 운명이 오고 퓌티아가 (형제자매들 간에 혼인을 허용하는) 신탁

---

77) Platon, *Politeia*, 546a-547c. 무사여신들은 음악·시가의 여신들인데, 여기서 시가는 '철학적 시가'다. "철학은 가장 위대한 시가다" Platon, *Phaidon*, 61a. *Platon Weke*, Bd. 3.

을 그렇게 내린 경우"에는 그것을 허용하는 예외법률을 만들 수도 있다고 말한다.[78] 또한 플라톤은 철인치자가 죽으면 이들을 국가의 신령으로 모실지 여부를 결정하는 것도 델피신탁에 따르도록 규정한다.[79]

또한 그는 『국가론』의 이상국가 건국을 완결하는 "가장 중요하고 가장 멋지고 제일가는 법률제정"을 델피의 아폴론 신에게 맡긴다.

> 신전건립과 제물봉헌, 제신諸神·제신령·영웅들에 대한 기타 유형의 경배에 관한 것이다. 그리고 죽은 자의 매장, 저승에 사는 사람들을 자비롭도록 하기 위해 우리가 바쳐야 하는 제사 등에 관한 것이다. 왜냐하면 이런 일에 관해서 우리는 알지도 못하고, 나라를 건설하는 일에서, 우리가 현명하다면, 우리 조상들의 신 외에 다른 해석자들에게 이 일들을 위탁해서도, 이들을 써서도 아니 되기 때문이다. 이러한 일에서 온 인류에게 이 신은 지구의 중심인 배꼽(옴팔로스ὀφαλος)의 앉은자리로부터 자기의 해석을 전하는 우리 조상의 종교적 해설자시다.[80]

'가장 중요하고 가장 멋지고 제일가는' 종교·제사·장례 관련 입법을 아폴론의 신탁에 위임해야 하는 이유를 플라톤은 이런 일들에 대한 인간의 무지와, 아폴론을 숭배해 온 전통을 들고 있다. 이런 일에서 인간적 무지를 든 것은, 인간적 지혜로 알 수 없는 일과 관련해서는 반드시 신탁점을 쳐서 결정해야 하고 그렇지 않으면 불경한 것이라고 가르친 소크라테스의 지침과 일치한다.

플라톤이 80대에 쓴 『법률』에서는 입법의 신탁 의존도가 더욱 높아진다. 『법률』에서는 아테네인, 스파르타인, 크레타인 등 세 남자가 크레타 섬에 세우기로 한 새로운 폴리스 '마그네시아(Μαγνησια)'의 건설과 통치를 위한 이상적인 법률들의 입법을 논한다. 여기서 일단 플라톤은 "방금 전달된 신탁은 당분간 믿어야 한다"고 천명한다.[81] 또한 『국가론』에서는 예외적인 법개정만을

---

78) Platon, *Politeia*, 461e.

79) Platon, *Politeia*, 540b·c.

80) Platon, *Politeia*, 427b·c. 고대 희랍인들은 아폴론을 모신 델피신전이 있는 장소가 '지구의 배꼽'이라고 믿었다.

퓌티아의 신탁 자문에 따르도록 규정했으나, 『법률』에서는 "법을 바꿀 필요
가 있다고 생각되면 관원官員을 포함한 모든 백성이 논의하고 반드시 신의
신탁으로부터 자문을 구해야 한다"고 일반적으로 규정하고 있다.[82] 플라톤에
게 애당초 입법자는 인간이 아니라 신이고[83] 인간이 입법하는 경우에도 "신의
신탁에 의해서 지도되기" 때문이다. 따라서 신탁점의 지위는 "최선의 국체國體
와 최선의 법률의 맹아"와 동일시된다. "수많은 점쟁이들에게 점치고 다른 예
언가들 중에서 특히 델피의 아폴론 신에게 신탁점을 치면" 국체가 "안정되고
오래 지속된다."[84] 따라서 플라톤은 "나라에 신탁을 적용한" 다음, "토의를
통해 법률을 모델화하려고" 노력해야 하고 국가를 세울 때 "신의 현전顯前을
불러일으켜 국가와 법률을 만드는 데 우리를 돕도록 해야" 한다고 말한다.[85]

그리하여 플라톤은 『국가론』에서처럼 『법률』에서도 "종교에 관한 모든 법
률은 델피로부터 가져오고 신탁의 유권해석관을 임명하고 이 법률을 활용해
야 한다"고 말한다.[86] 또 델피신탁점의 도움으로 축제·제사·숭배의 신을 정
하고 제사의 수를 "365개 이상"으로 정해 "어떤 신 또는 어떤 신령에 대해
항상 제사를 지내도록" 한다.[87]

『법률』에서 플라톤은, 신과 신전의 건립 및 제사와 관련된 입법은 옛 신탁
을 바꾸지 않고 따르도록 강조한다. 또한 외국 신이라도 이미 확립된 신은
그대로 계승하도록 규정한다.

처음부터 새로운 폴리스를 창설하든 또는 무너진 옛 폴리스를 복구하든, 신과 사원
들에 관련해서는 – 가령 폴리스 안에 개별부문들 가운데 어떤 것이 건설되어야 할

---

81) Platon, *Gesetze*, 771e.

82) Platon, *Gesetze*, 772d.

83) Platon, *Gesetze*, 624a.

84) Platon, *Gesetze*, 685e-686a.

85) Platon, *Gesetze*, 685e-686a; 712a·b.

86) Platon, *Gesetze*, 759c.

87) Platon, *Gesetze*, 828a-b.

지, 이 신전들에 어떤 신 또는 어떤 다이몬(δαίμων)의 이름을 붙여 주어야 할지 등과 관련해서는 — 그가 센스가 있다면 델피·도도나·아몬(이집트의 태양신)의 말씀이든 그 밖의 어떤 오래된 옛말이 권고한 것이든 이런 것들을 감히 바꾸려고 하지 않을 것이다. 이 말씀들은 현상이 현장에서 발생한 것을 통해서든, 신적인 영감으로부터 들은 것을 통해서든, 어떤 식으로 사람들을 설복시켰든지 아무튼 사람들을 설복했고 봉납과 연관된 제사를 정했다. 그 말씀들의 기원이 국내든 튀레니아나 키프로스든 그 밖의 다른 곳이든 말이다. 나아가 사람들은 이러한 말씀들을 근거로 신탁신전과 신의 입상立像, 제단과 사원을 바치고 이 각각을 위해 성역들을 구획했다. 입법자는 신들로부터 온 것으로 여겨지는 증기의 흡입으로든 아무튼 어떤 방식으로든 확립된 것은 어떤 것도 바꾸려고 시도하지 않을 것이다.88)

이 논의는 현실에서 식민지 건설자들이 해 온 일들을 그대로 옮겨 써놓다시피하고 있다.

일단 폴리스가 건설되고 난 후에도 델피는 수많은 임무를 걸머지게 된다. 플라톤은 심지어 상속자 문제의 결정, 분실·습득물 처리 등과 관련된 순수 행정업무에까지 신탁을 적용하도록 하는가 하면,89) 퓌토의 아폴론 신, 올림피아의 제우스 신, 이스트무스의 네메아 신에게 가급적 수적으로 많고 고귀한 사자를 보내 이 신들을 경배하기 위한 제사와 국제경기에 참가하는 일을 중요한 대외활동으로 기획하고 있다.90) 신탁 법률의 유권해석관의 임명을 최종 결정하는 인사문제는 델피신탁을 받아 처리해야 하고 추방자의 재산에 대한 상속권자의 결정도 델피신전의 신탁으로 처리한다.91) 이 모든 사안의 공통성은 델피가 인간의 지혜로 알 수 없는 이슈들 을 자문한다는 데 있었다.

---

88) Platon, *Gesetze*, 738b-e. 델피의 퓌티아는 신전 내부의 지하 틈새 위에 설치된 삼발이 솥 위로 올라가 그 안에 앉아 이 틈새로 지하에서 올라오는 증기를 마시고 무아지경에 빠져 아폴론의 신탁을 말했다. 아테네인들은 이 증기를 아폴론 신이 보내는 증기로 여겼다. '신들로부터 온 것으로 여겨지는 증기의 흡입'은 이를 가리킨다.

89) Platon, *Gesetze*, 856e; 914a.

90) Platon, *Gesetze*, 950e.

91) Platon, *Gesetze*, 759d; 856d-e.

그 사안들이 신의 소망과 관련된 것이기 때문이거나, 개인들의 성격과 미래의 운수에 관한 지식(단순한 숙명적 존재가 입수할 수 없는 지식)을 요구하기 때문이다.92) 인간의 지혜로는 질문에 답하는 것이 가능하지 않을 때 신탁으로 답을 구하는 것이 적합하다는 이 관념은 소크라테스의 생각과 정확히 일치한다.

플라톤은 공자·소크라테스와 마찬가지로 점이 다른 방식으로 발견할 수 없는 지식·정보를 우리에게 제공해 준다고 생각했다. 게다가 신탁의 답변은 신으로부터 오기 때문에 어떤 종류의 자문보다도 정치적 의사결정에 더 많은 권위를 갖는다. 더구나 델피신탁은 모든 점들 가운데 가장 유력한 점이었다. 플라톤은『국가론』과『법률』에서 헤로도토스처럼 신을 그가 기술하는 이상적 국가질서의 일부로 포함시킨 정치비전을 기획하고 그의 이상적 폴리스의 정초를 불변적 신명神命의 원리에 두고자 했던 것이다.93)

### 2.4. 신에 대한 플라톤의 불가지론

『국가론』에서 플라톤은 신은 선량하고 거짓말할 줄 모르고 그렇기 때문에 시문과 신화에서 묘사되는 신인동형설적 신 관념을 폐기하고 신을 신격화해야 한다는 소크라테스의 '신 이야기'를 계승해 신을 왜곡시키는 헤시오도스·호메로스 등의 시문들을 비판하고 문제되는 구절들을 검열하고 삭제할 것을 제안한다.94) "(선한) 신은 신 그대로 그려야 한다"는 것이다.95) 그는 소크라테스와 달리 신의 형상과 의미를 좀 더 정확히 기술하고자 하지만, 우리 인간이 신 및 신과 관련된 일들에 대해 알지 못한다는 소크라테스의 불가지론은 그대로 계승한다.『국가론』에서 따온 앞의 인용문에서도 그는 '신전건립과 제물봉헌, 제신·제신령·영웅들에 대한 기타 유형의 경배, 죽은 자의 매장, 조상에 대한 제사' 등, "이런 일에 관해서 우리는 알지도 못한다"고 토로한다. 따라서 신과 관련된 일들은 조상들의 전통을 기준으로 처결해야 한다고 결론을 내고 있다.

---

92) Bowden, *Classical Athens and the Delphic Oracle*, 85쪽.

93) Bowden, *Classical Athens and the Delphic Oracle*, 86쪽 참조.

94) 참조: Platon, *Politeia*, 377d-383c.

95) Platon, *Politeia*, 379a.

귀신의 일과 관련된 이 불가지론은 신이 어떤 모습인지 가장 많이 언급하고 있는 후기 대화편에서도 일관되게 견지된다. 『티마이오스』에서 플라톤은 신을 불처럼 빛나고 아름다운 구형球型의 기하학적·천체적 존재로 그린다.

> 신은 보기에 가장 빛나고 아름다운 모습을 보증하기 위해 대체로 불을 신족神族의 형상으로 만들었고 이 형상에 우주와 비슷한 면을 부여해 이 형상을 둥그렇게 만들었으며, 정교하게 도처에 수놓은 참된 보석이 되도록 이 형상을 하늘 위로 빙 둘러침으로써 이 형상을 만물의 지배자의 이성적 궤도 위에 올려놓았다.[96]

그러나 플라톤은 "여타 신성들의 유래를 말하거나 인식하는 것은 우리의 능력을 초월하므로" 신성에 관한 전래된 신화와 설화를 믿을 것을 강조한다.

> 우리는 이전에 그것에 관한 설화를 얘기한 적이 있는 사람들에게 믿음을 주어야 한다. 그들은 스스로 주장하듯이 신들의 자식이기 때문이다. 그들의 말을 개연성의 근거 또는 꼼짝할 수 없는 증거로 뒷받침하지 못할지라도 신들의 자식들에게 믿음을 거부한다는 것은 불가능하다. 우리는 관습에 순응해야 하고, 그들이 자신의 가족사를 말하는 것이라고 주장한다면 그들을 믿어야 한다.[97]

그리고 자연과 우주의 생성에 대해 말하거나 인식하는 것도 우리의 능력을 초월한다. 생성·소멸하지 않고 '항상 동일한 방식으로 한결같은 상태'로 존재하는 '참 존재'에 대해서만 '명확성, 확실성, 진리성'을 갖춘 지식이 가능하기 때문이다.[98]

그러나 '항상 동일한 방식으로 한결같은 상태'로 존재하지 않고 생성·소멸하는 "우주"의 "창조주와 아버지"를 찾아내는 것은 "힘든 일"이고, "찾아내더

---

96) Platon, *Timaios*, 40a2-8. 플라톤은 『필레보스』에서 '球'를 신적인 것으로 묘사한다. Platon, *Philebos*, 62a.

97) Platon, *Timaios*, 40d6-e6.

98) Platon, *Philebos*, 58a-59d.

라도 만인에게 이를 알려주는 것은 불가능하다." 왜냐하면 우주는 "동일한 방식으로 한결같은 상태로 존재하는 것", 즉 '참 존재'가 아니라 이것을 '본떠' 만든 '모상模像'이기 때문이다. "한결같고 확실하고 지성에 의해 분명해지는 것에 대한 설명은 한결같고 불변하는 것이어야 하는" 반면, "이것을 본뜬 것에 대한 설명은 이것이 모상이므로 앞의 설명에 상응하게 '그럴싸한 이야기(로고이λóγοι)'이어야 한다." 왜냐하면 "생성과 존재의 관계는 믿음과 진리의 관계와 같기 때문이다." 말하자면 "신과 우주의 생성에 관해서는 여러 면에서 일관되고 정확한 설명을 기할 수 없다." 이 신과 우주의 생성에 대해서는 "그럴싸한 이야기의 제시로 만족해야 한다". 우리가 "인간적 본성을 지니고 있기" 때문이다. 따라서 이 분야에서는 "그럴싸한 이야기(뮈토스μύθος)를 받아들이고 이를 넘어 더 이상 탐구하지 않는 것이 마땅하다."99)

따라서 플라톤은 『필레보스』에서 "자신이 자연을 탐구하고 있다고 믿는" 경우에도 "우주와 관련된 것들, 우주가 어떻게 생성되었는지, 무슨 일을 어떻게 겪고 있고 또한 어떻게 작용하고 있는지 등 이런 것들을 탐구하는 데 평생을 보내는" 자연철학자들을 비판한다. 이 자연철학자들은 "영원한 참 존재자들이 아니라, 과거·현재·미래의 생성들을 알려고 애쓴다". 하지만 "이 생성들은 동일한 상태로 있은 적도, 있을 수도 없고, 지금 그런 상태에 있지도 않은 그런 것들이기 때문에 이 생성들 가운데 어떤 것도 가장 엄정한 진리의 시금석으로 검증해 확실하다고 말할 수" 없는 것들이다. 또 "그 어떤 확실성도 갖지 못한 것에 관해 확실한 그 무엇을 어떻게 우리가 얻을 수 있겠는가?" 결코 얻을 수 없는 것이다. 그러므로 "그런 것들에 골몰하는 어떤 지성이나 어떤 지식(에피스테메ἐπιστήμη)도 가장 완전한 진리를 보유하는 것이 불가하다".100)

플라톤도 소크라테스처럼 신이 편재遍在하는 자연과 우주의 객관적 상태로 인해 확실한 인식가능성이 없고 또 인간에게 이것을 명확하게 인식할 인식능력이 없다는 엄정한 인식론적 입장에서, 그리고 신에 대해 경건한 마음

---

99) Platon, *Timaios*, 28c-29d.

100) Platon, *Philebos*, 59a-b.

가짐에서 신과 관련된 신비적 불가지론을 견지한 것이다.

플라톤은 『법률』에서도 '우리의 인식능력을 초월하는' 신성神性의 유래를 좀 더 개념화하려고 시도하지만, 일정한 선을 넘지 않는다. 그는 신을 우주론적으로 "변화의 제1원인" 또는 "스스로 운동하는 운동", "어떤 중심점을 항상 돌며 반드시 운동할 수밖에 없는, 한 장소에서 운동하는 운동"으로서의 "최선의 영혼"으로 정의한다.101) 동시에 그는 "영혼은 신이고", 따라서 모든 인간은 영혼을 가지고 있기 때문에 "모든 인간은 신이고", 또 탈레스를 본떠 "만물은 신들로 가득 차 있다"고 주장한다.102) 그러나 플라톤의 ('신학'이 아니라) '신 이야기'는 불가지론적 절제 속에서 '신은 존재한다', 그리고 '영혼은 영생불멸이다'라는 두 명제를 넘지 않는다. 따라서 그는 철학으로서의 '신학'을 거부한다.

그럼에도 아리스토텔레스는 플라톤의 절제된 '기하학적·천문학적' 신 이야기를 사변적 형이상학적으로 과장해 신에 대한 가지론적可知論的 형이상학, 즉 사변적 '제1철학'으로서의 존재론적 '신학神學'을 구축한다. 아리스토텔레스의 신학은 경배와 사랑을 상호 교환하는 신과 인간 간의 종교적 수수授受관계와 신의 윤리적 천혜天惠·천벌天罰 관념을 다 털어 버린 '무제한적 지성우월주의'의 '오만한' 사변적 가지론이다.


## 제3절 아리스토텔레스의 신학과
## 델피신탁에 대한 무관심

### 3.1. 아리스토텔레스의 가지론적 신학

아리스토텔레스는 소크라테스·플라톤의 불가지론적 '신神 이야기', 즉 '신의 뮈토스(μύθος)'에서 가지론적 신학으로, 신탁점에서 인간들의 집단적 결정

---

101) Platon, *Gesetze*, 894e; 896a-b; 897c; 899a-b.

102) Platon, *Gesetze*, 899a-b.

으로 이론적 관심을 이동시켰다. 그리하여 그는 영혼의 윤리적 덕행에 입각
한 일반적 행복뿐만 아니라 관상적觀賞的 삶의 지성적 행복조차도 끝내 불가
측적 운명의 개입으로부터 해방시키지 못한다. 여러 가지 시대적 정황과 기
록에 의거하면, 공자처럼 그도 당대의 신탁, 즉 '만테온(크레스모스)'에 의거해
자기와 남, 그리고 공동체의 운명을 미리 점치고 신의 권고에 입각해 행동하
기도 했으나, 신탁에 대한 독실하고 경건한 자세를 취하지는 않은 것으로 보
인다. 그는 - 기록으로는 남아 있지는 않지만 - 자신의 부친이 사망한 후에
플라톤의 친구로 추정되는 그의 후견인이자 매형(프록세우스)이 17세의 아리스
토텔레스의 운명 내지는 그의 철학자로서의 진로에 대해 델피신전의 아폴론
신에게 물어 신탁을 받았던 것으로 전해진다.103)

그러나 아리스토텔레스는 자신의 학문 속에서 델피신탁을 중시하지 않았
고, 그 자신도 인간의 지혜로 알 수 없는 흉한 운명을 피할 수 없어 갑작스럽
게 닥친 불운에 속수무책으로 비명횡사하고 말았다. 알렉산더대왕이 사망하
자 아테네에서 반反마케도니아 정변이 일어나 그의 모든 명예가 박탈되고
소크라테스의 죄목과 동일한 독신죄瀆神罪로 몰려 처형당할 운명에 봉착한
것이다. 이때 그는 "아테네인들이 철학에 두 번째 범죄를 저지르지 않도록
한다"는 핑계로 자신의 외가 쪽 장원이 있는 에우보이아(Εὔβοια) 도시서역의
칼키스(Χαλκίς)로 도피했다. 그는 이 섬에 갇혀 벗과 제자도 없이 불안과 스트
레스 속에서 외롭게 살다가 10개월도 안 되어 62세의 이른 나이에 급성 위장
질환으로 급서急逝하고 말았다.104)

아리스토텔레스가 자라고 배우던 청년기에 아테네 민주주의는 전성기(기원
전 5-4세기)에 있었고, 델피신전의 신탁도 전성기에 있었다.105) 그러므로 그도
페르시아인들의 고문으로 죽은 자신의 친구 헤르미아스에 대한 기념비를 델

---

103) hittp://www.progressiveliving.org/aristotle_biography.htm(검색일: 2008. 10). 그리고 참조: Bowden, *Classical Athens and the Delphic Oracle*, 86쪽.

104) Jonathan Barnes, "Life and Work", 6쪽. Jonathan Barnes (ed.), *The Cambridge Companion to Aristotle* (Cambridge: Cambridge University Press, 1995),

105) Bowden, *Classical Athens and the Delphic Oracle*, 14쪽.

피신전 경내에 세우고, 델피신전이 주최하는 퓌티아(Πύθια) 체육대회의 우승
자들에 대한 작품을 쓴 적도 있으며, 알렉산더대왕의 지원으로 '뤼케오스 아
폴론(Λύχειος Απολλον)' 사당 옆의 뤼케온(Λύχειον) 운동장에 자신의 학당을 세우
는 등 델피신전이나 아폴론 신과 여러 가지로 연관을 맺고 있었다.

그럼에도 불구하고 아리스토텔레스는 공자와 소크라테스·플라톤처럼 운
명을 예지하고 그 악영향을 최소화하는 데 활용될 수 있는 '지천'의 수단이었
던 당대의 델피신탁을 탐구하지 않았다. 알다시피 공자는 『역』을 이해시키기
위해 「십익十翼」을 썼지만, 하늘과 신에 대해서는 소크라테스·플라톤의 불가
지론적 '신 이야기'에서처럼 더듬거리고 알 수 없다는 말만 되뇐다. 반면, 아
리스토텔레스는 지성우월주의의 형이상학적·사변적·가지론적 '신학神學'(테올
로기케Θεολογικη)을 썼다.

이 형이상학적 '신학'은 인간이 신과 얼마간 공유하는 이성(지성) 자체와 신
을 동일시하는 가지론적可知論的 이신론理神論의 양상을 띠고 있다. 또한 그는
델피신탁의 구체적 물음과 아폴론 신의 신탁에 관한 기록을 여기저기에 남기
고 있지만, 그저 일상사로 무심히 대하고 있고 어떤 경우는 신탁 언어의 모호
성을 고의의 수사학적 수법으로 얕잡아보는 말을 남기기도 했다.

아리스토텔레스는 행복을 가로막는 미지의 큰 불운이 닥칠 경우에 이 불운
한 귀모鬼謨를 단순히 '고결하고 담대한 마음으로 침착하게' 감내할 것만을
말할 뿐이고 아폴론의 신탁을 통해 미리 앞날의 흉액을 내다보고 그 처방을
따르라는 소크라테스와 플라톤의 훈계를 무시한다. 그는 자신의 글 도처에서
신에 대한 믿음("신은 가장 선하다", "신은 나쁜 욕망이 없다", "신은 삶 전체가 복되다" 등)
과106) 델피신전의 신탁에 대한 믿음을 표명하고 있지만,107) 신과 신탁점에
대해 특별히 경건한 마음가짐을 가졌던 것으로는 보이지 않는다. 그는 공자
와 소크라테스·플라톤에 비하면 지나치게 세속적인 인지주의자人智主義者였
다. 물론 그가 신탁이나 신을 정면으로 배척했다는 기록도 찾아볼 수 없다.

---

106) Aristoteles, *Die Nikomachische Ethik*, 1178b13-4; 25-26.

107) Bowden, *Classical Athens and the Delphic Oracle*, 86쪽.

아리스토텔레스의 저 유명한 '테올로기케(Θεολογική: 신학)'를 뜯어보자.『형이
상학』에서 그는 존재자들과 분리되어 별도로 실존하는 '존재인 한에서의 존
재(온토스 에 온óντος ἧ ὄν)'를 신적 존재로 정의하고 — 신에 관해서는 "어떤 지성
이나 어떤 학(에피스테메)도 가장 완전한 진리를 보유하는 것이 불가하다"는
플라톤의 논지와 정면으로 배치되게 — 신에 관한 '에피스테메'를 '신학'으로
규정하며 이를 '사변적 학문들 중 최고의 학'으로 분류한다.

분리되어 실존하는 존재인 한에서의 존재의 학이 있기 때문에 우리는 이 학이 자연
과학과 동일한 것으로 간주되어야 하는지, 아니면 별도의 지식분과로 간주되어야
하는지를 탐구해야 한다. 물리학은 자신 안에 운동의 원천을 포함하는 사물들을 다
루고, 수학은 영구적인 것들을 다루되 별도로 분리되어 실존할 수 있는 것들을 다루
지 않는 사변적 과학이다. 그리하여 이 두 학과 구별된 학이 존재하는데 이 학은
별도로 분리되어 존재하는 부동의 것들을 다룬다. 즉, 이런 종류의 실체 — 나는 별도
로 분리되어 실존하는 부동의 것을 의미한다 — 가 진짜로 있다면 우리는 열성을
다해 입증해야 할 것이다. 그리고 실재세계 속에 이런 종류의 실체가 있다면 여기에
확실히 신적인 것이 있는 것이고, 이것이 제1의 원리이자 가장 근본적인 원리임이
틀림없다. 그렇다면 분명히 물리학·수학·신학의 세 가지의 사변적 과학이 존재하는
것이다. 과학의 최고 부류는 사변적인 것이고 또 이 사변적 과학들 자체에서 다시
최고인 것은 마지막에 거론된 것이다. 이 신학은 실재의 가장 중요한 측면을 다루기
때문이다. 과학들은 제각기 연구대상에 따라 높게 또는 낮게 간주된다. (…) 별도로
분리되어 실존하는 부동의 어떤 자연과 실체가 있다면 이것을 다루는 학은 물리학과
다르고 이것보다 우선해야 하며, 이 우선성 때문에 보편적인 것이다.108)

아리스토텔레스는 이렇듯 순수 사변적인, 따라서 공허한 존재론적 추론을 바
탕으로 학學 가운데서 '사변적 과학'을 최고의 지위로 높이고 다시 이 '사변적
인 과학들' 안에서 '신학'의 지위를 최고의 지위로 높임으로써 마치 형이상학

---

108) Aristotle, *Metaphysics*, 1064a29-1064b14.

전체가 신학으로 귀착되는 듯한 논변을 전개하고 있다. 신학의 대상은 "영원한 부동의 어떤 실체"다. 실체란 제1의 실재이고 만약 이것이 소멸할 수 있다면 만물이 소멸한다. 모든 것은 인간적 지혜로 인식할 수 있고 따라서 '학(에피스테메)'의 대상이다.

아리스토텔레스는 아무런 경험적·실험적 증거 또는 아무런 신탁적·계시적·신화적 증거도 없이 단순히 그럴싸한 임의적 논리만을 머릿속에서 구사하여, '실체란 산출될 수도, 파괴될 수도 없는 것'이라고 주장한다. 운동은 늘 실존하기 때문이라는 것이다. 시간도 마찬가지로 산출될 수도, 파괴될 수도 없다. 시간이 없다면 선후先後도 없기 때문이다.

> 시간이 영속적이면 운동도 역시 영속적이다. 왜냐하면 시간은 운동 또는 운동의 작용과 동일하기 때문이다. 그러나 공간적 운동을 제외하면 영속적 운동도 없고, 공간적 운동 중에는 원환운동만이 존재한다.109)

부단한 원환운동으로 영원히 운동하는 어떤 것이 존재한다. "이것은 단순히 이론에서만 아니라 사실에서도 명백하다. 그러므로 궁극적 하늘은 영원함이 틀림없다. 그렇다면 이것을 움직이는 어떤 것도 있다. 이 어떤 것이 하늘을 움직이는 동안 움직여지는 하늘은 매개적인 것이기 때문에, 스스로는 움직이지 않고 하늘을 움직이는 이 어떤 것, 실체이기도 하고 현실태이기도 한 영원자가 존재하는 것이다."110)

나아가 아리스토텔레스에 의하면, 욕구의 대상과 사유의 대상은 스스로 움직이지 않고 타자를 움직인다. 욕구와 사유의 일차적 대상은 서로 동일한 것이다. 욕구의 대상인 것은 명백히 좋은 것(명백한 선)이고 합리적 의지의 대상인 것은 실재하는 좋은 것(선)이기 때문이다. 의지가 욕구의 결과라기보다는 욕구가 의지의 결과다. 출발점은 사유 행위다. 이제 사유는 지성적인 것, 정신

---

109) Aristotle, *Metaphysics*, 1071b4-12.

110) Aristotle, *Metaphysics*, 1072a19-25.

적인 것에 의해 움직여지는데, 이 정신적인 것을 뒤에서 움직이고 또 다시
이 정신적인 것을 뒤에서 움직이는 역추리의 계열 중 하나는 본질적으로 정
신적인 것이다. 이 계열 속에 실체가 제일 먼저 서 있고 실체 중에서 단순하
고 현실적으로 실존하는 것이 서있다. 그 자체로서 욕구할 만한 선도 동일한
계열 속에 있다. 부류에서 첫 번째인 것은 늘 최고선이든지 최고선과 유사한
것이다. 궁극 원인은 '어떤 것을 위해 선'일 뿐만 아니라 '어떤 행위의 목적'인
선이다. 이 후자의 의미에서 '궁극 원안'은 부동의 것에 적용될 수 있다. 그것
은 사랑의 대상이므로 운동을 야기하고, 이에 반해 여타 모든 것들은 스스로
운동 속에 들어 있기 때문에 또 다른 운동을 야기한다. 한 사물은 타자에
의해 움직여지면 원래의 상태와 다르게 존재할 수 있다. 그러므로 하늘의 현
실태는 일차적 운동이고, 따라서 하늘이 움직여지는 한에서 적어도 그것은
다르게 존재하는 것이 가능하다. 실체성의 관점에서는 아닐지라도 가령 장소
의 관점에서는 달라지는 것이다. 그러나 스스로는 움직이지 않으면서 타자를
움직이게 하는 어떤 것 X가 있고 또 현실적으로 실존하기 때문에 X는 어떤
관점에서든 다르게 존재할 수 없다. 일차적 유형의 변화는 운동이고 운동 중
에서도 원환운동이기 때문이다. 이것이 X가 유도하는 운동이다. X는 일차적
운동을 나누어주기 때문에 어떤 종류의 운동(변화)에 말려들지 않는다는 말이
다. 그러므로 X는 필연적으로 실존하고 선해야 한다. 그것이 선한 한에서 욕
구의 대상이다. 그러므로 X는 '제1원리'다. 필연적인 것은 이 모든 의미를 원
래 가지고 있다. 그것은 추동력과 반대이기 때문에 억지로 존재하는 것, 덕성
(윤리적 덕성과 지성적 덕성)을 가능케 하는 것, 달리 존재할 수 없고 절대적으로
필연적인 것이다.111)

감각적 우주와 자연세계가 의존하는 제1원리는 이와 같다. 그리고 그것의
삶은 우리가 일시적으로 즐기는 최고선과 같은 것이다. 제1원리는 늘 이 최고
선의 상태에 있어야 한다. 제1원리의 현실태도 역시 '즐거움(헤도네ήδονή)'이기
때문이다. (그리고 이런 이유에서 각성, 감동, 사유는 가장 즐거운 것이고 희

---

111) 참조: Aristotle, *Metaphysics*, 1072b6-25.

망과 추억은 그 때문에 즐거운 것이다.) 사유 그 자체는 그 자체로서 선한 것과 관계하고 최고의 의미에서의 사유는 최고의 의미에서의 최고로 선한 것과 관계한다.

사유는 사유의 대상에 참여함으로써 스스로를 생각한다. 사유는 이해와 생각의 행위에 의해 사유의 대상이 되기 때문이다. 그리하여 사유와 사유의 대상은 동일한 것이다. 사유의 대상을 수용하는 것, 즉 본질은 사유이기 때문이다. 그러므로 사유는 대상을 보유할 때 현실적으로 활동한다.

신이 합리적 사유를 보유하는 모양으로 생각되는 것은 잠재태라기보다 현실태다. 그리고 사유 중에서도 활동적 사유로서의 관상觀賞은 가장 즐겁고 가장 좋은 사유활동이다. 따라서 신이 늘 즐기는 행복이 우리가 가끔 즐기는 행복만큼 큰 것이라면 이것은 기적적인 일이다. 그것이 더 크다면 이는 훨씬 더 기적적인 일이다. 그럼에도 불구하고 그것은 이렇게 기적적이다. 더구나 신은 나름의 삶을 가지고 있다. 사유의 현실태는 삶이고 신은 이 사유의 현실태이기 때문이다. 그리고 신의 본질적 현실태는 가장 선하고 영원한 삶이다. 따라서 우리는 신이 살아있는, 영원하고 가장 선한 존재라고 생각한다. 그러므로 삶과 항상적이고 영원한 실존은 신의 것이다. 이런 실존이 바로 신 자체이기 때문이다.112)

말하자면, 감각적 만물과 별도로 분리되어 있는 영원한 부동의 어떤 실체가 존재한다. 그런데 이 실체는 어떤 크기로 나누어질 수도, 분할될 수도 없다. 이 실체는 무한한 시간 동안 운동을 야기하는 것이고 또 유한한 어떤 것도 무한한 잠재태를 가지고 있지 못하기 때문이다. 또 크기란 유한하거나 무한한 것인데, 실체는 유한한 크기를 가질 수 없고 무한한 크기를 가질 수도 없다. 무한한 사물은 없기 때문이다. 실체는 수동적이지 않고 변화하지 않는다. 모든 다른 종류의 운동은 공간적 운동 이후의 것들이다. 왜 실체가 이러한 속성들을 가졌는지는 이와 같이 명백히 드러난다. 제1원리와 일차적 실재는

---

112) Aristotle, *Metaphysics*, 1072b22-31.

본질적으로도, 우연적으로도 부동의 것이지만, 일차적 운동형식을 자극하는 데, 이 운동형식은 단일하고 영원하다. 움직여진 것은 다른 어떤 것에 의해 움직여져야 하기 때문에, 그래도 제1운동자는 본질적으로 부동이어야 하기 때문에, 그리고 영원한 운동은 영원한 어떤 것에 의해 자극되어야 하고 단일한 운동은 어떤 단일한 것에 의해 자극받아야 하기 때문에, 그리고 우리는 우리가 부동의 일차적 실체에 의해 자극되어진 것으로 여기는 우주의 단순한 공간적 운동 외에 영원한 다른 공간적 운동들(행성들의 운동들)이 있음을 알기 때문에, 이 공간적 운동들이 각기 본질적인 부동의 영원한 한 실체에 의해 자극되어야 하는 것이다.113)

아리스토텔레스는 이 부동의 영원한 실체를 신과 동격의 제1운동자로 본다. 동시에 그는 이것을 '단일한 하늘'로 환원한다. "오로지 단일한 하늘이 존재한다는 사실은 명백하다. 하늘이 복수로 존재한다 하더라도 각 하늘의 원리는 종류에서 하나이고 수가 다수일 뿐이다. 그러나 수가 다수인 만물은 질료를 가지고 있지만 일차적 본질은 질료를 가지고 있지 않다. 그것은 완전할 실재이기 때문이다. 그러므로 부동의 제1운동자는 형식에서도 수에서도 단일하다. 그러므로 영원히 그리고 항상적으로 운동하는 것이 존재하는 것이다. 따라서 오직 단일한 하늘이 있을 뿐이다."114)

존재론적·우주론적 논리로 신을 도출하고 입증하는 이 '가지론적' 신학의 형이상학적 입장에서 아리스토텔레스는 '오만하고 불경하게' 신에 관한 전승된 신화의 권위를 부정한다.

아주 오래 전의 고대 사상가들에 의해 후대 자손에게 전해져 온 하나의 전설은 '천체가 신이고 신적인 것이 전 자연을 포괄한다는 취지의 신화 형태였다. 그들의 전설에 덧붙여진 나머지 설화들은 속인들을 설복할 신화적 형태로 그리고 헌법적이고 실리적인 방편으로 나중에 보태진 것들이다. 그들은 신이 인간의 모습을 지녔다거나 어

---

113) Aristotle, *Metaphysics*, 1073a-b1 참조.
114) Aristotle, *Metaphysics*, 1074a31-39.

떤 동물의 모습과 같다고 말하고 다른 진술들을 우리가 언급한 것들에 맞춰 일관되게 그리고 이것들과 유사하게 지어내고 있다. 이 진술들을 분리해내고 그들이 일차적 실체들을 신이라고 생각한 첫 번째 전설을 받아들인다면, 우리는 이것을 신적 격언으로 간주해야 한다. 그리고 우리는 모든 예술과 철학이 아마 거듭 최고조까지 발전했더기 다시 사라진 반면, 고대 사상가들의 이 신념은 옛 지식의 유물로 보존되었음을 반추해야 한다. 따라서 이 정도만큼만 우리 선조와 옛 사상가들의 견해가 우리에게 인식될 수 있는 것이다.[115]

이 글에서 "신이 인간의 모습을 지녔다거나 어떤 동물의 모습과 같다고 말하는" 것을 부정하는 아리스토텔레스의 논지는[116] 신인동형설이나 신의 변신을 부정하는 소크라테스와 플라톤의 관점과 일치한다. 또한 플라톤은 상술했듯이 『티마이오스』에서 신을 불, 우주적 구형, 보석 등으로 묘사하고, 『법률』에서는 '변화의 제1원인' 또는 '스스로 운동하는 운동'으로서의 '최선의 영혼' 등으로 묘사했다. 그러나 아리스토텔레스는 『법률』에서 논증된 플라톤의 신 개념을 사변적으로 더욱 변화·발전시켜 신을 '제1원리', '부동의 제1동인', '일차적 실체', '살아있는 영원하고 가장 선한 존재', '단일 천체(하늘)' 등 가지적 존재로 규정하는 순수 사변적 형이상학(단순한 존재론적 신학)의 관점에서 신화들을 모조리 "속인들을 설복할 신화적 형태로 그리고 헌법적이고 실리적인 방편으로 나중에 보태진 것들"로서 규정해 배격하고 있다. 정확히 말하자면 그는 신화와 전설 중에서 '천체가 신이고 신적인 것이 전 자연을 포괄한다'고 말한 고대사상가들의 '신화'만을 인정하고 나머지 전설들은 다 부정한 것이다. 이것은 여타 신성들의 유래를 말하거나 인식하는 것은 우리의 능력을 초월하므로 "우리는 이전에 그것에 관한 설화를 얘기한 적이 있는 사람들에게 믿음을 주어야 하고" 또 "그들의 말을 개연성의 근거 또는 꼼짝할 수 없는 증거로 뒷받침하지 못할지라도 신들의 자식들에게 믿음을 거부한다는 것은

---

115) Aristotle, *Metaphysics*, 1074b1-14.

116) 참조: Jonathan Barnes, "Metaphysics", 104쪽. Barnes (ed.), *The Cambridge Companion to Aristotle*.

불가능하다"라고 주장한 플라톤의 논지와 상반된 것이다.

이 점에서 아리스토텔레스는 인간의 오만한 지식욕에서 인간적 지혜의 인식능력을 지나치게 신뢰한 나머지 '인지人智'로 볼 수도, 알 수도 없는 신과 우주 분야에서까지 지식과 학문을 추구한 사변철학자로서 자신의 사변적 형이상학을 무기로 신화와 전설을 다 청소하고자 한 것이다. 지적 절제를 모르는 사변적 형이상학으로서의 그의 신학은 따라서 공허할 뿐만 아니라 위태로울 수밖에 없는 것이다.

아리스토텔레스는 공자, 소크라테스, 플라톤의 지적 절제에 반해 신을 인간의 지성으로 '인식'할 수 있는 사변적 천문학의 형이상학적 존재로 만들어 놓고 있다. 따라서 공자의 관점에서 보면 그의 신학은 위태로운 '사이불학思而不學'의 극단인 셈이다.

그런데 아리스토텔레스의 이 '무제한적 지성주의'는 실은 플라톤의 '철학' 개념에 기원을 두고 있다. 플라톤에 의하면, '철학자'란 무엇이든 '가리지 않고' 알고 싶어 하고 '모든' 지혜를 욕구하고 '모든' 연구를 시험해 보는 데 그 어떤 염증도 느끼지 않고 배움의 일에 기꺼이 나서고 '이에 만족할 줄 모르는' 사람이기 때문이다.117) 아리스토텔레스의 무제한적 지성주의는 바로 이 플라톤주의적 '철학' 개념 자체에서 유래하는 것이다.

### 3.2. '인간적 지성의 신격화'와 신탁의 경시

이러한 '무제한적 지성주의자'로서 아리스토텔레스는 형이상학적 사변논리 속의 존재로서의 신을 인간 내부의 '지성'과 본질적으로 동일한 것으로 만들어 신을 더욱 인간에, 인간을 더욱 신에 접근시킨다. 이것도 '영혼은 신이고', 따라서 '모든 인간은 신'이고, 또 '만물은 신들로 가득 차 있다'고 주장한 플라톤의 '신 이야기'를 가지론적·세속적으로 극화시킨 결과다.

상술했듯이 아리스토텔레스에 의하면 신은 인간처럼 행복을 느끼는 산 지성이다. 다만, 인간이 '가끔' 한시적으로 행복을 느끼는 반면, 신은 영원히 '늘'

---

117) Platon, *Politeia*, 475b-c.

행복을 느끼는 '영원한 실존'이라는 점에서 인간과 다를 뿐이다. 그럼에도 신의 지성이든, 인간의 지성이든 지성은 초자연적 것(신적인 것)이다.

> 지성은 모든 현상들 중에서 가장 초자연적인 것으로 생각된다. (…) 지성은 가장 선한 것이라면 자기 자신을 생각한다. 그리고 지성의 생각은 생각하는 것에 대한 생각함이다.[118]

"지성의 생각"은 '격물치지'와 대립되는 '격사치지格思致知'라는 말이다. 아리스토텔레스는 『니코마코스 윤리학』에서 신들은 "지극히 복되고 가장 행복한 존재"이고 신의 활동은 세계를 구경하며 즐기는 "관상觀賞(테오리아) 활동"이라고 주장한다. 그리고 인간 안에서 최고의 것인 지성은 신적인 것이고 지성의 활동은 관상이며, 인간의 관상 활동이 신의 활동을 가장 많이 닮은 활동이라고 말한다. 인간과 신은 지성과 그 활동인 관상 활동의 측면에서 연속성을 갖는다. 신과 인간은 지성의 측면에서 연속성이 있다. 다만 양적 차이가 있을 뿐이다.[119] 이처럼 아리스토텔레스는 신을 외적 모습에서가 아니라 내적 측면(지성)에서 인간을 닮은 존재로 본다.

나아가 아리스토텔레스는 소크라테스·플라톤과 달리 신탁의 믿음을 그의 사변적 신학에 대한 믿음과 자기확신으로 대체한 것처럼 보인다. 그는 투키디데스처럼 인간 이성으로 파악 가능한 논제들에 초점을 맞추고, 오직 신과 신점神占으로만 입수할 있는 정보를 요구하는 유형의 이슈들에 대한 언급을 꺼렸다. 이런 까닭에 소크라테스, 플라톤, 크세노폰과 달리 그는 – 델피신탁과 점 일반의 역할을 명시적으로 배척하는 구절은 없을지라도 – 델피신탁을 부각시키지 않는다.[120]

아리스토텔레스도 델피신탁과 점 일반에 대해 당대의 아테네인들이 보이던

---

118) Aristotle, *Metaphysics*, 1074b15-35.

119) Aristoteles, *Die Nikomachische Ethik*, 1177a11-28; 1178b6-33 참조

120) Bowden, *Classical Athens and the Delphic Oracle*, 86쪽.

믿음을 정면으로 부정하거나 배척하지는 않았을 것이지만, 신탁에 대한 그의 믿음의 독실성은 불명확하다. 분명한 것은 그가 델피신탁을 언급하는 빈도수와 분량이 플라톤에 비해 훨씬 적을 뿐더러, 특별한 해설 없이, 그것도 오래된 신탁점을 밋밋하게 기술하고 있을 뿐이라는 것이다. 다만, 올림픽과 퓌티아 게임 우승자를 찬미하고 스파르타헌법의 역사를 기술한 아리스토텔레스의 저작들은 오래 전에 망실되었지만, 당대에 이를 읽었던 사람들은 이 저작들 속에 신탁에 관한 좀 더 많은 언급들이 있었다고 전한다고 한다.[121] 현존 저작들에서는 그것에 관한 지극히 드문 언급들이 몇 개 남아 있을 뿐이다.

가령 『아테네헌법』에서 아리스토텔레스는 다음과 같이 기술하고 있다.

히피아스(Ἱππίας; 기원전 5세기 말엽의 아테네 참주)는 동생 히파르쿠스가 암살된 지 4년 뒤에 폴리스 안에서 자신의 지위가 안전하지 못하다고 느끼면서 뮈니키아에 정착할 생각으로 이곳을 요새화하는 데 착수했다. 그가 이 일에 전념하고 있는 사이, 스파르타의 클레오메네스왕은 그를 (아테네로부터) 쫓아냈다. 신탁들이 폭정을 전복하도록 끊임없이 스파르타인들을 촉구했기 때문이다. 이 신탁들은 다음의 방식으로 얻어졌다. 알크메온 집안 일족이 이끄는 아테네 망명자들은 여러 가지 기도를 거듭했지만 다 실패하고 자력으로 자신들의 귀국을 이루지 못했다. 이 여러 가지 실패의 와중에 그들은 아티카 안의 파르네스산 위의 리쉬드리움 지역을 거점으로 확보했고 그 뒤에 폴리스로부터 온 약간의 파르티잔들을 여기에 가담시켰다. 그러나 그들은 참주들에게 포위당해 몰락하던 끝에 항복하고 말았다. (…) 그 밖의 모든 방도가 실패하자 그들은 델피신전을 재건하는 일을 위탁받아서 스파르타인들의 지원을 받는 데 쓸 수 있는 충분한 자금을 벌었다. 이 시기 내내 퓌티아는 신탁을 상담하러 온 스파르타인들에게 아테네를 해방시켜야 할 임무를 부과하는 말을 끊임없이 계속했고, 스파르타인들이 히피아스 집안의 페이시스트라토스(Πεισιστρατος) 일족과 돈독한 관계로 연결되어 있을지라도 마침내 스파르타인들을 그런 방향으로 몰아붙이는 데 성공했다.[122]

---

121) Bowden, *Classical Athens and the Delphic Oracle*, 86쪽 각주.

122) Aristotle, *The Athenian Constitution*, XIX(19).

델피신전의 신탁이 아테네를 히피아스 참주로부터 해방시키고 참주지배 시기에 일문이 모두 해외로 추방당해 있던 알크메온 가문과 이 가문에 속한 클레이스테네스, 그리고 기타 아테네 망명자들을 귀국시키는 데 결정적인 역할을 한 것이다.

돌아와 권력을 잡은 클레이스테네스가 기원전 508-507년에 추진한 개혁은 일반적으로 아테네 민주주의의 탄생을 알리는 전환점으로 간주된다. 그런데 이 역사적 민주개혁에도 신탁이 개입했다. 아리스토텔레스는 다음과 같이 적고 있다.

> 클레이스테네스는 미리 선정된 1백 명의 건국영웅 명단에서 델피 무녀들이 선택한 부족들의 이름이 될 10명의 영웅들을 지정했다.[123]

아리스토텔레스는 델피신전에서 신탁이 어떻게 진행되는지도 잘 알고 있었다. 그는 장엄미莊嚴美에 이르는 '열광적 모방'의 방법을 설명하는 도중에 델피신탁에 관한 자신의 지식을 보여준다.

> 많은 이들은 다른 사람의 영감에 의해 넋을 잃는다. 이는 마치 퓌티아 무녀가 '신적인 증기를 내뿜는 땅 속의 갈라진 틈새'가 있는 – 그들이 이렇게 말한다 – 삼발이 솥에 접근하자마자 이로써 신통력을 배태하게 되고 즉시 신탁을 발설하게끔 영감을 가지게 되는 것과 같다. 그것은 마치 거룩함의 입에서 방사되는 감화력인 것처럼 저 옛 작가들의 자연적 천재성으로부터 그들의 경탄자들의 마음속으로 흘러 들어간다.[124]

아리스토텔레스는 『우주론』에서도 델피신전의 이 신적 증기가 예언을 야기한다는 사실을 스스로 믿었음을 보여준다. "유사하게, 지표 위에 있는 많은

---

123) Aristotle, *The Athenian Constitution*, XXI(21).

124) Aristotle, *Longinus on the Sublime*, 186v-187iv. Aristotle, *Longinus on the Sublime·Demetrius on Style* (Cambridge·Massachusetts·London: Harvard University Press·William Heinemann LTD, 1977)

장소에도 열린 바람구멍들이 있는데, 이 구멍들은 이에 접근하는 사람들에게 도취적인 영감 또는 쇠약하게 하는 질병, 어떤 경우는 델피와 라베다이아에 있는 구멍처럼 예언, 프뤼기아에 있는 구멍처럼 심지어 완전한 파괴를 야기하는 등 다양한 효과를 미친다."[125] 이 대목에서 그는 델피신전의 바위틈새에서 나오는 신적 증기의 예언적 신통력을 인정하고 있다.

그밖에도 아리스토텔레스는 크세노폰이『헬레니카』에서 자세히 전하는 스파르타의 아게시폴리스 왕의 신탁 이야기(기원전 388년)를 언급한다. 크세노폰에 의하면, 스파르타인들이 아르고스(Ἄργος: 희랍 남동부의 도시국가)의 영토를 침공하려고 위협할 때 아르고스인들은 축제 기간을 거룩한 휴전 기간으로 삼아야 한다고 강변하는 버릇이 있었다. 이것은 분명 속임수였기 때문에 스파르타 왕 아게시폴리스는 올림피아의 제우스 신에게 이 휴전 주장을 존중해야 할지를 묻는 신탁을 구해서 이 기만적 휴전 제안을 거부해도 좋다는 답을 들었다. 이것을 확인하기 위해 아게시폴리스는 델피신전의 아폴론 신에게 "휴전에 대한 당신의 견해도 당신의 아버지(제우스)의 견해와 같은 것인가?"라고 질문했다. 이에 아폴론 신은 "아무렴"이라고 답했다. 결국 아게시폴리스는 축제 기간을 무시하고 아르고스를 침공했다. 요는 아들이 아버지에 반대하는 것이 수치스러운 일이었기 때문에 진정 아폴론 신에게는 거의 선택의 여지가 없었다는 점이다.[126] 제우스 신에게 물은 내용을 그의 아들 아폴론 신에게 또 물어 이중으로 신탁을 구한 사건을 아리스토텔레스는 "헤게시포스(스파르타왕의 사자)가 올림피아에서 신탁을 구한 뒤에 델피의 신에게 그의 의견도 아버지의 의견과 같은 것인지를 물었는데, 이는 아버지와 모순되게 말한다면 수치스럽게 되는 것을 뜻하는 것이다"라고 요약해서 적고 있다.[127]

---

125) Aristotle, *On the Cosmos*, 395b26-30. Aristotle, *Sophistical Refutation·Coming-to-be and Passing-away·On the Cosmos* (Cambridge·Massachusetts·London: Harvard University Press·William Heinemann LTD, 1981).

126) 참조: Xenophon, *Hellenica*, IV. 7. 2. *Xenophon*, Vol. I in seven volumes (Cambridge·Massachusetts· London: Harvard University Press·William Heinemann LTD, 1968).

127) Aristotle, *The Art of Rhetoric* (Cambridge·Massachusetts·London: Harvard University Press·William Heinemann LTD, 1975), 1398b-1399a(II. xxiii, 12)

그러나 아리스토텔레스는 소아시아 뤼디아(Λύδιά)의 왕 크로이소스(Κροίσος, 기원전 595-547년?)가 받은 모호한 신탁 표현에 대해 불신을 드러내기도 한다. 헤로도토스에 의하면, 크로이소스 왕은 '페르시아에 맞서 진군해야 하는지 또는 페르시아와의 동맹을 구해야 하는지'를 신탁에 물었다. 그는 강을 건너가 페르시아를 공격하면 한 강대한 제국을 파괴할 것이라는 답을 받았고, 그리스 국가 중에서 가장 강력한 국가가 어느 나라인지를 찾아내 이 나라와 협약을 맺으라는 권고를 받았다.128) 그리하여 크로이소스는 할뤼스(Άλυς)강을 건너 페르시아를 공격했는데, 그 결과 페르시아의 역공을 받고 오히려 뤼디아가 망하고 말았다. 파괴될 '한 강대한 제국'은 페르시아가 아니라 뤼디아였던 것이다.

애매한 신탁의 그릇된 해석과 관련된 이 사건을 아리스토텔레스는 다음과 같이 평하고 있다.

길게 둘러 표현하는 말은 청자들을 속이는 효과를 갖게 되는데, 이 청자들은 예언가에게 귀를 기울이는 대다수 사람들처럼 스스로 영향 받게 되는 것을 느끼게 된다. 예언가들이 모호한 말들을 발설할 때 청자들은 동의한다. 예를 들면 '크로이소스는 할뤼스 강을 건넘으로써 강력한 제국을 파멸시킬 것이다'라고 말하는 식이다. 일반적 방식으로 말하면 실책을 범할 기회가 더 적은 것처럼 예언가들은 사실의 질문에 관한 일반적 술어로 자신의 뜻을 표현한다. 홀짝놀이를 할 때 확정적 숫자를 대는 것보다는 '홀수' 또는 '짝수'라고 말하는 것이 적중할 확률이 더 크고, 이와 유사하게 '언제'라고 '짚어' 말하는 것보다는 '그럴 것이다'라고 말하는 사람이 적중할 확률이 더 크기 때문이다. 이것이 예언가들이 정확한 시간을 더 이상 자세히 정의하지 않는 까닭이다.129)

크로이소스 왕과 관련된 신탁의 표현이 모호한 것을 적중도를 높이려는 단순한 수사적 수법으로 보는 이 평가는 신탁에 대한 아리스토텔레스의 믿음이

---

128) 참조: Herodotus, *The Histories*, Book One, 53쪽.
129) Aristotle, *The Art of Rhetoric*, 1407a-b(III. v, 4-6).

주역시서에 대한 공자의 믿음이나 신탁에 대한 소크라테스나 플라톤의 믿음만큼 결코 경건하지도 독실하지도 않았음을 추정할 수 있게 하는 대목이다.

공자는 덕행구복의 ‘인모’를 지향하는 ‘지인’의 합리적 지식관에 머물러 있던 40대 후반 이전 청년기에 천명과 귀신을 멀리했다가 더 나이가 들면서 천명과 ‘귀모’를 받아들이는 ‘지천’의 신적 지식으로 나아가 ‘지인’과 ‘지천’, 즉 인지 차원의 ‘인간적 지식’과 신지 차원의 ‘신적 지식’의 두 가지 지혜·지식을 통합하는 중도적 지식(지혜) 개념을 가지게 되었다. 그러면서도 덕행구복을 점서보다 앞세우는 선덕후점·이덕희점론을 피력했다. 그리고 천성·지천·천명을 인간적 지성으로 알아내려는 사변적 욕구를 절제하는 ‘중도적 지식철학’을 견지했다. 이는 소크라테스와 플라톤도 마찬가지였다. 그러나 아리스토텔레스는 신과 신탁의 문제를 두고 공자처럼 전기와 후기 간에 사상적 차이를 보이지 않는다. 애당초 아리스토텔레스는 소크라테스와 플라톤에 비해 ‘영혼의 완벽한 덕행’ 또는 ‘지성의 관상’으로서의 행복을 구하는 것을 최고로 격상시키고 ‘관상적 행복’ 앞에서 천명(운명)의 문제는 미미하고 사소한 우연으로 극소화했다. 이것은 아리스토텔레스가 공자의 청년기 철학과 유사한 상태에 정체한 채 더 이상의 고뇌와 발전을 이루지 못했음을 보여준다.

아리스토텔레스는 인간 이성으로 파악할 수 있는 인간사(인모의 일)만이 아니라 인간 이성으로 알 수 없는 신과 우주의 일을 사변적 인간 이성으로 파악하려는 인간우월주의적 오만을 견지한 것이다. 그는 공자와 소크라테스가 갈파했듯이 인간적 지혜로 알 수 없는 일이 존재한다는 사실과 신에게 물어서만 알 수 있는 신적 지식이 따로 있다는 사실을 원칙적으로 인정하는 글도, 신탁을 궁구한 별도의 저술도 남기지 않았다. 그는 델피신탁점을 경시했던 것으로 보아 자신의 경신敬神 의무를 사변적·이신론적 신학으로 대체한 것으로 보인다.

결론적으로 아폴론 신의 델피신탁점에 대한 소크라테스와 플라톤의 경건한 믿음에 비하면, 그의 철학은 인지주의적人智主義的 오만에 상대적으로 경도되었다. 그런데 이것은 소크라테스와 플라톤이 목숨 걸고 경고해 마지않았던 바로 그 오만이 아니던가?

또한 아리스토텔레스가 그의 친구 헤르미아스에 대한 기념비를 델피신전 경내에 세우고 델피신전과 가까운 곳에 '뤼케움학당'을 세웠다는 것은 확인되지만, 그 자신이 아폴론 신을 경배해 자신의 신운身運에 관해 델피신탁을 구했다는 소문은 신빙성 있는 증거로 확인되지 않는다. 또한 델피신탁에 관한 그의 기록들이 보여주는 것처럼 그는 당대의 아테네인들과 마찬가지로 델피신탁의 상담 과정과 절차를 잘 알고 있었지만, 이에 대한 경배심을 별반 보이지 않고 있다. 이것은 소크라테스·플라톤과도 다르고, 젊은 날 먼저 인간사의 탐구와 덕행구복에 주력했지만 노년 시기에 『주역』을 궁구해 『주역』의 천·지·인 삼도三道와 귀모가 서로 얽히는 역리易理를 밝힌 「십익」을 써 신에 대한 (불가지론적·제한적) 변辯으로 삼고 직접 시서했던 공자와도 다른 것이다.

아리스토텔레스가 『주역』을 궁구한 공자처럼 신적 지혜와 관련된 신탁을 별도로 깊이 연구하지 못한 까닭을 감히 억측해 본다면, 그 첫째 이유는 신탁에 깊은 관심을 가질 연령대인 50대에 그는 마케도니아왕가의 2대에 걸친 후원으로 누구도 감히 따를 수 없는 최고의 유복한 생활과 정치적 영향력을 누린 '억세게 운 좋은' 행운아였다는 것이다. 이런 삶 속에서는 문왕과 공자처럼 평생 근심을 가질 까닭이 없었다. 따라서 신탁 연구에 매달릴 개인적 필요도, 동기도 없었을 것이다.

둘째 이유는 그가 한때 그렇게 운 좋은 행운아였지만 알렉산더대왕의 급서로 생사의 위협에 처하면서 62세 초로의 나이에 비명횡사했다는 사실이다. 아리스토텔레스의 죽음은 70세까지 살았던 소크라테스, 73세까지 살았던 공자, 82세까지 산 플라톤에 비하면 참으로 때 이른 죽음이었다. 아리스토텔레스는 순천과 낙천의 경지를 맛볼 수 있는 60-70대의 나이를 겪지 못했기에 공자가 만년에 '위편삼절'의 지극한 열정으로 주역신탁을 궁구했듯이 델피신탁을 깊이 연구할 삶의 기회를 가질 수 없었다.

이런 까닭에 아리스토텔레스는 마케도니아 왕가와 긴밀한 사적 관계를 맺고 있다는 것이 장차 그의 인생에 어떤 비극을 초래할지를 알지 못했다. 또한 다음에 심층적으로 논할 자신의 행복론의 논리대로라면, 지성의 철학적 관상만으로도 신적 행복을 누릴 수 있다는 ― 신을 잘못 흉내 낸 ― 어설픈 지적·사변적 오만 때문에 아마 그는 미처 그것을 알 필요도 느끼지 못했을 것이다. 따라서 공자나 소크라테스·플라톤처럼 서점과 신탁점으로 신의 뜻을 알아 정치적 몰락·비명횡사와 같은 대흉을 예지하고 피할 수 없었다. 자신의 덕행 구복의 논리대로라면 '고결하고 담대한 마음으로 침착하게' 운명을 의연히 감내했어야 할 아리스토텔레스는 체포되어 처형될지도 모른다는 극도의 불안감과 스트레스 속에서 허무하게도 초로에 '도피 중 비명횡사'로 생을 마감했던 것이다. 따라서 그는 네 철학자 중에 가장 불행한 사람이었다. 그의 이 비극적 불행을 인지주의적人智主義的 오만으로 미만한 그의 윤리철학의 근본적 오류를 실천적으로 입증해 주는 것으로 해석하더라도 그리 지나친 과장은 아닐 것이다.

정치적으로 아리스토텔레스는 평생 동안 마케도니아 편에 서 있었다. 마케도니아는 늘 아테네와 적대적 긴장관계를 맺어 오다가 결국 아테네를 정복한 북방의 나라였다. 이런 까닭에 그는 알렉산더대왕을 배경으로 삼아 한때 지대한 정치적 영향력을 행사했다. 하지만 이 때문에 그는 늘 친구가 적고 적이 많았다. 이것은 적이 적고 친구가 많았던 플라톤과 정반대였다. 따라서 아리스토텔레스가 겪게 된 초로의 처형위험·탈주·비명횡사는 철학적 독신죄보다는 아테네에 적대적인 마케도니아와의 정치적 친분관계로 인해 야기된 것이었다.130) 아테네 시민들이 알렉산더대왕의 급서를 계기로 마케도니아 점령군으로부터 벗어나 독립을 회복하려고 목숨 건 봉기를 감행하면서 그를 체포해 처형하려고 한 것은 당연한 일이었다.

아리스토텔레스는 평생 마케도니아 왕실의 은덕을 누렸으므로 아테네에서의 명예는 누리지 말았어야 했다. 마케도니아의 아테네 점령으로 인해 마

---

130) Peter Spahn, "Aristoteles", 401-402쪽. Iring Fetscher und Herfried Münkler (Hg), *Pipers Handbuch der Politischen Ideen*. Band 1. *Frühe Hochkulturen und europäische Antike* (München: R. Piper GmbH & Co. KG, 1988).

케도니아와 아테네는 당시 양립할 수 없는 적대관계에 놓여 있었기 때문이다. 그는 모순되게도 마케도니아 왕실의 은덕과 아테네에서의 명예를 둘 다 추구했던 것이다. 그러나 그는 이 모순된 행동이 초래할 신변적 위험의 기미도 느끼지 못했고, 따라서 이를 우려하지도 않았다. 공자의 '군자'는 "기미를 보고 행동하는" 선비다.131) 그래서 군자는 기미를 보고 일의 잘됨과 못됨을 미리 알기 때문에 일이 잘못된 것을 나중에야 알고 후회하거나 호들갑떨지 않으며, 큰 흉액을 반드시 미리 알고 행동을 삼가기 때문에 '개죽음'이나 '비명횡사'를 당하지 않는다. 아리스토텔레스는 공자가 뜻하는 '군자'나 (델피신탁의 신적 지혜를 존중하는) 소크라테스·플라톤의 '철학자'와는 거리가 멀었던 것이다. 그의 '도피와 비명횡사'는 물욕과 권탐權貪에 찌든 타락하고 오만한 아테네인들을 깨우치라는 신의 명령을 완수하기 위해 죽음을 자원하고 의연하게 감당했던 소크라테스와 정반대되는 모습이었다.

### 3.3. 지성주의적 행복론과 비극적 종말

아리스토텔레스가 행·불운 또는 운명에 대해 어떻게 생각하고 또 인간의 행복을 위해 어떤 피흉避凶의 안전보장책을 가지고 있었는지를 알아보기 위해서는 그의 행복론을 정밀하게 분석해 보아야 한다. 아무리 완전무결한 행복론도 갑작스런 불운과 흉액을 퇴치할 완전무결한 대책이 없다면 미완성 상태를 벗어나지 못할 것이기 때문이다.

아리스토텔레스는 "가장 선하고 가장 고결하고 가장 즐거운 것"으로서의 행복을 "영혼의 덕에 따른 활동", 즉 신체의 덕행이 아니라 "영혼의 덕행"으로 정의한다.132) 이것은 공자, 소크라테스, 플라톤의 덕행구복과 같은 의미다. 그러나 이 행복을 이루기 위해서는 대체로 자기의 통제 밖에 있는, 따라서 운에 많이 좌우되는 "외적 호조건이 필요하다". 아무런 수단과 조건이 없다면

---

131) 『易經』「繫辭下傳」: "子曰 (…) 君子見幾而作."

132) Aristoteles, *Die Nikomachische Ethik*, 1098a15-20(제1권-6); 1099a20-23(제1권-9); 1099b25-28(제1권-10); 1100b10; 1102a5(제1권-11·12); Aristotle, *Eudemian Ethics*, 1218b31-19a39. Aristotle, *The Athenian Constitution·Eudemian Ethics·Vertues and Vices*.

고결한 일을 이루는 것이 불가능하거나 어렵기 때문이다. '외적 호조건'은 "벗, 재력, 정치권력" 등의 "도구", 그리고 "좋은 태생, 훌륭한 후손, 준수한 용모" 등이다. "외모에서 지나치게 추악하거나 천한 태생이거나 자식이 없이 고독하거나 그리고 아주 나쁜 자식 또는 친구를 가졌거나 좋은 자식과 친구가 있었더라도 죽어서 이들을 떠나보낸 사람들을 완전히 행복하다고 말할 수 없기 때문이다". 따라서 행복에는 이와 같이 운과 우연한 운명적 조건에 의해 좌지우지되는 외적 수단과 외적 무탈·안녕이 추가로 필요한 법이다.

이런 까닭에 "행운을 행복과 동일시하는" 사람도 있고, "덕성을 행복과 동일시하는" 사람도 있는 것이다.133) 개인이 좌지우지할 수 없는 우연적인 외적 조건과 외적 뒷받침의 필요성 때문에 덕행구복이 운명의 영향에 부분적으로 굴복하고 이런 까닭에 행복이 마치 덕행과 행운의 혼합물처럼 보이기도 하는 것이다. 아리스토텔레스는 말한다. "인간적 선善이 평생 동안의 삶 안에 있는 것"이듯이 "행복에는 완전한 덕성도 필요하지만 평생의 기간도 필요하다. 일생을 살아가는 동안 많은 변화와 온갖 우연들이 생긴다. 트로이전쟁의 프리아모스에 대한 서사시에서 말하는 바와 같이 가장 잘 살았던 사람도 노년에 큰 불운에 처했다. 이런 것을 겪고 불운으로 끝난 사람을 아무도 행복한 사람이라고 말하지 않을 것이다."134)

그러나 아리스토텔레스는 가장 위대하고 가장 고결한 것, 완벽한 덕성에 따른 영혼의 행위, 즉 완벽한 덕행으로서의 행복을 모조리 운명이나 우연에 맡기는 것은 지나치게 경솔한 짓이라고 생각한다.

---

133) Aristoteles, *Die Nikomachische Ethik*, 1099a31-1099b8(제1권-8). 아리스토텔레스는 노예를 '천한 태생' 때문에 행복 참여자로 보지 않는다. "노예가 삶에 참여하고 있다는 것을 부정하지 않을지라도 행복에 참여하고 있다고 말할 사람은 아무도 없을 것이다." Aristoteles, *Die Nikomachische Ethik*, 1177a8-9(제10권-6). 또 "노예와 하급동물은 폴리스를 만들 수 없다. 왜냐하면 그들은 행복에 참여할 수 없고 의지적 선택에 따른 삶에도 참여할 수 없기 때문이다." Aristoteles, *Politik* (München: Deutsche Taschenbuch Verlag, 1973), 1280b32-34(제3권-9).

134) Aristoteles, *Die Nikomachische Ethik*, 1198A16-18; 1100a5-9. 프리아모스는 아름다운 왕비 헤쿠바와 더불어 헥토르, 파리스 등 50여 명의 왕자를 둔 트로이의 인자하고 권위 있는 행복한 왕이었다. 그러나 그는 트로이전쟁에서 아킬레스에게 이 왕자들을 다 잃는 비운을 당했다.

행복이 수련에 의해 학습되거나 획득될 수 있거나 또는 어떤 다른 방식으로 수양될 수 있는 것인지, 아니면 신적 시혜 또는 운에 의해 부여되는 것인지 하는 물음이 제기된다. 그런데 인간이 가진 어떤 것이든 신들의 선물이라면, 행복이 신적 시여施與라고 가정하는 것은 합리적이다. 그것도 행복이 인간적 선 가운데 최고의 선인 만큼, 인간이 지닌 것들 가운데 행복이 신의 시여라는 가정은 가장 그럴 법하다. 그러나 이것은 오히려 다른 연구 분야에 속한다. 그러나 행복은 하늘로부터 인간에게 보낸 것이 아니라 덕과 그 어떤 배움이나 수신을 통해 이룩되는 것이라고 하더라도 행복은 아무튼 가장 신적인 것들 가운데 하나다. 덕의 포상과 목적은 명백히 최고선임이 틀림없기 때문이다. 그것은 신적이고 복된 어떤 것이어야 한다. 따라서 우리의 견해에 의하면, 행복이란 덕성의 능력과 관련해 망가지거나 불구화되지 않은 모든 사람들이 그 어떤 학습과 노력으로 획득할 수 있는 것이기 때문에, 행복은 광범하게 확산되는 것을 허용한다. 이런 자기 노력을 통해 행복한 것이 운의 선물로 행복한 것보다 낫다면 이렇게 하는 것이 행복을 얻는 방법이라고 가정하는 것이 온당하다. 자연세계에서 사물들은 최선의 가능한 방법으로 질서 잡히는 경향을 띠는데, 이와 같은 경향은 기술의 산물에도 타당하고 그 어떤 유형의 인과응보에도, 특히 최고의 인과응보에도 타당하다. 이런 까닭에 가장 위대하고 가장 고결한 것을 운에 맡기는 것은 사물의 적성에 너무 반하는 것이다. 이와 동일한 결론은 우리의 숙고로부터도 도출된다. 행복은 영혼의 덕행으로 정의되었기 때문이다. 여타의 선들 가운데에 어떤 것은 반드시 행복에 동반되어야 하고, 다른 것은 도구의 형태로 도움이 되고 유용해야 한다.[135]

우리가 행복을 운수로만 여긴다면 동일한 사람이 운수의 변천에 따라 한 번은 행복한 사람, 한 번은 비참한 사람이 되는 식으로 처지를 일평생 여러 차례 바꾸게 될 것이다. 그런데 선악은 운에 달려 있는 것이 아니다.

그러므로 "인간적인 삶은 운을 필요로 하기는 하지만" 운이 행복을 결정하는 것이 아니다. 결국, "행복에 결정적인 것은 덕행이다". 인간의 성취 가운데 덕행만큼 항구성을 갖는 것은 없다. 그러므로 덕행으로 행복해지는 사람은

---

135) Aristoteles, *Die Nikomachische Ethik*, 1099b9-28(제1권-10).

우리가 추구하는 항구성을 지니고 있고 또 "일평생을 그렇게 살아갈 것이다". 그는 늘 또는 여타 모든 다른 사람들보다 많이 덕행을 행하며 덕성에 따라 사색을 할 것이다. 그리하여 "참으로 훌륭하고 나무랄 데 없이 네모반듯한 사람"은 "운명을 가장 고결하게, 모든 면에서 조화롭게 감당해낼 것이다."136) 여기까지는 공자의 덕행구복 및 인의구길仁義求吉과 유사한 것으로 누구나 수락할 수 있을 것이다.

그러나 아리스토텔레스는 '임의의 작은(사소한) 불운'과 '크고(가혹하고) 반복적인 불운'을 구분하고 '작은 불운'은 덕행으로 극복함으로써 행복할 수 있다고 말하는 반면, 프리아모스의 불운 같은 '반복되는 큰 불운'에 맞서는 문제에 대해서는 '최선'을 다한 '의연한 감내'를 말하고 있다.

이 말은 아리스토텔레스의 덕행구복론이 대흉('큰 불운'과 '반복되는 불운') 앞에서는 속수무책임을 뜻한다. 공자는 상론했듯이 복서로 행복을 구하는 '복서구복卜筮求福'을 멀리했지만, 큰 흉액을 복서로 피하는 '복서피흉卜筮避凶'의 보장 하에서 덕행으로 행복을 추구했다. 그러나 아리스토텔레스에게는 대흉을 피할 안전장치가 없는 것이다. 이런 까닭에 아리스토텔레스는 행복을 만인이 접근 가능한 것으로 호언하는 위 인용문에서도 "덕성의 능력과 관련해 망가지거나 불구화되지 않은 모든 사람들이 그 어떤 학습과 노력으로 획득할 수 있는 것이다"라고 하여, '망가지거나 불구화된 사람', 즉 육체와 정신이 망가진 자, 환·과·고·독, 노예 등의 처지에 있는 사회적 약자, 극빈자들을 제외하고 있는 것이다.

그리하여 아리스토텔레스는 말한다. "운명의 사건들은 많기도 하고 크기가 변화무쌍하기도 하다. 그래도 작은 행운은 분명 작은 불운만큼이나 삶의 행로에 별반 영향을 주지 못한다. 반복적 대성공은 많으면 많을수록 삶을 더욱 축복에 가득 차게 할 것이다." 하지만 "큰 반복적 불운은 이들이 야기하는 고통과 많은 활동에 가하는 장애로 우리의 축복을 짓부숴 버리고 동시에 망쳐놓을 것이다". 하지만 "사람이 빈번하게 반복되는 가혹한 불운을 무감각에

---

136) Aristoteles, *Die Nikomachische Ethik*, 1100b5-22(제1권-11).

서가 아니라 고결하고 담대한 마음으로 침착하게 감당해낸다면 이런 역경 속에서도 고귀함이 빛을 발하는 것이다." 따라서 아리스토텔레스는, 삶을 결정하는 것이 바로 행위이므로 "최고로 행복한 사람은 아무도 비참해질 정도까지는 되지는 않을 것이다"라고 말한다. 왜냐하면 "참으로 선하고 분별 있는 사람이란 어떤 종류의 운명이든 훌륭한 자세로 감당하고 주어진 상황에서 늘 최선을 다할 것이므로 최고로 행복한 사람은 가증스러운 일이나 악한 일을 결코 행하지 않을 것이기 때문이다". 전후 사정이 이렇다면 "행복한 사람은 – 그도 프리아모스가 만난 불운을 만난다면 물론 완전히 행복하지는 않을 것이지만 – 결코 비참해질 정도까지는 되지 않을 것이다."[137]

아리스토텔레스의 행복 논리는 여기서 이렇듯 심히 꼬이고 있다. 앞서 인용했듯이 그는 같은 책의 다른 곳에서는 프리아모스 왕과 같이 노년에 큰 불운을 겪고 인생을 끝낸 사람을 "아무도 행복한 사람이라고 말하지 않을 것"이라고 말하고 있기 때문이다. 그의 말은 앞뒤가 맞지 않는 자가당착에 빠지고 있다. '작은 불운'은 덕행으로 극복할 수 있을 것이나, 프리아모스의 불운과 같이 큰 '흉액'은 덕행으로 극복할 수 없고 신탁점이나 주역시서에 의한 신적 지식을 통해 회피하는 수밖에 없는 것이다. 그러나 신탁점을 궁구하지 않는 아리스토텔레스에게는 속수무책이다. 그는 소크라테스나 플라톤의 신탁점을 믿지 않으려면, 『국가론』의 마지막 장에서 전개된 이들의 내세론來世論이라도 따랐어야 한다. 내세론은 이승에서 덕자德者가 우연히 겪는 불운이나 억울하고 부조리한 불행을 사후에라도 보상해 줄 수 있는 최후의 도덕철학적 보장책이기 때문이다.

행복한 사람은 "임의의 사소한 불운에 의해 행복으로부터 가볍게 추방되지 않을 것"이기 때문에 "쉽게 바뀔 수도 없고 또 쉽게 변질될 수도 없다". 작은 불운에 대한 아리스토텔레스의 이 주장은 우리도 쉽게 수긍할 수 있다. 그러나 '반복적 불운'과 '큰 불운'을 의연하게 감내하고 최선을 다해 이 불운을 최소화하려고 싸우는 것은 '고귀한 일'일지 모르지만 그가 스스로 실토하

---

137) Aristoteles, *Die Nikomachische Ethik*, 1100b23-1101a7.

듯이 어쨌거나 불행한 것이다.

따라서 아리스토텔레스는 입장을 다시 180도 바꾼다. 임의의 사소한 불운을 능히 극복해내는 덕자라 하더라도 "반복적인 큰 불운"에 처하면 "행복으로부터 추방되고" 말 것이라고 말한다. 결국 '크고 반복적인 불운'은 덕행으로도 극복할 수 없다는 것이다. 또한 행복한 사람이 '임의의 사소한 불운'에 처해 의연하게 이를 극복해 나갈지라도 "단시간에 다시 행복해지지 않을 것이고 또 다시 행복해진다고 하더라도 온전히 길고 긴 기간에 위대하고 고결한 일을 성취해낸 경우에만 다시 행복해질 것이다". 이 대목에서 그는 행복을 덕행과 행운의 혼합·절충물로 바꿔 정의한다. 그는, "완벽한 덕행을 행할" 뿐만 아니라 "외적 호조건을 충분히 갖추고 있는 사람"만을 "평생 동안 행복한" 사람이라고 일컬어야 한다고 말한다.138) 어떤 활동도 신체적·외적 악조건과 불운에 의해 방해받는다면 완벽하지 않은 것이다. 결국 순수한 덕행구복을 호언하던 아리스토텔레스는 자포자기해 어떤 덕행도 무의미하게 만드는 '대흉'의 위력에 굴복한다.

> 이런 까닭에 행복한 사람은 완벽한 것이 방해받지 않기 위해 양호한 신체 및 외적 호조건과 행운을 필요로 하는 것이다. 형틀에 매인 사람과 큰 불행에 처한 사람도 덕행을 한다면 행복한 것이라고 주장하는 이들은 의도적이든 비의도적이든 무의미한 헛소리를 하는 것이다.139)

이것은 결국 행복을 영혼의 덕행과 행운의 혼합물로 본 것이다. 결국 아리스토텔레스는 자신의 행복개념을 수정하고 말았다. 그런데 그는 큰 흉액에 대한 ― 공자의 '복서피흉' 같은 ― 덕행구복의 안전장치가 없는 것이다.

물론 반대로 '행복이 행운의 뒷받침을 필요로 한다'는 사실을 과장해 '행운

---

138) Aristoteles, *Die Nikomachische Ethik*, 1101a8-17.

139) Aristoteles, *Die Nikomachische Ethik*, 1153b18-21. '양호한 신체'는 육체적·정신적 완전성(장애·정신지체로부터 자유로움)과 육체적·정신적 건강(무병장수)을 뜻하는 것이리라.

과 행복은 같은 것'이라고 주장하는 것도 마찬가지로 헛소리일 것이다. '행운'은 어디까지나 완벽한 덕행으로서의 행복을 뒷받침해 주는 외적 요소일 뿐이기 때문이다. 따라서 수백 억 원의 로또에 당첨된 경우처럼 운이 지나치게 좋기만 해도 덕행의 노력을 소홀히 하게 만들어 '영혼의 완벽한 덕행'으로서의 행복을 어렵게 하는 법이다. 행복은 평생 동안 천수를 누리며 행하는 완전한 덕행의 삶을 필요로 할 뿐 아니라 평생 동안 너무 많지도 적지도 않은, 즉 적당한 행운을 필요로 한다는 말이다.[140] 그러므로 종합하면, 아리스토텔레스의 궁극적 행복의 개념은 결국 '삶의 마지막 날까지 온전한 천수를 누리며 일평생 동안 덕행의 삶을 살면서 동시에 적당한 행운의 뒷받침을 받는 것'인 셈이다.[141] 하지만 아리스토텔레스의 이런 주장은 '큰 반복적 불운'에 대한 방책은커녕, 그의 최종적 행복론의 필수조건인 '적당한 행운'에 대한 보장책도 없기 때문에 공허한 것이다.

공자가 '복서피흉'의 보장책을 전제한 '이덕희점'의 원칙을 고수하고 끝내 '이덕대점'을 입에 담지 않은 것은 덕행구복을 중시하면서도 이를 그르치고 방해할 악운의 간섭과 — 덕행·인모의 통제가 아니라 천명의 통제 아래 들어 있는 — 빈부귀천, 안전과 재앙, 정치와 역사 흐름의 외적 영향을 고려했기 때문이다. 이것은 아리스토텔레스가 '영혼의 완벽한 덕행'이라는 인모로서의 행복의 개념을 견지하면서도 이 덕행을 방해하지 않고 뒷받침해 줄 — 운명에 좌우되는 — '양호한 신체 및 외적 호조건과 행운', 즉 귀모의 도움이 필요하다는 말을 덧붙이며 결국 행복의 정의를 수정하는 것과 상통한다. 여기서 '외적 호조건'은 조력과 조력자, 재력, 권력, 자식복, 부모복, 위대한 조국, 무사고, 무재앙, 평화, 호시절, 좋은 세상 등 한없이 나열될 수 있다. (아리스토텔레스에 의하면, 이것들은 "반드시 행복에 동반되어야 하는" 외적 호조건과 "도구의 형태로 도움이 되고 유용한" 외적 호조건 등 두 가지로 대별할 수 있다.)

---

140) Aristoteles, *Die Nikomachische Ethik*, 1100a1-01b9; 1153b23-24; Aristotle, *Eudemian Ethics*, 1219b4-8 참조.

141) 참조: D. S. Hutchinson, "Ethics". Barnes (ed.), *The Cambridge Companion to Aristotle* (Cambridge: Cambridge University Press, 1995).

그런데 아리스토텔레스는 행복의 외적 조건과 운수를 인간적 행복에 대한 제약과 부담으로 느껴서인지 갑자기 논의의 방향을 바꿔 새로운 행복 개념으로의 탈출을 시도한다. 그는 영혼의 완벽한 덕행(윤리적 덕성에 입각한 행위)으로서의 행복이 행·불운의 운명에 지배되는 외적 실천조건에 좌우되는 약점을 최소화하기 위해 외적 실천조건을 가장 적게 필요로 하는 지성적 '관상觀賞(테오리아Θεωρία)'의 차원, 즉 이론인 '지적 덕행'으로서의 행복을 신적 경지의 '완전한 행복', 최고 등급의 행복으로 정의하고, 그 밖의 현명(프로네시스Φρόνησις)에 입각한 윤리적 덕행(덕성에 입각한 행위)을 인간적 차원의 '2등급 행복'으로 낮춰 재배열한다. 공맹 식으로 표현하면 인·의·예·신·지의 5덕 가운데 실천행위에 입각한 인·의·예·신의 덕성과 지성적 사유에 입각한 지덕智德을 분리시키고 이 비윤리적 지덕의 행위를 특화시켜 인·의·예·신의 덕행의 행복을 능가하는 '완전한 행복'으로 격상시킨 것이다. 그리하여 실천(행위)의 행복과 이론(관상)의 행복을 분리한다.

아리스토텔레스는 말한다. "행복이 덕성에 따른 행위라면 그것은 당연히 최고의 덕성을 따라야 할 것이고, 최고의 덕성이라면 그것은 가장 좋은 것과 관련된 덕성이다. 이 '가장 좋은 것'이 '지성(누스νούς)'이라면 이 지성은 '고귀하고 신적인 것'에 대한 이해를 가지고 우리를 통제하고 이끄는 본성을 가지고 있다. 이 지성은 우리 안의 '신적인' 요소다." 따라서 '자신의 고유한 지덕에 따른 지성의 활동'이 '완전한 행복'인 것이다. 이 '자신의 고유한 지덕에 따른 지성의 활동'은 바로 '관상'이다. '프락시스(πραξις. 행위·실천)'와 구별되는 '테오리아(Θεωρία. 관상·이론)'는 '최고의 활동'이다. 우리 내면에서 지성은 최고의 것이고 지성이 상대하는 대상도 지知의 대상 중 최고이기 때문이다. 또 지성의 활동은 가장 지속적인 것이다. 관상은 그 어떤 활동보다 지속적이기 때문이다. 나아가 행복에는 즐거움이 따라야 하는데 "덕 가운데 소피아(σοφία. 지혜)의 덕을 향한 활동"이 "가장 즐거운 것"이다. "애지, 즉 필로소피아(φιλοσοφία)"는 그 경이로운 순수성과 항구성의 즐거움을 담고 있다". 물론 신처럼 이미 알고 있으면서 관상하는 경우가 인간처럼 이제 앎을 추구하는 경우보다 더 즐거운

삶을 살아갈 것이라는 것은 자명하다.142)

 아리스토텔레스에 의하면, 행복의 일면인 '자족성'도 특히 관상에 맞는 말이다. 사랑·정의 등 다른 덕행을 하는 자는 다 동료나 조력자 또는 상대방을 필요로 하지만 지자智者는 혼자서 관상할 수 있고 지혜로우면 지혜로울수록 더욱 혼자서 관상할 수 있다. 지자는 동료가 있으면 더 좋겠지만 없어도 그만이므로 가장 자족적인 사람이다. 행복은 '여가 또는 한가(스콜레σχολή)'를 필요로 하는데, 정치·전쟁 등 다른 덕행은 여가가 없으나 관상은 여가를 허용한다. 따라서 관상의 삶은 '완전한 행복'인 것이다.143)

 그러므로 비윤리적·지성적 덕행의 관상적 행복은 '신적 행복'인 반면, 윤리적·실천적 덕행의 행복은 '인간적 행복', '2등급 행복'이다.

 본질에 자연적으로 고유한 것은 이 본질에도 가장 좋고 즐거운 것이다. 인간의 경우에는 이 본질이 지성에 따른 삶이다. 이 본질이 가장 많이 인간적인 것이기 때문이다. 인간에게 지성을 따르는 삶은 가장 좋고 가장 즐거운 것이다. 그러므로 지성에 따른 이 삶도 역시 가장 행복한 삶이다. 반면, 여타의 덕성(윤리적 덕성)에 따른 삶은 2등급의 의미에서 행복하다. 이러한 윤리적 덕행들은 (신적인 것이 아니라) 인간적인 것이기 때문이다. (…) 그러나 지덕(지성적 덕성)은 이 윤리적 덕행과 분리된 (신적) 경지에 있다.144)

따라서 인간은 중도의 수리적 논리를 따르는 인간 덕성들의 분야에서와 달리 비윤리적 지덕의 분야에서는 중도의 '굴레'로부터 벗어나기 때문에 무제한적·무제약적으로 관상적 지식활동을 전개하고 이를 통해 인간 자신이 실제로

---

142) 참조: Aristoteles, *Die Nikomachische Ethik*, 1177a11-28.

143) Aristoteles, *Die Nikomachische Ethik*, 1177a28-35 참조.

144) Aristoteles, *Die Nikomachische Ethik*, 1178a5-23. 앨런은 '2등급 행복'의 "이 용인이 없다면 아리스토텔레스가 단지 극소수만이 행복의 역량을 갖는다고 주장하는 바람직하지 못한 위치에 처할 것이다'라고 말한다. D. J. Allen, *The Philosophy of Aristotle* (London·Oxford·New York: Oxford University Press, 1970), 139쪽. 그러나 이 '용안'에도 불구하고 아리스토텔레스가 극소수의 사람들만이 '최고의 행복'의 기회를 맛본다고 주장하는 '바람직하지 못한 위치'에 처해 있기는 마찬가지다.

신과 동일한 '불사불멸의 존재'가 되는 삶을 살아야 한다.

아리스토텔레스는 '지식을 위한 지식'을 추구하는 오만한 '무제한적·무제약적 지성주의'로써 인간다운 삶을 초월하고 신에 범접犯接해 신의 영역을 침략하는 불경한 삶을 권고하고 있다.

> 지성의 활동은 관상하는 것으로서, (…) 활동 자체 외에 어떤 다른 목적도 추구하지 않고 자신의 고유한 즐거움을 안고 있는 것이라면, 또 인간에게 가능한 자족성과 한가의 속성, 싫증나지 않는 성질, 그리고 사람들이 행복한 사람들에게 귀속시키는 모든 것들이 바로 이 지성의 활동에 따르는 것이 분명하다면, 이 활동은 일평생 지속되는 한에서 완전한 행복일 것이다. (…) 그러나 이러한 지적 관조의 삶은 인간으로서의 인간 자체에게 속하는 삶보다 더 고차적인 것이다. 인간은 인간인 한에서 이러한 지적 관조의 삶을 살 수 있는 것이 아니라 그가 자기 안에 뭔가 신적인 것을 지니고 있는 한에서 이러한 삶을 살 수 있는 것이다. 이 신적인 것과 – 육체와 영혼으로 구성된 – 인간적 존재 사이의 격차가 큰 만큼, 이 신적인 것에 근거한 활동과 기타 모든 덕행 사이의 격차도 그만큼 큰 것이다. 지성이 인간과 비교해 신적인 것이라면, 지성에 따른 삶도 인간적 삶과 비교해 신적이어야 한다. 그러므로 '인간으로서 인간적인 것만을 생각하고, 숙명적으로 죽어야 하는 존재로서 숙명적으로 죽어야 하는 것만을 생각하라'고 우리에게 가르치는 저 속견俗見을 들어서는 아니 되고, 가급적 우리는 우리 안에 들어 있는 최선의 것에 따라 살기 위해 불사불멸하고 만사를 행하려고 노력해야 한다.145)

이어서 아리스토텔레스는 지성적 행복에 대한 외적 조건의 영향을 극소화하기 위해서 지덕(지성적 덕성)이 외적 수단을 극히 적게 필요로 한다고 말한다. "지덕은 외적 수단을 아주 적게 필요로 하거나 윤리적 덕성보다 적게 필요로 하는 것 같다. 관상하는 자는 자신의 활동만을 위해서라면 어떤 외적인 것도 필요치 않다. 오히려 관상에 대해서는 그런 것들이 장애물이라고까지 말할

---

145) Aristoteles, *Die Nikomachische Ethik*, 1177b19-37.

수 있을 것이다."146) 이로써 아리스토텔레스는 지성적 행복을 악운과 불운의 개입으로부터 최대로 자유롭게 만들어 신의 경지에 근접시키려고 한다.

그러나 아리스토텔레스는 이 말과 모순되게도 『정치학』에서 철학을 위한 한가에는 많은 필수품들이 미리 준비되어야 한다고 말하고 있다. "한가롭게 실기 위해서는 많은 필수품들이 이미 있어야 한다. (…) 용기와 인내심은 일에 필요하고, 철학(애지)은 한가에 필요하고, 정심과 정의는 일과 한가의 두 시기에 다 필요하다."147) 따라서 우리는 이 문제에서 아리스토텔레스가 스스로 종을 잡지 못하고 있다고 말해야 할 것이다.

한편, 그는 '완전한 행복'이 일종의 '관상활동'이라는 사실을 자신의 독특한 신학神學에서도 논증적으로 도출해 다시 검증한다. "신들은 가장 행복하고 가장 지락至樂하는 존재"다. 왜 신은 가장 행복한 존재인가? 신은 물건의 제작과 생산, 물품거래, 채무변제, 금전관리 등 경제활동을 통해 행복한 것인가? 신이 이런 포이에시스(ποίησις, 생산·제작·창작) 차원의 경제활동을 한다면 이는 신의 신격神格에 어울리지 않는 것이다. 따라서 경제활동을 통한 행복은, 신에 관한 한, 어불성설이다. 또 신이 가령 두려움을 이기는 용감한 행위, 금전적으로 시원시원하게 잘 베푸는 행위, 절제, 정의 등 덕성에 입각한 '프라시스(πρᾶξις)'를 통해 가장 행복하다는 말도 신격에 어울리지 않는다. 신은 극복해야할 두려움도 없고, 신은 쪼들리거나 쫀쫀하지 않기 때문에 시원시원한 베풂을 행해야 할 까닭도 없고, 신은 나쁜 욕망을 가지고 있지 않기 때문에 이를 절제해야 할 이유도 없고, 신은 불의를 모르기 때문에 정의로울 필요도, 정의롭다고 칭송받을 필요도 없기 때문이다.

그렇지만 신은 잠자지 않고 어떤 형태로든 활동하며 살아있는 존재다. 신의 이 활동은 다름 아닌 '관상'이다. "살아있는 존재에게서 프라시스(행위)를 떼어내고 더 나아가 포이에시스(제작노동)까지 떼어낸다면 테오리아(관상) 외에 무엇이 남겠는가? 따라서 복된 면에서 모든 존재를 능가하는 신의 활동은

---

146) Aristoteles, *Die Nikomachische Ethik*, 1178a24-1178b4.

147) Aristoteles, *Politik*, 1334a16-25.

관상활동일 것이다. 그렇다면 인간의 활동 중에서도 이 신의 활동과 가장 많이 닮은 활동인 관상이 지락의 활동이다." 그러나 "신들은 삶 전체가 복된 반면, 인간은 신의 활동과 유사한 만큼만 복될 뿐이다". 따라서 "관상이 지속되는 만큼 행복도 지속되고 더 많이 관상하는 사람에게 행복도 더 많이 돌아가는데 그것도 우연에 의해서가 아니라 자신 안에 자기의 가치를 가진 관상에 근거해서 그렇게 된다. 따라서 행복은 일종의 관상인 것이다."[148] 아리스토텔레스는 반려적 세상을 등진 철학자의 이기적·방관적 삶을 '관상의 삶'으로 찬양하며 신적 경지의 '완전한 행복'으로 신격화하고 있다.

그러나 외적 조건이 관상에 대한 '장애물'이 될 수 없다고까지 말하던 아리스토텔레스는 갑자기 풀이 죽어 다시 외적 조건의 부담을 거론하고 있다. "물론 행복한 자도 인간이라서 외적 조건의 유리함이 요구될 것이다. 우리의 자연적 천성은 그 자체로서 관상을 구현하기에 충분치 못하기 때문이다. 관상을 위해서는 육체도 건강해야 하고 음식과 여타 보살핌이 필요하다. 이처럼 외적 호조건 없이 행복을 달성하는 것이 가능하지 않더라도 행복하기 위해 상당한 비용이 필수적이라고까지 생각할 필요는 없다. 전측면적 독립성과 행위를 위해 과잉의 외적 조건이 전제되는 것이 아니라 오히려 그 반대이고, 따라서 땅과 바다를 지배하지 않아도 고귀한 행위를 할 수 있기 때문이다." 그는 이어서 말한다. "적절한 토대 위에서도 덕성에 따라 행위할 수 있다. 우리는 이것을 분명히 관찰할 수 있다. 주지하다시피 단순한 시민도 올바른 행위에서는 권력자에 뒤지지 않고 오히려 능가할 수 있기 때문이다. 외적 수단은 이미 말한 만큼 있으면 충분하다. 덕성에 따라 활동하는 사람의 삶이 행복할 것이기 때문이다. 솔론(Σόλων, 기원전 640?-560?)은 '행복한 사람'이란 외적 호조건이 적당히 주어져 있고 스스로의 관점에서의 가장 훌륭한 행위들을 행하며 정심正心 있는 삶을 살아 온 사람이라고 말했는데, 이는 행복한 사람의 모습을 잘 그려낸 것이다. 사람은 외적 조건이 적당히만 있어도 해야 하는 일들을 행할 수 있기 때문이다."[149] 아리스토텔레스는 앞서 관상적 행복이

---

148) Aristoteles, *Die Nikomachische Ethik*, 1178b6-33.

'아주 적은' 외적 조건을 필요로 한다고 말했으면서도 다시 말을 바꿔 이제는 '적당한' 외적 조건을 필요로 한다고 말하고 있다. 그러나 곧 후술하겠지만, 철학자의 '관상적 행복'이야말로 '아주 적은' 외적 호조건도, '적당한' 외적 호조건도 아니고, 노예들의 노동에 의해 뒷받침된 '여가'라는 최고의 외적 호조건(억세게 운 좋음)을 필요로 하는 것이다.

그러나 이 문제를 건너뛰면서 아리스토텔레스는 신과 가장 닮은 '지성'에 따라 행동하는 '순수한 지자(소포스σοφός)'가 신으로부터 가장 많이 사랑받는다는 논지로 관상적 행복론을 완결한다. "지성에 따라 활동하며 자기 안에서 이 지성을 돌보는 사람은 최선의 상태를 즐길 뿐만 아니라 신에 의해 가장 사랑받는 사람인 것 같다." 왜냐하면 "신들이 자신들을 가장 많이 닮은 최선의 것(이것은 지성이다)에서 기뻐한다는 것은 이치에 맞기 때문이다. 또 무엇보다도 지성을 가장 많이 사랑하고 높이 받드는 사람을, 신이 소중히 하는 것(지성)을 보살피는 사람으로 여기고 또 옳고 고귀한 행위를 하는 사람으로 여겨 응보應報를 한다는 것도 이치에 맞을 것이다. 이런 모든 것이 무엇보다도 순수한 지자에게 속한다는 것은 명백하다. 그러므로 그는 신에 의해 가장 많이 사랑받는다. 그렇다면 그는 가장 행복한 사람이기도 해야 한다. 이런 이유에서도 지자는 가장 행복한 사람이다."150)

간단히 말하면 지자는 우리 안의 '최선의 것', '가장 신적인 것'인 관상적 '지성'의 활동을 하기 때문에 가장 행복할 뿐만 아니라 신의 사랑을 가장 많이 받기 때문에도 가장 행복하다는 논리다. 그런데 그는 앞서 행복은 "영혼의 덕행"이므로 "수련에 의해 학습되거나 획득될 수 있거나 또는 어떤 다른 방식으로 수양될 수 있는 것"이라고 시사하면서 행복이 "신적 시혜 또는 운에 의해 부여되는 것임"을 부인하고 "행복이란 덕성의 능력과 관련해 망가지거나 불구화되지 않은 모든 사람들이 그 어떤 학습과 노력으로 획득할 수 있다"고 말하는 한편, 최고의 덕행적 인과응보의 결과인 행복과 같은 "가장 위대하

---

149) Aristoteles, *Die Nikomachische Ethik*, 1178b33-1979a13.

150) Aristoteles, *Die Nikomachische Ethik*, 1179a24-33. 괄호는 인용자.

고 가장 고결한 것을 운에 맡기는 것은 사물의 적성에 너무 반하는 것"이라고 주장했다. 동시에 이 논의 과정에서 그는 '신적 시혜'와 '운'을 동일시했다. 따라서 그의 이 기본 관점에 따르면, '신의 사랑을 가장 많이 받아서' 이에 따른 '응보(응분의 보답)'를 신으로부터 받는 것은 '가장 운이 좋다'는 말이나 다름없다. 따라서 '관상적 활동이 가장 행복하다'는 주장은 결국 논리적으로 '가장 운이 좋아서 가장 행복하다'는, 말하자면 '사물의 적성에 너무 반하는' 자가당착적 주장으로 귀착되고 만다.

또한 신에게 부적합한 프락시스와 포이에시스를 모조리 다 제외시키고 나면 신에게 남는 활동은 관상활동 밖에 없다는 그의 명제와 정면으로 모순되게, 아리스토텔레스는 신이 신을 흉내 내어 관상하는 인간에 대해 '응보'하고 '사랑'하는 덕스런 행위도 한다고 말하고 있다. 따라서 철학자들은 이 신을 제대로 닮으려면 관상만이 아니라, 철학자들을 조금이라도 따르고 흉내 내는 반려적 인간들에게 사랑과 포상을 해 주어야 한다. 그러나 아리스토텔레스와 그의 관상적 철학자는 반려적 인간들에게 응보의 사랑이나 포상을 베푸는 인간의 '윤리적 덕행'을 2등급 덕행으로 경시하고 관상만을 추구한다. 따라서 '윤리적 덕행'을 소홀히 하는 아리스토텔레스와 그의 철학자는 신을 전적으로 잘못 흉내 내고 있다. 아마 궁극적으로 이런 아리스토텔레스적 철학자들은 가장 불행한 인간으로 전락하고 말 것이다.

아리스토텔레스가 자신의 윤리학에서 행복론을 전개하다가 불운에 대한 보장책의 문제 때문에 윤리적 덕행의 행복론의 완성이 불가능하자 지성적·비윤리적 행복론으로 탈출한 것은 그의 윤리학의 자가당착성을 보여주는 것이다. 아리스토텔레스의 윤리학은 그 정점에서 괴기스런 형용모순의 '비윤리적 지덕의 윤리학'으로 전락하고 말았다.[151]

나아가 지적 행복론 안에서조차 이렇든 자꾸 논리가 꼬이는 것도 그의 행복

---

151) 따라서 앨런도 "이것(가급적 많이 영혼의 불멸적인 부분을 발휘하는 것)이 얼마나 가능하고 더구나 이것이 전체로서의 '윤리학에 대한 연구가 구상될 수 있는 정신인가?"라고 의문을 제기한다. Allen, *The Philosophy of Aristotle*, 139쪽.

론의 설득력을 위협한다. 게다가 어떻게 철인의 지위에 올랐든 상관없이 철인의 '관상적 행복'이 불변의 신적인 위업과 명성을 이룰 '최고의 행복'이라는 그의 결론에도 우리는 결코 동의할 수 없다. 한때 재상의 지위에 올라 최고 수준의 치국도 해 보고 — 비록 온갖 노력에도 불구하고 다시 기용되지는 못했을망정 — 70여 평생을 제가와 교육, 그리고 학문과 덕행에 진력했던 공자가 최고의 행복을 누린 철인이자 전 인류의 영원한 성인으로 숭앙되는 것은 그의 관상활동(이론·철학)의 비윤리적 지덕에서 연유하는 것이 아니라,『주역』을 통해 지천명한 뒤 출사의 꿈을 버리고 수신·수덕을 게을리 하지 않으면서 '무도 無道'와 타협하지 않고 난세를 올곧게 비판하는 14년의 험난한 천하계몽 및 재야정치와, 제자를 기르며 경륜을 세우고 미래를 준비하는 데 진력한 살신성인의 '인덕실천(爲仁)'에서 연유하기 때문이다. 소크라테스의 불멸적 명성도 '신지神智'를 존중해 '신명神命'에 따라 아테네와 그리스 전체의 정신혁명을 위해 현실과 타협하지 않고 목숨을 걸고 전개한 살신성인의 교육활동과 재야정치운동에서 연유하는 것이다.

또한 아리스토텔레스의 관상적 행복이 앞서 시사한 대로 가장 많은 외적 호조건을 필요로 하고 따라서 운명에 가장 취약한 행복이라는 사실, 즉 관상적(이론적) 활동의 '행복'이 사실상 '행운'의 다른 이름이라는 사실이 입증된다면, 아리스토텔레스의 논증은 치명적 자가당착성을 안고 있음이 분명해질 것이다. 지성에 따른 관상적 삶을 영위하려면 남다른 관상능력(높은 IQ와 높은 EQ)을 타고나는 유전적 행운을 얻어야 하고 또 이 능력과 지혜를 개발하는 수십 년에 걸친 장구한 학구 과정에서 운 좋게 훌륭한 스승을 만나야 하는데다가 (아리스토텔레스는 '아카데미'에서 플라톤이 죽을 때까지 20년을 수학했다), 다시 운 좋게도 오랜 수학 과정에 필요한 엄청난 학비와 생활비를 대줄 튼튼한 배경과 (생업활동으로부터 자유로운) 충분한 여가를 가져야 한다.152) 또 능력의 개발을

---

152) 아리스토텔레스는 노예들이 생업·가사노동을 대행하는 유한(有閑)계급의 부유한 가정 출신인데다 알렉산더대왕의 할아버지였던 마케도니아왕의 주치의를 지낸 그의 아비의 유산과 삼촌의 재정지원을 받았다.

완수한 후 관상의 삶을 사는 과정에서도 이를 뒷받침해 줄 주거비와 생활비, 연구비 등 상당한 자금과 수많은 유력자들의 도움이 필요하다.153) 말하자면 이 관상의 삶에도 생계활동과 가사노동으로부터 완전히 해방된 충분한 '여가'가 필요하며, 이 '여가'를 확보하기 위해서는 엄청난 규모의 생활물자가 타인들에 의해 마련되어야 하는 것이다. 아리스토텔레스도 자기 입으로 "한가롭게 살기 위해서는 많은 필수품들이 이미 있어야 한다"고 말하고 있다.154) 이것은 '억세게 운 좋은' 극소수의 행운아에게나 가능한 삶의 조건이다. 관상적 삶을 준비하고 영위하는 데 요구되는 이 '억세게 운 좋은' 외적 호조건을 고려할 때, 관상적 삶의 완전한 행복이란 보통사람의 삶과 동떨어진 소수의 철인들에게나155) 가능한 개인적 행복인 것이다.156)

결국 아리스토텔레스의 관상적 행복론은, 신의 사랑에 의해 예외적으로 최고의 길운吉運과 행운을 보장받은 사람만이 가장 행복한 관상적 삶을 살 수 있고 또 이런 관상적 삶을 사는 사람만이 신의 사랑을 가장 많이 받는 사람이라는 순환논법에 빠지고 만다. '신의 사랑을 가장 많이 받는다'는 말은 '관상하는 철학자'의 지위에 있다는 말이고, '관상하는 철학자'는 철학을 할 만큼 여가가 있고 여가가 있을 만큼 부유하고 철학을 할 만큼 머리가 좋은 '신의 사랑을 독차지한 억센 행운아'와 같은 뜻이다. 그리고 이 '억센 행운아'는 '신의 사랑을 가장 많이 받는 사람'이고 '신의 사랑을 가장 많이 받는 사람'은 '가장 행복한 사람'이고, '가장 행복한 사람'은 다시 '억센 행운아'다. 이것은 순환논리다. 신적 관상·이론 활동의 '완전한 행복'으로서의 '최고의 행복'이 행운의 혜택으로부터 가장 해방된 것임을 논증하려던 그의 논리는 의도치 않게 '최고의 행복'이란 실은 '최고의 행운'이라는 자기부정의 논리로 뒤집히

---

153) Barnes, "Life and Work", 3-6쪽. 아리스토텔레스의 경우는 그의 학우 아타르네우스 땅의 헤르미아스 참주와 마케도니아 제국의 필립 2세와 알렉산더대왕의 전폭적 지원을 받았다.

154) Aristoteles, *Politik*, 1334a18-9.

155) 오늘날의 직업으로 치면 오늘날은 순수이론과 철학·수학 분야의 정년보장 교수에 해당한다.

156) 이에 대한 비판적 지적은 참조: James O. Urmson, *Aristotle's Ethics* (Oxford: Basil Blackwell, 1988). 엄슨(장영란 역), 『아리스토텔레스의 윤리학』(서울: 서광사, 1996), 198, 204쪽.

고 만 것이다. 이는 다름 아니라 그가 가장 회피하고자 했던, 행복을 행운과 동일시하는 "너무 경솔한" 행복관과 같은 것이다.

종합하면, 그에게 인간적 덕행의 윤리적 행복이란 '윤리적 덕행과 행운의 절충·혼합물'이고, 지적·비윤리적 덕행의 관상적 행복은 '억센 행운'과 동일한 것이다. 이런 까닭에 소크라테스와 플라톤은 자신의 신화적 윤회설을 피력하면서 철학자에 대한 행복 보장을 강조하면서도 철학자도 결코 운명으로부터 자유롭지 못함을 지적하는 것을 잊지 않았다. "매번 이승의 삶으로 돌아오는 때면 건전하게 철학하는(지혜를 사랑하는)" 사람이 "만약 그의 운명 선택의 제비가 마지막 제비들 가운데로 떨어지지 않는다면", 우리는 "그가 여기(이승)에서 행복할 뿐만 아니라 저승으로 가는 그의 여행길과 이승으로 돌아오는 길도 험한 지하도가 아니라 부드러운 천도일 것이라고 감히 위험을 무릅쓰고 확언할 수 있다."157) 이처럼 인지人智로 신의 세계를 알 수 없기 때문에 "만약 ~하지 않는다면"이라고 조건부로 말함으로써 소크라테스와 플라톤은 '철학자'에게조차도 아리스토텔레스가 약속한 것 같은 운명초월적인 '신적 행복'을 보장하지 않았던 것이다.

정의로운 자의 행복과 정의롭지 못한 자의 불행을 저승에서 그리고 윤회를 통해서라도 보장하려는 윤회론의 '이야기 틀' 안에서도 "극단의 경우에 철학의 가능성조차도 폐색시킬 수 있는 '우연(chance)' 또는 상황적 우발성(contingency)의 요소를 여전히 시인하지 않을 수 없었던 것"이다. 윤회론 안에서도 운명이 심지어 "교육받을 영혼의 적성(소질), 정의와 불의의 차이를 배워 행할 영혼의 적성, 육체로 환생한 삶의 선을 행동선택의 점증하는 연관에 의해 구체적 형태로 빚어낼 영혼의 적성까지도 예정豫定하는" 결정론적 방향으로 흐를 수 있는 딜레마와 아이러니가 들어 있기 때문이다.158) 이런 마당에 인생행로의 큰 줄기는 더 말할 것이 없을 것이다.

---

157) Platon, *Politeia*, 619d-e.

158) Stephen Halliwell, "The Life-and-Death Journey of the Soul: Myth of Er", 470쪽. G. R. Ferrari (ed.), *The Cambridge Companion to Plato's Republic* (Cambridge·New York: Cambridge University Press, 1998).

따라서 아리스토텔레스가 처음에 개념화를 시도한 의도대로 윤리적·인간적 행복과 비윤리적·신적 행복이 둘 다 순전히 덕행의 결과임을 논증하는 데 이론적으로 성공했다손 치더라도, 그의 행복론은 그의 현실적 인생과 상극적 모순을 일으킬 수밖에 없는 것이다. 그가 덕행자이고 애지자일지라도 정치적으로 얽힌 자기의 삶으로 인해 초로에 비명횡사를 당한 것은 큰 흉액("크고 반복적인 불운")에 대해 속수무책인 그의 윤리적·비윤리적 행복론이 결국 실패작임을 입증한다. 그에 의하면, 행복은 천수를 다하는 인생의 마지막 날까지 적당한 수준의 행운을 누리면서 평생 동안 윤리적 덕행의 삶 또는 관상의 삶을 사는 것이다. 그러나 그는 운수 사납게도 임박한 처형의 위협에 어쩔 수 없이, 지성적 관상의 삶을 누리던 정든 아테네의 뤼케움학당을 버리고 친구도 제자도 없는 외지에서 급사하는 비극적 종말을 맞았다. 그러므로 자신이 내린 행복의 정의에 따르더라도 그의 삶은 아주 불행한 것이었다.159)

또한 카를 마르크스도 '사유의 거인(Denkriese)'으로 찬미한 이 철학자 아리스토텔레스가 정치에 얽혀 비명횡사했다는 것은 관상적 삶이 외적 조건과 불운에 가장 적게 영향 받는다는 그의 주장이 완전히 빈말에 지나지 않는다는 것을 입증한다. 뤼케움에서 누리던 그의 행복한 관상적 삶은 그의 생사를 가르는 갑작스런 정치적 위기의 형태로 외부로터 닥친 불운의 치명적 일격에 박살나 버렸기 때문이다.

반면, 공자는 50대 후반에서 60대 전반에 걸친 14년의 세월을 해외에서 떠돌았지만 『주역』을 통해 대흉과 대과를 피하고 자신의 막힌 관운과 무도한 시대의 천명을 미리 알아서 학문과 교육에 전념했으며 그런 사이 정세가 호전되어 노나라 조정의 부름을 받고 조국으로 귀국할 수 있었다. 따라서 그는 아리스토텔레스처럼 국내외 체류의 20년 가까운 세월 동안 한날 관상활동만을 즐겼던 것이 아니라 순천과 낙천의 자세로 학덕과 인덕을 펴면서 부처의 제자보다 두 배 많은 3000제자에 대한 가르침의 범애를 실천하는 인덕자의 삶을 살았다. 또한 그의 말년은 풍요로웠으며 그의 학당은 번창했다. 그는

---

159) Hutchinson, "Ethics", 232쪽.

제자들이 임종을 지켜보는 가운데 행복하게 눈을 감을 수 있었고 죽은 뒤에
도 애제자들로부터 삼년상의 예를 받았다. 아리스토텔레스는 공자가 이런 순
천과 낙천의 경지에서 누린 행복과 거리가 멀었던 것이다.

지금까지 행복과 운명의 관계 및 신탁점에 대한 공자·소크라테스·플라톤·
아리스토텔레스의 철학적·신학적 관점을 길게 논함으로써 얻을 수 있는 중요
한 교훈이 있다면, 그것은 공자·소크라테스·플라톤 등 동서양의 성인들이 모
두 다 인간의 지혜를 개발하고 덕성을 쌓기 위해 스스로 노력하는 것을 신탁
자문보다 먼저 해야 할 일로 간주했지만, 인간의 지혜로 알 수 없고 또 인간
들끼리의 논란으로 풀 수 없는 신적 범주의 문제들이 존재함을 겸허하게 인
정하는 지적 겸손을 미덕으로 삼았고 나아가 제각기 신적 범주의 문제들과
관련해서는 신탁점을 깊이 믿고 스스로 활용했다는 것이다. 이러는 가운데
이들은 '성신成身' 또는 자기완성을 이루고 행복을 누렸다. 그래서 소크라테스
는 죽음도 가벼이 여길 수 있었던 것이다. 공자와 플라톤은 각각 73세와 80세
의 수를 누렸다. 반면, 신지와 관련된 학구를 등한히 하여 자기 인생의 미래를
한 치 앞도 내다볼 수 없었던 아리스토텔레스는 62세의 초로의 나이에 공포
와 고독 속에서 비명횡사하고 말았던 것이다.

그러나 네 철학자가 모두 경신적敬神的이었고 신적 지혜를 배척하지 않았
다. 따라서 서양의 철학자들은 세속적이고 합리적이었던 반면, 공자와 맹자
는 역학과 천명관의 주술적 세계관에서 헤어나지 못했다고 보는 관점이나,
아테네 민주주의와 서양의 철학자들을 소위 '세속적·합리적'상으로 포장하
고 공자와 맹자도 이 상에 맞춰 '합리화'하고 '역학'을 제거하려는 시도는 심
히 그릇된 것이다. 또 기독교 『성경』의 계시와 예언적 복음을 탐구하고 또
계시를 듣고 해석하는 이론들을 '신학'으로 인정해 주는 반면, 공자의 시서론
蓍筮論과 중도역학을 '미신'으로 배척하는 것은 더욱 당치 않을 것이다. 서점筮
占을 배척하는 의리역설은 천명을 깔보는 사변적 지성의 오만에서 이런 당치
않은 일을 일찍이 자행했던 셈이다. 굳이 견주자면, 초超지성적 신탁계시들을
아리스토텔레스의 '지성주의 신학'으로 정리한 '합리론적 기독신학'은 신탁계

시의 신지 획득을 까마득한 옛날의 신적·특권적 선지자와 성자聖者의 과거사
로 만든 다음, 결국 오만한 인지주의人智主義의 '무제한적 지성주의'로써 신탁
계시의 신뢰성까지도 부정하는 자가당착에 빠진 반면, 공자의 역학은 신지와
인지를 화합시킴과 동시에 신지를 고금의 만인에게 개방한다. 역학은 오늘날
도 누구나 배워 언제나 일용 수 있는 비특권적·비권위적 시서蓍筮로 얻은 신
지의 의미를 – 후술하는 바 – 고증·논증·서증筮證의 경험적 인지人智와 실증
적 '해석' 방법으로 이해하려는 겸손한 '경험론적 신지론'이기 때문이다. 이
점에서 공자의 역학은 서양 신학에 대한 유학적 등가물이지만, 이 가지론적
서양신학과 근본적으로 다르고 익서보다 본질적으로 탈권위적이고 진보적인
것이다.

# 제3장 중국의 역학과 서구의 역학

대부분의 서구 지식인들이 서구철학의 원천인 플라톤과 아리스토텔레스, 그리고 고대 아테네의 민주주의를 오늘날의 세속적 합리주의의 옷으로 포장하고 그 본모습을 이해하지 못하듯이, 많은 동아시아 지식인들은 공자에 대한 이해 부족과 의리철학적 편견에 기인한 인지주의적 오만으로 말미암아 공자의 중도역설을 제대로 이해하지 못했다. 더구나 최근 100년간은 서구철학에 대한 열등의식에 사로잡힌 일부 식자들이 암암리에 공자를 서구식 합리주의로 채색하고, '유교의 신학'으로서 덕행구복과 점서피흉을 공히 중시하는 공자의 중도역학을 파괴하고 『주역』을 의리철학으로 몰아가려고 시도해 왔다. 일각에서는 귀신을 멀리하고 천명과 귀신을 말하지 않았던 40대 공자의 인지적人智的 지식 개념을 역학적 신지론神智論에 잘못 들이대며 이것이 마치 진정한 철학인 양 의리철학적 오만과 거드름을 피우기도 했다.

그러나 이런 의리역학의 '군림'에도 불구하고 국가와 대중 차원에서 『주역』을 점서로 쓰는 관행은 계속되었고, 의리역학에 대한 비판도 그치지 않았다. 상론했듯이 이 『주역』의 점서적 활용에 관한 공자의 어록과 논의들도 경전 안에서 무수히 끌어댈 수 있기 때문이다.

그리하여 서로 정당성을 다투는 의리역학과 점서역학 간의 논란은 2500년 동안 지속되었다. 의리역학은 이덕대점설과 부점론의 관점에서 『주역』의 초합리적 시서용도를 인정치 않고 『주역』을 단순히 도덕철학서로만 간주하는 지성주의적 역학인 반면, 점서역학은 무엇보다도 먼저 『주역』을 점서로만 대하는 신비주의적 역학이다. 의리역학은 역사상 왕필과 정이천에 의해 대표된 반면, 점서역학은 국가의 복관卜官 또는 사관史官과 재야 역학자들에 의해 대변되었다. 이 논란에 맞서 주희는 의리역설을 비판적으로 수용하면서도 『주역』의 복서기능을 다시 강조해 이 양자를 통합함으로써 공자의 중도역학을 부활시키게 된다.

# 제1절 의리역설과 주희의 비판

## 1.1. 왕필과 정이천의 의리역설

공문孔門 안에서 공자의 주역관 및 공자 자신의 시서 여부와 시서에 대한 믿음 여부는 『한묘백서』의 「요」편이 발굴되기 전까지 오랜 세월 유학자들의 뜨거운 논란거리였다. 일찍이 고대의 인지주의자人智主義者인 순자는 오만하게 "역易을 잘하는 자는 점을 치지 않는다"는 '부점론不占論' 또는 '이덕대점론以德代占論'을 피력한 점에서1) 훗날 현학의리학파玄學義理學派의 원조로 여겨졌다.

이어서 위진남북조魏晉南北朝 시대 왕필王弼(226-249)은 『주역』의 해석 방법으로 '득의망상설得意忘象說'을 전개함으로써 점서에 탐닉한 한대漢代의 상수역학象數易學을 비판하고 현학의리역학玄學義理易學을 수립했다.2) '득의망상설'은 '상象'이란 '뜻'을 얻는 수단에 불과하므로 '뜻'을 얻으면 '상'은 깨끗이 잊어버려야 한다는 주장이다.3) 이 주장으로써 왕필은 '상의 지위를 격하시켜

---

1) 『荀子』「大略」(27-49): "善爲易者不占."

2) 왕필의 현학의리학적 해석은 그의 『周易注』에 집대성되었다. 王弼, 『周易注』. 왕필(임채우 역), 『주역 왕필주』(서울: 도서출판 길, 2000). Richard J. Lynn (trans.), *The Classic of Changes: A New Translation of the I Ching as interpreted by Wang Bi* (New York: Colombia University Press, 1994).

3) '득의망상설'에 대해서는 참조: 王弼, 『周易略例』「明象」. 왕필(임채우 역), 『주역 왕필주』 부록

점서에 치우친 한역漢易의 상수학과 점후미신占候迷信을 일거에 추방했다.4) 나아가 그는 이덕대점론의 관점에서 시서蓍筮를 인정치 않고 공자의 시서 사실과 시서에 대한 믿음을 부인하며 『주역』을 노장사상老莊思想에 경도시킨 새로운 정치윤리학적 역설易說을 개창했다.

그러나 이 역학혁명의 기초가 된 핵심 명제인 그의 '득의망상설'은 공자의 관점에서 보면 심히 그릇된 것이다. 공자가 「계사전」에서 역설하는 '의미와 심상의 관계'를 다시 보자.

글은 언어를 완성하지 못하고 언어는 의미(관념)을 완성하지 못한다. 그렇다면 성인의 의미(관념)은 나타낼 수 없는 것인가? 성인은 심상(괘의 상징)을 세워 의미를 완성하고 괘를 설치해 정情과 위僞(치장)를 완성하고 사辭를 묶어 그 언어를 완성하고 이를 변통하여 이利를 완성하고 이를 부추기고 춤추게 하여 신神을 완성하는 것이다.5)

공자의 이 말에 의하면, 글과 언어로는 의미(관념)을 다할 수 없기 때문에 글과 언어를 넘어 더 포괄적인 의미를 포착하기 위해 성인도 심상(괘의 상징)을 세우는 것이다. 따라서 심상(상징)은 의미보다 더 근본적인 것으로 독자적 지위를 점하고 따라서 결코 폐할 수 없는 것이다. 그러므로 왕필의 역설은 공자의 노선에 정면으로 배치되는 것이다.

그럼에도 불구하고 왕필의 현학의리역설을 비판적으로 발전시킨 송대 역학의 대표자 정이程頤(1033-1107)는 왕필과 마찬가지로 이덕대점설과 부점론의 관점에서 『주역』의 시서를 인정치 않고 노장老莊에 기운 왕필의 해석을 유교적으로 교정하는 『이천역전伊川易傳』을 저술함으로써6) 유학적 '신지론神智論'으로서의 역학易學을 유학의 '윤리적 의리철학으로 '변질'시켰다.

---

2: 『주역약례』「상을 밝힘(明象)」, 630-1쪽.

4) 廖名春·康學偉·梁韋鉉, 『周易研究史』, 150쪽 참조.

5) 『易經』「繫辭上傳」: "子曰 書不盡言 言不盡意. 然則聖人之意其不可見乎? 子曰 聖人立象以盡意 設卦以盡情僞 繫辭焉以盡其言 變而通之以盡利 鼓之舞之以盡神."

6) 참조: 程頤, 『伊川易傳』. 成百曉 역주, 『周易傳義』(서울: 전통문화연구회, 2001).

이에 힘입어 이후 공자의 시서 및 주역관과 관련된 논의는 공자의 시서 사실을 부정하는 쪽으로 완전히 굳어졌다. 정이의 해석 논지는 왕필에 대한 이러저러한 비판적 제스처에도 불구하고 왕필의 의리역학을 거의 그대로 계승한 것이기 때문이다.7)

### 1.2. 주희의 중도역설

왕필 이래 1천년 가까이 지속된 이런 의리역학의 조류 속에서 주희朱熹(1130-1200)는 이런 편향을 바로잡고 점서역설과 의리역설을 통합하는 중도적 입장의 역학방법론을 주창했다.

그는 『주역』의 본경문本經文과 주석문 간의 구별을 강조하면서 기원상 『주역』이 시서서筮之書임을 출발점으로 삼았다.8)

> 『주역』은 본래 복서의 책이었고 후인들은 이것을 복서 이상의 것으로 보지 않았다. 그런데 왕필이 노장 해석에 이용하기에 이르러서는 후인들이 오직 이것만을 이유로 삼아 복서를 인정치 않았는데 이것도 그릇된 것이다.9)

이런 관점에서 주희는 정이가 한낱 점술가로 치부한 북송北宋시대 상수역학의 대가 소강절邵康節(1011-1077)을 '소자邵子'로 받들고 정이程頤의 의리역학적 탐구 성과와 점서역학을 통합하려고 시도했다.

---

7) 廖名春·康學偉·梁韋鉉, 『周易硏究史』, 265-266쪽 참조. 의리역설을 대표하는 왕필과 정이의 해석은 역학사(易學史)에 남을 큰 업적인 것은 사실이지만 때로는 『주역』의 본의(本義)와 동떨어진 의리를 전개하고 있다. 이 때문에 이들의 풀이에는 시서(蓍筮)에 전혀 도움이 되지 않는 그릇된 해석들이 적지 않다.

8) 이 중도역설로 『주역』을 풀이한 그의 주저는 참조 『周易本意』다. 朱熹, 『周易本意』. 成百曉 역주, 『周易傳義』(서울: 전통문화연구회, 2001). 서법(筮法)과 점단법(占斷法) 및 중도역설에 관한 그의 주장은 『역학계몽』에 잘 나타나 있다. 참조 朱熹, 『易學啓蒙』. 주희(김진근 옮김), 『역학계몽』(서울: 청계, 2008).

9) 朱熹, 『朱子語類』 제66권 7조목: "易本卜筮之書 後人以爲止於卜筮. 至王弼用老莊解 後人便只以爲理 而不以爲卜筮 亦非." 주감(朱鑒)이 편찬한 『문공역설』은 이 『주자어류』의 『주역』과 관련된 어록을 별책으로 떼어 출판한 것이다. 참조 朱鑒(撰). 『文公易說』(北京: 中國書店, 1992).

물론 이런 노력에도 불구하고 주희의 입장을 정이와 동일한 의리역학으로
보는 등 후세의 해석이 또 갈리는 것은 사실이지만, 그가 중도적 관점에서
현학의리파에 맞서『주역』의 시서 기능을 부활시키는 데 지대한 공헌을 한
것은 부인할 수 없는 사실이다. 그러나 주희의 이런 노력에도 아랑곳없이 현
학의리파적 흐름에 선 일부 역학계에서는 오늘날까지도 시서를 인정치 않고
공자의 서점사실을 부인하는 교조적 지성주의 이데올로기의 관점이 위세를
잃지 않고 있다.

청년 공자의 지성주의적 지식 개념에 갇혀 시서를 부정하는 이 의리역학
사조 속에서는『주역』의 각 괘·효사의 원의原義가 의리론적 첨삭과 변위, 과
장과 무시로 곳곳에서 손상되고『논어』의『주역』 관련 구절들조차도 본의本義
와 다른 의미변질을 겪기도 했다. 이에 따라 공자의 자기 운명 시서와 이를
통해 얻은 서괘筮卦에 대한 전승 기록도 모두 믿을 수 없는 에피소드로 치부
되었다.

의리역학은 공자의 '옛날 가르침', 즉 귀신을 경원하는 소장 시절의 지식
개념과 인지적人智的 세계관을 절대시해 공자의 지식 개념에서 '주역시서를
통한 지천'을 배제한 것으로 이해할 수 있다. 그리하여 왕필과 정이는 '지인'
개념을 뛰어넘는 새로운 지식에 관한 공자 어록의 진의를 오해할 수밖에 없
었다. 가령 정이는 저 '육십이이순六十而耳順'의 '이순'에 "듣는 바를 다 통달하
다(所聞皆通)"는 무의미한 주석을 가해10) '이순耳順'이 지닌 '순천順天'의 의미를
희석시키고 있다.

현대에도 반종교적·미신타파적 수준의 순진한 '과학주의적' 계몽주의를 추
종하는 일부 중국 학자들은 '이덕대점설·부점론'을 정당화하기 위해『논어』
「자로」의 "점치지 않을 뿐이다(不占而已矣)"라는 유명한 어록을11) 이덕대점설

---

10) 장기근 역저,『論語』, 113-114에서 재인용.

11)『論語』「子路」(13-22): "공자가 말했다. '사람이 항심을 갖지 않으면 무당이나 의원도 될 수 없다는
남쪽 사람들의 말이 있는데, 참 좋은 말이다! 그 덕이 항구적이지 않으면 혹시 뭔가를 받아 부끄럽게
된다.' (이어서) 공자는 '점치지 않을 뿐이다'라고 말했다(子曰 南人有言曰 人而無恆 不可以作巫醫.
善夫! 不恆其德 或承之羞. 子曰 不占而已矣)." '불항기덕(不恒其德) 혹승지차(或承之羞)'은 항괘(恒

과 부점론의 근거로 활용하고 있다.12) 하지만 "부점이이의不占而已矣"는 사실 '너무 분명하기 때문에 점칠 필요가 없다'는 말이다. 여기서 서점은 혁革괘 오효五爻의 효사 '미점유부未占有孚(점치지 않아도 믿음이 있다)'의 표현처럼 인간의 인식과 판단을 검증하는 최후의 보증방법으로 언급되고 있는 것이다. 따라서 점서역학파의 입장에서는 공자의 지 "부점이이의" 어록을 역으로 시서에 대한 공자의 높은 신뢰를 나타내는 근거로 들이댈 수도 있는 것이다.

청년 공자의 계몽적 지성주의를 절대시하는 교조적 의리역학은 이처럼 공자 어록의 의미를 변조하는 데 그치지 않고 점서역학파가 중시해 온 (공자 자신의 시서 사실이 기록된) 『공자가어』, 『건곤착도乾坤鑿度』 등의 저작들을 단순한 위작僞作으로 배척해 왔다. 그러나 『공자가어』를 위작으로 단정하는 것에 대해서는 일찍이 반론이 있어 왔다.13) 또한 최근에 발굴된 『한묘백서』 「요」편을 통해 공자가 자신의 시서 사실과 시서에 대한 믿음을 자인하는 기록이 드러난 이상, 두 저작의 공자 시서 기록을 단순히 '위작'으로 배척하기만 하는 것은 문제가 있다고 할 것이다.

## 제2절 근현대 서양 학자들의 역설

### 2.1. 라이프니츠의 수비학적 『주역』 연구와 좌초

『주역』에 대해 최초로 유럽어로 관심을 일깨운 서적은 프로스페로 인토르케타, 필립 쿠플레(Philippe Couplet, 1624-1692), 크리스천 헤르트리쉬(Christian Herdtrich), 프랑수아 루쥐몽(Francois Rougmont) 등 4명의 예수회 선교사가 루이 14세의 칙령에 따라 『논어』, 『대학』, 『중용』, 『맹자』를 라틴어로 번역해 출판한 『중국 철학자 공자 또는 중국 과학(Confucius Sinarum Philosophus, sive Scientia Sinensis)』(1687)이었

---

卦) 구삼(九三)의 효사(爻辭)다.

12) 참조: 廖名春·康學偉·梁韋鉉, 『周易硏究史』, 26쪽.

13) 참조: 李民樹, 『孔子家語』(서울: 을유문화사, 1974), 해제.

다.14) 이 책은『주역』이 도가의 점쟁이들과 "무신론자들"(성리학자들)이 "오용"
하고 있다는 것을 인정할지라도 이 경문의 일반적으로 받아들여지는 역사를
연대기별로 기록하면서『주역』의 도덕적 내용을 강조하고 있다.『주역』의 상
징들을 성서의 덕목들을 설명하기는 데 쓰려고 한 많은 중국의 기독교도들처
럼『중국 철학자 공자』의 역주자들은 15번 겸謙괘에 초점을 맞췄다. 한 유명한
명대 학자의 주석을 따라서 그들은 하괘 간괘가 땅의 심부로부터 구름과 별까
지 떠오르는 산을 뜻한다는 것, 고상함과 위대한 덕성의 상징을 뜻하는 것을
지적해냈다. 산의 기초가 땅을 상징하는 위의 곤坤괘 속에 있는데, 이것은 모
든 인류에게 과실을 낳는, 숨겨진 보물을 가진 겸손을 상징한다는 것이다.15)

　　19세기 이전 주역을 연구한 서양학자들로는 클로드 드 비스델루(Claude de
Visdelou, 1656-1737), 요하쉼 부베(Joachim Bouvet, 1656-1730), 라이프니츠 등이 있다.
비스델루는 최초로『역경』을 라틴어로 옮긴『역경이라는 중국서적의 약술 또
는 變化의 전범서(Notices de livre chinois nommé Yking, ou livre canonique des changements)』
(1728년경)를 썼다. 이 책은 세 효로 이루어진 팔괘의 괘를 'trigramme'으로, 그
리고 64괘의 괘를 'hexagramme'으로 번역해 서구에서 오늘날 통용되는 이 역
학 번역어를 유럽 최초로 창시했다. 그러나 이 책은 64괘 중 15괘와 십익
일부만을 옮긴 것인 데다, 기독교 포교에 필요한 종교적 문제에 초점이 맞춰
진 것이고 또 포교용으로 쓰였다.

　　청나라 강희제의 개인교사였던 부베도16)『역경 서적의 원리의 일반이념
(Idea generalis Doctrinae livre I-King)』이라는 책을 저술했다고 알려졌는데, 이 책은 당대
에는 출판되지 못했고 19세기에야 출판되었다. 이들의 책들은 큰 반향을 일

---

14) Prosperi Intorcetta, Christian Herdtrich, Rancisci Rougemont, Philiphi Couplet, *Confucius Sinarum
　　Philosophus, sive Scientia Sinensis* (Parisiis: Apud Danielem Horthemels, viâ Jacobæâ, sub Mæcente,
　　1687).

15) 부베는 강희제에게 하루에 두 시간까지 대수학과 기하학을 가르쳤다. 두 사람은 둘 다를 매혹시킨
　　『주역』을 정기적으로 토론했다. Richard J. Smith, *The I Chang* (Princeton: Princeton University
　　Press, 2012), 180쪽.

16) 부베는 강희제에게 하루에 두 시간까지 대수학과 기하학을 가르쳤다. 두 사람은 둘 다를 매혹시킨
　　『주역』을 정기적으로 토론했다. Smith, *The I Chang*, 171쪽.

으키지 못하고 사라졌고, 지금은 그 내용도 알기 어려운 상황이다. 수학자였던 부베는 『주역』을 수비학數秘學(numeroloy)으로 파고들어 구약상징론(fugurism)에 따라 연구했다. 부베는 1688년 중국에 도착해 1730년 그곳에서 죽었다. 그는 『주역』의 매력에 완전히 빠져든 최초의 서구인이었다. 그는 마테오리치처럼 당대의 과학과 수학에 고도로 훈련된 식자로서 천문학 지식으로 중국황실에서 인정받았다. 부베는 『주역』과 기타 경전들이 기독교적 계시를 내포하고 있다는 것을 증명하려고 시도한 구약상징론적 저작을 라틴어로 몇 권 썼다. 처음에 마테오리치에 의해 대표된 구약상징론은 유럽에서 1690년대 제례논쟁의 열띤 주제가 되었고, 결국 1704년 교황 클레멘스 11세가 신부와 천주교도의 제례 참가를 이단으로 금하는 칙령에 의해 구약상징론도 이단으로 억압되고 말았다.17)

노아의 아들들이 『주역』을 중국으로 가져왔다고 생각한 부베는 구약상징주의를 적용해 『주역』의 다양한 경문의 억지스런 어원적 평가와 팔괘와 64괘의 평가를 사용해 가령 '천天' 자를 '이二'와 '인人'으로 파자해 두 번째 아담의 예언, 즉 예수 그리스도의 출현에 대한 예언과 창조론을 가리키는 것으로 해독했다. 나아가 한자 '선船'을 '주舟'와 '팔八'과 '구口'로 파자해 노아의 8인 가족을 포함한 노아의 방주를 의미하는 것으로 해석했다.18) 그리고 건乾괘는 삼위일체를 뜻하고, 수需괘는 "구름이 하늘로 올라간다(雲上于天)"는 「대상전」에 따라 "구세주의 승천"을 뜻하는 것으로, 비否괘와 태泰괘는 각각 "죄악에 의해 타락한 세상"과 "예수 강생降生(Incarnation)에 의해 회복된 세계"를 뜻한다는 것이다.19)

부베·맥클래치·레그·빌헬름·러트(Richard Rutt) 등 『주역』을 연구하고 번역한 최초의 서양 학자와 번역자들이 모두 중국이나 한국에서 많은 세월을 보낸 기독교 선교사들이었다는 것은 충격적 사실이다. 이들은 『주역』과 중국경전

---

17) 참조: Redmond and Hon, *Teaching the I Ching*, 195쪽.

18) Smith, *The I Chang*, 172-173쪽.

19) Smith, *The I Chang*, 173쪽.

을 보는 자세를 기독교로 채색했지만, 그 칼러가 다 달랐다. 맥클래치·레그·러트는『주역』에 적대적으로 접근한 반면, 부베와 빌헬름은『주역』에 대한 큰 찬탄을 공개적으로 표명했다. 부베는 중국에 체류하는 동안 많은 시간을 주역연구에 쏟아 부었고,『주역』이 온전한 기독교적 계시를 포함하고 있다고 확신했다.[20]

라이프니츠는 제3부 2장 1절(1.3.)에서 상술한 바와 같이 처음에 부베 신부와 긴밀하게 서신을 주고받으며『주역』을 연구했다. 라이프니츠는 역괘의 음·양 효를 0과 1로 이루어지는 이진법의 수치 표현으로 해석하고 64괘를 이진법으로 환원했다.

이 이진법으로 보면 중지重地 곤坤괘는 000000이고 중천重天 건乾괘는 111111이다. 그러나 이런 이진법적 환원은『주역』을 이해하는 데 도움을 주기는커녕 해악을 끼친다. 우선 이런 환원은 음과 양을 0과 1로 전환시켜 양자 간의 '반발배척'과 '견인화응'의 의미를 없애버리기 때문이다. 0으로 무無를, 1로 유有를 뜻한다는 수비학적 자의恣意를 제외하면 0과 1은 결코 대립하지도, 견인하지도 않고 이 수비학적 자의를 인정해도 무와 유는 '상이'할지언정 음과 양의 관계처럼 '견인'할 이유도 없다.

그러므로 상론했듯이 라이프니츠는 복희 이래 문왕·주공·공자가 역괘의 의미를 해석하려고 노력했지만 실은 어떤 중국인도 수천 년 동안『주역』의 비의를 해득하지 못하고 점치는 데만 활용했을 뿐이고 오로지 자기 자신만이 역괘를 해명했다는 오만한 장담과 달리『주역』을 '전혀' 이해하지 못한 것이다.[21] 그의 이진법이 오늘날 컴퓨터를 가능케 한 중요한 수학적 발명이라는 점을 인정할지라도 이진법에 의한『주역』의 수학적 풀이는『주역』의 진리에 조금도 접근하지 못한 것이다. 이진법은『주역』의 역리의 본령과 무관하고 단지 그 수리적 외피에 지나지 않는 것이기 때문이다.

---

20) 참조: Redmond and Hon, *Teaching the I Ching*, 195-196쪽.
21) 라이프니츠의 이진법적 주역해석 시도의 오류에 대한 비판은 참조: 황태연,『공자, 유럽을 계몽하다』(파주: 청계, 2018), "제7장 제1절 1.4.".

『주역』을 최초로 서구어(라틴어)로 완전히 번역한 사람들은 부베와 그 추종 자들이 택한 구약상징주의적 접근법을 극단적으로 비판적인 세 명의 예수회 학자들이었다. 이 반反구약상징주의적 번역자들은 레기(Jean-Baptiste Regis, 1663-1738), 드 타르트(Pierre-Vincent de Tarte, 1669-1748)와 드 마일라(Joseph Marie Anne de Moyriac de Mailla, 1669-1748)였다. 이 세 사람은 중국경전들이 기독교신앙의 진리도 포함 하고 있다는 부베의 주장을 부정하고, 구약상징주의자들을 "에녹(카인의 장남) 추종자들의 카발라(히브리밀교)"와 같은 것을 만들어냈다고 탄핵했다.22)

이 세 사람은 『주역』의 번역작업을 1707년 시작했지만, 1차 원고는 1923년 에야 완성되었다. 이 최종원고는 수십 년 이상 책장 속에서 잠자고 있다가, 1830년대에 가서야 '율리우스 몰'이라는 청년 중국전문가에 의해 『역경, 중국 인들의 가장 고대적인 책(Y-King antiquissimus Sinarum libre)』이라는 제목으로 비로소 출간되었다.23)

이후에 가서는 18세기 후반에야 맥클래치·레그 등 프로테스탄트 선교사들 의 『주역』 번역서들이 나왔다. 그런데 이 프로테스탄트 주역번역가들은 모두 『주역』에 대해 경멸을 표했다. 맥클래치(Canon Th. McClatchie)는 『주역』을 "이교 적 미신"으로 간주하고 레그(James Legge)는 일반적으로 중국경전들에 대해 비 판적이었다. 이들이 공정하게 표현하는 경우에도 『주역』의 경문을 대부분 특 이하고 심지어 난센스로 간주했다. 하지만 이들의 이런 비판의 밑바닥에는 수세적 태도가 감춰져 있었다. 많은 서구인들은 기독교적 계시를 전혀 들어 본 적이 없는 사람들이 이룩한 문명이 자기들의 문명만큼 진보된 것임을 알 고 쇼크를 느낀 것이다. 보통 중국인들은 선교사들이 계시를 말해 줄 때도 이에 대해 일반적으로 무관심했다. 선교사들은 이 무관심을 중국인들이 『주 역』과 공자경전에 대해 품은 존경심 때문인 것으로 해석했다. 이 존경심은 선교사들이 볼 때 기독교로의 개종을 막는 주요 장벽이었다. 이 경전들에 대

---

22) Smith, *The I Ching*, 181쪽. 이 탄핵은 복희가 구약의 가부장 에녹이고 『주역』은 "에녹의 종말론"의 일부라는 부베의 주장을 겨냥한 것이다.

23) Smith, *The I Ching*, 181쪽.

해 선교사들이 표하는 분노는 중국인들에게 이 경전들이 성서보다 못하다는 것을 설득할 수 없는 더 극화되었다. 중국인들이 고대 경전들을 진지하게 의문시하기 시작한 것은 훨씬 뒤에, 그것도 기독교 종교 때문이 아니라 서구의 기술발전 때문이었다.[24]

맥클래치 선교사는 부베 신부처럼 『주역』이 노아의 홍수 후에 노아의 한 아들이 중국으로 가져온 것이라고 주장했다. 하지만 부베가 『주역』을 고대의 중국인들이 '하나의 참된 신'에 대한 지식을 가졌다는 것을 증명하는 데 쓴 반면, 맥클래치는 이 경전이 "바벨(바빌론)로부터의 이산(dispersion) 전에 님로드(바빌론 제국의 건국자)와 그의 쿠시인들(이집트인)에 의해 완벽화" 일종의 이교적 유물론을 반영하고 있다고 믿었다.[25]

맥클래치는 중국인 비非기독교들을 "이교도들"이라는 폄훼적 술어로 기술하고 있다.[26] 그리고 『주역』에 그릇된 신화학을 적용하고 있다.

> 이 고대 경전은 우리에게 바벨에서 세워진, 그리고 전全세계적으로 모든 이교적 철학 저작 안에서 많든 적든 정밀성에서 발견되는 물질적 체계를 큰 명백성과 함께 우리에게 줄 뿐만 아니라, 그 안에서 우리는 8개의 주요 신성의 부류를 이루는 삼위일체론의 가장 고대적인 형태를 발견한다.[27]

하지만 맥클래치도 중국 사상에 대해 전적으로 부정적이기만 한 것은 아니고 이교철학 중 보다 존경받는 학파인 스토아학파와 비교했다. "이런저런 경전들의 학습은 (…) 적어도 내게 공주주의와 서구 스토아주의가 동일하다는 점을 확신시켜주었다."[28] 레드먼드와 혼(Geoffrey Redmond & Tze-ki Hon)은 "두 철학

---

24) 참조: Redmond and Hon, *Teaching the I Ching*, 196쪽.

25) Smith, *The I Ching*, 183쪽.

26) Canon Th. McClatchie, *A Translation of the Confucian 易經 or the "Classic of Change", with Notes and Appendix* (Shanhai: American Presbyterian Mission Press; Reprint: Tapei: Cheng Wen Publishing Company, 1973), "Preface", iv.

27) Canon Th. McClatchie, "The Symbols of the Yeh King", *The China Review* 1.3 (1872), 172쪽.

28) McClatchie, *A Translation of the Confucian 易經 or the "Classic of Change"*, "Preface", vi.

이 덕성과, 열성적 자기도약을 통한 덕성의 개발을 강조하기 때문에 스토아주의와의 비교가 다 빗나간 소리는 아니다"고 주석한다.[29] 하지만 레드먼드와 혼은 스토아철학이 상론했듯이 기원전에 그리스로 건너간 공맹철학의 영향을 받았을 것이라는 사실에 대해 전혀 감 잡지 못하고 있다.

맥클래치의 저삭들 안에서는 낯선 사상을 처음 만날 때 생겨나는 오해의 공통된 패턴이 보인다. 이해의 최초의 노력들은 종종 새로운 것을 기지의 것의 변형태로 해석한다. 나아가 지금 "문화충격"으로 얘기되는 것이 감지된다. 마테오리치와 부베는 중국경전들을 기독교 계시의 감춰진 형태들로 만들려고 노력함으로써 대응했다. 맥클래치는 중국인들을 참된 신을 모르는 미개한 이교들로 간주하는 정반대의 반응을 보인 것이다. 맥클래치는 『주역』의 양·음효를 성적 상징으로 본 것 때문에도 혼란에 빠진 것으로 보였다. 건乾과 곤坤의 상이한 칭호들 안에 이런 성적 상징의 암시가 아마 존재할 것이다. (건·곤은 『마왕퇴한묘백서』에서 가령 '건鍵'[열쇠]과 '천川'[시냇물]으로 불린다.) 하지만, 건·곤이 암수 성기와 유사하다고 볼 수 있다고 하더라도 『주역』의 나머지 효들에서는 이 상징성이 다시 나타나지 않는다.[30] 이 점에서 맥클래치의 문화적 혼란은 근거 없는 것이다.

최초의 읽을 만한 주역번역서를 낸 제임스 레그는 오랜 세월 중국에서 선교사로 살았다. 레그는 맥클래치와 스코틀랜드 동향인으로서 그와 유사한 고집스러움이 있는 기독교적 인물이지만, 맥클래치와 달리 오랜 세월 『주역』의 경문에 그의 종교 이데올로기를 대입하지 않았다. 이 때문에 레그의 주역번역서와 기타 공자경전 번역서들은 오늘날도 여전히 읽을 만하다. 그러나 맥클래치의 주역번역서는 일종의 '골동품'으로 전락했다.[31]

레그의 번역에서 오역이 끼어든 것은 그가 신중치 못해서가 아니라 그의 지루하고 장황한 어투, 그리고 이 경전과 중국인들에 대한 그의 경멸 때문이

---

29) Redmond and Hon, *Teaching the I Ching*, 197쪽 각주9.

30) Redmond and Hon, *Teaching the I Ching*, 198쪽.

31) Redmond and Hon, *Teaching the I Ching*, 198쪽.

었다. 레그의 주역번역서의 도처에서 드러나는 오역들 때문에 칼 융은 훗날 "지금까지 영어로 읽을 수 있는 유일한 버전인 레그의 번역은 이 저작을 조금도 서양의 정신에게 접근가능하게 만들지 못했다"고 혹평했다.32) 레그는 중국을 전혀 좋아하지 않았고, 『주역』을 전혀 존중하지도 않았다. 그는 심지어 『주역』을 "상징적 표현들의 잡동사니"로 기술할 정도였다.33)

## 2.2. 리하르트 빌헬름과 칼 융의 중도역설

서양인으로서 최초로 『주역』을 높은 수준에서 연구해 그 깊이를 이해하고 중도역학적 관점에서 새로운 해석담론을 창출하고 실제에 활용한 학자는 독일의 중국학 전문가이자 역학자인 리하르트 빌헬름(Richard Wilhelm, 1873-1930)이다. 그는 『주역』을 오랜 세월에 걸쳐 엄밀하게 독역獨譯해 1923년 유럽 최초로 독보적 주석·번역서 『역경 - 변화의 서(I Ging – Das Buch der Wandlungen)』를 출간해34) 역학을 서구학계에 제대로 소개하고 전파시켰다.

빌헬름은 10여 년 동안 중국에 살면서 현자로 알려진 중국 역학자 노내선 勞乃宣(Lau Nai Süan; Lao Nai-hsuan; Lao Naixuan, 1843-1921)에게서 역학을 배워35) 독일어 번역을 수행했다. 출판 이후 지금까지 그의 역경번역 『역경 - 변화의 서』는 1950년대에 영어·프랑스어·이탈리아어·스페인어 등 수십 개국 언어로 다시 번역되었다.

빌헬름의 『역경 - 변화의 서』는 기독교와의 관계가 아니라 『주역』 그 자체의 윤리학적·철학적 측면들을 고려한 최초의 서양 번역서였다.36) 빌헬름의

---

32) Carl G. Jung, "Foreword"(1949), xxi. Cary F. Baynes (trans.), *The I Ching* (Princeton: Princeton University Press, 1950·1997). 이 서문은 Carl G. Jung, *Psychology and the East* (Princeton·New Jersey: Princeton University Press, 1978·1990)에도 실려 있다.

33) Smith, *The I Chang*, 184쪽.

34) Richard Wilhelm, *I Ging – Das Buch der Wandlungen* (München: Diederichs, 1923·2000). 그간 세월이 흘러 빌헬름의 독보적 번역과 해석에 도전하는 책들도 나왔다. 가령 Frank Fiedeler, *Yijing – Das Buch der Wandlungen* (München: Eugen Diederichs Verlag, 1996). 그러나 이 책도 빌헬름을 넘지 못하고 빌헬름의 번역보다 훨씬 더 많은 오류를 담고 있다.

35) Wilhelm, "Vorede zur ersten Ausgabe", 5쪽. Wilhelm, *I Ging – Das Buch der Wandlungen*.

36) Redmond and Hon, *Teaching the I Ching*, 197쪽.

번역은 레그의 것보다 더 부드럽고 아주 다른 세계관을 반영했다. 레그의 번역문이 『주역』이 말하는 것을 나타내는 것인 반면, 빌헬름의 번역문은 『주역』이 뜻하는 것을 전달한다. 그의 번역문은 받아쓰기 식 음조이고 주역경문의 여러 측면과 기능에 대한 그의 설명은 정교하다. 그것은 마치 중국을 사랑했을 뿐만 아니라 『주역』이 온 인류에게 말해줄 중요한 어떤 것을 가지고 있다고 생각했던 어떤 인물을 보여준다. 빌헬름의 번역서는 부베의 주장처럼 『주역』이 전세계적 특성을 가진, 시간을 초월한 지혜의 책으로 생각하지만, 부베와 달리 고대 서양이나 중동과 아무런 생성론적 연관이 없는 중국 고유의 경전으로 대한다. 빌헬름은 동양과 서양이 불가분적으로 상호 속하고 상호적 완성에서 손을 맞잡고 있고 서양은 지금 중국으로부터 배울 것이 있다고 믿었다.37) 그래서 그런지 『역경 - 변화의 서』는 1950년 칼 융의 제자 케리 베인스(Cary F. Baynes)에 의해 영역되어 출판되었을 때 "전지구적 센세이숀"을 일으켰다.38) 『주역』은 분명 극동에서 가장 중요한 경전이었지만, 빌헬름의 이 번역을 통해 『주역』은 비로소 "세계의 고전(world classic)"이 되었다. 그의 번역서는 최선의 번역서는 아닐지라도 "다른 어떤 번역서보다 훨씬 좋은 번역서"다. 그것의 문예적 질 때문에도 이 번역서는 단연 "가장 읽힐 만한" 책이다. 그리고 "그의 주역번역서는 서양이 그 자신의 전통에 환멸을 느끼게 되어 '동방으로부터의 지혜'를 갈구할 때 등장했다." 이 시의성 때문에도 각국어로 번역되어 나간 그의 주역번역서는 『주역』을 "세계의 고전"으로 만들어 주었다.39)

빌헬름도 중국에 선교사로서 갔을지라도 그는 중국문화의 찬미자가 되었고, 결코 단한 명의 중국인을 개종시키지 않았다는 것을 자랑했다고 얘기된다. 그는 청도淸島 시의 독일 선교사 공동체 안에 갇혀 지내지 않고 전통적 중국 유생들과 긴밀하게 교류했다. 1928년 그의 비망록은 영원히 사라지게 된 전통적 중국의 생활양식을 그리고 있다.

---

37) 참조: Smith, *The I Chang*, 189-190쪽.

38) Smith, *The I Chang*, 188쪽.

39) Redmond and Hon, *Teaching the I Ching*, 200쪽.

빌헬름은 『주역』을 서양의 독자들에게 제공되어야 할 '지혜의 보고'로 간주했다. "나 자신의 사상이나 서방의 서적들과의 비교는 가급적 근소하게 끌어들여서, 언제나 그 자체로서만 특별히 알 수 있게 만들어졌다. 그러므로 독자는 경문과 주석을 중국 사상의 진정한 재현으로 간주해도 된다. 이것은 말하자면 많은 원칙들이 기독교적 원칙과 아주 합치되어 종종 깜짝 놀라게 할 정도이기 때문에 강조하는 바다. (⋯) 『주역』의 본질을 진짜로 자기 것으로 만드는 사람은 누구나 이로써 경험과 삶의 진정한 이해가 풍부해진다는 사실 하나는 굳은 확신으로 천명될 수 있다."[40] 나아가 그는 독자들이 고대경전 『주역』에서 영감도 얻을 것을 희망한다. "번역문을 읽는 분들에게 번역작업을 하는 동안 내가 느낀 것과 동일한 참된 지혜의 기쁨이 주어지기를 기원한다."[41] 그럼에도 빌헬름은 중국철학을 호평했지만 기독교를 포기하지 않았다. 그는 예수가 삶을 받아들이고 긍정하는 가운데 인간이 짓이겨질지 않을 수 있게 하는 유일한 방법인 '내면적 자새'를 인간 안에 창조해준 분이라고 숭배했다.[42]

빌헬름은 마테오리치나 부베의 구약상징주의를 따르지 않았다. 그가 글을 쓸 당시는 누군가 이러한 참조를 문제 삼을 때가 아니었을지라도 이런 참조는 유일신에 대한 어떤 관련도 없는 경전원문을 변질시킬 위험은 명백했기 때문이다. 중국경전들 안에서 기독교적 특성을 발견해 내려는 구약상징주의 운동은 오경 속의 '상제上帝'를 성서의 '하느님(God)'으로 해석했다. 그런데 『주역』에서 '상제'는 (16번 예豫괘 「단전」과 50번 정鼎괘 「단전」에서) 단 두 번 등장하고, 그것도 유일신론과 무관한 맥락에서 등장한다. 그리고 '신' 또는 '귀신'이 등장하는 「단전」은 15번 겸謙괘("鬼神害盈而福謙"), 20번 관觀괘("觀天之神道 而四時不忒 聖人以神道設教 而天下服矣"), 55번 풍豊괘("日中則昃 月盈則食 天地盈虚 與時消息 而況於人乎 況於鬼神乎")뿐이다. 그럼에도 빌헬름은 가끔 주석에서 신을 언

---

40) Wilhelm, "Einleitung", 20쪽. Wilhelm, *I Ging − Das Buch der Wandlungen*.

41) Wilhelm, "Vorede zur ersten Ausgabe", 7쪽.

42) Redmond and Hon, *Teaching the I Ching*, 200쪽.

급한다. 가령 58번 태요괘에 대한 해설에서 그는 "이런 식으로 신과 인간에 대해 바른 자세를 취하고 뭔가를 달성한다"고 말한다.[43]

『주역』에 대해 빌헬름이 품은 사랑은 곳곳에서 풍겨 나온다. 1923년 번역 초판 머리말("Vorrede")에서 그는 그가 찾던 『주역』 판본을 입수했을 때의 기쁨을 이렇게 표하고 있다. "유럽에서도 비밀스런 책으로부터 얻는 조언들이 여기저기에 좋은 토양 위에 떨어졌을지라도 독일에 있게 되면서 나는 중국의 옛 지혜로부터 가급적 멀리 떨어져 있는 것 같았다. 따라서 나는 『주역』을, 그것도 내가 북경에서 하루 종일 모든 서점을 뒤지며 헛되이 찾았던 놀랍도록 아름다운 판본의 『주역』을 프리데나우(Friedenau)의 친애하는 친구의 집에서 발견했을 때 기뻐 경악했다."[44]

빌헬름은 『주역』을 "신탁서(Orakelbuch)"와 "지혜의 책(Weisheitbuch)"의 두 용도로 소개하고 있다.[45] 즉, '중도역학'을 대변하고 있는 것이다. 『주역』을 통해 하늘에 특정한 사안의 방도와 길흉을 묻는 시서는 단순한 징후적 신탁으로서의 '점'이 아니라, 하늘 또는 신에게 뜻을 물어 신탁을 기정旣定의 상징적·철학적 괘·효사의 글말로 받는 반철학적半哲學的·반신학적半神學的 '최고 단계의 신탁'이다. 빌헬름은 주역시서가 이런 최고 단계의 신탁 성격임을 강조한다.[46] 빌헬름은 인의덕행과 시서를 균형 있게 중시했던 공자의 중도역학적 주역관을 대변하는 서양의 대표적 역학자라고 할 수 있다.

빌헬름의 번역서와 해설은 서양에서 들어온 실증주의적 해석이나 마르크스주의적 해석의 영향을 전혀 받지 않은 것이다. 이것은 그의 "강점이자 한계"라고 얘기되기도 한다.[47] 그러나 그간 저 실증주의적·마르크스주의적 해석들은 모두 '오류'로 드러났다.[48] 따라서 '한계'는 논할 것이 없을 것 같다.

---

43) Wilhelm, I Ging, 212쪽.

44) Wilhelm, "Vorrede", 6쪽. Wilhelm, I Ging – Das Buch der Wandlungen.

45) Wilhelm, "Einleitung", 11-17쪽.

46) Wilhelm, "Einleitung", 11쪽.

47) Redmond and Hon, Teaching the I Ching, 201쪽.

48) 참조: Redmond and Hon, Teaching the I Ching, 181-191쪽. 또는 실증주의적 고증에 의해 오히려

빌헬름의 스승 노내선의 "접근법"은 당대 중국인들이 시도하던 실증주의적·
마르크스주의적 주역해석을 거부하고 "완전히 전통적" 노선을 견지했다.49)
빌헬름의 의도는 『주역』이 중국인들에게 의미하는 것을 전달하는 것이었다.
『주역』은 "우주−영혼의 경험의 통합된 이미지를 전달함"으로써 "인간의 의
식적 삶으로부터 무의식 영역으로 깊이 침투해" 들어간다. "이것은 개인을
초월해 인류의 집단적 실존에 도달한다".50) 분명, 빌헬름의 이해 속에서는
의식과 무의식의 심리학적 언어가 이러한 "새로운 요소"로서 들어있었다. 그
러나 그는 그 어떤 명시적 수정주의도 배제하고 있다.51) 아무튼 이 심리학적
해석 측면은 서양 심리학자들의 관심을 끌게 된다.

서양에서 빌헬름과 개인적 친분을 갖고 『주역』을 이해하고 활용했던 프로
이트의 수제자 카를 융(Carl G. Jung, 1875-1961)은 『주역』의 이 심리학적 측면에
주목했다. 그는 주역시서를 각별히 신뢰했고 이를 정신질환의 치료에 활용하
기도 했다. 융은 빌헬름의 주역번역을 레그의 번역서와 대비해 말하기를, "빌
헬름은 경문의 상징주의(symbolism)의 이해로 가는 길을 알기 위해 온갖 노력을
다했다"고 했다. "빌헬름은 그 자신이 『주역』의 철학과 존경받는 현자 노내선
에 의한 『주역』의 실용을 배웠기 때문에 그럴 위치에 있었다"는 것이다. "더
구나 그는 많은 해를 보내며 특별한 신탁기술을 실행으로 옮겼다. 경문의 살
아있는 의미에 대한 그의 이해는 그의 주역번역서에 중국철학의 배타적인
학술적 지식이 결코 제공할 수 없었던 관점의 깊이를 준다."52) 융은 이렇게
빌헬름의 주역번역서에 대해 대단한 신뢰를 부여했다.

최초에 융이 그의 명성을 세계적으로 날리게 한 공시성(synchronicity) 개념을
생각하게 된 것은 『주역』에서의 시서에 대한 관심 때문이었다. 융이 『주역』에

---

주역경문의 이야기들이 서주의 역사임이 입증된다. 참조: S. J. Marshall, *The Mandate of Heaven
— Hidden History in the I Ching* (New York: Columbia University Press, 2001), "Preface", xi.

49) Irene Eber, "Translater's Note", xv. Richard Wilhelm, *Lecture on the I Ching: Constancy and Change*,
terns. Irene Eber (Princeton, N.J.: Princeton University Press, 1979).

50) Eber, "Translater's Note", xvii.

51) Redmond and Hon, *Teaching the I Ching*, 201쪽.

52) Jung, "Foreword", xxi-xxii.

완전히 앙가주망하게 된 것은 1920년 빌헬름과 만난 뒤부터였지만, 『주역』에 대한 그의 관심은 더 젊은 시절로 거슬러 올라간다. 1910년경 그는 프로이트와 결별한 1910년대(35살 무렵)부터 고투의 세월 동안 볼링엔(Bollingen)별장에서 갈대로 만든 서죽을 사용해 주역시서를 "실험"했다. 그는 『주역』에 대한 문헌학적 관심보다 경험적·실험적 관심에서 『주역』을 집어 든 것이다. 그의 모든 관심은 『주역』의 서점筮占이 과연 실제로 적중하는지 여부에 있었다. 그는 그의 실험결과를 이렇게 기술하고 있다.

> 점(divination)은 우연의 일치로 생각될 수 있는 것보다 더 높은 확률을 보여주었다. 그리하여 나는 『주역』의 점이 단지 우연의 일치라는 생각에 비판적이다. 내가 경험한 분명 적중한 예언의 수가 단순한 우연적 건수를 훨씬 뛰어넘는 백분율을 얻었다는 것이 이해될 수 있다. 간단히, 나는 『주역』의 결과인 것은 우연성이 아니라 규칙성(regularity)이라고 생각한다.[53]

나중에(1920) 융은 중국에서 돌아온 빌헬름을 만났고 1922년 취리히로 그를 초대했다. 그때 그는 빌헬름에게 심리학회에서 주역점을 시연할 것을 요청했다. 그는 그 자신이 친숙한 어떤 환자를 빌헬름에게 자세한 것을 말하지 않은 채 점쳐 줄 것을 요구했다. 빌헬름이 만장한 청중 앞에서 시서로 얻은 응답은 그 환자의 상황과 정확히 일치했다. 그런데 이것이 다가 아니었다. 빌헬름은 그 환자의 미래에 관해 예언을 했는데, 2년 뒤 그 예언은 의심할 여지 없이 그대로 현실이 되었다.

이 경험들을 통해 융은 점차 그의 확신을 심화시킨 것으로 보인다. 그리하여 그는 『주역』의 시서가 '맞춘다'(즉, '참이다')고 믿기에 이르렀고, 빌헬름과의 교류가 더욱 심화되면서 '주역시서가 왜, 그리고 어떻게 미래의 일을 적중시

---

53) Carl G. Jung, "Zur Psychologie östlicher Meditation"(1943). 일역본. 『東洋的 瞑想』(大阪, 1983), 273쪽. 영역본 On the Psychology of Eastern Meditation (New York: Analytical Psychology Club of New York, 1949)은 축약번역이라서 이 구절이 빠져있다.

키는자' 하는 문제에 숙고하기 시작했다. 『주역』이 적중시키는 것은 과학적 예견의 적중성과 성격상 완전히 달랐기 때문이다. 일단 융은 시서점술이 "무의식 속에 잠재된 직관의 힘"에 의해 수행된다고 생각하게 되었다.[54]

주역시서의 내용적 적중 이유를 해명하는 가운데 융은 점을 믿도록 고대인들을 유도했었던 사고방식으로 돌아가야 한다는 결론에 이르렀다. 고대인들에게 점은 신의 뜻을 묻는 것을 뜻했다. 점은 신성한 차원으로부터 계시를 구하는 활동이었다. 이것이 오늘날의 심리학적 견지에서 번역되면, 자연스럽게 인간본성의 심층심리학적 본질이 영적靈的(spiritual)이라는 사상에 도달한다. 융은 인생을 살면서 신비스런 경험을 많이 했다. 당대의 심리학자들이 직관 또는 육감(intuition)에 기초한 지식을 믿지 못했을지라도 융 자신은 이 이슈를 다가오는 시대가 풀 것으로 생각한 것으로 보인다.[55]

주역점의 적중성에 대한 과학적 설명과 별도로 융의 사례를 통해 우리는 점을 잘 치는 사람들이 따로 있다는 생각을 하게 된다. 일본의 기氣철학자 유아사야스오(湯淺泰雄)는 이를 이렇게 설명한다. 많은 사람들은 점치는 것이 "맞추고 못 맞추고"의 문제라고 말한다. 그리하여 점을 믿는 사람들이 있는가하면 불신하는 사람들이 있다. 우리 아마추어들이 점을 칠지라도 성공할 것 같지 않다. 누군가 진지하게 시도하려면 주역경전을 해석하는 방법을 배우기 위해 한 스승 아래서 그 방법을 공식적으로 학습해서 주역경전의 학습에 익숙해져 할 것이다. 이렇게 점치는 것을 배워 점을 쳐 맞추는 것은 사람의 "본유적 자질(innate disposition)"에 좌우된다. 이 견지에서 보면 점치는 것은 상담이나 정신분석과 유사하다. 유아사는 융이 애당초 이미 소위 심령술사(psychic)의 본유적 자질이나 모종의 불가사의한 능력을 가지고 있었다고 풀이한다. 나아가 그는 정신분석의 오랜 임상경험을 가지고 있었다. 점을 잘 치는 것은 융이 "무의식의 육감 기능에 의한 인식"이라고 부르는 개념에 기인한다는

---

54) Yuasa Yasuo(湯淺泰雄), *Overcoming Modernity: Synchronicity and Image-Thinking* (Albany: State University of New York Press, 2008), 28-29쪽.

55) Yuasa, *Overcoming Modernity*, 29쪽.

것이다.56)

주역점이 일정한 조건에서 적중한다면 '유의미한 일치(*meaningful coincidence*)'의 이슈가 출현하는 것이다. 여기서 중요한 포인트가 되는 것은 보통 우리가 '유의미한 일치'의 발생에 의해 넋을 잃는다는 것이다. 그리하여 우리는 우리의 관심을 그 사건에만, 즉 적중 여부의 측면에만 집중시키는 것으로 그친다는 것이다. 하지만 여기서 중요한 것은 이 사건을 관찰하는 누군가의 자아가 전체로서의 사건 속으로 통합되어 들어간다는 것이다. 환언하면, 우리는 현상들을 외부로부터 관찰하지 않는다. 이것이 현대과학에 의해 받아들인 사고방식과 근본적으로 다른 점이다. 갈릴레오나 뉴턴의 고전적 역학의 세계관에 의하면, 사물들은 객관적 인과관계에 따라 일어난다. 사물들은 인식론적 주체인 인간정신과 무관하게 발생한다. 그러나 점술에서 있어서는 관찰주체를 둘러싼 심리적 조건들이 그림 속으로 들어간다. 『주역』이 언제나 주체의 정신 활동을 생각하면서 내적 조건과 외적 조건 간의 연결을 고려하기 때문에 우리는 주체 쪽으로부터 이 심리적 조건들에 주목해야 하는 것이다. 이것이 융이 나중에 이것을 현대물리학에서의 "측정문제"와 연결시키는 이유다. 바로 여기에 지금까지 견지되어 온 현대과학 사상과 충돌하는 지점이 있다. 이 차이는 세계 내의 사건들을 인간주체와 무관하게 객관적으로 일어나는 것으로 보느냐, 아니면 주체와의 불가분적 관계 속에서 일어나는 것으로 보느냐와 관련된 것이다. 융에 의의하면, 이 두 관점의 차이에 따라 인간존재와 자연 간의 관계는 근본적으로 달라진다.57)

여기서 드러나는 융의 주역해석은 기독교나 기독교적 신과 완전히 무관한 관점에 서 있다. 이 점에서 융의 주역해석은 중국경전 『주역』에 대한 서양의 근본적 재평가에 속하는 것이다. 『주역』은 오직 소수의 전문가들에게만 관심거리인 중국학적 '골동품' 경전으로부터 "심오한 상징주의의 체계"로 전환된 것이다.58)

---

56) Yuasa, *Overcoming Modernity*, 103-104쪽.

57) Yuasa, *Overcoming Modernity*, 104쪽.

칼 융은 『주역』과 함께 빌헬름의 능력에도 각별한 의미를 부여했다. 융이 보기에 빌헬름은 『주역』의 유구한 계보가 이 경전의 전통적 이해에 정통한 중국 현자 노내선에 의해 그에게 전달되었기 때문에 시간을 모르는 이 경전을 우리에게 전달한 "유일무이한" 능력을 갖춘 위인爲人이다. 또한 빌헬름이 『주역』을 그 자신의 삶에서 활용했다는 사실이 "특히 중요한 새로운 요소"다. 낯선 경문은 고대적 작품 이상의 것이다. 적절한 존경심으로 접근하면 『주역』은 우리 자신의 삶을 조명할 수 있는 "깊이 영적인 작품"이다. 『주역』은 한 권의 책일 뿐 아니라, 하나의 시서행위이고 하나의 수신(self-cultivation) 방법이다. 이 수신 방법으로서의 『주역』은 『주역』이 서양 찬미자와 시서실행자들 의해 생각되어온 모습이다. 하지만 융 자신이 인정하듯이, 그것이 모든 이들에게 그런 것은 아니다. 많은 사람들은 『주역』을 호기심에서 선택하고 『주역』을 전혀 이해할 수 없다고 느낀다. 학자들은 『주역』을 해명되어야 할 경문으로 접근하는 경향을 보이고 유의미한 예외가 있을지라도 하나의 시서행위로서의 『주역』에 대해 회의적이다.59)

그러나 융은 달랐다. 그는 자신이 주역시서의 적중도를 믿었고 스스로 주역점을 봤기 때문이다. 나아가 융은 현대 세계에서 빌헬름의 주역번역서가 갖는 가치가 『주역』이 서구인들의 영적 요구에 호응하는 데서 수행하는 역할에 있다고 여겼다. 하지만 융이 뜻하는 '서구인들'은 학자들이 아니라 보통사람들이었다. 융이 보기에 보통사람들이 현대에 찾고 있는 것은 사실 비술祕術 (the occult) 또는 영성靈性이었다.60) 유럽에서, 특히 영국에서 대중적 인기를 얻은 신지神智운동(theosophical movement)을 언급하면서 융은 이렇게 말한다.

우리의 시점에서 『주역』은 우리 안에서의 가일층적 발전의 필요에 호응하고 있다. 비술은 우리 시대에 실제로 유례가 없는 르네상스를 맞고 있다. 서양정신의 빛은

---

58) 참조: Redmond and Hon, *Teaching the I Ching*, 206쪽.

59) 참조: Redmond and Hon, *Teaching the I Ching*, 206쪽.

60) Yuasa, *Overcoming Modernity*, 29쪽.

비술에 의해 거의 어둠에 싸였다. 나는 현재 우리의 배움의 전당과 이 전당의 대변자들을 생각지 않는다. 나는 내과의사이고, 보통사람들을 진료하고 그러므로 나는 대학교가 빛의 발산처로서 기능하기를 그쳤다는 것을 안다. 사람들은 과학적 전문화와 합리주의적 지성주의에 질렸다.61)

융의 이 말은 1930년대 살던 사람들보다 21세기에 사는 우리들에게 더 가까이 다가온다. 그의 생각은 "세계 안에서의 미래의 사상운동을 향한 관점"을 품고 있는 스탠스에 의해 뒷받침된다. 이런 스탠스를 취하는 가운데 그는 『주역』 안에 우리에게 현대인들이 직면하는 정신의 문제에 대해 가르쳐 줄 수 있는 어떤 것이 들어 있다고 믿었다. 융은 『주역』을 중국전통의 "과학"에 대해 기준을 세우는 경전으로 위치 지었다.62)

융의 말을 별개로 하더라도, 빌헬름의 번역 자체가 "심리학화하는" 경향이 있다. 이것이 얼마나 융과의 우정에 기인하는 것인지, 그리고 얼마만큼이 다른 영향에 기인하는 것인지는 말할 수 없다.63) 융은 『주역』의 기능을 "이 책이 자신의 성품·태도·동기의 주도면밀한 탐사에 대한 하나의 긴 훈계를 표현하는 것은 분명하다"고 종합한다.64) 융의 눈에 중국 유생에 관한 한 심리학적 자기탐구는 자기이해만이 아니라 비이기주의, 탄압 하에서의 굳건함, 인내심, 타인에 대한 측은지심 등과 같은 덕목을 개발하기 위해 자기 성품의 정사精査를 내포한다. 이 덕목들은 수신을 통해 도야된다. 융이 『주역』을 자기탐사와 성품개발에 대한 훈계로 특징짓는 것은 중국의 전통과 합치되는 것이다. 더욱이 융은 이런 사상을 가진 최초의 인물도 아니다. 라이프니츠는 공자의 이상을 현실로 여겨 중국을 서양사회보다 더 도덕적인 사회라고 생각했고,65)

61) Richard Wilhelm, *The Secret of the Golden Flower* (New York: Harvest, 1962), 143쪽.

62) Yuasa, *Overcoming Modernity*, 29-30쪽.

63) 참조: Redmond and Hon, *Teaching the I Ching*, 206-207쪽.

64) Jung, "Foreword", xxxiv.

65) Georg[!] W. Leibniz, *Novissima Sinica — Das Neueste von China* [1697] (Köln: Deutsche China-Gesellschaft, 1979), "Preface", §§3-4.

부베는『주역』의 기독교적 해석에 자신의 일평생의 많은 부분을 바쳤다. 하지만 이들은 대체로 자신들이 이미 믿던 것을 확인하려는 데 관심을 두었었다. 빌헬름과 융은 자신들의 견해를『주역』에 투영했을지라도 이 경전을 이것이 자신들의 영적 전통과 다른 모습 때문에 호평했다. 둘은 각자 제 방식으로 학자이자 구도자였다.『주역』에 대한 융의 평가는 비판을 초월한다. "중국적 정신"과 "원시적 정신"에 대한 그의 무반성적 참조는 이제 자신을 낮춰 중국적 정신을 '본질화'하는 것처럼 느껴진다. 그 시대에 흔했던 이런 일탈에도 불구하고『주역』과 이 경전의 근저에 놓인 철학에 대한 존중은 융이『주역』에 대해 쓴 모든 글을 통해 명백하다.66)

융은 스스로 인간성의 전前합리적 유산을 근대의 과학적 세계관과 재통합시키는 자로 자임했다. 이것은 합리성을 포기한다는 말이 아니라, 비합리적 것에 인간 심리의 마땅한 불가역적 몫을 부여하는 것을 뜻했다. 인간정신의 기능에 대한 성적 이론을 "신비주의의 흑니黑泥"에 대한 보루로 간주한 프로이트와 반대로 융은 인간의식의 통상 주변화된 이 신비적 측면들을 편안하게 여겼다. 결과적으로 융은 영성靈性의 차원을 포함하는 방향으로 서양 심리학의 범위를 크게 확장할 수 있었다. 융은 말했다. "무의식의 탐구에서 우리는 합리주의자가 공포 속에서 고개를 돌려 버리고 나중에 그는 아무것도 보지 못했다고 주장하는 아주 낯선 것을 만난다. 생의 비합리적 충만은 나를 우리 모두의 이론들과 충돌하거나 그렇지 않으면 어떤 즉각적 설명도 허용치 않는 경우에도 아무것도 내던지지 말라고 가르쳐 주었다."67) 융의 심리학 이론들은 정신이상자들의 임상치료에 거의 기여하지 않았지만, 전통적인 신화와 믿음을 과학시대에 보다 수용가능한 형태로 재再주조하는 위대한 업적을 이룩했다. "신神은 질병이 되었다"는 잠언으로 그는 종교적 실체들을 "원형들(archetypes)"로서의 집단적·개인적 무의식, 즉 인간 정신 속으로 '빌트인'되어 그 원시적 성격에도 불구하고 재생되는 관념들 안에 위치시켰다. 신비적·초자연적 사고는 원

---

66) 참조: Redmond and Hon, *Teaching the I Ching*, 208쪽.

67) Jung, "Foreword", xxxiv.

시적 무지가 아니라, 인간적 생에 의미를 부여한 '원형들'이었다는 것이다. 따라서 "점은 일단 그것이 초자연적 실체들을 정신 속으로 옮겨놓음으로써 초자연적 실체들과 소통하는 길임이 받아들여진다면 어떤 사람의 무의식적 정신을 탐구하는 하나의 방법으로 실행될 수 있을 것이다."[68]

필자는 칼 융이 집단적·개인적 무의식, 즉 인간 정신에 '내장'되어 그 원시적 성격에도 불구하고 재생되는 관념들을 "원형들(archetypes)"이라고 부르는 것에 주목한다. 필자는 융이 이 "원형"을 심리학적으로만 이해해 그 실체를 정확히 짚지 못하고 있다고 생각한다. 필자는 융의 이 '원형'을 인류가 수백만·수십만 년의 진화과정에서 반복적으로 겪은 전형적 자연환경과 사회상황에서 생존과 행복을 위해 개발해 유전자화한 무의식적 누적지식으로 해석한다. 따라서 이 '원형'은 인류의 전형화(원형화)된 유전자적 예지叡智(또는 豫知)로서 '집단적' 무의식 또는 '집단심리일 수밖에 없다.

칼 융은 신화와 다른 전근대적 신념을 무의식 내부의 구조로서 설명하고 『주역』을 인간의 무의식적 정식定式을 탐구하는 방법으로 사용한 것이다. 그는 프로이트의 유아시절 트라우마(성적 억압으로부터의 해방, 무의식으로서의 오이디푸스 콤플렉스의 존재 등)을 폐기처분한다. 그리고 융은 신화적 무의식 속의 '원형(archetype)'을 중시하는 '원형 심리학'을 수립하고 이 관점에서 역괘易卦 등의 시서蓍筮체계의 요소들을 '원형들'의 재현으로 간주했다. (이 '원형들'을 '유전자적 원형들로 읽는다면 필자의 주역이해에 접근하게 된다.) 이 현대적 주역관은 시서의 초점을 외부세계에 대한 신지적 지식을 얻는 것으로부터 심리의 세세한 면을 드러내는 것으로 옮겨 놓게 된다. 『주역』이 개인의 '무의식적' 생각을 드러내는 것을 도와준다는 융의 주장은 객관적 사건을 예견해준다는 것과 상당히 다르고 이보다 덜 의문스러운 것 같다.[69]

무의식의 개념을 닮은 것이 『주역』이나 「계사전」 안에 존재하지 않을지라도 가령 「계사상전」의 다음 구절은 종종 심리학적 해석을 가능케 하는 구절

---

68) Redmond and Hon, *Teaching the I Ching*, 209쪽.
69) 참조: Redmond and Hon, *Teaching the I Ching*, 33-34쪽.

로 해석할 수도 있다.

> 『역易』은 생각 없고 작위作爲 없이 적연부동寂然不動지만 감응해 천하의 연고緣故에
> 두루 통한다. 천하에서 지극히 신답지 않다면 그 누가 이에 관여할 수 있겠는가?
> 무릇 『역』은 성인이 극히 심오하게 낌새(幾)를 탐구하는 방법이다. 오로지 심오할
> 뿐이다. 그러니 천하의 뜻에 통한다. 오로지 낌새로 알 뿐이다. 그러니 천하의 직무를
> 이룰 수 있다. 오로지 신다울 뿐이다. 그래서 질주하지 않고 빠르고, 다니지 않고
> 이르는 것이다.70)

여기서 "심오함"과 "낌새"라는 개념들은 심층심리와 유사한 것으로 읽을 수
있다. 『주역』은 공자가 주석한 대로라면 "수신의 수단(a means for self-cultivation)"으
로도 간주될 수 있는 바, 융의 분석심리학은 활용이 아주 다를지라도 『주역』의
이 심리적 측면을 이용한 것이다.71)

『주역』의 이 심리학적 해석이 현대세계 안에서 『주역』의 신뢰성을 높이는
한편, 이것은 "환원주의적 접근법"으로 남아있다는 것이 망각되어서는 아니
될 것이다. 가령 융에 의해 고취된 스위스의 에라노스(Eranos) 역학회의에 참여
하는 카처는 "『주역』은 당신에게 당신의 무의식 속에서 작용하는 숨은 힘들
의 거울을 줄 수 있다. (…) 우리가 무의식이라고 부르는 것을 고대세계는 신
과 영靈들의 세계라고 불렀다"고 말한다.72) 융 자신은 『주역』에 대한 설명에
서 이렇게 환원적이지 않다. 융은 말한다. "『주역』이 의식에 의해 받아들여지

---

70) 『易經』「繫辭上傳」(10): "易无思也 无爲也. 寂然不動 感而遂通天下之故. 非天下之至神 其孰能與
於此? 夫易 聖人之所以極深而研幾也. 唯深也 故能通天下之志. 唯幾也 故能成天下之務. 唯神也
故不疾而速 不行而至." 한편, "夫易 聖人之所以極深而研幾也. 唯深也 故能通天下之志. 唯幾也
故能成天下之務"를 린은 "성인이 극한의 심오성을 수직으로 탐침해 사물의 발단으로 파고 들어가
는 것은 역에 의해서다. 세계의 모든 사람들의 열망을 침투하도록 허용하는 것은 심오성뿐이다.
세계의 대업을 완수하는 것을 허용하는 것은 낌새의 파악뿐이다"라고 옮기고 있다. Lynn, *The Classic
of Changes*, 63쪽.

71) 참조: Redmond and Hon, *Teaching the I Ching*, 34쪽.

72) Stephen Karcher, *The I Ching Plain and Simple* (London: Element, 1997), 12쪽.

지 않는다면, 적어도 무의식은 『주역』을 중간의 도중에 만나는 것이고, 『주역』
은 의식의 합리적 태도와 연결된 것보다 무의식과 더 긴밀하게 연결되어 있
다."[73] 주지하다시피 융은 『주역』이 심리학적 견지에서 완전히 설명될 수 있
다고 시사하지 않았다.

> 『주역』은 증명과 결과를 제공하지 않는다. 『주역』은 허풍떨지도 않고, 접근하기 쉽지
> 도 않다. 『주역』은 사실도, 능력도 제공하지 않지만, 자기에 대한 앎(self-knowledge), 즉
> 지혜를 사랑하는 사람들에게 – 이런 지혜가 있다면 – 『주역』은 제대로 된 책인
> 것 같다. 이 사람에게 『주역』의 영靈은 대낮처럼 명백하게 나타나는데, 저 사람에게
> 는 여명처럼 침침하게 나타난다. 또 다른 사람에게는 밤처럼 어둡게 나타난다. 『주역』
> 의 영을 즐기지 않는 사람은 『주역』을 사용할 필요가 없고, 『주역』에 반대하는 사람
> 은 『주역』을 참되게 느낄 의무가 없다. 『주역』의 의미를 알아볼 수 있는 사람들의
> 이익을 위해 『주역』으로 하여금 세계 속으로 나아가게 하라.[74]

『주역』을 심리학적 견지에서 설명하는 것은 『주역』의 한 측면만을 취급하는
것이고, 또 모든 사람들에게 가능한 것도 아니다. 『주역』을 즐기지 않거나
반대하는 사람에게는 이 심리학적 의미조차도 포착되지 않는 것이다.

한편, 융은 '무無인과적 연결(acausal connection) 원리'로서의 '공시성(synchronicity)'을
개념화한다. 그는 "『주역』의 과학"은 인과성에 기초한 것이 아니라 그가 잠정
적으로 "공시성"이라고 부르는 것에 기초해 있다고 언명한다.

> 무의식적 과정에 대한 나의 오랜 관심집중은 내가 또 다른 설명원리를 찾아내려고
> 애를 쓰는 것을 불가피하게 했다. (…) 그리하여 나는 인과적으로 상호 관련될 수
> 없고, 다른 종류의 연결 속에 들어 있을 수밖에 없는 심적 평행성(psychic parallelisms)이
> 존재한다는 것을 발견했다.[75]

---

73) Jung, "Foreword", xxxii.

74) Jung, "Foreword", xxxix.

한마디로, 그가 "공시성"이라는 술어를 생각하기에 이른 이유는 그가 『주역』의 근저에서 벌어지는 내면적 무의식의 활동에 주목하고 내면적 무의식의 이 활동을 외적 자연의 관찰과 동시에 일어나는 것(coinciding)으로 간주하는 것에 근거한다.76)

융에 의하면, '공시성'은 "인과성과 정반대되는 관점을 정식화하는 개념", "공간과 시간 속의 사건들의 동시발생, 또는 일치(coincidence)을 단순한 우연 이상의 어떤 것을 의미하는 것으로 받아들이는" 개념(즉, "유의미한 일치"), 말하자면 "객관적 사건들의 저들끼리의, 그리고 관찰자(들)의 주관적(심리적) 상태와의 특유한 상호의존성"의 개념이다.77)

융은 그 자신이 직접 경험한 공시적 현상과 관련된 사례들을 기록해 두고 있다. 융은 어떤 여성 환자를 치료하는 중이었다. 그런데 그녀는 극히 지성적이어서 융이 하는 말을 잘 듣지 않았다. 이래서 진단과 치료가 잘 되지 않고 있었다. 그런데 어느 날 그녀는 융을 찾아와 꿈에 풍뎅이를 본다고 하소연했다. 그때 풍뎅이 한 마리가 방으로 날아 들어오려고 붕붕댔다. 창가에서 담소하는 중에 그들은 붕붕대는 이 소음을 들은 것이다. 그 곤충이 창문을 통해 방으로 들어오려고 기를 쓰고 있었다. 융은 창문을 열고 그 곤충을 잡아 그 환자에게 보여주며 "이것이 당신이 지금 말하고 있는 그 풍뎅이다"라고 말했다. 그때 그녀는 충격을 먹었다. 방안은 어둡고 밖은 밝았던 그때에 그 곤충이 밝은 바깥에서 어두운 방안으로 들어오려고 붕붕대고 있었던 것이다. 이 곤충은 어둔 데서 밝은 것으로 가려는 곤충의 습성에 역행한 것이다. 이 지점에서 그 환자는 으스스한 느낌을 느꼈고 그녀는 그 뒤부터 치료를 잘 받았다.78) 여기서 중요한 것은 그녀가 이 사건을 불가사의하게 느꼈고 이 불가사의한 감정의 동요가 그녀의 지성의 단단한 껍데기를 분쇄해버렸다는 것이다. 의심

---

75) Wilhelm, *The Secret of the Golden Flower*, 141쪽.

76) Yuasa, *Overcoming Modernity*, 30쪽.

77) Jung, "Foreword", xxiv.

78) Carl G. Jung, *Synchronicity – An Acuasal Connecting Principle* (Princeton: Princeton University Press, 1973), 22, 109쪽.

할 바 없이 이것은 환자의 내면과 외적 사건 사이의 '유의미한 일치(유의미한 동시발생)'의 사례다.79)

융이 살면서 겪었다는 공시적 사건의 사례를 하나 더 들어보자. 그는 우울증에 시달리는 어떤 환자를 치료하던 중에 여행을 떠났다. 그는 여행 중에 힌밤중에 호텔에서 갑자기 잠을 깼다. 누군가 방안으로 들어오는 인기척을 느꼈기 때문이다. 일어나 방안을 둘러보았으나 아무 이상이 없었다. 그는 다시 잠들었다가 아침에 깼는데 그의 앞머리가 엄청 아팠다. 그리고 그는 그날 낮에 그 환자가 권총으로 자살했다는 소식을 들었다. 그런데 총알이 그의 머리를 관통해 바로 앞머리에 박혀 멈췄다는 것이다.80) 이에 대해 유아사야스오는 정신과의사와 환자 간의 관계가 심화되어 강한 심리적 연결이 무의식 차원에 확립되었을 때, 이런 유형의 현상이 일어나는 것은 쉽다고 주석한다.81)

융은 이런 유형의 독특한 경험들을 많이 했다. 자서전에서 그는 이런 유형의 경험을 "원형적 상황(archetypal situation)과의 연결 속에서 관찰되는 공시적 현상"이라고 부른다.82) 이 경우의 "원형적 상황"은 이 상황을 경험하는 사람에게 커다란 의미를 갖는 상황, 가령 융의 환자의 죽음과 같은 상황을 말한다. 이 상황에서는 이런 성격의 현상들이 쉽사리 관찰된다. 이것과 관련해 융은 집단적 무의식이 만인에게 공통된다고 말한다. 이 집단적 무의식은 "초개인적 무의식(transpersonal unconscious)"이다. 융은 그의 오랜 개인적 경험의 바탕 위에서 "유의미한 일치(meaningful coincidence)" 또는 "유의미한 동시발생"이 존재한다는 확신을 포지하기에 이른다.

융은 공시적 현상들의 잦은 반복에 주목한다. 이런 현상이 자주 반복되어야만 "이론적" 의제가 될 수 있기 때문이다. 그는 특히 이런 잦은 현상들이 일어날 수 있는 "조건"을 중시한다. 그는 "정해진 조건" 하에서 기대되는 우연의 수준을 넘어 우연적 발생보다 보다 빈번하게 '유의미한 일치'가 얼어날

---

79) Yuasa, *Overcoming Modernity*, 101쪽.

80) Carl G. Jung, *Memories, Dreams, and Reflections* (New York: Vintage Books, 1965), 138쪽.

81) Yuasa, *Overcoming Modernity*, 101쪽.

82) Jung, *Memories, Dreams, and Reflections*, 200쪽 이하.

수 있는지에 초점을 맞춘다. 우리가 보통 어떤 의미가 있는지 여부에 관해 주관적 감정에서 멈출지라도 이런 사례발생의 "조건들"에 관한 물음에까지 나아갈 필요가 있다. 이것이 융이 공시성에 관심을 갖는 이유다.

유아사는 이에 관해 나름의 설명을 가한다. 이런 불가사의한 경험들은 심리적 정보가 프로이트가 주제로 삼은 개인적 무의식의 차원보다 더 깊고 이 개인적 무의식의 차원을 초월하는 초개인적 무의식의 분야에서 전달된다는 뜻한다는 것이다. 유아사는 이것을 분리된 빙산의 비유로 설명한다. 이 빙산들은 표면에서 불이되어 있지만 표면 아래에서는 한 덩어리로 연결되어 있다. 영적 네트워크는 초개인적 무의식 분야 속에 들어 있는 친밀한 식구나 친구와 연결된다. 우리 각자는 방송망처럼 무의식적으로 메시지를 가족이나 친구에게 전한다. 이런 유형의 심층 경험은 우리가 평생 많은 사람들과 갖는 "만남"을 통해 산출되어 왔고, 물론 그 중심에는 자기의 자아가 있다. 유아사는 이 영적 네트워크가 우리의 각자가 산출되어 잠재적으로 존재한다고 생각한다. 인간사회는 그 안에 짜인 수많은 영적 네트워크들로 수립된다. 사회는 상호적 사랑에 의해 연결된 네트워크다. 그러나 유아사는 이런 종류의 관계만이 존재하는 것이 아니라 아마 적개심과 증오심에 의해 연결된 네트워크들이 존재한다는 것에도 주목한다. 불가사의한 "만남"의 이런 대상은 인간적 환경만이 아니라 물리적 환경도 포함하고, 그러기에 천리안(clairvoyance)도 있다는 것이다.[83]

융은 『주역』의 시서를 이 '공시성'의 존재를 증명해 주는 대표적인 사례로 소개한다.

오랫동안 나는 심적 요인으로부터 출발하고 공시성의 존재를 자명한 것으로 받아들이는 직감적(직관적) 방법들 또는 '점술적' 방법이 존재했다는 사실을 알고 있었다. 그러므로 나는 중국에 특정적인, '전체적 상황을 파악하는' 직감적 기술, 즉 『역경 또는 변화의 서』에 무엇보다도 먼저 주목했다. 그리스적으로 훈련된 서양 정신과

---

83) Yuasa, *Overcoming Modernity*, 102쪽.

달리, 중국적 정신은 세부사항들 그 자체를 파악하는 것을 겨냥하는 것이 아니라 세부사항을 전체의 부분으로 보는 시야를 겨냥한다. 명백한 이유에서 이런 종류의 인식 작용은 방법적 도움을 받지 않는 맨 지성에게는 불가능하다. 그러므로 이 판단은 의식의 비합리적 기능, 즉 실감('sens du réel')과 직감(무의식에 의한 지각)에 훨씬 더 의거한다. 중국 고전철학의 실험적 기초라고 부를 수 있는 『역경』은 어떤 상황을 전체로서 파악해 그 세부사항들을 우주적 배경 – 음양의 상호작용 – 속에 놓는 가장 오래된 알려진 방법들 중의 하나다.[84]

『주역』의 "인식작용"은 "방법적 도움을 받지 않는 맨 지성에게는 불가능하고", 『주역』의 판단은 "의식의 비합리적 기능"으로서의 "감각화와 직감(의식되지 않는 내용에 의한 지각)에 훨씬 더 의거한다"는 말은 역학적 지식이 '신지神智'의 소산이라는 말과 같다.

이런 주역시서의 자연적 관점에서 융은 자연에 대해 '고문'을 가하는 데카르트·라이프니츠·칸트 등 서구 합리주의자들이 옹호해 온 과학적 인과성 개념을 부정한다.

이 전체의 파악은 분명 과학의 목표이기도 하지만, 이것은 필연적으로 아주 멀리 놓여 있을 수밖에 없는 목표다. 왜냐하면 과학은 가급적 실험적으로 그리고 모든 경우에 통계적으로 수행하기 때문이다. 하지만 실험은 교란하는 무관한 어떤 것이든 가능한 멀리 배제하는 확정적 물음을 묻는 데 있다. 실험은 조건을 만들고 이것을 자연에 부과하고 이런 방식으로 자연을 강제해 인간에 의해 강구된 물음에 답을 주도록 한다. 자연은 그 자체의 가능성의 풍요로움으로부터 답하지 못하게 가로막히는 것이다. 이 가능성은 (과학적 실험 속에서는) 가급적 제한된다. 이 목적을 위해 실험실 안에는 인위적으로 물음에 제한당한 상황, 자연을 강요해 분명한 대답을 하게 하는 상황이 존재한다. 무제한적 전체성 속에서의 자연의 작동은 완전히 배제된다. 우리가 이 작동이 무엇인지를 알고 싶다면, 우리는 가급적 최소의 조건을 부과하는

---

84) Jung, *Synchronicity*, 34-35쪽.

또는 가능하다면 전혀 조건을 부과하지 않고 자연을 그 자신의 풍요로움으로부터
답하도록 자유로이 방임하는 탐구의 방법이 필요한 것이다.[85]

융은 흄도 비판해 마지않은 합리주의의 과학적 '인과성' 개념의 한계를 중국
의 학문과 비교하는 흥미로운 관점에서 거듭 비판한다. "중국인들처럼 재능
있고 지성적인 사람들이 우리가 '과학'이라고 부르는 것을 발전시킨 적이 없
다는 것은 신기한 사실이다. 하지만 우리의 과학은 인과성의 원리에 기초하
고, 인과성은 공리적 진리인 것으로 여겨진다. 그러나 우리의 관점 안에서의
거대한 변화가 일어나기 시작하고 있다. 칸트의『순수이성비판』이 실패한 일
을 현대물리학이 수행하고 있다. 인과성의 공리는 그 기초에서부터 흔들렸다.
이제 우리는 우리가 자연법칙이라고 부르는 것이 단지 통계적 진리이고 그러
므로 반드시 예외를 허용해야 한다는 것을 안다. 지금까지 우리는 우리가 자
연법칙의 불변적 타당성을 증명하기 위해 예리한 제한을 가한 실험실이 필요
하다는 것을 충분히 고려하지 않았다. 우리가 사물들을 자연에 자유롭게 방
임한다면 아주 다른 장면을 보게 된다. 모든 과정은 부분적으로 또는 전체적
으로 우연에 의해 아주 많이 서로 간섭되고, 그리하여 자연적 상황 아래서,
특수한 법칙에 절대적으로 응하는 사건들의 과정은 거의 예외적이다. 내가
『주역』에서 작동하는 중국인들의 마음을 보는 만큼 중국적 마음은 배타적으
로 사건들의 우연적 측면들에 몰두하는 것처럼 보인다."[86] 과학적 지식만을
'지식'으로 유일화하는 '과학의 교조적·실재론적 인과성 개념은 앞선 인식론
부분에서 정의된 인과성 개념의 견지에서 볼 때 과학적 의미로 받아들일 수
없는 것이다.

융에 의하면, '실험실 실험'에서는 알려지고 확립된 수행절차가 결과들의
통계학적 수집과의 비교 속에서 안정적 요소를 형성한다. 반면, 전체를 가지
고 수행하는 '직감적 또는 점술적 실험'에서는 조건을 부과하고 자연적 과정

---

85) Jung, *Synchronicity*, 35쪽.

86) Jung, "Foreword"(1949), xxii.

의 전체성을 제한하는 어떤 물음도 필요하지 않다. 여기서는 스스로를 표현할 모든 가능한 기회가 주어진다는 것이다.

『역경』에서 동전들은 발생하는 그대로 모든 가능한 기회에 알맞게 던져진다. 따라서 전체적 반작용의 조건들은 적극적으로 이상적이다. 하지만 불리한 점이 눈에 띈다. 과학적 실험과 반대로 무엇이 벌어지는지를 알지 못한다. 이 단점을 극복하기 위해 두 중국 현자 문왕과 주공은 기원전 12세기에 자연의 통일성의 가설에 의거해 심적 상태와 – 의미의 등가물로서의 – 물리적 과정의 동시적 발생을 설명하려고 모색했다. 환언하면, 그들은 동일한 살아있는 실재가 물리적 상태에서처럼 심적 상태에서도 스스로를 표현하고 있다고 가정했다. 그러나 이러한 가설을 검증하기 위해 모종의 제한적 조건이 이 명백히 무제한적인 실험에서 필요했다. 즉, 물리적 절차의 확정적 형태, 자연을 강요해 짝수와 홀수로 답하게 하는 방법 또는 기술을 말한다. 음양을 표현하는 이 홀·짝수들은 무의식과 자연, 이 양쪽에 대립자들의 특징적 형태로, 즉 발생하는 만물의 '어머니'와 '아버지'로서 존재한다. 그러므로 이 홀·짝수들은 심적 내면세계와 물리적 외부세계 간의 제3의 비교요소들을 형성한다. 그리하여 두 현자는 내면상태가 외부상태에 의해 표현될 수 있고 거꾸로 외부상태가 내면상태에 의해 표현되는 방법을 개발한 것이다. 자연적으로 이것은 각 신탁적 역괘의 의미에 대한 직감적 지식을 전제한다. 그러므로 『역경』은 가능한 음양 조합의 각 의미를 밝혀주는 64개의 해석 틀로 구성된다. 이 해석 틀들은 주어진 순간의 의식상태에 대응하는 내면의 무의식적 지식을 정식화하고, 이 심리적 상황은 방법의 결과들과, 즉 동전의 던짐 또는 시초蓍草 줄기의 나눔으로부터 결과하는 홀·짝수와 합치된다. 이 방법은 모든 점술 또는 직감 기술과 마찬가지로 비인과적 또는 공시적 연결 원리다.[87]

이 '공시적 원리'라는 표현을 융은 이미 1930년부터 사용했는데, 그때는 "역학은 인과성 원리에 기초한 것이 아니라, 내가 잠정적으로 공시적 원리라고 부르는 원리에 기초해 있다"고 말했다.[88] 동전으로 괘를 뽑거나 시초로 괘를

---

87) Jung, *Synchronicity*, 35-6쪽.

뽑는 동안에 많은 명백한 '공시성의 경우들'이 나타나지만, 이런 경우들은 '합리적으로' 또는 '어느 정도 자의적으로' 단순한 '예측들'로 설명되고 버려진다. 그러나 실제로 이 경우들은, 그것들이 그래 보이는 바로 그대로인 것이라고 가정한다면, 오로지 우리가 아는 한 어떤 인과적 설명이 적용될 수 없는 '유의미한 합치'일 수 있을 뿐이다.

이어서 융은 실제로 괘 뽑는 과정을 설명하고 서양의 점법과 비교한다.

> 그 방법은 49개의 시초 대를 무작위로 두 그룹으로 나누고 각 그룹을 셋씩, 다섯씩 세면서 떼어 내려놓거나, 세 개의 동전을 여섯 번 던지는 것이다. 동전으로 괘를 뽑을 시에 괘의 각 효는 겉면과 뒷면(겉면 3, 뒷면 2)의 가치에 의해 결정된다. 실험은 삼지적 원리(상하 두 괘)에 기초하고, 64변을 포함한다. 이 64변은 각각 심적 상황에 대응한다. 이것은 괘·효사와 상·단전에서 상세히 설명된다. 『주역』과 동일한 일반원리에 기초한, 아주 오래된 기원을 가진 서양의 방법도 있는데, 유일한 차이는 서양에서는 이 원리가 삼지적 원리가 아니라 사지적 원리이고, 그 결과가 음효와 양효로 구성되는 괘가 아니라 홀·짝수로 이루어진 16개의 모양이라는 데 있다. 이 중 12개의 모양이 일정한 규칙에 따라 점성술적 집 안에 정렬된다. (…) 참된 서구의 방식에서 이 모든 요소들의 조합은 『주역』보다 더 상세하게 들어간다. 여기에서도 일정한 수의 유의미한 합치들이 존재하지만, 보통 『주역』보다 이해하기 더 어렵고 그러므로 덜 분명하다. 13세기 이래 '흙점법(Ars Geomantica)' 또는 반점법半點法으로 알려져 왔고 광범한 유행을 누렸던 이 서구적 방법에는 아무런 주석이 없다. 왜냐하면 그것은 오로지 점술용일 뿐이었고, 따라서 『주역』의 주석처럼 결코 철학적이지 않았다.[89]

괘를 뽑는 방법은 여러 가지인데, 리하르트 빌헬름으로부터 배운 것으로 보이는 융의 방법은 중국의 어느 지방의 방법인지 알 수 없다.[90] 그럼에도 융의

---

88) Jung, *Synchronicity*, 36쪽 각주 59).

89) Jung, *Synchronicity*, 36-37쪽.

90) 괘 뽑는 방법, 즉 시서법에 대해서는 뒤에 상론한다.

시서 능력은 알아줄 만한 것으로 보인다.

융에 의하면, 유의미한 공시적 일치는 "천리안(clairvoyance), 텔레파시 등의 이름으로 불리는 모든 경우"다. 융은 이 합치의 경우들을 ① 관찰자의 심적 상태 또는 심적 내용에 조응하는 외적 사건과 관찰자의 심적 상태의 합치, ② 관찰자의 지각 저편의 공간적으로 먼 곳에서 벌어져서 나중에야 확인될 수 있는 (다소 동시적인) 외적 사건과 심적 상태의 합치, ③ 시간적으로 멀어서 나중에야 확인될 수 있는 미래의 사건과 심적 상태의 일치로 구분한다. ②와 ③의 경우는 합치되는 사건들이 관찰자의 지각 영역 안에 현존하지 않지만, 나중에만 확인될 수 있는 한에서 시간적으로 예견되어 왔던 경우들이다. "나는 이 사건들을 '공시적(synchronistic)'이라고 부르는바, 이 말은 '동시적(synchronous)'이라는 말과 혼동되어서는 아니 된다." 따라서 "이 광범한 경험영역에 대한 우리의 탐구는 우리가 이른바 점술 방법을 고려하는 데 실패한다면 불완전할 것이다. 점술은 실제로 공시적 사건들을 산출하지는 않을지라도 적어도 이 사건들을 이 목적에 기여하도록 만드는 것에 대한 요구를 제기한다. 이것의 예는 『주역』의 신탁 방법인데, 헬무트 빌헬름(Hellmut Wilhelm) 박사가 상세하게 설명한 바 있다."91)

바로 이어서 융은 시서蓍筮를 이 '공시성'과 직결시킨다.

『주역』은 질문자의 심적 상태와 답하는 괘 사이의 공시적 조응성이 있다고 전제한다. 괘는 49개의 시초의 무작위적 분할이나 동전 세 개의 마찬가지로 무작위적 던지기에 의해 뽑는다. 이 방법의 결과는 비할 데 없이 아주 흥미롭지만, 내가 아는 한, 사실의 객관적 결정을 위한, 말하자면 통계적 평가를 위한 어떤 도구도 제공하지 않는다. 왜냐하면 문제의 심적 상태는 너무 무확정적이고 확정될 수 없기 때문이다.92)

---

91) Carl G. Jung, "On Synchronicity", 110-111쪽. Appendix to: Jung, *Synchronicity — An Acuasal Connecting Principle*. 헬무트 빌헬름 박사는 리하르트 빌헬름의 아들이다.

92) Jung, "On Synchronicity", 111쪽.

융의 이 주역관은 외부세계와 무의식적 내면세계의 공시적 합치성에 초점을 맞추고 있는 한에서 이것을 발전시키면, 필자가 시도하는 무의식 차원의 무진장한 유전자적 지식 또는 유전자적 '신지神智' 개념과도 연결시킬 수 있을 것이다.

80세의 융이 캐리 베인스(Cary F. Baynes)의 『역경(I Ching)』(리하르트 빌헬름의 『역경』의 영역본)에 붙인 서문에서는 이 '공시성' 개념을 다시 '인과성'과 대비해 설명한다. 앞서 시사했듯이, 공시성은 "인과성의 개념과 정면으로 반대되는 관점을 정식화하는 개념"이다. "인과성은 절대적 진리가 아니라 단지 통계적인 진리이기 때문에, 사건들이 다른 사건들로부터 어떻게 진화하는지에 대한 일종의 작업가설인 반면, 공시성은 공간과 시간 속에서의 사건들의 합치를 단순한 우연 이상의 어떤 것을 의미하는 것으로, 즉 객관적 사건들 의 그것들끼리의 상호의존성과, 관찰자(들)의 주관적(심적) 상태와의 특유한 상호의존성으로 받아들인다."[93]

융에 의하면, 중국적 정신은 "자신의 세계 모델이 단연 심리물리적(psychophysical) 구조라는 것을 부정할 수 없는" 현대 물리학자의 관조 방식에 빗댈 수 있는 방식으로 우주를 바라보았다.[94] 『주역』의 바탕에 놓인 실재가 주관적·심적 조건을 순간적 상황의 전체 속에서 포괄하는 만큼, 미시물리학적 사건은 관찰자들을 포함한다. 인과성이 '사건들의 계기繼起'를 기술하는 것처럼, 중국인들의 정신에 공시성은 사건들의 합치를 취급한다. 인과적 관점은 D가 어떻게 생겨나는지에 대한 극적 이야기를 우리에게 전해준다. D는 D 이전에 있던 C로부터 그 기원을 취했고, C는 다시 자신의 아비 B를 갖는다 등등. 반면, 공시적 관점은 마찬가지로 유의미한 합치의 장면을 산출하려고 애쓴다. A·B·C·D가 모두 같은 순간과 같은 장소에서 현상하는 일이 어떻게 발생하는가? 첫째, 그것은 물리적 사건들 A와 B가 심적 사건들 C와 D와 '동일한' 성질을 가졌고, 둘째, 모두가 동일한 순간을 해설하는 요소들이기 때문

---

93) Jung, "Foreword", xxiv.

94) Jung, "Foreword", xxiv.

에 발생한다.[95]

상황은 읽기 쉽거나 이해할 수 있는 장면을 표현하는 것으로 상정된다. 융에 의하면, 『주역』의 64괘는 64개의 상이한 전형적 상황의 의미를 결정할 수 있는 도구다. 이 해석 틀은 인과적 설명에 대한 역학적 '등가물'이다. 인과적 연결은 통계학적으로 필연적이고, 따라서 실험에 좌우될 수 있다. 상황이 유일무이하고 반복될 수 없는 한에서, 공시성을 갖고 실험하는 것은 보통 조건에서는 불가능한 것으로 보인다. 『주역』에서 공시성의 타당성을 판정하는 유일한 기준은 괘의 괘·효사가 그의 심적 조건의 참된 풀이라는 관찰자의 의견이다. 물론 고대 중국인들이 융의 이런 방식으로 생각한 것이 아님을 융도 잘 안다.[96]

중국인들의 역학 전통에 의하면, "시초蓍草로 하여금 의미를 주도록 만드는 것은 신비스런 방식으로 작용하는 '영적 감응작용'이다. 말하자면 이 힘들이 『주역』 책의 살아있는 영혼이다. 『주역』 책이 일종의 활력화된 존재자인 만큼, 역학 전통은 『주역』에 질문을 제기하고 예지적 답변을 받기를 기대할 수 있다고 가정한다."[97]

이 전통에 따라 융은 실제로 "『주역』의 현재적 상황, 즉 『주역』을 서양인에게 소개하려는 자신의 의도"에 대한 판단을 『주역』에 묻고 괘를 뽑아 화풍정 火風鼎괘를 얻었는데, 동효는 2효와 3효였다. 2효의 효사는 "솥에 내용물이 가득 들어 있도다. 나의 적수가 질시하나 나를 손대지 못하도다. 길하리라(鼎有實 我仇有疾 不我能即 吉)"이고, 3효의 효사는 "솥귀가 뜨겁게 변했도다. 들어 옮길 길이 막혀 기름진 꿩고기를 먹지 못하리라. 바야흐로 비가 오니 회한이 사그라지고 길하게 끝나리라(鼎耳革 其行塞 雉膏不食 方雨虧悔 終吉)"다. 융은 직접 이 점괘를 풀어 서양에서의 『주역』의 운명을 점단한다.

---

95) Jung, "Foreword", xxiv--xxv.

96) Jung, "Foreword", xxv.

97) Jung, "Foreword", xxv-xxvi.

『주역』은 스스로에게 말한다. "나는 (영적) 내용물을 담고 있다." 위대한 것에 대한 소유지분은 늘 질시를 일으킨다. 이 때문에 질시자들의 합창이 장면의 일부다. 질시자들은 『주역』으로부터 위대한 보유물을 강탈하고 싶어 한다. 그러나 그들의 적개심은 헛되다. 『주역』의 의미의 풍부함은 확실하다. 즉, 『주역』은 아무도 빼앗아갈 수 없는 자신의 긍정적 업적을 확신한다. (…) 솥귀로 불리는 손잡이는 솥을 붙잡는 부분이다. 그러므로 솥귀는 『주역』에서 얻는 개념(의미를 붙잡음, 즉 파악함)을 뜻한다. 시간이 흐르는 가운데 이 개념은 명백히 변한다. 그리하여 우리는 오늘날 『주역』을 더 이상 파악할 수 없다. 그러므로 "길이 막혔다". 우리는 더 이상 신탁의 지혜로운 자문과 깊은 통찰에 의해 지원받을 수 없다. 그러므로 운명의 미로와 우리 자신의 본성의 어둠을 뚫고 갈 길을 더 이상 찾지 못한다. 기름진 꿩고기, 즉 맛있는 식사의 가장 훌륭하고 가장 풍부한 부분은 이제 먹지 못한다. 그러나 목마른 땅이 궁극적으로 비를 다시 받을 때, 즉 이 결핍 상태가 극복되면, "회한", 즉 지혜의 상실에 대한 슬픔은 끝나고 그 다음은 고대하던 기회가 온다. 빌헬름은 주석한다. "이것은 고도로 발전된 문명에서 그를 아무도 주목하지 않거나 인정하지 않는 곳에 처해 있는 사람을 묘사하고 있다. 이것은 그의 타당성을 가로막는 가혹한 장애다." 말하자면, 『주역』은 자신의 탁월한 자질이 인정받지 못해 묵혀 있는 것을 불평하고 있다. 『주역』은 인정을 다시 얻게 될 것이라는 희망으로 만족한다.[98]

융은 이 해석 뒤에 다음과 같이 덧붙인다. "내가 『주역』에 제기한 질문에 대해 두 동효로 주어진 답변은 어떤 특별한 해석의 묘기도, 인공적 기술도, 비상한 지식도 요구하지 않는다. 약간의 상식만 가진 사람이면 누구나 답변의 의미를 이해할 수 있다."[99] 효사의 비유를 이해하면 용이하게 점단할 수 있다는 말이다.

융은 『주역』의 답변 작용에 좀 더 분석을 가한다. "『주역』의 방법은 진정으로 사물들과 사람들 속의, 그리고 또한 자신의 무의식적 자아 속의 숨은 개체

---

98) Jung, "Foreword", xxvii-xxiii.

99) Jung, "Foreword", xxiii.

적 자질을 고려한다. 어떤 사람이 친구에게 소개해 줄 사람을 묻듯이 나는 『주역』을 물었다. 『주역』이 그에게 좋을지, 아닐지를 어떤 사람이 묻는 식이다. 답으로 『주역』은 나에게 자신의 종교적 중요성을, 그리고 현재는 『주역』이 알려져 있지 않고 그릇된 평가를 받고 있다는 사실을, 그리고 명예의 지위를 회복할 것이라는 희망을 말해 주고 있다. 이 마지막 것, 희망은 확실히 나의 아직 집필되지 않은 '서문'과 특히 '영역본'을 곁눈질하는 것이리라. 이것은 우리가 유사한 상황에 처한 어떤 사람에게서 기대할 수 있는 것과 같은, 완전히 이해할 수 있는 반응이다. 그러나 이 반응이 어떻게 발생했는가? 왜냐하면 내가 세 개의 작은 동전을 공중으로 던져 떨어져 구르다가 그대로 겉면이나 뒷면이 나와 멈춰 서도록 했기 때문이다. 유의미한 반응이 겉보기에 일체의 의미를 배제하는 기술로부터 나온다는 이 기묘한 사실은 『주역』의 위대한 업적이다."100)

융은 이렇게 『주역』이 유의미한 답변을 주는 경우가 이 사례만이 아니라늘 통상적이라고 말하면서, 『주역』이 오래된 '마술적 주문呪文들의 모음집'에 불과한 것이라고 가르치려는 서양의 중국 전문가들을 언급한다. 그런데 이들과의 대화 도중에 이들도 점쟁이들에게, 특히 도교 선사에게 점을 받았던 사실을 인정했다는 것이다. 융이 "충분히 기묘하게" 여기는 것은 "받은 답변이 명백히 질문자의 심리적 맹점盲點과 특기할 만큼 잘 합치된다"는 것이다.101)

이어서 융은 2·3효가 동한 화풍정괘의 변괘(지괘)인 화지진火地晉괘의 2·3효도 고려한다. 진괘의 2효의 효사는 "진공하네 시름겹네. 그대로 진공하면 길하리라. 제 왕모(할머니)로부터 이 큰 복을 받으리라(晉如愁如 貞吉. 受玆介福于其王母)"이고, 3효의 효사는 "뭇사람들이 승낙하도다. 한을 풀리라(衆允 悔亡)"이다. 융은 이것을 다음과 같이 풀이한다.

---

100) Jung, "Foreword", xxviii-xxix. '서문'과 '영역본'은 이 인용문이 베인스의 '영역본' 『역경』(1950)에 붙인 서문이기 때문에 나온 말들이다.

101) Jung, "Foreword", xxix.

이 괘의 주체는 위로 올라가는 가운데 온갖 종류의 흥망성쇠를 맛보는 어떤 사람이고, 효사는 그가 어떻게 행동해야 하는지를 묘사한다. 『주역』은 이와 동일한 상황에 처해 있다. 그것은 해처럼 떠올라 스스로 선언하지만, 거부당하고 어떤 신뢰도 얻지 못한다. 그것은 "진공하지만 시름에 들어 있다". 하지만 "자신의 할머니로부터 큰 복을 받는다". 심리학은 이 모호한 문장을 해명하도록 도울 수 있다. 꿈과 우화에서 할머니 또는 여자 조상은 종종 무의식을 표현한다. 왜냐하면 인간 안에서 무의식은 마음의 여성적 구성요소를 포함하기 때문이다. 『주역』이 무의식에 의해 받아들여진다면, 적어도 무의식은 『주역』에 다가가고, 『주역』은 의식의 합리적인 태도와 연결되어 있기보다 무의식과 더 긴밀하게 연결된다. 무의식이 꿈속에서 종종 여성적 인물에 의해 표현되기 때문에, 이것이 여기서의 설명일 수 있다. 여성적 인물은 이 책에 모성적 보살핌을 준 번역자일 수 있고(융의 이 서문이 붙여진 영역본 『주역』의 번역자는 캐리 베인스라는 여성이다 – 인용자), 이것은 쉽게 『주역』에게 "큰 복"으로 나타날 수 있을 것이다. 『주역』은 일반적 이해를 예상하지만, 오용을 두려워한다.[102]

상괘나 하괘 안에서 한두 개 효가 동한 경우에는 변괘를 참조하지 않지만, 융은 이 경우에도 변괘를 참조해 그 의미를 추적하고 있다. 융은 『주역』이 여성 캐리 베인스가 번역한 영역본 『주역』을 통해 서구에서 두터운 편견을 뚫고 결국 큰 복을 받아 일반적 인정을 받을 것이라고 해석하고 있다.

마지막으로 융은 『주역』을 다음과 같은 말로 특징짓고 있다. "이 실연實演에 의해 내가 『주역』의 심리적 현상학을 해명하는 데 성공했다면, 나는 내 목적을 완수한 것이다. 이 단행본이 일으킬 수천 가지 의문·의심·비판에 관한 한, 나는 이에 답할 수 없다. 『주역』은 증거와 결과로 자신을 나타내지 않는다. 『주역』은 호언하지 않고, 접근하기에 쉽지도 않다. 자연의 일부처럼 『주역』은 발견되기까지 기다린다. 『주역』은 사실도, 권력도 주지 않는다. 그러나 자기지식을 사랑하는 사람들에게 – 이와 같은 것이 있다면 – 지혜를 준다. 『주역』은 더할 나위 없이 바로 그런 책이다."[103]

---

102) Jung, "Foreword", xxxii-xxxiii.

융의 역학易學을 깊이 연구한 유아사는 융에 의거해 주역점의 적중 이유를 나름대로 설명한다. 『주역』의 경문은 64괘로 나뉜다. 융은 이 경문을 시서수행자나 주역점을 의뢰한 당사자의 정해진 상황에서의 무의식적 심리상태의 투사로 해석한다. 주역경문들은 이 심을 둘러싼 심리상황에 대한 유추적 분류의 패턴들이다. 이 패턴들은 사람이 심각한 문제를 직면할 때 인간적 심리상황을 동반한다. 이 심리상황은 무의식 속에서 숨어있다. 사람들은 이 심리상황을 충분히 의식하지 못한다. 점을 치는 행위가 이 심리성황을 외화한다. 점은 이 무의식적 심리상황을 의식이 인식하는 것이 가능한 형태로 옮겨놓음으로써 의식할 수 있게 만들어준다. 여기서 "무의식이 육감 기능(intuitive function)을 보유한다"는 것은 전제된다.104)

인간은 그가 의식적으로 이해하지 못할지라도 그가 놓인 상황에서 언제나 무의식적으로 자신의 운명에 대해 뭔가를 느낀다. 육감을 통해 무의식은 누군가의 자아를 이 세계 안에 놓는 상황에 관해 뭔가를 느낀다. 점은 이 느낌을 의식이 이해할 수 있는 형태로 표현하는 것이다. 이런 경우에 주역점의 한 특성은 『주역』의 지극히 강한 미래지향성이다. 『주역』에는 언제나 변효(동효)가 있다. 경문은 현재상황을 보여줄 뿐만 아니라, 점으로 나타난 경문과 연결해서 무슨 상황이 발생할지, 그리고 이 상황에 어떻게 대처해야 할지를 가르쳐준다. 그러므로 주역점은 객관예언일 뿐만 아니라, 이런 상황에서 미래와 어떻게 씨름해야 할지의 중요성도 고려한다. 사람들은 인생의 갈림길에서 결정을 내릴 수 없을 때 『주역』에 호소한다. 이 격률은 역설적 상황을, 즉 이 상황이 벌어질 때 점을 보는 자가 거꾸로 그의 인격의 수준에 관해 『주역』에 의해 질문당하는 상황을 가리켜 보여준다. 전래되는 이야기에 의하면 공자는 그의 인생에서 딱 한 번 『주역』으로부터 그릇된 답을 받았다고 한다.105)

상론했듯이 소크라테스는 아테네의 법정에서 재판받을 때 처음에는 자신을

---

103) Jung, "Foreword", xxxix.

104) Yuasa, *Overcoming the Modernity*, 105쪽.

105) Yuasa, *Overcoming the Modernity*, 105-106쪽.

어떻게 변호할까를 생각했다. 그런데 그가 그것을 생각하자마자 다이몬이 그 것 같은 짓을 하지 말라고 말했다. 다이몬은 언제나 행동을 금할 때만 나타났고 어떤 행동을 하라고 명하지 않았다. 이것은 소크라테스가 혼자 결정해야 하기 때문이다. 이것은 자기의 정신을 아는 것의 의미이다. 정신을 아는 이 사유작용 안에서는 인간적 자유가 있는 것이다.『주역』의 근본정신은 이와 동일한 것이 다. 이것은『주역』이 중국철학에서 윤리학의 경전으로 간주되는 이유다.[106]

『주역』의 근본관심은 누군가의 장래를 결정할 운명의 갈림길에 서있을 때 어떤 결정을 내려야 하는지에 집중된다. 점을 친 장래 상황은 반드시 기旣결 정된 것을 뜻하지 않는다. 이러한 상황이 누군가의 미래에 일어날 수 있다는 것이 개연적이라는 것을 알고 결정하는 것은 개인에게 맡겨진다. 이 경우에 윤리도덕적 자세로써 자기의 책임을 어떻게 받아들일지는 당사자의 인격의 깊이(군자 여부)가 결정한다. 이런 의미에서『주역』의 본성은 평생에 걸친 선악 에 대한 태도의 결정에 관한 가치의 문제에 있다. 공자윤리학의 관점에서『주 역』의 서점은 우주를 통제하는 천심을 아는 행위를 가리킨다. 사람들도 주역 점을 신의 뜻을 아는 것을 뜻하는 것으로 받아들인다. 우리가『주역』에 윤리 적으로 옳은 정신자세로 묻지 않는다면 아무런 옳은 답도 나오지 않는다고 얘기된다. 중국의 역사책들에는『주역』을 믿었던 권력자들의 실패가 기록된 많은 사례들이 있다. 이것은『주역』의 점이 적중하지 않은 경우가 아니라『주 역』이 윤리적으로 그릇된 목적으로 쓰일 때 거기서 나온 답이 무의미하다는 것을 뜻하는 것이다. 그러므로『주역』은 미래의 과학적 예견과 근본적으로 다른 전제 위에 서 있다. 과학적 예견은 사실의 문제만을 다루기 때문에 삶 안에서의 가치와 의미의 문제를 포함하지 않는다.[107]

점술에 대한 태도에서 프로이트와 융 사이에는 중요한 차이가 있다. 프로 이트는 꿈을 과거에서 현재로 흘러오는 인과관계의 견지에서 해석했다. 그러 므로 프로이트의 해석 안에는 미래 예언이 전무하다. 반면,『주역』의 시서는

---

106) Yuasa, *Overcoming the Modernity*, 106쪽.

107) Yuasa, *Overcoming the Modernity*, 106-107쪽.

미래를 지극히 중요한 것으로 간주한다. 『주역』에 입각해서 시간을 생각할 때, 우리는 현재를 과거의 관점에서 보지 않는다. 과거로부터 현재를 보는 것은 근대과학의 관점이다. 『주역』을 통해서는 어떤 사람의 미래를 예감하기 위해 이 사람이 현재 처한 상황에 관해 배운다. 이런 경우에 삶을 사는 시간의 특성에 주목하는 것은 중요하다. 이것은 프로이트와 융이 결정적으로 다른 사고방식이다. 이것이 무의식을 보는 융의 방법과 깊은 관계가 있다. 무의식은 보상 기능이 있다. 의식이 일면적 태도에 빠져 있을 때 무의식은 꿈의 형태로 의식에 메시지를 보낸다. 무의식은 의식에 "그런 일면적 태도가 불건전하기 때문에 태도를 바꾸라"는 경고를 전달한다. 이 점에서 융의 꿈 해석은 프로이트와 다르다. 이것을 이론화하면, 보상기능이 무의식에 내장되어 있다는 것은 목적론적 활동이 잠재해 있다는 것을 뜻한다. "목적론"이라는 술어가 이해하기 어렵게 들릴지라도 융이 말하는 무의식의 '보상 기능'은 몸의 자연적 치유능력에 감응하는 정신의 작용이다. 이것은 삶의 목적에 적절한 방향을 가르쳐주는, 인간의 심신에 잠재된 활동이 있다는 것을 뜻한다. 환언하면, 이것은 인간이 사는 방법에 적합한 태도를 취하는 것에 관해 우리에게 알려주는, 무의식적인 영기靈氣의 내면에 원래부터 품부받은 작용이다.108)

지금까지 융의 주역관을 비교적 상세하게 논한 것은 융의 이론이 서양에서 『주역』에 대한 서양인들의 앙가주망에 결정적 도화선이 되었기 때문이다. 동시에 우리는 융에 대한 상론을 통해 그의 주역 이해의 높은 논의수준을 알 수 있다. 융은 서양인으로서 『주역』의 이해와 활용 면에서 고도로 높은 수준에 올라와 있다. 특히 그는 서점筮占의 타당한 적중성을 믿고 자신이 점을 치고 그 적중의 이유를 학술적으로 밝히기 위해 '공시성' 개념을 제시함으로써 역학의 새로운 가능성을 개척하고 있다. 또한 그는 『주역』의 심리학적·철학적 주석'에도 주목하고 『주역』을 통해 인생사의 도덕적 해법을 배우는 의리철학서로도 활용했다. 이 점에서 융의 주역관도 공자와 마찬가지로 시서와 철학적 의리를 둘 다 겸용하는 중도역설에 서 있는 것으로 평가된다.

---

108) Yuasa, *Overcoming the Modernity*, 108쪽.

## 2.3. 서구 역학계의 최근 동향과 『주역』의 다양한 용도

서구 역학계는 빌헬름과 융의 영향이 매우 지배적이었다. 그러나 미국의 역학자 조시프 머피(Joseph Murphy)는 '무의식' 개념만을 활용해 융과 약간 다른 각도에서 시서에 의한 천명의 이해를 다음과 같이 설명한다.

> 점단은 시서자筮之者의 현시점의 무의식적 심리상태와 외부 환경을 이 양자의 융합에서 도출되는 결과와 함께 종합함으로써 상징적 메시지를 전달한다. 상象은 괘와 효의 상징적 의미를 계시하고 시서자의 현시점의 개인적·사회적·사업적·세계적 상황에 대한 응용을 가리켜 준다.[109)

이렇게 머피 식으로 이해하면, 공자가 『주역』을 통해 이러한 '지천'의 메시지를 구한 것은 시서를 통해 천명의 메시지를 미리 알기 위한 것이기도 했다는 해석도 가능해진다. 나아가 머피는 『주역』의 지천명 기능을, "개념화·조직화·조작에 있어서 유기적인 것에 아주 가까워서 그것의 내적 복잡성이 무한대에 근접하는 완벽하게 정의된 상징체계로서의 신탁"으로 설명하고 있다.[110)

서구 역학계에도 이렇게 『주역』의 점서적 기능을 중시하면서도 여러 가지 각도에서 『주역』에 대한 철학적 주석을 시도하는 중도역학적 주역관이 지배한다. 빌헬름, 융, 머피 등은 서양 중도역설의 대표자들인 셈이다. 반면에 의리역학적 주역관은 서구에서 거의 찾아볼 수 없다. 왕필의 『주역주周易注』를 영역한 리차드 존 린(Richard J. Lynn)조차도 단순하게 의리역학적인 경향만을 고수하지 않고 있고,[111) 왕필의 이 『주역』 해석서도 서구에서는 의리역학적 용도보다 점서용으로 중시된다.

그밖에 리체마(Rudolf Ritsema), 카처(Stephen Karcher), 삽바디니(Shantena Augusto Sabbadini)[112) 그리고 브렌넌(J. Herbie Brennan), 블로펠드(John Blofeld), 클리어리(Thomas

---

109) Murphy, *Secrets of the I Ching*, 1쪽.

110) Murphy, *Secrets of the I Ching*, 3쪽.

111) 참조: Lynn (trans.), *The Classic of Changes*.

112) Rudolf Ritsema & Stephen Karcher, *I Ching: The Classic Chinese Oracle of Change* (New York:

Cleary) 등의113) 역학도 중도역학적 경향을 보이고 있다. 그리고 중국계 미국 역학자들인 우 징누안(Wu Jing-Nuan)과 알프레드 후앙(Alfred Huang)의 역학도 마찬가지다.114)

물론 서구에도 앤써니(Carol K. Anthony) 같은, 국제적으로 알려진 순수한 점서 역학자들도 존재한다.115) 반대로, 최근에는 왕필과 징이천 식의 순수한 의리 역학자들도 나타나고 있다. 가령 윈컵(Gregory Whincup)은 말한다.

『주역』을 이해하는 최선의 길 중 하나는 『주역』을 점술용으로 사용하는 것이다. 점술적 사용경험이 없으면 『주역』에 대한 고대인들의 태도는 언제나 부분적으로 감춰진 채 남아있을 것이다. 하지만 나 자신은 더 이상 『주역』을 이런 식으로 사용하지 않는다. (…) 이것은 내가 『주역』이 효과가 있다고 생각지 않기 때문이 아니다. 내 자신의 경험은 어떻게 그런지 확신할 수 없지만 그것이 효과가 있다는 것을 은근히 알려준다. 그것은 통상적으로 유의미한 것 같은 답변을 주었다. (…) 하지만 『주역』에 내 대신 나의 결정을 내리는 것을 허용하기보다 차라리 나의 결정을 나 자신이 내리는 것이 더 나은 것처럼 보였다.116)

윈컵은 주역시서蓍筮의 적중성을 믿지만 자신의 일에 대한 결정에서는 시서에 의존하기보다 자신의 의사에 따른다고 말하고 주역시서는 주역연구를 위해서만 수행한다고 밝히고 있다. 시서를 배제하지 않는 점에서 좀 특이한 의

---

Barnes & Noble Books, 1995); Karcher, *How to Use the I Ching*; Rudolf Ritsema & Shantena A. Sabbadini, *The Original I Ching Oracle* (London: Watkins Publishing, 2005).

113) J. Herbie Brennan, *The Magical I Ching* (St. Paul: Llewellyn Publication, 2000); John Blofeld, *I Ching* (New York·London etc.: Penguin Compass, 1991); Thomas Cleary, *I Ching: The Book of Change* (Boston & London: Shambhala, 1992).

114) Wu Jing-Nuan, *Yi Jing* (Washington D.C.: The Taoist Center, 1991); Huang, *The Complete I Ching*; Alfred Huang, *The Numerology of the I Ching* (Rochester & Vermont: Inner Traditions, 2000).

115) Anthony, *Handbuch zum klassischen I Ging*; Carol K. Anthony, "Erfahrungen mit dem Lehrmeister, der durch das I Ching spricht". Hanna Moog (Hg), *Leben mit dem I Ching* (München: Eugen Diederichs Verlag, 1996). 다음도 참조: Chris Marshall, *The I Ching Book* (London: Carlton Books, 2004).

116) 참조: Gregory Whincup, *Rediscovering the I Ching* (New York: St. Martin's Griffin, 1986), 223쪽.

리역학이다.

한편, 리처드 스미스(Richard J. Smith)는 보다 순수한 의리역학자에 가깝다.

전적으로 『주역』에 대한 나의 관심은 문화적 소산으로서의 그것의 중요성에 근거해 있다. 나는 어떤 의미에서 실로 주역점을 믿는 자가 아니다. 나는 『주역』을 심각하게 받아들이지만, 이는 일차적으로 전통적 중국에서 모든 중요한 사상가들이 그것을 믿었기 때문이다. 그리고 왜 그랬는지를 이해하는 것은 중요하다고 나는 믿는다.117)

환언하면, 『주역』의 완전한 이해는 점술에 대한 믿음을 요구하지 않지만, 그 것은 그렇게 많은 사람들이 왜 그것을 믿어왔는지를 정사精査할 것을 요구한 다는 투다.118) 그러나 『주역』의 완전한 이해는 점술에 대한 믿음을 요구하지 않는다는 말은 "『주역』을 이해하는 최선의 길 중 하나는 『주역』을 점술에 사 용하는 것이다"는 윈컵의 논변과 정면으로 배치되고 있다.

최근 『주역』은 점서와 의리적 수신 용도에만 쓰이는 것이 아니라 다양한 용도로 활용되고 있다. 즉, 『주역』은 심리치료, 삶의 지침을 위한 자기통찰, 예술, 과학, 수학 등의 용도에 실용되고 있다.

우선 『주역』은 현대 심리치료법의 주류에 속하지 않을지라도 몇몇 심리학 자에 의해 실제로 심리치료에 쓰이고 있다. 슐러(John Suler)는 『주역』을 심리치 료에 응용하는 것에 대해 상세히 논하고 있다. 그는 점을 치는 것이 아니라 심리치료의 과정을 표현하기 위해 가시적 상징으로서 팔괘를 사용할 것을 제안한다.

슐러는 새로운 연결을 수반할지라도 중국에 존재했던 그 대로의 『주역』을 "상관적 도식"으로 사용한다. 그의 개념구상 안에서 팔괘는 심리학적 의미를 부여받는다. 그리하여 가령 '바람'을 뜻하는 손巽괘(☴)는 심리치료에서 겸손하

---

117) Richard J. Smith, *Fathoming the Cosmos and Ordering the World: The Yijing and Its Evolution in China* (Charlottesville: University of Virginia Press, 2008), 6쪽.

118) Redmond and Hon, *Teaching the I Ching*, 26쪽.

고 점진적漸進的일 필요를 상징한다. '물' 또는 '심연'을 감坎괘(☵)는 무의식의 심층 속으로의 하강이다. '산'을 뜻하는 간艮괘(☶)는 심리치료사와 환자가 꼼짝 못할 때를 상징한다. '벼락'을 뜻하는 진震괘(☳)는 충격을 나타낸다. '하늘'을 뜻하는 건乾괘(☰)는 원리적 생명충동을 나타낸다.119) 여기서 다시 서주西周나 청말淸末의『주역』과 근본적으로 다른 완전히 새로운 사고방식에 적응하는『주역』의 유연성이 드러난다. 슐러의 연상들은 그럴싸하지만, 문화전반적인 것이 아니라 개인적이었던 전통적 중국의 연상들과 원리적으로 다르다.

치료사와 환자가『주역』을 자신들의 가치·믿음 체계와 합치된다고 느낀다면『주역』이 심리치료에 유용할 수 있다는 것은 그럴싸하다. 어떤 사람들은 대안적 치료법에 끌리고 이 대인치료법의 사용을 치료사 측의 개방적 자세로 본다. 다른 사람들은 대안적 치료법의 소위 '비과학적' 성질 때문에 흥미를 잃을지도 모른다. 또 다른 사람들은 그것이 자신들의 종교적 신앙과 충돌한다고 느낄 수도 있다.『주역』이 임상심리학에서 효과적인 도구일 수 있다는 것은 어떤 신비스런 기제도 내포하지 않고 있다. 심리치료의 방법은 다양하지만, 연구에 의해 지속적으로 드러나는 사실은 환자가 받는 도움에 가장 많이 영향을 미치는 것은 방법이 아니라, 치료사다.120)

오랜 세월 여러 권의 주역서적을 집필하고 시서자문을 해온 캐롤 앤써니는『주역』을 심리학적적으로 활용하는 다른 현대적 방도를 대표한다. 1998년 이래 그녀는 독일출판사의『주역』관련 서적과 자료 마련을 도와준 무그(Hanna Moog)와 공동작업을 해왔다. 무그는 그녀가『주역』이 "변화(changes)의 책"이 아니라 "변혁(transformations)"의 책이라는 것을 깨달았을 때 '영적 돌파'를 이루었다고 쓰고 있다. 그녀는 전통적 중국 주석가들이 빠트린 경전의 여러 측면들을 이해했다는 말이다. 도노휘(Brian Donohue)는 이들의 새로운 해석을 극찬했다. "변화는 외부적 경험계획에 갇힌 움직임인 반면, 변혁은 외부적 계획에 자연

---

119) John R. Suler, *Contemporary Psychoanalysis and Eastern Thought* (Albany: State University of New York, 1993), 220-239쪽.

120) Redmond and Hon, *Teaching the I Ching*, 215-216쪽.

발생적으로 감응하는 내면적 계획 위에서의 움직임이다."121) 그러나 이 말은 새롭지만, 그 내용은 그렇지 않다. '변화의 책'으로서의『주역』은 동시에 '변혁의 책'이기 때문이다. 그리고『주역』은 내면적·외부적 계획을 말하지 않지만, '부孚'자의 의미(미쁨·진실성)에 좌우되는 61번 중부中孚(내면적 진실성)괘의 일반적 해석은 사람의 내면적 상태가 외부적 자세와 합치되어야 한다는 인정을 내포한다. 이것이 바로 '진실성' 또는 '믿음직스러움(미쁨)'이라는 것이 뜻하는 것 아닌가? 이것은 유교적 수신(자기도야)의 목표였다.

아무튼 앤써니와 무그의 핵심 논지는 사회가 우리에게 내면적 진실성을 따르는 것을 금하는 금법禁法들을 수립했다는 것이다.122) 그런데 이것은 공자 철학의 영향을 받은 루소 이래 서구에 유행하기 시작한 관념이다. 그들의『주역』은 "불의와 내면적 공간에 대한 침입에 대항하는 외부적 또는 내면적 반대(No!)"를123) 전개하도록 인도한다. 반복되는 주제는 건乾괘의 초효의 '잠룡'과 동일시되는 "자아"를 극복하는 것이다. 그들은 이 '자아'를 프로이트의 '초자아'와 같은 뜻으로 사용하는데, 이 '자아'와 사회에 의해 억압당하는 개인의 개념은 사회를 개인과 적대적인 것으로 보지 않고 어린이를 교육시키는 스승을 어린이의 인간적 발전을 금지하는 것으로 간주하지 않는 공자주의와 상당히 반대되는 것이다. 공자는 태고대의 현명한 군주들의 시대 이래 사회가 퇴락해왔다는 관념을 가지고 있었지만, 사회를 원리적으로 또는 불가피하게 억압적인 것으로 보지 않았다.『도덕경』과『장자』에는 이런 억압적 사회관이 들어있지만, 가령 비否괘에서 소인들이 흥기하는 것과 같은 거스르는 사회적 요인들을 처리하는 데 조언을 주는 것을 제외하고 이런 억압적 사회관이『주역』안에는 존재하지 않는다. "자아"에 관한 한, 통속심리학의 이런 레테르와 같은 어떤 것도『주역』안에서는 발견할 수 없다. 이것은 앤써니와 무그의 새로운 주역해석을 받아들이기 어렵게 한다.124)

---

121) Brian Donohue, "Foreword", ix. Carol Anthony and Hanna Moog, *I Ching: The Oracle of the Cosmic Way* (Stow [MA]: Ichingbooks, 2002).

122) Anthony and Moog, *I Ching: The Oracle of the Cosmic Way*, 49쪽.

123) Anthony and Moog, *I Ching: The Oracle of the Cosmic Way*, 40쪽.

『주역』은 서양에서 이런 심리학적 용도 외에 '삶의 지침을 위한 자기통찰에도 사용되어 왔다. 중국에서 『주역』은 독서를 고양시킬 뿐만 아니라 인간적 생을 지도하는 데 가장 큰 중요성을 가진 시서의 기초였다. 앞서 시사했듯이 칼 융도 "자기에 대한 앎, 즉 지혜를 사랑하는 사람들에게 – 이런 지혜가 있다면 – 『주역』은 세내로 된 책인 것 같다"고 신언함으로써 『주역』의 시서를 극찬했다. 이때 이래 『주역』에 대한 심리학적 접근은 보통 예언보다 개인적 통찰의 수단일지라도 실제적 점술을 보통 권장해 왔다. 신탁이 특별한 물음에 응하는 것처럼 보이는 것은 우리를 놀라게 하지 않을 것이다. 결국 그것은 질문들에 대해 답변을 제공하도록 구성되어 있다. 선택된 경문이 상황에 적합한지는 질문자가 결정할 주관적 문제다. 많은 사람들은 『주역』의 자문으로부터 유용한 답변을 얻는다고 느끼고, 어떤 사람들은 매일 그렇게 느끼거나, 적어도 그들이 지도가 필요하다고 느끼는 때마다 그렇게 느낀다.

서양에서 서죽筮竹에 의한 시서법과 동전에 의한 시서법을 기술하는 부록을 포함해 점서적 용도의 가르침을 처음 제공한 이는 리하르트 빌헬름이었다. 이전의 번역서인 맥클래치와 레그의 번역서는 이런 가르침을 제공하지 않았다. 최근의 번역서들은 대부분 시서법을 설명하고 있다. 동전법은 서죽법보다 동효가 많이 나와 풀이가 복잡해지는 흠이 있다. 점성술이나 타로에 비하면 시서는 답이 훨씬 더 간명하다. 서양에서 시서를 실행하는 자들은 반드시 주역자문의 과정을 불가오류나 초자연적인 것으로 간주한다는 의미에서의 신앙인들이 아니다. 주역시서로써 통찰을 구하는 것은 정상을 벗어난 어떤 것을 함의하지 않는다.

소수의 시서자들은 학술저작들을 학습하고 『주역』을 원어로 읽을 정도로까지 한문을 배울 만큼 충분히 이 경전에 매료되었다. 이 점에서 주목할 만한 학자는 『주역』에 내포된 서주西周의 역사에 관한 학술서를 쓴 마샬(S. J. Marshall)이다.125) 또 한 명의 학자 점술실행인은 해처(Bradford Hatcher)다. 해처는 서주의

---

124) 참조: Redmond and Hon, *Teaching the I Ching*, 218쪽.

125) S. J. Marshall, *The Mandate of Heaven – Hidden History in the I Ching* (New York: Columbia

의미들을 재건하는 방법론인 "경문비판"에 대해 아주 비판적이다. 그는 중국어 경문의 각 한자에 영어 단어를 대응시키는 방대한 "매트릭스 번역"을 만들었다.126) 주역경문의 모든 한자의 뜻을 풀이한 사전은 베르나도(Daniel Bernardo)도 출판했다.127) 이 사전작업들은 유용하지만 시서로 뽑은 경문의 풀이에 만족할 만한 번역은 아니다.

서구인들은 『주역』을 예술창작에도 사용한다. 『주역』은 전통적 중국에서 이미 예술창작을 고취했다. 『주역』과 관련된 '태극 문양'은 무술의 상징으로서 도처에서 사용되어 왔다. 팔괘는 중국에서 동경의 가장자리나 후면 장식으로 많이 쓰였다. 이와 같이 『주역』에 의해 고취된 예술들이 많이 창작되었다.

주역예술은 두 가지 범주로 가를 수 있다. 하나는 괘의 배열을 묘사하고 종종 다른 가시적 요소들과 결합되어 쓰인다. 이것은 서양공예에서도 다양하게 쓰인다. 다른 범주는 특수한 괘에 의해 고무된 것으로 제시되는 구상화보다 추상화다.128)

『주역』을 예술에 활용한 예술가 중 가장 주목해야 할 인물은 존 케이지(John Cage)였다. 케이지는 1992년 죽을 때까지 미국 내에서 『주역』을 이용해 음악을 작곡했고, 전지구적 팔로워들을 가진 세계적 네트워크를 구축했다. 그는 1930년대에 『주역』을 배웠고, 1940년 레그의 번역본으로 주역점을 쳤고, 빌헬름 주역번역서의 영역본이 출간된 1950년부터 음악작곡에 『주역』을 활용했다. 그는 『주역』의 부작위 숫자를 이용한 것이 아니라 『주역』의 지혜를 에세이와 시에 인용했고, "주역에 대고 물으며" 작곡을 했다.129)

케이스메츠(Udo Casemets) 등 여러 작곡가들도 『주역』을 이용한 케이지의 작업에서 영감을 얻었다. 케이스메츠는 『역경의 12개월의 음악』, 『역경 지터버

---

University Press, 2001).

126) Braford Hatcher, *The Book of Changes: Yijing Word by Word*, 2 vols. http//www.hermetica.info (검색일: 2017. 5. 8.).

127) Daniel Bernardo, *YiJing (I Ching): Chinese/English Dictionary with Condordance and Tranlation*. Self-published. http://www.scribd.com/berpop8544 (검색일: 2017. 5. 8.)

128) 참조: Redmond and Hon, *Teaching the I Ching*, 221쪽.

129) Smith, *The I Ching*, 204, 205쪽.

그』, 『역경의 8개의 집』, 『4차원 역경』 등을 작곡했다. 케이지의 영향을 받은 이런 유형의 음악가로는 테니(James Tenny)가 있다. 테니는 『주역』의 64괘와 연관된 『여섯 개의 하프를 위한 64개의 학습』(1985)을 작곡했다. 세계적 명성을 가진 무용가이자 안무가 컨닝햄(Mercier Cunningham)도 『주역』을 이용한 케이지의 작품생산 방식에 영향받아 『주역』을 이용해 많은 작품을 낸 예술가 군群에 속한다.130)

한편, 『주역』은 현대과학과 관련해서도 종종 거론된다. 『주역』이 양자역학·DNA·디지털계산기·카오스이론에 대한 예고적 징조들을 포함하고 있다고 상상하는 것은 대중적이 되었다. 『주역』이 어떤 식으로 과학적 진리들을 내포한다는 관념은 완전히 새로운 것이 아니지만, 외견상 근절시킬 수 없을 정도까지 현대 대중문화 속으로 확산되었다. 이 관념의 장점이 무엇이든 이것은 『주역』 연구를 시작하는 좋은 출발점이 아니다. 『주역』을 현대과학을 포함하고 있는 것으로 간주하는 것은 『주역』의 긴 역사 안에서 해석패러다임을 하나 더 보태는 것에 불과하기 때문이다.

그럼에도 카프라(Fritjof Capra)는 4판이 거듭 출판되면서 엄청난 영향력을 행사했던 『물리학의 도(The Tao of Physics)』(1975)에서 이렇게 말한다.

현대 물리학에서 우리는 원자 이하의 세계를 운동·변화·변혁에 강세를 두고 소립자들을 진행되는 우주과정 안에서의 일시적 단계로 간주하는 것을 보기에 이른다.131)

카프라의 막강한 영향으로 인해 우리는 『주역』을 그 제목밖에 모르면서도 『주역』이 현대물리학과 유전학의 발견을 예고한 것으로 입증되었다는 인상을 가지고 사람들을 흔히 만난다. 물리학과 『주역』이 둘 다 변화에 관한 것이라는 것은 사실이다. 하지만 만물이 지속적 변화의 상태에 있다는 관념은 새

---

130) Smith, *The I Ching*, 207-208쪽.

131) Fritjof Capra, *The Tao of Physics: An Exploration of the Parallels between Modern Physics and Eastern Mysticism* (Boston: Shambhala, 1975·1999), 283쪽.

로운 것도 아니고 『주역』에 특유한 것도 아니다. '비항구성'은 2500년 전 부처와 헤라클레이토스(기원전 540-475)에 의해 언급된 것이다. 이것은 정말로 가장 오래된 철학적 관념이고 근대물리학의 발견이 아니다.

카프라는 또한 보어(Niels Bohr, 1885-1962)의 상보성원리가 음양의 개념에 의해 이미 예고된 것으로 말한다.[132] 실제로 이것은 우연의 일치가 아니었다. 닐스 보어는 피상적일지라도 중국사상에 관심을 가졌고 심지어 그의 문장으로 음양 상징을 선택했다. 보어가 물리학을 종종 중국 우주론을 시사하는 언어로 묘사했다는 것은 그의 쪽에서 의도적인 것이었다.[133] 정말로 가상적으로 어떤 이원성이든 음양의 견지에서 언급될 수 있다.

카프라는 『주역』과 과학 간의 상응성을 주장한 최초의 학자가 아니다. 레그는 1899년 번역서 서론에서 이렇게 말하고 있다.

하지만 서양 과학을 약간 아는 중국의 학자들과 군자들은 전기·열·빛과 유럽물리학의 기타 분야의 모든 진리가 팔괘 안에 있다고 말하기를 좋아한다.[134]

『주역』과 과학 사이에 어떤 유사성이 존재하든, 청동기시대에 생겨난 음양의 형이상학으로부터 우리시대 양자역학의 입자·파동설까지는 거의 상상할 수 없이 아득한 시간적 차이가 있다는 사실이 인정되어야 한다. 음양의 형이상학은 현대물리학의 발견을 낳지 않았다. 더욱이 『주역』의 사용은 어떤 식으로든 물리학에서의 실제적 연구과정과 닮지 않았다. 카프라의 설명은 대중적 설명이다. 그러나 물리학의 본래 언어는 수학등식이다. 이 물리학의 수학등식과 비교하면, 대중적 설명은 잘해야 현실과학의 환언적換言的 표현에 불과한 것이고, 현대과학의 가상적 패러독스들을 강조하는 비전문적 설명들은 '엔터테인먼트로서의 과학'에 불과한 것이다.[135]

---

132) Capra, *The Tao of Physic*, 160쪽.

133) 참조: Redmond and Hon, *Teaching the I Ching*, 225-226쪽.

134) James Legge (trans.), *The Yi King* (New York: Dover, 1963), 38쪽.

135) Redmond and Hon, *Teaching the I Ching*, 226쪽.

현대물리학과『주역』사이에 존재하는 일정한 유사성을 근거로 마치『주역』이 현대물리학을 낳은 것처럼 생각하는 것은 엄청난 '비약'이고, 이 '유사성'을 본질적 '동일성'으로 여기는 것은 근본적 '착각'이다. 그리고 만에 하나 현대물리학이 동양사상과 대립되는 서양의 과학노선을 충실하게 추종해서 중국의 고내경선『주역』과 '농일한' 결론에 도달했다면, 현대물리학의 탄생과 발전을 놓고 굳이 동양사상을 들먹이는 것은 그 자체로서 실익이 없는 짓일 것이다.

『주역』과 과학 간의 연결을 주장한 최초의 서양인은 실은 라이프니츠였다. 라이프니츠는 모든 수를 0과 1의 두 숫자로 표현하는 2진법의 발견자였다. 앞서 시사했듯이 요하심 부베는 소강절邵康節의 괘卦의 배열과 그의 친구 라이프니츠의 이진법 간의 유사성에 주목한 바 있다. 그는 라이프니츠에게 지금도 남아 있는 다이어그램 복사물을 그려 보낸 적이 있다. 라이프니츠는 이 유사성의 발견을 인정해 주었다.

그러나 앞서 지적한 바와 같이 라이프니츠처럼『주역』의 상수象數체계를 몽땅 이진법으로 환원하는 것이 난센스이거나 오류이듯이, 이진법을 이용한 모든 현대적 정보기술들의 개발이『주역』과 유관하다고 주장하는 것도 못지 않은 난센스일 것이다. 서양에서도 이진법이 (전기의 음양이 아니라) 전류의 단속斷續에 의해 표현될 수 있다는 기술적 사실은 20세기에 와서야 인식되었고, 이것이 인식되기 전까지 이진법은 수학적 호기심거리에 지나지 않았다. 이진법과 전기적 자료처리 능력 간의 연관성을 처음 인식한 사람은 이것에 관한 최초의 리포트를 MIT 석사학위 논문으로 작성한 샤농(Claude Shannon, 1916-2011)이었다. 이 기술적 인식이 컴퓨터, 인터넷, 스마트폰, 그리고 온갖 IT공학을 산출했다. 그러나 복희나 소강절만이 아니라 라이프니츠도 이진법의 전기적 자료처리 용도에 대해 전혀 감도 잡지 못했다. 그리고 철학과 거리가 먼, 더구나 동양철학과는 더욱 거리가 멀었을 MIT 공과대학 석사과정 대학원생 샤농이 졸업논문을 쓰기 전에 이미『주역』을 잘 알고서『주역』으로부터 기술공학 논문과 관련된 영감을 얻었다고 생각하는 것은 황당한 추리일

것이다.136)

부베·라이프니츠 시대로부터 지금까지 많은 사람들은 복희가 만든 것으로 알려진 주역괘의 근저에 놓인 수학적 또는 형이상학적 원리를 찾아 왔다. 감각적 경험 속에서 일정한 패턴을 찾으려는 인간정신의 성향을 전제하면 괘의 배열이 무슨 커다란 비밀을 포함하고 있다고 상상하기 쉽다. 그리하여 수세기가 흐르는 동안 이 비밀이 무엇인지를 알아내려고 애쓰며 많은 정신적 노력이 경주되었으나 괘의 서열에 대한 논의에서 리처드 러트가 내린 결론은 상황을 잘 정리해준다.

> 원래의 배열순서가 어떤 것이었는지에 대한 물음은 일차적으로 중요하지 않고 논리
> 적으로 원래의 순서가 있었는지에 대한 물음에 달려있다. 우리는 이 물음이든 저
> 물음이든 답할 희망이 없다.137)

이것은 설령 우리가 원래의 순서가 어떤 것인지 안다고 하더라도, 아니 단지 남아 있는 괘들 중 어느 것이 첫 괘인지만 안다고 하더라도 이 정보는 『주역』과 관련해 거의 중요치 않다는 말이다.

러트는 캠브리지 언어학자로 출발해서 제2차 세계대전에 해군으로 참전한 후에 성공회 신부가 되었고 1954년 한국에 선교사로 파견되었다. 그는 그 뒤 한국 서부해안에서 20년 동안 신부로 복무했다가 영국으로 돌아가 한국 소설과 시조를 영역해 출판하고(Virtuous Women, The Bamboo Grove) 한국의 농촌생활을 기록한 책(Korean Works and Days)과 한국의 문화역사사전(Korea: A Cultural and Historical Dictionary)을 출간했다. 그는 한국 서부의 농촌지역에서 목회할 때 그의 신도들이 그에게 고대 중국문예물과 시에 대한 변치 않는 흥미를 가르쳐주었고, 이것이 그의 주역연구의 시발점이었다.138) 따라서 우리는 그의 저 '결론'을 오

---

136) Redmond and Hon, *Teaching the I Ching*, 226쪽.

137) Richard Rutt, *The Book of Changes (Zhouyi)* (London: Routledge, 1996·2007), 117쪽.

138) Rutt, *The Book of Changes (Zhouyi)*, ii.

랜 숙고의 결과로 받아들일 수 있을 것이다.

그럼에도 불구하고 불구하고 전래된 서괘序卦의 근저에 놓인 수학적 원리를 찾으려는 커다란 노력은 계속되어 왔는데, 최근의 사례는 쿡(Richard S. Cook)의 방대한 책 『경전의 중국 조합론(Classical Chinese Combinatorics)』이다. 그는 "이 연구는 중국 주역경전의 서괘의 고대적 수수께끼를 풀고 (…) 이 고대의 저작 안에서 이전에 인식되지 않은 고도의 수학적 세련을 증명한다"고 주장한다.[139] 쿡의 이 책은 복잡한 등식들로 가득해서 수학을 잘 아는 사람들에게도 위협적이다. 뒷면 표지는 이 모든 것을 정교한 다이어그램으로 종합해 놓았다.

그러나 주제넘게 수학을 분석할 필요 없이 서괘가 '수학적 세련'을 증명한다는 주장에 두 가지 문제가 있다는 것을 지적할 수 있다. 첫째, 인간의 창작이 수학적 견지에서 묘사될 수 있다는 것은 이것을 고안한 사람들이 그것을 묘사하는 이런 방식을 의식했다는 것을 의미하지 않는다. 실제로 바퀴를 발명한 사람은 누구든 전혀 삼각법(trigonometry)을 몰랐을 것이다. 악기들은 음파의 극히 복잡한 패턴들을 산출하지만, 음향학이 발전되기 오래 전에 생겨났다. 둘째, 어떤 유한한 수의 계열이든 등식들의 계열로 표현될 수 있다는 것이다. 등식들이 어떤 것을 기술한다는 사실은 동일한 등식이 그것을 창작하는 데쓰였다는 것을 함의하지 않는다. 이것은 우리가 원주가 원의 직경의 3.1459(π) 배라는 것을 알지 못해도 원을 그릴 수 있는 것과 유사하다.[140]

중국사상과 과학의 관계를 정밀하게 조사한 사람들이 모두가 카프라나 그의 많은 찬미자들만큼 낙관적인 것은 아니다. 레그는 이런 관념을 일찍이 조롱했다. "중국인들이 『역』을 모든 철학 안에서 꿈꾼 적이 있는 모든 것을 포함하고 있는 것으로 환각하는 것을 그치기까지 (…) 『역』은 그들이 과학의 참된 길로 들어서는 것을 가로막을 것이다."[141] 하지만 레그의 이 말은 극언일 뿐만 아니라, 명백히 그릇된 말이다.[142] 왜냐하면 중국과 극동은 『역』과

---

139) Richard S. Cook, *Classical Chinese Combinatorics* (2004-2006, Monograph 5. Berkeley: Siono-Tibetan Etymological Dictionary and Thesaurus Project), ix.

140) Redmond and Hon, *Teaching the I Ching*, 229쪽.

141) Legge, *The Yi King*, 38쪽.

무관하게, 그리고 『역』의 영향에 의해 방해받지 않고 18세기까지 고도의 자
연과학과 산업기술을 발전시켜 세계를 리드했을 뿐만 아니라, 중국이 오히려
일단 서양과학을 만나자마자 바로 이 과학을 재빨리 받아들였기 때문이다.
따라서 『주역』과 과학 간의 관계에 대한 참된 이해는 레그와 카프라의 주장
사이의 어떤 중간지점에 있을 것 같다.

돌아보면, 카프라의 저서 『물리학의 도』는 동양의 신비철학과 현대물리학
간의 사상적 유사성을 밝히는 책일 뿐이다. 이 책은 적어도 "과학과 동양사상
이 공존할 수 있다"는 명제를 입증하는 데 기여했다. 칼 융의 공시성 이론의
배경에도 『주역』을 옹호하는 그의 관심이 있었고, 동방의 철학적 전통이 현
대과학과 양립불가능하다고 생각지 않았다.[143] 따라서 카프라의 책이 이런
식의 사상적 동서화해에 결정적으로 기여했다는 것, 그리고 카프라의 책을
통해 공자의 역학이 서양에서 보다 확고한 지위를 얻게 되었다는 사실은 아
무도 부정하지 못할 것이다.


### 2.4. 주역점의 적중성과 예견력: 서양인들의 규명 노력

『주역』의 역사적·경문적 연구는 주역점이 오늘날 적중하는지, 또는 적중한
다면 어떻게 하여 적중시키는지를 고려할 필요가 없다. 그래도 필연적으로
이런 물음들은 제기되지 않을 수 없다. 『주역』을 극찬하는 피트(F. David Peat)는
가능한 메커니즘들을 이렇게 요약한다. 이것들 중 첫 번째 것을 그는 "경문이
질문자가 관심거리, 믿음, 물음들을 투영하는 스크린을 구성한다는 재래식
답변"으로 기술한다.[144] 피트는 이 투영 이론을 빅토리아 시대의 찻잎 점
(*tea-leaf reading*)에 비유한다. 하지만 이 비교는 다 적절한 것이 아니다. 왜냐하면
『주역』의 반응은 특별한 괘와 결문으로 구성되는 반면, 찻잎 점의 의미는 전
적으로 점보는 자의 감정이입에 의해 작화(作話)되기 때문이다.

---

142) Redmond and Hon, *Teaching the I Ching*, 229쪽.

143) Yuasa, *Overcoming the Modernity*, 33쪽.

144) F. David Peat, *Synchronicity: The Bridge Between Matter and Mind* (New York: Bantam Books,
     1987), 143쪽.

"무대 심령술들(stage psychics)"은 점술가들과 마찬가지로 "콜드리딩(cold reading)"이라는 기술(사전 정보 없이 재빨리 알아차리는 기술)을 사용한다. 많은 사람들이 자신들에게 적용된다고 느낄 모호한 진술들이 쏟아진다. 그 다음 무대 심령술사들은 주제의 반응들을 따라가며 최대의 사람들과 감응할 수 있는 그 이상의 진술들을 제공한다. 암시가 빗나간 것 같으면 즉각 중단되고, 대안의 암시가 제공된다. 연구에 의하면, 대부분의 멤버들은 정확한 진술을 기억하고 부정확한 진술들을 무시하거나 망각하는 것으로 나타난다. 운 좋게 적중한 것은 유의미한 것으로 경험되는 경향이 있고, 그리하여 공시성으로 여겨질 수 있다. 우리 모두가 유의미한 동시발생 사건들을 경험한다고 가정하면 공시성은 공통된 인간경험이다. 진정으로, 점은 공시성들을 산출하는 것으로 의도된 과정으로 간주될 수 있다는 것이다.

콜드리딩은 종종 사기의 한 형태로 묘사된다. 그것은 대개 유흥의 한 종류일지라도 부도덕하게 사용될 수 있다. 하지만 콜드리딩이 영적 힘을 자극하기 위해 사용되기만 하는 것이 아니라는 것이 지적되어야 한다. 심리치료는 종종 유사한 방식으로 작동한다. 환자들은 자신의 문제를 기술하고 치료사는 제언을 만든다. 환자가 동의하지 않으면 다른 제언이 만들어진다. 결과적으로 환자가 동의하는 제언이 제시되고, 문제는 한 걸음 더 나아가 토의된다. 기만하거나 다른 식으로 해치는 데 쓰이지 않는 한 여기에 부적절한 것은 전무하다.

피트의 요약에서 다른 메커니즘은 "부지불식간에 실제적 시서가 의식적 정신에 의해 포착되지 않는 미묘한 유도를 배우기를 질문자가 바라는 수단에 의해 영향받는다"는 것이다.[145] 이 아이디어는 피상적으로 그럴싸하게 들리지만, 문제가 있다. 주역시서자는 그가 순간의 상황에 적중한다고 느끼는 괘를 의식적으로 선택할 수 있다. 하지만 선택이 서죽이나 동전에 의해 무작위로 이루어질 때 결과는 의식적 또는 무의식적 정신에 의해 영향받을 수 없다. 그러므로 이 메커니즘은 심리학적 언어에도 불구하고 실제로 "미래가 사실상

---

145) Peat, *Synchronicity*, 144쪽.

예견될 수 있다는, 또는 잠재의식의 힘들과 소망들이 외적 사건들에 대해 실제적 영향을 미칠 수 있다는 가능성이나 예지豫知(precognition)와 같은 개념들을 포함할 수 있는" 제3의 가능성과 관계가 있다.146)

아마 대부분의 시서자들이 품고 있는 최종적 견해는 "『주역』이 지혜로운 조언의 수천 년의 증류蒸溜를 포함하고 그러므로 체험된 삶의 지침으로 쓰일 수 있다"는 것이다.147) 이 견해는 어떤 다른 점법과도 연결될 수 있지만, 주지하다시피 "그 그럴싸함"을 입증하기 위해 합리적인 어떤 것도 요구하지 않는다. 지침이나 영감을 발견하려는 희망 속에서 성서든, 애호하는 시집이든, 자조自助용 안내서든, 책을 무작위로 펴는 것은 흔한, 아마 보편적인 행동이다. 주역점의 비판자들은 『주역』을 즐기는 사람들이 『주역』이 그들에게 말해주는 것을 그것이 무엇이든 귀 가볍게 받아들인다고 가정하는 것으로 보인다. 그러나 이미 시사했듯이 실제로는 대부분의 사람들이 어떤 답변을 받아들이거나 거부하는 데 보통의 상식을 활용한다.148) 이 최종적 견해가 "『주역』이 지혜로운 조언의 수천 년의 증류를 포함하고 있다"는 말을 주역시서가 수백만 년, 적어도 수십만 년 동안의 인간의 '진화' 과정에서 '유전자(gene)' 속에 누적된 생존지혜를 꺼낼 수 있게 해준다는 말로 바꾼다면 그 중 가장 설득력이 있을 것이다.

### 2.5. 비술祕術로서의 『주역』과 서양의 '뉴에이지'

점술, 주술, 물질에 대한 정신의 직접적 적용, 죽은 조상과 초자연적 존재들이 사는 다른 세계의 존재와 같은 것에 대한 믿음 등을 가리키는 "occultism"(비술祕術신앙)이라는 단어는 비교적 새로운 말이다. 물론 이것은 고대문화에서 이러한 믿음은 거의 보편적이었다. 적어도 서양에서 지금 이 비술신앙은 소수에게 한정된 특수한 사고방식이다. 그것은 일정한 엘리트들에게만 알려져

---

146) Peat, *Synchronicity*, 144쪽.

147) Peat, *Synchronicity*, 144쪽.

148) 참조: Redmond and Hon, *Teaching the I Ching*, 224쪽.

있는 숨은 실재에 대한 믿음체계인 비교祕敎(esoterism)와도 오버랩된다. '비술의 소생'을 말하는 소리가 흔한 반면, 실은 이 믿음은 그 공공연한 가시성이 차고 기우는 동안 지속된다. 반대로 비술에 대한 회의주의도 비술적 믿음과 반비례로 차고 기운다.

19세기 말과 20세기 초, 그리고 다시 1960년대에 비술신앙은 신지학神智學(theosopy)과 심령술 및, "황금여명회(Order of the Golden Dawn)" 등과 같은 보다 작은 엘리트들의 운동으로 조직화된 움직임으로써 가시화되었다. 점술 행위는 광범하게 확산되었고, 『주역』만이 아니라 수비학·타로·점성술도 광범하게 활용되었다. 이 점술실행은 모두 미래를 예견하는 데 쓰일 뿐만 아니라, 영적으로 유익한 것으로 여겨졌다. 이런 문화적 분위기 속에서 『주역』이 유행하는 데 필요한 유일한 요소는 『주역』의 정신적 가치를 강조하는 선명한 번역이었다. 이때 칼 융이 서문을 쓴 베인스의 빌헬름 주역번역서가 최초로 영어로 읽을 만한 것으로 제공된 것이다. 이렇게 영어권에 제대로 된 번역으로 등장한 『주역』은 고대적이면서 이국적이고 영적이면서 초자연적인 것으로 받아들여졌다.[149]

주역시서에 일찍이 헌신한 사람으로는 매스컴에서 "세상에서 가장 사악한 사람"으로 낙인찍은 비술가이자 우상파괴자 크로울리(Aleister Crowly, 1845-1947)를 들 수 있다. 크로울리가 수년 동안 이용한 것은 잡동사니를 쳐 넣은 레그의 번역서였다. 그는 『주역』을 인생의 난관을 해결하는 조언으로 활용했다. 『주역』의 안정적 분위기는 그의 불같은 생활양식을 안정시키는 데 있어 큰 도움을 주었다.[150]

1960년대 경제부국 안에서의 삶에 환멸을 느낀 젊은이들은 서구의 제도와 이념에 대한 어떤 대안들을 찾으려고 발버둥을 쳤다. 소위 '뉴에이지(New Age)', 즉 '현대 서구적 가치를 거부하고 영적 사상, 점성술 등에 기반을 둔 생활방식과 관련된 문화를 추구하는 새로운 세대가 등장한 것이다. 이것은 전후

---

149) Redmond and Hon, *Teaching the I Ching*, 234쪽.

150) Redmond and Hon, *Teaching the I Ching*, 234-235쪽.

산업화·합리화과정에서 주변화된 수많은 사고방식들에 대한 재고를 포함했다. 웹(James Webb)은 사상 클러스터를 "배격된 지식"으로 언급했다. 주류에 의한 '배격'이라는 바로 이 사실은 그들의 항소의 유일한 원천은 아닐지라도 본질적 원천이었다. 이 술어가 유럽의 다양한 비술祕術 운동을 언급하기 위해 주조되었을지라도 그것은 아시아의 종교와 철학, 그리고 원시민족의 신앙과 관행을 포함하는 다른 형태의 비非재래적 정신성을 포함하는 방향으로 확장되었다. 점술 매뉴얼로서의 『주역』은 전적으로 중국이 정통이다. 하지만 아시아의 종교와 철학을 연구하는 많은 학자들이 그 '이국성' 때문에 이 주제에 매혹되지 않았을까 생각한다.151)

이와 동시에 '뉴에이지 사이언스(New Age Science)'라는 것도 거세게 일어났다. 뉴에이지 사이언스운동은 1970년대에 소수의 과학자들에 의해 일으켜졌다. 가령 이 운동의 지도자라고 할 수 있는 영국 물리학자 봄(David Bohm)의 사상은 칼 융의 공시성이론의 영향을 많이 받았다. 그리고 '뉴에이지 사이언스운동'이 확산되면서 1980년대 이래 동양사상에 대한 실천적 관심은 전세계적으로 증가했고 곧 구체적 형태를 띠었다. 기氣와 관련된 다양한 육체수련이 전지구적으로 확산되어 나갔다. 나아가 1990년대 이후에는 영성靈性에 대한 관심이 의학적 이슈들의 발전과 연동되어 광범하게 퍼져나갔다. 이런 상황에서 융의 공시성이론은 새로운 사상운동의 출현을 격발시키는 기폭제 역할을 했다.152)

이런 뉴에이지 사이언스운동 속에서 다양한 형태의 "사이비주역"도 '비주류 영성의 부활'의 분위기를 타고 널리 확산되었다. 최근의 사례는 완전히 새로운 제조물인 『톨텍주역(Toltec I Ching)』이다. 이것은 『주역』의 경문과의 연관이 극소하고 톨텍문화(아즈텍 문명에 앞서 존재했던 중미고대문화)와의 연관은 더적다.153) 그럼에도 『톨텍주역』이라는 명칭을 달고 횡행했다.

진지한 관심으로 접근한다면 『주역』은 서양인들에게 엄청난 도전적 텍스

---

151) Redmond and Hon, *Teaching the I Ching*, 235-236쪽.

152) Yuasa, *Overcoming Modernity*, 28쪽.

153) Redmond and Hon, *Teaching the I Ching*, 236쪽.

트다. 이 『주역』에의 앙가주망은 철학적·정신적 영감을 제공할 뿐만 아니라 서양문화와 근본적으로 다른 고대 중국문화의 심화된 지식을 제공한다. 그런데 뉴에이지 버전의 주역시서들은 이런 이익을 전혀 제공하지 않고 있다. 불행히도 이것들은 아주 널리 확산되어 학술적 주역연구를 수적으로 훨씬 뛰어넘고 있다. 뉴에이지 주역시서는 '주역'이라는 명칭과 64괘 포맷과 말투를 빌리지만, 그 밖의 측면에서 중국의 주역경문과 아무런 관계가 없다.154)

부수적 정황이야 어떠하든, 우리가 중남미로 시선을 돌려본다면 우리는 『주역』의 전지구적 확산의 보다 확실한 증좌를 보게 된다. 이것은 아르헨티나의 현대 환상문학의 대가 보르헤스(Jorge Luis Borges)의 유명한 시 "Para una versión del I King"(『주역』의 한 버전을 위하여)만 봐도 금방 알 수 있다.

멕시코국립대학 교수 이바녜즈(Jose Luis Ibanez)는 이렇게 회고한다.

옥타비오 파즈(1990년 노벨문학상 수상자)가 1958년 나를 가르쳤을 때 주역점을 보는 것을 배웠다. 그때는 우리가 오직 칼 융의 놀라운 서문을 달고 있는 빌헬름의 영역본만을 읽을 수 있었다. 수년 후에 비틀즈는 동양에 대한 그들의 관심에 의해 그 경전을 만인의 손에 닿을 수 있는 것으로까지 대중화하는 데 기여했다.155)

『주역』의 영향을 받은 멕시코의 작가들로는 엘리존도, 아구스틴, 다빌라, 토바르, 세르반테스, 페르난데스, 사다, 비앙코, 세라노, 기도, 파즈 등이 알려져 있다. 이 중 노벨문학사 수상자 파즈가 가장 유명하다.156)

파즈는 오랫동안 아시아에 매혹되어 일찍이 1951년 그곳을 여행했고, 1998년 그가 죽는 날까지 가장 애호하던 서적들 가운데 하나로 간직했던 빌헬름 주역번역서의 영어본을 얻었다. 멕스코의 많은 문예인들이 파즈에 호응해서 창조적 영감의 원천으로 『주역』을 배웠고 지금도 활용하고 있다.157)

---

154) Redmond and Hon, *Teaching the I Ching*, 236쪽.

155) Smith, *The I King*, 202쪽.

156) Smith, *The I King*, 202쪽.

157) Smith, *The I King*, 202-203쪽.

# 제4장 한국의 전통적 주역관과 역대 국가의 시서 관행

공자는 상술했듯이 탈주술적·인지적 '지인'과 초월적 '지천'을 종합하는 이른바 통합지식을 추구했다. 이 통합적 지식 개념의 바탕 위에서 그는 지천의 길을 열어주는 『주역』을 두고 '선덕후점先德後占'과 '이덕희점以德稀占'을 지향하며 덕행에 의한 구복과 점서에 의한 지천을 통합했다. 그는 단순한 점서역학을 거부했지만 동시에 결코 이덕대점론以德代占論이나 부점론不占論의 입장도 취하지 않았고 단순한 의리역학에도 만족하지 않았다. 공자는 스스로 시서를 했고 시서의 적중도를 70% 가량 믿었음과 동시에 『주역』에서 덕행과 역리易理를 탐구했다. 말하자면 공자의 주역관은 의리역설과 점서역설이 통합된 중도 관점을 보여준다.

「요」편이 움직일 수 없는 사실로 다시 확인한 공자의 이 중도역학은 남송의 주희가 왕필 이래 천년 가까이 지속된 현학적 의리역학의 위세에 맞서 부활시켰고 조선의 율곡이 이어받은 역학관이기도 하다. 우리나라 역대 국가에서 『주역』을 활용한 사례들의 역사를 보면, 한국의 유학자들은 공자의 이러한 가르침을 대체로 크게 벗어나지 않았다.

# 제1절 삼국시대와 고려시대의
# 주역관과 시서관행

『삼국유사』, 『고려사』, 『조선왕조실록』 등 한국의 대표적 사서들은 한국의 역대 왕조국가들이 국정개혁·사면·세자책봉·회전和戰·사신파견 등 국가의 막중대사를 두고 『주역』으로 점을 쳐 그 길흉을 점단하고 이를 바탕으로 정책을 결정한 사실史實을 전하고 있다. 또한 이 역사서들은 때로 공식적 정책결정에 쓰인 시서의 구체적 내력과 결과까지도 자세하게 기록하고 있다. 이것은 시서로 얻은 '초월적 지식'으로서의 '지천' 또는 '신지神智'가 역대 국가에서 정통지식의 지위를 부여받았음을 말해 주는 것이다. 이렇듯 역대왕조에서 시서가 국정운영의 공식적 방법이자 국가의 정통적 지식장치로 정착한 것은 삼국시대 이래 확산된 공자의 유학사상과 보조를 같이한 것으로 여겨진다.[1]

한반도에 유학이 처음 들어온 삼국시대 이래 오랜 세월 동안 『주역』은 유림儒林의 최고 경전으로 대우받았다. 통일신라 말엽의 최치원崔致遠(857-?년)에서 고려의 유학자들과 주희의 『역학계몽』을 해설한 『계몽전의啓蒙傳疑』를 지은 퇴계 이황李滉(1501-1570),[2] 「역수책易數策」을 쓴 율곡 이이李珥(1536-1584) 등 거유를 낳은 조선유림과 성웅 이순신李舜臣을 거쳐 『주역사전周易四箋』을 지은 조선말의 실학자 정약용丁若鏞(1762-1836)에[3] 이르기까지 『주역』 연구와 시서는 그치지 않았다.

---

1) 이하의 내용은 다음 논문에서의 예비적 고찰을 업그레이드한 것이다. 황태연, 「공자의 중용적 주역관과 우리 역대 국가의 著筮 관행에 관한 고찰」.

2) 참조: 李滉, 『啓蒙傳疑』. 李滉, 『退溪全書』, 영인본(서울: 성균관대학교 대동문화연구원, 1958).

3) 참조: 丁若鏞, 『周易四箋』. 정약용(방인·장정욱 역), 『주역사전』 1-8권 (서울: 소명출판, 2007). 정약용의 『周易四箋』은 스스로 점서를 부정하면서도 줄곧 점서(占筮)를 위한 주석을 가하고 있으며 모든 괘를 무리하게 자신이 수립한 도식에 뜯어 맞추는 등 많은 문제점이 있다. 특히 정약용의 해석 도식은 복잡하기만 할 뿐이고 『주역』의 이해와 점단에 전혀 도움이 되지 않는다. 이 점에서 다산이 과연 역학을 이해했는지가 의심스럽기 짝이 없다. 그럼에도 괘·효사의 한문 풀이 측면에서 보면 다산의 풀이는 정이천의 『伊川易傳』과 주희의 『周易本義』를 능가하는 정확성과 해박성이 없지 않다.

## 1.1. 삼국시대의 역학과 『삼국유사』의 서례

유학자들은 삼국시대 이래 『주역』을 공식적으로 '의리역학'과 '점서역학'을 통합한 관점에서 활용했음을 확인할 수 있다. 신라 말 최치원(857-?년)은 『경학수장經學隊仗』의 「복서」편에서 다음과 같은 주역관을 피력하고 있다.

인간이 일을 하려면 꼭 하늘의 뜻에 근본을 두어야 한다. 인간이 '지천知天'하려면 꼭 인물을 두고 점쳐 천하의 길흉을 확정해야 한다. 천하를 이룩하려고 힘쓰고 힘쓰는 자가 복서를 버리면 어찌하겠는가? (…) 모형牡荊(약초의 일종)을 태우며 거북에 끌로 줄을 새기는 것을 이른바 복卜이라 하고, 시초를 세어 괘를 펴는 것을 이른바 '서筮'라고 한다. 천지간에 정책방안을 도출해 확정하고 음양의 정기로써 가부를 결단하는 것은 이로써 천명을 받기 때문이고 민용民用을 먼저 생각하기 때문이다. 사전에 정한 뜻이 귀서龜筮와 어긋났다면 순임금도 능히 큰 천하를 개인적으로 우禹에게 줄 수가 없었을 것이고, 복점의 길함이 어찌할지를 말해 주지 않았다면 반경盤庚(다섯 번 천도한 은나라 임금)이 천도의 주장으로 백성을 다그치지 못했을 것이다. 또한 이에 우리의 거북으로 점을 쳐 기산岐山 천도를 정했고, 우리와 거북점이 함께 길해 동정東征의 군대를 일으켰다. 때로 어떤 변고로 분규가 일고 인심을 현혹하면 비록 성인의 총명과 예지라도 그 기간에는 베풀 수가 없나니, 깨끗이 정리하고 의관을 갖추고 귀신에게 묻는 것은 하나같이 복서의 옳은 이치를 듣기 위함이다. 귀갑龜甲이 먹줄을 따라 갈라지는 초기에는 그 상象을 관찰하고 괘를 이루는 후반에는 그 수數를 고찰해 무리의 인심을 하나로 만들고 나라의 정세도 안정시킨다. 혹자가 복卜이 의문을 정하는 것이라면 의문이 없는데 왜 점을 치느냐고 말한다면 그것은 이미 자기가 옳다고 하는 것이다.4)

---

4) 崔致遠, 『經學隊仗』(大邱, 2001), 361-362쪽: "人之作事 必本於天意. 人之知天 必稽諸人物 定天下之吉凶. 成天下之亹亹者 捨卜筮 何以哉? 三兆之有其法 九筮之有其名. 灼荊而鑽之龜 所謂卜也 揲蓍而布之卦 所謂筮也. 以天地之產而定其猶豫 以陰陽之精而決其可否 所以紹天命也 所以先民用也. 前定之志 不協諸龜筮 則舜不能以天下之大私諸禹. 卜稽之吉不曰其如台 則盤庚不能以遷都之議 迫諸民. 爰契我龜而岐山之遷以定 朕卜幷吉而東征之師以擧. 方其變故之紛糾 人心之熒惑 雖聖人之聰明叡智 无所施於其間 而齊明盛服 以質諸鬼神者 一爲卜筮之是聽. 觀其象於墨食之初 考其數於成卦之後 卒之人心以一 國勢以定 或者 謂卜以決疑 不疑何卜者 已爲己私之是任."

최치원은 여기서 모든 국정의 성패에 관해 반드시 복서로 하늘에 물어 천명을 들어야 한다고 분명히 말하고 있다. 나아가 그는『경학수장』의 수많은 장절을『주역』의 괘와 괘·효사로 설명하고 있다.

김부식의『삼국사기』에 의하면, 신라 신문왕神文王 2년에 설치된 최고 학부 '국학國學'에서는『주역』을 제일의 학과목으로 취급해 학생들을 가르쳤다.[5] 이 경우는『주역』을 의리철학서로 활용한 것이다. 반면,『삼국유사』에는『주역』이 국책의 길흉을 묻는 시서에 쓰인 기록이 보인다.

최치원의 복서론과『삼국사기』·『삼국유사』의 기록을 종합하면 삼국시대와 통일신라시대에는『주역』을 의리철학서로 활용했을 뿐만 아니라 국가 차원에서 시서筮之로도 상용常用했고 이를 담당하는 관리도 두고 있었음을 알 수 있다. 이것은 공자의 중도역학과 일치하는 것이다. 또한 국가 차원의 공식적 시서 활용은 공자가『중용』에서 국가의 흥망·화복에 대한 시서의 예지를 '공식지식'으로 인정한 것과 일치하는 것이다.

삼국시대의 시서 기록은 그간 다 유실되었다. 그래도 한 건의 시서 기록이 오늘날까지 남아있다.『삼국유사』「가락국기」에는 한국에서 가장 오래된 공식적 서례가 실려 있다. 그것은 421년 가락국 좌지왕坐知王 김질金叱의 국정개혁과 관련된 서례다.

(좌지왕 김질은) 의희義熙 3년에 즉위해 용녀傭女를 여첩으로 맞고 용녀의 무리를 관리로 받아들였다. (…) 이때 박원도朴元道라는 신하가 있어 간하기를, "버려진 풀도 고르고 고르면 역시 고운 깃털을 머금고 있는데 하물며 사람은 어떻겠니까! 하늘이 무너지고 땅이 꺼지면 사람들이 어찌 터전을 지키겠니까?"라고 했다. 복사가 이를 두고 시서해 해괘解卦를 얻었는데, 그 효사가 '해이무해解而拇 붕지사부朋至斯孚(네 엄지발가락을 자르면 지지자들이 몰려와 그 추종자들을 쪼개 버릴 것이다)'라 했다. 이에 복사가 "임금님께서는 역괘를 참고하시겠니까?"라고 묻자 왕이 고마워하며 "그렇

---

게 하마'라고 답하고 용녀를 내쳐 하산도로 귀양 보내고 정치를 개혁했다. 이후 길이 백성이 평안하고 이런 치세가 15년을 갔다.[6]

여기서 임금 김질은 국가 차원의 정치개혁과 그 방도의 결정에 복사가 시서로 얻은 『주역』 해괘解卦의 구사九四 효사를 참고하고 있다.

이것은 『삼국유사』에 실린 유일한 서례이다. 김부식이 쓴 『삼국사기』는 주역 교습에 관한 기술과 여타 점술 기록은 있지만 서례에 관한 기록은 싣고 있지 않다.

### 1.2. 고려시대의 역학과 『고려사』의 여러 공식 서례들

조선시대에 쓰여진 『고려사』에는 약 12개의 서례가 기록되어 있다. 이 중 2개는 요遼나라 조정이 고려 국왕(숙종과 예종)을 인준하는 책문에 실린 요왕遼王의 서례 사실이다. 이 기록들은 다 사신파견, 국왕인준 책문, 왕태자 책봉, 금나라에 대한 사대事大 여부 결정, '이자겸의 난' 진압 계책, 거란과의 화전和戰·강화講和, 여진과의 개전 등 중요 국사를 시서한 것들이다.

이 중 어떤 것은 고려시대의 중도적 주역관을 알 수 있게 해 주는 구절들도 보인다. 신종은 재위 3년(1200) 왕덕王悳을 왕태자로 책봉하며 내린 교서에서 "맏아들에게 이미 덕이 넘쳐 이 훌륭한 본분이 역시 태자에 합당한 것이니 특별히 귀서龜筮의 일치된 길함만 있는 것은 아니다"라고[7] 하고 있는 것으로 보아 시서에만 매달리지 않고 덕행과 시서의 길흉을 같이 참조하고 있음을 알 수 있다.

12개 중 2개는 시서의 괘효도 기록되어 있어 당대의 역학 수준을 가늠하는 데 참고가 된다. 하나는 현종 2년(1011) 거란의 철군에 대해 감사코자 사신을 파견하는 것을 두고 시서해 건乾이 고蠱로 변하는 괘(乾之蠱)를 얻은 것이다.

---

6) 『三國遺事』 권2 「駕洛國記·坐知王」: "義熙三年卽位 娶傭女 以女黨爲官. (…) 有一臣朴元道諫曰 遺草闋闋亦含羽 況乃人乎! 天亡地含 人保何基. 又卜士筮得解卦. 基辭曰 解而拇 朋至斯孚. 君鑒易卦乎? 王謝曰可. 擯傭女 貶於荷山島 改行其政. 長於安民也. 治十五年."

7) 『高麗史』 神宗 3년: "德旣茂於元 良分亦當於儲副 非特有龜筮恊從之吉."

이에 앞서 왕이 거란에 사신을 보내려고 태사에게 명하니 건지고乾之蠱괘를 얻었다. 이에 아뢰기를, "건乾은 임금이고 아버지이고 강건한 것인즉 통하지 않은 바가 없으며, 구오九五는 비룡飛龍이 하늘에 있는 상象이니 대인을 봄이 이로우리라 하고 있고, 변괘 고蠱는 높은 자가 위에 있고 낮은 자가 아래에 있는 것이니 이 역시 아래가 위를 섬기는 상이어서 길합니다"라고 했다.[8]

건지고乾之蠱괘는 건괘의 초구初九(潛龍 勿用), 구사九四(或躍在淵 无咎), 구오九五(飛龍在天 利見大人) 등 세 효가 동해 고괘蠱卦로 변한 것이다. 그런데 현종의 복서 담당 관리인 '태사'는 변한 세 효 가운데 첫째와 둘째 효를 무시하고 마지막 효인 구오효의 효사만을 참고하고 또 건괘와 고괘의 괘사를 무시하고 괘상만을 풀이해 '길하다'는 점단을 내리고 있다. 태사는 '삼오변三五變 시 통기변극기수通其變極其數' 방법을 몰랐던 것이다. '통기변극기수'했더라면 초구나 구사도 점괘가 될 수 있었을 것이다.

고려 예종睿宗 2년(1107)에는 윤관尹瓘이 추진하는 여진정벌 여부를 두고 임금이 결단을 내리지 못하자 여진 공격 여부도 시서로 결정한다.

왕이 그 말을 듣고 중광전重光殿의 불감佛龕 속에 두었던 숙종肅宗의 서소誓疏를 가져다가 양부兩府 대신들에게 보였다. 대신들이 그 글을 봉독하고 눈물을 흘리며 말하기를, "선왕의 유지가 이같이 심절한데 어찌 이를 잊을 수 있으리까?" 하고 이내 글을 올려 선왕의 뜻을 이어 여진을 정벌할 것을 주청했다. 그러나 왕은 미루다 결심을 못하고 평장사平章事 최홍사崔弘嗣에게 태묘에서 서할 것을 명해 감지기제坎之旣濟 괘를 얻었다. 이에 드디어 의론을 출사出師로 정하고 윤관尹瓘을 원수로, 지추밀원사知樞密院事 오연총吳延寵을 부원수로 삼았다.[9]

---

8) 『高麗史』顯宗 2년: "先是王欲遣使契丹 命太史筮之 得乾之蠱. 奏曰 乾爲君爲父 乾健則無所不通. 九五曰 飛龍在天利見大人. 蠱之爲卦 尊者在上 卑者在下 此亦以下事上之象 吉."

9) 『高麗史』睿宗 2년: "王聞之 出重光殿佛龕所藏肅宗誓疏 以示兩府大臣. 大臣奉讀流涕曰 聖考遺旨深切若此其可忘諸? 乃上書請繼先志伐之. 王猶豫未決 命平章事崔弘嗣筮于胎廟 遇坎之旣濟. 遂定議出師 以瓘爲元帥 知樞密院事吳延寵副之."

이와 같이 고려왕조는 윤관의 여진정벌과 같이 국가의 명운이 걸린 역사적인 전쟁도 왕명의 시서로 결정했던 것이다.

여기서 주목할 만한 것은 감지기제坎之旣濟괘를 '개전開戰'으로 점단한 것이다. 『주역』의 29번 ䷜중수감重水坎괘가 63번 ䷾수화기제水火旣濟괘로 변하려면 감의 하괘下卦 감坎(물)의 세 효가 전부 동하여 리離(불)로 완전히 뒤집혀 변해야 한다. 그러나 이 세 효는 효사가 "심연에 심연이 거듭되어 심연의 물구덩이에 빠지니 흉하리라(初六 習坎 入于坎窞 凶)", "심연에 위험한 데가 있으니 작은 것을 구해 얻도다(九二 坎有險 求小得)", "심연에서 심연으로 오가도다. 험하면서도 깊도다. 심연의 물구덩이에 빠지니 움직이지 못하리라(六三 來之坎坎 險且枕 入于坎窞 勿用)" 등 다 좋지 않다.

그런데도 왕과 대신들은 이 세 효의 효사를 무시하고 개전을 점단한 것이다. 오늘날 이 점단을 도출한 논리를 역추리해 볼 때, 난동亂動한 세 효의 효사들을 모두 무시하고 '중첩된 위험'을 상징하는 감괘의 상象과 '일의 완결'을 상징하는 기제괘의 상象만을 풀이한 것으로 보인다.[10] 「단전彖傳」에 의하면 감괘는 "왕공王公이 위험 시설을 설치해 나라를 지킨다(王公設險以守其國)"는 의미를 담고 있다. 따라서 감괘는 위험한 병기와 군대를 진설해 나라를 지키기 위해 출사出師하는 것으로, 그리고 출사할 경우 "오로지 믿음의 한 마음이니 형통하리라. 행하면 상賞이 있으리라"의[11] 괘사와 같이 좋은 결과가 있을 것으로 해석할 수도 있다. 따라서 위 『고려사』의 감지기제坎之旣濟괘 해석은 감과 기제를 연결시켜 '출사해 나라를 지키는 공을 이루고 일을 완수할 것'으로 점단한 것으로 보인다.

이런 점단에 따라 윤관은 17만 대군의 특별 정예부대인 '별무반'을 훈련시켜 출정해 ① 초전에 고전을 면치 못했고 ② 고전 끝에 가까스로 여진을 무찌

---

10) 3개 효가 난동한 경우에도 '통기변·극기수해야 한다. 그러나 이런 경우에 본괘와 변괘만을 풀이하는 점단법도 존재해 왔다. 명나라 호광 등이 편찬한 『周易傳義大傳』 「明筮」에서도 3개 효가 동하면 본괘와 변괘로 점단해야 한다고 주장한다. 참조 成百曉 역주, 『周易傳義(上)』, 132-3쪽. 이런 점단법에 대한 필자의 비판은 상술한 점단법을 보라.

11) 『易經』 坎卦: "有孚維心 亨 行有尙."

르고 함흥평야를 빼앗는 전과를 올려 9성을 쌓았다. 하지만 ③ 여진이 다시 내습해 9성을 곳곳에서 크게 타격하면서 동시에 강화를 청하는 화전和戰양면 술로 압박하자 조정은 9성을 다시 내주고 말았다. 이로써 1104년부터 준비되어 1107년에 단행된 여진정벌은 1년 반 만에 수포로 돌아가고 말았고 윤관은 삭탈관직을 당했다.

이 각박한 사건 추이를 보면 감지기제坎之旣濟 괘에 대한 당시 조정의 점단이 올바른 것이었는지 의심스럽다. 차라리 동한 효의 효사를 차례로 다 참조하거나 '통기변·극시수'하고 감괘의 괘사와 「단전」을 동시에 고려해 점단하는 것이 더 타당한 것으로 보인다. 즉, 초전의 고전은 초효의 효사가 예견하는 것이고 가까스로 9성을 쌓는 것은 구이가, 다시 위험에 빠져 어려워지는 것은 육삼이 보여준다. 전체적으로 전쟁의 의미와 추이는 '위험 시설을 설치해 나라를 지킨다守國'는 「단전」의 구절대로 '수비전'이 아니라 공격전이었으므로 결과는 좋을 수 없었다.


## 제2절 조선시대의 주역관과 시서 기록

삼국시대부터 나타나는 중도적 주역관의 전통은 고려를 거쳐 조선에까지 이어진다. 조선의 주역관을 개관해 보자면 15-16세기의 조선유학자들과 이순신 장군 같은 주요 인물의 『주역』 활용을 살펴보는 것으로 족할 것이다. 조선 유학자들은 공자의 원래 주역관과 유사한 중도적 관점을 견지하며 공식적으로 시서하고 국가정책의 수립과 집행에서 필히 시서해 먼저 그 길흉을 하늘의 뜻으로서 살펴야 한다는 주장을 피력하고 있다. 남명 조식曺植(1501-1572)은 『주역』의 의리역학적 활용과 함께 시서의 중요성을 강조하고 자기 문집에 자신의 시서 이야기와 서례筮例를 남겨둔 것으로 알려져 있고, 이황도 『주역』을 논하고 주희의 점법을 자세히 설명한 『계몽전의』를 저술했다. 그밖에 『조선왕조실록』에는 크고 작은 국사를 결정한 많은 공식 서례들이 보인다. 이 서례부터 시대별로 살펴보기로 한다.

## 2.1. 태종·세종 시대의 공식 서례와 기타 점례

『조선왕조실록』에 나오는 조정의 시서에 관한 첫 기록은 태종 18년(1418) 성녕대군誠寧大君이 완두창으로 위독하자 청성군靑城君 정탁鄭擢이 『주역』으로 시서해 태종 임금에게 올렸고 충녕대군忠寧大君(훗날 세종대왕)이 이를 풀이해 세자와 신하들의 감탄을 자아냈다는 기록이다. "청성군 정탁이 주역점을 쳐서 임금에게 올리자 충녕대군이 나아가 이를 깊이 있게 밝히니, 세자가 심복心服하고 좌우신하들이 다 탄미嘆美했다."12) 이렇듯 조선 조정도 고려 조정처럼 왕자의 위독한 병세와 같은 국가중대사를 놓고도 시서했다.

두 번째 기록은 지금으로부터 190여 년 전인 순조 14년(1814) 혜경궁惠慶宮의 팔순을 맞아 반포한 순조의 사면赦免 교지문에 등장한다.

때를 쓸어내고 티를 씻어내 복희伏羲 『역경易經』의 뇌수해雷水解괘를 본받아 추은시혜推恩施惠하고 (『예기』의) 월령발육月令發育의 공을 따르고자 하노라. 이달 초하루 새벽 이전의 사형 이하의 잡범을 모두 용서해 죄를 제하노라. 아, 자덕慈德이 천심을 잘 배향해 만민이 형통태평의 모임을 우러르게 되고 길경吉慶이 연초부터 시작되도다. 태사가 대유大有괘를 점쳤도다. 그러므로 이처럼 교시하는 것이니 생각하여 의당 지실할지라.13)

『주역』의 해解괘는 「대상전大象傳」에 의하면, "군자가 (소인들의) 과실을 사면하고 죄를 용서하는" 괘이다.14) 이런 까닭에 교지문은 팔순사면八旬赦免과 관

---

12) 『太宗實錄』 18年(1418年 戊戌) 1月 16日 丁丑條: "靑城君鄭擢 以易占進於上 忠寧大君 就解之甚明 世子心服之 左右皆嘆美之."

13) 『純祖實錄』 14年(1814年 甲戌) 1月1日 癸亥條: "蕩垢滌瑕 法羲經雷雨之解 推恩施惠 順月令發育之功. 自今月初一日昧爽以前 雜犯死罪以下 咸有除之. 於戱 慈德克享天心 萬民仰亨泰之會 吉慶肇自歲首. 太史占大有之書. 故玆敎示 想宜知悉."

14) 『易經』 解卦 「象傳」: "君子以赦過宥罪."

련해 의리철학적으로 해괘를 인용했다. 또 순조는 태사를 시켜 미리 이 팔순 사면의 길흉을 시서해 보고 대유괘를 얻어 교시를 내린다고 했다. 지괘之卦(변괘)를 언급하지 않은 것으로 보아 동효는 없었던 것으로 생각된다. 따라서 이 경우에는 대유괘의 괘상卦象만을 풀이해야 할 것이다. 「단전」에 의하면, "대유大有는 음유陰柔한 효가 존위를 얻은 깃이다. 대중大中이라서 상하가 응하는 것을 '대유'라 한다. 괘의 덕은 강건하고 문명하며 하늘에 응하고 때맞춰 행하니 이것이 크게 형통한 까닭이다."15) 또한 「상전象傳」은 "하늘 위에 불이 있는 것이 대유大有니 이에 군자는 악을 막고 선을 발양시키며 하늘을 따르고 명령을 너그럽게 한다"고 풀이한다.16) 따라서 대유괘는 해괘와 더불어 범죄자에 대한 사면의 너그러운 취지에 제대로 부합하는 괘라고 할 수 있다.

세 번째 기록은 광해군의 시서중독을 "왕이 조짐과 상사祥事를 점치기를 지독히 좋아한다"고 비판하는 기록이다.17) 이것은 『주역』의 덕행과 길흉의 연관성을 잊어버린 채 시서행위에만 너무 치우쳐서는 안 된다는 조선시대의 중도적 주역관을 보여주는 대목이다.

마지막으로 『조선왕조실록』은 『주역』의 괘·효사의 의미론적 모호성 문제에 관한 태종 임금과 신하들 간의 대담(태종 4년, 1404)을 채록하고 있다. 이 대담은 점을 쳐서 도읍을 한양漢陽으로 정하고 향교동鄕校洞에 이궁離宮을 짓도록 명령한 일과 관련된 것이다.

이날 새벽에 임금이 종묘 문밖에 이르러 무리에게 고했다. "(…) 이제 종묘에 들어가 송도松都·신도新都·무악毋岳을 고하고, 그 길흉을 점쳐 길한 데 따라 도읍을 정하겠다. 도읍을 정한 뒤에는 비록 재변災變이 있더라도 이의가 있을 수 없다." 임금이

---

15) 『易經』大有卦「象傳」: "大有 柔得尊位 大中而上下應之 曰大有. 其德剛健而文明 應乎天而時行 是以元亨."

16) 『易經』大有卦「象傳」: "火在天上, 大有, 君子以遏惡揚善, 順天休命." 程頤는 『伊川易傳』에서 '休命'이 통상 '大命' 또는 '天命'을 뜻하므로 '順天休命'을 '하늘의 아름다운 명에 받들어 순응하다(奉順天休美之命)'라고 새기기도 한다. 따라서 간단히 '천명에 순응한다'고 새겨도 가할 것이다.

17) 『光海君日記』9年(1623年 癸亥) 4月3日 丁酉條: "王酷好卜筮機祥事."

제학提學 김첨金瞻에게 묻기를 "무슨 물건으로 점치는 것이 좋겠는가?" 하니, "종묘 안에서 척전擲錢할 수 없으니, 시서가 좋겠습니다"라고 대답했다. 이에 임금이 "시서 할 시초가 없고 또 금세에 시서하지 않는 데다 그 뜻을 명확히 파악하기에 쉽지 않으니 길흉을 정하기가 어렵지 않겠는가?"라고 했다. 이에 김과金科가 나서서 말하기를 "괘사에는 의심나는 것이 많아 가히 정하기가 어렵습니다"라고 했다. 이에 임금이 "여럿이 함께 알 수 있는 것만 못하다. 또 척전도 역시 속된 일이 아니고 중국에도 역시 있었다. 전조前朝의 태조께서 정도할 때 무슨 물건으로 점쳤는가?" 하고 물었다. 조준이 "역시 척전을 썼습니다"라고 고했다. 임금이 말하기를 "이와 같은즉 이번에도 역시 척전이 좋겠다"라고 했다.[18]

종묘의 권위상 김첨이 시서를 권하지만, 선명한 점법으로 이의 없이 정도를 확정키로 작심한 태종은 ① 해석상의 분란을 야기할 수 있는 의문스런 괘사와 효사의 어의상語義上 불명확성과 모호성, ② 시초의 부재와 서죽筮竹대용시 천인감응도天人感應度의 하락 우려, ③ 시대적 시서 퇴조로 인한 공지共知 범위의 협소성에 대한 염려 등 세 가지 이유를 들어 시서 채택 권유를 물리치고 있다. 이 때문에 결국 태종이 천도의 결정에 척전을 채택하기로 했다는 이 기록으로 보아 조선왕조는 국정운영에 시서 외에도 여러 가지 점법을 실용적으로 활용했음을 짐작할 수 있다.

　나아가 태종과 신하들 간의 이 논의에서 우리가 얻을 수 있는 귀중한 역사 정보는 첫째, "종묘 안에서 척전할 수 없으니, 시서가 좋겠습니다"라고 말하는 김첨의 권고에서 조선시대에도 시서가 다른 점법에 비해 큰 권위와 품위를 지녔다는 것이다. 둘째, 조선시대 초에 이미 시초를 구할 수 없었다는 사실이다. 셋째, 왕과 당대의 석학들도 역리의 이해를 어려워했고 괘·효사의 해석

---

18) 『太宗實錄』 4年(1404年) 19月 6日 甲戌條: "是日昧爽 上詣宗廟門外 告于衆曰 (…) 今入宗廟 告以松都新都母岳 占其吉凶 從吉定都. 定都之後 雖有災變 毋有異議. 問提學金瞻曰 占以何物. 對曰 廟內不可擲錢 筮爲可. 上曰 筮無蓍草 且今世所不爲 未易曉 無乃吉凶難定乎. 金科曰 卦辭多疑 難可定. 上曰 不若以衆所共知爲之 且擲錢亦非俗事 中國亦有之. 前朝太祖定都時 以何物爲之. 趙浚曰 亦用擲錢. 上曰 如此則今亦可擲錢."

을 두고 논란이 많았다는 것이다.

세종대왕도 함길도·평안도 절제사에게 군사를 움직일 때면 음양술수陰陽術
數 점법을 실용적으로 참조하라는 명을 내리면서 "경이 대적하여 군사를 쓸
때에 점책을 펴서 점을 보되, 이에 꼭 구애받지도 말고 이를 꼭 폐하지도
말 것이며 계기에 임해 참작, 시행토록 하라"고 덧붙이고 있다.19)

## 2.2. 명종 시대 문과전시의 역학 문제와 율곡의 답안

나아가 1565년(명종 33년) 조선 조정의 『주역』 관련 문과전시文科殿試 시험문
제를 자세히 살펴보면 조정이 시서를 국가 차원의 공식적 지식장치로 인정했
음을 알 수 있다. 그리고 이에 대한 율곡 이이李珥의 장원급제 답안인 「역수책
易數策」의 역학논리를 뜯어보면, 이이는 덕행의 의리역학적 학구學究와 사무史
巫의 길을 통합하는 공자의 치밀한 중도역학을 견지하면서 반드시 국가정책
의 길흉을 시서로 미리 살펴야 한다는 확고한 의견을 지니고 있었음을 알
수 있다.

우선 문과전시 시험문제에는 정이가 한낱 점술가로 치부한 소강절을 '소자
邵子'로 존칭하며 소강절 시서법의 도출원리를 묻는 문제도 포함되어 있다.
이 시험문제는 진한秦漢 이후로는 역도易道가 절멸해 양웅揚雄·곽박郭璞·순풍
淳風·일행一行 등 점술사로 전락한 한·진晉·당唐나라 시대의 유명한 시서가들
이 『주역』의 원의原義 탐구에 도움을 주었는지 물은 다음, 이들과 대립되는
인물로서 "천天과 인人을 학구하고 옛 성인聖人이 발명하지 못한 것을 발명한
낙양의 소자"에 대해 질문한다.

이 문제와 관련해 이이는 먼저 전제로서 국가정책의 길흉과 관련된 '지천'
의 공식적 장치로서의 시서의 중요성을 논한다. "역易이라는 것이 길흉을 정
하는 소이는 대업大業을 내는 것이기 때문이다. 따라서 길흉의 조짐은 반드시
복서卜筮로 점쳐야 한다. 대개 인모人謀는 유심有心을 면치 못하고 유심은 사

---

19) 『世宗實錄』 19年(1437年 丁巳) 7月 12日 庚子條: "卿於對敵用兵之際 開卷觀占 不必拘不必廢
臨機酌量施行."

심私心을 면치 못한다. 이런 까닭에 성왕聖王들이 황극皇極을 세우고도 감히
스스로 옳다고 하지 않았고 국가에 대사大事가 있으면 귀모鬼謀를 참조하고
이로써 그 의문을 풀었다. 이것이 반드시 복서인을 세워 복서를 명하고 마음
을 씻고 재계한 가운데 천명을 들은 까닭이다. 무왕은 지극한 인仁으로써 지
극한 불인不仁을 치면서도 일찍이 말하기를 '짐의 꿈이 짐의 점과 일치하도다'
라고 했으니 성인聖人의 계모도 복서를 따랐음을 알 수 있다." 이어서 이이는
『주역』을 배우다가 수신과 덕행을 망각해 『주역』의 시서술에 치우쳐 그 이치
를 놓치고 점술적 사설邪說로 흘러간 자들로서 한漢의 양웅과 위백양魏伯陽,
진晉의 곽박, 당나라의 이순풍李淳風과 일행 등 점술사들을 비판한다. 반면,
그는 주희처럼 소강절을 극찬한다. 소강절은 이들보다 시서술에도 뛰어났지
만 동시에 "천년 뒤에 태어나서도 사성四聖의 마음을 이어 하늘과 사람을 학
구하고 성리性理에 통달한 분은 오직 소자邵子뿐이기" 때문이라는 것이다.[20]

이와 같이 조선의 거유들은 치우침 없이 의리역학과 점서역학을 통합하는
공자와 주희의 중도적 주역관을 대변했다. 그리고 국가관직을 맡으면 반드시
성심으로 국가정책의 길흉을 시서하고 길한 결과를 얻은 경우에만 정책을
집행했고 또 시서를 통해 국가의 대재앙(임진왜란)을 예견해 미리 '십만양병책
十萬養兵策' 등 방비대책을 내놓기도 했다.

## 2.3. 이순신 장군의 시서와 그 서례들

이순신 장군(1545-1598)도 『주역』의 의리역학에 대한 깊은 이해와 함께 시서
를 실용했다. 그는 왜란 중에 약서법略筮法과 정서법正筮法으로 시서해 자기
주변의 근심거리를 살피기도 하고[21] 군사작전에 활용하기도 했다.[22]『진중

---

20) 李珥,「易數策」, 57-58쪽.
21) 약서법으로 점을 쳐 주변의 일을 살핀 경우는 갑오년(1594) 7월 13일 네 번, 9월 1일 세 번,
   병신년(1596) 1월 12일 두 번이고, 정서법으로 시서해 주변 인사의 길흉을 살핀 것은 정유년(1597)
   5월 12일 한 번이다. 이순신(최두환 譯註),『초서체 진중일기』, 忠武公李舜臣全集 제1권(서울: 宇石
   출판사, 1999) 참조.
22) 전투용 略筮는 甲午年(1594) 두 번, 丙申年(1596) 1월 10일 두 번 등이다. 참조 이순신,『초서체
   진중일기』.

일기』에는 주역시서와 서례筮例가 총 15번 정도 등장한다.

이순신은 난중이라 시간이 없었기 때문에 주로 약서법으로 시서하고 있는데, 이 중 한 번은 정서正筮한 경우도 있다. 정유丁酉년(1597) 5월 12일 이순신 장군이 신홍수申弘壽를 시켜 원균元均의 운명을 시서한 것이 그것이다.

> 신홍수가 와서 알현하고 원균 공公을 점치니 첫 괘 수뢰준水雷屯이 천풍구天風姤로 변했다. 용用이 체體를 극했으니 크게 흉하고 크게 흉하도다.(申弘壽來見 以元公占之 則初卦水雷屯變則天風姤. 用克體 大凶大凶.)[23]

이 함축적인 점괘 해석을 잘 뜯어보면 이순신 장군의 높은 역학 수준을 알 수 있다. 준屯괘는 나아가기 어려우므로 군대라면 움직이지 말고 주둔해 둘 것, 즉 "물용유유왕勿用有攸往(갈 바를 가지지 말라, 즉 나가서는 아니 된다)"을 뜻하는 괘다. 또 굳이 나아가려면 제3자를 세워 대신하게 해야 하는 "이건후利建侯(제후나 제후 같은 대행을 세우면 이로움)"의 괘다. 구姤괘는 불운을 만나는 괘이자, "여장물용취녀女壯勿用取女(여자의 기세가 강하니 여자를 취하지 말라는 뜻, 여기서는 '적의 기세가 강하니 적을 공격하지 말라는 뜻)"의 괘사대로 적세가 강한 괘다.

그런데 준괘가 구괘로 변했다는 것은 준괘의 5효(九五)를 제외한 다섯 효가 난동亂動한 것이다. 이것은 원균이 앞으로 나아가기 어려운 상황인데도 병영을 지키지 못하고 적의 꾐에 빠져 출동하게 됨을 보여주는 것이다. 또 천풍구로 변했으니 왜군을 공격하면 (본괘인 준괘가 박살나는 것처럼) 원균진영이 박살나고 본인도 불운을 만나게 됨을 뜻한다. 이처럼 본괘 준이 박살나 적세가 강한 구괘로 둔갑한 것은 대흉의 징조다. 이 때문에 이순신은 "크게 흉하다 크게 흉하다"고 풀이한 것이다.

원균의 운명을 시서한 지 3개월 뒤인 1597년 7월 14일 원균은 조정의 독촉에 못 이겨 100여 척의 함대를 이끌고 조선수군을 출동시켰다. 그러나 조선수군은 바로 600여 척의 왜적에 기습당해 7월 16일 칠전량해전에서 왜군에게

---

23) 이순신, 『초서체 진중일기』, 정유년(1597년) 5월 12일 일기.

거의 전멸당했다. 16일 삼도수군통제사 원균도 거제도에 상륙했다가 왜적을
만나 전사했다.

종합하자면, 공자의 주역관을 계승한 삼국·고려·조선시대의 거유들의 이
러한 중도적 주역관은 이처럼 국가차원에서도 그대로 실행되었다. 따라서 정
사든 야사든 다 중요한 국책결정에서 시서를 정통적 지식장치로 활용했음을
기록하고 있다. 이 국책결정에 관한 국가의 시서 관행과 이에 관한 사서들의
기록은 공자의 주역관에 관한 사전논의를 통해 살펴보았듯이 유학적 관점에
서 정통적인 국가행위로 간주되는 것이다. 따라서 국정운영에 관한 공식시서
를 관행화하고 덕행과 시서를 통합하는 중도적 관점에서 이를 활용했던 역대
국가들은 공자의 유교적 역학 관점에서 볼 때 다 정통국가이자 정상正常국가
였다고 말할 수 있다.

조정은 국정운영에 시서를 공식적으로 활용했을 뿐만 아니라, 역학의 학습
과 연구를 게을리 하지 않았다. 『조선왕조실록』에는 『주역』에 관한 성균관의
학술강의와 경연經筵 사실을 자주 기술하고 있고 3회(태종 18년, 광해군 9년, 순조
14년)에 걸쳐 국가 또는 왕의 행위로서의 시서행위를 기록하고 시서에 관한
군신 간 대담(태종 4년)을 채록해 두고 있다.

주요 역사서를 통해 알 수 있듯이 삼국·고려·조선시대를 관통해 한국의
역대 왕조는 공자와 주희의 주역관과 일치하는 중도적 주역관을 견지하며
주역시서를 국책결정의 공식수단으로 활용한 것이다. 나아가 국가는 시서를
통해 얻은 지천명의 초월적 신지를 국가가 공인하는 '정통지식'으로 간주했고
이를 후세에 전하기 위해 정사·야사를 가리지 않고 역사서에 이에 관한 기록
을 남겼던 것이다. 물론 사서의 기록에 남은 시서 사례는 역대 국가가 실행한
시서의 '빙산의 일각'에 불과하다는 사실을 염두에 두어야 할 것이다.

# 제5장 실증역학과 현대국가

지금까지 논의를 통해 분명해진 것은 오랜 세월 『주역』을 최고의 경전으로 삼았던 삼국·고려·조선시대 유학자들과 국가도 대체로 공자와 주희의 중도 역설을 따랐고, 이에 따라 유학자들은 『주역』을 의리철학에 활용하기도 하고 동시에 국가를 운영하는 데 수시로 시서하기도 했다는 역사적 사실이다. 다음은 필자가 개척한 현대 역학을 소개하고자 한다.


## 제1절 실증역학과 고증·논증·서증 방법

필자는 공자가 창안하고 주희와 이율곡이 발전시키고 대변한 이런 중도역 설을 계승해 '실증역학 방법'을 수립하고 이 방법으로 『주역』의 모호한 괘·효사들을 비교적 성공리에 해득解得해 『실증주역』(2008)을 펴낸 바 있다. 이에 관해 여기서는 상론할 수 없으므로 간단히 서술해 두고자 한다. '실증역학 방법'은 '고증·논증·서증'의 세 가지 방법을 결합시킨다.


### 1.1. 고증과 논증
첫째, '고증'은 우선 고대의 한자에 대한 고고학적·고문헌학적 해자解字와,

고대의 한문 용례, 풍속, 의례儀禮, 역사 사건, 배경 등에 대한 역사학적 고증을 통해 최대한 괘사와 효사의 원의原義를 파악하려고 노력하는 것이다.

이 '고증'의 방법은 갑골문과 고대 유물에 새겨진 고대 한자의 고고학적 해명과, 『시경』·『서경』·『설문해자說文解字』·『이아爾雅』·『주례周禮』·『춘추좌씨전春秋左氏傳』 등 고대 문헌의 용례 등에 대한 문헌학적 탐구로 그치지 않는다. '고증'의 방법은 괘사와 효사에 고대의 역사 기록과 의례·풍속·세태의 기록을 대입할 수 있는 모든 곳에서 최대한 고대사적 스토리·사건·추이·배경·시대상을 복원해 『주역』 경문經文을 해명하는 발견론적(heuristic) 고증작업도 병행한다. 『주역』 경문은 하·은·주 삼대의 역사, 의례, 풍속 등을 많이 담고 있다. 가령 건乾·리履·태泰·동인同人·명이明夷·쾌夬·귀매歸妹·기제旣濟·미제未濟괘의 괘사와 효사들은 삼대와 문왕·무왕·주왕紂王·주공의 역사적 사건 및 의례·풍속·시대상에 대한 규명 없이 한낱 고증학적 해자 및 상수象數와 의리義理분석만으로는 결코 해명될 수 없다. 이 역사 고증 작업은 동서고금의 거유와 석학들조차 오랜 세월 부질없이 논란만 벌이고 해명하지 못한 여러 괘·효사들을 발견론적 '고증'의 방법에 의해 최초로 명쾌하게 해명해내는 데 크게 이바지했다.

가령 중천重天건乾 괘의 초구 효사 "잠룡潛龍이니 나서지 말라(潛龍勿用)"는 고사의 참조 없이 여러 가지로 논증되던 효사다. 예를 들면 최경崔憬은 '잠룡물용'을 다음과 같이 주석했다. "용이 땅에 숨었으니 숨은 덕德은 드러나지 않는다. 이런 까닭에 군자는 빛을 감추고 때를 기다리고(韜光待時) 아직 제 행위를 이루지 못한다. 그러므로 '물용勿用'이라고 말한 것이다." 또 마융馬融은 그저 "어떤 물건도 용보다 큰 것이 없기 때문에 용을 빌어 하늘의 양기陽氣를 비유했다"라고 주석했다.[1] 이 주석들은 고사의 고증이 없기 때문에 마치 빛을 감추고 숨어서 때를 기다리면 때를 만날 것으로 오해하도록 풀이하고 있다.

그러나 후앙(Alfred Huang)은 초구 '잠룡'의 상황을 문왕이 '유리의 옥'에 갇힌

---

1) 李鼎祚(集解)·李道平(纂疏), 『周易集解纂疏』(北京: 廣文書局, 출판연도 미상), 2쪽의 崔憬과 馬融의 주석.

고사를 기술하는 것으로 풀이한다.

> 때가 적합하지 않고 상황이 행동하기에 유리하지 않다. 이것은 정확히 은나라의 폭
> 군 주왕紂王이 문왕을 7년 동안 유리羑里의 옥에 가두어 두었던 상황이다. 문왕은
> 대단한 인내심과 자제력으로 옥살이를 견디었다.[2]

후앙의 주장대로 '잠룡물용'이 문왕의 고사를 말한 것이라면, 문왕이 혁명의
천명을 받지 못해 천자로의 비천飛天에 실패했듯이 잠룡이 비룡飛龍이 될 때는
오지 않는다는 것을 함의한다. '잠룡'이 숨어있는 상황이 아니라 감옥에 갇힌
상황을 뜻한다면 '물용勿用'은 '나서지(움직이지) 못하는' 상태를 암시한다.[3]

　다른 예를 보자. 중천 건괘 구이 효사 "현룡見龍이 밭에 있다(사냥하고 있다)(見
龍在田")을 정이천은 요堯임금에 의해 발탁되기 전에 '사냥하고 고기 잡던 때'
의 순舜임금의 고사로 풀이한다.[4] 그러나 문왕과 무왕, 그리고 주공 자신의
이야기들이 등장하는 효사의 시대적 속성에 비추어볼 때 2000년 전의 순임금
의 일을 운위한다는 것은 맥락에 닿지 않는다. 그래서 그런지 주희는 정이의
이 풀이를 말없이 무시했다.[5] 후앙은 이 효를 유리羑里의 7년(또는 3년) 옥살이
로부터 석방된 뒤 기주岐周의 서백 직職을 얻은 문왕의 활동으로 해석한다.

> 때는 다가오고 있고, 상황은 적절하다. 그는 행동을 취할 준비가 되어 있다. 그의
> 덕성의 영향력은 외부로 널리 퍼질 것이다. 일정한 목적과 방향을 확정하기 전에
> 덕과 경험 면에서 위대한 인물을 물색하는 것이 좋다.[6]

문왕은 기주岐周로 돌아와 태공망太公望을 사부師父로 얻고 견융犬戎, 밀수密須,

---

2) Huang, *The Complete I Ching*, 27-8쪽.

3) 참조: 황태연, 『실증주역』, 乾괘 初九.

4) 程頤, 『伊川易傳』, 149쪽.

5) 朱熹, 『周易本義』, 150쪽.

6) Huang, *The Complete I Ching*, 28쪽.

기국耆國, 우邘, 숭후崇侯 호虎 등을 정벌한 데 이어 풍읍豐邑으로 천도했다.[7] 이때 문왕은 임금의 신분임에도 때로 평민들 사이에 끼어 "허름한 옷을 입고 (…) 밭일을 하는 것(文王卑服卽 [⋯] 田功)"도[8] 마다하지 않았다. 따라서 필자는 후앙의 고증적 해석을 따른다.[9]

　또 다른 예를 보면, 『주역』의 아홉 번째 역괘인 풍천風天소축小畜괘는 문왕이 겪은 고사를 괘사卦辭로 삼고 있다. 괘사는 "조금씩 축적하는 상이로다. 형통하리라. 구름이 빽빽하나 비가 오지 않는 것은 우리의 서쪽 변방으로 말미암은 것이도다(小畜. 亨. 密雲不雨 自我西郊)." 이 괘사는 문왕의 고사로 고증하지 않으면 이해할 수 없다. 이 괘사는 이 고사를 다 아는 것을 전제로 간략히 지어진 것이다. 문왕은 은나라 폭군 주紂에 의해 '유리의 옥'에게 7년간 감혀 있다가 석방된 뒤 서주西周로 돌아와 은인자중하며 몰래 조금씩 조금씩 실력과 덕을 쌓고 때를 기다렸다. 그동안 폭군 주의 천인공노할 학정으로 인해 혁명을 바라는 민심은 금방이라도 비를 뿌릴 "빽빽한 구름"처럼 미만했다. 은나라 제후의 3분의 2가 문왕을 지지했다. 그러나 문왕은 천명을 받지 못해 끝내 혁명의 때를 얻지 못하고 죽고 말았다. (혁명은 그 아들 무왕이 이룩한다.) 따라서 괘사의 고증적 의미는 "은인자중하며 조금씩 실력과 덕과 축적하는 일은 방해받지 않고 잘 되어갈 것이고 더욱 심해진 폭정으로 혁명을 바라는 민심은 미만할 것이나 단비와 같은 혁명은 발발하지 않아 무더운 여름처럼 답답한 날이 계속될 것이니 그 이유는 변방 서주의 문왕이 궐기하지 않기 때문이다"라는 것이다.

　따라서 어떤 일의 성사를 물어 동효 없는 이 소축 괘를 받으면, 이는 시서자筮筮者가 원하는 때에 이 일을 성공하지 못하고 다음 기회를 기다려야 하고 은인자중하며 실력을 더 길러야 한다는 것을 뜻한다. 원주의 재야 역학자 백오白烏는 2012년 8월 13일 안철수 교수의 대권운을 서해 동효 없는 이 소축

---

7) 司馬遷, 『史記本紀』, 73-74쪽.

8) 『書經』「周書·無逸 第十七」.

9) 참조: 황태연, 『실증주역』, 乾괘 九二.

괘를 얻었었다. 필자는 이 점괘를 두고 "이 소축 괘를 이해한 사람은 안 교수의 정치적 미래를 짐작할 수 있을 것이다"라고 풀이했었다.[10] 안철수는 2012년 대선을 포기하고 다음 기회를 기다리며 실력을 길러야 한다는 의미다. 그러나 '다음 기회'는 2017년 3월 7일 박근혜 전 대통령의 탄핵으로 예상보다 빨리 왔다. 그간 그는 국회의원 38명의 '국민의당'이라는 작은 당으로 조금 실력을 쌓았다.

둘째, '논증'은 다른 견해들과의 소통과 논쟁을 통해 괘·효사에 대한 보다 나은 의미해석을 '논증적'으로 도출하는 것이다.

이른바 공자의 「십익」을 비롯해 우리말, 한문, 중국어, 영어, 독일어 등으로 쓰인 동서고금의 수많은 역학서들에 대한 국제적 참조와 비판을 통해 의리철학적으로 논증하는 것, 이것이 이 '논증' 방법의 생명이다. 이 의리철학적 '논증'이 없다면, '역학'은 '학學'이 아니라, '설說'일 것이다.

### 1.2. 서증筮證

마지막으로, '서증筮證'은 서례筮例에 의한 실증을 말한다. '서례'는 『주역』으로 점친 사례를 가리킨다. '서증' 방법이란 고증과 논증으로 해명된 괘·효사의 내용을 최종적으로 서례로 확인하고 이 확인된 의미구조를 기준으로 해석된 사辭의 뜻을 최종 결단하는 것이다.

따라서 '실증주역 방법'은 사서 속의 서례들의 징험 경험과 다른 역학자들 및 필자 자신의 시서 경험을 통해 누적된 서례들의 징험 경험을 괘·효사 해석의 최종적 판단기준으로 삼는다. 괘사와 효사는 도처에서 '고증'과 '논증'의 방법만으로는 결코 해명할 수 없는 비의적 모호성에 휩싸여 있다. '고증'과 '논증'을 통해 얻어진 다양한 해석들은 그 자체가 서로 배치되는 수많은 버전을 낳는 통에 되레 어떤 효의 경우에는 괘·효사의 의미를 더욱 오리무중으로 만들어 놓기 때문이다. 따라서 누적된 '서례들'의 징험만이 엇갈리는 해석들을 최종적으로 판가름할 수 있다.[11]

---

10) 황태연, 『실증주역』, 소축괘.

필자는 이 실증역학의 방법으로 많은 문제들을 극복했고, 이를 통해 시서의 적중도를 획기적으로 높였다고 자평한다. 가령 택뢰澤雷수隨괘의 초구 효사 가운데 "출문교유공出門交有功"이라는 구절의 정확한 뜻은 고사를 뒤져 '고증'할 수도 없고 '논증'으로 풀 수도 없다. 여기서 특히 '출문出門'은 한자의 뜻풀이를 논란하는 논증들과만 씨름하면 '문을 나간다'는 말인데, '출타한다'는 뜻인지, '졸업한다'는 뜻인지, 아니며 그 밖의 다른 뜻인지 밝힐 수 없다. 그러나 수많은 서례 경험을 통해 서증해보면 이 말은 '어떤 단체를 탈퇴한다', (단체가 정당이라면) '탈당한다'는 말이다. 그런데 많은 서례에서 보면 당사자가 '탈퇴'나 '탈당'이라는 말로 여러 차례 위협하고 책임자와 거래해 자기 지위를 계속 높이고 또 대단한 공을 세우며 끝내는 탈퇴하는 것으로 나타난다.

수괘 초구는 2016년 4월 총선을 앞두고 김종인 더불어민주당 대표의 총선 운을 물어 받은 괘이기도 하다. 김종인 대표의 이후 정치운세는 그간 서증된 효사의 의미대로 진행되었다. 김종인은 '탈당'으로 위협해 '비상대책원장'의 호칭을 '당대표'로 바꾸고 다시 위협해 일부 공천권을 받아냈고 또 다시 위협해 총선 지휘에 관한 전권을 얻어내고 소위 '셀프공천'을 스스로 비례대표 국회의원이 되었다. 그리고 끝내는 2017년 5월 대선을 앞두고 국회의원직을 내던지고 탈당했다.

다른 좋은 예로는 36번 괘인 풍화風火가인家人괘의 구오九五 효사 "왕가유가王假有家 물휼길勿恤吉"이 있다. 이 효사도 고증과 논증으로는 여러 설說만 분분할 뿐, 규명된 바 없다. 그간의 풀이로는 "왕이 집에 이른다, 걱정하지 말라! 길하리라"가 고작이었다. 이 풀이를 점단에 적용하면 적중한 적이 전혀 없다.

그러나 많은 서례들은 이 효사를 거듭 "왕이 대신 다스리게 하고(관직과 업무를 분장하게 하고) 왕가王家(천하)를 영유하리니 걱정하지 말라! 길하리라"라는 의미로 서증筮證한다. 왕과 추종자는 서로 친애한다. 이 효를 받을 시서자는 본인이 왕(사장, 회장, 대통령)으로 올라서 조직(정부)을 장악하고 여러 협력자들에게

---

11) 황태연, 『실증주역』, 8-10쪽 참조.

업무·관직을 분장分掌하게 하는 놀라운 변동을 일으킨다. 이 일은 성공하고 왕과 지지자들이 서로 친애하므로 걱정할 것 없다. 또는 시서자의 윗사람이 국가나 단체의 수장首長으로 올라서고 단체나 조직(정부)을 장악하고 업무를 새로 분장케 하는 놀라운 정치변동을 일으킨다. 그래도 걱정할 것 없다. 일은 성공하고, 본인과 새 수장은 서로 친애하기 때문이다. 이 서증을 통해서야 '왕가유가王假有家'의 '가假'의 의미는 오랫동안 '논증'되어온 바의 '격格(=至)과 같은 뜻이 아니라, '대신 다스리게 할 섭攝'자와 같은 뜻이라는 것을 알게 되고, '가家'가 '집'이 아니라 '왕의 천하'로서의 '왕가王家'를 뜻한다는 것을 알 수 있다. 왕은 사가私家가 없다. '왕의 집'은 '공가公家로서의 천하' 또는 '나라(공공단체)'이기 때문이다.12)

마지막으로 좋은 서증사례를 보자면, 산천山天대축大畜괘의 괘사 "불가식不家食"이다. 그간 '불가식길不家食吉'을 둘러싸고 그릇된 해석들이 분분했다. 일찍이 왕필은 공자 단전의 '불가식길不家食吉 양현야養賢也'에 대해 "대축을 갖는 것의 실익實益은 그것으로써 현인을 먹여 기르는 것이다. 현인을 집에서 밥 먹지 못하게 하니 길하다'고 풀이했다.13) 재물을 많이 쌓은 부자가 현인을 불러다가 밥을 먹여 기르고 현인의 개인 집에서 밥 먹지 못하게 한다는 뜻이다. 여기서 '천하의 천재'라는 왕필이 '가家'를 그냥 '집'으로, '식食'을 '밥 먹는 것'으로, '양養'을 가르쳐 기르는 것이 아니라, 먹여 기르는 것으로, '양현養賢'의 '현賢'을 이제 가르쳐야 할 '현재賢才'가 아니라 이미 달통한 '현인'으로 해석한 것이다. 그러나 왕필의 이 해석은 완전히 그릇된 것이다. 공영달도 황제의 칙령을 받고 왕필의 『주역주周易注』를 대본으로 찬소纂疏한 『주역정의』에서는 "자기가 대축의 자력資力을 가지고 있다면 응당 반드시 현인을 먹여 길러 구휼하고 현인으로 하여금 제 집에서 스스로 밥 먹지 못하게 해야 한다(己有大畜之資 當須養瞻賢人 不使賢人在家自食)"고 풀이하고 있다. 이 해석도 '가家'를 '사가私家'로만 간주하고 있다. 당연히 그릇된 해석이다.

---

12) 참조: 황태연, 『실증주역(하)』, 풍화家人괘(37번 괘)의 구오 효사 풀이.

13) 王弼, 『周易注』, 210쪽.

정이천은 왕필과 조금 다른 각도에서, 그러나 '가家'와 '식食'의 뜻을 왕필의 천진난만한 의미를 그대로 승계해 '불가식길不家食吉'을 "높은 벼슬을 얻어 천록天祿을 받으니 길한 반면, 만약 처지가 궁해 스스로 집에서 밥을 먹으면 길이 막히는 것"으로 해석했다. 주희는 '조정에서 녹을 먹고 집에서 먹지 않으니(食祿於朝 不食於家也) 길한 것'으로 풀이했다.14) 결국 정약용도 "불가식不家食은 임금의 녹을 먹는 것을 일컫는다(不家食者 食君祿之謂也)"로 해석했다.15)

그러나 이것들은 모두 글자풀이도 잘못되었을 뿐만 아니라, 공자의 단전과 배치되기도 하고, 서례에도 전혀 맞지 않는 엉터리 해석들이다. 그리하여 모든 전통적 해석들은 이 '불가식'의 오독으로 다 망가졌다.

'낙향을 '출사'로, 산림으로 들어가는 것을 조정으로 가는 것으로 뒤집어놓아 원의原意를 다 파괴해버린 이런 그릇된 해석들은 모두 공자의 풀이를 정확하게 이해하지 못한 소치일 뿐만 아니라 서례에 유의하지 않을 풀이들이다. 먼저 공자의 「단전」을 보자.

> 대축은 강건하고 독실하고 광휘光輝가 그 덕을 나날이 일신한다. (간艮의 상구인) 강剛을 위에 모시고 현자를 숭상하고 (아래 건乾의) 강건함을 저지할 수 있으니, 크게 바르도다. '불가식길不家食吉'이라는 것은 현재賢才를 기르기 때문이요, 큰 내를 건너야만 마땅하다는 것은 하늘(온 백성)에 응하기 때문이다(彖曰 大畜 剛健篤實 輝光日新其德. 剛上而尙賢 能止健 大正也. 不家食吉 養賢也. 利涉大川 應乎天也)."16)

여기서 "강건하고 독실하고 광휘光輝가 그 덕을 나날이 일신한다"는 구절은 대축괘가 기본적으로 덕을 기르고 축적하는 괘임을 나타내는 풀이다. "강剛을 위에 모시고 현자를 숭상하고 강건함을 저지할 수 있으니, 크게 바르도다"는 구절은 대축의 '이정利貞'을 설명한 것이다. 그만큼 대축괘는 '바르고 곧음'

---

14) 程頤, 『伊川易傳』; 朱熹, 『周易本義』.

15) 丁若鏞, 『周易四箋(3)』, 352쪽.

16) 『周易』, 大畜卦, 「단전」

을 크게 중시하는 괘다. 바꿔 말하면 이 괘를 얻은 자가 '아주 바르고 아주 곧지 않으면' 불길한 괘다. 그리고 "(간艮의 상구인) 강강剛을 위에 모시고 현자를 숭상한다"는 말은 육오의 왕이 상구인 양효를 현자로 숭상한다는 말이다.

위 『단전』에서 결정적 구절은 "'불가식길不家食吉'이라는 것은 현재賢才를 기르는 것이다(不家食吉 養賢也)"라는 주석이다. 공자는 어떻게 해서 이런 해석에 이르렀을까?

'불가식不家食'의 '가家'는 '자기 집'이 아니라, 천자·제후·공·경·대부의 '가家'(천가·왕가·대부가)를 가리킨다. 『중문대사전』에 의하면, 일단 '가家'는 "천자를 뜻한다(天子也)". 천자는 곧 '천가天家'이기 때문이다. "천가는 백관과 소리小吏가 칭하는 바인데, 천자는 바깥이 없어 천하를 가家로 삼으니, 천자를 천가라 칭한다(天家, 百官小吏之所稱, 天子無外, 以天下爲家, 故稱天家)"고 하고 있다. 국어사전에 '천가天家'는 '천하를 집으로 삼는 사람, 또는 그런 집안을 가리키고, 그것은 구체적으로 '황제와 황족'이다. 『중문대사전』에 의하면, '가家'의 그 다음 의미는 "대부이고, 경이다(大夫也 卿也)".[17] 가령 『서경』「반경(중)盤庚中」에서 반경 임금은 "지금 나는 장차 그대들을 옮겨가 이내 영원히 가家(경대부가)로 세워 주려는 것이요(今予將試以汝遷 永建乃家)"라고 말한다. 또 『춘추좌씨전』에서는 사복이라는 사람이 제후국에 불과한 진晉나라 공실이 공실 직할지보다 더 큰 땅인 곡옥曲沃에 봉국封國한 사건을 탄식하는 맥락에서 "나는 제후의 국과 대부의 가를 세움에 근본은 크고 말단은 작기 때문에 굳건할 수 있고, 그리므로 천자는 (제후에게) 국國을 세워주고, 제후는 (대부에게) 가家를 세워준다고 들었다고 말했다(師服曰, 吾聞國家之立也, 本大而末小, 是以能固. 故天子建國, 諸侯立家)".[18] 말하자면 '국'은 천자가 봉토와 함께 제후에게 주는 '제후국'이고, '가家'는 제후가 대부에게 식록食祿·채지采地와 함께 주는 관직인 '경대부가'다. 천자는 제후와 공경대부를 세우고, 제후는 경과 대부만을 세운다. 결론적으로 '불가

17) 林尹·高明(主編), 『中文大辭典(3)』(臺北: 中國文化大學出版部, 中華民國 74年, 1982), 四九一쪽.
18) 『春秋左氏傳』桓公 二年 冬. 趙岐(注)·孫奭(疏), 『孟子注疏』(北京: 北京大學校出版部, 2000), 3쪽도 참조.

식不家食'의 '가家'는 천자·제후·공·경·대부를 가리지 않고 이들의 직위나 조정朝廷을 일컬었다.

한편, 공公·경卿·대부大夫는 원래 네 마리 말이 끄는 병거兵車 10000승乘을 가진 천자로부터 병거 1000승을 하사받은 '천승지가千乘之家'였고, 제후의 경·대부는 제후로부터 병거 100승을 하사받은 '백승지가百乘之家'였다.[19] "제후국을 제어하기 위해 '국'은 천승을 넘지 못하게 하고, 그 도성은 백치雉를 넘지 못하게 하고, 대부가의 재부는 백승을 넘지 못하게 했다(制國不過千乘, 都成不過百雉, 家富不過百乘).[20] '국國'을 받은 제후는 '천승지가'로서 천자의 공경대부와 동급이었다. 그런데 세월이 가면서 일부 제후국들은 '만승지국'으로 발전했다. 또한 천자·제후·공·경·대부를 가리지 않고, 나아가 만승·천승지국과 백승지가를 가리지 않고 이들의 직위나 조정朝廷을 '가家'라고 부르는 어법이 생겨났다. "위로 천승은 응당 '국'이라고 말해야 하지만 '가'라고도 말하는데, 이것은 제후의 입장에서 자기의 '국'을 '가'라고 칭했고, 역시 만승도 '국'이라고 칭하는 것을 피해 '가'라고 칭했다.[21] 이 호칭에 따르면, '불가식'의 '가'는 천자를 포함해 제후의 천승지가·만승지가(天家)와 대부의 백승지가를 구별 없이 모두 가리키는 것으로 해독해야 할 것이다.

한편, '불가식不家食'의 '식食'은 정이와 주희를 따라 무던히도 오해해왔듯이 '밥 먹는다'는 말이 아니라, '봉록(식록)을 받는다(受俸祿也)'는 말이다.[22] 따라서 '불가식'은 '왕가나 대부가家에서 식록을 받지 않는다', '출사로부터 돌아온다', '낙향한다'는 말이다. 이것은 나라나 지방관청에 출사하는 것을 그친다는 말이다.

공자는 30-40대에 노나라 실세대부인 계季씨 가문에 출사해 생계를 벌기 위해 목장·창고관리 등을 담당하는 기능직 구실아치 노릇을 하며 계씨 대부가에서 식록을 받았다. 물론 계씨 가문에는 당시 힘을 떨치며 큰 성과 큰 땅을 다스리던 공산불요, 양호 등 실세 '가신들'이 있었기 때문에, 공자는 지

---

19) 趙岐(注)·孫奭(疏), 『孟子注疏』, 3쪽.

20) 『禮記』 「坊記 第三十」.

21) 趙岐(注)·孫奭(疏), 『孟子注疏』, 3쪽.

22) 林尹·高明(主編), 『中文大辭典(十)』, 一六五쪽.

위상 이 '가신'의 지위에도 이르지 못하는 단순한 기능직에 있었다. 공자는 나중에야 제후국 노나라의 조정에 출사해 대부와 재상으로서 식록을 받을 수 있었다.

왕이나 공경대부에게서 식록이나 봉록을 포기하고 고향으로 돌아온 선비는 현재賢才들을 기를 시간적 여유가 있다. 따라서 공자는 '불가식'을 '현재를 기르는 것'으로 풀이한 것이다. 대축괘는 출사에 불리한 시대를 만나 출사하지 않고 고향에 들어앉아 스스로 덕을 쌓거나 다른 현재들의 덕을 길러 주는 괘다. '불가식'에 대한 이런 식의 해석만이 "하늘이 산중에 있는 것이 대축大畜이니 그래서 군자는 예전의 말과 지난 행동을 많이 알아서 덕을 쌓는다象曰天在山中 大畜 君子以多識前言往行 以畜其德"는 공자의 「대상전」 주석과 비로소 일치한다. 왕후王侯나 공경대부公卿大夫에게서 식록을 받고 고용되면, 제 덕을 쌓거나 현재를 기를 시간이 있을 수 없다. 공자의 이런 일관된 해석에 비춰볼 때, '불가식'의 '가家'를 무식하게 '자기 집'으로, '식'을 '밥 먹는 것'으로 오해해 '불가식'을 '집에서 밥 먹지 않는 것', 즉 '집에서 밥 먹지 않고 임금의 밥을 먹는 것', '임금의 녹을 먹는 것'으로 뒤집어 풀이하는 왕필·정이·주희·정약용의 해석이 얼마나 무식한 엉터리해석인지를 알 수 있을 것이다. 조선성리학자들이 하늘처럼, 아니 공자보다 더 높이 떠받들었던 정이와 주희의 영향으로 조선역학은 시쳇말로 다 '개판'이 되었고, 심지어 정약용의 해석도 망가지고 말았던 것이다.

군자가 왕후王侯나 공경대부公卿大夫에게 출사하지 않고 현명한 영재를 기르는 데 헌신하는 것은 천하의 정치가 군자의 큰 덕음德音을 귀 기울여 들을 수 없을 정도로 타락했기 때문이다. 임금이나 대부가 군자의 큰 덕음을 받아들이지 않는 이런 무도無道의 시대에는 출사를 접고 홀연히 귀거래歸去來해 '양현養賢'에 힘써야 한다. 그럼에도 큰 덕음을 경시·무시하는 대부가나 왕가에서 큰 덕음을 말해주고 작은 식록을 구하는 것은 군자의 명예에 맞지 않는다.

그러므로 『예기』에서 공자는 '불가식'을 인용하며 말한다. "임금을 섬김에 임금이 큰 말을 받아들이면 군자는 큰 이익을 바라고, 작은 말을 받아들이면 작은 이익을 바란다. 그러므로 군자는 작은 말로 큰 녹을 받지 않고, 큰 말로 작은 녹을 받지 않는다. 그래서 『주역』에서 말하기를, '왕후와 공경대부에게서 식록을 받지 않으니 길하다'고 한 것이다(子曰 事君 大言入則望大利 小言入則望小利. 故君子不以小言受大祿 不以大言受小祿. 易曰 不家食吉)."23) 『예기』의 이 구절도 전통적 해석 속에서는 이해할 수 없는 불가사의한 구절이었으나, 이제 밀이 통하게 된다.

이런 해석에 따라, 사람이 내면에 학문·덕성 등을 크게 쌓으면 길하고, 또는 사람을 가르치거나 짐승을 순치하면 길하다. 그러므로 교육, 선인의 언행과 역사를 배우는 것, 수신·학문·학사學事 등의 사안에서 대축괘를 받으면 아주 좋다. 특히 정치하던 사람이 시대적으로 불리해 물러나 학문에 전념하는 경우에 대성한다.

한편, 후앙은 대축괘 괘사를 다시 문왕의 역사적 상황에 적용해 문왕이 새 왕조의 지표는 순수한 정직성이어야 한다는 유훈遺訓에 이어 덕을 쌓고 은나라 신민들과 정직하게 대화하라는 유훈을 남긴 것으로 풀이했다.24) 이 고증도 지금까지의 필자의 논증을 뒷받침해준다. 필자의 논증과 후앙의 고증을 종합하면 '불가식길不家食吉'은 "국가(왕가나 대부가)에서 식록을 받지 않으니 길하리라"로 풀이된다.25) 필자가 이 새로운 논증과 고증을 기도한 것은 기존의 해석에 따라 점단하면 이 점단이 단 한 번도 적중하지 않고 그 반대가 맞는 서례를 번번이 경험했기 때문이다. 반대로 새로운 풀이에 따라 점단했을 때는 거의 언제나 적중했다. 새로운 풀이는 수없는 수많은 시서경험에 의한 서증을 마친 것이다.

## 제2절 시서의 적중도 검증

23) 『禮記』「表記 第三十」.

24) Huang, *The Complete I Ching*, 231쪽.

25) 황태연, 『실증주역(상)』, 山川大畜괘의 단사(26번째 괘사) 풀이 참조.

지금까지의 논의는 이 책을 읽는 독자들이 공자와 더불어 주역시서에 의한 신지적 미래예측의 적중도를 어느 정도 신뢰할 것으로 전제하고 진행되었다. 그러나 실증주역 방법이 소개된 이상 지금 당장 시서의 실제적 적중도를 확인하지 않는다면 지극히 궁금하고 답답해 할 지경에 이르렀다. 따라서 지금부터는 실제 시서의 적중도를 검증해 보고자 한다.

그런데 책으로는 이를 직접 실연實演해 보여줄 수도 없고 동영상을 상영할 수도 없다. 그래서 최근에 필자와 원주의 재야역학자가 독자들이 공히 다 아는 사건들에 대한 시서와 점단들 중 이 사건들이 발생하기에 앞서 책이나 잡지를 통해 세상에 공간公刊된 시서점단들을 살펴볼 것이다.

서례로 2009년 노무현 전 대통령의 죽음에 대한 시서·점단, 2016년 4월 13일 각당 대표의 총선운세, 각당 대통령후보들의 2017년 5월 9일 조기대선 운세에 대한 시서의 적중도를 검토해 보고자 한다. 노무현대통령의 검찰수사와 죽음(2009년 5월 23일)에 대한 시서·점단은『실증주역』(초판, 2008년 7월 10일 발간)에서 공표되었다. 2016년 4월 13일 총선에서 3당이 맞을 선거운세와, 2017년 5월 9일 조기대선에서 각당 대통령후보들이 받을 선거운세에 대한 시서와 점단은『월간중앙』2016년 4월호와 2017년 5월호에 각각 공표되었다. 책이나 언론지에 일단 실려 공간된 점단은 필자만이 아니라 귀신도 고칠 수 없고, 노무현 전 대통령의 검찰수사·사망사건과 총선·대선 결과는 국민들이 다 알고 있는 것이므로 주역시서의 적중도에 대한 공개적 검증으로는 이만한 것이 없을 것이다.

## 2.1. 노무현 전 대통령의 말년 운에 대한 시서와 점단

노무현 대통령의 인생 전체의 운은 원주의 재야역학자 백오白烏가 2002년 초 노무현 씨가 새천년민주당 대통령후보가 되었을 때 시서해 지화地火명이明 夷괘의 초구를 얻었다. 초구의 효사는 "해가 뜨고 지는 하루 중 이른 아침인 데, (새가) 날면서 날개를 드리우는 상이로다. 군자가 집을 떠나 떠돌도다. 삼일을 먹지 못하리로다. 가야 함에 주인이 말씀을 하리라(明夷 于飛 垂其翼. 君子

于行. 三日不食. 有攸往 主人有言)." 2002년 말 필자는 이 괘를 이와 같이 풀이했다.

노무현은 부산에서 두 번 낙선하는 등 의義를 위해 녹을 불식不食하며 전전하던 중(君子于行), 저 '의불식義不食'을 가상히 여겨 '바보 노무현'을 연호하는 '노사모'의 갑작스런 부름을 받고 대통령 후보 경선에 나갔다가 주권자 국민의 지지로(당시 민주당은 처음으로 국민경선을 도입했었다 – 인용자) 민주당 대통령 후보 경선과 대통령 선거에 연승해 나라의 제주祭主가 되었다. 그러나 대통령 등극과 함께 386참언자들을 중용해 국정을 망치고 물러나 몰락한다. 끝내는 대통령으로서 저지른 잘못으로 인해 식음을 전폐할 정도로 죽도록 고생만 하고 정치적으로 곤궁해진 가운데 권좌에서 내려온다. 그의 말년을 점단하자면 직에서 물러난 후 형리刑吏의 추궁과 여론의 비판에 시달리다가 천수를 다 누리지 못한 채 죽게 될 것이다(三日不食).

따라서 인생운으로 이 초구를 받으면, 서지자筮之者는 의리상 불식不食하고 정처 없이 떠돌며 고생하던 중에 마침내 제자리를 되찾아 점차 하늘 높이 비상해 나라나 집단의 정상에 등극한다. 그러다가 참언자를 중용해 저지른 실수로 인해 점차 추락해 밥을 굶을 정도로 고심하거나 밥을 먹지 못하고 요절한다.26)

그러나 필자는 "그의 말년을 점단하자면 직에서 물러난 후 형리刑吏의 추궁과 여론의 비판에 시달리다가 천수를 다 누리지 못한 채 죽게 될 것이다(三日不食)"는 점단을 차마 그대로 쓸 수 없어 2008년 초판 『실증주역』(7월 10일 공간)을 내면서 최종 순간에 이 구절을 "그의 말년은 관재官災와 여론의 비판에 시달릴 우려가 있다"로 고쳐 출판했다.27) 주역철학의 의리에 의하면, 생존 인물에게 내려진 '죽음의 점단'을 담은 글을 공간公刊하는 문제에서는 삶을 존중하는 윤리·도덕이 '죽음의 점단'의 적중성을 공개 입증하는 것보다 더 중요하기 때문이다.

그러나 초고의 원래 점단은 노 전 대통령이 재야에서 떠올라 대통령에 등

---

26) 황태연, 『실증주역(상)』, 明夷괘(26번째 괘) 초구 풀이(650-651쪽).
27) 황태연, 『실증주역』(초판 2008년 7월 10일), 明夷괘(26번째 괘) 초구 풀이.

극해 국정을 망치고 말년에 검찰 조사와 여론의 비난 속에서 급서하기까지의 과정을 보다 정확하게 예견했다. 그런데 "참언자를 중용해 저지른 실수로 인해 점차 추락해 밥을 굶을 정도로 고심하거나 밥을 먹지 못하고 요절한다"는 일반적 점단구절을 읽은 일부 신문들이 노무현 전 대통령이 부엉이바위에서 투신자살하자 이 일반적 점단 구절을 인용하며 필자의 점단이 적중한 것으로 일제히 보도했다.[28] 이런 일이 있고난 뒤 필자는 개정판을 내면서 "그의 말년은 관재官災와 여론의 비판에 시달릴 우려가 있다"는 구문을 어쩔 수 없이 다시 "그의 말년을 점단하자면 직에서 물러난 후 형리刑吏의 추궁과 여론의 비판에 시달리다가 천수를 다 누리지 못한 채 죽게 될 것이다三日不食)"는 원래 점단으로 대체했다.[29]

주역시서는 점단을 잘하는 경우에 이렇게 무서우리만치 적중도가 높다. 주역점서가 국가나 국사國事의 명운을 점치던 점서인 한에서 특히 국가공인의 운명이나 관직인사(선거), 또는 정책의 운세와 관련된 시서의 경우에 적중도가 매우 높다. 다음은 총선과 대선의 운세에 대한 서례의 적중도를 살펴보자.

### 2.2. 각당 대표의 2016년 총선운세에 대한 시서와 적중도

먼저 『월간중앙』 2016년 4월호에 실린 필자의 기고문 기사를 소개하고 여기에 실린 시서와 점단의 적중도를 검토해 보자.

<특별기획: 주역으로 풀어본 3당 대표의 총선운세>

고대 중국에서 국가나 정치가의 정치적 운세를 점치는 방법으로는 거북점과 주역점이 있었다. 거북점은 '복卜'이라고 했고 주역점은 '서筮'라고 했다. 그래서 국가에서 점 일반을 '복서卜筮'라고 통칭했다. '복'과 '서'는 용도가 달랐다. 거북점 '복'은 몇

---

28) 『조선일보』, 2009년 4월 25일 「노무현 퇴임 후 죽도록 고생·곤궁 – 9개월 전 周易 뜻풀이 몰락 예견」; 『한국일보』, 2009년 5월 25일 「노무현 前대통령 비운의 종말 – '족집게 예견?」; 『한국경제』, 2009년 5월 26일 「황태연 동대 교수 주역 풀이 화제」 등.

29) 참조: 황태연, 『실증주역(상)』, 明夷괘(26번째 괘) 초구 풀이(650-651쪽).

백 년에 걸친 장기간의 국운이나 왕조의 운을 보는 점이고, 주역점 '서'는 국가·왕조·정치가·정책 등의 100년 이내 단기간의 운세를 보는 점이었다. 이런 까닭에서 『춘추좌씨전春秋左氏傳』에 '서단구장筮短龜長(주역점은 단기적이고 거북점은 장기적이다)'이라는 말이 있는 것이다. '주역'은 주周나라의 '역易'이라는 말이고, '역'은 '바뀐다는 말'이다. '주역'은 주대周代(기원전 1046-771)에 조정에서 정치변화를 점치는 데 썼던 경문經文과 서법筮法의 총체를 가리킨다.

'주역'은 주나라 초기에 성립했다. 따라서 주역의 64괘의 괘사卦辭와 384효의 효사爻辭로 이루어진 주역경문은 3000년 이상 오래된 진귀한 고문 중의 고문이다. 주역괘와 경문에 공자가 붙인 10개의 주석문을 가리켜 '십익十翼'이라고 부르고, 주역경문과 십익을 합하여 『역경易經』이라고 한다. 『역경』은 사서삼경四書三經의 '삼경'(서경·시경·역경) 중 하나로서 조선시대 과거시험 과목 중 가장 어려운 과목이었다. 주역은 애당초 정치의 점법이었기 때문에 정치인·공인의 행보, 정치전략·정책의 성패, 또는 정당과 국가의 단기 운수를 점칠 때 잘 들어맞는다.

2016년 3월은 4월 총선을 한 달 앞둔 시점이다. 필자는 2월 14일 김무성 새누리당 대표, 김종인 더불어민주당 대표, 안철수 국민의당 대표가 각당을 이끌고 치를 국회의원 총선거에서 각 대표의 총선운세를 전통적 주역서법周易筮法에 따라 서죽筮竹으로 정서正筮했다. '서筮'는 명사로 '주역점 서' 자이고, 동사로 '시초蓍草로 점칠 서' 자다. 세고 가는 줄기를 가진 '시초'라는 풀은 이미 천여 년 전에 멸종했다. 따라서 오래 전부터 시초 대신 대나무를 뜨개질용 대바늘 같이 가늘게 갈라 50개 점대를 만들어 이것으로 시초를 대신했다. 이것을 '서죽'이라고 부른다. 오래 전부터 이 서죽을 쓴 서지筮之도 '정서'로 간주해 왔다.

2016년 2월 14일 김무성 새누리당 대표의 총선운세를 서지筮之하여 '손지복損之復' 괘를 얻었다. '손지복' 괘란 '산택손山澤損' 괘의 2효爻와 상효上爻가 동動하여 '산택손'이 '지뢰복地雷復' 괘로 변하는 괘변卦變를 말한다.

손괘 2효의 효사는 "구이九二. 이정利貞 정흉征凶. 불손익지弗損益之"이고, 상효의 효사는 "상구上九. 불손익지弗損益之 무구无咎 정길貞吉. 이유유왕利有攸往. 득신무가得臣无家"다. '구이'는 양陽의 2효(여섯 효 중 아래에서 두 번째 효)라는 뜻이고, '상구'는

'양의 상효(여섯 효 중 가장 위에 있는 효)'라는 뜻이다. 동아시아에서 '구'는 양수(1, 3, 5, 7, 9) 중 가장 큰 수로서 양수를 대표하고, '육六'은 음수(2, 4, 6, 8, 10) 중 한 가운데에 위치한 수로서 음수를 대표한다. 따라서 가령 육오는 음陰의 5효이고, 육삼은 음의 3효다.

손괘는 덜어냄(손실)을 말하는 괘다. 손괘 2효와 상효의 효사의 뜻은 다음과 같다.

구이. 바르게 지키니 이롭도다. 빼앗으러 나서면 흉하리라. 그들한테서 덜어내는 것
　　이 아니라 그들에게 보태주라.

상구. 그들한테서 덜어내는 것이 아니라 그들에게 보태주면 무탈하고, 바르게 지키니
　　길하다. 갈 바가 있는 것이 이로우리라. 가문을 따지지 않고 신하를 얻으리라.

구이 효는 김무성 대표 개인 또는 비박계의 총선운을 보여주고, 상구 효는 새누리당의 총선운을 보여주는 것 같다.

공자님은 '구이 효'와 관련하여 "구이가 바르게 지키니 이롭다는 것은 중도를 뜻으로 삼기 때문이다(象曰 九二利貞 中以爲志也)"라고 탁월한 해설을 가했다. 말하자면 김무성 대표가 공천과정에서 자기 몫, 즉 비박非朴계의 계파 몫을 챙기거나 늘리기 위해 친박親朴계를 공격하여 빼앗으면 오히려 흉하여 총선결과는 더 나쁠 것이고, 친박계에게 양보하고 그들에게 보태주는 듯하는 중도 노선을 세우고 중도를 바르게 행하면 오히려 총선결과에서 이로울 것이다. 이 말은 김무성의 비박계가 싸워서 공천을 더 많이 따내더라도 본선에서 더 많이 떨어져 결과적으로는 비박계에게 손해가 나고, 양보하는 듯 중도를 행하면 공천을 덜 받더라도 본선에서 더 많이 당선된다는 것을 뜻한다. 반면, 공천을 더 많이 빼앗아간 친박계는 본선에서 더 많이 떨어져 결국 친박계에게 더 나쁜 결과를 가져다 줄 것이라는 말이 된다. 그러나 구이가 조건부 효사가 아니라 운명적인 효사이기 때문에 김무성과 그 계파는 운명적으로 중도를 바르게 지킬 것이고 총선결과에서 비교적 이로울 운세를 탈 것이다.

두 번째 상구 효는 김무성 휘하의 새누리당의 총선운이다. 아랫사람들에게서 덜어내는 것이 아니라 그들에게 보태주면 무탈할 것이고 이 관대한 노선을 바르게 지키면

길할 것이다. 공자님은 여기에다 "그들에게서 덜어내는 것이 아니라 그들에게 보태

주는 것은 뜻을 크게 얻을 것이다(象曰 弗損益之 大得志也)"라고 주석했다. 새누리당은

이번 총선에서 단단히 재미를 볼 것(선방할 것)이다. 그 결과 새누리당은 '갈 바'(대권전

망)을 갖게 되어 이로울 것이다. 왜냐하면 새누리당이든 김무성 대표든 "가문을 따지

지 않고 신하를 얻을 것"이기 때문이다. 즉, 계파나 전통적 여야진영을 가리지 않고

지지자들 얻을 것이기 때문이다. 전체적으로 산택손山澤損 괘가 지뢰복地雷復 괘로

변했으므로 총선 과정에서 새누리당은 산지(艮)가 평지(坤)로 변하고 또 무리도 얻어

앞길이 평탄할 것이다. 그리고 수도권에서 야권분열의 어부지리漁父之利도 있겠지만

특히 지방에서 세를 크게 얻고 이후에도 역동적으로 움직일 것(震)이다.

2월 14일, 같은 날 김종인 더불어민주당 대표의 총선운을 서지하여 수지비隨之比 괘

를 얻었다. 택뢰수澤雷隨 괘의 초효와 4효가 동하여 택뢰수괘가 수지비水地比 괘로

변했다. 수隨괘 초효의 효사는 "초구初九. 관유투官有渝. 정길貞吉. 출문교우공出門交

有功"이고, 4효의 효사는 "구사九四. 수유획隨有獲 정흉貞凶. 유부재도이명有孚在道以

明 하구하구何咎?"다.

수隨괘는 따름의 괘다. 수괘 초효와 4효의 효사의 뜻은 다음과 같다.


초구. 벼슬에 변화가 있어 그대로 고수하니 길하리라. 문을 나가 교제하는 데 성공이
    있으리라.

구사. 따라가 얻는 것이 있도다. 줄곧 그대로 가서 흉하리라. 그러나 믿고 따르는
    사람들을 가지는 것은 도리에 달려있으니 현명하다면 무엇을 허물하리오?


초효는 김종인 대표가 총선과정에서 만날 개인의 운이고, 구사는 김종인 대표가 이

끄는 더불어민주당의 총선운으로 보인다.

초구를 두고 공자님은 "벼슬에 변화가 있는데 바른 것을 따라서 길하고, 문을 나가

교제하는 데 성공이 있다는 것은 잃지 않는다는 말이다(象曰 官有渝 從正吉也 出門交有

功 不失也)"라고 주석했다. 이 괘를 뽑은 시점이 2월 중순이다. 따라서 벼슬에 변화가

있다는 것은 김종인 비상대책위원회 위원장이 '호칭상의 대표'가 되고 '호칭상의 대

표'가 다시 혁신위원회 공천원칙도 고치고 더불어민주당의 관행도 수정할 수 있는 '실권 대표'가 되는 과정을 보여준다. 그것이 가능했던 것은 "바른 것을 따랐기(從正)" 때문이다. "문을 나가 교제하는 데 성공이 있다"는 것은 "응급환자가 뜻이 없으면 의사는 떠나면 그만이다"는 김종인 대표의 언행과 관련된 것이다. 앞으로 총선과정 에서도 이런 언행이 더 나오거나 실지로 당을 박차고 나가게 될지 모르겠으나 개인 적으로 잃는 것이 없을 것이다. 또 더 길게, 더 넓게 해석하여 총선 끝나고 더불어민 주당의 문을 나가더라도 교제에 성공이 따를 것이라는 것으로 풀이할 수도 있겠다. 아무튼 김종인 대표는 더불어민주당의 총선을 이끎으로써 개인적으로 성공을 거둘 것이다. 이렇게 된다면 70대 노인에게 참 대단한 일이 될 것이다.

두 번째 구사의 효사는 김종인 대표가 지휘하는 더불어민주당의 총선운이다. 민주당 은 김종인 대표를 따라가면 분명 얻는 바가 있을 것이다. 그러나 그대로 따라가기만 하면 흉할 것이다. 공자님은 "따라감에 얻음이 있는 것은 그 뜻이 흉하다(隨有獲 其義 凶也)"라고 주석했다. 이 주석으로 미루어 더불어민주당의 대주주인 친노·친문세력 이 김종인의 (보수적) 노선을 따라가면 일단 얻는 것이 있으니까 따라가서 이익을 얻지만 자기들의 (급진적) 본심을 속이고 눈앞의 이익을 챙기는 이런 전술이 의리에 반해서 아마 총선결과는 흉한 결과로 나타날 수 있다.

물론 효사는 "믿고 따르는 사람들을 갖는 것은 도리에 달려 있으니 현명하다면 무엇 을 허물하리오?"라고 대안을 제시하고 있다. "믿고 따르는 사람들", 즉 친노세력에 대한 기본적 지지층을 유지하는 것은 친노가 대변해온 급진적 진보노선에 대한 충성 의 도리에 달려 있다. 그러나 앞으로 친노지도자들 중 누가 있어 당 안에서 고개를 들고 감히 김종인 대표에 맞서 발언하여 더불어민주당으로 하여금 친노 노선에 대한 충성의 도리를 하게 하는 '현명'을 발휘할 수 있게 만들겠는가? 아마 최초의 효사 "따라가 얻는 것이 있도다. 줄곧 그대로 가서 흉하리라"라는 말처럼 운명적으로 총선 결과는 좋지 않을 위험이 크다. 결론적으로 김종인 대표의 총선운은 아마 김종인 개인에게 아주 좋고 더불어민주당에게는 좋지 않은 것으로 나타날 수 있다. 택뢰수澤 雷隨 괘가 수지비水地比 괘로 변했으므로 총선과정에서 더불어민주당은 호남의 외방, 즉 비호남 지역에서 위험에 처할 것이다. 비比괘의 외괘가 험수險水를 뜻하는 감坎괘이기 때문이다. 더불어민주당에게 평탄한 곳은 서울지역이 아니라 지방이다.

안철수 국민의당 공동대표의 총선운에 대해서는 필자가 아니라 강원도 원주의 재야 역학자 백오白烏 선생이 두 번에 걸쳐 서지한 것이 있어 이것을 풀이하는 것으로 가름한다. 신기神氣가 보통 사람들보다 뛰어난 백오 서지의 적중도가 더 높은 것으로 보이기 때문이다.

2015년 12월 분당 직후에 수행한 첫 번째 서지에서는 '이지복頤之復' 괘를 뽑았다. '이지복頤之復'은 산뢰이山雷頤 괘의 5효가 동하여 산뢰이가 지뢰복地雷復 괘로 변한 것이다. 산뢰이山雷頤 괘 5효의 효사는 "구오六五. 불경拂經 거정길居貞吉. 불가섭대 천不可涉大川"이다. 그 뜻은 다음과 같다.

> 육오. 정도(經道)에 어긋났도다. 바르게 그대로 눌러앉으니 길하리라. 큰 내를 건널
> 수 없도다.

경도(정도正道)에 어긋났다는 것은 안철수 국민의당 대표가 새정치민주연합에서 탈당하여 국민의당을 새로 만든 분당 행보를 가리키는 것으로 보인다. 이것은 정도에서 벗어나는 행동이다. 그럼에도 이 분당 노선에 눌러 앉듯이 고집스럽게 곧바로 가면 길할 것이라고 했다. 그러나 "큰 내를 건널 수 없을 것이다"라고 한정을 가했다. 즉, 국민의당이 총선을 통해 제3당이 되는 데 성공할 것이지만 제1야당이 되지는 못할 것이라는 말이다. 그런데 '분당 노선'을 고수하는 것이 길한 이유는 그 이상의 목표, 즉 야권개편이나 대선승리를 통한 정권교체를 줄기차게 추구하기 때문이다. 공자님은 '바르게 그대로 눌러앉으니 길하다는 것은 순순히 위를 따르기 때문이다(象曰 居貞之吉 順以從上也)'라고 주석했다. 여기서 '위'는 상구上九인데 상구의 효사는 "먹여 기르는 것으로 말미암아 위기의식을 가지니 길하고 큰 내를 건넘이 이로우리라(由頤 厲吉 利涉大川)"이다. 여기에 '큰 내를 건너'는 대업(야권개편이나 차기대권의 과업)이 나온다. 따라서 안철수 공동대표의 국민의당은 더불어민주당이 요구하는 재통합노선에 흔들리면 앞날이 암담해지는 반면, 위(야권개편이나 차기대권)만 쳐다보고 분당과 제3당 노선을 똑바로 가면 길하다. 여기서 '길하다'는 것은 총선을 통해 바로

야권을 개편하거나 제1야당이 된다는 말이 아니라, 제3당으로 자립하는 데 성공하는 것을 뜻한다.

그러나 3월초 국민의당은 김종인 더불어민주당 대표가 제창한 야권통합 요구에 크게 흔들리면서 앞날이 암담해졌다. 김한길·박지원·천정배 등 일부 현역의원들이 이 요구에 반쯤 호응하고 안철수 중심의 대권세력만이 반대하면서 국민의당이 존망의 위기에 처한 것이다. 3월 4일 밤 당지도부의 '끝장 토론'으로 야권통합 요구가 당분간 퇴출되는 듯했다. 하지만 그래도 총선을 끝나기까지 여진이 계속되고 종종 국민의당 내 갈등이 없을 수 없을 것이다.

그런데 원주의 백오는 3월 2일 국민의당이 김종인 더불어민주당대표의 통합요구에 뒤뚱거릴 때 안철수 국민의당 대표의 운세를 다시 서지해서 명이지태明夷之泰 괘를 얻었다. '명이지태'는 명이 괘의 2효가 동하여 명이 괘가 지천태地天泰 괘로 변한 것이다. 명이 괘의 2효의 효사는 "육이六二. 명이明夷, 이우좌고夷于左股. 용증마장用拯馬壯 길吉"이다. 명이 괘는 '밝음이 상상傷하는' 괘, 즉 '어두워지는(암담해지는)' 괘다. 명이괘 2효의 효사의 뜻은 다음과 같다.

육이. 해가 뜨고 지는 하루 중 대낮인데, 왼쪽 정강이를 다치는 상이로다. 건져 올리
    는 데 쓰는 말이 힘세니 길하리라.

대낮은 곧 어둠으로 기울어지는 것밖에 남지 않은 변곡變曲의 시점이다. 아닌 게 아니라 이때 '왼쪽 정강이를 다쳤다. 이것은 안철수 대표의 국민의당이 창당하고 나서 천정배·정동영·박지원·권노갑 등 호남의 모든 정치거물들을 영입함으로써 호남기반 정당의 지연적地緣的 정통성을 확보하여 한창 기세를 올리려는 찰나에 김종인 더불어민주당 대표의 야권통합 제의의 직격탄을 맞고 앞날이 암담해진 것을 가리킨다. 국민의당의 왼쪽 다리가 다쳤다는 것은 국민의당의 일부 현역의원들이 김종인 대표의 제안에 암암리에 호응하면서 당이 마치 다리 부상을 당한 것처럼 절름거리거나 뒤뚱뒤뚱 동요하는 것을 뜻한다. 하지만 '오른쪽 다리'가 아니라 '왼쪽 다리'를 다쳤다는 것은 치명상을 입은 것은 아니라서 다행히 아직 조금씩 걸을 수 있고 장차 걸음걸

이를 회복할 수도 있다는 것을 암시한다.

그러니까 효사의 전반부는 야권통합론에 타격당한 시점의 국민의당의 처지를 보여주는 것이다. "건져 올리는 데 쓰는 말이 힘세니 길하리라"는 후반부 효사는 안철수 공동대표가 이끄는 국민의당의 향후 총선운세를 보여준다. 건져 올리는 말, 즉 구원해주는 '말'은 지지자들을 기리킨다. 이 지지자들은 국민의당을 후원하는 출향·재향 호남유권자, 안철수 개인에 대한 지지자, 수도권과 전국의 반노反盧·비노非盧 전통야당지지자 등을 망라할 것이다. 명이괘의 내괘內卦인 '불(火)'이 '하늘(天)'로 변했으니 이것은 임금이 있는 곳을 가리키는 '하늘'이 정치적으로 도성과 경기지역을 뜻하는 한에서 수도권지역의 국민의당·안철수 지지자들이 발분發奮할 것이라는 말이다. 그런데 이 지지자들이 '힘세서' 총선결과가 길할 것이다. 그러나 여기서 '길하다'는 것은 어디까지나 험지에 빠진 것을 "건져 올리는 것", 즉 '구조'의 차원에서 '길하다'는 말이기 때문에 지지자들로부터 구조를 받는 데 성공하는 수준이다. 즉, 야권을 제패하는 것이 아니라 야권통합론을 물리치고 부상당한 왼쪽다리(야권통합에 흔들리는 일부 현역의원집단)를 끌고 총선을 무사히 치러 야권에서 일정한 세력(교섭단체)을 형성하는 데 성공한다는 뜻이다. 이 점에서 야권통합론은 국민의당을 파산시킬 수 있는 더불어민주당의 강력한 공격의 한 수였다. 그러나 첫 번째 괘에서 이미 알려주었듯이 국민의당은 "바르게 (분당노선에) 그대로 눌러앉아 길할 것"이다.

안철수 공동대표의 총선운에 대한 서지에서 두 번 다 동효動爻가 하나인 것은 안철수 개인과 국민의당의 일체성이 김무성과 새누리당, 그리고 김종인과 더불어민주당의 일체성보다 훨씬 강하여 안철수의 개인적 총선운을 따로 보여줄 필요가 없기 때문이 아닌가 생각한다. 국민의당의 경우는 안철수 대표의 총선운과 당의 총선운이 하나라는 말이다.

각당 대표의 총선운을 비교하여 종합적으로 점단占象하면, 세 대표 중 김무성 새누리당 대표의 총선운세가 가장 좋다. 두 번째 좋은 운세는 안철수 국민의당 대표의 총선운세다. 그리고 김종인 더불어민주당 대표의 총선운세가 가장 나쁘다.

물론 김무성대표의 좋은 총선운세는 지금까지처럼 김 대표가 인내하고 중도를 지킬 때만 좋은 것이다. 그러나 변괘가 지뢰복地雷復이므로 의석수는 현 수준을 거의 그대로 반복할 것 같다. 김무성대표의 좋은 총선운세는 자신과 계파, 그리고 새누리당에게 공히 좋은 것으로 나타날 것이다. 김무성 대표 개인의 총선운은 당과 같은 방향일 취한다.

그러나 김종인 더불민주당 대표의 총선운은 개인의 행운과 당의 불운이 엇갈려 나타날 것 같다. 김종인 대표는 개인적으로 많은 공을 세우고 얻는 것이 많을 것이지만, 더불어민주당은 이전에 비해 의석수를 많이 잃을 것이다. 특히 수도권지역에서 호남 유권자들이 많이 빠져나가면서 많은 손실을 입을 것이다. 그러나 호남을 포함한 비非 수도권 일부지역에서는 어느 정도 버틸 것이다. 더불어민주당의 친노세력에 대한 수도권의 출향 호남인들의 거부감이 재향 호남인의 거부감보다 더 강하기 때문에 더불어민주당의 총선결과는 수도권에서 더 나쁠 것이다. 이것은 주역서지를 하지 않더라도 결과가 별로 좋지 않을 것임은 바로 짐작할 수 있다. 수도권의 야권표가 각 지역구에서 두 야당의 후보에게로 나뉘어 갈 것이기 때문이다. 그러나 변괘에서 하늘(임금이 있는 땅)을 얻지 못한 더불어민주당의 후보들은 수도권지역에서 국민의당의 후보들과 비교하여 운명적으로 좀 더 불리할 것으로 보인다.

안철수 대표의 총선운은 개인과 당의 행·불행이 일치되어 나타날 것이다. 안철수 대표가 이끄는 국민의당의 총선운세가 김종인 대표가 이끄는 더불어민주당의 총선운세보다 좋다. 하지만 그렇다고 해서 이것은 총선결과 국민의당의 의석수가 더불어민주당 의석수보다 많을 것이라는 말이 아니다. 국민의당은 안철수 대표가 누누이 공언해온 작은 목표, 즉 제3당으로서의 국민의당의 존립 확보(교섭단체 의석 확보)와 양당체제의 타파에 성공한다는 말이다. 국민의당과 더불어민주당의 의석수 합계는 우려와 달리 새정치민주연합의 의석수보다 적지 않을 것이다. 변괘(復卦)로 보면 새누리당의 의석수가 이전 의석의 '반복'이기 때문이다.

총선 후에도 더불어민주당은 제1야당의 지위를 유지할 가능성이 크다. 그러나 더불어민주당이 국민의당보다 얼마나 더 많은 의석수를 차지할지는 알 수 없다. 그 격차에 따라 양당의 총선직후 운명이 바뀔 것이다. 격차가 적을수록 더불어민주당 내에 생환한 비노 의원들의 큰 소리로 인해 당이 흔들릴 것이고, 이 큰 소리가 안 먹히면 비노 의원들이 개별적으로 탈당하여 국민의당으로 건너가는 현상이 나타나 당이 혼들일 것이다. 그러나 격차가 클수록 더불어민주당이 안정화될 것이다. 그러나 김종인 더불어민주당 대표의 총선운세를 보여주는 수지비隨之比 괘상으로는 전자가 될 개연성이 더 크다. 택뢰수澤雷隨 괘의 내괘, 즉 벼락천둥(震)·움직임(動)을 뜻하는 뢰雷 괘가 무리·유순·숨음(藏)을 뜻하는 곤坤괘로 변하고, 외괘, 즉 택澤·기쁨·수설 등을 뜻하는 태兌괘가 험수險水를 뜻하는 감坎괘로 변한 것을 보면, 내지(호남과 그 근방)에서는 힘차게 움직여 일부 무리를 얻지만 유순해져 숨게 되고, 외지에서는 기쁨을 잃고 위험에 처할 것이기 때문이다.

마지막 한 마디. 이 점단들이 100% 적중하리라는 보장은 없다. 이것은 어떤 합리적·과학적 판단도 마찬가지일 것이다. 그러나 주역점단이 합리적 판단과 충돌하는 경우에는 대개 합리적 예측이 아니라 주역점단이 옳다는 것을 자주 경험하게 된다. 주역점단과 합리적 예측이 일치하는 경우에는 더 왈가왈부할 것이 없겠다. 하지만 어떤 합리적 예측도 아예 불가능한 경우가 허다하고, 이런 경우에는 자고로 주역이 지식인들에게 유일하게 가능한 미래예측으로서 논의의 길잡이가 될 수도 있는 법이다. 이 기고문은 심오한 주역을 다루기에 너무 짧은 글이다. 이 글은 주역에 나름대로 관심을 가져온 독자를 위한 글로서 정치현장에 실제로 적용되어 쓰이는 주역점단의 간략한 풀이일 뿐이다. 초보부터 높은 수준까지 포괄적 주역지식을 원하는 독자는 필자가 쓴 『실증주역(상·하)』(2012)를 참조하기 바란다. [2016년 3월 17일 입력]

이 점괘와 점단을 보면, 두 가지가 크게 빗나갔다. 우선 새누리당이 "이번 총선에서 단단히 재미를 볼 것(선방할 것)"이라는 점단과, 더불어민주당 총선결과가 안 좋을 것이라는 점단("더불어민주당의 대주주인 친노·친문세력이 김종인의 보수적 노선을 따라가면 일단 얻는 것이 있으니까 따라가서 이익을 얻지만 자기들의 급진적 본심을 속이고 눈앞의 이익을 챙기는 이런 전술이 의리에 반해서 아마 총선결과는 흉한 결과로 나타날 수 있다")은 빗나간 것이다. 이 오류는 결론적 점단("세 대표 중 김무성 새누리당 대표의 총선운세가 가장 좋다. […] 그리고 김종인 더불어민주당 대표의 총선운세가 가장 나쁘다.")에서 특히 분명하다. 실제의 총선 결과는 더불어민주당이 분열 후 민주당 의석수(121석)보다 2석 더 많은 123석을 얻어 122석을 얻은 새누리당을 1석 차이로

누른 것으로 나타났다.

그러나 이 부적중성은 시서로 얻은 점괘의 오류에 기인하는 것이 아니라 결정적으로 필자의 그릇된 점단에 기인하고, 두 번째 물음의 부적절성에 기인한다. 필자의 점단의 오류는 김무성의 중도 의무를 '조건'으로 해석하지 않고 '운명'으로 해석한 데서 비롯되었다. 초효도 '중도를 지키면'이라는 '조건'으로 풀었어야 하고 두 번째의 효도 "그들에게 보태주면 무탈할 것이고 이 관대한 노선을 바르게 지키면 길할 것이다"는 조건부 점단을 고수했어야 한다. 그러나 필자는 여기서 실수하고 말았다. 김무성은 중도를 지키지 않고 친박과 끝까지 싸워 총선직전 자기 당의 이미지를 망가뜨렸고 결국 선거도 망쳤다. 김무성이 효사와 공자의 말대로 중도를 지키고 관대한 타협적 노선을 갔더라면 당의 이미지를 구하고 좀 더 나은 결과를 얻었을 것이다.

더불어민주당에 대한 점단은 물음의 부적합성에 기인한다. 잡지사 쪽이 필자에게 요청한 물음은 두 물음을 혼합한 "3당대표의 총선운"이었다. 즉, 이 물음은 '각당 대표의 운'에 대한 물음과 '각당의 총선운'에 대한 물음이라는 두 개의 물음을 담고 있는 것이다. 다시 이 두 물음은 세 명의 당 대표의 정치운세와 세 당의 총선운세에 대한 물음으로 여섯 개의 물음을 포함하고 있다. 『주역』은 이 여섯 개의 물음을 답하느라 각각 2개 효를 동動하게 했고, 필자는 이 여섯 가지의 운명을 동시에 점단해야 했다. 이로 인해 점단이 뒤섞이고 혼동이 야기된 것이다. 이런 경우에는 물음의 분리시켜 '각당의 총선운'만 물었어야 했다. 이것은 미래의 시서를 위해 좋은 교훈일 듯싶다.

그러나 점단이 다 틀린 것만도 아니다. 첫째, 안철수와 국민의당의 총선운세에 대한 예언은 그대로 적중했다. 국민의당의 총선결과는 거의 점단대로였기 때문이다. 국민의당은 안철수 대표가 누누이 공언해온 작은 목표, 즉 제3당으로서의 국민의당의 존립 확보(교섭단체 의석 확보)와 양당체제의 타파에 성공했다. 그리고 예언대로 국민의당과 더불어민주당의 의석수 합계(123+38 = 161석)는 '야권분열=필패'라는 '합리주의적' 예측과 반대로 분열 전 새정치민주연합의 의석수(126석)보다 오히려 33석이나 더 많았다.

둘째, 김종인의 운명을 적중시켰다. 김종인은 총선을 거치면서 이후에도 거듭 탈당 압박을 가하면서 지위를 강화해 정치거물이 되었고 최명길 등 자기 사람들을 수명 공천해 자기 세력을 부식扶植했다. 그리고는 끝내 2017년 3월 탈당해 반反문재인 전선을 구축하면서 정계의 관심표적이 되었다.

상술했듯이 공자는 "내가 백 번 점치면 칠십 번 적중했다(吾百占而七十當)"고 술회했다. 공자 시서의 적중도가 70%라는 말이다. 공자의 적중도가 이 정도인데 필자가 50% 가까이만 적중시켜도 그것은 의미가 적지 않다. 그것도 지난 총선에서 국민의당과 안철수安哲秀 대표의 총선 후 생사가 초미의 관심거리였던 것을 상기하면, 국민의당과 안철수 대표에게는 이 시서가 커다란 용기를 줄 수 있었던 것이다. 그리고 늘그막에 정계에 복구한 김종인 대표에게도 그렇다. 나머지 사람들, 즉 더불어민주당이나 한나라당 사람들에게는 김빼는 점단이었겠지만, 한나라당의 총선결과는 중도를 어긴 김무성 대표와 한나라당의 자업자득이었고, 더불어민주당은 이로부터 크게 반사이익을 얻었을 뿐이다.

## 2.3. 정유(2017)년 대통령조기선거에 대한 시서

다음은 더불어민주당 문재인, 국민의당 안철수, 자유한국당 홍준표, 바른정당 유승민 대통령후보의 1917년 대통령조기선거 운세에 대한 시서 역괘와 점단이다. 이 대선에 대한 시서를 해설하고 점단한 필자의 기고문은 『월간중앙』 2017년 4월호에 실렸다.

〈특집: 주역으로 푼 대선후보들의 운세: 안安은 '연대', 문文은 '포용' 필요〉

주역철학자에게 대통령선거를 눈앞에 두고 주역시서蓍筮로 각당 대선후보의 선거운세를 봐서 공론지에 게재해 달라는 것은 사활적 부담을 주는 요청이다. 2-3주 후면 판가름 날 주역점의 적중 여부에 필자가 그간 정치철학 교수로서 쌓은 명예의 존폐가 걸려 있기 때문이다. 더구나 '공자님'의 주역시서의 적중률도 70%에 불과했다.

공자는 1973년 출토된 『마왕퇴한묘백서馬王堆漢墓帛書』의 「요要」편에서 "선생님께서 도 역시 주역점을 믿으십니까(夫子亦信其筮乎)?"라는 자공子貢의 당돌한 질문에 "내가 100번 점치면 70번 맞았다. (…) 그리고 역시 그 중 많은 것을 반드시 따랐느니라(子曰 吾百占而七十當. […] 亦必從其多者而已矣)"라고 답한 바 있다. 공자의 주역점도 30% 정 도는 빗나갔던 것이다.

그런데 '공자님'도 70%밖에 적중하지 못했다면 후세의 정치철학자인 필자로서는 50-60% 정도만 적중해도 주역시서를 잘한다는 칭찬을 받을 수도 있다. 이런 의미에서 이 요청을 받아들여 이번 대통령선거와 관련된 점서결과를 공개하기로 했다.

시서를 잘하기로 유명한 원주의 재야 역학자 백오白烏는 2016년 5월 당시 안철수 국민의당 대표의 대통령선거 운세를 시서해 화택火澤 규睽괘의 구이九二 효爻를 동효 動爻로 얻었다. 규괘 구이의 효사爻辭는 다음과 같다.

"골목에서 주인(들)을 만나는데 탈이 없으리라(遇主于巷 无咎)."

그리고 2016년 12월 30일경 조기대선이 확실시된 시점에 백오가 다시 안철수 전 대표의 대통령선거운세를 시서하니 다시 규괘가 나왔고 그 중 상구上九 효가 동動했 다. 규괘 상구의 효사는 이렇다.

"등지고 홀로 된 형국이로다. 돼지가 진흙을 뒤집어쓰고 귀신이 한 수레 실려 있는 것을 보도다. 활시위를 당겼다가 풀어 놓도다. 적구敵寇가 아니라 동맹군이구나. 가 는데 비를 만나니 길하리라.(睽孤 見豕負塗 載鬼一車. 先張之弧 後說之弧. 匪寇婚媾. 往遇 雨 則吉.)"

이어서 필자가 대선운세에 관한 주역시서의 기고요청을 받고 운세를 재확인하기 위 해 4월 4일 다시 시서해 동효 없는 지뢰地雷 복復괘를 얻었다. 복괘의 괘사卦辭는 이렇다.

"제자리로 돌아오니 형통하도다. 출입에 해독害毒이 없으니 그를 믿는 자들이 와도 무탈하리라. 그의 도道를 돌이켜 7일이면 돌아오도다. 가는 것이 이롭다.(復. 亨. 出入 无疾 朋來无咎. 反復其道 七日來復. 利有攸往.)"

꽤나 복잡한 역괘易卦들이 뽑혔다. 첫 역괘는 안철수 대표가 막후에서 아무도 몰래 정치거물들과 동맹을 맺거나 연대를 약속하는 것을 보여준다. 그런데 효사의 점사가 "탈이 없다"고 하고 그 효사에 공자가 "도를 잃지 않는다(未失道也)"고 주석했으니 연대의 일이 무탈하게 잘 되어갔다는 것을 알 수 있다. 이때는 대선이 아직 먼 시점이 므로 이 주역괘는 대선으로 가는 한 과정만을 보여주고 있다. 이후 안철수는 연대 노선에 따라 움직인 흔적이 감지된다. 손학규·정운찬·유승민 등과의 연대를 타진해 손학규를 입당시켰고, 정운찬·유승민 등을 우호세력으로 얻었다. (괘 풀이에 대한 상세한 설명은 필자의 『실증주역』을 참조하고, 이하 괘 풀이도 마찬가지다.)

두 번째 효는 국민혁명과 탄핵소추 국면에서 조기대선이 분명해져 좀 더 분명한 괘 가 나왔다. "등지고 홀로 된 형국"은 곧 모든 연대론을 내던지고 자강론으로 나갈 것을 예고한 것이다. "돼지가 진흙을 뒤집어쓰고 귀신이 한 수레 실려 있는 것을 본다"는 구절은 탄핵소추 국면에 전통적 보수·진보진영들이 이리저리 갈리고 뒤섞여 우적을 가리기가 어렵게 될 혼탁정국을 가리킨다. 그래도 문재인 후보를 물리쳐야 하는 안철수 후보의 입장에서 바른정당이나 자유한국당의 보수적 지지자들을 적수 세력으로 여겼는데 가만히 보니 실은 이들이 동맹군이기 때문에 이들을 활로 쏘려고 "활시위를 당겼다가 풀어 놓게" 된다. 안 후보는 활을 거두고 '우클릭'을 해 이들과 연대한다. 이것은 '당 대 당' 연대일 수도 있지만, 이것보다는 구舊 새누리당을 지지 하던 보수적 유권자들이 안철수를 찍는 식으로 연대할 수도 있다. 후자는 그야말로 안 후보가 말하는 '국민에 의한 연대'가 될 것이다. "가는데 비를 만나니 길하리라"는 구절은 대선에 출정해 '단비'(행운)를 만나 길할 것이라는 말이다. "비를 만나는 것"은 "가는데 비를 만난다면"이라고 '조건'으로 풀이해야 할 때도 있다. 또 시서한 날(2016 년 12월 30일경)이나 선거일(2017년 5월 9일)에 비가 오면 길하다는 말로 풀이해야 하는 경우도 있다. 어떤 경우든 공자는 "비를 만나 길한 것은 군중의 의심이 없어진다는 말이다(遇雨之吉 羣疑亡也)"는 주석을 달아놓았다. 군중의 의심이 없어질 만큼 동맹·연대를 통한 승리는 의심할 바 없다는 말이다.

복괘는 안 후보가 정계에 입문할 때 내건 '새 정치'의 초심으로 돌아가거나, 2016년 5월 점괘의 연대노선으로 돌아가는 것을 뜻하는 것으로 보인다. 후자로 푼다면, 안철수 후보가 시서한 날(4월 4일)로부터 일주일 안팎(11-12일경) 전후에 자강론으로부터 연대론으로 방향을 전환해 보수적 유권자들을 동맹세력으로 얻을 것임을 보여주는 것이다. 연대대상자들이 '들랑날랑해도' 해害가 없을 것이다. 따라서 "그를 믿는 자들"이 찾아오면 이들과 맞아들여도 "무탈할 것이다".

점괘로만 보면 안철수 후보가 구舊 적수세력 또는 중도보수적·우익보수적 유권자대중과의 막판 연대에 성공할 경우에 대선에서 승리할 가능성이 없지 않다. "행운(단비)을 만나면 길하다"고 했기 때문이다.

안철수 국민의당 후보가 적극적으로 연대에 나서 이 연대를 성사시키는 데에 성공한다는 조건 하에서 안 후보가 대통령에 당선될 가능성이 적지 않다. 그러나 연대노선을 버리거나 연대에 성공하지 못한다면 이럴 가능성도 물거품이 될 수 있다. 안 후보는 그간 자강 노선, 즉 등지고 홀로 있는 규고睽孤 노선을 고수해서 이득을 봤지만, 이제 이득을 볼 수 있는 시점은 다 지나갔다. 안 후보는 보수적 유권자대중을 적수집단으로 여겼으나 이제 이 새로운 정국상황에서 문재인 후보의 집권을 두려워하는 모든 중도보수적 유권자대중과도 손잡아야 한다. 그러려면 단독출마자들과도 연대하고 당 대 당 연대도 고려해야 할 것이다. 그러나 중도보수적 바른정당과 연대하는 것은 몰라도 자유한국당까지 껴안는다면 국민의당의 '집토끼'(중도개혁적 지지자층)들의 일부를 잃는 우愚를 범하게 될 것이다.

더불어민주당 문재인 후보의 대선운세로는 백오가 2016년 12월 30일경 시서해 송지췌訟之萃괘를 얻었다. 송지췌는 천수天水 송訟괘의 구이와 상구 효가 동해서 택지澤地 췌萃괘로 변한 것을 말한다. 송괘는 다툼의 괘인데 "믿고 따르는 붕우들을 가져 두려운 일을 막아 중도를 가면 길하고 끝까지 가면 흉한" 효이고(有孚窒惕 中吉 終凶), 췌괘는 수많은 군중이 모여 왕조를 창업하는 괘다. 송괘 구이와 상구의 효사는 다음과 같다.

"구이. 다툴 수 없어 돌아가 숨었으니 자기 읍인 삼백 호에 말썽이 없으리라(九二. 不克訟 歸而逋 其邑人三百戶 无眚)."

"상구. 혹자가 그에게 허리띠를 하사하나 하루아침에 그것을 세 번이나 빼앗으리라 (上九. 或錫之鞶帶 終朝三褫之)."

필자가 이를 확인하고자 문재인 씨가 후보가 된 다음날(4월 4일) 시서해 택화澤火 혁革괘의 초구를 동효로 얻었다. 초구의 효사는 이렇다.

"황소가죽으로 꽁꽁 묶도다(鞏用黃牛之革)."

점단하자면 송괘의 구이 효사는 문후보가 당시 여론조사 지지율 1위를 달리고 있어서 몸을 사려 지지율을 지키는 과정을 나타내는 것으로 보인다. 상구는 문후보가 허리띠(벼슬)를 받는다는 것과 곧 허리띠를 세 번이나 빼앗긴다는 것을 나타낸다. 공자는 여기에 "다툼으로 관복을 받으니 이것도 역시 공경함이 부족한 것이다(以訟受服 亦不足敬也)"라고 주석했다. 송괘의 상구는 백오의 많은 서례筮例에 의할 것 같으면 묻는 일에서 성공한 뒤 이어지는 다른 일에서 실패하는 것으로 나타난다. 백오가 '문재인 전대표가 대통령이 될 것인가'를 물어 이 송괘를 뽑은 것임을 상기할 때, "혹자가 그에게 허리띠를 하사하나 하루아침에 그것을 세 번이나 빼앗는다"는 효사는 문 후보가 대선에서 승리하고 대선을 너무 다툼으로 몰아가는 통에 공경을 잃어 집권 후 국정운영에서 실패하는 것으로 풀이할 수도 있다. 또는 "혹자들이 그에게 (관복) 허리띠를 주는 것"을 문재인 전대표가 당내경선에서 승리하는 것으로 풀이하고 "하루아침에 세 번 그것을 빼앗는다"는 구절을 그 뒤에 있는 본선에서 패배하는 것으로 풀이할 수도 있다. 이렇게 해석하면, 주역이 더불어민주당 경선을 선의의 경쟁이 아니라 위력에 의한 '다툼'으로 보는 것이 된다. 이 경우에 하루아침에 허리띠를 세 번이나 다시 빼앗기게 되는데, 이것은 ① 대통령직, ② 후보직, ③ 당내지위, 이세 가지를 일거에 다 잃어버리게 된다는 것을 뜻할 수도 있다. 둘 중 어떤 경우든 송괘는 문 후보가 이번 선거를 '통합의 선거가 아니라 '다툼'의 선거로 보고 있음을 말해주고 있다. 그러나 문 후보가 자기 세력과 자기 지지자들만 가지고 이 선거를 '다툼'으로 몰고 가 승리해 대권을 독식하려고 들면 들수록 더욱 어려워질 것이다. 비록 변괘變卦 췌괘가 뜻하는 대로 수많은 군중이 똘똘 뭉쳐 문 후보를 지지하더라도 대권독식 욕심을 버리지 않는다면 상황은 어려워질 것이다. 송괘는 "믿고 따르는 붕우들을 가져 두려운 일을 막아 중도를 가면 길하고 끝까지 가면 흉한" 효이기 때문이다.

그러나 문 후보가 이 송괘의 괘덕卦德대로 "믿고 따르는 붕우들을 가져 두려운 일을 막아 중도를 간다면", 즉 '다툼'이 아니라 '화합'의 길을 택해 당 안팎의 상처받은 세력과 두려워하는 세력들을 적극적으로 끌어안아 붕우로 만들고 이들과 연대해 "두려운 일"(본선 패배나 국정실패)을 발본색원하는 노선을 걷는다면, 집권 후 국정이든, 경선 후 본선이든 성공할 수 있을 것이다.

재확인 차 필자가 4월 4일에 뽑은 혁괘의 "황소가죽으로 꽁꽁 묶는다"는 초구의 효사에는 공자가 "유위有爲로는 불가하다(不可以有爲也)"는 주석을 달았다. 혁괘는 변혁의 괘다. 따라서 이것은 문 후보가 정권교체와 적폐청산을 추구한다는 것을 나타내주고 있다. 그러나 내일신문을 선거관리위원회에 고발하는 조치 등과 같은 '유위有爲'의 대응조치로는 정권교체를 하기도, 대통령선거의 '꽁꽁 묶인' 현재 상황을 바꾸기도 어렵다는 말이다. 공자의 주석은 '유위'로 민심을 바꾸려고 해서는 아니 된다는 경고로도 읽을 수 있다. 따라서 문 후보 측은 당황하지 말고 공경심을 발휘해 침착하게 어떤 '무위無爲'의 방도를 찾아 활용해야 할 것이다. 그는 지지율 1위라는 오만한 마음을 깨끗이 씻어내고 선명한 '우클릭'을 통해 친문親文진영에 끼고 싶거나 다가오고 싶은 외부세력들, 또는 연대가 가능한 모든 중도보수적 외부집단, 옛날에 가까웠던 과거의 붕우들, 당내의 소위 비문非文세력 등을 능동적으로 껴안는 중도화합 노선을 적극적으로 추구해야 할 것이다. 이것이 '무위'로 "황소가죽으로 꽁꽁 묶인" 대선상황을 푸는 열쇠일 것이다.

문재인 더불어민주당 후보는 대선에 무난히 승리해 집권하고 나서 국정에 실패하거나, 당내경선에 승리하고 나서 본선에서 패배할 우환이 있다. 지금으로서는 이 중 어느 쪽인지 점단할 수 없다. 문 후보는 경선과정에서 승리했지만 대권독식 노선 때문에 경선과정을 불미스럽게 만들어 패자들에게 큰 심리적 후유증과 상처를 남겼을 것이다. 문 호보 측의 이 대권독식 노선과 경선 후유증은 대선승리의 걸림돌이거나 대선승리 후 국정운영의 걸림돌이 될 것이다. 그러나 이제라도 오만한 대권독식 욕심을 버리고 경선후유증과 중도적·보수적 유권자대중의 두려움을 조기에 적극적으로 해소하려고 노력하면 걸림돌을 제거할 수도 있을 것이다. 하지만 공자가 "유위로는 불가하다"고 토를 달고 있음에 주목해야 할 것이다. 괜히 다툼을 일으키고 억지를 쓰는 식의 '유위有爲'의 조치로는 아무것도 이룰 수 없다. 오로지 작위적作爲的이지 않은 어떤 '무위無爲'의 대응방도, 즉 중도적·보수적 유권자대중의 두려움을 자연스럽게 해소하는 중도화합의 연대방도만이 '꽁꽁 묶인' 상황을 풀 수 있다.

이런 무위자연無爲自然의 방도를 찾아야 한다. 문 후보가 친문親文세력과 자기 지지자들로만 대선에 승리해 대권을 독식하려고 하면, 노무현 정부의 실정을 상기시키는 문 후보의 집권을 너무 두려워하는 나머지 어떻게든 이를 저지하려는 중도적·보수적 유권자들을 안철수 후보에게 몰아주는 결과를 초래해 반드시 흉할 것이다. 그러나 '무위자연' 방식에 입각한 중도화합의 연대노선을 적극 추구한다면 다른 결과가 나올 것이다. '진심'으로 연대를 추구한다는 것은 과거 노무현 정부의 실정을 공개 반성하고 노 대통령 탄핵세력까지 껴안는 광폭행보를 말한다.

홍준표 자유한국당 대통령후보의 대선운세로는 필자가 4월 4일 시서해 동효 없는 뇌산雷山 소과小過괘를 얻었다. 소과괘의 괘사는 이렇다.

"작은 것이 과過한 상이로다. 형통하도다. 바름이 마땅하다. 작은 일은 할 수 있지만 큰일은 할 수 없도다. 비조飛鳥가 그들에게 소리를 남기도다. 의당 위로 날아오르는 것이 아니라 의당 아래로 내려앉아야 대길하리라.(小過 亨 利貞 可小事 不可大事 飛鳥遺之音 不宜上 宜下大吉.)"

여기서 결정적 대목은 "작은 일은 할 수 있지만 큰일은 할 수 없다"는 것과, "의당 위로 날아오르는 것이 아니라 의당 아래로 내려앉아야 대길하다"는 것이다. '소과'는 '작은 것이 지나치다'는 뜻인데 지지도가 낮은 후보가 지나치게 기염을 토하는 형국을 빗댄 것으로 보인다. 홍 후보는 당을 지키는 '작은 일'을 할 수 있지만 대선승리로 정권을 재창출하는 '대업'을 이룰 수는 없을 것 같다. 이번 대선에서 홍 후보는 요란한 소리를 지르며 비상飛上하려고 할 것이다. 그렇지만 요란하게 비상하려고 하지 말고 몸을 낮추고 한국당 주위의 남은 보수적 지지자들을 한국당에 굳게 붙들어 매는 것이 잘하는 일이 될 것이다. 그렇지 않고 비상하려고 '개구리기 배 키우듯이' 대욕大慾을 부리며 날개를 퍼득거리는 요란한 "소리"를 내면 급전직하로 추락해 낭패를 당할 것이다. 홍 후보가 대욕을 부려 문재인 더불어민주당 후보가 당선될 '위험'을 초래할 것 같으면 당주위에 남아 있는 마지막 보수 표들마저 홍준표 후보를 등지고 문 후보를 이길만한 중도성향의 후보에게로 급히 달려갈 것이라는 말이다. 이미 과거 새누리당 골수 지지자들 사이에서까지 "홍준표 찍으면 문재인 된다"는 전략적 판단이 퍼져가고 있는 마당이니 이보다 더 살얼음판 같은 상황이 더 있겠는가! 홍준표 후보는 바른정당 후보와의 단일화나 바른정당과의 합당 등 과도한 보수결집 시도로 문재인 후보의 대선승리를 돕는 것 같으면 남은 지지표도 마저 잃을 수 있다. 보수적 지지자들은 현재 문재인 후보가 당선될까 봐 심히 두려워하고 있고 이른바 '태극기 세력들'의 일부집단들마저 문 후보의 집권을 저지하기 위해 "철수 키워 문 막자"는 구호를 공공연하게 내걸고 움직이기 시작했기 때문이다. 홍준표 후보는 이번 대선에서 몸을 낮추는 것이 상책일 것이다. 5월 대통령선거는 자유한국당에게 숨통을 막는 황사黃砂' 같은 것이다. 홍 후보는 몸을 낮추면 5월 대통령선거의 이 황사로부터 자유한국당을 지켜내는 공을 세울 수 있을 것이다. 그러나 비상하려고 하면 홍 후보 개인에게 좋지 않은 결과가 초래될지도 모르고, 자칫 당도 지키지 못할까 우려스럽다.

유승민 바른정당 대통령후보의 대선운세로는 필자가 4월 4일 시서해 택뢰澤雷수隨괘의 육이六二 효를 얻었다. 육이 효의 효사는 이렇다.

"소자를 매고 장부를 버리도다(係小子 失丈夫)."

공자는 "소자를 맨다는 것은 겸해 더불어 어우러지지 않는다는 것이다(象曰 係小子

弗兼與也)"라고 주석한다. '소자小子를 맨다' 또는 '소자에 매인다'는 것은 작은 것을 지키고 큰 것과 어울려 연합하지 않는다는 말이다. 이것은 유승민 후보가 자유한국당과의 연대를 거부하고 소당小黨인 바른정당을 지킨다는 말이다. 그렇다고 한국당 외의 다른 당과 연대하는 길조차 막힌 것은 아닐 것이다. 이 점괘는 자유한국당 홍준표 후보와의 관계만을 말해주는 것으로 보이기 때문이다. 유승민 후보는 바른정당을 지키는 데 유리한 길만을 찾을 것이다. 이 점괘에는 길흉의 점사占辭가 없으므로 바른정당을 지키는 것으로써는 대선에서 이기지 못할 것이지만 큰 폐착을 당하지도 않을 것 같다.

유승민 바른정당 후보는 자기의 소당을 지키는 길을 갈 것이다. 따라서 자유한국당과의 단일화나 연대는 거부할 수밖에 없을 것이다. 한국당과의 단일화나 연대는 바른정당의 소멸을 가져올 것이 때문이다. 그러나 한국당 외의 다른 정당과의 연대가 바른정당의 수호守護에 이롭다면 이 연대는 배제하지 않을 것이다.


그 밖의 후보나 개연성이 있는 후보감으로는 김종인 전 민주당 대표, 홍석현 전 중앙일보 회장, 정운찬 전 국무총리가 있다. 정 전 총리는 백오가 3년 전 그의 정치운세를 시서해 풍지관風地觀괘의 육사六四를 얻었는데 그 효사는 "나라의 빛을 보고 왕에게서 빈객 대접을 받는 것을 이롭게 쓰도다(觀國之光 利用賓于王)"이다. 정 전총리는 왕의 빈객이므로 앞으로 왕을 돕는 데 큰 역할을 할 것이나 왕이 아니므로 이 대선후보 운세풀이에서는 빼놓을 것이다.

홍석현 전 회장은 대선출마 소문이 여러 차례 나돌았으나 4월 4일 시서 당시에 대권 도전 선언을 하지 않은 상태였다. 이 때문에 필자는 홍 전회장의 대선운세가 아니라 '4월 4일 이후부터 대통령선거일까지 대선과 관련된 정치운세'를 묻는 점괘를 뽑았으나 4월 11일 불출마를 선언했기 때문에 공개하지 않기로 했다. 김종인 전 대표는 4월 5일 출마를 밝혔으나 일주일 만인 4월 12일 불출마를 선언하고 대선경쟁 무대에서 내려갔다.

이번 대선에서 선출되는 대통령은 여러 정황상 개헌을 위한 '임시 대통령', 또는 '과도적 대통령'이 될 공산이 크다. 헌법이 개정된다면 이번 대통령의 임기는 3년으로 단축될 가능성도 있다. 이런 까닭에 새 대통령은 장대한 국가계획을 따로 펼치기 어려울 것이다. 그런데 '개헌'보다 더 장대한 국가계획이 어디 따로 있을 수 있겠는가! 개헌을 전제로 할 때 아마 내년 말이면 다시 대선 레이스가 시작될 것이다. 따라서 제대로 한번 대통령을 해보려는 정치인은 이번에 대통령에 출마하지 않고 차기를 기다리는 것이 더 좋을지도 모른다.

위에서 제시한 주역시서와 점단占象들 중 어느 것은 그릇될 수 있다. 오류의 원인은 점괘를 뽑는 시서에 있을 수도 있고, 점단에 있을 수도 있다. 그러나 시서보다 점단이 틀릴 위험이 더 크다. 시서로 얻은 점괘는 시서법著筮法의 원칙만 잘 지킨다면 귀모鬼謨의 소산이므로 대체로 옳지만, 점단은 인모人謀이므로 실수가 적지 않기 때문이다. 여기서 제시된 점단들도 황태연이라는 '사람'이 인모로 내린 점단이므로 다 적중한다고 할 수 없을 것이다.

그러나 위에서 해설한 점단들이 모두 다 틀릴 수는 없다. 주역이라는 것이 그렇게까지 허위적이지 않기 때문이다. 주역이 그렇게까지 허위적이라면, 공자가 나이 들어갈수록 주역 책을 묶은 가죽 끈이 세 번이나 끊어질(韋編三絕) 정도로 주역을 애독하며 학구學究하지 않았을 것이고, 주역 경문經文과 시서법이 오늘날까지 전하지도 않았을 것이다. 일찍이 옛 사람들이 인지人智로 국사國事와 정치의 미래를 알 수 없는 상황에서 천신으로부터 신지神智라도 빌려 국가와 정치의 천명을 알고 싶어 했기 때문에 주역이 발생한 것이다. 만약 주역점단이 50-60%라도, 아니 33%만이라도 적중한다면 우리는 이것을 논할 의의가 있는 것이다. 주역은 원래 길복을 구하려고 생겨난 것이 아니라 우환과 흉액에 대한 염려 때문에 생겨난 것이다. 적중률 33% 시에 세 번 흉하다는 점단을 얻었다면 세 번 중 한 번은 흉할 것이다. 따라서 흉할 것으로 예언된 세 가지 일들을 하지 않는다면 흉액을 면할 수 있는 것이다. 가령 비행기 여행이 흉하다고 예언된 세 개의 날짜를 피해 비행기를 타면 흉액을 완전히 피할 수 있는데도 굳이 주역점단을 거부하는 것은 어리석기 짝이 없는 것이다.

이번 대선의 각당 후보와 단독출마 후보들은 이번 시서로 얻은 점괘가 어떤 것이든 주역의 우환 예고나 흉액 경고를 참조한다면 손실을 피하거나 줄일 수 있을 것이다. 그런데 필자의 경험으로 보면 이런 경우에 당사자들이 이 예고와 경고를 무시하거나 이것을 준수할 수 없는 상황에 처하는 사례가 허다했다. 하지만 다가올 역경이나 흉액에 대한 예고와 경고를 중시해 이에 합당하게 움직인다면 이것은 지혜로운 행동이다. 이 행동은 흉일에 비행기를 타지 않는 것만큼이나 후보 당사자들에게 아주 이로울 것이기 때문이다. 따라서 후보와 관련자들에게 이 점괘들은 진지한 사색과 탐구의 대상일 수도 있을 것이다.

그러나 이번 대선에 정치적 사활이 걸리지 않은 독자들은 이 점괘와 점단을 일종의 '가십'이나 '재미있는 이야기 거리'로 읽어도 무방하다. 이 점괘와 점단들은 이번 대선의 경과와 결과에 대한 보통사람들의 불타는 궁금증을 미리 얼마간 풀어줄 수 있기 때문이다.

5월 9일 대선결과는 문재인 후보의 승리였다. 전국투표율 77.2%(유권자수 4247만 명, 투표자수 3280만 명)에 문재인은 41.1%, 홍준표는 24.0%, 안철수는 21.4%, 유승민은 6.8%, 심상정은 6.2%를 득표했다.

문재인 후보는 무위無爲의 선거행위로서 '대통합'정부 수립을 거듭 강조했고, 안희정·이재명 경선후보를 적극적으로 껴안았고, 문 후보 부인과 안희정·이재명 후보 부인이 3각 동맹을 맺어 셋이 손잡고 호남을 누볐고, 동시에 물밑에서는 당외黨外로 정운찬·홍석현·이낙연 등 많은 유력자들을 '삼고초려' 하듯이 집에 찾아가거나 수 없이 전화하며 동맹을 추구했다. 위 주역풀이에서 필자는 "문 후보가 (…) '화합'의 길을 택해 당 안팎의 상처받은 세력과 두려워하는 세력들을 적극적으로 끌어안아 붕우로 만들고 이들과 연대해 '두려운 일'을 발본색원하는 노선을 걷는다면, 집권 후 국정이든, 경선 후 본선이든 성공할 수 있을 것이다'라고 점단했다. 그리고 이를 전제로 "'무위자연' 방식에 입각한 중도화합의 연대노선을 적극 추구한다면 다른 결과가 나올 것이다'라고 단정했다. 점단은 100% 적중했다. 다만 문재인 대통령의 국정성패만은 앞으로 두고 볼 일이다. 그러나 정권의 미래는 불안하기 짝이 없다. 문재인 정권의 지지기반이 지나치게 취약하기 때문이다. 문 정권은 전 유권자의 31.7%, 전 국민의 27%밖에 지지를 받지 못했다.

안철수 국민의당 후보는 점단과 반대로 움직였다. 필자는 안철수가 "적극
적으로 연대에 나서 이 연대를 성사시키는 데에 성공한다는 조건 하에서 안
후보가 대통령에 당선될 가능성이 적지 않지만, 연대노선을 버리거나 연대에
성공하지 못한다면 이럴 가능성도 물거품이 될 수 있다"라고 점단했다. 그러
나 안철수는 연대·동맹을 소홀히 하며 여전히 자강노선을 고집했고 막판에
주변의 권고로 김종인·유승민 등과 연대를 시도했으나 김종인은 소극적인데
다 후보와 다른 소리를 냈고, 유승민과의 때늦은 연대 시도는 성사되지 않았
다. 그리하여 그의 '자강노선'은 '고립무원 노선'으로 전락했고, 홍준표 후보의
기염을 막지 못해 홍 후보에게 많은 표를 뺴앗겼다. 막판에 홍의 보수바람이
커지자 문 후보로의 표 쏠림 추세가 강화되어 안 후보는 호남에서도 패배를
맛보고 말았다. 독불장군 식 '고집'이 패배를 자초한 꼴이다. 투표일에 비가
오긴 왔으나 유권자가 밀집된 수도권 지역의 강수량은 턱없이 미흡해서 행운
을 가져오기에 충분치 못했다. (비가 많이 쏟아졌다면 20-30대 젊은 여성유권
자들의 투표불참율이 높아져 안철수에게 유리했을 것이다.) 안철수가 연대노
선을 잘 구사해 홍준표를 크지 못하게 견제·제압하며 문 후보의 표를 뺏고
호남에서 문 후보를 이겨(문 후보에게 1표 뺏으면 2표 격차가 난다) 문 후보와 계속
선두를 다퉜다면 보수표도 끌어와 선거에서 승리했을 것이다. 그러나 안철수
후보는 이렇게 정교한 정치전술(political tactics)을 구사하기에 너무나도 미숙한
정치초년생이었다. 자강론 연장선상에서 "개혁공동정부"를 막판에 내걸었으
나 문 후보의 "대통합정부" 구호를 물리치기에 의미론적으로 너무나 역부족
이었다.

유승민 후보는 점단대로 홍 후보에게 흡수당하지 않고 대선레이스를 완주
해서 바른정당을 지켰다. 그러나 안철수와의 공동정부 연대전술을 거부해 선
거결과는 미미한 득표로 끝나고 말았다.

필자는 홍준표 후보에 대해 "홍준표 후보는 이번 대선에서 몸을 낮추는
것이 상책일 것이나 (…) 비상하려고 하면 홍 후보 개인에게 좋지 않은 결과가
초래될지도 모르고, 자칫 당도 지키지 못할까 우려스럽다"고 점단했다. 홍

후보는 몸을 낮추는 것이 상책인데도 요란을 떨고 기염을 토하며 안철수 표를 뺏어오고 중도와 진보 유권자들을 두렵게 해 안철수를 죽이고 문재인에게 표를 몰아주어 문재인의 압승을 가져다준 탓에 "홍준표가 문재인 당선의 1등 공신"이라는 비난을 면치 못하게 되었다. 이 비난은 문재인 대통령이 국정을 그르칠수록 더 거세질 것이다. 그리고 자유한국당은 심각한 내분에서 벗어날 수 없을 것이다. 당권파·후보파·친박 간에 책임공방은 언제까지 갈지 알 수 없다.

주역시서는 위와 같이 일정한 적중도를 가지고 있다. 이런 까닭에 공자가 역학에 열중했고, 앞서 서구역학계의 최근 동향을 살펴보았듯이 서양에서도 칼 융, 옥타비오 파즈 등 저명인사들을 포함한 시서자들이 늘어나고 있는 것이다.

# 제3절 과학주의 국가와 과학적 예견의 불가능성

### 3.1. 현대 과학주의 국가의 문제

우리 역대 국가들이 공식적으로 행한 시서를 오늘날 우리는 어떻게 이해해야 할 것인가? 고려와 조선의 공식 시서는 공자와 이율곡이 이해한 대로 지천명의 정통적 국가운영 방식인가, 아니면 베버의 말대로 전근대국가의 주술적 측면인가?

인지적人智的 과학지식(학식)의 진리성과 양적 규모가 형이상학적 색채가 짙은 전근대 학문을 능가한다는 것을 인정한다손 치더라도 '미네르바의 부엉이'처럼 지난 경험들의 사후분석에 국한된 인지적 '과학지식'은 감각적 자료의 수집과 경험·실험이 불가능한, 따라서 '인지人智'의 투입이 아예 가능하지 않은 '미래'의 특정 국가와 특정 개인, 그리고 특정 국가정책의 운명에 대해서는 아무것도 말해 줄 수 없는 것이 사실이다. 이 관점에서 보면, 전근대국가의 국가운영은 '지물'과 '지인'의 인지적人智的 지식이 상대적으로 적지만 '지천'

의 신지神智를 갖춘 국가운영이었던 반면, 많은 근현대국가의 국가운영은 '인지적' 지식은 넘치지만 지천의 '신지적' 지식은 거의 없는 국가운영인 셈이다. 이 국가유형들은 둘 다 장단점을 갖고 있다. 아니, 지천의 신지가 아예 전무한 현대의 순수한 인지주의적人智主義的 지식국가는, 인지가 상대적으로 적지만 천명을 알 수 있었던 전근대국가보다 때로 역사적·자연적(생태학적·천재지변적) 위기를 전혀 예상할 수 없고, 이 때문에 이런 위기에 더 취약할 수 있다.

시서와 '통합지식'에 의거한 역대 왕조의 국정운영은 천명을 알고 받드는 성격 덕택에 인지人智 위주, 특히 '합리주의적 인지' 위주의 현대국가보다 훨씬 더 겸손하고 윤리적으로 더 책임 있는 국가였다. 기자·공자·주희·최치원·이이 등이 수천 년 동안 일관되게 천명하고 있듯이 시서는 자기와 정치집단의 인지적人智的 판단 및 서민의 대중적 의견을 다 참조한 끝에 '지성지도'의 차원에서 이루어지고 이런 '지성지도'의 시서로써만 '지천명'할 수 있기 때문이다. 이 '지성지도'의 시서는 인간적 덕행의 극적 표현으로서의 시서와 신지적 지천의 획득이다. 따라서 '지성지도'의 경지에서는 시서가 곧 덕행이고 덕행이 곧 시서인 것이다.

반면, 과학주의적 '인지' 위주의 현대국가는 국민의 생사화복이 걸린 각종 국가정책의 미래적·최종적 귀결에 대해서는 아무것도 모르면서 단지 인지적일 뿐인 과학지식을 확신하고 과학지식의 도움으로 수립된 정책들을 '실패하면 말고' 식으로 밀어붙인다. 이런 한에서 현대국가는 주술에서 깨어나 능률적일지라도 국민 개개인에게 종종 지나치게 교만하고 무책임한 국가인 셈이다.

'인지'는 이성적으로 지식을 추구하면 사변적 망상에 빠져 무의미해지고 경험론적으로 지식을 추구해도 감각적 자료 없이는 작업할 수 없고 또 '미네르바의 부엉이'처럼 이미 일어난 사건의 자료에 대한 사후 분석과 사후 정리를 수행해 가까운 미래를 향한 개연적 예상지식을 내놓을 뿐이다. 이 때문에 '인지적' 과학은 감성적 인지와 경험의 범위에 들어 있지 않은 미래의 국가계획과 정책의 성패, 그리고 경제와 사회의 미래에 대한 불타는 궁금증과 가슴 졸이는 우려를 결코 풀어 줄 수 없다. 현대과학의 이 과거지향성은 『주역』의

미래지향성과 정반대다. 일본학자 유아사야스오(湯淺泰雄)도 『주역』이 목적론과 관련해 강한 미래지향성을 가진 반면, 자연과학은 설명 패러다임을 위한 인과율과 관련된 한에서 과거지향적이라고 지적한다.[30]

전후에 미국에서 새로이 발달한 미래학은 미래에 대한 궁금증과 우려에 나름대로 답하려고 시도해 왔다. 그러나 미래학적 명제들은 너무 거시적이고 너무 추상적이다. 따라서 미래학도 자연과학과 마찬가지로 구체적으로 어떤 특정 국가, 어떤 특정 정권, 특정 정당, 특정 정치인 등 특정 주체들의 장래를 특정 시점에서 예측하고 예견하는 '신지적神智的' 과업에 있어서는 속수무책이다.

오늘날 상당수의 주요 국가들은 법적 정·교 분리정책으로 신지적 지천과 결별하고, 시민의 다양한 종교와 신앙 형태들을 평등하게 보호하는 것에 국가의 종교정책을 국한하는 과학지향적 국가들이다. 그러나 이보다 더 순수한 과학주의를 '광신적'으로 신봉하는 공산주의 국가들은 한 걸음 더 나아가 '점술'만이 아니라 종교·참선·역학까지도 모조리 일종의 '미신' 또는 '아편'으로 탄압하고 국가운영에서 인지적 과학지식만을 절대시해왔다. 하지만 이런 국가들은 합리주의와 과학주의가 '지식인의 아편'이고 합리론적 과학주의와 절대적 인지주의 그 자체가 또 하나의 위험한 '미신'이자 오만한 전지론적 이데올로기라는 사실에 대해 몰지각했다.

따라서 관점을 전환해 우리는 이 문제를 보다 더 근본적인 각도에서 물음을 제기하고 고찰해 보아야 할 것이다. 일반적 또는 광신적 과학주의 국가가 신지적 지천을 존중했던 전근대국가보다 과연 인간의 생존과 복지, 그리고 자연보전에 더 순기능적인가?

이 물음에 답하기 위해 먼저 이 국가유형의 존속 기간을 대비해 보자. 가령 한반도의 역대국가는 삼한시대, 삼국시대, 통일신라, 고려, 조선 등 도합 2000년의 세월 동안 존속했고, 중국의 역대국가는 하·은·주, 당·송·원·명·청나라

---

30) Shigenori Nagatomo, "Translator's Introduction", 12쪽. Yuasa Yasuo, *Overcoming Modernity: Synchronicity and Image-Thinking* (Albany: State University of New York Press, 2008).

등 4000년 이상, 일본의 역대국가도 1500년 이상 존속했고, 로마시대 이래 기독교 유럽제국도 2000년 가까이 존속한 반면, 프랑스혁명을 기준으로 삼아도 근대국가인 혁명 프랑스는 왕정복고 기간을 제하면 겨우 200여 년, 개혁 독일은 150년, 메이지유신 일본국은 140년, 중국 공화정과 러시아 공화정은 약 100년간 존속해 왔다. 그런데 이 짧은 존속 기간에도 불구하고 근대 과학주의 국가들은 전근대국가들이 저 수천 년 동안 저지른 인간살육과 자연파괴를 훨씬 능가하는 초월적 수준으로 전지구적 인간살육과 자연파괴를 자행했다. 이런 명백한 사실 앞에서도 마냥 과학주의 국가유형이 전근대 국가유형보다 인간의 생존과 복지, 자연보전에 더 순기능적이라고 우길 수 없을 것이다.

물론 오늘날의 모든 국가들이 전부 다 '천명'을 무시하는 전지주의의 과부하가 걸린 과학주의의 '정신병'을 앓고 있다고 주장하는 것은 아니다. 이슬람문명권, 힌두문명권, 불교문명권의 국가들은 오히려 과학주의를 사특한 '미신'으로 배격하는 종교적 성격의 국가들이다. 물론 이 국가들 간에도 큰 차이가 있다. 이슬람권에서는 터키, 이집트, 구舊소련의 일원이었던 카자흐스탄, 우즈베키스탄, 타지키스탄 등 중앙아시아제국처럼 대단히 세속화된 나라가 있는가 하면, 이란이나 아프가니스탄처럼 전투적 이슬람원리주의로 복귀한 나라도 있다. 또 불교를 국교로 하는 불교국가 중에도 미얀마처럼 세속적인 좌익군사정권이 들어선 나라도 있고, 히말라야 라마교국가들처럼 달라이라마의 '현신現身'에서 '현신'으로 왕권이 선양禪讓되는 신정국가도 있다.

서양에서도 경험주의 전통을 가진 일부 국가들은 과학주의에 비교적 덜 물들어 있다. 가령 전통과 관습, 그리고 경험을 중시하는 영국에서는 국왕이 국교인 성공회의 수장이고, 영국의 국가國歌에 "신이여, 여왕을 보호하소서"라는 가사가 들어있다. 영국처럼 관습과 경험을 중시하는 미국에서는 대통령이 『성경』에 손을 얹고 취임선서를 하는 것을 전통으로 삼고 있다. 이런 까닭에서인지 미국 대통령도 점을 본다. 가령 로널드 레이건(Ronald W. Reagan, 1911-2004, 재임 1981-1989) 대통령의 부인 낸시(Nancy) 여사는 백악관 시절에도 일부 언론의 비판을 무릅쓰고 과학을 믿기보다 점성술의 신지를 믿고 줄곧 점을 보았다. 남편이 대개 부인을 시켜 점을 보는 '세계적' 관행을 감안할 때, 실은 레이건 대통령 자신이 본 것이나 다름없다. 이것은 "추정상 레이건의 백악관에서 공식행사를 개최할 최적의 날짜를 정하는 데 점성술이 사용되었다"는 사실에[31] 의해 바로 확인된다. 영국과 미국에서는 종교와 점술에 대한 탄압이 이처럼 전무했을 뿐만 아니라, 공시公私를 가리지 않고 널리 사용되어 왔다.

그간 과학이 점술의 보편적 신뢰도를 많이 침식했지만, 그 사용을 없애지는 못한 것이다. 사사로운 사용은 전세계적으로 광범하게 확산되어 있다. 중국에서도 모택동 치하에 『주역』의 사용은 다른 '봉건적' 저작들의 독서와 더불어 통상 금지되었지만 적잖은 사람들은, 아니, 모택동도, 그의 구적仇敵 장개석도 주역점을 보았다.[32] 장개석의 '개석介石'부터가 예豫괘의 육이六二효의 효사 "개우석介于石(돌보다 단단하다)"에서 따와 지은 이름이다. 오늘날의 중국은 지적 활동에 대한 국가통제의 완화와 함께 『주역』은 문화적 긍지와 정신적 영감의 원천으로서의 자리를 되찾고 있다. 1960년대 대항문화와 함께 서방에서 『주역』이 누리던 유행은 가라앉은 반면, 중국 바깥에서도 많은 추종자들을 갖는 것은 지속되고 있다. 더욱이 현대세계에서 점술의 용도는 미국 백악관의 저 사례에서 보듯이 단지 사사로운 사용으로만 그치지 않는다. 홍콩에서 모든 주요빌딩은 반드시 여섯 자리 홍콩 달러에 달하는 복채를 요구하는 지관地官에게 풍수 자문을 구하고 건설된다. 오늘날의 세계에서 점술이 은나라에서의 중심역할과 같은 지위를 누리지 못할지라도 그것은 여전히 인간적 상상을 지배하고 있다.[33]

그 이유는 "미래·현재·과거에 일어나는 또는 일어난 사건들의 감춰진 의미를 이해하기 위한 의도적 탐사"를 뜻하기 때문이다. "점은 신과의 교감이나 다른 인간외적 접촉을 포함할 수 있지만 반드시 그럴 필요가 없다". 점은 "신적 기관을 포함시키지 않고 전적으로 징조들의 해석학적 체계에 의존할 수

---

31) Redmond and Hon, *Teaching the I Ching*, 21쪽.

32) Redmond and Hon, *Teaching the I Ching*, 20쪽.

33) Redmond and Hon, *Teaching the I Ching*, 20-21쪽.

있다". 따라서 "점은 예견을 포함할 수 있지만 반드시 그럴 필요 없고, 또한 주술을 포함할 수 있지만 반드시 그럴 필요가 없다".[34] 점의 개념을 보다 확장하면, 점은 "보통 인간지성의 범위를 넘어가는 문제들에 대한 답(즉, 신탁)을 끌어내기 위해 부지不知의 것을 탐구하는 방법"이다.[35]

우리나라 대한민국도 국가 운영에서 신지를 다 추방하지 않았고 종교·점술에 대한 탄압도 전무하다. 우리나라 태극기에는 하늘·땅·물·불, 또는 아버지·어머니·아들·딸을 뜻하는 건·곤·감·리乾坤坎離의 주역 4괘와 역학적 태극 문양이 그려져 있다. 태극기에 음양 조화의 태극도형과 『주역』 4괘가 그려진 것은 결코 역사적 우연이거나 친일개화파 박영효朴泳孝의 아이디어가 아니었다. 태극기를 처음 그린 사람은 유교국가 조선의 정조 임금이었고, 태극기를 처음 국기로 사용하는 것을 결정하고 마침내 대한제국의 국기로 공식화한 사람은 고종 황제였다.[36] 정조와 고종이 만든 태극기는 우리나라 정식 국기로서 바로 역학적 신지神知를 공식적 국가지식으로 공개 표방하고 있는 것이다. 그리고 익명의 군중들이 창제한 애국가 가사에는 "하느님이 보우하사 우리나라 만세"라는 '하느님'에 대한 전통신앙이 들어 있다. 우리나라 국가도 영국이나 미국처럼 국가의 의전과 격식에서 전통적 신지 요소들을 박멸하지 않고 간직하고 있는 것이다.

한국에서 공자의 역학 전통은 상론했듯이 필자의 『실증주역』에까지 면면하게 이어졌다. 이런 전통에 따라 우리나라와 동아시아 문화 속에는 『주역』의 언어와 논리가 음으로, 양으로 많이 스며들어 있다. 금방 말했듯이 조선말에 채택된 태극기는 말할 것도 없고, 수많은 저서와 사서, 기타 한국과 동아시아 문화유산의 근저에는 『주역』의 숨은 그림이 아로새겨져 있다.

---

34) Lisa Raphals, "Divination in the Han Shu Bibliographic Treatise", *Early China* 32(2008-2009), 47쪽 이하.

35) Ulla Susanne Koch, "Three Strikes and You're Out! A View on Cognitive Theory and the First-Millennium Extispicy Ritual", 44쪽. Amar Anmus (ed.), *Divination and Interpretation of Signs in the Ancient World* (Chicago: Oriental Institute of the University of Chicago, 2010).

36) 참조: 이태진, 『고종시대의 재조명』(파주: 태학사, 2000·2008), 231-278쪽.

도산서원 서당 앞 우물 '몽蒙'이든, 전국에 널려 있는 정자亭子의 시문 현판과 이름 없는 비석이든, 한국어·중국어·일본어의 '종일終日', '주식酒食', '탄탄坦坦', '불쾌', '부처夫妻', '반목反目', '군자', '소인', '잠룡', '비룡', '승마', '격몽', '무인武人', '덕', '복', '수복受福', '음주', '대국大國', '길흉', '대길', '미제'사건, '형이상학', '형이하학' 등 수많은 요샛말이든, '정길'··'원길'··'용길'··'내곤'··'장개석' 등 사람 이름이든, 전수되는 각종 비결서든 모두 『주역』의 언어를 담고 있다. 이런 말들은 한국·중국·일본·대만 등이 공히 쓰는 단어들이다.

역학을 모르는 눈으로는 한·중·일을 비롯한 동아시아 지역의 유교패치워크문명의 밑바탕에 감춰져 있는 『주역』의 이런 '숨은 그림들'을 끝내 들여다볼 수 없을 것이다. 하지만 『주역』을 조금이라도 아는 사람이라면 누구나 도처에 널려 있는 주역문화 유산을 알아볼 수 있다.

반면, 서양 합리주의의 본고장인 유럽의 대륙국가 프랑스와 독일은 종교와 점술을 미신으로 탄압하지는 않지만 국가운영에서 '신자'를 완전히 무시하고 '과학'을 '새로운 신'으로 신봉하는 '전형적' 과학주의 국가들이다. 이보다 더 극단적인 유형의 순수한 과학주의 국가는 점술만이 아니라 종교도 '아편'으로 여겨 철폐할 만큼 철두철미 '전투적' 합리주의를 신봉하던 동유럽의 구舊공산권 국가들과 현재의 동아시아 공산국가들이다. 그러나 합리주의가 '지식인의 아편'이라면, 과학주의와 전지주의는 주지하다시피 서양 합리주의의 병리적 '미신'이다.

물론 저 이슬람문명권, 힌두문명권, 불교문명권의 종교국가들과 신정국가들은 – 공자주의의 관점에서 보면 – 인지적 지식(경험지식과 과학지식)의 증진을 저해할 만큼 '지나치게' 신지주의적神智主義的이라는 비판을 받을 수 있을 것이다. 역으로 지나치게 순수한 과학주의 국가들은 – 역시 공자주의의 관점에서 보면 – 인간의 지혜로 결코 알 수 없고 결코 다 알아서도 아니 되는 인류와 자연의 오묘한 초거시적·초미시적 체계와 운행규칙을 모조리 파멸시킬 정도로 지나치게 인지주의적, 전지주의적이라는 비판을 면하기 어려울 것이다.

이런저런 비판을 초월한, 따라서 가장 바람직한 '이상적' 지식국가 유형은 공자의 저 '통합지식'처럼 '충분한 인지'와 '경건한 신지'를 통합한 중도적 성격의 국가일 것이다. 이 점에서는 경험주의 전통을 가진 저 영미계통의 국가들이나 유교문화 전통을 얼마간 보존한 극동국가들(대한민국·대만·일본 등)이 중도적 국가유형에 가까운 편이다. 진정한 중도적 국가유형은 신지주의 국가보다 훨씬 더 인지적이고 더 과학적이지만, 과학주의 국가와 달리 자연과 역사의 불가지적 천명을 경외敬畏하고, 따라서 자연에 대해 늘 경건하고 겸손하고 친화적이며, 인간에 대해 언제나 따뜻하고 관대하며 평화적일 것이다.

다른 한편, 부정할 수 없이 명백한 것은 과학주의 국가들이 이들에 의해 '후진국'으로 간주되는 이슬람문명권, 힌두문명권, 불교문명권의 저 신지주의 국가들보다 천문학적으로 더 많이 인간과 자연을 파괴했다는 사실이다. 현대 과학주의 국가를 낳은 서양 합리주의는 인간 이성의 논증·수리능력을 신격화할 정도로 과장하고, 일체의 회의를 초월해 어떤 불가지적 세계도, 어떤 신지도 인정치 않는 인지적 전지주의를 추구하며, 독단적 이성의 인지적 지식을 '과학'으로 격상시키고 다시 이 '과학'을 '새로운 신'으로 신격화해 인류의 상식과 민심 위에 군림케 했다. 그리하여 합리주의는 언제나 천재적 철인치자(플라톤), 철인입법자(데카르트, 루소), 철인왕(라이프니츠, 칸트)의 과학적 '지혜의 지배'를 정통적 지배로 요구하며 지성적 인간통제와 과학적 자연정복을 갈망하고, 실제로 도처에서 인권과 민주주의를 짓밟았으며, 과학적 참주독재, 좌우계급독재, 세계전쟁, 국가테러리즘, 인종주의, 식민주의, 제국주의 등으로 인간 대학살과 전세계적 문화강탈을 자행하고, 과학기술적 자연약탈과 대량생산·대량소비 및 인공적 원자조작·생명조작으로 전지구적 자연파괴를 자행했다.

마르크스주의와 나치즘·파시즘도 서양 합리주의와 무관한 별종의 이데올로기가 아니라, 이 합리주의의 특이한 극단적 변형태일 뿐이다. 마르크스의 '과학적 사회주의'는 플라톤의 '철인치자' 또는 데카르트와 루소의 '철인입법자'의 혁명주의적 변종인 '직업적 철인혁명가'의 과학적 지도를 필수불가결한 것으로 역설하고 '철인서기장', '철인주석', '철인수령'의 '민주집중제적' 지배체제를 가능케 하고 과학주의적 계획경제의 '미신'을 주창했다. 따라서 마르

크스의 '과학적 사회주의'는 서양 합리주의의 극단적·전투적·유물론적 버전
에 지나지 않는다. 그리고 '철인총통'의 지배를 주장하고 관철시킨 니체와 히
틀러의 '과학적 인종주의'는 저 합리주의의 병리적·데카당스적·육체이성적
버전일 뿐이다.

## 3.2. 사회과학자의 인지적 예견과 오류 위험

현대국가와 학자는 자연과학적·사회과학으로 미래의 일을 예견한다. 자연
현상과 천문현상에 대한 자연과학적 예견은 그간 대중의 많은 신뢰를 쌓았다.
그러나 국사國事는 거의 모두 다 사회과학의 소관이다. 국사가 다 미래에 대
한 사회과학적 예견만으로 이루어지는 것은 아니지만, 기안된 정책들의 미래
적 효과와 성패여부에 대한 예견은 필수불가결한 것이다. 하지만 사회과학적
예견은 빗나가는 경우가 허다하다.

사회과학적 예측의 어려움과 위험성에 대해서는 데이비드 흄이 이미 잘
일깨워 준 바 있다. 흄에 의하면, '세상에서 통상적으로 행해지는 것'을 경험
하는 것은 특정 분야에서 인류의 경험이 충분하지 않다. 사회과학 일반, 특히
정치학은 아직 '박학심문'과 '다문다견'이 턱없이 빈약한 것이다. 가령 정치·
사회·경제이론 분야에서는 '1,000번의 실험'은커녕, 몇 번의 실험도 하기 어
렵다. 게다가 이 정치·사회·경제체제들에 대한 인류의 경험과 실험이 너무
일천하고 제한적이다. 따라서 '개연성' 차원의 사회과학적 예견도 지극히 어
렵고, 특히 정치학은 이런 예견이 어려운 대표적 분야다. 정치학적 '진리'를
말하기에는 세계의 역사가 너무 짧기 때문이다. 흄은 말한다.

나는 가장 뒤늦게 올 후손들에게도 여전히 진리로 남을 정치학의 많은 일반적 진리
를 확정하기에는 세계가 아직 너무 젊다는 의심을 간직해 두고 싶다. 우리는 여태까
지 3000년의 경험도 가지지 않았다. 그리하여 다른 과학에서처럼 이 과학에서도 추
리의 기술이 아직 결함이 있을 뿐만 아니라, 우리는 심지어 우리가 추리할 수 있는
근거가 될 충분한 자료도 없다. 덕성이나 악덕에서 어느 정도의 세련화를 인간 본성

이 감당할 능력이 있는지는 완전하게 알려져 있지 않고, 인간의 교육·관습·원칙 면에서의 커다란 혁명으로부터 인간에게 무엇이 기대될 수 있는지도 알려져 있지 않다.[37]

따라서 과학 일반이 그렇지만, 사회과학과 정치학에서 '예견'은 자칫 하면 큰 낭패를 초래한다.

흄은 이와 같은 '큰 낭패'의 대표적 사례로 제임스 해링턴(James Harrington, 1611-1677)의 정치학적 '예견'을 든다.

어떤 현명한 사람도 제아무리 자신의 원리를 확신할지라도 감히 어떤 사건에 관해서 예언하거나 사물의 먼 귀결을 예측하지 못하는 것은 거의 모든 과학을 극심하게 훼손시키는 점이다. (…) 해링턴은 권력의 균형이 소유권의 균형에 좌우된다는 자신의 일반원리를 아주 확실하다고 생각해, 영국에서 군주정을 재수립하는 것은 불가능하다고 언명하는 모험을 감행했다. 그러나 왕이 복위되었을 때, 그의 책은 거의 인쇄되지 않았다.[38]

제임스 해링턴은 왕정복고를 '불가능한' 일로 예견하고 올리버 크롬웰(Oliver Cromwell, 1599-1658)의 공화국 치세를 영구화시키기 위해 1656년 영국을 위한 공화국 모델을 기안한 『오세아나 공화국(The Commonwealth of Oceana)』(1656)을 출간했다.[39] 그러나 출간된 지 4년 만에 크롬웰이 부관참시되고 왕정이 복고되자 이 책은 무관심 속에 묻히고 말았다. 크롬웰의 절대적 신뢰를 받던 해링턴은 '인지(human wisdom)'로 '신지(divine wisdom)'를 넘본 저 오만한 예견으로 인해

37) David Hume, "Of Civil Liberty"(1741), 51쪽. David Hume, *Political Essays* (Cambridge·New York·Melbourne: Cambridge University Press, first Published 1994. Fifth printing 2006).

38) David Hume, "Whether the British government inclines more to absolute monarchy, or to a republic"(1741), 28쪽. Hume, *Political Essays*.

39) 해링턴은 '오세아나(영국)'의 역사시기를 ① 군주정의 구성, ② 군주정의 해체, ③ 공화국의 형성 등 3단계로 나눔으로써 군주정의 시대를 다시 오지 않을 과거시대로 기술했다. 참조: James Harrington, *The Commonwealth of Ocean* (1656), 47, 60쪽. Harrington, *The Commonwealth of Ocean and A System of Politics* (Cambridge·New York: Cambridge University Press, 1992·2008).

자신의 역작의 신뢰도를 완전히 '훼손'시키고 만 것이다. 이처럼 사회과학은 인지적人智的인 한에서 신지적 예견력을 발휘할 수 없고, 사회과학에 기초한 미래학도 마찬가지인 것이다.

그러나 "왕이 복위되었을 때, 해링턴의 책은 거의 인쇄되지 않았다"는 흄 자신의 인지직 판단도 역시 빗나갔다. 흄의 이런 단정과 달리 해링턴의 『오세아나 공화국』은 흄이 살았던 18세기 내내, 그리고 오늘날까지도 여러 차례 (1700, 1737, 1747, 1758, 1771, 1883, 1924, 1977) 계속 복간되었기 때문이다. 이것으로써 우리는 철학자와 사회과학자가 '신지'를 빌리지 않고 감히 '인지'로 예단하는 것이 얼마나 무모한 일인지를 다시 한 번 확인하게 된다.

이와 같이 정치학적 예측의 낭패 위험을 지적하는 흄의 단정도 다시 낭패를 당할 만큼 사회과학적 예측과 예견은 어렵고 오류 위험이 높은 것이다. 그러므로 이쯤에서 '인지'와 '신지'로 구성된 공자의 '통합적 지식' 개념을 다시 정리해 볼 필요가 있다. 개인과 공동체가 생존과 발전을 위해 보유한 지식정보 총량의 최대 부분은 '과학과 거리가 먼 이른바 '노하우'로서의 '경험지식'이다. 상술했듯이 공자의 '현명' 또는 노자의 '지상知常'에 해당하는 이 '경험지식'은 일상생활을 통해 얻고 반복적 체험을 통해 몸으로 체득된 통상적 지식이다. 그 다음에, '다문다견'의 경험으로부터 '술이부작'의 사유작용에 의해 추리하고 정리한 '학식', 즉 '과학지식'이 있다. '경험지식'과 '과학지식'은 둘 다 '인지人智'에 속한다. 세 번째는 인간의 유전인자(DNA) 속에 비장된 무한대의 무의식적 정보·지식에서 특별한 종교적 계시, 기도, 참선, 델피신탁, 역학, 점술 등의 방법으로 조금씩 길어내 쓰는 초월적 '신지'다.

이 '신지'는 오늘날도 사람들의 일상적 삶 속에서 중요한 역할을 맡고 있다. 노동자, 농부, 회사원, 상인, 택시기사 등 보통사람들로부터 대기업 경영자, 장군, 고위관리, 방송인, 법조인, 정치인, 기자, 학자 등 국가의 최고엘리트집단과 종교지식인(스님·목사·신부)들은 종교적 기도와 계시·참선·역학 등을 통해 신지를 구하기도 하지만, 점술가에게 점을 치거나 점을 쳐 주기도 한다.

그런데 종교적(계시적)·참선적·역학적·점술적 신지 중에서 특별히 '점술적 신지'만은 여타 방법의 신지에 비해 크게 차별대우를 받고 있다. 그리하여 거의 많은 나라에서 가장 대중적인 역할을 맡고 있는 '점술적' 신지만은 '미신'으로 낙인찍혀, 상업주의 예술과 싸우는 '언더그라운드 예술'처럼, 합리론적 과학주의 이데올로기와 공식종교에 짓눌려 언론의 가십·오락 난에서나 세상의 빛을 본다. 그러나 '공식무대의 예술'과 '언더그라운드 예술'을 그렇게 본질적으로 차별할 근거가 모호하고 자의적이듯이, '공식종교, 참선, 델피신탁, 역학 등의 신지'와 '점성술의 신지'를 그렇게 본질적으로 차별할 근거도 모호하고 자의적이라고 할 것이다.

점술에 대한 격렬한 박해에는 종교적 박해와 과학적 박해가 있다. 유대교·기독교·이슬람교는 전통적으로 점술을 악마와의 내통으로 비난하거나 신에게만 유보된 것을 알려고 하는 짓으로 박해해 왔다. 하지만 이런 종교적 박해의 일환으로 시행된 공식적 금지는 결코 아주 효과적이지 않았다. 기존의 종교적 권위가 초월적인 것에 대한 접근을 독점적으로 통제하려는 종교적 탐욕이 이 금지조치에 내포된 의도였기 때문이다.[40]

한편, "과학"을 옹호하는 자임 대변인들이 점술을 강렬히 비난하며 박해하려고 든다. 이 비난은 오늘날 서양에서 가장 광범하게 활용되는 점술 형태인 점성술에 대해 특히 현저하다. 유사한 비방은 『주역』에 대해서도 가해진다. 이런 비방자들은 보통 점술을 믿는 사람들 편에 대해 '단세포적 경신성輕信性'을 가정하고 점을 보아주는 점쟁이들에 대해서는 속임수를 쓴다고 가정한다. 그러나 이런 비난은 점술 관행의 현실적 관찰에 근거해 있지 않다. 우리가 많은 사람들이 점술의 개입 없이도 나쁜 결정을 내릴 수 있다는 사실을 잊지 않을지라도, 점술을 지혜롭지 못하게 사용하는 사람들이 물론 존재한다는 사실은 인정된다. 불행히도 점술을 큰 액수의 돈을 사취하는 구실로 이용하는 사기꾼들이 적지 않다. 하지만 이것은 모든 점술이 의도에서 사기라는 것을 뜻하지 않는다. 더욱이 별, 카드, 시서의 자문을 구하는 모든 이들이 점의 조언을 노예적으로 따른다는 것을 뜻하지 않는다. 대부분 주역의 적중성에

---

40) Redmond and Hon, Teaching the I Ching, 23쪽.

충분히 유의하고 있다. 분명, 역술가를 고용했던 전근대 중국의 위정자들은 가짜 역술가들의 만연을 충분히 경계했었다.[41)

이와 같이 점술은 종교적이고 과학적인 이유에서만 아니라 정치적 이유에서도 비난당했다. 앞서 잠시 시사했듯이 중국공산당은 정권수립 초기에 점술과 역술을 탄압했었다. 서구 철학자들도 점술을 정치적 이유에서 비판했었다. 가령 프랑크학파의 사회철학자 아도르노(Theodor W. Adorno)는 신문 점성술 칼럼에 대한 한 권의 책 분량의 비판에서 그는 말한다. "그는 복잡하고 처연한 지성적 조작을 수행할 위치에 있지 않다"고 하면서도 "점성술은 (…) 객관적 상황에 기인한 모든 문제들, 무엇보다도 경제적 어려움과 같은 문제들이 사적 개인행위의 견지에서 또는 심리적 통찰에 의해 풀 수 있다는 것을 내포하고 있다"고 비판했다.[42) 이것에서 분명해지는 것은 점성술에 대한 아도르노의 비난이 프랑크푸르트학파가 대변하는 마르크스주의의 정치적 신조에 기인한 것이라는 점이다. 이 비판에서 점성술은 종교 일반과 마찬가지로 억압에 대한 대중 봉기를 가로막는 아편으로 간주되고 있다. 아도르노의 이 점술관은 모종의 근거가 없지 않다. 『역경』의 명문, 특히 『주역』의 경문은 공자의 해석과 마찬가지로 패권적 정부체제를 결코 의문시하지 않기 때문이다. 역사적으로 점술은 권력이익에 이바지해온 것은 분명하다. 하지만 점술은 사회비판의 매체로 이바지하기도 하고 심지어 봉기를 고무하기도 한다. 점술은 종교나 영성靈性에 대한 신앙 일반과 마찬가지로 인간의 가장 깊은 희망과 공포에 관심을 갖고 있고, 영향을 미치고 조작할 수 있는 효과적 도구일 수 있다. 가장 흔하게 점은 현상유지를 바꾸도록 돕는 데 기여하기보다 현상現狀에 대처하도록 돕는 데 기여할 수 있다. 하지만 동일한 말은 이게 비판이라면 현대 심리치료학이나 상업적 유흥, 우리가 시간을 '킬링'하는 기타 모든 활동들에 대해서도 할 수 있는 말이다.[43)

---

41) 참조: Redmond and Hon, *Teaching the I Ching*, 22-23쪽.

42) Theodor W. Adorno, *The Stars Down to Earth* (London: Routledge, 1994), 45, 57쪽.

43) 참조: Redmond and Hon, *Teaching the I Ching*, 24쪽.

점술에 대한 회의론자로 시작해 나중에 점성술의 과학적 타당성의 문제에
헌신하기에 이른 프랑스 심리학자이자 통계학자 미셀 고켈렝(Michel Gauquelin)
은 균형 잡힌 공감을 표명했다.

우리 시대는 주술과학(occult science)을 추방했지만, 이 과학은 배은망덕하지 않은 것이거
나, 배은망덕하지 않을 것이다. 가끔 낡은 독트린들도 그 다채로운 베일 속에 한 톨의
진리는 보유했었다. (…) 점성술은 세계를 개념화하려는, 그리고 우주 안에서의 인간
의 현존의 의미와 인간의 삶의 신비를 이해하려고 애쓰는 인간의 시도다. 여러 세기
를 관통해 점성술은 백성들을 매료시키고, 문명에 영향을 미치고, 인류의 가장 위대
한 천재들의 상상력을 사로잡았다.[44]

한 마디로, 이런 까닭에 점술은 그 타당성이 어떻든 인류를 매혹시켜 왔던
것이다.[45]

『주역』을 이해하는 최선의 길 중의 하나는 실제로 주역점을 보는 것이다.
주역시서를 해본 경험이 없는 사람은 『주역』을 끝내 이해하지 못할 것이다.[46]
나아가 우리가 점술을 완전히 포기한다면 인류가 수백만 년의 진화과정에서
생존과 위험회피를 위해 유전자 속에 보존·누적해온 무진장한 신지神知를 완
전히 포기하고 추방해버리게 되는 것이다.

인류가 이 무진장한 신지를 완전히 포기하고 추방해버린다면 인류의 삶은
어떻게 될까? 이 물음은 '광신적' 유형의 과학주의를 신봉한 공산주의 국가들
이 겪은 참담한 몰락의 운명을 얼핏 살펴봄으로써 누구나 자답할 수 있다.
앞서 시사했듯이 공산주의 국가들은 공식적 국가운영에서 인지적 과학지식
만을 절대시하고 '점술'만이 아니라 종교·기도·참선·역학까지도 모조리 일종
의 '미신' 또는 '아편'으로 탄압했다.

---

44) Michel Gauquelin, *The Scientific Basis of Astrology* (New York: Stein and Day, 1969), 232쪽 이하.

45) 참조: Redmond and Hon, *Teaching the I Ching*, 25쪽.

46) 참조: Whincup, *Rediscovering the I Ching*, 223쪽.

가령 북한은 '과학'만을 절대시해왔다. 그러나 이런 나라들에서도 점술은 몰래몰래 중요한 역할을 했고, 무당이 점지한 숫자인 '9'자를 신봉한다는 북한도 지금까지 그래왔다. 공산주의 국가들의 지식은 밤낮이 다르다. 밝은 공식석상에서는 인지人智 위주의 이데올로기적 '공산과학'을 떠받들고, 어둔 지하에서는 어쭙지않게 신지神智를 표절剽竊해 쓴다. 그러나 종교적·역학적·점술적 신지神智를 '인민의 아편'으로 탄압하던 공산주의 국가들은 모조리 몰락했거나, 수십 년의 아까운 '국가시간'을 허송한 뒤 개혁개방을 통해 공산주의 이데올로기를 대부분 포기함으로써 간신히 '몰락의 구렁텅이'에서 빠나왔다. 개혁개방을 거부한 '조선민주주의인민공화국'은 날로 반反인간적으로 기형화되고 뒤틀리며 참담한 몰락의 수렁 속으로 가라앉고 있는 중이다.

이것이 바로 인간유전자 속의 무진장한 신지를 내버린 모든 인간집단의 숙명일 것이다.

# 결 론

이 책의 목표는 공자의 지식철학을 재건하는 것이었다. 공자에게 있어 '지식'은 '지물知物'의 지식, '지인知人'의 지식, 그리고 '지천知天'의 지식으로 삼분된다. 따라서 공자의 지식철학은 '지물의 인식론'과 '지인의 해석학, 그리고 '지천의 역학'으로 짜여있다. 지인의 방법론인 공자의 '공감적 해석학'을 재건하는 작업은 『감정과 공감의 해석학(1·2)』(2014·2015)을 통해 완료되었다. 그러나 지물의 방법론인 인식론을 '서술적 경험론'으로 재건하고 지천의 방법론인 '역학'을 공자의 '중도역설'로 재건하는 필자의 작업은 그간 미완상태에 처해 있었다. 공자의 인식론과 역학이 그간 '미완 상태'에 처해 있었다는 말은 이미 얼마간 시도되었다는 것을 염두에 두고 한 말이다. '서술적 경험론'으로서의 공자의 인식론을 재건하는 것은 『공자와 세계(1)』(2011)에서 초보적으로 시도되었고, '중도역학'의 재건은 『실증주역』(2008)과 『공자와 세계(3)』(2011)를 통해 상당한 수준으로 시도되었다. 이 책의 목적은 이전에 이 '서술적 경험론'과 '중도역설'을 정상頂上 수준으로 '업그레이드'해 현대철학으로 재건하는 데 있다.

따라서 이 책의 구체적 목표는 공자의 '서술적 경험론'과 '중도역설'을 최종 완성하는 것이다. 필자는 이 책의 장구한 논의를 통해 '서술적 경험론'과 '중도역설'의 미래가 마침내 활짝 열렸다고 자부한다. '제2부 공자의 지식이론'

에서 핵심주제였던 '무지의 지'에 대한 상세한 논의는 지물·지인의 인지적人
智的 지식과 지천의 신시적神智的 지식에 대한 논의를 매개하는 역할을 한다.
'신지神知'는 인간의 인지로 얻을 수 없는 지식이기 때문이다.

그리하여 이 책을 집필을 완료함으로써 지물·지인·지천이라는 세 가지 지
식의 획득방법들인 ① 서술적 경험론의 인식론, ② 공감적 해석학, ③ 중도역
학에 관한 공자 지식철학의 재건이 완결된 것이다. 공자철학 연구의 2500년
역사 속에서 지물·지인·지천의 세 지식에 대한 공자의 논의가 복원되고 이것
의 현대적 확충과 재건이 시도된 것은 최초의 일이다. 유학 분야의 거의 모든
글들은 공자 인식론이나 공감적 해석학의 경우에 그 존재조차도 인지하지
못했다. 그 만큼 전통유학은 일천한 것이었다고 혹평할 수 있다.

2500년 동안 공자의 역학에 관한 논의도 '봉사 문고리 잡는' 식의 암중모색
이나 '도통한 척하는 위학僞學'에 불과한 것이었다고 혹평할 수 있다. 필자는
공자의 '중도역설'을 처음으로 복원하고 고증·논증·서증의 실증주역 방법을
적용해 수많은 괘·효사의 비교적 정확한 해설을 완수해 점단의 적중도를 획
기적으로 제고시켰다. 그리하여 인지적 지식과 신지적 지식의 통합을 현대적
세계관의 기반 위에서 추구했다. 또한 이것을 바탕으로 몇몇 현대국가들의
일면적이고 지나친 과학주의를 비판하고 인지와 신지를 통합하려는 중도적
지식국가들을 높이 평가했다.

이 책에서 공자의 '서술적 경험론'을 재건하는 형태로 전개된 새로운 인식
론은 플라톤·아리스토텔레스·아우구스티누스·데카르트·라이프니츠·루소·칸
트·쇼펜하우어 등에 의해 대표된 근대 합리주의 인식론만이 아니라, 노자·에
피쿠로스·홉스 등에 의해 대변된 소박경험론적 인식론, 그리고 베이컨·로크·
흄 등에 의해 전개된 근대 비판적 경험주의 인식론도 모두 다 뛰어넘는 새로
운 논의를 담고 있다. 이 논의 과정에서 특히 합리주의 계열의 인식론과 소박
경험주의적 인식론에 대해서는 기회 닿는 대로 호된 비판을 가했다. 따라서
이 책을 정독하는 독자들은 그간 이 합리주의 철학자들이 세계 지식인들의
눈에 쳐놓은 '미망迷妄의 눈가리개'를 스스로 벗어던지게 될 것이다.

　　그리고 이 책에서 공자의 지천론적知天論的 중도역학을 재건하는 형식으로 전개된 새로운 역학은 그 자체로서 동서양의 모든 주역연구와의 긴밀한 연관 속에서 정리된 일목요연한 주역철학사일 것이다. 나아가 필자가 지금까지 한국·중국·일본에서 2500년 동안 전개된 모든 부정확한 역학이론을 극복하려는 열망에서 개발한 '실증역학'은 공자가 견지하고 발전시킨 중도역학의 '현대적' 재건에 해당한다. 이 '실증주역' 단계에서야 비로소 주역시서는 다시 공자 수준의 적중도(70%)에 도달할 수 있었다고 말할 수 있다. 이로써 '실증역학'은 서양 기독교단에서 발전시켜온 그 어떤 '근현대 신학'도 옆으로 제칠 수 있을 것이다. 서양의 합리주의 신학은 신탁을 받을 수 있는 자격을 까마득한 태고대에 살았던 소수의 신지적 선지자들의 권리로 특권화한 반면, 공자의 '중도역학'은 역괘易卦로 신탁을 받을 수 있는 역학지식과 도덕적 자격을 가진 모든 역학도易學徒에게 개방하고 있기 때문이다.

　　이 책의 모든 논의는 세계와 동아시아에서 전개될 수 있는 최고수준의 지식철학 논의로 한껏 끌어올려진 것이다. 따라서 일반 지식인들에게 이 책은 난해할 수밖에 없을 것이다. 그러나 난해하다는 이유에서 이 책의 논의 수준을 낮추는 것은 불가한 일이었다. 이 책은 어차피 지식철학 문제로 고민하는 현재와 미래의 정상급 두뇌들을 향해 집필될 수밖에 없었기 때문이다. 필자는 이 책이 많은 사람에 의해 읽히기를 바라지만, 대중서가 되는 것보다 아무쪼록 공자철학의 현대적 재건에 기여한 전문적 철학서로 평가되고 두고두고 진지한 철학적 고민의 동반자가 되기를 바랄 따름이다. 어찌 철학의 근본이론에 해당하는 인식론과 역학을 다룬 저작이 '대중서'일 수 있겠는가!

# 참고문헌

## 1. 동양 고전문헌

■ 공자·맹자 경전

『대학』

鄭 玄(注)·孔穎達(疏), 『禮記正義』 「大學」. 十三經注疏整理委員會(北京: 北京大學出版
　　　社, 2000).

成百曉 역주, 『大學·中庸集註』(서울: 傳統文化研究會, 2005).


『중용』

鄭 玄·孔穎達 疏, 『禮記正義』 「中庸」, 彭林 整理·王文錦 審定, 十三經注疏整理委員會(北
　　　京: 北京大學出版社, 2000).

成百曉 역주, 『大學·中庸集註』(서울: 傳統文化研究會, 2005).


『논어』

何晏(注)·刑昺(疏), 『論語注疏』, 十三經注疏整理本(北京: 北京大學出版社, 2000).

張基槿 역저, 『論語』(서울: 明文堂, 2002).

류종목, 『논어의 문법적 이해』(서울: 문학과지성사, 2000).

朱 熹 集註, 林東錫 譯註, 『四書集註諺解 論語』(서울: 學古房, 2006).

김학주, 『논어』(서울: 서울대학교출판부, 2008).


『맹자』

趙岐(注)·孫奭(疏), 『孟子注疏』. 十三經注疏整理本(北京: 北京大學出版社, 2000).

朱　熹 集註(林東錫 譯註), 『四書集註諺解 孟子』(서울: 學古房, 2006).

_____, 『孟子集註』(서울: 明文堂, 2002).

范善均 譯解, 『맹자』(서울: 惠園出版社, 출판연도 미상).

우재호 역, 『孟子』(서울: 을유문화사, 2007).

洪寅杓 역주, 『孟子』(서울: 서울대학교출판부, 2002).


『서경』

車相轅 역저, 『書經』(서울: 明文堂, 1993).


『시경』

金學主 역주, 『詩經』(서울: 明文堂, 2002).

毛亨傳·鄭玄箋·孔穎達 疏, 『毛詩正義』. 十三經注疏整理本(北京: 北京大學出版社, 2000).


『주역』

鄭　玄 撰, 『鄭氏周易』. 中國古代易學叢書 第一卷(北京: 中國書店, 1998).

陸　績 撰, 『陸氏易解』. 中國古代易學叢書 第一卷(北京: 中國書店, 1998).

王　弼, 『周易注』. 임채우 옮김, 『주역 왕필주』(서울: 도서출판 길, 1998).

蘇　軾, 『東坡易傳』. 성상구 역, 『동파역전』(서울: 청계출판사, 2004).

朱　熹, 『周易本義』. 成百曉 역주, 『周易傳義』(서울: 전통문화연구회, 2001).

程　頤, 『伊川易傳』. 成百曉 역주, 『周易傳義』(서울: 전통문화연구회, 2001).

子　夏 撰, 『子夏易傳』. 『中國古代易學叢書』 第一卷(北京: 中國書店, 1998).

朱　鑒 撰, 『文公易說』(北京: 中國書店, 1992).

李鼎祚 集解·李道平 纂疏, 『周易集解纂疏』(北京: 廣文書局, 출판연도 미상).

丁若鏞, 『周易四箋』. 방인·장정욱 역, 『주역사전』(서울: 소명출판, 2007).

황태연 저, 『실증주역』(서울: 청계출판사, 2010 4쇄).


『의례』

鄭　玄(注)·賈公彦(疏), 『儀禮注疏』. 十三經注疏整理本(北京: 北京大學校出判社, 2000).


『예기』

李相玉 역저, 『禮記(上·中·下)』(서울: 明文堂, 2002).

朱　彬(撰)·饒欽農(點校), 『禮記訓纂』(北京: 中華書局, 1996).

鄭　玄(注)·孔穎達(疏),『禮記正義』. 十三經注疏整理本(北京: 北京大學出版社, 2000).

『춘추』
左丘明,『春秋左氏傳』. 文璇奎 역,『春秋左氏傳』(上·中·下)(서울: 明文堂, 2002).
穀梁俶,『春秋穀梁傳注疏』, 十三經注疏整理本(北京: 北京大學出版社, 2000).
公羊高 父子,『春秋公羊傳注疏』, 十三經注疏整理本(北京: 北京大學出版社, 2000).

『효경』
阮　元 校勘,『孝經正義』, 十三經注疏本(北京: 北京大學校, 2000).
金學主 譯著,『忠經·孝經』(서울: 明文堂, 1999).

『이아』
徐朝華 注,『爾雅今注』(天津: 南開大學出版社, 1987·1994).
『爾雅注疏』, 十三經注疏整理本(北京: 北京大學出版社, 2000).
이충구 외 역주,『이아주소』(1-6)(서울: 소명출판, 2004).

『주례』
『周禮今注今譯』(臺灣: 商務印書館, 출판연도 미상).
『周禮注疏』, 十三經注疏整理本(北京: 北京大學出版社, 2000).

『공자가어』
李民樹 역,『孔子家語』(서울: 을유문화사, 1974).

「要」
『馬王堆帛書』, 續四庫全書本(上海: 上海古籍出版社, 1995).
鄧球柏,「白話帛書要」,『白話帛書周易』(湘潭: 岳麓書社, 1994).

■기타 동양 고전
孔　鮒 著·宋　咸 註,『小爾雅』(北京: 中華書局, 1985).
『國語韋氏解』, 淸 嘉慶庚申刊 天聖明道本影印本(臺灣: 世界書局, 1975).
金長生,『經書辨疑』, 박완식 역(서울: 민족문화추진위원회, 2003).
段玉裁,『說文解字經』(臺灣: 蘭臺書局, 1977).

박일봉 편역, 『古文珍寶』(서울: 육문사, 2000).

司馬遷, 『史記本紀』, 정범진 외 옮김(서울: 까치, 1994).

_____, 『史記世家』(上·下), 정범진 외 옮김(서울: 까치, 1994).

_____, 『史記列傳』(上·中·下), 정범진 외 옮김(서울: 까치, 1995).

_____, 『史記·表(序)·書』, 정범진 외 옮김(서울: 까치, 1996).

成百曉 역주, 『周易傳義』(서울: 전통문화연구회, 2001).

신동준 역주, 『國語』(서울: 인간사랑, 2005).

沈  約 注·洪頤煊 校, 『竹書紀年』(北京: 中華書局, 1985).

呂不韋 著·高  誘 注, 『呂氏春秋』(上海: 上海書店, 출판연도 미상).

龍  樹, 『中論』, 정화 풀어씀(서울: 도서출판 법공양, 2007.)

王先謙 集解, 『韓非子集解』(上海: 上海書店, 출판연도 미상).

劉  向 纂·李相玉 譯, 『戰國策』(서울: 明文堂, 2000).

陸德明, 『經典釋文』(北京: 中華書局, 출판연도 미상).

李  珥, 『栗谷全書』(IV)(서울: 한국정신문화연구원, 1996).

李鼎祚(集解)·李道平(纂疏), 『周易集解纂疏』(北京: 廣文書局, 출판연도 미상).

李瀷衡 譯註, 『譯註 茶山 孟子要義』(서울: 現代實學社, 1994).

李  滉, 『啓蒙傳疑』, 『退溪全書』 영인본(서울: 성균관대학교, 1958).

_____, 『經書釋義』(서울: 퇴계연구원, 1997).

임채우 옮김, 『왕필의 노자주』(서울: 한길사, 2009).

張  載, 『正蒙』, 中國哲學電算化計劃.

丁若鏞, 『與猶堂全書』 第二集 第一卷(서울: 驪江出版社, 1985, 영인본).

_____, 全州大學校 湖南學硏究所 譯 『國譯 與猶堂全書』 經集 I 「大學·中庸」(全州: 全州大學
校出版部, 1986).

정재서 역주, 『山海經』(서울: 민음사, 2007).

趙  岐 注·孫  奭 疏, 『孟子注疏』, 十三經注疏整理本(北京: 北京大學出版社, 2000).

『朝鮮王朝實錄』, 국사편찬위원회 간행(서울: National Institut of Korean History, 2005). http://sillok.
history.go.kr(최종검색일: 2007. 5. 26.)

朱  鑑 撰, 『文公易說』(北京: 中國書店, 1992).

朱  熹, 『易學啓蒙』, 김진근 역(서울: 청계출판사, 2008).

_____, 『朱子語類』, 黎靖德 編, 王星賢 點校(北京: 中華書局, 1999).

_____, 『論語集註』. 林東錫 譯註, 『四書集註諺解 論語』(서울: 學古房, 2006).

陳鼓應 編, 『莊子今註今譯』(香港: 中華書局, 1991).

최두환 譯註, 『忠武公李舜臣全集』(서울: 우석출판사, 1999).

崔漢綺, 『氣測體義(I)』(서울: 민족문화추진회, 1986 중판). 崔漢綺, 『推測錄』(北京: 1836).
『氣測體義』과 『神氣通』의 통합 출판본.

何建章 注釋, 『戰國策注釋』 上·中·下(北京: 中華書局, 1990).

하정룡 校勘·譯註, 『三國遺事』(서울: 성공사, 2003).

許 愼, 『說文解字』. http://www.chinese99.com/xiaozhuan/shuowen/(최종검색일: 2007. 5.
13.)

湖亮吉 敍, 『校補竹書紀年』(서울: 弘益齊, 1997).

홍승직 역해, 『呂氏春秋』(서울: 고려원, 1996).

## 2. 동양 현대문헌

고성빈, 「한국과 중국의 '동아시아'담론 - 상호연관성과 쟁점의 비교 및 평가」, 『국제지역연구』
제16권 3호, 2007.

고야스 노부쿠니(子安宣邦), 이승연 역, 『동아·대동아·동아시아 - 근대일본의 오리엔탈리즘』
(서울: 역사비평사, 2005).

_____, 김석근 역, 『후쿠자와 유키치의 '문명론의 개략'을 정밀하게 읽는다』(서울: 역사비
평사, 2007).

高 亨, 『周易古經今注』, 北京: 中華書局, 1957. 고형(김상섭 옮김), 『고형의 주역』(서울:
예문서원, 1995).

_____, 『周易古經通說』(香港: 中華書局香港分局, 1963·1983.

_____, 『周易大傳今注』(山東: 齊魯書社, 1979).

_____, 「周易卦爻辭的哲學思想」(1961), 『文史述林』(北京: 中華書局, 1980).

국어국문학회 감수, 『국어대사전』(서울: 민중서관, 2002).

금장태, 『心과 性 - 茶山의 「孟子」 해석』(서울: 서울대학교출판부, 2005).

金敬琢, 『周易』(서울: 明文堂, 2002).

김 원, 「동아시아론의 전개와 평가 - 한국에서 논의를 중심으로」(2010), http://blog.naver.
com/labor2003/90102217187.

김유은, 「일본 하토야마 총리의 동아시아공동체 구상: 한계와 전망」, 『평화학연구』 제10권
4호, 2009.

김영인, 『孟子와 루소의 人性論 비교연구』(서울: 한국학술정보, 2006).

김충렬, 「東洋 人性論 序說」, 韓國東洋哲學會(編), 『東洋哲學의 本體論과 人性論』(서울: 연세대학교출판부, 1991).

南懷瑾, 『易經雜說』. 신원봉 옮김, 『易經雜說』(서울: 문예출판사, 1998).

大漢韓辭典編纂室(편), 『大漢韓辭典』(서울: 교학사, 2003).

鄧球柏, 「白話帛書要」, 『白話帛書周易』, 湘潭: 岳麓書社, 甲戌年(1994).

류준필, 「분단체제론과 동아시아론」. 『아세아연구』 제52권 4호(통권 138호), 2009.

문을식, 『용수의 중도사상』(서울: 여래, 2004).

박상수, 「한국발 '동아시아론'의 인식론 검토」. 『아세아연구』 제52권 5호(통권 139호), 2010.

박종현, 「희랍 철학에서 본 중용 사상」. 인문과학연구소 편, 『동서사상의 대비적 조명』(서울: 성균관대학교출판부, 1994).

_____, 『헬라스 사상의 심층』(서울: 서광사, 2001).

_____, 「『필레보스』 해제」, 『필레보스』(서울: 서광사, 2004).

백낙청, 「동아시아공동체 구상과 한반도」. 『역사비평』, 2010년 가을호.

栢 楊, 『中國人史綱』. 김영수 옮김, 『맨 얼굴의 중국사』(서울: 창해, 2005).

백영서, 「동아시아론과 근대적응·근대극복의 이중과제」. 『창작과 비평』 제36권 제1호(통권 139호), 2008.

백은기, 「주자의 『주역』 해석에 나타난 중(中)에 관하여」, 한국주역학회 편, 『주역의 근본 원리』(서울: 철학과현실사, 2004).

尙秉和, 『周易古筮考』(台北市: 廣文書局 中華民國 81년[1991]).

『새국어사전』(서울: 두산동아, 2006).

서대원, 『주역』(서울: 이른아침, 2004).

서윤길, 『한국불교사상』(서울: 운주사, 2006).

蕭公權, 『中國政治思想史』 第1冊, 上海: 商務印書館, 1947. 최명 역, 『中國政治思想史』(서울: 法文社, 1994).

신동준, 『공자의 군자학』(서울: 인간사랑, 2006).

_____, 『맹자론』(서울: 인간사랑, 2006).

신성곤·윤혜영, 『중국사』(서울: 서해문집, 2004).

岳 南, 『西漢亡魂』. 이익희 옮김, 『마왕퇴의 귀부인』(서울: 도서출판 일빛, 2001).

安晋吾, 「『孟子要義』考」, 이을호 외 저, 『丁茶山의 經學』(서울: 민음사, 1989).

야마모토 가츠야(山本克也), 「하토야마정권의 동아시아 공동체 구상과 아시아 지역주의」. 『입법과 정책』 제1권 제1호, 2009.

梁鐘國, 『宋代士大夫社會研究』(서울: 三知院, 1996).

엄명숙·황태연, 『포스트사회론과 비판이론』(서울: 푸른산, 1994).

오금성, 「明淸時代의 國家權力과 紳士의 存在刑態」, 『동양사학연구』 제30호, 1989.

_____, 『國法과 社會慣行』(서울: 지식산업사, 2007).

_____(편저), 『명청시대사회경제사』(서울: 이산, 2007).

廖名春·康學偉·梁韋鉉, 『周易硏究史』(長沙: 湖南出版社, 1991). 심경호 옮김, 『주역철학사』(서울: 예문서원, 1994).

廖名春(釋文), 「馬王堆帛書 '要'」, 廖名春 釋文, 『馬王堆帛書周易經傳釋文』, 續四庫全書本(上海: 上海古籍出版社, 1995).

王邦雄·曾祖旭·楊祖漢, 『孟子義理疏解』(臺北: 鵝湖出版社, 1989). 황갑연 옮김, 『맹자철학』(서울: 서광사, 2005).

우제호, 「맹자에 대하여」. 우제호 옮김, 『맹자』(서울: 을유문화사, 2007).

유권종, 「동아시아 공동체와 공존의 윤리」. 『동양철학연구』 제62권, 2010.

윤내현, 『商周史』(서울: 민음사, 1990).

윤현근, 「동아시아공동체 수립에 있어서 동아시아 지역주의의 근원과 함의」. 『국방연구』 52권 3호, 2009.

이기동, 『大學·中庸 講說』(서울: 성균관대학교출판부, 1993).

이남주, 「한국에서의 '진보'와 동아시아 협력」, 『창작과 비평』 제34권 제3호(통권 133호), 2006.

이동연, 「동아시아 담론형성의 갈래들 - 비판적 검토」, 『문화과학』 2007년 겨울호.

이숭녕 감수, 『새국어대사전』(서울: 한국도서출판중앙회, 2000).

이용주, 『동아시아 근대사상론』(서울: 이학사, 2009).

李乙浩, 「『論語古今註』考」, 이을호 외 저, 『丁茶山의 經學』(서울: 민음사, 1989).

李濟馬, 『東醫壽世保元』. 이민수 역, 『東醫壽世保元』(서울: 을유문화사, 1975).

_____, 『格致藁』. 박대식 역, 『格致藁』(서울: 청계출판사, 2000).

_____, 『東武遺稿』. 이창일 역, 『東武遺稿』(서울: 청계출판사, 1999).

이종란, 「최한기 인식론의 성격」, 김용헌 편저, 『혜강 최한기』(서울: 예문서원, 2005).

이태진, 『고종시대의 재조명』(파주: 태학사, 2000·2008).

李澤厚(리쩌허우), 『中國古代思想史論』, 北京: 人民出版社, 1985. 리쩌허우(정병석 옮김), 『중국고대사상사론』(서울: 한길사, 2007).

임우경, 「비판적 지역주의로서 한국 동아시아론의 전개」, 『중국현대문학』 제40호, 2007.

임춘성, 「동아시아인의 정체성 형성, 장애와 출구」, 『문화과학』 2010년 봄호.

장승구, 「중용의 덕과 지혜 그리고 그 정치사회적 의미」, 장승구 외 저, 『중용의 덕과 합리성』(서울: 청계, 2004).

전인갑, 「총론: ‘공자, 托古的 미래기획」, 전입갑 외 지음, 『공자 - 현대 중국을 가로지르다』 (서울: 새물결, 2006).

정병석, 「리쩌허우의 『중국고대사상사론』과 문화심리 구조」, 리쩌허우(정병석 역), 『중국고 대사상사론』(서울: 한길사, 2007).

鄭炳連, 「『中庸解釋』考」, 이을호 외 저, 『丁茶山의 經學』(서울: 민음사, 1989).

조동일, 『동아시아 문명론』(서울: 지식산업사, 2010).

조정원, 「일본의 동아시아 지역공동체 구상: 대동아공영권과 동아시아 공동체 비교를 중심으로」, 『동북아문화연구』 제20집, 2009.

조원일, 『맹자의 도덕사상과 정치사상』(광주: 전남대학교출판부, 2006.

朱謙之, 『中國思想對於歐洲文化之影響』, 上海 商務引書館, 1940. 주겸자(전홍석 역), 『중국 이 만든 유럽의 근대』(서울: 청계출판사, 2003·2010).

朱伯崑 외, 『주역산책』, 주백곤 외, 김학권 역(서울: 예문서원, 2003).

차명수, 「1800년경 잉글랜드, 조선, 양자강하류지역의 총요소생산성 수준 비교」, 제52회 역사학대회 발표논문, 2009년 5월.

천성림, 「공자와 여성」. 전인갑, 『공자, 현대 중국을 가로지르다』(서울: 새물결, 2006).

崔大羽, 「『大學經說』考」, 이을호 외 저, 『丁茶山의 經學』(서울: 민음사, 1989).

최영갑, 『공자와 맹자의 도덕철학』(서울: 한국학술정보, 2006).

최영진, 「儒敎의 中庸思想에 관한 考察」. 인문과학연구소 편, 『동서사상의 대비적 조명』(서 울: 성균관대학교출판부, 1994).

최완식·김영구·이영주, 『漢文讀解法』(서울: 明文堂, 2001).

최정연·이범학, 『明末淸初 稅役制度改革과 紳士의 存在 形態』(서울: 歷史學會, 1987).

崔漢綺, 『氣測體義(I)』(서울: 민족문화추진회, 1986 중판).

한석희·강택구, 「동아시아공동체 형성과 중국의 인식: EAS에 대한 정책적 함의」, 『한국정치 학회보』 제43집 1호, 2009.

한형조, 『주희에서 정약용으로』(서울: 세계사, 1996).

허 정, 「동아시아론의 재검토와 정전연구」, 『동북아 문화연구』 제23집, 2010.

邢 文, 『帛書周易硏究』(北京: 人民出版社, 1997).

홍원식, 「인간의 본성에 관한 논쟁 - 고자와 맹자, 맹자와 순자간의 논쟁」, 중국철학연구회, 『논쟁으로 보는 중국철학』(서울: 예문서원, 1994).

황정원, 「『역경』에 나타난 禮」, 한국주역학회 편, 『주역의 근본원리』(서울: 철학과현실사, 2004).

황태연, 『환경정치학과 현대정치사상』(서울: 나남, 1994).

_____, 「하버마스의 공론장 이론과 민주적 법치국가론의 재건」, 서울: 미공간 토론용 초고, 1996. 황태연 홈페이지(http://hwangtaiyoun.pe.kr)에서 다운받을 수 있는 논문.

_____, 『지배와 이성 - 정치경제·자연환경·진보사상의 재구성』(서울: 창작과비평사, 1996).

_____, 「啓蒙과 近代기획 - 近代初 계몽이념에 대한 현대적 이해와 포스트모던적 政治기획의 비판적 고찰」, 『세계정치경제』 제4호(1997).

_____, 「하버마스의 소통적 주권론과 雙線的 토론정치 이념」, 한상진 외 편, 『하버마스 이성적 사회의 기획, 그 논리와 윤리』(서울: 나남출판, 1997).

_____, 『계몽의 기획 - 근대정치사상 연구』(서울: 동국대학교출판부, 2004).

_____, 「근대해석학의 위기와 비판적 재구성 - 하버마스와 푸코를 중심으로」, 『행정논집』(서울: 동국대행정대학원, 2005).

_____, 「공자의 중용적 주역관과 우리 역대국가의 시서(蓍筮)관행에 관한 고찰」, 『정치사상연구』 제11집 1호(2005년 봄).

_____, 「지식기반사회와 생태이성의 신(新)지평: '내포적 성장체제'에서의 경제합리성과 생태합리성의 동조경향에 관한 고찰」, 동국대학교 불교문화연구원, 『지식기반사회와 불교생태학』(서울: 동국대 건학 100주년 기념 국제학술대회 논문집, 2007).

_____, 「G. W. F. 헤겔 - 민족국가의 정치학」, 강정인·김용민·황태연 엮음, 『서양근대정치사상사 - 마키아벨리에서 니체까지』(서울: 책세상, 2007).

_____, 「카를 마르크스 - 노동자 계급혁명론과 그 유산」, 강정인·김용민·황태연 엮음, 『서양근대정치사상사』(서울: 책세상, 2007).

_____, 『실증주역』(서울: 청계출판사, 2010 4쇄).

_____, 『要點漢文法』(서울: 동국대대학원 정치학과, 2009 대학원교재).

_____, 『감정과 공감의 해석학』 1권(파주: 청계, 2014·2015), 2권(2015·2015).

## 3. 서양 고전문헌

■ 그리스고전

Aristoteles. *Aristoteles Werke* in deutscher Übersetzung (19 Bände). Begründet von Ernst Grumach, herausgegeben von Hellmut Flaschar (Berlin: Akadmie-Verlag, 1984).

_____. *Aristotle* in twenty-three volumes. The Leob Classical Library (Cambridge[Massachusetts]· London: Harvard University Press·William Heinemann LTD, 1981).

_____. *Metaphysics*. I·II. With an English translation and introduction by Hugh Tredennick (Cambridge[Massachusetts]·London: Harvard University Press·William Heinemann LTD, 1969).

_____. *Posterior Analytics*. With an English translation and introduction by Hugh Tredennick. In: Aristotle, *Posterior Analytics·Topics* (Cambridge·Massachusetts·London: Harvard University Press·William Heinemann LTD, 1969).

_____. *The Art of Rhetoric*. With an English translation by J. H. Freese (Cambridge[Massachusetts]· London: Harvard University Press·William Heinemann LTD, 1975).

_____. *On the Soul*. Aristotle, *On the Soul·Parva Naturalia·On Breath*. With an English translation by W. S. Hett (Cambridge[Massachusetts]·London: Harvard University Press·William Heinemann LTD, 1969).

_____. *The Athenian Constitution*. Aristotle, *The Athenian Constitution·Eudemian Ethics· Vertues and Vices*. With an English translation by H. Rackham (Cambridge[Massachusetts]· London: Harvard University Press·William Heinemann LTD, 1981).

_____. *On the Cosmos*. Aristotle, *Sophistical Refutation·Coming-to-be and Passing- away·On the Cosmos* (Cambridge·Massachusetts·London: Harvard University Press·William Heinemann LTD, 1981).

_____. *Eudemian Ethics*. Aristotle, *The Athenian Constitution·Eudemian Ethics·Vertues and Vices*. With an English translation by H. Rackham (Cambridge[Massachusetts]·London: Harvard University Press·William Heinemann LTD, 1981).

_____. *Historia Animalium* [Books VII-X] (Cambridge·Massachusetts·London: Harvard University Press·William Heinemann LTD, 1981).

_____. *Magna Moralia*. Aristotle, *Oeconomica and Magna Moralia*. With an English translation by G. C. Armstrong (Cambridge·Massachusetts·London: Harvard University Press·William Heinemann LTD, 1981).

_____. *Die Nikomachische Ethik*. Übers. u. hg. von Olof Gigon (München: Deutsche Taschenbuch Verlag, 1986).

_____. *Nicomachean Ethics*. With an English translation by H. Rackham (Cambridge· Massachusetts·London: Harvard University Press·William Heinemann LTD, 1968). 아리스토텔레스(이창우·김재홍·강상진 옮김), 『니코마코스 윤리학』(서울: 이제이북스, 2008).

_____. *Politik* (München: Deutsche Taschenbuch Verlag, 1973).

_____. *Posterior Analytics*. Aristotle, vol. 2 (Cambridge, MA: Harvard University Press, 1935·1981).

_____. *Longinus on the Sublime*. Aristotle, *Longinus on the Sublime·Demetrius on Style* (Cambridge[Massachusetts]·London: Harvard University Press·William Heinemann LTD, 1977).

Herodotus, *The Histories* (London·New York: Penguin Books, 2003).

Platon. *Platon Werke*, in Acht Bänden. Hg. von Gunther Eigner. Deutsche Übersetzung von Friedrich Schleiermacher (Darmstadt: Wissenschaftliche Buchgesellschaft, 1977).

_____. *Plato* in twelve volumes. With an English Translation by R. G. Bury (Cambridge· Massachusetts·London: Harvard University Press·William Heinemann LTD, 1975).

_____. *Epistulae*. *Plato*, Volume XII in twelve volumes. With an English Translation by R. G. Bury (Cambridge[Massachusetts]·London: Harvard University Press·William Heinemann LTD, 1975).

_____. *Alkibiades* I. *Platon Werke*, Bd. I in Acht Bänden. Hg. von Gunther Eigner. 플라톤(김주일·장준영 옮김), 『알키비아데스 I·II』(서울: 이제이북스, 2007).

_____. *Charmides*. *Platon Werke*, Bd. I in Acht Bänden. Hg. von Gunther Eigner.

_____. *Euthyphron*. *Platon Werke*, Bd. I in Acht Bänden. Hg. von Gunther Eigner. 플라톤(박종현 역주), 『에우티프론·소크라테스의 변론·크리톤·파이돈』(서울: 서광사, 2003).

_____. *Euthydemos*. *Platon Werke*, Bd. II in Acht Bänden. Hg. von Gunther Eigner.

_____. *Das Gastmahl*. *Platon Werke*, Bd. V in Acht Bänden. Hg. von Gunther Eigner. 플라톤(박병덕 역), 『소크라테스의 변명·크리톤·향연·파이돈』(서울: 육문사, 2007).

_____. *Gesetze*. *Platon Werke*, Bd. VIII, Zweiter Teil in Acht Bänden. Hg. von Gunther Eigner.

_____. *Laws*. *Plato*, Volume X in twelve volumes. With an English Translation by R. G. Bury. (Cambridge·Massachusetts·London: Harvard University Press·William Heinemann LTD, 1975).

_____. *Gorgias*. *Platon Werke*, Bd. II in Acht Bänden. Hg. von Gunther Eigner.

_____. *Kratylos*. *Platon Werke*, Bd. III in Acht Bänden. Hg. von Gunther Eigner.

_____. *Laches*. *Platon Werke*, Bd. I in Acht Bänden. Hg. von Gunther Eigner.

_____. *Lysis*. *Platon Werke*, Bd. I in Acht Bänden. Hg. von Gunther Eigner. 플라톤(강철웅 역), 『뤼시스』(서울: 이제이북스, 2007).

_____. *Menon*. *Platon Werke*, Bd. II in Acht Bänden. Hg. von Gunther Eigner.

_____. *Phaidon*. *Platon Weke*, Bd. 3 in Acht Bänden. Hg. von Gunther Eigner. 플라톤(박종현 역주), 『에우티프론·소크라테스의 변론·크리톤·파이돈』(서울: 서광사, 2008).

_____. *Phaidros*. *Platon Werke*, Bd. V in Acht Bänden. Hg. von Gunther Eigner. 플라톤(조대호

역), 『파이드로스』(서울: 문예출판사, 2008).

_____. *Philebos. Platon Werke*, Bd. VII in Acht Bänden. Hg. von Gunther Eigner.

_____. *Philebos. Plato*, Volume VIII in Twelve Volumes (Cambridge·Massachusetts·London: Harvard University Press·William Heinemann LTD, 1975). 플라톤(박종현 역주), 『필레보스』(서울: 서광사, 2004).

_____. *Politeia. Platon Werke*, Bd. IV in Acht Bänden. Hg. von Gunther Eigner. Bearbeitet von Dietrich Kurz. Deutsche Übersetzung von Friedrich Schleiermacher (Darmstadt: Wissenschaftliche Buchgesellschaft, 1977).

_____. *The Republic. Plato*, V (vol. 1-2) in twelve volumes. With an English Translation by Paul Shorey. Leob Classical Library (Cambridge·Massachusetts·London: Harvard University Press·William Heinemann LTD, 1975). 플라톤(박종현 역주), 『국가·政體』(서울: 서광사, 2007 개정증보판 3쇄).

_____. *Protagoras. Platon Werke*, Bd. I in Acht Bänden. Hg. von Gunther Eigner.

_____. *Des Sokrates Apologie. Platon Werke,* Bd. II in Acht Bänden. Hg. von Gunther Eigner. 플라톤(박종현 역주), 『에우티프론·소크라테스의 변론·크리톤·파이돈』(서울: 서광사, 2003).

_____. *Der Staatsmann. Platon Werke*, Bd. VI in Acht Bänden. Hg. von Gunther Eigner. 플라톤(김태경 옮김), 『정치가』(서울: 한길사, 2008).

_____. *Theaitetos. Platon Werke*, Bd. VI in Acht Bänden. Hg. von Gunther Eigner.

_____. *Timaios. Platon Werke*, Bd. VII in Acht Bänden. Hg. von Gunther Eigner.

Polybius. *The Histories*. Translated by W. R. Paton in the 6 Volumes. Leob Classical Library Series (Cambridge[Massachusetts]·London: Harvard University Press first published, 1923).

Thucydides. *History of the Peloponnesian War*. Translated by C. F. Smith (Cambridge[Massachusetts]· London: Harvard University Press, 2006.

Xenophon. *Xenophon*, in seven volumes (Cambridge[Massachusetts]·London: Harvard University Press·William Heinemann LTD, 1971).

_____. *Agesilaus. Xenophon*, Vol. VII in seven volumes (Cambridge[Massachusetts]·London: Harvard University Press·William Heinemann LTD, 1971).

_____. *On the Cavalry Commander. Xenophon*, Vol. VII in seven volumes (Cambridge [Massachusetts]·London: Harvard University Press·William Heinemann LTD 1971).

_____. *Constitution of the Lacedaemonians. Xenophon*, Vol. VII in seven volumes (Cambridge· Massachusetts·London: Harvard University Press·William Heinemann LTD, 1968).

_____. *Hellenica* (I·II). *Xenophon*, Vol. I in seven volumes (Cambridge[Massachusetts]·London: Harvard University Press·William Heinemann LTD, 1968).

_____. *Memorabilia* (*Recollections of Socrates*). Translated and annotated by Amy L. Bonnette (Ithaca and London: Cornell University Press, 1994). 크세노폰(최혁순 역), 『소크라테스 의 회상』(서울: 범우사, 2002).

_____. *Symposium*. *Xenophon*, Vol. VI in seven volumes (Cambridge[Massachusetts]·London: Harvard University Press·William Heinemann LTD, 1968).

■기타 서양고전

Aeschines. *Against Timarchus* (Cambridge·Massachusetts·London: Harvard University Press·William Heinemann LTD, 1968).

Anson, George Baron. *A Voyage Round the World in the Years 1740 to 1744*. Compiled by R. Walter (London, 1748, trans. Geneva 1750). Republished: *A Voyage Round the World in the Years MDCCXL* (London: Oxford University Press, 1974).

Augustine. *On Free Choice of the Will* (AD 396). Translated by Thomas Williams. Indianapolis· Cambridge: Hackett Publishing Co., 1993. 아우구스티누스(성염 역주), 『자유의지론』 (서울: 분도출판사, 1998).

_____. *On the Trinity* (AD 416). (http://www.logoslibrary.org/augustine/trinity/index.html. 최종 검색일: 2009. 12. 3.)

_____. *City of God* (AD 426). Translated by Marcus Dods. From Nicene and Post-Nicene Fathers, First Series, Vol. 2. Edited by Philip Schaff. Buffalo (NY: Christian Literature Publishing Co., 1887). Revised and edited for New Advent by Kevin Knight. 아우구스티 누스(조호연·김종흡 역), 『신국론』(서울: 현대지성사, 1997).

Bacon, Francis. *The New Organon* (1620). Edited by Lisa Jardine and Michael Silverthorne (Cambridge: Cambridge University Press, 2000).

_____. *The New Atlantis* (1627). 프란시스 베이컨(김종갑 역), 『새로운 아틀란티스』(서울: 에코리브르, 2002).

_____. *The Advancement of Learning*. Edited by Michael Kiernan (Oxford: Oxford University Press, 2000). 프란시스 베이컨(이종흡 역), 『학문의 진보』(서울: 아카넷, 2004).

Bayle, Pierre. *Dictionnaire historique et critique* (2 vols., 1697; 4 vols., 1702). Selected English translation by Richard Henry Popkin: *Historical and Critical Dictionary* (Indianapolis· Cambridge: Hackett Publishing Company, Inc., 1991).

Bentham, Jeremy. *Panopticon or the Inspection House.* In: *The Works of Jeremy Bentham.* Vol. 4. Reproduction from the Bowering Edition of 1921 (New York: Russell & Russell, 1962).

_____. *An Essay on Political Tactics.* In: *The Works of Jeremy Bentham.* Vol. 2. Reproduction from the Bowering Edition of 1921. New York: Russell & Russell, 1962.

Bodin, Jean. *On Sovereignty: Four Chapters from The Six Books of the Commonwealth* (1576). Edited and translated by Julian H. Franklin (Cambridge·New York·Port Chester·Melbourne·Sydney: Cambridge University Press, 1992).

Condorcet. *Entwurf einer historischen Darstellung der Fortschritte des menschlichen Geistes* [1793] (Frankfurt am Main: Suhrkamp, 1976).

Cumberland, Richard. *De Legibus Naturae Disquistio Philosophica.* 영역본: *A Philosophical Inquiry into the Laws of Nature.* In: Richard Cumberland, *A Treatise of the Laws of Nature,* translated with Introduction and Appendix, by John Maxwell (London: K. Knapton, 1727). Republished, edited and with a Foreword by Jon Parkin. Indianapolis: Liberty Fund, 2005.

Descartes, René. *Discourse on the Method of Rightly Conducing the Reason and Seeking for Truth in the Science* (1637). René Descartes, *Discourse on Method and Meditations on First Philosophy.* Edited by David Weissman with essays by William T. Blum, Lou Massa, Thomas Pavel, John F. Post, Stephen Toulmin, David Weissman (New Haven·London: Yale University Press, 1996).

_____. *Meditations on First Philosophy* (1641). In: René Descartes, *Discourse on Method and Meditations on First Philosophy.* Edited by David Weissman with essays by William T. Blum, Lou Massa, Thomas Pavel, John F. Post, Stephen Toulmin, David Weissman (New Haven·London: Yale University Press, 1996).

_____. *The Principles of Philosophy* (1647). René Descartes. *The Philosophical Wrings of Descartes.* Volume I. Translated by John Cottingham·Robert Skoothoff·Dugald Murdoch (Cambridge·New York·Melborne: Cambridge University Press, 1985, 19th printing 2007).

_____. *Traité des Passions de l'Âme* (Paris, 1647). René Descartes. *Passions of the Soul.* In: Descartes, *The Philosophical Writings of Descartes.* Vol. I. Translated by John Cottingham·Robert Stoothoff·Dugald Murdoch (Cambridge·New York: Cambridge University Press, first publishing 1985, 19th printing 2007).

_____. *Rules for the Direction of the Mind* (1701). In: René Descartes, *The Philosophical*

*Writings of Descartes*. Vol. I. Translated by John Cottingham·Robert Stoothoff·Dugald Murdoch (Cambridge·New York: Cambridge University Press, first publishing 1985, 19th printing 2007).

Du Halde, P.. *The General History of China* (Paris: 1835), 4 Volumes  (London: Printed by and for John Watts, 1736).

Hamilton, Alexander, James Madison and John Jay. *The Federalist Papers* (1788). Introduction and Notes by Charles R. Kesler. Edited by Clinton Rossiter (New York·London: New America Library, 1961·1999).

Harrington, James. *The Commonwealth of Ocean* (1656). In: James Harrington. *The Commonwealth of Ocean and A System of Politics*. Edited by J. G. A. Pocock (Cambridge·New York: Cambridge University Press, 1992·2008).

Hegel, Georg W. F. *Grundlinien der Philosophie des Rechts*. In: *G. W. F. Hegel Werke* Bd. 7 in 20 Bänden (Frankfurt am Main: Suhrkamp, 1970).

Herodotus. *The Histories*. Translated by Aubrey de Selincourt. Revised with Introduction and Notes by John Marincola. London·New York: Penguin Books, 2003.

Hobbes, Thomas. *Leviathan or The Matter, Form, and Power of a Commonwealth Ecclesiastical and Civil*. In: *The Collected Works of Thomas Hobbes*. Vol. III. Part I and II. Collected and Edited by Sir William Molesworth (London: Routledge/ Thoemmes Press, 1992). 독역본: *Leviathan Oder Stoff, Form und Gewalt eines kirchlichen und bürgerlichen Staates*. Herausgegeben und eingeleitet von Iring Fetcher (Frankfurt am Main: Suhrkamp, 1981).

Hutcheson, Francis. *An Inquiry into the Original of Our Ideas of Beauty and Virtue* (1725). In: *Two Treatises*. Edited by Wolfgang Leidhold. Indianapolis: Liberty Fund, 2004. (http://oll. libertyfund.org/title/858. 최종검색일: 2010. 11. 13.)

_____. *An Essay on the Nature and Conduct of the Passions and Affections, with Illustrations on the Moral Sense* (1728). Edited by Aaron Garrett. Indianapolis: Liberty Fund, 2002. (http://oll.libertyfund.org /title/885. 최종검색일: 2010. 11. 13.)

Hume, David. *A Treatise of Human Nature: Being an Attempt to Introduce the Experimental Method of Reasoning into Moral Subjects* (1739-40). Edited by David Fate Norton and Mary J. Norton, with Editor's Introduction by David Fate Norton (Oxford·New York·Melbourne etc.: Oxford University Press, 2001 1st Edition, 2007 9th Press).

_____. "Appendix". David Hume, *A Treatise of Human Nature* (Oxford·New York.: Oxford University Press, 2001·2007).

_____. "An Abstract of a Book lately Published, entitled *A Treatise of Human Nature*." In: David Hume, *A Treatise of Human Nature*. Edited by David Fate Norton and Mary J. Norton, with Editor's Introduction by David Fate Norton (Oxford·New York·Melbourne etc.: Oxford University Press, 2001 1st Edition, 2007 9th Press).

_____. *An Enquiry concerning the Principles of Morals* (1751), ed. by Tom L. Beauchamp (Oxford·New York: Oxford University Press, 1998·2010). 다른 버전: *An Inquiry Concerning the Principles of Morals* (1751). Edited with an introduction by Charles W. Hendel (Indianapolis: The Liberal Arts Press, 1957 first edition, 1978 13th printing). 독역본: *Eine Untersuchung über die Prinzipien der Moral*. Übersetzt und herausgegeben von Gerhart Streminger (Stuttgart: Philipp Reclam Jus., 1984).

_____. "Of the First Principles of Government"(1741). David Hume, *Political Essays*. Edited by Knud Haakonssen.(Cambridge·New York·Melbourne: Cambridge University Press, first Published 1994. Fifth printing 2006).

_____. "Of Civil Liberty"(1741). David Hume, *Political Essays*. Edited by Knud Haakonssen (Cambridge·New York·Melbourne: Cambridge University Press, first Published 1994. Fifth printing 2006).

_____. "Whether the British government inclines more to absolute monarchy, or to a republic"(1741). David Hume, *Political Essays*. Edited by Knud Haakonssen (Cambridge·New York·Melbourne: Cambridge University Press, first Published 1994. Fifth printing 2006).

_____. "Superstition and Enthusiasm"(1741). David Hume, *Political Essays*. Edited by Knud Haakonssen (Cambridge·New York·Melbourne: Cambridge University Press, first Published 1994. Fifth printing 2006).

_____. "Of the Rise and Progress of the Arts and Science"(1742). David Hume, *Political Essays*. Edited by Knud Haakonssen (Cambridge·New York·Melbourne: Cambridge University Press, first Published 1994. Fifth printing 2006).

_____. *An Enquiry concerning Human Understanding* (1748). David Hume, *An Enquiry concerning Human Understanding and Other Writings*. Edited by Stephen Buckle (Cambridge·New York·Melbourne: Cambridge University Press, 2007).

_____. "Of National Characters"(1748). David Hume, *Political Essays*. Edited by Knud Haakonssen. (Cambridge·New York·Melbourne: Cambridge University Press, first Published 1994. Fifth printing 2006).

_____. "Of the Original Contract"(1748). David Hume, *Political Essays*. Edited by Knud Haakonssen (Cambridge·New York·Melbourne: Cambridge University Press, first Published 1994. Fifth printing 2006).

_____. "Of Self-Love." Appendix II. David Hume, *An Inquiry concerning the Principles of Moral* (1751). Edited. by Charles W. Hendel (Indianapolis: The Liberal Arts, 1978).

_____. "Of Commerce"(1752). David Hume, *Political Essays*. Edited by Knud Haakonssen (Cambridge·New York·Melbourne: Cambridge University Press, first Published 1994. Fifth printing 2006).

_____. "Idea of a Perfect Commonwealth"(1752). David Hume, *Political Essays*. Edited by Knud Haakonssen (Cambridge·New York·Melbourne: Cambridge University Press, first Published 1994. Fifth printing 2006).

_____. "Thumbnail Biographies" from *History of England* VI. In: David Hume, *An Enquiry concerning Human Understanding and Other Writings*. Edited by Stephen Buckle (Cambridge·New York·Melbourne: Cambridge University Press, 2007).

_____. "Of the Origin of Government"(1777). In: David Hume, *Political Essays*. Edited by Knud Haakonssen (Cambridge·New York·Melbourne: Cambridge University Press, first Published 1994. Fifth printing 2006).

_____. "The Sceptic." In: David Hume, *An Enquiry concerning Human Under- standing and Other Writings*. Edited by Stephen Buckle (Cambridge·New York·Melbourne: Cambridge University Press, 2007).

Jacobi, Friedrich H.. *David Hume über den Glauben oder Idealismus und Realismus* (Breslau: bey Gottl. Loewe, 1787).

Jefferson, Thomas. "Letter to John Adams (from Monticello August 15. 1820)." Merrill D. Peterson (ed.), *Thomas Jefferson: Writings* (New York: Library of America, 1994).

Justi, Johann H. G.. *Vergleichungen der Europäischen mit den Asiatischen und anderen, vermeintlichen Barbarischen Regierungen* (Berlin/Stetten/Leipzig: Johann Heunrich Rüdiger Verlag, 1762).

_____. *Abhandlung von den Mittel, die Erkenntnis in den Oeconimischen und Cameral-Wissenschten dem gemweinen Wesen recht nützlich zu machen* (Göttungen: Verlag nicht angezeigt, 1755).

Kant, Immanuel. *Kritik der reinen Vernunft* (1781·1787). *Kant Werke*, Band 3·4, Erster und Zweiter Teil. Herausgegeben von Wilhelm Weischedel (Darmstadt: Wissenschaftliche

Buchgesellschaft, 1983).

_____. *Kritik der praktischen Vernunft* [1788]. *Kant Werke*, Bd. 6, Erster Teil (Darmstadt: Wissenschaftliche Buchgesellschaft, 1983).

_____. *Prolegomena zu einer jeden künftigen Metaphysik, die als Wissenschaft wird auftreten können* (1783). *Kant Werke*, Bd. 5. Herausgegeben von Wilhelm Weischedel (Darmstadt: Wissenschaftliche Buchgesellschaft, 1983).

_____. *Idee zu einer allgemeinen Geschichte in weltbürgerlicher Absicht* (1784). *Kant Werke*, Bd. 9, Teil 1 (Darmstadt: Wissenschaftliche Buchgesellschaft, 1983).

_____. *Beantwortung der Frage: Was ist Aufklärung* (1784). *Kant Werke*, Bd. 9, Teil 1 (Darmstadt: Wissenschaftliche Buchgesellschaft, 1983).

_____. *Über den Gemeinspruch: Das mag in der Theorie richtig sein taugt aber nicht für die Praxis* [1793]. *Kant Werke*, Bd. 9, Teil 1 (Darmstadt: Wissenschaftliche Buchgesellschaft, 1983).

_____. *Zum ewigen Frieden* [1795]. *Kant Werke*, Bd. 9, Teil 1 (Darmstadt: Wissenschaftliche Buchgesellschaft, 1983).

_____. *Anthropologie in pragmatischer Hinsicht* [1798]. *Kant Werke*, Bd. 10 (Darmstadt: Wissenschaftliche Buchgesellschaft, 1983).

Laertius, Diogenes. *The Lives and Opinions of Eminent Philosophers* (1853) (Davers, MA: General Books LLC, 2009).

Leibniz, Gottfried Wilhelm. *Discourse on Metaphysics* (1686). Gottfried W. Leibniz, *Discourse on Metaphysics, Correspondence with Arnauld, and Monadology*. With an Introduction by Paul Janet. Translated from the Original by George R. Montgomery (Chicago: The Open Court Publishing Company, 1902).

_____. *New System of the Nature and Communications of Substances* (1695). 라이프니츠, 「자연, 실체들의 교통 및 영혼과 육체 사이의 결합에 관한 새로운 체계」, 라이프니츠(윤선구 역), 『형이상학 논고』(서울: 아카넷, 2010).

_____. *Novissima Sinica - Das neueste von China* (1697). Hg. von Heinz-Günther Neseelrath u. Hermann Reinbothe (Köln: 1979).

_____. *Novissima Sinica*. Gottfried W. Leibniz, *Writings on China*. Translated with an Introduction, Notes, and Commentaries by Daniel J. Cook and Henry Rosemont, Jr. (Chicago·LaSalle: Open Court Publishing Company, 1994).

_____. *New Essays on Human Understanding* [1705]. Translated and edited by Peter Remnant and Jonathan Bennett (Cambridge·New York·Sydney: Cambridge University Press, 1981).

_____. *The Monadology* [1714]. Gottfried Wilhelm Leibniz, *Discourse on Metaphysics, Correspondence with Arnauld, and Monadology*. With an Introduction by Paul Janet. Translated from the Original by George R. Montgomery (Chicago: The Open Court Publishing Company, 1902).

_____. *Principes de la nature et de la grâce fondés en raison* [1714]. 라이프니츠, 「자연과 은총의 이성적 원리」. 라이프니츠(윤선구 역), 『형이상학 논고』(서울: 아카넷, 2010). 「이성에 근거한 자연과 은총의 원리」, 배선복 역, 『모나드론 외』(서울: 책세상, 2007).

_____. *Writings on China*. Edition, introduction and translation by D. J. Cook and H. Rosemont (La Salle, Ill.: Open Court, 1994).

_____. *Notes on Social Life*. Gottlieb W. Leibniz, *Political Writings*. Translated and edited with an Introduction and Notes by Patrick Riley (Cambridge: Cambridge University Press, 1st ed. 1972, 2th ed. 1988, reprint 2006).

_____. *On Natural Law*. Gottfried W. Leibniz, *Political Writings*. Translated and edited with an Introduction and Notes by Patrick Riley (Cambridge: Cambridge University Press, 1st ed. 1972, 2th ed. 1988, reprint 2006).

_____. *Feilicity*. Gottfried W. Leibniz, *Political Writings*. Translated and edited with an Introduction and Notes by Patrick Riley (Cambridge: Cambridge University Press, 1st ed. 1972, 2th ed. 1988, reprint 2006).

_____. "Leibniz an Claudio Filippo Grimaldi"(19. Juli 1689; 21?. März 1692). Gottfried W. Leibniz, *Novissima Sinica - Das Neueste von China* (1697). Hg. von Heinz-Günther Neseelrath u. Hermann Reinbothe (Köln: Deutsche China-Gesellschaft, 1979).

_____. "Leibniz an Gottlieb Spitzel"(19. Juli 1689). Gottfried W. Leibniz, *Novissima Sinica - Das Neueste von China* (1697). Hg. von Neseelrath und Reinbothe (Köln: Deutsche China-Gesellschaft, 1979).

_____. "On the Civil Cult of Confucius." Gottfried W. Leibniz, *Writings on China*. Translated, with an Introduction, Notes, and Commentaries by Daniel J. Cook and Henry Rosemont, Jr. (Chicago·LaSalle: Open Court Publishing Company, 1994).

_____. "Remarks on Chinese Rites and Religion"(1708). Gottfried W. Leibniz, *Writings on China*. Translated, with an Introduction, Notes, and Commentaries by Daniel J. Cook and Henry Rosemont, Jr. (Chicago·LaSalle: Open Court Publishing Company, 1994).

_____. "Discourse on the Natural Theology of the Chinese"(1716). Gottfried Wilhelm Leibniz,

*Writings on China*. Translated, with an Introduction, Notes, and Commentaries by Daniel J. Cook and Henry Rosemont, Jr. (Chicago·LaSalle: Open Court Publishing Company, 1994). 라이프니츠, 「중국인의 자연신학론」, 라이프니츠(이동희 편역), 『라이프니츠가 만난 중국』(서울: 이학사, 2003).

_____. "Explication de l'Arithmétique Binaire, qui se sert des seuls caractères 0 et 1, avec des remarques sur son utilité, et sur ce qu'elle donne le sens des anciennes figures chinoises de Fohy." In: Gottfried Wilhelm Leibniz, *Mathemathische Schriften*, vol 7, No. 21. (Hildesheim, 1971). 라이프니츠, 「0과 1만을 사용하는 이진법 산술에 대한 해설」, 라이프니츠(이동희 편역), 『라이프니츠가 만난 중국』(서울: 이학사, 2003).

Locke, John. *The Second Treatise of Government: An Essay Concerning the True Original, Extent, and End of Civil Government*. In: John Locke, *Two Treatises of Government* [1689]. Edited with an Introduction and Notes by Peter Laslett (Cambridge·New York·Port Chester·Melbourne·Sydney: Cambridge University Press, 1960·2009).

_____. *An Essay concerning Human Understanding* [1690] (New York: Prometheus Books, 1995). 축약판: John Locke. *An Essay concerning Human Understanding*. Abridged, edited, introduced and commented by A. Seth Pringle-Pattison (Oxford: Oxford University Press, 1928).

_____. *Four Letters concerning Toleration* [1685]. *The Works of John Locke* in Nine Volumes (London: Rivington, 1824 12th ed.). Vol. 5. ( http://oll.libertyfund. org/title/764. 최종검색일: 2010. 11. 13.)

_____. *The Reasonableness of Christianity* (1695). *The Works of John Locke* in Nine Volumes. Vol. 6. (http://oll.libertyfund.org/title/1444 최종검색일: 2010. 11. 13.)

_____. *Some Thoughts Concerning Education*. *The Works of John Locke* in Nine Volumes, (London: Rivington, 1824 12th ed.). Vol. 8 (*Some Thoughts Concerning Education, Posthumous Works, Familiar Letters* [1690]). (http://oll.libertyfund.org /title/1444. 최종검색일: 2010. 11. 14.)

_____. "Knowledge B"(1681). John Locke. *Political Essays*. Edited by Mark Goldie (Cambridge·New York: Cambridge University Press, 1997).

Madison, James. "The Same Subject Continued"(Federalist Paper No. 19). In: Alexander Hamilton, James Madison, and John Jay. *The Federalist Papers*. Introduction and Notes by Charles R. Kesler. Edited by Clinton Rossiter (New York·London: New American Library, 1961/2003).

Mandeville, Bernard. *The Fable of the Bees or Private Vices, Publick Benefits* [1714·1723] (Oxford: Claredon Press, 1924. Republished in 1988 by Liberty Fund, Inc.).

Marx, Karl. *Ökonomisch-philosophische Manuskripte* (1844). *Marx Engels Werke* (*MEW*). Erster Teil des Ergänzungsband(1981) des Bd. 1-43 und Ergänzungsbände 1-2 (Berlin: Dietz, 1979·1981).

_____. *Das Kapital* I·II·III. *MEW* Bd. 23-25.

_____. *Theorien über den Mehrwert*. *MEW*, Bd.26, Erster Teil.

Maxwell, John. "Introductory Essay II: Concerning the Imperfectness of the Heathen Morality." Richard Cumberland, *A Treatise of the Laws of Nature*. Translated, with Introduction and Appendix, by John Maxwell (London: K. Knapton, 1727). Republished, edited and with a Foreword by Jon Parkin(Indianapolis: Liberty Fund, 2005).

_____. "Introduction". Richard Cumberland, *A Treatise of the Laws of Nature*. Translated, with Introduction and Appendix, by John Maxwell (London: K. Knapton, 1727). Republished, edited and with a Foreword by Jon Parkin (Indianapolis: Liberty Fund, 2005).

Mead, George H.. *Mind, Self, and Society* (Chicago·London: The University of Chicago Press, 1934·1974).

Mill, James Stuart. "Grote's Plato"(1866). In: James Stuart Mill. *Collected Works of John Stuart Mill*. Vol. XI: *Essays on Philosophy and the Classics* (Toronto·Buffalo·London: University of Toronto Press·Routledge & Kegan Paul, 1978).

Montaigne, Michel E. de. *Essays*. Edited by J. M. Cohen (London: Penguin, 1958).

Montesquieu. *The Spirit of the Laws* (1748). Translated and edited by Anne M. Cohler·Basia-Carolyn Miller·Harold Samuel Stone (Cambridge·New York etc.: Cambridge University Press, 1989·2008).

More, Thomas, *Utopia* (1516). Edited by George M. Logan and Robert M. Adams. Revised Ed Edon (Cambridge: Cambridge University Press, 1989·2009).

Newton, Isaac. *Philosophiae Naturalis Principia Mathematica* (*Principia*) (1687). English translation: *Mathematical Principles of Natural Philosophy and System of the World*. Vol. I·II. Trans. by A. Motte in 1729, revised, and supplied with an appendix, by F. Cajori (Berkeley·Los Angeles·London: University of California Press, 1934·1962).

Nietzsche, Friedrich. *Der griechische Staat*. In: *Kritische Studienausgabe* Bd. 1. Hg. von Giogrio Colli und Mazzino Montinari (Berlin·New York: Walter de Gruyter, 1988).

_____. *Menschliches, Allzumenschliches*. Erster Band (1878). Giorgio Colli und Mazzino Montarinari (Hg.). *Nietzsche Werke*. 2. Bd. v. IV. Abteilung (Berlin: Walter de Gruyter & Co, 1967).

_____. *Der Wanderer und sein Schatten* (1880). Giorgio Colli und Mazzino Montarinari (Hg.). *Nietzsche Werke*. 3. Bd. v. IV. Abteilung. *Menschliches, Allzumenschliches*. Zweiter Band (Berlin: Walter de Gruyter & Co, 1968).

_____. *Morgenröte. Gedanken über die moralischen Verurtheile* (1881). Nr. 272. Giorgio Colli und Mazzino Montarinari (Hg.). *Nietzsche Werke*. 1. Bd. v. V. Abteilung (Berlin: Walter de Gruyter & Co, 1968).

_____. *Nachgelassene Fragmente 1882-1884. Kritische Studienausgabe*. Bd. 10. Herausgegeben von Giogrio Colli und Mazzino Montinari (Berlin·New York: Walter de Gruyter, 1988).

_____. *Also sprach Zarathustra. Ein Buch für Alle und Keinen* (1883-1885). Giorgio Colli und Mazzino Montarinari (Hg.). *Nietzsche Werke*. 1. Bd. v. VI. Abteilung (Berlin: Walter de Gruyter & Co, 1968).

_____. *Nachgelassene Fragmente. Frühjahr - Herbst 1884*. Giorgio Colli und Mazzino Montarinari (Hg.). *Nietzsche Werke*. 2. Bd. v. VII. Abteilung (Berlin: Walter de Gruyter & Co, 1968).

_____. *Nachgelassene Fragmente. Herbst 1884-Herbst 1885*. Giorgio Colli und Mazzino Montarinari (Hg.). *Nietzsche Werke*. 3. Bd. v. VIII. Abteilung (Berlin: Walter de Gruyter & Co, 1968).

_____. *Jenseits von Gut und Böse. Vorspiel einer Philosophie der Zukunft* (1886). Giorgio Colli und Mazzino Montarinari (Hg.). *Nietzsche Werke*. 2. Bd. v. VI. Abteilung (Berlin: Walter de Gruyter & Co, 1968).

_____. *Zur Geneologie der Moral. Eine Streitschrift* (1887). Giorgio Colli und Mazzino Montarinari (Hg.). *Nietzsche Werke*. 2. Bd. v. VI. Abteilung (Berlin: Walter de Gruyter & Co, 1968).

_____. *Nachgelassene Fragmente. Herbst 1887 bis März 1888*. Giorgio Colli und Mazzino Montarinari (Hg.). *Nietzsche Werke*. 2. Bd. v. VIII. Abteilung (Berlin: Walter de Gruyter & Co, 1968).

_____. *Der Antichrist. Fluch auf das Christenthum* (1888-1889). Giorgio Colli und Mazzino Montarinari (Hg.), *Nietzsche Werke*. 3. Bd. v. VI. Abteilung (Berlin: Walter de Gruyter & Co, 1968).

_____. *Götzen-Dämmerung. Wie man mit dem Hammer philosophirt* (1889). Giorgio Colli und Mazzino Montarinari (Hg.). *Nietzsche Werke.* 3. Bd. v. VI. Abteilung (Berlin: Walter de Gruyter & Co, 1968).

_____. *Ecce homo* (1889). Giorgio Colli und Mazzino Montarinari (Hg.). *Nietzsche Werke.* 3. Bd. v. VI. Abteilung. Berlin: Walter de Gruyter & Co, 1968.

_____. *Nachgelassene Fragmente Anfang 1888 bis Anfang Januar 1889.* Giorgio Colli und Mazzino Montarinari (Hg.). *Nietzsche Werke.* 3. Bd. v. VIII. Abteilung (Berlin: Walter de Gruyter & Co, 1968).

Newton, Isaac. *Philosophiae Naturalis Principia Mathematica* (이하 *Principia*) (1687). *Mathematical Principles of Natural Philosophy and System of the World* (1729). Vol. I·II, trans. by A. Motte in 1729, revised, and supplied with an appendix, by F. Cajori (Berkeley·Los Angeles·London: University of California Press, 1934·1962).

Paine, Thomas. *Common Sense* (1776). In: Thomas Paine. *Common Sense and Other Political Writings.* Edited with Introduction by Nelson F. Adkins (New York: The Liberal Arts Press, 1953).

Pascal, Blaise. *Pensée.* Trans. by A. J. Krailsheimer (Harmondsworth: Penguin, 1966).

Quesnay, François. "Fermiers"·"Grains"(1756·57). Jean Le Rond d'Alembert, Denis Diderot u.a., *Enzyklopädie,* herausgegeben und eingeleitet von Günther Berger (Frankfurt am Main: Fischer Verlag, 1989).

_____. *Tableau économique* (1758·1764). Edited and introduced by Marguerite Kuczynski and Ronald L. Meek (London: MacMillan, New York: Augustus M. Kelley Publishers, 1972). 프랑수아 케네(김재훈 역), 『경제표』(서울: 지식을만드는지식, 2010).

_____. "Analyse du Tableau Économique". Quesnay, Dupont de Nemours, Mercier de la Rivière, Baudeau, Le Trosne, *Physioctrates,* avec une introd. par Eugène Daire (Paris, 1846). "경제표 분석·주요논평", 케네(김재훈 역), 『경제표』(서울: 지식을만드는지식, 2010).

_____. *Le Despotisme de la Chine* (Paris: 1767). English translation by Lewis A. Maverick. *Despotism in China.* In: Lewis A. Maverick. *China - A Model for Europe,* Vol.II (San Antonio in Texas: Paul Anderson Company, 1946).

Rousseau, Jean-Jacques. *A Discourse on the Origin of Inequality* (1755). Jean- Jacques Rousseau. *The Social Contract and Discourses.* Translated and introduced by G. D. H. Cole. Revised and augmented by J. H. Brumfitt and John C. Hall. Updated by P. D.

Jimack (London·Vermont: J. M. Dent Orion Publishing Group, 1993).

_____. *The Social Contract* (1762). In: Jean-Jacques Rousseau. *The Social Contract and Discourses*. Translated and introduced by G. D. H. Cole. Revised and augmented by J. H. Brumfitt and John C. Hall. Updated by P. D. Jimack (London·Vermont: J. M. Dent Orion Publishing Group, 1993).

_____. *Émile ou de l'Education* (1762). 독역본: Jean-Jacques Rousseau. *Emil oder Über die Erziehung*. Vollständige Ausgabe. In neuer deutscher Fassung besorgt von Ludwig Schmidts (Paderborn·München·Wien·Zürich: Verlag Ferdinand Schöningh, 1989 9. Auflage).

_____. *Essay on the Origin of Languages in which Something is said about Melody and Musical Imitation*. In: Rousseau. *The Discourse and other early Political Writings*. Edited by Victor Gourevitch (Cambridge·New York: Cambridge, 1997·2008).

Schopenhauer, Arthur. *Die Welt als Wille und Vorstellung* I·II. *Arthur Schopenhauer Sämtliche Werke*, Bd. I·II (Frankfurt am Main: Suhrkamp, 1986).

_____. *Kritik der Kantischen Philosophie*. Anhang zu *Die Welt als Wille und Vorstellung* I. *Arthur Schopenhauer Sämtliche Werke*, Bd. II (Frankfurt am Main: Suhrkamp, 1986).

_____. *Preisschrift über die Grundlage der Moral* (1840, 개정판 1860). *Arthur Schopenhauer Kleine Schriften. Sämtliche Werke*, Bd. III (Frankfurt am Main: Suhrkamp, 1986).

_____. *Über die Vierfache Wurzel des Satzes vom Zureichenden Grunde*. *Arthur Schopenhauer Sämtliche Werke*, Bd. III (Frankfurt am Main: Suhrkamp, 1986).

_____. *Über den Willen in der Natur* (1836·1854), 'Sinologie'. *Arthur Schopenhauer Sämtliche Werke*, Bd. III (Frankfurt am Main: Suhrkamp, 1986).

_____. *Über die Vierfache Wurzel des Satzes vom Zureichenden Grunde*. *Arthur Schopenhauer Sämtliche Werke*, Bd. III (Frankfurt am Main: Suhrkamp, 1986).

Smith, Adam. *An Inquiry into the Nature and Causes of the Wealth of Nations* (1776). Volume I·II. Generally edited by R. H. Campbell and A. B. Skinner, textually edited by W. B. Todd (Glasgow·New York·Toronto: Oxford University Press, 1976).

_____. *The Theory of Moral Sentiments*. Edited by Knud Haakonssen (Cambridge·New York: Cambridge University Press, 2000·2009).

Spinoza, Benedict de. *The Ethics. The Chief Works of Benedict de Spinoza*, Vol. II (London: George Bell & Sons, 1901).

Taylor, Frederic Winslow. *The Principles of Scientific Management* (1904). 독역본: Frederic Winslow Taylor. *Die Grundsätze wissenschaftlicher Betriebsführung* [1913] (재인쇄 간행본. Weinheim·Basel: 1977).

Temple, Sir William. "An Essay upon the Ancient and Modern Learning"(London: First printed by J. R. for Ri. and Ra. Simpson under the title Miscellanea. The second part in four essays, 1699), *The Works of William Temple* (London: Printed by S. Hamilton, Weybridge, 1814).

Voltaire (François-Marie Arouet). "The Orphan of China"(1755). In: *The Dramatic Works of Voltaire*. Vol. III in five volumes. *The Works of Voltaire*, in forty two volumes, with a critique and biography by John Morley. Vol. XV (Akron [Ohio]: The Werner Company, 1906).

_____. *Essai sur les moeurs et l'esprit des nations et sur les principaux faits de l'histoire, depuis Charlemagne jusqu'à Louis XIII* (1756). The English translation: *Ancient and Modern History*. Vol. I in seven volumes. In: *The Works of Voltaire*. In forty three volumes. With a critique and biography by John Morley. Vol. XXIV (Akron[Ohio]: The Werner Company, 1906).

_____. *Ancient and Modern History* (*Essai sur les moeurs et l'esprit des nations*). Vol. I in seven volumes. In: *The Works of Voltaire*. In forty three volumes, with a critique and biography by John Morley, Vol. XXIV (Akron[Ohio]: The Werner Company, 1906).

_____. *Letters on the English* (*Lettres Philosophiques sur les Anglais* [1733], revised 1778). halsall@murray.fordham.edu (최종검색일: 2010. 8. 14.)

_____. *Philosophical Dictionary* (1764). In two volumes. London: W. Dugdale, 1843.

_____. "The A B C, or Dialogures between A B C." Voltaire, *Political Writings*. Eedited by David Williams (Cambridge·New York·Melbourne: Cambridge University Press, first 1994, reprinted 2003).

_____. *Traité sur la Tolérance*. 영역본: Voltaire, *Treatise on Tolerance*. Voltaire, *Treatise on Tolerance and Other Writings*. Edited by Simon Harvey (Cambridge: Cambridge University Press, 2000). 볼테르(송기형·임미영 역), 『관용론』(서울: 한길사, 2001).

Webb, John. *An{sic!} Historical Essay, Endeavoring a Probability that the Language of the Empire of China is the Primitive Language"*. London, 1669. 재판: *Antiquity of China, or An{sic!} Historical Essay, Endeavoring a Probability that the Language of the Empire of China is the Primitive Language* (London: Printed for Obadiah Blagrave, 1678).

Weber, Max. *Wirtschaft und Gesellschaft.* Tübingen: J. C. Mohr, 1985.

_____. "Vorbemerkung" zum Gesammelten Aufsätzen zur Regionssoziologie. In: *Die protestantische Ethik* (Gütersloh: Gütersloher Verlaghaus Mohn, 1984).

Wilhelm, Richard. *I Ging - Das Buch der Wandlungen.* München: Diederichs, 2000(초판: 1923). 영역본: Cary F. Baynes (trans.). *The I Ching* (Princeton: Princeton University Press, 1950·1997).

Wolff, Christian. *Oratorio de Sinarum philosophia practica* (1721·1726) - *Rede über die praktische Philosophie der Chinesen.* Lateinisch-Deutsch. Übersetzt, eingeleitet und herausgegeben von Michael Albrecht (Hamburg: Felix Meiner Verlag, 1985).

## 4. 서양 현대문헌

Adam, Ulrich. *The Political Economy of J. H. G. Justi* (Oxford: Peter Lang, 2006).

Adorno, Theodor W.. *The Stars Down to Earth* (London: Routledge, 1994).

Albrecht, Michael. "Einleitung." Christian Wolff, *Oratio de Sinarum philosophia practica - Rede über die praktischen Philosophie der Chinesen.* Übersetzt, eingeleitet und herausgegeben von Michael Albrecht (Hamburg: Felix Meiner Verlag, 1985).

Adler, Hans-Hennig. "Gemeinbesitz." *SOZIALISMUS* 4/1992 (Hamburg: VSA-Verlag).

Allen, D. J. *The Philosophy of Aristotle* (London·Oxford·New York: Oxford University Press, 1970).

Ames, Roger T. *The Art of Rulership: A Study in Ancient Chinese Political Thought* (Honolulu: University of Hawaii Press, 1983).

_____. "Confucius and the Ontology of Knowing." In: Gerald James Larson and Eliot Deutsch (ed.). *Interpreting across Boundaries* (Delhi: Motiral Banarsidass Publishers, 1988).

Annas, Julia. *The Morality of Happiness* (Oxford: Oxford University Press, 1995).

_____. "Platon." In: Iring Fetscher und Herfried Münkler (Hg). *Pipers Handbuch der Politischen Ideen.* Band 1. *Frühe Hochkulturen und europäische Antike* (München: R. Piper GmbH & Co. KG, 1988).

Anthony, Carol K.. *Handbuch zum klassischen I Ging* (München: Diederichs, 1989). 원제: *The Philosophy of the I Ching* 및 *A Guide to the I Ging* (Stow[MA]: Anthony Publishing

Company, 1981).

_____. "Erfahrungen mit dem Lehrmeister, der durch das I Ching spricht." In: Hanna Moog (Hg). *Leben mit dem I Ching* (München: Eugen Diederichs Verlag, 1996).

Anthony Carol, and Hanna Moog, *I Ching: The Oracle of the Cosmic Way* (Stow [MA]: Ichingbooks, 2002).

Arendt, Annah. *The Human Condition.* Chicago: Chicago University Press, 1958. 독역본: Annah Arendt. *Vita Aktiva* (München: R. Piper & Co. Verlag, 1981).

_____. *Über die Revolution* (München: R. Piper & Co. Verlag, 1981).

Arrigie, Giovanni. *Adam Smith in Beijing: Lineages of the Twenty-First Century* (2007). 조바니 아리기(강진아 역), 『베이징의 애덤 스미스』(서울: 길, 2009).

Backhaus, Jürgen Georg. *The Beginnings of Political Economy: Johann Heinrich Gottlob von Justi* (Berlin: Springer, 2008).

Bailey, Paul. "Voltaire and Confucius: French Attitudes towards China in the Early Twentieth Century." *History of European Ideas.* Vol. 14, Issue 6, Nov. 1992.

Bairoch, Paul A. "The Main Trends in National Economic Disparities since the Industrial Revolution." P. A. Bairoch and M. Levy-Leboyer (ed.). *Disparities in Economic Development since the Industrial Revolution* (London: Macmillan, 1981).

_____. "International Industrialization Levels from 1750 to 1980." In: *Journal of European Economic History* 11 (1982).

Barnes, Jonathan. *Aristotle: Posterior Analytics* (Oxford: Clarendon Press, 1994).

_____. "Life and Work." Jonathan Barnes (ed.). *The Cambridge Companion to Aristotle.* (Cambridge: Cambridge University Press, 1995).

_____. "Metaphysics." Jonathan Barnes (ed.). *The Cambridge Companion to Aristotle.* (Cambridge: Cambridge University Press, 1995).

Barzun, Jacques. *From Dawn to Decadence: 500 Years of Western Cultural Life: 1500 to the Present* (New York: HarperCollins Publishers, 2001).

Betty, L. Stafford. "The Buddhist-Humean Parallels: Postmortem." *Philosophy East and West.* Vol. 2. Issue 1, Jul. 1971.

Bezzel, Chris. *Wittgenstein zur Einführung* (Hamburg: Junius Verlag, 1989).

Blofeld, John. *I Ching* (New York·London etc.: Penguin Compass, 1991).

Blössner, Norbert. "The City-Soul Analogy." In: G. R. Ferrari (ed.). *The Cambridge Companion to Plato's Republic.* (Cambridge·New York: Cambridge University Press, 1998).

Bluhm, William T. "Political Theory and Ethics." In: René Descartes, *Discourse on Method and Meditations on First Philosophy*. Edited by David Weissman, with Essays by William T. Blum, Lou Massa, Thomas Pavel, John F. Post, Stephen Toulmin, David Weissman (New Haven·London: Yale University Press, 1996).

Bloom, Irene. "Fundamental Intuition and Consensus Statements: Mencian Confucianism and Human Rights." In: Wm. Theodore de Bary and Tu Weiming, *Confucianism and Human Rights* (New York: Columbia University Press, 1998).

Boehm, Christopher. *Moral Origins: The Evolution of Virtue, Altruism, and Shame* (New York: Basic Books, 2012).

Bordes, Jacqueline. *Politeia. Dans la Pensée Grecque jusqu'à Aristote*. Paris: Société d'éditions Les Belles Lettres, 1982. 쟈클린 보르드(나정원 옮김), 『폴리테이아』(서울: 도서출판 아르케, 2000).

Bowden, Hugh. *Classical Athens and the Delphic Oracle - Divination and Democracy* (Cambridge: Cambridge University Press, 2005).

Bowie, A. M. "Greek Sacrifice - Forms and Functions." Anton Powell (ed.). *The Greek World* (London·New York: Routledge, 1995).

Brennan J. Herbie. *The Magical I Ching* (St. Paul: Llewellyn Publication, 2000).

Capra, Fritjof. *The Tao of Physics: An Exploration of the Parallels between Modern Physics and Eastern Mysticism* (Boston: Shambhala, 1975·1999).

Carter, Thomas F. *The Invention of Printing in China and its Spread Westward* (New York: The Ronald Press Company, 1955).

Chang, Wejen. "Confucian Theory and Norms and Human Rights." Wm. Theodore de Bary and Tu Weiming, *Confucianism and Human Rights* (New York: Columbia University Press, 1998).

Chomsky, Noam. "Knowledge of Language", in: *Minnesota Studies in the Philosophy of Science*, Vol. III, *Language, Mind and Knowledge* (Minneapolis: University of Minesota Press, 1975).

Clarke, John James. *Oriental Enlightenment: The Encounter between Asian and Western Thought*. London·New York: Routledge, 1997. 클라크(장세룡 역), 『동양은 서양을 어떻게 계몽했는가』(서울: 우물이 있는 집, 2004).

Cleary, Thomas. *I Ching. The Book of Change* (Boston & London: Shambhala, 1992).

Cohen, S. Marc, "Substances." Georgios Anagostolpoulos, *A Companion to Aristotle* (Malden[MA]·

Oxford: Blackwell Publishing Ltd, 2009).

Colaiaco, James A. *Socrates Against Athens: Philosophy on Trial* (London: Routledge, 2001). 제임스 A. 콜라이아코(김승욱 역), 『소크라테스의 재판』(서울: 작가정신, 2005).

Conze, Edward. "Buddhist Philosophy and its European Parallels." In: *Philosophy East and West*. Vol. 13, Issue 1 (Apr., 1963).

_____. "Spurious Parallels to Buddhist Philosophy". *Philosophy East and West*. Vol. 13, Issue 2. Jul. 1963.

Cook, Daniel. J. Rosemont, Jr., Henry. "The pre-established Harmony between Leibniz and Chinese Thought." In: *Journal of the History of Ideas*. Vol. 42, No.3 (April-June 1981).

Cook, Richard S.. *Classical Chinese Combinatorics* (2004-2006, Monograph 5. Berkeley: Siono-Tibetan Etymological Dictionary and Thesaurus Project).

Cooley, Charles H.. *Sociological Theory and Social Research* (New York: Augustus M. Kelley Publishers, 1930 1969).

Curtin, Philip D.. *Cross-Cultural Trade in World History* (Cambridge: Cambridge University Press, 1984).

Damasio, Antonio R. *Descartes' Error: Emotion, Reason, and the Human Brain* (1994). 안토니오 다마지오(김린 역), 『데카르트의 오류』(서울: 중앙문화사, 1999).

_____. *Self Comes to Mind: Constructing the Conscious Brain* (New York: Pantheon Books, 2010).

Davis, Walter W. "China, the Confucian Ideal, and the European Age of Enlighten- ment." In: *Journal of the History of Ideas* Vol. 44, No. 4 (Oct.-Dec. 1983).

Darwin, Charles. *The Descent of Man, and Selection in Relation to Sex* [1871 1874] (London: John Murray, 2nd edition 1874).

Dawson, Raymond. "Western Conceptions of Chinese Civilization." Raymond Dawson (ed.). *The Legacy of China* (Oxford·London·New York: Oxford University Press, 1964·1971).

de Bary, Wm. Theodore and Tu Weiming(杜維明). *Confucianism and Human Rights* (New York: Columbia University Press, 1998).

Devall, Bill and Session, George. *Deep Ecology: Living as if Nature Mattered* (Salt Lake City: Peregime Smith Books, 1985).

de Waal, Frans. "Morality Evolved - Primate Social Instincts, Human Morality and the Rise and Fall of 'Veneer Theory'". Stephen Macedo and Josiah Ober (ed.). *Primate and*

*Philosopher - How Morality Evolved* (Princeton: Princeton University Press, 2006).

_____. "The Tower of Morality". Stephen Macedo and Josiah Ober (ed.). *Primate and Philosopher - How Morality Evolved* (Princeton: Princeton University Press, 2006).

_____. *The Age of Empathy: Nature's Lesson for Kinder Society* (New York: Three Rivers, 2009).

Donohue, Brian. "Foreword". Carol Anthony and Hanna Moog, *I Ching: The Oracle of the Cosmic Way* (Stow [MA]: Ichingbooks, 2002).

Drucker, Peter F. *Managing in the Next Society* (New York: St. Martin's Press, 2002). 피터 드러커(이재규 옮김), 『Next Society(넥스트 소사이어티)』(서울: 한국경제신문, 2002).

Eber, Irene. "Translater's Note". Richard Wilhelm, *Lecture on the I Ching: Constancy and Change*, terns. Irene Eber (Princeton, N.J.: Princeton University Press, 1979).

Edelman, Gerald M. *Bright Air, Brilliant Fire: On the Matter of the Mind* (1992). 제럴드 에델만(황희숙 역), 『신경과학과 마음의 세계』(서울: 범양사, 1998).

_____. *Wider than Sky* (New Haven·London: Yale University Press, 2004). 제럴드 에델만(김한영 역), 『뇌는 하늘보다 넓다』(서울: 해나무, 2006).

Edmonds, David and Eidinow, John. "Enlightened enemies." In: *The Guardian*. Saturday 29 April 2006.

Elkins, Stanley, and McKitrick, Eric. *The Age of Federalism*. New York·Oxford: Oxford University Press, 1993.

Fairbank, John King, and Goldman, Merle. *China: A New History*. Boston: Harvard University Press, 1998. 존 킹 페어뱅크·멀 골드먼(김형중·신성곤 옮김), 『新中國史』, 서울: 까치, 2005.

Ferejohn, Michael. "Empiricism and the First Principles of Aristotelian Science." In: Georgios Anagostolpoulos. *A Companion to Aristotle*. Malden (MA)·Oxford: Blackwell Publishing Ltd, 2009.

Fernandez-Armesto, Felipe. *Milleinium*. London: Black Swan, 1996.

Fetscher, Iring. *Rousseaus politische Philosophie*. Frankfurt am Main: Suhrkamp, 1988.

_____. "Aufklärung über Aufklärung." In: Axel Honneth·Thomas Mccarthy·Albrecht Weller (Hg.). *Zwischen Betrachtung. Im Prozeß der Aufklärung - Jürgen Habermas zum 60. Geburtstag*. Frankfurt am Main: Suhrkamp, 1989.

Feuerwerker, Albert. "Chines Economic History in Comparative." In: Paul S. Ropp (ed.). *Heritage of China*. Berkeley·Los Angeles: University of California Press, 1990.

Fiedeler, Frank. *Yijing - Das Buch der Wandlungen*. München: Eugen Diederichs Verlag, 1996.

Florida, Richard. *The Flight of the Creative Class*. New York: HarperCollins Publishers, 2005.

Foreman, Dave. "A Spanner in the Woods (n.d.)." Interviewed by Bill Devall. In: *Simply Living* 2. 12.

Foucault, Michel. *Histoire de la folie* (Paris: Librairie Plon, 1961). Michel Foucault. *Wahnsinn und Gesellschaft. Eine Geschichte der Wahns im Zeitalter der Vernunft* (Frankfurt am Main: Suhrkamp, 1989).

_____. *Les mots et les choses* (Paris: Editions Gallimard, 1966). 독역본: Michel Foucault. *Die Ordnung der Dinge* (Frankfurt am Main: Suhrkamp, 1974).

_____. *L'archéologie du savoir*. Michel Foucault. *Archäologie des Wissens* (Frankfurt am Main: Suhrkamp, 1989).

_____. "Der Ariadnefaden ist gerissen"(1969). Gilles Deleuze·Michel Foucault. *Der Faden ist gerissen* (Berlin: Merve Verlag, 1977).

_____. *Surveiller et punir. La naissance de la prison* (Paris: Editions Gallimard, 1975). 독역본: *Überwachen und Strafen. Die Geburt des Gefängnisses* (Frankfurt am Main: Suhrkamp, 1976).

_____. *Histoire de la sexualité*. Vol 2. *L'usage des plairs; Histoire de la sexualité*. Vol. 3. *Le souci de soi* (Paris: Editions Gallimard, 1984). 독역본: *Der Gebrauch der Lüste. Sexualität und Wahrheit 2; Die Sorge um sich. Sexualität und Wahrheit 3* (Frankfurt am Main: Suhrkamp, 1989).

Frank, Andre Gunder. *ReOrient* (Berkeley: University of California, 1998). 안드레 군더 프랑크(이희재 역), 『리오리엔트』(서울: 이산, 2003).

Gang Deng, *Chinese Maritime Activities and Socioeconomic Development, c. 2100 BC-1900 AD* (London: Greenwood Press, 1997).

Gauquelin, Michel. *The Scientific Basis of Astrology* (New York: Stein and Day, 1969).

Gerhardt, Volker. *Pathos und Distanz* (Stuttgart: Philipp Reclam, 1988).

Gerlach, Hans Christian. "*Wu-wei*(無爲) in Europe - A Study of Eurasian Economic Thought." Copyright 2004 by Christian Gerlach. (C.Gerlach-alumni @lse. ac.uk. 최종검색일: 2010. 3. 11.)

Golas, Peter J. *Science and Civilization in China*, V(13) (Cambridge: Cambridge University Press, 1999).

Gilligan, Carol. "In a Different Voice: Women's Conceptions of the Self and of Morality", *Harvard Educational Review* 47 (1977) [481-517쪽].

_____. *In a Different Voice: Psychological Theory and Women's Development* (Cambridge: Harvard University Press, 1982).

Grandin, Temple & Catherine Johnson, *Animals Make Us Human: Creating the Best Life for Animals* (New York: Houghton Mifflin Harcourt, 2009).

Grapard, Allen G. "Voltaire and East Asia - A Few reflection on the Nature of Humanism." In: *Cahiers d'Extrêm-Asie*, Vol. 1, 1985.

Gray, John. *Enlightenment's Wake* (London: Routledge, 1995).

Gress, David. *From Plato to NATO - The Idea of the West and its Opponents* (New York· London·Toronto: The Free Press, 1998).

Guthrie, W. K. C. *A History of Greek Philosophy*. Vol. 5. *The Later Plato and the Academy* (Cambridge: Cambridge University Press, 1978).

Habermas, Jürgen. *Theorie des kommunikativen Handelns*. Bd. 1·2 (Frankfurt am Main: Suhrkamp, 1981 초판·1985 3판).

_____. *Moralbewußtsein und kommunikatives Handeln* (Frankfurt am Main: Suhrkamp, 1983).

_____. "Erläuterungen zum Begriff des kommunikativen Handelns(1982)." Jürgen Habermas. *Vorstudien und Ergänzungen zur Theorie des kommunikativen Handelns* (Frankfurt am Main: Suhrkamp, 1984).

_____. "Hannah Arendts Begriff der Macht"(1976). In: Jürgen Habermas. *Der philosophische Diskurs der Moderne. Zwölf Vorlesungen* (Frankfurt am Main: Suhrkamp, 1989).

_____. *Strukturwandel der Öffentlichkeit* (Frankfurt am Main: Suhrkamp, 1990).

_____. "Justice and Solidarity". Thomas E. Wren (ed.), *The Moral Domain* (Cambridge [Massachusetts]·London: The Mit Press, 1990).

_____. "Intervew mit Nielsen". Jürgen Habermas, *Die nachholende Revolution* (Frankfurt am Main: Suhrkamp, 1990).

Halliwell, Stephen. "The Life-and-Death Journey of the Soul: Myth of Er." G. R. Ferrari (ed.). *The Cambridge Companion to Plato's Republic* (Cambridge·New York: Cambridge University Press, 1998).

Hamacher, Werner (Hrsg.). *Nietzsche aus Frankreich. Essays von Maurice Blanchot, Jacques Derrida, Pierre Klosswski, Philippe Lacoue-Labarthe, Nancy und Bernd Pautrat* (Frankfurt am Main·Berlin: Ullstein, 1986).

Hartwell, Robert. "Markets, Technology, and the Structure of Enterprise in the Development of the Eleventh Century Chinese Iron and Steel Industries." *Journal of Economic History* 26 (1966).

Hatcher, Braford. *The Book of Changes: Yijing Word by Word*, 2 vols. http//www.hermetica.info (검색: 2017. 5. 8.).

Hauser, Marc D.. *Moral Minds* (New York: Harper Collins, 2006·2007).

Herrick, Judson C.. *The Evolution of Human Nature* (Austin: University of Texas Press, 1956).

Hess, Peter. "Besitzfrage." *SOZIALISMUS* 4/1992 (Hamburg: VSA-Verlag).

Hettling, Manfred. "Geschichtlichkeit - Zwerge auf den Schultern von Riesen." Jakob Tanner et al. *Eine kleine Geschichte der Schweiz* (Frankfurt am Main: Suhrkamp, 1998).

Hobson, John M. *The Eastern Origins of Western Civilization* (Cambridge·New York: Cambridge University Press, 2004·2008).

Hoffman, Martin L.. *Empathy and Moral Development: Implications for Caring and Justice* (Cambridge: Cambridge University Press, 2000, reprinted 2003).

Hoffman, Y., *The Idea of Self East and West: A Comparison between Buddhist Philosophy and the Philosophy do David Hume* (Calcutta: Firma, 1980).

Holton, Gerald. *Science and Anti-Science* (Cambridge[Massachusetts]: Havard University Press, 1993).

Ho Ping-Ti. *The Ladder of Success in Imperial China: Aspects of Social Mobility, 1368-1911* (New York: Columbia University Press, 1962). 何柄棣(조영록 외 역), 『중국과거제도의 사회사적 연구』(서울: 동국대학교출판부, 1987).

Huang, Alfred. *The Complete I Ching* (Rochester & Vermont: Inner Traditions, 1998).

_____. *The Numerology of the I Ching*. Rochester & Vermont: Inner Traditions, 2000.

Hudson, G. F. "China and the World." In: Raymond Dawson (ed.). *The Legacy of China* (Oxford·London· New York: Oxford University Press, 1964·1971).

_____. *Europe and China* (Boston: Beacon Press, 1961).

Huntington, Samuel P. *The Clash of Civilizations and the Remaking of World Order* (New York: Touchstone, 1997). 새뮤얼 헌팅턴(이희재 옮김), 『문명의 충돌』(서울: 김영사, 1998).

Hutchinson, D. S. "Ethics." Jonathan Barnes (ed.). *The Cambridge Companion to Aristotle* (Cambridge: Cambridge University Press, 1995).

Hwang, Tai-Youn. "Verschollene Eigentumsfrage. Zur Suche nach einer neuen Eigentumspolitik."

In: *SOZIALISMUS* 2/1992 (Hamburg: VSA-Verlag).

_____. *Herrschaft und Arbeit im neueren technischem Wandel. Zum Verhältnis der neuen Technik bzw. der neuen Reproduktionsweise des Kapitals zu Herrschaft Arbeit und Umwelt* (Frankfurt am Main·Bern·New York·Paris: Peter Lang, 1992).

_____. "Habermas' Critical Theory and Another Marx Unveiled: A Confrontation with Habermas' Communicative 'Critical Theory of Society.'" In: Sang-Jin Han (ed.). *Habermas and the Korean Debate* (Seoul: Seoul National University Press, 1988).

Iacoboni, Marco. *Mirroring People: The Science of Empathy and How We Connect with Others* (New York: Picador, 2008·2009).

Jacobson, Nolan Pliny. "The Possibility of Oriental Influences in Hume' Philosophy." In: *Philosophy East and West*. Vol. 19, Issue 1 (Jan., 1969).

Jardine, Lisa. "Introduction" to Francis Bacon's *New Organon*. Edited by Lisa Jardine and Michael Silverthorne (Cambridge: Cambridge University Press, 2000).

_____. "Lorenzo Valla: Academic Scepticism and the New Humanist Dialectic." M. Burnyeat (ed.). *The Sceptical Tradition* (Berkeley and Los Angeles: University of California Press, 1983).

Jaspers, Karl. *Die Großen Philosophen* (München: Piper, 1957). 카를 야스페스(권영경 옮김), 『위대한 사상가들: 소크라테스·석가모니·공자·예수』(서울: 책과함께, 2005).

Jensen, Lionel M. *Manufacturing Confucianism* (Durham·London: Duke University Press, 1997·2003).

Jullien, François. *Fonder la Morale. Dialogue de Mencius avec un Philosophie des Lumières.*(Paris: Editions Grasset, 1996). 프랑수아 줄리앙(허경 역), 『맹자와 계몽철학자의 대화』(서울: 한울아카데미, 2004).

Jones, Eric. *Growth Recurring* (Oxford: Clarendon Press, 1988).

Joyce, Richard. T*he Evolution of Morality* (Cambridge[Massachusetts]: The MIT Press, 2006·2007).

Jun Seong Ho and James B. Lewis. "Wages, Rents, and Interest Rates in Southern Korea, 1700 to 1900." *Research in Economic History*. Vol. 24 (2007).

Jung, Carl G.. "Foreword"(1949). Cary F. Baynes (trans.), *The I Ching* (Princeton: Princeton University Press, 1950·1997). 이 글은 Carl G. Jung, *Psychology and the East* (Princeton·New Jersey: Princeton University Press, 1978·1990)에도 실려 있다.

_____. *On the Psychology of Eastern Meditation* (New York: Analytical Psychology Club of New York, 1949). Carl G. Jung, "Zur Psychologie östlicher Meditation"(1943). 일역본: 『東洋的 瞑想』(大阪, 1983).

_____. *Memories, Dreams, and Reflections* (New York: Vintage Books, 1965).

_____. *Synchronicity - An Acuasal Connecting Principle* (Princeton: Princeton University Press, 1973).

_____. "On Synchronicity." Appendix to: Carl G. Jung. *Synchronicity - An Acuasal Connecting Principle* (Princeton: Princeton University Press, 1973).

_____. *Psychology and the East* (Princeton·New Jersey: Princeton University Press, 1978·1990).

Kagan, Jerome. *What is Emotion?: History, Measures, and Meanings* (Binghamton[NY]: Vail-Ballou Press, 2007).

Karcher, Stephen. *How to Use the I Ching* (London: Element, 1997).

_____. *The I Ching Plain and Simple* (London: Element, 1997).

Katzenstein, Robert. "Funktion". *SOZIALISMUS*. Hamburg: VSA-Verlag 4/1992.

Kaye, Frederick B. "Introduction" (1924). In: Bernard de Mandeville, *The Fable of the Bees, or Private Vices, Publick Benefits* (1714·1723). With a Commentary by Frederick. B. Kaye. 2 Volumes. Photographic Reproduction of the Edition published by Oxford University Press in 1924 (Indianapolis: Liberty Fund, 1988).

Keltner, Dacher. *Born to be Good: The Science of a Meaningful Life* (New York: W. W. Norton & Company, 2009).

Kennedy, Paul. *The Rise and Fall of the Great Powers - Economic Change and Military Conflict from 1500 to 2000* (New York: Random House, 1987).

Koch, Ulla Susanne. "Three Strikes and You're Out! A View on Cognitive Theory and the First-Millennium Extispicy Ritual". Amar Anmus (ed.), *Divination and Interpretation of Signs in the Ancient World* (Chicago: Oriental Institute of the University of Chicago, 2010).

Kohlberg, Lawrence. *The Philosophy of Moral Development* [*Essays on Moral Development*, Vol. 1] (New York: Harper & Low Publisher, 1981).

_____. *The Psychology of Moral Development* (Cambridge·New York: Harper & Row Publisher, 1984). Kohlberg(김민남·진미숙 역), 『도덕발달의 심리학』(서울: 교육과학사, 2001).

Kohlberg, Lawrence, Dwight R. Boyd & Charles Levine, "The Return of Stage 6: Its Principle and Moral Point View". Thomas E. Wren (ed.), *The Moral Domain* (Cambridge, Massachusetts: The MIT Press, 1990).

Klosko, George. *The Development of Plato's Political Theory* (New York: Methuen, 1986).

Kosman, Aryeh. "Justice and Virtue. The Republic's Inquiry into Proper Difference." G. R. Ferrari (ed.). *The Cambridge Companion to Plato's Republic* (Cambridge·New York: Cambridge University Press, 1998).

Legge, James (trans.). *The Yi King* (New York: Dover, 1963).

Lach, Donald F. "Leibniz and China." *Journal of the History of Ideas*. Vol. 6, No. 4 (Oct. 1945).

_____. "The Sinophilism of Christian Wolf." *Journal of the History of Ideas*. Vol. 14, No. 4 (Oct. 1953).

Lach, Donald F. and Van Kley, Edwin J. *Asia in the Making of Europe* III (Chicago: Chicago University Press, 1993).

Leites, Edmund. "Confucianism in eighteenth-century England: Natural morality and social reform." *Philosophy East and West* 28, No. 2 April 1978.

Lesher, James. "The Meaning of NOUS in the Posterior Analytics." *Phronesis* 18 (1973).

Levathes, Luise E. *When China Ruled the Seas* (London: Simon and Schuster, 1994).

Liddell, Henry George and Scott, Robert. *Liddell and Scott's Greek-English Lexicon* (Oxford: Simon Wallenberg Press, 2007).

Lloyd, Marshall Davies. "Polybius and the Founding Fathers: the Separation of Powers." 1998. Rev: 2006. (http://mlloyd.org/mdl-index/polybius/polybius.htm. 최종검색일: 2008. 11. 8.)

Long, A. A. "The Socratic Legacy". In: Keimpe Algra, Jonathan Barnes et al. *The Cambridge History of Hellenistic Philosophy* (Cambridge: Cambridge University Press, 2005).

Lovelock, James. *Gaia: A New Look at the Life on Earth*. Oxford: Oxford University Press, 1971. 제임스 러브록(홍욱희 옮김), 『가이아. 살아있는 생명체로서의 지구』(서울: 갈라파고스, 2004).

_____. *Gaia: Practical Science of Planetary*. Medicine. London: Gaia Books Limited, 1991. 제임스 러브록(김기협 옮김), 『가이아. 지구의 체온과 맥박을 체크하라』(서울: 김영사, 1995).

Lynn, Richard John (trans.). *The Classic of Changes. A New Translation of the I Ching as interpreted by Wang Bi* (New York: Colombia University Press, 1994).

McCormick, Ken. "Sima Qian and Adam Smith." *Pacific Economic Review*. 4: 1 (1999).

MacIntyre, Alasdair. *After Virtue. A Study in Moral Theory* (Notre Dame·Indiana: University of Notre Dame Press, 1981·1984).

Mackerras, Colin. *Western Image of China* (Hongkong·Oxford·New York: Oxford University Press, 1989).

McNeil, William Hardy. *The Rise of the West: A History of Human Community* (Chicago: University of Chicago Press, 1963, revised edition, 1991).

Maddison, Angus. *Monitoring the World Economy* (Paris: OECD, 1995).

Maddison, Angus. *The World Economy. Historical Statistics* (Paris: Development Center of the OECD, 2003).

_____. "Historical Statistics for the World Economy: 1-2003 ¡AD." (http//www.ggdc.net-maddison. 최종검색일: 2010. 10. 1.)

Manes, Christopher. *Green Range: Radical Environmentalism and the Unmaking of Civilization* (Boston: Little Brown, 1990).

Markert, Christopher. *I Ching* (New York·Tokyo: Weatherhill, 1998).

Marks, Robert. *Tigers, Rice, Silk and Silt* (New York: Cambridge University Press, 1997).

Marshall, P. J. and Williams, Glyndwr. *The Great Map of Mankind: British Preception World in the Enlightenment* (Cambridge[MA]: Harvard University Press, 1982).

Marshall, S. J.. *The Mandate of Heaven - Hidden History in the I Ching* (New York: Columbia University Press, 2001).

Maverick, Lewis Adams. *China - A Model for Europe*, Vol. I (San Antonio in Texas: Paul Anderson Company, 1946).

Massa, Lou. "Physics and Mathematics." René Descartes. *Discourse on Method and Meditations on First Philosophy*. Edited by David Weissman. With Essays by William T. Blum, Lou Massa, Thomas Pavel, John F. Post, Stephen Toulmin, David Weissman (New Haven·London: Yale University Press, 1996).

McNeill, William H. *The Pursuit of Power* (Oxford: Blackwell, 1982).

Menzel, Johanna M. "The Sinophilism of J. H. G. Justi." *Journal of the History of Ideas*. Vol. 17, No. 3 (June 1956).

Mill, James Stuart. "A Review of Plato and the other Companion of Socrates by Gorge Grote(1866)." James Stuart Mill. *Collected Works of John Stuart Mill*. Vol. XI: Essays on Philosophy and the Classics (Toronto: University of Toronto, 1978).

Miller, Mitchel. "Beginning the 'Long Way.'" G. R. Ferrari (ed.), *The Cambridge Companion to Plato's Republic* (Cambridge·New York: Cambridge University Press, 1998).

Mungello, E. David. *Leibniz and Confucianism: the Search for Accord* (Honolulu: University of Hawaii, 1977).

Mungello, E. David. "Malebranche and Chinese Philosophy." *Journal of the History of Ideas*, 41: 4 (1980).

Murphy, Joseph. *Secrets of the I Ching* (Paramus[NY]: Reward Books, 2000).

Naess, Arne. "Deep Ecology." Origin: "The Shallow and the Deep, Long-Range Ecology Movement: A Summary." *Inquiry* 16 (1973). Reprinted in Carolyn Merchant (ed.). *Ecology*. New York: Humanity Books, 1999.

Naess, Arne and David Rothenberg. *Ecology, Community and Lifestyle* (Cambridge: Cambridge University Press, 1989).

Naquin, E. G. Susan, and Rawski, Evelyn. *Chinese Society in the Enlightenment Century* (London: Yale University Press, 1987).

Neseelrath, Heinz-Günther, u. Reinbothe, Hermann. "Leibniz und China." Georg[*sic!*] Wilhelm Leibniz, *Novissima Sinica - Das Neueste von China*. Herausgegeben, übersetzt, erläutert von Neseelrath und Reinbothe (Köln: Deutsche China-Gesellschaft, 1979).

Needham, Joseph. *Science and Civilization in China*, Vol. 2 (Cambridge: Cambridge University Press, 1956).

_____. "Science and China's Influence on the World." Raymond Dawson (ed.). *The Legacy of China* (Oxford·London·New York: Oxford University Press, 1964·1971).

Nieuhoff, John. *An Embassy from the East-Indian Company of the United Provinces to the Grand Tatar Cham, Emperour of China, delivered by their Excellencies Peter de Goyer and Jakob de Keyzer, At his Imperial City of Peking* [1655] (Hague: 1669; 영역본 - London: Printed by John Mocock, for the Author, 1669).

Odum, Eugene P. *Ecology - A Bridge Between Science and Society* (Sunderland: Sinauer Associates, 1997).

Ottmann, Hennig. *Philosophie und Politik bei Nietzsche* (Berlin·New York: Walter de Gruyter, 1987).

Owen, Adrian M. et al, "Detecting Awareness in the Vegetative States", *Science*, Vol. 313 (August, 2006).

Pangle, Thomas L. *The Laws of Plato*. Translated with Notes and an Interpretative Essay (Chicago: The Chicago University Press, 1980).

Panksepp, Jaak. "Affective Consciousness: Core Emotional Feelings in Animals and Humans", *Consciousness and Cognition*, Vol. 14, Issue 1 (2005).

Parkin, Jon. "Foreword." In: Richard Cumberland, *A Treatise of the Laws of Nature*. Translated, with Introduction and Appendix, by John Maxwell (1727). Edited and with a Foreword by Jon Parkin (Indianapolis: Liberty Fund, 2005).

Passmore, John Arthur. *The Perfectibility of Man* (London: Gerald Duckworth, 1970).

Peat, F. David. *Synchronicity: The Bridge Between Matter and Mind* (New York: Bantam Books, 1987).

Penner, Terry, and Rowe, Christopher. *Plato's Lysis* (Cambridge·New York: Cambridge University Press, 2005).

Ponting, Clive. *World History* (London: Chatto and Widus, 2000).

Post, John F. "Epistemology." In: René Descartes. *Discourse on Method and Meditations on First Philosophy*. Edited by David Weissman. With Essays by William T. Blum, Lou Massa, Thomas Pavel, John F. Post, Stephen Toulmin, David Weissman (New Haven·London: Yale University Press, 1996).

Prestowitz, Clyde. *Three Billion New Capitalists* (New York: Basic Books, 2005). 클라이드 프레스토위츠(이문희 옮김), 『부와 권력의 대이동』(서울: 지식의숲, 2006).

Prinz, Jesse J.. *The Emotional Construction of Morals* (Oxford: Oxford University Press, 2007· 2013).

Putnam, Hilary. "The Meaning of 'Meaning'". *Minnesota Studies in the Philosophy of Science*, Vol. III, *Language, Mind and Knowledge* (Minneapolis: University of Minesota Press, 1975).

Raphals, Lisa. "Divination in the Han Shu Bibliographic Treatise". *Early China* 32(2008-2009).

Redmond, Geoffrey, and Tze-ki Hon. *Teaching the I Ching* (Oxford·New York: Oxford University Press, 2014).

Reichwein, Adolf. *China und Europa* (Berlin, 1923). English translation: *China and Europe - Intellectual and Artistic Contacts in the Eighteenth Century*. London·New York: Kegan Paul, Trench, Turner & Co., LTD and Alfred A. Knopf, 1925.

Riley, Patrick. "Introduction." Gottfried Wilhelm Leibniz. *Political Writings*. Translated and edited with an Introduction and Notes by Patrick Riley (Cambridge: Cambridge University Press, 1st ed. 1972, 2th ed. 1988, reprint 2006).

Ries, Wiebrecht. *Nietzsche zur Einführung* (Hamburg: Junius, 2000).

Ritsema, Rudolf and Karcher, Stephen. *I Ching. The Classic Chinese Oracle of Change* (New York: Barnes & Noble Books, 1995).

Ritsema, Rudolf and Sabbadini, Shantena Augusto. *The Original I Ching Oracle* (London: Watkins Publishing, 2005).

Ritsert, Jürgen. *Subjekt und Person. Zur Philosphie der Anerkennung und zur Soziologie des Individuums*. Studientext zur Sozialwissenschaft der Johann W. Goethe- Universität Sonderband 6 (Frankfurt am Main, 1991).

Roberts, Jean. *Aristotle and the Politics* (New York: Routledge, 2009).

Rodzinski, Witold. *A History of China* (Oxford: Pergamon Press, 1979).

Ronan, Colin A. *The Shorter Science and Civilisation in China by Joseph Needham*. Vol. 1·2 (Cambridge: Cambridge University Press, 1981). 조셉 니덤 지음·콜린 로넌 축약(이면우 옮김), 『중국의 과학과 문명』, 축약본 1·2. (서울: 까치, 2000).

Roochnik, David. *Beautiful City. The Dialectical Character of Plato's 'Republic'* (Ithaca·London: Cornell University Press, 2003).

Ross, George McDonald, "Commentary." Gottfried Wilhelm Leibniz, *The Monadology*. Translated by George McDonald Ross, 1999. (http://www.philosophy. leeds.ac.uk./GMR/hmy/texts/modern/ leibniz/monadology/monindex.html: 최종검색일 2010. 4. 26.)

Rowe, Christopher J. "The Place of the Republic in Plato's Political Thought." G. R. Ferrari (ed.). *The Cambridge Companion to Plato's Republic* (Cambridge·New York: Cambridge University Press, 1998).

_____. Trans. and Comment. *Plato. Phaedrus* (Oxford: Oxbow Books, 1988).

_____. "Introduction." In: C. J. Rowe (ed.). *Plato. Phaedo* (Cambridge·New York: Cambridge University Press, 1993).

_____. Trans. and Comment. *Plato. Symposium* (Oxford: Oxbow Books, 1998).

Rutt, Richard. *The Book of Changes (Zhouyi)* (London: Routledge, 1996·2007).

Samaras, Thanassis. *Plato on Democracy* (New York: Peter Lang, 2002).

Shaftesbury (Anthony Ashley Cooper), *Characteristicks of Men, Manners, Opinions, Times* (1711). 3 Volumes. Edited by Douglas den Uyl (Indianapolis: Liberty Fund, 2001). (http://oll. libertyfund.org/title/811. 검색일: 2010. 11. 13.)

Scheler, Max. *Wesen und Formen der Sympathie* (Bern: Francke Verlag, 1973).

Schmidts, Ludwig. "Jean-Jacques Rousseau, der Philosoph und Pädagoge." Jean-Jacques Rousseau, *Emil oder Über die Erziehung*. Vollständige Ausgabe. In neuer deutscher Fassung besorgt von Ludwig Schmidts (Paderborn·München·Wien·Zürich: Verlag Ferdinand Schöningh, 1989, 9. Auflage).

Schofield, Malcolm. *Plato: Political Philosophy* (Oxford·New York: Oxford University Press, 2006).

Sedley, David. "Philosophy, the Forms, and the Art of Ruling." In G. R. Ferrari (ed.). *The Cambridge Companion to Plato's Republic* (Cambridge·New York: Cambridge University Press, 1998).

_____. *Plato's Cratylus* (Cambridge·New York: Cambridge University Press, 2003).

Sedly, David. *The Midwife of Platonism. Text and Subtext in Plato's Theaetetus* (Oxford·New York: Oxford University Press, 2004).

Shigenori Nagatomo, "Translator's Introduction". Yuasa Yasuo, *Overcoming Modernity: Synchronicity and Image-Thinking* (Albany: State University of New York Press, 2008).

Sivin, Nathan. "Science and Medicine in Chines History." In: Paul S. Ropp (ed.). *Heritage of China* (Berkeley·Los Angeles: University of California Press, 1990).

Slote, Michael. *The Ethics of Care and Empathy* (London· New York: Rourledge, 2007).

Smith, Richard J.. *Fathoming the Cosmos and Ordering the World: The Yijing and Its Evolution in China* (Charlottesville: University of Virginia Press, 2008).

_____. *The I Chang* (Princeton: Princeton University Press, 2012).

Sozialistische Studiengruppen (J. Bischoff F. Fiehler H. Hünnig C. Lieber A. Otto W. Wolfteich A. Zieher). "Eigentum." *SOZIALISMUS*, 5/1992 (Hamburg: VSA- Verlag).

Spahn, Peter. "Aristoteles." Iring Fetscher und Herfried Münkler (Hg). *Pipers Handbuch der Politischen Ideen*. Band 1. *Frühe Hochkulturen und europäische Antike*. München: R. Piper GmbH & Co. KG, 1988.

Spence, Jonathan. "Western Perception of China from the Late Sixteenth Century to the Present." Paul S. Ropp (ed.). *Heritage of China* (Berkeley·Los Angeles: University of California Press, 1990).

Suler, John R.. *Contemporary Psychoanalysis and Eastern Thought* (Albany: State University of New York, 1993).

Sznaider, Natan. *The Compassionate Temperament: Care and Cruelty in Modern Society* (Lanham, Maryland: Rowman & Littlefield, 2001).

Taureck, Bernhard H. F. *Nietzsche und der Faschismus* (Hamburg: Junius, 1989).

_____. *Nietzsche-ABC* (Leipzig: Reclam, 1999).

Temple, Robert. *The Genius of China* (London: Prion Books, 1999).

Toffler, Alvin and Heidi. *Revolutionary Wealth*. 2006. 앨빈 토플러(김중웅 옮김), 『부의 미래』(서

울: 청림출판, 2006).

Tsien Tsuen-Hsuin(錢存訓). *Science and Civilization in China*, V(1) (Cambridge: Cambridge University Press, 1985).

Tsouna, Voula. *The Epistemology of the Cyrenaic School* (Cambridge: Cambridge University Press, 2008).

Taylor, Charles. "Interpretation and the Sciences of Man". Fred R. Dallmayr & Thomas A. McCarthy (eds.), *Understanding and Social Inquiry* (Notre Dame·London: University of Notre Dame Press, 1977).

Urmson, James O.. *Aristotle's Ethics* (Oxford: Basil Blackwell, 1988). 엄슨(장영란 옮김), 『아리스토텔레스의 윤리학』, (서울: 서광사, 1996).

Vetlesen, Arne J.. *Perception, Empathy, and Judgement. An Inquiry into Preconditions of Moral Performance* (University Park, Pennsylvania: The Pennsylvania State University Press, 1994).

Wagner, Donald. *Iron and Steel in Ancient China* (Leiden: E. J. Brill, 1993).

Weiss, Roslyn. "Wise Guys and Smart Alecks in Republic I and II." G. R. Ferrari (ed.). *The Cambridge Companion to Plato's Republic* (Cambridge·New York: Cambridge University Press, 1998).

Weissman, David. "Metaphysics." René Descartes. *Discourse on Method and Meditations on First Philosophy*. Edited by David Weissman. With Essays by William T. Blum, Lou Massa, Thomas Pavel, John F. Post, Stephen Toulmin, David Weissman (New Haven·London: Yale University Press, 1996).

Weissman, David. "Descartes in Our Time." René Descartes. *Discourse on Method and Meditations on First Philosophy*. Edited by David Weissman. With Essays by William T. Blum, Lou Massa, Thomas Pavel, John F. Post, Stephen Toulmin, David Weissman (New Haven·London: Yale University Press, 1996).

Wearing, Deborah. *Forever Today* (London: Corki Books, 2005).

Whincup, Gregory. *Rediscovering the I Ching* (New York: St. martin's Griffin, 1986).

Whitney, Charles. *Francis Bacon and Modernity*. New Haven: Yale University, 1986. 독역본: *Francis Bacon - Die Begründung der Moderne*. Frankfurt am Main: Fischer Verlag, 1989.

Wilhelm, Richard. *I Ging*. München: Diederichs, 1923·2000. 영역본: Cary F. Baynes (trans.). Foreword by Carl G. Jung. *The I Ching* (Princeton: Princeton University Press, 1950·

1997).

_____. *The Secret of the Golden Flower* (New York: Harvest, 1962).

Wilson, Edward O. *Consilence; The Unity of Knowledge* (1998). 에드워드 윌슨(최재천·장대익 역), 『통섭』(서울: 사이언스북스, 2010).

Wilson, James Q.. "The Moral Sense", Presidential Address in American Political Science Association, 1992. *American Political Science Review*, Vol. 87 (No.1 March 1993).

_____. *The Moral Sense* (New York: Free Press, 1993).

Wittgenstein, Ludwig. *Philosophische Grammatik. Ludwig Wittgenstein Werkausgabe.* Bd. 4. Hrg v. Rush Rhees (Frankfurt am Main: Suhrkamp, 1984).

Wolin, Sheldon S. *Politics and Vision* (Boston: Little, Brown and Co., 1960).

Wu, Jing-Nuan. *Yi Jing* (Washington DC: The Taoist Center, 1991).

Yuasa Yasuo(湯淺泰雄). *Overcoming Modernity: Synchronicity and Image-Thinking* (Albany: State University of New York Press, 2008).

Young, Leslie. "The Tao of Markets: Sima Quian and the Invisible Hand." *Pacific Economic Review* 1 (1996).

# 찾아보기